Dennis Rühmer

Heimserver mit Raspberry und Banana Pi

Das Praxisbuch

Rheinwerk
Computing

Liebe Leserin, lieber Leser,

wie viele Tablets, Smartphones, Laptops und Rechner haben Sie eigentlich bei sich zuhause? Vermutlich mehrere, oder? Bei dieser Anzahl an Geräten und den vielen Fotos, Videos, Dokumenten und Ideen, die auf ihnen gespeichert sind, wäre es doch schön, einen zentralen Speicherplatz für alles zu haben. Denn sicher kennen Sie das: Da möchten Sie kurz die letzten Urlaubsbilder und -filme auf dem Fernseher zeigen, oder einen älteren Lieblingssong auf der Stereoanlage vorspielen. In der Regel beginnt dann das zeitaufwendige Kopieren der Daten von Gerät zu Gerät. Noch schwieriger wird es, wenn Sie unterwegs sind und nicht lokal auf die jeweiligen Geräte zugreifen können. Da käme ein sicher über das Internet erreichbarer Server mit zentral gehaltenen Daten gerade recht.

An dieser Stelle steht Ihnen Dennis Rühmer bei der Einrichtung Ihres ganz persönlichen Heimservers zur Seite. Mit seinen leicht verständlichen Erklärungen meistern Sie nicht nur die Installation des Pi-Rechners, sondern lernen auch die Grundlagen und Funktionsweise von Linux kennen. So konfigurieren Sie Ihr sicheres Heimnetzwerk und tauschen schon bald Dateien mit Familie und Freunden, richten Ihren eigenen VPN-Zugang ein, der Ihren Rechner von außerhalb erreichbar macht, oder basteln sich Ihre persönliche Telefonanlage. Und das alles mit der Hilfe von kommentierten Konfigurationsbeispielen, verständlichen Erklärungen und einer ganzen Menge Hintergrundwissen, das Sie künftig gewinnbringend in allen PC-Netzwerken und Linux-Distributionen anwenden können.

Sie finden, das klingt gut? Dann überlasse ich Sie nun ganz der Arbeit von Dennis Rühmer, der mit diesem Buch einmal mehr seine langjährige Erfahrung als Linux-Spezialist, Lehrender und Autor unter Beweis stellt. Ich bin sicher, dass Ihnen sein Buch eine große Hilfe sein wird.

Abschließend noch ein Wort in eigener Sache: Dieses Werk wurde mit großer Sorgfalt geschrieben, geprüft und produziert. Sollte dennoch einmal etwas nicht so funktionieren, wie Sie es erwarten, freue ich mich, wenn Sie sich mit mir in Verbindung setzen. Ihre Kritik und konstruktiven Anregungen sind uns jederzeit willkommen.

Ihr Sebastian Kestel
Lektorat Rheinwerk Computing

sebastian.kestel@rheinwerk-verlag.de
www.rheinwerk-verlag.de
Rheinwerk Verlag · Rheinwerkallee 4 · 53227 Bonn

Auf einen Blick

Wir hoffen, dass Sie Freude an diesem Buch haben und sich Ihre Erwartungen erfüllen. Bitte teilen Sie uns doch Ihre Meinung mit. Eine E-Mail mit Ihrem Lob oder Tadel senden Sie direkt an den Lektor des Buches: *sebastian.kestel@rheinwerk-verlag.de*. Im Falle einer Reklamation steht Ihnen gerne unser Leserservice zur Verfügung: *service@rheinwerk-verlag.de*. Informationen über Rezensions- und Schulungsexemplare erhalten Sie von: *sebastian.mack@rheinwerk-verlag.de*.

Informationen zum Verlag und weitere Kontaktmöglichkeiten finden Sie auf unserer Verlagswebsite *www.rheinwerk-verlag.de*. Dort können Sie sich auch umfassend und aus erster Hand über unser aktuelles Verlagsprogramm informieren und alle unsere Bücher versandkostenfrei bestellen.

An diesem Buch haben viele mitgewirkt, insbesondere:

Lektorat Sebastian Kestel, Christoph Meister
Fachgutachten Stefan Heinle
Korrektorat Petra Biedermann, Reken
Einbandgestaltung Mai Loan Nguyen Duy
Typografie und Layout Vera Brauner
Herstellung Melanie Zinsler
Satz III-satz GbR, Husby
Druck und Bindung Beltz Bad Langensalza GmbH, Bad Langensalza

Dieses Buch wurde gesetzt aus der TheAntiquaB (9,35/13,25 pt) in FrameMaker. Gedruckt wurde es auf chlorfrei gebleichtem Offsetpapier (90 g/m^2).

Bibliografische Information der Deutschen Nationalbibliothek
Die Deutsche Nationalbibliothek verzeichnet diese Publikation in der Deutschen Nationalbibliografie; detaillierte bibliografische Daten sind im Internet über *http://dnb.d-nb.de* abrufbar.

ISBN 978-3-8362-4052-9
© Rheinwerk Verlag GmbH, Bonn 2016
1. Auflage 2016

Inhalt

TEIL I   Grundlagen

1   Die erste Begegnung mit einem Heimserver   23

2   Installation des Betriebssystems   53

3   Erste Inbetriebnahme Ihres Servers   63

4   Grundlagen des Linux-Betriebssystems   99

5 Grundlagen des Netzwerks

6   Im Fehlerfall

TEIL II   Serverprojekte

7   Dateien im Netzwerk freigeben: ein allgemeiner Fileserver mit Samba

8 Medien per UPnP streamen: ein Medienserver mit MiniDLNA 249

9 Dateien per FTP übertragen: ein FTP-Server mit ProFTPD 263

10 Statusinformationen per E-Mail erhalten: sSMTP als MTA 283

11 Ein Drucker für alle: ein Printserver mit CUPS 295

12 Verwalten von Informationen und Anleitungen: ein eigenes Wiki mit DokuWiki 317

13 Der eigene Blog mit Chyrp 339

14 Die eigene Cloud mit ownCloud 359

15   VPN-Verbindungen mit OpenVPN 397

16 Ein eigener Radiosender

17 Von jedem Computer aus Fernsehen gucken: TV-Streaming mit TVHeadend 505

18 Das Fenster nach Hause: Bilder per Webcam übertragen mit »fswebcam« und »motion« 525

TEIL III   Sicherheit und Wartung

21   Die Sicherheit Ihres Heimservers 625

22 Wartung des Servers 687

23 Testen der Netzwerkgeschwindigkeit 705

24 Ein Backup erstellen 709

Geleitwort

Liebe Leserinnen, liebe Leser,

der Raspberry Pi und sein Derivat, der Banana Pi, sind vollwertige Linux-Rechner zu einem unglaublichen Preis. Trotz seiner geringen Größe leistet der Pi wirklich Erstaunliches. Was das ist und welche faszinierenden Anwendungsmöglichkeiten der sympathische Rechenzwerg für ein Heimnetzwerk bietet, zeigt Ihnen dieses neue Praxis-Buch.

In dem Werk »Heimserver mit Raspberry Pi und Banana Pi« stellt Ihnen der Autor Dennis Rühmer eine ambitionierte Bandbreite an verschiedenen Server-Anwendungen vor. Allen Diensten ist gemein, dass sie sich wunderbar auf dem eigenen Pi-Heimserver einsetzen lassen und viele sehr nützliche Funktionen für die Heimnetzwerk-Benutzer bieten.

Selbst als Linux-Einsteiger brauchen Sie keinen Respekt vor der Einrichtung der verschiedenen Anwendungen zu haben. Jeder Service wird in einem eigenen Kapitel behandelt, welches jeweils die Installation, Konfiguration, Erweiterung und, besonders lobenswert, auch die Absicherungsmaßnahmen umfasst. Sämtliche Schritt-für-Schritt-Anleitungen sind hervorragend nachvollziehbar und geben auch für komplexere Themen die Sicherheit, ans Ziel zu kommen. Das Buch rüstet Sie zudem mit einem wohldosierten Grundlagenwissen zu Netzwerken und Linux aus, so dass beispielsweise die eigene Cloud, ein Fileserver und Druckerserver, das Heim-Wiki, ein sicherer VPN-Zugang und sogar, mein persönlicher Favorit, die eigene Telefonanlage mit Asterisk, problemlos umsetzbar werden.

Ich hatte die letzten Monate über die Ehre, als Fachgutachter das Entstehen dieses Werkes zu begleiten. Bereits in der Rohfassung hat es mir enorm viel Spaß gemacht, die 600 Seiten durchzuarbeiten. Ich möchte den Autor herzlich zu diesem äußerst gelungenen Praxis-Begleiter gratulieren und bin mir sicher, dass viele Pi-Anwender, bzw. solche die es noch werden möchten, nur darauf gewartet haben. In dem Moment, in dem Sie dieses Buch in den Händen halten, sollte die Frage »Und was mache ich jetzt mit dem süßen Pi den ich bestellt habe?« beantwortet sein.

Besonders hervorheben möchte ich die Tatsache, dass Dennis Rühmer sehr viel Wert auf die Absicherung der Serverdienste und des Heimnetzwerks legt. Stets sind die notwendigen Schritte zur Datensicherheit integraler Bestandteil der Konfigurationsbeschreibungen. Sowohl die Linux-Boardmittel (z. B. Benutzer- und Gruppenrechte), als auch leistungsstarke (kostenlose) Zusatzpakete wie iptables oder fail2ban, werden großflächig behandelt und immer wieder aufgegriffen. Großer Bonuspunkt für Ihre eigene Sicherheit im Internet!

Ich möchte Ihnen dieses neue Buch nicht nur deshalb ans Herz legen, weil es mir persönlich sehr gut gefällt, sondern auch aus einem weiteren Grund: Der stromsparende Raspberry Pi fügt sich wunderbar in eine bestehende oder neu zu entwerfende intelligente Gebäudesteuerung ein. Er kann zahlreiche Aufgaben im Smart Home übernehmen und ist preislich fast ohne Konkurrenz. Als vollwertiger Linux-Rechner ist er in der Lage, die wichtigsten Server-Dienste im Bereich Heimautomation zu betreiben. Dazu zählen diverse Automatisierungs-Systeme wie OpenHAB und FHEM aber auch Server-Anwendungen für Multiroom-Audio/Video und natürlich Anbindungen an Bussysteme wie KNX und 1-Wire oder Funksysteme (z. B. EnOcean und ZigBee). Dabei stemmt der Raspberry Pi (insbesondere in der Version 3) auch problemlos mehrere dieser Dienste parallel.

Als überzeugter Raspberry-Anwender verrichten bei mir daheim beispielsweise drei dieser sympathischen Mini-Rechner ihren Dienst, einer davon sogar als Hutschienen-Gerät im Stromkreisverteiler. Tendenz: stetig steigend. Wenn Sie, wovon ich ausgehe, nach Durcharbeiten dieses Buches ebenfalls zum überzeugten Pi-Anhänger werden, sehen Sie sich im Anschluss das faszinierende Gebiet der Heimautomation an. Das bisher wohl umfangreichste Werk zu diesem Thema stellt Ihnen jede Menge ergänzende Anwendungen vor, ist seit November 2015 erhältlich und nennt sich: »Heimautomation mit KNX, DALI, 1-Wire und Co.«

Egal welche Aufgaben Sie für den neuen Star in Ihrem Heimnetzwerk ausgewählt haben – jetzt ist der richtige Moment sich in die bunte Welt der Pis einzuarbeiten und dieses großartige Buch wird Ihnen ein treuer Begleiter sein. Beginnen Sie also direkt mit Kapitel 1 und erfahren Sie, was Ihr künftiger Server alles für Sie leisten kann. Viel Vergnügen!

Stefan Heinle
www.heimautomation-buch.de

Vorwort

Sie interessieren sich dafür, einen Heimserver aufzubauen? Genau das wollen wir gemeinsam in diesem Buch machen: Wir nehmen einen modernen Einplatinen-Kleinstrechner und machen daraus einen Heimserver, der Sie im Alltag mit zahlreichen Funktionen unterstützen wird und für viel Freude sorgen kann. Ein solcher Server erfordert nur den Bruchteil des Strombedarfs eines Desktop-Computers und erreicht trotzdem eine erstaunliche Rechenleistung.

Mitbringen müssen Sie selber nicht viel, denn dies ist ein Einsteigerbuch. Natürlich sollten Sie über grundlegende Computerkenntnisse verfügen, ein Heimnetzwerk mit einem Router und Internetzugang haben und bereits einen Computer verwenden – wobei dessen Bauform und Betriebssystem nachrangig sind. Wir werden alle Schritte in diesem Buch ausführlich besprechen und mit vielen Abbildungen verdeutlichen – so werden Sie sich schnell zurechtfinden. Das Buch ist in einzelne Themenabschnitte gegliedert, von denen Sie diejenigen zuerst bearbeiten können, die Sie am meisten interessieren. Um dem Leser, der sich in dieses Themengebiet erst einarbeiten möchte, entgegen zu kommen, werden wichtige Arbeitsschritte wiederholt beschrieben.

Wir verwenden auf dem Server ein einfach zu erlernendes Linux-Betriebssystem, das mit der Kommandozeile arbeitet. Davor braucht niemand Angst zu haben, denn wir werden uns gemeinsam zuerst dieses System erarbeiten. Damit Sie nicht alle Befehle mühsam abtippen müssen, finden Sie im Internet auf der Verlagsseite *www.rheinwerk-verlag.de/4075* einen Bereich, in dem Sie MATERIALIEN ZUM BUCH herunterladen können. Hier erhalten Sie viele Text- und Konfigurationsdateien, die Sie bequem für Ihren eigenen Server übernehmen können. Außerdem enthält dieser Bereich eventuelle Ergänzungen und Aktualisierungen zur Thematik. Schauen Sie doch einmal herein!

Steigen wir also gemeinsam ein in die Welt der Heimserver und sehen wir uns an, welche vielfältigen Aufgaben ein solches Gerät übernehmen kann. Ich wünsche Ihnen viel Spaß bei der Lektüre dieses Buches und viel Freude an Ihrem eigenen Heimserver!

Dennis Rühmer, im Mai 2016

TEIL I

Grundlagen

Kapitel 1

Die erste Begegnung mit einem Heimserver

In diesem Kapitel werden wir klären, was eigentlich ein Server
genau ist und welche Aufgaben er Ihnen abnehmen kann.

Auf geht es! Jetzt werden wir gemeinsam in die Welt der Heimserver eintauchen. Ich werde zunächst einmal wichtige Begriffe und Aufgabengebiete klären. Danach befassen wir uns mit den Einplatinencomputern, um die sich dieses Buch dreht. Wir bauen gemeinsam Ihren kleinen Heimserver auf und wählen notwendige Zubehörkomponenten aus.

1.1 Was müssen Sie mitbringen, und wie werden wir vorgehen?

Dieses Buch richtet sich an Servereinsteiger, die sich für einen kleinen Server im Heimnetz interessieren und die Thematik erst einmal kennenlernen möchten. In diesem Buch werde ich von Ihnen daher keine Serverkenntnisse erwarten, sondern Sie werden diese von Grund auf erlernen. Sie sollten jedoch schon ein gewisses Grundwissen im Umgang mit Computern mitbringen. Das ist aus zwei Gründen erforderlich: Zunächst einmal müssen Sie natürlich wissen, wo Ihnen ein Serverdienst überhaupt behilflich sein kann und was Sie von ihm erwarten können. Sie benötigen aber auch ein Grundwissen im Umgang mit Computern, da Sie Ihren Server ja komplett allein aufsetzen werden. Grundbegriffe wie Benutzernamen und Passwörter, die Bedeutung von Programmen und deren Installation und der Umgang mit Dateien und Verzeichnissen auf Datenträgern sollten Ihnen also schon geläufig sein. Sie benötigen auch ein gefestigtes Grundwissen im Umgang mit Ihren bisherigen Computern, insbesondere mit den Optionen des jeweiligen Betriebssystems.

Wir werden in diesem Buch mit einem ansteigenden Schwierigkeitsgrad arbeiten. So werden wir uns zunächst mit dem Zusammenbau des Servers befassen, uns anschließend dem Download und der Installation des Betriebssystems widmen und dieses anschließend kennenlernen. Danach kümmern wir uns um die einzelnen Serverdienste. In den ersten Kapiteln werde ich jeden Schritt einzeln durchgehen, so dass sich auch ein Einsteiger gut zurechtfindet. In den späteren Kapiteln werde ich einige Grundpraktiken als bekannt voraussetzen und diese nicht mehr bis ins kleinste Detail besprechen. Zum Abschluss des Buches werden wir uns dann mit der Absicherung des Servers beschäftigen. Diese Schritte setzen dann schon eine gewisse Erfahrung im Umgang mit Ihrem Server voraus.

Am besten ist es also tatsächlich, wenn Sie dieses Buch von Anfang bis Ende durcharbeiten. Insbesondere die ersten Kapitel inklusive der ersten Serverprojekte sollten Sie in der vorgegebenen Reihenfolge bearbeiten und auch verinnerlichen. Danach können Sie einzelne Projekte, die Sie nicht interessieren, durchaus überspringen. Es ist jedoch empfehlenswert, diese trotzdem zumindest durchzulesen. Sie lernen so den einen oder anderen Kniff und verinnerlichen den Ablauf der Servereinrichtung. Natürlich können Sie die Projekte auch jederzeit zur Übung auf einer zweiten Speicherkarte (das werde ich noch im Detail besprechen) realisieren und dadurch üben. Sie sollten jedoch nicht gleich, nachdem Sie die Einleitung gelesen haben, eines der späteren Projekte umsetzen. Die Gefahr ist groß, dass ein Anfänger hier Fehler macht und sich noch nicht zu helfen weiß. Dann sind Enttäuschung und Frustration vorprogrammiert. Wenn Sie hingegen schon etwas routinierter sind, dann erkennen Sie rasch, an »welchen Schrauben Sie drehen müssen«, falls ein Projekt nicht sofort funktioniert, und kontrollieren beispielsweise instinktiv die Zugriffsrechte auf ein Zielverzeichnis.

Wenn Sie dieses Buch komplett durchgearbeitet haben, werden Sie keinesfalls ein Serverprofi sein. Das Thema ist sehr komplex. Professionelle Serveradministratoren haben im Regelfall eine umfangreiche, hochspezialisierte Ausbildung durchlaufen. Eine solche Ausbildung kann durch ein kleines Einsteigerbuch niemals ersetzt werden. Da wir uns dem Thema erstmals nähern, müssen wir auch an einigen Stellen Vereinfachungen vornehmen. Ansonsten wäre die Thematik sehr schwer zu überblicken. Ich werde also an einigen Stellen beispielsweise schlicht den Begriff »Linux« verwenden, anstelle korrekt die jeweiligen Komponenten des Betriebssystems zu benennen. Ein wirklicher Profi würde das natürlich nicht so machen. Auch wenn Sie die Thematik also nicht bis ins Detail kennenlernen werden, so werden Sie nach der Lektüre dieses Buches aber in der Lage sein, weiterführende Literatur zu nutzen, um noch tiefer in die Thematik einzusteigen.

Folglich wollen wir in diesem Buch auch kein professionelles System aufbauen, das etwa jeder Art von »Hacker-Angriffen« standhält. Wir wollen uns zunächst darauf konzentrieren, einen Heimserver aufzubauen, der seine Dienste für das jeweilige Heimnetz anbietet. Unser Ziel ist es nicht unbedingt, einen Server aufzusetzen, der seine Dienste ständig im Internet offeriert. Aber wir werden versuchen, mit überschaubarem Aufwand ein Gerät zu konfigurieren, das – wenn es erforderlich wird – auch zumindest temporär aus dem Internet erreichbar sein und sich gegen eine Vielzahl »üblicher« Angriffsszenarien schützen kann.

Ganz wichtig ist aber, dass alle Dienste nur für den privaten Rahmen bestimmt sind. Das soll heißen, dass diese Dienste nur von Ihnen und von Ihren Familienmitgliedern genutzt werden sollen. Sie können den Benutzerkreis auch ohne weiteres auf Freunde und Bekannte ausdehnen, die Sie persönlich beispielsweise über eine E-Mail auf Ihren Server »einladen«, indem Sie etwa einen Link versenden. Die Serveranwendungen sind jedoch keinesfalls dafür gedacht, »öffentlich« zugänglich zu sein. Unsere Projekte sind nicht dafür ausgelegt, sie einem breiten, unbekannten Benutzerkreis zugänglich zu machen. Sie sollten also keine Links zu Ihrem privaten Server etwa in einem Forum veröffentlichen. Ebenso wenig sind unsere Projekte dazu geeignet, »offizielle« Internetpräsenzen zu realisieren. Wenn Sie an öffentlichen Projekten interessiert sind, dann sollten Sie sich mit spezialisierter Literatur befassen, die nicht nur den jeweiligen Dienst beschreibt, sondern sich auch eingehend mit dem Bereich der Sicherheit und vor allem auch mit den rechtlichen Rahmenbedingungen auseinandersetzt.

Bevor wir anfangen, noch eine Bitte: Auch wenn es manchmal schwerfällt, sollten Sie ein Kapitel vor der Umsetzung am Computer zunächst unbedingt durchlesen und verstehen. Oftmals erläutere ich einen bestimmten Befehl, nachdem ich ihn genannt habe, noch einmal ausführlich, und es kann sein, dass Sie einige Elemente noch anpassen müssen. Es wäre schade, wenn Sie ihn verfrüht und damit falsch zur Ausführung bringen.

An dieser Stelle möchte ich auch noch einmal an das Vorwort erinnern: Über die dort genannte Internetadresse können Sie viele Konfigurationstexte dieses Buches als Datei herunterladen und sparen sich so das mühsame Abtippen.

Nun aber viel Spaß bei der Einrichtung Ihres ersten Heimservers!

1.2   Was ist ein Server?

Ein *Server* ist ein Computer, der für andere Computer in einem Netzwerk bestimmte Dienste zur Verfügung stellt. Die anderen Computer können dann diese Dienste nutzen. Die angebotenen Dienste können sehr vielfältig sein. Der Server kann beispielsweise Dateien verschiedenster Art bereitstellen. Man nennt ihn dann einen *Fileserver*, abgeleitet von der englischen Bezeichnung *file* für eine Datei. Bei den Dateien kann es sich um Dokumente, aber auch um Mediendateien wie Fotos, Musikstücke und Videos handeln. Andere Computer (beziehungsweise deren Benutzer) können die Dateien herunterladen, bearbeiten und wieder auf den Server laden. Ein Server kann allerdings auch gezielt bestimmte Daten aus ausgewählten Dateien verwalten. So lassen sich beispielsweise Kalender mit Terminen, Aufgaben und anderen Einträgen verwalten. Auf diese Kalender können mehrere Endgeräte zugreifen und ihren eigenen Datenbestand abgleichen. So zeigen alle Endgeräte eines Benutzers dieselben Einträge in ihren Kalendern an. Ein Server kann aber auch ein *Printserver* sein, der Druckdienste im Netzwerk bereitstellt und Druckaufträge an einen angeschlossenen Drucker weiterleitet. Es gibt auch *Webserver*, die eine Internetseite an die Betrachter verteilen. Wir wollen auch nicht den *Überwachungsserver* vergessen, der es beispielsweise mehreren Computern erlaubt, Bilder von Überwachungskameras zu betrachten. Sie sehen schon: Die Aufgaben eines Servers können sehr vielfältig sein.

Im Regelfall stellt ein Server seine Dienste für mehrere Computer, die sogenannten *Clients*, zur Verfügung. Der Begriff »Server« kann auch abstrakter aufgefasst werden. Ein einzelner Computer kann sowohl für andere Computer Dienste anbieten und somit ein Server sein, aber auch selbst Dienste anderer Server nutzen. Es kann auch auf einem Computer einen Serverdienst geben, der nur auf diesem Computer von einem einzelnen Programm genutzt wird. Uns soll aber zunächst die einfache, strikt getrennte Betrachtung genügen, bei der ein Server ein eigenständiger Computer ist, dessen Hauptaufgabe darin besteht, für andere Computer Dienste anzubieten.

Generell kann ein Server nur für eine einzelne Aufgabe ausgelegt sein (je nach deren Umfang oder Wichtigkeit) oder aber, was im Privatbereich eher anzutreffen sein wird, mehrere Aufgaben gleichzeitig übernehmen. In einem Netzwerk können durchaus mehrere Server vorhanden sein. Teilweise können sich auch mehrere Server eine Aufgabe teilen (man spricht dann von *Lastverteilung*), aber dies wird im Privatbereich eher selten genutzt.

Sehr häufig laufen Server rund um die Uhr und bieten ihre Dienste fortwährend an. Oftmals ist dies sogar eine unabdingbare Forderung. Die Website eines Unternehmens muss beispielsweise ständig erreichbar sein. In Schwachlastzeiten, beispielsweise nachts, können die Server Wartungsaufgaben durchführen (dazu zählen etwa Softwareaktualisierungen oder Backups). Je nach Aufgabe kann ein Server nachts auch abgeschaltet werden. Ein privater Fileserver für Mediendateien braucht beispielsweise nachts nicht durchzulaufen, wenn seine Benutzer üblicherweise schlafen. Das nächtliche Abschalten ist jedoch selten anzutreffen. Das liegt auch daran, dass elektrische Komponenten übermäßig häufig beim An- und Abschalten kaputt gehen. Dies kennt man vor allem von der Glühlampe. Damit sie möglichst ständig verfügbar sind, werden Server für kritische Aufgaben folglich sehr robust ausgelegt. Oftmals kommen besondere Komponenten zum Einsatz, zum Beispiel Speicher mit einer Fehlererkennung und -korrektur oder auch redundante Netzteile. Grundlegend betrachtet ist ein Server jedoch ein normaler Computer, und jeder normale (netzwerkfähige) Computer kann Serveraufgaben übernehmen.

An einem reinen Server wird üblicherweise nicht »normal« gearbeitet. Man setzt sich also nicht direkt an den Server, um dort eine Textverarbeitung zu bedienen. Dies macht man an gewöhnlichen Arbeits- oder Desktopcomputern. Deswegen hat ein reiner Server beispielsweise auch keine besonders gute Grafikkarte – die braucht er ja auch nicht. Auch eine Soundkarte ist nicht nötig. Dieses Spielchen geht noch weiter: Ein Server lässt sich – er ist ja schließlich an das Netzwerk angeschlossen – problemlos durch andere Computer fernsteuern. Seine Bedienung, Wartung und Konfiguration können also aus der Ferne, man sagt auf Neudeutsch »remote«, erfolgen. Das führt dazu, dass ein Server noch nicht einmal einen Monitor oder eine Tastatur oder gar eine Maus benötigt. Stattdessen ist ein Server oft nur eine schlichte »Black Box« mit einem Netzwerkanschluss, die irgendwo aufgestellt und betrieben wird. In einer Firma geschieht dies in einem Serverraum (der je nach Größe klimatisiert und feuergeschützt ist). Im privaten Umfeld kann dies auch ein Kellerraum sein, Hauptsache, es ist ein Netzwerkanschluss vorhanden (und natürlich ein Stromanschluss). Natürlich bietet ein Server auch Schnittstellen für Ein- und Ausgabegeräte, die oft jedoch nur im Störungsfall angeschlossen werden. Einen Server, der ohne Monitor und Eingabegeräte betrieben wird, nennt man auch einen *Headless Server*. Er arbeitet quasi »kopflos«. Wir wollen in diesem Buch explizit einen solchen Headless Server besprechen.

1.3   Was kann Ihnen ein Heimserver bringen?

Vielleicht fragen Sie sich jetzt, was Ihnen und Ihrer Familie ein Heimserver so alles bringen kann und wo die Vorteile eines eigenen Heimservers liegen. Grundsätzlich lässt sich der Anwendungsbereich eines Heimservers aus unserer (wenn auch nicht allumfassenden) Serverdefinition ableiten: Ein Server ist immer dann sinnvoll, wenn ein Dienst beziehungsweise eine Dienstleistung von mehreren anderen Computern sinnvoll genutzt werden kann. Beachten Sie, dass ich hier nur von »mehreren anderen Computern« und nicht von »mehreren anderen Benutzern« gesprochen habe. Ein Server kann auch für eine einzelne Person sinnvoll sein, die mehrere Endgeräte betreibt. Betrachten wir nun ein paar sinnvolle Einsatzgebiete für einen Heimserver.

Beginnen wir mit der eingangs erwähnten Kalenderverwaltung. Sie können auf Ihrem Server einen zentralen Kalender verwalten, in dem diverse Endgeräte (Smartphones, Tablet-PCs, Notebooks, gewöhnliche PCs ...) Einträge vornehmen können. Diese Einträge werden zentral auf dem Server gespeichert, und alle Endgeräte synchronisieren ihre Kalendereinträge, so dass Ihnen überall die gleiche Terminliste angezeigt wird. Natürlich kann jedes Familienmitglied seinen eigenen Kalender bekommen. Sie können auch Ihre Kontaktliste zentral verwalten, so dass auf jedem Gerät alle Ihre Kontakte mit kompletten Rufnummern- und Adresslisten angezeigt werden.

Sinnvoll ist sicherlich auch die Nutzung als Fileserver. Dateien, die von mehreren Geräten genutzt werden, können zentral auf dem Server abgelegt werden. Jedes Gerät kann dann auf diese Dateien zugreifen. Das Ganze geht natürlich auch mit einem Passwortschutz, damit nicht jeder Benutzer die Daten aller anderen Benutzer einsehen kann. So kann der Server ein zentrales Speichermedium sein, das beispielsweise auch Speicherplatz für die Backups der anderen Computer im Netzwerk anbietet.

Sicherlich sehr interessant ist in diesem Zusammenhang die Funktion des Medienservers. Alle Mediendateien Ihrer Familie (Fotos, Musik, Filme und Serien und allgemeine Videoclips) können zentral auf Ihrem Server gespeichert und dann von dort aus an die einzelnen Endgeräte verteilt werden. So können Sie im Garten oder auf dem Balkon Ihre Lieblingsmusik hören, ohne sie vorher auf das Smartphone kopieren zu müssen. Natürlich kann man sich auch seine Fotos überall anschauen – und zwar bei Bedarf auch gleichzeitig oder quer gemischt auf verschiedenen Endgeräten. Sie können auch einen Film auf Ihrem Fernseher im Wohnzimmer beginnen (wenn dieser einen Medienplayer hat) und auf dem Zweitgerät im Schlafzimmer fortsetzen. Natürlich können Sie den Film auch auf dem Tablet im Garten zu Ende schauen. Sie können sich auch das aktuelle Fernsehprogramm vom Server aus in das Netzwerk verteilen lassen und so das Fernsehprogramm etwa auf Ihrem Tablet auf dem Balkon verfolgen.

Der Server kann auch einen Zugangspunkt für ein virtuelles privates Netzwerk (kurz: *VPN*) bilden. Über ein eigenes VPN können Sie von unterwegs auf die Dienste des Servers und optional sogar auf Ihr ganzes Heimnetzwerk sicher verschlüsselt zugreifen.

Es ist auch möglich, dass Sie sich Ihre eigene *Cloud* einrichten. Dieser zeitgenössische Begriff beschreibt den Ort, an den Daten oder sogar ganze Programme von Ihrem Arbeitsrechner hin umziehen. Die Cloud ist ein Server, der über das Internet weltweit erreichbar sein kann – was einige Vorteile mit sich bringt. So können Sie etwa Bildergalerien Ihres letzten Urlaubs erzeugen und sie mit ausgewählten Freunden zur Ansicht teilen. Dasselbe gilt natürlich ganz allgemein für Dateien jeder Art. Es ist sogar möglich, dass Ihre Kinder gemeinsam mit Freunden an Schul- oder Studienprojekten arbeiten. Auch Sie selbst können Daten eines Projekts auf verschiedenen Rechnern synchron halten. Ebenso kann der Cloudserver eine zentrale Notizsammlung verwalten.

Natürlich können Sie auf dem Server auch eine eigene Internetseite ablegen und diese nur in Ihrem eigenen Netzwerk oder sogar weltweit im Internet anbieten beziehungsweise veröffentlichen (man nennt diesen Vorgang umgangssprachlich oft »hosten«). Möglich ist zum Beispiel Ihr eigenes Wiki, in dem Sie rein familieninternes Wissen wie Kochrezepte speichern. Sie können auch Ihren eigenen privaten Blog führen, der über Ihre VPN-Verbindung von überall aus gefüllt werden kann.

Wir können zusammenfassen: Immer dann, wenn es in irgendeiner Form um die zentrale Datensammlung und -verteilung geht, dann ist ein Heimserver sinnvoll. Ich werde in diesem Buch eine Menge möglicher Einsatzgebiete besprechen, von denen Sie dann gezielt diejenigen realisieren können, die Sie am meisten interessieren.

Vielleicht wundern Sie sich jetzt darüber, dass so manche der Ideen, die ich Ihnen eben vorgestellt habe, doch bereits im Internet kostenlos angeboten werden. Schließlich gibt es doch eine Menge verschiedener Cloud-Dienste, die eine Dateisynchronisation oder sogar das gemeinsame Bearbeiten von Dokumenten anbieten. Auch Kalenderdienste und Notizdienste sind weitverbreitet. Ja, das ist richtig. Warum sollten Sie solche Dienste dann mit einem eigenen Heimserver realisieren? Nun, der Hauptgrund für einen eigenen Heimserver liegt in der Datensicherheit. Vergessen Sie nicht, dass Sie Ihre privaten Daten üblicherweise einem Cloud-Anbieter anvertrauen. Sie müssen selbst entscheiden, ob Sie dabei ein mulmiges Gefühl bekommen. Nicht selten äußern Datenschützer Bedenken gegenüber den Cloud-Diensten, denn diese verdienen schließlich teilweise mit Ihren Daten Geld. Zwar wird dort niemand Ihre private Post lesen und dann mit Ihrer Nachbarin herzhaft tratschend über Sie herziehen, aber es ist denkbar, dass Ihre Daten automatisiert nach bestimmten Schlagwörtern durchsucht werden, damit Ihnen bei nächster Gelegenheit passende Werbung angezeigt werden kann. Auf Ihrem privaten Heimserver passiert das (mit vertrauenswürdiger Software) nicht. Außerdem sind Ihre Daten bei einem Ausfall der Internetverbindung noch jederzeit verfügbar, lediglich um ein Backup der Daten und deren Verfügbarkeit müssen Sie sich selbst kümmern.

Darüber hinaus können auch (noch) nicht alle Aufgaben bereits von Cloud-Anbietern übernommen werden: Ihre gesamte Mediensammlung können Sie kaum ins Internet auslagern und von dort dann bequem an mehrere Endgeräte zu Hause streamen – das würde beachtliche Kosten verursachen, da ist ein Heimserver günstiger. Außerdem ist natürlich der (Daten-)Zugriff über den Heimserver bedeutend schneller als über das Internet.

Lassen Sie sich abschließend versichern, dass Sie mit einem Heimserver eine Menge Spaß haben werden und auch eine Menge über Computer und Server lernen werden – das ist auch nicht zu verachten!

1.4   Was sind ein Raspberry Pi und ein Banana Pi?

Sowohl der Raspberry Pi als auch der Banana Pi (wir wollen beide fortan kurz als Pi-Computer zusammenfassen) sind sogenannte *Einplatinen-Kleinstrechner*. Dieser Ausdruck besagt, dass alle wichtigen Komponenten, die ein Computer erfordert, auf einer einzelnen Platine vorhanden sind. Wenn Sie sich bereits mit dem Aufbau normaler Computer auskennen, dann sind Sie sicherlich mit dem sogenannten *Mainboard* vertraut. Dieses Mainboard bringt als »Grundplatte« eines Computers bereits eine Menge an Hardware mit, bildet aber noch keinen kompletten Rechner. Im Regelfall müssen Sie einen Prozessor aufstecken sowie Arbeitsspeicher einbauen und gegebenenfalls eine Grafikkarte sowie weitere Hardwarekomponenten hinzufügen. Erst dann haben Sie einen funktionsfähigen Rechner. Bei einem Einplatinenrechner sind alle diese Bauteile bereits auf der Grundplatine vorhanden und im Regelfall sogar fest aufgelötet. Ein solcher Rechner bringt also gleich einen Prozessor samt Grafikkarte, Soundkarte und Arbeitsspeicher mit. Natürlich sind auch wichtige Schnittstellen wie etwa USB- und Netzwerkanschlüsse vorhanden. Während auf dem Mainboard eines normalen PCs noch sehr viele »externe« Bausteine für diverse Schnittstellen und Funktionen vorhanden sind, werden bei einem Einplatinenrechner sehr viele Funktionalitäten direkt in den Prozessor integriert – man spricht dann von einem *System-on-Chip*, kurz *SoC*. Auch wenn es das Wort vermuten lässt, ist ein Einplatinenrechner nicht unbedingt ein sofort arbeitsfähiger Rechner. Zum Betrieb eines Pi-Computers fehlt zum Beispiel noch ein Speichermedium mit dem Betriebssystem, denn dieses befindet sich – jedenfalls bei den hier vorgestellten Pi-Computern – nicht direkt auf der Platine. Stattdessen wird in einen aufgelöteten Speicherkartenleser eine Speicherkarte eingelegt, die Sie von der Digitalkamera oder dem Smartphone her kennen. Diese dient sozusagen als Festplatte des Rechners. Für den normalen Rechnerbetrieb sind natürlich außerdem eine Tastatur, eine Maus und ein Monitor, gegebenenfalls auch Lautsprecher sowie ein Netzteil erforderlich. Das Netzteil ist übrigens meistens ein Modell, wie Sie es vom Ladegerät eines Smartphones her kennen, genutzt wird nämlich ein Steckernetzteil mit einem Micro-USB-Anschluss. Das ist also eine sehr flexible und günstige Lösung. Mit diesen Komponenten erhalten Sie einen vollwertigen Computer. Mit ihm können Sie Texte schreiben, im Internet surfen, Programme schreiben und Spiele spielen. Das alles ermöglicht ein Gerät, das – in universellen Einheiten gesprochen – gerade einmal die Fläche von $0{,}00788 \times 10^{-6}$ Fußballfeldern belegt, worauf die Bezeichnung »Kleinstrechner« hinweist. Natürlich kommen auf einem solchen Pi-Computer mit den Maßen von etwa 9 × 6 Quadratzentimetern, der zu Preisen von etwa 35 Euro gehandelt wird, keine ultimativen Hochleistungskomponenten zum Einsatz. Stattdessen werden Prozessoren verwendet, die etwa die Rechenleistung eines Mittelklasse-Smartphones mitbringen, dafür aber eben sehr stromsparend arbeiten. Einen Hochleistungsrechner erhält man also nicht.

Wer denkt sich so etwas aus, und wozu braucht man denn solche Computer? Der Raspberry Pi wurde hauptsächlich als »Lerncomputer« erfunden. Ältere Semester erinnern sich noch an klassische Heimcomputer wie den legendären Commodore 64 (C64). Bei einem solchen Computer war es selbstverständlich, dass er eine fest eingebaute Programmiersprache mitbrachte, die der Anwender sofort benutzen konnte. So war es auch nicht unüblich, dass in damaligen Computerzeitschriften Programmtexte zum Ausprobieren und Abtippen abgedruckt wurden. Der Raspberry Pi sollte hieran wieder anknüpfen und den Ansatz weiterentwickelt in die moderne Zeit über-

1

tragen. Sie erhalten einen kleinen, aber vollwertigen Computer, der zwar nur eine begrenzte Leistung mitbringt, dafür aber sehr günstig ist. Der Raspberry Pi bringt gleich eine Anzahl von programmierbaren Pins mit, die sich über ein entsprechendes Programm frei steuern lassen. Somit dient dieser kleine Computer als ein Lernwerkzeug, das wissbegierige Menschen (allen voran Schüler und Studenten) beim Erlernen einer Programmiersprache unterstützt. Dank der Pins lässt sich mit dem Raspberry Pi und einigen typischen Elektronikkomponenten wie Motoren, Displays und Leuchtdioden eine unüberschaubare Vielzahl an Bastelprojekten realisieren, von kleinen Lichtorgeln bis hin zu kompletten Robotern. Als Betriebssystem kommt dabei normalerweise ein Linux-System zum Einsatz. Dies bringt gleich noch einen weiteren Effekt mit sich, denn der Raspberry Pi ermöglicht also auch gleich das Erlernen dieses sehr mächtigen Betriebssystems.

Schnell bildeten sich große Gruppen mit begeisterten Fans dieses kleinen Computers, die eine gigantische Anzahl an Projekten realisierten. Dabei blieb der Einsatz des Raspberry Pi nicht nur auf das Erlernen des Programmierens beschränkt. Dank der bereits genannten Schnittstellen ist der Pi-Computer auch ideal geeignet, um eigene Digital-Elektronik-Schaltungen zu entwickeln und zu benutzen. Viele Projekte setzen ihn auch einfach als normalen Computer ein und ermöglichen Anwendungen, die sich am Medienkonsum orientieren, wie den Einsatz als vollwertiges Mediacenter. Damit kann man Musik hören und Filme anschauen. Es gibt auch Anwendungen, die sich speziell auf die hochwertige Musikwiedergabe verstehen. Aufgrund der eher verhaltenen Klangqualität der internen Audiohardware werden hierfür jedoch üblicherweise weitere Komponenten benötigt – die sich jedoch sehr einfach anschließen und verwenden lassen. Natürlich ist aber auch der Einsatz als ganz normaler Arbeitsrechner möglich.

Hierbei wurde aber doch schnell die recht begrenzte Rechenleistung hinderlich. Diese limitierte auch viele umfangreiche Bastelprojekte mit dem kleinen Rechner. Daher haben sich mehrere Entwicklergruppen daran gemacht, alternative Konkurrenzprodukte zu entwickeln. Obwohl diese weder direkt mit dem Raspberry Pi noch mit der übergeordneten Organisation, der Raspberry Pi Foundation, verwandt sind, tragen diese Entwicklungen lustigerweise ähnliche Bezeichnungen wie beispielsweise der Banana Pi oder der Orange Pi. Daneben gibt es weitere Entwicklungen wie das Beagle-Board, das CubieBoard oder den Odroid. Ihnen allen ist gemeinsam, dass sie ebenfalls Einplatinen-Kleinstrechner sind, die aber eine deutlich höhere Rechenleistung aufweisen als der ursprüngliche Raspberry Pi. Das wiederum hat die Entwickler des Raspberry Pi dazu veranlasst, auch ihren originären Ansatz mittlerweile bereits mehrfach zu überarbeiten und dem Raspberry Pi ein ordentliches Leistungsupdate zu gönnen. Für das, was wir in diesem Buch vorhaben, nämlich den Aufbau eines kompakten Heimservers, sind aufgrund der jeweiligen Hardwareausstattung und der verfügbaren Software sowie der Verbreitung und Verfügbarkeit vor allem zwei Entwicklungen interessant: Zum einen ist dies die aktuelle und neueste Entwicklung des Raspberry Pi, zum anderen ist dies der alternative Banana Pi. Bevor wir uns in Einzelheiten verlieren, schauen wir uns zunächst einmal an, warum diese kleinen Rechner überhaupt für den Einsatz als Heimserver interessant sind.

1.5   Warum ist ein Raspberry Pi oder ein Banana Pi interessant für einen Heimserver?

Wieso sollte man auf die Idee kommen, einen Einplatinen-Kleinstrechner, der eigentlich für Lern- und Bastelzwecke gedacht ist, als Heimserver zu verwenden?

Nun, ein Pi-Computer ist deshalb so interessant, weil er zunächst sehr günstig in der Anschaffung ist und einen extrem niedrigen Stromverbrauch hat, wodurch also auch die Betriebskosten sehr niedrig bleiben. Dafür bringt er aber eine beachtliche Rechenleistung mit, die für sehr viele Serveraufgaben mehr als ausreicht.

Der reine Pi-Computer kostet nur etwa 35 Euro. Das ist aber nur die nackte Platine, hinzu kommen noch Kosten für ein Gehäuse, ein Netzteil und eine Speicherkarte, so dass mit einem Gesamtpreis von rund 75 Euro zu rechnen ist. Dafür bekommt man keinen anderen »richtigen« Computer. Damit ist diese Lösung schon einmal interessant für diejenigen, die einen Heimserver erst einmal ausprobieren und kennenlernen wollen – Einsteiger also.

Der Stromverbrauch eines Pi-Computers ist sehr niedrig. Der Banana Pi hat im Leerlauf beispielsweise eine Leistungsaufnahme von weniger als 2 Watt. Auch unter Last wird es nicht viel mehr. Damit betragen die Stromkosten bei ständigem Dauerbetrieb etwa fünf Euro – und zwar pro Jahr. Es gilt dabei folgende Rechnung: 1 Watt Dauerleistung führt zu einem Stromverbrauch von 8,76 kWh pro Jahr. Das sind selbst bei einem Preis von 0,30 Euro/kWh genau 2,62 Euro. Sie sehen, dies ist sehr wenig; ein Pi-Computer kann also durchaus ständig aktiv sein, was ihn für den Serverbetrieb sehr interessant macht. Lediglich angeschlossene Geräte (beispielsweise Speichermedien) erhöhen den Stromverbrauch. Wenn Sie aber beispielsweise USB-Sticks oder auch sparsame externe Festplatten (wie etwa SSDs oder auch »grüne« herkömmliche Modelle) verwenden, dann können Sie auch hier von weniger als 5 Euro Kosten pro Jahr ausgehen.

Selbst mit einem Gehäuse ist ein Pi-Computer sehr klein. Er kann zum Beispiel auch hinter einem Fernseher oder auf der Fensterbank versteckt werden – es gibt sogar spezielle Gehäuse zur Montage auf der sogenannten Hutschiene im Stromverteilerkasten. Aufgrund des geringen Stromverbrauches benötigt ein Pi-Computer keinen

1.6 Welchen Pi-Computer sollten Sie für Ihren Heimserver nehmen?

1

Lüfter; er ist absolut geräuschlos und kann auch im Schlafzimmer stehen. Der Aufstellungsort ist nahezu beliebig, es muss nur eine Netzwerkverbindung vorhanden sein. Sie sollten natürlich auf einen sicheren und gut belüfteten Aufstellungsort (natürlich in einem Innenraum) achten, an dem sich sicherheitshalber keine leicht brennbaren Gegenstände befinden.

Der Pi-Computer verwendet wie zuvor erwähnt in den meisten Fällen ein Linux-Betriebssystem. Auch dieses bringt Vorteile, eventuell aber auch einen Nachteil mit sich. Die eigentliche Software (gemeint sind sowohl das Betriebssystem als auch die eigentlichen Programme) ist zunächst einmal kostenlos. Ich werde in diesem Buch nur Open-Source-Projekte besprechen, die von jedermann entgeltfrei genutzt werden können – es entstehen also keine weiteren Kosten. Allerdings bedeutet dies auch, dass ein Pi-Server kein fertiges Gerät »zum Hinstellen, Anschalten und Vergessen« ist. Nein, man muss sich schon damit befassen, Software zu installieren, einzurichten, zu konfigurieren und ab und an auch zu prüfen und zu warten. Dabei hilft Ihnen dieses Buch. Und Sie, ja, Sie werden auch eine Menge lernen – und dazu sind die Pi-Computer ja auch gedacht. Sie werden also kein passiver Konsument, der eine Menge Geld auf den Tisch gelegt hat und dann ein paar knappe Bedienungsleitungen zu lesen hat, sondern Sie werden zu jemandem, der sich anschließend auch (ein wenig) mit der Materie auskennt. Das hat doch auch einen gewissen Charme, oder?

1.6 Welchen Pi-Computer sollten Sie für Ihren Heimserver nehmen?

Wie wir zuvor schon festgelegt haben, sind für den Einsatz als Heimserver vor allem der neueste Raspberry Pi sowie der Banana Pi interessant. Diese unterscheiden sich in einigen Details und machen sich damit für unterschiedliche Anwendungen interessant. Schauen wir uns doch zuerst einmal den jeweiligen Aufbau im Detail an und beginnen beim Raspberry Pi.

1.6.1 Der Raspberry Pi

Beim Raspberry Pi ist es wichtig, dass wir uns auf die derzeit leistungsstärkste Entwicklung konzentrieren. Vom Raspberry Pi gibt es nämlich mehrere Versionen, der kleine Computer wird ständig weiterentwickelt. Anfang des Jahres 2015 erfuhr der ursprüngliche Raspberry Pi durch den Einsatz eines neuen Prozessors eine deutliche Leistungssteigerung. Diese Version nennt sich Raspberry Pi 2 Modell B.

Eine weitere Aktualisierung gab es im Frühjahr 2016. Auch hier wurde die Rechengeschwindigkeit weiter erhöht, und es wurden sogar eingebaute WLAN- und Bluetooth-Schnittstellen hinzugefügt.

Abbildung 1.1 Der Raspberry Pi Modell B+ der ersten Generation
bestückt mit optionalen Kühlkörpern

Abbildung 1.2 Der Raspberry Pi 3 Modell B – äußerlich sehr ähnlich
zu den Vorgängermodellen

Diese derzeit neueste Version nennt sich Raspberry Pi 3 Modell B. Kernstück ist ein
SoC des Herstellers Broadcom vom Typ BCM2837. Als Rechenwerk ist ein Vierkern-

prozessor integriert, dessen Kerne mit jeweils 1.200 MHz getaktet sind. Ein SoC vereint möglichst viele Systemfunktionen beziehungsweise -elemente in einem einzigen Bauteil. Dem Prozessor stehen 1.024 MB an Arbeitsspeicher (neudeutsch: RAM, von englisch: Random Access Memory) zur Verfügung, die gemeinsam mit der integrierten Grafikeinheit genutzt werden. Der Raspberry Pi 3 Modell B bietet vier USB-2.0-Anschlüsse, die von einem eingebauten Hub bereitgestellt werden. Für Serveranwendungen ist natürlich die Netzwerkschnittstelle besonders wichtig. Hier bietet der Raspberry Pi einen LAN-Anschluss mit einer Geschwindigkeit von 100 MBit/s. Negativ anzumerken ist, dass diese LAN-Schnittstelle zusammen mit allen USB-Anschlüssen von einem elektronischen Baustein bereitgestellt wird, der über eine einzelne, gemeinsam genutzte USB-Verbindung an den Hauptprozessor angeschlossen ist. Das bedeutet in der Praxis, dass sich alle angeschlossenen USB-Geräte zusammen mit der Netzwerkschnittstelle den Datentransfer über eine einzelne USB-Leitung teilen und sich somit gegebenenfalls gegenseitig ausbremsen. Zusätzlich bietet dieser Raspberry Pi erstmals ein eingebautes WLAN-Modul (mit integrierter Antenne), das eine maximale Brutto-Datenübertragungsrate von bis zu 150 MBit/s erreicht. Als Massenspeicher verwendet der Raspberry Pi eine handelsübliche microSD-Speicherkarte, wie sie auch häufig beim Smartphone benutzt wird. Für Elektronik-Bastelanwendungen bietet der Einplatinenrechner eine 40-polige Steckleiste. 26 dieser Anschlüsse können als sogenannte *GPIO-Pins* dienen, mit denen sich beispielsweise Relais für eine Beleuchtungssteuerung schalten lassen. GPIO steht als Abkürzung für *General Purpose Input/Output*, der Ausdruck bezeichnet also Schnittstellen, die für verschiedenste Zwecke als Ein- oder als Ausgang dienen können. Auf diese Funktion werde ich in diesem Buch jedoch nicht weiter eingehen. Die Stromaufnahme des Raspberry Pi 3 Modell B wird mit maximal 4 Watt angegeben (ohne angeschlossene USB-Geräte). Ältere (und teilweise immer noch verfügbare) Versionen des Raspberry Pi sind etwas schlechter ausgestattet. Das vielgenutzte Modell B der ersten Generation bietet nur einen Einzelkernprozessor, der üblicherweise mit 700 MHz getaktet wird und dessen Rechenleistung nur etwa 1/10 der Leistung des modernen Modells 3 beträgt. Außerdem haben diese Modelle lediglich 512 MB Arbeitsspeicher, noch ältere Versionen müssen gar mit 256 MB auskommen. Ein Vorteil der älteren Versionen ist die noch geringere Stromaufnahme: Diese liegt üblicherweise maximal bei 3 Watt. Aufmerksame Leser werden gleich bemerkt haben, dass der neue Prozessor also deutlich energieeffizienter arbeitet, auch wenn die absolute maximale Leistungsaufnahme insgesamt etwas höher liegt. Im Durchschnitt können Sie jedoch auch beim neuen Raspberry Pi von einer Leistungsaufnahme von etwa 2 Watt ausgehen. Nebenbei: Der auf absolute Sparsamkeit getrimmte Raspberry Pi Zero (eine Sonderversion des Raspberry Pi) eignet sich aufgrund seiner stark reduzierten Schnittstellenzahl und des nicht vorhandenen Netzwerkanschlusses weniger für den Betrieb als Heimserver.

1.6.2 Der Banana Pi

Betrachten wir nun den Banana Pi.

Abbildung 1.3 Der Banana Pi von oben

Abbildung 1.4 Der Banana Pi von unten – bei diesem Computer sitzt der Prozessor auf der Unterseite

1.6   Welchen Pi-Computer sollten Sie für Ihren Heimserver nehmen?

1

Der Banana Pi nutzt ein SoC des Typs A20 des Herstellers Allwinner. Dieses SoC bietet zwei Prozessorkerne, die jeweils mit maximal 1.000 MHz getaktet werden. Der Prozessor greift auf 1.024 MB Arbeitsspeicher zu. Der Banana Pi bietet drei USB-2.0-Anschlüsse. Davon sind zwei Anschlüsse klassische USB-Buchsen vom Typ A, der dritte Anschluss ist ein sogenannter *OTG-Anschluss* mit einer Micro-USB-Buchse, wie er auch an manchen Smartphones und Tablet-PCs verwendet wird. Dort ermöglicht diese Schnittstelle die Verbindung mit vielen USB-Geräten, die normalerweise mit einem klassischen Computer verbunden werden. Zum Anschluss eines normalen Gerätes ist also ein entsprechendes Adapterkabel notwendig, das Sie jedoch in einem Elektronik- oder Mobilfunkgeschäft leicht bekommen.

Abbildung 1.5 Ein »OTG-Adapter« für USB-Geräte

Der Banana Pi bietet beim Thema Netzwerkanschluss deutlich mehr, nämlich einen Anschluss der Geschwindigkeitsklassen 10/100/1.000 MBit/s. Im Unterschied zum Raspberry Pi ist er jedoch direkt an das SoC angebunden und teilt sich den Datentransfer nicht mit den USB-Anschlüssen. Auch sind die drei USB-Anschlüsse eigenständig und werden nicht über einen Hub realisiert.

Abbildung 1.6 Ein externer USB-Hub – eine »Mehrfachsteckdose« für USB-Geräte

Darüber hinaus bietet der Banana Pi einen SATA-Anschluss, an den sich normale SATA-Festplatten anschließen lassen. Auf der Platine gibt es einen Stromanschluss, der zur Versorgung von SATA-Geräten genutzt werden kann. Der Hersteller empfiehlt, diesen nur für stromsparende SSD-Festplatten zu nutzen. Viele Nutzer verwenden diese Stromversorgung auch für normale 2,5"-Festplatten – zwar auf eigenes Risiko, jedoch mit einem ausreichend starken Netzteil im Regelfall ohne Probleme. Damit lässt sich also wunderbar ein Fileserver realisieren. Keinesfalls kann dieser Anschluss jedoch genutzt werden, um eine übliche 3,5" große Festplatte mit Strom zu versorgen, denn diese hat eine viel zu große Stromaufnahme, die der Banana Pi nicht bereitstellen kann. Als primären Massenspeicher verwendet auch der Banana Pi eine SD-Speicherkarte, allerdings in der normal großen, klassischen Ausführung. Statt der 40 Pins des Raspberry Pi werden für Bastelanwendungen nur 26 Pins geboten, dafür gibt es aber noch ein paar nette weitere Funktionalitäten, unter anderem ein eingebautes Mikrofon, das zur Heimüberwachung dienen kann, oder einen Infrarotempfänger, der sich zur Bedienung des Computers mit einer Fernbedienung nutzen lässt.

Neben dem klassischen Banana Pi in der Modellvariante M1 gibt es bereits Weiterentwicklungen. Eine wichtige Variante ist der Banana Pro. Er ist fast identisch mit dem Banana Pi M1 und bringt hauptsächlich Detailverbesserungen mit sich. Statt 26 Pins bietet diese Version 40 Pins, die mit denen des Raspberry Pi weitestgehend kompatibel sind. Als Massenspeicher wird beim Banana Pro wie beim Raspberry Pi eine microSD-Speicherkarte verwendet. Das Hauptmerkmal des Banana Pro ist jedoch sein eingebautes WLAN-Modul. Damit bietet dieser Rechner auch eine eingebaute WLAN-Funktionalität, die für einen Server aber nur von geringem Interesse ist. Darüber hinaus gibt es eine Änderung beim analogen Videoausgang, der beim Banana Pi über eine eigene Cinch-Buchse ausgeführt wird, beim Banana Pro jedoch mit dem analogen Tonsignal zusammen in eine vierpolige Klinkenbuchse gelegt ist (wie Sie sie eventuell von der Videokamera her kennen). Alle bisher genannten Rechner bieten darüber hinaus einen normalen HDMI-Anschluss, der ein digitales Videosignal und ein digitales Audiosignal überträgt. Der Banana Pro ist ansonsten identisch mit dem Banana Pi.

Es existiert übrigens noch ein weiteres Modell, nämlich der Banana Pi M2, der mit einem schnelleren Prozessor aufwartet. Er ist jedoch noch relativ neu. Für diesen Rechner ist die Verfügbarkeit an Betriebssystemen noch recht knapp, auch wenn in letzter Zeit vermehrt Anstrengungen unternommen wurden, dies zu ändern. Zur Serveranwendung ist dieser Rechner derzeit noch nicht geeignet und wird daher in diesem Buch auch nicht weiter betrachtet. Außerdem steht gegenwärtig bereits der Banana Pi M3 in den Startlöchern, der nochmals eine gesteigerte Rechenleistung bietet und sich vor allem für rechenintensive Serverdienste anbieten könnte. Die Unterstützung des Gerätes auf der Softwareseite ist aufgrund seiner gerade erst erfolgten Markteinführung noch ausbaufähig. Ich werde auch dieses Modell daher im vorliegenden Buch nicht weiter berücksichtigen. Sie können allerdings davon ausgehen, dass die Bedienschritte für diese Geräte dieselben sein werden wie bei ihren Vorgängern. Sollte zukünftig also eine ausreichend stabile Betriebssystemumgebung verfügbar sein, dann können auch diese Modelle für den Servereinsatz interessant sein.

Nun stellt sich die Frage, welches der vorgestellten Geräte für einen Heimserver am besten geeignet ist. Eines vorweg: Wenn Sie bereits einen der erwähnten Computer besitzen, dann können Sie ihn zum Ausprobieren benutzen. Das gilt auch für ältere Modelle des Raspberry Pi. Da diese Computer aber vergleichsweise wenig kosten,

1.6   Welchen Pi-Computer sollten Sie für Ihren Heimserver nehmen?

1

kann besonders bei älteren und langsameren Raspberry-Pi-Modellen eine Neuanschaffung jedoch nicht schaden.

Bewerten wir jetzt doch einmal die Hardwareunterschiede hinsichtlich des Heimservereinsatzes. Bezüglich der reinen Rechenleistung gewinnt sicherlich der Raspberry Pi 3, denn er besitzt einen Vierkernprozessor. Wir müssen zusätzlich beachten, dass ein einzelner Kern des neuen Raspberry Pi bereits etwas schneller arbeitet als ein einzelner Kern des Banana Pi. Wenn allerdings die Software, die eingesetzt wird, nicht explizit auf einen Mehrkernprozessor optimiert wurde, dann laufen die Programme auf dem Raspberry Pi nicht unbedingt wesentlich schneller. In diesem Fall ist der einzige Vorteil des Prozessors, dass entsprechend mehr Programme gleichzeitig ausgeführt werden können.

Der Raspberry Pi hat eine sehr große und sehr aktive Benutzergemeinschaft, was nicht zuletzt daran liegt, dass er auch schon längere Zeit erhältlich ist. Das bedeutet, dass es bei Problemen und Fragen sehr viele Menschen gibt, die Ihnen helfen können. Allerdings befassen wir uns ja vornehmlich mit einem Serverprojekt, das auf »üblicher« Serversoftware basiert, die universell auf einem Linux-System eingesetzt werden kann und nicht auf einen bestimmten Rechnertyp zugeschnitten ist. Wir können die Benutzergemeinschaft also nicht wirklich als Pluspunkt für den Raspberry Pi anrechnen.

Betrachten wir den Banana Pi. Dieser bringt zunächst einmal den vermeintlich schwächeren Prozessor mit. Zunächst werden die Kerne nur mit 1.000 MHz statt der 1.200 MHz des Raspberry Pi 3 getaktet, und es gibt deren lediglich zwei. Möchten Sie mehrere rechenintensive Programme laufen lassen, dann ist der Banana Pi benachteiligt. Auf der anderen Seite ist die Auslegung der Schnittstellen beim Banana Pi deutlich besser gelöst. Zwar gibt es nur drei statt vier USB-Anschlüsse, sie sind jedoch eigenständig und unabhängig voneinander, was Geschwindigkeitsvorteile beim gleichzeitigen Datentransfer bringt. Ein zentraler Punkt ist jedoch die Netzwerkschnittstelle, die beim Banana Pi nicht nur (maximal) die zehnfache Datentransferrate des Raspberry Pi erreicht, sondern die ebenfalls eigenständig an den Prozessor angebunden ist und sich nicht die Datenrate mit den USB-Anschlüssen teilen muss. Denken Sie in diesem Zusammenhang an einen Fileserver, der Dateien im Netzwerk anbietet, die auf einer externen Festplatte gespeichert sind. Werden nun diese Dateien über das Netzwerk angefordert, dann müssen sie von der Festplatte über den USB-Bus zum Prozessor und von dort zur Netzwerkschnittstelle übertragen werden. Beim Raspberry Pi wird dafür dieselbe Datenleitung verwendet, beim Banana Pi sind es zwei unabhängige Leitungen. Es ist klar ersichtlich, dass der Banana Pi hier deutliche Geschwindigkeitsvorteile bringt. Wir wollen auch nicht vergessen, dass der Banana Pi eine SATA-Schnittstelle bietet, an die direkt eine Festplatte angeschlossen werden kann. Auch dies können wir für Anwendungen, die sich auf das Verteilen von Dateien konzentrieren (sogenannte Fileserver), als deutlichen Pluspunkt werten.

Zusätzlich bietet der Banana Pi ein eingebautes Mikrofon und einen Infrarotempfänger. Letzterer mag für einen Server nicht unbedingt entscheidend sein. Das Mikrofon kann jedoch von Nutzen sein, wenn Sie beispielsweise eine rudimentäre Heimüberwachung oder ein Babyphon realisieren wollen, wobei Sie von dem kleinen Mikrofon sicherlich keine Glanzleistungen erwarten dürfen.

1.6.3   Die Qual der Wahl

Wir können also zusammenfassen: Wenn Ihr Server hauptsächlich bereits fertige Dateien verteilen soll – gleich welcher Art –, dann ist der Banana Pi besser geeignet. Benötigen Sie hingegen eine höhere Rechenleistung, dann ist der Raspberry Pi 3 unter Umständen die bessere Wahl, wobei – wie gesagt – er diesen Pluspunkt nur ausspielen kann, wenn mehrere rechenintensive Anwendungen gleichzeitig laufen sollen oder eine Anwendung auf einen Multikernprozessor ausgelegt ist. Sie müssen entscheiden, welcher Anwendungsfall bei Ihnen vorliegt. Vermutlich bekommt ein Heimserver häufiger die Aufgabe der Datenverteilung, und hierfür ist ein Banana Pi sehr gut geeignet. Der neue Raspberry Pi 3 kann hingegen im Vorteil sein, wenn Sie beispielsweise die rechenintensive ownCloud-Anwendung über eine VPN-Verbindung und damit über das Internet nutzen möchten (alle Begriffe werde ich im Verlauf des Buches klären). Hierbei ist die langsamere Netzwerkschnittstelle kein gravierender Nachteil, stattdessen ist die höhere Rechenleistung hier sehr willkommen. Die unterschiedlichen Eigenschaften dieser Rechnertypen fasst die einzige Tabelle dieses Buches, Tabelle 1.1, für Sie noch einmal übersichtlich zusammen.

Zur Ehrenrettung des Raspberry Pi möchte ich jedoch auch sagen, dass auch er seine Paradedisziplin(en) hat. Betrachten wir eine: Aufgrund der derzeit noch ungenügenden Treiberunterstützung der Grafikkarte unter Linux hat der Banana Pi nämlich gewisse Nachteile beim Abspielen von Videos. Wenn Sie sich ein Mediacenter aufbauen wollen, dann wäre der Raspberry Pi deutlich besser geeignet – dies wäre dann aber eine eigenständige Clientanwendung, die nicht Gegenstand dieses Buches ist.

	Raspberry Pi 2B	Raspberry Pi 3B	Banana Pi	Banana Pro
Prozessortyp	Broadcom BCM2836	Broadcom BCM2837	Allwinner A20	Allwinner A20
Prozessorkerne	4	4	2	2
Prozessortakt	900 MHz	1.200 MHz	1.000 MHz	1.000 MHz
Arbeitsspeicher	1.024 MB	1.024 MB	1.024 MB	1.024 MB

Tabelle 1.1 Vergleich der Leistungsdaten und Funktionen von verschiedenen Raspberry-Pi- und Banana-Pi-Modellen.

	Raspberry Pi 2B	Raspberry Pi 3B	Banana Pi	Banana Pro
Geschwindig-keit Netzwerk-anschluss	100 MBit/s	100 MBit/s	1.000 MBit/s	1.000 MBit/s
Anzahl USB-2.0-Anschlüsse	4	4	2 + 1	2 + 1
SATA-Anschluss	nein	nein	ja	ja
WLAN-Funktion	nein	ja	nein	ja
eingebautes Mikrofon	nein	nein	ja	ja
Speicherkarte	microSD	microSD	SD	microSD

Tabelle 1.1 Vergleich der Leistungsdaten und Funktionen von verschiedenen Raspberry-Pi- und Banana-Pi-Modellen. (Forts.)

Abschließend sei noch einmal gesagt, dass es prinzipiell für dieses Buch keine Rolle spielt, für welchen Computer Sie sich entscheiden oder welchen Sie sogar bereits besitzen. Es gibt nur Unterschiede bei der Ersteinrichtung, also der Installation und Konfiguration des Betriebssystems. Ab diesem Punkt sind alle Bedienschritte und nahezu alle Möglichkeiten für beide Rechner exakt dieselben. Wir können mit diesem Buch also beide Rechnertypen abdecken. Bei der Installation werden wir noch (weitestgehend) getrennte Wege gehen, danach aber gemeinsam weitermachen. Deswegen werde ich von nun an auch hauptsächlich von Pi-Computern sprechen und nur noch dann unterscheiden, wenn dies erforderlich wird.

1.7   Wie schnell ist ein Pi-Server, und was können Sie von ihm erwarten?

Sicherlich werden Sie sich jetzt fragen, wie schnell denn nun ein Pi-Computer so ist und ob seine Leistung tatsächlich für Serveranwendungen ausreicht. Natürlich ist ein Pi-Computer kein High-End-Hochleistungsrechner. Das will er auch nicht sein, denn er ist ja vorrangig ein Lerncomputer. Und für knapp 40 Euro können auch keine gigantischen Rechenleistungen erwartet werden. Nein, die Rechenleistung liegt in etwa auf dem Niveau eines Mittelklasse-Smartphones. Halt – nicht das Buch zuklappen! Das klingt jetzt vielleicht erst einmal wenig, aber bedenken Sie noch einmal, was ein Server eigentlich macht: Er verteilt Daten. Ein Server braucht keine üppige grafische Benutzerumgebung mit detailreichen Icons und muss keine aufwendigen Animationen anzeigen und berechnen. Er spielt auch keine Videos direkt ab, er rendert auch keine Webseite. Alle diese wirklich leistungsfordernden Aufgaben braucht der Server nicht zu erfüllen – er arbeitet ja headless und kümmert sich nur um die Datenverteilung. Viele seiner Aufgaben belasten einen Server (im typischen Heimnetzwerk) nur sehr wenig. Denken Sie etwa an die Kalender-, Aufgaben- und Kontaktverwaltung, an einen Uhrzeitserver oder an einen Server, der Webcam-Einzelbilder bereitstellt. Alle diese Aufgaben erfordern kaum Rechenleistung und nur ein geringes Datentransferaufkommen. Diese Aufgaben erledigt ein Pi-Computer spielerisch. Natürlich gibt es auch Aufgaben, bei denen eine größere Datenmenge zu übertragen ist, allen voran bei klassischen Datenübertragungen des File- oder Medienservers, insbesondere bei Videodateien. Auch diese Aufgaben erledigt ein Pi-Computer ohne größere Probleme. Es gibt aber auch Aufgaben, die einen Server deutlicher belasten. Dies sind beispielsweise die Konvertierung von Musikdateien für einen (Heimnetzwerk-)Radiosender oder auch das Echtzeitstreaming eines Webcam-Videos (je nach gewünschtem Format). Auch diesen Aufgaben ist Ihr Pi-Computer oftmals gewachsen, allerdings kann er nicht besonders viele dieser Aufgaben gleichzeitig bearbeiten oder zusätzlich eine Menge kleinerer Aufgaben übernehmen.

Sie sehen schon, eine pauschale Aussage lässt sich hier gar nicht treffen, zumal es auch sehr wichtig ist, wie viele Nutzer der Server hat und wie viele dieser Nutzer tatsächlich gleichzeitig auf den Server zugreifen. Es ist auch sehr wichtig, welche Anwendungen diese Nutzer gleichzeitig nutzen.

Generell können wir jedoch sagen, dass die Leistung eines Pi-Servers für eine vierköpfige Familie mit normalen Bedürfnissen tatsächlich ausreichend ist – auch wenn Sie das zunächst verwundern wird. Betrachten wir dazu ein paar Anwendungsfälle.

Als üblicher Fileserver erreicht der Banana Pi eine Datenübertragungsrate von etwa 20 bis 30 MB/s. Dies ist auf dem Niveau einer einfacheren externen USB-2.0-Festplatte. Diese Datenrate genügt bereits zum gleichzeitigen Betrachten mehrerer Filme in HD-Auflösung mit einer Datenrate von 3–4 MB/s (das sind etwa 24–32 MBit/s). Sie sehen, das reicht selbst dann, wenn vier Filme gleichzeitig geschaut werden.

Möchten Sie über Ihre eigene Cloud die letzten Urlaubsfotos dem Freundeskreis zum Ansehen bereitstellen? Rechnen wir mit 15–20 Freunden, von denen gleichzeitig drei bis vier auf die Fotos zugreifen: kein Problem.

Können drei bis vier Personen gemeinsam an einem Schulprojekt arbeiten und beispielsweise gemeinsam an einem Dokument schreiben (Stichwort: kollaborative Textverarbeitung)? Ja, auch das geht.

Reicht die Leistung aus, damit drei Familienmitglieder gleichzeitig eine VPN-Verbindung nach Hause ins Heimnetz aufbauen und nutzen können? Ja, das tut sie.

Können zwei Personen einen Film schauen, zwei weitere Fotos betrachten und eine dritte Musik hören? Ja, auch das geht.

Kritisch wird es erst dann, wenn alle diese Aufgaben gleichzeitig ablaufen müssen oder Ihre Familie nur aus Technikfreaks besteht. Dafür reicht die Leistung dann nicht mehr aus, und der Server ist überlastet. In so einem Fall fällt dieser natürlich nicht gleich aus, aber die Abarbeitung der Aufgaben verzögert sich. Zum Beispiel wird der Seitenaufbau der Cloud-Anwendung langsamer, die Filmwiedergabe beginnt zu stocken, Fotos bei der Diashow laden nur sehr langsam nach. Problematisch wird es immer dann, wenn mehrere nutzungsintensive Aufgaben gleichzeitig angefordert werden. Doch auch dafür gibt es eine Lösung: Da die Pi-Computer so günstig sind und einen sehr niedrigen Stromverbrauch haben, der finanzielle und natürliche Ressourcen schont, können Sie auch beispielsweise zwei Server betreiben, die sich die Aufgaben teilen. So können Sie die arbeitsintensiven Anwendungen auf die Server aufteilen. Sie können auch beispielsweise Filme nach den unterschiedlichen Interessen aufteilen oder einen Server für die Eltern und einen für die Kinder vorsehen. Zunächst sollten Sie es aber mit einem einzelnen Server probieren, denn dessen Leistung ist wirklich höher, als man es zuerst glauben mag. Erst wenn es doch Engpässe gibt, sollten Sie ein zweites Gerät einsetzen oder sich umschauen, ob es bereits neuere Pi-Modelle mit noch leistungsfähigeren Prozessoren gibt.

1.8   Gibt es denn auch leistungsfähigere Alternativen?

Fragt das etwa jemand, noch bevor wir richtig losgelegt haben? Nun gut, ja, die gibt es. Aber die sollten Sie erst dann überdenken, wenn tatsächlich Bedarf besteht. Das Tolle am Pi-Computer ist ja, dass er so günstig ist und so wenig Strom verbraucht und dafür doch schon eine Menge mitbringt, die vielfach ausreicht.

Leistungsfähigere Alternativen sind deutlich teurer (ab 200 Euro) und brauchen deutlich mehr Strom (mindestens 5, eher 10 Watt, was zu Kosten von 10 bis 25 Euro pro Jahr führt). Einen normalen Standard-PC zu nehmen, ist übrigens überhaupt keine gute Idee, vor allem wegen des Stromverbrauchs. Ein normaler, älterer PC kann durchaus eine Leistungsaufnahme von 100 W haben (oder sogar noch mehr) und damit für jährliche Stromkosten von mehr als 200 € sorgen, vor allem, wenn er ständig durchläuft.

Stattdessen sind als nächsthöhere Leistungsklasse die Kompaktrechner mit stromsparenden Mobilprozessoren (beispielsweise Tablet-Prozessoren oder Ultrabook-Prozessoren) interessant. Diese werden etwa in den NUC-Geräten von Intel oder den ZBOX-Modellen von Zotac eingesetzt, die es auch als lüfterlose Variante gibt. Diese Geräte haben gegenüber dem Pi-Computer den Vorteil, dass sie auch mehr USB-Anschlüsse bieten, im Regelfall auch in der schnellen USB-3.0-Version. Teilweise können auch direkt eine Festplatte und eine Einsteckplatinen-SSD eingebaut werden, was für Fileserver-Anwendungen interessant ist.

Natürlich sind diese Geräte (wie auch die Pi-Computer) nicht geeignet, wenn besonders viel Speicherplatz erforderlich ist oder gar ein RAID-Verbund mit einer gewissen Datensicherheit aufgebaut werden soll. In diesem Fall wäre ein externes NAS-Gerät oder ein »richtiger« Server, zum Beispiel aus der ProLiant-Serie von Hewlett Packard, interessant. Diese Geräte haben natürlich einen höheren Preis und auch einen deutlich höheren Stromverbrauch und sind nicht mehr Gegenstand dieses Buches.

Aber eines noch: Alle diese Geräte können auch mit einem Linux-Betriebssystem betrieben werden, das von der Bedienung her praktisch identisch ist mit dem, das ich hier besprechen werde. Sollte Ihr Leistungsbedarf also tatsächlich so groß werden, dass ein oder mehrere Pi-Computer nicht mehr ausreichen, dann wissen Sie sofort über die Bedienung und die Einrichtung eines leistungsfähigeren Servers Bescheid.

1.9   Was benötigen Sie an Einzelkomponenten für Ihren Pi-Server?

Um einen Pi-Computer aufzubauen, sind ein paar zusätzliche Hardwarekomponenten erforderlich. Sie können diese einzeln erwerben oder zu einem der häufig anzutreffenden Paketangebote greifen. Paketangebote bringen jedoch den Nachteil mit sich, dass Sie sich nicht mehr jede einzelne Komponente individuell aussuchen können.

1.9.1   Der Pi-Computer und die Speicherkarte

Zunächst brauchen Sie natürlich den eigentlichen Pi-Einplatinenrechner. Ihn bekommen Sie entweder bei diversen Internethändlern oder aber auch lokal in einigen Elektronik(bastler)läden. Der Einplatinenrechner kommt jedoch ganz nackt in einem Karton und ist noch nicht betriebsbereit. Unter anderem ist noch keine Speicherkarte für die Programme und das Betriebssystem vorhanden.

Abbildung 1.7 Eine microSD-Karte (links) und eine SD-Karte normaler Baugröße (rechts)

Je größer die Speicherkarte ist, desto mehr Platz haben Sie für die Programme und für die Daten, die der Server verarbeiten soll, und desto seltener wird zusätzlicher Speicher als Festplatte oder USB-Stick notwendig. Speicherkarten mit einer Kapazität von

32 Gigabyte funktionieren fast immer problemlos. Größere Speicherkarten (etwa mit 64 Gigabyte Speicherplatz) sind oftmals ebenso unproblematisch, können je nach Modell aber auch Probleme bereiten. Das Gleiche gilt für Speicherkarten mit einer noch größeren Speicherkapazität. Daher die Empfehlung: Beginnen Sie mit einem 32-Gigabyte-Modell, und probieren Sie erst dann größere Karten aus, wenn der freie Speicherplatz knapp wird. Sie können den Karteninhalt auch später noch auf eine größere Karte umkopieren (und zwar mit dem weiter hinten besprochenen Backup-Verfahren). Wenn Sie bereits größere Karten im Besitz haben, dann können Sie sie ebenso ausprobieren. Es wäre jedoch schade, wenn Sie sich für eine große und teure Karte entscheiden, die dann jedoch nicht funktioniert.

Entscheiden Sie sich für eine möglichst schnelle Karte. Beachten Sie aber, dass das Speicherinterface der Pi-Computer eine begrenzte Datenübertragungsrate von ungefähr 20 MB/s aufweist. Nehmen Sie also eine Class-10-Karte oder das nächstschnellere Modell, das es für einen geringen Aufpreis gibt. Ultra-Ultra-Extreme-Hypertastic-Pro-2-Karten braucht es aber nicht, da so hohe Datentransferraten vom Speicherkarten-Interface des Pi-Computers nicht ausgenutzt werden können.

Beachten Sie aber auch unbedingt, dass es sich bei der Speicherkarte mehr oder weniger um ein Verschleißteil handelt. Auch wenn sie keine bewegten mechanischen Komponenten enthält, so ist sie doch nur für eine begrenzte Zahl von Schreibzugriffen ausgelegt. In einer Digitalkamera oder einem tragbaren Musikwiedergabegerät wird die Speicherkarte natürlich wesentlich seltener beschrieben als in einem Computer. Daher müssen Sie unbedingt eine geeignete Backup-Strategie einplanen, wie ich sie in diesem Buch vorstellen werde. Bei normaler Benutzung sollte die Speicherkarte aber trotzdem eine Betriebszeit von mehreren Jahren erreichen.

Da das Betriebssystem und alle Einstellungen auf dieser einen Speicherkarte gespeichert werden, enthält diese quasi die gesamte Rechneridentität. Das können Sie zu Ihrem Vorteil ausnutzen und einen wertvollen Tipp beherzigen: Kaufen Sie sich gleich zu Beginn noch eine zweite Speicherkarte. Dabei kann es sich ruhig um ein günstiges Modell mit moderater Geschwindigkeit und kleinerer Speicherkapazität handeln (4 oder 8 Gigabyte genügen). Diese zweite Speicherkarte sollten Sie als Übungskarte nutzen. Installieren Sie auch hierauf ein Betriebssystem, das Sie zum Üben und Ausprobieren verwenden. So können Sie eine neue Serveranwendung erst in Ruhe konfigurieren und testen, bevor Sie sie auch auf der »richtigen« Speicherkarte installieren. Da nämlich alle Einstellungen zentral auf der Speicherkarte liegen, können Sie problemlos verschiedene Modelle verwenden und diese auswechseln. Übrigens dient die Speicherkarte hauptsächlich zur Aufnahme des Betriebssystems und eventuell einiger Benutzerdaten. Als Hauptspeicher für besonders intensive Fileserver-Anwendungen ist sie jedoch nicht gedacht, da diese mit den Zugriffen des Betriebssystems konkurrieren. Umfangreiche Datenmengen sollten Sie daher auf ein externes Speichermedium auslagern. Dabei kann es sich, wie wir gleich besprechen werden, um eine externe Festplatte oder auch einen großzügig bemessenen USB-Stick handeln.

1.9.2   Das Netzteil und das Gehäuse

Ein sehr wichtiger Aspekt ist das Netzteil. Ein Netzteil liegt dem Pi-Computer nicht bei und muss separat erworben werden. Sie benötigen ein 5-Volt-Netzteil mit einem Micro-USB-Anschluss, wie Sie es vom Smartphone oder Tablet her kennen. Es sollte sich um ein leistungsfähiges Modell handeln, das eine Stromstärke von 2,0 Ampere liefern kann, also für eine Leistung bis zu 10 W ausgelegt ist. Dies ist besonders wichtig, wenn Sie noch einiges an Zubehör wie USB-Sticks oder gar eine Festplatte anschließen möchten. Aus diesem Grund wird für den Raspberry Pi 3 sogar ein Netzteil empfohlen, das bis zu 2,5 Ampere liefern kann. Das liegt nicht etwa darin begründet, dass dieser Computer selbst mehr Strom benötigt, sondern dass er relativ viele Zusatzgeräte versorgen kann. Wenn Sie jedoch keine größere Zahl stromintensiver Zusatzgeräte einplanen, dann genügt auch ein gutes Modell, das für 2,0 Ampere ausgelegt ist.

Abbildung 1.8 Das Netzteil für Ihren Pi-Computer

[»]   **Achten Sie bitte in jedem Fall auf ein gutes und hochwertiges Markengerät.**

Die Stromversorgung muss stabil sein, denn andernfalls kann der Server abstürzen. Nehmen Sie nicht »erstmal« das Gerät vom Smartphone, sondern kaufen Sie bitte ein eigenständiges Gerät. Da leider viele Fälschungen angeboten werden, sollten Sie keine Handy-Billigware nehmen, es sei denn, Sie kaufen mit Sicherheit Originalware. Rechnen Sie mit Preisen um 15 Euro. Achten Sie auch auf die bei Elektroartikeln relevanten Prüfzeichen und Schutzvorkehrungen (wie einen Überlastungsschutz und eine Temperatursicherung), denn das Netzteil kommt ja mit der 230-Volt-Netzspannung in Berührung, und der Server soll schließlich auch im Dauerbetrieb störungsfrei durchlaufen. Es wäre nicht gut, wenn das Netzteil dabei in Flammen aufginge. Geben Sie lieber ein oder zwei Euro mehr aus, und achten Sie auch auf eine ausreichende Kabellänge, auf gute, solide Anschlüsse und auch auf einen Knickschutz.

Bislang ist der Pi-Computer immer noch nur eine nackte Platine, die so nicht sonderlich hübsch anzusehen ist, keinen Berührungsschutz hat und schnell einstaubt. Sie sollten sich also um ein Gehäuse bemühen. Es gibt verschiedene Versionen, die sich im Design, Material und im Farbton unterscheiden. Kaufen Sie ein gutes Gehäuse, das sorgfältig verarbeitet und gut durchdacht ist.

Abbildung 1.9 Gehäuse gibt es viele für die Pi-Computer. Hier sehen Sie nur ein paar Beispiele.

Ein gutes Gehäuse hält die Platine mit Schraubverbindungen fest und ist auch selbst verschraubt. Schraubenlose Klickversionen sollten Sie zuerst überprüfen, denn manche einfachen Varianten verspannen die Platine unnötig, was zu Langzeitschäden führen kann. Manche Gehäuse bieten auch Öffnungen für die Pfostenstecker auf der Platine, gerade auch für den Anschluss des separat erhältlichen Kameramoduls. Es schadet auch gewiss nicht, wenn das Gehäuse zumindest ein rudimentäres Lüftungskonzept erkennen lässt. Aufgrund der eingebauten WLAN-Antenne kommen für den Raspberry Pi 3 keine geschlossenen Metallgehäuse in Betracht – zumindest dann nicht, wenn Sie die WLAN-Funktionalität auch benutzen möchten.

1.9.3   Optionales Zubehör

Manchmal werden Ihnen auch gleich noch Kühlkörper angeboten, die Sie auf den Prozessor und den Spannungswandler aufkleben können. Im Grunde genommen benötigt man diese Bauteile im normalen Betrieb jedoch nicht. Sie sind erst dann sinnvoll, wenn Sie den Prozessor mit Spannungserhöhung übertakten (das machen wir in diesem Buch jedoch nicht) und es bei Ihnen in der Wohnung relativ warm wird. Wenn Sie sich für Kühlkörper entscheiden, dann kleben Sie diese sorgsam auf. Achten Sie insbesondere darauf, keine Bauteile kurzzuschließen. Außer dem Prozessor beziehungsweise Spannungswandler dürfen die Kühlkörper keine weiteren Bauteile berühren. Es schadet aber gewiss nicht, die Temperatur des Prozessors ab und an zu überwachen (siehe dazu Kapitel 22, »Wartung des Servers«). Wenn Sie beispielsweise den Raspberry Pi 3 im Hochlastbetrieb verwenden, dann kann der Prozessor relativ warm werden und Temperaturen von mehr als 80 °C erreichen. In diesem Fall kann ein Kühlkörper sinnvoll sein.

Ihr Pi-Server benötigt zwangsweise eine Netzwerkverbindung. Nach wie vor ist die beste Lösung der Anschluss über die kabelgebundene LAN-Schnittstelle. Das gilt besonders für den Banana Pi, bringt er doch einen Netzwerkanschluss mit einer maximalen Bruttoübertragungsrate von 1 GBit/s mit – auch wenn diese kaum ausgenutzt wird. Einen Server sollten Sie nach Möglichkeit nicht per WLAN anschließen. Besonders in Gebäuden mit vielen Wänden und einer schlechten Empfangssituation führt die Funkübertragung zu einer sehr niedrigen Datenübertragungsrate, insbesondere dann, wenn mehrere Personen gleichzeitig auf den Server zugreifen. Darüber hinaus erfordert eine WLAN-Verbindung zusätzlichen Strom. Versuchen Sie stattdessen, den Pi-Server nahe Ihrem Router aufzustellen und per Netzwerkkabel anzuschließen. Wenn Sie bereits eine Hausverkabelung haben, dann ist natürlich jeder Standort möglich. Wenn es unbedingt eine WLAN-Lösung sein muss, dann benötigen Sie beim Banana Pi und bei älteren Versionen des Raspberry Pi noch einen USB-WLAN-Adapter. Hier können Sie leider nicht irgendeinen kaufen, es muss schon ein Modell sein, das möglichst reibungslos von Linux unterstützt wird. Achten Sie also vor dem Kauf auf diesen Aspekt. Gute Erfahrungen wurden mit dem USB-Adapter EW-7811Un von Edimax gemacht, der sofort vom Betriebssystem ohne manuellen Eingriff erkannt wird. Er unterstützt WLAN nach den Standards 802.11b, g und n mit einer maximalen Datenübertragungsrate von 150 MBit/s und kostet knapp 10 Euro. Der Banana Pro und der neue Raspberry Pi 3 bringen gleich eine eingebaute WLAN-Schnittstelle mit.

Eine Alternative zum WLAN ist Powerline, also die Datenübertragung über die Stromleitung. Hierfür müssen Sie aber entsprechende Powerline-Adapter einsetzen, die wiederum zu einem entsprechenden Stromverbrauch führen. Rechnen Sie bei stromsparenden Geräten mit Kosten um 5 Euro pro Jahr. Bedenken Sie auch eine theoretisch vorhandene Brandgefahr, die jedes elektrische Gerät mit sich bringt. Auch dies ist also nur eine Notlösung. Versuchen Sie auf alle Fälle, den Server per Kabel an das Netzwerk anzuschließen.

Im Prinzip war es das jetzt schon. Für die Erstinbetriebnahme kann zusätzlich ein freies HDMI-Kabel nicht schaden, auch könnte eine USB-Tastatur weiterhelfen, beides ist aber nicht zwingend nötig. Unbedingt erforderlich ist aber ein normaler PC. Den werden Sie aber wohl besitzen, wenn Sie sich für einen Netzwerkserver interessieren, richtig? Der PC muss einen Kartenleser für die Speicherkarten haben, die in den Pi-Computer eingelegt werden. Sie benötigen den Speicherkartenleser, um das Betriebssystem des Pi-Computers auf dessen Speicherkarte zu kopieren. Das Gerät kann auch zur Erstellung eines Backups (also einer Sicherheitskopie) benutzt werden. Notfalls müssen Sie einen externen Speicherkartenleser erwerben. Für microSD-Kar-

1.9   Was benötigen Sie an Einzelkomponenten für Ihren Pi-Server?

1

ten sind Adapter auf die normale SD-Größe erhältlich. Das Betriebssystem Ihres normalen Computers ist zunächst nachrangig.

1.9.4   USB-Sticks und externe Festplatten

Wenn Sie bereits absehen können, dass der Speicherplatz auf der Speicherkarte für Ihre Serveraufgaben zu gering bemessen ist, dann können Sie auch gleich eine entsprechende Speicherlösung erwerben. Sie haben hier mehrere Möglichkeiten. Die erste Möglichkeit ist ein USB-Stick. Er bietet den Vorteil der geringen Stromaufnahme, was ihn für den Dauerbetrieb interessant macht. Nachteilig ist ein hoher Preis pro Gigabyte Speicherkapazität. Achten Sie auf ausreichende Lese- und Schreibgeschwindigkeiten. Hochleistungsmodelle und USB-3.0-Sticks können vom Pi-Computer jedoch nicht ausgereizt werden und sind unnötig. Die zweite Möglichkeit ist eine externe 3,5" große Festplatte mit eigener Stromversorgung. Sie bietet den größten Speicherplatz fürs Geld, ist aber auch mechanisch groß und schwer, erfordert ein weiteres Netzteil und hat den höchsten Stromverbrauch. Moderne externe Festplatten aus den »Green«-Serien haben jedoch einen deutlich geringeren Stromverbrauch, gerade auch im Standby-Betrieb, den sie von selbst nach einer Zeit der Inaktivität einlegen. So etwas ist für den Serverbetrieb also recht gut geeignet. Die Stromkosten sind abhängig von der Nutzungsintensität, betragen jedoch durchschnittlich weniger als 10 Euro pro Jahr. Die dritte Möglichkeit wäre der Anschluss einer externen 2,5" großen Notebook-Festplatte, die ihren Betriebsstrom direkt über den USB-Anschluss erhält. Hier müssen Sie etwas aufpassen: Der Stromverbrauch dieser Festplatten liegt (gerade beim Anlaufen) sehr oft über der USB-Spezifikation. Zwar laufen die meisten dieser Festplatten sowohl am Banana Pi als auch am Raspberry Pi problemlos, aber sie belasten die eingebaute Stromversorgung recht stark, obwohl moderne Festplatten sehr genügsam geworden sind.

Abbildung 1.10 Eine externe Festplatte – sie eignet sich wunderbar, um den Speicherplatz des Pi-Servers zu vergrößern

Möchten Sie eine solche Festplatte einsetzen, dann achten Sie unbedingt auf ein Modell mit möglichst geringem Stromverbrauch. Bei der Auswahl helfen Ihnen Testergebnisse weiter. Das Netzgerät des Pi-Servers sollte hochwertig sein und mindestens 2,0 Ampere an Stromstärke liefern können. Bitte schließen Sie möglichst keine weiteren, besonders stromintensiven USB-Geräte an. Eine Alternative ist die Nutzung eines aktiven USB-Hubs mit eigener Stromversorgung. Hier genügt ein gewöhnliches, schlichtes Markengerät Ihres favorisierten Herstellers.

Beim Banana Pi gibt es eine weitere Option, denn er hat ja noch einen SATA-Anschluss, an den sich direkt eine Festplatte anschließen lässt. Er bietet hierfür auch einen Stromanschluss, für den jedoch ein spezielles Adapterkabel nötig ist, das sich aber rasch im Internet finden lässt und nur wenige Euro kostet. Offiziell vorgesehen ist dieser Anschluss nur für die genügsamen SSD-Geräte. Vielerorts wird berichtet, dass hiermit aber auch normale 2,5" große Festplatten mit geringem Stromverbrauch versorgt werden können, was bedeutet, dass sich somit günstig und stromsparend Speicherplatz nachrüsten lässt. Beachten Sie aber, dass auch dieser Vorgang nicht vom Hersteller empfohlen wird. Sie machen dies also auf eigenes Risiko. Lassen Sie eine interne Festplatte nicht einfach so offen herumliegen, verwenden Sie bitte ein passendes Gehäuse. Teilweise gibt es Aufbewahrungsboxen, die auch Öffnungen für Anschlusskabel bieten und die Festplatte schützen. Achten Sie ebenso auf ein gutes Netzgerät, und schließen Sie nach Möglichkeit keine weiteren stromintensiven Geräte an. Zusammengefasst lässt sich sagen, dass die beste Lösung entweder USB-Sticks oder Festplatten mit eigener Stromversorgung sind.

1.10   Wie bauen Sie den Server zusammen?

Den Zusammenbau Ihres Pi-Servers müssen Sie schon selbst vornehmen, aber er ist wirklich sehr einfach und hat nicht viel mit üblicher »Computerbastelei« zu tun, schließlich ist der Pi-Computer bereits ein kompletter Einplatinenrechner. Leider hängen die genauen Schritte von Ihrem Gehäuse ab, aber da Sie auf ein gutes Gehäuse geachtet haben, gehört sicherlich auch eine Anleitung dazu. Im Prinzip beschränkt sich der Zusammenbau darauf, die Platine des Computers in das Gehäuse einzubauen und dieses dann zu schließen. Achten Sie darauf, dass alle Anschlüsse gut zugänglich sind und sauber mit den Gehäusekanten abschließen. Das war es schon. Mehr ist derzeit nicht nötig. Legen Sie die Speicherkarte noch nicht ein, sie muss erst am »großen« Computer mit Daten gefüllt werden. Ebenso sollten Sie an dieser Stelle weder das Netzteil noch weitere USB-Geräte anschließen.

1.11 Welches Betriebssystem bekommt Ihr Server?

Grundsätzlich kann ein Server unter jedem modernen Betriebssystem aufgesetzt werden, also kann auch beispielsweise jeder normale Windows- oder Mac-Computer zu einem Server werden. Aber wenn Sie noch einmal kurz an die Aufgaben eines Servers denken, dann merken Sie rasch, dass sich diese doch deutlich von denen eines normalen Computers unterscheiden und dass viele Funktionen, die ein Betriebssystem für einen Desktop-/Arbeitsplatzrechner mitbringt, gar nicht benötigt werden. Am Server wird nicht direkt gearbeitet, er braucht also folglich auch keine grafische Desktopumgebung, die würde nur unnötig Systemressourcen beanspruchen. Ebenso wenig sind 3D-Schnittstellen für eine Grafikkarte nötig. Stattdessen ist es besonders wichtig, dass ein Server stabil läuft, auch über einen längeren Zeitraum. Er bekommt daher nur die Software, die zum Betrieb nötig ist. Er erhält keine unnötigen Programme, keine Tools, die »vielleicht einmal ganz nützlich sind«. Man beschränkt sich auf das Notwendigste und nutzt Software, die ausgereift ist. Man nimmt nicht immer die allerneuesten, sondern getestete Versionen, die sich bewährt haben. Allerdings ist eine Sache wichtig: Wir reden hier nicht von veralteter Software, sondern von Software mit bekannter und getesteter Funktionalität. Sicherheitstechnisch ist Serversoftware natürlich immer auf dem neuesten Stand und wird auch regelmäßig aktualisiert, sie enthält nur (noch) nicht die allerneuesten Funktionen. Deswegen gibt es also spezielle Serverbetriebssysteme, die – wenn auch mit klassischen Desktopsystemen durchaus vergleichbar – doch etwas anders aufgebaut sind.

Viele Server werden unter Linux betrieben. Dies ist ein freies und sehr häufig auch kostenloses Betriebssystem (ja, zwischen frei und kostenlos besteht ein Unterschied). Es ist besonders auf Robustheit und Sicherheit ausgelegt und weniger auf möglichst kinderleichte Bedienung. Nein, es erfordert schon gewisse Kenntnisse, bietet dann aber eine erstaunliche Flexibilität und Konfigurierbarkeit, die andere Systeme nicht erreichen.

Auch der Pi-Computer arbeitet mit einem Linux-Betriebssystem. Sie haben auch keine andere Wahl, weil es für die Prozessortypen, die auf den Pi-Computern verwendet werden, beispielsweise keine »normalen« Windows-Versionen gibt. Keine Sorge und bitte keine Angst vor dem Linux-Betriebssystem: Ich werde hier im Buch alle nötigen Schritte ganz in Ruhe und mit vielen Erklärungen besprechen, Sie aber nicht (allzu oft) mit »irgendwann einmal nützlichen« Befehlen überhäufen. Sie werden durch sicheres Ausprobieren und Anwenden lernen, sich gut im System zurechtzufinden, und auch kleinere Problemchen schnell selbst lösen können. Nur Mut!

Es gibt verschiedene Linux-Systeme, sogenannte *Distributionen*, die sich teilweise an unterschiedlichen Aufgabegebieten orientieren. Für unseren Pi-Server werden wir ein Linux-System einsetzen, das speziell für den Serverbetrieb entwickelt wurde. Es kommt also recht spartanisch daher, ohne jeden Schnickschnack, ohne viel Software, belegt aber im Gegenzug nur sehr wenig Ressourcen und läuft extrem stabil. Es bietet keine grafische Benutzeroberfläche, sondern nur eine für den Einsteiger zunächst steinzeitlich wirkende Kommandozeile, die ein wenig an alte DOS-Zeiten erinnert, aber damit nicht wirklich viel gemeinsam hat. Die Kommandozeile von Linux ist, wenn sie auch altmodisch wirken mag, auf der Höhe der Zeit und unglaublich flexibel und performant. Wir werden uns nur mit der Kommandozeile befassen und durch Textbefehle genau die Software installieren, die wir brauchen, und sie so einrichten, dass sie genau unsere Wünsche erfüllt. Auch ein professioneller Serveradministrator arbeitet sehr viel (eventuell sogar nur) mit der Kommandozeile und kann dort alles erreichen, was nötig ist. Gleichzeitig wird der Server nicht unnötig belastet und wird nicht langsamer und auch nicht instabiler. Bedenken Sie in diesem Zusammenhang auch, dass ein aufwendiges Betriebssystem mit einer umfangreichen grafischen Benutzeroberfläche und vielen Komfortfunktionen naturgemäß auch ein größeres Potential für Fehler und Sicherheitslücken hat.

Nebenbei: Natürlich können Sie den Pi-Computer auch mit einem Desktop-Linux-System ausstatten. Dieses bringt dann auch eine grafische Benutzeroberfläche mit, deren Bedienung mit der von Windows oder auch Mac OS X vergleichbar ist. Dabei haben Sie dann auch ganz normal einen Webbrowser, ein E-Mail-Programm, Office-Programme zur Dokumentenbearbeitung sowie ein paar Spielchen. Natürlich ist der Pi-Computer kein wirklich schneller Desktoprechner, aber für den Notfall ist er schnell genug. Sie können daher auch einmal eine normale Desktopversion ausprobieren, beispielsweise das komplette Raspbian für den Raspberry Pi oder Lubuntu für den Banana Pi. Diese Systeme sind jedoch für den Serverbetrieb nicht nötig und damit auch nicht Gegenstand dieses Buches.

Kapitel 2
Installation des Betriebssystems

Nun ist es an der Zeit, dass Ihr Pi-Computer ein Betriebssystem bekommt. Schauen wir uns an, welche Schritte dafür nötig sind.

Jetzt werden Sie das Betriebssystem für Ihren Pi-Computer installieren und konfigurieren. Dieser Vorgang wird sich deutlich von dem unterscheiden, was Sie von Ihrem Desktopcomputer gewohnt sind.

Zuallererst: Die Speicherkarte ist das Speicher-Herzstück Ihres Pi-Computers. Alle Informationen und Einstellungen, die den Rechner und das Betriebssystem betreffen, sind hierauf gespeichert. Es gibt auf dem Pi-Computer kein BIOS mit Einstellmöglichkeiten, wie Sie es vom Desktop-PC her gewohnt sind. Der gesamte Zustand des Pi-Computers ist also auf der Speicherkarte gespeichert. Das hat zwei interessante Effekte. Nummer eins: Sie können auf einer weiteren Speicherkarte ein alternatives Betriebssystem installieren, das eine komplett abweichende Softwareausstattung und andere Einstellungen verwendet. Mit dieser Speicherkarte verhält sich Ihr Pi-Computer dann komplett anders – als wäre es ein anderer Computer. Stecken Sie wieder die ursprünglich genutzte Karte ein, dann ist alles wieder wie zuvor. Nummer zwei: Wenn Sie Ihre Speicherkarte in einen anderen, baugleichen Pi-Computer einstecken, dann verhält sich dieser genauso wie Ihr erster Pi-Computer. Wie eingangs erwähnt, sollten Sie sich diese nette Eigenschaft zunutze machen und mit zwei verschiedenen Speicherkarten arbeiten. Eine zweite Karte können Sie – mit einem Betriebssystem versehen – dann ideal als Übungskarte benutzen, mit der Sie eine neue Anwendung erst kennenlernen und austesten, bevor Sie diese dann auf dem »Arbeitssystem« auf der anderen (Haupt-)Speicherkarte installieren. Als Zweitkarte können Sie problemlos ein günstiges Modell mit geringerer Geschwindigkeit und Speicherkapazität verwenden.

Das eigentliche Betriebssystem ist kostenfrei im Internet erhältlich, Sie müssen es nur herunterladen, entpacken und anschließend auf der Speicherkarte installieren. Sie benötigen also zwingend einen weiteren betriebsbereiten Computer. Es ist nachrangig, unter welchem Betriebssystem dieser Computer arbeitet. Er muss zum Herunterladen des Betriebssystems allerdings einen Internetzugang haben. Zuletzt müssen wir noch voraussetzen, dass der Rechner einen kompatiblen Speicherkartenleser bietet. Halten Sie gegebenenfalls einen externen Speicherkartenleser bereit.

Obwohl die beiden Pi-Computer, der Raspberry Pi und der Banana Pi, später in der Bedienung völlig identisch sind, unterscheidet sich ihre Einrichtung ein wenig.

Zunächst einmal verwenden beide Computer ein Linux-Betriebssystem. Da der Raspberry Pi jedoch einen anderen Prozessor verwendet als der Banana Pi, sind beim Linux-System einige Dinge anders geregelt, so dass es für beide Pi-Computer-Versionen jeweils eigene Linux-Distributionen gibt. Ich werde in diesem Kapitel beide Rechner abdecken. Wenn die Unterschiede größer sind, werde ich getrennte Abschnitte vorsehen. Sie können den jeweils nicht zutreffenden Abschnitt überspringen oder zur allgemeinen Übung trotzdem lesen – zumindest aber überfliegen. Wir beginnen die Installation nun also mit dem Download des Betriebssystems. Lesen Sie bitte den Abschnitt, der zu Ihrem Pi-Computer gehört, und laden Sie das Betriebssystem in der aktuellsten Version herunter.

2.1 Download für den Banana Pi

Im ersten Schritt werden wir das Betriebssystem *Bananian* für den Banana Pi herunterladen. Bananian ist ein Linux-System, das speziell für den Banana Pi entwickelt wurde. Es unterstützt neben dem normalen Banana Pi auch das Banana-Pro-Modell (sowie weitere hier nicht behandelte Modelle). Bananian basiert auf *Debian Linux*. Dies ist eine sehr weit verbreitete und sehr bekannte Linux-Distribution, die vielfach eingesetzt wird, insbesondere auf Servern. Bananian verwendet die offiziellen Debian-Paketquellen. Alle Programme, die Sie aus diesen Paketquellen installieren können, wurden umfangreich auf Sicherheit und Stabilität getestet und werden regelmäßig mit Sicherheitsupdates versorgt. Zwar kann es niemals eine hundertprozentige Sicherheit geben, aber sicherheitstechnisch ist Debian stets eine gute Wahl. Bananian ist darüber hinaus ein »offizielles« Betriebssystem für den Banana Pi und wird offiziell als Betriebssystem gelistet sowie regelmäßig gepflegt und aktualisiert.

Bananian wurde explizit als Server-Betriebssystem ausgelegt. Daher verzichtet es von Haus aus auf eine grafische Benutzeroberfläche. Es gibt also keinen Desktop, sondern »nur« eine Kommandozeile, vor der Sie aber schon bald jede Angst verloren haben werden. Die grundlegende Softwareausstattung ist bewusst spartanisch, also sehr minimal gehalten. Das hat zur Folge, dass Bananian nur wenig Platz auf der Speicherkarte beansprucht und auch nur sehr wenige Systemressourcen benötigt. So erfordert es lediglich rund 25 MB Arbeitsspeicher, also steht fast der gesamte Arbeitsspeicher des Banana Pi für unsere Serveranwendungen zur Verfügung. Bananian läuft dabei extrem stabil, was für einen Server nur von Vorteil ist. Als Nutzer eines Desktopcomputers werden Sie sich hier vielleicht etwas wundern, aber so ein Linux-Server kann tatsächlich ohne weiteres mehrere Jahre ohne einen einzigen Absturz durchlaufen. Natürlich kann man aus Bananian durch eine unkomplizierte nachträgliche Installation entsprechender Anwendungen auch ein vollständiges Desktop-Betriebssystem machen, inklusive aller wichtigen bekannten Anwendungen, aber dies ist ja nicht unser Einsatzzweck. Wir nutzen es für unseren Heimserver, für den es ja auch entwickelt wurde (und wird) – eine gute Wahl also. Sie finden Bananian auf seiner offiziellen Internetpräsenz auf der Website *https://www.bananian.org*, die Sie nun mit einem Webbrowser öffnen.

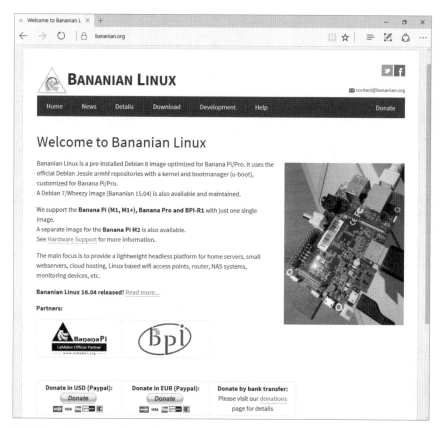

Abbildung 2.1 »www.bananian.org« – Die Homepage von Bananian

Es schadet nicht, sich dort ein wenig umzusehen und sich (zumindest grob) die Beschreibungen durchzulesen. Klicken Sie anschließend auf DOWNLOAD, und wählen Sie unter DOWNLOAD BANANIAN die neueste Version mit dem Namen *bananian-latest.zip*. Gegenwärtig basiert die aktuellste Version auf der Version 8 von Debian mit dem Codenamen *Jessie*. Notieren Sie sich zuvor den Benutzernamen und das Passwort. Diese Informationen finden Sie unter dem Eintrag DEFAULT LOGIN knapp unter dem Downloadlink. Normalerweise sollte das ROOT / PI sein. Der Benutzername lautet also *root*, und das Passwort lautet »pi«. Diese Zugangsdaten benötigen Sie für die erste Inbetriebnahme Ihres Banana Pi. Stellen Sie sich auf einen Download von nur rund 150 MB ein – wie gesagt, Bananian ist kompakt. Nach dem Download müssen Sie die erhaltene *.zip*-Datei entpacken. Sie finden darin eine Image-Datei mit der Dateiendung *.img*. Diese Datei ist deutlich größer, etwa zwei Gigabyte. Sie enthält ein vollständiges Abbild (beziehungsweise auf Neudeutsch: ein komplettes *Image*) des Betriebssystems, das auf die Speicherkarte extrahiert werden kann. Der Banana

Pi ist direkt mit diesem Image lauffähig. Das Image muss allerdings auf besondere Weise auf die Speicherkarte kopiert werden. Fahren Sie hierzu jetzt bitte mit Abschnitt 2.3, »Installation des Betriebssystems auf der Speicherkarte«, fort.

2.2   Download für den Raspberry Pi

Die Namensgebung für das Betriebssystem des Raspberry Pi erinnert an die des Betriebssystems des Banana Pi. Während dies für den Banana Pi Bananian ist, so heißt das entsprechende Paket für den Raspberry Pi interessanterweise *Raspbian*. Fairerweise muss man allerdings sagen, dass es Raspbian schon wesentlich länger gibt und dass sich die Entwickler der Banana-Pi-Variante von diesem Namen haben inspirieren lassen.

Wie beim Banana Pi beginnt auch beim Raspberry Pi die Installation zunächst mit dem Download des Betriebssystems. Am besten eignet sich die offizielle Version von Raspbian, die von der Raspberry Pi Foundation zur Verfügung gestellt wird. Öffnen Sie an Ihrem Desktopcomputer einen Internetbrowser und darin die Seite

https://www.raspberrypi.org/downloads/

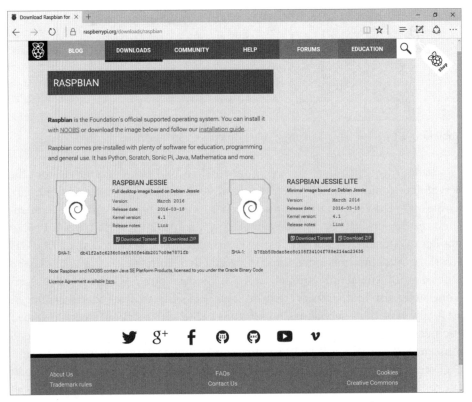

Abbildung 2.2 »www.raspberrypi.org/downloads/« – Download von Raspbian

Auf dieser Seite werden Ihnen verschiedene Betriebssysteme angeboten, unter anderem das umfangreiche Paket *Noobs*, das gleich mehrere Betriebssysteme vereint und sich üblicherweise gut für einen Anfänger eignet. Wir wählen jedoch einen anderen Weg, der für unsere Zwecke günstiger ist, und interessieren uns stattdessen für das »offizielle« Betriebssystem Raspbian. Klicken Sie die entsprechende Fläche an. Lange Zeit gab es Raspbian nur als ein recht großes »Universalpaket«. Das Betriebssystem umfasste zahlreiche Anwendungen und natürlich auch eine komplette Desktopumgebung. Mit diesem System verhält sich der Pi-Computer dann wie ein klassischer Desktoprechner und kann beispielsweise eine Textverarbeitung ausführen. In dieser Form ist das Betriebssystem nach wie vor erhältlich und eignet sich für eine Vielzahl von Anwendungsfällen. Sie können es bei Gelegenheit einmal ausprobieren: Das komplette System würden Sie durch den Download von Raspbian Jessie erhalten. Der Namenszusatz *Jessie* kennzeichnet die Version des zugrundeliegenden Debian-Systems. Das ist eine sehr robuste, weitverbreitete Linux-Distribution, auf der Raspbian basiert. Aktuell ist derzeit Version 8, die den ebengenannten Namen *Jessie* trägt. Sollte die Zeit schon etwas fortgeschritten sein, dann ist möglicherweise bereits Version 9 aktuell, die den Namen *Stretch* tragen wird.

Für einen Server, wie wir ihn in diesem Buch aufsetzen wollen, ist dieses umfangreiche Betriebssystem aber weniger geeignet. Eine Vielzahl der installierten Programme werden wir überhaupt nicht benötigen. Selbst der Desktop ist nicht nötig – wir haben keinen Bedarf an einer grafischen Benutzeroberfläche. Mehr noch: Diese Komponenten sind für uns sogar hinderlich, weil sie ständig gewisse Systemressourcen beanspruchen, zumindest aber Platz auf der Speicherkarte belegen. Daher können wir uns darüber freuen, dass es seit kurzem das Raspbian-System in einer »lite«-Variante gibt. Bei dieser leichtgewichtigen Variante gehören wesentlich weniger Programme zum Lieferumfang, auch ein Desktop ist nicht enthalten. Dieses Betriebssystem ist für unsere Zwecke ideal, denn bis auf die fehlenden Komponenten ist es ansonsten identisch mit dem vollständigen Raspbian-System. Suchen Sie also auf der Seite nach dem Eintrag für RASPBIAN in der Version JESSIE LITE. Klicken Sie dann auf DOWNLOAD ZIP, und laden Sie die entsprechende Datei auf Ihre Festplatte. Diese Datei ist rund 300 MB groß. Auch hier gilt: Sollte die Zeit schon weit fortgeschritten sein, dann ist möglicherweise bereits Version 9 mit dem Codenamen Stretch aktuell. Sie können dann auch diese Version benutzen. Die Anleitungen in diesem Buch basieren jedoch auf Jessie. Es ist leider nicht auszuschließen, dass sich manche Konfigurationspunkte bei der neuen Version geändert haben. Während der Download läuft, notieren Sie sich die Kombination aus Benutzername und Passwort, die auf der Internetseite sehr versteckt ist. Sie finden diese Angaben, indem Sie ganz oben auf der Seite auf die Schaltfläche HELP klicken und dann die FAQs auswählen. Sie gelangen dann zu den Frequently Asked Questions – den häufig gestellten Fragen. Benutzername und Passwort (auf Englisch: *username* and *password*) finden sich dann (derzeit) unterhalb des Fragenkapitels 3, »General«. Normalerweise lautet die Kombination *pi* für den Benutzernamen und »raspberry« für das Passwort.

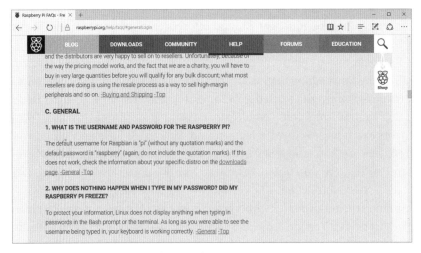

Abbildung 2.3 Das gut versteckte Raspbian-Passwort

Wenn der Download abgeschlossen ist, dann entpacken Sie die erhaltene Datei mit einem geeigneten Programm. Sie bekommen dann eine Datei mit der Endung *.img*. Das ist eine Image-Datei, die ein Abbild der Speicherkarte enthält (es handelt sich auf Neudeutsch um ein »komplettes Image«). Dieses Abbild ist direkt arbeitsfähig; der Raspberry Pi kann sofort damit booten und den Betrieb aufnehmen. Allerdings genügt es nicht, dieses Image einfach nur auf die Speicherkarte zu kopieren, nein, hierfür ist auch wieder ein spezielles Programm nötig. Im nächsten Abschnitt – der für beide Computervarianten identisch ist – werden wir uns mit diesem Vorgang beschäftigen.

2.3   Installation des Betriebssystems auf der Speicherkarte

Die Installation des Betriebssystems auf der Speicherkarte ist für beide Rechnervarianten absolut gleich. Egal, ob Sie einen Raspberry Pi oder einen Banana Pi verwenden, Sie sind an dieser Stelle richtig. Allerdings hängt die folgende Prozedur davon ab, was für einen Desktoprechner Sie zur Installation verwenden. Es ist wichtig, unter welchem Betriebssystem dieser arbeitet. Wir werden in diesem Buch drei verschiedene Fälle betrachten: einen PC mit einem Windows-Betriebssystem (die Version ist nachrangig), einen Mac OS X-Rechner und ein Linux-System. Somit sollten nahezu alle Alternativen abgedeckt sein. Fahren Sie also mit dem Abschnitt fort, der zu Ihrem jeweiligen Desktop-Betriebssystem passt. Wenn Sie den Banana Pi verwenden und somit eine SD-Karte normaler Bauform beschreiben wollen, dann achten Sie darauf, dass Sie den Schreibschutzschieber der SD-Karte so einstellen, dass ein Schreibzugriff auf die Karte möglich ist.

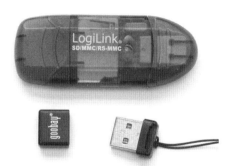

Abbildung 2.4 Kartenleser für den PC gibt es in verschiedenen Bauformen und -größen

2.3.1 Der Ablauf auf einem Windows-System

Auf einem Windows-System ist das korrekte Beschreiben der Speicherkarte allein mit Bordmitteln leider nicht möglich. Sie benötigen ein zusätzliches Programm, das diesen speziellen Kopiervorgang direkt auf der Hardwareebene vornehmen kann. Ein geeignetes und sehr verbreitetes kostenloses Open-Source-Programm dieser Art ist der ausschließlich für Windows-Systeme verfügbare *Win32DiskImager*. Sie erhalten dieses Programm auf seiner Projektseite:

http://win32diskimager.sourceforge.net/

Bei Interesse lesen Sie sich ruhig die Internetseite durch. Klicken Sie dann auf den DOWNLOAD-Button, und laden Sie das knapp 15 MB große Installationsprogramm herunter. Im Frühjahr 2016 war die Version 0.9.5 aktuell. Installieren Sie das Programm nach dem Download auf Ihrem PC.

Jetzt legen Sie die Speicherkarte, die Sie für Ihren Pi-Server vorgesehen haben, in den Speicherkartenleser Ihres PCs. Sie können einen internen oder auch einen externen Speicherkartenleser verwenden, der mit dem PC verbunden ist. Öffnen Sie den Explorer, und ermitteln Sie den Laufwerksbuchstaben des Speicherkartenlesers mit der richtigen Speicherkarte. Da deren Inhalt komplett gelöscht wird, ist es wichtig, dass Sie den richtigen Laufwerksbuchstaben benutzen. Nicht benötigte USB-Speichergeräte sollten Sie zur Vermeidung von Irritationen sicherheitshalber entfernen. Stellen Sie sicher, dass sich auf der Speicherkarte keine wichtigen und noch ungesicherten Daten befinden.

Jetzt öffnen Sie das Programm Win32DiskImager. Es sollte eine Verknüpfung im Startmenü vorhanden sein. Klicken Sie im Programm bei IMAGE FILE auf das bläuliche Icon, und wählen Sie im sich neu öffnenden Fenster das Image (also die eben entpackte *.img*-Datei) aus. Kontrollieren Sie, dass es die richtige *.img*-Datei ist. Wählen Sie jetzt rechts im Programmfenster unter DEVICE das Laufwerk aus, das Ihre Speicherkarte abbildet. Kontrollieren Sie, dass es das richtige Laufwerk ist. Dann betätigen Sie den WRITE-Button, der sich unten im Programmfenster befindet. Bestätigen Sie eine eventuelle Sicherheitsabfrage.

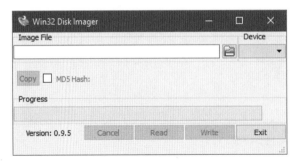

Abbildung 2.5 »Win32DiskImager« beschreibt Speicherkarten unter Windows

Nun beginnt der Schreibvorgang, bei dem der Inhalt des Images auf die Speicherkarte kopiert wird. Der Schreibvorgang dauert je nach Geschwindigkeit der Speicherkarte einige Minuten. Ist der Schreibvorgang beendet, erhalten Sie eine kurze Information vom Win32DiskImager.

Falls Sie neugierig sind und einen Blick auf den Karteninhalt riskieren wollen, dann seien Sie bitte nicht enttäuscht, wenn Sie nur eine kleine Partition mit einer Größe von weniger als 100 MB und einigen wenigen Dateien vorfinden. Die Speicherkarte enthält jetzt nämlich mehrere Partitionen, von denen Windows nur diese eine Partition erkennen kann, die allerdings auch sehr wichtig ist und in der Sie keinesfalls Daten verändern sollten.

Nehmen Sie die Speicherkarte aus Ihrem PC, und legen Sie sie in Ihren Pi-Computer ein. Achten Sie darauf, dass Sie die Karte richtig herum einschieben; im Regelfall bedeutet dies, zumindest wenn der Pi-Computer in einem üblichen Gehäuse eingebaut ist, dass Sie die Karte mit der Beschriftung nach unten und den Kontakten nach oben weisend einschieben müssen. Wichtig ist, dass der Pi-Computer zu diesem Zeitpunkt noch nicht mit dem Stromnetz verbunden ist. Eventuelle Zusatzgeräte wie USB-Sticks und Ähnliches sollten zu diesem Zeitpunkt ebenfalls noch nicht eingesteckt sein. Bereiten Sie ein Netzwerkkabel vor, das zur Verbindung des Pi-Computers mit Ihrem Router verwendet werden kann, schließen Sie es jedoch noch nicht an. Fahren Sie jetzt mit Abschnitt 3.1, »Erste Inbetriebnahme des Pi-Computers mit Tastatur und Monitor«, fort.

2.3.2   Der Ablauf auf einem OS X-Gerät

Auf einem OS X-Gerät erledigen Sie das Kopieren am besten und schnellsten mit der Kommandozeile. Hierfür genügen schon einfache Bordmittel – Sie müssen also keine zusätzliche Software installieren. Öffnen Sie zunächst ein Terminal. Haben Sie keine Angst, spätestens wenn Ihr Pi-Server erst einmal läuft, dann führt um das Terminal beziehungsweise die Konsole sowieso kein Weg mehr herum. Legen Sie die entsprechende Speicherkarte in Ihren Speicherkartenleser ein. Nun müssen Sie als Erstes feststellen, welcher Gerätepfad Ihrer Speicherkarte zugewiesen wurde. Geben Sie hierfür im Terminal den Befehl

```
sudo diskutil list
```

ein, und drücken Sie ⏎. Notieren Sie sich nun den Gerätenamen der Speicherkarte. Im Regelfall ist dies *disk* mit einer nachgestellten Ziffer, beispielsweise *disk1*. Es empfiehlt sich übrigens zur Sicherheit, bei diesem Vorgang keine weiteren Speichergeräte wie externe Festplatten, USB-Sticks oder auch Speicherkarten eingesteckt zu haben, so können diese auch nicht versehentlich gelöscht werden. Für die weiteren Schritte darf die Speicherkarte nicht im Dateisystem des Rechners eingebunden sein. Führen Sie also einen unmount-Befehl für Ihre Speicherkarte aus:

```
sudo diskutil unmountDisk disk1
```

Dabei ersetzen Sie disk1 durch den Gerätenamen Ihrer Speicherkarte, beziehungsweise passen Sie die Ziffer gemäß Ihrer Systemumgebung an.

Achtung   [!]

Stellen Sie unbedingt sicher, dass es sich um das richtige Gerät handelt. Geben Sie außerdem nur den reinen Gerätepfad und keine weiteren Partitionsdetails an, also wirklich nur disk1 beziehungsweise das bei Ihnen Zutreffende.

Navigieren Sie nun mit dem cd-Befehl in jenes Verzeichnis, in dem sich die *.img* Datei von Bananian beziehungsweise Raspbian befindet. Vorher müssen Sie natürlich das ursprünglich heruntergeladene *.zip*-Archiv entpacken. Notieren Sie sich den vollständigen Dateinamen. Um die Speicherkarte mit dem Inhalt der Image-Datei zu beschreiben, geben Sie folgenden Befehl ein:

```
sudo dd if=IMAGE-DATEI.img of=/dev/rdisk1 bs=1M && diskutil eject disk1
```

Passen Sie dabei unbedingt den Dateinamen der *.img*-Datei an, und ersetzen Sie IMAGE-DATEI entsprechend. Ändern Sie ebenfalls unbedingt disk1 in den Gerätenamen Ihrer Speicherkarte. Achtung: Es wird allgemein empfohlen, den Kopiervorgang auf der Hardwareebene durchzuführen, deswegen ist bei dem of=... auch ein zusätzliches r vor dem Gerätenamen vorhanden. Sollte der Befehl bei Ihnen zu Problemen führen, dann versuchen Sie die Ausführung ohne dieses r. Wenn alle Daten korrekt eingegeben sind, dann drücken Sie ⏎. Der Kopiervorgang nimmt eine gewisse Zeit in Anspruch, die Speicherkarte wird anschließend – falls möglich – ausgeworfen.

Legen Sie die Speicherkarte anschließend korrekt in Ihren Pi-Computer ein (im Regelfall müssen die Kontakte der Karte dazu nach oben zeigen). Fahren Sie jetzt mit Abschnitt 3.1, »Erste Inbetriebnahme des Pi-Computers mit Tastatur und Monitor«, fort.

2.3.3 Der Ablauf auf einem Linux-Gerät

Aufgrund der Verwandtschaft zwischen Mac OS X und Unix sind die Befehle bei der Verwendung von Linux (das ja ebenfalls auf Unix basiert) recht ähnlich. Auch auf einem Linux-System gelingt das Kopieren mit einfachen Bordmitteln. Wenn Sie einen Linux-Rechner einsetzen, dann müssen Sie ebenfalls zunächst den Gerätenamen der Speicherkarte ermitteln. Um möglichen Fehlern vorzubeugen, empfiehlt es sich auch hier, möglichst keine weiteren Speichergeräte am Computer angeschlossen zu haben. Öffnen Sie zunächst ein Terminal. Legen Sie dann die Speicherkarte in den Speicherkartenleser ein. Nutzen Sie hiernach den Befehl

```
dmesg
```

und ermitteln Sie den Gerätenamen der Speicherkarte, beispielsweise *sdb*. Sollte die Speicherkarte bei Ihnen (automatisch) in das Dateisystem eingehängt worden sein, dann ist jetzt ein umount-Befehl erforderlich (der ohne ein *n* als zweiten Buchstaben geschrieben wird):

```
sudo umount /dev/sdb1
```

Führen Sie den Befehl so oft aus, wie es Partitionen auf der Speicherkarte gibt. Gibt es beispielsweise auch noch eine Partition *sdb2*, dann müssen Sie außerdem den Befehl `sudo umount /dev/sdb2` ausführen. Wenn Sie unsicher sind, können Sie auch noch höhere Ziffern testen, bis Sie schließlich eine Fehlermeldung über einen nicht gefundenen Mountpoint erhalten. Berücksichtigen Sie, dass Sie diese Befehle an Ihre Situation anpassen müssen. Navigieren Sie in das Verzeichnis, in dem sich die entpackte Image-Datei für Ihren Pi-Computer befindet. Notieren Sie sich den kompletten Dateinamen. Geben Sie nun folgenden Befehl ein, der den Inhalt der Image-Datei auf die Speicherkarte kopiert:

```
sudo dd if=IMAGE-DATEI.img of=/dev/SPEICHERKARTE bs=1M && sync
```

Ersetzen Sie in diesem Befehl IMAGE-DATEI durch den Namen der Image-Datei und SPEICHERKARTE durch den Gerätenamen Ihrer Speicherkarte (natürlich ohne Spezifizierung möglicher Partitionen).

So könnte der Befehl beispielsweise aussehen:

```
sudo dd if=bananian-latest.img of=/dev/sdb bs=1M && sync
```

Drücken Sie dann ⏎, und warten Sie ab, bis der Vorgang abgeschlossen ist. Der Zeitbedarf hängt von der Größe der Image-Datei und der Geschwindigkeit der Speicherkarte ab und beträgt im Regelfall durchaus einige Minuten. Nach Abschluss können Sie die Speicherkarte aus dem Speicherkartenleser nehmen und korrekt in Ihren Pi-Computer einlegen (normalerweise müssen die Kontakte der Karte dazu nach oben zeigen). Fahren Sie jetzt mit Abschnitt 3.1, »Erste Inbetriebnahme des Pi-Computers mit Tastatur und Monitor«, fort.

Kapitel 3
Erste Inbetriebnahme Ihres Servers

Nachdem Ihr Pi-Computer ein Betriebssystem erhalten hat, können Sie ihn nun zum ersten Mal anschalten. In diesem Kapitel werden wir das gemeinsam tun.

Nun wird es aber höchste Zeit, dass Sie Ihren Pi-Computer zum ersten Mal in Betrieb nehmen. Hier gibt es zunächst zwei Möglichkeiten. Sie können erst einmal die grundlegende Funktionsfähigkeit des Pi-Computers mit angeschlossenem Monitor (beziehungsweise Fernseher) und einer verbundenen Tastatur überprüfen. Dieser Schritt ist besonders für Einsteiger interessant, die lieber Schritt für Schritt vorgehen möchten und erst einmal prüfen wollen, ob der Computer richtig arbeitet. Allerdings können Sie alternativ auch mutigerweise »gleich in die Vollen gehen« und sofort mit der Einrichtung über eine Netzwerkverbindung fortfahren. Auch hierbei wird direkt zu sehen sein, ob der Pi-Computer korrekt arbeitet. Entscheiden Sie sich nach Ihren persönlichen Vorlieben für eine Variante (und wählen Sie bei Unsicherheiten die erste Option).

3.1 Erste Inbetriebnahme des Pi-Computers mit Tastatur und Monitor

Zum Testen der grundlegenden Funktion Ihres Pi-Computers verbinden Sie dessen HDMI-Anschluss mit einem Computermonitor oder einem Fernsehgerät (mit entsprechendem Eingang). Schließen Sie eine Tastatur an einen USB-Anschluss des Pi-Computers an. Die meisten modernen Funktastaturen sollten ebenso problemlos funktionieren wie kabelgebundene Varianten. Eine Maus ist nicht nötig, denn wir wollen ja nur die grundlegende Konfiguration testen. Außerdem ist die Maus auf der Kommandozeile verständlicherweise sowieso eher fehl am Platze. Stecken Sie das Netzteil zuerst an den Pi-Computer. Nutzer des Raspberry Pi haben es hier recht einfach, denn es gibt nur einen einzigen Micro-USB-Anschluss – und damit folglich keinen falschen Steckplatz. Benutzer des Banana Pi müssen hingegen etwas aufpassen und auf den richtigen Micro-USB-Anschluss achten, denn es gibt deren zwei. Der richtige Anschluss ist der auf der Längsseite des Banana Pi, auf der sich auch der HDMI-Anschluss befindet. Der USB-Steckplatz auf der kürzeren Seite, auf der sich die beiden Taster (je nach Gehäuse vielleicht nicht nach außen geführt) und die Speicherkarte befinden, ist nicht der richtige Anschluss für das Netzteil. Kontrollieren Sie den festen Sitz aller Verbindungen.

Schalten Sie den Fernseher beziehungsweise den Monitor ein, und stecken Sie dann erst das Netzteil in die Steckdose. Der Pi-Computer wird jetzt booten. Es werden mehrere LEDs aufleuchten, von denen eventuell nicht alle von außen sichtbar sind. Bei beiden Pi-Computern gibt es eine rote LED, die durchgängig leuchten wird. Beim Raspberry Pi gibt es zusätzlich eine grüne LED, die dann aufleuchtet, wenn Lese- oder Schreibzugriffe auf die Speicherkarte stattfinden. Sie sollten hier eine Aktivität erkennen können. Auch der Banana Pi hat eine grüne LED, die jedoch eine etwas andere Funktion hat. Sie wird nach kurzer Zeit rhythmisch blinken. Dieses Blinken erinnert an einen Herzschlag. Das soll es auch, denn es ist ein sogenanntes *Heartbeat-Signal*. Wenn es zu sehen ist, dann ist alles in Ordnung, der Banana Pi arbeitet ordnungsgemäß und ist nicht abgestürzt. Wenn Sie gleich auch noch ein Netzwerkkabel angesteckt haben, dann sollte beim Banana Pi zusätzlich die blaue LED (die ziemlich hell ist) aufleuchten und gelegentlich blinken. Der Raspberry Pi hat diese LED nicht, er hat jedoch (wie der Banana Pi auch) zwei LEDs direkt an der Netzwerkbuchse, die über eine Aktivität informieren. Auf dem Bildschirm werden schließlich oben beim Raspberry Pi vier Himbeeren und beim Banana Pi zwei Pinguine zu sehen sein. Es gibt für jeden Prozessorkern jeweils eines dieser Symbole. Es werden sehr viele Textzeilen durchlaufen, ab und an werden grüne ok-Schriftzüge zu lesen sein. Irgendwann ist der Bootvorgang beendet, und es erscheint eine Login-Aufforderung mit einem Doppelpunkt. Alles ist in Ordnung.

Sollte dem nicht so sein, dann prüfen Sie zunächst noch einmal den korrekten Sitz aller Anschlüsse, insbesondere auch den der Speicherkarte. Prüfen Sie mit einem anderen Gerät, ob das Netzteil auch funktioniert. Notfalls kann das Netzteil eines Smartphones oder Tablets aushelfen (wenn die rote LED am Pi-Computer leuchtet, dann sollte das Netzteil aber in Ordnung sein). Wiederholen Sie gegebenenfalls die Installation des Betriebssystems auf der Speicherkarte. Kontrollieren Sie, dass Sie die Speicherkarte nicht versehentlich verkehrt herum eingelegt haben. Wechseln Sie notfalls auch das Speichermedium. Spätestens jetzt muss der Bootvorgang klappen.

Nun können Sie den Login testen. Dazu müssen Sie einen Benutzernamen und ein Passwort eingeben. Diese Kombination haben Sie sich beim Download des Betriebssystems notiert. Unter Raspbian ist dies normalerweise *pi* für den Benutzernamen und »raspberry« für das Passwort, unter Bananian wird *root* für den Benutzernamen und »pi« für das Passwort verwendet. Sie können dies auch noch einmal auf der jeweiligen Download-Seite überprüfen. Geben Sie mit der Tastatur den Benutzernamen ein, bestätigen Sie mit der ⏎-Taste, und geben Sie anschließend das Passwort ein. Achtung – hier lauert jetzt eine kleine, gemeine Falle: Beide Pi-Computer verwenden derzeit die englische Tastaturbelegung. Das führt dazu, dass einige Tasten anders belegt sind. Unter anderem sind die Tasten ⊡y und ⊡z vertauscht. Nutzer des Banana Pi haben hier keine Probleme, weil keines dieser Zeichen im Benutzernamen oder im Passwort vorkommt. Für den Raspberry Pi lautet das Passwort jedoch üblicherweise »raspberry« und enthält damit den Buchstaben »y«. Wenn Sie dieses Passwort nun ganz normal eingeben, dann erkennt der Raspberry Pi daraus »raspberrz« und verweigert Ihnen den Zutritt. Das ist umso gemeiner, weil bei der Eingabe des Passworts aus Sicherheitsgründen keine Ausgabe auf dem Monitor erfolgt. Es werden noch nicht einmal Sternchen angezeigt, damit jemand Boshaftes keine Informationen über die Länge des Passworts bekommt. Wundern Sie sich also nicht, wenn auf dem Monitor bei der Eingabe des Passworts nichts zu lesen ist. Zum Glück können Sie sich nun aber einfach behelfen. Anstatt das Passwort »raspberry« einzutippen, geben Sie einfach »raspberrz« ein. Der Raspberry Pi erhält dann korrekt die Eingabe »raspberry« und gewährt Ihnen Zutritt. Übrigens: Die englische Tastaturbelegung gilt nicht, wenn wir später den Server über einen anderen Computer fernsteuern. Nach dem erfolgten Login landen Sie zum ersten Mal auf der Kommandozeile, auf der Sie der Kommando-Prompt willkommen heißt. Herzlichen Glückwunsch, Sie haben Ihren Pi-Computer nun zum ersten Mal gestartet, und er arbeitet einwandfrei!

Da der Pi-Computer als ein Server ohne Monitor und Tastatur arbeiten soll, könnten wir uns nun von diesen Geräten trennen und die eigentliche Einrichtung gleich über das Netzwerk vornehmen, dafür ist der Server schließlich da. Tastatur und Monitor können uns aber gleich noch einmal nützlich werden, weswegen wir sie noch kurz angeschlossen lassen sollten.

Schließen Sie nun, falls noch nicht geschehen, ein Netzwerkkabel an den Pi-Computer an, das (gegebenenfalls über einen Switch) mit Ihrem Router und darüber mit Ihrem Heimnetzwerk verbunden ist. Diese Netzwerkverbindung sollte auch eine Internetverbindung bereitstellen. Sie könnten den Pi-Computer an dieser Stelle einmal zur Übung ausschalten. Dazu geben Benutzer des Banana Pi mit der Tastatur den Befehl

```
halt
```

ein und drücken die ⏎-Taste.

Für Benutzer des Raspberry Pi gilt derselbe Befehl, hier ist jedoch ein Befehlsvorsatz nötig. Geben Sie den Befehl

```
sudo halt
```

ein, und drücken Sie dann die ⏎-Taste. Warum dieser Vorsatz nötig und sinnvoll ist, werde ich im weiteren Verlauf klären.

Ihr Pi-Computer wird nun heruntergefahren. Wenn der Vorgang abgeschlossen ist, dann können Sie das Netzteil aus der Steckdose entfernen. Sie sollten den Pi-Computer zunächst immer herunterfahren, bevor Sie das Netzteil abstecken. Andernfalls könnte ein Datenverlust entstehen. Ein solcher droht dann, wenn der Pi-Computer gerade Daten auf die Speicherkarte schreibt und plötzlich stromlos wird.

Wir fahren nun mit der Inbetriebnahme über das Netzwerk fort.

3.2   Die Inbetriebnahme über das Netzwerk

Wenn Sie den ersten Test erfolgreich absolviert oder gleich mutigerweise übersprungen haben, dann werden wir nun »in die Vollen gehen« und die Netzwerkverbindung zur Inbetriebnahme benutzen. Für diesen Schritt schließen Sie an Ihren Pi-Computer bitte – falls noch nicht geschehen – ein Netzwerkkabel an, das auf der anderen Seite an Ihren Router (oder einen damit verbundenen Switch) angeschlossen ist und somit eine Verbindung in das Internet und in Ihr Heimnetzwerk bereitstellt. Etwaige USB-Speichergeräte sollten noch nicht angeschlossen sein. Die Erstinstallation muss mit einem LAN-Kabel erfolgen. Sie ist nicht per WLAN möglich! Stecken Sie den USB-Stecker des Netzteils in die richtige USB-Buchse des Pi-Computers. Benutzer des Raspberry Pi haben es einfach, denn es gibt nur einen Anschluss (und dieser ist damit automatisch der richtige). Nutzer des Banana Pi müssen aufpassen, denn es gibt mehrere Micro-USB-Anschlüsse. Der richtige Steckplatz befindet sich auf der Längsseite, auf der sich auch der HDMI-Anschluss befindet. Die USB-Buchse auf der Querseite, auf der auch die Speicherkarte sitzt (und die beiden je nach Gehäuse vielleicht nicht nach außen geführten Taster), ist nicht die richtige! Stecken Sie nun das Netzteil in eine Steckdose. Wie bei der Inbetriebnahme mit Monitor und Tastatur werden mehrere LEDs aufleuchten – für deren Erklärung seien Sie an dieser Stelle auf den vorherigen Abschnitt verwiesen. Ein besonderes Augenmerk gilt nun den LEDs, die über die Netzwerkaktivität an der LAN-Buchse informieren. Die Netzwerkbuchse hat direkt am Steckkontakt zwei LEDs, die über den Link-Status (Bestehen einer Verbindung) und den Datentransfer Auskunft geben.

Ihr Pi-Computer benötigt im Netzwerk eine IP-Adresse. Im »Werkszustand« bezieht er seine IP-Adresse dynamisch und sucht dazu nach einem DHCP-Server. Das *Dynamic Host Configuration Protokoll* (kurz: *DHCP*) ermöglicht die automatisierte Netzwerkkonfiguration von angeschlossenen Computern. Der zugehörige Server muss in Ihrem Netzwerk vorhanden sein und wird normalerweise automatisch ohne Ihr Zutun von Ihrem Router bereitgestellt. (Wenn Sie über fortgeschrittene Kenntnisse verfügen und diesen DHCP-Server absichtlich deaktiviert haben, dann reaktivieren Sie ihn bitte für die Erstinstallation.) Wir müssen diese IP-Adresse nun in Erfahrung bringen, damit wir mit dem Pi-Computer kommunizieren können. Starten Sie in der Zwischenzeit einen weiteren Computer (der ordnungsgemäß im Netzwerk eingebunden ist). Es gibt nun (mindestens) vier verschiedene Möglichkeiten, diese IP-Adresse zu erfahren. Sobald Sie die Adresse herausgefunden haben, fahren Sie bitte mit Abschnitt 3.3, »Aufbauen der ersten SSH-Verbindung«, fort.

1. Die erste Methode ist sehr einfach und führt schnell zum Ziel. Voraussetzung ist allerdings, dass an den Pi-Computer Monitor und Tastatur angeschlossen sind. Diese Methode richtet sich also an diejenigen, die den vorigen Abschnitt bearbeitet haben. (Sie können diesen nach wie vor optionalen Schritt aber auch jetzt noch nachholen.)

Loggen Sie sich wie zuvor gezeigt noch einmal an Ihrem Pi-Server ein, der jetzt über eine funktionierende Netzwerkverbindung verfügen muss. Anschließend geben Sie den folgenden Befehl ein und drücken danach die ⏎-Taste. Bitte beachten Sie, dass Sie das I tatsächlich großschreiben müssen, alle anderen Zeichen müssen kleingeschrieben werden. Nicht vergessen: Auf Ihrem Pi-Computer ist derzeit die englische Tastaturbelegung aktiv. Dort sind einige Tasten anders belegt. Um den Bindestrich (das Minuszeichen) einzugeben, drücken Sie die Taste ß :

```
hostname -I
```

Sie erhalten jetzt eine Textausgabe, die die IP-Adresse Ihres Pi-Computers enthält. Wenn Ihr Netzwerk bereits über eine (zusätzliche) IPv6-Verbindung verfügt, dann ist diese Ausgabe etwas länger und mehrteilig. Wir interessieren uns aber nur für den IPv4-Teil. Die IPv4-Adresse besteht nur aus Ziffern, die in vier Gruppen angeordnet sind, die durch Punkte getrennt sind. In folgender Beispielausgabe wäre die Adresse, die uns interessiert, also die 192.168.178.73. Notieren Sie sich die Adresse, die für Sie zutrifft. Eine mögliche Ausgabe könnte lauten:

```
192.168.178.73 fd00::b:22a:e2c4:63d3 1k1h:8az2:g321:a8b9:cd:fed:12ab:ffff
```

Falls es (was normalerweise nicht vorkommen sollte) mehrere vierteilige Adressen gibt, dann notieren Sie sich alle und probieren sie im folgenden Abschnitt nacheinander aus.

An dieser Stelle sollten Sie die Tastatur und den Monitor abstecken, denn diese Geräte werden nicht mehr benötigt.

Wenn Sie diesen Schritt nicht mit Monitor und Tastatur durchführen möchten, weil die Geräte vielleicht gerade nicht zur Hand sind, dann können Sie die folgende Methode probieren.

2. Die zweite Möglichkeit ist davon abhängig, ob der Router in Ihrem Netzwerk eine Namensauflösung unterstützt. Daher kann der folgende Weg funktionieren oder auch nicht. Er ist es jedoch wert, ausprobiert zu werden. Öffnen Sie auf einem Linux- oder Mac-Rechner ein Terminal. Wenn Sie einen Windows-PC verwenden, dann öffnen Sie die Eingabeaufforderung. (Betätigen Sie dazu die Tastenkombination ⊞+r, und geben Sie cmd ein. Alternativ können Sie auch das Startmenü öffnen und dann cmd eingeben. Drücken Sie auf ⏎.) Geben Sie nun den folgenden Befehl ein, wenn Sie einen Banana Pi nutzen: ping bananapi. Wenn Sie einen Raspberry Pi nutzen, dann geben Sie ping raspberrypi ein. Drücken Sie in jedem Fall anschließend auf die ⏎-Taste. Wenn die Namensauflösung funktioniert, dann erhalten Sie beim Banana Pi unter Windows folgende Beispielanzeige:

```
Ping wird ausgeführt für bananapi [192.168.178.73] mit 32 Bytes Daten:
Antwort von 192.168.178.73: Bytes=32 Zeit=2ms TTL=64
```

Vollständig wird die Ausgabe wie in Abbildung 3.1 aussehen:

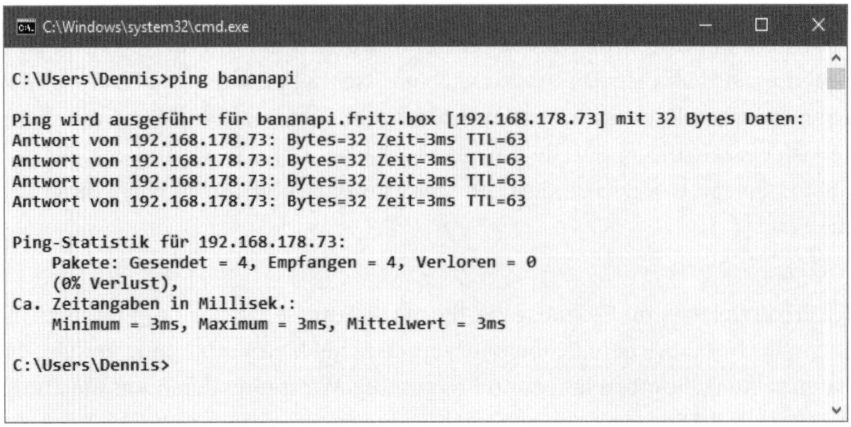

```
C:\Windows\system32\cmd.exe                             —    □    ×

C:\Users\Dennis>ping bananapi

Ping wird ausgeführt für bananapi.fritz.box [192.168.178.73] mit 32 Bytes Daten:
Antwort von 192.168.178.73: Bytes=32 Zeit=3ms TTL=63
Antwort von 192.168.178.73: Bytes=32 Zeit=3ms TTL=63
Antwort von 192.168.178.73: Bytes=32 Zeit=3ms TTL=63
Antwort von 192.168.178.73: Bytes=32 Zeit=3ms TTL=63

Ping-Statistik für 192.168.178.73:
    Pakete: Gesendet = 4, Empfangen = 4, Verloren = 0
    (0% Verlust),
Ca. Zeitangaben in Millisek.:
    Minimum = 3ms, Maximum = 3ms, Mittelwert = 3ms

C:\Users\Dennis>
```

Abbildung 3.1 Der »bananapi« antwortet!

Sehr gut! Das hat funktioniert. Unter einem Linux-System müssen Sie den ständig fortlaufenden Befehl jetzt mit der Tastaturkombination ⌈Strg⌉+⌈c⌉ abbrechen. Der Logik entsprechend erhalten Sie beim Raspberry Pi eine Anzeige, die darüber informiert, dass der Ping-Befehl für den *raspberrypi* ausgeführt wird. Notieren Sie sich die IP-Adresse Ihres Pi-Computers. Es ist im Beispiel die Zahl in eckigen Klammern beziehungsweise die Zahl hinter Antwort von – im Beispiel also 192.168.178.73. Wir werden sie gleich benötigen.

Lesen Sie aber (beispielhaft unter Windows) hingegen:

Ping-Anforderung konnte Host "bananapi" nicht finden

beziehungsweise

Ping-Anforderung konnte Host "raspberrypi" nicht finden

dann hat dieser Weg nicht funktioniert. Möglicherweise liefert Ihnen der Befehl unter Windows bereits eine IPv6-Adresse, die deutlich länger ist sowie Buchstaben und Doppelpunkte enthält. Theoretisch ist die Verbindung auch mit dieser Form der IP-Adresse problemlos möglich. Falls einige Komponenten Ihres Netzwerks aber noch älteren Datums sind oder Ihr Router nicht geeignet konfiguriert ist, dann kann es Probleme geben. Sie können die Verbindung mit dieser Adresse versuchen und bei einem Fehlschlag den ping-Befehl explizit anweisen, Ihnen die jeweilige IPv4-Adresse zu liefern, die nur Ziffern enthält und von modernen Netzwerkgeräten ebenfalls vergeben wird. Dazu führen Sie unter Windows den Befehl ping raspberrypi -4 beziehungsweise ping bananapi -4 aus.

Wenn Sie mit diesen Methoden keine Adresse erhalten haben und kein Tippfehler vorlag, dann hilft Ihnen Methode drei.

3. Sie können die IP-Adresse von Ihrem Router erhalten. Dazu müssen Sie sich auf der Konfigurationsseite Ihres Routers anmelden und dann in der Netzwerkübersicht nach dem Pi-Computer Ausschau halten. Wir gehen das einmal am Beispiel der weitverbreiteten *FritzBox* durch. Öffnen Sie Ihren Browser, und navigieren Sie zu *http://fritz.box*. Melden Sie sich mit Ihrem (hoffentlich eingerichteten) Passwort an der FritzBox an. Betrachten Sie unten im Bild die Netzwerkgeräteliste. Dort sollte Ihr Pi-Computer aufgeführt sein als BANANAPI beziehungsweise als RASPBERRYPI.

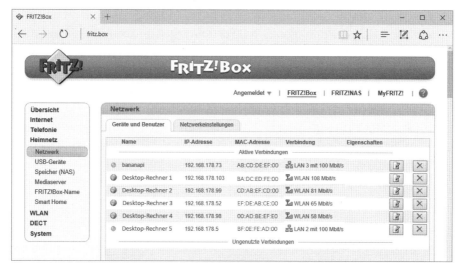

Abbildung 3.2 Die »FritzBox« zeigt Ihnen die verbundenen Rechner

Klicken Sie links in der Menüleiste auf den Punkt NETZWERK beziehungsweise HEIMNETZ. Es öffnet sich eine Seite mit allen Netzwerkgeräten. Dort sollte der Pi-Computer mit aufgelistet sein. Notieren Sie sich die IP-Adresse, die gleich neben Ihrem Pi-Computer steht. Melden Sich dann wieder von der FritzBox ab.

Wenn auch dieser Weg nicht zum Ziel geführt hat, weil Ihr Router keine Netzwerkübersicht hat oder Sie diese nicht erreichen konnten, dann ist Methode vier vermutlich erfolgreich.

4. Sie können auch einen Netzwerkscanner benutzen. Das ist ein kleines Programm, das Ihr gesamtes Netzwerk nach vorhandenen Geräten scannt und diese auflistet. Es ist übrigens keine schlechte Idee, solch ein Programm auch hin und wieder routinemäßig zu starten und sich anzusehen, was sich alles bei Ihnen im Netzwerk tummelt, und dabei zu prüfen, ob alles in Ordnung ist. Für Windows-Benutzer ist hierfür ein gutes Programm beispielsweise der *SoftPerfect Network Scanner*. Sie erhalten ihn im Internet unter der Adresse

https://www.softperfect.com/products/networkscanner/

Eine Alternative ist der quelloffene *Angry IP Scanner*. Dieser ist nicht nur für Windows, sondern auch für Mac- und Linux-Systeme verfügbar. Sie erhalten ihn unter der Adresse

http://angryip.org/

Sie können aber auch jeden anderen beliebigen Netzwerkscanner benutzen. Die Bedienung der beiden genannten Programme ist sehr einfach. Sie müssen im Prinzip nach der Installation und dem Programmstart nur den IP-Adressbereich Ihres heimischen Netzwerks angeben. Dieser ist abhängig von Ihrer Routerkonfiguration. Wenn Sie Ihren Adressbereich nicht zur Hand haben, dann schauen Sie noch einmal in der Konfiguration Ihres Routers nach. Hiernach müssen Sie nur noch auf START SCANNING klicken. Ihnen wird dann eine Liste mit allen Geräten, die in Ihrem Netzwerk vorhanden sind, erstellt. Ihr Pi-Computer wird ein Gerät hiervon sein. Notieren Sie sich seine IP-Adresse.

Fortgeschrittene Benutzer, die unter Linux die Kommandozeile bevorzugen, finden eine Alternative im Befehl `nbtscan`, der durch die Installation des gleichnamigen Paketes verfügbar wird. (Dies geschieht unter Ubuntu oder Debian mit dem Tastaturkommando `sudo apt-get install nbtscan`.) Folgender Befehl scannt dann nach Netzwerkgeräten im Adressbereich 192.168.178.0 bis 192.168.178.255:

```
sudo nbtscan -q 192.168.178.0/24
```

Eine Beispielausgabe zeigt Ihnen Abbildung 3.3:

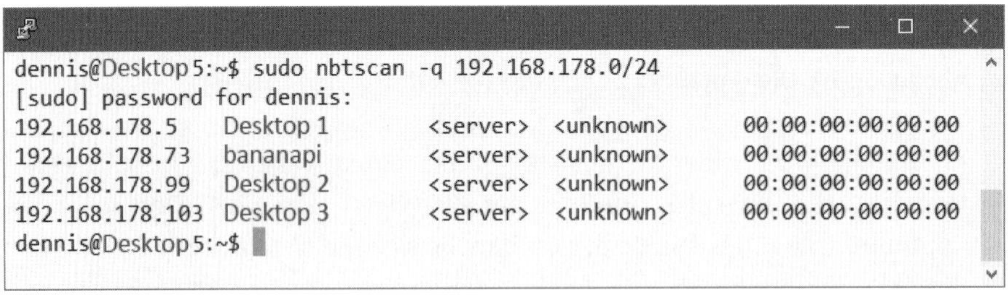

```
dennis@Desktop5:~$ sudo nbtscan -q 192.168.178.0/24
[sudo] password for dennis:
192.168.178.5     Desktop 1      <server>  <unknown>   00:00:00:00:00:00
192.168.178.73    bananapi       <server>  <unknown>   00:00:00:00:00:00
192.168.178.99    Desktop 2      <server>  <unknown>   00:00:00:00:00:00
192.168.178.103   Desktop 3      <server>  <unknown>   00:00:00:00:00:00
dennis@Desktop5:~$
```

Abbildung 3.3 Auflistung der verbundenen Rechner mit »nbtscan«

Sollte keine der obigen Möglichkeiten funktioniert haben, dann prüfen Sie zunächst, ob die grüne LED beim jeweiligen Pi-Computer entweder rhythmisch blinkt (beim Banana Pi) oder ab und an kurz aufleuchtet (beim Raspberry Pi). Prüfen Sie den richtigen Anschluss des LAN-Kabels und ob die LEDs am LAN-Anschluss leuchten beziehungsweise ab und an kurz aufblinken. Kontrollieren Sie auch die zweite Seite des Kabels, also den Anschluss an den Router. Notfalls müssen Sie die grundlegende Funktion des Pi-Computers wie oben beschrieben mit einem Fernseher oder einem Monitor prüfen.

3.3   Aufbauen der ersten SSH-Verbindung

Wenn alles funktioniert, dann ist es an der Zeit, von Ihrem »großen« PC aus die erste Verbindung zu Ihrem Pi-Computer herzustellen. Dabei werden wir die Kommandozeile des Pi-Computers auf Ihrem klassischen Desktopcomputer anzeigen lassen. Alle Eingaben, die Sie in dieser Kommandozeile vornehmen, werden direkt auf Ihrem Pi-Computer ausgeführt. Wir verwenden dafür das sogenannte *SSH-Protokoll*, das eine verschlüsselte Verbindung zu dem Pi-Server herstellt und beispielsweise die Übertragung von Befehlen und Antworten ermöglicht. Nutzen Sie einen Computer mit einem Linux-Betriebssystem oder einen OS X-Rechner, dann können Sie sich freuen, denn der Zugriff gelingt bereits mit Bordmitteln. Alles, was Sie brauchen, ist ein Terminal. Öffnen Sie also ein Terminal, und geben Sie folgenden Befehl ein (die deutsche Tastaturbelegung funktioniert jetzt ganz normal):

```
ssh benutzername@IP-Adresse.Ihres.Pi-Computers
```

Ersetzen Sie den Ausdruck `IP-Adresse.Ihres.Pi-Computers` durch die vorhin notierte IP-Adresse. Den Ausdruck `benutzername` ersetzen Sie durch den Benutzernamen, den Sie sich beim Download des jeweiligen Betriebssystems notiert hatten. Wenn Sie nun ⏎ drücken, wird direkt eine Verbindung zu Ihrem Pi-Computer aufgebaut. Gegebenenfalls müssen Sie bei der allerersten Verbindung Ihrem neuen Pi-Computer noch das Vertrauen aussprechen und eine Sicherheitsfrage beantworten. Sie werden anschließend zur Eingabe des Passworts aufgefordert (Achtung: Hier erscheinen bei der Eingabe des Passworts keinerlei Anzeigen auf dem Bildschirm). Auch dieses hatten Sie sich beim Download des jeweiligen Betriebssystems notiert. Wenn Sie den Kommando-Prompt sehen, dann funktioniert die Verbindung einwandfrei. Sie können jetzt mit der Konfiguration beginnen! Lesen Sie dazu bitte nun den folgenden für Ihren Rechnertyp zutreffenden Abschnitt. Um die Verbindung zu Ihrem Pi-Computer wieder zu beenden, geben Sie einfach den Befehl `exit` ein und führen diesen durch die Betätigung der ⏎-Taste aus.

Nutzer eines Windows-Computers müssen allerdings zunächst erst noch ein zusätzliches Programm installieren, denn der Zugriff ist allein mit Bordmitteln nicht möglich. Um auf Ihrem PC die Eingabeaufforderung Ihres Pi-Computers anzuzeigen, setzen wir die weitverbreitete Software *PuTTY* ein. PuTTY ist ein Open-Source-Programm und ist unter anderem unter folgender Adresse erhältlich:

http://www.chiark.greenend.org.uk/~sgtatham/putty/download.html

Laden Sie sich PuTTY herunter, und installieren Sie es entsprechend. Sie benötigen die reine PuTTY-Version ohne weitere Namenszusätze. Zum einen gibt es das direkte Programm ohne Installationsroutine, dieses ist direkt lauffähig. Sie können es an einen geeigneten Speicherort kopieren. Es wird jedoch auch eine Installationsroutine angeboten. PuTTY ermöglicht uns den Zugriff auf die Konsole des Pi-Computers über mehrere Verbindungsmöglichkeiten, unter anderem über das SSH-Protokoll.

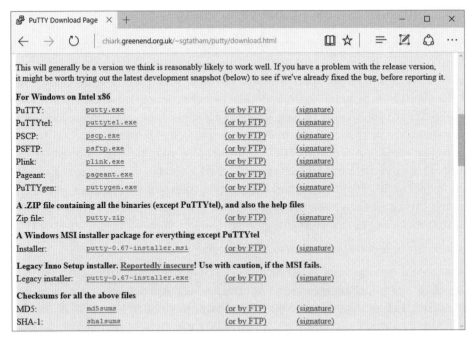

Abbildung 3.4 Die »PuTTY Download Page«

Am besten legen Sie gleich einen Shortcut zu PuTTY auf den Desktop oder in die Taskleiste, denn mit diesem Programm werden wir sehr oft arbeiten. Öffnen Sie nun eine Instanz von PuTTY.

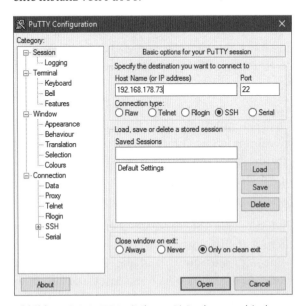

Abbildung 3.5 PuTTY mit Ihrem Pi-Rechner verbinden

Im Feld HOST NAME (OR IP ADDRESS) geben Sie die notierte IP-Adresse des Pi-Computers ein, der Port hat die Nummer 22. Starten Sie die Verbindung durch die Betätigung der ⏎-Taste. Es wird eine Meldung (Abbildung 3.6) erscheinen, die Sie über ein neues, noch unbekanntes Zertifikat und einen neuen unbekannten Schlüssel informiert.

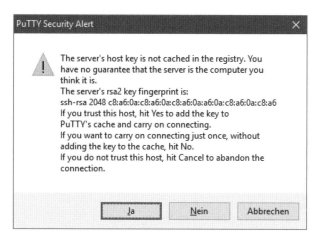

Abbildung 3.6 PuTTY kennt Ihren Pi-Computer noch nicht und bittet um Bestätigung

Dies ist bei der ersten Anmeldung an einem neuen Computer völlig normal. Akzeptieren Sie diese Meldung. Nach kurzer Zeit erhalten Sie die Login-Aufforderung auf Ihrem Bildschirm. Geben Sie den Benutzernamen und das Passwort ein.

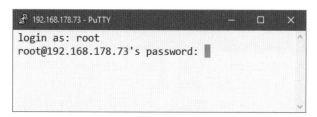

Abbildung 3.7 Anmeldung über SSH an Ihrem Pi-Computer

Beide Werte haben Sie sich beim Download des Betriebssystems notiert. Notfalls können Sie sie noch einmal auf der jeweiligen Internetseite nachlesen. Das Passwort wird während der Eingabe aus Sicherheitsgründen nicht angezeigt, auch die Anzeige von Sternchen oder Punkten unterbleibt. Bestätigen Sie Ihre Eingaben mit einem Druck auf die ⏎-Taste, und Sie landen beim Kommando-Prompt auf der Kommandozeile.

Bitte verinnerlichen Sie die Schritte und Abläufe dieses Abschnitts. Sie haben soeben den »offiziellen« Weg kennengelernt, direkt mit Ihrem Pi-Server in Kontakt zu treten.

Die Verbindung über die Konsole beziehungsweise die Übertragung der Kommandozeile werden Sie zukünftig immer dann benötigen, wenn Sie auf Ihrem Pi-Server ein Programm installieren, eine Konfiguration ändern oder überhaupt einmal »nach dem Rechten schauen« möchten. Etwas ist auch noch ganz wichtig: Wenn Sie die Verbindung zu Ihrem Server wieder beenden wollen, dann tippen Sie den Befehl exit in die Kommandozeile ein und führen diesen aus. Dadurch wird Ihre Verbindung zum Server geschlossen. Der Server bleibt dadurch natürlich weiterhin in Betrieb, er wird nicht heruntergefahren oder abgeschaltet.

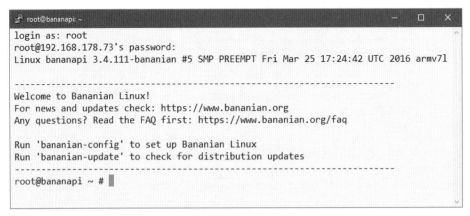

Abbildung 3.8 Der erste erfolgreiche Login

An dieser Stelle ein kleiner Komforttipp: Bei einer neuen Verbindung jedes Mal die IP-Adresse eingeben zu müssen, das ist etwas umständlich. Deswegen bietet PuTTY die Möglichkeit, diese Adressen (und eine Menge anderer Einstellungen) abzuspeichern. Im Moment ist dieser Schritt nicht sinnvoll, denn wir werden später dem Server eine feste IP-Adresse geben, aber wenn das erfolgt ist, dann sollten Sie eine sogenannte *Session* speichern. Dazu öffnen Sie noch einmal PuTTY (wie in Abbildung 3.5) und tippen im Feld HOST NAME (OR IP ADDRESS) die neue, feste IP-Adresse Ihres Servers ein. Sie verbinden sich jetzt jedoch nicht, sondern geben im unteren Feld SAVED SESSIONS einen aussagekräftigen Namen ein. Am besten verwenden Sie einen Namen, der eindeutig Ihren Pi-Server identifiziert. Klicken Sie nun auf die Schaltfläche SAVE. Zukünftig können Sie die Verbindung zu Ihrem Server bequem durch einen einfachen Doppelklick auf seinen Namen in der Liste herstellen.

Herzlichen Glückwunsch, Ihr Pi-Computer funktioniert einwandfrei. Wir können jetzt mit der Einrichtung und Konfiguration beginnen! Beachten Sie, dass sich die folgenden Schritte für den Raspberry Pi und den Banana Pi etwas stärker voneinander unterscheiden. Deswegen gibt es nun wieder eigenständige Abschnitte. Fahren Sie mit dem Abschnitt fort, der zu Ihrem Pi-Computer passt.

3.4   Basiskonfiguration für den Banana Pi

Als Erstes müssen wir dringend ein paar Einstellungen ändern. Auf gar keinen Fall darf das Passwort für den *root*-Benutzer schlicht »pi« lauten. Auch sollte das *root*-Konto (später einmal) gar nicht über eine SSH-Verbindung zu erreichen sein. Außerdem ist die gesamte Systemsprache Englisch, vielleicht bevorzugen Sie lieber eine deutsche Sprachumgebung? Diese Einstellungen ändern wir im Konfigurationsprogramm von Bananian, das den Namen bananian-config trägt.

Öffnen Sie zunächst das kleine Konfigurationsprogramm von Bananian, indem Sie über die SSH-Verbindung folgenden Befehl eintippen und ⏎ drücken:

bananian-config

Nun wird das Konfigurationswerkzeug von Bananian erscheinen.

Erwarten Sie bitte keine grafischen Wunderwerke. Das Konfigurationsprogramm ist sehr schlicht aufgebaut und eine reine Textanwendung – wie fast alle Serverkonfigurationen, mit denen wir arbeiten werden.

Ich kann in diesem Buch natürlich nur den derzeit aktuellen Stand des Konfigurationswerkzeugs besprechen. Erfahrungen haben jedoch gezeigt, dass an diesem Programm nur sehr wenige Änderungen vorgenommen werden, so dass Sie sich sofort zurechtfinden werden. Sollte zukünftig ein neuer und in diesem Buch noch nicht behandelter Konfigurationspunkt hinzugefügt werden, dann übernehmen Sie bitte dessen Voreinstellung – zumindest für den Fall, dass Sie mit dem Parameter (noch) nicht viel anfangen können. Zum Glück wählt Bananian bereits als Voreinstellung vernünftige und sichere Werte.

Zu Beginn wird Sie eine kleine Willkommensbotschaft begrüßen, die Sie sich durchlesen können. Da Sie sich über das Netzwerk an Ihrem Pi-Computer angemeldet haben, erhalten Sie (wenn Sie tatsächlich keine reale Tastatur an Ihrem Pi-Computer angeschlossen haben) eine Information darüber, dass keine Tastatur angeschlossen ist und die Tastaturkonfiguration übersprungen wird (No keyboard found. Skipping keyboard configuration.).

Anschließend werden Sie direkt mit einem rot geschriebenen Text dazu aufgefordert, das *root*-Passwort zu ändern (Enter new UNIX password:).

Hierbei handelt es sich um das Passwort des *root*-Benutzers, also des »mächtigen Administrators«, der alles mit dem Pi-Computer machen darf, notfalls sogar sämtliche Dateien löschen. Wie Sie vielleicht wissen, ist Linux ein konsequentes Mehrbenutzersystem, das Benutzerkonten verwendet. Das Benutzerkonto des *root*-Benutzers ist sehr wichtig. Auch wenn Sie natürlich der Administrator sind, werden Sie nur ganz selten tatsächlich unter diesem Benutzerkonto arbeiten. Sie werden sich stattdessen ein eigenes, eingeschränktes Benutzerkonto anlegen, mit dem keine systemkritischen Aktionen ausgeführt werden können – weder absichtlich noch versehentlich. Nur im Bedarfsfall werden Sie diesem Benutzerkonto vorübergehend Administratorrechte verleihen. Wir werden sogar so weit gehen, dass wir (später) aus Sicherheitsgründen den Login des *root*-Benutzers über das Netzwerk deaktivieren. Trotzdem ist es erforderlich, dass Sie dem Benutzerkonto des *root*-Benutzers ein besonders sicheres Passwort geben. Denken Sie sich also ein sicheres Passwort aus. Es sollte ausreichend lang sein, aus zufällig angeordneten Groß- und Kleinbuchstaben bestehen sowie Ziffern und Sonderzeichen enthalten. Notieren Sie sich dieses Passwort, und heben Sie es an einem sicheren Ort auf. Ratschläge zur Passwortwahl finden Sie weiter hinten in diesem Buch im Sicherheitskapitel (Kapitel 21 im dritten Teil des Buches). Gut geeignet ist zur Speicherung beispielsweise ein Passwortmanager, den Sie vielleicht schon auf Ihrem Hauptrechner benutzen. Er bringt häufig auch gleich einen Generator für sichere Passwörter mit. Sie brauchen sich dieses Passwort nicht zu merken, denn Sie werden es kaum noch brauchen – nur verlieren sollten Sie es nicht (und ebenso wenig anderen bekannt machen!).

Nachdem Sie das neue Passwort eingegeben haben, werden Sie aufgefordert, die Eingabe zur Bestätigung noch einmal zu wiederholen (`Retype new UNIX password:`). Wie immer werden bei Passworteingaben keine Zeichen auf dem Bildschirm dargestellt, auch keine Punkte oder Sternchen, denn Linux ist ein möglichst sicheres Betriebssystem. Sie erhalten anschließend eine Bestätigung über die Passwortänderung (`passwd: password updated successfully`) beziehungsweise eine Fehlermeldung, wenn Ihre beiden Eingaben nicht übereinstimmten.

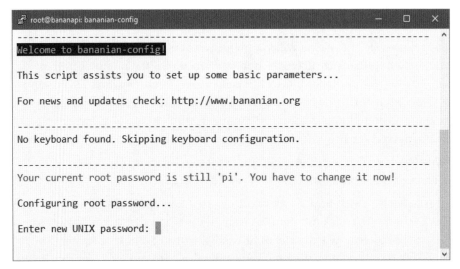

Abbildung 3.9 Die ersten Schritte mit »bananian-config«: Das root-Passwort

Als Nächstes geht es um die Einstellung der Zeitzone für die Uhrzeit (`Your current timezone is 'Etc/UTC'. Do you want to change it? (y/N)`).

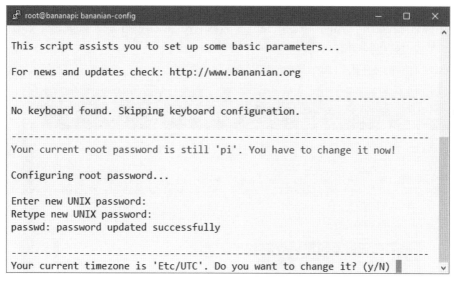

Abbildung 3.10 Das Einstellen der Zeitzone mit »bananian-config«

Standardmäßig ist die Zeitzone Etc/UTC eingestellt, die jedoch nicht mit unserer Zeitzone übereinstimmt. Dies sollten Sie ändern. Geben Sie also zunächst ein y für »yes«, also »ja«, ein. Sie erhalten einen kleinen grafischen Einstellbildschirm.

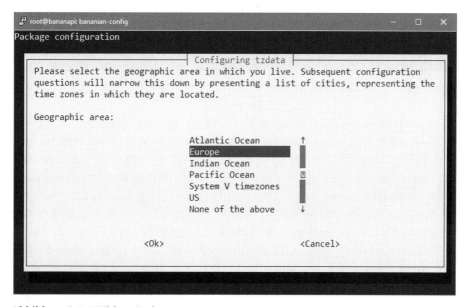

Abbildung 3.11 Wählen Sie Ihren Ort

Wählen Sie hier zunächst mit den normalen Pfeiltasten EUROPE für Europa aus, und bestätigen Sie mit der ⏎-Taste. Anschließend sollten Sie die jeweilige Hauptstadt (beziehungsweise zutreffende Stadt) auswählen, für Deutschland wäre dies also beispielsweise BERLIN. Erneut ist mit der ⏎-Taste zu bestätigen. Es erfolgt eine kurze Bestätigungsmeldung auf der normalen Textkonsole.

Weiter geht es mit der Einstellung der LOCALE.

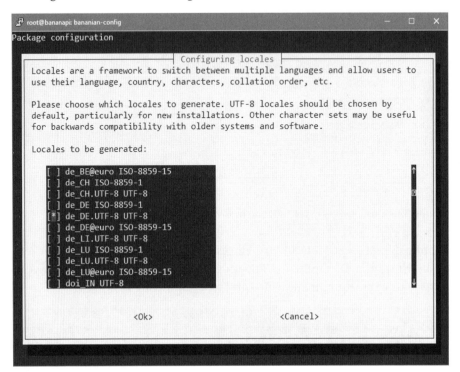

Abbildung 3.12 Das Einstellen der Systemsprache mit »bananian-config«

Dies ist im Prinzip so etwas wie die Systemsprache. Momentan ist sie auf Englisch eingestellt. Nicht nur das Betriebssystem, sondern auch viele Anwendungen bringen jedoch Übersetzungen für andere Sprachen mit. Die deutsche Sprache gehört fast immer dazu. Wenn Sie die Bildschirmtexte lieber auf Deutsch lesen möchten, dann sollten Sie nun wiederum ein y für »yes« eingeben und die Einstellung entsprechend ändern. Sie erhalten erneut ein grafisches Einstellmenü mit einer ziemlich langen Liste der möglichen *Locales*. Suchen Sie mit den Pfeiltasten nach dem Eintrag de_DE.UTF-8 UTF-8. Es ist wichtig, dass Sie auf die Endung UTF-8 achten. Wenn Sie sich in einem anderen deutschsprachigen Land befinden, denn wählen Sie beispielsweise de_AT.UTF-8 UTF-8 (für Österreich) oder de_CH.UTF-8 UTF-8 (für die Schweiz). Es gibt auch vorgefertigte Locales für Liechtenstein (Kürzel LI), Belgien (Kürzel BE) und Luxemburg (Kürzel LU). Aktivieren Sie nun den Eintrag mit der Leertaste (Achtung: Betätigen Sie die Leertaste, nicht die ⏎-Taste!). Die Auswahl wird mit einem kleinen Sternchensymbol zwischen den eckigen Klammern angezeigt. Fahren Sie nun mit den Pfeiltasten weiter nach unten in der Liste, bis Sie zum Eintrag en_US.UTF-8 UTF-8 gelangen. Dieser Eintrag ist standardmäßig aktiviert. Sie sollten ihn jetzt deaktivieren. Auch hierzu betätigen Sie die Leertaste, so dass das Sternchen verschwindet. Erst jetzt bestätigen Sie die Änderungen mit der ↵-Taste. Im nächsten Schritt müssen Sie noch die Standardeinstellung auswählen. Wählen Sie erneut den soeben aktivierten Eintrag, also beispielsweise de_DE.UTF-8, und bestätigen Sie mit der ↵-Taste. Das grafische Menü wird verlassen und die Locale generiert, was ein paar Sekunden in Anspruch nimmt.

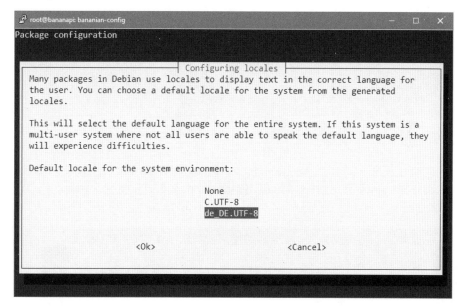

Abbildung 3.13 Die Systemsprache zu »de_DE.UTF-8« ändern

Jetzt geht es an die Einstellung des Hostnamens. Dies ist der Rechnername, unter dem Ihr Pi-Server im Netzwerk zu sehen sein wird.

Wir hatten den Hostnamen bereits zuvor einmal bei der Bestimmung der IP-Adresse des Pi-Computers verwendet. Dieser Name wird beispielsweise für Dateifreigaben benutzt. Auch können Sie – wenn Ihr Router dies unterstützt – eine Webressource Ihres Servers im Heimnetzwerk unter diesem Namen erreichen. Die Standardeinstellung lautet *bananapi,* was recht eindeutig ist. Sie können diesen Namen auch ändern, vielleicht wäre Ihnen *heimserver, piserver, gigarechner* oder einfach *server1* lieber. Wenn Sie eine Änderung anstreben, dann betätigen Sie wieder die y - und die ↵ - Taste. Geben Sie anschließend den neuen Hostnamen ein, der keine Leerzeichen und keine Sonderzeichen enthalten sollte. Sie dürfen nur die Buchstaben a bis z, die Ziffern 0 bis 9 sowie den Bindestrich verwenden. Der Hostname lässt sich auch später noch ändern, wie ich Ihnen in Abschnitt 4.8.11 zeigen werde. Es ist allerdings besser, bereits jetzt den endgültigen Hostnamen festzulegen.

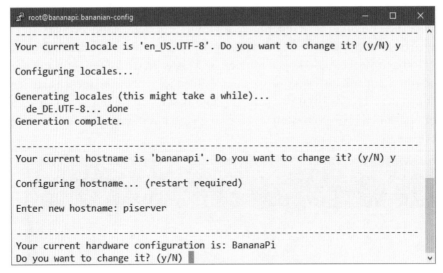

Abbildung 3.14 Das Einstellen des Hostnamens mit »bananian-config«

Als Nächstes geht es um die Auswahl der Hardware. Standardmäßig erwartet Bananian, dass Sie einen normalen Banana Pi verwenden, der auch als Banana Pi (M)1 bekannt ist.

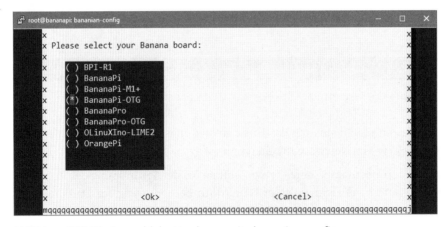

Abbildung 3.15 Die Auswahl der Hardware mit »bananian-config«

Wenn dem so ist, dann könnten Sie ein n eingeben und auf ⏎ drücken, denn es sind hier keine weiteren Schritte nötig. Damit verschenken Sie jedoch die Option, den dritten USB-Anschluss zu verwenden, der als OTG-Anschluss mit einer Micro-USB-Buchse ausgeführt ist. Dieses Menü erlaubt die Aktivierung des Anschlusses. Möchten Sie den Anschluss nutzen, dann geben Sie ein y ein und drücken auf ⏎. Sie sollten dasselbe tun, wenn Sie einen Banana Pro im Einsatz haben (das ist die Variante mit dem eingebauten WLAN, dem längeren GPIO-Header und der fehlenden Cinch-

Video-Buchse). Auch wenn Sie ein ganz anderes von Bananian unterstütztes Gerät wie den Banana Router oder gar den Orange Pi (eine weitere Alternativentwicklung eines anderen Herstellers) verwenden, sollten Sie ein y eingeben. Wählen Sie aus der Liste Ihren Typen aus, beispielsweise den BANANA PRO. Aktivieren Sie die Auswahl mit der Leertaste, bestätigen Sie dann mit der ⏎-Taste. Der Zusatz *OTG* kennzeichnet die Aktivierung des soeben erwähnten Micro-USB-Anschlusses. Sie können diesen Anschluss dann mit einem gewöhnlichen USB-OTG-Adapter (wie vom Smartphone bekannt) als normalen USB-Anschluss verwenden und einen USB-Stick, eine Festplatte oder eine Webcam anschließen. Diesen Adapter bekommen Sie in fast allen Elektronikfachgeschäften. Aber Achtung: Ist der OTG-Anschluss aktiv, dann dürfen Sie daran nicht versehentlich das Netzteil zur Stromversorgung anschließen! Auch für den normalen Banana Pi können Sie nun den OTG-Anschluss mit der Leertaste aktivieren und die Eingabe durch die Betätigung der ⏎-Taste beenden. Bei aktiviertem OTG-Anschluss erfolgt hierzu auch noch eine Warnmeldung, die Sie jedoch – da Sie jetzt informiert sind – bestätigen können.

Wir sind fast am Ende der Konfiguration angelangt. Jetzt werden Sie gefragt, ob Sie das Dateisystem auf die ganze Speicherkarte erweitern wollen: Do you want to expand the root file system (recommended)?. Dies bedeutet Folgendes: Obwohl Ihre Speicherkarte beispielsweise eine Kapazität von 32 GB aufweist, verwendet Bananian im Moment davon nur einen kleinen Teil, üblicherweise 2 GB. Auf den Rest der Speicherkarte kann es nicht zugreifen, der Speicherplatz liegt brach. Das liegt unter anderem daran, dass man das ursprüngliche Image von Bananian bewusst sehr klein gewählt hat, damit es auch auf kleine Speicherkarten passt. Das Image wird nämlich stets 1 : 1 übertragen. Die Speicherplatzbeschränkung sollten Sie unbedingt ändern. Wählen Sie also ein y für »ja«, und bestätigen Sie mit ⏎. Hierauf wird das Dateisystem so eingerichtet, dass es Ihre gesamte Speicherkarte verwendet.

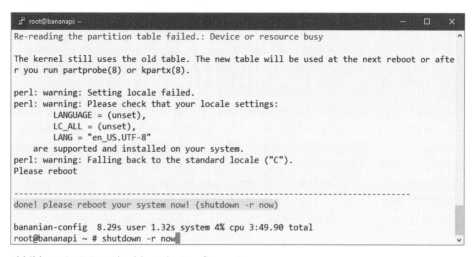

Abbildung 3.16 Der Abschluss der Konfiguration

Das war es! Die Konfiguration ist abgeschlossen. Sie erhalten in grüner Schrift folgende Bestätigungsmeldung: done! please reboot your system now! (shutdown -r now). Ausnahmsweise müssen Sie nun Ihren Pi-Computer einmal neu starten. Dazu geben Sie den Befehl

```
shutdown -r now
```

ein und drücken ⏎. Der Pi-Computer wird nun neu starten. Bei einem Neustart geht die Verbindung über das SSH-Protokoll verloren. Wenn Sie PuTTY einsetzen, dann können Sie dessen Fenster nun also schließen, eventuelle Warnmeldungen können Sie bestätigen. Über die SSH-Verbindung lässt sich der Bootvorgang des Pi-Computers leider nicht verfolgen. Es handelt sich schließlich um einen Netzwerkdienst, der vom Computer erst im Verlauf des Systemstarts geladen und bereitgestellt wird.

Warten Sie etwa eine Minute, und stellen Sie dann eine neue Verbindung über das SSH-Protokoll zu Ihrem Pi-Computer her. Klappt die Verbindung nicht auf Anhieb, dann warten Sie noch einen Moment und probieren es noch einmal. Loggen Sie sich wieder mit dem Benutzer *root* und dem vorhin neu vergebenen Passwort ein.

Von nun an sind die Schritte zur Ersteinrichtung für beide Computertypen wieder recht ähnlich. Ich werde diese daher von nun an wieder gemeinsam behandeln. Bitte fahren Sie nun mit Abschnitt 3.6, »Die ersten Schritte mit dem neuen System«, fort.

3.5   Basiskonfiguration für den Raspberry Pi

Unser erster Weg führt uns auch unter Raspbian in das Konfigurationsprogramm, in dem wir wichtige Parameter wie die Systemsprache einstellen können. Rufen Sie das Konfigurationsprogramm namens raspi-config mit folgendem Befehl auf:

```
sudo raspi-config
```

Geben Sie dazu diesen Befehl ein, und drücken Sie anschließend die ⏎-Taste. Es öffnet sich ein Konfigurationsprogramm, das sogar eine kleine Benutzeroberfläche aufweist. Natürlich arbeitet es nur im Textmodus.

Wir beginnen unsere Reise mit der Erweiterung des Dateisystems auf die gesamte Speicherkarte. Bei der Installation von Raspbian wird nämlich nicht die gesamte Speicherkarte genutzt, sondern nur ein Teil davon. Damit der gesamte Speicherplatz verfügbar wird, muss das Dateisystem erweitert werden. Wählen Sie also mit den Pfeiltasten den Eintrag EXPAND FILESYSTEM aus, und drücken Sie die ⏎-Taste. Es erfolgt die automatische Erweiterung, die mit einer Bestätigungsanzeige endet, die Sie mit der ⏎-Taste schließen können.

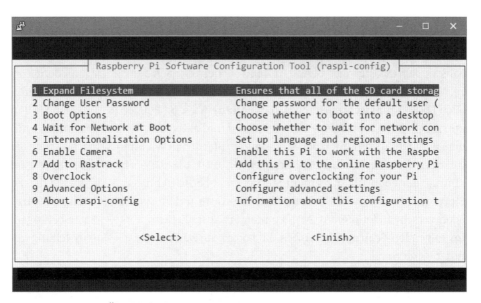

Abbildung 3.17 Ein Überblick über »raspi-config«

Als Nächstes fahren wir mit den INTERNATIONALISATION OPTIONS fort, wir werden also die Sprache und das Zeitformat einstellen. Wählen Sie diesen Punkt aus, und bestätigen Sie die Auswahl mit der ⏎-Taste. Zuerst wählen wir CHANGE LOCALE.

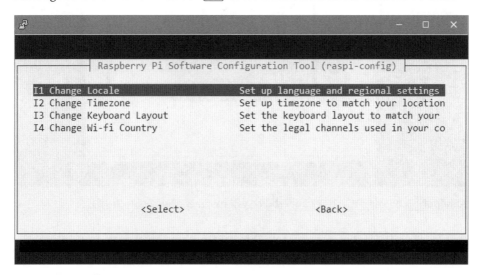

Abbildung 3.18 Ändern der »Locale« mit »raspi-config«

Hierunter versteht sich das Gleiche wie bei Bananian, es geht um die Einstellung der Sprache des Betriebssystems und der verschiedenen Anwendungen. Dass Sie die ⏎-Taste betätigen, werde ich nun nicht mehr jedes Mal erwähnen.

Wenn Sie die deutsche Sprache gegenüber der englischen Voreinstellung bevorzugen, dann suchen Sie in dem sich öffnenden Einstellungsdialog mit den normalen Pfeiltasten nach dem Eintrag de_DE.UTF-8 UTF-8. Achten Sie auf die Endung UTF-8. Falls Sie sich in Österreich befinden, dann suchen Sie nach dem Eintrag mit dem Kürzel AT statt DE, für die Schweiz entsprechend nach dem Kürzel CH. Daneben existieren auch Locales für Liechtenstein (LI), Luxemburg (LU) und Belgien (BE). Wählen Sie den entsprechenden Eintrag mit den Pfeiltasten und aktivieren Sie ihn – Achtung! – mit der Leertaste. Er wird mit einem angezeigten Sternchen selektiert. Danach suchen Sie mit den Pfeiltasten nach dem Eintrag en_GB.UTF-8 UTF-8. Dies ist der voreingestellte Eintrag, der ebenfalls mit einem Sternchen gekennzeichnet ist. Wählen Sie diesen Eintrag aus, und nutzen Sie ebenfalls die Leertaste, um ihn zu deaktivieren; das Sternchen verschwindet hierauf. Nun können Sie abschließend die ⏎-Taste betätigen. Im folgenden Schirm müssen Sie die Locale auswählen, die als Voreinstellung genutzt werden soll.

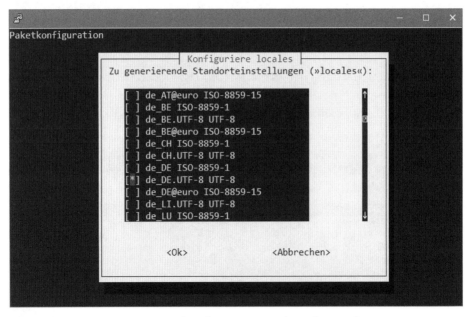

Abbildung 3.19 »de_DE.UTF-8« ändert die Systemsprache auf Deutsch

Wählen Sie mit den Pfeiltasten erneut Ihre gewünschte Sprache aus, und drücken Sie die ⏎-Taste. Nach einer kurzen Wartezeit landen Sie wieder im Hauptfenster. Gehen Sie erneut zum INTERNATIONALISATION OPTIONS-Dialog, und wählen Sie diesmal zum Erstellen der Zeitzone CHANGE TIMEZONE. Es erscheint eine Liste mit den Kontinenten. Wählen Sie zuerst *Europe*, und drücken Sie ⏎. Wählen Sie dann die entsprechende Hauptstadt (beziehungsweise zutreffende Stadt), zum Beispiel *Berlin* oder *Zurich*, und drücken Sie die ⏎-Taste. Nun müssen Sie ein drittes und letztes Mal zu den INTERNATIONALISATION OPTIONS gehen und dort das KEY-BOARD-LAYOUT einstellen. Wählen Sie den Eintrag CHANGE KEYBOARD LAYOUT, und drücken Sie die ⏎-Taste. Dieser Schritt ist jedoch nur dann von Relevanz, wenn Sie etwa zur Fehlersuche eines Tages tatsächlich eine Tastatur direkt an Ihrem Raspberry Pi angeschlossen haben. Das Gute an diesem Eintrag ist, dass er keine weiteren Eingaben erfordert. Warten Sie einfach, bis wieder der Hauptbildschirm angezeigt wird.

Wenn Sie einen Raspberry Pi 3 erworben haben und das eingebaute WLAN-Modul verwenden möchten (was für den Serverbetrieb, wie Sie später sehen werden, nicht unbedingt sinnvoll ist), dann müssen Sie nun tatsächlich noch einmal in den INTER-NATIONALISATION OPTIONS-Dialog zurück und den Punkt CHANGE WI-FI COUNTRY auswählen. Dort wählen Sie mit den Pfeiltasten das Land aus, in dem Ihr Server arbeiten soll.

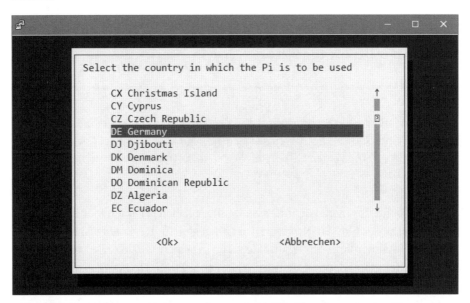

Abbildung 3.20 Die Auswahl des Standorts entscheidet über die WLAN-Kanäle, die der Raspberry Pi verwenden darf

Bestätigen Sie die Auswahl (zweimal) mit der ⏎-Taste.

Sollten Sie das optionale Kameramodul zum Raspberry Pi erworben und auch angeschlossen haben, dann können Sie es unter dem Menüpunkt ENABLE CAMERA aktivieren. Dort gibt es entweder die Option ENABLE zur Aktivierung oder DISABLE zur Deaktivierung. Letzterer ist der richtige Punkt, wenn Sie kein Kameramodul angeschlossen haben oder es nicht verwenden möchten.

Für uns ist jetzt der Menüpunkt ADVANCED OPTIONS interessant. Hier werden wir noch einiges einstellen müssen. Öffnen Sie diesen Menüpunkt.

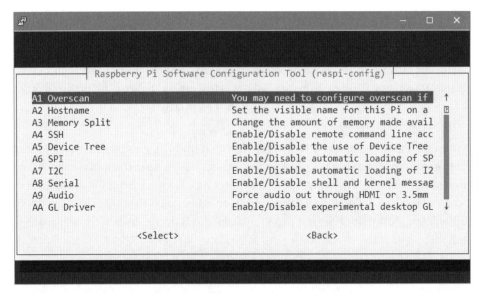

Abbildung 3.21 Die »erweiterten Optionen« von »raspi-config«

[!] **Achtung**

Bei der Änderung eines Eintrags kehrt das Konfigurationsprogramm immer wieder zum Hauptbildschirm zurück. Wir haben jedoch einige Änderungen im ADVANCED OP-TIONS-Menü vor, also kehren Sie bitte bis auf Widerruf immer wieder in dieses Menü zurück.

OVERSCAN ist für uns nicht von Interesse, denn Sie haben ja keinen Monitor an Ihren Raspberry Pi angeschlossen. HOSTNAME ist hingegen interessant, denn hier können Sie den Hostnamen Ihres Servers wählen. Das geschieht analog wie bei Bananian: Wählen Sie den Namen, unter dem Ihr Pi-Server in Ihrem Netzwerk erreichbar sein soll, etwa bei Dateifreigaben. Ein Beispiel könnte tatsächlich schlicht pi-server lauten. Sie erhalten zunächst einen Hinweisbildschirm mit Informationen, welche Zeichen für den Hostnamen erlaubt sind. Das sind die Buchstaben a–z, die Ziffern 0–9 sowie der Bindestrich. Bestätigen Sie diese Informationen mit der ⏎-Taste, und geben Sie anschließend den neuen Hostnamen ein; die Eingabe müssen Sie wie immer bestätigen.

Wir gehen weiter zu MEMORY SPLIT. Wieder gilt: Es ist kein Monitor angeschlossen, es genügt also der Minimalwert für den Arbeitsspeicher für die Grafikkarte, den sich diese vom Hauptspeicher abzweigt. Sie können hier tatsächlich den Wert 1 eintragen. Keine Sorge: Dies wird die Grafikfunktion nicht vollständig abschalten, auch im Fehlerfalle steht Ihnen der HDMI-Anschluss mit der Kommandozeile jederzeit zur Verfügung.

Es geht weiter mit dem Menüpunkt SSH.

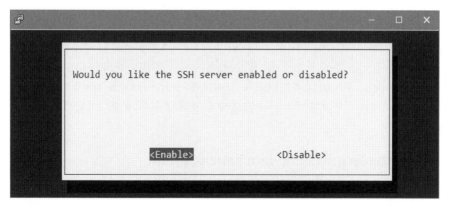

Abbildung 3.22 Lassen Sie den SSH-Server unbedingt eingeschaltet

Dieser sorgt dafür, dass Sie Ihren Server von einem beliebigen Computer aus über das SSH-Protokoll fernsteuern können. Dieser Menüpunkt muss unbedingt aktiviert sein – wählen Sie also ENABLE. Aus offensichtlichen Gründen (Sie sind gerade per SSH mit Ihrem Pi-Computer verbunden) ist dieser Punkt jedoch bereits aktiviert, und es ist keine Änderung nötig.

Als Nächstes folgen die drei Menüpunkte SPI, I2C und SERIAL. Alle drei benötigen wir für unseren Server nicht. Deaktivieren Sie alle drei Punkte, wählen Sie also in den Untermenüs entsprechend DISABLE beziehungsweise NO. Das sorgt dafür, dass diese Dienste nicht unnötig Ressourcen verbrauchen.

Im Menüpunkt AUDIO können Sie festlegen, welche Audioschnittstelle (die Klinkenbuchse oder der HDMI-Ausgang) für die Tonausgabe verwendet wird. Normalerweise dient unser Server nicht der Tonausgabe, aber wenn Sie an die Klinkenbuchse einen Verstärker mit Lautsprechern anschließen wollen, dann wählen Sie hier die entsprechende Einstellung.

Wir sind jetzt im ADVANCED OPTIONS-Menü fertig, Sie können nun wieder im Hauptmenü bleiben. Wie Sie vielleicht schon bemerkt haben, gibt es dort den Menüpunkt CHANGE USER PASSWORD, den wir noch gar nicht beachtet haben. Das werden wir auch nicht tun. Wir werden nämlich – wie beim Banana Pi auch – gleich ein weiteres Benutzerkonto anlegen, das Sie mit Ihrem eigenen Namen versehen können und werden das bisherige Benutzerkonto mit dem Namen *pi* löschen. Diese Vorgehensweise verspricht einen kleinen Sicherheitsgewinn und einen entsprechenden Komfortgewinn. Wählen Sie mit den Pfeiltasten daher nun den Eintrag FINISH aus, der sich ganz rechts unten befindet. Sie müssen ausnahmsweise den Pi-Computer einmal neu starten, worauf Sie ein Dialogtext hinweist. Wählen Sie YES für »ja«, und drücken Sie die ⏎-Taste. Der Pi-Computer wird darauf neu starten. Die SSH-Verbindung wird dabei beendet, und üblicherweise erscheint eine entsprechende

Meldung. Den Bootvorgang können wir nicht über eine SSH-Verbindung verfolgen. Das liegt daran, dass diese ja auf einen Netzwerkdienst angewiesen ist und dieser Dienst erst im Verlauf des Systemstarts geladen und für die Nutzung aktiviert wird. Warten Sie also etwa eine Minute (gegebenenfalls auch etwas länger), und melden Sie sich dann wieder am Pi-Computer mit den bisherigen Login-Daten an.

Die nun folgenden Schritte sind für beide Computer recht ähnlich. Wir fahren daher nun gemeinsam mit Abschnitt 3.6, »Die ersten Schritte mit dem neuen System«, fort.

3.6   Die ersten Schritte mit dem neuen System

Nachdem wir nun das System grundlegend konfiguriert haben, werden wir jetzt gemeinsam die ersten Schritte unternehmen. Beschäftigen wir uns zunächst einmal mit Benutzern und ihren Rechten.

3.6.1   Benutzer und ihre Rechte

Wie Sie vielleicht schon wissen, ist Linux ein konsequentes Mehrbenutzer-System. Es kann also (durchaus auch gleichzeitig) von mehreren unterschiedlichen Benutzern bedient werden. Unter Linux werden daher verschiedene Benutzerkonten angelegt und voneinander unterschieden. Diese Benutzerkonten können über verschiedene Rechte im Umgang mit dem System verfügen. Zunächst einmal gibt es einen besonderen Benutzer, der allen anderen Benutzern übergeordnet ist und über die umfangreichsten Rechte ohne Einschränkungen verfügt. Dieser Benutzer nennt sich *root*. Oftmals wird dafür auch die Bezeichnung *Administrator* verwendet, wobei der *root*-Benutzer sozusagen der oberste Administrator ist, der wirklich alle Einstellungen eines Systems verändern kann. Er kann auch jedes beliebige Programm installieren oder vom System entfernen. Ebenso darf er sämtliche Dateien löschen – auch solche, die eigentlich anderen Benutzern gehören. Damit ist es diesem Benutzer auch möglich, das Betriebssystem zu zerstören, indem er kritische Dateien ändert oder löscht. Der *root*-Benutzer ist also ziemlich mächtig. Eine jede Installation sowohl von Bananian als auch von Raspbian enthält ein solches *root*-Konto.

Unter Bananian ist der *root*-Nutzer der einzige Benutzer, der gleich bei der Installation verfügbar ist. Alle Befehle, die der Nutzer eingibt, werden also mit den Rechten des *root*-Benutzers ausgeführt. Man sagt auch schlicht: Der Nutzer verfügt über *root*-Rechte. Es ist offensichtlich, dass dies etwas gefährlich ist, denn ein unachtsam falsch eingegebenes Kommando kann fatale Folgen haben. Dies führt auch zu weiteren Sicherheitsbedenken, denn ein böswilliger Nutzer kann so relativ einfach das System beschädigen. Aus diesem Grund hatten wir unter Bananian auch ein besonders sicheres Passwort für den *root*-Nutzer vergeben und werden nun ein eingeschränktes Benutzerkonto erstellen.

Ein eingeschränktes Benutzerkonto verfügt nur über geringe Rechte. Ein solcher Benutzer kann nicht einfach wahllos Dateien löschen oder Programme installieren. Es ist ihm daher nicht möglich, das System auf einfachem Wege zu beschädigen. Dies ist also ein essentielles Sicherheitskonzept.

Normalerweise sollte man daher stets unter einem solchen eingeschränkten Benutzerkonto arbeiten. Das gilt auch für Sie als Systemadministrator. Nun ist es aber etwas hinderlich, wenn Sie als Administrator wichtige Systemzugriffe nicht ausführen dürfen, weil Sie hierfür keine Rechte haben. Deswegen haben sich kluge Leute einen besonderen Befehl ausgedacht, der es erlaubt, dass auch normale Systembenutzer temporär über *root*-Rechte verfügen können. Hierbei handelt es sich um das sogenannte *sudo-Kommando*. Dieser Befehlszusatz wird einem auszuführenden Befehl vorangestellt. *sudo* steht für »substitute user (identity) do«, also frei übersetzt etwa »ersetze Benutzer [durch ...] und tue ...«. Manchmal nennt man den Befehl in der Langform auch »superuser do«, was anzeigen soll, dass man im Regelfall dieses Kommando nutzt, um einen Befehl als Supernutzer (also Administrator) auszuführen. Dies ist ein sehr wichtiger Befehl, den wir öfter benutzen werden. Er ist aber auch gefährlich, denn er erlaubt es sogar, das ganze Betriebssystem zu zerstören. Sie sollten ihn also immer mit Bedacht einsetzen! Bevor Sie das sudo-Kommando benutzen dürfen, müssen Sie sich zunächst gegenüber dem Computer mit Ihrem Passwort authentifizieren.

Bezüglich des sudo-Kommandos besteht zwischen Raspbian und Bananian ein Unterschied: Da es unter Bananian neben dem *root*-Konto keine weiteren Benutzer gibt, gibt es folglich auch (noch) keinen sudo-Befehl. Unter Raspbian ist das anders, denn hier existiert neben dem (anfangs deaktivierten) *root*-Konto gleich ein normales System-Benutzerkonto mit dem Namen *pi*. Dieses Konto kann in der Voreinstellung über das sudo-Kommando verfügen, das in Raspbian gleich integriert ist.

Diese Unterscheidung ist wichtig für die folgenden Schritte, denn wir werden beide Betriebssysteme nun so einrichten, dass sie ein eingeschränktes, eigenständiges Benutzerkonto verwenden, das den sudo-Befehlsvorsatz verwenden kann. Beginnen wir jedoch zunächst damit, das System auf den neuesten Stand zu bringen, und führen eine Aktualisierung durch.

3.6.2   Das System auf den aktuellen Stand bringen

Ganz zu Anfang werden wir das System aktualisieren. Wie Sie vielleicht wissen, gibt es unter Debian (auf dem Raspbian und Bananian basieren) die sogenannten *Paketquellen*. Dahinter verbirgt sich nichts weiter als eine ziemlich große Sammlung (mit mehr als 50.000 Einträgen) von Programmen und Bibliotheken, die Sie sehr einfach auf Ihrem Pi-Computer installieren können. Diese Programme wurden umfangreich überprüft, und sie werden regelmäßig gewartet, insbesondere unter Sicherheitsaspekten. Die Programme entstammen (in der Standardeinstellung) dem Open-Source-Bereich und können frei genutzt werden. Man kann den Debian-Paketquellen also ein gewisses Vertrauen aussprechen.

Ihr Pi-Computer führt eine Liste aller in diesen Paketquellen enthaltener Programme. Um ein neues Programm installieren zu können, bedarf es einer aktuellen Liste dieser Quellen. Ist die Liste nicht aktuell, ist das nicht schlimm, es kann aber dazu führen, dass eventuell ein Programm nicht installiert werden kann, weil die veraltete Quellliste auf einen nicht mehr existierenden Speicherort (also eine veraltete Programmversion) verweist. Es ist daher eine gängige Praxis, vor einer Softwareinstallation zunächst die Paketquellen zu aktualisieren. Wir werden dies in diesem Buch ebenso handhaben.

Die Aktualisierung der Liste der Paketquellen bleibt dem *root*-Benutzer vorbehalten (denn gefälschte Paketquellen können ein Sicherheitsrisiko darstellen). Die Paketquellen aktualisieren wir mit dem Befehl `apt-get update`. Wenn Sie gut aufgepasst haben, dann werden Sie jetzt richtig vermuten, dass wir unter Bananian diesen Befehl einfach ausführen können. Das liegt daran, dass wir unter Bananian anfangs *root*-Rechte haben und daher bei keinem Befehl Einschränkungen unterliegen. Nutzer von Bananian geben also nun folgenden Befehl ein und führen ihn mit einer Betätigung der ⏎-Taste aus:

```
apt-get update
```

Unter Raspbian sind wir ein eingeschränkter Nutzer und dürfen die Paketquellen nicht aktualisieren. Wir können jedoch über den `sudo`-Befehlsvorsatz verfügen, der uns temporär (also für eine gewisse Zeit) *root*-Rechte verleiht. Nutzer von Raspbian führen daher ganz einfach folgenden Befehl aus, den sie ebenfalls mit Betätigung der ⏎-Taste zur Ausführung bringen:

```
sudo apt-get update
```

Warten Sie den Aktualisierungsvorgang ab, der durchaus einen Moment in Anspruch nimmt. Am Schluss erscheint wieder die normale Eingabeaufforderung, die Sie in Abbildung 3.23 sehen.

Eng mit der Aktualisierung der Paketquellen verbunden ist die Aktualisierung der installierten Programme. Von Zeit zu Zeit gibt es Updates. Unter Debian handelt es sich dabei vor allem um Sicherheitsupdates, die Sie für ein sicheres System installieren sollten. Neue Funktionen werden für die Programme nicht geliefert, dies bleibt einer neuen Version des Gesamtsystems vorbehalten. Auch wenn Sie Ihr System eben erst frisch aufgesetzt haben, könnten in der Zwischenzeit schon einige Updates bereitstehen. Deshalb sollten Sie jetzt den Befehl zur Aktualisierung der installierten Programme nutzen. Der Befehl lautet `apt-get upgrade`. Nutzer von Bananian können den Befehl (derzeit) direkt ausführen, Nutzer von Raspbian müssen wieder den `sudo`-Befehlsvorsatz verwenden. Führen Sie also nun entweder den Befehl

`apt-get upgrade`

oder den Befehl

`sudo apt-get upgrade`

aus (vergessen Sie nicht die Betätigung der ⏎-Taste).

```
root@piserver: ~                                              —    □    ×
Ign http://ftp.de.debian.org jessie InRelease
Holen: 1 http://security.debian.org jessie/updates InRelease [63,1 kB]
OK   http://ftp.de.debian.org jessie Release.gpg
Holen: 2 http://dl.bananian.org 1604 InRelease [1.771 B]
OK   http://ftp.de.debian.org jessie Release
Holen: 3 http://dl.bananian.org 1604/main armhf Packages [3.646 B]
OK   http://ftp.de.debian.org jessie/main Sources
OK   http://ftp.de.debian.org jessie/non-free Sources
Holen: 4 http://security.debian.org jessie/updates/main Sources [135 kB]
OK   http://ftp.de.debian.org jessie/contrib Sources
OK   http://ftp.de.debian.org jessie/main armhf Packages
OK   http://ftp.de.debian.org jessie/non-free armhf Packages
OK   http://ftp.de.debian.org jessie/contrib armhf Packages
OK   http://ftp.de.debian.org jessie/contrib Translation-en
Holen: 5 http://security.debian.org jessie/updates/contrib Sources [1.439 B]
Holen: 6 http://ftp.de.debian.org jessie/main Translation-de_DE [830 B]
Holen: 7 http://security.debian.org jessie/updates/non-free Sources [14 B]
Holen: 8 http://ftp.de.debian.org jessie/main Translation-de [1.755 kB]
Holen: 9 http://security.debian.org jessie/updates/main armhf Packages [223 kB]
Ign http://dl.bananian.org 1604/main Translation-de_DE
Ign http://dl.bananian.org 1604/main Translation-de
Ign http://dl.bananian.org 1604/main Translation-en
Holen: 10 http://security.debian.org jessie/updates/contrib armhf Packages [1.138 B]
Holen: 11 http://security.debian.org jessie/updates/non-free armhf Packages [14 B]
Holen: 12 http://security.debian.org jessie/updates/contrib Translation-en [1.211 B]
Holen: 13 http://security.debian.org jessie/updates/main Translation-en [128 kB]
Holen: 14 http://security.debian.org jessie/updates/non-free Translation-en [14 B]
OK   http://ftp.de.debian.org jessie/main Translation-en
OK   http://ftp.de.debian.org jessie/non-free Translation-en
Es wurden 2.314 kB in 49 s geholt (46,7 kB/s).
Paketlisten werden gelesen... Fertig
apt-get update  35,68s user 3,09s system 45% cpu 1:24,45 total
root@piserver ~ #
```

Abbildung 3.23 Die Paketquellen sind nun aktuell

Vor der Installation eventueller Updates müssen Sie noch eine Bestätigung mit ⌊j⌋ für »ja« liefern.

Übrigens: Schauen Sie sich die Rückfrage auf dem Bildschirm `Möchten Sie fortfahren [J/n]?` einmal genau an. Bemerken Sie, dass das `J` großgeschrieben, das `n` aber klein-geschrieben ist? Die Angabe bedeutet nicht etwa, dass Sie ein großgeschriebenes »J« eingeben müssen, sondern kennzeichnet die Standardeinstellung. Sie wird automatisch ausgeführt, wenn Sie die ⏎-Taste drücken. Es ist also überhaupt nicht nötig, das ⌊j⌋ einzugeben, ein einfacher Druck auf die ⏎-Taste genügt. Lediglich für einen

Abbruch müssen Sie das [n] eingeben. Dies gilt für fast alle Abfragen auf der Kommandozeile – nur so als Komforttipp.

Nun werden wir unter Bananian das Paket sudo installieren, das den gleichnamigen Befehl auch für dieses System verfügbar macht und das für unsere späteren Arbeiten unabdingbar ist. Da sudo unter Bananian (im Gegensatz zu Raspbian) nicht standardmäßig installiert ist, holen wir das jetzt nach. Nutzer von Bananian führen nun also folgenden Befehl aus:

```
apt-get install sudo
```

Bestätigen Sie die Installationsanfrage gegebenenfalls mit der [↵]-Taste, und warten Sie, bis die Installation vollständig ist. Den gesamten Vorgang sehen Sie in Abbildung 3.24.

```
root@piserver: ~
root@piserver ~ # apt-get install sudo
Paketlisten werden gelesen... Fertig
Abhängigkeitsbaum wird aufgebaut.
Statusinformationen werden eingelesen.... Fertig
Die folgenden NEUEN Pakete werden installiert:
  sudo
0 aktualisiert, 1 neu installiert, 0 zu entfernen und 0 nicht aktualisiert.
Es müssen 833 kB an Archiven heruntergeladen werden.
Nach dieser Operation werden 2.173 kB Plattenplatz zusätzlich benutzt.
Holen: 1 http://ftp.de.debian.org/debian/ jessie/main sudo armhf 1.8.10p3-1+deb8u3 [833 kB
]
Es wurden 833 kB in 0 s geholt (1.321 kB/s).
Vormals nicht ausgewähltes Paket sudo wird gewählt.
(Lese Datenbank ... 15931 Dateien und Verzeichnisse sind derzeit installiert.)
Vorbereitung zum Entpacken von .../sudo_1.8.10p3-1+deb8u3_armhf.deb ...
Entpacken von sudo (1.8.10p3-1+deb8u3) ...
Trigger für man-db (2.7.0.2-5) werden verarbeitet ...
sudo (1.8.10p3-1+deb8u3) wird eingerichtet ...
apt-get install sudo  4,98s user 2,66s system 20% cpu 36,527 total
root@piserver ~ #
```

Abbildung 3.24 Die Installation von »sudo«

Wir können nun unter beiden Systemen mit der Einrichtung Ihres persönlichen Benutzerkontos fortfahren.

3.6.3   Ein eigenes Benutzerkonto erstellen

Wir werden nun Ihr persönliches Benutzerkonto anlegen, unter dem Sie zukünftig arbeiten werden. Es wird sich um ein gewöhnliches Systembenutzerkonto handeln, das jedoch über den sudo-Befehlsvorsatz verfügen kann. Ihr Benutzerkonto erfordert einen Benutzernamen und ein Passwort. Den Benutzernamen können Sie frei wählen; es empfiehlt sich, nur Kleinbuchstaben zu verwenden und auf Leerzeichen, Bindestriche und Sonderzeichen zu verzichten. Ein guter Benutzername ist beispielsweise Ihr Vorname. Nehmen wir an, Sie möchten ein Benutzerkonto für den Benutzernamen *hans* anlegen. Dazu geben Sie folgenden Befehl ein:

```
adduser hans
```

Ersetzen Sie dabei hans durch Ihren zukünftigen Benutzernamen – in diesem Buch werde ich jedoch fortlaufend vom Beispielnutzer *hans* sprechen.

Auch dieser Befehl verlangt nach Administratorrechten, Nutzer von Raspbian müssen also den sudo-Befehlsvorsatz verwenden. Drücken Sie anschließend ⏎. Nach einigen Informationen werden Sie zur Eingabe des zukünftigen Passworts aufgefordert. Dieses ist ein sehr wichtiges Passwort, das Sie von nun an stets zum Einloggen an Ihrem Pi-Computer verwenden müssen. Dieses Passwort werden Sie auch benötigen, um vorübergehend Administratorrechte annehmen zu können. Mit diesem Passwort können also alle Einstellungen Ihres Servers geändert und alle Dateien gelesen und gelöscht werden.

Wählen Sie – wie vorhin beim *root*-Passwort – ein sicheres Passwort, das Sie sich jedoch leicht merken können. Natürlich kann auch hier ein Passwortmanager zum Einsatz kommen. Das Passwort muss eine ausreichende Länge von mindestens zehn Zeichen haben sowie aus zufällig angeordneten Zahlen, Buchstaben in Groß- und Kleinschreibung sowie Sonderzeichen bestehen. Hinweise zum Umgang mit Passwörtern finden Sie in Abschnitt 21.4, »Nur ich und sonst keiner: sichere Passwörter«, im letzten Teil dieses Buches. Beachten Sie, dass während der Eingabe keine Anzeige auf der Konsole erfolgt, es werden auch keine Sternchen ausgegeben – dies dient der Sicherheit. Wiederholen Sie Ihr Passwort anschließend. Stimmen beide Eingaben überein, dann wird das Passwort erfolgreich gesetzt.

Nach dem Festlegen des Passworts können Sie weitere Informationen zum neuen Benutzer eingeben, beispielsweise den vollständigen Namen sowie Raum- und Telefonnummern. Diese Werte sind optional, Sie können sie auch weglassen, aber es schadet nicht, dort ruhig »echte« Werte anzugeben, soweit sie verfügbar sind. Insbesondere den vollständigen Namen sollten Sie eingeben, denn er wird später unter anderem beim Versenden von E-Mails verwendet. Bestätigen Sie Ihre Angaben anschließend mit der ⏎-Taste. Ihr neuer Benutzer ist nun angelegt. Wenn Sie mit mehreren Benutzern auf Ihren Server zugreifen möchten, dann können Sie jetzt auf dieselbe Weise weitere Benutzer anlegen. Ein jeder Benutzer bekommt auf der Speicherkarte des Pi-Servers sein eigenes Home-Verzeichnis, in dem er seine eigenen Dateien anlegen und verwalten kann. Benutzer können jedoch auch später noch jederzeit hinzugefügt (allerdings nur etwas umständlich wieder gelöscht) werden. Es bietet sich an, beispielsweise für jedes Familienmitglied einen eigenen Benutzer anzulegen. Sie können das jetzt gleich erledigen oder auf später verschieben.

Den vollständigen Vorgang sehen Sie noch einmal zusammengefasst in Abbildung 3.25.

Sie können das neue Benutzerkonto ab sofort verwenden, werden damit aber als Administrator noch keine Freude haben. Warum das so ist, das schauen wir uns nachfolgend an.

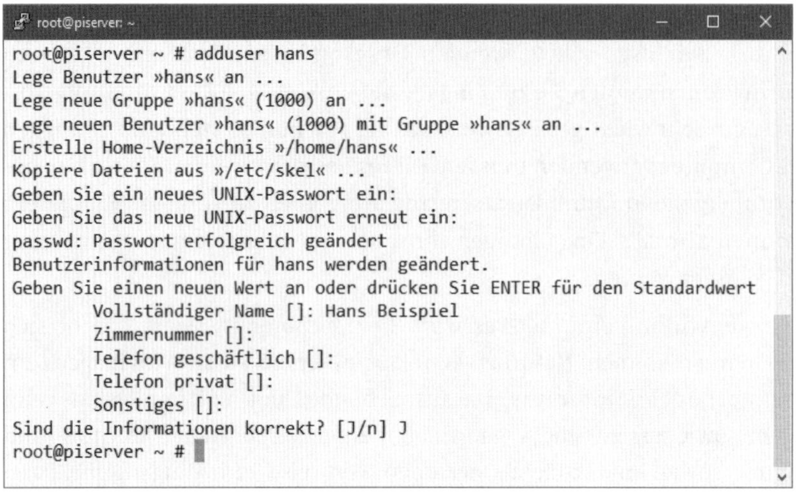

```
root@piserver: ~                                           —    □    ×
root@piserver ~ # adduser hans
Lege Benutzer »hans« an ...
Lege neue Gruppe »hans« (1000) an ...
Lege neuen Benutzer »hans« (1000) mit Gruppe »hans« an ...
Erstelle Home-Verzeichnis »/home/hans« ...
Kopiere Dateien aus »/etc/skel« ...
Geben Sie ein neues UNIX-Passwort ein:
Geben Sie das neue UNIX-Passwort erneut ein:
passwd: Passwort erfolgreich geändert
Benutzerinformationen für hans werden geändert.
Geben Sie einen neuen Wert an oder drücken Sie ENTER für den Standardwert
        Vollständiger Name []: Hans Beispiel
        Zimmernummer []:
        Telefon geschäftlich []:
        Telefon privat []:
        Sonstiges []:
Sind die Informationen korrekt? [J/n] J
root@piserver ~ # █
```

Abbildung 3.25 Das Anlegen eines neuen Benutzers

3.6.4   Die Rechte eines normalen Benutzers im Unterschied zum Administrator

Wie bereits mehrfach betont, sind die Rechte eines normalen Benutzers aus gutem Grund recht eingeschränkt. Derzeit haben Sie beispielsweise unter Ihrem neuen Benutzerkonto noch nicht das Recht, den sudo-Befehl zu nutzen. Unter dem neuen Benutzerkonto sind Sie derzeit nur ein normaler Benutzer ohne besondere Rechte. Sie können zwar Ihre eigenen Dateien anlegen, bearbeiten und löschen, aber Sie können unter diesem Konto keine Systemeinstellungen verändern und keine weiteren Programme installieren. Das gilt übrigens für jeden Benutzer, den Sie mit dem vorgestellten Befehl anlegen. Ein neuer Benutzer kann also auf dem Server nicht allzu viel kaputtmachen, mit Ausnahme vom kompletten Beschreiben der Speicherkarte mit seinen eigenen Dateien. Machen Sie sich dies bitte unbedingt klar. Es bedeutet auch, dass Sie etwa für den Nachwuchs ein Benutzerkonto anlegen können, das dieser beispielsweise für Dateifreigaben benötigt. Er kann sich dann auf dem Server anmelden, aber nur seine eigenen sowie allgemein verfügbare Dateien lesen und verändern, jedoch keine kritischen Systemdateien.

Diese »Rechtslage« wollen wir nun einmal detailliert kennenlernen. Loggen Sie sich aus Ihrem Pi-Computer aus, indem Sie einmal

```
exit
```

eingeben und ⏎ drücken. Die SSH-Verbindung wird dabei geschlossen, und es erscheint gegebenenfalls eine entsprechende Meldung. Bauen Sie nun eine neue Verbindung zum Pi-Computer auf, und loggen Sie sich nun erstmals mit Ihrem neuen Benutzerkonto ein. Versuchen Sie jetzt einmal die Paketquellen zu aktualisieren. Geben Sie den Befehl

```
apt-get update
```

ein, und drücken Sie ⏎. Das funktioniert nun unter beiden Betriebssystemen nicht, wie Sie Abbildung 3.26 entnehmen können!

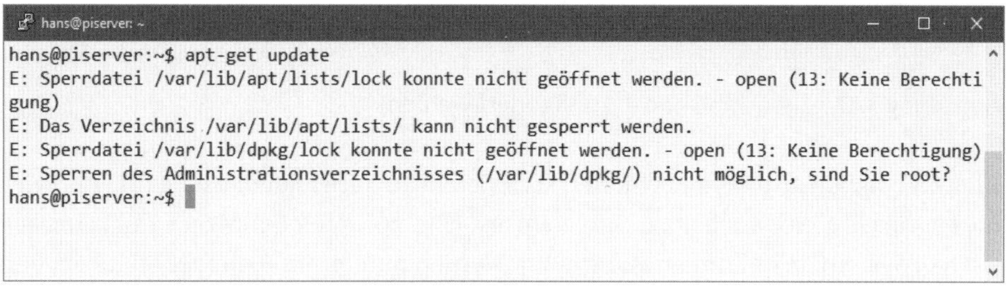

```
hans@piserver:~$ apt-get update
E: Sperrdatei /var/lib/apt/lists/lock konnte nicht geöffnet werden. - open (13: Keine Berechti
gung)
E: Das Verzeichnis /var/lib/apt/lists/ kann nicht gesperrt werden.
E: Sperrdatei /var/lib/dpkg/lock konnte nicht geöffnet werden. - open (13: Keine Berechtigung)
E: Sperren des Administrationsverzeichnisses (/var/lib/dpkg/) nicht möglich, sind Sie root?
hans@piserver:~$
```

Abbildung 3.26 Fehlende Rechte verhindern das Ausführen von Programmen

Den Fehlermeldungen können Sie entnehmen, dass Sie keine Berechtigungen für diesen Befehl haben. Dank des sudo-Paketes können Sie sich temporär diese Rechte verleihen. Zur Erinnerung: sudo funktioniert ganz einfach – Sie müssen nur ein sudo vor den Befehl schreiben, den Sie mit *root*-Rechten ausführen möchten. Ein Leerzeichen danach bitte nicht vergessen.

Achtung

Ein sinngemäßes »sudo lösche alle Dateien« wird tatsächlich alle Dateien löschen – setzen Sie sudo immer mit Vorsicht ein.

[!]

Probieren Sie den sudo-Befehl nun einmal aus. Versuchen Sie die Aktualisierung der Paketquellen mit einem vorangestellten sudo:

```
sudo apt-get update
```

Sie erhalten bei der ersten Befehlseingabe einen Hinweistext, der noch einmal an die Bedeutung des sudo-Befehls erinnert. Lesen Sie diesen Text durch, Sie sollten ihn tatsächlich immer beachten. Sie werden nun aufgefordert, Ihr Passwort einzugeben. Hierbei handelt es sich um Ihr »normales« Benutzer-Passwort, das Sie auch zum Einloggen verwenden. Wenn Sie dieses eingeben und mit ⏎ bestätigen, dann, ja dann erhalten Sie eine etwas barsche Fehlermeldung aus Abbildung 3.27: hans ist nicht in der sudoers-Datei. Dieser Vorfall wird gemeldet.

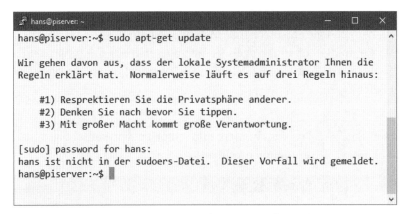

Abbildung 3.27 »Sudo« muss noch konfiguriert werden

Aha – Sie haben also kein Recht, den sudo-Befehl zu verwenden. Und gemeldet wird dieser Vorfall gleich auch noch. Sie sehen also: Ein normaler Benutzer kann keine kritischen Systemeinstellungen ändern. Wir werden nun Ihrem Benutzer erlauben, den sudo-Befehl zu benutzen.

Dafür müssen Sie sich jedoch – zum vorerst letzten Mal – unter dem initialen Benutzerkonto anmelden. Nutzer von Bananian verwenden also das *root*-Konto, Nutzer von Raspbian den Benutzernamen *pi*. Beenden Sie zunächst wieder mit dem Befehl exit und der ⏎-Taste die Verbindung zum Pi-Computer. Bauen Sie eine neue Verbindung auf, und loggen Sie sich mit den Daten des initialen Benutzers ein (Nutzer von Bananian denken bitte an das zuvor geänderte *root*-Passwort). Geben Sie nun folgenden Befehl ein, der es dem Benutzer *hans* zukünftig erlauben wird, den sudo-Befehl zu nutzen:

```
usermod -aG sudo hans
```

Ersetzen Sie dabei hans durch Ihren Benutzernamen, und drücken Sie ⏎. Nutzer von Raspbian müssen natürlich auch hier wieder den sudo-Befehlsvorsatz verwenden. Der Befehl bewirkt, dass *hans* als Benutzer in die Benutzergruppe mit dem Namen *sudo* aufgenommen wird.

Unter Linux gibt es nämlich Benutzergruppen. In diesen Gruppen können mehrere Benutzer Mitglied sein. Ein Benutzer kann mehreren Gruppen angehören. Die Gruppen werden unter anderem zur Definition bestimmter Berechtigungen verwendet. Nur Nutzer, die der Benutzergruppe *sudo* angehören, können den sudo-Befehlsvorsatz verwenden. Das Kürzel -aG bedeutet im Befehl append group, also »füge zur Gruppe hinzu«. Das war es schon. Mit dem Befehl lassen sich auf Wunsch noch (jederzeit) weitere Benutzer zur *sudo*-Gruppe hinzufügen, falls es erforderlich sein sollte. Alle Mitglieder dieser Gruppe dürfen den sudo-Befehl verwenden. Da dies weitreichende Rechte mit sich bringt, sollten Sie sehr genau überlegen, wen Sie in diese

Benutzergruppe aufnehmen. Sie können sich jetzt wieder vom Server ab- und erneut mit Ihrem persönlichen Benutzerkonto anmelden. Probieren Sie jetzt noch einmal den Befehl

```
sudo apt-get update
```

gefolgt von der ⏎-Taste aus. Wieder werden Sie nach Ihrem Passwort gefragt. Nur wird diesmal der Befehl funktionieren.

Glückwunsch! Ihr Pi-Computer ist jetzt so weit eingerichtet, dass Sie mit der Arbeit beginnen können. Auch wenn er (vom SSH-Protokoll abgesehen) noch keine Dienste im Netzwerk anbietet, werde ich ihn von nun an als Pi-Server bezeichnen. Als Neu-einsteiger sollten Sie jetzt unbedingt das Kapitel zu den Linux-Grundlagen (Kapitel 4) lesen und es sorgsam durcharbeiten. Führen Sie auch alle dort angegebenen Bei-spiele aus, und lernen Sie die Befehle. Denken Sie daran, dass Sie zur Konfiguration fast nur mit der Kommandozeile arbeiten werden und es gewiss nicht schadet, wenn Sie sich gut damit auskennen. Benutzer von Raspbian sollten zuvor noch den folgen-den Abschnitt 3.6.5, »Aufräumarbeiten unter Raspbian«, bearbeiten.

Aufmerksame Leser werden jetzt vielleicht noch einen Gedanken im Hinterkopf haben: Hatten wir nicht vorhin gesagt, dass wir den *root*-Benutzer deaktivieren wol-len? Ja, das hatten wir. Momentan ist der *root*-Benutzer noch so konfiguriert, dass Sie sich sowohl über eine SSH-Verbindung über das Netzwerk als auch direkt am Pi-Ser-ver als *root*-Benutzer einloggen können. Das gilt zumindest für Bananian, denn hier hat der *root*-Benutzer ein persönliches Passwort. Unter Raspbian gibt es natürlich auch einen *root*-Benutzer, allerdings hat dieser derzeit kein Passwort und kann sich nicht am System anmelden. Die Möglichkeit der Anmeldung des *root*-Nutzers über eine SSH-Verbindung kann ein Sicherheitsrisiko darstellen, allerdings nur dann, wenn sich in Ihrem Heimnetzwerk nicht-vertrauenswürdige Subjekte aufhalten oder wenn Sie den SSH-Zugang aus dem Internet erreichbar machen möchten. Dies ist für einen Heimserver nicht unbedingt erforderlich, es gibt bessere Methoden. Es schadet trotzdem nicht, den SSH-Login für den *root*-Benutzer zu deaktivieren. Keine Sorge, im Fehlerfalle können Sie sich immer noch direkt mit Tastatur und Bildschirm am Pi-Server als Benutzer *root* anmelden (Benutzer von Raspbian müssen dafür erst, wie nachfolgend gezeigt, ein Passwort setzen). Das Deaktivieren des *root*-Kontos zum Einloggen über eine SSH-Verbindung ist relativ einfach, erfordert aber wenigstens rudimentäre Linux-Kenntnisse, vor allem im Umgang mit einer Datei im Editor. Es schadet also nicht, jetzt tatsächlich zuerst das Linux-Grundlagenkapitel durchzuar-beiten. Anschließend finden Sie die Anweisungen zum Deaktivieren des *root*-Logins über das SSH-Protokoll weiter hinten im Buch im Sicherheitskapitel (Kapitel 21). Sie können dies dann jederzeit vornehmen, nur vergessen sollten Sie es nicht. Ein guter Zeitpunkt, dies nachzuholen, ist spätestens dann, wenn der Server vom Test- in den Regelbetrieb übergeht. Sollte es irgendwann einmal, warum auch immer, unbedingt nötig sein, eine direkte SSH-Verbindung über das Internet aufzubauen, dann sollten Sie die Einstellung jedoch vorher unbedingt vornehmen!

3.6.5   Aufräumarbeiten unter Raspbian

Unter Raspbian ist das initiale Benutzerkonto *pi* nun nicht mehr nötig und sollte aus Sicherheitsgründen gelöscht werden. Haben Sie noch eine SSH-Verbindung unter dem Benutzerkonto *pi* geöffnet, dann beenden Sie sie nun mit dem Befehl exit. Sofern noch nicht geschehen, bauen Sie eine Verbindung unter Ihrem persönlichen Benutzerkonto zum Pi-Server auf. Nun geben Sie folgenden Befehl ein:

```
sudo userdel -r pi
```

Dies wird das Benutzerkonto *pi* mitsamt seinen Dateien von Ihrem System löschen. Von nun an müssen Sie stets Ihr eigenes Benutzerkonto verwenden. Wundern Sie sich nicht, wenn dieser Befehl die Rückmeldung userdel: pi Mail-Warteschlange (/var/mail/pi) nicht gefunden zurückgibt – dies ist kein Fehler, sondern nur eine Information.

Übrigens: Im Unterschied zu Bananian hat unter Raspbian der *root*-Benutzer wie zuvor erwähnt kein Passwort, er kann sich also auch nicht direkt einloggen. Das gilt sowohl für die SSH-Konsole als auch für das Einloggen direkt am Pi-Computer. Wenn Sie das *root*-Konto verwenden möchten, dann müssen Sie dem *root*-Benutzer zuerst ein besonders sicheres Passwort geben.

Führen Sie hierfür folgenden Befehl aus:

```
sudo passwd root
```

Damit setzen Sie das Passwort für den *root*-Nutzer. Sie können es im Fehlerfalle zum Einloggen über eine SSH-Verbindung und auch direkt am Server über eine Tastatur benutzen. Dies ist im Fehlerfall eventuell recht praktisch. Wie bei Bananian gilt aber auch hier, dass Sie zur Steigerung der Sicherheit den Login für das *root*-Konto über eine SSH-»Fern«Konsole deaktivieren sollten. Ziehen Sie dies in Erwägung, wenn der Server in den Regelbetrieb übergeht. Die Deaktivierung erfordert rudimentäre Linux-Kenntnisse, die Sie im Linux-Grundlagenkapitel (Kapitel 4) lernen. Den genauen Ablauf der Deaktivierung können Sie weiter hinten im Sicherheitskapitel in Abschnitt 21.11, »Die Deaktivierung des »root«-Kontos für den Fernzugriff«, nachschlagen.

Jetzt heiß es aber: Auf in das folgende Linux-Grundlagenkapitel!

Kapitel 4

Grundlagen des Linux-Betriebssystems

Jetzt ist es an der Zeit, dass Sie das Betriebssystem Ihres Pi-Computers kennenlernen. Befassen wir uns also mit wichtigen Befehlen, die Sie für Ihre tägliche Arbeit kennen sollten.

Wenn Sie mit einem Pi-Computer, der unter einem Linux-Betriebssystem arbeitet, einen Server aufbauen möchten, dann werden Sie nicht umhinkommen, sich auch ein wenig mit diesem Betriebssystem zu beschäftigen. Das liegt auch in der Natur der Sache, denn schließlich sind sowohl der Raspberry Pi als auch der Banana Pi Lerncomputer, mit denen man zwar viele schöne Dinge machen kann, sich diese aber auch selbst erarbeiten muss beziehungsweise sollte. Das hat aber auch den Vorteil, dass Sie einiges darüber lernen werden, wie Ihr Server funktioniert und welche Funktionen Sie gegebenenfalls nachrüsten oder auch deaktivieren können.

Bringen wir es auf den Punkt: Einfach eine Kiste hinstellen, die *out-of-the-box* als Fertigserver irgendwelche Dinge tut, nein, das wäre doch langweilig, oder? In diesem Kapitel werden wir uns mit dem Betriebssystem und den essentiellen Befehlen beschäftigen, die Sie für die Einrichtung Ihres Servers unbedingt kennen sollten. Den besten Lerneffekt erreichen Sie, wenn Sie das Kapitel sorgfältig von Anfang bis Ende durcharbeiten und alle Beispiele auf Ihrem Pi-Server nachvollziehen.

4.1 Arbeiten mit dem Dateisystem: Ordner, Dateien und ihr Inhalt

Zur Einrichtung eines Servers unter Linux werden Sie vor allem zwei Dinge regelmäßig tun: Sie werden Software installieren und diese konfigurieren. Dabei werden Sie sehr oft mit Dateien, insbesondere Konfigurationsdateien, hantieren, und Sie werden Zugriffsrechte auf Dateien und Verzeichnisse vergeben. Sie werden also viel mit dem Dateisystem arbeiten. Beginne ich meine Einführung in die Arbeit mit Linux also mit essentiellen Befehlen rund um das Dateisystem.

Sicherlich sind Sie beispielsweise von Ihrem Windows- oder OS X-Computer den Umgang mit Dateien und Verzeichnissen gewöhnt. Linux arbeitet auf diesem Gebiet zum Glück ganz ähnlich wie diese Betriebssysteme. Beliebige Informationen beziehungsweise Daten lassen sich in Dateien speichern. Diese Dateien haben einen Dateinamen, und sie können auch eine Dateiendung besitzen. Unter Linux hat diese nicht immer eine so große Bedeutung wie unter Windows, erst recht nicht, wenn man mit der Kommandozeile arbeitet, was wir bei unserem Server ja tun werden. Die Dateien befinden sich zumeist in *Verzeichnissen*. Das sind die klassischen *Ordner*, wie Sie sie von anderen Systemen kennen. Ich werde diese beiden Ausdrücke synonym verwenden. Verzeichnisse können Unterverzeichnisse haben. Auf diese Weise lassen sich Dateien organisieren. Sortieren Sie zum Beispiel Ihre privaten Fotos schön säuberlich chronologisch und nach Anlässen. Es wären also beispielsweise folgende Verzeichnisstrukturen möglich:

Fotos/Urlaubsbilder/1995/Mallorca/Hotelbilder

Fotos/Geburtstage/2016/Lukas

Der Schrägstrich bedeutet, dass hier ein neues Unterverzeichnis beginnt. *Lukas* ist also ein Unterverzeichnis des Jahres *2016*, das wiederum ein Unterverzeichnis von *Geburtstage* ist. Dieses Verzeichnis befindet sich im großen Überordner *Fotos* – der, wenn es denn unbedingt sein muss, auch *Meine Fotos* heißen könnte (es aufgrund des Leerzeichens aber nicht unbedingt sollte). Die gesamte Angabe wird als *Verzeichnispfad* bezeichnet. Im Unterordner *Lukas* können sich dann – vielleicht neben weiteren Unterordnern – die eigentlichen Fotodateien der Geburtstagsfeier befinden. Möglich wäre zum Beispiel folgender Pfad zu einer Datei:

Fotos/Geburtstage/2016/Lukas/Lukas_16-01-20_99.jpg

Dies ist ein *Dateipfad*, der den (gesamten) Weg zu einer Datei beschreibt.

Wenn Sie viel mit dem Dateisystem unter Windows arbeiten, dann merken Sie rasch einen wichtigen Unterschied: Während unter Windows die Verzeichnishierarchie mit einem umgekehrten Schrägstrich, dem Backslash, verdeutlicht wird, benutzt Linux einen normalen Schrägstrich. Windows würde also analog zu obigem Beispiel folgenden Verzeichnispfad verwenden:

Fotos\Geburtstage\2016\Lukas\Lukas_16-01-20_99.jpg

Es gibt noch mehr Unterschiede: Es gibt unter Linux keine Laufwerksbuchstaben. Stattdessen gibt es ein Oberverzeichnis, dem alle anderen Verzeichnisse entspringen. Laufwerke werden wiederum durch ein Verzeichnis repräsentiert. Genauer gesagt, wird der Inhalt einzelner Partitionen eines physischen Datenträgers in bestimmten Verzeichnissen abgebildet. Überhaupt hat unter Linux das Dateisystem eine ganz andere Bedeutung als unter Windows. Wenn ich einmal etwas salopp und nicht ganz exakt spreche, dann ist für Linux quasi immer alles eine Datei, selbst die (Hardware-) Geräte sind ganz grob betrachtet Dateien. So kann man auch die Soundkarte als eine Datei betrachten, auch wenn es sich um eine spezielle Datei handelt. Wird (nach wie vor salopp betrachtet) ein Klang in diese Datei geschrieben, dann wird er über die

Lautsprecher ausgegeben. So ist das auch beim Bildschirm. Deswegen haben Hardwaregeräte unter Linux sogar ein normales Verzeichnis – auch hieran müssen sich Windows-Benutzer erst gewöhnen. Beide Betriebssysteme haben aber gemeinsam, dass es Hardwaretreiber gibt, die die eigentliche Kommunikation zwischen dem Betriebssystem und dem jeweiligen Gerät regeln.

Die meisten Verzeichnisse übernehmen unter Linux bestimmte Aufgaben. Ein wichtiges Verzeichnis ist das *Home-Verzeichnis*. Ein jeder Computerbenutzer hat (im Regelfall), wenn er am Computer registriert ist, sein eigenes Home-Verzeichnis. Darin speichert er seine persönlichen Dateien ab. Das können Dokumente sein, aber auch Fotos, Musik und überhaupt alle Dateien, die unter seine persönliche Verwaltung fallen. Wenn Sie zu Ihrem Server eine Verbindung über das SSH-Protokoll aufbauen, dann wird Ihnen die Konsole angezeigt, jener zumeist schwarze Textkasten mit dem Cursor, der auf Ihre Texteingabe wartet. Direkt nach dem Anmelden beziehungsweise Einloggen landen Sie automatisch in Ihrem Home-Verzeichnis.

Beginnen wir jetzt damit, in diesem Home-Verzeichnis den Umgang mit Dateien und Verzeichnissen kennenzulernen. Wir werden gleich einige Dateien und Verzeichnisse erstellen, löschen, umbenennen, kopieren und uns auch mit den Zugriffsrechten beschäftigen. Wie in einer Konsole üblich, werden wir dafür Textbefehle beziehungsweise -kommandos eingeben. Viele dieser Befehle gibt es in dieser Form schon seit Urzeiten. Meistens handelt es sich um Abkürzungen von gesprochenen Anweisungen. Nur keine Angst, vieles ist ziemlich einfach und auch sehr logisch. Nur eines gleich vorweg: Bei den Datei- und Verzeichnisnamen (sowie allgemein bei allen Befehlen) wird streng zwischen Groß- und Kleinschreibung unterschieden. Auch das ist ein wichtiger Unterschied zu anderen Betriebssystemen. Geben Sie die Befehle, die ich im Folgenden besprechen werde, genauso ein, wie sie hier angegeben sind.

Loggen Sie sich jetzt über eine SSH-Sitzung auf Ihrem Pi-Server ein. Dabei gehen Sie genauso vor, wie wir es schon bei der Einrichtung des Betriebssystems durchgeführt haben. Legen wir los. Wie gesagt, nach dem Einloggen befinden Sie sich in Ihrem Home-Verzeichnis. Das erkennen Sie an dem Symbol ~, der sogenannten *Tilde*, die neben dem Textcursor auftaucht. Dieses Zeichen symbolisiert stets das Home-Verzeichnis des aktuellen Benutzers. Mit der Tilde können Sie ganz normal in Befehlen arbeiten. Loggen Sie sich später als ein anderer Benutzer ein, dann symbolisiert dieses Zeichen also das Home-Verzeichnis dieses Nutzers, das natürlich ein völlig anderes ist, als das Home-Verzeichnis des zuvor genutzten Benutzerkontos. Unter welchem Benutzernamen Sie sich eingeloggt haben, zeigt Ihnen ebenfalls der Kommando-Prompt links vom Textcursor. Dort steht am Zeilenbeginn stets der aktuelle Benutzername, gefolgt von einem @-Symbol, das wir – wie bei der E-Mail-Adresse – mit »an«, »bei« oder »auf« übersetzen können. Es folgt der Hostname des Rechners beziehungsweise Servers, auf dem Sie sich eingeloggt haben. Dies ist also der Hostname Ihres Pi-Servers. Nach einem Doppelpunkt wird das aktuelle Verzeichnis angezeigt, in dem Sie sich im Moment befinden. Das ist – wie gesagt – im Moment Ihr persönliches Home-Verzeichnis. Das $-Zeichen schließt diese Informationen ab und macht kenntlich, dass Sie von nun an Befehle eingeben können, die – falls erforderlich – im aktuellen Verzeichnis arbeiten werden. Lassen wir uns zunächst einmal anzeigen, was sich in diesem Verzeichnis befindet. Den Verzeichnisinhalt geben wir unter Linux mit dem Kommando ls (als Kurzform von *list*) aus. Geben Sie also bitte Folgendes ein, und drücken Sie danach auf die ⏎-Taste:

```
ls
```

Abbildung 4.1 Der erste Aufruf von »ls« – noch ist Ihr Home-Verzeichnis ganz leer

Möglicherweise sind Sie jetzt ein wenig enttäuscht, wenn gar nichts passiert, aber es kann ja auch nichts passieren, da Sie ja noch einen ganz »jungfräulichen« Server haben – und da gibt es nun einmal noch keine Dateien im Home-Verzeichnis. Höchste Zeit, dass wir das ändern. Wir erstellen uns jetzt einfach ein paar Verzeichnisse. Ein Verzeichnis legen Sie mit dem Befehl mkdir und einem folgenden Verzeichnisnamen an. mkdir ist als Abkürzung von englisch *make directory* einfach zu merken. Die Verzeichnisse werden, wenn nicht anders spezifiziert, im aktuellen Arbeitsverzeichnis angelegt. Erstellen Sie nun mit diesem Befehl das Verzeichnis *verzeichnis1*. (Vergessen Sie dabei die abschließende Betätigung der ⏎-Taste nicht. Diesen Schritt werde ich von nun an voraussetzen und nicht mehr jedes Mal wiederholen.)

```
mkdir verzeichnis1
```

Wie zuvor erwähnt, können Datei- und Verzeichnisnamen ein Leerzeichen enthalten, was jedoch nicht unbedingt empfehlenswert ist, weil der Umgang mit diesem Zeichen einige Stolpersteine bietet. Der Umgang mit Umlauten sollte dank unserer eingangs gewählten Locale jedoch sicher sein. Die Länge darf 255 Zeichen nicht überschreiten. So, jetzt können Sie noch einmal den Befehl ls ausführen, und voilà: Diesmal erhalten Sie die knappe Ausgabe, dass es einen Eintrag verzeichnis1 gibt.

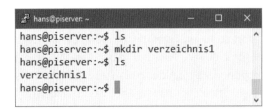

Abbildung 4.2 Nun findet sich ein Verzeichnis

Nun wollen wir in dieses neue Verzeichnis wechseln. Momentan sind wir ja noch direkt im Home-Verzeichnis, und alle unsere Befehle werden hier ausgeführt. In ein anderes Verzeichnis wechseln wir mit dem Befehl cd (von: *change directory*), dem wir anhängen, wo wir hinwollen. Wechseln Sie nun mit folgendem Befehl in das Verzeichnis *verzeichnis1*:

```
cd verzeichnis1
```

Der Schriftzug vor dem Textcursor zeigt Ihnen an, dass Sie sich jetzt im Verzeichnis mit dem Namen *verzeichnis1* befinden, das unterhalb Ihres Home-Verzeichnisses liegt. So könnte diese Angabe also aussehen:

```
hans@piserver:~/verzeichnis1$
```

Erstellen Sie nun im *verzeichnis1* zur Übung zwei weitere Verzeichnisse:

```
mkdir verzeichnis2
```

```
mkdir verzeichnis3
```

Jetzt wollen wir im Verzeichnis *verzeichnis1*, in dem wir uns ja im Moment immer noch befinden, eine Textdatei erstellen und diese mit ein klein wenig Inhalt füllen. Sie lernen nun zum ersten Mal einen sehr verbreiteten Texteditor kennen, mit dem Sie Texte (und vor allem Konfigurationsdateien) erstellen und bearbeiten können. Dieser Texteditor heißt *nano*. Sie rufen ihn (jetzt bitte aber noch nicht) mit dem Befehl nano auf. Diesem Befehl können Sie einfach den Namen der Datei, die Sie bearbeiten wollen, anhängen.

Wenn wir einen Dateinamen anhängen, der schon vergeben ist, dann wird die dazugehörige Datei geöffnet, und wir können ihren Inhalt lesen beziehungsweise bearbeiten. Gibt es diese Datei noch nicht, dann ist das nicht schlimm, wir erhalten dann eine leere Anzeige, die wir mit Text füllen können und die unter dem neuen Dateinamen abgespeichert werden kann. Das wollen wir jetzt ausprobieren. Legen wir doch eine Textdatei mit dem Namen *textdatei.txt* an. Führen Sie dazu folgenden Befehl aus:

```
nano textdatei.txt
```

Wunderbar. Sie haben gerade Ihr erstes »richtiges« Programm ausgeführt. Der Texteditor nano erscheint, ein Programm, mit dem wir uns noch sehr oft beschäftigen werden. nano kommt mit seiner Bedienung dem Nutzer anderer Betriebssysteme entgegen. Die Bedienung ist relativ intuitiv, allerdings erfolgt die Navigation stets mit der Tastatur. Mit der Maus können Sie direkt im Terminal- beziehungsweise PuTTY-Fenster lediglich Text markieren und auch einfügen, aber dazu mehr in Abschnitt 4.9.

Wir wollen jetzt die leere Datei mit Inhalt füllen. Geben Sie nun einfach einen beliebigen Text ein, beispielsweise: »Hallo Pi-Server, wie geht es dir?« Sie werden sehen, Ihr Text wird direkt angezeigt.

Abbildung 4.3 Der Texteditor »nano«

Wir nutzen nun einen kombinierten Befehl in nano, um unsere Datei zu speichern und den Editor zu beenden. Dies geschieht mit der Tastenkombination ⎡Strg⎤+⎡x⎤. Das bedeutet, Sie drücken gleichzeitig auf die ⎡Strg⎤-Taste und auf die ⎡x⎤-Taste. Diese Kombination ist der Befehl zum Beenden von nano. Vor dem Beenden wird uns nano fragen, ob wir unsere Datei speichern wollen. Sie finden diese Frage am unteren Bildschirmrand. nano spricht hierbei übrigens noch nicht von einer Datei (diese existiert im Moment ja auch noch nicht), sondern von einem Puffer, in dem Ihre Eingabe zunächst zwischengespeichert ist. Wir bejahen die Frage durch Drücken von ⎡j⎤ für »ja«, so wie es unten angezeigt wird. Ein ⎡n⎤ würde übrigens nano beenden, ohne die Eingaben beziehungsweise Änderungen zu speichern. Zur Bestätigung müssen Sie die ⎡↵⎤-Taste drücken, vorher können Sie noch den Dateinamen lesen (und übrigens optional auch verändern), unter dem die Datei gespeichert werden soll. Drücken Sie ⎡↵⎤, nano wird daraufhin beendet. Ihre Eingaben befinden sich jetzt in der Textdatei *textdatei.txt*.

Das wollen wir kurz überprüfen. Öffnen wir die soeben erstellte Textdatei noch einmal mit nano:

```
nano textdatei.txt
```

Sie können jetzt Ihren soeben eingegebenen Text lesen. Beenden Sie nano daraufhin wieder mit der Tastenkombination ⎡Strg⎤+⎡x⎤. Wenn Sie keine Änderungen vorgenommen haben, erscheint auch keine Nachfrage zum Speichern der Datei, Sie brauchen also kein ⎡j⎤ oder ⎡n⎤ einzutippen.

Nun wollen wir uns die Änderung im Dateisystem anschauen. Geben Sie nochmals den Befehl

```
ls
```

ein.

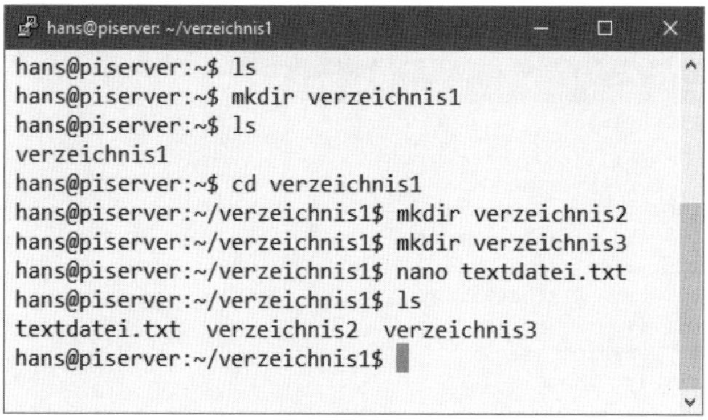

Abbildung 4.4 »ls« gibt nun etwas mehr aus

Sie erhalten die Information, dass es die Einträge *verzeichnis2*, *verzeichnis3* und *text-datei.txt* gibt. Aber das Ganze ist sehr unübersichtlich, es ist nur eine Liste. Uns wird keine Information über den Typen angezeigt, es wird keine Information über das Datum oder die Dateigröße gegeben. Doch halt, etwas Information gibt es dort schon: Bemerken Sie die verschiedenen Farben? Verzeichnisnamen werden – zumindest in der Standardeinstellung – in dunkelblauer Schrift angezeigt, Mediendateien rosa, Textdateien grau und Programme grün. Das ist wichtig und erleichtert uns die Arbeit ungemein.

Zum Glück kann ls aber noch viel mehr. ls können wir (wie sehr viele Linux-Shell-Kommandos) mit sogenannten *Schaltern* oder auch *Parametern* erweitern, die durch einen einfachen Bindestrich angehängt werden. Führen Sie Folgendes aus:

ls -la

Schon besser, jetzt erhalten Sie eine tabellarische Übersicht mit deutlich mehr Informationen. Wir können den Befehl aber noch stärker erweitern. Testen Sie einmal die Eingabe von:

ls -lha

Dabei ist die Reihenfolge der Parameter bei ls beliebig (was keineswegs für alle Befehle gilt). Was hat sich nun getan? Schauen Sie sich doch einmal die Spalte an, die Ihnen die Dateigröße angibt (es ist die mittlere Spalte). Ohne das h wurde sie in der Einheit Byte ausgegeben. Mit dem h werden die Dateigrößen schön in Tausendereinheiten angezeigt. Das kann man als Mensch wesentlich besser lesen. Genau dafür dient das h, denn es steht für *human readable*.

Im Einzelnen bedeuten die Parameter, die wir eingegeben haben, Folgendes:

▸ h = *human readable* (für den Menschen leicht lesbare Größenangaben)

▸ a = *all* (alle Dateien anzeigen, inklusive versteckter Elemente)

▸ l = *long* (langes, ausführliches Format verwenden)

Die vollständige Ausgabe sehen Sie in Abbildung 4.5.

```
hans@piserver: ~/verzeichnis1                          —    □    ×
hans@piserver:~$ mkdir verzeichnis1
hans@piserver:~$ ls
verzeichnis1
hans@piserver:~$ cd verzeichnis1
hans@piserver:~/verzeichnis1$ mkdir verzeichnis2
hans@piserver:~/verzeichnis1$ mkdir verzeichnis3
hans@piserver:~/verzeichnis1$ nano textdatei.txt
hans@piserver:~/verzeichnis1$ ls
textdatei.txt  verzeichnis2  verzeichnis3
hans@piserver:~/verzeichnis1$ ls -lha
insgesamt 20K
drwxr-xr-x 4 hans hans 4,0K Apr 29 17:52 .
drwxr-xr-x 3 hans hans 4,0K Apr 29 17:47 ..
-rw-r--r-- 1 hans hans   34 Apr 29 17:52 textdatei.txt
drwxr-xr-x 2 hans hans 4,0K Apr 29 17:50 verzeichnis2
drwxr-xr-x 2 hans hans 4,0K Apr 29 17:50 verzeichnis3
hans@piserver:~/verzeichnis1$ ▊
```

Abbildung 4.5 »ls -lha« sorgt für eine übersichtlichere Auflistung

Im nächsten Schritt wollen wir eine Datei löschen. Das geht mit dem Befehl rm (von *remove*). Auch hier fügen wir den Namen der Datei an, die wir löschen wollen. Führen Sie diesen Befehl aus:

```
rm textdatei.txt
```

Dies wird die zuvor angelegte Textdatei löschen. Eine Bestätigung wird uns jedoch nicht gegeben – wundern Sie sich darüber nicht. Wollen wir hingegen nicht nur eine Datei, sondern ein Verzeichnis löschen, dann benutzen wir analog den Befehl rmdir (von *remove directory*). Probieren Sie einmal den Befehl:

```
rmdir verzeichnis3
```

Lassen wir uns den Verzeichnisinhalt mit ls ausgeben, dann sehen wir, dass die Textdatei und das Verzeichnis gelöscht wurden. Der Befehl rmdir funktioniert allerdings nur bei leeren Verzeichnissen. Dazu ein Beispiel. Wechseln Sie einmal in das Verzeichnis *verzeichnis2*:

```
cd verzeichnis2
```

Üben Sie noch einmal das Anlegen einer Textdatei:

```
nano textdatei.txt
```

Geben Sie wieder einen beliebigen Text ein; mit der Tastenkombination [Strg]+[x] und [j] speichern Sie und beenden nano.

Mittels ls können Sie sehen, dass die Textdatei erstellt wurde.

Jetzt gehen wir im Dateisystem, man kann auch Verzeichnisbaum sagen, eine Ebene zurück oder auch eine Ebene höher, je nachdem, welchen Ausdruck Sie bevorzugen.

Dafür nutzen wir den Befehl cd .., wobei das Leerzeichen – im Unterschied zu DOS beziehungsweise Windows – essentiell ist. Führen Sie also bitte Folgendes einmal aus:

```
cd ..
```

Jetzt sind wir wieder im übergeordneten Verzeichnis *verzeichnis1*. Mittels ls können wir erkennen, dass wir außerhalb von *verzeichnis2* sind, in dem wir eben die Textdatei erstellt haben. Versuchen wir, dieses Verzeichnis zu löschen:

```
rmdir verzeichnis2
```

Wir bekommen eine Fehlermeldung. Das Verzeichnis lässt sich nicht löschen, weil es nicht leer ist. Das ist richtig, denn die soeben angelegte Textdatei befindet sich ja darin.

Um ein Verzeichnis samt Inhalt zu löschen, benutzen wir eine Erweiterung des rm-Befehls: rm -r verzeichnisname. Das -r steht dabei für »rekursiv«, es löscht also zuerst alle Dateien in allen möglichen Unterverzeichnissen und entfernt zum Schluss das Verzeichnis *verzeichnisname*. Probieren Sie das einmal aus:

```
rm -r verzeichnis2
```

Wie Sie sehen, funktioniert dieser Befehl. Eine Überprüfung mit ls zeigt, dass *verzeichnis2* und alle darin befindlichen Dateien gelöscht wurden. Den Beweis finden Sie in Abbildung 4.6.

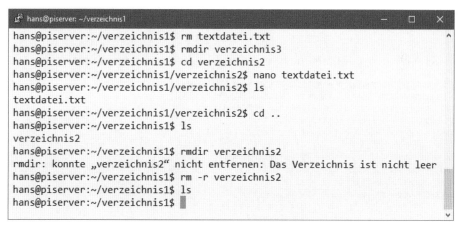

Abbildung 4.6 Dateien und Verzeichnisse löschen mit »rm«

Übrigens: Eine Papierkorb-Funktion bietet unser Server derzeit nicht. Löschen bedeutet wirklich löschen. Gehen Sie mit den Löschbefehlen also stets überlegt um.

Jetzt wollen wir Dateien kopieren und verschieben. Erstellen Sie dazu wieder das Verzeichnis *verzeichnis3*:

```
mkdir verzeichnis3
```

Erstellen Sie nun zur allgemeinen Übung wieder eine Textdatei (jedoch ohne vorher ins Verzeichnis *verzeichnis3* zu wechseln):

```
nano text
```

Nein, die Dateiendung *.txt* fehlt hier nicht versehentlich. Ich hatte eingangs ja schon gesagt, dass unter Linux – besonders auf der Kommandozeile – mit Dateiendungen anders umgegangen wird und es durchaus vorkommen kann, dass eine Datei keine Endung hat. Wir wollen daher auch einmal ausprobieren, mit Dateien ohne Endungen zu arbeiten.

Geben Sie einen Beispieltext ein, und speichern Sie den Text und beenden Sie nano mit der Tastenkombination Strg + x und anschließender Bestätigung.

ls zeigt uns, dass die Datei angelegt wurde.

Der Befehl, mit dem Sie eine Datei oder auch ein ganzes Verzeichnis kopieren, lautet cp quelle ziel. cp steht natürlich für *copy*. Kopieren wir also unsere Datei *text* einmal in die Datei *text2*:

```
cp text text2
```

ls zeigt uns, dass es jetzt zwei Dateien gibt. Wir können uns übrigens den Inhalt einer Datei direkt auf der Kommandozeile ausgeben lassen – ohne jede Bearbeitungsfunktion. Das ermöglicht der Befehl cat. Probieren wir es einmal mit beiden Dateien nacheinander aus:

```
cat text
```

```
cat text2
```

Sie werden sehen: Der Dateiinhalt ist gleich, das Kopieren hat funktioniert.

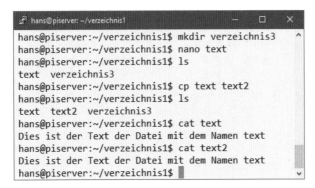

Abbildung 4.7 Zwei identische Dateien: »cat« liefert den Beweis

Jetzt wollen wir die Datei *text* in das Verzeichnis *verzeichnis3* kopieren. Das geht auch mit dem cp-Befehl:

```
cp text verzeichnis3/
```

Der Schrägstrich am Ende von `verzeichnis3/` ist wichtig. Er zeigt an, dass wir die Datei in das Verzeichnis *verzeichnis3* kopieren wollen. Dieser Befehl würde zwar im Moment auch ohne diesen Schrägstrich funktionieren, aber es gibt Befehle, wo dies nicht so ist. Deswegen sollten Sie sich angewöhnen, bei Operationen, die direkt mit dem Inhalt von Verzeichnissen arbeiten, stets diesen Schrägstrich mit anzugeben.

`ls` bringt in Erfahrung, dass unser Original natürlich noch da ist. Wechseln wir mit

```
cd verzeichnis3
```

in das Verzeichnis `verzeichnis3`, dann bestätigt uns `ls`, dass die Datei auch in diesem Verzeichnis vorhanden ist. Wir können den Inhalt wieder mit

```
cat text
```

überprüfen.

Gehen wir mittels

```
cd ..
```

wieder eine Ebene zurück. Jetzt zeige ich Ihnen, wie Sie Dateien verschieben.

Das Verschieben einer Datei funktioniert mit dem Befehl `mv` (von *move*). Wie beim `cp`-Befehl lautet die Syntax auch hier analog `mv quelle ziel`. Verschieben wir einmal die Datei `text2` in das Verzeichnis *verzeichnis3*:

```
mv text2 verzeichnis3/
```

Auch hier ist wieder der Schrägstrich essentiell. `ls` zeigt uns, dass die Datei *text2* jetzt weg ist. Wechseln wir mit

```
cd verzeichnis3
```

in das Verzeichnis *verzeichnis3*.

Hier offenbart `ls`, dass die Datei *text2* jetzt dort vorhanden ist. Den Inhalt können wir wieder mit `cat text2` überprüfen.

Mit dem `mv`-Befehl können wir auch Dateien umbenennen. Probieren wir das aus:

```
mv text2 text3
```

Dieser Befehl benennt die Datei *text2* in die Datei *text3* um. Das überprüfen wir mit `ls`. Sie sehen, *text2* ist verschwunden, dafür gibt es jetzt *text3*, wie Ihnen Abbildung 4.8 zeigt.

Möglich ist sogar das gleichzeitige Kopieren (beziehungsweise Verschieben) und Umbenennen. Testen wir das einmal. Wechseln wir wieder zurück in das übergeordnete Verzeichnis *verzeichnis1* mit dem Befehl

```
cd ..
```

Abbildung 4.8 Dateien kopieren und verschieben mit »cp« und »mv«

Nun wollen wir unsere Textdatei mit dem Namen *text* in das Verzeichnis *verzeichnis3* kopieren und sie dabei in die Datei *text4* umbenennen. Das erledigt für uns dieser Befehl:

```
cp text verzeichnis3/text4
```

Haben Sie bemerkt, dass wir nun zum wiederholten Male einen Dateipfad an einen Befehl übergeben haben? Wir haben die Datei soeben über eine Verzeichnisgrenze hinweg kopiert. Bei Befehlen, die auf dem Dateisystem arbeiten, können Sie dies im Regelfall immer tun. Wir können also auch einen Verzeichnispfad an den cat-Befehl übergeben. Dieser Befehl wird uns nun die Ausgabe der neu erstellten Datei *text4* im *verzeichnis3* ausgeben:

```
cat verzeichnis3/text4
```

Der Befehl heißt also »ausgesprochen«: Gebe den Inhalt der Datei *text4* aus, die sich im *verzeichnis3* befindet. So wie der Befehl im Moment geschrieben ist, wird *verzeichnis3* im aktuellen Arbeitsverzeichnis gesucht. Es handelt sich um eine sogenannte *relative* Pfadangabe. Die Angaben erfolgen relativ zum aktuellen Pfad. Der Befehl kann nur dann ausgeführt werden, wenn die Angaben zum Inhalt des aktuellen Verzeichnisses passen. Natürlich gibt es auch eine *absolute* Pfadangabe. Dabei spezifiziert man den exakten Pfad zu einer Datei. Dieser Pfad ist auch dann gültig, wenn Sie sich in einem völlig anderen Verzeichnis aufhalten. Folgender Befehl spezifiziert beispielsweise den Pfad zur Datei *text4* unabhängig vom aktuellen Arbeitsverzeichnis:

```
cat ~/verzeichnis1/verzeichnis3/text4
```

Dieser Befehl gibt also den Inhalt der Datei *text4* aus, die sich im *verzeichnis3* befindet, das ein Unterverzeichnis von *verzeichnis1* ist, das sich in Ihrem persönlichen Home-Verzeichnis befindet. Erinnern Sie sich daran, dass die Tilde (~) als Abkürzung für den Pfad in Ihr persönliches Home-Verzeichnis fungiert.

Natürlich ist die Angabe von relativen beziehungsweise absoluten Pfadangaben bei jeder Dateioperation möglich und kann beliebig viele Verzeichnisse umfassen. Wollen wir etwa eine Datei über mehrere Unterverzeichnisse hinweg kopieren, die sich aber alle im selben aktuellen Verzeichnis befinden, dann würde dies folgender Befehl realisieren (den Sie bitte mangels vorhandener Dateipfade nicht ausführen):

```
cp verzeichnis4/verzeichnis4a/verzeichnis4b/datei.txt verzeichnis5/ ⮠
verzeichnis5a/
```

Beachten Sie nochmals, dass es sich bei diesem Beispiel um eine relative Pfadangabe handelt. Sowohl *verzeichnis4* mit seinen Unterverzeichnissen als auch *verzeichnis5* mit seinen Unterverzeichnissen müssen alle im selben aktuellen Verzeichnis liegen. Diesen Befehl können Sie im Moment nicht ohne Fehlermeldung ausführen, weil es diese Verzeichnisstruktur ja gar nicht gibt. Sie können sie aber durchaus als gute Übung einmal anlegen, inklusive der Textdatei *datei.txt*. Danach können Sie den Befehl einmal erfolgreich ausführen und auch überprüfen. Dazu müssen Sie im aktuellen Verzeichnis (das eigentlich *verzeichnis1* seien sollte) das Verzeichnis *verzeichnis4* mit dem Unterverzeichnis *verzeichnis4a* und dem Unter-Unterverzeichnis *verzeichnis4b* anlegen. Anschließend legen Sie dort die Textdatei *datei.txt* an und füllen sie mit einem Beispielinhalt. Dann müssen Sie wieder drei (!) Ebenen zurückgehen und darauf das *verzeichnis5* mit seinem Unterverzeichnis *verzeichnis5a* anlegen. Wenn Sie jetzt wieder eine Ebene zurückgehen, dann können Sie den Kopierbefehl ausführen. Probieren Sie das jetzt einmal aus. Schreiben Sie sich dazu die nötigen Befehle am besten erst einmal mit Stift und Zettel auf. Anschließend vergleichen Sie Ihre Ausarbeitung mit folgender Lösung, die Sie dann am Pi-Server ausprobieren können:

```
mkdir verzeichnis4

cd verzeichnis4

mkdir verzeichnis4a

cd verzeichnis4a

mkdir verzeichnis4b

cd verzeichnis4b

nano datei.txt

cd ..
```

```
cd ..
```

```
cd ..
```

```
mkdir verzeichnis5
```

```
cd verzeichnis5
```

```
mkdir verzeichnis5a
```

```
cd ..
```

```
cp verzeichnis4/verzeichnis4a/verzeichnis4b/datei.txt verzeichnis5/verzeichnis5a/
```

Nun können Sie sich den Dateiinhalt mit diesem Befehl anzeigen lassen:

```
cat verzeichnis5/verzeichnis5a/datei.txt
```

Jetzt wird es Zeit, eine »kleine Gemeinheit« zu verdeutlichen. Anders als Windows unterscheidet Linux – wie vorhin bereits gesagt – ja zwischen der Groß- und Kleinschreibung von Datei- und Verzeichnisnamen. Während unter Windows die Bezeichner *text.txt* und *Text.txt* auf dieselbe Datei verweisen, ist das unter Linux nicht so. Das müssen Sie sich unbedingt merken. Deswegen ist es so wichtig, dass Sie Befehle immer ganz korrekt eingeben und besonders auf die Groß- und Kleinschreibung achten. Bitte probieren Sie das einmal aus, indem Sie folgende Dateien mit unterschiedlichen Inhalten füllen und sich diese anschießend mit dem cat-Befehl wieder anzeigen lassen:

```
nano text3
```

```
nano texT3
```

```
nano TEXT3
```

Sie werden sehen: Es handelt sich um drei verschiedene Dateien.

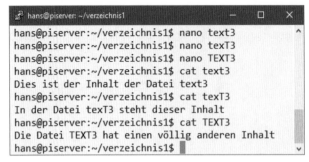

Abbildung 4.9 Achtung: Unterscheiden Sie zwischen Groß- und Kleinschreibung

Denken Sie bitte daran. Für den Anfänger schadet es vielleicht nicht, die Namen seiner eigenen Dateien und Verzeichnisse zunächst einmal komplett mit Kleinbuchstaben zu schreiben, dann ist ein Stolperstein schon einmal eliminiert.

4.2   Eine erste Berührung mit dem Thema Sicherheit

Jetzt kommen Sie zum ersten Mal mit dem Thema Sicherheit in Bezug auf Dateien in Berührung. Dies ist ein sehr wichtiges Thema, insbesondere für einen Server. Unter Linux wird das Thema Sicherheit sehr wichtig genommen. Das fängt (wie Sie wissen) schon damit an, dass ein »gewöhnlicher« Benutzer – also jemand, der am Computer übliche Alltagsaufgaben ausführt – gar nicht das Recht hat, bestimmte systemkritische Befehle auszuführen. Er kann also nicht einfach nach Belieben Dateien erstellen, verändern und löschen. Diese Herangehensweise ist in Linux schon seit Ewigkeiten üblich, andere Betriebssysteme haben diese Philosophie erst deutlich später übernommen. Unter Linux kann der gewöhnliche Benutzer keine kritischen Dateien verändern oder löschen, er kann noch nicht einmal einfach so Programme installieren.

Wiederholen wir zur Einleitung erst einmal etwas, was wir schon bei der Ersteinrichtung probiert haben: die Aktualisierung der Paketlisten, die Verweise auf alle Programme bieten, die wir optional installieren können. Führen Sie zur vertiefenden Wiederholung noch einmal folgenden Befehl aus:

```
apt-get update
```

Sie werden feststellen, dass dies nicht geht. Sie erhalten eine Fehlermeldung, und der Befehl wird abgebrochen. Die Ausführung dieses Befehls bleibt dem Administrator des Computers beziehungsweise des Servers vorbehalten. Natürlich sind Sie in der realen Welt der Administrator dieses Servers, und eigentlich müssen Sie diesen Befehl auch ausführen dürfen. Für Ihren Pi-Server sind Sie im Moment aber nur ein normaler Benutzer. Erst wenn Sie (wie Sie wissen) explizit *root*-Rechte anfordern, dann werden Sie auch für Ihren Server temporär zum Administrator und dürfen den Befehl zur Ausführung bringen. *root*-Rechte fordern Sie mit dem Befehlsvorsatz sudo an. Dies steht für *substitute user do* und weist Linux an, den unmittelbar folgenden Befehl (und nur ihn) mit den Rechten des Administrators auszuführen. Wie bei der Einrichtung des Servers gezeigt, darf nicht jeder Benutzer einfach so einen Befehl als Administrator ausführen, aber für Ihr Benutzerkonto haben wir dies bei der Servereinrichtung vorgesehen, indem wir Sie zur Benutzergruppe *sudo* hinzugefügt haben. Probieren Sie also folgenden Befehl aus:

```
sudo apt-get update
```

Linux wird Sie zur Bestätigung Ihrer Identität nach Ihrem Passwort fragen, damit es sichergehen kann, dass wirklich Sie es sind, der diesen Befehl ausführen möchte. Nach der Eingabe wird der Befehl ausgeführt. Wir werden das sudo-Kürzel sehr oft gebrauchen. Setzen Sie es trotzdem immer überlegt ein, und denken Sie daran, dass Sie mittels sudo auch kritische Dateien löschen können. Damit können Sie auch Ihren Server so verändern, dass er nicht mehr richtig startet oder nicht mehr aus dem Netzwerk erreichbar ist. Also kurzum: erst denken, dann lenken.

4.3 Die Rechte im Dateisystem

Jetzt wollen wir über die Dateirechte sprechen, denn auch dabei gibt es einiges zu beachten. Kurz gesagt: Nicht jeder Benutzer darf jede Datei lesen oder verändern. Wichtig ist, dass auch alle Programme und Dienste (Services) unter einem bestimmten Benutzerkonto ausgeführt werden. Ein Programm agiert also in Form eines bestimmten Benutzers und hat damit auch – oftmals zum Glück – keinen kompletten Zugriff auf alle Dateien, sondern nur auf ausgewählte Elemente.

4.3.1 Die grundlegenden Dateirechte

Schauen wir uns dies einmal im Detail an und lassen uns zunächst den detaillierten Verzeichnisinhalt Ihres aktuellen Verzeichnisses mit folgendem Befehl anzeigen (normalerweise sollten Sie sich jetzt im *verzeichnis1* befinden, und es sollten aus dem vorigen Abschnitt einige Dateien und Unterverzeichnisse darin liegen):

```
ls -lha
```

Wenn Sie alle vorherigen Beispiele ausgeführt haben, dann erhalten Sie eine Ausgabe, die folgendem Beispiel recht ähnlich sieht:

```
hans@piserver:~/verzeichnis1$ ls -lha
insgesamt 28K
drwxr-xr-x 5 hans hans 4,0K Jul 15 11:08 .
drwxr-xr-x 3 hans hans 4,0K Jul 15 10:26 ..
-rw-r--r-- 1 hans hans 16 Jul 15 10:38 text
-rw-r--r-- 1 hans hans 16 Jul 15 11:18 text3
-rw-r--r-- 1 hans hans 16 Jul 15 11:18 texT3
-rw-r--r-- 1 hans hans 16 Jul 15 11:18 TEXT3
drwxr-xr-x 2 hans hans 4,0K Jul 15 10:44 verzeichnis3
drwxr-xr-x 3 hans hans 4,0K Jul 15 11:08 verzeichnis4
drwxr-xr-x 3 hans hans 4,0K Jul 15 11:09 verzeichnis5
```

In der Spalte ganz links sehen Sie verschiedene Buchstaben. Die erste Stelle gibt an, ob es sich um ein Verzeichnis (dann steht dort ein d) oder eine Datei handelt (dann steht dort ein Strich). Die folgenden Buchstaben kodieren die Zugriffsrechte. Die Buchstabenfolge wird aus drei Gruppen mit jeweils drei Zeichen gebildet. Es gibt folgende Rechte:

Wenn eine Datei gelesen werden darf, wird dies durch ein r (von *readable*) gekennzeichnet. Es steht immer an erster Stelle innerhalb der Dreiergruppe.

Wenn eine Datei geschrieben beziehungsweise verändert werden darf, wird dies durch ein w (von *writable*) gekennzeichnet. Es steht an zweiter Stelle der Dreiergruppe (das einleitende d- oder --Zeichen nicht mitgerechnet).

Ist eine Datei ein Programm, das ausgeführt werden darf, so wird dies durch ein x (von *executable*) gekennzeichnet. Es steht an dritter Stelle. Übrigens: Damit Sie ein Verzeichnis betreten und sich dessen Inhalt anzeigen lassen können, müssen Sie über entsprechende *executable*-Rechte verfügen. Für Verzeichnisse ist dann also ein x zu setzen, wenn es einem bestimmten Benutzer erlaubt sein soll, sich den Verzeichnisinhalt anzeigen zu lassen.

Wenn eines dieser Rechte verweigert wird, dann steht an der entsprechenden Stelle ein Strich (den wir auch als ein Minuszeichen für »nicht vorhanden« auffassen können). Diese Rechtegruppen werden jeweils dreimal vergeben.

Die erste Dreiergruppe gibt die Rechte für den Dateibesitzer an. Unter Linux hat jede Datei (und jedes Verzeichnis) einen eindeutigen Besitzer. Der Besitzer ist beispielsweise ein regulärer Computerbenutzer. In Ihrem eigenen Home-Verzeichnis sollten Sie der Besitzer einer Datei sein. Für andere Home-Verzeichnisse gilt Entsprechendes. Dateien können aber auch beispielsweise über jeweilige Benutzer einem Programm »gehören«. So werden zum Beispiel Webseiten auf Ihrem Server dem dafür vorgesehenen Besitzer (und Benutzer) *www-data* zugeordnet, unter dem der Webserver agiert. Den Namen des Dateibesitzers können Sie in der dritten Spalte der Ausgabe von ls -lha ablesen (das einleitende d beziehungsweise --Zeichen nicht als eigene Spalte gerechnet).

Die zweite Dreiergruppe gibt die Dateirechte für die besitzende Gruppe an. Eine Datei gehört also einem Besitzer und einer Gruppe. Hierbei handelt es sich um eine Benutzergruppe. Der Besitzer muss nicht Mitglied der angegebenen Gruppe sein, aber es kann eine Gruppe geben, in der nur der Besitzer Mitglied ist. Unter Linux sind verschiedene Gruppen möglich, zum Beispiel die *user*-Gruppe für alle »normalen« Benutzer, die *audio*-Gruppe für Benutzer, die auf Audiogeräte zugreifen können, oder auch die *sudo*-Gruppe für diejenigen Benutzer, die Administratorbefehle ausführen dürfen. Ein Benutzer kann Mitglied mehrerer Gruppen sein, zum Beispiel in den Gruppen *user*, *audio* und *sudo*. Eine Gruppe kann beliebig viele Mitglieder haben. Die besitzende Gruppe einer Datei können Sie in der vierten Spalte der ls -lha-Ausgabe ablesen. In Ihrem Home-Verzeichnis hat die besitzende Gruppe meistens Ihren Benutzernahmen mit Ihnen als einzigem Mitglied, aber es sind auch andere Einträge möglich.

Die letzte Dreiergruppe gibt schließlich die Rechte für alle anderen an. Damit sind also diejenigen gemeint, die nicht der Besitzer der Datei sind und auch nicht der besitzenden Gruppe als Mitglied angehören. Eine Datei kann also beispielsweise der Mutter mit dem Benutzernamen *mutter* gehören und der besitzenden Gruppe *eltern* zugeordnet sein. Die übrigen Familienmitglieder fallen dann unter »alle anderen«.

Betrachten wir ein Beispiel. Wir können mit den Rechten beispielsweise erreichen, dass der Besitzer einer Datei diese lesen, bearbeiten und ausführen darf. Er hat also *Vollzugriff*. Die besitzende Gruppe darf die Datei lesen und ausführen, jeder andere darf sie sich nur anschauen. Das ist durchaus sinnvoll, denn eine ausführbare Datei kann auch beispielsweise ein Skript sein, das man sich durchlesen kann. (Ein Skript ist grob betrachtet eine Textdatei, die mehrere Befehle enthält, die nacheinander abgearbeitet werden.) Dies würde folgende Rechtekodierung ergeben:

```
rwx r-x r--
```

In unserem vorigen Beispiel hätte die Mutter also Vollzugriff auf die Datei. Der Vater, der wohl offensichtlich der Benutzergruppe *eltern* angehört, darf diese Datei lesen und ausführen. Die Kinder, die nicht identisch mit der Mutter sind und auch nicht der Benutzergruppe *eltern* angehören, dürfen diese Datei nur lesen, aber nicht verändern oder ausführen.

Sie sollten nun ein wenig mit den Dateirechten und Stift und Papier üben und verschiedene Kombinationen durchspielen. Schnell werden Sie erkennen, dass dies alles durchaus Sinn ergibt, denn es kann Dateien geben, die nicht von jedem gelesen oder verändert werden dürfen, beispielsweise Dateien mit kritischen Programmeinstellungen oder sogar Passwörtern.

4.3.2 Die Änderung der Zugriffsrechte

Wir werden den Umgang mit den Dateirechten nun ein wenig verinnerlichen. Erstellen Sie in einem beliebigen Übungsverzeichnis innerhalb Ihres Home-Verzeichnisses (wechseln Sie dahin gegebenenfalls mit einem simplen cd ohne weitere Argumente) eine neue Textdatei mit dem Namen *gesperrt*:

```
nano gesperrt
```

Geben Sie ihr den Inhalt »Geheimtext«, und speichern Sie die Datei wie üblich ab. Lassen Sie sich mit

```
cat gesperrt
```

den Inhalt anzeigen. Natürlich funktioniert das. Schauen wir uns mit ls -lh den Grund an, warum dies so ist. Sie sehen, dass in jeder Rechtegruppe das r für diese Datei gesetzt ist, also darf sich ausnahmslos jeder diese Datei anschauen. Jetzt versuchen wir, diese Datei zu ändern. Öffnen Sie die Datei zunächst wieder mit dem Editor nano:

```
nano gesperrt
```

Ergänzen Sie den Zusatz »sehr wichtig«, speichern Sie die Datei, und beenden Sie dann nano. Auch das funktioniert. Warum dies so ist, zeigt uns wieder ls -lh. In der Ausgabe lesen Sie, dass Sie als Besitzer Schreibrechte haben, das w ist gesetzt. Das werden wir jetzt ändern. Wir werden einmal das Schreibrecht für diese Datei komplett entziehen. Dateirechte ändern wir mit dem chmod-Befehl, eine Kurzform von *change mode*. Den Befehl können Sie nur ausführen, wenn Sie selbst der Besitzer einer Datei sind, ansonsten sind Administratorrechte nötig, die Sie wieder mit einem vorgestellten sudo erhalten. Es schadet nicht, wenn Sie den Befehl stets mit sudo ausführen. Bedenken Sie bitte, dass dieser Befehl weitreichende Folgen haben kann, und setzen Sie ihn nur wohlüberlegt ein. Wir entziehen der Datei einmal die Schreibrechte, indem wir dem Befehl ein -w (ausgesprochen: *minus writable*) anhängen und die zu ändernde Datei benennen:

```
sudo chmod -w gesperrt
```

Wenn wir nun wieder unser beliebtes ls -lh ausführen, dann sehen wir, dass die Schreibrechte für die Datei *gesperrt* jetzt entfernt wurden. An der Stelle des w steht dort ein -.

```
hans@piserver: ~                                    —    □    ×
hans@piserver:~$ nano gesperrt
hans@piserver:~$ cat gesperrt
Geheimtext
hans@piserver:~$ ls -lh
insgesamt 8,0K
-rw-r--r-- 1 hans hans   11 Apr 29 19:12 gesperrt
drwxr-xr-x 5 hans hans 4,0K Apr 29 19:06 verzeichnis1
hans@piserver:~$ nano gesperrt
hans@piserver:~$ sudo chmod -w gesperrt
hans@piserver:~$ ls -lh
insgesamt 8,0K
-r--r--r-- 1 hans hans   24 Apr 29 19:12 gesperrt
drwxr-xr-x 5 hans hans 4,0K Apr 29 19:06 verzeichnis1
hans@piserver:~$ █
```

Abbildung 4.10 Rechte verändern mit »chmod«

Versuchen Sie doch nun einmal eine Änderung. Öffnen Sie die Datei mit nano, ergänzen Sie den Text »Lustig, Lustig, oder?«, und versuchen Sie, abzuspeichern. Das wird Ihnen nicht gelingen; nano wird Sie am unteren Bildschirmrand darüber informieren, dass Sie kein Schreibrecht haben (Fehler beim Schreiben von gesperrt: Keine Berechtigung). Versuchen Sie noch einmal das Schließen des Editors mit der Tastenkombination Strg+x, und geben Sie diesmal ein n als Antwort auf die Speicherfrage ein. nano wird sich beenden, aber Ihr neuer Text wird nicht mit in die Datei aufgenommen, wie Ihnen ein cat gesperrt zeigt.

Den chmod-Befehl können Sie mit den Kürzeln x, r und w aufrufen und jedes Recht einzeln oder eine Kombination der Rechte setzen oder entziehen. Zum Entziehen benutzen Sie ein -, zum Setzen ein +. Folgender Befehl setzt zum Beispiel allgemein die Ausführrechte und entzieht die Schreibrechte (für die fiktive Datei namens *dateiname*):

```
sudo chmod +x-w dateiname
```

Dieser Befehl setzt die Rechte aber gleichzeitig für alle Benutzergruppen (Besitzer, besitzende Gruppe, alle anderen). Eine Ausnahme bildet das Attribut w, das nur für den Besitzer gesetzt und entfernt wird. Das ist natürlich nicht immer gewünscht. Sie können die Befehle daher wie folgt eingeben:

```
sudo chmod u+rwx dateiname
```

```
sudo chmod g+rwx dateiname
```

```
sudo chmod o-rwx dateiname
```

Wenn Sie vor die Rechtekombination ein u (für *user*) schreiben, dann gilt die Eingabe für den Besitzer einer Datei. Ein g (für *group*) wendet die Eingabe auf die besitzende Gruppe an. Ein o (für *others*) schließlich steht für alle anderen.

Wir sind noch nicht fertig: Statt + und - zu benutzen, die jeweils nur Rechte hinzufügen oder entfernen, können Sie die Rechte auch explizit zuweisen. Dafür verwenden Sie ein =.

Nehmen wir an, eine Datei hat in einer Gruppe die Rechte rwx und Sie entziehen mit chmod -rw dateiname das Lese- und Schreibrecht. Was bleibt übrig? Natürlich das Ausführrecht. Jetzt nutzen wir auf der gleichen Datei (!) chmod =rw dateiname. Welche Rechte hat die Datei nun? Richtig, nur das Lese- und Schreibrecht. Denn das Ausführrecht haben wir entfernt, weil wir durch das = fest ein Lese- und Schreibrecht zugewiesen (und nicht hinzugefügt) haben. Das Resultat sind die Rechte rw-.

Sie erhalten nun die Gelegenheit, die Rechtevergabe einmal zu üben. Bitte ändern Sie jetzt jedoch nicht die Rechte der Datei namens *gesperrt*, denn diese werden wir gleich noch einmal unverändert brauchen! Zum Üben erstellen Sie jetzt bitte eine neue Datei namens *abc*. Bearbeiten Sie nun folgende Aufgabe zum Üben:

Gegeben sei die Datei *abc* mit folgenden Rechten: rwx rwx rwx.

Legen Sie eine solche Datei an. Es werden nun folgende Befehle angewendet; überlegen Sie sich den jeweiligen Rechtezustand, und überprüfen Sie ihn dann durch eine Ausführung des Befehls ls -lh.

```
sudo chmod -x abc
```

```
sudo chmod o-rw abc
```

```
sudo chmod g-w abc
```

```
sudo chmod +r abc
```

```
sudo chmod g=rw abc
```

```
sudo chmod u=rwx abc
```

Wie lauten die Rechte nun, nachdem alle Befehle ausgeführt wurden? Die Lösung lautet: rwx rw- r--.

Als Ergänzung für Wissbegierige: Natürlich kann man mit den Dateirechten auch sonderbare Spezialfälle anstellen. Wenn Sie Lust haben, dann testen Sie (rein optional) einmal in Eigenregie die Rangfolge der Berechtigungen anhand eines Spezialfalls. Erstellen Sie zum Üben eine Textdatei, die folgende Rechte besitzt: -r- --- rw-.

Die Frage lautet: Dürfen Sie als Besitzer in diese Datei schreiben und sie löschen oder nicht? Bitte finden Sie die Antwort durch übendes Ausprobieren selbst heraus. Sollten Sie nach dem Probieren noch Lust auf einen weiteren Spezialfall haben, dann probieren Sie die Situation einmal bei folgenden (ungewöhnlichen) Zugriffsrechten aus: `--- --- rwx`. (Sollten Sie beim Löschen eine Rückfrage erhalten, dann beantworten Sie sie mit einem ausgeschriebenen `ja`.) Genug davon, fürs Erste zumindest.

4.3.3 Die Änderung der Dateibesitzer

Nun kümmern wir uns darum, den Besitzer einer Datei zu ändern. Auch dies werden wir öfter gebrauchen. Ein Beispiel ist das Zuweisen einer Webseite an den *www-data*-Benutzer. Ändern wir einmal den Besitzer unserer Datei *gesperrt* in den *root*-Benutzer. Dies stellt sozusagen die höchste Ebene dar, die Datei gehört dann quasi dem Administrator oder auch dem System selbst. Das Ändern des Besitzers erfolgt mit dem Befehl `chown` (von *change owner*). Auch `chown` werden wir immer mit dem `sudo`-Vorsatz verwenden. Die Syntax lautet: `sudo chown besitzer:gruppe dateiname`.

Dabei gibt `besitzer` den neuen Besitzer und `gruppe` die neue besitzende Gruppe an. Sie können auch nur einen Parameter spezifizieren und den Doppelpunkt entsprechend setzen, dann wird zum Beispiel der Gruppenname auf die Gruppe des aktuellen Benutzers gesetzt oder aber nur der Gruppenname geändert. Wir werden aber zur Vereinfachung zunächst stets beide Parameter angeben und etwas mehr Tipparbeit in Kauf nehmen. Probieren Sie folgenden Befehl aus:

```
sudo chown root:root gesperrt
```

Damit haben Sie den Besitzer in *root* und die besitzende Gruppe ebenfalls in *root* geändert. Überprüfen Sie dies mit `ls -la`. Für diese Datei sind Sie nun nicht mehr der Besitzer, sondern zählen zu »allen anderen«. Probieren Sie nun wieder die Ausgabe der Datei mit

```
cat gesperrt
```

Sie werden sehen, die Ausgabe erscheint trotzdem. Warum? Nun, weil natürlich das Leserecht `r` immer noch für alle Gruppen gesetzt ist. Entziehen wir doch nun einmal »allen anderen« die Leserechte:

```
sudo chmod o= gesperrt
```

Dies entzieht »allen anderen« alle Rechte. Probieren Sie wieder

```
cat gesperrt
```

Diesmal schlägt die Ausgabe fehl. Warum? Sie sind weder der Dateibesitzer (Sie sind nicht *root*) noch Mitglied der Gruppe *root* (Sie sind zwar in der Gruppe *sudo*, nicht aber in *root*). Sie fallen in die Kategorie «alle anderen». Und die darf nichts. Punkt.

Dürfen, das tut der Besitzer *root* – und mit `sudo` können Sie sich zu *root* machen. Probieren Sie also einmal ein:

```
sudo cat gesperrt
```

Das wird funktionieren, wie Sie in Abbildung 4.11 sehen!

```
hans@piserver: ~                              —    □    ✕
hans@piserver:~$ sudo chown root:root gesperrt
hans@piserver:~$ ls -lh
insgesamt 8,0K
-rwxrw-r-- 1 hans hans    0 Apr 29 19:14 abc
-r--r--r-- 1 root root   24 Apr 29 19:12 gesperrt
drwxr-xr-x 5 hans hans 4,0K Apr 29 19:06 verzeichnis1
hans@piserver:~$ cat gesperrt
Geheimtext
sehr wichtig
hans@piserver:~$ sudo chmod o= gesperrt
hans@piserver:~$ cat gesperrt
cat: gesperrt: Keine Berechtigung
hans@piserver:~$ sudo cat gesperrt
Geheimtext
sehr wichtig
hans@piserver:~$ █
```

Abbildung 4.11 Dateibesitzer ändern mit »chown«

Durch das sudo haben Sie für diesen einen Befehl die Identität *root*, also die Identität des Administrators, angenommen.

4.3.4   Sonderfälle bei den Dateirechten

Jetzt wird es etwas schwieriger. Kommen wir zum Thema Löschen und zu einem kniffeligen Sonderfall. Ob Sie nun als »alle anderen« die soeben betrachtete Datei gesperrt wohl löschen dürfen? Probieren Sie einmal

```
rm gesperrt
```

Linux wird nun nicht etwa das Löschen verbieten, wie man zuerst vermuten würde, sondern Sie fragen, ob Sie die schreibgeschützte Datei 'gesperrt' entfernen möchten. Bestätigen Sie doch einmal mit ⓙ. Überprüfen Sie dann den Verzeichnisinhalt mit ls -lha. Sie werden sehen, dass die Datei gelöscht wurde. Warum? Sie sind doch nicht der Besitzer der Datei, Sie haben keine Schreibrechte, nein, Sie haben noch nicht einmal Leserechte. Aber Sie sind der Besitzer des übergeordneten Verzeichnisses. Ihnen »gehört« Ihr Home-Verzeichnis. Und in einem Verzeichnis, das Ihnen gehört, da dürfen Sie Dateien löschen. Und andersherum: In einem Verzeichnis, das Ihnen nicht gehört, dürfen Sie natürlich nicht einfach alle Dateien löschen. Prüfen wir das einmal. Wechseln Sie in das spezielle Verzeichnis */tmp*, das der Aufnahme von temporären Dateien dient:

```
cd /tmp
```

In diesem Verzeichnis sollten Sie etwas vorsichtiger sein und unter keinen Umständen irgendwelche Dateien verändern. Führen Sie nur die folgenden Schritte aus, und nehmen Sie keine eigenen Experimente vor. Legen wir also gemeinsam eine Testdatei an:

```
sudo nano gesperrt
```

Füllen Sie die Datei mit einem Beispieltext, und speichern Sie sie mit der Tastenkombination ⎣Strg⎦+⎣x⎦ und der folgenden Bestätigung ab. Nun ändern wir den Besitzer in den *root*-Benutzer (was eigentlich überflüssig ist, weil die Datei durch das vorgestellte sudo bereits dem Benutzer *root* gehört):

```
sudo chown root:root gesperrt
```

Dann entziehen wir *allen anderen* sämtliche Rechte:

```
sudo chmod o= gesperrt
```

Versuchen Sie einmal, die Datei zu löschen:

```
rm gesperrt
```

Obwohl die Rechte dieselben sind wie in Ihrem Home-Verzeichnis, können Sie die Datei nicht löschen. Sie erhalten (trotz vorheriger Frage) die Rückmeldung, dass die Operation nicht erlaubt ist. Das liegt daran, dass Ihnen das Verzeichnis */tmp* nicht gehört. Nur der Benutzer *root* darf immer alles, notfalls auch die Dateien anderer Leute löschen. Folglich wird der Befehl

```
sudo rm gesperrt
```

erfolgreich sein, wie Sie einmal üben und mit einem ls -lha überprüfen können. Umgekehrt bedeutet dies aber auch, dass Sie eine Datei, die Ihnen gehört, in einem Verzeichnis, das Ihnen nicht gehört und in dem Sie keine Schreibrechte haben, nicht löschen können.

Wechseln Sie jetzt wieder mit einem

```
cd
```

in Ihr Home-Verzeichnis zurück. Den ganzen Vorgang sehen Sie in Abbildung 4.12.

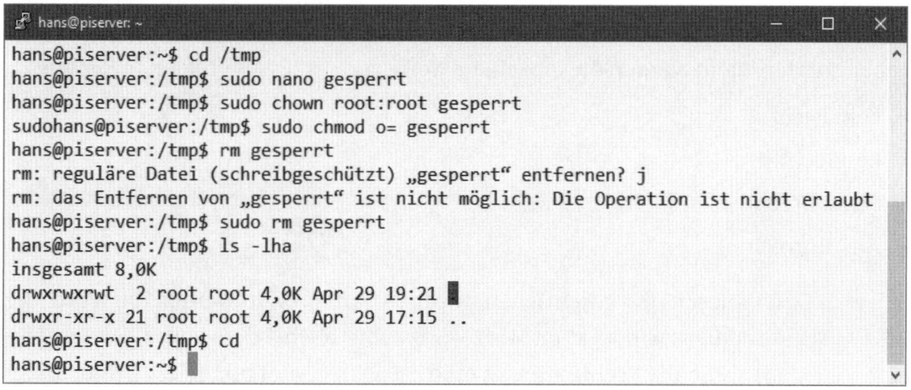

```
hans@piserver: ~                                              —   □   ×
hans@piserver:~$ cd /tmp
hans@piserver:/tmp$ sudo nano gesperrt
hans@piserver:/tmp$ sudo chown root:root gesperrt
sudohans@piserver:/tmp$ sudo chmod o= gesperrt
hans@piserver:/tmp$ rm gesperrt
rm: reguläre Datei (schreibgeschützt) „gesperrt" entfernen? j
rm: das Entfernen von „gesperrt" ist nicht möglich: Die Operation ist nicht erlaubt
hans@piserver:/tmp$ sudo rm gesperrt
hans@piserver:/tmp$ ls -lha
insgesamt 8,0K
drwxrwxrwt  2 root root 4,0K Apr 29 19:21 ▮
drwxr-xr-x 21 root root 4,0K Apr 29 17:15 ..
hans@piserver:/tmp$ cd
hans@piserver:~$ ▮
```

Abbildung 4.12 Verzeichnis und Benutzerrechte auseinanderhalten

Und was meinen Sie? Ist jetzt nicht eine gute Zeit zum Üben? Keine Angst! In Ihrem eigenen Home-Verzeichnis können Sie sich austoben, ohne etwas kaputtzumachen. Sie sollten jedoch, insbesondere wenn es in Ihrem Home-Verzeichnis bereits wichtige Dateien gibt, zuerst ein Unterverzeichnis zum Üben erstellen.

Wir sind jetzt mit den grundlegenden Befehlen erst einmal durch. Jetzt ist es Zeit, den Pi-Server besser kennenzulernen und uns mit weiteren Befehlen und Verallgemeinerungen zu befassen.

4.4   Geht es nicht auch etwas kryptischer?

Zum Abschluss – scherzhaft übertrieben – etwas zum Angeben: Sie kennen ja bereits den chmod-Befehl, mit dem Sie die Rechte einer Datei steuern können – ein sehr wichtiges Sicherheitsmerkmal des Dateisystems. Dabei haben Sie Parameter kennengelernt, die Sie auf der Kommandozeile übergeben können, zum Beispiel das u für den Besitzer, das + zum Hinzufügen eines Rechts oder das w für den Schreibzugriff. Man nennt diese Art der Eingabe der Rechte den *symbolischen Modus*, weil hier für die Rechte alltagsnahe Symbole genutzt werden. Was meinen Sie, wird der aufstrebende Linux-Profi die Dateirechte im symbolischen Modus angeben? Nein, natürlich nicht. Er verwendet dafür kryptische Zahlenkombinationen, die so rein gar nicht an die eigentlichen Rechte erinnern. Er nutzt den sogenannten *Oktal-Modus*. Schauen wir uns das einmal an, denn diesen Modus werden wir später noch öfter brauchen. Der Oktal-Modus sieht eine Gruppe von drei Ziffern zur Rechteeingabe vor. Es müssen stets alle drei Ziffern eingegeben werden (es können mit dem so genannten Sticky-Bit sogar vier sein, aber diese Spezialfälle wollen wir hier nicht besprechen). Die erste Ziffer steht dabei für die Rechte des Besitzers, die zweite für die besitzende Gruppe und die dritte für alle anderen. Diese Reihenfolge ist bindend! Die verschiedenen Rechte, zum Beispiel das Recht zum Lesen und das Recht zum Ausführen, werden durch einen bestimmten Wert symbolisiert. Wenn jemand keine Rechte an einer Datei erhalten soll, dann wird eine 0 gesetzt. Wenn ein bestimmtes Recht vergeben werden soll, dann wird sein Wert anstelle der 0 vergeben. Sollen mehrere Rechte vergeben werden, dann werden die einzelnen Werte addiert. Es gibt folgende Rechte:

▶ kein Recht: 0

▶ Leserecht: 4

▶ Schreibrecht: 2

▶ Ausführrecht: 1

Soll eine Datei gelesen und geschrieben werden können, dann werden die Werte der beiden Rechte addiert, wir erhalten: 4 + 2 = 6. Sie müssen bei dem jeweiligen Besitzer eine 6 eintragen. Für alle Rechte wäre es eine 7. Soll die Datei nur gelesen und ausgeführt werden dürfen, dann wäre es eine 5.

4

Übersetzen wir gemeinsam die symbolischen Rechte rwx rw- r--: Der Besitzer soll alles dürfen, er bekommt eine 7 eingetragen. Die Gruppe darf lesen und schreiben, sie bekommt eine 6. Der Rest darf nur lesen, also erhält er eine 4. Insgesamt ergibt sich die Kombination 764.

Und wie geben Sie diese jetzt ein? Das geschieht einfach an Stelle der symbolischen Notation:

```
sudo chmod 764 dateiname
```

Probieren Sie dies ruhig einmal aus. Wenn Sie durch Tests eine beliebige Textdatei ausführbar machen, dann sollten Sie dies aber am Schluss der Übung wieder rückgängig machen.

Bedenken Sie, dass bei einem Verzeichnis das Attribut »Ausführrecht« gesetzt sein muss, damit man überhaupt in dieses Verzeichnis wechseln kann.

Üben Sie aber bitte vorher einmal: Welche Oktalzahl ergibt sich für die Rechte: rw- r-- --- und welche für rwx r-x --x?

4.5   Informationen über den Speicherplatz erhalten

Für Sie als Serverbesitzer ist es sicherlich sehr wichtig zu wissen, wie viel freier Speicherplatz noch auf der Speicherkarte vorhanden ist. Den freien Speicherplatz können Sie sich mit dem Befehl

```
df -h
```

anzeigen lassen. df ist die Abkürzung für *disk free*. Erneut formatiert das -h die Ausgabe dieses Befehls als *human readable*. Von Interesse ist besonders die erste Zeile /dev/root, sie enthält den freien Speicherplatz auf der Speicherkarte. Die Spalte Verf. (als Kurzform von verfügbar) gibt diesen Wert an.

Möchten Sie hingegen wissen, wie viel Speicherplatz bereits belegt ist, dann nutzen Sie wie in Abbildung 4.13 den Befehl

```
sudo du -sh /
```

Daraus ist der Parameter h bereits bekannt. Mittels s lassen wir uns nur eine Summe aller Verzeichnisse anzeigen. Der einzelne Schrägstrich verweist auf den Ursprung des gesamten Dateisystems, das sogenannte *Wurzelverzeichnis* (dazu mehr in Abschnitt 4.6). Dieser Befehl (als Abkürzung von *disk usage*) ist aber nicht nur für das gesamte Dateisystem (deswegen das vorgestellte sudo), sondern oftmals auch für ein bestimmtes Verzeichnis interessant. Wenn Sie Folgendes ausführen:

```
du -sh ./
```

dann wird Ihnen der Speicherplatz angezeigt, den das aktuelle Verzeichnis belegt. Der Punkt kennzeichnet dabei stets das aktuelle Verzeichnis. (Genauso wie die zwei

Punkte, wie Sie sie beim cd-Befehl verwenden, auf das darüberliegende Verzeichnis verweisen.) Anschließend informiert Sie

```
du -sh ~
```

über den Speicherverbrauch Ihres Home-Verzeichnisses. Was meinen Sie, worüber wird wohl der Befehl

```
du -sh ~/verzeichnis1
```

Auskunft geben? Ein kurzer Test verrät es Ihnen.

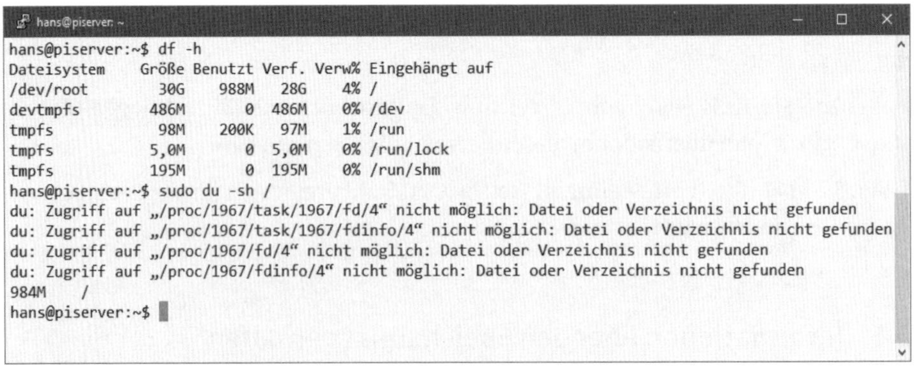

```
hans@piserver: ~                                                    —   □   ×
hans@piserver:~$ df -h
Dateisystem    Größe Benutzt Verf. Verw% Eingehängt auf
/dev/root       30G    988M   28G    4% /
devtmpfs       486M      0   486M    0% /dev
tmpfs           98M    200K   97M    1% /run
tmpfs          5,0M      0   5,0M    0% /run/lock
tmpfs          195M      0   195M    0% /run/shm
hans@piserver:~$ sudo du -sh /
du: Zugriff auf „/proc/1967/task/1967/fd/4" nicht möglich: Datei oder Verzeichnis nicht gefunden
du: Zugriff auf „/proc/1967/task/1967/fdinfo/4" nicht möglich: Datei oder Verzeichnis nicht gefunden
du: Zugriff auf „/proc/1967/fd/4" nicht möglich: Datei oder Verzeichnis nicht gefunden
du: Zugriff auf „/proc/1967/fdinfo/4" nicht möglich: Datei oder Verzeichnis nicht gefunden
984M    /
hans@piserver:~$ █
```

Abbildung 4.13 Speicherbelegung mit »du« und »df« anzeigen

4.6   Die Verzeichnisse und ihre Bedeutung

Nun befassen wir uns noch etwas eingehender mit den Verzeichnissen, die es standardmäßig im Dateisystem gibt. Bislang haben wir uns (fast) nur in Ihrem Home-Verzeichnis bewegt. Wir haben hier zwar auch Unterverzeichnisse angelegt, waren aber unterhalb des Home-Verzeichnisses geblieben. Natürlich gibt es noch viele andere Verzeichnisse. Nicht nur hat jeder Benutzer sein eigenes Home-Verzeichnis, sondern es gibt auch Verzeichnisse für die Programme oder für deren Konfigurationsdateien. Übrigens: Wenn Sie einmal in einem beliebigen Verzeichnis sind und zurück in Ihr Home-Verzeichnis wollen, dann genügt dafür ein einfaches

```
cd
```

ohne weitere Angaben.

Es wird Zeit, dass wir uns ansehen, was sich außerhalb Ihres Home-Verzeichnisses im Dateisystem befindet. Das Dateisystem entspringt quasi an der Wurzel. Es gibt ein Wurzelverzeichnis, das kein übergeordnetes Verzeichnis mehr hat. Es ist sozusagen das Hauptverzeichnis des Dateisystems.

Dorthin gelangen wir mit einem

```
cd /
```

Bitte führen Sie diesen Befehl aus. Der Schrägstrich gibt dabei das Wurzelverzeichnis an. (Hierfür ist auch die Bezeichnung *Root* geläufig, die vom englischen Wort für »Wurzel« stammt, aber nicht mit dem *root*-Benutzer verwechselt werden darf. Man spricht daher auch von *Wurzelverzeichnis*.) Von hier aus können Sie jedes beliebige Verzeichnis und jede Datei erreichen – auch Ihr Home-Verzeichnis. Dieses befindet sich übrigens sinnigerweise im Verzeichnis */home* und dann unter einem Verzeichnis mit Ihrem Benutzernamen. Heißt Ihr aktueller Benutzer *hans*, dann ist sein Home-Verzeichnis */home/hans*. Beachten Sie bitte den Schrägstrich am Anfang! Wir gehen hier also direkt vom Wurzelverzeichnis aus (das manchmal auch *Stammverzeichnis* genannt wird). Dieser absolute Pfad beginnt also bei der Wurzel / und geht weiter in die Verzeichnisse *home* und *hans*. Sie können jeden Befehl, der eine Dateiangabe benötigt, immer direkt mit dem kompletten absoluten Pfad angeben. Wenn Sie also in einem Verzeichnis */sonstwo/hier/ganz/weit/hinten* sind, dann können Sie trotzdem `nano /home/hans/verzeichnis3/gesperrt` aufrufen. Bitte machen Sie sich damit vertraut.

Lassen Sie sich mit `ls` einmal den Inhalt des Wurzelverzeichnisses ausgeben, wie Sie es in Abbildung 4.14 sehen. Sie werden bemerken, dass es dort neben */home* noch viele weitere Ordner gibt.

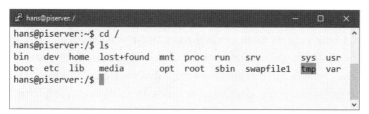

Abbildung 4.14 Die Datei-Hierarchie des »Wurzelverzeichnisses«

Bitte spielen Sie hier nicht daran herum, weil sich in diesen Verzeichnissen viele wichtige Dateien befinden (obwohl Sie durch die `sudo`-Sperre ja gut geschützt sind). Natürlich können Sie sich mit den `cd`-Befehlen sowie mit `ls` ruhig überall umsehen.

Schauen wir uns einmal die einzelnen Verzeichnisse und ihre Bedeutung an:

▶ */bin*: Dieses Verzeichnis enthält unverzichtbare Programme, die von jedem Benutzer ausgeführt werden können. *bin* steht als Kurzwort für *binary*, also Binär(-datei) (im Unterschied zum Beispiel zu Textdateien). So werden meistens Programme, die in Maschinensprache vorliegen, genannt. In diesem Verzeichnis befinden sich beispielsweise die Programme, die zu den Befehlen `cp`, `mv` und `cat` gehören. Sie finden hier auch den Texteditor `nano`.

▶ */boot*: Hierin befinden sich Dateien, die zum Booten des Systems erforderlich sind. Oft ist hier der berühmte Linux-Kernel zu finden, aber es gehören auch Dateien des Bootmanagers dazu. Bei Ihrem Pi-Server ist in dieses Verzeichnis eine spezielle Partition eingebunden, die beispielsweise auch auf einem Windows-PC lesbar ist.

- ► */dev*: Bedeutet *devices* – also Geräte. Dieses Verzeichnis enthält sehr spezielle Dateien, die sogenannten *Gerätedateien*. Sie wissen ja: Unter Linux ist alles eine Datei – auch ein Hardwaregerät. Im Prinzip sind dies die Treiberschnittstellen zu der wirklichen Hardware. Das System oder ein Programm gibt einen Befehl über diese speziellen Dateien an den Gerätetreiber, der dann die Aufgabe auf der Hardware ausführt.

- ► */etc*: Was sich hinter *et cetera* verbirgt, verrät der Name nicht so leicht. Dieses Verzeichnis wird uns öfter beschäftigen, denn hierin befinden sich zahlreiche Konfigurationsdateien zu fast allen Programmen und Systemeinstellungen.

- ► */home*: Im Home-Verzeichnis befinden sich die einzelnen Home-Verzeichnisse aller Benutzer – so auch Ihres. Das Home-Verzeichnis dient zur Aufnahme aller persönlichen, privaten Dateien.

- ► */lib*: ist das *library*-Verzeichnis, also das Bibliothekenverzeichnis. Damit werden Sie nicht sehr viel zu tun haben. Es nimmt sehr wichtige Bibliotheken für den Systemstart und die Ausführung vieler Programme auf. Auch die sogenannten Kernelmodule finden sich hierin. Wie gesagt: Als Anfänger hat der Nutzer hier so gut wie nie etwas verloren.

- ► */lost+found*: Nein, Linux verliert nicht einfach irgendwo etwas und legt es dann hier ab, sondern nutzt dieses Verzeichnis bei der Überprüfung des Dateisystems. Wenn es einen Fehler gibt (Schreibfehler bei Stromausfall etwa) und eine Datei beschädigt wird, dann werden die jeweiligen Fragmente in diesem Verzeichnis gespeichert. Im Regelfall sollte es leer sein.

- ► */media*: Dies ist ein etwas universelleres Verzeichnis. Eigentlich nimmt es hauptsächlich eingebundene Speichermedien wie USB-Sticks, CD-ROM-Laufwerke oder externe Festplatten auf und macht sie von hier aus zugänglich – denn unter Linux gibt es ja keine Laufwerksbuchstaben. Daher kann eine externe Festplatte beispielsweise unter */media/hdd* verfügbar sein. Mit dieser Thematik werden wir uns noch eingehend beschäftigen.

- ► */mnt*: bedeutet *mount(ed)*, also eingebunden. Es wird bei uns nur sehr selten (beziehungsweise nie) genutzt werden und ist eigentlich dazu gedacht, temporär eingebundene Partitionen verfügbar zu machen. Normalerweise ist es leer.

- ► */opt*: Heißt das etwa *optional*? Ja, das tut es. Aber dieses Verzeichnis ist nicht etwa unbedeutend und kann optional gelöscht werden, nein, hier sollte eigentlich optionale Software gespeichert werden. Oftmals sind das kommerzielle Programme, die ihre eigenen Bibliotheken mitbringen und nicht direkt zum System gehören (und auch nicht von ihm verwaltet werden). Bei uns bleibt dieses Verzeichnis im Regelfall leer.

- ▶ */proc*: Das ist auch eines der spezielleren Verzeichnisse. *Processes* – also Prozesse – enthält Informationen zu allen aktuell laufenden Programmen, zum Beispiel deren Namen und die Speichernutzung. Sie können sich die »Dateien« mit `cat` ausgeben lassen. Es gibt beispielsweise eine Datei mit der aktuellen Prozessortemperatur. Auch einige Kernelfunktionen können hierüber angesprochen und ausgelesen werden. Wir werden als Anfänger dieses Verzeichnis kaum benutzen. Zur Information können Sie sich einmal ein wenig umschauen; nutzen Sie aber nur die Befehle `cd`, `ls` und `cat`, dann kann nichts schieflaufen.

- ▶ */root*: Der *root*-Benutzer hat gewisse Privilegien. Dies ist das Home-Verzeichnis des *root*-Nutzers. Es liegt so weit oben im Dateisystem, damit es in jedem (Fehler-)Falle immer vorhanden und nutzbar ist. Im Regelfall ist es für unsere Anwendungen leer, aber als *root*-Benutzer kann man hier seine eigenen Dateien abspeichern.

- ▶ */run*: Dieses Verzeichnis enthält Dateien der aktuell laufenden Programme. Hier finden wir sehr viele *.pid*-Dateien, die uns die Prozessnummern eines Programms mitteilen, falls wir diesem Programm ein Signal, zum Beispiel eine Aufforderung zum Beenden, senden wollen. Es ist eher etwas für fortgeschrittene Benutzer und auch eher für die Programme selbst gedacht.

- ▶ */sbin*: Hierin finden sich *system binaries* – also Systemprogramme. Das Verzeichnis ist im Prinzip vergleichbar mit dem */bin*-Verzeichnis, bis auf den Unterschied, dass sich in */sbin* spezielle Programme befinden, die tiefgreifende Änderungen am System vornehmen können und auf die nur der *root*-Benutzer Zugriff hat.

- ▶ */srv*: Das Verzeichnis *services* nimmt optional Daten der einzelnen Dienste auf, die vom Server bereitgestellt beziehungsweise verteilt werden. Wir können dieses Verzeichnis beispielsweise für gemeinsam genutzte Dateifreigaben verwenden. Hierin sollten Sie auch eine gemeinsam genutzte Mediensammlung, deren Inhalte sich durchaus ändern können (wie Videos, Fotos, Musik), unterbringen. Im Grundzustand ist dieses Verzeichnis meistens (noch) leer.

- ▶ */sys*: »System« enthält ebenso wie */proc* Schnittstellen zu Systemkomponenten.

- ▶ */tmp*: Diesen Ausdruck kennen Sie vielleicht von Windows oder anderen Betriebssystemen. Auch unter Linux nimmt das *tmp*-Verzeichnis temporäre Dateien auf, die von Programmen benötigt werden. Beim Systemstart wird sein Inhalt automatisch gelöscht. Hierin können Sie temporäre Daten für Tests anlegen. Vorsichtige Naturen verwenden besser das eigene Home-Verzeichnis.

- ▶ */usr*: Dieses Verzeichnis ist meist sehr groß und enthält sehr viele Dateien und Unterverzeichnisse. Die Abkürzung steht nicht (mehr) für *users*, sondern für *unix system ressources*. Da wird einem schon klar, worum es hier geht: die Systemressourcen. Dazu gehören sehr viele Programme und ihre Bibliotheken. Hier finden sich auch eventuelle Spiele. Aber auch temporäre Druckerdateien sind hier abgelegt. */usr* ist nicht zum manuellen Experimentieren vorgesehen.

▶ */var*: *variable* ist auch ein Kandidat, der zunächst schwer zu deuten ist. Dies ist so eine Art Universalverzeichnis. Hierin legen viele Programme Informationen und Daten ab. Unter anderem werden wir hier alle unsere Websites aufbewahren. Hier finden wir auch (fast) alle Logdateien des Systems.

Es gehört übrigens zum guten Ton, dass Programme inklusive des Betriebssystems niemals neue Verzeichnisse direkt auf der obersten Ebene des Dateisystems anlegen. Einige Systemadministratoren vermeiden dies ebenfalls. Andere wiederum sind der Meinung, dass man als »Herrscher über das System« ebenfalls die Kontrolle über das Dateisystem hat. Wer mit der letztgenannten Meinung übereinstimmt, der kann natürlich auch ein eigenes Verzeichnis auf oberster Ebene anlegen. So nutzen beispielsweise einige Leute durchaus das selbst erstellte Verzeichnis */av* (als Kürzel von *audio-video*) zur Aufnahme von gemeinsam genutzten Mediendateien.

Zum Abschluss ein Tipp: Mit dem merkwürdig klingenden Befehl

```
man hier
```

können Sie sich das gesamte Dateisystem einmal in Ruhe anschauen und sich alle Verzeichnisse erklären lassen. Der Befehl ist die Kurzform für *manual* (also Bedienungsanleitung) und *hierarchy* (also Hierarchie). Mit den Pfeiltasten können Sie den gesamten umfangreichen Text durchlaufen und mit der Taste ⌐q⌐ die Anzeige beenden.

Sie sehen schon: Das Dateisystem ist sehr, sehr umfangreich. Am besten beherzigen Sie einen Rat: Außerhalb Ihres Home-Verzeichnisses sollten Sie nur dann etwas machen, wenn Sie genau wissen, was Sie tun. Im Regelfall werden Sie nur in den Verzeichnissen */etc* (hier geht es hauptsächlich um die Anpassung von Konfigurationsdateien) und */var* (Webseiten ablegen, Logdateien lesen) Dateioperationen ausführen müssen. Darüber hinaus werden Sie natürlich in */media* Speichermedien einbinden und gegebenenfalls in */srv* eine Mediensammlung sowie Dateifreigaben verwalten.

4.7 Wichtige Befehle für den Alltag

Nun wollen wir uns einige wichtige Befehle anschauen, die Ihnen bei der Einrichtung, aber auch bei der späteren Wartung Ihres Servers weiterhelfen werden. Diese Befehle sind für den Anfänger vielleicht nicht alle interessant, aber sie werden den fortgeschrittenen Nutzer bei so mancher Aufgabe unterstützen. Lesen Sie sich die Liste ruhig gründlich durch, und probieren Sie die Befehle auch einmal aus.

4.7.1 Print Working Directory (»pwd«)

pwd – dieses Kürzel steht nicht etwa für *password*, damit hat dieser Befehl überhaupt nichts zu tun. Bitte nicht verwechseln! *Print working directory* bedeutet so viel wie

»drucke Arbeitsverzeichnis«. Der Befehl zeigt Ihnen den kompletten Pfad zu dem Verzeichnis an, in dem Sie sich gerade befinden. Dies ist überaus praktisch, wenn Ihnen wegen Überlänge nicht der ganze Pfad am Kommando-Prompt angezeigt wird. Sie können den durch pwd ausgegebenen Verzeichnispfad bequem mit der Maus selektieren, dadurch in die Zwischenablage kopieren (ja, das Markieren genügt) und dann beispielsweise im Editor nano in eine Konfigurationsdatei einfügen. (Das geht in PuTTY direkt mit einem einfachen Klick mit der rechten Maustaste. Unter Linux und Mac OS X erhalten Sie ein kleines Menü, das eine Option zum Einfügen des Textes bietet, oder können direkt die Zwischenablage nutzen.)

4.7.2   Who (»w«)

w – ja, dieser Befehl besteht tatsächlich nur aus einem Buchstaben. w ist die Abkürzung für *who*, also »wer«. Der Befehl zeigt Ihnen alle derzeit auf dem Server angemeldeten Benutzer an. So sehen Sie, wer außer Ihnen im Moment noch an einer Konsole aktiv ist und eventuell Änderungen vornimmt.

4.7.3   Der »lesende Taskmanager«: Table Of Processes (»top«)

top ist ein sehr wichtiger und vielseitiger Befehl. top (als Kurzform von *table of processes*) ist unter Linux so etwas wie der Taskmanager unter Windows, allerdings nur mit anzeigenden Funktionen. Wenn Sie top ausführen, erhalten Sie eine bildschirmfüllende Anzeige mit den aktuell ausgeführten Prozessen und wichtigen Daten zur Systemauslastung wie in Abbildung 4.15. Schauen wir uns einige wichtige Parameter an. Sie helfen Ihnen bei der Analyse, wie stark Ihr Server derzeit ausgelastet ist und welche Programme und Services am meisten Systemressourcen verbrauchen.

In der ersten Zeile der Ausgabe erhalten Sie zunächst am linken Rand die aktuelle Uhrzeit. Neben dem Wort UP steht die *Up-Time* Ihres Servers, das ist die Zeit, die Ihr Server seit dem letzten Neustart ununterbrochen durcharbeitet. Es folgt die Angabe, wie viele Nutzer zurzeit aktiv eingeloggt sind. Der letzte Wert, LOAD AVERAGE, gibt die durchschnittliche Auslastung der Prozesswarteschlange in den letzten 1, 5 und 15 Minuten an. Dieser Wert ist für viele zunächst verwirrend. Mit ihm können Sie erkennen, wie es um die Prozessorauslastung steht. Der Wert gibt an, wie viele Prozesse derzeit auf die Abarbeitung durch den Prozessor warten, weil dieser ausgelastet ist. Es gilt Folgendes: Ist der angezeigte Wert kleiner als die Gesamtzahl verfügbarer Prozessorkerne, dann hat Ihr Server noch Kapazitäten frei. Ist der Wert größer, dann ist er komplett ausgelastet, vielleicht bereits überlastet. Letzteres ist der Fall, wenn die Werte ständig höher sind als die Prozessorkernzahl (beim Banana Pi gibt es zwei Prozessorkerne, der Raspberry Pi 3 verfügt über deren vier). Ein kurzfristiges Überschreiten ist jedoch in Ordnung.

```
  hans@piserver: ~                                              —   □   ×

top - 19:29:42 up  2:14,  1 user,   load average: 0,00, 0,02, 0,06
Tasks:  61 total,   1 running,  60 sleeping,   0 stopped,   0 zombie
%Cpu(s):  0,0 us,  0,3 sy,  0,0 ni, 99,7 id,  0,0 wa,  0,0 hi,  0,0 si,  0,0 st
KiB Mem:   993724 total,   244108 used,   749616 free,    14064 buffers
KiB Swap:  524284 total,        0 used,   524284 free.   177304 cached Mem

  PID USER      PR  NI    VIRT    RES    SHR S  %CPU %MEM     TIME+ COMMAND
 1981 hans      20   0    4548   1184    860 R   0,7  0,1   0:00.09 top
   47 root      20   0       0      0      0 S   0,3  0,0   0:04.95 kworker/1:1
    1 root      20   0    2368    716    580 S   0,0  0,1   0:04.11 init
    2 root      20   0       0      0      0 S   0,0  0,0   0:00.01 kthreadd
    3 root      20   0       0      0      0 S   0,0  0,0   0:00.99 ksoftirqd/0
    5 root      20   0       0      0      0 S   0,0  0,0   0:00.23 kworker/u:0
    6 root      rt   0       0      0      0 S   0,0  0,0   0:00.01 migration/0
    7 root      rt   0       0      0      0 S   0,0  0,0   0:00.01 migration/1
    8 root      20   0       0      0      0 S   0,0  0,0   0:00.00 kworker/1:0
    9 root      20   0       0      0      0 S   0,0  0,0   0:04.79 ksoftirqd/1
   10 root       0 -20       0      0      0 S   0,0  0,0   0:00.00 cpuset
   11 root       0 -20       0      0      0 S   0,0  0,0   0:00.00 khelper
   12 root      20   0       0      0      0 S   0,0  0,0   0:00.00 kdevtmpfs
   13 root       0 -20       0      0      0 S   0,0  0,0   0:00.00 netns
   14 root      20   0       0      0      0 S   0,0  0,0   0:00.05 sync_supers
   15 root      20   0       0      0      0 S   0,0  0,0   0:00.00 bdi-default
   16 root       0 -20       0      0      0 S   0,0  0,0   0:00.00 kintegrityd
   17 root       0 -20       0      0      0 S   0,0  0,0   0:00.00 crypto
   18 root       0 -20       0      0      0 S   0,0  0,0   0:00.00 kblockd
   19 root      20   0       0      0      0 S   0,0  0,0   0:00.00 khubd
   20 root       0 -20       0      0      0 S   0,0  0,0   0:00.00 cpufreq_uevent
   21 root       0 -20       0      0      0 S   0,0  0,0   0:00.00 md
   22 root       0 -20       0      0      0 S   0,0  0,0   0:00.00 kfantasy
   23 root       0 -20       0      0      0 S   0,0  0,0   0:00.00 rpciod
   25 root      20   0       0      0      0 S   0,0  0,0   0:00.00 khungtaskd
```

Abbildung 4.15 Systeminformationen mit »top« betrachten

Zeile zwei zeigt Ihnen an, wie viele Programme (*Tasks*) derzeit laufen. TOTAL ist die Gesamtzahl, RUNNING gibt an, wie viele Programme derzeit aktiv ausgeführt werden, SLEEPING nennt entsprechend die Anzahl der Programme, die auf einen Befehl (oder ein Ereignis) warten und derzeit keine Rechenleistung erfordern. Dies kann zum Beispiel der Webserver sein, von dem derzeit keine Webseite angefordert wird und der auf neue Verbindungen wartet. Wundern Sie sich nicht, wenn diese Zahl recht groß ist, denn es kann durchaus sein, dass im Hintergrund sehr viele Dienste warten. Die beiden letzten Spalten geben die Zahl der angehaltenen Prozesse (STOPPED) beziehungsweise die der ZOMBIE-Prozesse an, die beendet wurden und keine (beziehungsweise kaum noch) Ressourcen belegen, aber zu Informationszwecken (für andere Programme und für Profis) noch in der Prozessliste geführt werden. Für Anfänger ist der Wert nicht relevant und auch nicht kritisch. Lediglich wenn diese Zahl im Laufe der Zeit immer größer wird, dann stimmt etwas nicht. Ein Rechnerneustart ist dann zu überlegen.

Zeile drei, %CPU(S), ist sehr wichtig, denn sie gibt direkt die aktuelle Prozessorauslastung in Prozent an. Die Einträge geben die Auslastung des Prozessors durch Benutzerprogramme (US), durch das System (SY) und durch weitere Parameter an, die hauptsächlich für (weit) fortgeschrittene Benutzer bedeutsam sind. Wichtig ist jedoch noch ID, der *idle*-Wert. Er gibt direkt eine Auskunft, zu wie viel Prozent der Prozessor aktuell *nicht* ausgelastet ist. Wenn Sie prüfen wollen, ob Ihr Server noch einen weiteren Dienst verkraftet, dann ist es vorteilhaft, wenn der ID-Wert selbst in Spitzenzeiten möglichst hoch ist (je größer der Wert ist, desto mehr Reserven sind noch vorhanden; Werte kleiner als 20 % bieten hingegen kaum noch Reserven).

Zeile vier, KiB Mem, informiert über den aktuellen Speicherverbrauch. Zunächst erfolgt die Angabe, wie viel Arbeitsspeicher insgesamt vorhanden ist. Dann folgt der Wert, wie viel davon belegt ist. Wundern Sie sich nicht, wenn diese Zahl fast genauso groß ist wie die gesamte Speichermenge beziehungsweise wenn die Zahl daneben, der freie Speicher, sehr klein ist. Das ist überhaupt kein Problem. Linux verwaltet den Speicher dynamisch. Werden Daten von einem Programm nicht mehr benötigt, bleiben sie trotzdem im Speicher, für den Fall, dass sie doch noch einmal gebraucht werden. Dann müssen sie nämlich nicht extra wieder geladen werden. Wenn ein Programm jetzt aber neuen Speicherbedarf hat, dann gibt Linux denjenigen Speicher frei, der am längsten nicht mehr verwendet wurde. Dies erklärt die ständige relativ hohe Speicherauslastung.

Wichtig ist auch die letzte Zeile im oberen Block: KiB Swap. Sie gibt die Auslastung der *Swap-Partition* an. Das ist so etwas wie die Auslagerungsdatei von Linux. Sie wird genutzt, wenn der Arbeitsspeicher wirklich voll ist. So lange bei USED eine 0 steht, ist alles in Ordnung. Ein Eingriff wird erst dann erforderlich, wenn sich USED der Gesamtgröße nähert. Dann müssen Sie entweder die Swap-Partition vergrößern oder doch lieber überlegen, ob nicht zu viele Dienste aktiv sind.

Es folgt der Haupt-Block von `top`. Das ist die Liste aller Prozesse, die zurzeit aktiv sind. Die Liste ändert sich stets; ganz oben stehen die Prozesse, die derzeit am meisten den Prozessor beanspruchen. So erkennen Sie sofort, welches Programm oder welcher Service den Rechner gerade auslastet. Ganz links steht immer die *Prozess-ID* (kurz *PID*), die Sie benötigen, wenn Sie beispielsweise einen Prozess beenden wollen. Die Spalte USER ist auch wichtig, denn sie zeigt an, unter welchem Benutzerkonto das Programm ausgeführt wird. Von Bedeutung sind die Spalten %CPU und %MEM. Sie geben an, wie groß die Auslastungen von Prozessor und Speicher durch das Programm sind. In der Spalte TIME+ steht die Gesamtzeit, die das Programm den Prozessor bisher genutzt hat. Ein hoher Wert bedeutet, dass dieses Programm sehr rechenintensiv ist und das System oft in Anspruch nimmt. Zuletzt ist schließlich der Name des Programms genannt. Die Tabelle zeigt nur die Einträge an, die gerade auf den Bildschirm passen, sie ist aber viel länger. Sie können sie mit den Pfeiltasten durchlaufen.

Sie beenden `top` mit der Tastenkombination ⌈Strg⌋+⌈c⌋.

4.7.4   Network Statistics (»netstat«)

netstat ist ein sehr universeller Befehl zur Anzeige der momentanen Netzwerkverbindungen. Mit Hilfe von netstat können Sie schnell überprüfen, was auf Ihrem Server gerade so los ist und welche Netzwerkverbindungen gerade bestehen. Wenn Sie nur den Befehl netstat ohne weitere Zusätze eingeben, dann erhalten Sie eine ziemlich unübersichtliche Liste des aktuellen Netzwerkzustandes. Wesentlich klarer wird es, wenn Sie sich eine Tabelle mit allen aktuellen Verbindungen, die das TCP-Protokoll verwenden, ausgeben lassen. Dazu dient der Befehl

```
sudo netstat -tapen
```

Nun bekommen Sie eine Ansicht, die alle Verbindungen nach den einzelnen TCP-Ports aufgeschlüsselt anzeigt.

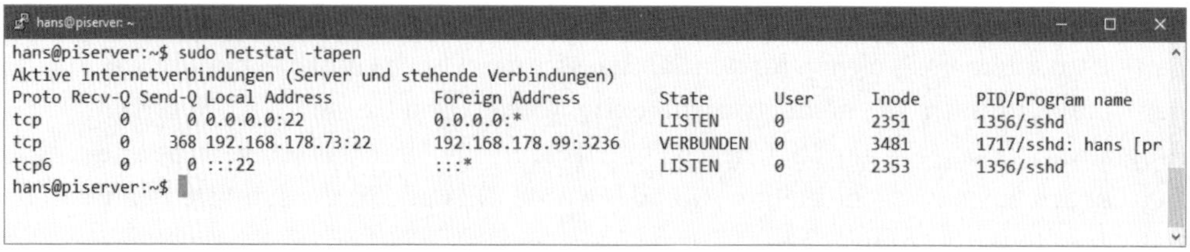

```
hans@piserver:~
hans@piserver:~$ sudo netstat -tapen
Aktive Internetverbindungen (Server und stehende Verbindungen)
Proto Recv-Q Send-Q Local Address          Foreign Address        State      User    Inode   PID/Program name
tcp        0      0 0.0.0.0:22             0.0.0.0:*              LISTEN     0       2351    1356/sshd
tcp        0    368 192.168.178.73:22      192.168.178.99:3236   VERBUNDEN  0       3481    1717/sshd: hans [pr
tcp6       0      0 :::22                  :::*                  LISTEN     0       2353    1356/sshd
hans@piserver:~$
```

Abbildung 4.16 Verbindungen mit »netstat« anzeigen

Spalte sechs in Abbildung 4.16 ist interessant, denn hier ist angegeben, ob auf dem betreffenden Port nur auf eine eingehende Verbindung gewartet wird oder ob tatsächlich eine Kommunikation stattfindet. Dies ist der Fall, wenn dort ein TIME_WAIT oder ein VERBUNDEN steht. Bei einem LISTEN wird nur auf eventuelle Verbindungen gewartet. In der vierten Spalte können Sie die jeweiligen Ports ablesen, die für eine Kommunikation genutzt werden. Wie Sie sicherlich wissen, läuft die Kommunikation im Netzwerk über sogenannte *Ports*. Jede Anwendung und jeder Dienst verwenden (mindestens) einen Port, Doppelbelegungen von Ports sind zu vermeiden. Es gibt für jede IP-Adresse über 65.000 Ports, so dass die Anzahl nicht stark limitiert ist. Wichtige Dienste haben einen Standardport, so läuft beispielsweise eine SSH-Verbindung üblicherweise über Port 22, unverschlüsselte Internetseiten werden über den Port 80 übertragen. Sie sehen auch, ob eingehende Verbindungen nur von Programmen auf dem eigenen Server möglich sind (Eintrag 127.0.0.1:XXXX), ob sie nur aus Ihrem internen Netzwerk möglich sind (DIE.IP-ADRESSE.IHRES.SERVERS:XXXX) oder ob sie von allen Netzwerkzonen zulässig sind (0.0.0.0:XXXX). Beachten Sie jedoch, dass Sie im Regelfall noch durch Ihren Router vor eingehenden Anfragen aus dem Internet geschützt sind (oder anders gesagt, dass diese externe eingehende Kommunikation blockiert wird). Sie können mit diesem Eintrag also kontrollieren, ob alle Ihre Services korrekt lauschen und »bereit« sind. Natürlich erkennen Sie auch, wenn Sie wirklich einen guten Überblick haben, ob es eventuelle Dienste gibt, die zwar lauschen, dies aber nicht von Ihnen beabsichtigt tun. Als Anfänger sollten Sie diese

Überprüfung jedoch nicht so kritisch vornehmen. Es kann durchaus sein, dass hier auch wichtige Systemdienste oder Zusatzfunktionen anderer Services aktiv sind und dies alles völlig normal und ungefährlich ist. Die anderen Spalten sind zunächst für den Anfänger noch nicht interessant.

Vielleicht ist Ihnen diese Ansicht immer noch zu unübersichtlich? Vielleicht interessiert Sie nur rasch eine Liste mit allen momentan bestehenden Verbindungen? Bitteschön, der folgende leicht zu merkende Befehl erledigt genau das. Er sortiert sogar gleich die IP-Adressen in aufsteigender Reihenfolge. Probieren Sie ihn einmal aus, achten Sie aber besonders auf die Leerzeichen:

```
sudo netstat -tapen | awk '{print $5}' | grep -v 0.0.0.0:* | grep -v ::: | sort
```

Übrigens: Dies ist ein mehrteiliger Befehl, bei dem mehrere Befehle zu einer Kette zusammengesetzt sind. Das erkennen Sie an dem Symbol | (dem *Pipe-Symbol*). Sie erhalten es, indem Sie die Tasten ⌨Alt Gr⌨ und ⌨<⌨ drücken. Letztere ist fast ganz links unten neben der linken Umschalttaste (⌨⇧⌨) auf der Tastatur zu finden. Das Pipe-Symbol bedeutet soviel wie »... und gebe die Ausgabe an ...«. Im konkreten Fall wird also die Ausgabe von netstat -tapen an den awk-Befehl gegeben, dessen Ausgabe dann an den grep-Befehl geleitet wird, bis zum Schluss die Ausgabe an sort gegeben wird, der diese dann übrigens, worauf man zunächst kaum kommt, sortiert. Mit grep und awk, beides sehr wichtige Befehle, werden wir uns gleich noch befassen.

Wir können mit netstat noch viel mehr erledigen, aber für den Anfang genügen uns die Beispiele. Eine Sache ist aber vielleicht noch interessant: Möglicherweise ist Ihnen der Umgang mit IP-Adressen noch nicht sehr geläufig und Sie würden die Netzwerk- oder Hostnamen Ihrer Rechner, soweit verfügbar, bevorzugen. Auch das geht. Probieren Sie doch einmal folgenden Befehl aus:

```
sudo netstat -tap
```

Sie erhalten die gleiche Tabelle wie vorhin, jedoch jetzt mit Namen für die Rechner und mit den Protokollbezeichnungen für die Ports, soweit bekannt. Gerade Anfänger finden sich so möglicherweise einfacher und besser zurecht. Diese Ausgabe funktioniert auch mit dem eben besprochenen mehrteiligen Befehl. Da die Ausgabe etwas anders ist, müssen wir ihn jedoch etwas umschreiben. Folgender Befehl liefert alle derzeit verbundenen TCP-Verbindungen mit Namensnennung:

```
sudo netstat -tap | awk '{print $5}' | grep -v *:* | sort
```

Beachten Sie, dass dies jedoch nicht alle Verbindungen Ihres Servers sind. Neben dem TCP gibt es vor allem noch das verbindungslose Protokoll UDP. Da UDP verbindungslos ist, können Dienste mit aktiver Kommunikation nicht so einfach überwacht werden. Probieren Sie aber auch einmal die Ausgabe der UDP-Verbindungen aus. Dies erledigt folgender Befehl:

```
sudo netstat -uapen
```

4.7.5   Global/Regular Expression/Print (»grep«)

grep ist ein Filterbefehl. Er ermöglicht es uns, die Ausgabe eines vorangegangenen Befehls oder den Inhalt einer Datei abhängig von einer bestimmten Zeichenkette auszugeben. Sie können sich beispielsweise von einer mehrzeiligen Textdatei diejenigen Zeilen ausgeben lassen, in denen ein bestimmtes Wort vorkommt. Sie können sich auch diejenigen Zeilen ausgeben lassen, in denen dieses Wort nicht vorkommt. Auf diese Weise können Sie den Dateiinhalt filtern. Angenehm ist dies zum Beispiel bei der Analyse von Logdateien. Vielleicht möchten Sie aus einem umfangreichen Log genau die Einträge angezeigt bekommen, die einen bestimmten Benutzer betreffen oder ein bestimmtes Datum oder ein bestimmtes Programm? Dann hilft Ihnen grep. grep bietet mehrere Parameter, von denen Sie hier zunächst nur zwei kennenlernen werden, nämlich a) gar keine und b) den Schalter -v.

grep können wir – wie zuvor beim netstat-Befehl gezeigt – auf die Ausgabe eines vorherigen Befehls anwenden. Dann sieht die Syntax so aus:

```
befehl1 | grep TextDerVorkommenMuss
```

Der senkrechte Strich | ist wieder das Pipe-Symbol, das die Ausgabe des ersten Befehls als Eingabe an den zweiten Befehl weiterleitet. Sie geben es mit ⌈Alt Gr⌉+⌈<⌉ ein.

befehl1 wäre dann ein Befehl, der eine längere Ausgabe erzeugt, und grep TextDerVorkommenMuss sorgt dafür, dass nur diejenigen Zeilen von der Befehlsausgabe komplett ausgegeben werden, in denen dieser Text vorkommt.

Der (sinngemäße) Befehl

```
befehl1 | grep -v TextDerNichtVorkommenDarf
```

führt im Gegensatz dazu, dass alle Zeilen ausgegeben werden, in denen TextDerNichtVorkommenDarf nicht enthalten ist.

Manchmal möchte man auch gezielt nach Einträgen suchen, die mit einem bestimmten Zeichen beginnen. Suchen Sie nach einer Zeile, die mit einem »x« beginnt, dann geben Sie Folgendes ein:

```
befehl1 | grep ^x
```

grep können Sie aber wie folgt auch direkt auf eine Textdatei anwenden:

```
grep TextDerVorkommenSoll /pfad/zur/datei/die/durchsucht/werden/soll
```

Der Schalter -v funktioniert analog.

Probieren Sie den grep-Befehl einmal aus. Sie können sich eine mehrzeilige Textdatei mit Hilfe von nano erstellen oder auch mit der Ausgabe von ls -lha und einigen Verzeichnisnamen üben.

grep erlaubt natürlich auch die Verwendung von Platzhaltern:

```
grep text /pfad/*.txt
```

würde alle Dateien im /pfad untersuchen, die auf *.txt* enden, und

```
grep text /pfad/LogNr?.log
```

würde nach allen *LogNrX.log*-Dateien suchen, bei denen X ein einzelnes beliebiges Zeichen ist.

Abschließend wollen wir zum Üben einmal den Befehl aus dem netstat-Abschnitt untersuchen. Zur Erinnerung, er lautete:

```
sudo netstat -tapen | awk '{print $5}' | grep -v 0.0.0.0:* | grep -v ::: | sort
```

Die beiden grep-Befehle machen Folgendes:

grep -v 0.0.0.0:* listet alle Zeilen auf, in denen 0.0.0.0:* nicht vorkommt. grep -v ::: listet die Zeilen nicht auf, in denen ::: vorkommt. Dabei ist * ein universeller Platzhalter für beliebig viele Zeichen, der aber natürlich auch ein einzelnes, »richtiges« * einschließt. Möchten Sie explizit nur das * als Zeichen und nicht als Platzhalter betrachten, dann schreiben Sie einen umgekehrten Schrägstrich \ davor. Dies ist das sogenannte *Escape-Zeichen*.

4.7.6   »awk«

awk ist eigentlich kein Befehl, sondern eine eigene Programmiersprache zur Bearbeitung von Textdateien. Mit awk kann man gezielt in Abhängigkeit von bestimmten (textlichen) Bedingungen Befehle ausführen lassen. awk wird jedoch sehr häufig auf einen bestimmten Anwendungsfall reduziert, mit dem wir uns in diesem Buch ebenfalls ausschließlich befassen werden: Das ist die Ausgabe bestimmter Spalten eines mehrspaltigen Textes. Ein Beispiel ist eine tabellarische Logdatei. Sie enthält für einen allgemeinen Datenzugriff sehr häufig das Datum und die Uhrzeit des Zugriffs, eventuell die IP-Adresse des Anfragenden oder das Ziel der Anfrage. Häufig interessiert uns nur eine einzelne Spalte dieser ganzen Informationsfülle. Hier hilft uns awk weiter. Wenn wir sinngemäß folgenden Befehl ausführen:

```
cat logdatei | awk '{print $1}'
```

dann wird uns dieser aus der Datei logdatei nur die erste Spalte ausgeben. Die 1 können Sie durch eine beliebige Zahl ersetzen; der Wert, den Sie eingeben, entspricht der Spalte, die ausgegeben werden soll.

awk selbst kann nur auf Ausgaben anderer Befehle angewendet werden, daher benötigen wir cat zur Einleitung.

Probieren Sie dies einmal mit einer beliebigen mehrspaltigen Textdatei oder aber einem Befehl, der eine mehrspaltige Ausgabe erzeugt, aus. Ein guter Befehlskandidat ist wieder `ls -lha`. Versuchen Sie einmal, sich zu Übungszwecken nur die Dateigrößen aller beliebigen Dateien eines Verzeichnisses ausgeben zu lassen.

Übrigens: `awk` und `grep` lassen sich wunderbar kombinieren. Schauen wir uns noch einmal das Beispiel von `netstat` an:

```
netstat -tap | awk '{print $5}' | grep -v 0.0.0.0:* | grep -v *:* | sort
```

Hier sorgt `awk` dafür, dass aus der großen `netstat`-Tabelle nur diejenigen Einträge genommen werden, die in der fünften Spalte stehen. Nur diese fünfte Spalte wird nun von `grep` weiterbearbeitet.

So, nun folgt eine Aufgabe für Sie: Wechseln Sie in ein beliebiges Verzeichnis mit vielen Dateien und Verzeichnissen. Legen Sie notfalls rasch eines in Ihrem Home-Verzeichnis an. Ihre Aufgabe ist es, sich eine Liste einer bestimmten Dateieigenschaft, und zwar den Erstellungsmonat, ausgeben zu lassen – allerdings nur von allen Verzeichnissen. Wie machen Sie das?

Die Lösung: Schauen Sie sich die Ausgabe von `ls -lha` an. Sie merken rasch, dass der Monat in der sechsten Spalte steht. Folglich liefert uns

```
ls -lha | awk '{print $6}'
```

eine Übersicht aller Monate – allerdings sowohl von Dateien als auch von Verzeichnissen. Dieses Beispiel sehen Sie in Abbildung 4.17.

Abbildung 4.17 Ausgabe einzelner Tabellenspalten mit »awk«

Betrachten wir die Ausgabe von `ls -lha` genauer. Alle Verzeichniseinträge beginnen mit einem `d`.

Hier hilft uns `grep` weiter, und zwar mit der Option `^d`. Sie sorgt dafür, dass nur Zeilen bearbeitet werden, die mit einem `d` beginnen. Wir müssen den Befehl natürlich vor dem `awk`-Befehl einfügen. Das ist die Lösung:

```
ls -lha | grep ^d | awk '{print $6}'
```

Wenn Sie Schwierigkeiten haben, das »^« -Zeichen einzugeben: Drücken Sie zunächst die Taste ⌃ und danach einmal die Leertaste. Nun wird das Zeichen eingegeben, ohne dass jedoch ein Leerzeichen eingefügt wird. Jetzt können Sie den Befehl einmal so modifizieren, dass nur der Monat der Dateien angezeigt wird. Auf die Lösung kommen Sie aber allein, richtig?

4.8   Häufige Aufgaben und ihre Erledigung

In diesem Abschnitt bespreche ich Aufgaben und ihre Lösung, die sich dem Serverbenutzer häufiger stellen. Vielleicht sind für Sie nicht alle Punkte interessant und werden sofort gebraucht, aber dieses Kapitel soll Ihnen auch in zukünftigen Situationen als Nachschlagewerk dienen.

4.8.1   Die SSH-Verbindung zum Server trennen

Hier noch einmal schnell zur Wiederholung und zum Nachschlagen: Die aktuelle SSH-Verbindung zu Ihrem Server trennen Sie mit dem Befehl

```
exit
```

Dabei wird nur die aktuelle Verbindung geschlossen, der Server bleibt mit allen laufenden Diensten weiterhin in Betrieb. Dieser Befehl wird ein PuTTY-Fenster schließen. Ein Terminal unter Linux und Mac OS X kehrt wieder zur eigentlichen Rechner-Shell zurück. Eine neue Verbindung zu Ihrem Pi-Server kann jederzeit wieder aufgebaut werden.

4.8.2   Den Server abschalten oder neu starten

Im Regelfall passiert nichts Schlimmes, wenn Sie einfach den Netzstecker vom Pi-Server ziehen, um diesen abzuschalten, es sei denn, es findet gerade ein Schreibzugriff auf eine wichtige Datei statt. Dann kann dabei das Dateisystem ungültig werden. Dies führt dazu, dass Ihr Server nicht mehr startet. Unter Umständen kann das Dateisystem an einem anderen Linux-Rechner wieder repariert werden. Schlägt dies fehl, müssen Sie ein Backup einspielen, das Sie hoffentlich gemacht haben. Leider weiß man vorher nie so genau, wann ein kritischer Schreibzugriff stattfindet. Auch wenn er selten ist und sprichwörtlich nur beim tausendsten Mal auftritt – fahren Sie bitte den Server vor dem Ziehen des Netzsteckers immer ordentlich herunter. Allein schon deshalb, um ein gutes Vorbild zu geben. Schauen wir uns also an, wie Sie Ihren Pi-Server ordentlich herunterfahren und neu starten.

shutdown

Normalerweise läuft ein Server ständig, rund um die Uhr. *24/7* sagt man neuerdings oft dazu, das bedeutet, er läuft 24 Stunden an 7 Tage die Woche. Natürlich akzeptieren die meisten Menschen den altmodischen Ausdruck »ständig« aber noch genauso ohne Fehlermeldung. Manchmal ist es aber doch nötig, den Server neu zu starten oder auszuschalten, beispielsweise bei einer Urlaubsreise oder bei umfangreichen Softwareänderungen. Möglicherweise nutzen Sie Ihren Server auch nur sporadisch und möchten ihn beispielsweise nachts abschalten.

Das Abschalten und Neustarten leitet der Befehl shutdown ein. Diesem Befehl müssen Sie zwingend einen Parameter und eine Ausführungszeit anhängen. Außerdem erfordert er sudo-Rechte.

Der Befehl

```
sudo shutdown -h now
```

fährt den Rechner sofort herunter und schaltet ihn ab. Das -h steht dabei für *halt*, also für »anhalten«.

halt ist eine Kurzfassung für den Befehl shutdown -h now. Mit *root*-Rechten ausgeführt fährt er den Rechner sofort herunter:

```
sudo halt
```

Der Befehl

```
sudo shutdown -r now
```

fährt den Rechner sofort herunter und startet ihn dann neu. Dabei steht das -r für *reboot*, also für »neu starten«.

reboot ist eine Kurzfassung für den Befehl shutdown -r now. Auch er erfordert *root*-Rechte:

```
sudo reboot
```

startet den Rechner sofort neu.

Die bei uns wahrscheinlich nur selten benötigte Erweiterung

```
sudo shutdown -r +5 "Server startet in 5 Minuten neu, bitte Arbeit beenden und
abspeichern."
```

wird tatsächlich den Server in fünf Minuten neu starten. Der Hinweistext ist beliebig und wird allen derzeit verbundenen Benutzern auf der Kommandozeile angezeigt. Sie können auch andere Zeitwerte als +5 eingeben.

Molly-Guard

Es gibt eine kleine Schutzfunktion vor dem versehentlichen Herunterfahren oder Neustarten Ihres Servers über einen Konsolenbefehl. Dies ist dann sinnvoll, wenn Sie mehrere Server haben, die sich auf der Kommandozeile ja alle recht ähnlich sind. Damit Sie nicht versehentlich den falschen Server herunterfahren, kann eine kleine Skriptsammlung mit dem Namen *Molly-Guard* durch Abfrage des Servernamens sicherstellen, dass Sie den Befehl an den richtigen Rechner gesendet haben. Wenn Sie daran Interesse haben, dann installieren Sie *Molly-Guard* mit folgendem Befehl (und aktuellen Paketquellen):

```
sudo apt-get install molly-guard
```

Dabei handelt es sich übrigens nicht um einen Service, der ständig im Hintergrund läuft und so Ressourcen belegt. Nein, es werden nur die »echten« Befehle zum Herunterfahren und Neustarten (alle, die ich hier besprochen habe) durch Skripte ersetzt, die zunächst den Hostnamen des Rechners abfragen, bevor dann die richtigen und unveränderten Befehle ausgeführt werden. *Molly-Guard* können Sie durch den Befehl

```
sudo apt-get remove molly-guard
```

auch jederzeit wieder rückstandslos entfernen.

Diese nette Schutzfunktion bewahrt Sie nur vor versehentlicher Falscheingabe, aber nicht vor bewussten, böswilligen Aktionen. Diese werden durch die Administratorenrechte verhindert, die ja die Befehle zum Neustarten und Herunterfahren einschränken (und die Eingabe des Passworts erzwingen).

4.8.3   Die Arbeit mit »tar«-Archiven

Oftmals haben wir es mit komprimierten Dateien zu tun, die beispielsweise bei der Übertragung über das Internet Downloadzeit sparen. Von anderen Betriebssystemen sind Sie bestimmt den Umgang mit Zip-Archiven gewöhnt, aber das Zip-Format ist unter Linux (obwohl es gut unterstützt wird) nicht so geläufig. Unter Linux werden vollständige offene Formate wie *bzip* oder *gzip* bevorzugt. Darüber hinaus gibt es einen weiteren Unterschied: Von Zip-Archiven sind wir es gewohnt, dass sich quasi alle Dateien in einem Archiv befinden. Unter Linux wird jedoch oftmals der Ansatz vertreten, dass ein bestimmtes Programm nur eine einzelne Aufgabe übernimmt, die es dafür aber sehr gut erledigt. Folglich können an Archiven bis zu drei Programme beteiligt sein. Zuerst einmal sammelt das Programm tar alle einzelnen

Dateien ein und erstellt daraus einen sogenannten *Tarball*, in dem alle Dateien zusammengefasst sind. Hierbei wird jedoch keine Kompression verwendet. Die Kompression dieser »Sammelmappe« übernehmen anschließend darauf spezialisierte Programme wie bzip2 und gzip. Ab und an wünscht man sich ein verschlüsseltes Archiv, das sich nur mit einem Passwort öffnen lässt. Hier springt dann ein drittes Programm ein, das das komprimierte Archiv verschlüsselt. Das kann zum Beispiel *OpenSSL* sein.

Schauen wir uns nun an, wie wir unter Linux mit komprimierten Tarball-Archiven umgehen. Haben wir ein solches Archiv aus dem Internet heruntergeladen, dann werfen wir zunächst einen Blick auf die Dateiendung. Lautet diese *.tar.gz*, dann wurde der Tarball mit gzip komprimiert. Eine solche Datei entpacken wir mit folgendem Befehl:

```
tar -xvzf archivdatei.tar.gz
```

Dabei stehen die Parameter x für *extract* (also extrahieren oder entpacken), v für *verbose* (also redsam, es werden viele Informationen ausgegeben), z für das Archivformat *gzip* und f für *file*, also die Anweisung, generell mit einer Datei zu arbeiten. Die Dateien werden im aktuellen Verzeichnis entpackt. Möchten wir speziell ein Zielverzeichnis angeben, dann nutzen wir den Parameter -C folgenderweise:

```
tar -xvzf archivdatei.tar.gz -C /pfad/zum/zielverzeichnis
```

Bei der Dateiendung *.tar.bz* wurde bzip2 genutzt. Hierbei können Sie folgenden Befehl zum Entpacken nutzen:

```
tar -xvjf archivdatei.tar.bz2
```

Abgesehen von der Dateiendung unterscheidet sich dieser Befehl nur durch den Parameter j anstelle des Parameters z von den vorigen Beispielen. j kodiert folglich das Archivformat bzip2. Den Parameter -C können Sie optional in analoger Form verwenden.

Sollten Sie auf Ihrem Pi-Computer auf Probleme stoßen, weil Programmkomponenten zum Entpacken von bzip2- oder gzip-komprimierten Archiven nicht installiert sind, dann ist das kein großes Problem. Mit folgendem Befehl installieren Sie die benötigten Komponenten einfach nach (löschen Sie einfach den nicht benötigten Anteil):

```
sudo apt-get install bzip2 gzip
```

Zum Schluss betrachten wir noch, wie Sie selbst ein komprimiertes Archiv erstellen. Der Befehlsaufruf für ein gzip-komprimiertes Archiv lautet folgenderweise:

```
tar -cvzf /pfad/zur/archivdatei.tar.gz /pfad/zur/datei1 /pfad/zur/datei2
```

Hierbei dient der Parameter c zur Erstellung eines Archivs (von englisch: *create*). Die übrigen Parameter sind Ihnen bereits bekannt. Sie geben nun als Erstes den Pfad zur Archivdatei an, und zwar einen beliebigen absoluten oder relativen Pfad. Wenn Sie nur einen Dateinamen nennen, dann wird die Datei im aktuellen Arbeitsverzeichnis erzeugt. Anschließend geben Sie einfach den Pfad zu den Dateien oder Verzeichnissen an, die Sie in das Archiv aufnehmen möchten. Sie können nur eine Datei oder ein Verzeichnis oder eine beliebige Liste angeben und erneut relative und absolute Pfade verwenden und mischen.

Möchten Sie lieber das bzip2-Format nehmen, dann tauschen Sie den Parameter z gegen ein j aus und ändern die Dateiendung des Archivs auf .tar.bz. Das gzip-Format ist häufig schneller als bzip2, dafür erhält man mit bzip2 kleinere Archivdateien.

4.8.4   Das Passwort ändern

Hin und wieder ist es erforderlich, das Benutzerpasswort zu ändern. Die Änderung kann in sicherheitskritischen Umgebungen regelmäßig erforderlich sein. Spätestens dann, wenn das bisherige Passwort bekannt wurde und nun nicht mehr vor unberechtigten Rechnerzugriffen schützt, ist ein Passwortwechsel unverzüglich durchzuführen – doch dazu sollte es gar nicht erst kommen.

Zum Glück ist das Ändern des Passwortes sehr einfach. Geben Sie dazu den Befehl

```
passwd
```

ein. Sie werden zur Eingabe Ihres bisherigen Benutzerpasswortes aufgefordert. Anschließend geben Sie das neue Passwort ein und bestätigen es. Das war es schon.

Der Befehl ändert stets das Passwort des aktuellen Benutzers. Soll das Passwort eines anderen Benutzers geändert werden, so muss sich dieser zunächst anmelden.

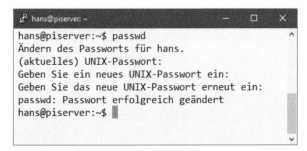

Abbildung 4.18 Passwörter ändern mit »passwd«

Alternativ kann auch der *root*-Benutzer den Passwortwechsel durchführen. Geben Sie dazu

```
sudo passwd Benutzername
```

mit dem entsprechenden Benutzernamen ein. Die restlichen Schritte sind selbsterklärend. Machen Sie sich bewusst, dass der *root*-Benutzer jedem Benutzer ein neues Passwort setzen kann, ohne das bisherige Passwort des jeweiligen Benutzers zu kennen! Deswegen an dieser Stelle noch einmal der Hinweis, dass Sie sich bitte genau überlegen, welchem Benutzer Sie die Möglichkeit einräumen, den sudo-Befehl zu benutzen.

4.8.5   Einen neuen Benutzer anlegen

Wenn Sie auf Ihrem Server einen weiteren Benutzer hinzufügen möchten, der sich darauf anmelden können soll und ein eigenes Home-Verzeichnis bekommt, dann können Sie das mit folgendem Befehl erledigen:

```
sudo adduser nutzername
```

Ersetzen Sie nutzername einfach durch den Namen, den der neue Benutzer erhalten soll. Verwenden Sie am besten die Kleinschreibung, und nutzen Sie nur Buchstaben und gegebenenfalls Ziffern. Sie werden danach zur Angabe einiger Daten aufgefordert. Ganz wichtig ist die Vergabe des Benutzerpasswortes, das Sie auch einmal bestätigen müssen. Es folgen weitere Angaben zum vollständigen Namen, zur Telefonnummer und der Zimmernummer (falls relevant). Geben Sie entsprechende Informationen ein, oder lassen Sie die Felder leer.

Der neue Benutzer kann sich von nun an am System anmelden. Er bekommt auch ein eigenes Home-Verzeichnis unter */home/nutzername*, in dem er Dateien speichern kann. Beachten Sie, dass die Erstellung eines neuen Systembenutzers nicht bedeutet, dass er auch sofort in allen Serverdiensten zur Verfügung steht. Beim Fileserver-Dienst Samba etwa müssen Sie noch ein Samba-Passwort setzen. Bitte schauen Sie zur entsprechenden Konfiguration gegebenenfalls noch einmal bei den jeweiligen Diensten in diesem Buch nach.

Noch etwas ist wichtig: Ein neuer Systembenutzer ist nicht automatisch Mitglied der *sudo*-Gruppe. Dies bedeutet, dass er sich keine *root*-Rechte beschaffen kann, auch nicht durch Eingabe seines Passwortes. Er kann also keine kritischen Systemeinstellungen ändern und gemäß den Dateirechten außer seinen eigenen auch keine fremden Dateien löschen oder bearbeiten. Wenn Sie explizit möchten, dass der neue Benutzer ebenfalls sudo-Rechte erhält, dann fügen Sie ihn mit folgendem Befehl zur *sudo*-Gruppe hinzu:

```
sudo usermod -aG sudo nutzername
```

Dabei ersetzen Sie natürlich nutzername entsprechend. Ist der Benutzer bereits angemeldet, so muss er sich zunächst vom Server einmal abmelden. Dies geschieht mit dem Befehl exit oder auch logout. Bei der nächsten Anmeldung hat er das Recht, das sudo-Kommando mit seinem eigenen Passwort zu verwenden. Beachten Sie bitte auch, dass Sie weitere eventuell benötigte Gruppenzugehörigkeiten (zum Beispiel zur Gruppe *users*) manuell setzen müssen.

4.8.6 Einen Benutzer löschen

Es ist nicht ganz ungefährlich, einen Systembenutzer zu löschen, besonders dann nicht, wenn er mit bestimmten Diensten und Services verwoben ist. Wenn dies nicht der Fall ist, dann können Sie einen Benutzer jedoch gefahrlos löschen. Dazu dient das von Ihnen um den jeweiligen Benutzernamen angepasste Kommando:

```
sudo deluser nutzername
```

Dies entfernt den Benutzer aus dem System. Es löscht jedoch keine seiner Dateien. Wenn auch das Home-Verzeichnis mit allen dort enthaltenen Dateien gelöscht werden soll, dann erweitern Sie den Befehl:

```
sudo deluser --remove-home nutzername
```

Um dieses Kommando nutzen zu können, benötigt Ihr Server eine bestimmte Programmkomponente, die Sie, falls sie derzeit nicht vorhanden ist, mit dem Befehl

```
sudo apt-get install perl-modules
```

nachinstallieren können. Der obige Befehl wird jedoch keine Dateien außerhalb des Home-Verzeichnisses des betreffenden Nutzers löschen. Seine E-Mails beispielsweise können, je nach Konfiguration, an einem anderen Ort erhalten bleiben.

Wenn wirklich alle Dateien eines Benutzers, unabhängig vom Speicherort, unwiderruflich gelöscht werden sollen, dann müssen Sie »das ultimative Kommando« ausführen (das ebenfalls die Komponente *perl-modules* erfordert):

```
sudo deluser --remove-all-files nutzername
```

Das löscht aber wirklich alles. Nutzen Sie es mit Bedacht. Sie dürfen sich derzeit nicht in einem zu löschenden Verzeichnis befinden.

Egal, für welches Löschkommando Sie sich entscheiden, Sie haben die Möglichkeit, ein Backup der Dateien anzulegen. Ergänzen Sie dazu den Befehl mit einem -backup, beispielsweise

```
sudo deluser --remove-home --backup nutzername
```

Dieser Befehl wird im aktuellen Verzeichnis (das nicht das Home-Verzeichnis des zu löschenden Benutzers sein darf) ein komprimiertes Archiv mit den jeweiligen Daten des gelöschten Benutzers erstellen. Der Dateiname lautet beispielsweise *nutzername.tar.bz2*. Auch dieser Befehl benötigt die soeben benannte zusätzliche Programmkomponente.

4.8.7 Einen Benutzer umbenennen

Es ist nicht wirklich zu empfehlen, einen Benutzer umzubenennen, und daher gibt es auch keinen direkten Befehl dafür. Das Problem ist, dass es eine Menge an Einstellungen geben kann, die geändert werden müssen, je nachdem, welche Programme und

Services genutzt werden. Wenn es sich um einen Benutzer handelt, der nicht tief mit dem System verwoben ist – also sagen wir, ein normaler Benutzer, der nur einige Dateien verwaltet oder Logdateien liest –, dann können Sie folgenden Weg gehen:

Zuerst legen Sie einen neuen Nutzer mit dem gewünschten neuen Namen an.

Alle Dateien des alten Benutzers müssen jetzt dem neuen Besitzer zugewiesen werden:

```
sudo chown -R neuer-nutzername:neuer-nutzername /home/alter-nutzername
```

Der Parameter -R bewirkt rekursives Verhalten, so dass alle Dateien in allen Unterverzeichnissen bearbeitet werden. Danach müssen die Dateien des »alten« Home-Verzeichnisses in das »neue« Home-Verzeichnis kopiert werden:

```
sudo cp -R /home/alter-nutzername/* /home/neuer-nutzername/
```

Nun können Sie den alten Benutzer löschen:

```
sudo deluser --remove-home alter-nutzername
```

Die Nutzung dieser Befehlsfolge sollte jedoch die absolute Ausnahme bilden. Sie sollte nicht angewendet werden, wenn der Benutzer mit anderen Diensten verbunden ist und außerhalb seines Home-Verzeichnisses Dateien angelegt hat.

4.8.8   Einen Benutzer einer Benutzergruppe hinzufügen

Diesen Schritt habe ich zwar schon mehrfach besprochen, aber als Referenz zum Nachschlagen sei die Prozedur hier nochmals erwähnt. Um einen Benutzer einer bereits existierenden Benutzergruppe hinzuzufügen, führen Sie folgenden angepassten Befehl aus:

```
sudo usermod -aG gruppenname benutzername
```

Dies wird den Benutzer *benutzername* der Gruppe *gruppenname* hinzufügen. Das Kürzel -aG steht für *append group*, also kurz »füge zur Gruppe ... hinzu«.

4.8.9   Einen Benutzer aus einer Benutzergruppe löschen

Es kann auch durchaus einmal erforderlich sein, einen Benutzer wieder aus einer Benutzergruppe zu löschen. Haben Sie beispielsweise dem Benutzer *peter* erlaubt, den sudo-Befehl zu nutzen, indem Sie ihn der Benutzergruppe *sudo* hinzugefügt haben, und möchten Sie dies nun wieder rückgängig machen, dann nutzen Sie dafür folgenden Befehl:

```
sudo deluser peter sudo
```

Allgemein lautet der Befehl zum Löschen eines Benutzers aus einer Benutzergruppe:

```
sudo deluser benutzername gruppenname
```

4.8.10   Eine Benutzergruppe anlegen oder löschen

Möchten Sie für eigene Zwecke eine neue Benutzergruppe anlegen, dann geht das ganz einfach mit dem Befehl

```
sudo addgroup gruppenname
```

Dabei ersetzen Sie den Ausdruck gruppenname durch den Namen, den die Benutzergruppe erhalten soll. Wenn eine Benutzergruppe nicht mehr benötigt wird, dann können Sie sie wieder mit dem angepassten Befehl

```
sudo delgroup gruppenname
```

vom System löschen.

4.8.11   Den Hostnamen ändern

Manchmal ist es erforderlich, den Netzwerk- oder exakter den Hostnamen eines Servers zu ändern. Häufig ist das dann der Fall, wenn das Netzwerk mal richtig »aufgeräumt« und organisiert oder erweitert werden soll. Um den Hostnamen zu ändern, gibt es zwei Möglichkeiten: Am besten nutzen Sie dafür die Konfigurationstools raspi-config beziehungsweise bananian-config, die Sie bereits bei der Installation des Servers in Abschnitt 3.4 und Abschnitt 3.5 kennengelernt haben. Diese können Sie einfach nochmals aufrufen und die entsprechende Option wählen.

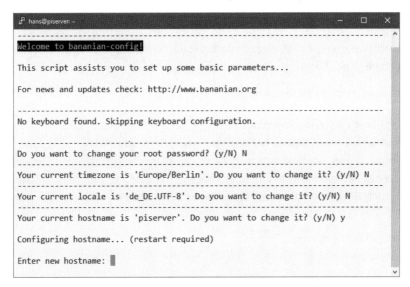

Abbildung 4.19 Ändern des Hostnames mit »bananian-config«

Es gibt aber noch eine zweite Möglichkeit, die natürlich direkt auf der Kommandozeile durch die Änderung von Einträgen in Textdateien zum Ziel führt. Für diejenigen, die lieber selbst Hand anlegen, folgt hierfür eine Anleitung:

Öffnen Sie zunächst die Datei */etc/hostname* mit dem Texteditor nano; da wir systemkritische Werte ändern wollen, sind *root*-Rechte erforderlich:

```
sudo nano /etc/hostname
```

Diese Datei enthält nur ein einziges Element, nämlich den Hostnamen des Rechners. Löschen Sie den bisherigen Inhalt, und geben Sie den neuen Hostnamen ein. Merken Sie sich die exakte Schreibweise. Der Hostname sollte keine Sonderzeichen enthalten. Zahlen sind aber erlaubt, ebenso der Bindestrich. Der Unterstrich wird häufig akzeptiert, kann aber zu Problemen führen und sollte nicht genutzt werden.

Als Zweites müssen Sie eventuell noch die Datei */etc/hosts* mit folgendem analog aufgebauten Befehl bearbeiten:

```
sudo nano /etc/hosts
```

Diese Datei ist etwas länger; uns interessiert nur ein einziger Eintrag, der nicht immer vorhanden ist. Prüfen Sie, ob es bei Ihnen folgenden Eintrag gibt:

```
127.0.1.1 [bisheriger_hostname]
```

Anstelle von `[bisheriger_hostname]` sollte dort der bisherige Hostname stehen. Ersetzen Sie ihn durch den neuen Namen. Geben Sie ihn unbedingt genauso ein wie in der ersten Datei. Dies ist sehr wichtig. Ebenso wichtig ist, dass Sie den Eintrag `127.0.1.1` mit zwei einzelnen Einsen ändern, keinesfalls den Eintrag `127.0.0.1 localhost`, der nur eine einzelne Eins enthält. Achten Sie also auf die vorletzte Ziffer. Ist der Eintrag bei Ihnen nicht vorhanden, dann ist keine Aktion erforderlich, Sie brauchen und sollten ihn auch nicht anlegen. Je nach Netzwerkumgebung stehen dort möglicherweise auch zwei Einträge in der Form:

```
127.0.1.1 hostname.routername hostname
```

`routername` wird beispielsweise von einer FritzBox geliefert. Ersetzen Sie in diesem Fall nur die Anteile `hostname`, jedoch bei beiden Einträgen gleichermaßen. Die Änderung tritt beim nächsten Neustart sofort in Kraft. Da wir ja aber mit Linux arbeiten, ist ein Neustart des Servers natürlich nicht erforderlich. Um den geänderten Hostnamen im laufenden Betrieb zu übernehmen, führen Sie einen der beiden folgenden Befehle aus:

```
sudo /etc/init.d/hostname.sh
```

oder

```
sudo hostname -F /etc/hostname
```

Das war es schon. Ab sofort ist Ihr Server unter dem neuen Hostnamen erreichbar.

Aber: Wenn Sie bereits (gemäß Kapitel 7) den Dienst Samba verwenden, um Dateifreigaben zu realisieren, dann müssen Sie diesen Service einmal neu starten, damit auch er den neuen Hostnamen übernimmt. Dazu geben Sie

```
sudo service smbd restart
```

```
sudo service nmbd restart
```

ein. Wichtig ist, dass Sie in Samba keinen eigenständigen NetBIOS-Namen definiert haben. Da Sie das in diesem Buch allerdings nicht gelernt haben, sollte es hier keine Probleme geben (und falls Sie es doch getan haben sollten, dann korrigieren Sie dies bitte wieder still und heimlich in der Datei */etc/samba/smb.conf*).

Sie sollten nach dieser Aktion nun zunächst die Arbeit Ihres Servers kontrollieren. Prüfen Sie, ob alle Dienste einwandfrei funktionieren. Wenn dem so ist, dann sind keine weiteren Aktionen nötig, und Sie können den restlichen Text dieses Abschnitts ignorieren. Nur wenn es Probleme mit einem Dienst beziehungsweise dessen Erreichbarkeit gibt, dann sollten Sie die folgende Passage durchgehen. Manche Programme haben nämlich den bisherigen Hostnamen in ihre Konfigurationsdateien übernommen und reagieren nun unter Umständen allergisch, wenn sich dieser geändert hat. Das gilt auch dann, wenn Sie zur Änderung des Hostnamens ein Konfigurationsprogramm benutzt haben. Wir werden daher nun überprüfen, ob bei Ihnen ein Programm eventuell den alten Hostnamen in seiner Konfigurationsdatei gespeichert hat. Dazu benutzen wir den schon bekannten Befehl grep, der Dateien nach bestimmten Zeichenketten filtern kann. Wenn Sie folgenden Befehl ausführen

```
sudo grep -lr "[alter hostname]" /etc/*
```

und dabei [alter hostname] durch den vorherigen Hostnamen ersetzen, dann werden Ihnen alle Dateien aufgelistet, in denen dieser Name vorkommt. */etc/* bezeichnet dabei das Verzeichnis, in dem die Konfigurationsdateien liegen. An dieser Stelle lernen Sie noch zwei weitere Parameter des grep-Befehls kennen: Die Optionen l und r.

Den Parameter r kennen Sie bereits vom Löschbefehl rm -r. Dort sorgt er für rekursives Verhalten, bei dem alle Dateien in allen Unterverzeichnissen bearbeitet werden. Dasselbe tut er beim grep-Befehl, das heißt, es werden alle Dateien in allen Unterverzeichnissen durchsucht.

Der Parameter l hingegen bewirkt, dass Ihnen nur die Dateinamen angezeigt werden, nicht jedoch die Dateiinhalte.

Überprüfen Sie, ob das nicht korrekt arbeitende Programm mit seiner Konfigurationsdatei Teil der Ausgabe ist. Ihre Aufgabe ist es nun, für die dem kritischen Dienst zuzuordnenden Dateien den Texteditor nano mit *root*-Rechten zu bemühen. Suchen Sie mit der Tastenkombination [Strg]+[w] nach der Stelle, an der der alte Hostname vorkommt. Geben Sie dazu den alten Hostnamen ein. Ersetzen Sie diesen durch den neuen Namen, achten Sie besonders auf die Schreibweise. Betrachten Sie allerdings stets kritisch den Dateiinhalt, und legen Sie zuvor unbedingt eine Sicherungskopie der Datei an. Hierfür bietet sich auch die Backup-Funktion von nano an, die Sie mit der Tastaturkombination [Alt]+[b] aktivieren.

[!] **Achtung**

Keinesfalls sollten Sie Änderungen an Dateien im Verzeichnis */etc/ssh* vornehmen! Es kann (wie in Abbildung 4.20 gezeigt) passieren, dass dort Einträge gefunden werden.

Am besten ändern Sie nur solche Dateien, die Sie bereits kennen und eindeutig bekannten Programmen und Diensten zuordnen können. Es schadet gewiss nicht, wenn Sie vorher (gemäß Kapitel 24, im dritten Abschnitt des Buches) eine Sicherheitskopie des gesamten Systems anlegen, mit der Sie es unkompliziert zurücksetzen können, falls doch etwas schiefgelaufen ist.

```
hans@piserver:~$ sudo grep -lr "bananapi" /etc/*
/etc/ssh/ssh_host_ed25519_key.pub
/etc/ssh/ssh_host_rsa_key.pub
hans@piserver:~$
```

Abbildung 4.20 Findet die Suche nach einem alten Hostnamen Einträge im Verzeichnis »/etc/ssh«, dann dürfen Sie diese nicht verändern

Nun sollte aber wirklich alles unter dem neuen Hostnamen erreichbar sein.

4.9 Einige Komfortfunktionen von »nano«

Jetzt wollen wir uns noch ein wenig intensiver mit dem Texteditor nano befassen. Diesen Abschnitt müssen Sie nicht gleich als Einsteiger bearbeiten, sondern können ihn sich für später aufheben, wenn sich Ihre Kenntnisse schon ein wenig gefestigt haben. Den Editor nano werden wir sehr oft einsetzen, meistens zur Bearbeitung und Anpassung von Konfigurationsdateien anderer Programme.

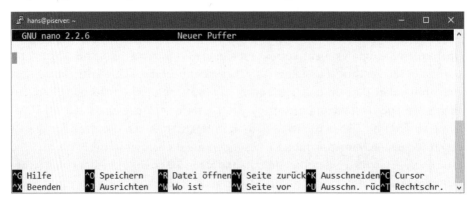

Abbildung 4.21 Der Editor »nano«

Bislang haben Sie nano »mit Händen und Füßen« bedient, das heißt, Sie haben nur sehr grundlegende Funktionen kennengelernt und hauptsächlich die Cursortasten zur Navigation sowie die Tastenkombination `Strg`+`x` zum Beenden und Abspeichern verwendet. Tatsächlich genügen diese wenigen Befehle bereits für fast alle Aufgaben. nano bietet jedoch wie jeder vernünftige Editor noch eine Reihe von Komfortfunktionen, die die Textbearbeitung deutlich vereinfachen. Es ist nicht nötig, dass Sie sich gleich mit allen Funktionen befassen, und Sie müssen auch nicht alle Befehle auswendig lernen, Sie können diese ja – wenn es erforderlich wird – jederzeit hier nachschlagen. In einer ruhigen Stunde sollten Sie sich jedoch kurz einmal mit diesen Komfortmerkmalen befassen und prüfen, ob Sie sich diese nicht doch aneignen möchten. An dieser Stelle erfolgt leider gleich eine Warnung: Mit den gewohnten Tastenkombinationen aus der Windows- oder Mac OS-Welt haben die Tastaturkürzel von nano leider überhaupt nichts gemeinsam. Wundern Sie sich also bitte nicht, wenn teilweise gleich sehr merkwürdig anmutende Tastenfolgen auftauchen.

Betrachten wir zunächst noch einmal nano selbst. Das Programm ist sehr übersichtlich aufgebaut. Am oberen Bildschirmrand gibt es eine invertiert dargestellte Leiste, die links die aktuelle Version von nano anzeigt, die in der Mitte den Namen der aktuell geöffneten Datei ausgibt und die rechts darüber informiert, ob diese Datei durch eine Texteingabe verändert wurde. Am unteren Bildschirmrand informieren zwei Zeilen über einige mögliche Befehle. Vielleicht wundern Sie sich, was es mit dem ^-Zeichen vor einigen Befehlskürzeln auf sich hat. Dies ist das Zeichen für die `Strg`-Taste. Wenn Sie genau schauen, dann werden Sie in der Standardansicht ^X finden – als Kürzel für `Strg`+`x`, dem Befehl zum Beenden. Dieser Infobereich passt seinen Inhalt je nach Funktion an. Überprüfen Sie das einmal, indem Sie eine Textdatei verändern und nun `Strg`+`x` drücken.

Die Befehle geben Sie in nano entweder mit der `Strg`- oder der `Alt`-Taste ein, gegebenenfalls kommt noch die `⇧`-Taste hinzu. Die Eingaben werden immer durch eine weitere Taste ergänzt – so wie zum Beispiel `Strg`+`x` bedeutet, dass die Tasten `Strg` und `x` gleichzeitig betätigt werden sollen. Ich werde hier im Buchtext die Bezeichnungen der Tasten benutzen, wie sie auch auf der Tastatur stehen, also `Strg` anstatt `^`.

Schauen wir uns nun wichtige Befehle an.

▶ **Navigieren:** Bislang beherrschen Sie die Navigation mit den Pfeiltasten (`↑`, `↓`, `→`, `←`), und der `Bild↑`- und `Bild↓`-Taste. Es gibt noch weitere Tastaturbefehle, mit denen Sie zu bestimmten Stellen springen können. Wenn Sie zum Anfang der aktuellen Zeile navigieren möchten, dann betätigen Sie `Strg`+`a` oder ganz einfach die `Pos1`-Taste. Zum Ende der aktuellen Zeile springen Sie mit `Strg`+`e` oder der `Ende`-Taste. Die aktuelle Zeile ist diejenige, in der sich gerade der Textcursor befindet. Möchten Sie hingegen zum Anfang der Datei springen, dann nutzen Sie eine doppelte Funktion: Drücken Sie zuerst die Tastenkombination ⌈Strg⌉+⌈-⌉ und danach ⌈Strg⌉+⌈y⌉. Nutzen Sie dabei die Taste für den Bindestrich und nicht die Taste für das Minuszeichen auf dem Nummernblock der Tastatur. Unter Linux kann erstere Kombination problematisch sein und die Ansicht im Terminal verkleinern; benutzen Sie stattdessen die Tastenkombination ⌈Alt⌉+⌈g⌉. Zum Ende der Datei springen Sie mit dieser Kombination: ⌈Strg⌉+⌈-⌉ (beziehungsweise ⌈Alt⌉+⌈g⌉) gefolgt von ⌈Strg⌉+⌈v⌉.

▶ **Text suchen:** Eine sehr wichtige Funktion ist die Textsuche. Hin und wieder werden Sie hier im Buchtext aufgefordert, beispielsweise in einer Konfigurationsdatei den Eintrag `fpm-enable` auf `yes` zu setzen. Nun liegt es an Ihnen, zunächst erst einmal den betreffenden Eintrag zu finden. Das können Sie manuell machen, indem Sie die gesamte Datei durchlesen und mit den Pfeiltasten navigieren – oder Sie betätigen einfach ⌈Strg⌉+⌈w⌉ (*w* wie englisch: *where?* oder deutsch: »wo?«) und lassen nano suchen. Geben Sie einfach den Suchtext ein, wie Sie am unteren Bildschirmrand dazu aufgefordert werden. Nach Betätigen der ⌈↵⌉-Taste wird der erste Suchtreffer angezeigt. Wenn Sie wiederholt suchen möchten, drücken Sie ⌈Alt⌉+⌈w⌉. Sie können alternativ auch nochmals ⌈Strg⌉+⌈w⌉ drücken. Der bisherige Suchbegriff wird in eckigen Klammern angezeigt. Sie brauchen nur ⌈↵⌉ zu drücken, jetzt wird der nächste Treffer zur Ansicht gebracht.

Abbildung 4.22 Text mit »nano« suchen

▶ **Suchen & Ersetzen:** Eng mit der Suche verbunden ist das Suchen & Ersetzen. Auch das kann nano. Der Shortcut hierfür lautet ⌈Alt⌉+⌈r⌉ (das *r* steht für *replace*). Sie geben zunächst den Suchtext ein (also den Text, der ersetzt werden soll) und drücken ⌈↵⌉, danach geben Sie den neuen Text ein und bestätigen mit der ⌈↵⌉-Taste. nano sucht nach dem zu ersetzenden Text und fragt Sie, ob die Ersetzung vorgenommen werden soll. Ihre Möglichkeiten: ⌈j⌉ für ja, ⌈n⌉ für nein, ⌈a⌉ für Alles automatisch ohne Rückfrage ersetzen und ⌈Strg⌉+⌈c⌉, um die Funktion ohne Änderungen abzubrechen.

▸ **Zeilennummern anzeigen:** In größeren Textdateien ist es mitunter praktisch, sich die Zeilennummerierung anzeigen zu lassen, insbesondere, wenn man mehrere Dateien vergleichen möchte. nano kann zwar keine durchgehende Zeilennummerierung am Bildschirmrand anzeigen, dafür aber eine Information einblenden, in welcher Zeile (und Spalte) sich der Cursor im Moment befindet. Dazu dient die Tastenkombination ⌞Strg⌟+⌞c⌟, mit der Sie die aktuelle Zeilennummer anzeigen. Sie werden merken, dass diese Information wieder verschwindet beziehungsweise sich nicht aktualisiert, wenn Sie in der Datei navigieren. Das ist gerade beim manuellen Suchen relativ unkomfortabel. Jetzt hilft Ihnen die Tastenkombination ⌞Alt⌟+⌞c⌟ weiter, die diese Information dauerhaft einblendet. Mit ⌞Strg⌟+⌞-⌟ (dem Bindestrich) beziehungsweise ⌞Alt⌟+⌞g⌟ können Sie auch direkt zu einer Zeilennummer springen, die Sie dann eingeben müssen (verwenden Sie dazu die Ziffernreihe über den Buchstaben, nicht den Nummernblock).

▸ **Text markieren, kopieren, ausschneiden und einfügen:** Text können Sie direkt mit gedrückter Maustaste markieren. Nutzen Sie zum Verbindungsaufbau unter Windows PuTTY, dann wird der markierte Text automatisch in die Zwischenablage kopiert, sobald Sie die Maustaste loslassen. Nutzer anderer Betriebssysteme erhalten nach einem Klick auf die rechte Maustaste ein Auswahlmenü mit dieser Funktion. Sie können den Text innerhalb von nano an einer anderen Textposition, aber auch in ein anderes Programm auf demselben Computer einfügen. Dafür nutzen Sie ganz normal die jeweiligen Befehle für die Zwischenablage. Innerhalb von PuTTY geht das hingegen ganz einfach durch Klicken mit der rechten Maustaste – aber Achtung: Der Text wird dort eingefügt, wo sich der Textcursor befindet. Dies ist nicht der Mauszeiger! Den Textcursor steuern Sie nur mit den Pfeiltasten, nicht aber mit der Maus. Kleiner Haken: Sie können den Text, den Sie mit der Maus markiert haben, nicht in nano aus der Datei ausschneiden. Dazu müssen Sie ihn mit der Tastatur markieren, was etwas umständlich ist: Navigieren Sie den Cursor zunächst dahin, wo die Markierung beginnen soll. Drücken Sie dann ⌞Alt⌟+⌞a⌟. Wenn Sie nun die Pfeiltasten betätigen, dann markieren Sie den Text. Sie können mit den Tasten ⌞↑⌟ und ⌞↓⌟ auch mehrere Zeilen markieren. Den markierten Text können Sie nun mit ⌞Alt⌟+⌞6⌟ in die Zwischenablage kopieren oder mit ⌞Strg⌟+⌞k⌟ ausschneiden. Den Text können Sie anschließend an einer neuen Cursorposition wieder mit der Tastenkombination ⌞Strg⌟+⌞u⌟ einfügen. Übrigens: Mit ⌞Strg⌟+⌞k⌟ können Sie auch ohne vorherige Markierung immer die aktuelle Textzeile löschen und bei Bedarf mit ⌞Strg⌟+⌞u⌟ wieder an anderer Stelle einfügen. Den ganzen Text einer Datei auf einmal markieren (um ihn dann zu löschen oder zu kopieren), das geht mit nano nicht so einfach wie beispielsweise mit dem Windows-Editor. Um den ganzen Text zu markieren, springen Sie zunächst an den Dateianfang mit ⌞Strg⌟+⌞-⌟ (beziehungsweise ⌞Alt⌟+⌞g⌟) gefolgt von ⌞Strg⌟+⌞y⌟. Starten Sie das Markieren mit ⌞Alt⌟+⌞a⌟. Springen Sie an das Dateiende mit ⌞Strg⌟+⌞-⌟ (beziehungsweise ⌞Alt⌟+⌞g⌟) gefolgt von ⌞Strg⌟+⌞v⌟. Nun ist der ganze Text markiert und kann beispielsweise mit ⌞Strg⌟+⌞k⌟ entfernt werden.

- **Automatisches Backup:** Dies ist eine sehr praktische Funktion, die oft übersehen wird, weswegen sie hier ihren eigenen Absatz bekommt: das automatische Backup. Oft passiert es, dass man vergessen hat, vor einer Dateiänderung ein Backup anzulegen. Dann geht natürlich die Änderung schief, das Programm läuft nicht wie erwünscht, und man möchte wieder zurück. Schade, dass es jetzt kein Backup gibt. nano kann Ihnen helfen. Wenn Sie `Alt`+`b` betätigen, dann wird von der Datei beim Abspeichern zunächst ein Backup angelegt. Dabei wird an den Dateinamen eine Tilde, also das Symbol »~« angehängt, die Backup-Datei heißt dann also beispielsweise *abc.conf~*. Bei einer weitreichenden Änderung sollten Sie die Nutzung dieser Funktion in Betracht ziehen. Allerdings gibt es nur ein einzelnes fortlaufend aktualisiertes Backup, weiter zurückschauen können Sie nicht, weswegen Sie stets den in diesem Buch empfohlenen Weg gehen sollten und bei Änderungen zuerst eine Sicherheitskopie der Originaldateien anlegen.

- **Komfortfunktionen:** Es gibt noch eine Reihe weiterer Funktionen, die in so mancher Situation nützlich sind:

  - Mit dem Tastaturkürzel `Alt`+`d` lassen sich Dateistatistiken anzeigen. Dies umfasst unter anderem die Zahl der Wörter und Zeilen einer Textdatei.

  - Wenn Sie `Alt`+`s` betätigen, dann schalten Sie das »sanfte Rollen« ein. Ja, auch so eine Funktion gibt es auf der Kommandozeile. Sie ist dann praktisch, wenn viel in einem längerem Text gesucht werden soll. Ist sie aktiv, rollt der Text sanft über den Bildschirm, anstatt grob zu springen. Das ermöglicht dem Leser, schneller die ursprüngliche Zeile wiederzufinden und rasch weiterzulesen.

  - Wenn Sie mit nano ein sogenanntes Shell-Skript betrachten oder bearbeiten, dann werden die verschiedenen Befehle in unterschiedlichen Farben dargestellt. Dies ist praktisch, da Sie zum Beispiel Kommentare so leichter erkennen. Diese Funktion können Sie mit `Alt`+`y` aktivieren oder deaktivieren. Den automatischen Einzug (also die Einrückung bestimmter Befehlszeilen) schalten Sie mit `Alt`+`i` ein und aus.

  - Um eine Datei zu speichern, ohne nano zu beenden, drücken Sie `Strg`+`o`.

  - Wenn Sie sich für eine Liste aller Tastaturkürzel interessieren, dann betätigen Sie `Strg`+`g`. Denken Sie daran, dass hier die `Strg`-Taste durch ein ^ dargestellt wird und dass die `Alt`-Taste durch ein M (von »Meta«) symbolisiert wird. Die Liste verlassen Sie mit der Tastenkombination `Strg`+`x`.

- **Schalter für die Kommandozeile:** Sie können nano auch mit Schaltern auf der Kommandozeile steuern. Fügen Sie die Parameter einfach zwischen dem nano-Befehl und dem Dateinamen ein, beispielsweise so: nano -B dateiname.

  - -B aktiviert die oben beschriebene Backup-Funktion. Eine geänderte Datei wird vor dem Überschreiben als Kopie abgespeichert, dem Dateinamen wird eine Tilde (~) angehängt.

- −S aktiviert das sanfte Rollen.

- −t erspart Ihnen das ⎡j⎦ beim Beenden und Speichern von nano. Achtung: Alle Ihre Änderungen werden beim Beenden von nano direkt abgespeichert. Nutzen Sie diesen Parameter mit äußerster Vorsicht und am besten in Kombination mit −B.

- −v ist eine Sicherheitsfunktion. Sie aktiviert den Lesemodus, der keine Dateiveränderungen erlaubt. Wenn Sie eine kritische Datei betrachten wollen, die nicht aus Versehen verändert werden darf, dann nutzen Sie diesen Parameter.

4.10 Einhängen eines externen Speichermediums in das Dateisystem

Es ist offensichtlich, dass die Speicherkarte Ihres Pi-Servers nur eine begrenzte Kapazität bietet. Für einen Server, der viele Dateien von mehreren Benutzern speichern soll, vielleicht sogar deren komplette Film-, Musik- und Fotosammlung, wird das recht schnell knapp. Zum Glück bietet Ihr Server mehrere USB-Anschlüsse, an die sich problemlos ein externes Speichermedium anschließen lässt. Der Banana Pi hat sogar einen SATA-Anschluss, an den direkt eine Festplatte angeschlossen werden kann – doch dazu mehr in Abschnitt 4.10.13. Befassen wir uns erst einmal mit den USB-Anschlüssen. Was liegt da näher, als hier beispielsweise einen USB-Stick oder eine externe USB-Festplatte anzuschließen und diese zur Vergrößerung des Speicherplatzes zu nutzen? Die Durcharbeitung dieses Kapitels erfordert gefestigte Einsteigerkenntnisse. Sie sollten es erst dann bearbeiten, wenn Sie die Kenntnisse aus dem Linux-Grundlagenkapitel sicher beherrschen. Sie können auch zunächst erste Serverdienste aus dem Hauptteil dieses Buches realisieren und zu Testzwecken zunächst nur mit der Speicherkarte Ihres Pi-Servers arbeiten. Natürlich können Sie auch jederzeit die Speicherkarte zur Aufnahme von Nutzdaten verwenden, es ist auch eine Kombination mit einem externen Datenträger möglich. Sie müssen selbst entscheiden, welche Daten Sie wo speichern möchten.

4.10.1 USB-Stick oder externe Festplatte? Und welche?

Beim Anschluss üblicher USB-Sticks gibt es praktisch keine Probleme; Sie sollten nur darauf achten, dass der USB-Stick ausreichend hohe Lese- und Schreibgeschwindigkeiten bietet.

Bei externen Festplatten müssen Sie hingegen ein bisschen aufpassen. Die Frage lautet: Eignet sich jede Festplatte? Zur Beantwortung dieser Frage müssen wir vor allem auf die Stromversorgung der Festplatte schauen. Die Speicherkapazität der Festplatte bereitet hingegen keine Probleme, Sie haben hier im Regelfall die freie Wahl. Schauen wir uns an, welche Möglichkeiten sich Ihnen bieten. Wenn Sie eine externe 3,5" große Festplatte mit eigenem Netzteil einsetzen, dann wird es kaum Schwierigkeiten geben, denn die Festplatte bekommt ihren Strom vom eigenen Netzteil, und über die USB-Schnittstelle werden praktisch nur Daten übertragen. Hin und wieder gibt es auch 2,5"-Festplatten (das sind die mechanisch kleineren Modelle, die auch in Note-books verwendet werden) mit eigenem Netzteil. Auch diese machen keine Probleme. Genauer hinschauen müssen Sie, wenn die Festplatte kein eigenes Netzteil besitzt und ihren Strom über den USB-Anschluss bezieht – was nur bei externen 2,5"-Fest-platten vorkommt. Die Stromversorgung, die ein Pi-Computer über die USB-An-schlüsse bietet, ist begrenzt. Zuallererst ist es sehr wichtig, dass Sie sich für ein gutes Markennetzteil entschieden haben, das dem Pi-Computer wirklich ständig eine Stromstärke von mindestens 2,0 A liefern kann. Für den Raspberry Pi 3 wird sogar ein Netzteil empfohlen, das einen Strom von 2,5 A liefern kann. Sie können dann eine genügsame externe 2,5"-Festplatte ohne eigenes Netzteil anschließen. Sie sollten beim Kauf darauf achten, dass Ihr favorisiertes Modell eine möglichst niedrige Leis-tungsaufnahme hat, denn hier gibt es teilweise deutliche Unterschiede von bis zu mehreren Watt. Generell haben moderne Festplatten einen geringeren Strombedarf als alte Modelle. Wenn Sie einen besonders stromsparenden Server aufsetzen möch-ten, dann sollten Sie nicht nur auf den Stromverbrauch während des Betriebs, son-dern auch auf den Verbrauch im Ruhe- beziehungsweise Standby-Betrieb achten.

Abbildung 4.23 Einige USB-Sticks, wie Sie sie bestimmt kennen

Mit einer externen Festplatte, die komplett vom USB-Anschluss versorgt wird, lasten Sie das »Strombudget« Ihres Pi-Computers allerdings schon beachtlich aus. Sie soll-ten dann keine weiteren leistungsintensiven USB-Geräte mehr anschließen. Wäh-rend ein zusätzlicher normaler USB-Stick in Ordnung geht, ist eine weitere externe Festplatte hingegen häufig des Guten zu viel. Ihr Anschluss kann den Pi-Computer aufgrund einer schwankenden Versorgungsspannung abstürzen lassen und im ungünstigsten Fall sogar beschädigen. Wenn Sie vorhaben, an Ihren Server mehrere USB-Geräte anzuschließen, wie beispielsweise eine Webcam, einen TV-Empfänger und eine leistungsintensive Festplatte, ja vielleicht sogar einen (passiven) USB-Hub für weitere Geräte einplanen, dann ist eine Festplatte mit eigenem Netzteil sicherlich die bessere Lösung. Zwar ist diese deutlich klobiger und hat auch einen größeren Strombedarf, bietet dafür aber geringere Kosten pro Terabyte Speicherplatz. Eine Alternative wäre in diesem Fall noch die Verwendung eines aktiven USB-Hubs mit eigenem ausreichend starken eigenem Netzteil.

Wenn Sie hingegen ganz besonders auf eine geringe Leistungsaufnahme Ihres Servers Wert legen und keinen so großen Speicherbedarf haben, dann ist sicherlich ein USB-Stick die beste Lösung, auch wenn Modelle mit großer Speicherkapazität wie etwa 256 GB noch recht teuer sind.

Wenn Sie einen Banana Pi als Server betreiben, dann seien Sie bitte an dieser Stelle noch einmal an den USB-OTG-Anschluss auf seiner Rückseite erinnert. Dies ist ein vollwertiger USB-Anschluss, an den Sie ganz normale USB-Geräte anschließen können. Sie benötigen lediglich ein entsprechendes Adapterkabel, wie Sie es vom Smartphone her kennen und im Fachhandel erwerben können. Außerdem müssen Sie den USB-OTG-Anschluss im Konfigurationsprogramm `bananian-config` aktiviert haben (siehe dazu Abschnitt 3.4, »Basiskonfiguration für den Banana Pi«).

4.10.2 Was ist die beste Strategie?

Der folgende Abschnitt wird ein bisschen schwierig. Schwierig deshalb, weil ich versuchen werde, viele verschiedene Möglichkeiten aufzuzeigen und zu realisieren. Außerdem werden wir mit einigen recht komplizierten Befehlen arbeiten müssen, die nicht leicht zu verstehen sind und keine Abweichung bei der Syntax erlauben. Sie werden im Folgenden unterscheiden müssen, ob Sie wahllos diverse Speichermedien anschließen wollen, ob Sie bestimmte feste Geräte bevorzugen und ob diese bereits beim Startvorgang (also beim Einschalten, man sagt auch beim *Bootvorgang*) angeschlossen sein sollen oder erst im laufenden Betrieb verbunden werden. Vielleicht werden Sie sich fragen, was denn nun die beste Strategie ist und wie Sie am besten vorgehen sollten.

Zunächst einmal wäre es sicherlich wünschenswert, wenn Ihr Server über einen ausreichend bemessenen Speicherplatz verfügt. Der Server sollte alle Daten aufnehmen können, für die er gedacht ist. Zusätzlich sollte es genügend Reserven für zukünftige Erweiterungen geben. Dieser Speicherplatz sollte dem Server ständig zur Verfügung stehen. Somit sollten alle Daten schon beim Start des Servers verfügbar sein, damit alle Serverdienste damit arbeiten können. Die Datenträger sollten Sie dann am besten über den Server beziehungsweise die Netzwerkverbindung und einen beliebigen Dienst mit Daten befüllen. Dies ist die sicherste Variante, die am wenigsten Fehlerpotential bietet. Im Prinzip wünschen wir uns also eine ständig verfügbare interne Festplatte. Diese Option bietet Ihr Pi-Server jedoch nicht. Für den Einsteiger ist Folgendes daher vermutlich die beste Option: Wählen Sie ein externes Speichermedium, das

Ihnen eine ausreichende Speicherkapazität bietet. Wofür Sie sich entscheiden (dazu zählt auch eine SATA-Festplatte am Banana Pi), ist nachrangig. Schließen Sie dieses Speichergerät an Ihren Pi-Server an, und betrachten Sie den Anschluss als fest: Das Speichergerät gehört dem Server, es ist beim Startvorgang angeschlossen, wird nicht während des Betriebs entfernt, und alle Schreibzugriffe finden über den Server statt. Da dieses Speichermedium ausschließlich vom Server bedient wird, sollten Sie es mit einem Linux-Dateisystem formatieren. Dieses erlaubt Ihnen den Umgang mit Dateirechten, wie Sie es bisher gelernt haben.

Wenn Sie diesen einfachen und zu empfehlenden Weg gehen, dann brauchen Sie sich als Einsteiger zunächst nur mit dem nachfolgend beschriebenen manuellen Mount-Vorgang sowie dem automatischen Einhängen über die Datei *fstab* zu befassen. Das Einzige, was noch erforderlich ist, wäre das Formatieren mit dem Linux-Dateisystem.

Eines Tages werden Sie jedoch zu den fortgeschrittenen Nutzern gehören und sich eine größere Flexibilität wünschen. Es kann auch sein, dass die Aufgaben Ihres Servers oder die Situation in Ihrem Heimnetzwerk bereits jetzt eine größere Flexibilität erfordern. Deswegen werde ich in diesem Kapitel auch Optionen aufzeigen, wie sich Speichergeräte während des Betriebs einbinden lassen. In den folgenden Abschnitten werden sich einige Aufgaben und Bedienschritte ähneln. Wundern Sie sich bitte nicht, wenn Sie beim Lesen auf kleinere Wiederholungen treffen. Diese dienen dem besseren Verständnis und sind dann nützlich, wenn Sie einen bestimmten Abschnitt zu einem späteren Zeitpunkt realisieren oder erneut bearbeiten möchten.

4.10.3 Anschließen des USB-Speichers ... und dann? – Das Mounten

Von Ihrem »großen« Arbeitsrechner sind Sie es wahrscheinlich gewohnt, dass Sie den USB-Stick oder die Festplatte gleich nach dem Einstecken benutzen können. Unter Windows wird dem Speichermedium automatisch ein eigener Laufwerksbuchstabe zugewiesen und, wenn nicht deaktiviert, dann öffnet sich auch gleich ein Fenster, das Optionen beispielsweise zur Medienwiedergabe anbietet. Auch auf einem Mac-Rechner wird das Speichermedium automatisch in das Dateisystem eingebunden, und es wird ein entsprechendes Symbol für den Zugriff darauf präsentiert. Unter einem »nackten« Linux-System, wie wir es auf unserem Pi-Server verwenden, passiert das hingegen nicht automatisch. Der USB-Speicher wird hier zwar ebenfalls automatisch erkannt, es wird das Dateisystem festgestellt, und es wird ihm eine Gerätekennung gegeben, er erhält also einen Eintrag in einem Unterverzeichnis von */dev*, aber das war es dann auch schon. Sie können noch nicht auf die Dateien zugreifen. Hierfür müssen Sie den USB-Stick oder die Festplatte zuerst einmal in das Dateisystem einbinden. Man nennt diesen Vorgang schlicht *mounten* und sagt in fragwürdigem Neudeutsch, der Stick beziehungsweise die Festplatte wird »gemountet«. Anschaulich bedeutet dies, dass es im Dateisystem einen beliebigen Ordner gibt, unter dem sich dann die Dateien des USB-Speichers befinden. Natürlich werden dadurch nicht etwa alle Dateien auf die Festplatte oder die Speicherkarte kopiert. Stattdessen werden die Dateien des USB-Speichers eben in diesem Verzeichnis aufgelistet. Windows-Nutzer müssen sich an dieser Stelle noch einmal ins Gedächtnis rufen, dass es unter Linux keine Laufwerksbuchstaben gibt.

Den Mount-Vorgang müssen Sie normalerweise manuell durchführen. Dies ist – insbesondere, wenn es häufiger vorkommt – etwas mühsam. Zum Glück kann man ihn automatisieren, genauso, wie Sie es von Ihrem »großen« Rechner her kennen. Trotzdem möchte ich den manuellen Weg einmal durchsprechen, damit Sie wissen, worum es in etwa geht. Dazu stecken Sie jetzt bitte erst einmal einen USB-Stick an Ihren angeschalteten Pi-Server an. Verwenden Sie einen USB-Stick, der mit dem FAT32-Dateisystem formatiert ist. Benutzen Sie noch keinen NTFS-formatierten Stick, der würde zurzeit noch nicht funktionieren. Wie Sie sehen, passiert scheinbar nichts. Geben Sie aber einmal in der Konsole

dmesg

ein und drücken die ⏎-Taste, dann erhalten Sie eine lange Liste mit wichtigen Systemmeldungen seit dem Systemstart.

```
hans@RPi-Server: ~                                                    —  □  ×
[ 4673.114342] usb 1-1.5: new high-speed USB device number 6 using dwc_otg
[ 4673.217740] usb 1-1.5: New USB device found, idVendor=0000, idProduct=2001
[ 4673.217761] usb 1-1.5: New USB device strings: Mfr=1, Product=2, SerialNumber=3
[ 4673.217774] usb 1-1.5: Product: USB Drive
[ 4673.217786] usb 1-1.5: Manufacturer: USB Drive
[ 4673.217798] usb 1-1.5: SerialNumber: 0000111100000
[ 4673.218834] usb-storage 1-1.5:1.0: USB Mass Storage device detected
[ 4673.221001] scsi host2: usb-storage 1-1.5:1.0
[ 4674.215692] scsi 2:0:0:0: Direct-Access     USB Drive     USB Flash Drive 1100 PQ: 0 ANSI: 0 CCS
[ 4674.216218] sd 2:0:0:0: Attached scsi generic sg0 type 0
[ 4674.220889] sd 2:0:0:0: [sda] 15857664 512-byte logical blocks: (8.12 GB/7.56 GiB)
[ 4674.221615] sd 2:0:0:0: [sda] Write Protect is off
[ 4674.221626] sd 2:0:0:0: [sda] Mode Sense: 43 00 00 00
[ 4674.222397] sd 2:0:0:0: [sda] No Caching mode page found
[ 4674.222405] sd 2:0:0:0: [sda] Assuming drive cache: write through
[ 4674.281362]  sda: sda1
[ 4674.284514] sd 2:0:0:0: [sda] Attached SCSI removable disk
hans@RPi-Server:~ $ █
```

Abbildung 4.24 Die Ausgabe von »dmesg« nach Anschluss eines USB-Sticks

Ganz zum Schluss finden Sie wie in Abbildung 4.24 gezeigt ein paar Einträge über ein neu angeschlossenes USB-Gerät, die mit einer Zeile ähnlich der folgenden beginnen:

```
[ 407.579774] usb 4-1: new high-speed USB device number 3 using sw-ehci
```

Das zeigt uns, dass unser Linux-System ein neues Gerät erkannt hat. Eine Zeile ähnlich wie

```
[ 407.686566] scsi2 : usb-storage 2-1:1.0
```

stellt klar, dass auch ein USB-Speichergerät erkannt wurde.

Sie können an dieser Stelle übrigens auch ein verbreitetes Zusatzkommando verwenden: den Befehl `tail`. Wie der Name vermuten lässt, gibt dieser Befehl nur die letzten Zeilen einer ansonsten umfangreichen Befehlsausgabe aus. Probieren Sie einmal folgenden Befehl, der nur die letzten 20 Zeilen der `dmesg`-Ausgabe darstellt:

```
dmesg | tail -n 20
```

Nun liegt es an uns, das Speichergerät in das Dateisystem einzubinden. Dafür benötigen wir die Information, unter welcher Gerätedatei der USB-Speicher derzeit angesprochen werden kann. Im Regelfall – zumindest für USB-Massenspeicher – findet er sich unter */dev/sd?*, wobei das Fragezeichen durch einen kleingeschriebenen Buchstaben ersetzt wird, beispielsweise ergibt sich */dev/sda* für das erste Speichermedium und */dev/sdb* für das zweite. Jede Partition auf dem Speichermedium erhält nun wiederum ihre eigene Gerätedatei. Wenn sich – was meistens der Fall sein dürfte – auf dem USB-Speicher nur eine einzelne Partition befindet, dann ist sie unter */dev/sda1* ansprechbar (wenn *a* der richtige Zuweiser ist). Wenn auf dem Gerät zwei Partitionen vorhanden sind, dann gibt es natürlich auch ein */dev/sda2*. Nun ist es wichtig, dass nicht etwa das komplette Gerät */dev/sda* in das Dateisystem eingebunden wird, nein, dies geschieht immer partitionsweise. Wir formulieren nun also einen Befehl, der Folgendes bewirkt:

»Hänge bitte die erste Partition vom Gerät *sda*, kurz also */dev/sda1*, in das Verzeichnis */hier/solls/rein* ein. Danke!«

Unter welcher Gerätedatei findet sich denn nun Ihr USB-Speicher? Nun, in den Tiefen der `dmesg`-Ausgabe findet sich bereits ein Hinweis darauf, und wenn Sie genau schauen, dann werden Sie ihn auch finden. Allerdings gibt es noch eine wesentlich komfortablere Variante, und die führt über den Befehl `fdisk`. Geben Sie einmal

```
sudo fdisk -l
```

ein, und drücken Sie ⏎. Eine Beispielausgabe sehen Sie in Abbildung 4.25.

Dieser Befehl gibt Ihnen eine Liste (dafür das -l) aller im System vorhandener Speicherpartitionen aus. Bitte spielen Sie mit `fdisk` nicht weiter herum, da dieses Programm auch direkt Partitionen (und damit sämtliche Daten) auf dem Speichermedium löschen kann. Die Ausgabe sieht vermutlich der folgenden Beispielausgabe recht ähnlich:

```
Disk /dev/mmcblk0: 30,2 GiB, 32462864384 bytes, 63404032 sectors
Units: sectors of 1 * 512 = 512 bytes
Sector size (logical/physical): 512 bytes / 512 bytes
I/O size (minimum/optimal): 512 bytes / 512 bytes
Disklabel type: dos
Disk identifier: 0x0ccea0b3

Device Boot Start End Sectors Size Id Type
```

```
/dev/mmcblk0p1 2048 43007 40960 20M c W95 FAT32 (LBA)
/dev/mmcblk0p2 43008 63404031 63361024 30,2G 83 Linux


Disk /dev/sda: 7,6 GiB, 8119123968 bytes, 15857664 sectors
Units: sectors of 1 * 512 = 512 bytes
Sector size (logical/physical): 512 bytes / 512 bytes
I/O size (minimum/optimal): 512 bytes / 512 bytes
Disklabel type: dos
Disk identifier: 0x00000000


Device Boot Start End Sectors Size Id Type
/dev/sda1 2048 15855615 15853568 7,6G b W95 FAT32
```

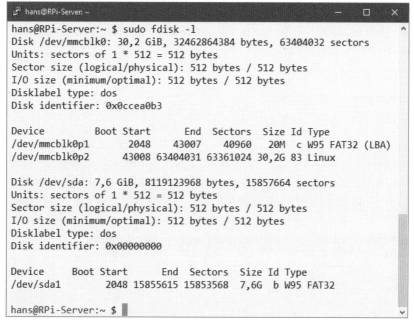

Abbildung 4.25 Die Beispielausgabe von »fdisk«

Als Erstes ist dort (in der ersten Zeile) von einem Gerät Disk /dev/mmcblk0 die Rede. Dies ist die interne Speicherkarte, im Beispiel mit einer Kapazität von 32 GB. Möglicherweise gibt es bei Ihnen auch noch einige vorige Zeilen, die sich mit anderen Geräten befassen. Es folgen einige Informationen zur Datenträgerstruktur, die uns nicht weiter interessieren. Danach folgen die einzelnen Partitionen, die es auf diesem Speichermedium gibt. Wie Sie sehen, gibt es (unter Device) zwei Partitionen: */dev/ mmcblk0p1* und */dev/mmcblk0p2*. Erstere hat eine Größe von 20 MB und enthält die wichtigen Dateien für den Systemstart. Ihren Inhalt sehen Sie übrigens auch, wenn Sie die Speicherkarte an einen Windows-PC anschließen (Achtung: Verändern Sie dabei bitte nichts). Die zweite Partition erstreckt sich über den Rest der Speicherkarte und nimmt das eigentliche Dateisystem Ihres Pi-Servers auf. Der zweite große (unterste) Block widmet sich einem angeschlossenen USB-Stick. Es handelt sich um das Gerät */dev/sda* mit einer Speicherkapazität von 8 GB. Wie Sie ganz zum Schluss lesen können, enthält es eine Partition namens */dev/sda1*, die mit dem Dateisystem FAT32 formatiert ist. Wenn Sie mehrere USB-Sticks angeschlossen hätten, dann gäbe es natürlich noch weitere Einträge. Sollte es ein etwas speziellerer USB-Stick mit mehreren Partitionen sein, dann enthielte die Liste natürlich auch beispielsweise einen Eintrag */dev/sda2*. Wir wissen im Beispiel nun, dass wir */dev/sda1* in das Dateisystem einhängen wollen. Nur wohin? Sie können sich den Zielordner beliebig aussuchen. Es empfiehlt sich aber, einen Unterordner im Verzeichnis */media* zu verwenden. Legen wir doch hierfür einen Ordner namens */media/usbspeicher* an:

```
sudo mkdir /media/usbspeicher
```

Nun können Sie den Mount-Vorgang für den USB-Stick ausführen. Dazu ist prinzipiell folgender Befehlsrumpf nötig:

```
sudo mount PARTITION ZIELPUNKT
```

In unserem Fall geben wir also ein:

```
sudo mount /dev/sda1 /media/usbspeicher
```

Drücken Sie ⏎. Fertig. Das Verzeichnis, in den Sie den USB-Speicher einbinden, sollte leer sein. Falls dort Dateien vorhanden sind, dann werden sie unsichtbar, wenn das Verzeichnis als Zielpunkt für den Mount-Vorgang dient. Erst wenn der Datenträger wieder aus dem Dateisystem ausgehängt wird, kann wieder auf die Daten zugegriffen werden.

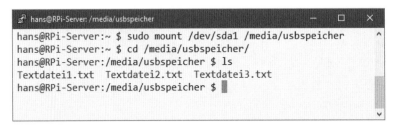

Abbildung 4.26 Einhängen von externen Datenspeichern mit »mount«

Übrigens: Der mount-Befehl bietet eine Menge weiterer Optionen, die wir erst einmal nicht benötigen. Sie können sich diese jedoch übungshalber einmal mit

```
sudo mount --help
```

anzeigen lassen.

Wechseln Sie doch nun einmal mit

```
cd /media/usbspeicher
```

in das Verzeichnis, dem nun der USB-Speicher zugewiesen wurde. Lassen Sie sich den Inhalt mit `ls` anzeigen, und navigieren Sie mit `cd`. Sie werden sehen, dies ist Ihr USB-Speicher, den Sie nun (fast) ganz normal verwenden können. Die gesamte Prozedur gilt analog auch für USB-Festplatten gleich welcher Baugröße.

Wozu diente eben das Wörtchen »fast«? Nun, es gibt noch eine Unzulänglichkeit: USB-Speichermedien mit einem FAT32-Dateisystem (besser VFAT) werden bisher so eingebunden, dass nur der *root*-Besitzer Schreibrechte bekommt. Alle anderen Benutzer erhalten nur Leserechte. Wenn Sie also eine Datei verändern oder neu anlegen möchten, dann müssen Sie den `sudo`-Befehlsvorsatz verwenden. Das kann je nach Situation von Interesse sein, wenn normale Systembenutzer die Dateien auf dem Speichermedium nicht verändern dürfen. Wenn Sie beispielsweise eine Mediensammlung auf Ihrem USB-Stick haben, die (normalerweise) nicht gelöscht werden soll, dann kann diese Einstellung vorteilhaft sein. Ein versehentliches Löschen wird unterbunden, notfalls können Sie mit einem `sudo` eingreifen. Dass Sie jedes Mal den `sudo`-Befehlsvorsatz verwenden müssen, kann jedoch etwas unbequem sein. Aber keine Sorge: In Kürze werden wir uns mit den Zugriffsrechten befassen.

4.10.4   Den USB-Speicher wieder entfernen

Was ist, wenn die Arbeit mit dem USB-Speicher beendet ist? Einfach abstecken und gut? Nein, nicht ganz. Im Grundzustand wird nämlich die Verknüpfung zwischen dem Dateisystem und dem entsprechenden Speichermedium nicht wieder automatisch gelöst. Wenn Sie den USB-Speicher einfach abstecken, dann führt dies zu Zugriffsproblemen und Fehlermeldungen im Dateisystem. Bevor Sie das Speichermedium entfernen, müssen Sie es also aus dem Dateisystem wieder korrekt aushängen. Hierfür dient der Befehl `umount` (Achtung, er heißt nicht u*n*mount!). In unserem Fall müssen wir also

```
sudo umount /dev/sda1
```

eingeben.

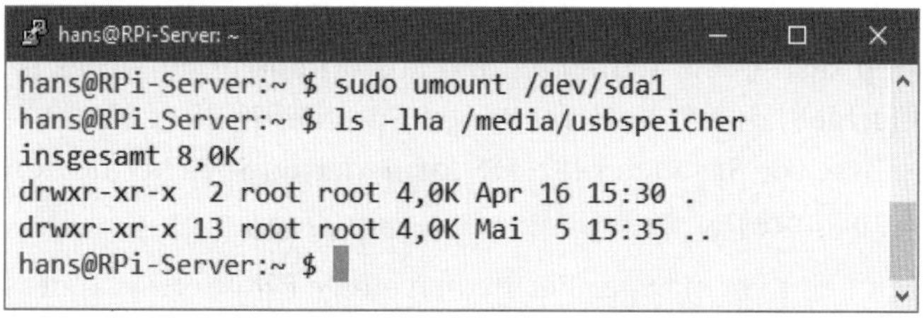

```
hans@RPi-Server: ~                                    —    □    ×
hans@RPi-Server:~ $ sudo umount /dev/sda1
hans@RPi-Server:~ $ ls -lha /media/usbspeicher
insgesamt 8,0K
drwxr-xr-x  2 root root 4,0K Apr 16 15:30 .
drwxr-xr-x 13 root root 4,0K Mai  5 15:35 ..
hans@RPi-Server:~ $ ▌
```

Abbildung 4.27 Datenspeicher aushängen mit »umount«

Eventuell müssen Sie `sda1` entsprechend anpassen. Vorher müssen Sie jedoch sicherstellen, dass keine Anwendung mehr auf den USB-Speicher zugreift, ansonsten kann umount Ihrem Befehl nicht folgen und gibt eine Warnung aus, dass jenes Gerät gerade noch in Verwendung ist. Außerdem dürfen Sie sich im Moment des »Un-Mountens« nicht im Verzeichnis des USB-Sticks befinden. Lautet Ihr aktueller Verzeichnispfad also noch */media/usbspeicher*, dann wird der Un-Mount-Vorgang ebenfalls fehlschlagen. Wechseln Sie also vorher mit einem cd in Ihr Home-Verzeichnis. Jetzt sollte das Aushängen aus dem Dateisystem erfolgreich sein (falls nicht noch andere Programme gerade auf den Stick zugreifen). Sie können den USB-Speicher dann abstecken.

Generell müssen Sie natürlich immer darauf achten, dass Sie ein USB-Speichermedium erst dann abstecken, wenn alle Speicherzugriffe abgeschlossen sind. Das kennen Sie von Ihrem gewöhnlichen Desktopcomputer. Entfernen Sie das Speichermedium, während darauf geschrieben wird, kann es zu Datenverlust kommen. Im ungünstigsten Fall wird das Dateisystem beschädigt, und der gesamte Speicherinhalt geht verloren.

4.10.5   Auf NTFS-formatierte Datenträger zugreifen

Unser Linux-Betriebssystem bringt von Haus aus schon eine recht breite Unterstützung für verschiedene Dateisysteme mit und kann auch viele Windows-Formate lesen und schreiben. Das moderne NTFS-Dateisystem gehört jedoch nicht komplett dazu – zumindest nicht ohne die Installation von zusätzlicher Software. Dies ist aber kein Problem. Das kleine Paket *ntfs-3g* rüstet die Fähigkeit, das NTFS-Dateisystem zu lesen und zu schreiben, ganz einfach nach. Um es zu installieren, genügt die Ausführung folgenden Befehls:

```
sudo apt-get install ntfs-3g
```

Drücken Sie nach der Eingabe auf die ⏎-Taste, und bestätigen Sie auch die Installationsrückfrage entsprechend. Nach der Installation können Sie sofort ein beliebiges Speichermedium mit dem NTFS-Dateisystem verwenden.

Wenn Sie ein USB-Speichergerät mit dem NTFS-Dateisystem in das Dateisystem einhängen, dann geschieht dies (in der Voreinstellung) so, dass alle Benutzer vollständige Zugriffsrechte erhalten, also lesen, schreiben und ausführen können. Dies ist also ein deutlicher Unterschied zu FAT32-formatierten Speichermedien. Nachfolgend werden wir uns ansehen, wie Sie auch bei NTFS-formatierten Speichermedien die Zugriffsrechte verändern können.

Unter Raspbian sind derzeit beim Thema Speichermedien einige Dinge etwas anders geregelt als unter Bananian. So bringt Raspbian gleich von Haus aus einen Treiber mit, der das NTFS-Dateisystem lesen (aber nicht beschreiben) kann. Leider kommt es mit dem NTFS-System unter Raspbian mit einigen Speichermedien derzeit zu Problemen, wenn diese automatisch durch die nachfolgend beschriebenen Optionen eingehängt werden sollen. Wenn Sie bei NTFS-formatierten Medien auf Schwierigkeiten stoßen und die Medien nicht wie erwartet funktionieren, dann sollten Sie auf andere Dateisysteme ausweichen. Das gilt jedoch nur, wenn ein automatischer Mount-Vorgang notwendig ist.

4.10.6   Auf exFAT-formatierte Datenträger zugreifen

Möglicherweise verwenden Sie bereits einen modernen USB-Stick größerer Speicherkapazität, der das Dateisystem exFAT nutzt. Dieses Dateisystem wird von modernen Windows-Versionen für größere externe (Flash-)Speichermedien verwendet.

Im Grundzustand kann der Pi-Computer mit diesem Format aus der Windows-Welt nichts anfangen. Das lässt sich aber – genauso wie beim NTFS-Format – relativ schnell ändern. Um Ihren Pi-Computer »fit« für dieses Dateisystem zu machen, installieren Sie einfach mit folgendem Befehl die benötigte Unterstützung:

```
sudo apt-get install exfat-fuse
```

Sie können danach exFAT-formatierte Speichergeräte direkt verwenden. Nicht verschwiegen werden soll an dieser Stelle jedoch der Hinweis, dass sich für Speichergeräte, die explizit für den Pi-Server bestimmt sind, ein Linux-Dateisystem besser eignet. Ein solches legen wir in Abschnitt 4.10.12 gemeinsam an.

4.10.7   Die Zugriffsrechte manuell festlegen

Nun werden wir uns anschauen, wie Sie die Zugriffsrechte beim Mount-Vorgang anpassen können. Momentan werden FAT32-Speichermedien so eingebunden, dass nur der *root*-Benutzer Schreibrechte bekommt, alle anderen Benutzer dürfen alle Daten lesen und ausführen. Bei NTFS-formatierten Medien erhalten alle Benutzer Vollzugriff. Zunächst einmal ist es wichtig, dass Sie die Ihnen derzeit bekannte Rechtevergabe auf Benutzer- und Gruppenebene mit FAT32- und NTFS-Speichermedien nicht verwenden können. Das ist nur mit einem Linux-Dateisystem möglich – deswegen habe ich Ihnen dieses auch eingangs für das Haupt-Speichermedium empfohlen. Für eingehängte FAT32- und NTFS-Dateisysteme können Sie nur ein globales Zugriffsrecht vergeben, das dann für alle Dateien dieses Speichermediums gilt (genauer gesagt, gilt diese Rechtevergabe für die jeweilige Partition auf dem Speichergerät).

Schauen wir uns jetzt an, wie Sie diese »globalen« Zugriffsrechte setzen. Hängen Sie zunächst Ihr Speichermedium wieder wie zuvor gezeigt aus dem Dateisystem aus. Sie können nun folgende Optionen für die gesamte einzuhängende Partition vergeben:

- ▸ den Besitzer aller Dateien und aller Verzeichnisse
- ▸ die besitzende Gruppe für alle Dateien und Verzeichnisse
- ▸ die Zugriffsrechte getrennt für Dateien und Verzeichnisse

Diese Optionen geben Sie in Form einer Liste an, die Sie mit dem einleitenden Parameter -o nach dem mount-Kommando anhängen. Die einzelnen Optionen trennen Sie mit Kommata ohne Leerzeichen.

Die Einstellung von Besitzer und besitzender Gruppe ist relativ einfach. Für den Besitzer definieren Sie die Option uid= als Kurzform von *user ID*. Sie hängen dann einfach den jeweiligen Benutzernamen an. Für die besitzende Gruppe gilt analog gid= als Kurzform für *group ID*.

Die Vergabe der Zugriffsrechte ist schwieriger. Die Eingabe erfolgt im *maskierten Oktal-Modus* in Form einer Ziffergruppe. Bitte lesen Sie hierfür zuerst die Ausführungen zur »kryptischen Rechtevergabe im Oktal-Modus«, die Sie in Abschnitt 4.4 finden. Dort haben Sie gelernt, wie Sie Zugriffsrechte im Oktal-Modus setzen, bei dem es für jedes Recht eine Ziffer gibt. Die Ziffern werden addiert, wenn mehrere Rechte vergeben werden sollen. Nun bekommen wir es aber mit dem maskierten Oktal-Modus zu tun. Hierbei müssen Sie das errechnete Recht im Oktal-Modus von der Ziffer 7 abziehen. Ein Beispiel: Sie möchten für eine Datei ausschließlich Leserechte vergeben. Dafür steht im Oktal-Modus die Ziffer 4. Im maskierten Oktal-Modus gilt: 7 − 4 = 3. Sie müssen also eine 3 setzen. So können Sie schließlich die Rechte für Verzeichnisse in Form der dmask und die Rechte für Dateien in Form einer fmask angeben. *d* und *f* stehen natürlich für *directory* beziehungsweise *file*. Es werden immer vier Ziffern eingegeben. Die erste Ziffer ist für unsere Anwendungen stets eine Null. Es folgen – wie im Oktal-Modus – die Rechte für den Besitzer, dann die besitzende Gruppe und dann die Rechte für alle anderen.

Betrachten wir ein Beispiel: Sie möchten die Partition */dev/sda1*, die zu einem USB-Stick gehört, in das Verzeichnis */media/usbspeicher* einbinden, wie Sie es in Abbildung 4.28 sehen.

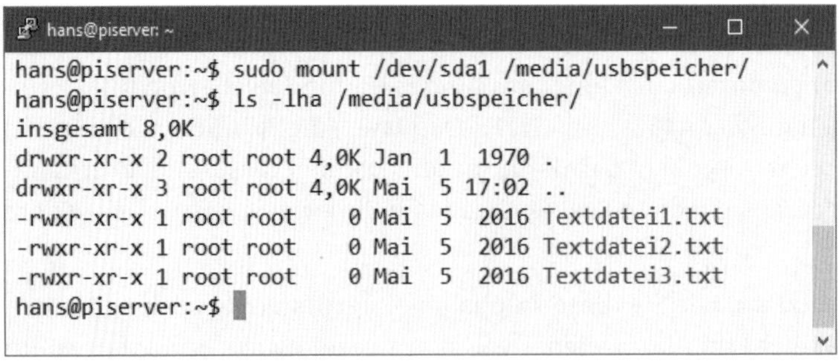

```
hans@piserver: ~                                    —    □    ×

hans@piserver:~$ sudo mount /dev/sda1 /media/usbspeicher/
hans@piserver:~$ ls -lha /media/usbspeicher/
insgesamt 8,0K
drwxr-xr-x 2 root root 4,0K Jan  1  1970 .
drwxr-xr-x 3 root root 4,0K Mai  5 17:02 ..
-rwxr-xr-x 1 root root    0 Mai  5  2016 Textdatei1.txt
-rwxr-xr-x 1 root root    0 Mai  5  2016 Textdatei2.txt
-rwxr-xr-x 1 root root    0 Mai  5  2016 Textdatei3.txt
hans@piserver:~$ 
```

Abbildung 4.28 »mount« ohne angepasste Rechte

Sie möchten, dass der Besitzer der Datei auf den Benutzer *hans* gesetzt wird. Die Dateien sollen der Gruppe *users* gehören. Der Besitzer und die Gruppe sollen volle Zugriffsrechte erhalten. Alle anderen dürfen die Dateien nur lesen. Jetzt müssen Sie beachten, dass Sie für Verzeichnisse das Ausführrecht setzen müssen, damit sich ein Benutzer ihren Inhalt anzeigen lassen kann. Sie möchten also im klassischen symbolischen Modus folgende Rechte vergeben: für Dateien rwx rwx r-- und für Verzeichnisse: rwx rwx r-x.

Daraus ergibt sich im Oktal-Modus: für Dateien 0774 und für Verzeichnisse: 0775.

Im maskierten Oktal-Modus (jede Ziffer von 7 abziehen, die Null bleibt vorweg) ergibt sich also für Dateien 0003 und für Verzeichnisse 0002.

Jetzt müssen Sie folgenden mount-Befehl ausführen:

```
sudo mount -o uid=hans,gid=users,fmask=0003,dmask=0002 /dev/sda1 /media/usb-
speicher/
```

```
 hans@piserver: ~                                                          —    □    ✕
hans@piserver:~$ sudo mount -o uid=hans,gid=users,fmask=0003,dmask=0002 /dev/sda1 /media/usbspeicher/
hans@piserver:~$ ls -lha /media/usbspeicher/
insgesamt 8,0K
drwxrwxr-x 2 hans users 4,0K Jan  1 1970 .
drwxr-xr-x 3 root root  4,0K Mai  5 17:02 ..
-rwxrwxr-- 1 hans users    0 Mai  5 2016 Textdatei1.txt
-rwxrwxr-- 1 hans users    0 Mai  5 2016 Textdatei2.txt
-rwxrwxr-- 1 hans users    0 Mai  5 2016 Textdatei3.txt
hans@piserver:~$ 
```

Abbildung 4.29 Angepasste Rechte für »mount«

Wie zuvor erwähnt, werden die einzelnen Optionen mit Kommata getrennt, sie stehen jedoch ohne Leerzeichen hintereinander weg. Nebenbei müssen Sie natürlich sicherstellen, dass die angedachten Benutzer auch Mitglied der Gruppe *users* sind. Wie Sie Benutzer zu einer Gruppe hinzufügen, haben Sie in Abschnitt 4.8.8 gelernt, dafür dient der (angepasste) Befehl:

```
sudo usermod -aG users benutzername
```

Falls es auf Ihrem Rechner noch keine Gruppe *users* gibt, dann müssen Sie sie mit dem Befehl

```
sudo addgroup users
```

erstellen. Auf diese Weise können Sie auch Gruppen mit anderem Namen für eigene Konfigurationen anlegen.

Ein zweites Beispiel: Sie möchten, dass die eingehängten Daten dem Benutzer *hans* gehören. Die Gruppe interessiert Sie nicht, Sie möchten nur *hans* betrachten und ihn als einzigen Benutzer erlauben. Sie können nun die Gruppe auf *root* setzen oder ebenfalls *hans* eintragen, denn es gibt stets eine Gruppe mit dem Namen des Benutzers, in der normalerweise nur dieser Mitglied ist. Alle anderen sollen keinerlei Zugriffsrechte haben. Sie möchten also im Oktal-Modus folgende Rechte vergeben:

Dateien und Verzeichnisse: 0770. Daraus wird im maskierten Oktal-Modus: 0007. Also müssen Sie folgenden Befehl zum Einhängen verwenden:

```
sudo mount -o uid=hans,gid=hans,fmask=0007,dmask=0007 /dev/sda1 /media/usb-
speicher/
```

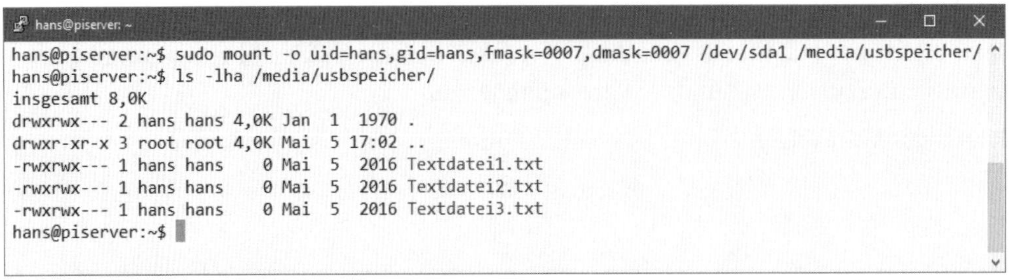

```
hans@piserver:~$ sudo mount -o uid=hans,gid=hans,fmask=0007,dmask=0007 /dev/sda1 /media/usbspeicher/
hans@piserver:~$ ls -lha /media/usbspeicher/
insgesamt 8,0K
drwxrwx--- 2 hans hans 4,0K Jan  1  1970 .
drwxr-xr-x 3 root root 4,0K Mai  5 17:02 ..
-rwxrwx--- 1 hans hans    0 Mai  5  2016 Textdatei1.txt
-rwxrwx--- 1 hans hans    0 Mai  5  2016 Textdatei2.txt
-rwxrwx--- 1 hans hans    0 Mai  5  2016 Textdatei3.txt
hans@piserver:~$
```

Abbildung 4.30 Angepasste Rechte für »mount«

Natürlich können Sie sich nach diesem Muster beliebige eigene Rechtekombinationen erstellen. Der Befehl zum Aushängen bleibt hiervon jedoch unberührt, es gilt exakt das, was Sie zuvor gelernt haben.

4.10.8   Grundsätzliches zum automatischen Mounten

Sie haben in den vorherigen Abschnitten das manuelle Einbinden eines beliebigen USB-Speichermediums in das Dateisystem kennengelernt. Sie sind nun in der Lage, USB-Speichergeräte mit verschiedenen Dateisystemen (dazu gehören natürlich auch die unter Linux verwendeten ext-Formate) zu verwenden. Dies ist jedoch bisher ein rein manueller Vorgang, der bei jedem Anschließen und Abstecken eines Speichermediums sowie bei jedem Rechnerneustart auszuführen ist. Das ist wenig komfortabel und lässt sich zum Glück auch automatisieren. Die folgenden Abschnitte beschreiben mehrere Möglichkeiten, mit denen sich der Mount-Vorgang automatisieren lässt. Sie können auf Ihrem Server problemlos alle Optionen realisieren oder sich nur bestimmte Optionen heraussuchen. Es kommt nicht zu einer gegenseitigen Beeinflussung.

Im nächsten Abschnitt betrachten wir die Option, beliebige USB-Speichergeräte automatisch in das Dateisystem einzubinden. Sie können damit jeden funktionierenden USB-Stick anschließen, dem automatisch ein Verzeichnis unterhalb von */media* zugewiesen wird. Somit können Sie den Speicherplatz Ihres Servers praktisch unbegrenzt erweitern. Dieser Vorgang entspricht in etwa dem, was Sie von Ihrem Desktopcomputer gewohnt sind.

Diese Option hat jedoch einen Nachteil, den ich später noch ausführlicher behandeln werde: Das Mount-Verzeichnis ist mehr oder weniger variabel. Wenn ein bestimmter Dienst seine Daten unter einem festen Dateipfad erwartet, ist dies ungünstig.

Deswegen gibt es auch die Option, einen bestimmten Datenträger (und nur ihn) stets in einem ganz bestimmten Dateipfad einzuhängen. Diese Option werde ich in Abschnitt 4.10.10, »Automatisierter Mount-Vorgang mit festem Verzeichnispfad«, besprechen. Sie können diese Option parallel zum allgemeinen automatischen Mount-Vorgang einrichten. Sollten Sie jedoch nur mit speziellen Speichermedien arbeiten wollen und sind an einem allgemeinen automatischen Mount-Vorgang beliebiger Medien nicht interessiert, dann können Sie sich auch nur auf die spezialisierte Option konzentrieren und den folgenden Abschnitt überspringen. Dies kann für einen Server aus Sicherheitsgründen sogar die bessere Lösung sein. An einem Server sollten Speichermedien jedoch üblicherweise längerfristig verfügbar sein und nicht zu beliebigen Zeitpunkten getauscht werden. Da dies jedoch je nach Aufgabenstellung – insbesondere in einem Heimnetz – durchaus erforderlich werden kann, werde ich auch diesen Punkt besprechen.

4.10.9   Automatisierter Mount-Vorgang mit beliebigen USB-Speichermedien

Im Folgenden betrachten wir den automatischen Mount-Vorgang beliebiger (funktionierender und unterstützter) USB-Speichergeräte. Diese Option ist hauptsächlich dann interessant, wenn Sie häufig externe Speichermedien anschließen wollen, weil Sie mit diesen Medien Daten austauschen möchten. Dies kann beispielsweise der Fall sein, wenn Sie neue Fotos zur Fotosammlung auf dem Haupt-Speichermedium des Servers hinzufügen wollen. Oder Sie möchten Daten vom Haupt-Speichermedium des Servers auf ein externes Speichermedium verschieben, weil die Daten an einem anderen Ort weiterbearbeitet werden sollen. Das Automatisieren ist dann von Relevanz, wenn dieser Vorgang bei Ihnen häufiger ausgeführt wird. Wenn diese Aufgabe bei Ihnen nur gelegentlich ansteht, dann können Sie diesen Vorgang jedoch auch einfach manuell durchführen, wie ich es zuvor gezeigt habe.

Wenn Sie den Mount-Vorgang beliebiger Medien automatisieren möchten, dann ist eine kleine Skriptsammlung mit dem Namen usbmount hilfreich, die Ihnen die Aufgabe des Ein- und Aushängens von Speichermedien abnimmt. Installieren Sie das Paket einfach mit dem Befehl

```
sudo apt-get install usbmount
```

Bestätigen Sie die gewohnte Installationsrückfrage. Beachten Sie wie immer, dass Sie gegebenenfalls die Liste der Paketquellen aktualisieren müssen (und dafür den Befehl sudo apt-get update verwenden).

Nach der Installation werfen Sie bitte einmal einen Blick in den Inhalt von *media* (mit den Befehlen cd /media und dann ls). Sie werden sehen, dass es dort nun eine ganze Reihe neuer Verzeichnisse gibt:

usb usb0 usb1 usb2 usb3 usb4 usb5 usb6 usb7

```
hans@piserver: /media                                    —    □    ×
hans@piserver:~$ cd /media
hans@piserver:/media$ ls
usb  usb0  usb1  usb2  usb3  usb4  usb5  usb6  usb7  usbspeicher
hans@piserver:/media$
```

Abbildung 4.31 Der Inhalt von »/media« nach Installation von »usbmount«

Wenn Sie nun ein USB-Speichergerät anschließen (verwenden Sie zunächst unbedingt eines mit einem FAT32- oder Linux-Dateisystem), dann wird es automatisch in das Dateisystem eingehängt. Verwendet wird dazu das nächste noch unbenutzte Verzeichnis aus der soeben vorgestellten Verzeichnisliste. Das erste Gerät erhält also *usb0*, das zweite *usb1*, und so weiter. Das Verzeichnis *usb* ohne eine Ziffer stellt lediglich eine Verknüpfung zum Verzeichnis *usb0* dar. Probieren Sie es einmal aus.

```
hans@piserver: /media/usb0                               —    □    ×
hans@piserver:/media/usb0$ ls -lh
insgesamt 0
-rwxr-xr-x 1 root root 0 Mai  5  2016 Textdatei1.txt
-rwxr-xr-x 1 root root 0 Mai  5  2016 Textdatei2.txt
-rwxr-xr-x 1 root root 0 Mai  5  2016 Textdatei3.txt
hans@piserver:/media/usb0$
```

Abbildung 4.32 Inhalt eines automatisch eingehängten Speichersticks

Navigieren Sie in das entsprechende Verzeichnis, und lassen Sie sich die Dateien anzeigen. Nun können Sie das Speichergerät wieder abstecken (ohne ein vorheriges manuelles Aushängen), und Sie werden sehen, dass sich im entsprechenden Verzeichnis keine Dateien mehr befinden. Ist das nicht praktisch? Sie sollten jedoch vor dem Aushängen das aktuelle Verzeichnis verlassen. Wechseln Sie am besten direkt in das Verzeichnis */media*. Wenn Sie nach dem Abstecken wieder im jeweiligen Verzeichnis */media/usbX* nachsehen, dann werden Sie feststellen, dass der USB-Speicher korrekt ausgehängt wurde.

Wenn Sie jetzt ein wenig mit den eingehängten Speichermedien arbeiten, dann fällt Ihnen vielleicht etwas bereits Bekanntes auf: Wenn Sie ein FAT32-formatiertes Speichermedium in das Dateisystem einhängen, dann gehört das Mount-Verzeichnis dem *root*-Benutzer. Nur dieser Benutzer hat Schreibzugriffsrechte. Alle anderen Benutzer dürfen die Daten nur lesen. Das können Sie mit dem Befehl `ls -la` im jeweiligen Verzeichnis überprüfen. Natürlich können Sie das auch mit usbmount ändern. Dabei müssen Sie exakt die Rechtevergabe verwenden, die Sie zuvor beim manuellen Mount-Vorgang kennengelernt haben. Wir wollen wir uns hier einmal zwei Beispiele ansehen: Wir werden entweder grundsätzlich jedem den Schreibzugriff erlauben oder aber den Schreibzugriff nur dem Besitzer *hans* sowie den Mitgliedern der Benutzergruppe *users* gestatten.

Bevor wir mit der Konfiguration beginnen, sollten Sie jedoch zunächst eine Sicherheitskopie der Konfigurationsdatei anlegen:

```
sudo cp /etc/usbmount/usbmount.conf /etc/usbmount/usbmount.conf.orig
```

Wenn etwas schiefläuft, dann (und nur in diesem Fall) können Sie diese Sicherungskopie wieder mit dem Befehl

```
sudo cp /etc/usbmount/usbmount.conf.orig /etc/usbmount/usbmount.conf
```

zurückspielen.

Betrachten wir zuerst Fall eins und erlauben den Schreibzugriff für jedermann. Dazu öffnen wir die Konfigurationsdatei von usbmount mit dem Texteditor über folgenden Befehl:

```
sudo nano /etc/usbmount/usbmount.conf
```

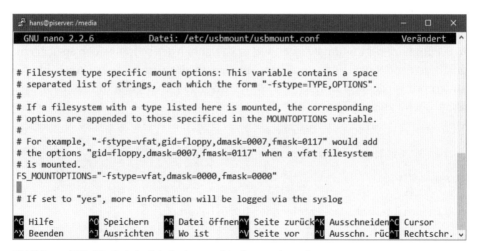

Abbildung 4.33 Die Datei »/etc/usbmount/usbmount.conf«

Suchen Sie nach dem Eintrag

```
FS_MOUNTOPTIONS=""
```

der sich etwas weiter unten in der Datei befindet (nutzen Sie zum Suchen gegebenenfalls das Tastaturkommando Strg + w). In diesem Eintrag spezifizieren Sie die Optionen. Hierbei dürfen Sie jedoch nicht – wie beim manuellen Einhängen – den Parameter -o verwenden. Stattdessen müssen Sie das verwendete Dateisystem spezifizieren. Dafür dient der einleitende Parameter -fstype. Für das FAT32-Dateisystem müssen Sie hier *vfat* eintragen. Zwischen *vfat* und *FAT32* gibt es eigentlich grundlegende Unterschiede, meistens werden die Begriffe jedoch – was nicht korrekt, aber trotzdem recht geläufig ist – synonym verwendet. Alle Optionen werden mit Kommata ohne Leerzeichen getrennt. Ändern Sie den Eintrag also so ab, dass er folgende Form annimmt:

```
FS_MOUNTOPTIONS="-fstype=vfat,dmask=0000,fmask=0000"
```

Achten Sie bitte noch einmal darauf, dass in der Liste, die von den Anführungszeichen umschlossen wird, keine Leerzeichen nach den Kommata stehen. Beachten Sie, dass wir keinen Benutzer und keine Gruppe spezifiziert haben. Das brauchen wir in diesem Fall auch nicht, weil wir den Zugriff für alle komplett erlaubt haben. Besitzer und Gruppe verbleiben in der Einstellung *root*. Natürlich könnten Sie auch eine Gruppe und einen Besitzer angeben (was aber keine Auswirkung hätte).

Drücken Sie nun die Tastenkombination ⌊Strg⌋+⌊x⌋. nano fragt, ob Sie Ihre Änderungen abspeichern wollen, was Sie bejahen, indem Sie ⌊j⌋ eingeben. Anschließend drücken Sie auf ⌊↵⌋. Dies wird den Texteditor beenden.

Ein Neustart eines Dienstes ist nicht nötig, beim nächsten Anstecken eines USB-Speichers (mit einem FAT32-Dateisystem) werden alle Benutzer vollständigen Lese-, Schreib- und Ausführzugriff haben.

Nun kümmern wir uns um Beispiel zwei und erlauben den schreibenden Speicherzugriff nur dem Nutzer *hans* und den Mitgliedern der Gruppe *users*. Auch hierfür ändern wir wieder den Eintrag FS_MOUNTOPTIONS in der Konfigurationsdatei von usbmount, die wir zuerst öffnen:

```
sudo nano /etc/usbmount/usbmount.conf
```

Suchen Sie wieder nach dem Eintrag

```
FS_MOUNTOPTIONS=
```

und ändern ihn so ab, dass er folgenden Inhalt bekommt:

```
FS_MOUNTOPTIONS="-fstype=vfat,uid=hans,gid=users,dmask=0002,fmask=0003"
```

Auch hier sei darauf hingewiesen, dass nach den Kommata kein Leerzeichen steht. Speichern Sie die Datei, und beenden Sie nano mit der Tastenkombination ⌊Strg⌋+⌊x⌋ und einer Bestätigung. Dieser Eintrag wird dazu führen, dass der Benutzer *hans* und alle Mitglieder der Gruppe *users* vollständige Lese-, Schreib- und Ausführrechte bekommen. Alle anderen erhalten Leserechte für Dateien, aber keine Schreib- und Ausführrechte (mit Ausnahme von Verzeichnissen).

Natürlich können Sie auch eigene Rechte vergeben, wie ich es zuvor gezeigt habe.

Beachten Sie aber, dass alle Rechteänderungen grundsätzlich auf alle USB-Speichergeräte gleichzeitig wirken und nicht nur auf ein bestimmtes Modell.

Bislang funktioniert usbmount noch nicht automatisch mit Sticks, die mit dem NTFS oder dem exFAT-Dateisystem formatiert sind. Wenn Sie auch mit solchen USB-Sticks arbeiten möchten, dann müssen Sie die Konfiguration von usbmount noch etwas anpassen. Dazu öffnen Sie wieder die Konfigurationsdatei:

```
sudo nano /etc/usbmount/usbmount.conf
```

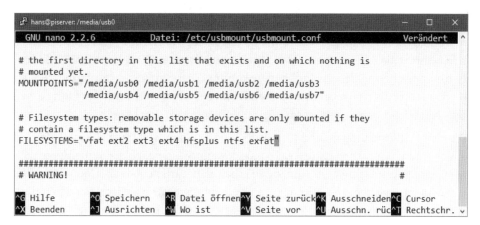

Abbildung 4.34 Dateisysteme in der Datei »/etc/usbmount/usbmount.conf« hinzufügen

Suchen Sie in dieser Datei nach folgender Zeile (die relativ weit oben in der Datei steht):

```
FILESYSTEMS="vfat ext2 ext3 ext4 hfsplus"
```

Ergänzen Sie am Schluss das Element ntfs und/oder das Element exfat. Die Zeile sollte dann beispielsweise so aussehen:

```
FILESYSTEMS="vfat ext2 ext3 ext4 hfsplus ntfs"
```

Wie Sie übrigens der Zeile entnehmen können, werden nicht nur das Windows-Format FAT und die Linux-Formate ext, sondern auch Speichermedien im Format HFS+ automatisch unterstützt. Speichern Sie anschließend die Datei ab, und beenden Sie nano auf die übliche Weise. Von nun an werden auch USB-Sticks automatisch eingebunden, die mit NTFS oder dem exFAT-Dateisystem arbeiten. NTFS-Speichersticks werden zunächst wieder so eingebunden, dass jeder Benutzer volle Zugriffsrechte erhält. Sie können aber auch wie zuvor für beide Dateisysteme die Zugriffsrechte beschränken. Die Einstellungen für NTFS- und exFAT-formatierte Datenträger sind die gleichen wie für VFAT-Systeme. Die Optionen werden am besten für alle Dateisysteme unabhängig definiert, aber in dieselbe Zeile geschrieben. Möchten Sie also Optionen sowohl für VFAT- als auch für NTFS-formatierte Datenträger einstellen, dann müssen Sie (alleinig) folgende FS_MOUNTOPTIONS eingeben:

```
FS_MOUNTOPTIONS="-fstype=vfat,gid=users,dmask=0002,fmask=0003 ↩
-fstype=ntfs,gid=users,dmask=0002,fmask=0003"
```

Suchen Sie also wieder die bisherige Zeile FS_MOUNTOPTIONS, und ändern Sie sie so, dass sie obigen Inhalt annimmt. Wie Sie sehen, werden die Optionen für die beiden Dateisysteme durch ein Leerzeichen getrennt. Dieses ist das einzige Leerzeichen in dem Ausdruck. Sie können gegebenenfalls unterschiedliche Optionen für beide Datenträgerformate wählen. Es ist ebenso möglich, nur für eines der beiden Systeme Optionen anzugeben. Für das exFAT-Format gelten analoge Einstellungen. An dieser Stelle noch einmal die Erinnerung, dass es gegebenenfalls unter Raspbian mit NTFS-formatierten Speichermedien zu Problemen kommt. Diese äußern sich darin, dass Sie nicht auf die Speichermedien zugreifen können, sondern die Fehlermeldung erhalten: Zugriff auf /media/usb0 nicht möglich: Der Socket ist nicht verbunden.

Die nette Hilfestellung usbmount hat jedoch noch einen wichtigen Nachteil, den ich zuvor schon besprochen hatte: Was passiert, wenn Sie in beliebiger Reihenfolge USB-Speichergeräte anschließen? Nun, diese erhalten natürlich beliebige Mount-Punkte, je nachdem, welcher *usbX*-Eintrag im Verzeichnis */media/* als nächstes noch frei ist. Was aber, wenn eines davon ein »wichtiges« Gerät ist, auf das beispielsweise Ihre ownCloud oder Ihr Musikplayer zugreifen soll? Diese Programme sind schließlich so konfiguriert, dass sie einen festen Verzeichnispfad erwarten. Beispielsweise könnte der Fileserver-Dienst Samba immer den Ordner */media/usb0* freigeben – aber was ist, wenn der USB-Stick plötzlich unter */media/usb1* eingehängt wurde? Sie sehen: Noch sind wir nicht am Ziel. Wir müssen uns noch etwas einfallen lassen, so dass ein bestimmtes Gerät immer in einem festen Verzeichnispfad eingehängt wird. Dieser Pfad darf nicht versehentlich von anderen Geräten verwendet werden.

4.10.10   Automatisierter Mount-Vorgang mit festem Verzeichnispfad

Wir wollen den automatischen Mount-Vorgang nun so einstellen, dass ein bestimmtes Gerät immer in einem ganz bestimmten Verzeichnispfad eingehängt wird. Küren Sie nun einen Ihrer USB-Sticks zum »Hauptstick«. Dieser soll von nun an stets im Verzeichnis */media/hauptstick* eingehängt werden. Sie benötigen für diesen Schritt nicht die zuvor installierte Komponente usbmount. Wenn Sie sie nicht installieren, dann werden andere USB-Sticks als Ihr Hauptstick nicht automatisch in das Dateisystem eingebunden. Sie können usbmount jedoch auch zusätzlich installieren. Dann wird jeder andere USB-Stick in der Liste */media/usbX* erscheinen, ganz gleich, ob der Hauptstick bereits angeschlossen ist oder nicht. Natürlich können Sie auch mehrere dieser »speziellen« Hauptgeräte anlegen, indem Sie die Anleitung einfach duplizieren. Selbstverständlich ist anstelle eines USB-Speichersticks auch eine USB-Festplatte möglich. Dasselbe gilt für ein Gerät, das am SATA-Anschluss des Banana Pi angeschlossen ist. Ich werde den Vorgang jedoch beispielhaft mit einem Haupt-USB-Stick erläutern.

Es ist offensichtlich, dass diese feste Zuordnung von Speichergerät und Dateipfad sehr wichtig ist, insbesondere für einen Server. Sobald Sie nämlich ein externes Speichermedium für einen beliebigen Serverdienst verwenden möchten, muss es immer unter einem bestimmten Pfad verfügbar sein, sonst gibt es unweigerlich Probleme. Um die folgende Einstellung kommen Sie also nicht herum. Die folgenden Schritte verlangen Ihre absolute Aufmerksamkeit, denn Tippfehler führen schnell »ins Aus«. Es ist besonders wichtig, dass Sie alle Befehle sehr gründlich befolgen. Achten Sie unbedingt auch auf eventuelle Leerzeichen, und kontrollieren Sie alle Eingaben, bevor Sie ⏎ drücken.

Bevor Sie richtig beginnen, legen Sie mit diesem Befehl zunächst erst einmal das (Beispiel-)Verzeichnis an, in das Ihr Hauptstick eingebunden werden soll:

```
sudo mkdir /media/hauptstick
```

Wenn Sie später noch weitere Geräte hinzufügen wollen, müssen Sie natürlich auch eigenständige Einhängepunkte definieren. Sie können natürlich auch einen eigenen Verzeichnisnamen benutzen.

Sie haben nun zwei Möglichkeiten: Entweder Sie streben eine möglichst hohe Flexibilität an, oder Sie möchten lieber mit einem »festgezurrten« System arbeiten. Überlegen Sie sich, ob Sie Ihre Haupt-USB-Speichergeräte, die den Speicherplatz für Ihre Serverdienste bereitstellen, auch während des Betriebs an- und abstecken möchten oder müssen. Wie ganz zu Beginn erwähnt, sollten diese Speichergeräte bei einem Einsteiger am besten ständig mit dem Server verbunden und bereits während des Bootvorgangs angeschlossen sein. Wie beschrieben finden die Serverdienste einen inkonsistenten Datenbestand vor, wenn die Geräte während des Betriebs entfernt werden. Das ist oftmals nicht schlimm, kann aber dazu führen, dass Sie beispielsweise die Datenbank des Medienservers einmal aktualisieren müssen. Gelegentlich kann es jedoch in einem Heimnetzwerk erforderlich sein, einen Datenträger während des Betriebs zu entfernen, beispielsweise dann, wenn eine umfangreiche Filmbibliothek aktualisiert werden soll und das Kopieren von vielleicht mehreren Hundert Gigabyte ansonsten über eine Netzwerkverbindung zu lange dauern würde. Wünschen Sie diese Flexibilität und möchten also auch die Haupt-Speichergeräte während des Betriebs an- und abstecken, dann sollten Sie zuerst die sogenannten *udev-Regeln* nutzen, die auch während des Rechnerbetriebs arbeiten. Diese Regeln werde ich im nächsten Abschnitt besprechen. Je nach Situation führen diese Regeln unter Umständen aber auch zu Problemen. Einsteiger sollten nicht vergessen, dass man den Server auch alternativ zu einem Zeitpunkt geringer Nutzung herunterfahren kann, um dann die Daten zu ändern. Anschließend kann der Server wieder gestartet werden.

Üblicherweise sollten die udev-Regeln auch erreichen, dass ein bereits beim Bootvorgang eingesteckter Haupt-USB-Stick automatisch korrekt eingebunden wird. Natürlich können Sie dann die udev-Regeln auch definieren, wenn Ihr Speichermedium im laufenden Betrieb angesteckt bleibt. Falls Ihr angeschlossenes Speichergerät nach dem Rechnerstart jedoch mit den udev-Regeln nicht automatisch am gewohnten Speicherort zur Verfügung steht, dann sollten Sie zusätzlich die anschließend beschriebenen Einstellungen in der Datei *fstab* anwenden.

Möchten Sie jedoch lieber mit einem fest verbundenen Speichermedium arbeiten, das Sie nicht während des Betriebs ab- und wieder anstecken wollen, sondern das ab dem Serverstart fest verbunden bleibt, dann ist für Sie die alleinige Nutzung der Datei *fstab* ausreichend, und Sie brauchen sich um die udev-Regeln nicht zu kümmern. Sie können dann sofort mit dem Abschnitt »Die Nutzung der Datei fstab« fortfahren.

Nebenbei für Wissbegierige: Noch in der Vorgängerversion Debian 7 »Wheezy« waren unter Umständen beide Einstellungen nötig. Die udev-Regeln kümmerten sich ausschließlich darum, einen USB-Speicher während des Rechnerbetriebs korrekt in das Dateisystem einzubinden. Sie kümmerten sich nicht um Speichergeräte, die schon beim Start des Rechners angeschlossen waren. Hier sprang die Datei *fstab* ein, die wiederum nur den Systemstart überwachte. In der aktuellen Debian-Version Jessie hat es hier aber einige Änderungen gegeben, und beide Verfahren führen mehr oder weniger zum Erfolg. Bei der Nutzung der Datei *fstab* ist jedoch das automatische Aushängen während des Betriebs bei unser derzeitigen Softwarekonfiguration nicht garantiert, weswegen wir diese Option alleinstehend nur für fest verbundene Speichermedien nutzen wollen.

Wenn Sie nun etwas verunsichert sind, dann sollten Sie zunächst die Einstellungen durch Ausprobieren kennenlernen und sich dann für eine oder beide Methoden entscheiden. Sie sollten solche Tests jedoch mit einem optionalen Datenbestand (und einer zweiten Speicherkarte) durchführen, bei dem es unkritisch ist, wenn er aufgrund der Versuche einmal nicht im Netzwerk zur Verfügung steht.

Die Nutzung von »udev«-Regeln

Wir beginnen zunächst mit der Erstellung von udev-Regeln. udev ist ein spezielles Programm, das die Gerätedateien im Verzeichnis */dev* verwaltet und unter anderem für die Erkennung von Hotplug-Ereignissen wie dem Anstecken eines USB-Speichergerätes zuständig ist. Zunächst einmal brauchen wir eine Eigenschaft des Hauptsticks, die diesen eindeutig identifiziert und von allen anderen USB-Speichergeräten unterscheidet, damit udev Ihren Hauptstick eindeutig erkennen kann. Eine sehr gute Eigenschaft ist die Seriennummer eines Gerätes, die sich auch bei ansonsten baugleichen Geräten unterscheidet. Stecken Sie also zuerst einmal Ihren Hauptstick (bitte als einzigen USB-Speicher) an Ihren Pi-Server an.

Bitte klären Sie nun mit Hilfe des Befehls

```
sudo fdisk -l
```

hinter welcher Gerätedatei sich Ihr USB-Hauptstick verbirgt. Aber Achtung: Sie benötigen hier nicht die Partition, sondern das gesamte Gerät. Halten Sie also Ausschau nach */dev/sda* oder */dev/sdb* ohne nachfolgende Ziffern; den Eintrag finden Sie in der durch Disk eingeleiteten Zeile. Wenn Sie mutig sind, dann können Sie sich die Befehlsausgabe auch wieder mit dem grep-Befehl zurechtkürzen. Folgender Befehl listet dann nur die relevante Zeile auf, die Ihren Hauptstick enthalten wird:

```
sudo fdisk -l | grep ^"Disk /dev/sd"
```

```
hans@piserver: ~                                              —    □    ×
hans@piserver:~$ sudo fdisk -l | grep ^"Disk /dev/sd"
Disk /dev/sdb: 7,6 GiB, 8119123968 bytes, 15857664 sectors
hans@piserver:~$ ▊
```

Abbildung 4.35 Die richtige Gerätedatei ermitteln

Haben Sie das Gerät in Erfahrung gebracht, so geben Sie folgenden etwas kryptisch aussehenden Befehl ein:

```
sudo udevadm info -a -n /dev/sda | grep serial
```

Ersetzen Sie dabei /dev/sda entsprechend durch Ihr Gerät, wobei es wahrscheinlich ist, dass es auch bei Ihnen /dev/sda lautet, zumindest wenn nur ein USB-Speichergerät angeschlossen ist. Sie erhalten in etwa folgende Ausgabe:

```
ATTRS{serial}=="6138A3B19Q"
ATTRS{serial}=="sw-ehci"
```

Dabei wird die Seriennummer bei Ihnen natürlich völlig anders aussehen. Notieren Sie sich den Wert in der oberen Zeile zwischen den Anführungszeichen, hier also 6138A3B19Q. Die untere Zeile braucht Sie nicht zu interessieren, eventuell wird sie bei Ihnen nicht einmal angezeigt. Achten Sie darauf, die Seriennummer korrekt abzuschreiben, besonders auch bei der Groß- und Kleinschreibung eventueller Buchstaben.

Nun müssen wir sehr kompliziert anmutende Regeln definieren, die die entsprechende automatische Einhängung vornehmen. Hierfür bemühen wir wieder den Texteditor nano. Geben Sie folgenden Befehl ein:

```
sudo nano /etc/udev/rules.d/60-usbspecialmount.rules
```

Abbildung 4.36 Die Datei »/etc/udev/rules.d/60-usbspecialmount.rules«

Es handelt sich um eine spezielle Datei, die wir neu erstellen wollen und die an »sechzigster« Position vom Programm udev abgearbeitet werden soll. Dieser Dateiname ist eine Spezialität von udev, die Sie aber jetzt erst einmal nicht weiter interessieren muss. Viel wichtiger ist, dass Sie folgende Zeilen fehlerfrei eingeben. Achten Sie auf die Groß- und Kleinschreibung und auch auf die Leerzeichen. Ersetzen Sie nun die Beispielseriennummer 6138A3B19Q durch Ihre Seriennummer, so wie Sie sie sich notiert haben. Die Seriennummer muss von Anführungszeichen umschlossen werden. Aus Platzgründen müssen wir in diesem Buch die Einträge auf mehrere Zeilen umbrechen. Verwenden Sie für jeden der folgenden zwei Einträge (die jeweils mit ACTION beginnen) wie in Abbildung 4.36 gezeigt jedoch nur eine Zeile ohne Umbrüche:

```
ACTION=="add", SUBSYSTEMS=="usb", KERNEL=="sd?1", ATTRS{serial}==
"6138A3B19Q", RUN+="/bin/mount /dev/%k /media/hauptstick", OPTIONS="last_rule"
ACTION=="remove", SUBSYSTEMS=="usb", KERNEL=="sd?1", RUN+="/bin/umount /dev/
%k", OPTIONS="last_rule"
```

Beachten Sie, dass nach den Kommata stets ein Leerzeichen steht. Die erste Zeile dient der Erkennung des neu angeschlossenen Hauptsticks. Sie enthält den Befehl zum Einhängen des Speichermediums in das Dateisystem. Die zweite Zeile enthält den Befehl, der beim Abstecken des Speichermediums ausgeführt wird. Beachten Sie: Dieser Befehl muss nicht speziell für den Hauptstick angepasst werden. Stattdessen entfernt er einfach das gerade abgesteckte Speichergerät aus dem Dateisystem. Bitte machen Sie sich mit dieser Logik vertraut.

Speichern Sie die Datei ab, und beenden Sie nano. Dafür betätigen Sie wieder die Tastenkombination ⌜Strg⌟+⌜x⌟ und bestätigen die Sicherheitsfrage mit den Tasten ⌜j⌟ und ⌜↵⌟.

Nun müssen Sie noch den Dienst mit dem Namen udev neu starten, damit er Ihre soeben eingegebenen Regeln auch verwendet. Geben Sie folgenden Befehl ein:

```
sudo service udev restart
```

Das war es schon. Nun können Sie Ihren Hauptstick entfernen und neu einstecken und prüfen, ob er auch tatsächlich im Verzeichnis */media/hauptstick* eingehängt wird. Wenn nicht, überprüfen Sie nochmals alle Schritte. Wenn alles funktioniert, dann stecken Sie bitte noch einen weiteren USB-Stick an, ziehen danach den Hauptstick wieder ab und prüfen bei jedem Schritt die Verzeichnisinhalte in */media*. Der Hauptstick wird immer im Verzeichnis */media/hauptstick* eingebunden. Haben Sie zusätzlich usbmount installiert, dann werden alle anderen Sticks in */media/usbX* eingebunden. Achten Sie aber unbedingt darauf, dass Sie das Speichergerät erst dann vom Pi-Computer abstecken, wenn alle Speicherzugriffe abgeschlossen sind. Entfernen Sie das Gerät während eines Speichervorgangs, dann kann dies zu einem Datenverlust führen. Unter Umständen kommt es zu Problemen, wenn Sie sowohl usbmount als auch udev-Regeln eingerichtet haben. Sie bemerken dann, dass Ihr Hauptstick sowohl von udev als auch von usbmount eingehängt und beim Abstecken nicht automatisch von beiden Diensten wieder ausgehängt wird. In diesem Fall können Sie entweder den noch übrig gebliebenen Mount-Punkt ganz einfach manuell aushängen. Je nach Systemkonfiguration ist es auch hilfreich, zusätzlich die im nächsten Abschnitt besprochene Einstellung in der Datei *fstab* vorzunehmen. Eine weitere Alternative ist ein etwas radikaler Schritt: die Deinstallation von usbmount. Dazu nutzen Sie den Befehl

```
sudo apt-get remove usbmount
```

Übrigens: Diese udev-Regeln sind nicht nur auf einen einzelnen Stick beschränkt. Wenn Sie mehrere Speichermedien haben (dazu gehören auch ganz allgemein Festplatten), die immer in bestimmte Verzeichnisse eingehängt werden sollen, dann können Sie das natürlich mit der vorigen Anleitung auch erreichen. Dafür müssen Sie einfach nur wieder die Seriennummer in Erfahrung bringen (genau wie zuvor beschrieben) und in der Textdatei *60-usbspecialmount.rules* entsprechend die erste Zeile mit ACTION== "add" mit der weiteren Seriennummer und einem eigenen Mount-Punkt im Dateisystem duplizieren. Die zweite Zeile mit ACTION=="remove" steht hingehen nur einmal in dieser Datei, ganz gleich, wie viele Speichermedien Sie berücksichtigen möchten.

Auch an dieser Stelle müssen wir uns noch einmal um die Rechte kümmern. Während es bei Linux-Dateisystemen keine Probleme gibt, müssen wir bei Windows-Formaten wieder etwas genauer hinschauen und wiederholt etwas Hand anlegen. Bei FAT32-Systemen erhält zunächst wieder nur der *root*-Benutzer Schreibzugriff.

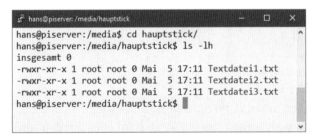

Abbildung 4.37 Noch hat nur »root« Schreibrechte

NTFS-Dateisysteme werden erneut so eingebunden, dass alle Benutzer vollen Zugriff erhalten. Sie können jedoch auf Wunsch Anpassungen vornehmen. Es gelten wieder die zuvor besprochenen Optionen. Nehmen wir an, Sie möchten erneut erreichen, dass nur der Benutzer *hans* und die Mitglieder der Gruppe *users* volle Zugriffsrechte erhalten und alle anderen lediglich Leserechte bekommen. Mit anderen Worten – Sie möchten die bekannten Optionen:

```
uid=hans,gid=users,dmask=0002,fmask=0003
```

setzen.

Sie fügen diese Optionen in dem Argument RUN der soeben bearbeiteten Ausdrücke in der Zeile ACTION=="add" ein. Betrachten wir dies einmal in der aktuellen Konfiguration. Der Ausdruck lautet bisher:

```
RUN+="/bin/mount /dev/%k /media/hauptstick"
```

Die Optionen fügen Sie nun vor dem Argument /dev/%k ein. Beachten Sie, dass Sie dieses Mal wieder den Parameter -o voranstellen müssen. Im Beispiel würde der neue Ausdruck also lauten:

```
RUN+="/bin/mount -o uid=hans,gid=users,dmask=0002,fmask=0003 /dev/%k /media/
hauptstick"
```

Erneut stehen bei den Optionen nach den Kommata keine Leerzeichen. Die Angaben vor und nach dem RUN-Argument dürfen Sie nicht antasten beziehungsweise verändern. Natürlich können Sie bei Bedarf auch andere uid-, gid-, dmask- und fmask-Parameter definieren, falls dies erforderlich seien sollte. Beachten Sie insbesondere, dass diesmal die Eintragungen unabhängig vom Dateisystemtyp sind, aber nur für den konfigurierten USB-Stick gelten. Das Ergebnis sehen Sie in Abbildung 4.38.

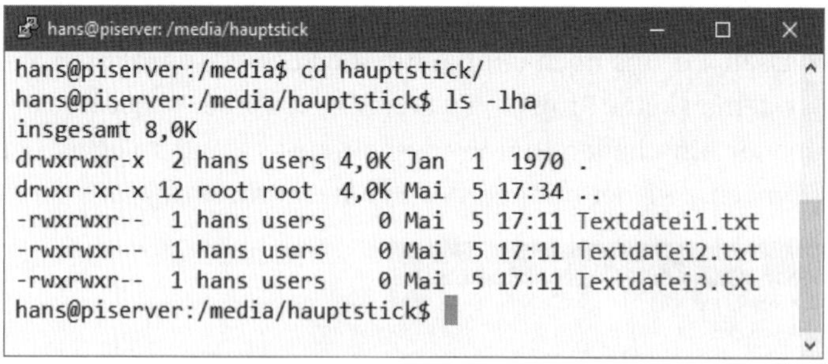

Abbildung 4.38 Nun stimmen auch die Rechte auf dem Stick

Wenn Sie diese Methode realisiert haben, dann müssen Sie nun – wie zuvor beschrieben – klären, ob Ihr Hauptstick auch korrekt in das Dateisystem eingebunden wird, wenn er bereits beim Startvorgang des Servers eingesteckt ist. Starten Sie den Server also einmal neu, und kontrollieren Sie den Inhalt des Einhängeverzeichnisses. Wurde der USB-Stick korrekt eingebunden, dann sind Sie an dieser Stelle fertig. Wurde der Stick beim Start des Servers jedoch nicht korrekt eingebunden, dann sollten Sie auch noch den nächsten Abschnitt bearbeiten.

Die Nutzung der Datei »fstab«

Jetzt wollen wir uns ansehen, wie wir den automatischen Mount-Vorgang mit festem Dateipfad über die Datei *fstab* erweitern können. In der Vorgängerversion des Betriebssystems war dieser Schritt nur dafür zuständig, den USB-Speicher beim Bootvorgang korrekt einzubinden. Daher war er für alle interessant, die den Hauptstick gar nicht mehr vom Server abstecken wollten. Natürlich ist er auch interessant, wenn Sie eine externe Festplatte verwenden, die einzig für den Server vorgesehen ist. Derzeit führt auch dieser Schritt oftmals dazu, dass das Speichergerät auch während des Rechnerbetriebs angeschlossen werden kann und dann korrekt eingebunden wird. Je nach Konfiguration gibt es jedoch Probleme beim automatischen Aushängen. Schauen wir uns an, wie der genaue Ablauf aussieht.

Auch für die Datei *fstab* müssen wir wieder einen Wert in Erfahrung bringen, der den Hauptstick eindeutig identifiziert, und ihn dann mit zusätzlichen Befehlen in eine Textdatei eintragen. Leider funktioniert dieser Weg nicht mit der Seriennummer des Datenträgers, sondern über die *UUID* der entsprechenden Partition. Die UUID (ausgeschrieben *Universally Unique Identifier*) identifiziert (in dieser Anwendung) direkt und eindeutig die entsprechende Partition auf Ihrem Datenträger. Stecken Sie nun Ihren Hauptstick als einziges USB-Speichermedium an Ihren Server an (die SD-Speicherkarte muss natürlich immer eingelegt bleiben und darf während des Betriebs niemals entfernt werden).

Geben Sie folgenden Befehl ein:

```
sudo blkid
```

Sie erhalten nun eine Übersicht aller am Server angeschlossener Speichermedien mit ihrer jeweiligen UUID. Zuerst ist die SD-Speicherkarte angegeben, dann folgt Ihr Hauptstick. Ein Beispiel könnte lauten:

```
/dev/mmcblk0p1: UUID="CEB3-61B3" TYPE="vfat"
/dev/mmcblk0p2: UUID="f4g8ah2b-2a14-3a7e-b3a1-e237g333d3ab" TYPE="ext4"
/dev/sda1: LABEL="HAUPTSTICK" UUID="2A64-BA12" TYPE="vfat"
```

Natürlich werden LABEL und UUID bei Ihnen anders lauten. Notieren Sie sich nun die UUID für die entsprechende Partition Ihres Hauptsticks, in diesem Beispiel also 2A64-BA12, und notieren Sie sich auch das verwendete Dateisystem, das im Eintrag TYPE angegeben ist, hier also vfat.

Nun müssen wir in einer kritischen Systemdatei einen Eintrag hinzufügen. Dies ist die Datei */etc/fstab*. Hier müssen Sie besonders auf die richtige Eingabe achten; Tippfehler können dazu führen, dass Ihr Server nicht mehr korrekt startet.

Es schadet also tatsächlich nicht, wenn Sie sicherheitshalber an dieser Stelle Ihren Server ausschalten und ein Backup der Speicherkarte des Servers erstellen. Somit haben Sie einen Sicherheitsanker, falls bei den folgenden Schritten etwas schiefgeht und Ihr Server nicht mehr startet. Natürlich können Sie diesen Vorgang auch zunächst mit einer zweiten Speicherkarte testen.

Wir erstellen zuerst ein Backup dieser Datei

```
sudo cp /etc/fstab /etc/fstab.orig
```

und öffnen die Datei anschließend zur Bearbeitung:

```
sudo nano /etc/fstab
```

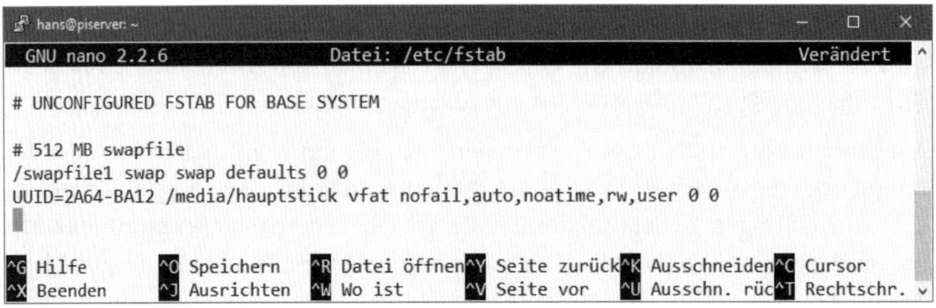

```
hans@piserver: ~                                                    —  □  ×
GNU nano 2.2.6              Datei: /etc/fstab                   Verändert

# UNCONFIGURED FSTAB FOR BASE SYSTEM

# 512 MB swapfile
/swapfile1 swap swap defaults 0 0
UUID=2A64-BA12 /media/hauptstick vfat nofail,auto,noatime,rw,user 0 0


^G Hilfe        ^O Speichern    ^R Datei öffnen^Y Seite zurück^K Ausschneiden^C Cursor
^X Beenden      ^J Ausrichten   ^W Wo ist       ^V Seite vor    ^U Ausschn. rüc^T Rechtschr. v
```

Abbildung 4.39 Die Datei »/etc/fstab« des Banana Pi

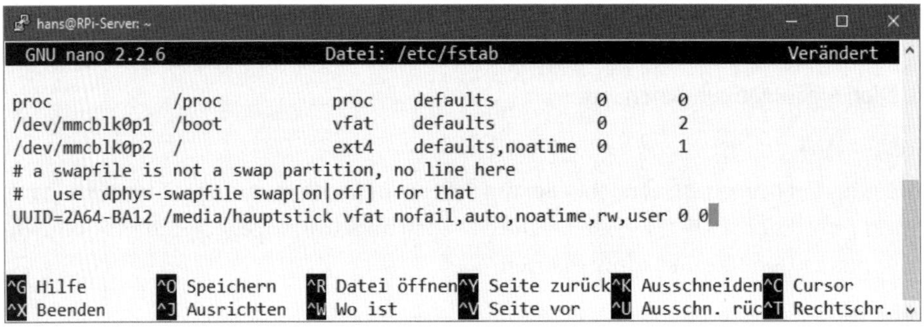

```
hans@RPi-Server: ~                                                  —  □  ×
GNU nano 2.2.6              Datei: /etc/fstab                   Verändert

proc              /proc         proc    defaults        0       0
/dev/mmcblk0p1    /boot         vfat    defaults        0       2
/dev/mmcblk0p2    /             ext4    defaults,noatime 0      1
# a swapfile is not a swap partition, no line here
#   use  dphys-swapfile swap[on|off]  for that
UUID=2A64-BA12 /media/hauptstick vfat nofail,auto,noatime,rw,user 0 0


^G Hilfe        ^O Speichern    ^R Datei öffnen^Y Seite zurück^K Ausschneiden^C Cursor
^X Beenden      ^J Ausrichten   ^W Wo ist       ^V Seite vor    ^U Ausschn. rüc^T Rechtschr. v
```

Abbildung 4.40 Die Datei »/etc/fstab« des Raspberry Pi

Die Einträge in der Datei *etc/fstab* folgen einem bestimmten Muster. Nacheinander werden folgende Werte eingegeben:

```
<file system> <dir> <type> <options> <dump> <pass>
```

Zuerst kommt das gewünschte *file system*, das ist hier die UUID Ihres Gerätes. Es folgen (mindestens) ein Leerzeichen, danach das gewünschte Einhängeverzeichnis, dann wieder ein Leerzeichen, dann das auf dem USB-Speicher verwendete Dateisystem. Nun folgt wieder ein Leerzeichen und dann eine Liste mit sehr wichtigen Optionen. Achtung: Die Optionen werden mit Kommata getrennt, zwischen denen aber kein Leerzeichen steht. Es folgen Angaben zu einem automatisierten Backup-Lauf, die wieder mit Leerzeichen getrennt sind und für unseren Fall auf 0 gesetzt werden. Geben Sie ganz am Ende der Datei folgende neue Zeile ein. Ändern Sie die UUID entsprechend Ihrer Notiz, und passen Sie gegebenenfalls auch unbedingt das Dateisystem (hier VFAT) entsprechend an:

```
UUID=2A64-BA12 /media/hauptstick vfat nofail,auto,noatime,rw,user 0 0
```

Die Option `noatime` sorgt dafür, dass nicht bei jedem Dateizugriff das Zugriffsdatum in die Datei geschrieben wird. Das minimiert Schreibzugriffe und verbessert die Gesamtleistung. Die anderen Optionen sind recht speziell und für den Einsteiger zunächst nicht interessant. Die einzige Ausnahme ist `nofail`. Diese Option bewirkt, dass der Rechner ganz normal startet, auch wenn Ihr Hauptstick nicht eingesteckt ist. Würde diese Angabe fehlen, dann würde der Bootvorgang anhalten. Beenden Sie nano mit der Tastenkombination $\boxed{\text{Strg}}$+$\boxed{\text{x}}$, bestätigen Sie die Schreibfrage mit $\boxed{\text{j}}$ und $\boxed{\leftarrow}$. Nun ist alles erledigt. Jetzt können Sie Ihren Server einmal mit dem Befehl

```
sudo reboot
```

neu starten. Den Hauptstick lassen Sie bitte eingesteckt. Nach dem Booten werden Sie sehen: Der Hauptstick ist sofort unter */media/hauptstick* ansprechbar. Das Booten wird auch funktionieren, wenn der Stick nicht eingesteckt ist.

```
hans@piserver: /media/hauptstick                              —   □   ×
hans@piserver:/media/hauptstick$ ls -lha
insgesamt 8,0K
drwxr-xr-x  2 root root 4,0K Jan  1  1970 .
drwxr-xr-x 12 root root 4,0K Mai  5 17:34 ..
-rwxr-xr-x  1 root root    0 Mai  5 16:11 Textdatei1.txt
-rwxr-xr-x  1 root root    0 Mai  5 16:11 Textdatei2.txt
-rwxr-xr-x  1 root root    0 Mai  5 16:11 Textdatei3.txt
hans@piserver:/media/hauptstick$ 
```

Abbildung 4.41 Ihr Stick wird jetzt auch nach dem Booten eingebunden

Jetzt müssen wir uns noch ganz kurz um die Dateirechte kümmern. Bei einem Linux-Dateisystem gelten die dort festgelegten Rechte. Ansonsten gelten wieder die üblichen Standardwerte für NTFS- und VFAT-Dateisysteme. Sie können nun wieder optional die bekannten Parameter `uid`, `gid`, `dmask` und `fmask` so konfigurieren, wie ich es bereits mehrfach gezeigt habe. Möchten Sie erreichen, dass jeder vollen Zugriff bekommt, dann müssen Sie diese Parameter definieren:

```
dmask=0000,fmask=0000
```

Möchten Sie erreichen, dass nur der Benutzer *hans* und die Mitglieder der Gruppe *users* Schreibzugriff bekommen, dann gilt (genau wie zuvor besprochen) folgende Einstellung:

```
uid=hans,gid=users,dmask=0002,fmask=0003
```

Diese Parameter müssen Sie nun in der Datei */etc/fstab* entsprechend ergänzen. Dies machen Sie direkt bei den Optionen. Im ersten Fall würde die Zeile also lauten:

```
UUID=2A64-BA12 /media/hauptstick vfat nofail,auto,noatime,rw,user,dmask=
0000,fmask=0000 0 0
```

Im zweiten Fall:

```
UUID=2A64-BA12 /media/hauptstick vfat nofail,auto,noatime,rw,user,uid=
hans,gid=users,dmask=0002,fmask=0003 0 0
```

Achten Sie wieder darauf, dass zwischen den Optionen ein Komma, aber kein Leerzeichen steht.

Nach dem üblichen Abspeichern der Datei sind wir nun aber wirklich fertig.

4.10.11 Die Option »sync« nutzen

An dieser Stelle noch rasch ein Wort zur fakultativen Option sync. Sicherlich ist Ihnen von anderen Betriebssystemen und Computern geläufig, dass Sie einen USB-Stick nicht einfach so von einem Computer abziehen sollten, sondern dass immer empfohlen wird, ihn zuerst korrekt per Software zu entfernen. Das handhaben alle modernen Betriebssysteme so. Der Grund liegt – wie zuvor erwähnt – vor allem darin, dass man den Datenträger nicht dann abstecken sollte, wenn gerade (noch) Schreibzugriffe stattfinden. Nun gibt es je nach System eine Einstellung, dass Schreibzugriffe erst gepuffert und dann erst verzögert (oft auch erst beim Aushängen) auf dem Datenträger ausgeführt werden. Dieses Verhalten ist zunächst auch auf Ihrem Pi-Server aktiv. Es hat gewisse Vorteile hinsichtlich der Geschwindigkeit und der Abnutzung der Datenträger. Es kann also dazu führen, dass Speichervorgänge noch über einen längeren Zeitraum ausgeführt werden. Es ist dann unter Umständen gefährlich, wenn Sie den Datenträger einfach so abstecken, weil es dabei zu Datenverlust kommen kann. Sie sollten daher immer die Betriebsanzeige des USB-Speichers beobachten.

Wenn Sie feststellen, dass Speichervorgänge häufig noch dann stattfinden, wenn die eigentlichen Befehle schon längst beendet sind, dann wird in diesem Fall häufig die Option sync empfohlen. Sie führt dazu, dass Schreibzugriffe nicht gepuffert, sondern direkt auf dem Speichermedium ausgeführt werden. Sie sollten diese Option aktivieren, wenn Sie Ihre Datenträger öfter vom Rechner abstecken, ohne sie vorher korrekt auszuhängen, und wenn Sie verzögerte Speicherzugriffe feststellen. Insbesondere in Kombination mit den hier gezeigten Optionen zum automatischen Aushängen ist dies eventuell interessant. Aktivieren Sie also dann die Option sync. Für Benutzer, die ihre Speichergeräte ständig verbunden haben oder die sie manuell aushängen, ist diese Option nicht nötig.

Um die sync-Option zu aktivieren, fügen Sie einfach den Parameter zur Liste der Mount-Optionen hinzu. Achten Sie wie immer darauf, dass Sie die Optionen mit einem Komma trennen, aber kein Leerzeichen in die Liste setzen. Beispielsweise ist folgende Notation korrekt:

```
mount -o uid=hans,gid=users,sync,fmask=003,dmask=002 /dev...
```

Natürlich ist auch diese Notation korrekt:

```
mount -o sync /dev/...
```

Sie können die `sync`-Option bei allen vorgestellten Mount-Optionen einsetzen.

4.10.12   Einen externen Datenträger mit einem Linux-Dateisystem formatieren

Die Nutzung eines Linux-Dateisystems ist immer dann interessant, wenn das Speichermedium ausschließlich für Ihren Server bestimmt ist. Sie können dann die feingranulare Steuerung der Zugriffsrechte auf Dateiebene verwenden. Außerdem hat die Nutzung eines Linux-Systems oftmals Geschwindigkeitsvorteile. Verwenden Sie also ein festes Speichermedium für Ihren Server, dann sollten Sie seine Formatierung mit dem sogenannten *ext-Dateisystem* in Erwägung ziehen. Beachten Sie aber insbesondere, dass der Zugriffsschutz auf Dateien bei externen Datenträgern etwas problematisch ist. Sie können das Speichermedium nämlich problemlos an einem anderen Computer anschließen und dadurch (als Administrator) automatisch Vollzugriff auf alle Daten erhalten. Wenn Ihre Daten besonders schützenswert sind, dann sollten Sie den Pi-Server mit allen Speichermedien in einem (geeigneten und belüfteten) verschließbaren (Server-)Schrank betreiben.

Möchten Sie einen externen Datenträger mit einem Linux-Dateisystem formatieren, weil Sie darauf auch die Rechteverwaltung eines Linux-Dateisystems nutzen möchten, dann können Sie dies mit den folgenden Befehlen tun. Sie können dann anschließend ganz normal darauf Verzeichnisse und Dateien erstellen und verschiedene Besitzer und Zugriffsrechte definieren, genauso wie Sie es von der internen Speicherkarte her kennen.

Bei der Formatierung eines Datenträgers müssen Sie sehr konzentriert vorgehen. Ein kleiner Fehler kann zum Datenverlust auf einem wichtigen Speichermedium führen. Zur Sicherheit sollten Sie also alle nicht benötigten Datenträger vom Server trennen. Noch einmal zur Erinnerung: Beim Formatieren werden alle Daten, die sich auf dem Datenträger befinden, gelöscht. Zwar werden sie nicht wirklich überschrieben, aber Sie können nach der Formatierung nicht mehr auf die Daten zugreifen, der Datenträger ist »leer«. Nur mit Spezialtools und Glück lassen sich die Daten wiederherstellen. Stellen Sie vor dem Formatieren unbedingt sicher, dass sich keine wichtigen Daten auf dem Speichermedium befinden. Lassen Sie sich nun mit Hilfe des Befehls

```
sudo fdisk -l
```

alle verbundenen Datenträger anzeigen. Identifizieren Sie das entsprechende Speichermedium. Achtung: Formatiert werden immer nur einzelne Partitionen. Niemals wird das gesamte Speichergerät formatiert. Notieren Sie sich nun also den Pfad der

Partition, die formatiert werden soll, beispielsweise */dev/sda1*. Vor dem Formatieren muss der Datenträger aus dem Dateisystem ausgehängt werden. Geben Sie dazu also folgenden Befehl ein, bei dem Sie den Pfad zur entsprechenden Partition gegebenenfalls anpassen:

```
sudo umount /dev/sda1
```

Jetzt müssen Sie sich nur noch für ein geeignetes Dateisystem entscheiden. Wenn es sich bei dem Speichermedium um einen USB-Stick handelt, dann hat sich hier das klassische ext2-Dateisystem bewährt. Um die Formatierung mit dem ext2-Dateisystem durchzuführen, geben Sie folgenden Befehl ein, bei dem Sie wieder den Partitionspfad entsprechend anpassen und unbedingt darauf achten, auch die entsprechende Ziffer am Schluss mit anzugeben:

```
sudo mkfs.ext2 /dev/sda1
```

Ich betone nochmals, dass Sie mit diesem Befehl alle bisher auf dem Datenträger befindlichen Daten unlesbar machen.

Wenn Sie eine externe Festplatte formatieren möchten, dann können Sie sich auch für das moderne ext4-Dateisystem entscheiden, das jedoch etwas höhere »Ansprüche« mitbringt, die eine Festplatte aber problemlos erfüllt. Unter anderem ist ext4 dank einer sogenannten *Journaling-Funktion* etwas unempfindlicher gegenüber Datenverlusten bei einem plötzlichem Stromausfall. Geben Sie zur Formatierung mit dem ext4-Dateisystem folgenden Befehl ein, bei dem Sie ebenfalls den Partitionspfad entsprechend anpassen und ganz genau auf die Ziffer am Schluss achten:

```
sudo mkfs.ext4 /dev/sda1
```

Die Formatierung nimmt eine gewisse Zeit in Anspruch.

Nach dem Formatierungsvorgang können Sie der Partition noch einen Namen, ein sogenanntes *Label*, zuweisen. Dies vereinfacht den Umgang und die Erkennung bei späteren Operationen. Wählen Sie ein einfaches Label, was den Datenträger gut beschreibt, etwa *backup*. Die Verwendung des Leerzeichens ist möglich, allerdings müssen Sie das gesamte Label dann in Anführungszeichen einschließen, beispielsweise so: "*Stick 2*". Setzen Sie das Label mit folgendem Befehl, bei dem Sie LABEL und den Partitionspfad entsprechend anpassen:

```
sudo tune2fs -L LABEL /dev/sda1
```

Damit sind Sie fertig. Sie können den neu formatierten Datenträger nun wieder in das Dateisystem einbinden (also *mounten*). Den ganzen Vorgang sehen Sie zusammengefasst nochmal in Abbildung 4.42.

Beachten Sie aber bei frisch formatierten Linux-Speichermedien unbedingt, dass das Mount-Verzeichnis zunächst dem Benutzer *root* gehört und normale Benutzer keine Schreibrechte in diesem Verzeichnis haben. Sie müssen daher die Besitz- und die

Zugriffsrechte des Mount-Verzeichnisses selbst nach dem Mounten des USB-Speichermediums einmalig ändern.

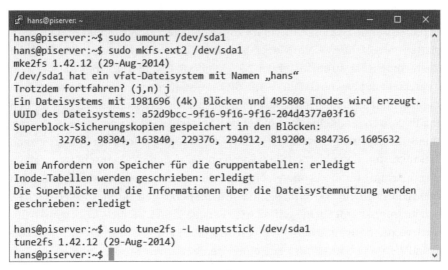

```
hans@piserver: ~                                              —    □    ×
hans@piserver:~$ sudo umount /dev/sda1
hans@piserver:~$ sudo mkfs.ext2 /dev/sda1
mke2fs 1.42.12 (29-Aug-2014)
/dev/sda1 hat ein vfat-Dateisystem mit Namen „hans"
Trotzdem fortfahren? (j,n) j
Ein Dateisystems mit 1981696 (4k) Blöcken und 495808 Inodes wird erzeugt.
UUID des Dateisystems: a52d9bcc-9f16-9f16-9f16-204d4377a03f16
Superblock-Sicherungskopien gespeichert in den Blöcken:
        32768, 98304, 163840, 229376, 294912, 819200, 884736, 1605632

beim Anfordern von Speicher für die Gruppentabellen: erledigt
Inode-Tabellen werden geschrieben: erledigt
Die Superblöcke und die Informationen über die Dateisystemnutzung werden
geschrieben: erledigt

hans@piserver:~$ sudo tune2fs -L Hauptstick /dev/sda1
tune2fs 1.42.12 (29-Aug-2014)
hans@piserver:~$ ▏
```

Abbildung 4.42 Ein ext2-Dateisystem erstellen

4.10.13   Der Banana Pi und sein SATA-Anschluss

An dieser Stelle noch kurz ein paar zusammenfassende Anmerkungen zum SATA-Port des Banana Pi. An diesen Anschluss können Sie – wie bereits erwähnt – eine normale SATA-Festplatte anschließen. Sie müssen aber beachten, dass es sich um einen normalen internen SATA-Port handelt, wie er auch auf einem Mainboard zu finden ist. Es ist explizit kein eSATA-Port, wie man ihn normalerweise außen an einem Computergehäuse findet. Die eSATA-Schnittstelle verwendet einen etwas anderen Stecker und entsprechend geschirmte Leitungen und ist für Verbindungen außerhalb eines geschirmten Computergehäuses ausgelegt. Dies ist beim normalen, internen SATA-Port nicht so. Sie sollten daher das Anschlusskabel zur Festplatte lieber so kurz wie möglich halten.

Abbildung 4.43 Der SATA-Anschluss des Banana Pi

Ganz links auf der Seite des Banana Pi, auf der auch der SATA-Anschluss ist, befindet sich ein weißer zweipoliger Anschluss, der für ein SATA-Gerät eine Stromversorgung bietet. Sie sehen ihn in Abbildung 4.43.

Wie bereits erwähnt, ist dieser Anschluss vom Hersteller nur für genügsame 2,5"-SSD-Festplatten vorgesehen. Viele Nutzer betreiben hier jedoch auch herkömmliche (trotzdem möglichst stromsparende) 2,5"-Notebook-Festplatten, aber die Verwendung geschieht auf eigene Gefahr. Wenn Sie dies – auf eigene Gefahr – testen möchten, dann achten Sie darauf, dass Sie ein möglichst leistungsstarkes Netzteil für den Banana Pi verwenden. Keinesfalls bietet der Anschluss jedoch genügend Leistung, um eine 3,5"-Festplatte zu betreiben. Wenn Sie eine solche jedoch mit einem eigenen Netzteil ausrüsten, dann können Sie sie problemlos an den SATA-Anschluss anschließen, der Anschluss für die Stromversorgung bleibt dann ungenutzt. Möchten Sie den Stromanschluss für ein 2,5"-Gerät benutzen, dann benötigen Sie ein spezielles Kabel, das sich im Internet mit Suchbegriffen wie »Banana Pi SATA-Kabel« jedoch rasch finden lässt; rechnen Sie mit einem Preis von ungefähr 5 Euro. Es führt die Stromversorgung und den SATA-Anschluss auf einen gemeinsamen Stecker, wie er an 2,5"-Festplatten Anschluss findet.

Sie sollten übrigens die Festplatte nicht einfach ungeschützt offen herumliegen lassen. Wenn Sie ein bisschen Bastelerfahrung haben, dann hat es sich bewährt, ein günstiges externes Festplattengehäuse zu erwerben. Entfernen Sie dann die nicht benötigte Elektronik, und schaffen Sie mit einem geeigneten Werkzeug und dem notwendigen handwerklichen Geschick eine Öffnung in das Gehäuse, so dass sich das SATA-Kabel bequem durchführen lässt. Vielfach werden für diesen Zweck auch günstige (und stabile) Aufbewahrungsgehäuse genutzt, in die man ebenfalls eine Öffnung für ein Kabel einlassen muss. Einige Gehäuse (oder besser: Schatullen) bringen sogar gleich eine geeignete Öffnung mit.

Wenn Sie die Festplatte an den Banana Pi angeschlossen haben, dann sind die Schritte zur Einrichtung dieselben wie bei USB-Speichergeräten. Es ist nicht nötig, die Datenträger zunächst in Einstellungsmenüs zu aktivieren. Stattdessen werden sie genau wie USB-Sticks automatisch erkannt, und Sie können sie wie in diesem Kapitel gelernt in das Dateisystem einhängen. Beachten Sie jedoch, dass Sie eine neue Festplatte eventuell zuerst formatieren müssen.

Kapitel 5
Grundlagen des Netzwerks

In diesem Kapitel sehen wir uns die Grundstruktur eines (Heim-)Netzwerks an. Sie werden lernen, wie die Netzwerkkommunikation funktioniert und welche Komponenten erforderlich sind.

Wenn Sie dieses Kapitel lesen, dann sollten Sie sich mit Ihrem Pi-Computer bereits ein wenig befasst haben. Sie sollten das Betriebssystem installiert, konfiguriert und den Umgang damit auch schon ein bisschen verinnerlicht haben. Dies bedeutet auch automatisch, dass Sie Ihren Pi-Computer bereits erfolgreich in Ihr Heimnetzwerk eingebunden haben. Um dieses Netzwerk wollen wir uns in diesem Kapitel ein wenig kümmern. Wir wollen klären, was für Geräte sich in einem Netzwerk befinden, wie diese untereinander kommunizieren und wie überhaupt die Verbindung hergestellt wird. Da das Thema Netzwerke sehr umfangreich ist, werde ich mich nur an der Oberfläche des Themas bewegen können, um Ihnen das Grundwissen für die erfolgreiche Administration Ihres Heimnetzwerkes auf den Weg zu geben. Eines gleich vorweg: Keine Sorge, allzu kompliziert wird es nicht, versprochen! Wenn Sie sich bereits in der Computerwelt auskennen, dann werden Sie vielleicht enttäuscht sein, dass Sie hier nicht allzu viel Neues lernen werden. Sollten Sie die Thematik – aus welchen Gründen auch immer – lieber etwas straffen wollen, dann können Sie das gerne tun, auf alle Fälle sollten Sie aber die letzten Abschnitte lesen, denn dort stellen wir eine feste IP-Adresse auf Ihrem Pi-Server ein. Dies ist für dessen reibungslose Funktionalität unverzichtbar, weswegen Sie diesen Abschnitt unbedingt bearbeiten sollten. Steigen wir also ein und schauen uns ein wenig in Ihrem Netzwerk um.

5.1   Was ist ein Netzwerk?

Zugegeben, was ein Netzwerk ist, werden Sie sicherlich schon wissen. Ein Netzwerk ist im Prinzip ein Verbund von mehreren Rechnern, die untereinander kommunizieren können. Die Infrastruktur des Netzwerkes erlaubt es also, dass sich Rechner gegenseitig Daten zusenden. Diese Daten können beliebiger Natur sein. Es kann sich um ein fertiges Textdokument handeln, das auf einem Rechner begonnen und auf einem anderen fortgesetzt oder begutachtet werden soll. Es können aber auch beispielsweise Audiodateien sein oder ein Videostream. Auch Telefongespräche sind möglich, denn die Rechner in einem Netzwerk müssen nicht immer klassische Desktopcomputer sein – so kann es sich bei den Daten auch um die Einkaufsliste handeln, die ein moderner Kühlschrank erstellt hat. An der Kommunikation sind mindestens zwei Geräte beteiligt, es können aber auch Daten an beliebig viele Computer gleichzeitig gesendet werden. Ein Netzwerk besteht also mindestens aus zwei Geräten (und entsprechender Infrastruktur), nach oben hin gibt es (fast) keine Grenzen.

Netzwerke waren natürlich zuerst einmal für Unternehmen interessant, in denen verschiedene Abteilungen Daten austauschen mussten. Dieser Austausch wird natürlich umso wichtiger, je größer ein Unternehmen ist, besonders, wenn es mehrere Standorte besitzt. Netzwerke waren jedoch auch schon immer für Computerspieler interessant, denn sie ermöglichen es, dass mehrere Personen gemeinsam (oder auch gegeneinander) spielen. Denken Sie hier beispielsweise an die mitunter riesigen LAN-Partys, die zu diesem Zweck abgehalten werden. Mit dem Einzug der Computer in die Welt der Unterhaltungselektronik sind Netzwerke auch für den Heimgebrauch interessant geworden, denn sie erlauben die Verteilung von Medieninhalten bequem über Geräte- und Zimmergrenzen.

5.2   Wie funktioniert die Verbindung der Geräte untereinander?

Für eine erfolgreiche Kommunikation im Netzwerk bedarf es natürlich zuerst einmal einer Form der physikalischen Verbindung der Geräte untereinander. Was liegt zunächst einmal näher, als diese Verbindung über ein Kabel herzustellen? Nicht nur aus historischen Gründen erscheint dieser Ansatz sinnvoll, denn auch in der Welt der Signalübertragung stellt ein klassisches Kabel eine sehr gute Möglichkeit der Verbindung dar. Eine solche Verbindung ist (geeignet ausgelegt) nicht nur mechanisch und elektrisch stabil, sondern ermöglicht auch eine definierte und störungsfreie Übertragung der Signale. In unserem Alltag finden wir viele Beispiele für Kabelverbindungen, gerade auch im Bereich der Unterhaltungselektronik. Für die Netzwerkverbindung mehrerer Computer wurden im Laufe der Zeit unterschiedliche Technologien und Protokolle entwickelt, die die Verbindung regelten. Unsere moderne Ethernet-Technologie verwendet beispielsweise definierte Leitungen (die wir im Alltag meist schlicht »Kabel« nennen), die je nach angestrebter Verbindungsgeschwindigkeit (und je nach verwendetem Netzwerkstandard) entweder vier oder acht einzelne Adern aufweisen, die zu Paaren zusammengefasst und unterschiedlich aufwendig elektrisch geschirmt werden. Die einzelnen Aderpaare sind aus elektrischen Gründen verdrillt, weswegen man von *Twisted-Pair-Kabeln* spricht.

Abbildung 5.1 Ein Lan-Kabel

Die aufwendigsten Kabelversionen für die schnellsten Verbindungen besitzen einen eigenen Schirm für jeweils ein Aderpaar sowie einen zusätzlichen Gesamtschirm, der noch einmal das ganze Bündel umgibt. Die unterschiedlichen Kabelversionen werden in sogenannte *Categories* eingeteilt, die zu *Cat* abgekürzt und mit einer Versionsnummer versehen werden. Heute immer noch im Einsatz sind beispielsweise Kabel nach Cat-5 beziehungsweise der erweiterten Spezifikation Cat-5e, die aufwendigsten Kabel sind derzeit nach Cat-7 spezifiziert. Der eigentliche Anschluss erfolgt über sogenannte *RJ-45-Stecker* (und -Buchsen), wobei die Stecker eine kleine Plastiknase haben, die sie in der Buchse arretiert. Ein modernes Ethernet-Netzwerk ist sternförmig aufgebaut, das heißt, dass alle Rechner an eine Zentraleinheit angeschlossen werden – den sogenannten *Switch*. In großen Netzwerken kann es auch mehrere Switches geben, die ebenfalls miteinander verbunden sind. Mit dem Switch werden wir uns gleich noch einmal intensiver beschäftigen. Das Netzwerkkabel muss dabei natürlich nicht quer durch die Räume zu einer Zentraleinheit geführt werden, nein, wie bei Stromleitungen ist natürlich auch eine Verlegung des Kabels in der Wand möglich. Genauso lassen sich auch Netzwerksteckdosen vorsehen, an die bequem ein Rechner angeschlossen werden kann. Ein Kabel für die Verlegung in der Wand (eine sogenannte *Installationsleitung*) ist meist recht steif und verwendet massive, starre Leiter in seinem Inneren. Die Verbindung zwischen einem Rechner und einer Wandsteckdose (oder einem anderen Netzwerkgerät) wird über deutlich flexiblere Kabel hergestellt, die feine, mehradrige Litzen in ihrem Inneren verwenden. Sie haben RJ-45-Stecker auf beiden Seiten und werden *Patchkabel* genannt. Das liegt daran, dass sie auch an der Zentraleinheit (über die wir später noch sprechen werden) vielfach genutzt werden und durch schnelles Einstecken eine zuverlässige Verbindung aufbauen.

Eine solche Kabelverbindung kann sehr hohe Datenübertragungsraten ermöglichen. Moderne Netzwerke erreichen beispielsweise eine Bruttoübertragungsrate von bis zu 1 GBit/s, was umgerechnet 125 MByte/s entspricht. Es gibt auch schon einen Nachfolger, der die zehnfache Übertragungsrate bietet, jedoch noch nicht den Weg in übliche Heimnetze gefunden hat (und derzeit wohl auch noch nicht nötig ist).

Eine Kabelverbindung ist allerdings nicht bei allen Geräten praktikabel. Sicherlich ist sie bei stationären Computern problemlos, aber sie wird uns bei mobilen Geräten wie Notebooks, Smartphones und Tablets nicht recht glücklich machen. Schließlich möchte niemand zum entspannten Surfen im Garten mit dem Tablet erst noch umständlich ein Netzwerkkabel ausrollen müssen. Glücklicherweise gibt es eine Alternative in Form des *Wireless LAN*, kurz *WLAN*. Hierbei werden die Daten über eine Funkverbindung übertragen. Dass so etwas gut funktionieren kann, das kennen wir vom Smartphone, vom terrestrischen Fernsehen und vom Radio her. Bei der Funkverbindung übernehmen den Datentransport sich frei im Raum ausbreitende elektromagnetische Felder (die also explizit nicht von einem Kabel geführt werden). So lassen sich auch tragbare Geräte in ein Netzwerk einbinden und ermöglichen den Datenaustausch untereinander. Mit entsprechender Hardware kann ein Netzwerk sowohl einen kabelgebundenen als auch einen kabellosen Teil haben und trotzdem die Kommunikation auch zwischen den beiden Teilen problemlos möglich machen. Auch ein WLAN kann recht hohe Datentransferraten erreichen, die sogar über 1 GBit/s liegen – eine feine Sache also. Dass eine Funktechnologie aber auch durchaus eher schlecht funktionieren kann, das kennen wir ebenfalls vom Smartphone, vom terrestrischen Fernsehen und vom Radio. Funkverbindungen können nämlich Probleme mit einem »schlechten Empfang« haben – und der macht natürlich auch vor dem WLAN nicht halt. Die Signale eines WLANs können durch Objekte in der Umgebung (Möbel, Wände, Decken ...) in ihrer Stärke gedämpft werden, zusätzlich können sich ihnen Signale anderer Geräte (Mobilfunktelefone, Mikrowellenherde ...) überlagern und einen optimalen Empfang stören. Dies alles reduziert die Datenübertragungsrate mitunter beachtlich.

Zusätzlich bedingt ein WLAN einen beachtlichen sogenannten *Protokoll-Overhead*, der tatsächlich nur etwa die Hälfte der Bruttoübertragungsrate auch für die Übertragung der Nutzdaten erlaubt. Meistens sind die Übertragungsraten im WLAN also deutlich langsamer als diejenigen über eine direkte Kabelverbindung. Während diese Verbindung also für mobile Geräte willkommen ist, so ist sie für stationäre Geräte nur eine Notlösung, es sei denn, es werden nur geringe Übertragungsraten erforderlich, wie beispielsweise bei einem Internetradio oder einem Musikempfänger, eventuell auch bei einem Drucker. Deswegen werden viele Neubauten vom Einfamilienhaus bis zum Mietwohnungskomplex heute gleich mit einer entsprechenden Netzwerkverkabelung vorgesehen, die wenigstens eine Anschlussdose in allen entsprechenden Wohnräumen vorsieht. Für Altbauten gibt es darüber hinaus eine Behelfslösung, bei der die zu übertragenden Daten auf die normale Stromleitung aufmoduliert und hierüber geführt werden. Auch diese Technologie hat ihre Tücken, denn die erreichten Übertragungsraten können auch durch Störungen, schlechte elektrische Installationen, lange Leitungen und weitere Gründe deutlich reduziert werden, außerdem erfordert jeder Netzwerkpunkt bei dieser Technologie einen eigenen Adapter mit eigenem Stromverbrauch – diese Variante ist also eher eine Notlösung. Wann immer es geht, sollten Sie also auf eine durchgängige, normale Kabelverbindung zurückgreifen.

5.3   Wie funktioniert die Verbindung logisch?

Nachdem wir nun wissen, wie die Verbindung physikalisch hergestellt wird, müssen wir jetzt noch klären, wie die Daten logisch zwischen den Kommunikationspartnern ausgetauscht werden. Auch hierfür gab und gibt es eine Reihe von verschiedenen Protokollen. Unsere modernen Netzwerke basieren heute fast alle auf dem TCP/IP-Standard. Diese Protokolle kennen Sie sicherlich von der Kommunikation aus dem Internet. Es sind sehr leistungsfähige und gut skalierbare Protokolle, die hier zum Einsatz kommen. TCP und IP sind zwei verschiedene Protokolle, die jedoch sehr eng zusammenarbeiten. Während sich TCP um die Übertragung der Daten kümmert, ist IP für deren »Verpackung« zuständig. Prinzipiell werden die Daten, die übertragen werden sollen, in kleine Informationshäppchen zerteilt. Diese kleinen Informations-blöcke werden *Pakete* genannt, sie erhalten wie bei der Post einen Absender und einen Empfänger und einige zusätzliche Protokollinformationen. Sie können sich das so vorstellen, als würden Sie ein Bild in Form eines Puzzlespiels versenden, jedes Teil einzeln. Der IP-Teil verpackt jedes Puzzleteil säuberlich in einen eigenen Umschlag, schreibt Absender, Empfänger und sonstige Informationen darauf und übergibt die Umschläge dann dem TCP-Teil, also der »Post«, die sich um die Übertra-gung kümmert. Beim Empfänger kommen alle diese Teile wieder an. Und zwar genauso chaotisch, wie man es bei einem Puzzle erwarten wird, denn TCP/IP küm-mert sich völlig absichtlich nicht darum, dass alle Pakete in exakt der richtigen Reihenfolge eintreffen. Trotzdem wird das Puzzle für den Empfänger ziemlich langwei-lig, weil der IP-Teil fein säuberlich die richtige Stelle auf jedes Puzzleteil geschrieben hat, an die es im fertigen Bild gehört. (Nein, der IP-Teil ist trotzdem kein Spielverderber!)

Jetzt brauchen wir noch den Empfänger und den Absender. Das sind die sogenannten *IP-Adressen*. Derzeit (sprich beim IP in der Version 4) besteht eine IP-Adresse aus vier Zahlenblöcken. Jeder Block kann einen Wert zwischen 0 und 255 annehmen, es gibt also IP-Adressen von 0.0.0.0 bis 255.255.255.255. Jeder Computer – besser gesagt, jede Netzwerkkomponente – hat eine eigene IP-Adresse, die nur einmal vergeben ist, und zwar an ihn beziehungsweise sie selbst. Somit ist jeder Empfänger und jeder Absender über seine IP-Adresse eindeutig identifizierbar. TCP/IP ermöglicht aber nicht nur die Verbindung von ein paar Computern bei Ihnen zu Hause im Wohnzimmer, sondern die Verbindung aller Computer weltweit – und das sind viele. Alle Netzwerke, die es gibt, können miteinander verbunden werden – deswegen ist das Internet auch *das Netz der Netze*. Heutzutage läuft es etwas anders, dazu komme ich später noch, aber ursprünglich bekam erst einmal jedes Netzwerk einer jeden Institution (Firma,

Universität, Regierung, ja, nehmen wir ruhig auch Heimnetzwerke auf) einen bestimmten Adressbereich. Sagen wir, das Netzwerk eines Freundes bekam die Adressen 0.0.0.1 bis 0.0.0.10 und Ihr eigenes die Adressen 0.0.0.11 bis 0.0.0.20 zugewiesen. Über das Internet können nun alle Rechner aus beiden Netzwerken untereinander kommunizieren. Allerdings – Moment einmal. Denken wir einmal pragmatisch. Alle Daten, die zum jeweiligen Freund versendet werden, müssen ja über die Internetverbindung »nach draußen« gesendet werden, während die internen Daten ja intern verteilt werden. Wie geschieht die Zuordnung zwischen »gehört zu meinem Netzwerk« und »muss über das Internet versendet werden«? Auch bei dieser Vorstellung hilft uns wieder die Post, denn in einigen Regionen gibt es Briefkästen mit zwei verschiedenen Einwürfen: eine für die Post in die lokale Region und einen für den Rest der Welt. Nun, man könnte natürlich einfach den eigenen Adressbereich angeben, über den sich das Netzwerk erstreckt. Das wären aber viele Nummern, die man da eintippen (und speichern) müsste. Stattdessen gibt es die sogenannte *Subnetzmaske*. Auch dies ist eine Zahlenfolge mit vier Gruppen zu je drei Ziffern, die durch Punkte getrennt werden. Jede Gruppe hat Werte von 0 bis 255. Die *Subnetzmaske* definiert sozusagen, welche IP-Adressen zu unserem eigenen lokalen Netzwerk gehören und welche sich außerhalb befinden. Das ist wichtig für die Kommunikation in einem Netzwerk und die richtige Zustellung der Daten. Die Subnetzmaske »maskiert« einen Teil der IP-Adresse eines Netzwerkteilnehmers und bezeichnet damit die Startadresse des eigenen Netzes. Zusätzlich gibt sie an, wie groß das eigene Netz ist. Ein Beispiel, das bei Ihnen zu Hause auftreten kann: Sie haben die Subnetzmaske 255.255.255.0, und einer Ihrer Computer hat die IP-Adresse 192.168.1.5. Anhand dieser Kombination können Sie sich (etwas umständlich) errechnen, dass Ihr Netzwerk maximal 254 Teilnehmer umfasst, und zwar im Adressbereich 192.168.1.0 bis 192.168.1.255 (ja, das sind 256 Adressen, aber die Adressen xxx.xxx.xxx.0 und xxx.xxx.xxx.255 haben Sonderfunktionen).

Warum ist das so kompliziert? Nun, in einem üblichen (Heim-)Netzwerk gibt es ein besonderes Gerät, das die Kommunikation ins Internet, also »nach draußen« übernimmt. Das ist Ihr *Router*. Wann immer es eine Kommunikation zu einem Teilnehmer im Internet gibt, laufen die Daten über diesen Router. Ein Computer in Ihrem Netzwerk wird also ein Datenpaket mit einem Adressaten im Internet Ihrem Router übergeben. Dazu muss er wissen, wann ein Empfänger nicht Teil Ihres Netzwerkes ist – und dazu dient die Subnetzmaske.

Wenn sich der Teilnehmer in Ihrem Netzwerk befindet, dann läuft das Ganze natürlich nicht über Ihren Router (zumindest nicht über diesen Teil Ihres All-in-one-Gerätes). Stattdessen werden die Daten direkt zugestellt. Übrigens: Die Kommunikation beziehungsweise die Adressierung der Kommunikationspartner innerhalb Ihres Netzwerkes läuft (vereinfacht ausgedrückt) gar nicht direkt über die IP-Adresse der Computer! Zwar hat jedes Gerät eine IP-Adresse, und die Kommunikation wird auch dorthin adressiert, in Wahrheit sprechen sich die Computer innerhalb eines Subnetzes jedoch über ihre *MAC-Adresse* an. Sie wissen schon, das ist diese merkwürdige

Zahlen-und-Buchstaben-Kombination, die auch immer bei Netzwerkgeräten auftaucht. Auch diese Adresse ist für jedes Gerät einmalig (so sollte es zumindest sein). Wenn nun in Ihrem Netzwerk ein Datenpaket an den Teilnehmer 192.168.1.5 zugestellt werden soll, dann wird der Absendercomputer (einmalig) an alle Rechner symbolisch fragen, welches Gerät denn bitteschön die IP-Adresse 192.168.1.5 hat. Dieses antwortet dann entsprechend: »Ich, die 00-AB-CD-EF-12-34«. Genau dorthin werden die Daten dann gesendet. Jetzt wissen Sie auch gleich, wozu die MAC-Adresse verwendet wird. Wenn Sie darüber noch mehr erfahren wollen, dann sollten Sie sich einmal mit dem *ISO/OSI-Schichtenmodell* beschäftigen, das Ihnen die Zusammenhänge im Netzwerk erklärt und Ihnen zeigt, dass die Kommunikation über IP-Adressen auf einer abstrakteren Ebene läuft als die Kommunikation mit Hilfe der MAC-Adresse. Das ist ein sehr spannendes Thema, führt hier jetzt aber eindeutig zu weit. Befassen wir uns lieber mit der Infrastruktur, also auf welche Komponenten außer Computern und Kabeln Sie sonst noch in Ihrem Netzwerk treffen können.

Nur eines noch schnell: Für uns Menschen ist der Umgang mit diesen Zahlenkolonnen etwas umständlich, wir würden »sprechende« Namen bevorzugen, etwa »Papas Rechner« oder »Mamas Tablet«. Im IP-Teil ist für diese Hostnamen kein Platz – hier wird nur mit Zahlenkolonnen gearbeitet. Es gibt jedoch Dienste, die uns Menschen weiterhelfen. Wir können sehr wohl einen Rechner mit einem sprechenden Namen adressieren. Ein Dienst übersetzt nun diesen Namen in die jeweilige IP-Adresse. Ganz so wie das Telefonbuch bei der (historischen) Post funktioniert. So etwas gibt es (in bestimmter Ausprägung) auch in Ihrem internen Heimnetz. Ganz besonders wichtig ist dies aber bei Internetadressen. Hier kommt nämlich das *DNS*, das *Domain Name System*, ins Spiel, das sich um die Zuordnung der IP-Adresse zu einer Domain (also einem »sprechenden Namen«) kümmert. Das Schema lautet beispielsweise: *www.example.com*? Entspricht der 10.9.8.7. Jetzt ist aber davon genug.

5.4 Was sind weitere Komponenten eines Netzwerks?

Bislang haben wir von den Komponenten im Netzwerk nur die Computer, die Netzwerkkabel und den Router kennengelernt. Momentan enden die Netzwerkkabel beispielsweise an einer Wandsteckdose. Nehmen wir einmal an, Sie haben eine Wandsteckdose mit zwei Anschlüssen, aber ausgerechnet drei Computer, die daran Anschluss finden sollen. Was ist jetzt zu tun? Sie benötigen so etwas wie eine »Mehrfachsteckdose« für Netzwerkanschlüsse. So etwas gibt es in Form eines *Switches*. Dies ist ein Gerät mit mehreren Netzwerkanschlüssen. Es gibt beispielsweise Geräte mit 4, 8, 16, 24 und sogar 48 Anschlüssen. Ein Switch mit vier Anschlüssen ist häufig auch in einem Heimrouter eingebaut. An die Anschlüsse können Netzwerkgeräte angeschlossen werden. Alle Geräte, die Sie anschließen, können miteinander kommunizieren.

Als zentraler Verteiler spannt ein Switch daher sozusagen das Netzwerk auf. Deswegen ist diese »ominöse Zentraleinheit«, von der ich im vorigen Abschnitt sprach, tatsächlich ein Switch. Alle Wandsteckdosen werden zu diesem zentralen Switch geführt. Jetzt wird auch besonders deutlich, warum ein Netzwerk nach heutigem Standard eine sternförmige Struktur hat. In einem sehr kleinen Netzwerk kann durchaus der Switch in einem Router die zentrale Verteilung vornehmen. Wenn die vier Anschlüsse nicht ausreichen, dann macht das nichts, denn in einem Netzwerk kann es durchaus mehrere Switches geben. Sie können beispielsweise auch alle Computer in einem bestimmten Zimmer an einen Switch anschließen und diesen dann wiederum mit dem zentralen Router-Switch-Kombigerät verbinden. Ebenso kann in einem größeren Netzwerk ein entsprechend dimensionierter Switch alle Computer aufnehmen, und ein eigenständiger Router wird einfach ebenfalls daran angeschlossen, auch das funktioniert problemlos.

Sie müssen aber eines berücksichtigen: Eine einzelne Netzwerkverbindung, die mit einem Kabel realisiert wurde, bietet genau einmal die maximale Datentransferrate. Haben Sie zehn Computer an einen Switch angeschlossen und hängt dieser an dem zentralen »Router ins Internet«, dann teilen sich alle zehn Computer diese eine Verbindung ins Internet. Wenn Sie nun beispielsweise an den zentralen Router Ihren Server anschließen, dann teilen sich die zehn Computer an dem vorgeschalteten Switch ebenso diese eine Verbindung zum Server, der am Router hängt. Man spricht hierbei übrigens von einer *Kollisionsdomäne*. In einem Heimnetzwerk sollte eine moderne Gigabit-Verbindung nicht so schnell limitierend sein, in einem großen Firmennetzwerk muss man aber schon genau überlegen und planen.

Ein Switch ist übrigens ein Gerät mit einer gewissen Intelligenz. Es sorgt nämlich dafür, dass zwei angeschlossene Kommunikationspartner immer direkt miteinander kommunizieren können, ohne dass die anderen angeschlossenen Geräte hiervon etwas mitbekommen. So steht an einem Gigabit-Switch mit zehn Computern beispielsweise für die Kommunikation zwischen den Geräten 1 und 2 sowie zwischen den Geräten 5 und 10 sowie 4 und 7 jeweils die volle Geschwindigkeit von einem Gigabit/Sekunde zur Verfügung. In Summe kann also das gesamte Kommunikationsaufkommen in diesem Netzwerk weit über einem Gigabit/Sekunde liegen (wenn man alle Teilnehmer summiert). Deswegen sagt man auch, ein Switch verkleinert die Kollisionsdomäne.

Früher gab es noch keine Switches, da wurden sogenannte *Hubs* verwendet, die genauso aussehen wie ein Switch (zumindest von außen). Diese haben jedoch keine Intelligenz. Eingehende Datenpakete werden bei einem Hub einfach gleichzeitig an alle Ausgänge verteilt, egal, an welches Ziel sie gerichtet sind. Bei einem Hub teilen sich also alle angeschlossenen Geräte die mögliche Datenrate. In Summe kann das gesamte Datentransferaufkommen an einem Gigabit-Hub also die Grenze von einem Gigabit/Sekunde nicht überschreiten. Ein Hub verkleinert die Kollisionsdomäne nicht. Deswegen sollte er heutzutage auch nicht mehr zum Einsatz kommen. Haben Sie noch einen im Einsatz, dann sollten Sie diesen ernsthaft rasch durch einen Switch ersetzen.

So, nehmen wir an, Ihr Netzwerk ist klein, und die vier Anschlüsse am Switch Ihres Routers genügen vollkommen. Dann ist Ihr Router gleichzeitig auch die eigentliche Zentralkomponente. Was aber ist ein Router nun eigentlich? Ein Router verbindet Netzwerke miteinander. Sie haben sich nun zu Hause ein schönes privates Netzwerk aufgebaut, und so lange Sie nur »intern« von einem Computer zum anderen kommunizieren möchten, läuft diese Kommunikation bequem über Ihren Switch. Ein Router ist nicht nötig. Was aber, wenn Sie in ein anderes Netzwerk kommunizieren möchten, beispielsweise ins Internet, dem Netz der Netze? Wie Sie wissen, erkennen die Computer in Ihrem Netzwerk anhand der Subnetzmaske, dass sich der angesprochene Zielrechner nicht mehr im eigenen Netz befindet. Was machen die Rechner nun? Sie wenden sich mit dem Datenpaket, das »nach draußen« soll, an Ihren Router. Der Router kümmert sich um die Zustellung der Datenpakete »nach draußen«. Früher sagte man zum Router *Gateway*. Dieser Begriff beschreibt bildlich recht anschaulich, was passiert, ist aber heutzutage nicht mehr korrekt, weil ein Gateway eigentlich ein etwas anderes Gerät ist. Ein Router ist immer mit mehreren Netzen verbunden. Auf der einen Seite ist dies Ihr Heimnetz, auf der anderen Seite ist es der Anschluss über Ihren Provider an das Internet (noch einmal: das Netz der Netze). Wenn der Router nun von einem Ihrer Computer ein Paket mit einer Zieladresse im Internet erhält, dann nimmt er es entgegen und richtet sich seinerseits wieder an einen anderen Router. Anhand komplizierter Routingtabellen wird das Datenpaket nun so lange zwischen verschiedenen Routern ausgetauscht, bis es schließlich im adressierten Zielnetzwerk ankommt und zugestellt wird. Auch hier kann uns die klassische Briefpost mit Umschlagzentren, Verteilerstationen und Zustellämtern wieder bei der gedanklichen Visualisierung unterstützen.

In Ihrem Router sind aber meistens noch andere Geräte eingebaut. Dort findet sich oftmals eine NAT-Funktion, mit der wir uns in Abschnitt 21.1 befassen werden. Es gibt eine Firewall und einen Access-Point, der sich um die Vermittlung zischen Ihrem kabelgebundenen und dem kabellosen Netzwerkteil kümmert. Oftmals übernimmt der Router auch die Funktion einer kleinen Telefonanlage samt Übersetzung der Telefongespräche in Voice-over-IP-Verbindungen.

In großen Firmennetzwerken sind dies alles eigenständige Geräte, die natürlich deutlich größer, robuster und leistungsfähiger sind als ein kleiner Heimrouter. Doch die detaillierte Betrachtung dieser Komponenten würde an dieser Stelle deutlich zu weit führen und sollte besser Gegenstand spezialisierter Literatur sein.

5.5   Was für Geräte befinden sich im Netzwerk?

Der Trend ist eindeutig und hat spätestens mit dem Begriff des *Internet Of Things* (kurz: *IOT*) noch einmal deutlich an Bedeutung gewonnen: In einem üblichen Computernetzwerk befinden sich nicht nur klassische Computer. Auch wenn alles einmal so angefangen hat, tummeln sich hier auch solche Geräte, die früher gerade einmal einen Einschalter hatten, heute aber auch eine gewisse eingebaute Intelligenz besitzen. Natürlich ist klar, dass sich neben den Desktopcomputern auch ein (oder mehrere) zentrale Server in einem Netzwerk befinden können, die dort Ihre Dienste anbieten, die auch von Geräten wie Smartphones, Tablets und Notebooks genutzt werden. Diese Geräte lassen sich im Geiste noch ohne Kopfschmerzen als Computer bezeichnen. Natürlich können aber auch andere Geräte mit einer Netzwerkschnittstelle ausgerüstet werden. Ein Drucker beispielsweise kann einen eingebauten Printserver besitzen und seine Druckdienste allen Geräten im Netzwerk anbieten. Eine Spielkonsole möchte vielleicht Zugriff auf den gemeinsamen Internetzugang haben, um Multiplayerspiele zu ermöglichen. Der Fernseher mit seiner Smart-TV-Funktion bezieht Inhalte aus dem Internet, kann aber auch die lokale Mediensammlung vom heimischen Server zur Darstellung bringen. Moderne Telefone funktionieren nach dem Voice-over-IP-Verfahren, bei dem das Internet zur Übertragung der Telefongespräche genutzt wird. Auch sie können daher eine Netzwerkschnittstelle haben. Spätestens ab jetzt öffnet sich das Feld der Heimüberwachung und Heimautomatisierung. Der Kühlschrank kann an das Netzwerk angeschlossen werden und über Bestandslisten informieren und im schlimmsten Fall seinen Inhalt sogar automatisch über eine Bestellung ergänzen. Wer möchte, kann auch die Rolladensteuerung und die Beleuchtung sowie die Heizung an das Netzwerk anschließen und von diversen Geräten aus steuern – wenn es unbedingt sein muss, dann auch von außerhalb über das Internet. Sie können auch Überwachungskameras anschließen, deren Bilder auf dem zentralen Server aufzeichnen und von unterwegs nachschauen, ob auch alles noch mit rechten Dingen zugeht. Natürlich können Sie auch das aktuelle Fernsehprogramm über das Netzwerk verteilen und es sich beispielsweise auf einem Tablet im Garten oder auf dem Balkon anschauen. Sie sehen schon: Die Anzahl an Möglichkeiten, die ein an sich simples Computernetzwerk bietet, ist sehr groß. Ein jeder muss für sich selbst entscheiden, welche dieser Möglichkeiten er für sinnvoll erachtet und welche er zur Spielerei zählen möchte.

5.6   Statische und dynamische IP-Adressen im Heimnetz

Wie Sie wissen, wird für die Kommunikation innerhalb eines IP-basierten Netzwerks die IP-Adresse zur Identifikation der beteiligten Computer verwendet. Zwar können wir Menschen beispielsweise Internetressourcen auch über Domainnamen ansprechen, innerhalb eines Heimnetzwerkes ist die Identifikation von Computern über sprechende Namen jedoch nicht ganz einfach. Oftmals ist die Verwendung des Hostnamens eines Rechners nicht für alle Dienste beziehungsweise Protokolle möglich oder funktioniert generell nicht. Eine Ausnahme bildet beispielsweise das SMB-Protokoll, das zur Verwendung von Hostnamen das Protokoll *NetBIOS* mitbringt.

Auch einige Router wie beispielsweise die beliebten FritzBoxen ermöglichen eine Namensauflösung für verbundene Rechner, bei der der Hostname in die entsprechende IP-Adresse übersetzt wird. Eine Namensauflösung kostet jedoch auch immer etwas Zeit und verursacht unnötiges Datenaufkommen, denn die eigentliche Kommunikation läuft dann ja doch wieder über die IP-Adresse. Folglich muss jedes Gerät in Ihrem Netzwerk eine IP-Adresse besitzen, und diese darf nur einmalig vergeben sein.

Zum Glück gibt es in Ihrem Router (und wir gehen von jetzt an einfach davon aus, dass Sie ein entsprechendes All-in-one-Gerät in Betrieb haben) eine Funktion mit dem Namen *DHCP-Server*. Diesen Dienst haben Sie schon bei der Einrichtung des Pi-Computers kennengelernt. Das *Dynamic Host Configuration Protocol* (DHCP) kümmert sich unter anderem darum, dass jedes neue Netzwerkgerät (auf Wunsch) eine noch freie – also derzeit nicht verwendete – IP-Adresse zugewiesen bekommt. Dazu sendet das neu angeschaltete Gerät eine allgemeine Anfrage ins Netzwerk, man möge ihm doch bitte eine IP-Adresse mitteilen. Der DHCP-Server schlägt in seiner internen Tabelle nach und bietet dem Gerät eine noch freie IP-Adresse an, die dieses dann annimmt. Üblicherweise gibt es in einem (Heim-)Netzwerk nur einen DHCP-Server (mehrere davon könnten zu Problemen führen). Diese so vergebenen IP-Adressen haben nur eine begrenzte Gültigkeitsdauer: »Hier, neues Gerät, du kannst die IP-Adresse 192.168.178.12 die nächsten vier Tage lang benutzen.« Das neue Gerät wird dann rechtzeitig (nach der Hälfte der Zeit) beim DHCP-Server nachfragen, ob es die IP-Adresse weiterverwenden darf.

Wenn ein Gerät einmal für längere Zeit nicht aktiv gewesen ist, dann kann es passieren, dass dessen IP-Adresse in der Zwischenzeit an ein anderes Gerät vergeben wurde. Das ist erst einmal nicht weiter schlimm, das Gerät fragt einfach beim DHCP-Server nach und erhält eine neue IP-Adresse. Aber was geschieht, wenn Sie von einem anderen Gerät auf ebendieses zugreifen möchten? Sie wissen ja, dass Sie dafür (meistens) die IP-Adresse benötigen, nur leider hat sich diese nun gerade geändert. Sie müssen also in der Konfiguration des Routers nachschlagen, wie die aktuelle IP-Adresse Ihres Zielgerätes gerade lautet. Das ist ziemlich unkomfortabel. Besonders schlecht ist dies, wenn es sich um den zentralen Server handelt. Nehmen wir an, Sie bieten auf dem Server viele verschiedene Dienste an, die Sie mit diversen Endgeräten nutzen. Wenn sich nun einmal die IP-Adresse Ihres Servers ändert, dann müssen Sie sie auf sämtlichen Clientgeräten aktualisieren. Das ist erst recht nicht sonderlich komfortabel.

Ein Server sollte also immer unter derselben IP-Adresse erreichbar sein. Sie müssen also eine IP-Adresse für Ihren Server reservieren. Das ist kein Problem, denn IP-Adressen für Heimnetzwerke gibt es genug. Üblicherweise werden für ein Heimnetzwerk 256 IP-Adressen für 254 mögliche Geräte vorgesehen – das entspricht übrigens einer Subnetzmaske von 255.255.255.0. Auf Wunsch können auch größere Heimnetze errichtet werden, aber 254 mögliche Geräteplätze genügen vermutlich erst einmal.

Und von diesen 254 möglichen Adressen lässt sich bestimmt eine einzelne dauerhaft für Ihren Server reservieren. Es muss allerdings eines gewährleistet sein: Jede IP-Adresse darf immer nur einmal zur selben Zeit vergeben sein. Wenn Sie jetzt dem Server einfach irgendeine IP-Adresse fest einprogrammieren, dann weiß davon der DHCP-Server nichts, und es kann passieren, dass er diese Adresse (auch) an ein anderes Gerät vergibt – und schon haben wir den Salat: Zwei Geräte haben dieselbe Adresse, und es kommt mit Sicherheit zu Problemen bei der Kommunikation. So geht es also nicht. Wenn Sie einen guten Router haben, dann bietet dieser vielleicht für den DHCP-Server die Option, bestimmten Geräten immer automatisch dieselbe IP-Adresse zuzuweisen. Damit sind Sie aus dem Schneider: Nun bekommt Ihr Server immer dieselbe IP-Adresse zugewiesen, und Sie brauchen sich um nichts zu kümmern. Lediglich wenn Sie den Router einmal austauschen, müssen Sie auf die entsprechende Konfiguration achten. Sollte Ihr Router diese Funktion bieten und diese für Sie einfach einzurichten sein, dann können Sie sie für Ihren Pi-Server aktivieren. Notieren Sie sich in jedem Fall die dauerhaft zugewiesene IP-Adresse. Als Beispiel sehen Sie in Abbildung 5.2 die Oberfläche einer FritzBox, mit der Sie Ihrem Pi-Computer durch den DHCP-Server eine feste IP-Adresse in Ihrem Heimnetzwerk zuweisen können.

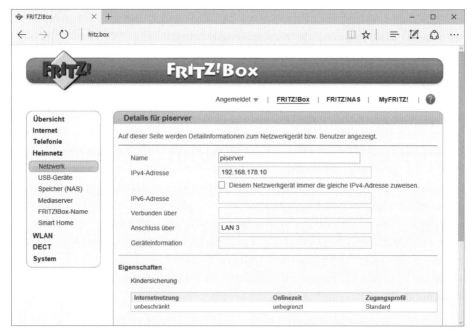

Abbildung 5.2 Die Vergabe einer festen IP-Adresse durch den DHCP-Server einer FritzBox

Darüber hinaus gibt einen anderen Weg, der ebenfalls zum Ziel führt und den wir hier uns jetzt ansehen werden. Der DHCP-Server vergibt nämlich nur IP-Adressen aus einem bestimmten Bereich von IP-Adressen. Dieser Bereich kann maximal alle in

Ihrem Netzwerk möglichen IP-Adressen umfassen, aber er kann auch kleiner sein. Nehmen wir an, Ihr Netzwerk erstreckt sich über den IP-Adressbereich 192.168.1.0 bis 192.168.1.255. Sie können nun den DHCP-Server problemlos so einstellen, dass er beispielsweise nur IP-Adressen aus dem Bereich 192.168.1.21 bis 192.168.1.200 vergibt. Die IP-Adressen 192.168.1.0 bis 192.168.1.20 sowie 192.168.1.201 bis 192.168.1.255 werden jetzt nicht automatisch zugewiesen und können problemlos bestimmten Geräten als feste IP-Adresse vergeben werden, so lange dies nur einmal pro IP-Adresse geschieht. Manche Routermodelle sehen eine solche Konfiguration bereits von Haus aus vor. Bei anderen Routern erstreckt sich der IP-Adressbereich des DHCP-Servers zunächst über das gesamte eigene Netzwerk; in diesem Fall ist eine manuelle Anpassung erforderlich.

Ich kann an dieser Stelle unmöglich vorhersagen, wie die aktuelle Konfiguration bei Ihnen zu Hause aussieht. Es gibt so viele verschiedene Routermodelle und Konfigurationen, dass ich hier keinesfalls zwei oder drei Universalfälle angeben kann, die mit Sicherheit auch bei Ihnen zutreffen. Nein, Sie müssen in das kalte Wasser springen und die Konfiguration Ihres Routers selbst überprüfen und gegebenenfalls anpassen. Öffnen Sie also das entsprechende Webinterface Ihres Routers, indem Sie dessen IP-Adresse in Ihren Browser eingeben (natürlich muss dieser Rechner über eine Netzwerkverbindung mit dem Router verbunden sein). Im Regelfall hat der Router die IP-Adresse 1 aus Ihrem Adressbereich, also beispielsweise die 192.168.1.1. Wenn Sie die Adresse nicht genau kennen, dann müssen Sie sie erst in Erfahrung bringen. Öffnen Sie also beispielsweise an einem Windows-PC die Eingabeaufforderung. Drücken Sie dazu die Tastenkombination ⊞-Taste + [R], geben Sie in das sich öffnende Textfeld cmd ein, und drücken Sie dann [↵]. Sie erhalten eine MS-DOS Eingabeaufforderung. Hier geben Sie den Befehl ipconfig ein. In der längeren Liste, die sich öffnet, befindet sich irgendwo der Eintrag STANDARDGATEWAY. Nutzen Sie notfalls die Scrollbalken. Neben dem Eintrag befindet sich die IP-Adresse Ihres Routers. Unter einem Mac mit Mac OS X müssen Sie die Konsole öffnen, darin den Befehl sudo ifconfig ausführen und in der Ausgabe nach dem Ausdruck ROUTER suchen. Unter Linux (was natürlich auch für Ihren Pi-Server zutrifft) nutzen Sie den Befehl route -n. Hier können Sie übrigens eine Erweiterung benutzen, die Sie schon kennen: Mit den Befehlen grep und awk können Sie die Ausgabe so formatieren, dass nur der für uns wichtige Wert angezeigt wird. Probieren Sie einmal folgenden Befehl aus:

```
route -n | awk '{print $2}' | grep -v 0.0.0.0
```

Mit der in Erfahrung gebrachten IP-Adresse erreichen Sie das Webinterface Ihres Routers über einen Browser.

Welche IP-Adresse und welchen IP-Adressbereich Ihr Router verwendet, lässt sich nicht genau vorhersagen. Im Prinzip gibt es drei große IP-Adressbereiche, die speziell für Heimnetzwerke reserviert und nicht für die Kommunikation im Internet vorgesehen sind. Dies sind die IP-Adressbereiche

- 10.0.0.0 bis 10.255.255.255
- 172.16.0.0 bis 172.31.255.255
- 192.168.0.0 bis 192.168.255.255

Ist eine Kommunikation an eine dieser Adressen gerichtet, dann wird sie per Definition niemals über das Internet geleitet. Meistens wird ein Teilbereich des zuletzt genannten Bereichs verwendet. Wie bereits erwähnt wurde, wird hier für private Netzwerke im Regelfall die Subnetzmaske 255.255.255.0 verwendet, die besagt, dass sich das Netz über einen IP-Adressbereich xxx.xxx.xxx.0 bis xxx.xxx.xxx.255 erstreckt.

Geben Sie nun im Webinterface des Routers Ihr Passwort ein (Sie sollten unbedingt eines setzen), und suchen Sie dann nach der Konfiguration Ihres DHCP-Servers. Je nach Router befindet sich die Konfiguration an einer anderen Stelle. Oftmals ist der Eintrag im Menüpunkt NETZWERK versteckt. Kontrollieren Sie, wie der DCHP-Server eingestellt ist. Welchen IP-Adressbereich nutzt er? Erstreckt er sich über alle möglichen IP-Adressen? In diesem Fall sollten Sie ihn geeignet reduzieren. Es ist gar keine schlechte Idee, den DHCP-Server so einzustellen, dass er die IP-Adressen xxx.xxx.xxx.21 bis xxx.xxx.xxx.200 vergibt. So verbleiben noch 19 IP-Adressen am Anfang sowie 54 IP-Adressen am Ende des IP-Adressbereiches für feste Zuordnungen, und der DCHP-Server kann immer noch 180 IP-Adressen vergeben. Die ersten 19 IP-Adressen können so beispielsweise für Server und die letzten 54 IP-Adressen für besondere Zwecke, beispielsweise spezielle VPN-Verbindungen oder feste Clientgeräte (beispielsweise Drucker), genutzt werden. Nehmen Sie also gegebenenfalls eine Anpassung vor. Beachten Sie, dass die ersten drei Ziffernblöcke unbedingt mit der IP-Adresse Ihres Routers übereinstimmen müssen (wenn die Subnetzmaske 255.255.255.0 genutzt wird). Ist der DHCP-Server bereits so konfiguriert, dass er nicht den gesamten Adressbereich nutzt, dann müssen Sie keine Änderung vornehmen. In jedem Fall sollten Sie sich die Konfiguration des DHCP-Servers jetzt notieren. Kontrollieren Sie eventuelle Änderungen sorgfältig, denn die Einstellungen sind kritisch! Speichern Sie dann die Einstellungen ab. Ihren aktuellen Computer sollten Sie nun einmal neu starten, damit er eine gültige IP-Adresse bekommt. Dasselbe sollten Sie mit allen Geräten machen, die derzeit im Netzwerk aktiv sind. Kontrollieren Sie nach einem Neustart, ob Sie noch bequem ins Internet kommen und ob auch das Webinterface des Routers noch erreichbar ist. Wenn nicht, haben Sie einen schweren Fehler gemacht. Kontrollieren Sie den Zugriff von einem anderen Gerät aus. Sollten Sie nicht weiterkommen, dann bitten Sie einen erfahrenen Freund um Hilfe, der Ihnen weiterhelfen kann.

Nun müssen Sie sich aus dem IP-Adressbereich, der nicht (mehr) vom DHCP-Server verwaltet wird, eine IP-Adresse aussuchen, die Sie Ihrem Pi-Server fest zuweisen werden. Wenn Sie den IP-Adressbereich des DHCP-Servers bei xxx.xxx.xxx.21 haben beginnen lassen, dann können Sie beispielsweise die xxx.xxx.xxx.10 als neue IP-Adresse für Ihren Server benutzen. Suchen Sie sich eine IP-Adresse aus, und notieren Sie sie. Für die ersten drei Blöcke xxx.xxx.xxx. übernehmen Sie den Adressteil von der IP-Adresse Ihres Routers. Ist Ihr Router also unter der IP-Adresse 192.168.1.1 zu erreichen, dann lautet die IP-Adresse für Ihren Pi-Server beispielsweise 192.168.1.10. Lautet die IP-Adresse Ihres Routers 192.168.178.1, dann wäre 192.168.178.10 die IP-Adresse Ihres Pi-Servers und so weiter. Jetzt, da Sie nun durch diesen Abschnitt durch sind, wird es an der Zeit, dass Sie Ihren Pi-Server mit dieser neuen festen IP-Adresse konfigurieren.

5.7   Einrichten einer statischen IP-Adresse für Ihren Pi-Server

Eine feste IP-Adresse müssen Sie für Ihren Server per Hand vergeben. Er bekommt sie ja schließlich nicht vom DHCP-Server zugewiesen. Hierfür müssen Sie zuerst wieder eine Verbindung zu Ihrem Server über das SSH-Protokoll herstellen. Wie das geht, haben Sie ja in Abschnitt 3.2 zur Einrichtung gelernt.

Achtung   [!]

Noch ist der Pi-Computer so eingestellt, dass er seine IP-Adresse automatisch bezieht. Da Sie nun – möglicherweise – den Adressbereich des DHCP-Servers geändert haben, hat sich vielleicht auch die IP-Adresse des Pi-Computers geändert. Sie müssen also wieder von vorn beginnen und die Schritte nochmals ausführen, die nötig sind, um die IP-Adresse des Servers zu erfahren. Es ist aber das letzte Mal, versprochen!

Bauen Sie also eine Verbindung zu Ihrem Pi-Server auf, und loggen Sie sich dort ein; ich warte hier so lange auf Sie.

Die Vergabe einer festen IP-Adresse geschieht – wie immer – durch einen Eintrag in einer Datei. Diese Datei werden wir mit dem Texteditor nano bearbeiten. Es ist wichtig, dass Sie seine Funktionen zumindest ganz grundlegend beherrschen, schauen Sie gegebenenfalls noch einmal im Linux-Grundlagenkapitel (Kapitel 4) nach. Natürlich müssen Sie die Einstellungen nur vornehmen, wenn der Pi-Server von sich aus eine feste IP-Adresse verwenden soll. Wenn Sie Ihren Router so eingestellt haben, dass dessen DHCP-Server dem Pi-Server eine feste IP-Adresse zuweist, dann sind jetzt logischerweise keine Änderungen nötig. Achtung: Die folgenden Einstellungen sind kritisch. Falscheingaben führen dazu, dass der Server nicht mehr über die Netzwerkverbindung erreichbar ist. Sie können ihn dann nur noch direkt per angeschlossener Tastatur und verbundenem Monitor bedienen!

Die beiden Betriebssysteme Bananian und Raspbian gehen bei der Konfiguration der Netzwerkverbindungen wieder verschiedene Wege. Ich werde die Konfigurationen für den Banana Pi und den Raspberry Pi daher wieder in getrennten Abschnitten besprechen. Fahren Sie mit dem Abschnitt fort, der zu Ihrem Computermodell passt.

5.7.1 Die Konfiguration für den Banana Pi

Beim Banana Pi müssen wir die Datei */etc/network/interfaces* bearbeiten. Zunächst werden wir eine Sicherheitskopie dieser Konfigurationsdatei erstellen, für den Fall, dass etwas schiefgeht. Das machen wir mit dem Befehl

```
sudo cp /etc/network/interfaces /etc/network/interfaces.orig
```

Dies wird ein Backup der *interfaces*-Datei anlegen. Wenn etwas schiefläuft, dann (und nur dann) sollten Sie dieses Backup mit folgendem Befehl wieder zurückspielen:

```
sudo cp /etc/network/interfaces.orig /etc/network/interfaces
```

Der Fehlerfall ist meistens mit dem Umstand verbunden, dass sich der Banana Pi nur noch direkt über eine angeschlossene Tastatur und einen verbundenen Monitor bedienen lässt. Beachten Sie hierbei die englische Tastaturbelegung. Nach dem Zurückspielen des Backups sollte der Pi-Server (nach einem Neustart) wieder über das Netzwerk zu erreichen sein.

Öffnen Sie nun zur Vergabe der festen IP-Adresse folgende Datei mit dem Texteditor nano zur Bearbeitung:

```
sudo nano /etc/network/interfaces
```

Das vorgestellte sudo verleiht Ihnen Administratorrechte und verlangt nach der Eingabe Ihres Passworts. Sie werden bemerken, dass diese Datei schon einige Einträge aufweist, wie etwa in Abbildung 5.3.

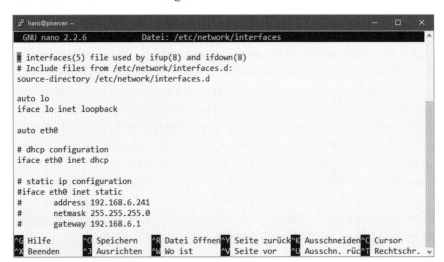

Abbildung 5.3 Die Datei »/etc/network/interfaces«

Die Datei fängt etwa so an:

```
# interfaces(5) file used by ifup(8) and ifdown(8)
# Include files from /etc/network/interfaces.d:
source-directory /etc/network/interfaces.d

auto lo
iface lo inet loopback

auto eth0
# dhcp configuration
iface eth0 inet dhcp
```

Listing 5.1 Netzwerkkonfiguration mit »/etc/network/interfaces«

Wir werden nun einige Änderungen vornehmen. Navigieren Sie den Textcursor mit den Pfeiltasten zu der Zeile

```
iface eth0 inet dhcp
```

und setzen Sie ein Raute-Symbol (das #-Zeichen) vor den Zeilenbeginn, so dass diese Zeile so aussieht:

```
#iface eth0 inet dhcp
```

Damit »degradieren« Sie diese Zeile zu einem Kommentar, der nicht mehr vom Server als Befehl interpretiert oder ausgewertet wird.

Nun fügen Sie direkt unter dieser Zeile folgenden Block ein. Ersetzen Sie dabei die IP-Adressbereiche entsprechend Ihrer Konfiguration. Zunächst legen Sie mit der Zeile address die feste IP-Adresse Ihres Pi-Servers fest. Ich gehe hier als Beispiel davon aus, dass der Pi-Server die IP-Adresse 192.168.178.10 erhalten soll. Außerdem gehe ich davon aus, dass Ihre Subnetzmaske (mit dem Ausdruck: netmask) 255.255.255.0 lautet – was bei Heimnetzen sehr wahrscheinlich ist, zumindest, wenn Sie hier noch keine Änderungen vorgenommen haben. In der Zeile gateway tragen Sie die IP-Adresse Ihres Routers (alte Bezeichnung: Gateway) ein. Im Beispiel nutzt er die IP-Adresse 192.168.178.1. Passen Sie die folgenden Einstellungen gemäß Ihrer Situation an:

```
# static configuration
iface eth0 inet static
address 192.168.178.10
netmask 255.255.255.0
gateway 192.168.178.1
```

Die erste Zeile dient übrigens nur als beschreibender Kommentar.

[!]   **Achtung**

Achten Sie unbedingt auf die Korrektheit der Daten, und denken Sie daran, dass Sie hier Ihre Werte eintragen müssen! Das gilt auch dann, wenn Sie eine andere Adresse als x.x.x.10 verwenden möchten!

Die Datei sollte jetzt unter Bananian entsprechend so aussehen (natürlich mit Ihren Werten):

```
# interfaces(5) file used by ifup(8) and ifdown(8)
# Include files from /etc/network/interfaces.d:
source-directory /etc/network/interfaces.d

auto lo
iface lo inet loopback

auto eth0
# dhcp configuration
#iface eth0 inet dhcp
# static configuration
iface eth0 inet static
address 192.168.1.10
netmask 255.255.255.0
gateway 192.168.1.1
```

Sollten sich weitere Zeilen in der Datei befinden, die durch ein Raute-Symbol eingeleitet werden, dann können Sie sie ignorieren. Es ist auch möglich, dass es noch weitere Zeilen gibt, die andere Geräte des Servers konfigurieren. Bitte ändern Sie an diesen anderen Zeilen nichts! Betätigen Sie jetzt die Tastenkombination `Strg`+`x`, um nano zu beenden und um die geänderte Datei abzuspeichern.

Die geänderte Konfiguration finden Sie zusammengefasst in Abbildung 5.4.

Starten Sie Ihren Pi-Server ausnahmsweise einmal neu, indem Sie den Befehl

```
sudo reboot
```

ausführen. Nach dem Neustart (Sie sollten etwa eine Minute warten) wird Ihr Banana Pi unter seiner neuen festen Adresse erreichbar sein. Probieren Sie dies mit Hilfe einer neuen SSH-Verbindung aus.

Wenn Sie auch nach längerer Wartezeit keine Verbindung aufbauen können (denken Sie daran, als Zieladresse jetzt die neue feste Adresse des Banana Pi zu nutzen), dann haben Sie vermutlich einen Fehler begangen. Jetzt hilft nur noch eines: Verbinden Sie den Pi-Computer mit einem Monitor oder einem Fernseher, und schließen Sie auch eine USB-Tastatur an. Nun müssen Sie noch einmal die soeben erörterten Einstellungen auf Richtigkeit hin kontrollieren; erst wenn alles passt, wird Ihr Server wieder über das Netzwerk erreichbar sein. Beachten Sie, dass Sie nun jedoch mit der englischen Tastaturbelegung arbeiten müssen.

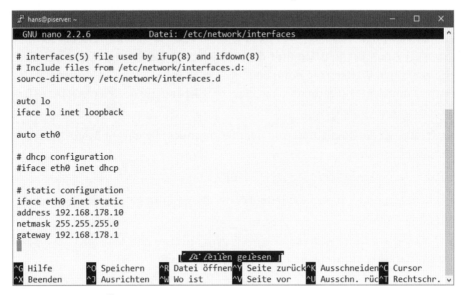

Abbildung 5.4 Die Änderungen an »/etc/network/interfaces«

Wenn Sie diese nicht ganz einfache Hürde genommen haben, dann ist Ihr Server nun endlich unter einer festen IP-Adresse zu erreichen und kann sich fast schon »wie ein richtiger Server« fühlen. Es ist nun wirklich an der Zeit, dass wir ihn von nun an als »Pi-Server« bezeichnen.

Übrigens: Sollten Sie zukünftig den automatischen Bezug einer IP-Adresse wieder reaktivieren wollen, dann müssen Sie die Datei *etc/network/interfaces* wieder auf ihren Originalzustand zurücksetzen. Sie können sich die Originalwerte in Ihrer Backup-Datei ansehen, die Sie mit dem Editor nano betrachten können.

Sie wären dann so weit, in die Hauptkapitel dieses Buches einzusteigen und nach Herzenslust entsprechende Dienste aufzusetzen und zu konfigurieren. Viel Spaß!

5.7.2   Die Konfiguration für den Raspberry Pi

Der Raspberry Pi behandelt die Netzwerkkonfiguration anders als der Banana Pi. Oftmals wird die Einrichtung unter dem Raspberry Pi sogar als einfacher empfunden. Unter Raspbian werden wir mit der Datei */etc/dhcpcd.conf* arbeiten. Zunächst erstellen wir wieder eine Sicherungskopie dieser Datei:

```
sudo cp /etc/dhcpcd.conf /etc/dhcpcd.conf.orig
```

Sollte es bei der Konfiguration zu einem Fehler kommen, dann (und nur dann) können Sie dieses Backup wieder zurückspielen und den Originalzustand wiederherstellen. Dazu geben Sie dann diesen Befehl ein:

```
sudo cp /etc/dhcpcd.conf.orig /etc/dhcpcd.conf
```

Im Fehlerfall wird Ihr Raspberry Pi nicht mehr über das Netzwerk erreichbar sein. Sie müssen also Tastatur und Monitor anschließen und die Konfiguration auf diese Weise ausführen. Denken Sie besonders bei der Eingabe des Benutzernamens, des Passworts und des Schrägstrichs daran, dass möglicherweise noch die englische Tastaturbelegung eingestellt ist.

Nun werden wir die Konfigurationsdatei mit folgendem Befehl zur Bearbeitung mit dem Editor nano öffnen:

```
sudo nano /etc/dhcpcd.conf
```

Sie werden bemerken, dass diese Datei bereits einige Einträge enthält, an denen Sie bitte nichts verändern.

Zur Vergabe der festen IP-Adresse geben Sie ganz am Ende der Datei folgenden Textblock ein, den Sie an Ihre persönliche Situation anpassen:

```
interface eth0
static ip_address=192.168.178.10/24
static routers=192.168.178.1
static domain_name_servers=192.168.178.1
```

Die erste Zeile macht deutlich, dass Sie das kabelgebundene Netzwerkgerät konfigurieren möchten. An dieser Zeile ist keine Änderung nötig. In der zweiten Zeile stellen Sie die gewünschte feste IP-Adresse ein. Achten Sie darauf, dass sich am Zeilenende der Ausdruck /24 befindet. Dies ist eine alternative Schreibweise für die Subnetzmaske 255.255.255.0. Diesen Eintrag müssen Sie unbedingt beibehalten (es sei denn, Ihre Subnetzmaske weicht hiervon ab, was aber bei privaten »Einsteiger-«Netzwerken eher ungewöhnlich ist). Möchten Sie beispielsweise die IP-Adresse 192.168.1.15 nutzen, dann lautet die Zeile folglich static ip_address=192.168.1.15/24. In der dritten Zeile tragen Sie die IP-Adresse Ihres Routers ein. Im Beispiel lautet diese 192.168.178.1. Weitere Angaben sind hier nicht erforderlich. Auch in der vierten Zeile müssen Sie die IP-Adresse Ihres Routers eintragen. Hiermit legen Sie den sogenannten DNS-Server fest, der sich um die Namensauflösung kümmert. Im Regelfall wird Ihr Router diese Funktionalität bieten, weswegen hier dessen IP-Adresse (ohne angehängte Subnetzmaske) einzutragen ist.

Die fertige Konfiguration sehen Sie in Abbildung 5.5.

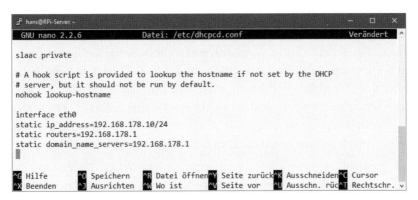

Abbildung 5.5 Die Datei »/etc/dhcpcd.conf« des Raspberry Pi konfigurieren

Dies schließt die Eintragungen in dieser Datei ab. Sie können den Editor mit der Tastenkombination (Strg)+(x) beenden und natürlich die Frage zum Speichern der Daten mit den Tasten (j) und (↵) bestätigen.

Um die neuen Einstellungen zu aktivieren, müssen Sie Ihren Raspberry Pi nun ausnahmsweise mit folgendem Befehl einmal neu starten:

```
sudo reboot
```

Nach dem Neustart (Sie sollten etwa eine Minute warten) wird Ihr Raspberry Pi unter seiner neuen festen Adresse erreichbar sein. Sie können dies mit einer neuen SSH-Verbindung ausprobieren.

Wenn Sie auch nach längerer Wartezeit keine Verbindung aufbauen können (denken Sie daran, als Zieladresse jetzt die neue feste Adresse des Raspberry Pi zu nutzen), dann haben Sie vermutlich einen Fehler begangen. Sie müssen jetzt wie zuvor beschrieben Ihr Backup der Konfigurationsdatei zurückspielen und den Konfigurationsvorgang wiederholen.

Übrigens: Sollten Sie zukünftig den automatischen Bezug einer IP-Adresse wieder reaktivieren wollen, dann müssen Sie die Datei */etc/dhcpcd.conf* wieder auf ihren Originalzustand zurücksetzen. Sie können sich die Originalwerte in Ihrer Backup-Datei ansehen, die Sie mit dem Editor nano betrachten können. Normalerweise sollten Sie nur die am Ende zugefügten Zeilen entfernen müssen.

Nun können Sie Ihren Raspberry Pi wirklich als »Pi-Server« bezeichnen und mit den Hauptkapiteln dieses Buches experimentieren. Viel Spaß!

5.8   Aktivieren einer WLAN-Verbindung

Ich habe es ja schon mehrfach anklingen lassen: Es ist wirklich keine gute Idee, den Pi-Server über eine WLAN-Verbindung in Ihr Netzwerk einzubinden. Die erreichbare

Datentransferrate ist zu gering, Ärger und Enttäuschungen sind vorprogrammiert. Wann immer möglich, sollten Sie den Server direkt per Kabelverbindung an Ihren Router anschließen. Dies gilt auch dann, wenn ansonsten alle anderen Geräte per WLAN mit dem Netzwerk verbunden sind. Da der Pi-Server ja nur klein ist, sollte sich in der Nähe des Routers noch ein Plätzchen finden lassen. Falls dort der Platz knapp ist, dann können Sie den Server auch über ein ausreichend langes Kabel anschließen. Patchkabel sind mit Längen von bis zu 30 Metern erhältlich – damit sollten Sie eigentlich auskommen. Bei einer kompletten Hausverkabelung ist der Standort natürlich beliebig.

Nur wenn es wirklich gar nicht anders geht, dann ist eine WLAN-Verbindung die letzte Lösung vor dem Aufgeben. In diesem kurzen Abschnitt werde ich Ihnen zeigen, wie Sie Ihren Pi-Server per WLAN in Ihr Netzwerk einbinden. Ein Banana Pro oder ein Raspberry Pi 3 bringt gleich eine eingebaute WLAN-Funktionalität mit. Beim Banana Pro müssen Sie nur noch eine geeignete Antenne an den winzig kleinen Antennenanschluss auf der Platine neben dem WLAN-Modul anschließen. Oftmals liegt eine solche Antenne einem Komplett-Kit bereits bei oder kann günstig nachgeordert werden. Beim Raspberry Pi 3 ist sie sogar bereits auf der Platine aufgelötet (weswegen Sie für diesen Computer kein geschlossenes Metallgehäuse verwenden sollten).

Wenn Sie einen anderen Pi-Computer einsetzen, dann müssen Sie die WLAN-Funktion mit einem geeigneten WLAN-USB-Adapter nachrüsten. Bevor Sie nun irgendein Modell kaufen, sollten Sie sich im Internet zuerst informieren, wie es mit der Linux-Treiberunterstützung aussieht. Es gibt WLAN-Adapter, die sofort nach dem Einstecken betriebsbereit sind, aber auch solche, bei denen es mit den Treibern sehr düster aussieht und die von einem Einsteiger nicht einfach zum Funktionieren gebracht werden können. An dieser Stelle möchte ich für kein bestimmtes Produkt werben, sondern lediglich sagen, dass im Zusammenhang mit dem Raspberry Pi (und das gilt natürlich auch für den Banana Pi) oftmals der WLAN-USB-Adapter EW-7811Un des Herstellers Edimax genannt wird, der im Regelfall problemlos mit dem Pi-Computer zusammenarbeitet und für rund 10 Euro gehandelt wird.

Abbildung 5.6 Der WLAN-USB-Adapter »EW-7811Un«

Aber es sei auch gesagt, dass es natürlich viele andere WLAN-Adapter gibt, die ebenfalls reibungslos funktionieren; so gibt es sogar einen offiziellen WLAN-Stick für den Raspberry Pi, der im Raspberry Pi-Shop erhältlich ist (für 6 britische Pfund). Darüber hinaus macht eine Suche mit den Ausdrücken »Raspberry Pi« und »WLAN Stick« schnell geeignete Kandidaten ausfindig.

Schließen Sie den USB-Stick an Ihren Pi-Server an, warten Sie einen Augenblick, und sehen Sie dann (mit den Befehlen cd und ls) über die Konsole nach, ob es im Ordner */dev* (der ja die Hardware des Computers repräsentiert) einen Ordner *wlan0* gibt. Sie können auch alternativ kontrollieren, ob die Ausgabe des Befehls dmesg am Schluss einen Eintrag aufweist, der sich mit dem Gerät *wlan0* befasst. Wenn zumindest eines der beiden Kriterien zutrifft, dann wurde Ihr Stick erfolgreich erkannt und kann genutzt werden, wenn nicht, dann ist das weniger gut. Dies ist ein Zeichen, dass es keinen passenden Treiber gibt. Sie müssen sich dann auf die Suche im Internet machen, aber eines vorweg: Einen passenden Treiber aufzufinden, kann sehr mühsam werden, teilweise sogar gar nicht zum Erfolg führen. Hier ist es vielleicht besser, einfach für einige wenige Euro einen passenden Stick zu erwerben.

Um den Pi-Server in Ihr WLAN einzubinden, ist wieder die Änderung einer Konfigurationsdatei notwendig. Sie benötigen zur Einrichtung erneut eine noch freie feste IP-Adresse aus Ihrem Netzwerk (diese darf nicht dieselbe sein wie für eine eventuelle Kabelverbindung), die IP-Adresse Ihres Routers und die verwendete Subnetzmaske. Außerdem benötigen Sie die SSID Ihres WLANs (also den Netzwerknamen) und das dazugehörige Kennwort.

Auch bei der Einrichtung einer WLAN-Verbindung unterscheiden sich die beiden Betriebssysteme Bananian und Raspbian wieder voneinander. Bitte fahren Sie mit dem Abschnitt fort, der zu Ihrem Pi-Modell passt.

5.8.1 Die Einrichtung für den Banana Pi

Beim Banana Pi erfolgt die Konfiguration wieder in der Datei */etc/network/interfaces*. Zunächst werden wir wieder eine Sicherheitskopie dieser Datei erstellen, für den Fall, dass etwas schiefgeht. Das machen wir mit dem Befehl:

```
sudo cp /etc/network/interfaces /etc/network/interfaces.wlan.orig
```

Dies wird ein Backup der *interfaces*-Datei erstellen. Wenn etwas Gravierendes schiefläuft, dann (und nur dann) sollten Sie dieses Backup mit folgendem Befehl wieder zurückspielen:

```
sudo cp /etc/network/interfaces.wlan.orig /etc/network/interfaces
```

Öffnen Sie mit dem Texteditor nano (dessen Bedienung Sie bereits verinnerlicht haben sollten) nun die Originaldatei zur Bearbeitung:

```
sudo nano /etc/network/interfaces
```

Wenn Sie dem Pi-Server zuvor bereits eine feste IP-Adresse für eine Kabelverbindung gegeben haben, dann dürfte Ihnen diese Datei noch bekannt vorkommen. Kontrollieren Sie, ob sich in der Datei eventuell bereits ein Block für die WLAN-Konfiguration befindet. Dies erkennen Sie an folgenden Zeilen:

```
auto wlan0
allow-hotplug wlan0
iface wlan0 inet dhcp
```

Wenn sich dort bereits so ein Block befindet, dann löschen Sie ihn und die zugehörigen (direkt folgenden) Zeilen, die sich um die WLAN-Einrichtung kümmern. Wichtig: Löschen Sie keine Zeilen, die nicht zu diesem Block gehören; insbesondere keine, die zur eth0-Schnittstelle gehören oder die mit einem Pre-Up beginnen (wie beispielsweise der Eintrag der Firewall iptables) oder das Gerät *wlan1* betreffen!

Fügen Sie nun (am Ende der Datei) folgenden neuen Block ein, in den Sie Ihre Parameter eintragen. Ich gehe als Beispiel davon aus, dass Sie die IP-Adresse 192.168.178.11 für den Server verwenden wollen, aber Sie sind in der Wahl frei und nur von Ihren eigenen Gegebenheiten (beispielsweise hinsichtlich des DHCP-Adressbereiches) abhängig. Geben Sie auch die SSID und das Passwort für Ihr WLAN ein. Achtung: Die Anführungszeichen müssen im Textblock verbleiben und dürfen nicht entfernt werden! Achten Sie darauf, dass Sie die Zeilen address, gateway, wpa-ssid und wpa-psk (sowie gegebenenfalls netmask) auf Ihre Situation passend ändern. In der Zeile gateway tragen Sie die IP-Adresse Ihres Routers ein.

```
auto wlan0
allow-hotplug wlan0
iface wlan0 inet static
address 192.168.178.11
netmask 255.255.255.0
gateway 192.168.178.1
wpa-ap-scan 1
wpa-scan-ssid 1
wpa-ssid "WLAN-SSID"
wpa-psk "WLAN-PASSWORT"
```

Listing 5.2 WLAN-Konfiguration mit »/etc/network/interfaces«

Kontrollieren Sie nochmals, ob alle Angaben vollständig sind und zu Ihrer Umgebung passen. Eine Beispielkonfiguration finden Sie in Abbildung 5.7.

Speichern Sie dann die Datei mit der Tastenkombination [Strg]+[x] ab, bestätigen Sie die Speicherfrage und verlassen damit nano. Nach einem Neustart des Servers mit

```
sudo reboot
```

ist die neue WLAN Konfiguration aktiv, und Sie werden den Pi-Server in Ihrem Netzwerk finden.

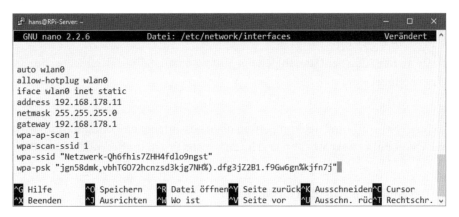

Abbildung 5.7 »/etc/network/interfaces«, konfiguriert für die WLAN-Nutzung

Wenn Sie mutig sind, dann können Sie auch alternativ folgenden Befehl verwenden, der nur die WLAN-Komponente neu startet:

```
sudo ifdown wlan0 && ifup wlan0
```

Wenn ich Ihnen verrate, dass das if die Kurzform von *interface* ist, dann ist dieser Befehl praktisch selbsterklärend. Beachten Sie aber in diesem Zusammenhang das doppelte &-Zeichen. Es sorgt dafür, dass die beiden Befehle nacheinander ausgeführt werden. Diese Verkettung kann (bei etwaigen zukünftigen Experimenten) sehr wichtig sein, denn der erste Befehl(-steil) trennt die aktuelle WLAN-Verbindung. Wären Sie bereits (ausschließlich) per WLAN mit Ihrem Pi-Computer verbunden und würde der zweite Befehl(-steil) die Verbindung nicht gleich wieder aufbauen, dann könnten Sie nicht mehr mit Ihrem Pi-Computer kommunizieren und ebenso wenig wieder die Netzwerkverbindung reaktivieren.

Natürlich können Sie eine Kabelverbindung vor dem Neustart trennen. Sollte der Pi-Server nicht in Ihrem WLAN verfügbar sein, dann kontrollieren Sie alle Eingaben auf Plausibilität und Fehlerfreiheit hin. Wenn gar nichts mehr geht, auch die Kabelverbindung nicht, dann müssen Sie wieder Tastatur und Monitor an den Pi-Server anschließen und sich so auf Fehlersuche machen. Wahrscheinlich haben Sie in der Datei */etc/network/interfaces* einen Fehler gemacht. Denken Sie daran, dass Sie zuvor ein Backup der ursprünglichen Konfiguration angelegt haben, das Sie notfalls wieder zurückspielen können.

Wenn Sie einen Banana Pro verwenden, dann ist jedoch noch ein weiterer Schritt nötig: Sie müssen ein bestimmtes Kernelmodul laden, damit das eingebaute WLAN-Modul korrekt arbeitet. An dieser Stelle noch einmal die Erinnerung, dass Sie hoffentlich in Abschnitt 3.4 zur Einrichtung des Servers im Dienstprogramm `bananian-config` korrekterweise bei der Hardwarekonfiguration den Banana Pro ausgewählt haben.

Öffnen Sie nun mit folgendem Befehl die Datei */etc/modules* zur Bearbeitung mit nano:

```
sudo nano /etc/modules
```

Fügen Sie an das Ende der Datei folgenden Eintrag hinzu (falls er sich nicht schon in der Datei befindet):

```
ap6210
```

Nach einem Neustart (und der kompletten oben beschriebenen Konfiguration) wird das WLAN-Modul korrekt arbeiten und Ihren Banana Pro in Ihr Netzwerk einbinden.

5.8.2 Die Einrichtung für den Raspberry Pi

Beim Raspberry Pi werden wir mit zwei Dateien arbeiten. In der einen werden wir die Zugangsdaten für Ihr WLAN eintragen, in der anderen werden wir eine feste IP-Adresse für die WLAN-Verbindung konfigurieren.

Wir beginnen zunächst mit den Zugangsdaten für Ihr WLAN. Diese Daten sind in der Datei */etc/wpa_supplicant/wpa_supplicant.conf* einzutragen. Öffnen Sie zunächst diese Datei mit folgendem Befehl mit dem Editor:

```
sudo nano /etc/wpa_supplicant/wpa_supplicant.conf
```

Sie werden sehen, dass diese Datei bereits wenige Einträge aufweist, die Sie bitte nicht verändern. Fügen Sie nun am Ende der Datei folgenden neuen Block ein:

```
network={
        ssid="WLAN-SSID"
        psk="WLAN-PASSWORT"
        scan_ssid=1
        proto=RSN
        key_mgmt=WPA-PSK
        group=CCMP
        pairwise=CCMP
}
```

Listing 5.3 WLAN-Konfiguration mit »/etc/wpa_supplicant/wpa_supplicant.conf«

Tragen Sie in der Zeile `ssid=` die SSID Ihres WLANs ein. In der Zeile `psk=` geben Sie das dazugehörige Passwort an. Beachten Sie, dass diese beiden Angaben wie gezeigt von Anführungszeichen umschlossen sein müssen. Weitere Angaben sind nicht erforderlich. Sie können die Datei nun mit der Tastenkombination ⌷Strg⌷+⌷x⌷ schließen und Ihre Änderungen abspeichern.

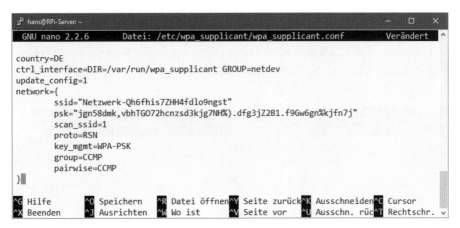

Abbildung 5.8 Die fertige Konfiguration der Datei »/etc/wpa_supplicant/ wpa_supplicant.conf«

Sollten Sie für Ihr WLAN statt der modernen und (noch) als sicher eingestuften WPA2-Verschlüsselung den älteren (als unsicher geltenden) WPA-Mechanismus verwenden, dann müssen Sie in den beiden Zeilen group und pairwise den Eintrag CCMP gegen TKIP tauschen. Sie sollten dann jedoch mit hoher Priorität die Anschaffung eines modernen Routers (und moderner WLAN-Geräte) angehen.

Prinzipiell ist damit bereits die WLAN-Verbindung vorbereitet und stünde nach einem Neustart des Pi-Computers mit einer dynamisch bezogenen IP-Adresse zur Verfügung. Wir wollen jedoch noch einen Schritt weiter gehen und eine feste IP-Adresse vergeben. Die folgenden Schritte sind exakt dieselben wie bei der kabelgebundenen Verbindung. Sie benötigen zuerst wieder eine freie feste IP-Adresse (nicht dieselbe wie bei der Kabelverbindung), die IP-Adresse Ihres Routers und die genutzte Subnetzmaske.

Nun öffnen Sie wieder die Datei */etc/dhcpcd.conf* zur Bearbeitung. Dies machen Sie mit folgendem Befehl:

```
sudo nano /etc/dhcpcd.conf
```

Sie können natürlich auch wieder ein Backup anlegen und seien an dieser Stelle noch einmal an die Backup-Funktion von nano erinnert, die Sie mit der Tastenkombination (Alt)+(b) aktivieren. Bitte ändern Sie an den bisherigen Einträgen nichts, sondern fügen ganz am Ende der Datei folgenden neuen Block ein:

```
interface wlan0
static ip_address=192.168.178.11/24
static routers=192.168.178.1
static domain_name_servers=192.168.178.1
```

Die erste Zeile kennzeichnet, dass Sie das Gerät *wlan0* konfigurieren möchten. In der zweiten Zeile geben Sie wieder die gewünschte feste IP-Adresse an. Beachten Sie erneut, dass der obligatorische Wert /24 am Zeilenende die Subnetzmaske codiert und für den Wert 255.255.255.0 steht. In der dritten und vierten Zeile tragen Sie die IP-Adresse Ihres Routers ein.

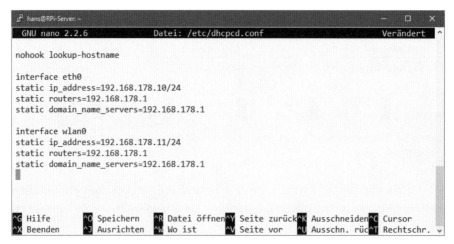

Abbildung 5.9 Die Einstellungen in der Datei »/etc/dhcpcd.conf« sind komplett

Dies schließt die WLAN-Einrichtung für Ihren Raspberry Pi ab. Es ist übrigens irrelevant, ob Sie den Raspberry Pi 3 mit der eingebauten WLAN-Funktionalität verwenden oder ein älteres Gerät mit einem USB-WLAN-Adapter. Nach einem Neustart des Pi-Computers wird dieser in Ihrem WLAN zu finden sein. Andernfalls müssen Sie sich auf die Fehlersuche begeben und alle soeben bearbeiteten Dateien kontrollieren. Sollte der Raspberry Pi noch nicht einmal über die Kabelverbindung erreichbar sein, dann müssen Sie sogar zu einer eigenen Tastatur und einem Monitor greifen und auf diese Weise die Einstellungen kontrollieren.

Kapitel 6
Im Fehlerfall

Dieses Kapitel soll Ihnen behilflich sein, wenn einmal etwas nicht sofort funktioniert und Sie sich auf die Suche nach dem Fehler begeben wollen. Wir werden uns ansehen, wo übliche Stolpersteine lauern.

Computer machen keine Fehler. Das kann ganz schlicht so gesagt werden. Einzige Ausnahme: Der Computer ist kaputt. Fehler machen immer nur Menschen. Entweder begeht sie der Benutzer beispielsweise durch falsche Eingaben, mit denen ein Programm nichts anfangen kann oder die eine unbeabsichtigte Aktion auslösen, oder aber der Programmierer, dessen Programm nicht das tut, was es tun soll. Zum Glück gilt aber auch, dass jeder Mensch Fehler macht. So können wir alle von uns behaupten, dass uns Fehler auch bei der Arbeit mit einem Computer bereits begegnet sind. Ein jeder hat schon mit Fehlermeldungen zu kämpfen gehabt und erlebt, dass ein Programm nicht das machte, was er von ihm erwartet hatte.

Folglich können also auch Fehler bei der Einrichtung eines eigenen Servers auftreten. Die Software, die ich in diesem Buch vorstelle, ist weitverbreitet und teilweise millionenfach im Einsatz. Natürlich haben ihre Programmierer auch Fehler gemacht, die aber schon zu einem sehr großen Teil erkannt und behoben wurden. Schließlich ist es auch das Ziel der eingesetzten Debian-Distribution, ein ausgereiftes, ausgiebig getestetes und stabiles Betriebssystem zu liefern. Natürlich ist dieses System nicht fehlerfrei, aber es ist oftmals wahrscheinlicher, dass der Fehlerteufel eher bei der Installation und Konfiguration zugeschlagen hat. Gerade wenn man als Anfänger vielleicht zum ersten Mal einen Server aufsetzt oder die Eingabe der vielen Textbefehle noch nicht gewöhnt ist, entstehen schnell Fehler – zum Glück bei jedem von uns. Für solche Fehler braucht man sich nicht zu schämen, denn wie immer kann man, wenn man sie erkannt und behoben hat, einiges aus ihnen lernen. Ärgern können sie einen aber trotzdem, besonders, wenn man sich auf eine neue Anwendung schon freut oder diese gar dringend braucht.

In diesem Abschnitt werden wir also ein paar mögliche Fehlerquellen durchgehen. Diese sollen Ihnen behilflich sein, wenn ein neu installierter Serverdienst nicht so funktioniert wie erwartet und Sie sich auf die Suche nach der Ursache des Problems machen.

6.1   Den betreffenden Dienst neu starten

In diesem Abschnitt geht es um Dienste, die zuvor fehlerfrei gearbeitet haben und dies plötzlich nicht mehr tun. In seltenen Fällen »verschluckt« sich ein Dienst und arbeitet nicht korrekt. Sie werden sehen, dass dies wirklich nur sehr selten vorkommt, aber wenn Sie einmal auf einen Dienst treffen, der plötzlich nicht mehr so arbeitet wie gewohnt und Sie keinerlei Änderungen unternommen haben, dann sollten Sie die im Computerbereich übliche Vorgehensweise anwenden und den betreffenden Dienst einmal neu starten. Das erledigen Sie mit diesem Befehl:

```
sudo service servicename restart
```

Dabei müssen Sie natürlich den Ausdruck servicename durch den Namen des betreffenden Dienstes ersetzen.

Es kann übrigens auch zu einem interessanten, aber ganz anderen Problem gekommen sein: Gegenwärtig werden mehr und mehr Internetanschlüsse auf das neue Protokoll IPv6 umgestellt. Bei der Umstellung kann es zu Problemen kommen. Ist nämlich Ihr Pi-Server plötzlich auch unter einer IPv6-Adresse erreichbar und wird vom Clientrechner (innerhalb Ihres privaten Netzwerks) unter dieser angesprochen, dann kann es passieren, dass der jeweilige Dienst »noch nicht mitspielt«. In diesem Fall sollten Sie testweise das IPv6-Protokoll auf dem Clientrechner deaktivieren und den Dienst nochmals überprüfen.

6.2   Schritt für Schritt vorgehen

Grundsätzlich sollten Sie die Serverprojekte, gerade wenn es die erstmalige Anwendung ist, immer mit einem »Bottom-up«-Ansatz aus angehen, so wie ich es in diesem Buch auch bespreche. Sie sollten also mit einer spartanischen Rumpfkonfiguration beginnen, die nur nötige Funktionen bietet, und diese erst einmal ausgiebig testen. Testen Sie beispielsweise zunächst in einem sicheren Heimnetzwerk (!) zunächst eine unverschlüsselte Verbindung, bevor Sie eine aufwendige Verschlüsselung und Authentifizierung implementieren. Zum Testen sollten Sie immer Allerweltsdaten verwenden, an denen niemand ein ernsthaftes Interesse hat, zum Beispiel Textdateien mit »test« als Inhalt. Bauen Sie, wenn das Grundgerüst funktioniert, dann langsam die erforderlichen Funktionen ein und testen diese, bevor Sie weitere aktivieren. Gerade im Fehlerfall sollten Sie »zu den Wurzeln« zurückkehren. Prüfen Sie, ob eventuell Sicherheitsfunktionen wie Ihre Firewall oder Fail2ban den Zugriff blockieren (beides sind Sicherheitsfunktionen aus dem dritten Teil des Buches). Testen Sie die Funktionsfähigkeit in einem sicheren Heimnetz eventuell mit abgeschalteten Sicherheitsfunktionen (die Sie später jedoch unbedingt wieder aktivieren sollten).

Wenn Sie auf einen Fehler stoßen, dann lesen Sie zunächst die entsprechende Fehlermeldung, soweit es eine gibt. Oftmals wird Ihnen hier natürlich direkt der Fehler auf-

gezeigt. Denken Sie daran, dass viele Dienste eine Logdatei führen. Es kann bei einem Problem nicht schaden, einen Blick in die Logdatei zu werfen. Sehr viele Programme legen ihre Logdateien im Verzeichnis *
/var/log* an, die Sie sich mit nano, gegebenenfalls mit sudo-Rechten, ansehen können. Oftmals finden Sie dort Fehlermeldungen oder Hinweise, warum das Programm nicht so arbeitet wie erwartet. Einige Dienste schreiben ihre Statusmeldungen auch in das globale *syslog*, das Sie mit nano unter */var/log/syslog* erreichen.

6.3   Beliebte Fehler: Tippfehler

An dieser Stelle sei vor allem noch einmal daran erinnert, dass Linux leider (oder aber auch zum Glück) praktisch keine Toleranz gegenüber Fehleingaben mitbringt. Es ist also wirklich wichtig, dass Sie die Anleitungen in diesem Buch ganz exakt befolgen und genau auf die Orthografie der einzelnen Befehle achten. Bedenken Sie:

Linux unterscheidet zwischen der Groß- und Kleinschreibung. Das gilt sowohl für Datei- und Verzeichnis- als auch für Befehlsnamen. Achten Sie also penibel hierauf. Das ist insbesondere auch bei Dateien relevant, die Sie selbst anlegen und auf die Sie dann in einer Konfigurationsdatei verweisen. Beispielsweise kann es schnell passieren, dass es die Datei *configuration.cfg* sowohl im Ordner */home/hans/downloads* als auch im Ordner */home/hans/Downloads* gibt und man natürlich stets die falsche Datei wählt.

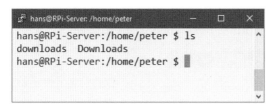

Abbildung 6.1 Tippfehler passieren leicht

Leerzeichen sind auch ein beliebter Fehler. Bitte schenken Sie Leerzeichen bei der Befehlseingabe immer Beachtung. Im Regelfall sind zu viele Leerzeichen weniger kritisch als zu wenige. Dies ist insbesondere wichtig bei der Übergabe von Parametern bei einem Befehlsaufruf. Berücksichtigen Sie aber, dass Leerzeichen in Datei- und häufig auch in Benutzernamen zwar möglich und akzeptabel sind, jedoch auch zu einer Fehlerquelle werden können. Wenn möglich, vermeiden Sie hier Leerzeichen und nutzen lieber, wenn erlaubt, den Unterstrich »_«. Wenn Sie explizit eine Datei mit einem Leerzeichen im Namen referenzieren müssen, dann denken Sie daran, dass Sie zur Eingabe das Escape-Zeichen benötigen. Es wird durch einen umgekehrten Schrägstrich \ dargestellt. Schreiben Sie also statt »*/mein verzeichnis*« korrekt »*/mein\ verzeichnis*«. Einige Befehle erwarten auch, dass Ausdrücke mit Leerzeichen von Klammern oder Anführungszeichen umschlossen werden.

Sonderzeichen führen auch häufig zu Problemen, wenn verschiedene Zeichensätze im Spiel sind. Vermeiden Sie also am besten Sonderzeichen in Dateinamen und anderen Benutzereingaben.

Wenn Sie sicher sind, dass Sie alle Eingaben korrekt vorgenommen haben, alle Dateien korrekt benannt und am richtigen Platz sind, dann gibt es durchaus noch andere Dinge, die Probleme bereiten können.

Denken Sie bitte auch daran, dass Sie viele Konfigurationstexte dieses Buches über die Internetadresse *https://www.rheinwerk-verlag.de/4075/* als Datei herunterladen können. Sie finden sie dort im Kasten MATERIALIEN ZUM BUCH.

6.4   Beliebte Fehler: die Rechtevergabe

Ein ganz wichtiger Punkt ist natürlich die Rechtevergabe auf dem Dateisystem. Schnell kann es passieren, dass ein Programm (oder Dienst) auf eine Datei oder ein Verzeichnis zugreifen möchte oder muss, aber für diese Ressource nicht die nötigen Zugriffsrechte hat. Rufen Sie sich noch einmal in Erinnerung, dass eine Datei verschiedene Rechte hat (Leserechte, Schreibrechte, Ausführrechte) und diese entweder gewährt oder verwehrt werden können. Zusätzlich wird immer zwischen dem Besitzer, der besitzenden Gruppe und allen anderen unterschieden. Prüfen Sie also, ob das entsprechende Programm die notwendigen Rechte für alle notwendigen Dateien hat. Dies sind beispielsweise Konfigurationsdateien, es kann sich aber auch etwa bei einer Webanwendung um das Zielverzeichnis für Nutzer-Dateiuploads handeln.

```
hans@RPi-Server: /dev/snd                                 —    □    ×
hans@RPi-Server:/dev $ cd snd
hans@RPi-Server:/dev/snd $ ls -la
insgesamt 0
drwxr-xr-x  2 root root      140 Mai  5 16:42 .
drwxr-xr-x 14 root root     3280 Mai  5 16:52 ..
crw-rw----  1 root audio 116,  0 Mai  5 16:42 controlC0
crw-rw----  1 root audio 116, 16 Mai  5 16:42 pcmC0D0p
crw-rw----  1 root audio 116, 17 Mai  5 16:42 pcmC0D1p
crw-rw----  1 root audio 116,  1 Mai  5 16:42 seq
crw-rw----  1 root audio 116, 33 Mai  5 16:42 timer
hans@RPi-Server:/dev/snd $
```

Abbildung 6.2 Achten Sie auf die Rechte und Besitzer der Dateien

Nutzen Sie den Befehl ls -la, um sich (in Kombination mit cd) die Zugriffsrechte auf die Dateien und Verzeichnisse anzuschauen. Wenn Sie nicht wissen, unter welchem Benutzerkonto ein Programm ausgeführt wird, dann hilft Ihnen entweder ein Blick in die entsprechende Konfigurationsdatei oder der Aufruf von top, dem universellen Prozess-Informationscenter, weiter. Eine Anleitung dazu finden Sie in Abschnitt 4.7.3. Hier werden Ihnen alle Prozesse sowie die zugehörigen Benutzerkonten aufgelistet. Ebenso ist es möglich, dass ein Hardwaregerät (das ja auch als Datei repräsentiert wird) ebenfalls bestimmte Zugriffsrechte erfordert. Zum Beispiel kann das Audiogerät */dev/snd* oder */dev/audio* so eingestellt sein, dass nur Mitglieder der Benutzergruppe *audio* (sowie natürlich der *root*-Benutzer) hierauf Zugriff erhalten. Prüfen Sie die »Rechtslage« und je nach Befehl auch, ob dieser mit *root*-Rechten (also vorangestelltem sudo) den gewünschten Effekt erzielt. Denken Sie hieran auch beispielsweise bei einer Webcam (und dem Gerät */dev/video0*).

6.5   Beliebte Fehler: Konfigurationsfehler

Als Nächstes sollten Sie einmal die logische Konsistenz überprüfen. Sehen Sie nach, ob tatsächlich alle Ihre Eingaben über alle notwendigen Konfigurationen konsistent sind. Ein beliebter Fehler ist beispielsweise, dem PHP-Modul anzugeben, dass es auf Eingaben über einen TCP-Port warten soll, während der Webserver jedoch so eingestellt ist, dass er einen Datei-Socket verwendet. (Keine Sorge, wir werden in diesem Buch sicherstellen, dass dieses Problem bei Ihnen ganz gewiss nicht auftritt!) Hier herrscht keine Konsistenz, das kann so nicht funktionieren. Nur wenn die Einstellungen einheitlich sind, dann kann ein reibungsloses Zusammenspiel funktionieren.

Ein (natürlich fiktives) Beispiel für eine solche falsche Konfiguration sehen Sie in Abbildung 6.3. Wir sollten uns schon entscheiden, ob wir von Lotto-Ergebnis oder Lotto-Resultat sprechen.

Abbildung 6.3 Ein Beispiel für einen Konfigurationsfehler: Die Lottozahlen befinden sich nicht in der Datei »Lotto-Resultat«, sondern in »Lotto-Ergebnis«.

Eng mit diesem Punkt verwandt sind logische Fehler. Prüfen Sie für alle Einstellungen, ob sie wirklich richtig sind und das bewirken, was Sie auch erreichen wollen. Oft passiert es zum Beispiel, dass ein Netzwerkdienst nur Verbindungen vom *localhost* akzeptiert, also von sich selbst – nicht jedoch von einem Rechner im Netzwerk. Somit kann auf den Dienst gar nicht aus dem lokalen Netzwerk zugegriffen werden. Hier passieren besonders gerne Flüchtigkeitsfehler. Das Netzwerk-Interface wird gerne einmal bei eth0 belassen, obwohl doch wlan0 für das WLAN nötig wäre, gerne gibt es auch einen Zahlendreher in der IP-Adresse des Servers oder der Subnetzmaske.

Natürlich können aber auch eigentlich triviale Fehler die Ursache eines Problems sein. Prüfen Sie also auch immer, ob die Netzwerkanbindung des Servers überhaupt funktioniert, also ob andere Serverdienste normal erreichbar sind und korrekt arbeiten. Hierzu können Sie als erste Anlaufstelle den Befehl `ping` verwenden, wie Sie ihn in Abschnitt 3.2 bei der Einrichtung des Pi-Computers kennengelernt haben. Wenn dies nämlich nicht der Fall ist, dann müssen Sie zunächst Ihr Netzwerk auf Fehler hin prüfen und sicherstellen, dass Ihr Server erreichbar ist. Prüfen Sie also insbesondere die Konfiguration der IP-Adressen sowohl auf dem Server als auch auf dem Clientrechner. In diesem Zusammenhang kann es nicht schaden, sich klarzumachen, dass auch der Clientrechner »schuld sein kann«. Auch hier sind Fehlkonfigurationen möglich. Prüfen Sie gegebenenfalls den entsprechenden Serverdienst also auch von einem anderen Clientrechner aus. Am besten ist es, wenn dieser ein anderes Betriebssystem benutzt (verwenden Sie beispielsweise ein Smartphone).

6.6   Zurück auf Null und von vorn beginnen

Wenn gar nichts hilft, dann sollten Sie den entsprechenden Serverdienst einmal komplett deinstallieren (mit dem `apt-get purge`-Befehl, wie ich ihn ganz zum Schluss des Buches erörtere) und noch einmal komplett von vorn anfangen. Und wenn auch das nichts nutzt, dann hilft vielleicht folgende Gedankenübung, die aber leider nicht ganz einfach ist: Greifen Sie zu Papier und Stift – und zwar zu einem großen Blatt Papier! Skizzieren Sie nun auf diesem Blatt Papier den kompletten Ablauf des Programms, das nicht so recht funktioniert. Schreiben Sie wirklich alles auf, zum Beispiel auch »erwartet Verbindungen auf Port 80 aus dem lokalen Netz« oder »liest Konfigurationsdatei von /etc...« oder »soll lesen und schreiben auf /var/lib/...«. Denken Sie ruhig etwas länger nach, damit Sie möglichst alles berücksichtigen. Danach machen Sie sich an die Überprüfung. Ist jede Anforderung erfüllt? Funktioniert die entsprechende Aufgabe/Einstellung/Formalität in jedem Fall? Denken Sie an die Syntax, die Kongruenz, die Logik. Prüfen Sie gegebenenfalls andere Einstellungen, Dateirechte und Dateipfade.

Wenn Sie gar keinen Erfolg haben, dann geht es ab ins Internet. Suchen Sie mit einer Suchmaschine nach Ihrem Problem. Suchen Sie nach Fehlermeldungen. Fragen Sie eventuell in einem Forum nach, das sich mit dem Dienst beschäftigt. Prüfen Sie auch den (eher unwahrscheinlichen) Fall, dass ein zwischenzeitliches Update des Programms eine andere Konfigurationseinstellung erfordert.

Und denken Sie immer daran, regelmäßig ein Backup der Speicherkarte und aller wichtigen Dateien auf externen Speichermedien zu erstellen und zum Üben eine zweite Speicherkarte zu verwenden.

TEIL 2

Serverprojekte

Kapitel 7

Dateien im Netzwerk freigeben: ein allgemeiner Fileserver mit Samba

Eine der wichtigsten Aufgaben eines Heimservers ist es, den Zugriff auf Dateien zu ermöglichen. In diesem Kapitel lernen Sie, wie Sie einen sogenannten Fileserver einrichten können.

Eine sehr wichtige Aufgabe eines Heimservers ist die des *Fileservers*. Dateien, auf die häufig von mehreren Computern im Heimnetzwerk zugegriffen wird, werden an zentraler Stelle auf dem Heimserver gesammelt und von dort aus allen angeschlossenen Rechnern zur Verfügung gestellt. Das können beispielsweise die Dateien eines aktuellen Schul- oder Studienprojekts sein, an dem mit mehreren verschiedenen Rechnern (großer PC im Arbeitszimmer, Notebook im Wohnzimmer auf der Couch, Tablet im Garten) gearbeitet wird. Häufig wird auch die zentrale Speicherung aller Mediendateien, also Filme, Fotos und Musik, genutzt. Die Medieninhalte können dann wiederum von allen Geräten im Netzwerk abgespielt werden. Dies schließt nicht nur Tablets und Smartphones ein, sondern auch entsprechende Mediaplayer oder Smart-TVs. Aus einem Raspberry Pi lässt sich auch prima ein Mediencenter (also ein Gerät, das Mediendateien abspielt) basteln – auch dieses kann die Medieninhalte vom zentralen Server beziehen. Natürlich kann ein Fileserver auch als Backup-Medium dienen, das verschiedene Versionen eines beliebigen Projekts abspeichert.

Auch mit Ihrem Pi-Server lässt sich sehr gut ein Fileserver aufbauen. Dank seines wesentlich schnelleren Netzwerkinterfaces ist der Banana Pi bei dieser Aufgabe gegenüber dem Raspberry Pi deutlich im Vorteil. Während die Netzwerkschnittstelle des Banana Pi mit einer maximalen Geschwindigkeit von 1.000 MBit/s spezifiziert ist, werden beim Raspberry Pi nur 100 MBit/s erreicht. Zusätzlich ist hier die Netzwerkschnittstelle gemeinsam mit den vier USB-Schnittstellen an den Prozessor angebunden. Folglich kann also der Banana Pi theoretisch bis zu 125 MByte/s übertragen, während der Raspberry Pi maximal 12,5 MByte/s bietet. Wir müssen aber bedenken, dass dies theoretische Höchstwerte sind, die die beiden Kleinstrechner in der Realität nicht erreichen. In der Praxis bietet der Banana Pi mit der hier vorgestellten Anwendung eine Datentransferrate von etwa 20 bis 25 MByte/s, während der Raspberry Pi je nach Auslastung nur 5–7 MByte/s überträgt. Außerdem bietet der Banana Pi zwar nur zwei (beziehungsweise drei) USB-Anschlüsse, allerdings zusätzlich den wertvollen SATA-Anschluss, an dem sich direkt eine Festplatte anschließen lässt.

Zudem sind die USB-Anschlüsse eigenständig und separat an den Prozessor angebunden. Auch dies sind Pluspunkte für den Banana Pi.

Die Software, die wir für den Fileserver-Betrieb nutzen wollen, nennt sich *Samba*. Samba ist eine sehr weit verbreitete Software, die sehr häufig in Netzwerken verwendet wird, um Dateifreigaben anzubieten, die mit dem Windows-typischen *SMB-Protokoll* kompatibel sind. Das bedeutet, dass wir von einem Windows-Rechner ohne großen Aufwand direkt auf eine Samba-Dateifreigabe zugreifen können. Da dieses Protokoll so stark verbreitet ist, wird es auch von vielen Anwendungen auf Smartphones und Tablets unterstützt. Auch Linux- und Mac-Rechner können unkompliziert auf diese Freigaben zugreifen. Es gibt zwar noch andere Varianten für Dateifreigaben im Netzwerk, die oftmals sogar den Vorteil geringerer Hardwareanforderungen haben, aber leider nicht so universell einsetzbar sind wie Samba mit der Unterstützung des SMB-Protokolls.

7.1   Die Samba-Installation auf dem Pi-Server

Als Erstes werden wir Samba installieren und eine Freigabe eines Verzeichnisses direkt auf der Speicherkarte des Pi-Servers einrichten, denn dann haben Sie bereits etwas zum Ausprobieren und Kennenlernen. Natürlich ist dies kein Dauerzustand. Die Speicherkarte des Pi-Servers bietet nur eine begrenzte Kapazität, und es ist auch nicht vorteilhaft, wenn sich das Betriebssystem und der datenintensive Fileserver dasselbe Speichermedium teilen. Sie sollten daher in einem zweiten Schritt, wie Sie es im Grundlagenkapitel gelernt haben, ein externes Speichermedium anbinden, das kann ein USB-Stick oder auch eine externe Festplatte sein. Beginnen wir aber mit der Installation und Einrichtung von Samba.

Samba ist direkt in den Paketquellen sowohl von Raspbian als auch von Bananian integriert. Zur Installation melden Sie sich zunächst über eine SSH-Verbindung wie gewohnt auf Ihrem Pi-Server an.

Zunächst sollten wir, wie eingangs beschrieben, die Paketquellen aktualisieren, indem wir den Befehl

```
sudo apt-get update
```

ausführen. Häufig wird übrigens bei der Installation einer neuen Komponente nach der Aktualisierung der Paketquellen auch der Befehl

```
sudo apt-get upgrade
```

ausgeführt. Hiermit werden aktuelle Paketversionen der bereits installierten Softwarekomponenten eingespielt. Somit sind alle Programme auf dem neuesten Stand, bei dem bekannte Fehler korrigiert wurden. Dies kann durchaus auch bedeuten, dass verschiedene Programme nun besser zusammenarbeiten, deswegen ist die Aktualisierung der Softwarekomponenten vor einer Neuinstallation oftmals eine gute Idee.

Wir können Samba jetzt einfach installieren, indem wir

```
sudo apt-get install samba samba-common-bin
```

eingeben, die ⏎-Taste drücken und anschließend noch einmal mit der ⏎-Taste bestätigen. Von nun an werde ich nicht mehr jedes Mal erwähnen, dass zur Ausführung eines Befehls die ⏎-Taste zu betätigen ist. Die vollständige Installation sehen Sie in Abbildung 7.1.

Abbildung 7.1 Die Installation von Samba kann je nach bereits installierter Software unterschiedlich umfangreich ausfallen

Wundern Sie sich nicht, wenn die Installation gerade auf einem »frischen« System recht lange dauert, denn Samba erfordert einige (auch von anderen Programmen genutzte) zusätzliche Komponenten, die zu Beginn vielleicht noch nicht installiert sind.

Nach der Installation von Samba müssen wir ein Verzeichnis bereitstellen, das später im Netzwerk freigegeben wird. Wir geben natürlich niemals die gesamte Speicherkarte frei, das wäre viel zu gefährlich, sondern wählen ein eigenständiges Verzeichnis aus. Nur auf dieses haben wir dann aus dem Netzwerk heraus Zugriff. Entscheiden wir uns zu Übungszwecken für das Verzeichnis namens *smb_freigabe* im Verzeichnis */srv*. Bitte denken Sie daran, dass Sie Verzeichnisse immer ordentlich benennen sollten, so dass schnell auf ihren Einsatzzweck geschlossen werden kann. Wechseln wir zunächst in das Verzeichnis */srv* (das der Aufnahme veränderlicher Daten dient, die von Netzwerkdiensten verwaltet werden) mit dem Befehl

```
cd /srv
```

und legen dort mit folgendem Befehl ein neues Verzeichnis namens *smb_freigabe* an:

```
sudo mkdir smb_freigabe
```

Das sudo vor dem Befehl ist nötig, weil ein normaler Systembenutzer im */srv*-Verzeichnis üblicherweise keine Schreibrechte besitzt. Das soeben angelegte Verzeichnis kann derzeit nur vom Benutzer *root* beschrieben werden. Das überprüfen wir schnell. Geben Sie zur Übung den Befehl zur Auflistung der Dateien und Verzeichnisse ein:

```
ls -la
```

Sie sehen, das Verzeichnis *smb_freigabe* gehört dem Benutzer *root*, und nur dieser hat Schreibrechte (das sehen Sie am Rechtekürzel w). Das müssen wir zunächst mit folgendem Befehl ändern (bitte ersetzen Sie benutzername durch Ihren eigenen Benutzernamen):

```
sudo chown benutzername:benutzername smb_freigabe/
```

Sollte Ihr Benutzername also beispielsweise *hans* lauten, dann führen Sie folgenden Befehl aus:

```
sudo chown hans:hans smb_freigabe/
```

Ein ls -la zeigt uns, dass das Verzeichnis nun Ihnen sowie der gleichnamigen Gruppe gehört und dass nur Sie über Schreibrechte verfügen. Wie Sie gleich lernen werden, ist es später eventuell erforderlich, die Zugriffsrechte zu verändern.

Übrigens: Verzeichnisse, die gemeinsam genutzte veränderliche Daten enthalten, die von Serverdiensten verwaltet werden sollen, speichern Sie am besten immer in einem aussagekräftig benannten Verzeichnis unterhalb von */srv*. Dort sollten Sie Verzeichnisse nach Diensten ordnen. Die gemeinsam genutzte Mediensammlung ließe sich zum Beispiel gut in einem Verzeichnis */srv/smb_freigabe/av* unterbringen. Wenn Sie – was oft empfohlen wird – wechselnde deutsch/englische Dateinamen vermeiden möchten, dann können Sie die Verzeichnisse auch konsequent mit englischen Begriffen benennen. In diesem Fall wäre also die Struktur */srv/smb_share/av* angebracht. Wie eingangs erwähnt, ist es aber auch bisweilen üblich, ein eigenes zweckgebundenes Verzeichnis direkt auf der obersten Ebene des Dateisystems zu erstellen. Wir erinnern uns an das mögliche Verzeichnis mit dem Beispielnamen */av*, das die lokale Mediensammlung aufnehmen kann. Das gilt natürlich nicht für die Verzeichnisse, in die externe Datenträger eingebunden werden. Datenträger sollten immer in einem Unterverzeichnis im Verzeichnis */media* eingebunden werden. Das */home*-Verzeichnis hingegen sollte nur für persönliche Dateien verwendet werden, die nicht gemeinsam mit anderen Nutzern geteilt werden sollen. Private Mediendateien, die nur einem bestimmten Benutzer zur Verfügung stehen sollen, sind daher also am besten im jeweiligen Home-Verzeichnis aufgehoben.

Nun wollen wir ein weiteres Verzeichnis erstellen. Es soll den Namen *allgemein* tragen und uns zum Üben dienen. Dieses Verzeichnis wollen wir für unsere erste Freigabe verwenden. Wir erstellen das Verzeichnis mit dem Kommando

```
sudo mkdir /srv/smb_freigabe/allgemein
```

Wir legen mit folgendem Befehl globale Zugriffsrechte für dieses Verzeichnis fest:

```
sudo chmod 777 /srv/smb_freigabe/allgemein
```

In diesem Befehl haben wir die Zugriffsrechte im sogenannten Oktal-Modus eingegeben, den Sie bereits in Abschnitt 4.4 kennengelernt haben. Aber aufgepasst: Nun darf jeder Benutzer Dateien in diesem Verzeichnis schreiben, löschen und natürlich auch lesen sowie gegebenenfalls ausführen. Wir benötigen anfangs diese weitreichende Einstellung, um die Konfiguration von Samba kennenzulernen. Natürlich können und sollten Sie später, wie Sie es im Grundlagenkapitel gelernt haben, angepasste Zugriffsrechte vergeben.

7.2   Die grundlegende Konfiguration von Samba

Im nächsten Schritt werden wir Samba mit unserer Freigabe konfigurieren. Dazu öffnen wir die Konfigurationsdatei von Samba mit dem Texteditor nano. Es handelt sich um eine einfache Textdatei, in der wir Samba mitteilen, welche Einstellungen wir gerne vornehmen würden. Zunächst werden wir aber eine Sicherheitskopie dieser Konfigurationsdatei erstellen. Das machen wir deshalb, damit wir stets ein funktionierendes Backup zur Hand haben, falls wir bei der Konfiguration etwas falsch machen und Samba hinterher nicht mehr korrekt funktioniert. Wir machen das außerdem, damit wir immer nachschauen können, wie die ursprünglichen Einstellungen waren, damit wir unsere Änderungen später nachvollziehen können.

Natürlich ist dieser Schritt optional. Sie sollten ihn aber trotzdem ausführen, denn es passiert später wirklich oft, dass man von irgendeinem Programm die Konfiguration ändert und dann doch wissen möchte, wie die ursprüngliche Einstellung lautete. Deshalb sollten Sie sich angewöhnen, stets eine Sicherheitskopie zu erstellen.

Also: Wie fast jeder Service speichert auch Samba seine Konfigurationsdatei im Verzeichnis */etc* und dort wiederum in einem Unterverzeichnis mit dem Namen *samba*. (Letzteres ist nicht für jeden Service so, viele Dienste speichern direkt im Verzeichnis */etc*, ohne ein eigenes Unterverzeichnis anzulegen.) Wir kopieren nun mit folgendem Befehl die ursprüngliche Konfigurationsdatei namens *smb.conf* in die Datei *smb.conf.orig*:

```
sudo cp /etc/samba/smb.conf /etc/samba/smb.conf.orig
```

Bei diesem Befehl arbeiten wir mit einem vollständigen Dateipfad, daher ist es irrelevant, in welchem Verzeichnis Sie sich gerade befinden. Das vorgestellte sudo benötigen wir, da wir als normaler Systembenutzer keinen Schreibzugriff auf die Dateien im Verzeichnis */etc* haben. Das ist mit Absicht so, damit wir nicht versehentlich dort etwas verstellen und »zerschießen«. Falls irgendwann einmal etwas schiefläuft und wir wieder von vorn beginnen wollen, dann (und nur dann) kopieren wir mit folgendem Befehl einfach das Original der Konfigurationsdatei wieder zurück:

```
sudo cp /etc/samba/smb.conf.orig /etc/samba/smb.conf
```

Wir beginnen jetzt mit der Konfiguration von Samba. Dazu werden wir die Konfigurationsdatei (natürlich ist das die Version ohne das *.orig* am Namensende) zur Bearbeitung mit nano öffnen:

```
sudo nano /etc/samba/smb.conf
```

Wieder ist das sudo nötig, damit wir diese Datei nicht nur lesen (das ginge auch ohne sudo), sondern auch verändern und abspeichern können. Wir werden jetzt einige Änderungen an der Konfiguration vornehmen.

Eine wichtige Einstellung gilt den Zugriffsrechten. Wir möchten Samba so konfigurieren, dass man nicht einfach so auf die Freigaben zugreifen kann, sondern sich explizit mit einem Benutzernamen und einem Passwort identifizieren muss. Dies dient der Sicherheit. Zu dem Benutzernamen muss ein Benutzerkonto auf dem Pi-Server existieren. Dies ist in einem kleineren Heimnetzwerk sicherlich kein Problem. Natürlich wäre dieses Vorgehen in einer großen Firma nicht unbedingt praktisch, für große Benutzergruppen gibt es auch noch andere Lösungen, aber im überschaubaren Heimnetzwerk mit vielleicht maximal sechs verschiedenen Benutzern, da ist das ein absolut praktikabler Weg. Glücklicherweise verwendet Samba diese Art der Zugriffskontrolle schon seit einiger Zeit als Voreinstellung, so dass wir bei einer aktuellen Version von Raspbian oder Bananian keine Änderung vornehmen müssen.

Im weiteren Verlauf können wir den Zugriff auf die Freigaben dann so konfigurieren, dass bestimmte Benutzer die Dateien lesen und verändern (also schreiben) können, während andere nur über ausschließliche Leserechte verfügen. So kann zum Beispiel der Medienplayer ein Konto erhalten, das keine Dateiänderung erlaubt, was ein versehentliches Löschen verhindert.

Nun werden wir auch schon unsere Freigabe definieren. Gehen Sie mit den Pfeil- oder Bildlauftasten bis an das Ende der Datei, und fügen Sie einfach ganz zum Schluss folgenden Abschnitt ein:

```
[Allgemeine Freigabe]
comment = PiServer Testfreigabe
path = /srv/smb_freigabe/allgemein
writeable = yes
guest ok = no
```

Listing 7.1 Konfiguration von Samba in »/etc/samba/smb.conf«

Dies ist eine ganz einfache Form der Dateifreigabe. Wir werden sie später noch erweitern. Die fünf Zeilen bewirken Folgendes:

Die erste Zeile enthält den Namen der Freigabe, so wie er später von anderen Geräten angezeigt und verwendet wird. Unsere Freigabe trägt im Moment den Namen *Allgemeine Freigabe* (mit einem großgeschriebenen »A«), und so würde sie beispielsweise in der Netzwerkumgebung von Windows auch aufgeführt. Sie können hier einen beliebigen Namen eingeben, es wäre auch *[DonnerstagRegnetsOft]* möglich, allerdings sollten Sie einen sinnvollen Namen wählen, beispielsweise *[Medien]* für eine Medienfreigabe. Bitte beachten Sie insbesondere, dass diese Benennung durchaus vom realen Verzeichnisnamen abweichen kann – wie unser Beispiel zeigt.

▶ Der comment enthält einen frei wählbaren Kommentar zu unserer Freigabe; er dient dazu, uns selbst mitzuteilen, was wir mit der Freigabe bezwecken wollen.

▶ Die Zeile path enthält den Pfad zu dem Verzeichnis, das wir freigeben wollen. Wir wählen hier jetzt erst einmal jenes Verzeichnis, das wir vorhin extra für diesen Zweck erstellt haben. Das war das Verzeichnis */srv/smb_freigabe/allgemein*. Natürlich können Sie hier nach dieser kleinen Einführung auch selbstständig ein anderes Verzeichnis eintragen.

▶ Der Eintrag writable legt fest, ob auf die Freigabe überhaupt geschrieben werden darf. Wir setzen hier ein yes, also ein »ja«, damit wir auch Dateien zum Testen auf unseren Pi-Server kopieren können. Wenn wir hingegen ein Verzeichnis hätten, das bereits Dateien enthält, die nicht verändert werden dürfen, dann könnten wir hier alternativ ein no setzen. Damit wären dann alle Dateien nur lesbar und ließen sich nicht verändern oder neu erstellen.

▶ Die letzte Zeile besagt schließlich, dass wir unbedingt einen Benutzernamen und ein Passwort benötigen, um auf die Freigabe zugreifen zu können. Ein Gast in unserem Netzwerk ohne ein eigenes Benutzerkonto darf nicht auf die Dateien zugreifen. Für Gäste könnten wir hier ein yes setzen. Das werden wir später einmal ausprobieren.

Für unsere erste Freigabe ist die Konfiguration schon komplett. Zusammengefasst sehen Sie sie noch einmal in Abbildung 7.2.

Abbildung 7.2 Die erste Samba-Freigabe

Wir können die Änderungen in der Datei jetzt abspeichern. Dazu drücken wir einmal die Tastenkombination [Strg]+[x]. nano wird uns daraufhin fragen, ob wir unsere Änderungen speichern wollen, was wir natürlich mit der [j]-Taste bejahen und anschließend mit der Betätigung der [↵]-Taste bestätigen. Daraufhin wird unsere Konfiguration gespeichert und anschließend nano automatisch beendet. Wir befinden uns dann wieder auf der Kommandozeile.

Wir werden jetzt ein Passwort für die Freigabe definieren. Dieses müssen wir dann zusammen mit dem Benutzernamen an einem Clientrechner eingeben, wenn wir auf die Freigabe zugreifen möchten.

Wichtig: Samba-Passwörter

Der Benutzername entspricht dem Namen, unter dem Sie sich am Pi-Server anmelden beziehungsweise angemeldet haben. Es wird hier nämlich ein ganz normales Systembenutzerkonto verwendet. Für jedes Benutzerkonto gibt es ein einzelnes Passwort, mit dem auf eine Freigabe zugegriffen werden kann. Es ist unabhängig vom Systempasswort dieses Benutzers. Sie können also ein völlig anderes Passwort verwenden, als das, das Sie zum Einloggen auf Ihrem Pi-Server nutzen. Das ist auch zu empfehlen, weil das Passwort vielleicht auf dem einen oder anderen Client nur unzureichend geschützt gespeichert wird und so schnell ausgelesen werden kann. Nehmen Sie also besser ein (sicheres) Passwort, das vom Systempasswort abweicht.

Geben Sie Folgendes ein:

```
sudo smbpasswd -a benutzername
```

Dabei ersetzen Sie benutzername durch Ihren eigenen Benutzernamen, unter dem Sie sich normalerweise anmelden. Vergeben Sie anschließend ein sicheres Passwort, und bestätigen Sie es. Sie erhalten die entsprechend angepasste Rückmeldung

```
Added user benutzername.
```

Wir belassen es zunächst bei diesem einen Benutzer. Sie können später jedoch für alle relevanten Nutzer Samba-Konten und Passwörter vergeben.

Nun müssen wir Samba noch unsere Änderungen bekannt machen. Dies geschieht durch die Aufforderung an Samba, die Konfiguration neu zu laden. Wie unter Linux üblich, starten wir natürlich hierzu nicht den ganzen Pi-Server neu, sondern allgemein nur den Dienst (hier also Samba), der Änderungen unterlag. Das erledigen wir mit folgenden Befehlen:

```
sudo service smbd restart
```

```
sudo service nmbd restart
```

Samba besteht hier aus zwei getrennten Komponenten. Der Service smbd ist die Komponente, die die eigentliche Freigabe bereitstellt. Als Zweites kümmert sich nmbd um NetBIOS-Dienste und bietet darüber eine Namensauflösung an. Mit deren Hilfe können Sie Ihre Freigaben ganz einfach in einer Netzwerkansicht auffinden. Das war es auch schon. Nun können Sie beispielsweise zu einem Windows-Client-Rechner gehen und dort die Netzwerkumgebung öffnen. Sie müssten dort, wie in Abbildung 7.3 gezeigt, nun einen Computer mit dem Namen Ihres Pi-Servers finden. Eventuell dauert es einen Moment, bis er dort erscheint.

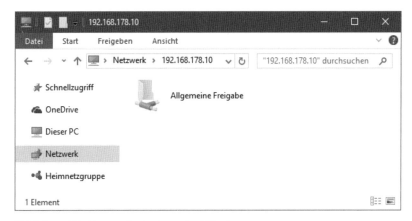

Abbildung 7.3 Unsere Freigabe unter Windows

Alternativ können Sie auch direkt auf die Freigabe Ihres Pi-Servers zugreifen, indem Sie im Datei-Explorer oben in die Adresszeile den (angepassten) Hostnamen Ihres Pi-Servers eingeben:

```
\\Hostname-Ihres-Pi-Servers
```

Wenn Sie auf die Freigabe des Servers (mit dem Namen *Allgemeine Freigabe*) zugreifen, dann werden Sie zur Eingabe eines Benutzernamens und eines Passworts aufgefordert. Hier verwenden Sie den Benutzernamen, den Sie üblicherweise zum Anmelden auf Ihrem Pi-Server nutzen und unter dem Sie zuvor die Samba-Konfiguration erstellt haben. Als Passwort verwenden Sie das soeben vergebene Samba-Passwort.

Abbildung 7.4 Die Anmeldung an unserem Samba-Server

Es gibt übrigens für Windows-Benutzer einen Trick, diese Abfrage (so sie unerwünscht ist) zu vermeiden: Wenn Sie denselben Benutzernamen und dasselbe Passwort sowohl zur Anmeldung unter Windows als auch für den Freigabezugriff verwenden (ja, Sie müssen hierfür in Windows ein Passwort zur Anmeldung nutzen), dann erscheint diese Abfrage nicht. Sie können, wenn es Ihrer Bequemlichkeit dient, auch das Passwort mit dem Häkchen im Fenster abspeichern (achten Sie aber darauf, dass dann nicht andere Computerbenutzer unberechtigten Zugriff auf Ihre Freigaben erhalten).

Natürlich können Sie die Freigabe auch unter einem OS X-System und auf einem normalen Desktop-Linux-Computer erreichen. Auch dort sollte der Pi-Server in der jeweiligen Netzwerkansicht automatisch gefunden werden und Ihnen nach der Anmeldeprozedur Zugang zum Ordner *Allgemeine Freigabe* gewähren.

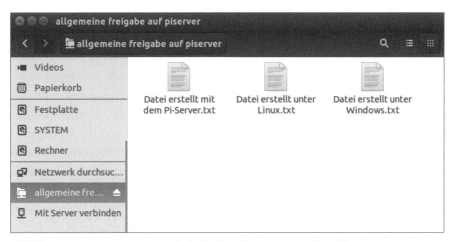

Abbildung 7.5 Auch unter Linux funktioniert die Freigabe mit Samba

Öffnen Sie diesen einmal – er sollte noch leer sein. Sie können jetzt in diesen Ordner Dateien kopieren oder direkt darin erstellen. Machen Sie dies mit ein paar Beispieldateien.

Anschließend können Sie testweise von einem weiteren Computer aus auf diese Freigabe zugreifen und werden dort dieselben Dateien vorfinden, wie Sie sie soeben erstellt haben. Sie können das auch direkt auf dem Pi-Server überprüfen. Öffnen Sie eine Konsolensitzung zum Pi-Server, und navigieren Sie in das Verzeichnis */srv/smb_freigabe/allgemein*:

```
cd /srv/smb_freigabe/allgemein
```

Lassen Sie sich den Verzeichnisinhalt mit

```
ls
```

ausgeben. Auch hier werden Sie die soeben erstellten Dateien sehen. Bravo!

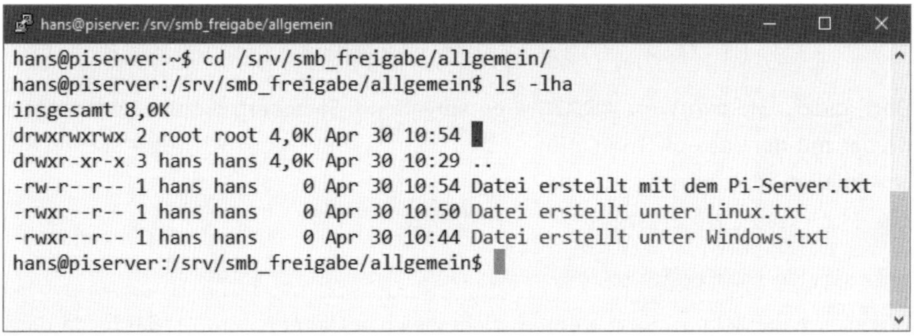

```
hans@piserver: /srv/smb_freigabe/allgemein                          —    □    ×
hans@piserver:~$ cd /srv/smb_freigabe/allgemein/
hans@piserver:/srv/smb_freigabe/allgemein$ ls -lha
insgesamt 8,0K
drwxrwxrwx 2 root root 4,0K Apr 30 10:54 █
drwxr-xr-x 3 hans hans 4,0K Apr 30 10:29 ..
-rw-r--r-- 1 hans hans    0 Apr 30 10:54 Datei erstellt mit dem Pi-Server.txt
-rwxr--r-- 1 hans hans    0 Apr 30 10:50 Datei erstellt unter Linux.txt
-rwxr--r-- 1 hans hans    0 Apr 30 10:44 Datei erstellt unter Windows.txt
hans@piserver:/srv/smb_freigabe/allgemein$ █
```

Abbildung 7.6 Auch über die Konsole können Sie die Dateien sehen

Ihr erster kleiner Fileserver funktioniert. Sie haben jetzt ein so genanntes NAS-Gerät (die Abkürzung steht für *Network Attached Storage* und bezeichnet einen Datenspeicher, der über eine Netzwerkverbindung verfügbar ist).

Falls das Ganze bei Ihnen noch nicht funktioniert hat und Sie einen Windows-basierten Clientrechner benutzen, dann sollten Sie noch eine Sache überprüfen. Es gibt noch die sogenannte Arbeitsgruppe. Damit Rechner gemeinsam auf eine Freigabe zugreifen können und diese automatisch angezeigt wird, müssen sie in der gleichen Arbeitsgruppe sein. Bei Windows ist normalerweise *WORKGROUP* als Arbeitsgruppe voreingestellt, dies sieht auch Samba so vor. Falls Sie diesen Namen geändert haben, dann müssen Sie die angeschlossenen Computer nun auf einen gemeinsamen Nenner bringen. Entweder ändern Sie den Wert in Samba auf dem Pi-Server oder auf den angeschlossenen Windows-Rechnern in *WORKGROUP*. Unter Windows 7 ändern Sie diesen Wert etwa wie folgt: Öffnen Sie START • SYSTEMSTEUERUNG • SYSTEM • EINSTELLUNGEN ÄNDERN • Registerkarte COMPUTERNAME • ÄNDERN. Dort können Sie die Arbeitsgruppe benennen. Andere Betriebssysteme gestatten direkt beim Zugriff auf die Freigabe die Benennung einer Arbeitsgruppe.

Auf dem Pi-Server hingegen öffnen wir wieder die Datei *smb.conf*:

```
sudo nano /etc/samba/smb.conf
```

Suchen Sie nach dem folgenden Abschnitt:

```
#===================== Global Settings =====================

[global]

## Browsing/Identification ###

# Change this to the workgroup/NT-domain name your Samba server will part of
workgroup = WORKGROUP
```

Listing 7.2 Arbeitsgruppe unter Samba festlegen

Dort ändern Sie den Wert WORKGROUP entsprechend. Speichern Sie die Änderungen wieder mit der Tastenkombination ⎡Strg⎤+⎡x⎤ ab, und – ganz wichtig – starten Sie anschließend Samba neu:

```
sudo service smbd restart
sudo service nmbd restart
```

Wie gesagt, dies ist nur nötig, wenn es nicht gleich geklappt hat und es daran lag, dass die Arbeitsgruppen unterschiedlich benannt waren.

7.3   Die grundlegende Rechtevergabe

Nun werden wir uns mit der Rechtevergabe befassen. Wir können bei den Freigaben sehr detaillierte Zugriffsrechte (also Lese- und Schreibrechte) vergeben. Bestimmten Benutzern können Sie einen Lesezugriff geben, weitere Benutzer erhalten auf Wunsch einen Schreibzugriff, andere dürfen noch nicht einmal lesen. Dies ist sehr praktisch und wichtig, um sensible Daten vertraulich zu halten und andere vor versehentlichem (oder absichtlichem) Löschen zu schützen.

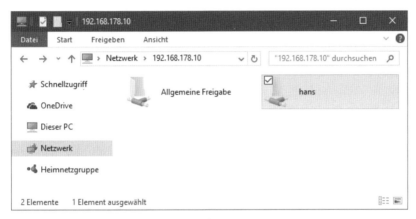

Abbildung 7.7 Verschiedene Freigaben für verschiedene Benutzer: Jeder Benutzer erhält Zugriff auf sein persönliches Home-Verzeichnis

Bevor wir nun richtig einsteigen, ist eine Sache ganz besonders wichtig: Niemals dürfen wir bei allen Arbeiten mit den Samba-Freigaben vergessen, dass unter allem immer das Linux-Dateisystem arbeitet. Seine Zugriffsrechte werden von Samba nicht überboten, sondern Samba muss sich den Linux-Dateirechten unterordnen.

Betrachten wir noch einmal die Linux-Dateirechte. Nehmen wir an, Sie haben ein Verzeichnis */srv/smb_freigabe/vater*. Es gehört dem Benutzer *vater*. Nur er hat Schreib- und Lesezugriff, die besitzende Gruppe und alle Übrigen haben überhaupt keine Zugriffsrechte. Nun können Sie problemlos eine Samba-Freigabe definieren, die allen Leserechte gibt und dem Sohn der Familie zusätzlich einen Schreibzugriff ermöglicht, aber das wird nicht funktionieren.

Versucht jemand, über das Netzwerk auf eine Freigabe zuzugreifen, dann geschieht dieser Zugriff in Wirklichkeit auf der Ebene des Dateisystems unter dem Benutzernamen, den er beim Zugriff auf die Freigabe angegeben hat. Dies ist sehr wichtig. Versucht also irgendjemand – außer dem Vater – auf das Verzeichnis über das Netzwerk zuzugreifen, dann tritt er also auf Dateisystemebene als Benutzer entsprechend seinem Samba-Benutzernamen auf – und der hat keinen Zugriff auf dieses Verzeichnis.

Er kann sich den Inhalt also noch nicht einmal anschauen. Genauso wenig kann der Sohn in dieses Verzeichnis schreiben, er kann überhaupt nicht darauf zugreifen, (fast) egal, was in der Samba-Konfiguration erlaubt ist. Daran müssen Sie immer denken. Wenn das Dateisystem einem Benutzer den Zugriff – ganz gleich ob lesend oder schreibend – verwehrt, dann kann ihn Samba nicht erlauben. Die meisten Probleme lassen sich lösen, indem Sie die Dateisystemrechte für den Benutzer und für die Gruppe entsprechend setzen und alle gewünschten Benutzer dieser Gruppe zuweisen.

Sie können allerdings auch direkt in der Konfiguration von Samba die Rechte steuern (und so im Regelfall einschränken). Dies geschieht sozusagen oberhalb des Dateisystems. Vielleicht fragen Sie sich nun, welche Einstellung Sie bevorzugen sollten. Wo sollten Sie besser die Rechte definieren? Auf dem Dateisystem oder in der Samba-Konfiguration? Die Antwort ist einfach: Zuerst einmal sollten wir immer die Zugriffsrechte des Dateisystems einstellen.

Nehmen wir folgenden Zustand an: Ein Verzeichnis erlaubt auf der Ebene des Dateisystems allen Benutzern den Lese- und Schreibzugriff. Über Samba können Sie den Zugriff auf Freigaben dieses Verzeichnisses einschränken. Nun kann ein Benutzer beim Zugriff auf die Freigabe nur noch entsprechend den Samba-Einstellungen verfügen. Was passiert aber, wenn er sich direkt am System anmeldet, beispielsweise über eine SSH-Verbindung? Nun, dann umgeht er Samba und arbeitet direkt mit dem Dateisystem – und hat entsprechend vollen Zugriff. Das ist vielleicht nicht gewünscht. Zuerst einmal sollten Sie also die Rechte auf dem Dateisystem setzen, die dann auch genauso für eine Samba-Freigabe gelten. Darf der Sohn auf ein Verzeichnis schreibend zugreifen, dann darf er das (in der Grundkonfiguration) auch über eine Samba-Freigabe tun.

In einigen Fällen genügt dies schon, eine weitere Einstellung in Samba ist dann nicht erforderlich.

Erst wenn die Situation etwas komplexer wird und die drei Parameter »Besitzer«, »Gruppe« und »alle anderen« nicht mehr genügen, dann können Sie – in einem einfachen Heimnetzwerk – zusätzlich die Rechtevergabe von Samba nutzen. Sie sollten aber niemals vergessen, dass Sie als Benutzer direkt am System unter Umständen dann wieder ganz andere Zugriffsrechte haben.

Überlegen Sie für Ihre eigenen Freigaben also zunächst, welche Benutzer welche Zugriffsrechte erhalten sollten, und passen Sie, wie Sie es im Abschnitt 4.3 gelernt haben, die Rechte des Dateisystems entsprechend an. Legen Sie notfalls auch passende Benutzergruppen an, und fügen Sie die benötigten Mitglieder hinzu. Denken Sie auch daran, die relevanten Zugriffsrechte für die Benutzergruppe des jeweiligen Verzeichnisses zu setzen.

Jetzt wollen wir uns mit einigen Konfigurationsoptionen von Samba beschäftigen. Zuerst wollen wir uns aber noch eine zusätzliche Funktion anschauen. Wenn Sie auf

Ihrem Clientrechner in der Ansicht des Ordners *Allgemeine Freigabe* in der Verzeichnisstruktur wieder eine Ebene höher wechseln, dann werden Sie sehen, dass dort noch ein weiteres Verzeichnis existiert. Zum einen ist dort nämlich der Ordner *Allgemeine Freigabe* vorhanden, zum anderen ein zweiter Ordner mit den Namen Ihres Benutzerkontos. Nutzern anderer Betriebssysteme als Windows wird dieser Ordner eventuell nicht angezeigt, sie können jedoch jederzeit durch eine manuelle Eingabe der Adresse darauf zugreifen (genauso wie auf den Ordner *Allgemeine Freigabe*).

Wenn Sie dieses Verzeichnis einmal öffnen, erleben Sie keine Überraschung, denn dies ist einfach das Home-Verzeichnis Ihres Benutzernamens auf dem Pi-Server. Es befindet sich (angepasst) unter */home/benutzername*. Alle Dateien, die Sie hier ablegen, werden Sie auch unter Ihrer Freigabe finden. Würden Sie beim Zugriff auf die Freigabe einen anderen Benutzernamen (mit seinem zugehörigen Passwort) verwenden, dann sähen Sie jetzt natürlich auch dessen Home-Verzeichnis. Das ist zurzeit noch nicht möglich, da wir in Samba erst ein Benutzerkonto mit einem Passwort definiert haben. Wenn Sie das für ein zweites Benutzerkonto machen (und Samba wie gezeigt neu starten), dann können Sie dies einmal an einem zweiten Clientrechner ausprobieren. Die Freigabe ist allerdings in der Standardeinstellung schreibgeschützt, Sie können also nur Dateien lesen, aber nicht neu erstellen oder verändern.

Sie haben nun folgende drei Möglichkeiten:

1. Ihnen gefällt es so, wie es ist. Dann brauchen Sie auch nichts zu ändern. Jeder Benutzer bekommt beim Anmelden an einer Freigabe des Pi-Servers sein jeweiliges Home-Verzeichnis schreibgeschützt angezeigt.

2. Möglichkeit zwei: Sie möchten gar nicht, dass ein Home-Verzeichnis angezeigt wird beziehungsweise verfügbar ist.

3. Möglichkeit drei: Sie möchten die automatische Freigabe des Home-Verzeichnisses mit vollen Schreibrechten nutzen. Bedenken Sie bitte bei dieser Option, dass das Home-Verzeichnis normalerweise auf der Speicherkarte des Pi-Servers liegt und andere Nutzer Sie als Serveradministrator ganz schön ärgern können, wenn sie hier beliebig viele Dateien ablegen und dadurch die Speicherkarte des Servers komplett füllen.

Wenn Sie etwas ändern möchten, dann geht das natürlich wieder über die Konfigurationsdatei von Samba. Wechseln Sie wieder zu der Konsole Ihres Pi-Servers, und öffnen Sie dort die Konfigurationsdatei wie bereits mehrfach gezeigt. Navigieren Sie mit den Bildlauf- oder den Pfeiltasten zum folgenden Abschnitt:

```
#======================= Share Definitions =======================
[homes]
comment = Home Directories
browseable = no
```

```
# By default, the home directories are exported read-only. Change the
# next parameter to 'no' if you want to be able to write to them.
read only = yes
```

Listing 7.3 Das Heimatverzeichnis in Samba verstecken

Möchten Sie auf Ihr Home-Verzeichnis vollständige Schreibzugriffsrechte erhalten, dann ändern Sie die Zeile read only = yes wie folgt ab:

```
read only = no
```

Wenn Ihre Änderungen komplett sind, dann sollten Sie die Konfigurationsdatei mit der Tastenkombination ⌈Strg⌉+⌈x⌉ und der üblichen Bestätigung abspeichern und Samba anschließend mit den zwei Befehlen

```
sudo service smbd restart
```

```
sudo service nmbd restart
```

neu starten und dadurch die Änderungen aktivieren. Sie können diese jetzt einmal ausprobieren.

Möchten Sie hingegen die Home-Verzeichnisse überhaupt nicht freigeben und stattdessen erreichen, dass sie gar nicht angezeigt werden (und auch nicht manuell aufgerufen werden können), dann fügen Sie in der Konfigurationsdatei in dem soeben dargestellten Block direkt nach der Zeile

```
[homes]
```

folgende Zeile hinzu:

```
available = no
```

Der Block sieht dann also folgendermaßen aus:

```
#======================= Share Definitions =======================
[homes]
available = no
comment = Home Directories
```

Vergessen Sie nicht, anschließend Ihre Änderungen zu speichern und Samba neu zu starten.

Hier noch schnell ein wertvoller Tipp: Wenn Sie eine Konfigurationsdatei verändern möchten, um eine neue Option auszuprobieren, dann nutzen Sie das Raute-Zeichen, um die vorherige Einstellung zu sichern. Möchten Sie etwa die Beispielzeile

```
cryptic_value = 18462
```

ändern und sich den vorherigen Wert merken, dann schreiben Sie doch einfach Folgendes:

```
#ursprünglicher Wert
#cryptic_value = 18462
#von mir geändert auf:
cryptic_value = 38972
```

Das Raute-Zeichen dient zur Ausweisung eines Kommentars. So gekennzeichnete Einträge werden (von fast allen Diensten) ignoriert – der Tipp gilt also nicht nur für Samba. Sie können so auch Hinweise für zukünftige Änderungen geben. Wenn Sie Ihre Änderungen wieder zurücknehmen wollen, dann haben Sie den ursprünglichen Wert gleich zur Hand.

7.4 Die erweiterte Konfiguration von Samba

Jetzt schauen wir uns eine etwas kompliziertere Umgebung an und lernen die (optionale) Rechteverwaltung von Samba kennen.

Nehmen wir an, wir haben eine vierköpfige Familie, bestehend aus Vater, Mutter, Tochter und Sohn. Alle haben ein Benutzerkonto auf dem Pi-Server und ebenfalls ein Samba-Passwort. Jetzt wollen wir mehrere Freigaben einrichten, die jedoch jeweils nicht von allen Benutzern verwendet werden dürfen. Wir wollen uns hier jedoch im Speziellen die mögliche Rechtekonfiguration in Samba anschauen, die wir – sofern erforderlich – zusätzlich zur Rechtevergabe im Dateisystem vornehmen können.

Nehmen wir als Erstes an, wir haben eine Freigabe */srv/smb_freigabe/kritisch* mit »sensiblen« Daten, auf die nur die Eltern Zugriff haben sollen. Es könnte sich dabei beispielsweise um berufliche Daten handeln. Nehmen wir an, auf der Ebene des Dateisystems hätten alle Benutzer Vollzugriff, den wir beim Zugriff über die Freigabe einschränken möchten.

Wenn Sie möchten, dann legen Sie zur Übung jetzt ein solches Verzeichnis an und orientieren sich dabei an unserem vorherigen Beispiel. Dieses Beispiel mit der vierköpfigen Familie ist zwar eine gute Übung, kann aber dazu führen, dass Sie neue Benutzerkonten anlegen müssen. Diese können Sie später aber – da nur für diese Übung benutzt – wieder wie im Grundlagenkapitel gezeigt entfernen. Falls möglich, sollten Sie jedoch mit bereits existierenden Konten arbeiten. Eine bessere Lösung wäre, den Pi-Server – wie zu Beginn des Buches erwähnt – zum Üben mit einer zweiten Speicherkarte zu betreiben. So müssen Sie das Originalsystem nicht unnötig antasten. Beachten Sie, dass für diese Übung im Dateisystem ein allgemeiner Schreibzugriff auf das Übungsverzeichnis erforderlich ist. Sie können diese Anleitung natürlich auch nur rein theoretisch verfolgen.

Bislang sähe unsere Freigabe in der Konfigurationsdatei von Samba (*/etc/samba/ smb.conf*) so aus:

```
[kritisches]
comment = kritische sensible Daten
path = /srv/smb_freigabe/kritisch
writeable = yes
guest ok = no
```

Listing 7.4 Die Freigabeverwaltung in »/etc/samba/smb.conf«

Das würde dazu führen, dass jeder Netzwerkbenutzer, der ein Benutzerkonto und ein Samba-Passwort hat, auf diese Dateien lesend und schreibend zugreifen kann (immer vorausgesetzt, die Rechte würden auch auf der Ebene des Dateisystems so gewährt). Sie können das als Übung einmal mit den vier verschiedenen Benutzerkonten ausprobieren. Beachten Sie, dass jeder Benutzer ein eigenes Samba-Passwort haben muss. (Wenn Sie nur einen Windows-Client-Rechner haben und den Benutzernamen der Freigabe wechseln möchten, dann können Sie ihn einfach zwischendurch neu starten.) Sie können auch einfach unsere zuvor erstellte Freigabe mit dem Namen *Allgemeine Freigabe* nutzen, die direkt das Verzeichnis */srv/smb_freigabe/allgemein* verwendet. Wenn Sie mehrere Rechner zur Verfügung haben, dann loggen Sie sich doch einmal mit verschiedenen Benutzerkonten auf der Freigabe ein. Erstellen Sie dann einige Textdateien zur Übung. Wenn Sie an die Konsole des Pi-Servers zurückkehren, dann werden Sie sehen, dass dort im Dateisystem die Dateien unterschiedlichen Benutzern gehören. Nutzen Sie zur Ansicht den Befehl `ls -la`.

Wir möchten dies nun mit den Mitteln von Samba so modifizieren, dass nur noch die Eltern auf die Freigabe zugreifen können; beide dürfen lesen und schreiben, alle anderen noch nicht einmal lesen. Dazu ändern wir den Konfigurationsblock folgendermaßen:

```
[kritisches]
comment = Kritische sensible Daten
path = /srv/smb_freigabe/kritisch
writeable = yes
valid users = vater mutter
guest ok = no
```

Listing 7.5 Zugriff auf bestimmte Nutzer begrenzen

Wir haben also die Zeile `valid users = vater mutter` zugefügt. Wenn wir die Datei wie gewohnt abspeichern und Samba neu starten, dann wird dieses Verzeichnis in der Ansicht der Freigabe zwar weiterhin allen Benutzern angezeigt, aber nur die Benutzer *vater* und *mutter* können es öffnen und dann auch darauf schreiben. Zusammengefasst sehen Sie die Datei noch einmal in Abbildung 7.8.

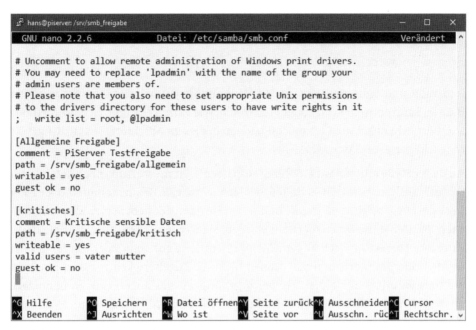

Abbildung 7.8 Die Einschränkung der Freigabe mit den »kritischen Daten«

Noch einmal zur Verdeutlichung: Diese Freigabe wird allen Benutzern angezeigt, somit wissen alle, dass dieses Verzeichnis existiert. Darauf zugreifen können aber nur bestimmte Benutzer.

Abbildung 7.9 Die Anmeldung wurde eingeschränkt – dem Sohn wird der Zugriff verweigert

Dasselbe Resultat würden wir erhalten, wenn wir auf der Ebene des Dateisystems folgende Rechte für dieses Verzeichnis setzten:

```
rwx rwx --- vater eltern
```

und *vater* und *mutter* als einzige Mitglieder in die Gruppe *eltern* aufnehmen. Der Besitzer kann entweder *vater* oder *mutter* sein. Wie vorhin erwähnt, ist diese Methode auch zu bevorzugen, aber ich möchten Ihnen in diesem Abschnitt ja explizit auch die Möglichkeiten von Samba vorstellen.

An dieser Stelle müssen wir ein wenig aufpassen – wir müssen uns noch detaillierter mit den Rechten befassen. Erstellen Sie doch einmal als Benutzer *mutter* oder *vater* über die Freigabe einige Dateien, und sehen Sie dann auf dem Server nach, mit welchen Rechten diese Dateien erstellt wurden. Sie werden sehen, dass zwar die Besitzerrechte korrekt (je nach angemeldetem Benutzer) auf *vater* oder *mutter* gesetzt werden, allerdings erhalten die Dateien nicht die Zugehörigkeit zur Gruppe *eltern*. Stattdessen erhalten sie die Gruppenzugehörigkeit des angemeldeten Benutzers. Zusätzlich führen die aktuellen Einstellungen auch dazu, dass Dateien und Verzeichnisse so erstellt werden, dass sie von jedermann gelesen werden können, wie Abbildung 7.10 zeigt.

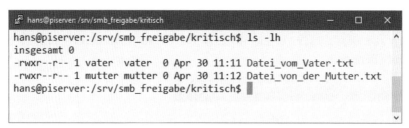

Abbildung 7.10 Die Rechte auf dem Dateisystem passen noch nicht

Dies entspricht nicht unserem Wunsch. Wir werden dies allerdings erst weiter unten anpassen und uns zunächst weiter mit allgemeinen Parametern befassen.

Vielleicht stört es Sie jetzt nämlich, dass diese Freigabe überhaupt in der Freigabeansicht der Clients angezeigt wird. Nehmen wir doch einfach zusätzlich die Zeile

```
browsable = no
```

mit in den Konfigurationsblock der Freigabe auf, beispielsweise als letzten Eintrag unter die Zeile `guest ok = no`. Nach dem obligatorischen Neustart von Samba und einer Aktualisierung der Ansicht auf den Clientrechnern wird die Freigabe nun für niemanden mehr angezeigt, auch nicht für den Vater oder die Mutter, wie Sie in Abbildung 7.11 sehen.

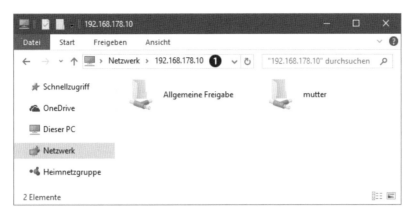

Abbildung 7.11 Die Freigabe ist nun versteckt

Diese beiden Benutzer können jedoch nach wie vor manuell darauf zugreifen, wenn sie zum Beispiel unter Windows *servername\kritisches* in die Adresszeile ❶ eingeben. Für OS X- und Linux-Systeme gilt Entsprechendes. Sie können sich beispielsweise auch unter der Adresse *smb://Pi-Server/kritisches* direkt mit dem Server verbinden ❷ (beachten Sie in diesem Fall die Orientierung der Schrägstriche). Anderen Benutzern als den Eltern wird der Zugriff jedoch verweigert.

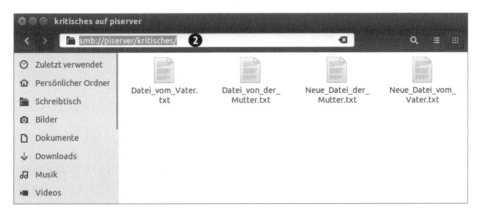

Abbildung 7.12 Mit dem richtigen Namen kann noch auf die Freigaben zugegriffen werden

Betrachten wir Fall Nummer zwei: Der Sohn der Familie sei ein begnadeter Geschichtenerzähler; er schreibt täglich eine neue Kurzgeschichte, die er im Verzeichnis */srv/ smb_freigabe/kurzgeschichten* ablegt. Wir hätten jetzt gerne eine Freigabe für dieses Verzeichnis, das alle Benutzer lesen, aber nur der Sohn beschreiben darf. Wie immer gilt: Dies ist auf dem Dateisystem kein Problem und die zu bevorzugende Variante. Zum Testen der Möglichkeiten von Samba erstellen Sie jetzt jedoch bitte zunächst ein Verzeichnis, das von allen Benutzern beschrieben werden darf. Anschließend erstellen Sie hierfür in der Konfigurationsdatei von Samba folgenden Block:

```
[Kurzgeschichten]
comment = Wunderbare Kurzgeschichten
path = /srv/smb_freigabe/kurzgeschichten
writeable = no
write list = sohn
guest ok = no
```

Listing 7.6 Schreibrechte konfigurieren

Obwohl in diesem Block explizit definiert ist, dass kein Schreibzugriff besteht, gilt das nicht für den Benutzer *sohn*. Ihm wurde durch write list = sohn ein exklusiver Schreibzugriff gegeben. Probieren Sie das aus, indem Sie Samba neu starten und dann unter verschiedenen Benutzernamen auf die Freigabe zugreifen.

Nun kommen wir zu Fall Nummer drei: Die Tochter der Familie veranstaltet zu Hause öfter mit ein paar Freundinnen LAN-Partys. Sie hätte gerne ein Verzeichnis, in dem sie allgemeine Dateien, beispielsweise Spielanleitungen, für ihre Freundinnen zur Verfügung stellt. Sie nutzt das Verzeichnis */srv/smb_freigabe/infos*. Sie selbst möchte auf das Verzeichnis Schreibzugriff haben, alle anderen sollen auch ohne Benutzerkonto lesenden Zugriff auf diese Dateien haben. Das realisiert folgender Block in der Konfigurationsdatei von Samba:

```
[Oeffentlich]
comment = Für jeden lesbare Infos
path = /srv/smb_freigabe/infos
writeable = no
write list = tochter
guest ok = yes
```

Listing 7.7 Rechte für Gäste

Durch das simple Setzen von guest ok = yes erreichen wir dies. Nun kann jeder Gast auch ohne ein Benutzerkonto und ohne Passwort auf diese eine Freigabe lesend zugreifen.

Vielleicht fragen Sie sich jetzt, warum ich zuerst betone, dass Sie alle Rechteverwaltungen möglichst direkt mit dem Dateisystem einstellen sollten, und nun doch die möglichen Konfigurationsoptionen von Samba erörtere. Dafür gibt es mehrere Gründe. Zunächst einmal ist es möglich, dass sich die Freigabe auf einem eingebundenen NTFS- oder FAT-formatierten Laufwerk befindet. Mit unseren bisherigen Möglichkeiten gibt es die bekannte Rechteverwaltung leider nicht auf einem solchen Laufwerk. Die Rechteverwaltung mit Benutzernamen und Gruppen steht uns nur auf Datenträgern zur Verfügung, die (wie in Abschnitt 4.10.12 gezeigt) mit einem Linux-Dateisystem formatiert sind. Darüber hinaus kann es Benutzer geben, die sich gar nicht direkt am Server anmelden dürfen. Diese sind dem System zwar bekannt, aber

Ihnen wird die Anmeldung verwehrt; manchmal haben sie noch nicht einmal ein Home-Verzeichnis. Hier kann dann die relativ bequeme Verwaltung über die Samba-Konfiguration nützlich sein.

7.5   Die Rechtevergabe im Detail für Sonderfälle

Zum Abschluss wollen wir uns noch etwas speziellere Parameter anschauen. Diese benötigen wir beispielsweise für die vorhin erwähnte Freigabe der kritischen Daten, auf die nur die Benutzer *vater* und *mutter* Zugriff haben sollen. Alle Parameter, die ich hier bespreche, können Sie als zusätzliche Zeile bei der Konfiguration einer Freigabe in den jeweiligen Block aufnehmen.

Beginnen wir mit den Optionen

```
force user = benutzername
```

und

```
force group = gruppe
```

Derzeit sind unsere Freigaben so konfiguriert, dass Dateien und Verzeichnisse im Dateisystem unter dem Benutzerkonto erstellt werden, unter dem Sie sich beim Zugriff auf die Freigabe anmelden. Greifen Sie also beispielsweise über den Benutzernamen *vater* auf die Freigabe zu und erstellen eine Textdatei, dann gehört diese im Dateisystem korrekt dem *vater*. Allerdings erhält diese Datei nicht die Gruppenzugehörigkeit *eltern*. Stattdessen gehört sie ebenfalls der Gruppe *vater*. Das entspricht – wie vorhin erwähnt – nicht unserem Wunsch.

Mit den beiden Optionen `force user` und `force group` können Sie das anpassen. Somit tritt jeder Benutzer, der über das Netzwerk auf eine Datei oder ein Verzeichnis zugreift, als dieser angepasste Benutzer beziehungsweise als diese angepasste Gruppe auf. In unserem Beispiel mit den Eltern müssen wir der Definition der Freigabe *kritisches* also die Zeile

```
force group = eltern
```

hinzufügen.

Ebenso können hingegen die beiden Optionen wichtig sein:

```
create mask = 0660
```

und

```
directory mask = 0770
```

245

Damit legen Sie die Zugriffsrechte fest, die eine neue Datei oder ein neues Verzeichnis bekommt. Nehmen wir an, Sie haben ein Verzeichnis, dessen Dateien auf Dateisystemebene besondere Zugriffsmuster haben. Betrachten wir erneut das vorige Beispiel mit dem Verzeichnis namens *kritisch*, auf das nur die Eltern Schreib- und Leserechte haben sollten und allen anderen der Zugriff komplett verweigert wird. Dateien, die Sie über die Freigabe neu erstellen, sollen bitte auch diesen Kriterien genügen. Das ist momentan aber nicht der Fall. Wie vorhin erwähnt, erhalten neu erstellte Dateien die Rechte rwx r-- r--. Das bedeutet, dass jeder die Dateien lesen kann. Das können wir jedoch mit den beiden Parametern create mask und directory mask ändern. Sie führen dazu, dass sowohl Dateien als auch Verzeichnisse besondere Rechte erhalten. Setzen Sie die Befehle so, wie sie oben aufgeführt sind, dann dürfen Dateien und Verzeichnisse vom aktuellen Benutzer und von der aktuellen Gruppe (gemäß der Samba-Anmeldung) gelesen, geschrieben und ausgeführt werden. Alle anderen dürfen sie aber noch nicht einmal betrachten. Andere Benutzer können sich noch nicht einmal den Inhalt der Verzeichnisse anzeigen lassen.

Hier kommt übrigens die Notation der Rechte im Oktal-Modus zum Einsatz. Es werden also nicht die Buchstabenkürzel r, w und x genutzt, stattdessen erfolgt die Eingabe der Rechte über Ziffern. Die Bedeutung der Ziffern finden Sie in Abschnitt 4.4 des Grundlagenkapitels unter der etwas scherzhaften Überschrift »Geht es nicht auch etwas kryptischer?«. (Für Wissbegierige: Hier sollte man übrigens das spezielle Sticky Bit, also die erste Ziffer einer Viergruppe, explizit auf Null setzen, damit es keine Probleme bei den Besitzeigenschaften der Daten gibt.) Wir können die Rechtevergabe aber auch noch enger fassen: Soll die Erlaubnis wirklich nur für den aktuellen Benutzer gelten, dann ist die vorletzte Ziffer auch auf Null zu setzen.

Zusammengefasst muss unsere Freigabe des kritischen Verzeichnisses so konfiguriert werden:

```
[kritisches]
comment = Kritische sensible Daten
path = /srv/smb_freigabe/kritisch
writeable = yes
valid users = vater mutter
guest ok = no
browsable = no
force group = eltern
create mask = 0660
directory mask = 0770
```

Listing 7.8 Fortgeschrittene Rechteverwaltung mit Samba

Jetzt können tatsächlich nur die Eltern auf die Freigabe zugreifen und Dateien lesen und erstellen. Niemand anderes kann auf die Freigabe zugreifen. Dateien, die von den Eltern erstellt werden, erhalten auch die entsprechenden Rechte und Gruppenzugehörigkeiten.

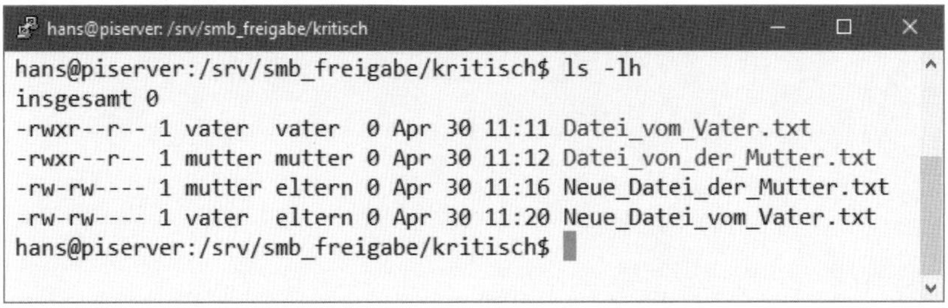

```
hans@piserver: /srv/smb_freigabe/kritisch                          —    □    ×
hans@piserver:/srv/smb_freigabe/kritisch$ ls -lh
insgesamt 0
-rwxr--r-- 1 vater  vater  0 Apr 30 11:11 Datei_vom_Vater.txt
-rwxr--r-- 1 mutter mutter 0 Apr 30 11:12 Datei_von_der_Mutter.txt
-rw-rw---- 1 mutter eltern 0 Apr 30 11:16 Neue_Datei_der_Mutter.txt
-rw-rw---- 1 vater  eltern 0 Apr 30 11:20 Neue_Datei_vom_Vater.txt
hans@piserver:/srv/smb_freigabe/kritisch$
```

Abbildung 7.13 Die unterschiedlichen Rechte und Gruppen auf Dateisystemebene: Nun passt alles wunschgemäß

Sollten Sie Bedarf an Freigaben mit eng gefassten Benutzerrechten haben, dann sollten Sie nun ein wenig mit der Rechtevergabe experimentieren. Aufgrund der Wichtigkeit möchte ich hier jedoch nochmals daran erinnern, dass Sie (sofern möglich) zunächst immer die Rechte des Dateisystems kontrollieren und anpassen. Ebenso ist es wichtig, dass Sie überprüfen, mit welchen Rechten und Besitzverhältnissen neue Dateien und Verzeichnisse erstellt werden.

Abschließend wollen wir uns noch um eventuell angelegte Übungsbenutzer und -verzeichnisse kümmern. Wenn die Übungstätigkeiten beendet sind, dann können Sie die Verzeichnisse und auch die Benutzer wie im Grundlagenkapitel gezeigt wieder entfernen. Dies ist bei den Benutzern problemlos möglich, weil sie als Übungsnutzer nicht tief im System verwurzelt sind. Möchten Sie einen Übungsbenutzer abschließend auch wieder aus der Samba-Konfiguration löschen, dann verwenden Sie folgenden anzupassenden Befehl:

```
sudo pdbedit -x benutzername
```

Dies wird den Benutzer auch aus der Datenbank von Samba entfernen, seine Zugangsdaten verlieren dann komplett an Gültigkeit.

Nun aber viel Spaß mit Ihrem kleinen Fileserver!

Kapitel 8

Medien per UPnP streamen: ein Medienserver mit MiniDLNA

In einem Heimnetzwerk werden oftmals Mediendateien von einem zentralen Server zu den Endgeräten übertragen, die sie abspielen. In diesem Kapitel werden wir uns mit der Einrichtung eines Medienservers beschäftigen.

Wenn Sie Mediendateien wie Fotos, Videos und Musikstücke in Ihrem eigenen Netzwerk an Abspielgeräte senden möchten, dann gibt es noch eine wichtige Alternative zu den Dateifreigaben über Samba: einen *UPnP-Medienserver*.

Das SMB-Protokoll ist nämlich ein wenig umständlich in der Implementierung und nicht immer komfortabel zu bedienen. Oftmals erfordert die Nutzung auch gewisse Hardwareressourcen. *Universal Plug and Play* – kurz *UPnP* – geht einen anderen Ansatz und definiert einen Standard zur Medienübertragung über ein Streaming-Protokoll. Beim Streaming wird eine Mediendatei in Form eines kontinuierlichen Datenstroms an das Wiedergabegerät gesendet und dort – was ganz wichtig ist – zunächst gepuffert. Es gibt also einen Zwischenspeicher auf dem Wiedergabegerät, der dann zum Einsatz kommt, wenn die Datenübertragungsrate kurzzeitig schwankt und zurückgeht. Auf diese Weise ist eine kontinuierliche Wiedergabe ohne Unterbrechungen wahrscheinlicher, als wenn es keinen Zwischenspeicher gäbe.

UPnP versucht, ohne einen großen Konfigurationsaufwand auszukommen. Die Mediendateien werden einfach von einem Medienserver angeboten, der eine Datenbank über seinen Bestand verwaltet. Diese Datenbank kann mit den Wiedergabegeräten durchsucht und die gewünschte Mediendatei dann abgespielt werden. UPnP-Medienserver informieren alle Geräte im Netzwerk über ihre Existenz beziehungsweise Präsenz, so dass man sie nicht erst manuell in den Abspielgeräten eintragen muss. Stattdessen führt man einen einfachen Suchvorgang aus, der alle Medienserver auflistet. Es kann übrigens in einem Netzwerk durchaus mehrere dieser Medienserver geben. Man kann sich also den passenden aussuchen und dessen Datenbank bequem durchstöbern. Diese ist im Regelfall automatisch sortiert, nicht nur grob nach den Medientypen (Fotos, Musik, Videos), sondern meist sogar sehr fein beispielsweise nach Musikstilrichtungen, Aufnahmedaten oder Kameratypen. Diese Informationen erhält der Medienserver aus den Metadaten der Mediendateien, beispielsweise den *ID3-Tags* bei MP3-Musikstücken, und übernimmt diese bei einem Indexierungsvorgang aller Medien automatisch in seine Datenbank. Dabei ist wieder das Wörtchen »automatisch« wichtig, denn dies alles läuft ohne einen Benutzereingriff.

Übrigens – neben den Servern und den Abspielgeräten definiert der Standard eine weitere Geräteklasse: den sogenannten *Controller*. Das ist so eine Art Fernbedienung, meist in Form eines Tablets oder eines Smartphones, ausgerüstet mit einer entsprechenden App. Mit ihr kann man bequem auf dem Display die Datenbank eines oder mehrerer Medienserver durchstöbern und das ausgewählte Medium dann auf einem beliebigen Wiedergabegerät abspielen. Die Mediendaten werden dabei direkt zwischen Server und Wiedergabegerät übertragen, der Controller dient nur der Vermittlung.

Ich möchte einen Nachteil hier aber nicht verschweigen: Da UPnP mit möglichst wenig Konfigurationsaufwand auskommen will, wurde bewusst auf eine Benutzerverwaltung und damit auf eine Authentifizierung verzichtet. Kurz gesagt: Wenn Sie etwas in Ihrem Netzwerk zur Wiedergabe anbieten, dann bieten Sie es für alle Mitglieder Ihres Heimnetzwerks an. Es gibt keine (einfache) Möglichkeit, den Zugriff direkt auf der Benutzerebene zu beschränken.

Ihren Pi-Server können Sie nun um die Funktion eines UPnP-Medienservers erweitern, auf den Sie mit Ihren UPnP-Abspielgeräten zugreifen.

8.1 Vorbereitung des Pi-Servers

Für die Realisierung eines Medienservers sind natürlich die Mediendateien ganz wichtig, denn ohne sie ist ein Medienserver nicht sehr sinnvoll. Insbesondere Videodateien können jedoch einen erheblichen Speicherbedarf haben, ein einzelner Spielfilm überschreitet bei guter Bildqualität (also geringer Komprimierung) schnell und deutlich die Gigabyte-Grenze. Wenn Sie also viele Videodateien über Ihren Server bereitstellen möchten, dann kommen Sie um ein externes Speichermedium nicht umhin. Dieses wird dann in den meisten Fällen wohl eine klassische Festplatte sein, denn diese bietet das beste Speicherplatz-Kosten-Verhältnis. Zum Ausprobieren können Sie aber auch erst einmal ein paar Fotos, Musikstücke und kurze Testvideos auf Ihren Pi-Server kopieren und dort auf der Speicherkarte ablegen.

Theoretisch müssen Sie übrigens im entsprechenden Verzeichnis nicht unbedingt Ordnung halten, das würde der Medienserver mit seiner Datenbank schon richten – aber nein, das machen Sie bitte nicht. Halten Sie auch im Medienverzeichnis Ordnung, trennen Sie also die einzelnen Medientypen voneinander, und sortieren Sie die Medien dann entsprechend weiter sauber in Unterverzeichnisse ein.

Wir wollen jetzt einen Verzeichnispfad anlegen, den Sie beispielhaft für erste Versuche nutzen sollen. Natürlich können Sie ihn später auch eigenhändig ändern. Wir werden zunächst auf der Speicherkarte Ihres Servers das Verzeichnis */srv/mediensammlung/* erstellen und darin die Unterordner *fotos*, *videos* und *musik* anlegen. In diese Unterordner sollten Sie dann eigenhändig einige Beispieldateien kopieren. Sie können die Mediendaten über eine Samba-Dateifreigabe oder auch über ein externes Speichermedium in das Medienverzeichnis kopieren. Ebenso lässt sich beispielsweise – wenn von Ihnen schon realisiert – eine (S)FTP(S)-Verbindung nutzen. Mit folgendem Befehl erstellen Sie zunächst das Verzeichnis *srv/mediensammlung*:

```
sudo mkdir /srv/mediensammlung
```

Nun legen Sie mit diesen drei Befehlen die Unterordner *fotos*, *musik* und *videos* an:

```
sudo mkdir /srv/mediensammlung/fotos
```

```
sudo mkdir /srv/mediensammlung/musik
```

```
sudo mkdir /srv/mediensammlung/videos
```

Wir werden die Zugriffsrechte nun so setzen, dass der Besitzer und die besitzende Gruppe alle Dateien lesen und verändern dürfen. Alle anderen Benutzer dürfen alle Dateien lesen und in allen Verzeichnissen navigieren. Dies ist wichtig, damit auch der Medienserver die Dateien lesen kann. Das realisiert folgender Befehl für uns:

```
sudo chmod -R 775 /srv/mediensammlung
```

Jetzt werden wir den Besitzer von allen Verzeichnissen ihn Ihr persönliches Benutzerkonto ändern. Dies ist wichtig, damit Sie beispielsweise über eine FTP-Verbindung in diesen Verzeichnissen Dateien erstellen können. Ersetzen Sie im folgenden Befehl den Beispielnutzer *hans* (und natürlich auch den Gruppennamen) durch Ihren eigenen Benutzernamen:

```
sudo chown -R hans:hans /srv/mediensammlung
```

Das Ergebnis sehen Sie in Abbildung 8.1.

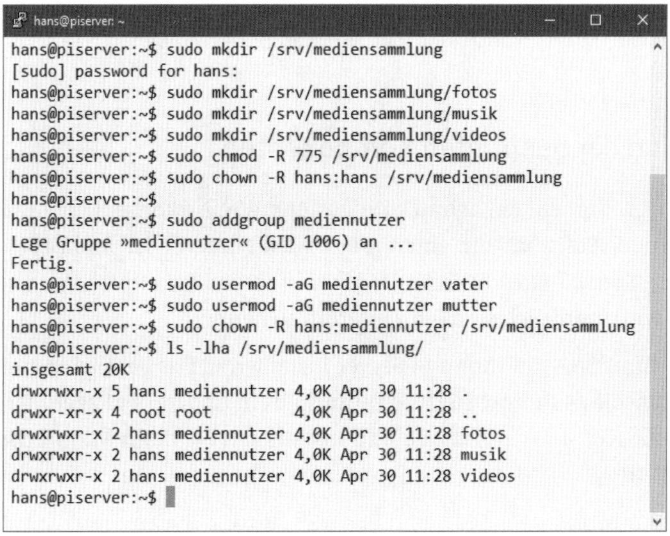

Abbildung 8.1 Die angelegten Ordner mit den korrekten Besitzern

In dem soeben ausgeführten Befehl haben wir außerdem die besitzende Gruppe auf *hans* festgelegt. Natürlich können Sie hier auch problemlos eine andere Benutzergruppe eintragen und diese mit den Mitgliedern belegen, die Schreibzugriff auf das Medienverzeichnis erhalten sollen. Hinweise zum Umgang mit diesen Gruppen finden Sie in Abschnitt 4.8.8 und in Abschnitt 4.8.10. Eine neue Benutzergruppe können Sie für diesen Zweck beispielsweise *mediennutzer* nennen. Mit den derzeitigen Rechten 775 dürfen alle Mitglieder der besitzenden Gruppe ebenfalls in den Medienordner schreiben. Sollten Sie allein die Herrschaft über das Verzeichnis behalten wollen, dann belassen Sie es einfach dabei, bei der besitzenden Gruppe Ihren eigenen Benutzernamen einzutragen. Dies ist möglich, weil es stets eine Benutzergruppe gibt, die den gleichen Namen wie das jeweilige Benutzerkonto trägt und in der (im Standardfall) nur dieser eine Benutzer Mitglied ist.

In diese Ordner können Sie nun Ihre Mediendateien kopieren.

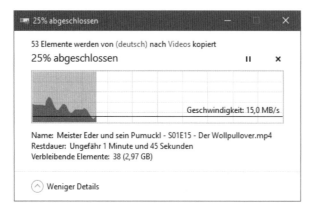

Abbildung 8.2 Medien auf den Server kopieren – neben dem direkten Kopieren per USB-Medium können Sie natürlich auch eine Samba-Freigabe verwenden

8.2   Die Installation der benötigten Komponenten

Eine sehr gute und gleichzeitig sehr einfach zu konfigurierende (also konsequent dem UPnP-Gedanken folgende) Software für einen UPnP-Medienserver ist *MiniDLNA*. Mittlerweile heißt diese Software *ReadyMedia*, da sie aber in den Paketquellen noch als MiniDLNA geführt wird, werde ich sie auch weiterhin so nennen.

Zunächst werden wir MiniDLNA auf Ihrem Pi-Server installieren. Das geht ganz einfach. Öffnen Sie eine Konsole zu Ihrem Pi-Server, führen Sie ein Update der Paketquellen aus (mit dem Befehl sudo apt-get update), und installieren Sie dann MiniDLNA mit dem folgenden Befehl:

```
sudo apt-get install minidlna
```

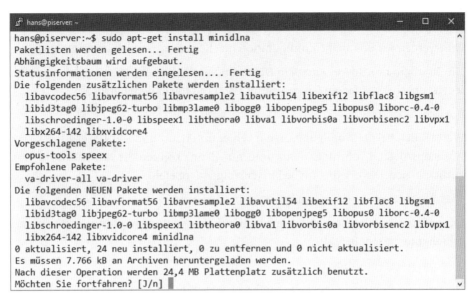

Abbildung 8.3 Die Installation von »MiniDLNA«

Nach der zweimaligen Betätigung der ⏎-Taste erfolgt die Installation von Mini-DLNA und aller zugehörigen und benötigten Bibliotheken. MiniDLNA wird als ein Service installiert, der anschließend sofort gestartet wird, wie Sie in Abbildung 8.4 sehen.

```
libopus0:armhf (1.1-2) wird eingerichtet ...
liborc-0.4-0:armhf (1:0.4.22-1) wird eingerichtet ...
libschroedinger-1.0-0:armhf (1.0.11-2.1) wird eingerichtet ...
libspeex1:armhf (1.2~rc1.2-1) wird eingerichtet ...
libogg0:armhf (1.3.2-1) wird eingerichtet ...
libtheora0:armhf (1.1.1+dfsg.1-6) wird eingerichtet ...
libva1:armhf (1.4.1-1) wird eingerichtet ...
libvorbis0a:armhf (1.3.4-2) wird eingerichtet ...
libvorbisenc2:armhf (1.3.4-2) wird eingerichtet ...
libvpx1:armhf (1.3.0-3) wird eingerichtet ...
libx264-142:armhf (2:0.142.2431+gita5831aa-1+b2) wird eingerichtet ...
libxvidcore4:armhf (2:1.3.3-1) wird eingerichtet ...
libavcodec56:armhf (6:11.6-1~deb8u1) wird eingerichtet ...
libavformat56:armhf (6:11.6-1~deb8u1) wird eingerichtet ...
libexif12:armhf (0.6.21-2) wird eingerichtet ...
libflac8:armhf (1.3.0-3) wird eingerichtet ...
libid3tag0 (0.15.1b-11) wird eingerichtet ...
libjpeg62-turbo:armhf (1:1.3.1-12) wird eingerichtet ...
minidlna (1.1.2+dfsg-1.1+b3) wird eingerichtet ...
[ ok ] Starting DLNA/UPnP-AV media server : minidlna.
Trigger für libc-bin (2.19-18+deb8u4) werden verarbeitet ...
hans@piserver:~$
```

Abbildung 8.4 Die fertige Installation und der gestartete Service von »MiniDLNA«

8.3 Die grundlegende Konfiguration von MiniDLNA

Nun werden wir uns an die Konfiguration machen, die erfreulich kompakt ausfällt.

Die Konfigurationsdatei von MiniDLNA findet sich unter */etc/minidlna.conf*. Wir legen zunächst wieder ein Backup dieser Datei mit folgendem Befehl an:

```
sudo cp /etc/minidlna.conf /etc/minidlna.conf.orig
```

Wenn Ihnen bei der Konfiguration ein Fehler unterläuft und Sie wieder zurück zum Ausgangszustand möchten, dann (und nur dann) können Sie das Backup wieder zurückspielen. Das erledigt im Bedarfsfall folgender Befehl:

```
sudo cp /etc/minidlna.conf.orig /etc/minidlna.conf
```

Jetzt öffnen wir die Konfigurationsdatei zur Bearbeitung im Editor nano. Das geschieht mit diesem Befehl:

```
sudo nano /etc/minidlna.conf
```

Die Datei ist zwar etwas länger, wir müssen aber nur sehr wenige Punkte konfigurieren. Zunächst müssen wir MiniDLNA mitteilen, wo sich unsere Mediendateien befinden, die es verwalten und anbieten soll. Suchen Sie mit den Pfeiltasten den Abschnitt, der mit

```
# Path to the directory you want scanned for media files.
```

beginnt. Am Ende dieses Abschnitts finden Sie einen Eintrag, der auf

```
media_dir=/var/lib/minidlna
```

zeigt. Sie können problemlos dieses Verzeichnis für Ihre Mediendateien benutzen, aber wir hatten ja vorhin extra dafür den gemeinsam genutzten Verzeichnispfad */srv/ mediensammlung* angelegt. Ändern Sie den Eintrag also bitte entsprechend in:

```
media_dir=/srv/mediensammlung
```

Es werden übrigens automatisch alle Unterverzeichnisse dieses Pfades berücksichtigt und alle darin enthaltenen Medientypen in die Datenbank aufgenommen (indexiert) und zur Wiedergabe angeboten.

Dies genügt bereits zur grundlegenden Konfiguration. Vorsichtige Naturen können diese Konfiguration jetzt gleich ausprobieren. Dazu speichern Sie die Konfigurationsdatei mit der Tastenkombination ⌨Strg⌨+⌨x⌨ ab und bestätigen die Speicherfrage mit der ⌨↵⌨-Taste.

Wagnisfreudige Nutzer können auch gleich zu der erweiterten Konfiguration in Abschnitt 8.5 springen und erst nach dessen Bearbeitung zur Inbetriebnahme übergehen.

8.4 Die Inbetriebnahme von MiniDLNA

Nach Beendigung der Konfigurationsarbeiten können wir MiniDLNA einmal neu starten, indem wir den Befehl

```
sudo service minidlna restart
```

ausführen. MiniDLNA wird daraufhin automatisch anfangen, Ihre Mediendateien zu indexieren und entsprechend anzubieten. Sie können den Status und Umfang der Datenbank übrigens einfach überprüfen, in dem Sie in einem beliebigen Webbrowser folgende Webseite aufrufen, bei der Sie natürlich die statische IP-Adresse Ihres Pi-Servers eintragen:

http://IP-Adresse.Ihres.Pi.Servers:8200

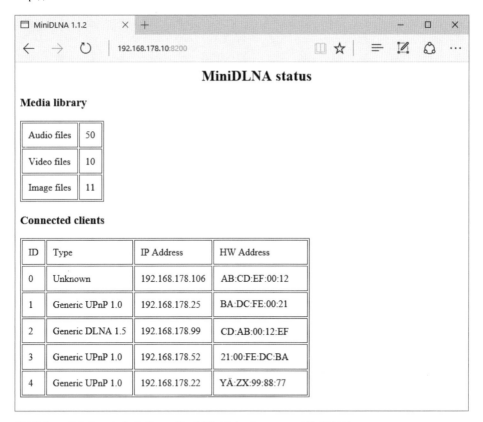

Abbildung 8.5 Das (rein informative) Webinterface von »MiniDLNA«

Das war es schon. Ihr Medienserver steht nun für Sie bereit. Sie können jetzt ein beliebiges UPnP-Wiedergabegerät öffnen und werden dort (eventuell nach einem Suchvorgang) Ihren Pi-Medienserver finden.

Dabei spielt es keine Rolle, ob es sich um ein Smartphone, ein Tablet, ein geeignetes UPnP-Küchenradio oder einen Netzwerk-Musikplayer an der HiFi-Anlage handelt. Beispielhaft sehen Sie in den folgenden Abbildungen den Zugriff mit einer FritzBox-App für Smartphones und Tablets.

Abbildung 8.6 Der Medienserver meldet sich in einer DLNA-Anwendung (hier beispielhaft FRITZ!App Media)

Abbildung 8.7 Die Datenbank des Medienservers ist automatisch ordentlich sortiert...

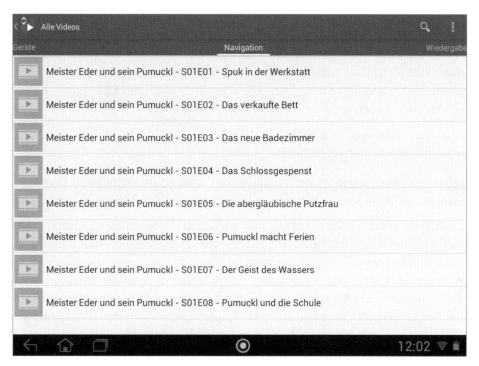

Abbildung 8.8 …so dass eine gewünschte Mediendatei schnell gefunden und wieder-
gegeben werden kann

Gegebenenfalls benötigen Sie auf Ihrem Mobilgerät noch eine passende DLNA- beziehungsweise UPnP-App, die sich jedoch rasch im jeweiligen App-Bezugspunkt finden
lässt.

Haben Sie bisher nur die zuvor beschriebene minimale Konfiguration realisiert,
dann meldet sich MiniDLNA mit dem Namen

```
hostname: minidlna
```

in der Übersicht Ihrer Medienserver. Der Ausdruck hostname entspricht natürlich
dem Hostnamen Ihres Pi-Servers. In der nachfolgenden erweiterten Konfiguration
können Sie diese Einstellung ändern.

8.5   Erweiterte Konfiguration mit Komfortfunktionen

Die zuvor eingerichtete minimale Konfiguration können wir nun noch etwas anpassen. Folgende Konfigurationsschritte können Sie fakultativ ausführen. Öffnen Sie –
falls noch nicht geschehen – noch einmal die Konfigurationsdatei von MiniDLNA mit
dem Befehl:

```
sudo nano /etc/minidlna.conf
```

Ein interessanter Punkt ist, dass Sie beliebig viele unabhängige `media_dir=` -Einträge untereinander eingeben können. Nehmen wir an, Sie haben noch ein zweites Verzeichnis namens */media/grosse_festplatte*, das Mediendateien einer externen Festplatte enthält. Jetzt können Sie dieses Verzeichnis als zweite Zeile `media_dir=/media/ grosse_festplatte` unter der ersten `media_dir`-Zeile anordnen. Die Konfiguration wird dann so aussehen:

```
media_dir=/srv/mediensammlung
media_dir=/media/grosse_festplatte
```

MiniDLNA wird daraufhin beide Ordner indexieren und alle gefundenen Mediendateien anbieten. Sie können beliebig viele Eintragungen vornehmen.

Zusätzlich können Sie Verzeichnisse speziell für einen Medientypen eintragen. Nehmen wir einmal Folgendes an: Sie haben eine gut gepflegte Musiksammlung, die für jedes Musikalbum einen eigenen Ordner vorsieht, der jeweils auch Coverbilder (Vor- und Rückseite) enthält. Zusätzlich haben Sie eine respektable Filmsammlung, die zu den einzelnen Filmen auch Coverbilder und sogar Fotos der Filmplakate bietet. Das ist gar nicht so unwahrscheinlich, denn wenn Sie in Ihrem Netzwerk ein Mediacenter betreiben, das Mediendateien abspielt, dann bietet dieses oft die Möglichkeit, solche Bildinformationen mit zu verwalten. Die Frage lautet jetzt: Wenn Sie sich über Ihren Medienserver Ihre Fotosammlung anschauen wollen, möchten Sie dann neben Ihren Familienfotos auch die Coverbilder Ihrer Musik- und Videosammlung angezeigt bekommen? Eher nicht, oder? In diesem Fall können Sie jetzt MiniDLNA anweisen, aus einem Medienordner nur einen bestimmten Medientypen zu beachten und alle anderen Typen zu ignorieren. Das geht folgendermaßen: Sie hatten vorhin Ihre Filme ja extra in das Verzeichnis */srv/mediensammlung/videos* einsortiert. Ihre Musik befindet sich in */srv/mediensammlung/musik* – und die Fotos, na ja, natürlich in einem entsprechenden Ordner. Anstatt in MiniDLNA jetzt nur einmal das *media_dir*-Verzeichnis für den gesamten Pfad */srv/mediensammlung* zu definieren, machen Sie das dreimal jeweils mit der Ergänzung A, für Audiodateien, V, für Videodateien und P, für Fotos (englisch: *photos*) vor dem Dateipfad. Sie geben also Folgendes ein:

```
media_dir=V,/srv/mediensammlung/videos
media_dir=A,/srv/mediensammlung/musik
media_dir=P,/srv/mediensammlung/fotos
```

Achten Sie dabei auf das Komma vor dem Verzeichnispfad und darauf, dass danach (und davor) kein Leerzeichen steht. Den allgemeinen Eintrag `media_dir=/srv/mediensammlung` entfernen Sie natürlich. Nun wird MiniDLNA nur noch die Videos aus dem Videoverzeichnis, nur noch die Musik aus dem Musikverzeichnis und nur noch die

Fotos aus dem Fotoverzeichnis berücksichtigen und alle anderen Medientypen ignorieren.

Jetzt können wir noch den sogenannten *Friendly Name* festlegen. Das ist der Name, unter dem Ihr Medienserver von den Abspielgeräten gefunden wird. Suchen Sie nach dem entsprechenden Eintrag

```
# Name that the DLNA server presents to clients.
# Defaults to "hostname: username".
#friendly_name=
```

und vergeben Sie einen Namen, der Ihnen zusagt. Entfernen Sie dafür das Raute-Symbol vor der letzten Zeile dieses Blocks. Beispielsweise könnte der Eintrag lauten:

```
friendly_name=Pi-Server Medienserver
```

Noch einmal zur Erinnerung: Das Raute-Symbol kennzeichnet eine Zeile als Kommentar, der vom jeweiligen Programm nicht bearbeitet wird.

Wenn Sie möchten, dass über die Aktivitäten von MiniDLNA Buch geführt wird (um im Fehlerfalle eine Analyse machen zu können), dann können Sie das Raute-Symbol in der Zeile

```
# Path to the directory that should hold the log file.
#log_dir=/var/log
```

vor dem Eintrag log_dir=/var/log entfernen. In der so benannten Datei wird MiniDLNA dann wichtige Informationen eintragen. Dies ist aber wirklich nur zur Fehleranalyse nötig.

Kopieren Sie öfter neue Mediendateien auf den Server und wünschen sich dabei, dass sich die Datenbank des Medienservers automatisch aktualisiert, dann entfernen Sie einfach das Raute-Symbol im Block

```
# Automatic discovery of new files in the media_dir directory.
#inotify=yes
```

vor dem Eintrag inotify=yes. Mit dieser empfehlenswerten Option erscheinen Ihre neuen Medien dann automatisch in der Bibliothek Ihres Medienservers.

Zum Abschluss der Konfiguration müssen Sie die Konfigurationsdatei wieder mit der Tastenkombination ⎡Strg⎤+⎡x⎤ abspeichern und anschließend MiniDLNA mit dem Befehl:

```
sudo service minidlna restart
```

neu starten.

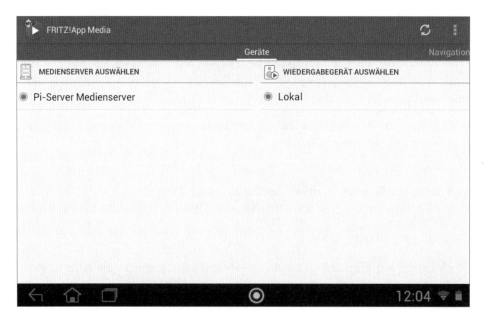

Abbildung 8.9 Jetzt hat der Medienserver einen neuen Namen

8.6   Läuft nicht? Eine kleine Fehlersuche

In seltenen Fällen ist die Datenbank von MiniDLNA nicht aktuell oder aktualisiert sich nicht richtig. Das kann beispielsweise bei einem plötzlichen Stromausfall oder einem nicht sorgsam ausgehängten externen Datenträger passieren. In diesem Fall können Sie MiniDLNA auffordern, die Datenbank komplett neu zu erstellen. Das erledigt folgender Befehl, dessen Ausführung jedoch nur im (seltenen) Bedarfsfall erforderlich ist:

```
sudo service minidlna force-reload
```

Ganz zum Schluss noch etwas Wichtiges: MiniDLNA tritt auf Ihrem Pi-Server als Benutzer *minidlna* auf. Achten Sie darauf, dass dieser Benutzer auch Zugriff auf Ihre Mediendateien hat, ansonsten können diese nicht zum Abspielen angeboten werden. Wir hatten das bei unserem Beispielpfad sichergestellt, aber bei eigenen Verzeichnissen müssen Sie selbst darauf achten. Sie erreichen eine korrekte Einstellung, indem Sie beispielsweise das Zugriffsrecht für *alle anderen* zumindest auf *Lesen erlaubt* setzen und dafür den angepassten Befehl

```
sudo chmod o+r dateiname
```

oder noch besser

```
sudo chmod -R o+r /srv/mediensammlung
```

verwenden.

Ganz wichtig ist auch, dass der Benutzer für Verzeichnisse das Ausführrecht x bekommt. Ansonsten kann das Verzeichnis nicht betreten und indexiert werden. Überprüfen Sie also, ob dieses Recht für alle Verzeichnisse (nicht jedoch die darin enthaltenen Dateien) gesetzt ist. Möchten Sie für einen ganzen Dateipfad das Ausführrecht für alle Unterverzeichnisse (nicht jedoch die darin enthaltenen Dateien setzen), dann führen Sie folgenden Befehl aus:

```
sudo find /srv/mediensammlung -type d -print0 | sudo xargs -0 chmod o+x
```

Achten Sie dabei darauf, dass zwischen type und d ein Leerzeichen steht, dieses jedoch nicht im Ausdruck print0 vorkommt. Wenn Sie viele neue Dateien und Verzeichnisse in Ihre Mediensammlung kopiert haben, dann ist es empfehlenswert, diesen Befehl auszuführen.

8

Kapitel 9

Dateien per FTP übertragen: ein FTP-Server mit ProFTPD

In diesem Kapitel beschäftigen wir uns mit einem FTP-Dienst, der dazu verwendet werden kann, Dateien mit dem Server auszutauschen.

Eine immer noch weitverbreitete Methode, auf Dateien eines Servers zuzugreifen, ist die Nutzung des *File Transfer Protocols*, kurz *FTP*. Dieses Protokoll ist bereits recht alt und arbeitet eigentlich rein kommandobasiert, allerdings wird dem Benutzer heutzutage die Eingabe der Kommandos auf der Kommandozeile von grafischen FTP-Programmen abgenommen. Mittels FTP können wir einfach über eine Netzwerkverbindung Dateien von unserem Server herunterladen und auch auf den Server hochladen. Wenn externe Datenträger in das Dateisystem eingebunden sind, dann gilt das natürlich auch für sie. FTP kann gegenüber anderen Methoden zur Dateiübertragung durchaus Geschwindigkeitsvorteile bieten, insbesondere auf Systemen mit begrenzter Rechenleistung. Ob Sie bei sich einen etwas altbacken wirkenden FTP-Server benötigen, müssen Sie selbst entscheiden oder gegebenenfalls durch Ausprobieren und Testen herausfinden.

Ein FTP-Server kann beispielsweise dann sinnvoll eingesetzt werden, wenn Sie von einem anderen Rechner aus auf den Datenbestand Ihres Pi-Servers zugreifen wollen. Exemplarisch genannt sei die Aktualisierung und Ergänzung der Foto- und Musiksammlung. Ein häufiger Einsatzfall ist auch die Änderung eines Webseitenprojekts, das Sie auf den Pi-Server hochladen wollen. Eine FTP-Verbindung kann sowohl für den Datenaustausch innerhalb des heimischen Netzwerkes als auch für Verbindungen über das Internet genutzt werden. Damit eignet sie sich gut, um mit einem (halbwegs vertrauenswürdigen) Bekannten Daten auszutauschen. Der hier vorgestellte FTP-Server ist auch gut geeignet, wenn die Benutzergruppe etwas größer wird und diese Benutzer nur Zugriff auf bestimmte Dateiressourcen haben sollen. Wenn Sie jedoch ausschließlich daran interessiert sind, innerhalb Ihres Heimnetzes Daten mit dem Server auszutauschen, dann ist ein FTP-Server vermutlich überflüssig oder nur eine nette Spielerei. Sie sollten sich dann am besten zuerst den letzten Abschnitt dieses Kapitels durchlesen, der sich mit einer SFTP-Verbindung befasst. Eigentlich sollten Sie das sogar unbedingt tun. Diese Form der Datenübertragung ist in den meisten Fällen für die interne Kommunikation bestens geeignet und erspart die Installation eines weiteren Serverdienstes, der unnötig Ressourcen belegt.

Ich werde hier zwei (eigentlich drei) Varianten eines FTP-Servers besprechen. Zum einen ist dies die klassische unverschlüsselte Variante, die Sie aber nur bei sich im internen Netzwerk einsetzen sollten, und zum anderen die »modernere« verschlüsselte Variante, bei der es zwei verschiedene Ansätze gibt: das FTPS- und das ebenfalls sehr interessante SFTP-Verfahren.

9.1 Installation des FTP-Servers und Konfiguration von unverschlüsselten Verbindungen

Betrachten wir zunächst die unverschlüsselte Variante, die auch der Startpunkt für die verschlüsselte Version ist.

Wir verwenden als FTP-Server das Programm *ProFTPD*, das wir mit folgendem Befehl installieren:

```
sudo apt-get install proftpd
```

Vergessen Sie nicht, vorher gegebenenfalls ein Update der Paketquellen zu machen. Die Installation sehen Sie in Abbildung 9.1:

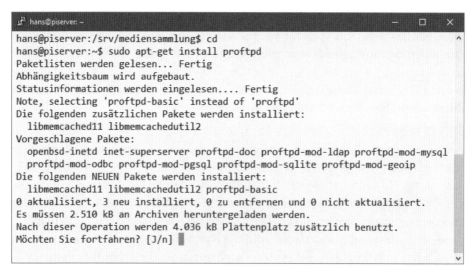

Abbildung 9.1 Die Installation von »ProFTPD«

Bei der Installation erscheint, was für unsere Verhältnisse recht ungewöhnlich ist, ausnahmsweise einmal eine Konfigurationsrückfrage mit einem Auswahlmenü auf einem blauen Bildschirmhintergrund.

Hier haben Sie die Wahl, ProFTPD entweder im SERVERMODUS oder VON INETD starten zu lassen. Wählen Sie den SERVERMODUS aus, er genügt für unsere Anwendungen völlig und ist auch leichter zu konfigurieren.

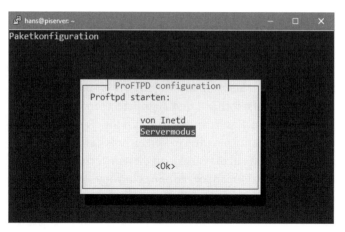

Abbildung 9.2 Auswahl des Startmodus – wählen Sie den Servermodus

Nach der Installation wird der ProFTPD-Service automatisch gestartet.

Prinzipiell sind wir schon jetzt ohne weitere Konfigurationsarbeiten fertig. An dieser Stelle haben wir bereits einen FTP-Server, der für alle offiziellen Pi-Serverbenutzer das gesamte (!) Dateisystem anbietet.

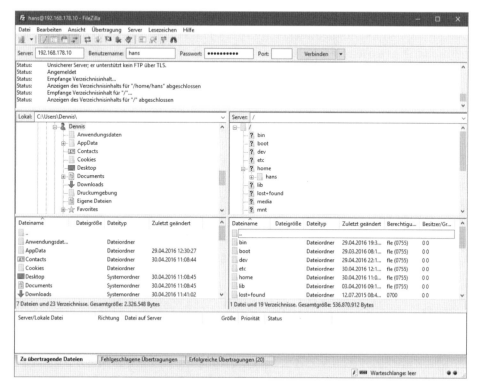

Abbildung 9.3 Die erste Verbindung zeigt alle Verzeichnisse

Sie können mit einem beliebigen FTP-Programm auf diesen Server zugreifen. Dazu müssen Sie die IP-Adresse Ihres Pi-Servers angeben und für die Verbindung den Port 21 verwenden. Natürlich müssen Sie sich gegenüber dem FTP-Server authentifizieren, das machen Sie mit den Daten Ihres Benutzerkontos auf dem Pi-Server, also dem Benutzernamen und dem zugehörigen Passwort. Sie können sich jetzt im gesamten Dateisystem bewegen und – ganz wichtig – entsprechend den Zugriffsrechten des Benutzers nach Belieben Änderungen vornehmen. Das bedeutet also, dass Sie als normaler Systembenutzer beispielsweise keine Änderungen im /etc-Verzeichnis durchführen können, da Sie hierfür keinen Schreibzugriff auf die Objekte in diesem Verzeichnis haben. Merke: Auf Daten, auf die Sie über die Kommandozeile ohne ein vorgestelltes sudo keinen Zugriff bekommen, erhalten Sie diesen auch nicht über die FTP-Verbindung.

Aber Obacht:

Es handelt sich um eine komplett unverschlüsselte Verbindung. Jeder, der diese Verbindung belauschen kann, bekommt alle übertragenen Daten, also auch Ihren Benutzernamen und Ihr Passwort frei Haus geliefert. Sie sollten also niemals eine unverschlüsselte FTP-Verbindung über das Internet aufbauen und folglich den FTP-Server, so wie er derzeit konfiguriert ist, keinesfalls aus dem Internet heraus erreichbar machen.

Bedenken Sie aber bei der unverschlüsselten Übertragung ebenfalls die Sicherheit des Datentransfers in Ihrem heimischen Netzwerk. Je nachdem, welche Kenntnisse man mitbringt, ist es ein leichtes, den Datentransfer abzuhören. Wenn ein Familienmitglied sich also als Hacker übt, dann bekommt es mit einem leicht verfügbaren (für administrative Zwecke gedachten) Sniffer-Programm gegebenenfalls sehr einfach Zugriff auf die übertragenen Daten und damit auch auf das Benutzerpasswort. Sie müssen selbst entscheiden, ob das in Ordnung ist und Sie allen vertrauen (was sehr lobenswert wäre) oder ob hier weitere Sicherheitsvorkehrungen notwendig werden, damit der Login zum Server (und damit der Zugang zu den dort gespeicherten Daten) sicher bleibt.

Allerdings wollen wir hier auch keine falsche Sicherheit aufbauen. Jeder mit physischem Zugriff zum Pi-Server kann natürlich einfach dessen Speicherkarte entfernen und diese beispielsweise an einem Linux-PC nach Lust und Laune auslesen und verändern. Sollte es allerdings unbedingt erforderlich sein, den FTP-Server über das Internet erreichbar zu machen, dann sollten Sie sich die Verschlüsselung unbedingt einmal ansehen.

9.2   Konfiguration für verschlüsselte Verbindungen

Für die Einrichtung von verschlüsselten Verbindungen nach dem FTPS-Standard müssen wir die Konfigurationsdatei von ProFTPD öffnen und bearbeiten. Die Konfigurationsdatei befindet sich in */etc/proftpd/proftpd.conf*. Öffnen wir sie mit dem Texteditor nano:

```
sudo nano /etc/proftpd/proftpd.conf
```

Wir haben vor, nur einen einzigen Eintrag zu ändern, aber natürlich können (und sollten) wir vorher wie üblich ein Backup der Konfigurationsdatei machen. Hierbei hilft uns auch die Backup-Funktion von nano, die durch die Tastenkombination Alt+b aktiviert wird und am unteren Bildschirmrand über die erstellte Backup-Datei informiert.

Die Konfigurationsdatei von ProFTPD ist bereits im Auslieferungszustand recht umfangreich. Wir wollen zunächst nur die *TLS-Verschlüsselung* aktivieren, so dass wir einen FTPS-Server bekommen, der unsere Verbindung über TLS verschlüsselt. TLS ermöglicht sicher verschlüsselte Verbindungen. Sie kennen dieses Verfahren mit Sicherheit schon von HTTPS-Verbindungen im Internet.

Nutzen Sie an dieser Stelle doch einmal die Suchfunktion von nano. Drücken Sie die Tastenkombination Strg+w. Diesen Shortcut sehen Sie auch am unteren Bildschirmrand in der Liste der Shortcuts. Das »w« erinnert uns an »wo«, und genau dafür steht der Shortcut, mit ihm können wir suchen. Am unteren Bildschirmrand wird ein Suchfeld erscheinen. Tippen Sie dort Include /etc/proftpd/tls.conf ein, und drücken Sie die ↵-Taste. nano wird diesen Eintrag suchen und anschließend auf dem Bildschirm anzeigen.

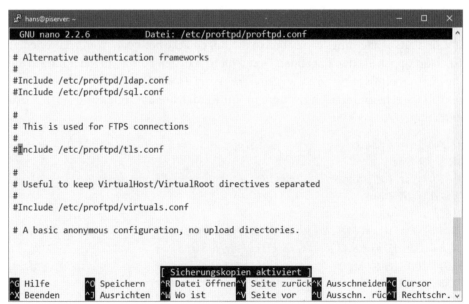

Abbildung 9.4 Konfiguration der Datei »/etc/proftpd/proftpd.conf«

Der Eintrag befindet sich in diesem Block:

```
# This is used for FTPS connections
#
#Include /etc/proftpd/tls.conf
```

Entfernen Sie vor dem gefundenen Eintrag (also der letzten Zeile in diesem Block) das vorangehende Raute-Symbol. Das war es schon, mit dieser Datei sind wir fertig. Drücken Sie zum Speichern die Tastenkombination ⌈Strg⌉+⌈x⌉, bestätigen Sie mit ⌈j⌉, und verlassen Sie damit nano.

Jetzt kommt der deutlich aufwendigere Teil: Wir müssen die Verschlüsselungseinstellungen konfigurieren. Diese Einstellungen nehmen wir in der Datei */etc/proftpd/ tls.conf* vor. Zunächst werden wir unbedingt ein Backup dieser Datei anlegen:

```
sudo cp /etc/proftpd/tls.conf /etc/proftpd/tls.conf.orig
```

Nun öffnen wir die Datei zur Bearbeitung mit nano:

```
sudo nano /etc/proftpd/tls.conf
```

Wenn Sie sich diese Datei ansehen, dann werden Sie feststellen, dass sie ziemlich umfangreich ist. Leider müssen Sie auch einen beachtlichen Teil davon verändern. Es wäre wenig produktiv, wenn ich Sie jetzt ständig mit »suchen Sie den Block mit ... und ändern Sie ihn in ...« quäle. Wesentlich einfacher ist es, wenn Sie den gesamten bisherigen Inhalt dieser Datei löschen und dann direkt die benötigten Parameter von Hand eingeben. Löschen Sie also nun den ganzen Dateiinhalt, indem Sie so oft die Tastenkombination ⌈Strg⌉+⌈k⌉ betätigen, bis die Datei leer ist. Dafür muss sich der Textcursor allerdings ganz oben in der linken Ecke befinden. Wenn das erledigt ist, dann tippen Sie den folgenden Text fehlerfrei in den Editor ein (oder nutzen Sie die Internetadresse *https://www.rheinwerk-verlag.de/4075/*, um den Konfigurationstext als Datei herunterladen zu können). Wir werden uns dann gleich ansehen, wozu er dient.

```
<IfModule mod_tls.c>
TLSEngine on
TLSLog /var/log/proftpd/tls.log
TLSProtocol TLSv1.2
TLSOptions NoCertRequest
TLSRSACertificateFile /etc/proftpd/ssl/proftpd.crt
TLSRSACertificateKeyFile /etc/proftpd/ssl/proftpd.key
TLSVerifyClient off
TLSRequired on
</IfModule>
```

Listing 9.1 Sichere Konfiguration des FTP-Servers

In Zeile 2 legen wir fest, dass wir von jetzt an TLS-verschlüsselte Verbindungen zulassen wollen. Zeile 3 definiert dafür eine Logdatei. Mit dem `TLSProtocol`-Eintrag bestimmen wir, welche TLS-Version wir benutzen möchten. Version 1.2 ist die derzeit aktuellste Fassung des TLS-Protokolls. Zeile 5 definiert, dass wir nur mit einem einzelnen Zertifikat arbeiten und nicht noch eine Bestätigung einer *Certificate Authority* wünschen – diese Vorgehensweise genügt für unsere Zwecke. Danach legen wir in den Zeilen 6 und 7 fest, wo sich der private und der öffentliche Schlüssel für unsere Verschlüsselung befinden; wir kommen gleich noch einmal auf diese Dateien zurück. Danach legen wir fest, dass wir die Clients nicht auch noch über ein Zertifikat authentifizieren wollen (uns genügen Benutzername und Passwort), und die letzte Zeile besagt, dass wir keine unverschlüsselten Verbindungen mehr zulassen wollen.

Speichern Sie diese Datei nun ab, es sind keine Anpassungen nötig, und beenden Sie nano, indem Sie [Strg]+[x] drücken und mit [j] bestätigen.

Wie eben beschrieben, benötigen wir jetzt die Dateien, die den öffentlichen Schlüssel (als Teil des Zertifikats) und den zugehörigen privaten Schlüssel enthalten. Wie Sie vielleicht schon wissen, werden diese Daten für eine asymmetrische Verschlüsselung mit dem TLS-Verfahren unbedingt benötigt. Wir werden uns später (bei der Einrichtung von VPN-Verbindungen in Abschnitt 15.4) auch noch einmal ausführlicher mit dieser Thematik befassen. Wir werden die benötigten Dateien jetzt mit *OpenSSL* erstellen. Dazu müssen wir erst einmal klären, ob OpenSSL bereits auf Ihrem Pi-Server installiert ist. Rufen wir einfach die Installation auf und schauen, was ausgegeben wird:

```
sudo apt-get install openssl
```

Achten Sie wie immer auf aktuelle Paketquellen. Wenn OpenSSL noch nicht installiert ist, dann holen Sie das jetzt direkt nach. Wenn es schon installiert und aktuell ist, erhalten Sie die informierende Meldung `openssl ist schon die neueste Version`. Sie brauchen dann nichts weiter zu tun. Im anderen Fall wird OpenSSL installiert.

Wir werden zunächst das Verzeichnis erstellen, das die beiden Schlüssel aufnehmen wird:

```
sudo mkdir /etc/proftpd/ssl
```

Beachten Sie, dass sich der Verzeichnisname mit den soeben vorgenommenen Einstellungen in der Datei */etc/proftpd/tls.conf* deckt. Nun werden wir die Schlüssel erstellen. Dazu dient der folgende recht lange Befehl:

```
sudo openssl req -new -x509 -sha256 -days 3650 -newkey rsa:4096 -nodes -out ⤸
/etc/proftpd/ssl/proftpd.crt -keyout /etc/proftpd/ssl/proftpd.key
```

Dieser Befehl erstellt uns ein Zertifikat nach dem Standard x509, das für zehn Jahre gültig bleibt. Der Schlüsselaustausch erfolgt mit dem RSA-Verfahren, die Schlüssellänge soll 4.096 Bit betragen, und das Zertifikat wird mit einer modernen SHA-256-

Signatur versehen. Diese Kombination verspricht derzeit eine besonders hohe und in jedem Fall angemessene Sicherheit.

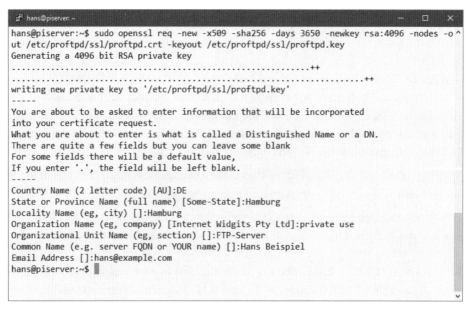

Abbildung 9.5 Die Erstellung eines SSL-Zertifikats

Vor der Erstellung der Zertifikate werden einige Angaben abgefragt. Füllen Sie alle Felder aus, und geben Sie dabei »echte« und richtige Werte oder zumindest eindeutig wiedererkennbare Werte an, denn dies dient Ihrer eigenen Sicherheit. Folgende Angaben werden benötigt:

▶ Country Name (2 letter code) [AU]: Hier geben Sie Ihr Länderkürzel mit einer Länge von zwei Buchstaben ein, also DE für Deutschland, CH für die Schweiz, AT für Österreich und so weiter.

▶ State or Province Name (full name) [Some-State]: In dieses Feld geben Sie Ihr Bundesland beziehungsweise Ihren Kanton ein.

▶ Locality Name (eg, city) []: Hier geben Sie den Namen Ihrer Stadt ein, beispielsweise »München«.

▶ Organization Name (eg, company) [Internet Widgits Pty Ltd]: Hier wird eigentlich ein Firmenname eingetragen. Da Sie privat auftreten, können Sie hier etwas Fantasievolles angeben oder auch einfach die Kennung »privat« verwenden.

▶ Organizational Unit Name (eg, section) []: Dieses Feld nimmt einen (für unsere Zwecke ebenfalls fiktiven) Abteilungsnamen auf. Sie können hier den Ausdruck »FTP-Server« verwenden.

▶ `Common Name (eg, YOUR name) []`: In dieses Feld tragen Sie eine eindeutige Bezeichnung für sich selbst ein. Das kann Ihr vollständiger Name oder auch Ihre Webadresse sein, wenn Sie eine vorzuweisen haben.

▶ `Email Address []`: Hier tragen Sie Ihre E-Mail-Adresse ein.

Beachten Sie, dass alle Informationen denjenigen angezeigt werden, die sich zu Ihrem Server verbinden. Die eingegebenen Informationen dienen der Identitätsprüfung. Wenn Sie Angst haben, dass jemand Ihre E-Mail Adresse für Werbezwecke missbraucht, dann sollten Sie dort ein Zweitkonto eintragen. Wenn Sie nicht mit Ihrem richtigen Namen auftreten möchten, weil dies möglicherweise Angreifer anlocken könnte, dann können Sie auch ein Pseudonym verwenden. Dies ist allerdings nur akzeptabel, weil wir uns unser eigenes Zertifikat generieren und dieses selbst unterzeichnen. Normalerweise werden für »offizielle« Zertifikate stets richtige Daten verwendet.

Wir sollten nun den privaten Schlüssel, der außer Ihnen wirklich niemandem in die Hände fallen darf, vor unberechtigtem Zugriff schützen. Das machen wir mit folgendem Befehl:

```
sudo chmod 0400 /etc/proftpd/ssl/proftpd.key
```

Von jetzt an kann nur noch der jeweilige Besitzer lesend auf den Schlüssel zugreifen. Das ist in diesem Fall der *root*-Benutzer (wobei dieser Benutzer trotz eingeschränkter Rechte als »Superadministrator« die Datei natürlich auch verändern könnte). An dieser Stelle ist die Konfiguration beendet, und wir werden abschließend ProFTPD noch einmal neu starten:

```
sudo service proftpd restart
```

Falls Sie eine Fehlermeldung bekommen, dann überprüfen Sie noch einmal alle Eingaben auf Richtigkeit.

Von nun an ist die Verschlüsselung aktiv. Wenn Sie sich jetzt mit Ihrem FTP-Client zu Ihrem Server verbinden, dann wird Ihnen Ihr Zertifikat präsentiert werden, das Sie noch annehmen müssen. Ab jetzt sind alle Verbindungen sicher verschlüsselt, und niemand kann Ihr Passwort ausspionieren. (Es sei denn, es gibt in einem Programm eine gravierende Sicherheitslücke, die jemand Versiertes ausnutzt!)

Der besonders interessierte Nutzer kann jetzt noch eine Option zur Erhöhung der Sicherheit nutzen. Sie können nämlich zu Ihrem Serverzertifikat einen Fingerabdruck erstellen lassen. Dieser Fingerabdruck ist einzigartig und passt nur zu Ihrem persönlichen FTP-Server beziehungsweise dessen Zertifikat. Sie können diesen Fingerabdruck jetzt Ihrem Kommunikationspartner auf einem sicheren Wege mitteilen. Wenn Ihre Stimme und gewisse Charakteristika Ihrem Kommunikationspartner bekannt sind, genügt dafür in der Regel ein Telefongespräch. Wenn sich nun jemand mit Ihrem Server verbinden möchte, dann wird ihm (von jedem besseren FTP-Programm) der Fingerabdruck des Zertifikats wie in Abbildung 9.6 angezeigt.

Abbildung 9.6 Ein FTP-Client zeigt ein für ihn unbekanntes Zertifikat. Der angezeigte Fingerabdruck kann für den Identitätsvergleich verwendet werden.

Diesen kann er mit dem Wert vergleichen, den er von Ihnen erhalten hat. Stimmen die Werte überein, dann kann er sich ziemlich sicher sein, wirklich mit Ihrem Server verbunden zu sein. Dies ist von Vorteil, wenn sensible Daten übertragen werden müssen. Um den Fingerabdruck zu generieren und anzuzeigen, geben Sie folgenden – rein optionalen – Befehl ein:

```
sudo openssl x509 -fingerprint -sha1 -in /etc/proftpd/ssl/proftpd.crt | head -n 1
```

Die Ausgabe sollte so ähnlich wie in Abbildung 9.7 aussehen.

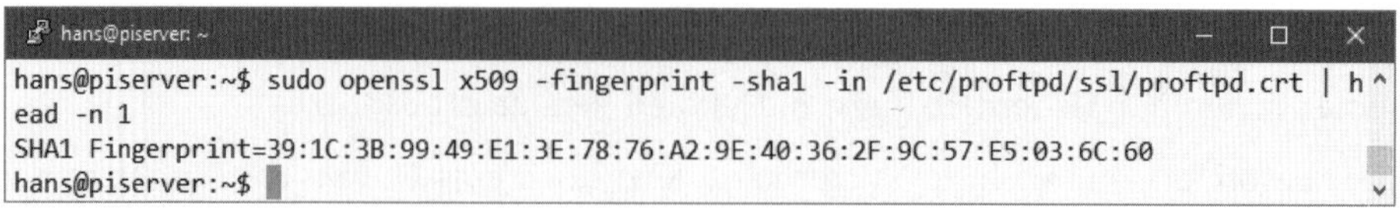

```
hans@piserver:~$ sudo openssl x509 -fingerprint -sha1 -in /etc/proftpd/ssl/proftpd.crt | h
ead -n 1
SHA1 Fingerprint=39:1C:3B:99:49:E1:3E:78:76:A2:9E:40:36:2F:9C:57:E5:03:6C:60
hans@piserver:~$
```

Abbildung 9.7 Der Fingerprint Ihres Zertifikats

9.3 Die Benutzerrechte einschränken

9.3.1 Den Zugriff nur auf das jeweilige Home-Verzeichnis erlauben

Vielleicht stört es Sie an dieser Stelle, dass die Benutzer über eine FTP-Verbindung derzeit Zugriff auf das gesamte Dateisystem erhalten – wenn auch nur mit ihren jeweiligen Benutzerrechten. Sie können die Konfiguration von ProFTPD daher so ändern, dass sich die Benutzer nur in ihren jeweiligen Home-Verzeichnissen bewegen können und nur dort Dateien einsehen, erstellen und ändern dürfen. Alle anderen Verzeichnisse bleiben ihnen verborgen. Wenn Sie dies erreichen möchten, dann öffnen Sie noch einmal die allgemeine Konfigurationsdatei von ProFTPD:

```
sudo nano /etc/proftpd/proftpd.conf
```

Fügen Sie am Ende der Datei folgende Zeile hinzu:

```
DefaultRoot ~
```

Wenn Sie die Datei jetzt mit der Tastenkombination [Strg]+[x] abspeichern und damit nano beenden und anschließend den FTP-Server mit dem Befehl

```
sudo service proftpd restart
```

neu starten, dann können sich die Nutzer nur noch in ihren eigenen Home-Verzeichnissen bewegen.

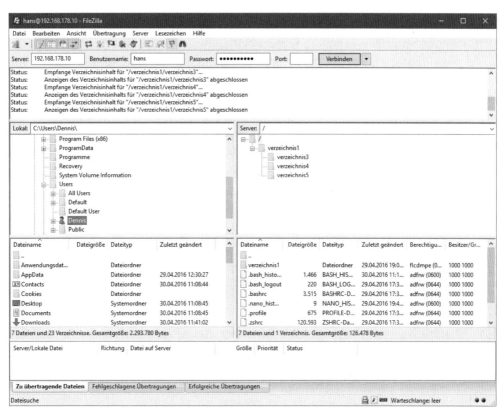

Abbildung 9.8 Einschränkung auf das Home-Verzeichnis

9.3.2   Einen Gastzugang einrichten

Manchmal wünscht man sich für seinen FTP-Server einen Gast-Account. Nehmen wir an, ein Freund oder Bekannter ist bei Ihnen zu Besuch und möchte Ihnen einige Dateien kopieren. Normalerweise sollten Sie jetzt beispielsweise zu einem USB-Stick greifen und die jeweiligen Dateien auf dieses Speichermedium kopieren. Sie können dann den USB-Stick an Ihren jeweiligen Rechner anschließen, den Inhalt sichten und gegebenenfalls auf den Server kopieren. Wenn der Bekannte jedoch nicht bei Ihnen zu Hause ist, dann ist dieser Weg schwierig. Das Gleiche gilt, wenn Ihnen auch zu Hause gerade kein USB-Stick zur Verfügung steht. Man könnte jetzt darüber nachdenken, einen anonymen Zugang zu Ihrem FTP-Server einzurichten. Von dieser Methode wollen wir jedoch Abstand nehmen, denn sie bietet kaum Möglichkeiten zur Authentifizierung und ist damit recht unsicher. Besser ist es, einen Gastnutzer anzulegen. Sie könnten natürlich für den Bekannten zunächst ein Benutzerkonto auf Ihrem Pi-Server erstellen, damit dieser über ein eigenes Passwort Zugriff auf den FTP-Server bekommt. Das ist jedoch ein wenig gefährlich, denn damit ermöglichen Sie dem Bekannten schließlich auch das direkte Einloggen auf Ihrem Pi-Server.

Es gibt jedoch die Möglichkeit, einen Systembenutzer zu erstellen, der sich nicht am System anmelden kann. Sie kennen beispielsweise vielleicht schon den Benutzer *www-data*, der etwas mit dem Webserver zu tun hat und zwar auf dem System vorhanden ist, sich aber nicht anmelden kann. Das liegt unter anderem daran, dass diesem Benutzer gar kein Passwort zugewiesen wurde. Man kann allerdings auch einen Benutzer anlegen, der eine bestimmte Form des Befehlsinterpreters bekommt, die ein Anmelden nicht möglich macht. Dieser Benutzer hat dann zwar ein gültiges Passwort, er kann jedoch keine Konsolensitzung zu Ihrem Pi-Server aufbauen. Auch ein direktes Einloggen über eine angeschlossene Tastatur ist nicht möglich. Wir können jetzt einen solchen Benutzer anlegen. An dieser Stelle sollten Sie jedoch nicht sofort zur Tastatur greifen, sondern den Abschnitt erst zu Ende lesen, denn ich werde noch eine Alternative vorstellen, die für Sie vielleicht besser geeignet ist. Gehen wir daher die Befehle zunächst theoretisch durch. Mit folgendem Befehl würden wir einen Benutzer mit dem Benutzernamen *gastftp* anlegen, der sich nicht an Ihrem Server anmelden kann:

```
sudo adduser gastftp --shell /bin/false
```

Natürlich könnten Sie ihm auch einen anderen Namen geben. Wenn Sie diesen Befehl ausführen, dann werden Sie ganz normal zur Vergabe eines Passworts aufgefordert. Sie können ebenfalls optionale Informationen wie eine Zimmernummer angeben. Der Benutzer bekommt auch ein Home-Verzeichnis unter dem Pfad */home/gastftp* zugewiesen. Wenn Sie allerdings mit den Daten eine SSH-Verbindung zu Ihrem Pi-Server aufbauen wollen, dann werden Sie keinen Erfolg haben.

Sie können nun diese Daten Ihrem Bekannten geben. Er kann sich damit direkt am FTP-Server anmelden und auf die Dateien zugreifen. Es empfiehlt sich aber dringend, wie oben beschrieben die Zeile

```
DefaultRoot ~
```

mit in die Konfiguration von ProFTPD aufzunehmen, damit der Benutzer nur auf sein eigenes Home-Verzeichnis Zugriff hat.

Sie müssen außerdem die Zeile

```
RequireValidShell off
```

mit in die Konfigurationsdatei von ProFTPD schreiben, ansonsten wird der Zugriff nicht möglich sein. Um die Konfiguration zu aktivieren, müssen Sie ProFTPD wie zuvor gezeigt einmal neu starten.

Die Verzeichnisrechte werden zunächst so angelegt, dass jeder Benutzer die Dateien im Home-Verzeichnis von *gastftp* lesen kann. Zum Löschen und Bearbeiten sind jedoch *root*-Rechte erforderlich.

Diese Methode hat jedoch einen kleinen Nachteil. Zwar kann sich der Nutzer *gastftp* nicht direkt am System anmelden, aber er könnte sich mit seinen Daten bestimmten Diensten gegenüber authentifizieren. Denken Sie beispielsweise an Dienste, die eine Anmeldung mit den Benutzerdaten eines System-Accounts akzeptieren. Es könnte also sein, dass ein Benutzer hier Unfug treibt. Sie sollten das Benutzerpasswort daher nur an vertrauenswürdige Personen weitergeben.

Es gibt allerdings auch noch die Möglichkeit, die Sicherheit zu erhöhen. Sie können einen Systembenutzer – wie vorhin etwas versteckt erwähnt – auch so anlegen, dass er gar kein Passwort erhält. Er kann sich also dem System gegenüber überhaupt nicht authentifizieren. An dieser Stelle bietet jedoch ProFTPD die Option, ein eigenes Passwort zu vergeben, das nur für den FTP-Server gültig ist und nur hier zur Anmeldung verwendet werden kann. Dieses »FTP-Passwort« kann unabhängig davon vergeben werden, ob es für diesen Benutzer ein Systempasswort gibt oder nicht. Möchten Sie einen Gastnutzer erstellen, der ausschließlich für FTP-Verbindungen genutzt werden soll, dann ist es besser, ihm gar kein Systempasswort zu geben. Dies reduziert Ihren Verwaltungsaufwand und verhindert die beschriebene Sicherheitsproblematik. Da dies also meist besser ist, habe ich Sie vorhin ein wenig gebremst, als es um die Erstellung eines Benutzer-Accounts ging, denn die folgende Methode ist besser geeignet.

Um jetzt einen Benutzer zu erstellen, der erst gar kein Passwort erhält (und sich damit überhaupt nicht authentifizieren kann), geben Sie folgenden Befehl ein:

```
sudo adduser ftpgast --disabled-login --shell /bin/false
```

Diesmal werden Sie nicht zur Vergabe eines Passworts aufgefordert. Sie können jedoch erneut die optionalen Informationen wie die Zimmernummer eingeben. An
dieser Stelle müssen Sie etwas aufpassen, denn Sie müssen sich zwei wichtige Werte
notieren, die Sie gleich für die Konfiguration von ProFTPD benötigen werden. Bitte
schauen Sie sich die Ausgabe des adduser-Befehls genau an, die folgende Form aufweisen wird:

```
Lege Benutzer "ftpgast" an ...
Lege neue Gruppe "ftpgast" (1003) an ...
Lege neuen Benutzer "ftpgast" (1003) mit Gruppe "ftpgast" an ...
```

Betrachten Sie zuerst Zeile zwei, die über die neu angelegte Gruppe informiert. Notieren Sie sich das Stichwort »Gruppe« und die Zahl in Klammern, hier im Beispiel wäre
das also die 1003. Der Wert ist die ID der Benutzergruppe *ftpgast*, abgekürzt *gid* (von
Group ID). Als Zweites notieren Sie sich das Stichwort »Benutzer« und die Zahl in
Klammern in der dritten Zeile, die über einen neu angelegten Benutzer informiert.
Im Beispiel ist dies erneut die 1003, die Werte müssen jedoch nicht immer überein-
stimmen. Dies ist die Benutzer-ID des Benutzers *ftpgast*, die sogenannte *uid* (für *User
ID*). Wir werden dieses Benutzerkonto jetzt zu ProFTPD hinzufügen und dort ein
Passwort vergeben. Wechseln Sie zunächst in das Konfigurationsverzeichnis von
ProFTPD:

```
cd /etc/proftpd
```

Nun bereiten Sie folgenden Befehl zur Ausführung vor, führen ihn aber noch nicht
aus (wir werden ihn vor der Ausführung nämlich noch anpassen):

```
sudo ftpasswd --passwd --name ftpgast --uid 1003 --gid 1003 ↩
--home /home/ftpgast --shell /bin/false
```

Dieser Befehl startet das Programm ftpasswd. Dieses wird einen ProFTPD-Account
mit dem Benutzernamen *ftpgast* anlegen. Dieser Name kann zwar theoretisch vom
Namen des eben erstellten Systembenutzers abweichen, der Einfachheit halber sollten jedoch beide Namen übereinstimmen. Nun müssen Sie aktiv werden und die
eben notierten Parameter --uid und --gid eintragen. Ersterer spezifiziert die ID des
Benutzers, der zweite die ID der Benutzergruppe. Im Beispiel ist das hier mit den Beispielwerten getan. Die Parameter sorgen dafür, dass der zu erstellende Benutzer
unter dieser User-ID und dieser Gruppen-ID auf der Ebene des Dateisystems auftritt
und seine Dateien als Benutzer *ftpgast* erstellt. Mit dem Parameter --home spezifizieren wir das Verzeichnis, in dem sich der Gastbenutzer bewegen darf. Wir wählen hier
das Verzeichnis */home/ftpgast*. Hier können Sie auch ein anderes Verzeichnis festlegen, aber es empfiehlt sich aus Gründen der Übersichtlichkeit, das »echte« Home-
Verzeichnis zu verwenden.

```
hans@piserver:~$ cd /etc/proftpd
hans@piserver:/etc/proftpd$ sudo ftpasswd --passwd --name ftpgast --uid 1003 --gid 1003 --
home /home/ftpgast --shell /bin/false
ftpasswd: creating passwd entry for user ftpgast

ftpasswd: /bin/false is not among the valid system shells.  Use of
ftpasswd: "RequireValidShell off" may be required, and the PAM
ftpasswd: module configuration may need to be adjusted.


Password:
Re-type password:

ftpasswd: entry created
hans@piserver:/etc/proftpd$
```

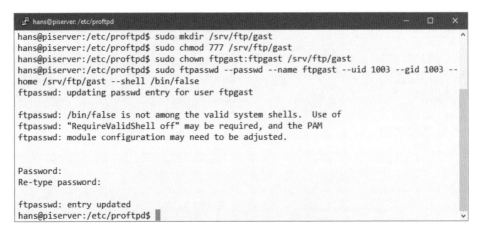

Abbildung 9.9 Einen Gastzugang für »ProFTPD« anlegen

Möchten Sie ein abweichendes Verzeichnis verwenden, dann denken Sie daran, es so zu erstellen, dass der Benutzer *ftpgast* hierauf Schreibzugriffsrechte erhält. Für ein gemeinsam genutztes Verzeichnis bietet sich beispielsweise das Verzeichnis */srv/ftp/gast* an. Die Angabe `--shell /bin/false` unterstreicht unser Vorhaben, dass sich dieser Benutzer nicht anmelden können darf.

```
hans@piserver:/etc/proftpd$ sudo mkdir /srv/ftp/gast
hans@piserver:/etc/proftpd$ sudo chmod 777 /srv/ftp/gast
hans@piserver:/etc/proftpd$ sudo chown ftpgast:ftpgast /srv/ftp/gast
hans@piserver:/etc/proftpd$ sudo ftpasswd --passwd --name ftpgast --uid 1003 --gid 1003 --
home /srv/ftp/gast --shell /bin/false
ftpasswd: updating passwd entry for user ftpgast

ftpasswd: /bin/false is not among the valid system shells.  Use of
ftpasswd: "RequireValidShell off" may be required, and the PAM
ftpasswd: module configuration may need to be adjusted.


Password:
Re-type password:

ftpasswd: entry updated
hans@piserver:/etc/proftpd$
```

Abbildung 9.10 Das Verzeichnis des Gast-Benutzers ändern

Nach Eingabe des Befehls werden Sie aufgefordert, ein Passwort zu vergeben. Sie sollten wie üblich ein sicheres Passwort verwenden. An dieser Stelle nochmals zur Erinnerung: Dieses Passwort gilt nur für die FTP-Verbindung und kann nicht zum Einloggen an den Pi-Server verwendet werden.

Um ProFTPD den neuen Benutzer auch bekannt zu machen, öffnen Sie noch einmal seine Konfigurationsdatei mit folgendem Befehl:

```
sudo nano /etc/proftpd/proftpd.conf
```

und fügen folgende Zeilen am Dateiende hinzu:

```
AuthUserFile /etc/proftpd/ftpd.passwd
RequireValidShell off
DefaultRoot ~
```

Listing 9.2 Gastzugang in »/etc/proftpd/proftpd.conf« eintragen

Beachten Sie, dass es sinnvoll ist, die Zeile DefaultRoot ~ mit aufzunehmen, damit sich der Gastnutzer tatsächlich nur in seinem jeweiligen Home-Verzeichnis bewegen kann. Sollten Sie diese Zeile bereits in die Konfiguration eingegeben haben, dann müssen Sie sie natürlich nicht doppelt einfügen. Abschließend beenden Sie den Editor und speichern die Konfigurationsdatei mit der Tastenkombination Strg+x ab. Sie müssen dann noch einmal den FTP-Server neu starten:

```
sudo service proftpd restart
```

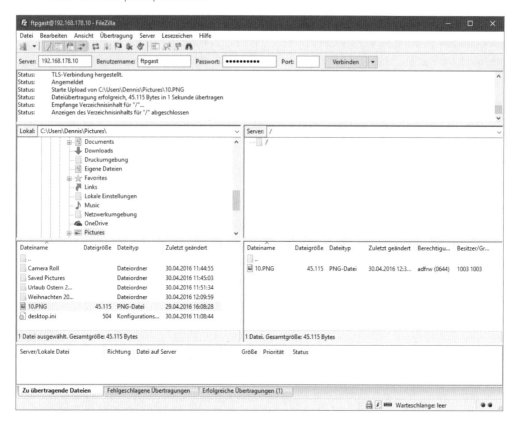

Abbildung 9.11 Nun können auch Gäste Dateien austauschen

Nun kann der Gast-Account auf Ihrem Server benutzt werden. Hierfür verwenden Sie den Benutzernamen, den Sie beim Befehl *ftpasswd* spezifiziert haben, im Beispiel also *ftpgast* sowie das Passwort, das Sie mit demselben Befehl eingegeben haben. Beachten Sie jedoch unbedingt, dass der Gastnutzer hiermit gewisse Schreibrechte auf Ihre Server-Speicherkarte bekommt. In boshafter Absicht könnte er also zumindest die komplette Speicherkarte mit Daten füllen.

Natürlich ist es wie immer nicht auszuschließen, dass es an bestimmter Stelle Sicherheitslücken geben kann, die sich ausnutzen lassen. Sie sollten von der Möglichkeit des Gast-Accounts daher nur aus triftigen Gründen Gebrauch machen und die Zugangsdaten trotz allem nur vertrauenswürdigen Personen geben. Dieser Account ist keinesfalls dazu geeignet, über das Internet Dateien mit wildfremden Personen zu teilen.

9.3.3 Separate Zugriffsregeln für die Benutzer einstellen

Sie sagen, es gibt jetzt immer noch einen Punkt, mit dem Sie nicht zufrieden sind? Vielleicht stören Sie sich ein wenig an der Tatsache, dass wir mit der Direktive `DefaultRoot ~` alle Nutzer in ihre jeweiligen Home-Verzeichnisse eingesperrt haben. Das ist zwar für Gäste und weniger privilegierte Systembenutzer sehr sinnvoll, aber vielleicht hätten Sie als Administrator gerne einen weitreichenderen Zugriff, möglichst doch wieder über das ganze Dateisystem? Das lässt sich einrichten. Wir werden nun einfach mehrere `DefaultRoot`-Direktiven definieren. Diese wirken allerdings nicht auf einzelne Benutzerkonten Ihres Servers, sondern auf Benutzergruppen. Das ist ein sehr wichtiger Unterschied, der sich aber in der Praxis nicht so gravierend auswirkt, denn jeder Benutzer belegt normalerweise als einziges Mitglied eine Gruppe, die den gleichen Namen wie sein Benutzerkonto trägt. Zu unserem beliebten Beispielnutzer *hans* gibt es also auch eine gleichnamige Benutzergruppe. Wenn Sie mehrere `DefaultRoot`-Direktiven angeben, dann werden diese in Form eines Stapels von oben nach unten bearbeitet. Die erste Regel, die auf einen Benutzer passt, wird angewendet. Wir können zum Beispiel Folgendes eintragen:

```
DefaultRoot / sudo
DefaultRoot /etc peter
DefaultRoot ~
```

Wenn jetzt der Nutzer *hans* Mitglied der *sudo*-Gruppe ist und sich anmeldet, dann erhält er Zugriff auf das ganze Dateisystem. Nehmen wir an, *peter* ist nicht Mitglied der *sudo*-Gruppe. Aber er ist Mitglied seiner eigenen Gruppe, die ebenfalls den Namen *peter* trägt. Er bekommt Zugriff auf das Verzeichnis */etc* mit allen Unterverzeichnissen. Andere Verzeichnisse kann er aber nicht aufrufen. Jeder andere Benutzer fällt nicht unter diese beiden Zeilen (wenn er nicht Mitglied der Benutzergruppe *sudo* ist). Für ihn gilt die dritte Regel, die alle anderen Nutzer auffängt. Er darf sich also nur in seinem eigenen Home-Verzeichnis bewegen. Sie sehen, dass die letzte Zeile wichtig ist, wenn Gäste und eingeschränkte Benutzer vorhanden sind. Sie sollten die letzte Zeile `DefaultRoot ~` daher grundsätzlich als letzte mit in die Konfiguration aufnehmen.

Beachten Sie aber, dass die Zeile DefaultRoot ~ nicht bereits zuvor in der Konfiguration von ProFTPD stehen darf. Kontrollieren Sie die Konfigurationsdatei also entsprechend.

Übrigens: Wenn nur Sie selbst Zugriffsrechte auf das gesamte System erhalten wollen, dann können Sie statt der beiden erstgenannten Zeilen auch einfach sich selbst anführen. Die Zeile

```
DefaultRoot / hans
```

mit Ihrem eigenen Nutzernamen funktioniert natürlich auch, weil Sie selbst wiederum Mitglied Ihrer eigenen Gruppe sind.

Ferner müssen Sie beachten, dass der Zugriff auf das Dateisystem natürlich nur mit den jeweiligen Benutzerrechten erfolgt.

An dieser Stelle ist unsere einführende Konfiguration von ProFTPD komplett. Theoretisch können Sie an dieser Stelle Ihren FTP-Server auch über das Internet erreichbar machen und benutzen. Aber Vorsicht: Wenn Sie diesen FTP-Server nun im Internet freigeben, dann ist zwar die Verbindung sicher verschlüsselt, aber der Zugang nur durch den Benutzernamen und das dazugehörige Passwort geschützt. Achten Sie unbedingt darauf, dass Sie ein ausreichend langes, sicheres und kompliziertes Passwort verwenden. Bedenken Sie auch, dass Sie je nach Konfiguration eventuell das ganze Dateisystem freigegeben haben. Sie sollten den FTP-Zugang daher nur benutzen, wenn es unbedingt erforderlich ist.

Wie Sie vielleicht schon wissen, gibt es darüber hinaus beim FTP-Datentransfer den aktiven und den passiven Modus. Diese beiden Modi legen fest, ob der Server oder der Client die zur Datenübertragung zu verwendenden (Netzwerk-)Ports bestimmt. ProFTPD unterstützt theoretisch beide Modi. Wenn Sie den FTP-Server über das Internet erreichbar machen möchten, dann ist die Konfiguration des passiven Modus jedoch etwas anspruchsvoller. Einfacher ist die Realisierung des aktiven Modus. In diesem Fall müssen Sie in der Firewall und/oder in Ihrem Router nur zwei Portfreigaben setzen: Sie müssen die beiden Ports 20 und 21 für das TCP-Protokoll für eingehende Verbindungen erlauben.

Für Dateifreigaben über das Internet ist aber vielleicht eine Cloud-Lösung, wie ich sie in Kapitel 14, »Die eigene Cloud mit ownCloud«, bespreche, besser geeignet, da diese durchaus modernere und entsprechend sichere Zugriffsmöglichkeiten bietet.

9.4   Die Nutzung von FTP über das SSH-Protokoll – kurz SFTP

Betrachten wir an dieser Stelle noch den zweiten Ansatz, den ich vorhin für eine verschlüsselte FTP-Verbindung angekündigt hatte. Das ist SFTP. Verwechseln Sie es bitte nicht mit dem eben besprochenen FTPS, denn SFTP ist keine Erweiterung des üblichen FTP-Protokolls, sondern eine eigenständige Lösung. SFTP ist so etwas wie Nutzung von FTP über das SSH-Protokoll.

SSH kennen Sie schon von der üblichen Konsole, die Sie sich zur Fernsteuerung Ihres Pi-Servers anzeigen lassen, aber SSH kann noch mehr, unter anderem mittels SFTP auch Dateiübertragungen vornehmen.

Auf den ersten Blick funktioniert SFTP so ähnlich wie FTP, und für den Anwender gibt es auch nicht viel zum Umgewöhnen. Sie benötigen für SFTP auf der Clientseite lediglich ein entsprechend ausgestattetes FTP-Programm. Die gute Nachricht lautet: Viele moderne FTP-Client-Programme beherrschen auch den Umgang mit SFTP. Weitverbreitete Beispiele sind die Programme *FileZilla* und *WinSCP*.

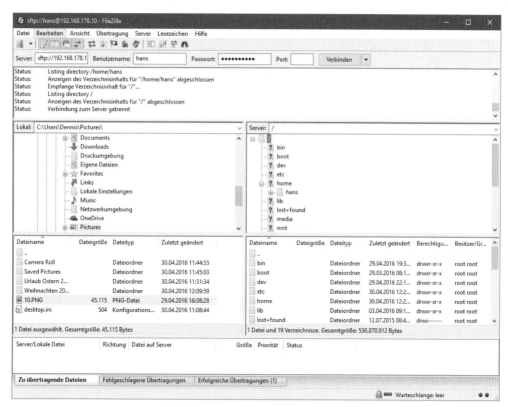

Abbildung 9.12 Ihr Pi-Server beherrscht auch »SFTP«, das mit vielen Clients genutzt werden kann

Es kommt sogar noch besser: Auf Ihrem Pi-Server ist SFTP bereits aktiviert. Sie brauchen keine Konfiguration vorzunehmen.

Benutzen Sie einfach Ihr (geeignetes) FTP-Client-Programm, und verbinden Sie sich mit Ihrem Pi-Server über dessen statische IP-Adresse. Geben Sie Ihren Pi-Server-

Benutzernamen und das zugehörige Passwort ein. Eine Kleinigkeit müssen Sie noch beachten: SFTP läuft über den Port 22. Geben Sie also eine 22 in das Feld der Portnummer ein, und verbinden Sie sich. Die Verbindung, die nun aufgebaut wird, ist wie alle SSH-Verbindungen stark verschlüsselt und somit nach heutigen Maßstäben abhörsicher. In der Grundkonfiguration erhalten Sie ebenfalls Zugriff auf das gesamte Dateisystem – natürlich mit den Rechten des angemeldeten Benutzers.

Wenn Sie nur mal rasch einige Dateien auf Ihrem Pi-Server ändern möchten, dann ist dies vermutlich die eleganteste Methode. Sie bietet ohne großen Konfigurationsaufwand eine sichere Verschlüsselung und ist in der Bedienung sehr einfach. Probieren Sie dieses Verfahren also unbedingt einmal aus. Es eignet sich allerdings nicht für den Dateiaustausch mit Gästen.

Bedenken Sie auch, dass Sie für SFTP keine zusätzliche Serversoftware installieren müssen und dass Sie insbesondere auch keinen zusätzlichen Service benötigen, der Ressourcen kostet.

Theoretisch können Sie den SSH-Port auch aus dem Internet verfügbar machen, denn die Verbindung ist sicher verschlüsselt. So lässt er sich auch für Dateiübertragungen nutzen. Beachten Sie aber unbedingt, dass Sie damit nicht nur die Möglichkeit des Dateitransfers schaffen, sondern eben auch die Möglichkeit der Fernwartung freischalten, denn Sie können sich dann ganz normal von der ganzen Welt aus mit Hilfe Ihrer öffentlichen IP-Adresse zu Ihrem Pi-Server verbinden und eine Konsole öffnen. Dies kann zwar praktisch sein, aber auch ein erhebliches Sicherheitsrisiko darstellen, wenn Ihr Zugang »geknackt« wird. Seien Sie sich dessen bitte unbedingt bewusst. Wenn Sie das machen möchten, dann setzen Sie als Erstes ein besonders sicheres Passwort und lesen dann die Hinweise zur Serversicherheit in Kapitel 21 besonders gründlich durch. Allerdings kann erneut gesagt werden, dass zur Dateiübertragung über das Internet andere Dienste (wie die oft genannte eigene Cloud-Lösung) jedoch besser geeignet sind. Beachten Sie auch nochmals unbedingt, dass sich diese Methode keinesfalls zum Datenaustausch mit fremden Personen eignet.

Kapitel 10

Statusinformationen per E-Mail erhalten: sSMTP als MTA

E-Mails sind aus dem modernen Leben kaum mehr weg zu denken. Natürlich kann Ihnen auch Ihr Pi-Server E-Mails senden und Sie über wichtige Ereignisse unterrichten. Schauen wir uns an, wie Sie das einrichten.

Viele Serverdienste, die Sie auf Ihrem Pi-Server installieren können, sind in der Lage, bei bestimmten Ereignissen automatisch eine E-Mail zu versenden. Ein Beispiel ist der Dienst `chkrootkit`, der das System auf Eindringlinge überprüft und entsprechende Statusberichte versenden kann. Auch viele Websiten-Projekte können eine Benachrichtigung verschicken. Dazu gehört beispielsweise das DokuWiki, das neue Benutzer über ihre Zugangsdaten informiert.

Damit von Ihrem Pi-Server E-Mails versendet werden können, ist ein sogenannter *MTA*, ein *Mail Transfer Agent*, notwendig. Dieses Programm nimmt die zu versendende E-Mail entgegen und leitet sie an einen (externen) *SMTP-Server* weiter. Ein externer SMTP-Server wird beispielsweise von Ihrem E-Mail-Provider bereitgestellt. Ich werde in diesem Buch einen sehr kompakten MTA besprechen, mit dem Sie E-Mails über ein bestehendes E-Mail-Konto bei einem offiziellen E-Mail-Provider versenden können. Wir nutzen dafür den MTA namens *sSMTP*. Dieser leichtgewichtige MTA eignet sich ideal für einen kleinen Pi-Server. Er läuft nicht ständig im Hintergrund und beansprucht daher auch nicht fortlaufend Systemressourcen. sSMTP wird nur dann aufgerufen, wenn eine E-Mail zu versenden ist, und wird nach dem Versand auch gleich wieder beendet. Sie können sich sSMTP so vorstellen wie ein »halbes« E-Mail-Programm auf Ihrem klassischen PC, das keine E-Mails abruft, sondern sie nur versendet.

10.1 Die Installation auf dem Pi-Server

Zur Installation benötigen Sie ein bereits bestehendes E-Mail-Konto. Welchen E-Mail-Provider Sie benutzen, ist nicht von Belang, es kann ein E-Mail-Konto Ihres Internetproviders sein oder aber auch ein Konto bei einem kostenlosen beziehungsweise werbefinanzierten Anbieter. Ihr Pi-Server wird diese E-Mail-Adresse als Absenderadresse verwenden. Zur Inbetriebnahme von sSMTP benötigen Sie von diesem E-Mail-

Konto Ihren Benutzernamen, Ihr Passwort und die Adresse des SMTP-Servers des jeweiligen E-Mail-Providers. Letztere erfahren Sie üblicherweise auf dessen Internetseiten. Bitte notieren Sie sich auch die Portnummer, die für den Versand erforderlich ist. Aus Sicherheitsgründen sollten Sie nur einem Provider vertrauen, der auch eine verschlüsselte Übertragung von E-Mails erlaubt, aber das sollte bei allen großen E-Mail-Providern mittlerweile eigentlich selbstverständlich sein.

Die Installation von sSMTP ist ganz einfach. Geben Sie dazu Folgendes ein:

```
sudo apt-get install ssmtp bsd-mailx
```

Bestätigen Sie mit der ⏎-Taste. *ssmtp* ist das Paket für sSMTP, und *bsd-mailx* stellt Zusatzprogramme rund um den E-Mail-Verkehr bereit, allen voran einen Befehl, mit dem wir direkt auf der Kommandozeile (Test-)E-Mails versenden können. Wie immer denken Sie daran, vor der Installation die Paketquellen mit dem Befehl sudo apt-get update zu aktualisieren.

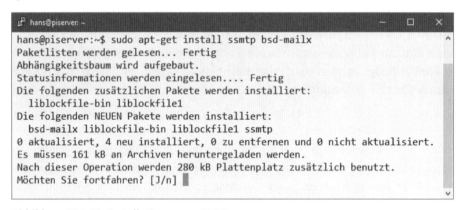

Abbildung 10.1 Die Installation von »sSMTP«

10.2   Die Konfiguration von sSMTP

Im nächsten Schritt müssen wir die Konfiguration von sSMTP an Ihre Bedürfnisse anpassen. Die Konfigurationsdatei heißt *ssmtp.conf* und befindet sich im Ordner */etc/ssmtp*. Zur Sicherheit werden wir zuerst wieder ein Backup erstellen, dann haben wir immer einen Weg zurück zum Original, falls irgendetwas schiefgeht. Das Backup erstellen wir mit dem Befehl:

```
sudo cp /etc/ssmtp/ssmtp.conf /etc/ssmtp/ssmtp.conf.orig
```

Öffnen Sie nun die Konfigurationsdatei zur Bearbeitung mit dem Texteditor nano:

```
sudo nano /etc/ssmtp/ssmtp.conf
```

Aus den gleichen Gründen wie oben müssen wir auch hier das sudo voranstellen.

Die Konfigurationsdatei ist erfreulich knapp gehalten, und es sind auch nur wenige Einträge anzupassen. Sie finden Sie vollständig in Abbildung 10.2.

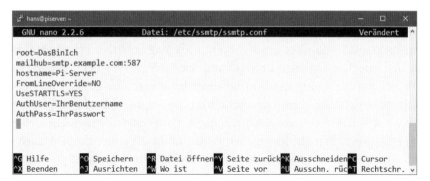

Abbildung 10.2 Die Konfigurationsdatei »/etc/ssmtp/ssmtp.conf« in angepasster Form

Sie haben jetzt zwei Möglichkeiten: Entweder hangeln Sie sich durch diese kleine Datei und ändern die entsprechenden Einstellungen, oder aber Sie löschen alle Einträge und legen sie danach neu an. Beides ist eine gute Übung. Da die Datei nicht allzu viele Einträge hat, können Sie diese einfach durch mehrmaliges Drücken der Tastenkombination $\boxed{\text{Strg}}$+$\boxed{\text{k}}$ löschen. Diese Tastenkombination löscht in nano immer genau die ganze Zeile, in der sich der Cursor gerade befindet.

Jetzt passen wir die Konfiguration an. Zunächst benötigen wir einen Eintrag für root =. Dort tragen Sie den Teil Ihrer E-Mail-Adresse vor dem @-Zeichen ein. Wenn Ihre Adresse also *DasBinIch@example.com* lautet, dann schreiben Sie die Zeile:

```
root=DasBinIch
```

Diese Zeile ist teilweise für die Zustellung von E-Mails an Systembenutzer nötig, allen voran an den *root*-Benutzer. Viele Programme versenden nämlich Fehlermeldungen an den Benutzer *root*. Als Nächstes kümmern wir uns um den mailhub-Eintrag. Diese Zeile enthält den SMTP-Server Ihres E-Mail-Providers, wie Sie ihn sich vorhin notiert haben. Ein Beispielserver könnte folgende Adresse haben: *smtp.example.com:587*. Die Zahl hinter dem Doppelpunkt kennzeichnet den verwendeten Port. Die Zeile muss also (für dieses Beispiel) lauten:

```
mailhub=smtp.example.com:587
```

Den Eintrag rewriteDomain benötigen wir nicht, also machen wir weiter mit dem Hostnamen. Diese Zeile sollten Sie in die Konfiguration mit aufnehmen. Sie wird nachher in den Header (also den Kopfbereich) der versendeten E-Mail aufgenommen und gibt eine Information darüber, von welchem Server die Mail versendet wurde. Geben Sie hier den Hostnamen Ihres Pi-Servers an, im Beispiel lautet er Pi-Server.

```
hostname=Pi-Server
```

Als Nächstes kommt die Zeile

```
FromLineOverride=NO
```

Diese Zeile ist sehr wichtig, denn sie verhindert, dass der Absendername einer E-Mail von einem Programm verändert werden kann. Dies mag zunächst verwunderlich erscheinen, hat jedoch einen bestimmten Grund: Viele E-Mail-Provider nehmen nur dann eine E-Mail zur Zustellung an, wenn die Absenderadresse auch zum angemeldeten Benutzerkonto passt. Auf diese Weise schränken sie den unerwünschten Versand von nicht nachvollziehbaren Spam-Nachrichten ein. Daher ist es nicht möglich, eine E-Mail unter einer anderen als der eigenen E-Mail-Adresse zu versenden. Manche Programme und Dienste würden das aber gerne tun und eine E-Mail beispielsweise unter dem (angepassten) Absender *dienstname@pi-server* versenden. Mit der oben angegebenen Zeile weisen wir sie in die Schranken.

Jetzt ergänzen Sie folgende Zeile:

```
UseSTARTTLS=YES
```

Dieser wichtige Eintrag ermöglicht das verschlüsselte Senden der E-Mail zum Provider, was nicht nur sehr sinnvoll ist, sondern von vielen E-Mail-Providern auch nur als einzige Methode akzeptiert wird. Achten Sie auf das doppelte T in dem Ausdruck.

Zum Schluss kommt Ihre Authentifizierung. Zunächst geben Sie Ihren Benutzernamen an, so wie es Ihr E-Mail-Provider erfordert:

```
AuthUser=IhrBenutzername
```

Gefolgt von Ihrem Passwort:

```
AuthPass=IhrPasswort
```

Oftmals ist für den Benutzernamen die komplette E-Mail-Adresse oder der Teil vor dem @-Symbol zu verwenden. Das war es schon. Die komplette Konfiguration sieht also (mit unseren Beispielwerten) so aus:

```
root=DasBinIch
mailhub=smtp.example.com:587
hostname=Pi-Server
FromLineOverride=NO
UseSTARTTLS=YES
AuthUser=IhrBenutzername
AuthPass=IhrPasswort
```

Listing 10.1 Die Beispielkonfiguration von sSMTP

Wenn Sie sich nur für die Änderung und nicht für das Neuschreiben entschieden haben, dann enthält die Datei natürlich noch die ursprünglichen Kommentarzeilen, die mit einem einleitenden Raute-Symbol beginnen.

Sie können nano jetzt mit der Tastenkombination ⌷Strg⌷+⌷x⌷ beenden, die Änderungen sollten Sie natürlich übernehmen (mit einem Druck auf die Taste ⌷j⌷) und mit der ⌷↵⌷-Taste bestätigen.

Wie Sie sicherlich bemerkt haben, speichert sSMTP Ihr Passwort im Klartext in der Konfigurationsdatei. Wenn Ihnen dabei unwohl ist und Sie befürchten, dass sich ein boshafter Mensch Zugriff auf Ihren Server verschafft und Ihr E-Mail-Passwort entwendet, dann sollten Sie sich vielleicht besser zunächst ein separates E-Mail-Konto anlegen, das Sie nur für unkritische Dinge wie die Server-E-Mails verwenden. Außerdem schadet es gewiss nicht, wenn Sie für dieses Zweitkonto eine Adresse benutzen, die nicht auf Ihre Identität schließen lässt. Anstelle Ihres vollständigen Namens können Sie also auch einen Phantasieausdruck benutzen. Ich werde am Ende dieses Kapitels jedoch auch einen Weg besprechen, um die Konfigurationsdatei vor unbefugtem Zugriff zu schützen.

Wir sind fast fertig, müssen aber noch eine zweite Datei bearbeiten. Das liegt daran, dass wie zuvor beschrieben die meisten E-Mail-Provider nur dann E-Mails zur Zustellung beziehungsweise Weiterleitung annehmen, wenn man die korrekte E-Mail-Absenderadresse verwendet. Daher müssen wir sSMTP mitteilen, dass es doch bitte E-Mails von verschiedenen Systembenutzern alle unter derselben E-Mail-Absenderadresse absenden soll. Das geschieht über einen Eintrag in der Datei */etc/ssmtp/revaliases*. Öffnen Sie diese Datei mit nano:

```
sudo nano /etc/ssmtp/revaliases
```

Gehen Sie an das Ende der Datei, und fügen Sie folgende Zeile hinzu, bei der Sie IhreEmail@example.com durch Ihre entsprechende E-Mail-Adresse ersetzen:

```
root: IhreEmail@example.com
```

Außerdem sollten Sie für jedes Benutzerkonto, das Sie zum E-Mail-Versand nutzen möchten, auch folgende Zeile entsprechend angepasst einfügen (ersetzen Sie den Ausdruck Benutzerkonto durch den jeweiligen Systembenutzernamen):

```
Benutzerkonto: IhreEmail@example.com
```

Sie sollten mindestens das aktuelle Benutzerkonto eintragen. Vorteilhaft ist es auch, wenn Sie den Benutzer *www-data* hinzufügen:

```
www-data:IhreEmail@example.com
```

287

Dieser Benutzer wird dann verwendet, wenn von einer Webseiten-Anwendung eine E-Mail versendet werden soll, die beispielsweise einen neuen Benutzer begrüßt. Sie können die Datei jetzt unter dem üblichen Weg abspeichern und nano verlassen.

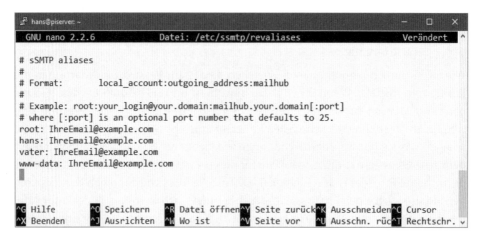

```
hans@piserver: ~                                                    —    □    ×
  GNU nano 2.2.6              Datei: /etc/ssmtp/revaliases          Verändert  ^

# sSMTP aliases
#
# Format:        local_account:outgoing_address:mailhub
#
# Example: root:your_login@your.domain:mailhub.your.domain[:port]
# where [:port] is an optional port number that defaults to 25.
root: IhreEmail@example.com
hans: IhreEmail@example.com
vater: IhreEmail@example.com
www-data: IhreEmail@example.com
█




^G Hilfe      ^O Speichern   ^R Datei öffnen^Y Seite zurück^K Ausschneiden^C Cursor
^X Beenden    ^J Ausrichten  ^W Wo ist      ^V Seite vor   ^U Ausschn. rüc^T Rechtschr. ⌄
```

Abbildung 10.3 Die Konfigurationsdatei »/etc/ssmpt/revaliases«

Beachten Sie aber unbedingt, dass jeder Nutzer, den Sie in die Datei */etc/ssmtp/reva-liases* einfügen, in der Lage ist, mit sSMTP unter dem in der Haupt-Konfigurationsda-tei eingestellten E-Mail-Konto E-Mails zu versenden. Dies ist sicherlich für Ihre Haupt-E-Mail-Adresse nicht wünschenswert. Es sei daher nochmals empfohlen, für diese Art der Server-E-Mails ein Zweitkonto zu benutzen, so dass möglicherweise in boshafter Absicht verfasste E-Mails nicht auf Ihre Hauptadresse zurückzuführen sind und somit keinen größeren Schaden anrichten können.

Wir wären ansonsten fertig. Ein Neustart eines Services ist nicht erforderlich, denn wie eingangs festgestellt, gibt es einen solchen Service bei der Nutzung von sSMTP ja gar nicht.

10.3   Der Versand der ersten E-Mail

Wir können sSMTP jetzt gleich testen, indem Sie sich eine E-Mail an Ihre eigene Adresse schicken. Ersetzen Sie in folgender Zeile IhreEmpfangsadresse@example.com durch Ihre E-Mail-Adresse, an die Sie sich nun mit folgendem Befehl eine Test-E-Mail senden können:

```
echo "Hallo dies ist eine Testmail!" | mail -s "Test" ↵
IhreEmpfangsadresse@example.com
```

Geben Sie diese Zeile (mit Ihrer Adresse) ein, und drücken Sie abschließend die ⏎-Taste.

Noch einmal zur Erinnerung: Der senkrechte Strich ist das Pipe-Symbol. Es wird dann verwendet, wenn die Ausgabe des vorigen Befehls als Eingabe des folgenden Befehls verwendet werden soll. Sie geben es ein, indem Sie die Tastenkombination `Alt Gr`+`<` drücken.

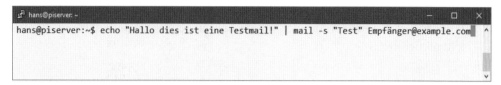

Abbildung 10.4 Das Versenden der ersten E-Mail

Warten Sie nun einen Augenblick, und fragen Sie dann Ihre E-Mails ab. Nach kurzer Zeit sollten Sie die Test-E-Mail erhalten haben, wie Sie in Abbildung 10.5 sehen.

Abbildung 10.5 Die E-Mail ist angekommen

Wenn dem nicht so ist, dann überprüfen Sie nochmals die Konfigurationsdatei von sSMTP. Insbesondere die Einträge zu Ihrem Benutzernamen, Ihrem Passwort und dem SMTP-Server Ihres Providers nebst zugehörigem Port für die verschlüsselte Kommunikation sind besonders wichtig. Außerdem überprüfen Sie noch einmal die Datei */etc/ssmtp/revaliases*. Dort muss unbedingt sowohl für den Benutzer *root* als auch für Ihren aktuellen Linux-Benutzernamen ein Eintrag mit der richtigen Absenderadresse (die zu Ihrem E-Mail-Konto gehört) vorhanden sein. Achten Sie auch auf den trennenden Doppelpunkt.

Gelegentlich können auch die Sicherheitseinstellungen Ihres E-Mail-Providers für einen Fehlschlag beim Versenden der E-Mail verantwortlich sein. Einige E-Mail-Provider sind hier aus Sicherheitsgründen sehr restriktiv. Kontrollieren Sie daher auch die entsprechenden Einstellungen bei Ihrem E-Mail-Provider, und aktivieren Sie beispielsweise den »externen Login« oder den »Login mit Programmen von Drittanbietern« oder den »Login mit Legacy-Tools« in der jeweiligen (Web-)Konfiguration.

Wenn es gar nicht funktioniert, dann sollten Sie ein E-Mail-Konto bei einem anderen Provider testen. Beachten Sie auch, dass es teilweise eine gewisse Zeit dauert, bis eine E-Mail zugestellt wird.

10.4   E-Mails empfangen, die an Systembenutzer adressiert werden

Wir müssen uns jetzt noch um eine sehr wichtige Sache kümmern. Viele Programme und Dienste sind nämlich nicht nur in der Lage, E-Mails nach extern zu versenden, sondern möchten auch den Systembenutzern Informationen zukommen lassen. Sie möchten beispielsweise über kritische Ereignisse wie eine vollständig beschriebene Festplatte informieren. Darin lag übrigens teilweise sogar die ursprüngliche Funktion einer E-Mail. Dass Programme die Benutzer informieren können, ist natürlich bei einem Server besonders interessant – dieser hat ja schließlich keinen permanent überwachten Bildschirm. Die Programme richten ihre Informationen an den jeweiligen Systembenutzer beziehungsweise direkt an den Administrator, also an den Benutzer *root*. Daher können Sie auf Ihrem Pi-Server auch ohne weiteres eine E-Mail an den Benutzer *root* oder an einen beliebigen anderen Systembenutzer versenden. Da wir jetzt einen MTA installiert haben, gibt es bei der Zustellung dieser E-Mails aber ein Problem: Normalerweise werden die E-Mails an Systembenutzer direkt in eine Datei auf der Speicherkarte geschrieben. Dafür wird das Verzeichnis */var/mail* benutzt. Da nun sSMTP aktiv ist, wird jedoch versucht, diese System-E-Mails direkt nach außen zu versenden, was natürlich schiefgeht. Hier werden nämlich Empfänger-Adressen in der Form *root@hostname* verwendet, wobei *hostname* natürlich dem Hostnamen Ihres Pi-Servers entspricht. Eine E-Mail kann aber natürlich nicht über das Internet an die Adresse *root@Pi-Server* zugestellt werden, das ist – wenn entsprechend konfiguriert – nur innerhalb eines Netzwerkes möglich. Deswegen gibt es eine Option, die Zieladressen entsprechend umschreibt. E-Mails, die an Systembenutzer gerichtet sind, werden einfach einem existierenden externen E-Mail-Konto zugestellt.

Ihre Aufgabe ist es jetzt, eine Liste mit allen Systembenutzern anzulegen, die Ihren Pi-Server benutzen. Das können beispielsweise die Familienmitglieder sein. Zu jedem Benutzer müssen Sie sich eine E-Mail-Adresse notieren. An diese E-Mail-Adresse werden die jeweiligen Systemmeldungen gesendet. Hierbei können Sie die echten E-Mail-Adressen der Systembenutzer verwenden. Ebenso sind Zweitadressen möglich. Alternativ können Sie auch eine gemeinsame Adresse benutzen, an die alle E-Mails gerichtet werden sollen.

Die Einrichtung nehmen wir in der Datei */etc/mail.rc* vor. Öffnen Sie diese Datei mit dem Editor nano:

```
sudo nano /etc/mail.rc
```

Die Datei enthält im Grundzustand lediglich die folgenden zwei Zeilen, die wir keinesfalls verändern dürfen:

```
set ask askcc append dot save crt
ignore Received Message-Id Resent-Message-Id Status Mail-From Return-
Path Via Delivered-To
```

Sie müssen jetzt am Dateiende für jeden Systembenutzer sowie für die beiden Benutzer *root* und *www-data* jeweils eine Zeile eingeben, die folgendem Muster entspricht:

```
alias benutzername benutzername<externeE-MailAdresse>
```

Für unseren beliebten Beispielbenutzer *hans* mit der fiktiven E-Mail-Adresse *hans@example.com* sähe die Zeile also so aus:

```
alias hans hans<hans@example.com>
```

Denken Sie auch daran, für die Benutzer *root* und *www-data* einen Eintrag anzulegen. Diese E-Mails sollten an Ihre E-Mail-Adresse gesendet werden, denn diese Informationen sind für Sie als Administrator bestimmt:

```
alias root root<IhreEMail@example.com>
alias www-data www-data<IhreEMail@example.com>
```

Anschließend können Sie die Datei mit der Tastenkombination [Strg]+[x] abspeichern und nano beenden.

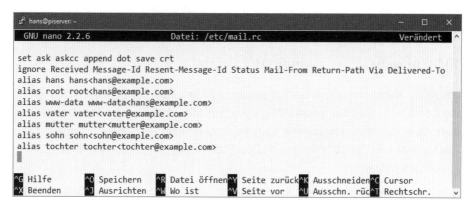

Abbildung 10.6 Die Konfigurationsdatei »/etc/mail.rc«

Ein Neustart eines Dienstes ist nicht erforderlich. Sie können jetzt eine Test-E-Mail an einen Systembenutzer schreiben. Dazu ist folgender Befehlsaufruf nötig, den Sie mit dem entsprechenden Benutzernamen anpassen:

```
echo "Hallo dies ist eine Testmail!" | mail -s "Test" benutzername
```

Möchten Sie also eine E-Mail an den Benutzer *hans* versenden, dann führen Sie folgenden Befehl aus:

```
echo "Hallo dies ist eine Testmail!" | mail -s "Test" hans
```

Als Ergebnis bekommt *hans* eine E-Mail an seine von Ihnen soeben eingegebene Adresse. Als Absender wird die Adresse verwendet, die in der Konfiguration von sSMTP definiert ist.

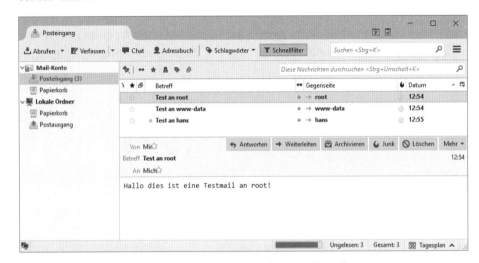

Abbildung 10.7 Nun erhalten Sie wichtige Nachrichten per E-Mail

Zukünftig erhalten Sie als Administrator nun eine E-Mail, wenn ein Programm oder ein Dienst Ihnen wichtige Informationen mitteilen möchte. Überprüfen Sie dies auch, indem Sie eine Test-E-Mail an den Benutzer *root* schreiben.

10.5   Absichern der Konfigurationsdatei

Zuvor hatte ich erwähnt, dass das Passwort für Ihr E-Mail-Konto unverschlüsselt in der Konfigurationsdatei von sSMTP gespeichert wird. Dies kann ein Sicherheitsrisiko darstellen, da das Passwort von allen Systembenutzern ausgelesen werden kann. Auch aus diesem Grund sollte also auf ein gemeinsam genutztes Zweitkonto zurückgegriffen werden.

Es gibt allerdings einen kleinen Kniff, mit dem Sie den Zugriff auf die Konfigurationsdatei einschränken können. Vielleicht denken Sie sich jetzt, man könnte die Konfigurationsdatei so konfigurieren, dass nur der *root*-Benutzer Zugriffsrechte erhält. Das funktioniert aber nicht, da sSMTP mit normalen Benutzerrechten gestartet wird und somit auch selbst keinen Zugriff auf seine eigene Konfigurationsdatei hätte. Stattdessen rufen wir uns in Erinnerung, dass es beim Thema Dateirechte ja auch noch die besitzende Gruppe gibt. Wir können sSMTP so konfigurieren, dass es zwar mit normalen Benutzerrechten arbeitet, jedoch zusätzlich mit einer bestimmten Gruppenzugehörigkeit auftritt. Dann können wir die Konfigurationsdatei so einstellen, dass sie nur vom *root*-Benutzer und von der besitzenden Gruppe gelesen werden darf, der ausschließlich sSMTP angehört. Und genau so werden wir vorgehen. Aber Achtung: Bei den folgenden Befehlen darf Ihnen kein Tippfehler unterlaufen, denn es könnte sonst passieren, dass sSMTP den Dienst komplett einstellt. Es ist daher auch nicht verkehrt, vorher ein Backup der Speicherkarte anzulegen. Sie sollten diesen Schritt außerdem nur dann ausführen, wenn das E-Mail-Passwort ein besonders schützenswertes Gut ist und Sie Manipulationen befürchten.

Zunächst werden wir eine neue Benutzergruppe mit dem Namen *ssmtp* erstellen:

```
sudo addgroup ssmtp
```

Nun werden wir die Konfigurationsdatei von sSMTP so konfigurieren, dass sie der besitzenden Gruppe *ssmtp* gehört. Anschließend legen wir die Zugriffsrechte fest. Die Kombination 640 erlaubt Lesen und Verändern für den Besitzer (das ist der *root*-Benutzer), reine Leserechte für die besitzende Gruppe (also *ssmtp*) und verbietet allen anderen den kompletten Zugriff:

```
sudo chown root:ssmtp /etc/ssmtp/ssmtp.conf
```

```
sudo chmod 640 /etc/ssmtp/ssmtp.conf
```

Als Letztes werden wir die Rechte der eigentlichen Programmdatei von sSMTP setzen. Diese befindet sich im Verzeichnis */usr/sbin*. In diesem Verzeichnis nehmen wir nur ausnahmsweise einmal Änderungen vor, denn Fehleingaben können hier kritische Auswirkungen haben. Zuerst ändern wir wieder die besitzende Gruppe – und zwar nur sie, denn ein Besitzer ist in diesem Befehl ganz bewusst nicht angegeben. Achten Sie beim zweiten Befehl auf die Ihnen bisher unbekannte Notation g+s. Das spezielle Bit s sorgt dafür, dass neue Dateien die Gruppenzugehörigkeit vom jeweiligen Verzeichnispfad übernehmen. Dieses ist eine Sicherheitsmaßnahme, die dafür sorgt, dass auch ein Update reibungslos verlaufen wird:

```
sudo chown :ssmtp /usr/sbin/ssmtp
```

```
sudo chmod g+s /usr/sbin/ssmtp
```

Nun sind die Änderungen komplett. Sie sollten jetzt wie zuvor beschrieben eine Test-E-Mail an Ihre eigene (Haupt-)Adresse versenden und prüfen, ob sSMTP weiterhin korrekt arbeitet.

10

10.6   Ein paar Worte zu einem eigenen E-Mail-Server

Zum Abschluss noch ein Hinweis zum allgemeinen E-Mail-Verkehr. Natürlich wäre es möglich, auf Ihrem Pi-Server einen kompletten E-Mail-Server zu installieren. Ihr Pi-Server könnte also selbst E-Mails annehmen und auch versenden, ohne dass Sie auf die Hilfe eines E-Mail-Providers angewiesen wären. Die Software dafür ist ebenfalls als Open-Source-Projekt verfügbar. Die Einrichtung ist zwar nicht ganz einfach (und birgt auch viele Gefahren), wäre aber zu bewältigen gewesen. Warum verzichte ich in diesem Buch daher bewusst auf eine solche Lösung?

Der Grund ist, dass Sie an dieser Anwendung vermutlich nur wenig Freude hätten. Zwar spräche aus datenschutzrechtlicher Sicht einiges für einen eigenen Server, allerdings sind im offiziellen E-Mail-Verkehr Server von Privatleuten nicht gerne gesehen. Das gilt insbesondere für Postausgangsserver, die also E-Mails versenden. Der Grund für diese »Abneigung« liegt darin, dass private Internetanschlüsse oftmals eine wechselnde IP-Adresse verwenden. Ein privater Postausgangsserver versendet seine E-Mail also von wechselnden IP-Adressen. Das haben sich in der Vergangenheit sehr häufig zwielichtige Subjekte zunutze gemacht und verwendeten solche Postausgangsserver zur massenhaften Versendung von unerwünschten Spam-E-Mails. Wenn dies ein richtiger E-Mail-Provider mitbekam, dann hat er die betreffende IP-Adresse gesperrt. Das nutzte aber nicht viel, denn der gesperrte Postausgangsserver war kurze Zeit später unter einer anderen IP-Adresse wieder aktiv. Dieses Katz-und-Maus-Spiel führte dazu, dass die großen E-Mail-Provider schließlich nahezu alle privat genutzten IP-Adressen für Postausgangsserver gesperrt haben. Sie können zu Hause zwar einen solchen Server aufsetzen, aber niemand würde die E-Mails, die Sie versenden, annehmen.

Zusätzlich bräuchten Sie eine eigene Domain, die mit Kosten verbunden ist. Zwar ließe sich zur Not vielleicht auch mit einer kostenlosen dynamischen DNS-Adresse arbeiten, diese ist allerdings nicht sonderlich »hübsch« und eignet sich nicht für eine seriöse Visitenkarte mit Kontaktdaten. Und es gibt noch einen weiteren Punkt, der gegen einen privaten E-Mail-Server spricht: Zwar nähme Ihr Pi-Server artig alle eingehenden E-Mails an, aber nur dann, wenn er rund um die Uhr ohne Fehler arbeitet. Bei einem Stromausfall oder Hard- oder Softwaredefekt kann er keine E-Mails annehmen. Üblicherweise werden diese E-Mails dann (nach einer Wartezeit) als unzustellbar an den Absender zurückgesendet. Das ist keine befriedigende Situation. Zusammengefasst nehmen wir in einem Anfängerbuch also von einem eigenen E-Mail-Server Abstand. Das soll aber nicht heißen, dass man dieses Thema als Privatperson zu den Akten legen sollte. Wenn Sie sich für einen eigenen E-Mail-Server interessieren und zukünftig in der Serveradministration fortgeschritten sind, dann können Sie sich mit einigen kommerziellen Angeboten auseinandersetzen, die Ihnen einen eigenen E-Mail-Dienst ermöglichen und die Nachteile einer rein privaten Lösung vermeiden.

Kapitel 11

Ein Drucker für alle:
ein Printserver mit CUPS

Wünschen Sie sich einen zentralen Drucker in Ihrem Haushalt, auf den
Sie von allen Endgeräten aus zugreifen können? Dann ist dieses Kapi-
tel für Sie gemacht – vorausgesetzt, Sie besitzen schon einen Drucker
ohne Netzwerkfunktionen ...

Mit Hilfe eines Druckerservers (neudeutsch: *Printserver*) wird ein normaler Drucker, der üblicherweise an einen einzelnen Computer angeschlossen wird, zu einem Netzwerkdrucker, der von allen Computern im Netzwerk gemeinsam genutzt werden kann. Dies ist ideal für Familien, die einen zentralen Drucker betreiben und nicht für jeden Computer einen separaten Drucker erwerben möchten. Heutzutage haben bereits viele Drucker die Funktion eines Printservers eingebaut, das heißt, sie können direkt in das Netzwerk eingebunden werden und stellen ihre Druckfunktion allen Computern zur Verfügung. Wenn Sie noch einen älteren oder günstigeren Drucker haben, der diese Funktion nicht bietet, dann können Sie diese ganz einfach mit Ihrem Pi-Server nachrüsten. Das können Sie natürlich auch mit einem Zweitdrucker machen. Es gibt allerdings ein paar Einschränkungen:

1. Da der Pi-Server nur USB-Anschlüsse bietet, muss der Drucker einen solchen Anschluss haben. Wenn Sie jetzt gerne einen Uralt-Drucker aus der Versenkung holen möchten, der (einzig) einen Parallelanschluss hat, dann bräuchten Sie zunächst noch einen *USB-Parallel-Umsetzer* mit Linux-Unterstützung.

2. Der Drucker muss in der Nähe des Pi-Servers stehen – oder umgekehrt. Bedenken Sie, dass die maximale Kabellänge für USB-Verbindungen fünf Meter beträgt. Längere Verbindungen sind nur mit aktiven Adaptern möglich, die dann und wann schon einmal für Problemchen sorgen können.

3. Es muss einen Druckertreiber für Ihren Drucker unter Linux geben. Das sieht aber in vielen Fällen erfreulich gut aus.

Wenn Sie die ersten beiden Punkte bejaht haben, dann können wir loslegen. Um Punkt drei werden wir uns gleich kümmern.

11.1   Die Installation auf dem Pi-Server

Für den Druckerserver verwenden wir ein universelles Programm mit dem Namen *CUPS*. Die Abkürzung steht für *Common Unix Printing System*, es ist also ein Drucksystem, das Druck(er)funktionen zur Verfügung stellt. Kurz gesagt, wenn Sie unter Linux drucken wollen, dann führt der Weg ganz oft über CUPS. CUPS stellt auch die Funktion eines Printservers bereit.

Zusätzlich werden wir ein Paket mit dem verheißungsvollen Namen *printer-driver-gutenprint* installieren. Dies ist eine universelle Sammlung von Druckertreibern für die verschiedensten Modelle aller namhaften Hersteller unter Linux. Die Liste der unterstützen Geräte ist umfangreich, Sie können sie einmal unter *http://gimp-print.sourceforge.net/p_Supported_Printers.php* einsehen und prüfen, ob Ihr Druckermodell unterstützt wird.

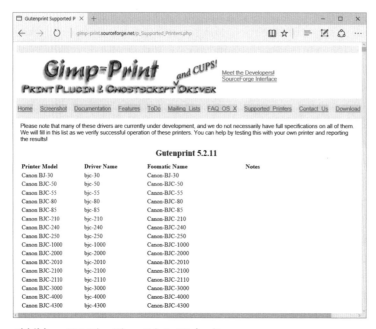

Abbildung 11.1 Die »Gimp-Print«-Webseite

Falls dem nicht so ist, dann ist noch nicht alles verloren. Wenn Ihr Gerät die Formate *PCL* (*Printer Command Language)* oder *PS* (*PostScript*) als Seitenbeschreibungssprache unterstützt, dann gibt es vielleicht ein kompatibles Modell. Eine Suchmaschine (gefüttert mit Ihrem Druckermodell und dem Zusatz »Linux«) oder auch ein einfaches Ausprobieren können weiterhelfen. In manchen Fällen führt auch der Einsatz des Vorgänger- oder Schwestermodells zum Erfolg.

Installieren wir doch die beiden beschriebenen Komponenten (nach einer Aktualisierung der Paketquellen) mit diesem Befehl:

```
sudo apt-get install cups printer-driver-gutenprint
```

Da recht viele Pakete installiert werden, kann die Installation durchaus etwas länger dauern. Nach deren Abschluss können Sie Ihren Drucker mit der USB-Verbindung an Ihren Pi-Server anschließen.

11.2   Installation eines optionalen PDF-Druckers

Sie haben jetzt noch die Option, zusätzlich einen PDF-Drucker zu installieren. Damit erhalten Sie einen Netzwerkdrucker, der Ihre Druckaufträge in PDF-Dateien verwandelt und diese auf der Speicherkarte des Pi-Servers ablegt. Den Speicherort können Sie natürlich wählen. Zugegeben, diese Funktion mag zunächst nicht sonderlich sinnvoll erscheinen, denn einen PDF-Drucker könnte man auch einfach auf jedem normalen Computer installieren, sie kann aber ein nettes Spielzeug sein oder etwas mehr Komfort bringen. Wenn Sie beispielsweise auf Rechner A ein PDF-Dokument drucken wollen, das Sie dann an Rechner B schicken, können Sie es einfach auf dem PDF-Netzwerkdrucker drucken, der es gleich auf dem Pi-Server ablegt. Wenn Sie den PDF-Drucker installieren wollen, dann führen Sie zusätzlich folgenden Befehl aus:

```
sudo apt-get install cups-pdf
```

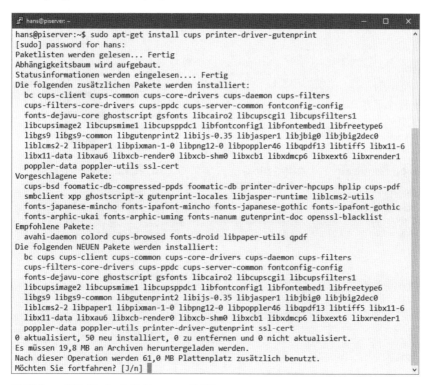

```
hans@piserver: ~                                                  —    □    ×
hans@piserver:~$ sudo apt-get install cups printer-driver-gutenprint
[sudo] password for hans:
Paketlisten werden gelesen... Fertig
Abhängigkeitsbaum wird aufgebaut.
Statusinformationen werden eingelesen.... Fertig
Die folgenden zusätzlichen Pakete werden installiert:
  bc cups-client cups-common cups-core-drivers cups-daemon cups-filters
  cups-filters-core-drivers cups-ppdc cups-server-common fontconfig-config
  fonts-dejavu-core ghostscript gsfonts libcairo2 libcupscgi1 libcupsfilters1
  libcupsimage2 libcupsmime1 libcupsppdc1 libfontconfig1 libfontembed1 libfreetype6
  libgs9 libgs9-common libgutenprint2 libijs-0.35 libjasper1 libjbig0 libjbig2dec0
  liblcms2-2 libpaper1 libpixman-1-0 libpng12-0 libpoppler46 libqpdf13 libtiff5 libx11-6
  libx11-data libxau6 libxcb-render0 libxcb-shm0 libxcb1 libxdmcp6 libxext6 libxrender1
  poppler-data poppler-utils ssl-cert
Vorgeschlagene Pakete:
  cups-bsd foomatic-db-compressed-ppds foomatic-db printer-driver-hpcups hplip cups-pdf
  smbclient xpp ghostscript-x gutenprint-locales libjasper-runtime liblcms2-utils
  fonts-japanese-mincho fonts-ipafont-mincho fonts-japanese-gothic fonts-ipafont-gothic
  fonts-arphic-ukai fonts-arphic-uming fonts-nanum gutenprint-doc openssl-blacklist
Empfohlene Pakete:
  avahi-daemon colord cups-browsed fonts-droid libpaper-utils qpdf
Die folgenden NEUEN Pakete werden installiert:
  bc cups cups-client cups-common cups-core-drivers cups-daemon cups-filters
  cups-filters-core-drivers cups-ppdc cups-server-common fontconfig-config
  fonts-dejavu-core ghostscript gsfonts libcairo2 libcupscgi1 libcupsfilters1
  libcupsimage2 libcupsmime1 libcupsppdc1 libfontconfig1 libfontembed1 libfreetype6
  libgs9 libgs9-common libgutenprint2 libijs-0.35 libjasper1 libjbig0 libjbig2dec0
  liblcms2-2 libpaper1 libpixman-1-0 libpng12-0 libpoppler46 libqpdf13 libtiff5 libx11-6
  libx11-data libxau6 libxcb-render0 libxcb-shm0 libxcb1 libxdmcp6 libxext6 libxrender1
  poppler-data poppler-utils printer-driver-gutenprint ssl-cert
0 aktualisiert, 50 neu installiert, 0 zu entfernen und 0 nicht aktualisiert.
Es müssen 19,8 MB an Archiven heruntergeladen werden.
Nach dieser Operation werden 61,0 MB Plattenplatz zusätzlich benutzt.
Möchten Sie fortfahren? [J/n] █
```

Abbildung 11.2 Die Installation von CUPS

11.3   Die Konfiguration von CUPS

An dieser Stelle folgt für alle diejenigen, die der Kommandozeile so gar nichts abgewinnen können, eine gute Nachricht: CUPS bietet ein gut durchdachtes Webinterface. Sie müssen für die Druckereinrichtung also keine kryptischen Befehle eintippen. Wir müssen dieses Interface allerdings zuerst für alle Computer im Netzwerk freigeben. Das machen wir mit folgendem Befehl:

```
sudo cupsctl --share-printers --remote-admin
```

Dabei steht `cupsctl` für *CUPS-Control*. `share-printers` erlaubt es, die Drucker, die lokal am Pi-Server angeschlossen sind, auch im Netzwerk freizugeben. `remote-admin` ermöglicht uns die Administration und Konfiguration von CUPS auch aus dem lokalen Netzwerk heraus, ansonsten wären wir auf den Pi-Server beschränkt. Da dieser vermutlich keine angeschlossene Monitor-Tastatur-Kombination hat, entscheiden wir uns für diesen Schritt.

Jetzt müssen wir noch Ihr Benutzerkonto auf dem Pi-Server zum erlaubten Konfigurator von CUPS erklären. Ersetzen Sie im folgenden Befehl den Ausdruck `Benutzername` durch Ihren Benutzernamen auf dem Pi-Server:

```
sudo usermod -aG lpadmin Benutzername
```

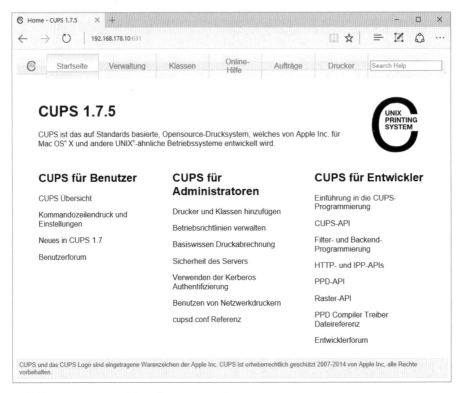

Abbildung 11.3 Das Webinterface von CUPS

Als Nächstes können wir schon auf das Webinterface wechseln. Öffnen Sie an Ihrem normalen Computer einen Webbrowser, und navigieren Sie zu folgender Adresse, bei der Sie die statische IP-Adresse Ihres Pi-Servers entsprechend ergänzen und unbedingt mit einem angehängten Doppelpunkt auf Port 631 verweisen:

http://IP-Adresse.von.Ihrem.Pi-Server:631

Eine mögliche Adresse wäre also *http://192.168.178.10:631.*

Nun sollte sich das Webinterface von CUPS öffnen, das Sie in Abbildung 11.3 sehen.

In seltenen Fällen wird das Webinterface von einer Firewall auf Ihrem Clientrechner blockiert. Dies ist häufig dann der Fall, wenn dem Webbrowser nur eingeschränkte Rechte zum reinen Surfen gegeben wurden. Da Port 631 nicht zu einer üblichen Webseite gehört, werden diese Verbindungen unter Umständen blockiert. Wenn Ihnen das Webinterface nicht angezeigt werden sollte, dann ist es ratsam, dass Sie die Einstellungen der Firewall dahingehend überprüfen.

Wir werden nun im Webinterface als Erstes Ihren Drucker zu CUPS hinzufügen. Klicken Sie auf den Punkt VERWALTUNG, er befindet sich in der Leiste ganz oben. In der neu geöffneten Seite klicken Sie jetzt unter DRUCKER auf den Punkt DRUCKER HINZUFÜGEN. Ihr Browser wird dann auf eine verschlüsselte Übertragung wechseln. Im Normalfall werden Sie jetzt eine Zertifikatswarnung erhalten. Beispiele für eine solche Warnung sehen Sie in Abbildung 11.4 und Abbildung 11.5.

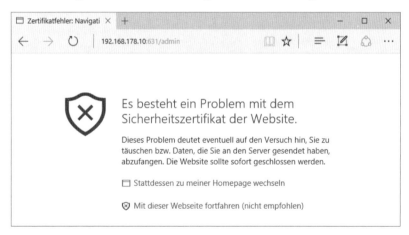

Abbildung 11.4 Scheinbar gibt es ein Sicherheitsproblem mit CUPS

Diese Meldung erscheint, weil CUPS auf Ihrem Pi-Server ein selbsterstelltes Zertifikat verwendet. Bei derartigen Zertifikatswarnungen sollten Sie immer etwas misstrauisch sein, aber das ist in diesem Fall unangebracht. Sie können die Zertifikatswarnung (nach einer Prüfung) ignorieren und die Verbindung aufbauen. Wenn Sie nach einem Benutzernamen und einem Passwort gefragt werden, dann geben Sie entsprechend Ihren Pi-Server Benutzernamen und das zugehörige Passwort ein.

Abbildung 11.5 Auch Firefox meldet, dass er CUPS (noch) nicht vertraut

Sie erhalten anschließend eine Liste mit Möglichkeiten, Drucker hinzuzufügen. Ein Beispiel dafür zeigt Abbildung 11.6. Unter dem ersten Punkt, LOKALE DRUCKER, sollte der Drucker aufgeführt sein, den Sie an Ihren Pi-Server angeschlossen haben. Wählen Sie ihn aus, und klicken Sie dann auf WEITER. Die anderen Optionen, die Ihnen hier angezeigt werden, beschäftigen sich hauptsächlich mit dem Hinzufügen von netzwerkbasierten Druckern; diese Einträge brauchen uns derzeit nicht zu interessieren.

Abbildung 11.6 Der erste Schritt der Druckerinstallation

Auf der folgenden Seite können Sie Informationen zum Druckernamen und zum Standort eingeben, die anschließend im Netzwerk angezeigt werden. Wichtig ist im unteren Bereich der Punkt DIESEN DRUCKER IM NETZ FREIGEBEN. Dort müssen Sie einen Haken setzen, damit der Drucker auch wirklich für andere Computer zur Verfügung gestellt wird.

Abbildung 11.7 Den Namen des Druckers festlegen und die Netzfreigabe aktivieren

Auf der nächsten Seite müssen Sie noch den Hersteller und das Modell Ihres Druckers für die Treiberunterstützung auswählen (Abbildung 11.8).

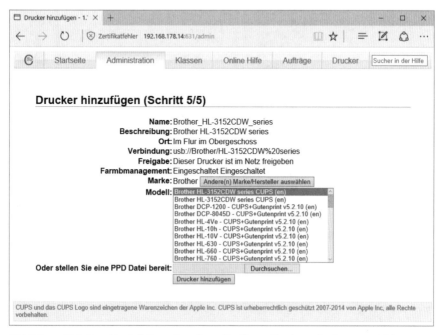

Abbildung 11.8 Das Modell Ihres Druckers für die Treiberinstallation auswählen

Beginnen Sie zunächst mit dem Hersteller (MARKE). Nach Auswahl einer Marke klicken Sie direkt darunter auf WEITER, es wird sich eine Liste mit Modellen öffnen. Dort sollte Ihr Modell verfügbar sein. Wenn nicht, dann versuchen Sie ein ähnliches Modell aus der gleichen Baureihe oder ein Gerät, das die gleiche Seitenbeschreibungssprache beherrscht. Klicken Sie dann auf DRUCKER HINZUFÜGEN. Wenn Sie das möchten, legen Sie jetzt noch die Standardeinstellungen wie Papiergröße und Druckqualität fest. Klicken Sie dann auf STANDARDEINSTELLUNGEN FESTLEGEN. Das war es schon! Sie erhalten eine Meldung über die erfolgreiche Druckereinrichtung.

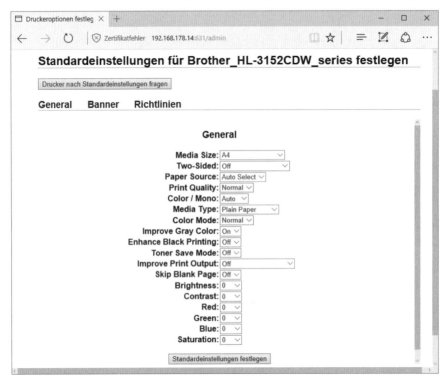

Abbildung 11.9 Die Standardeinstellungen für Ihren Drucker

Nun können Sie auf der Hauptseite von CUPS, die Ihnen jetzt wieder automatisch angezeigt wird, einmal oben rechts auf DRUCKER klicken und sich davon überzeugen, dass Ihr Modell wie in Abbildung 11.10 korrekt angezeigt wird.

Jetzt werden wir uns noch um den PDF-Drucker kümmern. Erinnern Sie sich? Diesen Druckertyp konnten Sie zuvor optional installieren. Seine Aufgabe ist es, alle an ihn gerichteten Druckaufträge in ein PDF umzuwandeln und auf dem Speicher des Pi-Servers abzulegen. Falls Sie ihn installiert haben, sollten Sie ihn jetzt konfigurieren. Mit den Einstellungen, die wir getätigt haben, sollte ihn CUPS bereits automatisch finden.

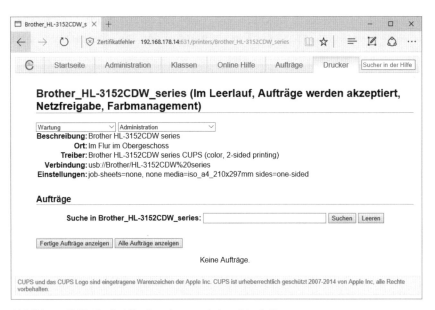

Abbildung 11.10 Fertig! Ihr Drucker wartet auf Aufträge

Klicken Sie bitte oben rechts auf der Hauptseite von CUPS einmal auf DRUCKER. In der folgenden Liste sollte der Drucker PDF mit der Beschreibung PDF und dem Treiber GENERIC CUPS-PDF PRINTER aufgeführt sein. Er sollte auch automatisch freigegeben worden sein (und zwar über unsere globale Freigaberegel, die wir vorhin mit dem Befehl `cupsctl` erstellt haben). Ob dem wirklich so ist, können Sie ganz einfach überprüfen. Klicken Sie in der linken Tabellenspalte einmal den PDF-Drucker an.

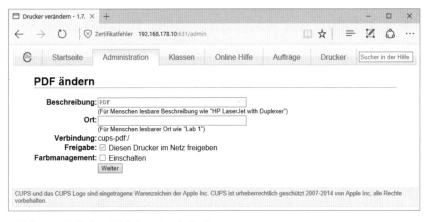

Abbildung 11.11 Den PDF-Drucker freigeben

In der Überschrift der sich nun öffnenden Seite können Sie ablesen, ob für diesen Drucker entweder eine NETZFREIGABE oder KEINE NETZFREIGABE verwendet wird. Falls bei Ihnen letztere Option zutrifft, dann können Sie die Freigabe wie folgt aktivieren: Unterhalb der Überschrift befinden sich zwei Dropdown-Felder. Im rechten steht das Wort ADMINISTRATION. Klicken Sie hier auf den Pfeil am rechten Rand, wählen Sie aus dem Menü den Eintrag DRUCKER ÄNDERN, und klicken Sie gegebenenfalls auf GO. In der folgenden Liste wird automatisch der Drucker CUPS-PDF:/ selektiert sein. Klicken Sie einfach auf WEITER. Auf der neu geöffneten Seite (Abbildung 11.11) aktivieren Sie das Kontrollkästchen DIESEN DRUCKER IM NETZ FREIGEBEN. Anschließend klicken Sie erneut auf WEITER. Es folgen Optionen zur Treiberwahl, hier ist allerdings alles schon korrekt eingestellt, Sie können ohne weitere Aktionen direkt auf DRUCKER ÄNDERN klicken. Sie erhalten eine Bestätigungsmeldung. Die Seite wird sich automatisch aktualisieren. Der neuen Überschrift können Sie nun entnehmen, dass die Netzfreigabe aktiviert ist.

Abbildung 11.12 Der Treiber für den PDF-Drucker sollte bereits korrekt ausgewählt sein

Falls der Drucker bei Ihnen zwar vorhin installiert, aber noch nicht in CUPS aufgenommen wurde, können Sie das jetzt nachholen. Klicken Sie in der Hauptleiste wieder auf VERWALTUNG und dann auf DRUCKER HINZUFÜGEN. Der PDF-Drucker wird Ihnen als lokales Gerät mit dem Namen CUPS-PDF (VIRTUAL PDF PRINTER) angezeigt. Klicken Sie auf WEITER, und tragen Sie die gewünschten Informationen zum Drucker ein, oder übernehmen Sie einfach die angezeigten Werte. Aktivieren Sie zusätzlich das Kästchen DIESEN DRUCKER FREIGEBEN – auch wenn wir das vorhin schon global gemacht haben. Im folgenden Schritt bestimmen Sie wieder MARKE und MODELL. Als Marke wählen Sie GENERIC. Klicken Sie direkt darunter auf WEITER. Wählen Sie das Modell GENERIC CUPS-PDF PRINTER (EN) aus. Es sollte ziemlich weit oben stehen. Jetzt klicken Sie noch einmal auf DRUCKER HINZUFÜGEN und übernehmen die Standardeinstellungen – auch hier sind Sie jetzt fertig.

Sie haben jetzt einen (oder mehrere) Netzwerkdrucker erstellt. Ihr Pi-Server hat jetzt die Rolle eines Druckerservers übernommen. Auf diese(n) Netzwerkdrucker können Sie von jetzt an mit allen Geräten aus Ihrem Netzwerk zugreifen und Dokumente und Dateien ausdrucken.

11.4   Auf den Drucker über das Netzwerk zugreifen

Wir werden uns jetzt ansehen, wie Sie von anderen Computern aus auf Ihren Netzwerkdrucker zugreifen. Hierfür gibt es zwei Wege: Zum einen ist es manuell möglich, zum anderen können Sie auf die Unterstützung durch Samba zählen. Wir werden uns zunächst mit dem manuellen Vorgang beschäftigen. Dieser ist unabhängig von weiteren Zusatzkomponenten und funktioniert unter allen wichtigen Betriebssystemen. Es ist also nachrangig, ob Sie Windows, Mac OS X oder Linux einsetzen. Sie sollten vorzugsweise mit dem manuellen Weg arbeiten, weil er robuster und ressourcenschonender funktioniert.

Wenn Sie den manuellen Weg nutzen möchten, dann sollten Sie zunächst wissen, dass CUPS eine HTTP-Adresse angelegt hat, unter der Sie auf Ihren Drucker zugreifen können. Diese HTTP-Adresse entspricht folgender Form:

http://IP-Adresse.von.Ihrem.Pi-Server:631/printers/Druckername

Sie können also unter der IP-Adresse Ihres Pi-Servers unter Port 631 auf Ihren Drucker zugreifen. Dabei entspricht der Ausdruck *Druckername* dem Namen des Druckers, wie Sie ihn in CUPS vergeben haben. Der Adressteil */printers/* bleibt stets unverändert und zeigt an, dass Sie auf einen Drucker zugreifen möchten. Betrachten wir das Beispiel des PDF-Druckers. Dieser trägt üblicherweise den Namen *pdf*. Nehmen wir an, Ihr Pi-Server wäre unter der IP-Adresse 192.168.178.10 verfügbar. Dann erreichen Sie Ihren Drucker unter der Adresse *http://192.168.178.10:631/printers/pdf.*

Natürlich müssen Sie diese Adresse nun nicht etwa im Webbrowser öffnen, um mit Ihrem Drucker arbeiten zu können. Vielmehr handelt es sich tatsächlich um die Adresse, unter der Ihr Drucker im Netzwerk angesprochen werden kann. Um Ihren Drucker benutzen zu können, müssen Sie ihn jetzt erst einmal dem Betriebssystem Ihres Desktoprechners bekannt machen. Sie müssen diesen Drucker also ganz normal installieren. Die Besonderheit liegt nur darin, dass Sie ihn als Netzwerkdrucker installieren und die oben gezeigte Adresse verwenden. Diese erhalten Sie ganz einfach aus dem Webinterface von CUPS. Öffnen Sie noch einmal das Webinterface von CUPS, indem Sie im Webbrowser folgende angepasste Adresse öffnen:

http://IP-Adresse.von.Ihrem.Pi-Server:631

Im Webinterface klicken Sie auf die Registerkarte DRUCKER. Hier werden Ihnen noch einmal alle Drucker aufgelistet. Betrachten Sie von der Tabelle die linke Spalte mit dem Titel QUEUE NAME oder WARTESCHLANGE. Klicken Sie den in Frage kommenden

Drucker mit der rechten Maustaste an, und wählen Sie aus dem Menü die Funktion aus, die die Link-Adresse in die Zwischenablage kopiert. Beim Überfahren des Links mit der Maus können Sie meistens schon in der Statusleiste des Browsers die Adresse des Druckers ablesen. Nun haben Sie die Adresse des Druckers in die Zwischenablage kopiert und können mit der Installation beginnen. Wir werden nachfolgend einmal eine Beispielinstallation unter dem Windows-Betriebssystem durchgehen.

Abbildung 11.13 Zur Installation Ihres Druckers klicken Sie zuerst auf »Drucker hinzufügen«

Öffnen Sie zur Installation des Druckers das Element GERÄTE UND DRUCKER. Sie finden es (unter Windows 7) in der SYSTEMSTEUERUNG unter dem Punkt HARDWARE UND SOUND. Oftmals ist dieser Punkt auch direkt im Startmenü verfügbar. Unter Windows 10 finden Sie die Option in der Systemsteuerung (Abbildung 11.13). Klicken Sie dann in der Aufgabenleiste auf den Punkt DRUCKER HINZUFÜGEN. Wählen Sie unter Windows 7 aus, dass Sie EINEN NETZWERK-, DRAHTLOS- ODER BLUETOOTH-DRUCKER HINZUFÜGEN möchten (Abbildung 11.14). Klicken Sie dann im unteren Teil des Fensters auf den Punkt DER GESUCHTE DRUCKER IST NICHT AUFGEFÜHRT.

Abbildung 11.14 Unter Windows 7 müssen Sie in diesem Fenster zunächst die untere Option auswählen

Abbildung 11.15 Den Drucker direkt auswählen – geben Sie dessen
Adresse in das vorgesehene Feld ein

Wählen Sie anschließend in dem neuen Fenster Drucker hinzufügen den Punkt
Freigegebenen Drucker über den Namen auswählen (Abbildung 11.15). In das
Texteingabefeld fügen Sie nun die Adresse des Druckers ein, die Sie in der Zwischenablage abgespeichert haben. Dazu können Sie entweder die rechte Maustaste oder
die Tastenkombination Strg+v verwenden.

Achtung [!]

Sollte die eingefügte Adresse mit einem *https://* beginnen, dann entfernen Sie das *s*,
so dass die Adresse nur mit einem schlichten *http://* beginnt.

Klicken Sie anschließend auf weiter. Es wird sich jetzt ein Fenster mit dem Titel
Druckerinstallations-Assistent öffnen. Darin wählen Sie den Treiber für Ihren
Drucker aus. Wenn Sie Ihren Drucker nicht in der Modellliste finden, dann haben Sie
über die Schaltfläche Datenträger die Möglichkeit, den Treiber separat zu installieren. Sie erhalten den Druckertreiber von der Internetseite des Druckerherstellers.

Wichtig [«]

Für die Installation benötigen Sie nicht ein Treiber-Programmpaket mit einer *set-
up.exe*-Datei, sondern direkt den Druckertreiber. Unter den von dem Hersteller
heruntergeladenen Dateien muss sich zumindest eine Datei mit der Endung *.inf*
befinden. Nach dieser Datei suchen Sie jetzt mit dem Dateifinder-Assistenten. Oftmals erhalten Sie den »nackten« Druckertreiber beim Hersteller unter dem Stichwort
»driver only«, häufig ist der Treiber jedoch auch einfach gemeinsam mit einem Installationsprogramm in einem kombinierten Dateiarchiv enthalten.

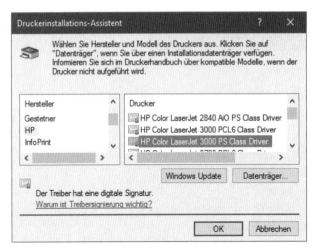

Abbildung 11.16 Treiber für Ihren Drucker installieren (für den PDF-Drucker kann ein beliebiges Modell mit einem »PS« im Namen genutzt werden)

Nachdem Sie den Treiber installiert haben, erhalten Sie die Meldung, dass Ihr Drucker erfolgreich hinzugefügt wurde.

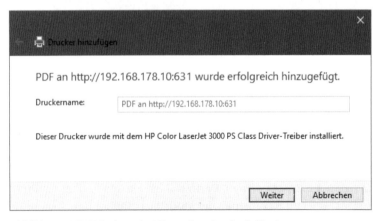

Abbildung 11.17 Windows hat Ihren Drucker installiert …

Sie haben anschließend die Option, eine Testseite zu drucken (Abbildung 11.18). Nehmen Sie diesen Vorschlag zum Testen ruhig an. Beachten Sie aber, dass Sie dafür unter Umständen Ihren Drucker zunächst einschalten müssen. Damit ist die Installation schon beendet.

Auch unter den anderen Betriebssystemen ist die Installation ähnlich einfach. Nutzen Sie beispielsweise einen Linux-Rechner unter Ubuntu, dann können Sie ganz einfach die SYSTEMEINSTELLUNGEN und den Punkt DRUCKER öffnen (Abbildung 11.19).

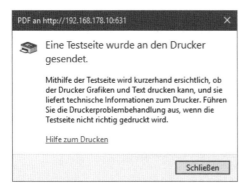

Abbildung 11.18 … und Sie können eine Testseite ausdrucken

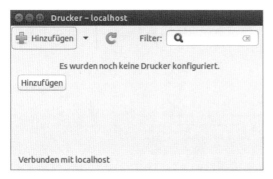

Abbildung 11.19 Ihren Drucker unter Linux installieren

Klicken Sie in dem neu geöffneten Fenster dann einfach auf den Punkt HINZUFÜGEN. Im Anschluss erhalten Sie die Gelegenheit, die Geräteadresse einzugeben.

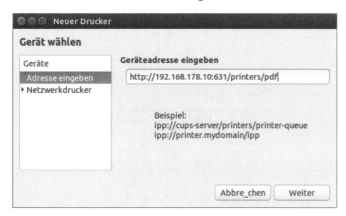

Abbildung 11.20 Die Geräteadresse direkt eingeben

Fügen Sie in das Texteingabefeld einfach die zuvor in die Zwischenablage kopierte Adresse aus dem Webinterface von CUPS ein, und stellen Sie sicher, dass die Adresse nur das einfache unverschlüsselte http://-Protokoll verwendet – entfernen Sie gegebenenfalls das *s* einer https://-Adresse. Auch hier müssen Sie im Anschluss einen Druckertreiber auswählen. Möglicherweise bringt Ubuntu gleich den passenden Treiber mit.

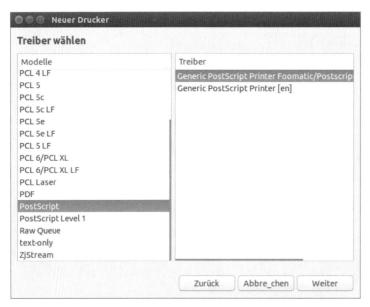

Abbildung 11.21 Den Drucktreiber auswählen

Andernfalls hilft die Suche auf der Herstellerseite im Internet.

Abbildung 11.22 Ihr Drucker ist unter Ubuntu fertig installiert

Auch wenn Sie das Mac OS X-Betriebssystem benutzen, sind die Schritte zum Einrichten des Druckers sehr einfach: Rufen Sie einfach das Modul zur Installation eines

Druckers aus den Einstellungen auf, und installieren Sie einen neuen Netzwerkdrucker. Benennen Sie einfach die Druckeradresse, und installieren Sie den benötigten Treiber. Im Anschluss können Sie direkt mit dem Drucken beginnen.

Nun wollen wir uns ansehen, wie Sie einen Drucker mit der Unterstützung durch Samba installieren können. Samba haben Sie schon im ersten Serverkapitel dieses Buches zum Thema Dateifreigaben kennengelernt. Neben den einfachen Dateifreigaben beherrscht Samba jedoch weitere Funktionen. Dazu zählt auch die Freigabe von Druckern. In der Grundkonfiguration ist diese Funktion bereits aktiv. Natürlich wird an dieser Stelle offensichtlich, dass Sie Samba korrekt auf Ihrem Pi-Server installiert und eingerichtet haben müssen, ansonsten können Sie diese Art der Druckerinstallation nicht benutzen. Wenn Sie jetzt einmal auf Ihrem Desktopcomputer die oberste Ebene der Freigaben Ihres Pi-Servers öffnen (also das »Serververzeichnis« selbst), dann werden Sie sehen, dass dort neben den Dateien auch Drucker angezeigt werden.

Unter dem Punkt DRUCKER verbergen sich die Drucker, die Sie in CUPS eingefügt haben. Wenn Sie die Drucker anklicken, dann erhalten Sie die Optionen zur Installation. Dieser Vorgang ist wiederum für alle Betriebssysteme relativ ähnlich und sollte von Ihnen sicher beherrscht werden. Ich werde ihn daher nur noch einmal kurz für das Windows-Betriebssystem durchgehen. Wir wollen hier eine weitere Option zur Druckerinstallation nutzen, die es ermöglicht, nach Druckern im Netzwerk zu suchen. Dieser Schritt (den es auch bei den anderen Betriebssystemen gibt) erübrigt das Hantieren mit Druckeradressen, dies übernimmt Samba für Sie.

Öffnen Sie also zunächst die SYSTEMSTEUERUNG. Je nachdem, welche Ansicht Sie bevorzugen, wählen Sie nun das Symbol GERÄTE UND DRUCKER oder den Eintrag GERÄTE UND DRUCKER ANZEIGEN unter der Kategorie HARDWARE UND SOUND. Dies wird ein neues Fenster öffnen, in dem Ihnen unter anderem Ihre Drucker angezeigt werden. Wählen Sie ganz oben den Eintrag DRUCKER HINZUFÜGEN. Nun müssen Sie mitteilen, dass Sie EINEN NETZWERK-, DRAHTLOS- ODER BLUETOOTHDRUCKER HINZUFÜGEN möchten. Bis hierhin entspricht die Installation exakt der zuvor beschriebenen manuellen Vorgehensweise. Samba ist derzeit allerdings so eingestellt, dass alle Drucker automatisch im Netzwerk angeboten werden. Folglich sollte(n) der oder die Drucker auch automatisch nach einer kurzen Wartezeit in der Liste erscheinen.

Wählen Sie einfach das entsprechende Modell aus, und klicken Sie auf WEITER. Windows wird Ihnen eventuell mitteilen, dass kein Druckertreiber installiert ist. Das ist nicht weiter schlimm. Klicken Sie auf OK. Es wird sich ein Fenster öffnen, in dem Sie Ihr Druckermodell auswählen können. Wenn Sie Ihr Modell nicht finden, dann haben Sie mit der Schaltfläche DATENTRÄGER auch die Möglichkeit, den Druckertreiber manuell zu installieren. Hier gilt das bereits zuvor Gesagte: Einen Druckertreiber erhalten Sie auf den Internetseiten des Druckerherstellers. Schauen Sie in den Support- oder Downloadbereich. In dem geöffneten Fenster suchen Sie erneut nicht nach einer Datei mit dem Namen *Setup.exe*, sondern direkt nach dem Druckertrei-

11

ber, der über eine Datei mit der Endung *.inf* charakterisiert wird. Wählen Sie den geeigneten Treiber aus, und schließen Sie die Installation ab. Nun können Sie auf den Drucker zugreifen und als Erstes vielleicht eine Testseite ausdrucken.

Abbildung 11.23 Die Druckerinstallation über Samba: Die Drucker werden automatisch gefunden und angezeigt

Die Durchführung der Installation ist bei den anderen Betriebssystemen sehr ähnlich. Gelegentlich werden jedoch nicht alle Drucker automatisch gefunden. Wenn es bei Ihnen nicht klappt, dann sollten Sie die zuvor beschriebene manuelle Installation versuchen, die fast genauso einfach durchzuführen ist.

11.5   Der Druckertreiber für den PDF-Drucker

Auch für den PDF-Drucker müssen Sie einen Treiber installieren. Natürlich gibt es keinen speziellen Hersteller, der zu diesem virtuellen Drucker passt. Den braucht es auch gar nicht – der PDF-Drucker ist universell und erwartet einfach nur Postscript-Befehle. Sie brauchen also nur einen beliebigen Drucker auszuwählen, der PostScript (kurz PS) unterstützt. Suchen Sie in der Liste Ihres Lieblingsherstellers (oder eines anderen, wenn Sie nicht fündig werden) nach einem Gerät mit einem »PS« im Druckernamen. Das Kürzel steht dafür, dass der Drucker per Postscript angesprochen wird. Wählen Sie aber bitte einen Farbdrucker aus. Das war es schon. Nach Beendigung der Installation steht Ihnen der Drucker zur Verfügung.

11.6   Das Zielverzeichnis des PDF-Druckers anpassen

Speziell für den PDF-Drucker sollten wir noch klären, wohin die PDF-Dokumente nun gespeichert werden. Wenn Sie sich über Samba am Pi-Server angemeldet haben und auch die Samba-Druckerfreigabe benutzen, dann werden Ihre PDF-Dateien im Unterordner *PDF* innerhalb Ihres Home-Verzeichnisses abgelegt.

Haben Sie den Drucker auf manuellem Wege angelegt, dann werden die Dokumente standardmäßig im wenig einprägsamen Pfad */var/spool/cups-pdf/ANONYMOUS* gespeichert, wie Abbildung 11.24 zeigt.

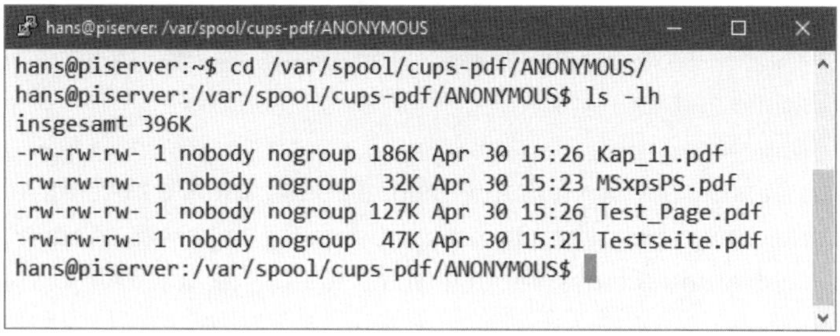

```
hans@piserver: /var/spool/cups-pdf/ANONYMOUS          —    □    ×
hans@piserver:~$ cd /var/spool/cups-pdf/ANONYMOUS/
hans@piserver:/var/spool/cups-pdf/ANONYMOUS$ ls -lh
insgesamt 396K
-rw-rw-rw- 1 nobody nogroup 186K Apr 30 15:26 Kap_11.pdf
-rw-rw-rw- 1 nobody nogroup  32K Apr 30 15:23 MSxpsPS.pdf
-rw-rw-rw- 1 nobody nogroup 127K Apr 30 15:26 Test_Page.pdf
-rw-rw-rw- 1 nobody nogroup  47K Apr 30 15:21 Testseite.pdf
hans@piserver:/var/spool/cups-pdf/ANONYMOUS$ ▌
```

Abbildung 11.24 Das Standardverzeichnis für PDFs

Das können wir aber in einen gängigeren Pfad ändern. Wählen wir doch ein Verzeichnis, das wir später per Freigabe allen Benutzern im Netzwerk zugänglich machen. Dann haben wir auch gleich ein Verzeichnis, mit dessen Hilfe wir die gedruckten PDF-Dateien einfach mit anderen Familienmitgliedern teilen können. Natürlich ist dies nicht sonderlich gut für private Dokumente geeignet, aber dafür können Sie ja auch einen PDF-Drucker auf Ihrem eigenen Rechner verwenden. Legen wir also zunächst ein Verzeichnis für die PDF-Dateien an:

```
sudo mkdir /srv/cups-pdf-output
```

Anschließend modifizieren wir dieses Verzeichnis so, dass es von jedem Benutzer gelesen und beschrieben werden kann:

```
sudo chmod 777 /srv/cups-pdf-output
```

Dieses Verzeichnis können Sie dann per Samba freigeben, eventuell sogar mit einer Gasterlaubnis, falls tatsächlich einmal Gäste da sind, denen Sie ebenfalls (»ausgedruckte«) PDF-Dateien zur Verfügung stellen möchten.

Nun müssen wir noch dem CUPS-PDF-Drucker mitteilen, dass wir das Zielverzeichnis ändern möchten. Dazu öffnen wir die Konfigurationsdatei von cups-pdf mit dem Editor nano:

```
sudo nano /etc/cups/cups-pdf.conf
```

Die Datei ist etwas länger. Suchen Sie mit der Tastenkombination [Strg]+[w] nach dem Text AnonDirName, wie in Abbildung 11.25 gezeigt.

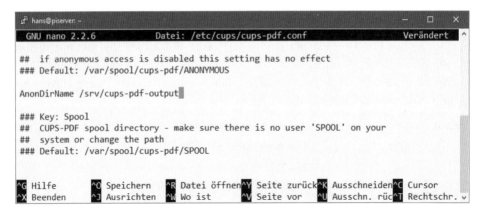

Abbildung 11.25 Das Verzeichnis ändern

Sie finden einen kleinen Textblock mit vier einleitenden Zeilen, die Sie bitte nicht verändern. Die darunterliegende, freistehende Zeile müssen Sie anpassen. Ändern Sie darin den Pfad, und entfernen Sie das vorangestellte Raute-Zeichen. Der Textblock sieht dann so aus:

```
### Key: AnonDirName
## ABSOLUTE path for anonymously created PDF files
## if anonymous access is disabled this setting has no effect
### Default: /var/spool/cups-pdf/ANONYMOUS

AnonDirName /srv/cups-pdf-output
```

Weitere Änderungen sind nicht nötig. Speichern Sie die Datei, und beenden Sie nano mit den Tastatureingaben ⌨Strg⌨+⌨x⌨, ⌨j⌨ und ⌨↵⌨. Sie können cups-pdf jetzt sofort verwenden, ein Neustart eines Services ist nicht nötig.

Übrigens: Nur Dokumente, die Sie über das Netzwerk drucken, landen im gemeinsamen Verzeichnis */srv/cups-pdf-output*. Natürlich stellt CUPS auch die Drucker lokal auf Ihrem Server bereit. Wenn Sie einmal in der Konsole eine Anwendung ausführen, aus der Sie drucken können, dann landen die Dateien im Unterordner *PDF* Ihres Home-Verzeichnisses.

11.7   Kann ich schon zum Drucker gehen? Die Kontrolle mit dem RSS-Feed

Technik-Freaks können sich übrigens als nette Spielerei mit CUPS auch noch einen RSS-Feed anlegen, der wie ein kleiner Nachrichtenticker über die anstehenden und abgearbeiteten Druckaufträge informiert. So behalten Sie stets den Überblick, wann

Ihr Druckauftrag fertig ist und Sie sich auf den Weg zum Drucker machen können. Natürlich sehen Sie so auch, was die anderen Benutzer so drucken (zumindest den Dateinamen).

Was in einem größeren Unternehmen zur Fehlersuche sicherlich sehr sinnvoll ist, wird in einem Heimnetzwerk aber wirklich nur zu einer Spielerei, denn das Druckaufkommen ist sicherlich nicht so groß, dass es fortlaufend überwacht werden muss. Aber bitte, zum Spielen und Lernen können wir das natürlich einmal einrichten.

Loggen Sie sich zunächst wieder auf der Hauptseite des CUPS-Webinterface ein:

http://IP-Adresse.von.Ihrem.Pi-Server:631

Dabei tragen Sie natürlich die richtige IP-Adresse Ihres Pi-Servers ein. Klicken Sie nun auf den Bereich VERWALTUNG. In der unteren Bildschirmhälfte sehen Sie den Bereich der RSS-VERWALTUNG. Klicken Sie auf RSS-SUBSKRIPTION HINZUFÜGEN, was vielleicht etwas unglücklich übersetzt wurde, denn hiermit abonnieren wir nicht etwa einen RSS-Feed, sondern erzeugen einen, den dann andere Benutzer wiederum abonnieren können.

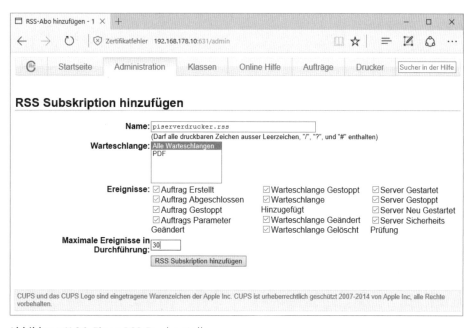

Abbildung 11.26 Einen RSS-Feed erstellen

Auf der folgenden Seite sollten Sie zunächst einen Namen vergeben. Wählen Sie bitte einen einfachen Namen, der den klassischen Dateinamensregeln entspricht. Verzichten Sie dabei auf Sonderzeichen, Leerzeichen und sicherheitshalber auch auf Umlaute. Hängen Sie an den Namen die Endung *.rss* an. Ein guter Name wäre zum Beispiel *pdfdrucker.rss*.

Im Feld WARTESCHLANGE spezifizieren Sie jetzt den Drucker, den Sie beobachten wollen. Sie können auch alle Drucker auf einmal wählen. In den Feldern darunter wählen Sie aus, welche Ereignisse Sie in den Feed aufnehmen wollen. Nehmen Sie zum Testen auch die Ereignisse AUFTRAG ERSTELLT und AUFTRAG ABGESCHLOSSEN mit auf. Das letzte Feld spezifiziert die Länge des RSS-Feeds. Klicken Sie zum Abschluss auf die Schaltfläche RSS-SUBSKRIPTION HINZUFÜGEN. Kehren Sie nach erfolgreicher Einrichtung zur Startseite zurück.

Jetzt sollten Sie auf Ihren Feed zugreifen können. Öffnen Sie im Webbrowser einen neuen Reiter, und navigieren Sie zu der an Ihre Situation angepassten Adresse:

http://IP-Adresse.von.Ihrem.Pi-Server:631/rss/pdfdrucker.rss

Ersetzen Sie – wie immer – die IP-Adresse Ihres Pi-Servers und auch den Namen des RSS-Feeds, und dem Spielchen steht nichts mehr im Weg. Wenn Sie jetzt einen Druckauftrag starten, dann können Sie ihn im RSS-Feed verfolgen. Als weitere Option könnten Sie jetzt sogar noch ein Programm wie *Feed Notifier* installieren, das neue RSS-Einträge in einem kleinen Popup-Fenster in der Taskleiste anzeigt – ähnlich den Meldungen vieler E-Mail Programme über neu eingegangene Nachrichten.

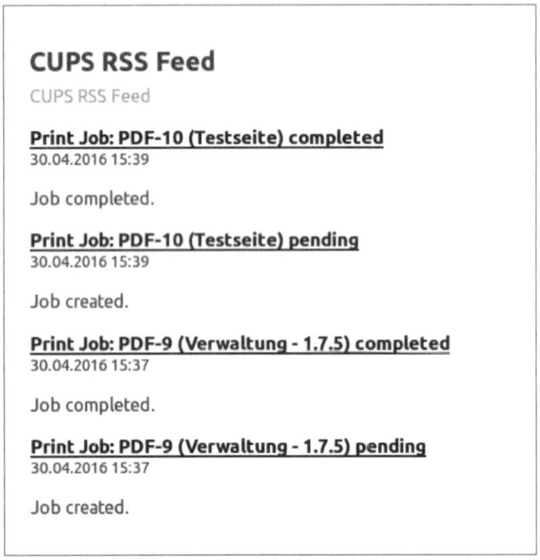

CUPS RSS Feed

CUPS RSS Feed

Print Job: PDF-10 (Testseite) completed
30.04.2016 15:39

Job completed.

Print Job: PDF-10 (Testseite) pending
30.04.2016 15:39

Job created.

Print Job: PDF-9 (Verwaltung - 1.7.5) completed
30.04.2016 15:37

Job completed.

Print Job: PDF-9 (Verwaltung - 1.7.5) pending
30.04.2016 15:37

Job created.

Abbildung 11.27 Ihr RSS-Feed funktioniert

Nun aber viel Spaß mit Ihrem Druckserver!

Kapitel 12

Verwalten von Informationen und Anleitungen: ein eigenes Wiki mit DokuWiki

Haben Sie Informationen, die Sie sich gerne merken und zukünftig wieder lesen möchten? Wollen Sie diese Informationen gar mit anderen Menschen teilen? Dann sollten Sie sich Ihr eigenes Wiki einrichten!

Mit Ihrem Pi-Server können Sie problemlos Ihr eigenes Wiki verwalten. *Wiki* – dieses Wort ist erneut ein neumodischer Ausdruck, er stammt aus dem Hawaiianischen und bedeutet so viel wie »schnell«. Ein Wiki dient dazu, »Wissen« an einer zentralen Stelle zu sammeln und vorrätig zu halten. Das Wissen kann man sehr vielschichtig definieren. Es kann sich zum Beispiel um Arbeitsanweisungen handeln, um Vorschriften, wie ein Ablauf auszusehen hat. Es können auch Kochrezepte sein, die Sie gesammelt haben. Denkbar sind auch Anleitungen zur Einrichtung eines Computerservers oder Resultate und Auswertungen von Experimenten. Das Wörtchen »sammeln« können wir ruhig etwas weiter fassen: Bei einem Wiki geht es häufig darum, das Wissen von mehreren Personen zu sammeln. Es können (müssen aber nicht) also mehrere Personen ihre Erfahrungen in ein Wiki eintragen. Auch das »vorrätig halten« sollten wir in einem größeren Kontext sehen, denn oftmals soll nämlich bei einem Wiki das Wissen auch mehreren Personen angeboten werden. Bei dem Beispiel eines Rezeptbuches könnten also alle Familienmitglieder ihre jeweiligen Lieblingsrezepte in das gemeinsame Wiki-Kochbuch eintragen, und jeder (im Heimnetzwerk) könnte es lesen. Somit hat auch der studierende Nachwuchs beispielsweise über einen VPN-Zugang Zugriff auf das Wiki-Kochbuch und kann die elterlichen Ratschläge und Rezepte in der WG-Küche selbst nachkochen.

Das bekannteste Wiki kennen Sie sicherlich alle: die *Wikipedia*. Das ist ein Onlinelexikon mit »der Weisheit der vielen«. Jede Person, die wissenswertes Wissen hat, ist eingeladen, sich an diesem Lexikon zu beteiligen und die generierten Inhalte der ganzen Welt anzubieten. So weit muss Ihr eigenes Wiki natürlich nicht gehen. Sobald Sie allerdings Informationen haben, die Sie speichern, organisieren und eventuell mit anderen teilen möchten, sollten Sie sich für Ihr eigenes Wiki interessieren. Die viel genannten »anderen« können beispielsweise weitere Familien- oder auch Vereinsmitglieder in einem geschlossenen Computernetzwerk oder aber sogar tatsächlich alle Menschen im ganzen Internet sein.

In ein Wiki gibt man normalerweise Textinformationen ein, die sich durch Mediendateien ergänzen lassen. Dazu werden hauptsächlich Fotos verwendet, aber es sind auch Audio- und Videoclips sowie allgemeine Dateien möglich. Natürlich können auch Links zu wichtigen oder interessanten Seiten eingebunden werden. Die Textinformationen werden durch einprägsame Steuerzeichen formatiert, die zum Beispiel die Fettschrift oder die Darstellung einer Überschrift aktivieren. Diese sogenannte *Syntax* ist darauf ausgelegt, möglichst schnell und sicher erlernbar zu sein. Vielfach helfen auch Editoren, wie man sie von der Textverarbeitung her kennt, weiter. Das Wiki-System übernimmt anschließend die Formatierung einer Internetseite, auf der es die eingegebenen Informationen ansprechend darstellt. Dafür wird eine Gestaltungsgrundlage, ein sogenanntes *Theme*, definiert. Prinzipiell betrachtet ist also ein Wiki auch eine Art von *Content-Management-System*, ein *CMS*. Es nimmt Informationen von einer oder mehreren Personen entgegen, ordnet sie auf einer Seite entsprechend einer Designregel an und sieht gegebenenfalls auch Links zu folgenden oder verwandten Abschnitten oder Unterseiten vor.

Auch auf Ihrem Pi-Server können Sie ein Wiki betreiben. Möglich ist sogar die Verwendung des Wiki-Systems, das die Wikipedia nutzt. Dieses trägt den Namen *MediaWiki*. Dieses System stellt allerdings gewisse Hardwareansprüche und kann einen Pi-Server schon beachtlich auslasten. Betrachten wir also eine leichtgewichtige Alternative mit geringeren Anforderungen, die jedoch ebenfalls alle wichtigen Funktionen bietet und auch eine sehr ansprechende Seitengestaltung vorsieht. Ihr Name lautet *DokuWiki*. Der Wortteil »Doku« deutet bereits an, dass hier irgendetwas dokumentiert werden soll, was für unsere Zwecke sicherlich auch angemessen ist. DokuWiki bietet den großen Vorteil, dass es ohne ein aufwendiges Datenbanksystem auskommt. Während viele andere Systeme eine MySQL-Datenbank voraussetzen, die gewisse Hardwareressourcen belegt, arbeitet DokuWiki ausschließlich mit einzelnen Textdateien. Für jeden Eintrag beziehungsweise für jede Seite gibt es eine eigene Textdatei. Das mag bei gigantischen Projekten nicht unbedingt der Übersichtlichkeit dienen – im kleineren Rahmen ist das jedoch sehr vorteilhaft. So sind unter anderem Backups oder Systemwechsel relativ einfach möglich. DokuWiki bietet auch einen eingebauten Texteditor, der das Eingeben von Informationen auch für ungeübte Anfänger recht einfach macht. Das System bringt eine komfortable Benutzerverwaltung mit, die die Steuerung von Schreibzugriffen erlaubt. Natürlich handelt es sich auch hier um ein Open-Source-Projekt, das gebührenfrei genutzt werden kann. Die Hardwareanforderungen sind erfreulich niedrig, so dass wir dieses Wiki auch parallel zu anderen Serverdiensten nutzen können. Wir werden dieses System im Folgenden auf Ihrem Pi-Server installieren und (wie immer) zunächst so einrichten, dass es nur aus Ihrem Heimnetzwerk aus erreichbar ist.

12.1   Die Installation auf dem Pi-Server

Das DokuWiki-System ist (grob betrachtet) prinzipiell eine große Sammlung (dynamischer) Internetseiten. Wir benötigen also zunächst einen Webserver, der die Seiten vorrätig hält und sie an die Clientcomputer (also die Leser und Autoren) ausliefert. Zur Generierung von dynamischen Seiten setzt DokuWiki auf PHP. Wir benötigen also eine Kombination aus Webserver und zugehöriger PHP-Erweiterung. Wir wählen den bewährten Webserver *nginx* (der übrigens auch bei sehr vielen bekannten und sehr großen Internetsites genutzt wird und sich englisch »engine x« ausspricht) mit der Erweiterung *php5-fpm*. Ein Datenbanksystem benötigen wir wie gesagt nicht.

Falls noch nicht geschehen, dann installieren Sie zunächst den Webserver nginx sowie die Erweiterung php5-fpm mit folgendem Befehl (bei aktuellen Paketquellen):

```
sudo apt-get install nginx php5-fpm
```

```
 hans@piserver: ~                                                    —    □    ×
hans@piserver:~$ sudo apt-get install nginx php5-fpm
[sudo] password for hans:
Paketlisten werden gelesen... Fertig
Abhängigkeitsbaum wird aufgebaut.
Statusinformationen werden eingelesen.... Fertig
Die folgenden zusätzlichen Pakete werden installiert:
  libapparmor1 libgd3 libgeoip1 libmagic1 libonig2 libperl4-corelibs-perl libqdbm14
  libxml2 libxpm4 libxslt1.1 lsof nginx-common nginx-full php5-cli php5-common php5-json
Vorgeschlagene Pakete:
  libgd-tools geoip-bin file fcgiwrap nginx-doc php-pear php5-user-cache
Empfohlene Pakete:
  geoip-database xml-core php5-readline
Die folgenden NEUEN Pakete werden installiert:
  libapparmor1 libgd3 libgeoip1 libmagic1 libonig2 libperl4-corelibs-perl libqdbm14
  libxml2 libxpm4 libxslt1.1 lsof nginx nginx-common nginx-full php5-cli php5-common
  php5-fpm php5-json
0 aktualisiert, 18 neu installiert, 0 zu entfernen und 0 nicht aktualisiert.
Es müssen 7.230 kB an Archiven heruntergeladen werden.
Nach dieser Operation werden 22,8 MB Plattenplatz zusätzlich benutzt.
Möchten Sie fortfahren? [J/n]
```

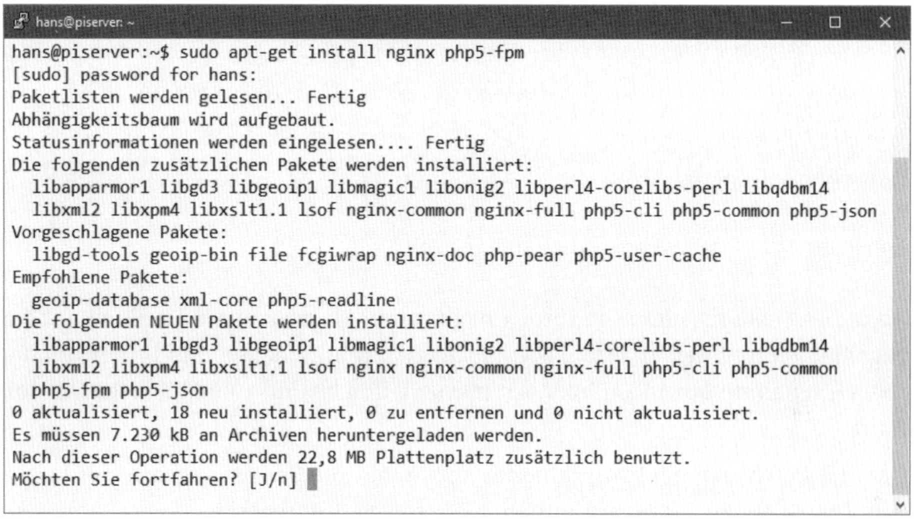

Abbildung 12.1 Die Installation des Webservers

Für DokuWiki ist es nützlich, zusätzlich die PHP-Module *php5-gd* und *php5-mcrypt* zu installieren, die Aufgaben zur Bildverwaltung übernehmen. Erweitern wir also mit folgendem Befehl unsere PHP-Installation um diese Module:

```
sudo apt-get install php5-gd php5-mcrypt
```

Nun werden wir die Dateien für das DokuWiki-System aus dem Internet herunterladen und sie in das Arbeitsverzeichnis des Webservers kopieren. Wir werden jedoch zunächst in Ihrem Home-Verzeichnis arbeiten. Wechseln Sie zunächst mit dem Befehl cd in dieses Verzeichnis. Nun werden wir ein Arbeitsverzeichnis für unsere temporären Dateien erstellen. Wir nennen es *wikitemp*. Führen Sie folgenden Befehl aus:

```
mkdir wikitemp
```

Mit einem anschließenden

```
cd wikitemp
```

wechseln wir in dieses Arbeitsverzeichnis.

Nun laden wir mit folgendem Befehl die aktuellste Version des DokuWiki-Paketes aus dem Internet herunter:

```
wget http://download.dokuwiki.org/src/dokuwiki/dokuwiki-stable.tgz
```

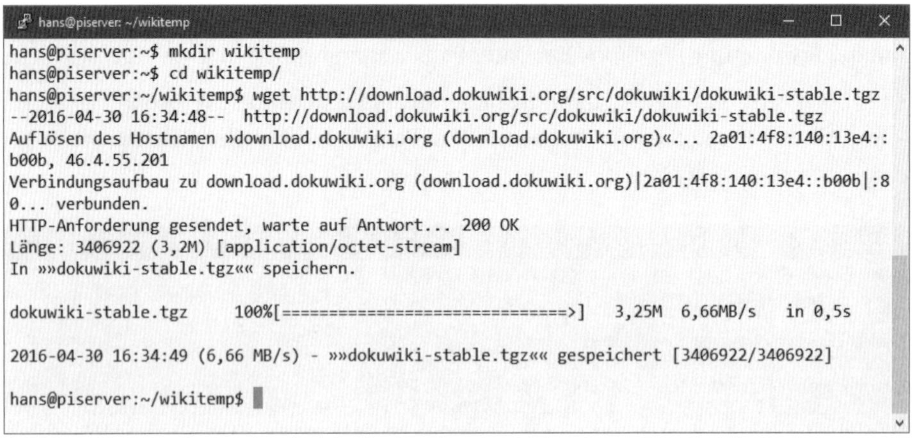

Abbildung 12.2 »Dokuwiki« wird heruntergeladen

An dieser Stelle schadet es natürlich nicht, wenn Sie sich zumindest kurz auf der zugehörigen Internetsite *http://www.dokuwiki.org* umschauen und prüfen, ob der soeben genannte Downloadlink noch immer gültig ist und zur aktuellsten Version führt.

Der wget-Befehl lädt ein komprimiertes *.tgz*-Archiv auf die Speicherkarte des Pi-Servers. Dieses Archiv werden wir nun mit diesem Befehl entpacken:

```
tar -xvzf dokuwiki-stable.tgz
```

Dabei wird ein neues Unterverzeichnis erstellt. Es nennt sich *dokuwiki-DATUM* – mit einem entsprechenden Datumszusatz, beispielsweise *dokuwiki-2015-08-10a*. So wollen wir dieses Verzeichnis aber nicht auf der Speicherkarte haben, wir werden es umbenennen, so dass es nur noch *dokuwiki* heißt.

Zunächst löschen wir aber das *.tgz*-Archiv, damit es uns bei den weiteren Schritten nicht mehr stört:

```
rm dokuwiki-stable.tgz
```

Lassen Sie sich jetzt zunächst mit

```
ls
```

den Verzeichnisinhalt anzeigen, und notieren Sie sich, wie das erstellte Verzeichnis heißt. Nun benennen Sie das Verzeichnis entsprechend um:

```
sudo mv dokuwiki-2015-08-10a/ dokuwiki/
```

Sie müssen den Befehlsteil `dokuwiki-2015-08-10a/` so benennen, wie das Verzeichnis bei Ihnen heißt. Hier hilft Ihnen die AutoComplete-Funktion. Geben Sie einfach `sudo mv  dok` ein, und drücken Sie dann (ohne ein weiteres Leerzeichen einzugeben) die ⇆-Taste. Wenn es außer dem DokuWiki-Verzeichnis keine weiteren Verzeichnisse mit ähnlichem Namen gibt, dann wird Ihnen der Name automatisch ergänzt werden. Achten Sie auf die beiden Schrägstriche, die sehr wichtig sind und kennzeichnen, dass wir mit kompletten Verzeichnissen arbeiten möchten.

Jetzt werden wir dieses Verzeichnis in das Arbeitsverzeichnis des Webservers verschieben, das sich unter *\/var\/www\/html* befindet. Um in dieses Verzeichnis schreiben zu können, sind *root*-Rechte erforderlich, die uns der `sudo`-Befehlsvorsatz gewährt:

```
sudo mv dokuwiki/ /var/www/html/
```

Der Webserver `nginx` wird unter dem relativ eingeschränkten Benutzerkonto *www-data* auf die Dateien in seinem Arbeitsverzeichnis zugreifen. Die Einschränkung der Rechte dient der Sicherheit. Im Moment hat der Benutzer *www-data* noch keinen Schreibzugriff auf das DokuWiki-Verzeichnis. Wir müssen ihm diesen Schreibzugriff gewähren, weil Sie ansonsten keine Einträge in Ihrem Wiki anlegen könnten. Dazu führen Sie die folgenden Befehle aus:

```
sudo chown -R www-data:www-data /var/www/html/dokuwiki/
```

```
sudo chmod -R 744 /var/www/html/dokuwiki/
```

Jetzt müssen wir den Webserver einrichten und konfigurieren. Wechseln wir zunächst in das Verzeichnis, in dem der Webserver `nginx` die Konfigurationsdateien für die Webseiten vorrätig hält:

```
cd /etc/nginx/sites-available
```

Hier zeigt uns die Ausgabe in Abbildung 12.3, dass noch keine Webseiten vorhanden sind.

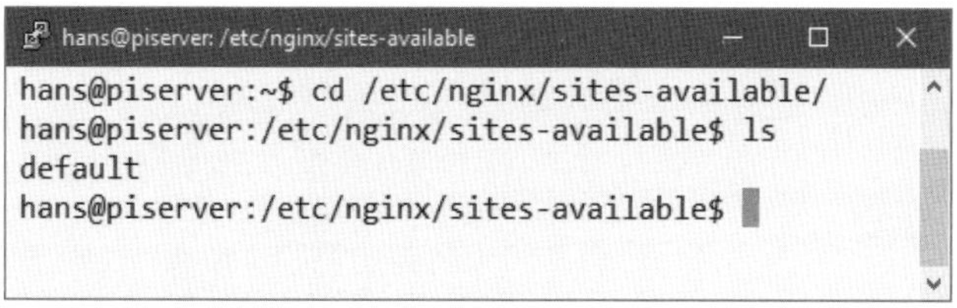

```
hans@piserver:~$ cd /etc/nginx/sites-available/
hans@piserver:/etc/nginx/sites-available$ ls
default
hans@piserver:/etc/nginx/sites-available$
```

Abbildung 12.3 Noch sind keine Seiten vorhanden (mit Ausnahme der »default«-Seite)

nginx kann übrigens auch mehrere Websites verwalten und ausliefern. Wir sollten jedoch besser von mehreren Website-Projekten sprechen, denn natürlich besteht das DokuWiki selbst beispielsweise aus vielen einzelnen Seiten. Sie können jedoch neben dem DokuWiki-Projekt beispielsweise parallel eine ownCloud-Installation betreiben. Auch Letztere ist ein Website-Projekt. Wenn Sie aktuell neben dem DokuWiki keine andere Site angelegt haben, also DokuWiki Ihr erstes Website-Projekt ist, dann befindet sich in diesem Verzeichnis nur die Konfigurationsdatei namens *default*. Lassen Sie sich jetzt ruhig einmal den Inhalt mit dem Befehl ls anzeigen, und prüfen Sie den Datenbestand. Die Datei namens *default* stellt Beispieleinstellungen für eine Universal-Website bereit. Wir werden sie jedoch nicht benutzen, sondern uns eine eigene neue Konfigurationsdatei anlegen, die sich um die Verwaltung der DokuWiki-Site kümmert. Öffnen Sie dazu zunächst den Texteditor nano mit dem Befehl

```
sudo nano dokuwiki
```

Bitte seien Sie nun ganz tapfer, und tippen Sie den folgenden Konfigurationstext vollständig ab (oder nutzen Sie die Internetadresse aus dem Vorwort, um den Konfigurationstext als Datei aus dem Internet herunterladen zu können). Achten Sie besonders auf die Richtigkeit, sicherheitshalber auch auf eventuelle Leerzeichen. Formatieren Sie die Textdatei bitte genauso hübsch, wie sie hier abgedruckt ist.

```
server {
  listen 80;
  root /var/www/html/dokuwiki/;
  index doku.php;
  server_name IP-ADRESSE.VON.IHREM.PI-SERVER;

  location ~ /(data|conf|bin|inc)/ {
    deny all;
  }

  location ~ /\.ht {
    deny all;
  }

  location /dokuwiki/ {
    deny all;
  }

  client_max_body_size 15M;
  client_body_buffer_size 128k;

  location / {
    try_files $uri $uri/ @dokuwiki;
  }
```

```
location @dokuwiki {
  rewrite ^/_media/(.*) /lib/exe/fetch.php?media=$1 last;
  rewrite ^/_detail/(.*) /lib/exe/detail.php?media=$1 last;
  rewrite ^/_export/([^/]+)/(.*) /doku.php?do=export_$1&id=$2 last;
  rewrite ^/(.*) /doku.php?id=$1&$args last;
}

location ~ ^/lib/.+\.(css|gif|js|png|jpg|jpeg)$ {
  expires 60d;
}

location ~ \.php$ {
  fastcgi_split_path_info ^(.+\.php)(/.+)$;
  try_files $uri $uri/ /doku.php;
  fastcgi_pass 127.0.0.1:9000;
  fastcgi_index index.php;
  include fastcgi_params;
  fastcgi_param SCRIPT_FILENAME $document_root$fastcgi_script_name;
}

}
```

Listing 12.1 Die Konfigurationsdatei des DokuWikis

Speichern Sie die Datei zunächst mit der Tastenkombination ⌜Strg⌟+⌜o⌟ und Betätigung der ⌜↵⌟-Taste ab. Diese Tastaturkombination wird den Editor nano nicht beenden, sondern geöffnet lassen. Das ist hilfreich, denn wir müssen uns den Dateiinhalt noch einmal genauer ansehen.

Zeile zwei, listen 80;, müssen Sie eventuell ändern. Sie definiert den Port, auf dem die DokuWiki-Site ausgeliefert wird. Wie Sie wissen, funktioniert die Kommunikation im Netzwerk über sogenannte Ports. Üblicherweise belegt eine Anwendung immer genau einen Port. Auf diese Weise wird der gesamte Netzwerkverkehr sortiert und gerichtet. Sie kennen beispielsweise schon Port 21, der beim FTP-Verkehr verwendet wird, ebenso ist Ihnen Port 22 geläufig, der bei SSH-Verbindungen genutzt wird. 80 ist der HTTP-Standardport, der üblicherweise von Webseiten im Internet benutzt wird. Normalerweise müsste man bei einem Aufruf einer Internetseite im Browser stets auch den jeweiligen Port angeben. Beim Standardport 80 ist dies aber nicht so, er muss bei der Eingabe in die Adresszeile des Browsers nicht mit eingegeben werden. Läuft eine Seite unter Port 80, dann genügt die Eingabe des Domain-Namens beziehungsweise der IP-Adresse des Servers, und die Seite wird angezeigt. Zwar können unter einem Port durchaus auch mehrere Websites erreichbar sein, aber das ist nicht immer eine elegante Methode und kann auch für Verwirrung gerade bei der Konfiguration sorgen. Wir wollen lieber nur ein Website-Projekt pro Port anbieten. Wenn Sie noch keine andere Site bereitstellen und DokuWiki Ihr erstes Website-Projekt ist, dann können Sie die Einstellung problemlos auf Port 80 belassen. Der Blick in das Verzeichnis */etc/nginx/sites-available* hat Sie darüber informiert, ob Sie bereits eine weitere Site betreiben. Wenn sich dort nur die Standarddatei namens *default* befindet, der Sie soeben die Datei *dokuwiki* zur Seite gestellt haben, dann haben Sie keine weiteren Websites im Einsatz.

Falls Sie aber mehrere Website-Projekte im Einsatz haben (beispielsweise eine own-Cloud-Installation), dann sind jetzt Konfigurationsarbeiten angesagt. Denken Sie daran, dass Port 80 (da ohne direkte Eingabe erreichbar) quasi Ihre Hauptseite definiert. Unter Port 80 sollte also Ihre wichtigste Website beziehungsweise das wichtigste Website-Projekt erreichbar sein. Für jede weitere Website benötigen Sie einen eigenen noch unbenutzten Port. Möglich ist beispielsweise die Nutzung der Ports ab 8080 und höher (8081, 8082 ...). Tragen Sie nun also gegebenenfalls bei `listen` den entsprechenden noch unbenutzten Port ein. Eine mögliche Zeile könnte also lauten:

```
listen 8080;
```

An dieser Stelle ein wichtiger Tipp: Führen Sie am besten Buch über Ihre bisherigen Portbelegungen. So wissen Sie rasch, welcher Port bereits durch einen anderen Dienst belegt ist. Beachten Sie insbesondere, dass auch Dienste wie beispielsweise der Webcam-Streaming-Dienst *motion* einen eigenen, ansonsten unbenutzten Port benötigen.

Zu ändern ist in jedem Fall auch noch Zeile vier in Listing 12.1. Hier müssen Sie den Ausdruck `IP-ADRESSE.VON.IHREM.PI-SERVER` durch die statische IP-Adresse Ihres Pi-Servers ersetzen. Ändern Sie die Zeile bitte entsprechend ab. Achten Sie dabei auf das Semikolon am Zeilenende. Eine korrekte Zeile könnte lauten:

```
server_name 192.168.178.10;
```

Die nachfolgenden Blöcke regeln den Zugriff auf die DokuWiki-Site. Beispielsweise wird der Zugriff auf DokuWiki-interne Seiten in den Verzeichnissen *data, conf, bin* und *inc* verweigert. Diese Verzeichnisse befinden sich in Unterverzeichnissen von */var/www/html/dokuwiki*. In diesen Verzeichnissen hat niemand etwas zu suchen, erst recht nicht ein böswilliger Nutzer. Deswegen verbieten wir hier den Zugriff mit `deny all`.

Der Block `location @dokuwiki` dient dazu, dass `nginx` die Adresse angeforderter Seiten automatisch umschreiben kann. Es gibt nämlich in DokuWiki eine Option, dass es »schöne Adressen« verwendet – dazu später mehr. Damit das funktioniert, brauchen wir diesen Block. Der nächste Block mit dem Eintrag `expires` regelt das Cachen (also das Zwischenspeichern) von sogenannten statischen Dateien im Clientbrowser.

Diese liegen im Unterverzeichnis */var/www/html/dokuwiki/lib*. Es handelt sich quasi um das Theme, also die Gestaltung der Wiki-Seiten, dazu zählen beispielsweise Grafiken für den Seitenhintergrund oder für Schaltflächen. Durch diese Einstellung bleiben diese Elemente für zwei Monate im Cache der Clientbrowser gespeichert und müssen nicht bei jedem Seitenzugriff neu geladen werden. Dies beschleunigt den Seitenaufbau.

Zum Abschluss finden wir einen Block für die PHP-Bearbeitung, mit einigen Einträgen, die die Sicherheit erhöhen, so dass es einem Angreifer nicht zu leicht gemacht wird, Schadcode auszuführen. Hierfür sind hauptsächlich die Zeilen `fastcgi_split_path_info` und `try_files` zuständig. An diesen Zeilen sind keine Änderungen nötig.

Wenn Sie die IP-Adresse und gegebenenfalls den Port geändert haben, dann speichern Sie die Datei ab und verlassen den Texteditor `nano` mit den Tastaturbefehlen `Strg`+`x` und einem `j` sowie dem obligatorischen Betätigen der `⏎`-Taste.

Jetzt müssen wir `nginx` mitteilen, dass Ihr DokuWiki nicht nur eine theoretisch verfügbare Site ist, sondern eine, die auch tatsächlich bereitgestellt werden soll. Dies geschieht, indem wir eine Verknüpfung der soeben bearbeiteten Konfigurationsdatei zwischen dem Verzeichnis */etc/nginx/sites-available* und dem Verzeichnis */etc/nginx/sites-enabled* setzen. Geben Sie dazu Folgendes ein:

```
sudo ln -s /etc/nginx/sites-available/dokuwiki /etc/nginx/sites-enabled/↵
dokuwiki
```

Das Kommando `ln` (von englisch: *link*) mit dem Parameter `-s` (für: *symbolic*) sorgt dafür, dass eine Verknüpfung von der Quelle (erste Pfadangabe) zum Ziel (zweite Pfadangabe) erstellt wird.

Je nachdem, ob Sie bereits weitere Website-Projekte angelegt haben, müssen wir uns noch um die vorhin betrachtete Datei namens *default* kümmern, die eventuell noch aktiv ist. Zur Erinnerung: Diese Datei befindet sich im Ordner */etc/nginx/sites-available* und enthält eine Grundkonfiguration für den Webserver `nginx`. Für unser Doku-Wiki haben wir allerdings eine eigenständige Konfigurationsdatei erstellt und die Datei namens *default* nicht weiter beachtet. So verfahren wir in diesem Buch übrigens für alle Website-Projekte. Das Problem ist nun, dass sich diese Grundkonfiguration mit der aktuellen Konfiguration von DokuWiki etwas beißt, denn zunächst sind beispielsweise beide so konfiguriert, dass beide Port 80 bedienen und es so zu unschönen Überschneidungen kommt. Wir werden daher die Datei *default* deaktivieren. Dieser Schritt ist nötig, wenn DokuWiki Ihr erstes Website-Projekt ist. Haben Sie schon ein weiteres Site-Projekt aktiviert, dann haben Sie diesen Schritt schon an anderer Stelle erledigt.

Wir werden uns nun um die Deaktivierung der Datei *default* kümmern. Wenn Sie diesen Schritt schon erledigt haben, dann können Sie diesen Absatz überspringen. Ein radikaler Schritt wäre es an dieser Stelle, die Datei *default* einfach zu löschen. Aber das wäre schade, denn damit gingen einige wertvolle Hinweise, die diese Datei enthält, verloren. Zum Glück bietet nginx ja aber wie vorhin gezeigt das Konzept mit den zur Verfügung stehenden und den davon aktivierten Sites. Das kommt uns jetzt gelegen. Wir können nämlich die *default*-Seite ruhig belassen, aber wir aktivieren sie nicht. Das machen wir folgenderweise: Die Datei *default* bleibt im Ordner */etc/nginx/ sites-available* bestehen. Zu dieser Datei gibt es eine Verknüpfung in den Ordner */etc/ nginx/sites-enabled*. Eine ähnliche Verknüpfung hatten Sie zuvor für die Konfigurationsdatei von DokuWiki angelegt. Und genau diese Verknüpfung der Datei *default* werden wir jetzt löschen. Wechseln Sie mit folgendem Befehl in das letztgenannte Verzeichnis:

```
cd /etc/nginx/sites-enabled
```

Rufen Sie ls -la auf. Im Verzeichnis müsste es neben der Datei namens *dokuwiki* die Datei *default* geben. Dies ist die Verknüpfung zur gleichnamigen »Originaldatei« im Verzeichnis */etc/nginx/sites-available*. Entfernen wir diesen Link mit dem Befehl:

```
sudo rm default
```

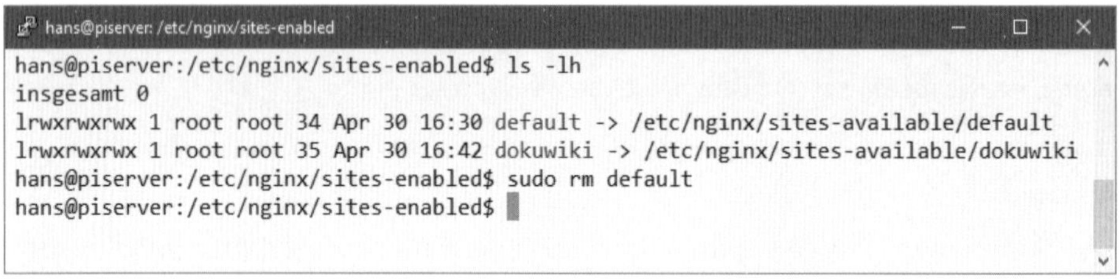

```
hans@piserver:/etc/nginx/sites-enabled$ ls -lh
insgesamt 0
lrwxrwxrwx 1 root root 34 Apr 30 16:30 default -> /etc/nginx/sites-available/default
lrwxrwxrwx 1 root root 35 Apr 30 16:42 dokuwiki -> /etc/nginx/sites-available/dokuwiki
hans@piserver:/etc/nginx/sites-enabled$ sudo rm default
hans@piserver:/etc/nginx/sites-enabled$
```

Abbildung 12.4 Das Entfernen der Verknüpfung zur »default«-Seite

Damit sind wir schon fertig. Natürlich können Sie auch auf Nummer sicher gehen und die Datei *default* zusätzlich aus dem Verzeichnis */etc/nginx/sites-available* entfernen. Aber bitte löschen Sie diese Datei nicht einfach, sondern verschieben Sie sie in einen Backup-Ordner in Ihrem Home-Verzeichnis. Dieser Schritt ist jedoch nicht nötig, das Löschen der Verknüpfung genügt vollkommen.

Als Nächstes müssen wir eine Änderung in der PHP-Konfiguration vornehmen. Sie konfiguriert die Kommunikation zwischen dem Webbrowser und der eigentlichen PHP-Schnittstelle, die wir auf einen Netzwerkport umlegen. Öffnen Sie dazu mit nano folgende Datei:

```
sudo nano /etc/php5/fpm/pool.d/www.conf
```

Legen Sie mit der Tastenkombination [Alt]+[b] ein Backup dieser Datei an. Suchen Sie mit dem Tastaturkommando [Strg]+[w] nach dem Eintrag listen =. Ändern Sie den Eintrag in folgende Zeile:

```
listen = 127.0.0.1:9000
```

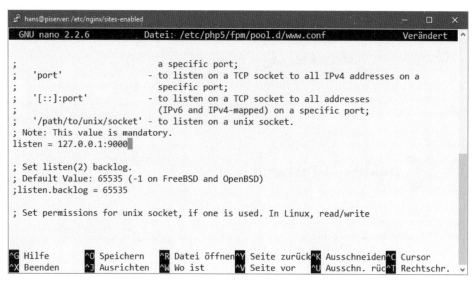

Abbildung 12.5 Die Konfigurationsdatei »/etc/php5/fpm/pool.d/www.conf«

Beenden Sie nano, und speichern Sie die Datei mit `Strg`+`x` ab.

Nun müssen wir den Webserver nginx und den Service php5-fpm jeweils einmal neu starten, damit sie die geänderte Seitenkonfiguration auch übernehmen:

```
sudo service nginx restart
sudo service php5-fpm restart
```

Wenn eine Fehlermeldung erscheint, dann haben Sie sich höchstwahrscheinlich bei der Konfigurationsdatei vertippt. Überprüfen Sie diese dann noch einmal. Ansonsten sind Sie so weit: Öffnen Sie einen Webbrowser, und surfen Sie Ihr DokuWiki an. Geben Sie dazu die IP-Adresse Ihres Pi-Servers ein, und ergänzen Sie entweder nichts, wenn Sie Port 80 gewählt haben (Ihre Eingabe lautet dann beispielsweise nur »192.168.178.10«), oder einen Doppelpunkt gefolgt von der in der Konfiguration angegebenen Portnummer (beispielsweise »192.168.178.10:8080«). Je nach Browser ist es jedoch eventuell nötig, der Adresse ein *http://* voranzustellen.

Nun sollte sich das DokuWiki öffnen.

Wir sind allerdings noch nicht fertig. Zunächst müssen wir das DokuWiki konfigurieren und initialisieren.

12.2   Die grundlegende Ersteinrichtung

Zur Ersteinrichtung ergänzen Sie die Adresse im Browser um den Eintrag */install.php*. Geben Sie also beispielsweise (mit angepasster IP-Adresse und Port) entweder:

http://192.168.178.10/install.php

oder

http://192.168.178.10:8080/install.php

ein. Dies wird die Installationsseite des DokuWikis öffnen.

Abbildung 12.6 Die Installationsseite Ihres Wikis

Vergeben Sie nun als Erstes einen Namen für das Wiki – dafür dient das Feld WIKI
NAME. Anschließend sollten Sie in das Feld ENABLE ACL einen Haken setzen. Damit
aktivieren Sie die Benutzerverwaltung des DokuWikis. Nun müssen Sie einen Namen
für den Administrator und ein zugehöriges sicheres Passwort vergeben. Der Admi-

nistrator wird übrigens als SUPERUSER bezeichnet. Bedenken Sie: Der Administrator sollte nicht »Administrator« und auch nicht »admin« heißen. Sie machen es sonst einem potentiellen Angreifer nur unnötig einfach. Lassen Sie sich etwas nicht leicht zu Erratendes einfallen, beispielsweise »Wolkenschieber« oder auch »Z28FF«. Füllen Sie auch das Feld für die E-Mail-Adresse korrekt aus.

Sie müssen nun noch eine Entscheidung zur Benutzerpolitik des DokuWikis treffen. Hierfür dient das Listenfeld INITIAL ACL POLICY. Dieses hat als Voreinstellung den Eintrag OPEN WIKI. Dieser erlaubt es jedermann, Artikel zu lesen und zu bearbeiten. Sie können alternativ ein PUBLIC WIKI anlegen, das jedermann lesenden Zugriff gestattet, aber nur registrierten Benutzern ein Schreibrecht einräumt. Es wird auch die Option CLOSED WIKI geboten. Hierbei bleibt sogar das Lesen von Artikeln registrierten Benutzern vorbehalten. Abschließend können Sie entscheiden, ob sich neue Benutzer selbst registrieren dürfen oder ob das Anlegen von Benutzerkonten dem Administrator vorbehalten bleibt. Wenn Sie in das Kästchen ALLOW USERS TO REGISTER THEMSELVES einen Haken setzen, dann gestatten Sie die eigenständige Registrierung der Benutzer. Sie können sich dann noch optional für die Lizenzierung Ihrer erstellten Inhalte entscheiden und auf Wunsch anonymisierte Nutzerdaten zur Produktverbesserung an die Entwickler des DokuWikis senden. Wenn alle Eingaben komplett sind, klicken Sie auf die Schaltfläche SAVE.

Ist die Installation abgeschlossen, dann sollten wir die Datei *install.php* innerhalb der DokuWiki-Installation löschen. Sie wird nicht mehr gebraucht und stellt nur ein unnötiges Sicherheitsrisiko dar. Löschen Sie also auf der Kommandozeile des Servers die Datei *install.php*, die sich im Verzeichnis */var/www/html/dokuwiki* befindet, mit dem Befehl

```
sudo rm /var/www/html/dokuwiki/install.php
```

Als letzten Schritt sollten wir noch im Home-Verzeichnis aufräumen. Unser vorhin angelegtes Arbeitsverzeichnis für temporäre Dateien benötigen wir jetzt nicht mehr und entfernen es mit folgendem Befehl:

```
rm -R ~/wikitemp
```

Damit sind Sie fertig. Nun können Sie Ihr DokuWiki benutzen.

12.3   Die Konfiguration des DokuWikis

Die Konfigurationsoptionen von DokuWiki sind sehr umfangreich und würden allein ein ganzes Buch erfordern. Glücklicherweise sind aber viele Einstellungen bereits sehr alltagstauglich, so dass Sie sich im System schnell zurechtfinden und nach kurzer Eingewöhnungszeit bereits sehr einfach neue Artikel und Seiten erstellen werden. Wir beschränken uns daher nur auf einige wesentliche Punkte.

Öffnen Sie zunächst die Hauptseite Ihres DokuWikis (ohne den Eintrag */install.php*).

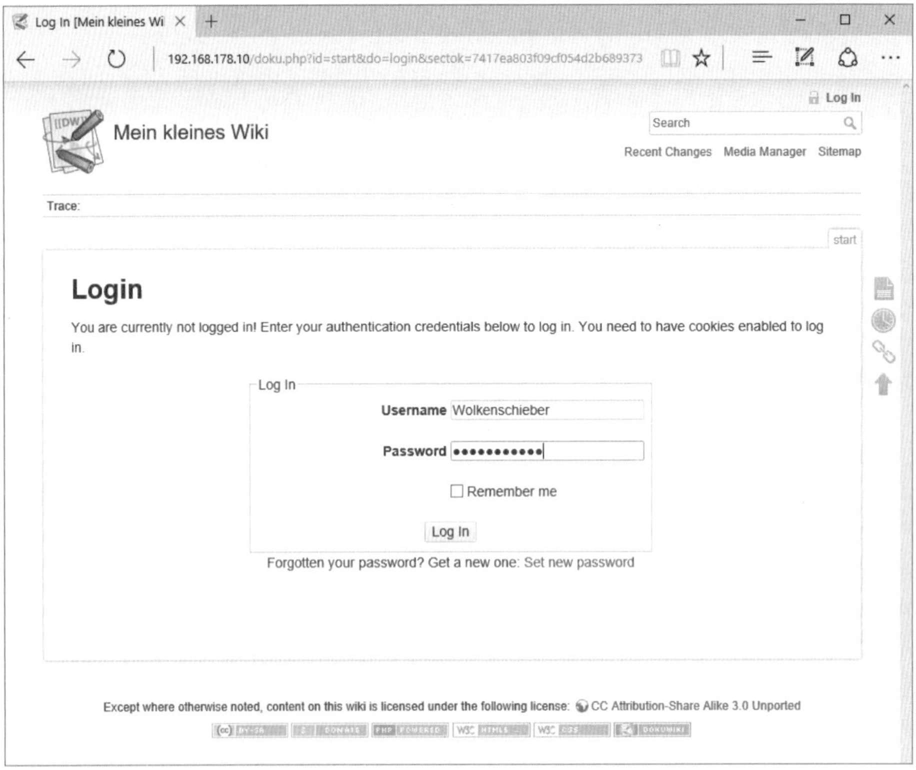

Abbildung 12.7 Loggen Sie sich in Ihr Wiki ein

Ganz oben rechts finden Sie den Menüpunkt LOG IN, den Sie zum Einloggen in Ihr DokuWiki verwenden. Klicken Sie ihn an, und geben Sie auf der folgenden Seite den Benutzernamen (USERNAME) Ihres zuvor eingerichteten Administratorkontos sowie das dazugehörige Passwort ein.

Das Kästchen REMEMBER ME sollten Sie beim Administratorkonto aus Sicherheitsgründen nicht auswählen, denn damit würde eine automatische Anmeldung ohne Passworteingabe ermöglicht. Klicken Sie anschließend auf LOG IN.

Wenn Sie sich als Administrator eingeloggt haben, dann enthält die kleine Menüleiste am oberen Seitenrand nun den Punkt ADMIN, der mit einem Zahnradsymbol gekennzeichnet ist. Klicken Sie diesen Eintrag mit der Maus an.

Sie erhalten anschließend eine Übersichtsseite mit den Administrationsoptionen. Klicken Sie zunächst auf den Eintrag CONFIGURATION SETTINGS. Es öffnet sich eine recht umfangreiche Tabelle, in der Sie diverse Einstellungen vornehmen können.

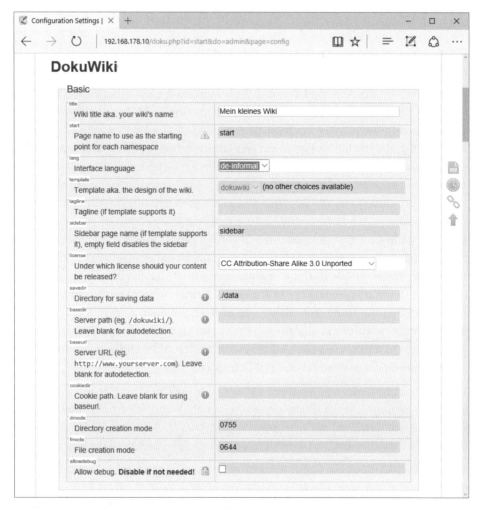

Abbildung 12.8 Die Konfigurationsmöglichkeiten des DokuWikis

Viele Nutzer möchten gerne zuerst ihre jeweilige Muttersprache einstellen. Die Sprache des DokuWikis können Sie in der dritten Zeile unter dem Eintrag LANG – INTERFACE LANGUAGE auswählen. Die Standardeinstellung lautet EN für Englisch, aber es werden viele weitere Sprachen geboten. Dazu gehören auch die Einstellung DE für die formelle deutsche Sprache sowie die Option DE INFORMAL, die eine alltagsnahe Sprache verwendet und beispielsweise das Du für die Anrede benutzt. Wenn Sie die Sprache des DokuWikis ändern möchten, dann treffen Sie hier Ihre Auswahl.

Die restlichen Optionen dieser Seite müssen wir zunächst nicht verändern, denn die Voreinstellungen genügen für viele Zwecke. Sie können sich natürlich mit den Optionen vertraut machen, aber seien Sie bitte vorsichtig. Manche Einstellungen können dazu führen, dass Ihr DokuWiki nicht mehr funktioniert und nicht mehr erreichbar ist. In diesem Fall müssen Sie die komplette Installation wiederholen und zuvor das Verzeichnis */var/www/html/dokuwiki* entfernen.

Es gibt allerdings eine Sache, die der interessierte Nutzer auswählen kann. Vorhin hatte ich bei der Einrichtung kurz über die Möglichkeit gesprochen, dass DokuWiki »schöne URLs« verwendet. Dafür hatten wir extra eine Einstellung beim Webserver nginx vorgenommen. Auf Wunsch können Sie diese Option jetzt verwenden, denn sie macht sich gut, wenn Sie Links zu einer Seite weitergeben möchten oder selbst direkt in Ihrem Archiv navigieren wollen. Dazu suchen Sie bitte den Konfigurationsblock ADVANCED, der sich recht weit unten auf der Administrationsseite befindet. Der zweite Eintrag USEREWRITE – USE NICE URLS kümmert sich um die Formatierung der URLs. Der Eintrag ist mit einem roten Ausrufezeichen versehen. Das geschieht nicht umsonst, denn eine verkehrte oder falsch konfigurierte Option sorgt dafür, dass Ihr DokuWiki nicht mehr erreichbar ist. Die Änderung ist daher in jedem Fall nur etwas für Mutige. Wenn Sie alle Optionen richtig konfiguriert haben, dann können Sie die Einstellung von NONE in .HTACCESS ändern. Achtung: Andere Optionen funktionieren mit unseren Einstellungen nicht. Nun müssen Sie die Daumen drücken. Wenn diese Einstellung aufgrund eines Fehlers fehlschlägt, dann müssen Sie die gesamte Installation des DokuWikis noch einmal wiederholen. Vorsichtige Naturen werden also lieber bei nicht ganz so schönen URLs bleiben.

Klicken Sie anschließend ganz unten auf der Seite auf die Schaltfläche SAVE. Damit speichern Sie Ihre Konfigurationseinstellungen ab. Wenn Sie anschließend erneut ganz oben auf der Seite auf den ADMIN-Schriftzug klicken, dann wird Ihnen die Hauptseite des Administrator-Kontos in der neuen Spracheinstellung angezeigt.

Wir werden jetzt noch ein Benutzerkonto für einen Autor anlegen. Dieser Punkt ist dann von Relevanz, wenn Sie kein vollständig geöffnetes Wiki betreiben wollen, also zumindest für die Autorenschaft Benutzerkonten verwenden möchten. Klicken Sie den ersten Punkt in der Administrationsübersicht an, der in der deutschen Fassung BENUTZERVERWALTUNG heißt.

Der obere Teil der Seite zeigt Ihnen die bisherige Benutzerliste, die derzeit nur den Administrator umfasst. In der unteren Tabelle können Sie jetzt einen Benutzer hinzufügen. Geben Sie dafür einen Benutzernamen, ein Passwort, einen ausgeschriebenen echten Namen und eine E-Mail-Adresse an. Wenn Sie einen E-Mail-MTA installiert haben – wie ich es in Kapitel 10, »Statusinformationen per E-Mail erhalten: sSMTP als MTA«, besprochen habe –, dann können Sie auch das Kästchen BENUTZER BENACHRICHTIGEN anklicken, worauf dieser eine E-Mail-Nachricht erhält. Zum Anlegen klicken Sie auf die Schaltfläche ZUFÜGEN. Damit ist das erste von vielen möglichen Benutzerkonten erstellt.

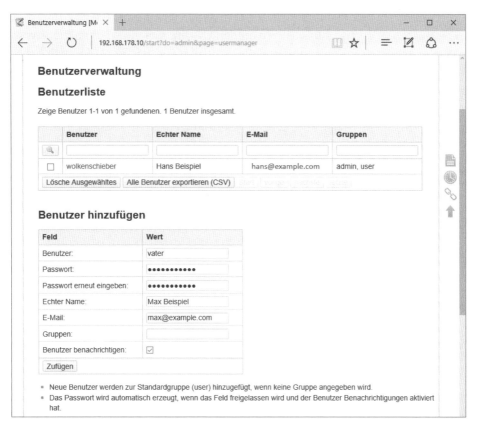

Abbildung 12.9 Die Benutzerverwaltung des Wikis

Wenn eines Tages Ihr DokuWiki etwas umfangreicher geworden ist und Sie sich eine feinere Kontrolle von Benutzerrechten wünschen, dann ist für Sie der zweite Punkt der Hauptseite der Administrationsoptionen interessant, denn dieser kümmert sich um eine detaillierte Zugangsverwaltung. Der Einsteiger benötigt diesen Punkt jedoch nicht. Er kann sich jetzt als Administrator abmelden (mit der Schaltfläche ganz oben rechts) und unter dem neu erstellten Benutzerkonto als »normaler Autor« anmelden. Nun wird es an der Zeit, dass Sie Ihren ersten Artikel erstellen.

12.4   Eine kleine Einführung in die Benutzung

Schauen wir uns noch kurz an, wie Sie Ihr DokuWiki benutzen. Loggen Sie sich zunächst mit einem Benutzerkonto, das über Schreibrechte verfügt, direkt im Doku-Wiki ein. Klicken Sie einmal links oben auf das DokuWiki-Symbol beziehungsweise auf den Titel Ihres Wikis, den Sie bei der Einrichtung eingegeben haben. Sie gelangen daraufhin auf die Startseite, die anfangs jedoch noch ganz leer ist.

Ganz wichtig ist: Innerhalb eines Wikis gibt es keine Schaltfläche für die Aktion »neue Seite anlegen«. Das mag zunächst verwunderlich sein, aber ein Wiki funktioniert so, dass eine Seite stets über eine andere Seite aufgerufen werden kann. Dies stellt sicher, dass keine Seite »verlorengeht« – also irgendwo existiert, aber nur über die Suche gefunden werden kann. In einem (ordentlich gepflegten) Wiki können Sie sich also immer über Links von Seite zu Seite hangeln und somit jede Seite aufrufen, die es gibt. Um in einem Wiki also eine neue Seite zu erzeugen, müssen Sie erst einmal einen Link zu dieser neuen Seite erstellen. Das ist erst einmal etwas seltsam, denn Sie erstellen einen Link zu einer Seite, die es noch gar nicht gibt, aber so ist nun einmal das Konzept.

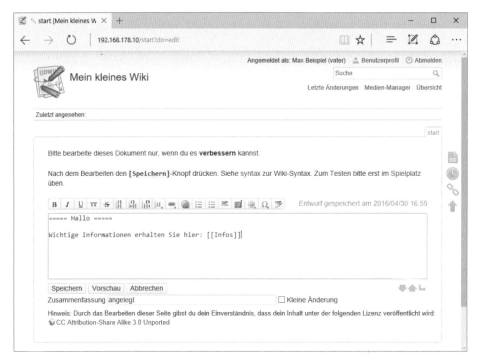

Abbildung 12.10 Eine erste Seite erstellen

Klicken Sie also auf der Startseite auf der rechten Seite auf das Bleistiftsymbol, und wählen Sie Seite anlegen (oder in älteren Versionen: Diese Seite bearbeiten). Sie können jetzt erst einmal einen Willkommenstext eingeben, ein einfaches »Hallo« tut es für den Anfang. Mit den Schaltflächen in der Symbolleiste können Sie den Text als Überschrift formatieren. Sie können das auch direkt im Editor tun. Überschriften werden durch Gleichheitszeichen formatiert, deren Anzahl über die Gliederungsebene entscheidet. Die höchste Ebene besteht aus fünf Gleichheitszeichen, die niedrigste aus drei. Geben Sie also

```
===== Hallo =====
```

ein, und Sie erhalten später eine entsprechend formatierte Überschrift. Nun legen wir einen Link zu einer neuen Seite an. Geben Sie einen einführenden Text ein, beispielsweise: »Wichtige Informationen erhalten Sie hier:«, gefolgt von dem Verweis auf die neu zu erstellende Seite: `[[Infos]]`. Mit den zwei eckigen Klammern erstellen Sie einen Link zu einer (neuen) Seite, hier mit dem Namen `Infos`. Im Grundzustand übernimmt DokuWiki diesen Namen später auch als Titel auf der neuen Seite, Sie können das jedoch in den Einstellungen auf Wunsch ändern. Speichern Sie anschließend diese Seite mit der Schaltfläche unterhalb des Texteditors wie in Abbildung 12.10 ab.

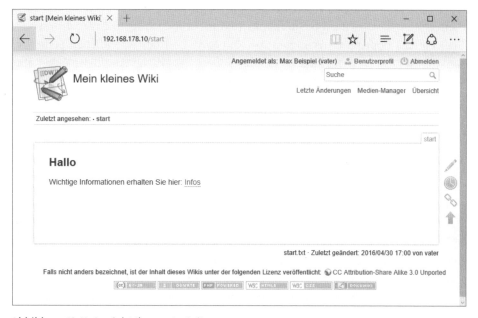

Abbildung 12.11 So sieht Ihre erste Seite aus

In Abbildung 12.11 sehen Sie jetzt die endgültige Fassung Ihrer Seite. »Hallo« ist als groß gedruckte Überschrift dargestellt, darunter finden Sie Ihren einführenden Text und dann, in roter Farbe, den Link zu Ihrer Seite, die es noch gar nicht gibt. Klicken Sie diesen Link an, und Sie gelangen zu einer Seite, auf der steht, dass es diese Seite (beziehungsweise dieses Thema) noch nicht gibt und dass sie (beziehungsweise es) jetzt angelegt werden kann. Tun Sie das ruhig – klicken Sie wieder rechts auf den Bleistift, und wählen Sie SEITE ANLEGEN. Jetzt können Sie den »richtigen« Text eingeben. Probieren Sie unbedingt auch die Optionen zur Formatierung des Textes aus, die Ihnen die Symbolleiste bietet, und lernen Sie damit gleich die jeweilige Syntax im Texteditor – so werden Sie später wesentlich schneller beim Eingeben Ihrer Texte.

Sie finden in der Symbolleiste auch eine Schaltfläche zum Einfügen von Bildern, die Sie jedoch zuerst hochladen müssen. Anschließend können Sie sich aussuchen, wie groß das Bild dargestellt wird, wie es positioniert werden soll und ob es mit Informationen oder einem Link angezeigt werden soll. Wenn Sie fertig sind, dann stellen Sie die Seite online. Glückwunsch! Ihre erste Wiki-Seite steht.

Wenn Sie wollen, können Sie natürlich auch auf Ihrer eigentlichen Themenseite Links zu anderen Seiten setzen. Das können beispielsweise Informationen zu den Zutaten eines Kochrezeptes sein, es sind aber auch Links zurück zu den Indexseiten denkbar. Ein Link zurück zur Startseite sieht beispielsweise so aus: `[[start]]`. Allerdings müssten Sie diese Links jeweils auf jeder Seite anlegen.

Noch ein Tipp: Wenn Sie in Ihrem Wiki mehrere Themengebiete verwalten möchten, dann sollten Sie dies auch bei der Linkstruktur berücksichtigen. Das realisieren Sie über einen Doppelpunkt zwischen der Kategorie und der eigentlichen Seite. Das funktioniert etwa so: Der Link `[[computertipps:index]]` zeigt zum Beispiel auf eine Seite im Themengebiet *Computertipps*, während der Link `[[kochrezepte:quarkkuchen]]` auf ein (neues) Rezept im Themengebiet *Kochrezepte* verweist. Wenden Sie dies bitte unbedingt an, denn damit wird Ihr Wiki übersichtlicher.

12.5   Größere Dateien erlauben

Es gibt nur noch eine Kleinigkeit, die wir optional anpassen können. Im Grundzustand erlaubt nämlich der PHP-Interpreter nur Datei- beziehungsweise Bilder-uploads mit einer maximalen Dateigröße von 2 MB. Dies kann bei großformatigen Bildern zu wenig sein, woraufhin der Upload fehlschlägt. Wenn Sie mit größeren Dateien arbeiten möchten, die dann allerdings auch schneller Ihre Speicherkarte füllen, und die Beschränkung der Upload-Größe nicht schon bei einem anderen Website-Projekt geändert haben, dann können Sie das auf Wunsch jetzt tun. Dazu wechseln Sie wieder zur Kommandozeile Ihres Pi-Servers und öffnen dort die Konfigurationsdatei des PHP-Interpreters php5-fpm:

```
sudo nano /etc/php5/fpm/php.ini
```

Die Datei ist recht umfangreich. Nutzen Sie am besten die Suchfunktion von nano, die Sie mit der Tastenkombination ⎡Strg⎤+⎡w⎤ aufrufen. Suchen Sie nach dem Ausdruck upload_max_filesize. nano wird Ihnen nach der Suche folgenden Textblock anzeigen:

```
; Maximum allowed size for uploaded files.
; http://php.net/upload-max-filesize
upload_max_filesize = 2M
```

Die Upload-Größe wird durch den Eintrag `upload_max_filesize` beschränkt, der in der Standardeinstellung auf `2M` für 2 Megabyte gesetzt ist. Diesen Wert können Sie nun beispielsweise auf `6M` erhöhen, was für die meisten Bilder ausreichend sein dürfte und gleichzeitig verhindert, dass sich die Speicherkarte rasch füllt (und sich Ladezeiten der Wiki-Seiten aufgrund großer Dateien unnötig verlängern).

Um die geänderte Einstellung zu aktivieren, ist ein Neustart des PHP-Interpreters mit folgendem Befehl erforderlich:

```
sudo service php5-fpm restart
```

Das war es für den Anfang schon. Alles Weitere können Sie durch (vorsichtiges) Ausprobieren erfahren, das Meiste ist sogar komplett selbsterklärend.

Nun viel Spaß beim Erstellen Ihres Wikis!

12

Kapitel 13
Der eigene Blog mit Chyrp

*Ein klassisches Tagebuch ist Ihnen zu altmodisch, aber der Gedanke,
wichtige Familienerlebnisse mit Fotos, Videos und Texten dokumen-
tieren zu können, reizt Sie schon etwas? Warum dann nicht einen
eigenen privaten Blog einrichten?*

Schauen wir uns einmal an, ob nicht vielleicht auch ein Blog etwas für Sie sein könnte.
Ein Blog ist ganz grob betrachtet eine Art von Tagebuch oder eine allgemeine Sammlung von interessanten Artikeln. Sie können Texte eingeben und sie mit Medien
ergänzen, meistens sind dies Bilder. Sie können aber auch Videos, Audiodateien oder
allgemein Links zu wichtigen und interessanten Internetseiten einbetten. In einem
Blog werden die einzelnen Einträge im Regelfall antichronologisch angezeigt, der neueste Eintrag steht also als Erstes. Sinngemäß können Sie einzelne Artikel zu den Themen verfassen, die Ihnen wichtig sind. Ein Blog kann zum Beispiel ein Reisebericht
sein, mit dem Sie Daheimgebliebene informieren und sich selbst später erinnern wollen, ein Blog kann auch tatsächlich ein Tagebuch sein, in dem Sie wichtige Erlebnisse
festhalten. Es kann sich aber ebenso um eine Zusammenstellung technischer Artikel
handeln, mit denen Sie einem Leserkreis die Welt der Linux-basierten Server beibrin-
gen und die Sie regelmäßig ergänzen. »Tagebuch« ist daher vielleicht nicht unbedingt
die passende Beschreibung, »Sammlung von Artikeln und Berichten« ist aber auch
keine schöne Bezeichnung, nennen wir also die Sache einfach Blog.

Bei einem guten Blog können Sie sich aussuchen, ob Sie Ihre einzelnen Artikel (neudeutsch »Posts«) mit allen Menschen ohne Einschränkung teilen (also ob jeder alles
lesen kann). Sie können aber auch alle Inhalte mit einem Passwort schützen, so dass
nur ausgewählte Personen Zugriff erhalten. Auch eine Mischform ist möglich, bei der
manche Artikel von jedem gelesen werden können, andere jedoch einem ausgewählten Leserkreis vorbehalten bleiben. Dies macht man natürlich von der Art der Inhalte
abhängig. Ein Blog bekommt durch die Art der Seitengestaltung eine individuelle
Note. Derjenige, der den Blog erstellt (der sogenannte *Blogger*), trifft Entscheidungen
über das Design, also die Farbwahl, die Grafiken und die Schriftarten.

Die einzelnen Artikel können dann entweder in antichronologischer Reihenfolge
gelesen oder mit Schlagwörtern versehen beziehungsweise nach Kategorien sortiert
und anschließend durchsucht werden.

Oftmals wird natürlich ein Blog im Internet (also weltweit) veröffentlicht, es ist aber auch durchaus denkbar, dass er nur im heimischen Netzwerk verfügbar ist und dort Familienerlebnisse dokumentiert, also eine Art von lebendigem Fotoalbum darstellt. Diesen Anwendungsfall wollen wir betrachten.

Die Form des Blogs ist (im Regelfall) eine Internetsite, die mit einem Internetbrowser betrachtet wird und die von einem Webserver bereitgestellt wird. Sie kann also auch von einem Pi-Server vorgehalten werden. Der Blog wird von einer Software verwaltet, die wiederum ein (einfaches) Content-Management-System (CMS) darstellt. Das bedeutet, dass der Autor seine Texte eingibt und in einem Editor vorformatiert (also beispielsweise Fettschrift zuweist oder Überschriften einteilt), die eigentliche Erstellung der Internetseiten übernimmt jedoch die Blogsoftware.

Eine sehr bekannte und sehr mächtige Software, mit der weltweit viele Blogs erstellt werden, ist *WordPress*. Das ist eine sehr zuverlässige und einfach zu bedienende Software, für die es auch eine Vielzahl von Themes, also Vorlagen zur Seitengestaltung, gibt. Wer einen Blog professionell betreiben möchte (ja, mit einem Blog lässt sich durch die Schaltung von Werbung auch Geld verdienen), der sollte sich diese freie Software ansehen. Sie ist jedoch sehr umfangreich und geht weit über die Erstellung eines einfachen Blogs hinaus. Folglich erfordert sie auch entsprechende Hardwareressourcen und am besten einen »richtigen« Server in einem Rechenzentrum. Zwar kann WordPress auch auf einem Pi-Server installiert werden, dieser sollte sich dann aber nicht mehr um weitere Sachen kümmern, und der Leserkreis sollte sehr übersichtlich bleiben. Wenn der Blog aber intensiv genutzt wird, dann kann es trotzdem eng werden.

Schauen wir uns daher eine leichtgewichtige Alternative mit dem Namen *Chyrp* an. Sie bietet ebenfalls alle wichtigen Funktionen, die ein Blog benötigt. Dazu zählen Benutzerverwaltung, Inhaltsbeschränkung, Kategorien- und Schlagwortzuweisung und einfache Texteingabe mit einem Editor. Sie bietet auch einige Themes für eine individuelle Seitengestaltung an. Ihre Hardwareanforderungen sind sehr bescheiden. Unter anderem erfordert Chyrp keine MySQL-Datenbank, sondern kann (auch) mit der ressourcenschonenderen SQLite-Datenbank betrieben werden, die bei kleineren Blogs durchaus ausreichend ist. Wir wollen uns hier mit einer solchen Installation und ihrer Benutzung auseinandersetzen, die ideal ist für jemanden, der im Heimnetzwerk einen kleinen, privaten Blog betreiben und die Thematik erst einmal kennenlernen möchte.

13.1   Die Installation auf dem Pi-Server

Vor der eigentlichen Installation müssen wir zunächst wieder einmal einen Webserver mit einer PHP-Erweiterung bereitstellen. Wir wählen wieder den bewährten Webserver nginx mit der Erweiterung php5-fpm. Wenn Sie diese Kombination noch nicht aufgesetzt haben, dann ist es nun an der Zeit, dies mit folgendem Befehl nachzuholen:

```
sudo apt-get install nginx php5-fpm
```

Andernfalls wird Ihnen Ihr System (wie in Abbildung 13.1 gezeigt) mitteilen, dass die Pakete bereits installiert sind und es nichts zu tun gibt.

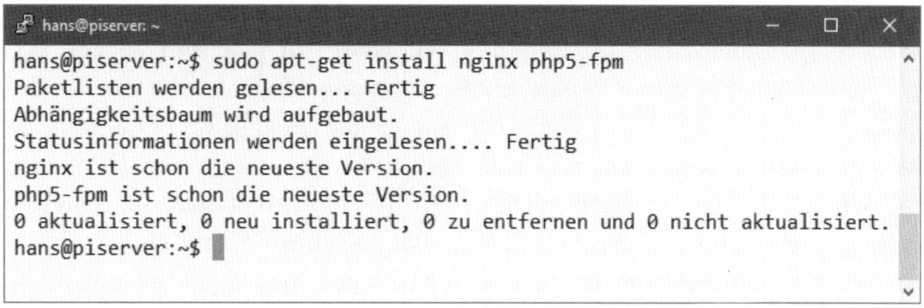

```
hans@piserver: ~                                                    —    □    ×
hans@piserver:~$ sudo apt-get install nginx php5-fpm
Paketlisten werden gelesen... Fertig
Abhängigkeitsbaum wird aufgebaut.
Statusinformationen werden eingelesen.... Fertig
nginx ist schon die neueste Version.
php5-fpm ist schon die neueste Version.
0 aktualisiert, 0 neu installiert, 0 zu entfernen und 0 nicht aktualisiert.
hans@piserver:~$ █
```

Abbildung 13.1 Nginx ist bereits installiert

Wenn auf Ihrem Server bereits eine andere Webseite, besser gesagt ein weiteres Website-Projekt, durch nginx bereitgestellt wird, dann können Sie nginx einfach um ein weiteres Website-Projekt erweitern.

Installieren wir sicherheitshalber noch die Erweiterung *php5-gd*. Dieses Modul von PHP wird für die Bereitstellung von Bildern in Chyrp benötigt. Geben Sie dazu Folgendes ein:

```
sudo apt-get install php5-gd
```

Sie können diesen Befehl auch ausführen, wenn php5-gd eventuell bereits installiert ist und Sie sich nicht sicher sind. apt wird Sie gegebenenfalls kurz über eine schon bestehende Installation informieren und Ihnen die Anfrage nicht weiter übel nehmen – was übrigens für alle Installationsbefehle an apt gilt.

Jetzt benötigen wir *SQLite*, dies wird unsere Datenbank mit den einzelnen Posts verwalten. Installieren wir also SQLite in der aktuellen Version 3 und ergänzen den PHP-Interpreter um ein Modul, das den Zugriff auf eine SQLite-Datenbank ermöglicht. Führen Sie diesen Befehl aus:

```
sudo apt-get install sqlite3 php5-sqlite
```

und installieren Sie die Komponenten auf üblichem Wege.

Legen Sie nun in Ihrem Home-Verzeichnis ein neues Verzeichnis für Chyrp an:

```
mkdir ~/chyrp
```

Wir wechseln anschließend in dieses Verzeichnis:

```
cd ~/chyrp
```

Jetzt werden wir die aktuelle Version von Chyrp aus dem Internet herunterladen. Wir wollen in diesem Buch Chyrp Lite verwenden. Dies ist eine moderne Weiterentwicklung von Chyrp, die derzeit den aktuellsten und umfangreichsten Funktionsumfang bietet. Chyrp Lite ist auf der Site *http://chyrplite.net/* beheimatet, die Sie sich einmal ansehen können.

Zum Herunterladen wechseln Sie mit Ihrem Browser auf *https://github.com/ xenocrat/chyrp-lite/releases*. Dort finden Sie Hinweise zur neuesten Version von Chyrp Lite sowie Links zum Downloaden. Suchen Sie nach dem Downloadlink für den Sourcecode in einem *.tar.gz*-Archiv. Klicken Sie diesen Link am besten mit der rechten Maustaste an, und kopieren Sie die Linkadresse in die Zwischenablage. Achten Sie darauf, dass der Link tatsächlich zu einem *.tar.gz*-Archiv mit der neuesten Chyrp-Lite-Version verweist. Wechseln Sie wieder zur Konsole Ihres Pi-Servers. Geben Sie wget und ein Leerzeichen ein, und fügen Sie den eben kopierten Link durch einen Rechtsklick mit der Maus ein. Eine mögliche Eingabe könnte – je nach der aktuellen Version – so aussehen:

```
wget https://github.com/xenocrat/chyrp-lite/archive/v2016.01.tar.gz
```

Bestätigen Sie mit der ⏎-Taste und laden somit die Datei herunter. Zum Entpacken des Archivs benötigen Sie den Ihnen schon bekannten tar-Befehl. Geben Sie einfach

```
tar -xvzf v
```

ein und drücken nicht auf die ⏎-, sondern auf die ⇆-Taste. Dies startet die sogenannte AutoComplete-Funktion, die den Dateinamen für Sie ergänzen wird, so dass Ihre Eingabe beispielsweise folgende Form annimmt:

```
tar -xvzf v2016.01.tar.gz
```

Drücken Sie dann zur Ausführung des Befehls auf die ⏎-Taste. Funktioniert die AutoComplete-Version mit der ⇆-Taste nicht, dann lassen Sie sich einfach mit ls den Verzeichnisinhalt anzeigen, notieren sich den Namen des Chyrp-Lite-Archivs und geben ihn manuell ein.

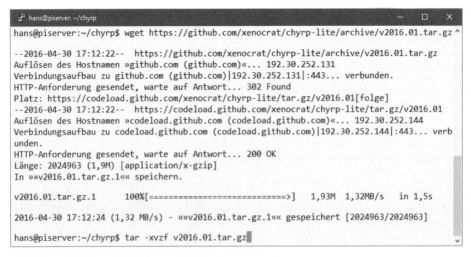

Abbildung 13.2 Herunterladen und Entpacken von »chyrp«

Nach dem Entpacken können Sie die ursprüngliche Archivdatei löschen. Dies geschieht wieder mit dem angepassten Befehl `rm archivname`. Geben Sie also, abhängig vom aktuellen Archivnamen, Folgendes ein:

```
rm v2016.01.tar.gz
```

Sie können auch hier die AutoComplete-Funktion mit der ⇆-Taste nutzen oder, wenn dies fehlschlägt, den eben beschriebenen Weg mit dem Befehl `ls` und manueller Eingabe des Dateinamens gehen.

Der `tar`-Befehl hat ein neues Verzeichnis angelegt. Dessen Name beginnt üblicherweise mit *chyrp-lite*. Sie können sich den Namen mit dem Befehl `ls` anzeigen lassen. Obwohl wir explizit die Version Chyrp Lite verwenden, werde ich der Einfachheit halber von nun an wieder den kürzeren Ausdruck »Chyrp« verwenden. Ändern Sie den Namen dieses Verzeichnisses in *chyrp*. Auch hier hilft Ihnen wieder die AutoComplete-Funktion. Geben Sie zunächst

```
mv c
```

ein, und drücken Sie die ⇆-Taste. Daraufhin wird der Name ergänzt. Vervollständigen Sie jetzt das zweite Argument wie folgt:

```
mv chyrp-lite-2016.01/ chyrp/
```

Führen Sie dann diesen Befehl aus.

Nun werden wir dieses Verzeichnis in das Verzeichnis */var/www/html/* verschieben, das der Webserver `nginx` bedient.

```
sudo mv chyrp/ /var/www/html/
```

Sie können nun direkt in Ihr Home-Verzeichnis wechseln und das Verzeichnis *~/chyrp* wieder löschen, es ist jetzt leer und wird nicht mehr benötigt. Führen Sie dazu die Befehle

```
cd
```

und

```
rmdir chyrp
```

aus.

Nun müssen wir wieder dafür sorgen, dass der Benutzer *www-data* Schreib- und Lesezugriff auf die Chyrp-Installation bekommt. Dazu führen Sie den Befehl

```
sudo chown -R www-data:www-data /var/www/html/chyrp/
```

aus.

Jetzt müssen wir den Webserver `nginx` einrichten. Dazu wechseln wir mit folgendem Befehl in das Verzeichnis */etc/nginx/sites-available*:

```
cd /etc/nginx/sites-available
```

Lassen Sie sich zunächst mit dem Befehl ls den Inhalt des Verzeichnisses ausgeben. Notieren Sie sich, ob sich in diesem Verzeichnis außer einer Datei namens *default* weitere Dateien befinden, die Sie bereits bei anderen Website-Projekten erstellt haben.

Legen Sie anschließend eine neue Konfigurationsdatei für Chyrp an. Dazu führen Sie den Befehl

```
sudo nano chyrp
```

aus und füllen die noch leere Datei mit folgendem Inhalt (den Sie über die Internetadresse *https://www.rheinwerk-verlag.de/4075/* auch als Datei herunterladen können):

```
server {
  listen 80;
  root /var/www/html/chyrp;
  index index.php;
  server_name IP-ADRESSE.VON.IHREM.PI-SERVER;
  client_max_body_size 100M;

  location / {
    index index.php ;
    try_files $uri $uri/ /index.php;
  }

  location ~ .*\.twig$ {
    deny all;
  }

  location ~ \.php$ {
    fastcgi_split_path_info ^(.+\.php)(/.+)$;
    try_files $uri $uri/ /index.php;
    fastcgi_pass 127.0.0.1:9000;
    fastcgi_index index.php;
    include fastcgi_params;
    fastcgi_param SCRIPT_FILENAME $document_root$fastcgi_script_name;
  }

}
```

Listing 13.1 Die Konfiguration von Chyrp mit »nginx«

Ja, die Tipparbeit mag jetzt etwas mühsam erscheinen, aber seien Sie bitte versichert, dass es auch eine gute Übung darstellt. Die Konfigurationsdatei sehen Sie auch noch einmal in Abbildung 13.3.

```
⌐ hans@piserver: /etc/nginx/sites-available                        —  □  ×
  GNU nano 2.2.6                    Datei: chyrp                      ^

server {
  listen 8080;
  root /var/www/html/chyrp;
  index index.php;
  server_name 192.168.178.10;
  client_max_body_size 100M;

  location / {
    index index.php ;
    try_files $uri $uri/ /index.php;
  }

  location ~ .*\.twig$ {
    deny all;
  }

  location ~ \.php$ {
    fastcgi_split_path_info ^(.+\.php)(/.+)$;
    try_files $uri $uri/ /index.php;
    fastcgi_pass 127.0.0.1:9000;
    fastcgi_index index.php;
    include fastcgi_params;
    fastcgi_param SCRIPT_FILENAME $document_root$fastcgi_script_name;
  }

}

^G Hilfe       ^O Speichern    ^R Datei öffnen^Y Seite zurück^K Ausschneiden^C Cursor
^X Beenden     ^J Ausrichten   ^W Wo ist      ^V Seite vor   ^U Ausschn. rüc^T Rechtschr. v
```

Abbildung 13.3 Konfiguration des Webservers

Bevor Sie die Datei abspeichern, müssen Sie in Zeile fünf noch den Ausdruck IP-ADRESSE.VON.IHREM.PI-SERVER durch die statische IP-Adresse Ihres Pi-Servers ersetzen. Die Zeile könnte nach Ihrer Änderung also beispielsweise lauten:

```
server_name 192.168.178.10;
```

Jetzt müssen wir wie immer klären, ob Chyrp bei Ihnen die einzige Internetsite ist oder ob es noch weitere gibt. Wenn Sie schon andere Websites eingerichtet haben, dann wissen Sie, dass es nun um den Port geht, unter dem die jeweilige Website zu erreichen ist. Wir richten den Webserver nginx so ein, dass jedes Website-Projekt unter einem eigenen Port erreichbar ist. Port 80 ist der Standardport für *http://*-Seiten, er braucht beim Seitenaufruf im Browser nicht eingegeben zu werden und sollte aus Bequemlichkeitsgründen Ihrem wichtigsten und am meisten genutzten Website-Projekt vorbehalten bleiben. Nutzen Sie Port 80 also für das Website-Projekt, das bei Ihnen die höchste Priorität hat.

Wichtig: Es sollte nur ein Website-Projekt Port 80 verwenden. Deswegen hatten Sie zuvor nachgesehen, ob sich in dem Verzeichnis */etc/nginx/sites-available* bereits andere Dateien befinden. Wenn dort nur eine Datei namens *default* vorhanden ist, dann ist Port 80 noch unbelegt, und Sie können ihn für Chyrp nutzen. Wenn dort aber bereits weitere Dateien vorhanden sind, die beispielsweise das DokuWiki oder Ihre ownCloud konfigurieren, dann ist die Wahrscheinlichkeit groß, dass diese bereits Port 80 nutzen. In diesem Fall müssen Sie Zeile zwei der Konfiguration von Chyrp ändern. Wählen Sie einen Port, der bisher noch nicht in Verwendung ist. Es bietet sich an, einen Port aus dem Bereich 8080 bis 8089 zu verwenden. Sie können also beispielsweise Port 8080 nutzen. Am besten ist es, wenn Sie stets Buch über die bisher verwendeten Ports führen. Zeile zwei könnte also auch lauten:

```
listen 8080;
```

Speichern Sie die Datei anschließend ab, und verlassen Sie den Texteditor nano mit der Tastenkombination ⌈Strg⌉+⌈x⌉ gefolgt von der Betätigung der Taste ⌈j⌉.

Sie können die Portzuweisung auch nachträglich jederzeit ändern. Wenn Sie beispielsweise bereits Chyrp installiert haben und Ihren Server mit einer ownCloud ergänzen möchten, dann können Sie den bisher von Chyrp (oder einem anderen Website-Projekt) verwendeten Port ändern und statt dessen für ownCloud (oder ein anderes Projekt) benutzen. Ändern Sie einfach die Zeile listen 80 in den Konfigurationsdateien und starten anschließend den Webserver nginx neu. Allerdings müssen Sie beachten, dass eventuell im Browser angelegte Lesezeichen und Links zu den bisherigen Seiten dadurch ungültig werden und mit der geänderten Portnummer aktualisiert werden müssen.

Sollte bei Ihnen die Chyrp-Installation anschließend nicht korrekt arbeiten, dann könnte es daran liegen, dass es Konflikte mit mehrfach genutzten Ports gibt. In diesem Fall sollten Sie sich die anderen Dateien im Verzeichnis */etc/nginx/sites-available* mit dem Editor nano ansehen und überprüfen, ob es solche Überschneidungen gibt. Überprüfen Sie dafür die Zeile listen, die in allen unseren Website-Konfigurationsdateien vorhanden ist. Dabei brauchen Sie die Datei *default* jedoch (wenn Sie stets der Anleitung in diesem Buch gefolgt sind) nicht zu berücksichtigen.

Wenn Sie bereits ein anderes Website-Projekt erstellt haben, dann kennen Sie das Spiel – wir müssen noch eine Verknüpfung unserer Konfigurationsdatei vom Verzeichnis */etc/nginx/sites-available* in das Verzeichnis */etc/nginx/sites-enabled* setzen. Geben Sie hierzu folgenden Befehl ein:

```
sudo ln -s /etc/nginx/sites-available/chyrp /etc/nginx/sites-enabled/chyrp
```

Bestätigen Sie mit der ⌈↵⌉-Taste.

Wenn Chyrp Ihr erstes Website-Projekt ist – was Sie daran erkennen, dass es außer der Chyrp-Konfigurationsdatei im Verzeichnis */etc/nginx/sites-available/* nur die Datei *default* gibt –, dann müssen wir diese jetzt deaktivieren. Die Datei *default* stellt nämlich eine Grundkonfiguration für ein Website-Projekt dar und gerät möglicherweise mit einem Ihrer Projekte in Konflikt. Wir werden diese Datei aber nicht löschen, sondern nur deaktivieren. Dazu löschen wir nur eine Verknüpfung, die von dieser Datei in das Verzeichnis */etc/nginx/sites-enabled* zeigt. Somit bleibt diese Datei zu Dokumentationszwecken im Verzeichnis */etc/nginx/sites-available/* vorhanden, ist aber nicht mehr aktiv. Um die angesprochene Verknüpfung zu löschen, führen Sie folgenden Befehl aus:

```
sudo rm /etc/nginx/sites-enabled/default
```

Diesen Befehl können Sie auch ausführen, wenn Sie sich bezüglich einer bereits durchgeführten Deaktivierung unsicher sind. Wenn die Verknüpfung bereits gelöscht ist, werden Sie hierüber informiert.

Als Nächstes müssen wir – wenn es nicht schon im Rahmen einer anderen Website-Konfiguration geschehen ist – eine Änderung in der PHP-Konfiguration vornehmen. Sie betrifft die Kommunikation zwischen dem Webserver und der eigentlichen PHP-Schnittstelle, die wir auf einen Netzwerkport umlegen. Öffnen Sie dazu mit nano folgende Datei:

```
sudo nano /etc/php5/fpm/pool.d/www.conf
```

Suchen Sie mit dem Tastaturkommando [Strg]+[w] nach dem Eintrag listen =. Ändern Sie den Eintrag (falls noch nicht geschehen) so ab, dass er folgenden Inhalt annimmt:

```
listen = 127.0.0.1:9000
```

Beenden Sie nano, und speichern Sie die Datei mit [Strg]+[x] ab.

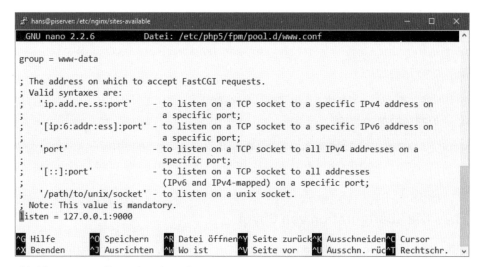

Abbildung 13.4 Falls noch nicht erfolgt, so müssen Sie die PHP-Konfiguration anpassen

Chyrp verwaltet eine Datenbank, in der alle Blogeinträge gespeichert werden. Diese Datenbank sollten wir aus Sicherheitsgründen nicht im selben Verzeichnis wie die Website selbst speichern. Die Datenbank sollte weder in die falschen Hände gelangen noch bei einem eventuellen Softwareupdate von Chyrp versehentlich gelöscht werden. Erstellen wir also ein separates Verzeichnis, in dem die Datenbank gespeichert werden soll. Dies kann zum Beispiel ein Verzeichnis unterhalb von *var/lib* sein. Führen Sie folgenden Befehl aus:

```
sudo mkdir /var/lib/chyrp/
```

Dieses Verzeichnis sollte nur vom Benutzer *www-data* gelesen und geschrieben werden können. Das ermöglichen folgende Befehle:

```
sudo chown www-data:www-data /var/lib/chyrp/
```

und

```
sudo chmod 740 /var/lib/chyrp/
```

Nun müssen wir den Webserver `nginx` und den Service `php5-fpm` jeweils neu starten, damit sie die geänderte Site-Konfiguration auch übernehmen. Das machen wir mit folgenden zwei Befehlen:

```
sudo service nginx restart
```

```
sudo service php5-fpm restart
```

Falls Sie eine Fehlermeldung erhalten, dann ist Ihnen eventuell ein Tippfehler unterlaufen. Sie sollten dann sämtliche Konfigurationsschritte noch einmal überprüfen.

Sie können jetzt mit Ihrem Webbrowser die Chyrp-Site öffnen. Geben Sie dazu in der Adressleiste die IP-Adresse Ihres Pi-Servers an. Ergänzen Sie die IP-Adresse gegebenenfalls um den von Port 80 abweichenden Port, falls Sie einen solchen vorher definiert hatten. Ihre Eingabe lautet also entweder (entsprechend angepasst):

http://192.168.178.10

wenn Sie Port 80 verwenden oder beispielsweise

http://192.168.178.10:8080

wenn Sie den abweichenden Port 8080 nutzen. Sie müssen natürlich die richtige IP-Adresse Ihres Pi-Servers und auch den richtigen von Ihnen gewählten Port eingeben.

13.2   Die Konfiguration von Chyrp

Nun sollte sich die Installationsseite von Chyrp öffnen, die Ihnen Abbildung 13.5 schon einmal zeigt. Ist dies nicht der Fall, dann ergänzen Sie Ihre Eingabe in der Adressleiste des Browsers um den Ausdruck *install.php*.

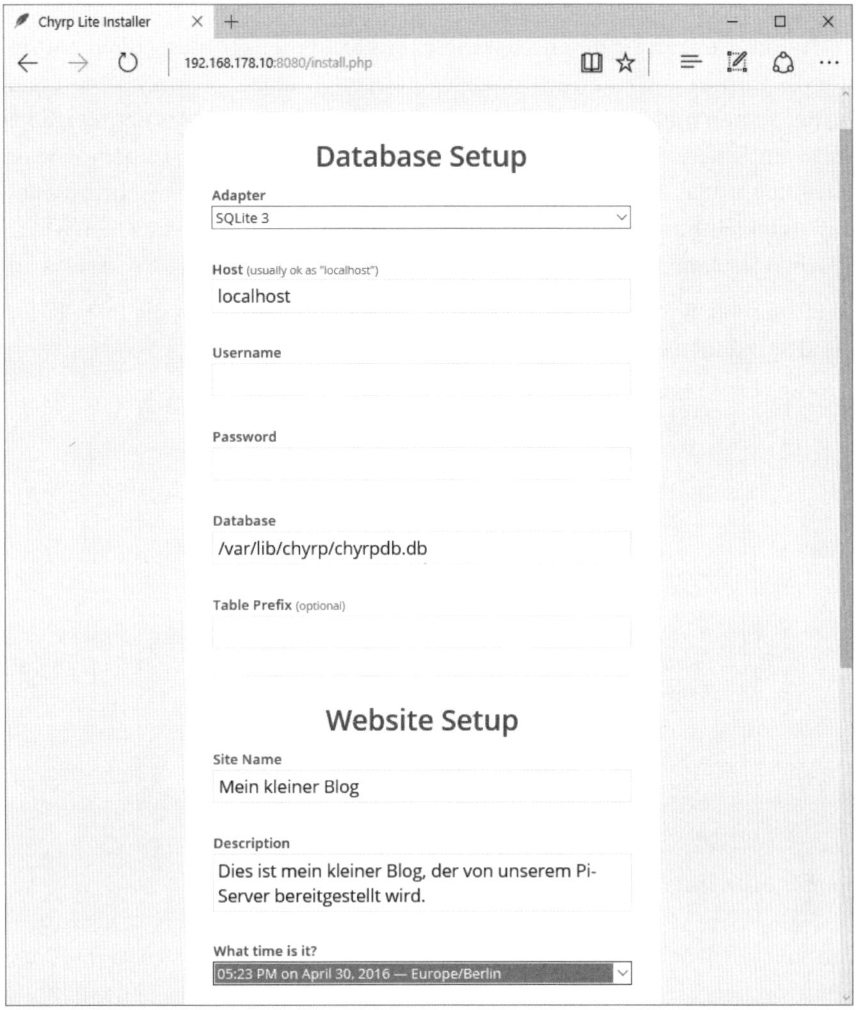

Abbildung 13.5 Die Installationsseite Ihres Blogs

Führen Sie nun die einmalige Installation von Chyrp aus. Wählen Sie als Datenbankformat (im Feld ADAPTER) SQLite3. Das Feld HOST belassen Sie auf dem Eintrag LOCALHOST. Die Felder USERNAME, PASSWORD und TABLE PREFIX bleiben leer. Sie geben lediglich den absoluten Pfad zur Datenbank an. Tippen Sie also im Datenbank-Feld DATABASE den Pfad zur neuen Datenbank ein:

/var/lib/chyrp/chyrpdb.db

Legen Sie anschließend unter dem Punkt WEBSITE SETUP einen Namen für Ihren Blog (SITE NAME), eine kleine Beschreibung (DESCRIPTION) und auch die Zeitzone (beispielsweise EUROPE/BERLIN) fest.

Wählen Sie anschließend im Konfigurationspunkt ADMIN ACCOUNT den Namen des Administrators. Denken Sie daran, dass dieser aus Sicherheitsgründen nicht »Administrator«, »Admin« oder ähnlich naheliegend lauten sollte. Vergeben Sie einen Namen, der keinen inhaltlichen Bezug zur Person des Administrators hat. Vergeben Sie ebenso ein sicheres Passwort. Verwenden Sie ein Passwort, das in keinem Wörterbuch zu finden ist, das auch nicht aus zusammengesetzten Wörtern besteht, mischen Sie Groß- und Kleinbuchstaben, ergänzen Sie Ziffern und auch Sonderzeichen wie ?, ! und #. Geben Sie dann noch eine gültige E-Mail-Adresse im Feld EMAIL ADDRESS an.

Klicken Sie abschließend ganz unten auf INSTALL! Anschließend ist die Installation fertig, und Sie können Chyrp benutzen. Klicken Sie dazu auf TAKE ME TO MY SITE!

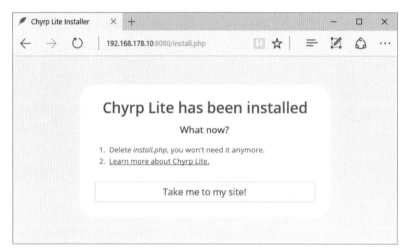

Abbildung 13.6 Die Installation wurde abgeschlossen

Etwas sollten wir jedoch noch tun, und zwar die Seite beziehungsweise die Datei *install.php* löschen. Sie wird jetzt nicht mehr benötigt und stellt gegebenenfalls ein Sicherheitsrisiko dar. Wechseln Sie also noch einmal zur Konsole Ihres Pi-Servers. Löschen Sie die Datei *install.php* nun mit folgendem Befehl:

```
sudo rm /var/www/html/chyrp/install.php
```

Jetzt müssen wir an der Chyrp-Installation eventuell noch eine Kleinigkeit anpassen, damit sie reibungslos mit unserer Softwarekonfiguration zusammenarbeitet. Wechseln Sie zunächst wieder zu Ihrem Browser, und klicken Sie auf Ihrer Chyrp-Seite auf die Schaltfläche LOG IN. Geben Sie anschließend den Benutzernamen des Administrators und das zugehörige Passwort ein. Klicken Sie dann unterhalb des Passwortfeldes auf LOG IN. Landen Sie hiernach wieder auf der mehr oder weniger leeren Startseite, die immer noch die LOG IN-Schaltfläche zeigt, dann müssen Sie jetzt aktiv werden. Andernfalls (wenn der Login funktioniert) können Sie den folgenden Absatz überspringen.

Ist die Änderung bei Ihnen nötig, dann öffnen Sie folgende Datei mit dem Editor nano:

```
sudo nano /var/www/html/chyrp/includes/helpers.php
```

Suchen Sie mit der Suchfunktion, die Sie mit dem Tastaturkommando Strg+w aktivieren, nach dem Ausdruck:

```
$host = $_SERVER['HTTP_HOST'];
```

Ändern Sie diesen Ausdruck wie folgt ab:

```
$host = $_SERVER['SERVER_NAME'];
```

Achten Sie insbesondere auf das Semikolon am Ende und die Apostrophe innerhalb des Klammerausdrucks. Wie es aussehen sollte, können Sie sich in Abbildung 13.7 ansehen.

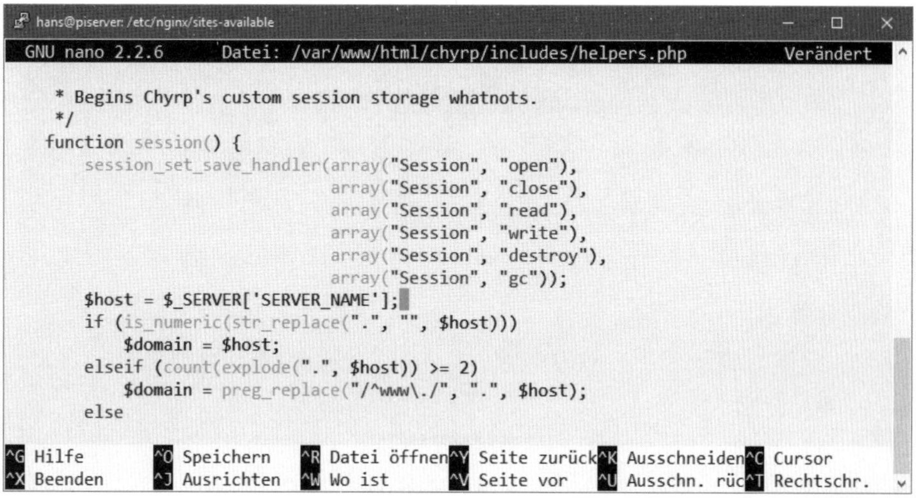

Abbildung 13.7 Eine Änderung an der Datei »/var/www/html/chyrp/includes/helpers.php«

Bitte nehmen Sie keine weiteren Änderungen vor, und speichern Sie die Datei mit dem Tastaturkommando Strg+x ab. Nun sollte der Login funktionieren.

Wir können uns jetzt einmal mit den Zugriffsrechten auf die Chyrp-Installation befassen. Unsere ursprünglichen Einstellungen sind sehr weitreichend. Um eine sichere Installation zu erhalten, die sich nicht so leicht angreifen lässt, sollten wir die Rechte jetzt etwas enger fassen und dazu die folgenden Befehle ausführen:

```
sudo chmod -R 540 /var/www/html/chyrp/
sudo chmod -R 740 /var/www/html/chyrp/includes/
sudo chmod -R 740 /var/www/html/chyrp/uploads/
```

Diese Einstellungen werden dazu führen, dass nur noch die Benutzer *root* und *www-data* Daten im Verzeichnis der Chyrp-Installation lesen und schreiben dürfen. Wenn Sie selbst – aus irgendeinem Grund – Zugriff auf diese Dateien benötigen, dann müssen Sie den sudo-Befehlsvorsatz benutzen oder die Zugriffsrechte (vorübergehend) wieder lockern.

13.3   Eine kleine Einführung in die Benutzung von Chyrp

Kommen wir nun zur Bedienung. Wir wollen hier natürlich keine umfassende Bedienungsanleitung durchgehen, denn das ist nicht der Sinn dieses Buches, aber die grundlegenden Schritte für den ersten Start, die wollen wir uns kurz ansehen.

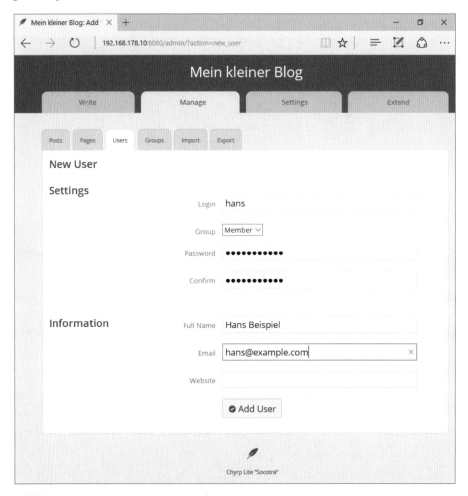

Abbildung 13.8 Einen neuen Nutzer anlegen

Zunächst einmal ist aus Sicherheitsgründen wichtig, dass Sie keine Posts unter dem Administratorkonto erstellen. Das kennen Sie bereits von allen anderen Projekten. Nutzen Sie das Administratorkonto wirklich nur zur Administration. Der erste Schritt sollte also sein, einen neuen Benutzer anzulegen, den Sie zum Verfassen von Artikeln verwenden.

Dazu müssen Sie sich also zuerst als Administrator einloggen, das machen Sie über den LOG IN-Button. Geben Sie den Namen des Administrators und das zugehörige Passwort ein. Klicken Sie anschließend im Menü auf der linken Seite des Bildschirms auf ADMIN, dann in der Menüleiste oben auf MANAGE und dann auf den (Kartei-)Reiter USERS. Klicken Sie auf NEW USER, und erstellen Sie ein neues Nutzerkonto mit Login-Namen, sicherem Passwort, richtigem Namen und einer E-Mail-Adresse. Der Benutzer sollte Mitglied der *Members*-Gruppe sein. Erstellen Sie dann den Benutzer. Navigieren Sie anschließend auf den Reiter GROUPS (Abbildung 13.9).

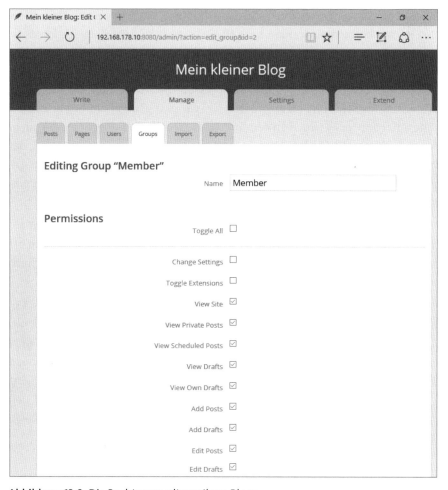

Abbildung 13.9 Die Rechteverwaltung Ihres Blogs

Hier können Sie festlegen, welche Rechte der neue Benutzer auf der Seite haben soll. Sinnvoll ist es natürlich, wenn er Posts erstellen darf. Klicken Sie also in der Zeile MEMBER ganz rechts auf das Stiftsymbol EDIT und wählen dann aus, was der neue Nutzer oder besser gesagt die Gruppe *Members*, der der neue Nutzer angehört, machen darf. ADD POSTS sollten Sie auswählen, damit er auch etwas schreiben kann. CHANGE SETTINGS sollten Sie hingegen nicht auswählen, das sollte dem Administrator vorbehalten bleiben.

Kontrollieren Sie auch die anderen Punkte, die beispielsweise festlegen, ob der neue Nutzer auch Posts verändern oder Seiten erstellen darf. Bestätigen Sie anschließend mit einem Klick auf die Schaltfläche UPDATE.

Wir sollten auch einen Blick auf die Gruppe *Guest* werfen – darunter fallen alle diejenigen, die sich nicht auf Ihrer Site eingeloggt haben. Das sind im Heimnetzwerk alle anderen Familienmitglieder. Auch hier können Sie mit der Funktion EDIT die Rechte festlegen und entscheiden, ob Gäste überhaupt Einträge sehen dürfen, ob sie private Einträge betrachten können oder ob sie sogar etwas schreiben dürfen. Letzteres wäre jedoch sehr ungewöhnlich und sollte aus Sicherheitsgründen nicht vorkommen. Wenn Sie Ihren Blog also nur einem geschlossenen Leserkreis zur Verfügung stellen wollen (oder ihn ganz privat lassen möchten), dann entziehen Sie den Gästen alle Rechte. Von nun an müssen Sie sich zwangsweise einloggen, um auf Ihrer Site überhaupt etwas lesen zu können. Für Personen, die nur etwas lesen, nicht aber etwas schreiben können sollen, erstellen Sie dann einen Account aus der Gruppe der *Friends* (also der Freunde). Das geschieht wieder im Reiter USER. Anschließend setzen Sie dann im Reiter GROUPS die gewünschten Rechte entsprechend auf NUR LESEN.

Die übrigen Optionen sind selbsterklärend. Sie sollten sie sich einmal in Ruhe anschauen. Interessant ist sicherlich die THEMES-Option, mit der Sie Ihrem Blog ein besonderes Aussehen verleihen können. Sie finden sie oben rechts auf dem Bildschirm im großen Karteireiter EXTEND und dann im kleinen Unterreiter THEMES.

Von hoher Relevanz sind die *Feathers*. Sie dienen dazu, unterschiedliche Medientypen in Ihre Blogeinträge aufnehmen zu können. So gibt es jeweils eine Feather, mit der Sie Bilder, Musikstücke oder Videos einbetten können. Es wird auch eine Funktion zum Dateidownload geboten. Die Feathers sollten Sie sich unbedingt anschauen und entsprechend konfigurieren. Klicken Sie als Administrator noch einmal ganz oben rechts auf dem Bildschirm auf den Karteireiter EXTEND und dann auf den Unterreiter FEATHERS. In der geöffneten Liste können Sie sich die einzelnen Möglichkeiten ansehen und diese nach Ihren Bedürfnissen aktivieren.

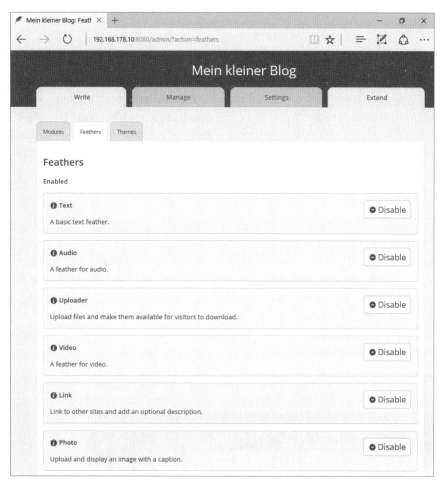

Abbildung 13.10 Die »Feathers«

Wenn Sie mit größeren Dateien arbeiten möchten, dann sollten Sie die maximale Upload-Größe anpassen. Diese finden Sie unter den Reitern SETTINGS • CONTENT. Die Grenze ist zunächst auf 10 MB festgelegt. An einer Erhöhung des Wertes werden Sie jedoch zunächst wenig Freude haben, denn zusätzlich begrenzt der PHP-Interpreter Datei-Uploads (in der Voreinstellung) auf eine maximale Größe von derzeit 2 MB. Aber auch diesen Wert können Sie problemlos ändern. Dazu wechseln Sie wieder zur Kommandozeile Ihres Pi-Servers. Öffnen Sie dort mit folgendem Befehl die Konfigurationsdatei von php5-fpm:

```
sudo nano /etc/php5/fpm/php.ini
```

Suchen Sie in der recht umfangreichen Datei mit der Suchfunktion von nano, die Sie mit der Tastenkombination (Strg)+(w) aktivieren, nach dem Ausdruck upload_max_filesize. Sie werden folgenden Textblock finden:

```
; Maximum allowed size for uploaded files.
; http://php.net/upload-max-filesize
upload_max_filesize = 2M
```

Der letzte Wert, in der Voreinstellung 2M, stellt die Dateigröße für den Upload ein, die php5-fpm maximal zulässt. Den Wert können Sie beliebig erhöhen. Wählen Sie aber trotzdem einen vernünftigen Wert. Zwar sind durchaus auch 1000M möglich, jedoch könnte ein böswilliger Nutzer so relativ rasch die Speicherkarte Ihres Servers füllen. Die geänderten Einstellungen aktivieren Sie durch einen Neustart des PHP-Interpreters. Dazu führen Sie folgenden Befehl aus:

```
sudo service php5-fpm restart
```

Denken Sie nochmals daran, dass Sie ebenfalls die Begrenzung im Webinterface von Chyrp ändern müssen.

Genug davon – als Administrator sind wir erst einmal fertig. Loggen Sie sich nun im Browser aus dem Administratorbereich von Chyrp aus. Die Schaltfläche finden Sie ganz unten auf dem Bildschirm. Loggen Sie sich dann mit dem Benutzerkonto ein, mit dem Sie Blogeinträge erstellen möchten, denn das wollen wir jetzt tun. Nachdem Sie sich eingeloggt haben, klicken Sie im linken Auswahlmenü auf WRITE (oder je nach Rechtevergabe ADMIN).

Abbildung 13.11 Ihren ersten Post auf Ihrem eigenen Blog verfassen

Es öffnet sich ein Editor wie in Abbildung 13.11. Als Erstes können Sie den Titel Ihres Eintrags eingeben. Tippen Sie hier als Beispiel »Hallo« ein. In dem großen Block, der BODY als Überschrift trägt, geben Sie den Haupttext ein, als kleines Beispiel etwa »Hallo, dies ist mein erster Post, Willkommen auf meinem Blog!«. Mit Hilfe von MARKUPS formatieren Sie Ihren Text. Eine Anleitung erhalten Sie durch einen Klick auf die kleine M-förmige Schaltfläche oberhalb des Textfeldes.

Haben Sie Ihre Eingabe vervollständigt, sollten wir uns noch die Schaltflächen unten ansehen, die Sie durch einen Klick auf MORE OPTIONS sichtbar machen. Das Feld STATUS ist besonders interessant, denn hier können Sie festlegen, ob jedermann den betreffenden Post ansehen darf oder nur bestimmte Nutzer oder Gruppen.

Wenn Sie – als etwas fortgeschrittener Benutzer – im Bereich des Administrators die Kategorien und Schlagwortverwaltung eingeschaltet haben, dann finden Sie in diesem Bereich auch die jeweiligen Optionen. Sie können jetzt den Eintrag zur späteren Bearbeitung abspeichern oder gleich mit einem Klick auf PUBLISH online stellen. Dann sehen Sie gleich das Ergebnis!

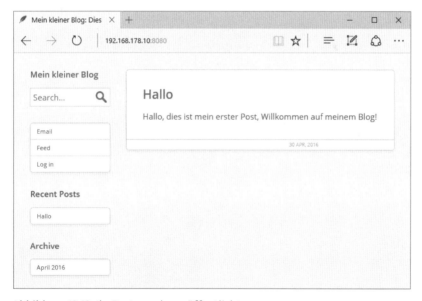

Abbildung 13.12 Ihr Post wurde veröffentlicht

Noch ein wichtiges Detail: Im Feld STATUS können Sie auch einstellen, dass ein Post erst zu einer bestimmten Zeit veröffentlicht werden soll. Das entsprechende Datum tragen Sie dann im Feld TIMESTAMP ein.

Nun aber viel Spaß beim Bloggen!

Kapitel 14
Die eigene Cloud mit ownCloud

Ab in die Cloud! Nein, das gilt nicht für Sie, aber vielleicht ja für Ihre Daten? Schauen wir uns an, wozu eine Cloud gut ist, abgesehen vom Regen-Erzeugen ...

Vorhang auf für Ihre eigene Cloud! In diesem Kapitel werden wir uns damit beschäftigen, wie Sie sich Ihre eigene Cloud einrichten, die Ihnen Zugriff auf eine Menge interessanter und sehr nützlicher Funktionen bietet. Dazu zählen nicht nur das Verwalten und Teilen von Dateien, Fotos, Videos und Musik, sondern auch die Synchronisation von Kalendern, Adressbüchern, Aufgabenlisten, die Verwaltung von Notizen, das gemeinsame Bearbeiten von Dokumenten und der automatische Abgleich ganzer Verzeichnisse – um nur einige Aufgaben zu nennen. Sie sehen schon, mit einer eigenen Cloud können Sie sehr viele nützliche Dinge tun, so dass Sie sich hiermit ruhig einmal beschäftigen sollten. Steigen wir ein und klären zunächst einmal, was eine Cloud überhaupt ist.

14.1 Was ist eine Cloud überhaupt?

Sie kennen sicher das englische Wort *cloud*, das eine gewöhnliche Wolke beschreibt. Eine Wolke ist etwas Nebulöses, sie ist nicht wirklich greifbar; wie weit sie entfernt ist und wo sie sich genau befindet, ist nur schwer abschätzbar. Trotzdem ist sie ganz sicher da. Der Ausdruck Cloud(-Computing) beschreibt einen Ansatz, bei dem Daten – aber durchaus auch Programme und jede Form von Anwendungen – nicht mehr auf dem heimischen Computer (oder einem Firmenrechner), sondern im Netzwerk auf einem Server bereitliegen. Wenn von der Cloud die Rede ist, dann ist meist das Internet gemeint. Die lokalen Daten und Anwendungen ziehen also auf einen Server im Internet. Sie ziehen in die Cloud (= Wolke), also im Prinzip irgendwohin. Wo das physisch ist, das weiß man als Anwender nicht (immer) ganz genau und braucht es im Prinzip auch nicht zu wissen, denn der große Vorteil liegt darin, dass die Daten und Anwendungen nun von überall aus verfügbar sind, schließlich ist das Internet allgegenwärtig.

Nur sicher, das sollten die Daten dann bitteschön trotzdem sein. Aber egal, wo Sie sich aufhalten, solange das Internet verfügbar ist (und das Passwort zur Hand ist), können Sie auf Ihre Daten zugreifen. Das bedeutet aber auch, dass Sie (ausgewählte)

Daten natürlich auch relativ einfach ausgewählten Personen zugänglich machen können. Sie können Ihre Daten oder Programme also für andere (gegebenenfalls passwortgeschützt) freigeben, neudeutsch sagt man, sie mit ihnen *teilen*. Das geschieht über spezielle Links, die Sie einer Zielperson zusenden können. So lässt sich nicht nur mit Arbeitskollegen gemeinsam an einem Bericht arbeiten, sondern Sie können auch Freunden die neuesten Katzenfotos präsentieren. Dazu legen Sie in der Cloud-Anwendung eine Freigabe an und senden den zugehörigen Link einfach per E-Mail oder über eine Chatnachricht – viel mehr ist nicht zu tun.

Die Freunde öffnen den Link mit einem normalen Webbrowser. Die Fotos werden dann von dem Cloud-Dienst schön aufbereitet in einer Galerie direkt im Webbrowser dargestellt, und die Betrachter sehen Navigationselemente, können die Bilder vergrößern und auch herunterladen. Das ist also auch eine Art von Anwendung, die geteilt wird.

Was mit Fotos geht, das geht übrigens auch mit Dokumenten. Auch diese können Sie teilen, mehr noch, Sie können sie sogar direkt im Browser wie in einem kleinen Office-Programm bearbeiten. Natürlich gibt es dabei nicht alle Funktionen einer großen Office-Anwendung, aber das Wichtigste für den täglichen Umgang ist integriert. Da die Daten so einfach an mehrere Personen weitergegeben werden können, ist es leicht möglich, auch die Funktion anzubieten, mit mehreren Personen gemeinsam und gleichzeitig am selben Dokument zu arbeiten. Während eine Person noch einen neuen Text eingibt und sich häufig vertippt, übernimmt ein Kollege bereits die Korrektur. Oftmals ist sogar eine Versionsverwaltung möglich, die ältere Dokumentversionen verfügbar hält. Sollten Sie sich also einmal die Frage stellen, ob Sie beispielsweise eine textliche Ausarbeitung nicht vielleicht doch in einer früheren Dokumentfassung besser gelöst hatten, dann können Sie einfach eine vorige Version des Dokuments zu Rate ziehen. Das Besondere ist nur, dass eben das Programm komplett im Browser abläuft, in einer Webanwendung. Eine weitere schon oft angesprochene Anwendung ist ein Kalender mit Aufgaben und Terminen. Diese können Sie nämlich von überall aus eintragen. In einem Team können Sie auch gleich Terminvorschläge für Kollegen eingeben und eigene Kalender (mit einstellbarem Detailgrad) für ausgewählte Personen einsehbar machen.

Dass von überall auf die Cloud zugegriffen werden kann, ist sicherlich ein sehr wichtiges Merkmal. Bemerkenswert ist jedoch auch, dass dies mit jedem internetfähigen Gerät geschehen kann. Dies ermöglicht schließlich die Synchronisation, also den Datenabgleich. Jedes Gerät bekommt den gleichen Datenbestand. Was am Handy eingetragen wird, ist (falls gewünscht) auch am PC sichtbar, der mit der Cloud verbundenen ist. Das gilt sowohl für ein Gerät zu Hause als auch für eines bei den Eltern oder der Freundin.

Eine Cloud kann verschiedenste Dienste anbieten, daher gibt es also nicht *die* eine Cloud. Meistens bieten Cloud-Lösungen jedoch zunächst die Speicherung und Verteilung von beliebigen Dateien, Dokumenten, Bildern, Kontakten (Adressen), Kalendern, Bookmarks/Lesezeichen und Aufgaben. Genauso gut sind aber auch Funktionen zur Notizverwaltung, zum Chatten oder zum Musikhören möglich.

Cloud-Dienste werden im Internet von vielen verschiedenen Anbietern angeboten. Manche beschränken sich auf wenige Funktionen oder sind gar strikt spezialisiert, so dass man letztendlich vielleicht sogar mehrere verschiedene Cloud-Dienste nutzt. Häufig sind die Angebote kostenfrei oder bieten erweiternde kostenpflichtige Dienste. Kostenfreie Angebote sind oftmals werbefinanziert oder decken ihre Kosten durch die Verarbeitung bestimmter anonymisierter Benutzerdaten, beispielsweise von Anwenderprofilen. Das mag vielleicht nicht jedem gefallen. Zum Glück müssen Sie Ihre Daten nicht irgendeinem Anbieter anvertrauen, nein, auch der Heimserver kann Cloud-Aufgaben übernehmen. Sie können sich dabei aussuchen, ob Ihre eigenen Cloud-Dienste nur im lokalen Netzwerk verfügbar bleiben oder auch über das Internet zur Verfügung stehen. Auch die Begrenzung auf das Heimnetzwerk ergibt durchaus Sinn, weswegen wir uns auch in einem Buch über einen Heimserver, der nicht primär Dienste über das Internet anbietet, mit einer solchen Cloud-Lösung beschäftigen werden. Mögliche Anwendungen in einem Heimnetz wären beispielsweise der Abgleich Ihrer Adressbücher und Kalender mit mehreren Geräten, der Austausch der neuesten Fotos mit den Familienmitgliedern oder das gemeinsame Korrekturlesen einer wichtigen Schularbeit.

Schauen wir uns doch einmal die wichtigen Vorteile, aber auch die Nachteile einer eigenen Cloud-Lösung an.

14.2   Vor- und Nachteile einer eigenen Cloud-Lösung

Der Hauptvorteil einer eigenen Cloud ist sicherlich der, dass die eigenen Daten zu Hause auf dem eigenen Server bleiben und somit (wenn dieser nicht gerade gehackt wird) nicht in fremde Hände fallen. Sie müssen also keine Angst vor Datenspionage haben, auch nicht vor einer automatisierten Schlagwortanalyse zur Erstellung personalisierter Werbung. Außer den einmaligen Kosten für die Anschaffung des Servers und des Speicherplatzes entstehen – abgesehen vom Stromverbrauch – keine weiteren Kosten. Wenn wir berücksichtigen, dass bei kommerziellen Cloud-Anbietern für größere Speichervolumina schnell höhere Kosten entstehen, dann hat sich die Anschaffung einer eigenen Festplatte schnell amortisiert. Sie haben außerdem die garantierte Gewalt über die Daten: Wenn Sie diese löschen, dann sind sie auch tatsächlich gelöscht (es sei denn, jemand hat sich über eine Freigabe eine Kopie erstellt). Sie können sich sicher sein, dass keine fremde Person noch eine Kopie zurückbehält. So lange der eigene Server läuft und über eine funktionierende Netzwerkverbindung verfügt, sind die Daten und Dienste nutzbar. Sie müssen keine Angst haben, dass der Anbieter seine Dienste von heute auf morgen einstellt. Sie brauchen auch keine plötzlichen Änderungen zu fürchten. Solange Sie die eigene Cloud nicht ändern, bleibt der Funktionsumfang nebst dem bekannten Bedienkonzept in gewohnter Form bestehen. Darüber hinaus kann ein großer Anbieter jederzeit das Ziel von Angreifern werden, denn ein Datendiebstahl erweist sich oftmals als äußerst lukrativ. Das gilt insbesondere dann, wenn den Dienst auch prominente Persönlichkeiten nutzen und dort beispielsweise privates Bildmaterial abspeichern. Dass jemand ausgerechnet eine einzelne beliebige private Cloud hacken möchte, wird hingegen vermutlich deutlich weniger wahrscheinlich sein. Allerdings sollten große Anbieter auch über entsprechend geschultes Personal verfügen, die gezielte Angriffe zu verhindern versuchen.

Damit wären wir bei den Nachteilen einer eigenen Cloud-Lösung. Sie müssen sich als Administrator um die Funktionsfähigkeit und eine Backup-Strategie selbst kümmern und auch ein grundlegendes Sicherheitskonzept implementieren. Fällt der eigene Server beispielsweise durch eine Stromunterbrechung aus, dann ist die eigene Cloud nicht mehr erreichbar. Im Brandfall oder bei einem Festplattendefekt sind möglicherweise sogar alle Daten verloren. Sie müssen also regelmäßige Backups erstellen und dafür sorgen, dass der Server stabil läuft. Insbesondere wenn die eigene Cloud aus dem Internet erreichbar ist, müssen Sie sich auch mit der Sicherheit befassen und dem Cloud-Programmierer vertrauen, dass er sorgsam programmiert und keine Sicherheitslücken übersehen hat.

Zusammengefasst können wir sagen, dass eine eigene Cloud sehr praktisch ist und dass Sie sie sich durchaus einmal anschauen sollten. Wir werden uns daher mit einer sehr bekannten und sehr aktiv weiterentwickelten eigenen Cloud-Lösung beschäftigen: mit *ownCloud*. Das ist ein Open-Source-Projekt, das sich zum Ziel gesetzt hat, eine Cloud-Lösung zu entwickeln, die man selbst auf einem eigenen Server betreiben kann. Das Schöne an der ownCloud ist, dass sie nicht von vornherein einen festgezurrten Funktionsumfang hat, sondern durch Zusatzmodule stark erweitert und an die persönlichen Bedürfnisse angepasst werden kann.

OwnCloud wird von vielen Personen entwickelt und gepflegt, von denen sich auch viele um die Sicherheit der Anwendung kümmern. Wie immer gilt jedoch: die Nutzung erfolgt auf eigenes Risiko. Bevor Sie also gleich alle Schranken öffnen und die Cloud ins Internet stellen, sollten Sie sie vielleicht erst einmal im lokalen Netz testen und nur bei Bedarf, vielleicht auch nur temporär, aus dem Internet erreichbar machen. Außerdem sollten Sie – unter Sicherheitsaspekten – nicht in einen Feature-Rausch verfallen und alle »vielleicht mal ganz interessanten« Funktionen installieren, sondern sich auf die wesentlichen und tatsächlich benötigten Anwendungen konzentrieren.

OwnCloud gehört zu den Anwendungen mit einem höheren Ressourcenbedarf, der mit jedem gleichzeitig aktiven Benutzer (auch verbundene Geräte zählen hierzu) ansteigt. Wenn keine Benutzer aktiv sind, dann werden jedoch kaum Hardwareressourcen in Anspruch genommen. Da es unwahrscheinlich ist, dass Sie gleichzeitig sehr viele Dienste Ihres Servers nutzen (der Mensch ist schließlich nicht wirklich multitaskingfähig), spricht jedoch von der leistungstechnischen Seite nichts gegen ein Ausprobieren. Aufgrund des leistungsfähigeren Prozessors ist bei der Nutzung der ownCloud allerdings der Raspberry Pi 3 oftmals gegenüber dem Banana Pi deutlich im Vorteil. Das gilt insbesondere für rechenintensive Dienste, die kein großes Datenaufkommen erzeugen, wie beispielsweise Vorschaugalerien einer Bildersammlung.

Die Installation der ownCloud ist etwas aufwendiger, schließlich handelt es sich ja auch um eine umfangreiche Anwendung. Leider ist insbesondere die Erstellung der Konfigurationsdateien mit erheblichem Aufwand verbunden. Arbeiten Sie besonders konzentriert, und achten Sie bei den Eingaben auch genau auf die Abstände und die Leerzeichen.

OwnCloud selbst läuft auf einem Webserver. Die eigentliche ownCloud-Anwendung ist »nur« eine Sammlung von intelligent gemachten dynamischen Internetseiten, die jedoch eine Menge Programmcode enthalten und somit zu einem Programm werden, das im Internetbrowser läuft (beziehungsweise auf dem Pi-Server ausgeführt wird). OwnCloud zählt bei uns also auch zu den Website-Projekten. Wir benötigen auf dem Pi-Server folglich einen Webserver, der PHP unterstützt (damit dieser Programmcode ausgeführt werden kann). OwnCloud benötigt ferner eine Datenbank, in der sämtliche Dateioperationen gespeichert werden. Dort wird also beispielsweise eingetragen, welche Datei wem gehört, wo sie angezeigt wird, welche Version aktuell ist und ob die Datei gerade mit anderen Personen geteilt wird. Sie ist also das Gedächtnis von ownCloud. Sie können hierfür eine MySQL-Datenbank verwenden, die auch für größere Installationen mit vielen Benutzern empfohlen wird, die aber auch eine Serveranwendung erfordert, die ständig im Hintergrund läuft und Ressourcen beansprucht. Deswegen bietet sich als Alternative eine SQLite-Datenbank an, die einen geringeren Ressourcenbedarf hat und für kleinere Installationen im privaten Rahmen oder für einen kleinen Verein sicherlich ausreichend ist. Da wir von einer Benutzerzahl von vier bis fünf Personen ausgehen, entscheiden wir uns zunächst für SQLite, dieses Datenbankformat genügt anfangs vollkommen und kommt der moderat schnellen CPU des Pi-Servers auch eher entgegen. Trotz allem werde ich auch Optionen besprechen, wie sich für größere Installationen ein anderes Datenbankformat verwenden lässt.

14.3   Die Installation der ownCloud auf dem Pi-Server

Die Installation von ownCloud ist sicherlich der aufwendigste und komplizierteste Vorgang, den wir hier in diesem Buch durcharbeiten, insbesondere Ihre Tipparbeit wird umfangreich ausfallen. Dabei sollten Sie aber Fehler vermeiden. Installieren Sie ownCloud also in Ruhe und bei guter Konzentration. Beginnen wir.

14.3.1   Grundlegende Komponenten

Wir entscheiden uns bei der Wahl des Webservers erneut für `nginx`, da dieser recht ressourcenschonend arbeitet, auch wenn er etwas mehr Konfigurationsaufwand verlangt. Wir benötigen für ownCloud auch die Erweiterung `php5-fpm`, die als Interpreter für PHP-Seiten fungiert. Wenn Sie diese Programmpakete noch nicht installiert haben, dann holen Sie dies jetzt mit folgendem Befehl nach (den Sie auch dann gefahrlos ausführen können, falls die Installation schon erfolgt ist):

```
sudo apt-get install nginx php5-fpm
```

Wie bereits zuvor besprochen, benutzen wir für unsere überschaubare Benutzerzahl die SQLite-Datenbank in der Version 3; Sie installieren diese mit folgendem Befehl:

```
sudo apt-get install sqlite3
```

OwnCloud benötigt eine umfangreiche Liste an PHP-Erweiterungen. Leider lässt sich nicht voraussagen, für welche ownCloud-Funktionen Sie sich interessieren werden, daher installieren wir ein »Universalpaket«. Keine Sorge, der belegte Speicherplatz hält sich in Grenzen, und das System wird auch nicht unnötig belastet. Der folgende Befehl installiert auch einen sogenannten *Cache* (mit dem Namen *php-apc*), der bei der Generierung der Cloud-Seiten weiterhilft und so insgesamt für eine höhere Geschwindigkeit von ownCloud sorgt. Installieren Sie also folgende Zusatzmodule:

```
sudo apt-get install php5-gd php5-json php5-curl php5-intl
```

sowie:

```
sudo apt-get install php5-mcrypt php5-sqlite php5-ldap php5-gmp
```

und:

```
sudo apt-get install php5-imagick php-apc smbclient libav-tools
```

Die Installation der letztgenannten Pakete sehen Sie noch einmal in Abbildung 14.1.

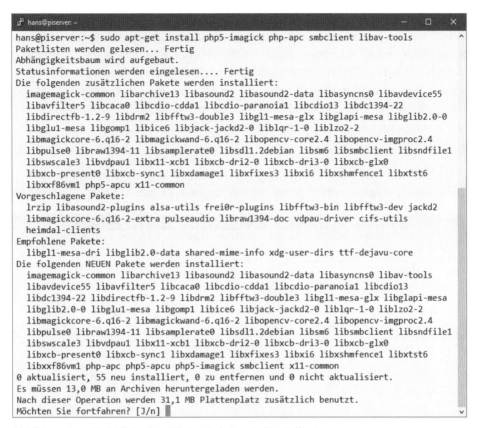

```
 hans@piserver: ~                                              —    □    X
hans@piserver:~$ sudo apt-get install php5-imagick php-apc smbclient libav-tools
Paketlisten werden gelesen... Fertig
Abhängigkeitsbaum wird aufgebaut.
Statusinformationen werden eingelesen.... Fertig
Die folgenden zusätzlichen Pakete werden installiert:
  imagemagick-common libarchive13 libasound2 libasound2-data libasyncns0 libavdevice55
  libavfilter5 libcaca0 libcdio-cdda1 libcdio-paranoia1 libcdio13 libdc1394-22
  libdirectfb-1.2-9 libdrm2 libfftw3-double3 libgl1-mesa-glx libglapi-mesa libglib2.0-0
  libglu1-mesa libgomp1 libice6 libjack-jackd2-0 liblqr-1-0 liblzo2-2
  libmagickcore-6.q16-2 libmagickwand-6.q16-2 libopencv-core2.4 libopencv-imgproc2.4
  libpulse0 libraw1394-11 libsamplerate0 libsdl1.2debian libsm6 libsmbclient libsndfile1
  libswscale3 libvdpau1 libx11-xcb1 libxcb-dri2-0 libxcb-dri3-0 libxcb-glx0
  libxcb-present0 libxcb-sync1 libxdamage1 libxfixes3 libxi6 libxshmfence1 libxtst6
  libxxf86vm1 php5-apcu x11-common
Vorgeschlagene Pakete:
  lrzip libasound2-plugins alsa-utils frei0r-plugins libfftw3-bin libfftw3-dev jackd2
  libmagickcore-6.q16-2-extra pulseaudio libraw1394-doc vdpau-driver cifs-utils
  heimdal-clients
Empfohlene Pakete:
  libgl1-mesa-dri libglib2.0-data shared-mime-info xdg-user-dirs ttf-dejavu-core
Die folgenden NEUEN Pakete werden installiert:
  imagemagick-common libarchive13 libasound2 libasound2-data libasyncns0 libav-tools
  libavdevice55 libavfilter5 libcaca0 libcdio-cdda1 libcdio-paranoia1 libcdio13
  libdc1394-22 libdirectfb-1.2-9 libdrm2 libfftw3-double3 libgl1-mesa-glx libglapi-mesa
  libglib2.0-0 libglu1-mesa libgomp1 libice6 libjack-jackd2-0 liblqr-1-0 liblzo2-2
  libmagickcore-6.q16-2 libmagickwand-6.q16-2 libopencv-core2.4 libopencv-imgproc2.4
  libpulse0 libraw1394-11 libsamplerate0 libsdl1.2debian libsm6 libsmbclient libsndfile1
  libswscale3 libvdpau1 libx11-xcb1 libxcb-dri2-0 libxcb-dri3-0 libxcb-glx0
  libxcb-present0 libxcb-sync1 libxdamage1 libxfixes3 libxi6 libxshmfence1 libxtst6
  libxxf86vm1 php-apc php5-apcu php5-imagick smbclient x11-common
0 aktualisiert, 55 neu installiert, 0 zu entfernen und 0 nicht aktualisiert.
Es müssen 13,0 MB an Archiven heruntergeladen werden.
Nach dieser Operation werden 31,1 MB Plattenplatz zusätzlich benutzt.
Möchten Sie fortfahren? [J/n] █
```

Abbildung 14.1 Ein Teil der benötigten Pakete wird installiert

14.3.2   Vorbereitungen für die verschlüsselte TLS-gestützte Verbindung

Sicherlich interessieren Sie sich für eine sichere ownCloud-Installation, daher wollen wir den Zugriff über eine verschlüsselte TLS-Verbindung (vormals SSL) absichern und benötigen folgende Komponenten, die Sie bitte ebenfalls installieren:

```
sudo apt-get install openssl ssl-cert
```

Wir werden jetzt ein für die Verschlüsselung nötiges Schlüsselpaar und das dazugehörige eigene Zertifikat erstellen und dieses selbst unterzeichnen. Mit diesem Zertifikat können wir uns in Zukunft für eine Dauer von zehn Jahren gegenüber den Nutzern ausweisen. Da wir es selbst unterzeichnen, hat es jedoch nur eine geringe Authentifizierungskraft. Dies wird die Verschlüsselung des Webzugriffs nicht negativ beeinflussen. (Achtung: Es geht hier nur um die Verschlüsselung der Daten während der Übertragung, nicht bei der Speicherung auf dem Server!) Es wird aber dazu führen, dass wir beim Einloggen in unsere ownCloud vom Browser eine Fehlermeldung angezeigt bekommen. Diese ist bei selbst signierten Zertifikaten unvermeidlich und lässt sich nicht (einfach) umgehen. Der einzige Ausweg – der bei allen Benutzern funktionieren würde – wäre, sich eine eigene Domain mieten oder kaufen und dann ein offizielles Zertifikat erwerben (eine dynamische DNS-Adresse genügt meistens nicht). Damit wären jedoch insgesamt Kosten verbunden, auf die wir an dieser Stelle verzichten wollen. Mit der Fehlermeldung, die sich auch unterdrücken lässt, können wir hingegen dank des überschaubaren Nutzerkreises gut leben. Fremde Benutzer lassen sich über die zu erwartende Fehlermeldung recht schnell unterrichten. Erstellen wir uns also unser Zertifikat mit folgendem einzeiligen Befehl:

```
sudo openssl req -new -x509 -sha256 -days 3650 -newkey rsa:4096 -nodes -out ↪
/etc/nginx/cert.pem -keyout /etc/nginx/cert.key
```

Ein Assistent wird Sie nach mehreren Daten fragen, wie Sie in Abbildung 14.2 sehen.

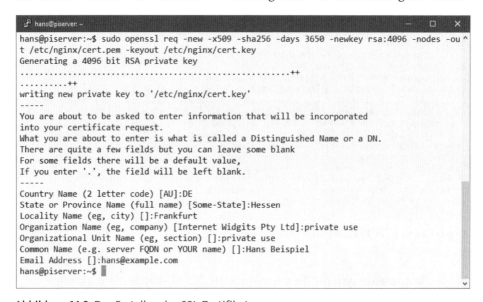

Abbildung 14.2 Das Erstellen des SSL-Zertifikats

Diese sollten Sie möglichst wahrheitsgemäß oder zumindest eindeutig auf Sie zurückführbar beantworten.

Geben Sie also für den Ländernamen das Kürzel »DE« für Deutschland, »AT« für Österreich, »CH« für die Schweiz oder das für Sie zutreffende Kürzel ein. Bei STATE geben Sie Ihr Bundesland beziehungsweise Ihren Kanton ein, nachfolgend geben Sie Ihre Stadt an. Es folgt ein Feld, in dem normalerweise ein Firmenname eingegeben wird (ORGANIZATION NAME). Hier können Sie etwas Phantasie zeigen, das Gleiche gilt für den ORGANIZATIONAL UNIT NAME, also die entsprechende Abteilung. Sie können sich auch mit dem Eintrag PRIVATE USE begnügen. COMMON NAME ist jedoch ein wichtiges Feld, hier sollten Sie Ihren Namen oder (falls vorhanden) Ihren Domainnamen eingeben. Es folgt die Eingabe einer E-Mail-Adresse. Hier können Sie ohne weiteres eine Zweit- oder Ersatzadresse benutzen.

Nun werden automatisiert zwei Dateien erstellt: zum einen das eigentliche Zertifikat, das auch Ihren öffentlichen Schlüssel enthält (*/etc/nginx/cert.pem*), zum anderen Ihr privater Schlüssel (*/etc/nginx/cert.key*). Die letzte Datei muss unbedingt geheim bleiben und darf niemandem in die Hände fallen. Wenn Sie sich bei Gelegenheit mit dem Verfahren der asymmetrischen Verschlüsselung vertraut machen, dann werden Sie feststellen, dass dies keinesfalls für die erste Datei zutrifft. Wir werden uns in Kapitel 15, »VPN-Verbindungen mit OpenVPN«, noch detaillierter mit diesem Verfahren beschäftigen. Mit dem folgenden Befehl stellen wir die Dateisicherheit so ein, dass nur der *root*-Besitzer lesend auf den privaten Schlüssel zugreifen kann, wir wählen also die höchstmögliche Sicherheitsstufe:

```
sudo chmod 0400 /etc/nginx/cert.key
```

14.3.3   Konfiguration des Webservers

Nun kommt der schwerste Teil: die Konfiguration des Webservers. Öffnen Sie den Texteditor nano, und erstellen Sie die Konfigurationsdatei für den Webserver:

```
sudo nano /etc/nginx/sites-available/owncloud
```

14

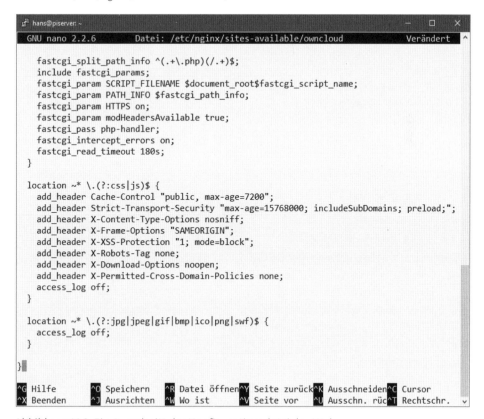

Abbildung 14.3   Ein Ausschnitt der Konfigurationsdatei des Webservers

In diese Datei fügen Sie jetzt den gesamten folgenden Abschnitt ein. Denken Sie bitte daran, dass Sie den Text über die Internetadresse aus dem Vorwort auch als Datei herunterladen können. Ersetzen Sie die beiden Ausdrücke IP-ADRESSE.VON.IHREM.PI-SERVER durch die IP-Adresse Ihres Pi-Servers im Heimnetzwerk, das Semikolon am Schluss behalten Sie bei. Eine mögliche Zeile könnte also lauten:

```
server_name 192.168.178.10;
```

Bevor Sie die Datei speichern, kontrollieren Sie bitte peinlich genau die Syntax, und korrigieren Sie eventuelle Tippfehler. Achtung, die folgende Eingabe ist sehr lang:

```
  gzip off;
  error_page 403 /core/templates/403.php;
  error_page 404 /core/templates/404.php;upstream php-handler {
  server 127.0.0.1:9000;
}
server {
  listen 80;
  server_name IP-ADRESSE.VON.IHREM.PI-SERVER;
  return 301 https://$server_name$request_uri;
}

server {
  listen 443 ssl;
  server_name IP-ADRESSE.VON.IHREM.PI-SERVER;
  root /var/www/html/owncloud;
  index index.php;

  ssl_certificate /etc/nginx/cert.pem;
  ssl_certificate_key /etc/nginx/cert.key;

  add_header Strict-Transport-Security "max-age=15768000; includeSubDomains; ⤸
preload;";
  add_header X-Content-Type-Options nosniff;
  add_header X-Frame-Options "SAMEORIGIN";
  add_header X-XSS-Protection "1; mode=block";
  add_header X-Robots-Tag none;
  add_header X-Download-Options noopen;
  add_header X-Permitted-Cross-Domain-Policies none;
  client_max_body_size 10G;
  fastcgi_buffers 64 4K;


  rewrite ^/.well-known/carddav /remote.php/dav/ permanent;
  rewrite ^/.well-known/caldav /remote.php/dav/ permanent;
```

```
location = /robots.txt {
  allow all;
  log_not_found off;
  access_log off;
}

location ~ ^/(build|tests|config|lib|3rdparty|templates|data)/ {
  deny all;
}

location ~ ^/(?:\.|autotest|occ|issue|indie|db_|console) {
  deny all;
}

location / {
  rewrite ^/remote/(.*) /remote.php last;
  rewrite ^(/core/doc/[^\/]+/)$ $1/index.html;
  try_files $uri $uri/ =404;
}

location ~ \.php(?:$|/) {
  fastcgi_split_path_info ^(.+\.php)(/.+)$;
  include fastcgi_params;
  fastcgi_param SCRIPT_FILENAME $document_root$fastcgi_script_name;
  fastcgi_param PATH_INFO $fastcgi_path_info;
  fastcgi_param HTTPS on;
  fastcgi_param modHeadersAvailable true;
  fastcgi_pass php-handler;
  fastcgi_intercept_errors on;
  fastcgi_read_timeout 180s;
}

location ~* \.(?:css|js)$ {
  add_header Cache-Control "public, max-age=7200";
  add_header Strict-Transport-Security "max-age=15768000; ⤸
includeSubDomains;preload;";
  add_header X-Content-Type-Options nosniff;
  add_header X-Frame-Options "SAMEORIGIN";
  add_header X-XSS-Protection "1; mode=block";
  add_header X-Robots-Tag none;
  add_header X-Download-Options noopen;
  add_header X-Permitted-Cross-Domain-Policies none;
  access_log off;
}
```

14

```
location ~* \.(?:jpg|jpeg|gif|bmp|ico|png|swf)$ {
  access_log off;
}

}
```

Listing 14.1 Die Konfiguration von ownCloud mit »nginx«

Bitte beachten Sie, dass ich in diesem Buch natürlich nur den aktuellen Entwicklungsstand der ownCloud widerspiegeln kann. Gegenwärtig beziehen sich unsere Konfigurationsanweisungen auf Version 9 von ownCloud. Es ist nicht auszuschließen, dass neuere Versionen eine Anpassung der Serverkonfiguration erfordern. Sollte es zwischenzeitlich schon eine Version von ownCloud geben, deren Versionsnummer größer ist als 9, dann sollten Sie einen Blick auf die offizielle Konfigurationsanweisung für ownCloud und den Webserver nginx werfen. Rufen Sie dazu folgende Internetseite auf:

https://github.com/owncloud/documentation/wiki/NGINX-Configuration

Navigieren Sie dann zu der Seite, die die aktuelle ownCloud-Version behandelt. Überprüfen Sie, ob es Abweichungen zu der hier im Buch abgedruckten Konfiguration für nginx gibt, und pflegen Sie die Änderungen in Ihre Konfigurationsdatei ein. Beachten Sie, dass die drei Zeilen

```
server_name cloud.example.com;
ssl_certificate /etc/ssl/nginx/cloud.example.com.crt;
ssl_certificate_key /etc/ssl/nginx/cloud.example.com.key;
```

jedoch in der Internetversion einen anderen Inhalt haben. Sie müssen für diese Zeilen allerdings die Angaben in diesem Buch übernehmen.

Übrigens: Wenn bei Ihnen die Lust auf das umfangreiche Abtippen der Konfigurationsdatei nicht sonderlich ausgeprägt ist oder es wiederholt zu Tippfehlern gekommen ist, dann können Sie natürlich auch einfach die Internetversion unter Nutzung der Zwischenablage verwenden.

Die Datei, die Sie soeben bearbeitet haben, enthält Konfigurationsanweisungen für den Webserver nginx. Mit diesen Informationen wird der Webserver so konfiguriert, dass er die jeweilige Webseite – in unserem Fall also ownCloud – korrekt und sicher ausliefert. Unter anderem wird konfiguriert, welche Dateien beziehungsweise Seitenbestandteile von einem Benutzer nicht direkt aufgerufen werden dürfen oder wie mit PHP-Seiten zu verfahren ist. Wir werden in diesem Buch für jedes Website-Projekt (das üblicherweise aus vielen zusammengehörenden Einzelseiten besteht) eine solche Datei erstellen. Mit der alleinigen Konfiguration eines Website-Projektes ist es unter nginx nicht getan. nginx unterscheidet nämlich Website-Projekte, die zwar (fertig) konfiguriert und damit verfügbar sind, von den fertig konfigurierten und tatsächlich auch aktivierten Sites. Die Konfigurationsdateien der zuerst genannten Sites befinden sich im Verzeichnis */etc/nginx/sites-available/*, für die aktivierten Sites wird das Verzeichnis */etc/nginx/sites-enabled* verwendet. Momentan ist unsere Site konfiguriert und verfügbar, aber noch nicht aktiv. Wir können sie also noch nicht mit einem Webbrowser aufrufen. Um das zu ändern, müssen wir eine Verknüpfung dieser Datei in das Verzeichnis */etc/nginx/sites-enabled* erstellen. Theoretisch könnten wir die Konfigurationsdatei auch einfach dorthin kopieren, aber es ist üblich (und weniger fehleranfällig), die Datei nur einmal zu erstellen und dann zu verknüpfen. Geben Sie hierzu folgenden Befehl ein:

```
sudo ln -s /etc/nginx/sites-available/owncloud /etc/nginx/sites-enabled/
```

An dieser Stelle müssen wir noch einen sehr wichtigen Punkt klären. Wie Sie wissen, sind verschiedene Netzwerkdienste unter sogenannten Ports erreichbar. Üblicherweise agiert auf einem Port nur jeweils ein Dienst. Das gilt auch für unseren Webserver. Theoretisch könnten mehrere Website-Projekte dieses Webservers unter ein und demselben Port erreichbar sein, aber die Konfiguration dieses Punktes ist recht aufwendig und fehleranfällig. Wir entscheiden uns daher in diesem Buch dafür, nur jeweils ein Website-Projekt unter einem Port verfügbar zu machen. Das bedeutet also, dass Sie beispielsweise Ihr DokuWiki-Projekt unter einem anderen Port erreichen als Ihre ownCloud. Beim Aufruf einer Seite in Ihrem Browser haben Sie bisher vermutlich nur sehr selten eine Portnummer mit angeben müssen. Das liegt daran, dass die meisten Sites unter Port 80 arbeiten. Dieser Port ist sozusagen die Voreinstellung, er wird automatisch verwendet, soweit kein anderer Port spezifiziert ist. Deswegen sollten Sie Ihr wichtigstes und am meisten genutztes Website-Projekt unter diesem Port 80 verfügbar machen. Die Konfiguration, die Sie vorhin eingegeben haben, geht davon aus, dass Sie ownCloud unter Port 80 einrichten wollen. OwnCloud ist damit also Ihre wichtigste Anwendung. Die Konfiguration leitet jedoch alle Anfragen, die auf Port 80 eingehen, automatisch zu Port 443 um, der als Voreinstellung für verschlüsselte Verbindungen genutzt wird. Sie müssen jetzt klären, ob Sie bereits ein weiteres Website-Projekt erstellt haben, beispielsweise das DokuWiki oder die Blogsoftware Chyrp. Wenn dem so ist, dann ist die Wahrscheinlichkeit groß, dass eine dieser Sites Port 80 verwendet. In diesem Fall müssen Sie entweder die Konfiguration von ownCloud oder die Konfiguration der anderen Site ändern. Wenn Sie unsicher sind, welche Website die wichtigste ist, dann sollten Sie ownCloud zur wichtigsten Site erklären. Das liegt daran, dass dieses Projekt so viele verschiedene Funktionen bietet und auch mit mehreren Geräten genutzt werden kann. Es ist einfacher, eines der anderen Projekte umzustellen. Um ein anderes Projekt wie DokuWiki oder Chyrp umzustellen, wechseln Sie zuerst in das Verzeichnis

```
cd /etc/nginx/sites-available/
```

In diesem Verzeichnis werden die Konfigurationsdateien der Website-Projekte aufbewahrt. Lassen Sie sich den Inhalt mit dem Befehl ls anzeigen.

```
⌨ hans@piserver: /etc/nginx/sites-available          —    □    ×
hans@piserver:~$ cd /etc/nginx/sites-available/
hans@piserver:/etc/nginx/sites-available$ ls -la
insgesamt 24
drwxr-xr-x 2 root root 4096 Apr 30 18:10 .
drwxr-xr-x 6 root root 4096 Apr 30 18:08 ..
-rw-r--r-- 1 root root  527 Apr 30 17:18 chyrp
-rw-r--r-- 1 root root 1874 Feb 10 22:51 default
-rw-r--r-- 1 root root  974 Apr 30 18:10 dokuwiki
-rw-r--r-- 1 root root 2302 Apr 30 18:10 owncloud
hans@piserver:/etc/nginx/sites-available$ █
```

Abbildung 14.4 Die bereits konfigurierten Seiten des Webservers

Öffnen Sie nun jede einzelne Datei, mit Ausnahme der Datei namens *default*, mit dem Editor nano. Kontrollieren Sie, auf welchem Port dieses Projekt arbeitet. Das erkennen Sie an der Zeile

listen XYZ;

wobei XYZ für den jeweiligen Port steht. Ändern Sie jetzt die Ports entsprechend. Jeder Port darf nur einmal verwendet werden. Sie können für die Projekte, die nicht unter Port 80 erreichbar seien sollen, einen Port beispielsweise aus dem Bereich 8080 bis 8089 verwenden. Führen Sie stets Buch über Ihre Portvergaben. Speichern Sie die geänderte Konfiguration ab, und starten Sie den Webserver nginx erneut (mit dem Befehl sudo service nginx restart). Im Webbrowser erreichen Sie von jetzt an eine Site unter dem Beispielport 8080 unter folgender (um die IP-Adresse anzupassende) Adresse:

http://IP-Adresse.Von.Ihrem.Pi-Server:8080

Sollten Sie Ihre Website über das Internet erreichbar gemacht haben, dann müssen Sie natürlich Ihre externe IP-Adresse verwenden, die Ihnen von Ihrem Internet-Provider zugeteilt wurde. Eventuell angelegte Lesezeichen haben jetzt ihre Gültigkeit verloren und müssen um den geänderten Port ergänzt werden.

Ein kleiner Exkurs: Bitte beachten Sie auch, dass wir eine verschlüsselte Übertragung bisher nur für die ownCloud eingerichtet haben. Dieses Website-Projekt ist das einzige, das derzeit Port 443 für verschlüsselte Verbindungen nutzt. Sollten Sie an einer Verschlüsselung eines weiteren Projekts in Eigenregie interessiert sein, dann müssen Sie beachten, dass auch Port 443 nur von einer Seite verwendet werden darf. Sie müssen auch dann die Konfigurationen Ihrer Website-Projekte entsprechend ändern. Auch für verschlüsselte Verbindungen können Sie einen Port aus dem Bereich 8080 bis 8089 verwenden, allerdings müssen Sie beim direkten Seitenaufruf statt des *http://*-Adressteils den Adressteil *https://* verwenden. Sie können übrigens (als etwas fortgeschrittener Nutzer) die hier gezeigte Konfiguration für verschlüsselte Verbindungen auch auf die anderen Website-Projekte übertragen. Für besonders sichere Umgebungen können Sie sich sogar jeweils ein eigenes Schlüsselpaar erzeugen. Für das DokuWiki mag die Verschlüsselung allerdings nur bei der Nutzung als rein privates, geschlossenes Wiki sinnvoll sein. Dasselbe gilt für die Blogsoftware Chyrp. Sie sollten zuvor ein Backup der `nginx`-Konfigurationsdateien anlegen.

Jetzt aber zurück zum Thema: Nun müssen wir uns gegebenenfalls noch um die Datei */etc/nginx/sites-available/default* kümmern, die bei einer Neuinstallation von `nginx` angelegt wird. Diese Datei enthält eine Grundkonfiguration für eine Beispielseite und wird von uns nicht benötigt. Sie könnte uns sogar stören, da Teile ihres Inhalts mit unserer ownCloud-Konfiguration in Konflikt stehen. Wir sollten sie also unschädlich machen und deaktivieren. Für Sie kommt es jetzt darauf an, ob Sie `nginx` für ownCloud soeben neu installiert haben oder ob Sie diesen Webserver bereits für ein anderes Website-Projekt verwendet und eingerichtet haben. Wenn Letzteres der Fall ist, dann haben Sie sich schon um diese Datei gekümmert und brauchen hier nichts weiter zu unternehmen. Ist `nginx` jedoch noch »ganz neu«, dann sollten Sie nun aktiv werden. Gemäß unser Tradition, zuerst nichts Wichtiges zu löschen, werden wir die Datei mit dem Namen *default* (sie dient übrigens als Prototyp zur Verwaltung weiterer Seiten) nicht direkt löschen, sondern nur ihre Verknüpfung in den Ordner */etc/nginx/sites-enabled* entfernen. Somit ist diese Site zwar (für zukünftige Änderungen) noch verfügbar, im Moment aber nicht aktiv. Geben Sie also hierfür folgenden Befehl ein:

```
sudo rm /etc/nginx/sites-enabled/default
```

Wenn Sie sich nicht sicher sind, ob Sie diesen Befehl bereits zuvor ausgeführt haben, dann schadet es nicht, ihn nochmals auszuführen, denn falls die Datei bereits entfernt wurde, erhalten Sie eine dementsprechende Information.

14.3.4   Anpassung der PHP-Konfiguration

Als Nächstes müssen wir Änderungen an der PHP-Konfiguration vornehmen. Diese dienen der Steuerung der Kommunikation zwischen dem Webserver und dem eigentlichen PHP-Interpreter, welche wir auf einen Netzwerkport umlegen. Öffnen Sie dazu mit `nano` folgende Datei:

```
sudo nano /etc/php5/fpm/pool.d/www.conf
```

Suchen Sie mit dem Tastaturkommando Strg+w nach dem Eintrag `listen =`. Ändern Sie den Eintrag, so dass er folgenden Inhalt annimmt:

```
listen = 127.0.0.1:9000
```

Wenn Sie bereits eine andere Website aufgesetzt haben, dann kann es auch hier sein, dass Sie diesen Eintrag bereits geändert haben.

OwnCloud benötigt jedoch (als einziges der in diesem Buch vorgestellten Website-Projekte) über PHP zusätzlichen Zugriff auf bestimmte Variablen. Den Zugriff beziehungsweise die Bereitstellung dieser Variablen müssen wir erst einrichten. Suchen Sie in der noch immer geöffneten Datei nach diesem Suchbegriff:

```
;env[HOSTNAME]
```

Sie finden einen Block mit fünf aufeinanderfolgenden Zeilen, die jeweils mit einem Semikolon gefolgt vom Wörtchen env beginnen. env steht als Abkürzung für *environment variable*, also auf Deutsch für eine Umgebungsvariable, in der wichtige Informationen über Speicherplätze abgelegt werden. Ihre Aufgabe ist es jetzt, vor allen fünf Zeilen das Semikolon zu löschen. Anschließend sollte dieser Block so aussehen:

```
; Pass environment variables like LD_LIBRARY_
PATH. All $VARIABLEs are taken from
; the current environment.
; Default Value: clean env
env[HOSTNAME] = $HOSTNAME
env[PATH] = /usr/local/bin:/usr/bin:/bin
env[TMP] = /tmp
env[TMPDIR] = /tmp
env[TEMP] = /tmp
```

Listing 14.2 Festlegen der Variablen für ownCloud

Beachten Sie, dass vor den ersten drei einleitenden Zeilen ohne das env am Zeilenanfang das Semikolon erhalten bleibt. Dieses Zeichen gibt nämlich an, dass die folgende Zeile als ein Kommentar betrachtet und vom Programm nicht weiter beachtet wird. Da die ersten drei Zeilen tatsächlich ein Kommentar sind, dürfen wir sie natürlich nicht zu einem Programmbefehl machen, denn dies würde eine Fehlermeldung provozieren.

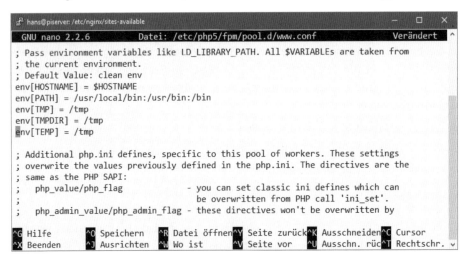

Abbildung 14.5 Bearbeiten der Datei »/etc/php5/fpm/pool.d/www.conf«

Speichern Sie nach der Bearbeitung der fünf Zeilen die Datei mit der Tastenkombination Strg + x ab, und beenden Sie daraufhin nano.

14.3.5   Installation der eigentlichen ownCloud

Jetzt sind Sie endlich so weit, dass Sie ownCloud installieren können. Zuerst legen Sie in Ihrem Home-Verzeichnis ein Arbeitsverzeichnis an, in das Sie gleich wechseln. Geben Sie die folgenden drei Befehle nacheinander ein:

```
cd
```

```
mkdir owncloudinst
```

```
cd owncloudinst
```

Öffnen Sie auf Ihrem Computer (auf dem auch die SSH-Verbindung zum Pi-Server läuft) einen Internetbrowser, denn Sie müssen nachschlagen, welches die derzeit aktuelle ownCloud-Version ist. Leider gibt es bei ownCloud keinen Universal-Link, der stets zur aktuellen Version führt, daher rufen Sie bitte folgende Seite auf:

http://owncloud.org/install/#instructions-server

Sie erhalten eine Seite mit der aktuellen Version. Durchsuchen Sie diese manuell nach dem Download-Link. Kopieren Sie den Link zur aktuellen Version in die Zwischenablage. Wählen Sie denjenigen, der zu einer Datei mit der Endung *.tar.bz2* führt. Ersetzen Sie anschließend in der Konsole Ihres Pi-Servers im folgenden Befehl den Ausdruck LINK durch diesen Link, und führen Sie den Befehl aus:

```
wget LINK
```

Beachten Sie, dass Sie unter PuTTY den Link mit einem einfachen Klick auf die rechte Maustaste bequem in die Konsole einfügen können. In den Terminals von Mac OS X und Linux können Sie ebenfalls die Zwischenablage bemühen. Ein möglicher Befehl könnte, wie in Abbildung 14.6 zu sehen, lauten:

```
wget https://download.owncloud.org/community/owncloud-9.0.1.tar.bz2
```

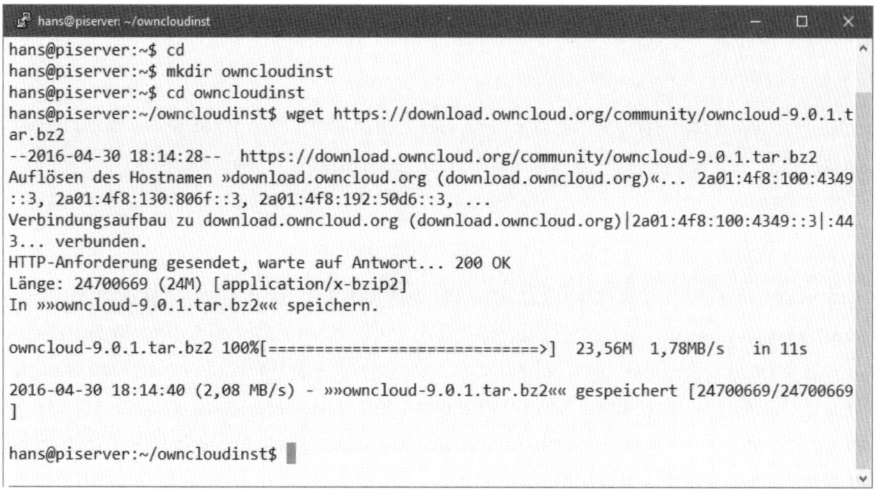

```
hans@piserver: ~/owncloudinst                                    —    □    ×
hans@piserver:~$ cd
hans@piserver:~$ mkdir owncloudinst
hans@piserver:~$ cd owncloudinst
hans@piserver:~/owncloudinst$ wget https://download.owncloud.org/community/owncloud-9.0.1.t
ar.bz2
--2016-04-30 18:14:28--  https://download.owncloud.org/community/owncloud-9.0.1.tar.bz2
Auflösen des Hostnamen »download.owncloud.org (download.owncloud.org)«... 2a01:4f8:100:4349
::3, 2a01:4f8:130:806f::3, 2a01:4f8:192:50d6::3, ...
Verbindungsaufbau zu download.owncloud.org (download.owncloud.org)|2a01:4f8:100:4349::3|:44
3... verbunden.
HTTP-Anforderung gesendet, warte auf Antwort... 200 OK
Länge: 24700669 (24M) [application/x-bzip2]
In »»owncloud-9.0.1.tar.bz2«« speichern.

owncloud-9.0.1.tar.bz2 100%[===============================>]  23,56M  1,78MB/s   in 11s

2016-04-30 18:14:40 (2,08 MB/s) - »»owncloud-9.0.1.tar.bz2«« gespeichert [24700669/24700669
]

hans@piserver:~/owncloudinst$
```

Abbildung 14.6 Der Download der ownCloud

Wie immer müssen Sie das eben heruntergeladene Archiv jetzt entpacken. Das Archiv ist ein sogenannter Tarball, der zusätzlich mit bzip2 komprimiert wurde – daher kommt die doppelte Dateiendung. Der Tarball-Teil kann mit Bordmitteln entpackt werden, für den bzip2-Teil benötigen Sie auf dem Pi-Server ein entsprechendes Programm. Da dieses möglicherweise noch nicht installiert ist, werden wir dies überprüfen und gegebenenfalls nachholen. Führen Sie folgenden Befehl aus, der bzip2 installiert, falls es nicht schon installiert ist:

```
sudo apt-get install bzip2
```

Nun kann die Datei entpackt werden. Nutzen Sie zur Eingabe des Dateinamens einfach die AutoComplete-Funktion. Geben Sie zunächst

```
sudo tar -xjf o
```

ein, und drücken Sie nicht die ⏎-Taste, sondern die ⇆-Taste. Daraufhin wird der Dateiname automatisch ergänzt. Falls dies nicht funktioniert, lassen Sie sich mit ls den Verzeichnisinhalt anzeigen und geben den Dateinamen manuell ein. Ein möglicher Befehl könnte lauten:

```
sudo tar -xjf owncloud-9.0.1.tar.bz2
```

Dies wird den Archivinhalt entpacken und ein Verzeichnis mit dem Namen *owncloud* erzeugen. Das Entpacken wird einen gewissen Moment dauern, Bildschirmausgaben erfolgen während dieser Zeit nicht. Wir verschieben anschließend dieses Verzeichnis in das Verzeichnis */var/www/html*, das von nginx bedient wird. Führen Sie dazu folgenden Befehl aus:

```
sudo mv owncloud/ /var/www/html/
```

Jetzt werden wir mit den folgenden zwei Befehlen rasch unser Arbeitsverzeichnis aufräumen, denn dieses benötigen wir nicht mehr:

```
cd
```

```
rm -R owncloudinst
```

Nun müssen wir dafür sorgen, dass nginx, der unter dem Benutzer *www-data* arbeitet, entsprechenden Zugriff auf den ownCloud-Ordner im Verzeichnis */var/www/ html/* bekommt:

```
sudo chown -R www-data:www-data /var/www/html/owncloud
```

Achtung: Dies dürfen wir streng genommen nur dann machen, wenn wir ownCloud nur in unserem lokalen Heimnetz verwenden wollen, in dem wir allen Mitgliedern vertrauen. Durch den Besitzerwechsel des ownCloud-Verzeichnisses auf *www-data* geben wir diesem Benutzer nämlich sehr umfangreiche Rechte. Im Heimnetz mag das in Ordnung sein, es ist jedoch Folgendes denkbar: Jemand könnte durch eine Sicherheitslücke Zugriff auf den Benutzer *www-data* bekommen, der nun umfangreiche Rechte im Verzeichnis */var/www/html/owncloud* hat. Das kann zu Problemen führen. Wenn Sie also vorhaben, Ihre ownCloud aus dem Internet erreichbar zu machen oder wenn es auch in Ihrem Heimnetzwerk allzu neugierige und experimentierfreudige Gesellen gibt, dann sollten Sie die Verzeichnisstruktur sicherheitsmäßig so gut es geht härten. Ich werde daher in Abschnitt 14.5 entsprechende Maßnahmen besprechen.

Jetzt wollen wir noch ein eigenes Datenverzeichnis für ownCloud erstellen. Dies ist das Verzeichnis, in dem alle von den Benutzern angelegten Dateien gespeichert werden. Auch die SQLite-Datenbank mit allen Einträgen wird darin abgelegt. Standardmäßig liegt dieses Datenverzeichnis gemeinsam mit den Programmdateien von ownCloud im Verzeichnis */var/www/html/owncloud*. Aus Sicherheitsgründen ist dies jedoch nicht empfehlenswert. Auch für ein späteres Update ist dies eher hinderlich. Wir werden das also ändern. Erstellen Sie also ein separates Datenverzeichnis für ownCloud im Ordner */var*

```
sudo mkdir /var/ownclouddata
```

und geben dem Benutzer *www-data* hierüber die Herrschaft. Der Benutzer *www-data* muss auf dieses Verzeichnis Schreibzugriff haben, ansonsten könnten die Benutzer von ownCloud keine Dateien abspeichern. Dazu führen Sie folgenden Befehl aus:

```
sudo chown www-data:www-data /var/ownclouddata
```

Wir verwenden übrigens hier kein Verzeichnis unterhalb von */srv*, weil es sich nicht um Daten handelt, die direkt von verschiedenen Diensten oder Benutzern geteilt werden. Ist bei Ihnen der Speicherplatz auf Ihrer Speicherkarte knapp bemessen, und gehen Sie von einer intensiven Nutzung der ownCloud aus? In diesem Fall können Sie natürlich auch ein Verzeichnis auf einem externen Datenträger wählen, den Sie unterhalb des Verzeichnisses */media* in das Dateisystem eingebunden haben. Hinweise zum genauen Vorgehen finden Sie im Grundlagenkapitel (Kapitel 4, »Grundlagen des Linux-Betriebssystems«).

Abschließend müssen wir aufgrund der umfangreichen Änderungen sowohl den Webserver `nginx` als auch den PHP-Interpreter `php5-fpm` einmal neu starten. Das erledigen wir mit folgenden beiden Befehlen:

```
sudo service php5-fpm restart
```

```
sudo service nginx restart
```

14.3.6   Der erste Aufruf im Browser

Im Prinzip haben Sie es jetzt geschafft. Nach dieser umfangreichen Arbeit steht Ihnen Ihre ownCloud zur Verfügung. Sie können diese nun erstmals aufrufen und einrichten. Legen Sie gleich los? Auf geht es:

Öffnen Sie auf Ihrem Desktopcomputer wieder einen Webbrowser, und navigieren Sie zu der IP-Adresse Ihres Pi-Servers. Eine mögliche Eingabe könnte lauten:

http://192.168.178.10

Auf Ihrem Pi-Server wird der Webserver nginx diese Anfrage, die intern auf Port 80 eingeht, automatisch auf Port 443 umleiten und daraus eine verschlüsselte TLS-Kommunikation machen. Das ist genau das, was wir möchten: Eine unverschlüsselte Kommunikation ist nicht möglich, eine Verschlüsselung wird erzwungen. Es ist nicht nötig, Port 80 mit einem einleitenden *https://* aufzurufen, die Änderung wird nginx automatisch vornehmen. Sollten Sie direkt den Port 443 ansprechen wollen, dann ist jedoch ein *https://* zu verwenden. Wenn bei Ihnen ownCloud unter einem anderen Port arbeitet, dann müssen Sie die Adresse ergänzen. Fügen Sie am Ende einen Doppelpunkt und den genutzten Port hinzu.

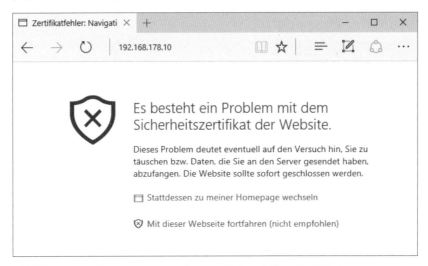

Abbildung 14.7 Die Warnung vor einem selbst erstellten Zertifikat

Wie vorhin bereits erwähnt, erscheint jetzt die angesprochene Fehlermeldung, die auf das Zertifikat zurückzuführen ist, das Sie selbst unterzeichnet haben. Für jedes selbst unterzeichnete Zertifikat ist diese Fehlermeldung unvermeidlich. Sie hat Sicherheitscharakter und warnt, dass hier etwas nicht stimmt. Normalerweise sollten Sie diese Warnung sehr ernst nehmen und jede weitere Kommunikation mit einer solchen Seite unterlassen. In diesem speziellen Fall ist die Warnung jedoch unangebracht, denn wir selbst haben ja dieses Zertifikat ausgestellt und wir wissen schließlich, was wir tun oder besser, was wir getan haben. Leider kann das natürlich Ihr Browser nicht wissen. Ihre Aufgabe ist es jetzt, dieses Zertifikat trotzdem zu akzeptieren und die eigentliche Seite aufzurufen. Die konkrete Vorgehensweise ist leider von Browser zu Browser unterschiedlich. Suchen Sie nach Ausdrücken wie

»trotzdem fortfahren« oder »Ich kenne das Risiko« (Abbildung 14.8). Wird Ihnen die Option angeboten, eine Ausnahmeregel zu erstellen, dann nehmen Sie sie an, das erspart Ihnen, dass die Fehlermeldung künftig bei diesem Browser noch einmal auftritt.

Abbildung 14.8 Ein Beispiel für eine Ausnahmeregel

Achtung

Die Meldung erscheint bei jedem erstmaligen Seitenaufruf, auch bei fremden oder externen Nutzern. Wenn Sie Ihre ownCloud also über das Internet erreichbar machen möchten, um beispielsweise Freunden die bereits so oft angekündigten Urlaubsfotos zu präsentieren, dann sollten Sie sie über die bevorstehende Fehlermeldung unterrichten, um Missverständnisse zu vermeiden.

[!]

14.4   Die Konfiguration der ownCloud

Nach der aufwendigen Installation wird Ihnen nun die erste Konfigurationsseite Ihrer ownCloud präsentiert, wie sie Abbildung 14.9 schon einmal darstellt.

Als Erstes müssen Sie ein Administratorkonto erstellen. Vergeben Sie hierfür einen Benutzernamen und ein Passwort. Dieses Konto dient der Konfiguration von own-Cloud und sollte nicht zum normalen Gebrauch verwendet werden. Vergeben Sie einen Benutzernamen, der nicht sofort auf den administrativen Charakter schließen lässt. Vermeiden Sie aus Sicherheitsgründen also Namen wie »Administrator« oder »admin«. Jeder Hacker probiert zunächst diese Begriffe aus. Wählen Sie stattdessen einen Namen, der nicht auf die Chef-Position schließen lässt. Das Passwort sollte sicher sein (also komplex, zufällig und lang), ownCloud wird Ihnen die (vermutete) Sicherheit mit einem Balken anzeigen.

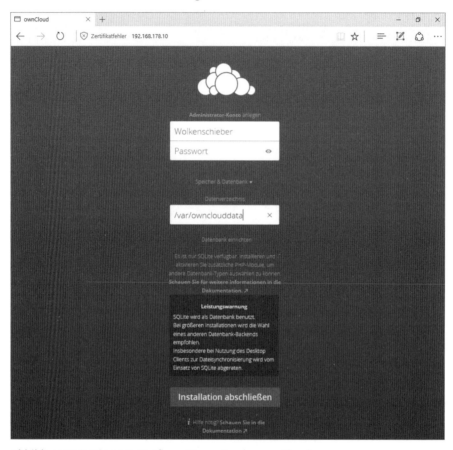

Abbildung 14.9 Die erste Konfigurationsseite der ownCloud

Unterhalb des Passwortfeldes finden Sie einen Eintrag für das Datenverzeichnis mit dem Namen Speicher und Datenbank. Öffnen Sie dieses Feld, und ändern Sie das Datenverzeichnis in das Verzeichnis, das wir vorhin angelegt haben, also in */var/ownclouddata*. Das war es schon.

Klicken Sie dann auf die Schaltfläche Installation abschliessen, und Ihnen steht Ihre ownCloud zur Verfügung.

Als erste Amtshandlung sollten Sie ein Benutzerkonto für den ersten richtigen Benutzer anlegen. Lesen Sie den Willkommensbildschirm und schließen ihn danach.

Abbildung 14.10 Einen ersten Benutzer anlegen

Anschließend klicken Sie oben rechts auf den Namen des Administrators und dann auf BENUTZER. Am oberen Rand der Seite sollten Sie einen neuen Benutzer anlegen und ein Passwort vergeben (Abbildung 14.10). Klicken Sie dann auf ANLEGEN. Danach können Sie sich als Administrator abmelden (ebenfalls im Menü oben rechts) und sich unter dem soeben neu erstellten Benutzernamen anmelden. Sie können dann beginnen, die Optionen und Möglichkeiten von ownCloud zu entdecken.

Beim ersten Aufruf als neuer Benutzer landen Sie zunächst in der Dateiansicht von ownCloud (sobald Sie den Willkommensbildschirm geschlossen haben).

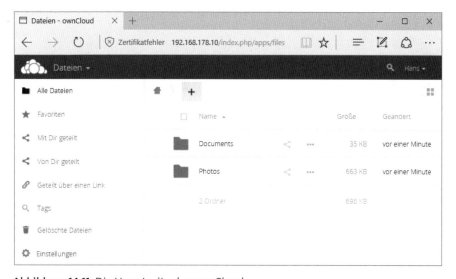

Abbildung 14.11 Die Hauptseite der ownCloud

Hier können Sie einzelne Dateien hochladen, Ordner erstellen, ja sogar Dateien anlegen. Textdateien lassen sich direkt in ownCloud bearbeiten. Die weiteren Funktionen finden Sie im Menü, das sich oben in der linken Ecke verbirgt. Im Grundzustand ist der Funktionsumfang der ownCloud jedoch recht beschränkt. Viele der versprochenen Funktionen sind scheinbar gar nicht vorhanden. Das liegt daran, dass sie erst einzeln vom Administrator freigeschaltet werden müssen. Das machen wir gleich.

Zunächst müssen wir allerdings noch den gewählten PHP-Beschleuniger APC in der Konfiguration von ownCloud eintragen, damit er auch ownCloud bekannt ist. Das ist erst an dieser Stelle möglich, weil ownCloud erst jetzt die entsprechende Konfigurationsdatei angelegt hat.

Öffnen Sie also in der Konsole Ihres Pi-Servers folgende Datei:

```
sudo nano /var/www/html/owncloud/config/config.php
```

```
GNU nano 2.2.6        Datei: /var/www/html/owncloud/config/config.php        Verändert

<?php
$CONFIG = array (
  'instanceid' => 'ockgSa2t3neh',
  'passwordsalt' => 'd5z0kb3d?39v7tMFVsR.PPÄ2s6ji6j',
  'secret' => 'ESDZ9KdwHC1T7èarh3xLlkN7rpRHcÖIU3eqVrX+BzpFxbeSDh',
  'trusted_domains' =>
  array (
    0 => '192.168.178.10',
  ),
  'datadirectory' => '/var/ownclouddata',
  'overwrite.cli.url' => 'https://192.168.178.10',
  'dbtype' => 'sqlite3',
  'version' => '9.0.1.3',
  'logtimezone' => 'UTC',
  'installed' => true,
  'memcache.local' => '\OC\Memcache\APC',
);

^G Hilfe      ^O Speichern   ^R Datei öffnen^Y Seite zurück^K Ausschneiden^C Cursor
^X Beenden    ^J Ausrichten  ^W Wo ist      ^V Seite vor   ^U Ausschn. rüc^T Rechtschr.
```

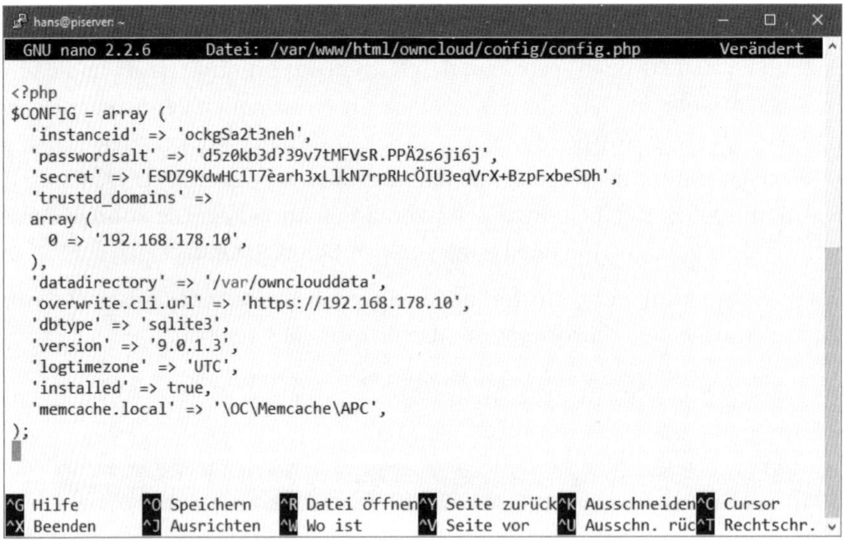

Abbildung 14.12 Bearbeiten der Datei »/var/www/html/owncloud/config/config.php«

Sie werden sehen, dass die letzte Zeile dieser Datei so aussieht:

```
);
```

Ergänzen Sie *vor* dieser letzten Zeile folgenden Ausdruck:

```
'memcache.local' => '\OC\Memcache\APC',
```

Achten Sie auf das Komma am Zeilenende. Die Zeile, die Sie einfügen, darf nicht direkt am Dateiende stehen. Die letzte Zeile in dieser Datei muss die Konfiguration schließen und daher lauten:

```
);
```

Abbildung 14.12 zeigt Ihnen das Endergebnis. Speichern Sie anschließend die Datei, und beenden Sie nano mit dem Tastaturkommando [Strg]+[x].

Nun ist es an der Zeit, den Funktionsumfang von ownCloud entsprechend Ihrer Bedürfnisse zu erweitern.

Hierzu wechseln Sie jetzt wieder in das Administratorkonto der ownCloud.

Im Funktionsmenü (oben links) finden Sie nun den Eintrag APPS. Über dieses Symbol gelangen Sie in die Anwendungsübersicht Ihrer ownCloud. In den einzelnen Elementen auf der linken Seite finden Sie den Zugang zu den versprochenen Funktionen wie dem Kalender oder sogar einem E-Mail-Programm und einem Musikplayer. Durchstöbern Sie in Ruhe die angebotenen Anwendungen. Ein Klick auf die Schaltfläche AKTIVIEREN genügt, und den Benutzern stehen diese Anwendungen zur Verfügung (bitte klicken Sie immer nur bei einer Anwendung auf AKTIVIEREN und warten dann zunächst deren Aktivierungsvorgang ab). Beachten Sie auch die begrenzte Leistungsfähigkeit Ihres Pi-Servers. Aktivieren Sie nur die Anwendungen, die Sie tatsächlich nutzen möchten. Ausprobieren können Sie natürlich alle für Sie interessanten Anwendungen, aber nach einer Testphase sollten Sie sich für Ihre Favoriten entscheiden.

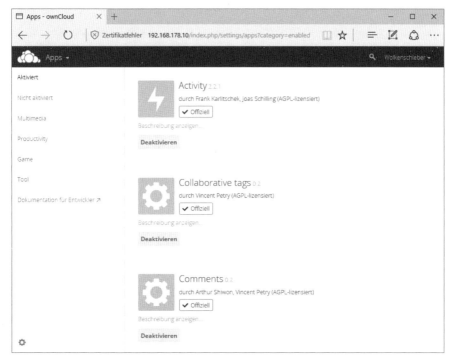

Abbildung 14.13 Weitere Apps zur ownCloud hinzufügen

Übrigens: Mit der Schaltfläche ganz unten links (dem Zahnrad) können Sie experimentelle Anwendungen aktivieren. In der Ansicht finden sich dann noch viele weitere Ergänzungen und neue Versionen, die alle gar nicht zusammen mit ownCloud ausgeliefert werden können. Diese Anwendungen können Sie auf Wunsch installieren. Diese Zusatzfunktionen sind allerdings noch ungetestet und daher experimentell. Sie müssen also dem jeweiligen Entwickler vertrauen. Diese Ergänzungen werden nicht von dem offiziellen ownCloud-Entwicklerteam betreut, sondern von eigenständigen Entwicklern geschrieben. Lesen Sie sich also auch immer stets die Kommentare anderer Benutzer durch, und überlegen Sie, ob die entsprechende Anwendung für Sie von großem Nutzen ist.

Vielleicht ist für Sie noch folgender Punkt wichtig: In der Standardkonfiguration sieht ownCloud für den Datei-Upload eine maximale Dateigröße von 513 MB vor. Sie können diese Begrenzung erhöhen, um auch größere Dateien hochladen zu können.

Wichtig

Sie können diese Einstellung nur so lange verändern, bis Sie die sicheren Verzeichnisrechte vergeben haben, die ich im nächsten Abschnitt besprechen werde. Wenn Sie also den Wert erhöhen möchten, ist jetzt ein guter Zeitpunkt dafür.

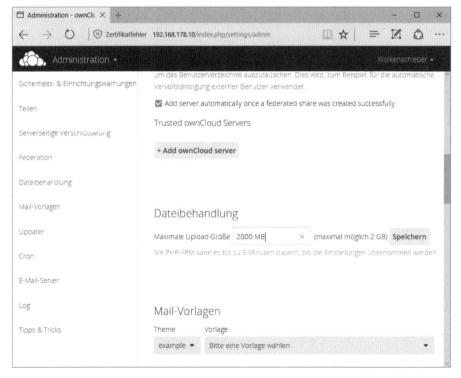

Abbildung 14.14 Die maximale Dateigröße anheben

Öffnen Sie dazu im Administratormenü oben rechts auf der Seite den Punkt ADMINISTRATION. Suchen Sie in der neu geöffneten Seite den Punkt DATEIBEHANDLUNG. Dort können Sie wie Abbildung 14.14 zeigt die maximale Größe für Dateiuploads erhöhen. Wenn Sie die Seite über das Administratormenü erneut aufrufen, werden Sie üblicherweise bereits den aktualisierten Wert sehen, gegebenenfalls kann es jedoch einen Moment dauern, bis der Wert übernommen wird.

14.5 Sichere Verzeichnisrechte vergeben

Wie zuvor beschrieben sollten Sie jetzt die Sicherheit der Installation erhöhen, indem Sie deutlich restriktivere Schreibrechte für die ownCloud-Verzeichnisse setzen. Dies führt (fast) zu keinerlei Komforteinschränkungen, sondern erhöht nur die Sicherheit. Dieser Schritt ist nicht verkehrt. Führen Sie hierfür folgende Befehle aus:

```
sudo find /var/www/html/owncloud/ -type f -print0 | sudo xargs -0 chmod 0640
```

```
sudo find /var/www/html/owncloud/ -type d -print0 | sudo xargs -0 chmod 0750
```

```
sudo chown -R root:www-data /var/www/html/owncloud/
```

```
sudo chown -R www-data:www-data /var/www/html/owncloud/apps/
```

```
sudo chown -R www-data:www-data /var/www/html/owncloud/config/
```

```
sudo chown -R www-data:www-data /var/www/html/owncloud/data/
```

```
sudo chown -R www-data:www-data /var/www/html/owncloud/themes/
```

```
sudo chown root:www-data /var/www/html/owncloud/.htaccess
```

```
sudo chown root:www-data /var/www/html/owncloud/data/.htaccess
```

```
sudo chmod 0644 /var/www/html/owncloud/.htaccess
```

```
sudo chmod 0644 /var/www/html/owncloud/data/.htaccess
```

Je nach ownCloud-Version gibt es möglicherweise eine Fehlermeldung, dass eines der konfigurierten Verzeichnisse nicht gefunden wurde. Dies hat jedoch keine weiteren Konsequenzen.

In seltenen Fällen führt diese restriktive Rechtevergabe dazu, dass bestimmte Einstellungen der ownCloud nicht mehr verändert werden können. Hierzu zählt die Änderung der maximalen Upload-Größe. Es kann auch beim automatischen Update der Installation zu Problemen kommen. Sie sollten in regelmäßigen Fällen die Administrationsseite der ownCloud aufrufen und prüfen, ob es eine aktualisierte Version gibt. OwnCloud bietet ein automatisches Updateprogramm an, das jedoch mit den eingeschränkten Rechten oftmals nicht korrekt arbeitet. Wenn Sie also aufgrund der restriktiven Rechte auf Probleme und Fehler stoßen, dann können Sie die Rechtevergabe wieder vorübergehend lockern. Dazu dienen folgende Befehle. Natürlich dürfen Sie nicht vergessen, nach Abschluss der Konfigurationsarbeiten wieder wie soeben beschrieben die restriktiven Rechte zu setzen.

```
sudo chown -R www-data:www-data /var/www/html/owncloud
```

```
sudo chmod 744 /var/www/html/owncloud
```

14.6 Ihre ownCloud aus dem Internet erreichbar machen

Wenn Sie Ihre ownCloud direkt aus dem Internet erreichbar machen möchten (weil eine VPN-Lösung aufgrund eines externen Nutzerkreises nicht in Frage kommt), dann ist zunächst noch etwas Vorarbeit angesagt. Vermutlich nutzen Sie einen privaten Internetanschluss, und da ist es nicht unüblich, dass sich Ihre externe IP-Adresse alle 24 Stunden ändert. Das gilt vor allem für DSL-Anschlüsse. Basiert Ihre Internetverbindung auf einem Kabel(fernseh)anschluss, dann ändert sich Ihre IP-Adresse deutlich seltener, zumindest aber bei einem Neustart Ihres Routers. Die Verbindungsherstellung zu Ihrer ownCloud über Ihre externe IP-Adresse ist also keine gute Lösung. Wenn sich Ihre IP-Adresse ändert, dann können Sie Ihre ownCloud nicht mehr unter der bisherigen IP-Adresse erreichen. Deswegen müssen Sie sich zunächst ein Konto bei einem dynamischen DNS-Anbieter einrichten. Im Internet finden sich neben kostenpflichtigen auch diverse kostenfreie Angebote. Auch der Hersteller der beliebten FritzBoxen bietet seinen Kunden einen vergleichbaren Dienst an. Bei einem dynamischen DNS-Dienst erhalten Sie eine feste Internetadresse, die auf Ihre jeweils gültige externe IP-Adresse verweist. Ändert sich Ihre externe IP-Adresse, dann teilt Ihr Router diese Änderung dem dynamischen DNS-Anbieter mit. Das zeigt, dass Sie auch Ihren Router entsprechend konfigurieren müssen. Sehr viele Router bieten hierfür bereits vorgefertigte Optionsmenüs an, in die Sie nur die Daten eintragen müssen, die Sie von Ihrem DNS-Anbieter erhalten haben. Im Regelfall sind das zumindest Ihre DNS-Adresse und ein Passwort. Richten Sie ein solches Konto ein, wenn Sie Ihre ownCloud über das Internet erreichbar machen möchten.

OwnCloud selbst bietet noch einen kleinen Schutzmechanismus, den wir nun geeignet konfigurieren müssen. Sie müssen nämlich ownCloud mitteilen, dass sie von jetzt an nicht nur aus Ihrem persönlichen Heimnetzwerk erreichbar ist, sondern auch über eine bestimmte Adresse im Internet. Bei dieser bestimmten Adresse handelt es sich um Ihre persönliche Domain, die Sie von Ihrem dynamischen DNS-Anbieter erhalten haben.

Um diese Adresse ownCloud bekannt zu machen, öffnen Sie zunächst mit folgendem Befehl die Konfigurationsdatei Ihrer ownCloud mit dem Texteditor nano:

```
sudo nano /var/www/html/owncloud/config/config.php
```

Suchen Sie nach dem Abschnitt, der durch die Zeile 'trusted_domains' => eingeleitet wird und beispielsweise wie folgt aussehen kann:

```
'trusted_domains' =>
array (
0 => '192.168.178.10',
),
```

In der Zeile 0 => steht in Anführungszeichen die interne IP-Adresse Ihres Pi-Servers. Unterhalb dieser Zeile fügen Sie eine Zeile ein, die mit 1 => beginnt und dann in einfachen Anführungszeichen Ihre Domain enthält. Die Zeile muss unbedingt mit einem Komma abschließen. Ein Beispiel für diesen geänderten Block könnte so aussehen:

```
'trusted_domains' =>
array (
0 => '192.168.178.10',
1 => 'Ihre-dynamische-adresse.example.com',
),
```

Beachten Sie insbesondere, dass der Block mit einer geschlossenen Klammer und einem Komma enden muss. Nachdem Sie Ihre Eingaben vorgenommen haben, speichern Sie die Textdatei mit der Tastenkombination [Strg]+[x]. Ein Neustart eines Dienstes ist nicht erforderlich.

Nun müssen Sie in Ihrem Router eine *Portweiterleitung* einrichten. Je nach Modell nennt sich die Funktion auch *Freigabe*, *Portfreigabe* oder *Portöffnung*. In Abbildung 14.15 sehen Sie dies am Beispiel einer FritzBox.

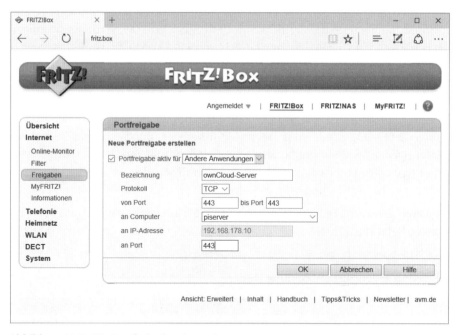

Abbildung 14.15 Die Portfreigabe einer FritzBox

Ziel dieser Aktion ist es, dass aus dem Internet eingehende Verbindungen, die an Ihre ownCloud gerichtet sind, angenommen und an Ihren Pi-Server weitergeleitet werden. Leiten Sie also den externen Port 443 für das TCP-Protokoll an Ihren Pi-Server beziehungsweise an dessen interne IP-Adresse weiter. Nutzen Sie für den Pi-Server ebenfalls Port 443 für das TCP-Protokoll (oder verwenden Sie die bei Ihnen genutzten Ports). In der Kurzfassung muss also Folgendes eingestellt werden:

```
Extern, Port 443, TCP ==> Pi-Server, Port 443, TCP
```

Hiermit leiten Sie ausschließlich verschlüsselte TLS-Verbindungen auf Ihren Pi-Server weiter. Dafür ist Port 443 zuständig. Sie müssen also, wenn Sie aus dem Internet auf Ihre ownCloud zugreifen wollen, ein *https://* vor Ihre Domain stellen. Folgende Adresse wäre also beispielsweise einzugeben:

https://www.ihre-eigene-domain.example.com

Wenn Sie auf Ihrem Pi-Server die `iptables`-Firewall installiert haben, dann müssen Sie natürlich ebenso eine Freigabe für Port 443, TCP für eingehende Verbindungen eingeben. Eine Anleitung dazu finden Sie in Abschnitt 21.5 zur Firewall.

Beachten Sie, dass es – wie zuvor erwähnt – auch bei externen Verbindungen zu einer Zertifikatswarnung kommt, die Sie annehmen müssen. Über das Zertifikat wird normalerweise eine Authentifizierung vorgenommen. Das Zertifikat enthält Angaben zu Ihrer Person (die Sie bei seiner Erstellung eingegeben haben). Normalerweise gäbe es jetzt eine vertrauenswürdige (»amtliche«) Stelle, die dieses Zertifikat unterzeichnet und damit dessen Richtigkeit bestätigt. Wenn sich nun jemand mit Ihrer ownCloud verbinden würde, dann würde das Zertifikat mit der Unterschrift der vertrauenswürdigen Stelle bestätigen, dass die Verbindung tatsächlich zu Ihrer ownCloud aufgebaut wurde und es keinerlei Manipulationen gegeben hat. Wir haben das Zertifikat vorhin jedoch selbst unterzeichnet. Dadurch hat es natürlich keinerlei Beweiskraft und könnte leicht gefälscht werden. Die Verbindung zu der ownCloud ist zwar nach wie vor sicher verschlüsselt, man kann sich aber nicht hundertprozentig sicher sein, dass man wirklich mit Ihrer ownCloud verbunden ist. Wenn Sie sichergehen möchten, dass Sie wirklich mit Ihrer eigenen ownCloud verbunden sind, dann kontrollieren Sie den SHA-1-Fingerabdruck Ihres öffentlichen Schlüssels. Dieser identifiziert den öffentlichen Schlüssel Ihrer eigenen Installation und kann nicht (oder nur sehr schwer) gefälscht werden.

Sie erhalten den korrekten Fingerabdruck, wenn Sie auf der Konsole Ihres Pi-Servers folgenden Befehl ausführen:

```
sudo openssl x509 -fingerprint -sha1 -in /etc/nginx/cert.pem | head -n 1
```

Das Ergebnis sehen Sie in Abbildung 14.16:

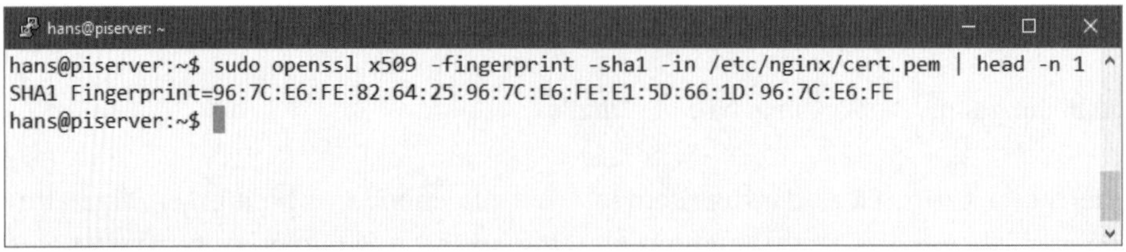

Abbildung 14.16 Der Fingerabdruck Ihres Server-Zertifikats

Den ausgegebenen Wert können Sie dann als Referenz benutzen. Diesen Wert vergleichen Sie mit dem Fingerabdruck bei einer Verbindung zu Ihrer ownCloud. Lassen

Sie sich bei einer Zertifikatswarnung das Zertifikat anzeigen. Die meisten Browser zeigen Ihnen dann auch den Fingerabdruck des Zertifikats beziehungsweise des öffentlichen Schlüssels an. Stimmen beide Werte überein, dann sind Sie mit großer Sicherheit mit Ihrer privaten ownCloud verbunden. Bei besonders kritischen Datentransfers können Sie den Fingerabdruck auch (auf sicherem Wege) externen Benutzern zur Authentifikation übermitteln.

14.7   Backup der ownCloud-Installation

Es ist gar nicht allzu unwahrscheinlich, dass Ihre ownCloud-Installation wichtige Daten aufnehmen wird. Es wäre schade, wenn diese durch einen Fehler oder eine Fehlfunktion verlorengingen. Deswegen ist es eine gute Idee, in regelmäßigen Abständen ein Backup der ownCloud-Installation anzulegen. Ihre persönliche ownCloud unterscheidet sich von einer frischen Standardinstallation in zwei Dingen: zum einen in Ihren persönlichen Daten (nebst zugehöriger Datenbank), die im Verzeichnis */var/ownclouddata* gespeichert werden, und zum anderen in der allgemeinen Konfigurationsdatei der ownCloud mit dem Dateinamen */var/www/html/owncloud/config/config.php*. In ein Backup müssen wir diese Komponenten einschließen.

Es ist natürlich vorteilhaft, wenn Sie das Backup auf einem externen Datenträger erstellen. Sollten sich nämlich sowohl die eigentliche Installation als auch das Backup auf der internen Speicherkarte befinden und diese beschädigt werden, wären alle Daten verloren. Hängen Sie also zunächst einen externen Datenträger in das Dateisystem Ihres Pi-Servers ein, und erstellen Sie dort mit dem Befehl mkdir ein Verzeichnis für das Backup der ownCloud. Wechseln Sie anschließend mit dem (angepassten) Befehl cd in dieses Backup-Verzeichnis.

Zuerst aktivieren wir den Wartungsmodus der ownCloud, damit sich während des Backups keine Dateien verändern können. Dazu führen Sie folgenden Befehl aus:

```
sudo -u www-data php /var/www/html/owncloud/occ maintenance:mode --on
```

Nun erstellen wir das Backup. Der folgende Befehl erstellt im aktuellen Verzeichnis ein komprimiertes Backup-Archiv der relevanten Daten und benennt es *owncloud_backup_$(date +"%Y%m%d").tar.gz*. Der etwas merkwürdig aussehende Ausdruck *$(date +"%Y%m%d")* im Dateinamen wird an der Stelle übrigens das aktuelle Tagesdatum einfügen. Dies ist praktisch, da Sie so relativ leicht unterschiedliche Backup-Versionen erkennen können. Zur Sicherung der Privatsphäre erzeugt dieser Befehl keine Bildschirmausgabe. Beachten Sie, dass die Ausführung der folgenden Aktion je nach Umfang Ihrer ownCloud einen gewissen Zeitrahmen in Anspruch nimmt

```
sudo tar -czf owncloud_backup_$(date +"%Y%m%d").tar.gz /var/ownclouddata/ ↵
/var/www/html/owncloud/config/config.php
```

Nachdem das Backup erstellt wurde, müssen wir unbedingt wieder den Wartungs-modus der ownCloud deaktivieren. Ansonsten könnte keiner der Benutzer mehr auf die ownCloud zugreifen. Wir deaktivieren den Wartungsmodus mit diesem Befehl:

```
sudo -u www-data php /var/www/html/owncloud/occ maintenance:mode --off
```

Zusammengefasst sehen Sie diese Schritte in Abbildung 14.17.

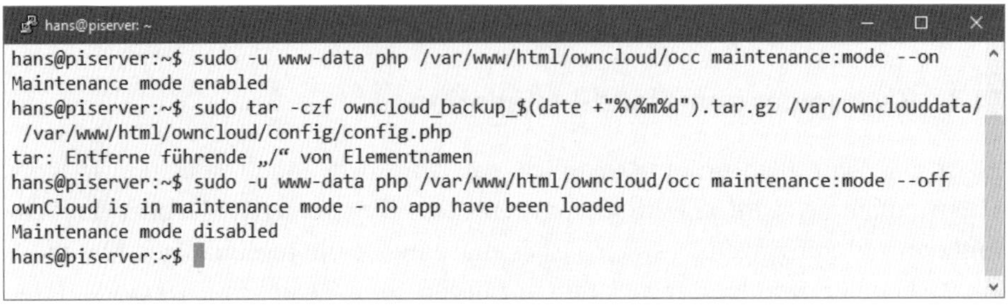

Abbildung 14.17 Das Backup wird im Wartungsmodus ausgeführt

Dieses Backup sollten Sie nun zu regelmäßigen Zeitpunkten erstellen. Beachten Sie, dass das Backup alle persönlichen Dateien der Benutzer enthält. Sie sollten es also sicher verwahren und vor unberechtigtem Zugriff schützen. Setzen Sie die Rechte so, dass nur der *root*-Besitzer auf diese Daten zugreifen kann. Wenn Ihr übliches exter-nes Speichermedium keine detaillierte Rechtevergabe unterstützt, dann verschieben Sie die Daten auf ein anderes Speichermedium, das Sie sicher verschlossen verwah-ren. Natürlich können Sie zum Erstellen des Backups auch ein eigenständiges Medium anschließen, das Sie anschließend wieder trennen.

Sollte es irgendwann einmal zu einem Fehlerfall kommen und Sie möchten ein Backup Ihrer ownCloud wiederherstellen, dann müssen Sie zunächst eine frische ownCloud installieren, so wie es diese Anleitung bisher gezeigt hat. Anschließend können Sie Ihre persönlichen Daten mit den folgenden Befehlen zurückspielen. Passen Sie gegebenen-falls den Pfad zu der Backup-Datei an – der Befehl geht davon aus, dass sich die Backup-Datei im aktuellen Arbeitsverzeichnis befindet. Außerdem müssen Sie den Namensteil XXXXX durch das jeweilige Tagesdatum des Backups ersetzen. Hierbei helfen Ihnen der Befehl ls oder die AutoComplete-Funktion mit der ⇥-Taste weiter.

Wir werden nachfolgend zuerst wieder den Wartungsmodus der ownCloud aktivie-ren, dann das Backup zurückspielen und mit dem letzten Befehl den Wartungsmo-dus wieder deaktivieren:

```
sudo -u www-data php /var/www/html/owncloud/occ maintenance:mode --on
```

```
sudo tar -xzf owncloud_backup_XXXXX.tar.gz -C /
```

```
sudo -u www-data php /var/www/html/owncloud/occ maintenance:mode --off
```

Führen Sie diese Befehlskette wirklich nur im Notfall aus, da sie ansonsten Ihre aktu-elle ownCloud-Installation auf den Zustand des letzten Backups zurücksetzt.

14.8   Konvertieren der Datenbank

An dieser Stelle möchte ich Sie ein wenig für die Zukunft wappnen. Wir haben bei der Installation von ownCloud bewusst SQLite als Datenbankformat gewählt, weil dieses ressourcenfreundlicher ist als eine große MySQL-Installation mit einer Server-Client-Architektur. Wenn Ihre ownCloud-Installation jedoch im Laufe der Zeit wächst, weil Sie die Vorzüge der Cloud für sich entdeckt haben, dann kann sich der Spieß umkehren. Zwar kann SQLite auch problemlos sehr große Datenbestände verwalten, nur leider ist es nicht so gut geeignet, wenn viele Speicherzugriffe gleichzeitig auftreten. Ab einer bestimmten Benutzeranzahl, die eine gewisse Dateianzahl verwaltet und womöglich auch noch mehrere Desktop-Clientprogramme zur Dateisynchronisation verwendet, ist ein Punkt erreicht, wo eine MySQL-Installation trotz des größeren Ressourcenverbrauchs Geschwindigkeitsvorteile bringt. Eine genaue Zahl lässt sich schlecht angeben, aber wenn Sie mehr als zehn Benutzer haben oder mehrere Benutzer mehr als rund zweihundert Dateien verwalten, dann kann der Zeitpunkt für einen Umstieg gekommen sein. Glücklicherweise müssen Sie jetzt nicht die ganze ownCloud-Installation und ihre Einrichtung nochmals vornehmen, nein, stattdessen gibt es ein Konvertierungstool, mit dem sich die Datenbank migrieren lässt. Wenn Sie die Datenbank wechseln möchten, dann erledigen Sie das auf folgende Weise:

Zuerst installieren Sie den MySQL-Server und die benötigte PHP-Schnittstelle mit diesem Befehl (und aktuellen Paketquellen):

```
sudo apt-get install mysql-server php5-mysql
```

Während der Installation müssen Sie für den sogenannten *root*-Benutzer ein Passwort vergeben. Dies ist der Hauptbenutzer der Datenbank, er hat nichts mit dem *root*-Benutzer des Betriebssystems zu tun, nur die Namen sind gleich. Vergeben Sie wie üblich ein sicheres Passwort, das Sie aber bitte keinesfalls vergessen sollten.

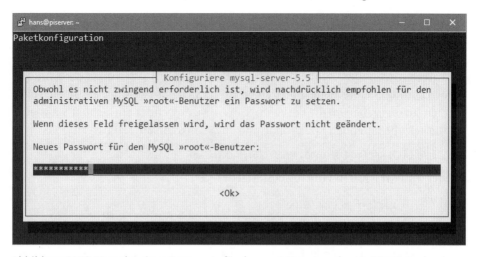

Abbildung 14.18 Vergabe eines Passworts für den root-Benutzer der MySQL-Datenbank

MySQL arbeitet etwas anders als SQLite. Unter anderem gibt es unter MySQL verschiedene Datenbanken, die jeweils von bestimmten Benutzern gelesen und verändert werden dürfen – im Gegensatz zu SQLite, wo jedes Programm quasi seine eigene Datenbank verwalten kann. Für Ihre ownCloud-Installation müssen wir jetzt erst einmal eine neue, leere Datenbank anlegen. Bei der Gelegenheit erstellen wir auch gleich einen separaten Benutzer, der nur von ownCloud verwendet wird, um deren eigene Datenbank zu verwalten.

MySQL hat seine eigene Kommandozeile. Diese können wir aus der normalen Linux-Konsole aufrufen, wir können in ihr aber nur spezielle SQL-Kommandos zur Datenbankverwaltung eingeben. Systembefehle sind nicht zulässig. Nach Abschluss der Datenbankarbeiten werden wir diese SQL-Konsole wieder verlassen und landen wieder in der normalen Linux-Konsole. Um die SQL-Konsole zu betreten, geben Sie folgenden Befehl ein:

```
mysql -u root -p
```

MySQL wird Sie nach dem eben vergebenen MySQL-*root*-Passwort fragen, das Sie nun bitte eingeben. Danach landen Sie auf dem Kommandoprompt für die Datenbankverwaltung, der so aussieht:

```
MySQL>
```

Als Erstes werden wir eine neue, leere Datenbank für ownCloud anlegen, die wir *owncloud_db* nennen. Geben Sie Folgendes ein, achten Sie besonders auf das Semikolon am Schluss, und drücken Sie dann die ⏎-Taste:

```
CREATE DATABASE owncloud_db;
```

Darauf erhalten Sie eine Bestätigungsmeldung von MySQL in der Form:

```
Query OK, 1 row affected (0.00 sec)
```

Als Nächstes werden wir einen Benutzer anlegen, der auf die Datenbank *owncloud_db* zugreifen darf. Diesen Benutzer nennen wir *owncloud*. Er bekommt auch ein Passwort, das Sie frei wählen können. Hier ist als Beispiel »passwort« vorgegeben. Ändern Sie den Eintrag entsprechend, und wählen Sie ein sicheres Passwort, das Sie sich bitte merken (und gegebenenfalls notieren). Geben Sie Folgendes ein, achten Sie wieder auf die beizubehaltenden Apostrophe und das Semikolon am Schluss:

```
CREATE USER 'owncloud'@'localhost' IDENTIFIED BY 'passwort';
```

Wieder wird MySQL den Vorgang bestätigen:

```
Query OK, 0 rows affected (0.00 sec)
```

Nun wird dem Benutzer *owncloud* das Recht gegeben, die Datenbank *owncloud_db* nach Herzenslust zu verändern. Geben Sie also folgenden Befehl ein:

```
GRANT ALL PRIVILEGES ON owncloud_db.* TO 'owncloud'@'localhost';
```

Daraufhin erscheint wieder die bekannte Bestätigungsmeldung.

Zum Abschluss wenden Sie folgenden Befehl an, der die Berechtigungen aktiviert:

```
FLUSH PRIVILEGES;
```

Wir sind jetzt in MySQL fertig. Sie können die MySQL-Konsole verlassen, indem Sie den Befehl

```
quit
```

ausführen. Danach landen Sie wieder auf dem Linux-Kommandoprompt. Zusammengefasst sehen Sie die Schritte noch einmal in Abbildung 14.19.

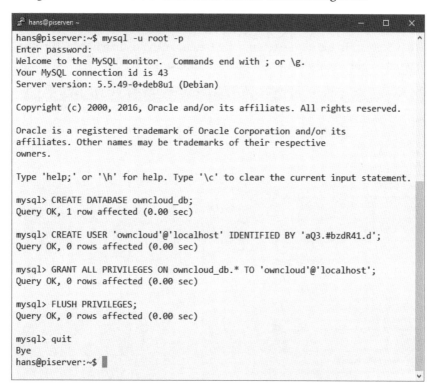

```
hans@piserver: ~                                                    —  □   ×
hans@piserver:~$ mysql -u root -p
Enter password:
Welcome to the MySQL monitor.  Commands end with ; or \g.
Your MySQL connection id is 43
Server version: 5.5.49-0+deb8u1 (Debian)

Copyright (c) 2000, 2016, Oracle and/or its affiliates. All rights reserved.

Oracle is a registered trademark of Oracle Corporation and/or its
affiliates. Other names may be trademarks of their respective
owners.

Type 'help;' or '\h' for help. Type '\c' to clear the current input statement.

mysql> CREATE DATABASE owncloud_db;
Query OK, 1 row affected (0.00 sec)

mysql> CREATE USER 'owncloud'@'localhost' IDENTIFIED BY 'aQ3.#bzdR41.d';
Query OK, 0 rows affected (0.00 sec)

mysql> GRANT ALL PRIVILEGES ON owncloud_db.* TO 'owncloud'@'localhost';
Query OK, 0 rows affected (0.00 sec)

mysql> FLUSH PRIVILEGES;
Query OK, 0 rows affected (0.00 sec)

mysql> quit
Bye
hans@piserver:~$ █
```

Abbildung 14.19 In der MySQL-Konsole eine neue Datenbank anlegen

Nun werden wir die MySQL-Installation noch ein wenig absichern. Dazu gibt es ein kleines Skript, das diverse Einstellungen vornimmt. Führen Sie dieses Skript mit folgendem Befehl aus:

```
sudo /usr/bin/mysql_secure_installation
```

Sie werden nun nach einigen Optionen gefragt. Das *root*-Passwort müssen Sie nicht ändern, geben Sie also bei der Frage Change the root password? ein n ein, alle anderen

Fragen sollten Sie mit ja beantworten und entsprechend auf ⏎ drücken, dies er-höht die Sicherheit der Datenbanken.

Nun geht es daran, Ihre bisherige ownCloud-Installation zu konvertieren.

Aktivieren Sie zunächst mit folgendem Befehl den Wartungsmodus Ihrer ownCloud, um diese während der Konvertierung vor Änderungen zu schützen:

```
sudo -u www-data php /var/www/html/owncloud/occ maintenance:mode --on
```

Beachten Sie, dass in diesem Modus die normale Benutzung gesperrt ist.

Zur Konvertierung der Datenbank führen Sie folgenden, einzeiligen Befehl aus:

```
sudo -u www-data php /var/www/html/owncloud/occ db:convert-type --all-apps ↩
mysql owncloud 127.0.0.1 owncloud_db
```

Sie werden jetzt nach dem Passwort für den Benutzer *owncloud* gefragt. Dies ist das Passwort, das Sie vorhin bei der Erstellung der Datenbank vergeben haben. Die Konvertierungszeit ist abhängig von der Größe der Datenbank.

```
hans@piserver: ~                                                  —   □   ✕
hans@piserver:~$ sudo -u www-data php /var/www/html/owncloud/occ maintenance:mode --on
Maintenance mode enabled
hans@piserver:~$ sudo -u www-data php /var/www/html/owncloud/occ db:convert-type --all-app
s mysql owncloud 127.0.0.1 owncloud_db
ownCloud is in maintenance mode - no app have been loaded
What is the database password?
Creating schema in new database
oc_activity
 7/7 [============================] 100%
oc_activity_mq
 0/0 [============================]   0%
oc_addressbookchanges
 4/4 [============================] 100%
oc_addressbooks
 3/3 [============================] 100%
oc_appconfig
 76/76 [============================] 100%
oc_calendarchanges
 1/1 [============================] 100%
oc_calendarobjects
 0/0 [============================]   0%
oc_calendars
 3/3 [============================] 100%
oc_calendarsubscriptions
 0/0 [============================]   0%
oc_cards
 2/2 [============================] 100%
oc_cards_properties
 8/8 [============================] 100%
oc_comments
 0/0 [============================]   0%
oc_comments_read_markers
 0/0 [============================]   0%
oc_credentials
 0/0 [============================]   0%
oc_dav_shares
 0/0 [============================]   0%
oc_file_locks
```

Abbildung 14.20 Konvertierung der bestehenden Datenbank zu einer MySQL-Datenbank

Wenn der Vorgang abgeschlossen ist, müssen Sie den Wartungsmodus der own-Cloud unbedingt wieder deaktivieren. Das erledigt folgender Befehl:

```
sudo -u www-data php /var/www/html/owncloud/occ maintenance:mode --off
```

Jetzt steht Ihnen Ihre ownCloud-Installation wieder zur Verfügung und kann normal benutzt werden.

14.9   Backup der MySQL-Datenbank einer ownCloud-Installation

Das Backup einer ownCloud-Installation, die eine MySQL-Datenbank verwendet, ist etwas aufwendiger als das einer entsprechenden SQLite-Installation. Dort mussten nur das *data*-Verzeichnis sowie die Konfigurationsdatei der ownCloud gesichert werden. Ersteres enthielt auch gleich die Datenbank, aber dies ist bei MySQL nicht so, denn hier liegt die Datenbank separat vor. Folgender Befehl sichert die Datenbank in das aktuelle Verzeichnis:

```
mysqldump --lock-tables -h 127.0.0.1 -u owncloud -p[password] ↵
owncloud_db > owncloud_db_bup_$(date +"%Y%m%d").bup
```

Bei dem Befehl müssen Sie noch [password] durch das Passwort des Benutzers *own-Cloud* ändern. Achtung: Zwischen dem -p und dem Passwort steht kein Leerzeichen! Das Passwort wird ohne eckige Klammern direkt angeschlossen, etwa so:

```
mysqldump --lock-tables -h 127.0.0.1 -u owncloud -pLustigesPasswort123 ↵
owncloud_db > owncloud_db_bup_$(date +"%Y%m%d").bup
```

Das Backup Ihrer ownCloud-Installation erstellen Sie so: Orientieren Sie sich zunächst am normalen Backup, wie ich es zuvor erörtert habe. Aktivieren Sie den Wartungs-modus, und führen Sie den normalen Backup-Befehl aus. Anschließend erstellen Sie das Backup der MySQL-Datenbank, wie Sie es eben gelernt haben. Dann deaktivieren Sie den Wartungsmodus der ownCloud. Am besten führen Sie alle Schritte in Ihrem Backup-Verzeichnis für Ihre ownCloud aus. Dieses sollte sich natürlich auf einem ex-ternen Speichermedium befinden.

Wenn einmal der Zeitpunkt gekommen ist, an dem Sie ein Backup wiederherstellen müssen, dann gehen Sie zunächst genauso vor, wie beim vorhin gezeigten Vorgang zum Zurückspielen eines Backups: Aktivieren Sie zuerst den Wartungsmodus der ownCloud, und spielen Sie dann Ihre Backup-Datei mit dem Datenverzeichnis und der Konfigurationsdatei zurück. Anschließend spielen Sie das Backup der MySQL-Datenbank ein. Das erledigt folgender Befehl:

```
mysql -h 127.0.0.1 -u owncloud -p[password] ↵
owncloud_db < owncloud_db_bup_XXXXX.bup
```

Hierbei müssen Sie wieder das [password] entsprechend setzen. Auch hier steht wie-der *kein* Leerzeichen zwischen dem -p und dem eigentlichen Passwort. Ersetzen Sie außerdem XXXXX durch das Datum des Backups, das Sie zurückspielen möchten. Lassen Sie sich vorher mit `ls` den Inhalt Ihres Backup-Verzeichnisses anzeigen, und notieren Sie sich den Dateinamen der entsprechenden Datei.

Wichtig

Der Stand der Datenbank muss natürlich zum Stand des *Data*-Verzeichnisses passen, ansonsten drohen Datenverlust und weitere Probleme. Achten Sie also darauf, dass Sie identische Versionen sowohl vom Daten-Backup als auch vom Backup der MySQL-Datenbank zurückspielen.

Nach dem Zurückspielen vergessen Sie bitte nicht, den Wartungsmodus von own-Cloud wieder zu beenden.

Anschließend steht Ihnen Ihre ownCloud-Installation wieder zur Verfügung.

Kapitel 15
VPN-Verbindungen mit OpenVPN

Wenn Ihnen ein reales Netzwerk zu Hause nicht genügt, dann können Sie sich jetzt auch noch ein virtuelles Netzwerk erzeugen, das sogar ganz privat ist. Ein VPN ist eine tolle Sache – warum das so ist, das schauen wir uns nun an.

15.1   Eine Einführung in virtuelle private Netzwerke (kurz VPNs)

Dieses Kapitel über VPN-Verbindungen ist für Sie dann interessant, wenn Sie von unterwegs über eine sichere Verbindung auf Ihren Pi-Server oder auf Ihr ganzes Heimnetzwerk zugreifen möchten. Die Abkürzung VPN steht für *virtuelles privates Netzwerk*. Hierunter wollen wir ein eigenständiges, abgesichertes (also privates) Netzwerk verstehen, das über ein öffentliches, unsicheres Transportmedium aufgebaut wird. Meist ist dies das Internet. Da die beteiligten Computer über ein Zwischenmedium miteinander verbunden werden, bezeichnet man diese Netzwerke als virtuell. Mit anderen Worten: Sie können Computer (dazu zählen auch Smartphones und Tablets), die irgendwo auf der Welt Zugang zum Internet haben, über eine gesicherte, verschlüsselte und abhörsichere Verbindung in ein Netzwerk einbinden und dieses optional mit Ihrem Heimnetzwerk verknüpfen. Das funktioniert dann (fast) so, als wären Sie mit dem betreffenden Gerät tatsächlich zu Hause in Ihrem eigenen Netzwerk. Sie können also auf (fast) alle Dienste und (Datei-)Freigaben Ihres Netzwerks zugreifen und (fast) alle Ressourcen in Anspruch nehmen. Halten Sie sich also beispielsweise in einem Hotel auf und haben dort einen Internetzugang, dann können Sie von dort aus über Ihr VPN auf die Dateien und Dokumente auf Ihrem Pi-Server zugreifen. Sollten Sie an einem öffentlichen Platz sein, an dem ein WLAN-Hotspot einen Internetzugang anbietet, dann können Sie über das VPN auf Ihre heimische Musiksammlung zugreifen. Das Ganze können Sie natürlich auch von überall aus mit dem Smartphone und einem mobilen Internetzugang machen, wenn Sie über ein ausreichend belastbares Datenvolumen verfügen. Eine VPN-Verbindung ist aber nicht nur für rein mobile Anwendungen interessant. Sie können natürlich auch von Ihrer Zweit-, Ferien- oder Studentenwohnung aus auf die Ressourcen Ihres Heimnetzes zugreifen. So können Sie beispielsweise die Dienste Ihrer ownCloud nutzen und die Dateien einer Projektarbeit synchronisieren, so dass Sie bequem von jedem

Standort aus hierauf zugreifen können und stets denselben Projektstand vorfinden, ohne dass dieser Dienst direkt an das Internet angeschlossen ist.

Ein VPN stellt also eine interessante Alternative zum direkten Freigeben von Diensten im Internet dar. Es bietet den Vorteil, privat zu sein. An einem VPN muss man sich zunächst erst einmal authentifizieren. Das bedeutet, dass nur jemand mit den korrekten Zugangsdaten in Ihr Netzwerk gelassen wird und auf dessen Ressourcen zugreifen kann. Die Authentifizierung kann dabei wesentlich sicherer gemacht werden als mit einem simplen Passwort. Sie machen also das VPN zwar weltweit verfügbar, begrenzen den Zugang allerdings auf einen streng limitierten Personenkreis. Zusätzlich bietet ein VPN im Regelfall eine sehr gute Verschlüsselung. Ein VPN ermöglicht also auch den verschlüsselten Zugriff auf Dienste, die von sich aus vielleicht gar keine Verschlüsselung anbieten oder die eigentlich gar nicht für die Nutzung über das Internet gedacht sind – wie beispielsweise die Dateifreigabe über Samba. Der Nachteil eines VPNs ist, dass es im Regelfall ziemlich »global« arbeitet, denn Sie erhalten normalerweise den kompletten Zugriff auf die beteiligten Ressourcen und Dienste. Natürlich können Sie auf Wunsch den Zugriff über entsprechende Firewalls künstlich beschränken. Das wird vor allen Dingen im geschäftlichen Umfeld gemacht, wo Außendienstmitarbeiter Zugriff auf bestimmte Ressourcen erhalten sollen. Im Privatbereich gibt man jedoch der VPN-Verbindung meistens das komplette Netzwerk frei. Das führt aber auch dazu, dass ein Angreifer vollen Netzwerkzugriff bekommt, falls es ihm gelingen sollte, die VPN-Verbindung zu kapern. Allerdings ist dies sehr unwahrscheinlich.

Eine VPN-Verbindung ist also immer dann interessant, wenn Sie selbst oder ein Familienmitglied – also jemand aus dem engsten Umkreis – direkten Zugang zu den Ressourcen daheim erhalten soll. Eine VPN-Verbindung ist aber beispielsweise nicht geeignet, um Freunden und Bekannten den Zugang zu den fantastischen Urlaubsbildern zu ermöglichen. Dafür vergibt sie viel zu weitreichende Rechte und ist darüber hinaus etwas unbequem, weil sie vor ihrer Benutzung erst einmal aktiviert und aufgebaut werden muss. Sie ist aber gut geeignet, wenn Sie von unterwegs oder von der Zweitwohnung aus auf die SSH-Konsole Ihres Rechners zugreifen möchten.

Mit VPNs können Sie aber noch viel mehr machen. Es ist auch möglich (was wir auch zuerst machen werden), ein vollständig virtuelles Netzwerk aufzubauen, das keinen Zugang zum Heimnetzwerk bietet. Beispielsweise kann eine Gruppe von Freunden ein gemeinsames VPN aufbauen, in dem nur ihre eigenen Computer Mitglieder sind. Ein Zugriff auf andere Rechner in den jeweiligen (Heim-)Netzwerken besteht nicht, nur die beteiligten Computer können untereinander kommunizieren. Damit ist jede Form von Datenaustausch möglich, vor allem lassen sich jedoch gemeinsame Computerspiele realisieren. Natürlich sollten Sie bei so etwas auch auf die Sicherheit achten und beispielsweise (falls vorhanden) Dateifreigaben der angeschlossenen Computer entsprechend deaktivieren und auch Serverdienste vor unerwünschtem Zugriff schützen.

Ein VPN-Netzwerk kann aber auch dazu benutzt werden, um von unterwegs die heimische Internetverbindung zu verwenden. Mit dieser Funktion gewinnt man oftmals einen Sicherheitsvorteil, weil das eigene Surf-Verhalten im Internet dann nicht mehr in einem unsicheren WLAN beobachtet werden kann.

Man bezeichnet den Computer, der den VPN-Zugang anbietet, im Allgemeinen als *VPN-Server*. Die Endgeräte, die die Verbindung von außerhalb aufbauen und nutzen, werden folglich *VPN-Clients* genannt. Wie bereits erwähnt, kann es sich hierbei um stationäre Rechner, um Notebooks oder auch um Tablet-PCs und Smartphones handeln.

Mittlerweile bieten viele Router in den Heimnetzwerken die Funktion an, ein eigenes VPN aufzubauen. Sie können sich also von außerhalb über Ihren Router in Ihr Heimnetzwerk einwählen. Überprüfen Sie doch einfach einmal den Funktionsumfang Ihres Routers, vielleicht gehört er ja zu den Geräten, die diese Funktion bieten. Falls ja, dann bietet im Regelfall auch gleich der Hersteller des Routers eine entsprechende Software an, mit der sich dieser VPN-Zugang konfigurieren und nutzen lässt. Dazu zählen natürlich auch Programme, die zum eigentlichen Einwählen in Ihr Netzwerk verwendet werden. Als Anfänger sollten Sie sich zunächst ruhig mit den Funktionen Ihres Routers beschäftigen und diese einsetzen. Der Vorteil dieser Methode liegt darin, dass sie oftmals relativ leicht einzusetzen ist und es schon genau vordefinierte Konfigurationsoptionen und -anwendungen gibt. Auf diese Weise kommen Sie also relativ einfach und mit großer Wahrscheinlichkeit zum Ziel. Sie sollten allerdings darauf achten, dass Sie stets sichere Passwörter wählen. Dies gilt nicht nur für die eigentliche VPN-Verbindung, sondern auch für das Entsperren von mobilen Endgeräten. Konsultieren Sie also zunächst die Bedienungsanleitung Ihres Routers, und prüfen Sie, ob und wie sich ein VPN-Zugang einrichten lässt. Als Beispiel sehen Sie in Abbildung 15.1 die Oberfläche einer FritzBox, mit der Sie einen VPN-Zugang einrichten können.

Wenn Ihr Router die Funktion des VPN-Netzwerkes nicht anbietet, Sie sie aber gerne nutzen möchten, dann können Sie sie auch mit Ihrem Pi-Server realisieren. Ihr Pi-Server übernimmt die Funktion des VPN-Servers. Clientcomputer können von unterwegs eine Verbindung zu Ihrem VPN-Server aufbauen, der dann die Kommunikationsabwicklung vornimmt. Sie können dann mit dem VPN-Server kommunizieren und diese Möglichkeit auch auf andere Clientcomputer oder Ihr gesamtes Heimnetzwerk erweitern.

Ein solches VPN können Sie sich etwa so vorstellen, als ob sich zu Hause an Ihrem Pi-Server beziehungsweise Router ein weiterer Netzwerkanschluss befände, von dem

15

aus ein (virtuelles) sehr langes Netzwerkkabel quer durch alle Länder bis zu Ihrem Clientendgerät verlegt wäre.

Abbildung 15.1 Einen VPN-Zugang mit einer FritzBox einrichten

Schnell noch ein Fremdwort: Da die Verbindung abhörsicher ist, also von außen
nicht mitgelesen oder verändert werden kann, spricht man oft von einem *Tunnel*.
Man sagt auch, die Verbindung wird getunnelt (über ein unsicheres Netzwerk). Wie
bei einem Tunnel gibt es einen Eingang bei Ihnen zu Hause und einen Ausgang an
Ihrem Endgerät, aber es gibt keine Zugangsmöglichkeit außerhalb dieser beiden
Punkte.

Bislang habe ich nur Vorteile einer VPN-Verbindung genannt, und tatsächlich ist dieses Werkzeug sehr vorteilhaft. Leider gehören jedoch VPN-Verbindungen zu den
anspruchsvolleren Aspekten von Computernetzwerken. Das liegt unter anderem
daran, dass man mit VPN-Netzwerken sehr viele Anwendungsfälle realisieren kann,
die weit über das hinausgehen, was wir erreichen möchten. Dementsprechend werden auch sehr viele Konfigurationsoptionen geboten – und wenn es viele Konfigurationsoptionen gibt, dann entsteht auch schnell eine gewisse Unsicherheit, welche
denn nun die richtigen Einstellungen sind.

Auf dem Pi-Server realisieren wir die VPN-Verbindung mit der Software *OpenVPN*,
die als ein Gemeinschaftsprojekt aus dem Open-Source-Bereich stammt (wobei es
auch einen kommerziellen Ableger gibt). OpenVPN nutzt die »normalen« Internet-
Protokolle TCP beziehungsweise UDP für eine TLS-gesicherte Verbindung und imple-
mentiert dabei sein eigenes Kommunikationsprotokoll. Das TLS-Protokoll (die
Abkürzung steht für *Transport Layer Security*) ist der Nachfolger des bekannten SSL-
Protokolls und im Internet bei verschlüsselten Verbindungen allgegenwärtig. Es ver-

wendet also keines der üblichen Protokolle, von denen Sie vielleicht schon im Zusammenhang mit VPN-Verbindungen gehört haben. Das bedeutet aber keineswegs, dass OpenVPN weniger leistungsfähig oder gar unsicher ist. Im Gegenteil, der Leistungsumfang, den OpenVPN bietet, ist so groß, dass ich ihn unmöglich in diesem Buch erschöpfend behandeln kann. Wir werden in diesem Buch eine »übliche« VPN-Verbindung aufbauen, die mit einer sehr sicheren Verschlüsselung und einem sehr sicheren Mechanismus zur Authentifizierung bequem von unterwegs genutzt werden kann. Trotzdem ist ihre Einrichtung recht komplex und vor allem recht umfangreich. Das ist keinesfalls OpenVPN anzulasten, sondern liegt wie gesagt in der Natur der Sache.

Gegenüber der vorhin erwähnten Routerlösung erhalten Sie mit OpenVPN ein oftmals deutlich leistungsfähigeres System, das jedoch auch entsprechend komplexer aufzusetzen ist. Wir wollen versuchen, die Einrichtung der VPN-Verbindung in mehreren übersichtlichen Einzelschritten vorzunehmen. Trotzdem sollten Sie eine Zeitspanne von mehreren Stunden einplanen. Wenn die Thematik für Sie ganz neu ist, dann sollten Sie sich zunächst das gesamte Kapitel in Ruhe durchlesen und für sich selbst nachvollziehen, wofür die einzelnen Schritte eigentlich gut sind. Bei der anschließenden Bearbeitung sollten Sie unbedingt über alle Tätigkeiten und erstellten Dateien Buch führen, damit Sie alle Abläufe später nachvollziehen können. Arbeiten Sie in Ruhe und bei guter Konzentration. Es ist vorteilhaft, etappenweise vorzugehen und jede Etappe auf Erfolg zu prüfen. Erst wenn Sie diesen bescheinigen können, sollten Sie zum nächsten Schritt übergehen. Wenn es nicht sofort funktioniert, dann sollten Sie zunächst den Text in diesem Buch nochmals lesen und den Schritt dann noch einmal probieren. Auf diese Weise werden Sie zum Ziel kommen.

Für OpenVPN gibt es übrigens auch eine ganze Menge von Clientprogrammen, die also zum Einwählen in Ihr VPN genutzt werden. Dazu zählen Programme sowohl für »stationäre« als auch für mobile Betriebssysteme. Auf der Projektseite im Internet finden Sie rasch Clients für die großen Computersysteme, und wenn Sie mit Ihren mobilen Endgeräten den jeweiligen App-Bezugspunkt aufsuchen, dann werden Sie auch dort relativ rasch fündig. Probieren Sie das am besten gleich einmal aus. Es schadet gewiss nicht, wenn Sie sich zunächst die Website dieses Projektes ansehen, auf der auch Clientprogramme für Windows angeboten werden. Sie finden sie unter der Adresse *https://openvpn.net/index.php/open-source.html*.

15.2   Vorbereitungen und Voraussetzungen

Bevor Sie mit der umfangreichen Installation und Konfiguration Ihres VPNs beginnen, müssen Sie einige Vorbereitungen treffen und ein paar Voraussetzungen klären.

Zunächst müssen wir kurz über IP-Adressen und IP-Adressbereiche sprechen. Zu Hause betreiben Sie ein Heimnetzwerk, das einen bestimmten IP-Adressbereich nutzt. Ein jedes Netzwerkgerät erhält eine IP-Adresse aus diesem Adressbereich. Bisher sind wir immer beispielhaft davon ausgegangen, dass Sie den IP-Adressbereich 192.168.178.0 bis 192.168.178.255 verwenden, aber in der Realität kann natürlich auch ein anderer Adressbereich genutzt werden. Über den VPN-Dienst werden wir nun ein zusätzliches virtuelles Netzwerk aufbauen, das nicht physikalisch existiert, sondern nur logisch existent ist. In diesem virtuellen Netzwerk treffen dann Ihr Pi-Server (als VPN-Server) und alle verbundenen VPN-Clients zusammen und können kommunizieren. Für unseren Anwendungszweck ist dies so notwendig. Das virtuelle Netzwerk wird den IP-Adressbereich 10.8.0.0 bis 10.8.0.255 verwenden. Als erste Voraussetzung ist es unbedingt erforderlich, dass Ihr Heimnetzwerk einen anderen Adressbereich verwendet. Sollte Ihr Heimnetzwerk ausgerechnet auch zufälligerweise den Adressbereich 10.8.0.0 bis 10.8.0.255 verwenden (was eher unwahrscheinlich ist), dann müssen Sie das VPN auf einen anderen Adressbereich umkonfigurieren (ich werde das besprechen).

Wenn Sie eine VPN-Verbindung aufbauen wollen, dann werden Sie sich üblicherweise nicht zu Hause im Heimnetzwerk befinden. Nein, Sie werden beispielsweise auf Reisen sein. Ihr Clientendgerät ist dabei am entfernten Ort auch wiederum Teil eines Netzwerks. Eventuell nutzen Sie mit Ihrem Smartphone einen mobilen Internetzugang oder mit einem Notebook beispielsweise das WLAN eines Hotels. Dabei ist es wichtig, dass sich der Adressbereich dieses Netzwerks, in dem sich Ihr Clientgerät befindet, weder mit dem IP-Adressbereich Ihres Heimnetzes (insbesondere, wenn Sie darauf von unterwegs zugreifen möchten), noch mit dem IP-Adressbereich Ihres VPNs überschneidet. Andernfalls können Sie keine funktionierende VPN-Verbindung aufbauen. Betrachten wir ein Beispiel: Nehmen wir an, Ihr Heimnetz nutzt die IP-Adressen 192.168.178.xxx. Das VPN verwendet die IP-Adressen 10.8.0.xxx. Benutzt das Netzwerk, in dem sich der VPN-Client befindet, den Adressbereich 192.168.1.xxx, dann ist alles in Ordnung. Verwendet es jedoch ebenfalls den Adressbereich 192.168.178.xxx oder 10.8.0.xxx (mit entsprechenden Subnetzmasken), dann wird Ihre Verbindung nicht funktionieren.

Natürlich können Sie im Vorfeld nicht wissen, welchen IP-Adressbereich das Netzwerk am entfernten Ort verwenden wird. An dieser Stelle folgt eine kleine Entwarnung: Probleme können nur dann auftreten, wenn Sie sich mit Ihrem Endgerät in einem WLAN befinden. Nutzen Sie mit einem Smartphone einen direkten Internetzugang über Ihren Mobilfunk-Provider, dann erhalten Sie eine öffentliche IP-Adresse, die nicht aus dem IP-Adressbereich privater Netzwerke stammt. Hier kommt es also zu keinen Problemen. Genauer hinsehen müssen Sie bei einem fremden WLAN. Wenn für das WLAN ein handelsüblicher Router verwendet wird, dann ist die Wahrscheinlichkeit recht hoch, dass er eine »übliche« IP-Adresskonfiguration nutzt. Hiermit ist gemeint, dass einfach die Voreinstellung übernommen wurde, die der

Hersteller ursprünglich einprogrammiert hat. Oftmals genutzte IP-Adressbereiche sind 192.168.1.xxx, 192.168.2.xxx und 192.168.178.xxx. Wenn Sie auch zu Hause einen dieser Adressbereiche nutzen, dann ist die »Gefahr« recht groß, dass es auch unterwegs zu Problemen kommt. Es gibt dafür eine Lösung, die auf dem Papier recht einfach klingt, aber für einen Anfänger recht schwierig und fehleranfällig sein kann: Sie müssen einfach dafür sorgen, dass Ihr Heimnetzwerk einen nicht häufig genutzten Adressbereich verwendet. Sie könnten sich beispielsweise (völlig frei gewählt) für den Adressbereich 192.168.123.xxx oder auch den Adressbereich 10.22.76.xxx entscheiden. Dies in die Praxis umzusetzen, kann jedoch recht aufwendig werden. Wenn Sie den Adressbereich in Ihrem Router ändern, dann ändern sich auch alle IP-Adressen Ihrer Endgeräte. Das ist nicht besonders schlimm, wenn das Endgerät seine IP-Adresse automatisch bezieht. Spätestens nach einem Neustart erhält es eine neue IP-Adresse. Problematisch werden Geräte mit einer fest zugewiesenen IP-Adresse. Ausgerechnet Ihr Pi-Server gehört zu diesen Geräten. Sie müssen solche Endgeräte dann manuell umkonfigurieren. Dabei müssen Sie die Änderung der Endgeräte vor der Änderung des Adressbereiches in Ihrem Router vornehmen – ansonsten sind die Endgeräte nicht mehr über eine Netzwerkverbindung zu erreichen. Läuft hier etwas schief, dann sind Sie beim Pi-Server auf die Nutzung von Tastatur und Monitor angewiesen. Anfängern gebe ich daher folgenden Ratschlag: Belassen Sie es zunächst bei Ihrer aktuellen, funktionierenden Konfiguration. Testen Sie zunächst Ihre VPN-Verbindung, und nehmen Sie in Kauf, dass es möglicherweise am entfernten Ort (zunächst) nicht funktioniert. Prüfen Sie Ihre üblichen entfernten Orte bezüglich der Adresskompatibilität. Wenn Sie feststellen, dass alles einwandfrei funktioniert, dann sind keine Änderungen nötig. Erst wenn es offensichtlich zu IP-Adresskonflikten kommt und die VPN-Verbindung unbedingt erforderlich ist, dann sollten Sie eingreifen.

Erstellen Sie vor der Änderung der Adresskonfiguration unbedingt ein Backup sowohl von Ihrer Routerkonfiguration als auch (gemäß Kapitel 24, »Ein Backup erstellen«) von der Speicherkarte des Pi-Servers. Führen Sie die Aktion an einem Tag aus, an dem Sie über genügend freie Zeit verfügen. Planen Sie sicherheitshalber einen Zeitbedarf von mehreren Stunden ein – für den Fall, dass ein Fehler auftritt. Bitten Sie eine erfahrene Person um Hilfe, die sich mit der Materie auskennt und Sie notfalls unterstützt. Bedenken Sie, dass diese Schritte ein gewisses Fehlerpotential haben und Sie im schlimmsten Fall ohne Internetzugang und ohne Heimnetzwerk sein können. Es ist übrigens unwahrscheinlich, dass das entfernte Netzwerk den IP-Adressbereich des VPN-Netzwerks verwendet. Der Grund liegt darin, dass der Adressbereich im Netzwerk 10.xxx.xxx.xxx sehr groß ist und es darin sehr viele Bereiche für mögliche Heimnetzwerke gibt. Die Wahrscheinlichkeit für eine Adresskollision ist also gering. Der Adressbereich 192.168.xxx.xxx ist hingegen kleiner, die Gefahr einer Adressüberschneidung ist also deutlich größer. Aus diesem Grund sollten Sie gegebenenfalls für Ihr Heimnetzwerk also ebenfalls eine Adresszone aus dem Netzwerkbereich 10.xxx.xxx.xxx vorsehen. Ziehen Sie nochmals Abschnitt 5.6 aus dem Grundlagenteil zu Rate, in dem wir uns mit den Adressbereichen für Heimnetzwerke befasst haben.

Wir müssen uns allerdings nicht nur um IP-Adressbereiche kümmern, wenn wir ein VPN aufbauen möchten. Wie eben besprochen, treffen sich der Pi-Server als VPN-Server sowie alle verbundenen Clients im virtuellen Netzwerk und können dort miteinander kommunizieren. Die VPN-Clients können dabei (fast) alle Dienste des Pi-Servers nutzen. Sie können jedoch (zunächst) nicht auf die anderen Rechner oder Server in Ihrem Heimnetzwerk zugreifen. Die Kommunikation ist nur innerhalb des VPNs möglich. Das Heimnetzwerk ist nicht Teil des VPNs, folglich gelingt die Kommunikation nicht. Wenn Sie die Konfiguration des VPNs entsprechend erweitern (und ich werde das auch besprechen), wird die Kommunikation mit dem Heimnetzwerk auch über eine VPN-Verbindung möglich. Hierfür muss allerdings Ihr Router eine bestimmte Funktion anbieten: Er muss in der Lage sein, eine sogenannte statische IP-Route zu bearbeiten. Sie müssen also im Webinterface des Routers eine statische Route anlegen können. Möchten Sie die Kommunikation auch über das gesamte Heimnetzwerk ermöglichen, dann prüfen Sie bitte Ihren Router (und dessen Bedienungsanleitung) hinsichtlich dieser essentiellen Funktion. Fehlt diese, dann können Sie von unterwegs nur mit Ihrem Pi-Server (und anderen verbundenen VPN-Clients) kommunizieren.

Darüber hinaus müssen Sie sowohl die Firewalls in Ihrem Router als auch Ihren Pi-Server so konfigurieren, dass eingehende VPN-Verbindungen aus dem Internet angenommen werden. Wir werden uns später noch einmal mit diesem Schritt befassen. Haben Sie die `iptables`-Firewall auf Ihrem Pi-Server aktiviert, dann schauen Sie sich Abschnitt 21.5 in diesem Buch an, und frischen Sie Ihre Kenntnisse über das Einfügen von eigenen Regeln auf. Prüfen Sie in jedem Fall die Bedienungsanleitung Ihres Routers, und klären Sie, wie Sie eingehende Verbindungen aus dem Internet ermöglichen. Oftmals wird diese Funktionalität als *Portöffnung*, *Portweiterleitung* oder *Portfreigabe* bezeichnet.

Wenn Sie diese Punkte geklärt haben, dann sind Sie bereit, den VPN-Server zu installieren und zu konfigurieren.

15.3   Installation des VPN-Server-Dienstes auf dem Pi-Server

OpenVPN installieren Sie auf dem üblichen Weg auf Ihrem Pi-Server. Führen Sie dazu folgenden Befehl aus:

```
sudo apt-get install openvpn
```

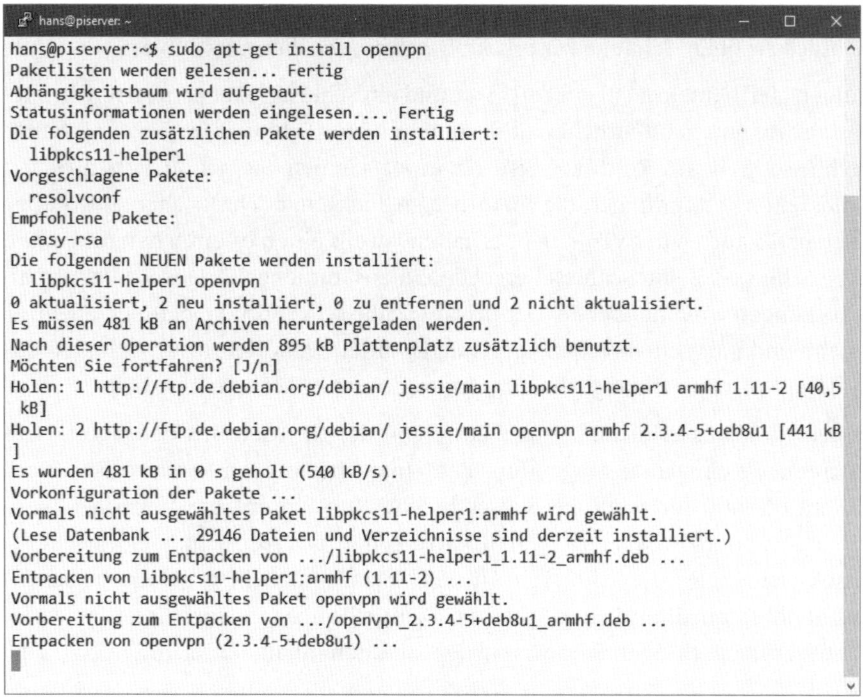

```
hans@piserver:~$ sudo apt-get install openvpn
Paketlisten werden gelesen... Fertig
Abhängigkeitsbaum wird aufgebaut.
Statusinformationen werden eingelesen.... Fertig
Die folgenden zusätzlichen Pakete werden installiert:
  libpkcs11-helper1
Vorgeschlagene Pakete:
  resolvconf
Empfohlene Pakete:
  easy-rsa
Die folgenden NEUEN Pakete werden installiert:
  libpkcs11-helper1 openvpn
0 aktualisiert, 2 neu installiert, 0 zu entfernen und 2 nicht aktualisiert.
Es müssen 481 kB an Archiven heruntergeladen werden.
Nach dieser Operation werden 895 kB Plattenplatz zusätzlich benutzt.
Möchten Sie fortfahren? [J/n]
Holen: 1 http://ftp.de.debian.org/debian/ jessie/main libpkcs11-helper1 armhf 1.11-2 [40,5
 kB]
Holen: 2 http://ftp.de.debian.org/debian/ jessie/main openvpn armhf 2.3.4-5+deb8u1 [441 kB
]
Es wurden 481 kB in 0 s geholt (540 kB/s).
Vorkonfiguration der Pakete ...
Vormals nicht ausgewähltes Paket libpkcs11-helper1:armhf wird gewählt.
(Lese Datenbank ... 29146 Dateien und Verzeichnisse sind derzeit installiert.)
Vorbereitung zum Entpacken von .../libpkcs11-helper1_1.11-2_armhf.deb ...
Entpacken von libpkcs11-helper1:armhf (1.11-2) ...
Vormals nicht ausgewähltes Paket openvpn wird gewählt.
Vorbereitung zum Entpacken von .../openvpn_2.3.4-5+deb8u1_armhf.deb ...
Entpacken von openvpn (2.3.4-5+deb8u1) ...
```

Abbildung 15.2 Die Installation von »OpenVPN«

OpenVPN verwendet zur Verschlüsselung der VPN-Verbindung die Bibliothek *OpenSSL*, die sehr leistungsfähige TLS-Verschlüsselungen ermöglicht und sehr weit verbreitet ist. Falls diese Komponente auf Ihrem Server noch nicht installiert ist oder bei der Installation von OpenVPN nicht automatisch mit installiert wurde, dann müssen Sie sie manuell ergänzen. Installieren Sie dazu einfach Folgendes:

```
sudo apt-get install openssl
```

Diesen Befehl können Sie jederzeit ausführen, auch wenn OpenSSL bereits installiert ist; Sie erhalten dann eine entsprechende Information.

15.4 Grundlagen der zertifikatsbasierten Authentifizierung und asymmetrischen Verschlüsselung

Unser Ziel ist es, ein möglichst sicheres VPN aufzubauen. Wir wollen daher auch eine entsprechend sichere Authentifizierungsmethode verwenden und die Authentifizierung zertifikatsbasiert gestalten. Zwar bietet OpenVPN auf Wunsch auch die Möglichkeit, sich mit einem (gemeinsam verwendeten) Generalpasswort zu identifizieren, aber diese Möglichkeit ist insgesamt weniger sicher. Die zertifikatsbasierte

Authentifizierung ist zwar deutlich aufwendiger, kann dafür aber die Sicherheit beträchtlich erhöhen. Schauen wir uns im Detail an, wie dies funktioniert.

Sie werden gleich (mehrfach) ein Zertifikat und ein Schlüsselpaar generieren. Letzteres besteht aus einem öffentlichen und einem privaten Schlüssel, wobei der öffentliche Schlüssel Teil des Zertifikats ist. So etwas kennen Sie schon von diversen verschlüsselten Verbindungen, die wir in diesem Buch eingerichtet haben. Sowohl der VPN-Server als auch jeder VPN-Client erhalten jeweils einen öffentlichen und einen privaten Schlüssel. Beide Schlüssel ergeben ein zusammengehöriges Schlüsselpaar, denn sie hängen voneinander ab. Der private Schlüssel gehört dabei Ihnen allein, er ist geheim und muss entsprechend geschützt werden. Der öffentliche Schlüssel hingegen darf jedermann zugänglich gemacht werden, er ist keinesfalls geheim.

Diese beiden Schlüssel dienen (unter anderem) der chiffrierten Übertragung von Nachrichten. Als einfachste Anwendung kann man eine an Sie adressierte Nachricht mit Ihrem öffentlichen Schlüssel verschlüsseln. Nun kommt das Wichtige: Diese Nachricht kann nun *ausschließlich* mit Ihrem eigenen, privaten Schlüssel wieder entschlüsselt werden. Das Entschlüsseln ist nur hiermit möglich, es gelingt insbesondere *nicht* mit Ihrem öffentlichen Schlüssel. Da nur Sie über den (geheimen) privaten Schlüssel verfügen, sind nur Sie selbst in der Lage, den Inhalt der Nachricht zu lesen.

Wenn sich jemand fälschlicherweise als Sie ausgeben und erfolgreich kommunizieren möchte, dann müsste er folglich im Besitz Ihres privaten Schlüssels sein – und diesen beispielsweise erst einmal gewaltsam von Ihrem Rechner stehlen. Sie sehen: Dieses Schlüsselpaar ermöglicht eine verschlüsselte Kommunikation, ohne dass die Teilnehmer zunächst ein geheimes Passwort austauschen müssen. Man bezeichnet diese Art der Chiffrierung als *asymmetrische* Verschlüsselung: Zur Ver- und Entschlüsselung werden verschiedene Schlüssel verwendet.

Nun betrachten wir die Authentifizierung, bei der sichergestellt wird, dass nur bestimmte Personen einen Zugang zu einem Dienst bekommen. Jetzt kommt das Zertifikat ins Spiel, das neben Ihrem öffentlichen Schlüssel weitere Informationen enthält. Ihr öffentlicher Schlüssel wird nämlich von einer vertrauenswürdigen Stelle bestätigt beziehungsweise unterzeichnet. Im Prinzip sagt die vertrauenswürdige Stelle über Ihren öffentlichen Schlüssel: »Jawohl, dieser Schlüssel gehört definitiv zu dieser einen bestimmten Person. Das garantiere ich.« Wir könnten das Zertifikat also im übertragenen Sinne mit einem Personalausweis vergleichen. Für Ihr VPN betreiben Sie diese vertrauenswürdige Stelle allerdings selbst. Sie bestimmen selbst, welche Zertifikate Sie anerkennen. Der VPN-Server wird bei jeder eingehenden Verbindung prüfen, ob das Zertifikat des VPN-Clients, das stets vorgezeigt werden muss, tatsächlich von Ihrer eigenen vertrauenswürdigen Stelle bestätigt wurde.

Ein Angreifer kann sich zwar ein Schlüsselpaar und ein Zertifikat erzeugen, dieses ist aber nicht von Ihrer (!) vertrauenswürdigen Stelle bestätigt – Ihr Server wird es also nicht annehmen, und es kommt keine Verbindung zustande. Damit ein Angreifer sich erfolgreich authentifizieren (also erfolgreich Ihre Identität stehlen) kann, muss er von Ihrem Clientrechner sowohl Ihr Zertifikat als auch Ihren privaten Schlüssel stehlen. Während das Zertifikat nicht geheim ist, muss der private Schlüssel streng geschützt werden, denn nur er ermöglicht die Entschlüsselung der übermittelten Daten.

Die zertifikatsbasierte Anmeldung verwendet sehr lange und unglaublich schwierig zu fälschende Prüfwerte, die deutlich länger und komplexer sind als einfache Passwörter. Das macht diese Methode deutlich sicherer.

Wir werden jetzt diese zunächst sehr komplex erscheinende Möglichkeit der Authentifizierung einrichten. Im Folgenden erzeugen wir mehrere Zertifikate und Schlüsselpaare, damit sich alle beteiligten Parteien entsprechend ausweisen und sicher verschlüsselt miteinander kommunizieren können.

Im Einzelnen benötigt zunächst einmal der VPN-Server sowohl einen öffentlichen als auch einen dazu passenden privaten Schlüssel. Ersterer wird Teil eines Zertifikats, das weitere Identitätsinformationen und die Bestätigung der Prüfung durch die vertrauenswürdige Stelle enthält. Jeder VPN-Client bekommt darüber hinaus je ein eigenes Schlüsselpaar und Zertifikat. Zusätzlich richten wir die vertrauenswürdige Stelle selbst ein. Auch sie bekommt ein Zertifikat (mit öffentlichem Schlüssel) und einen privaten Schlüssel.

Die vertrauenswürdige Stelle wird die Identität aller Teilnehmer mit ihrem *privaten* Schlüssel verschlüsseln und somit bestätigen. Warum dieser Weg? Nun, Daten, die mit dem eigenen privaten Schlüssel verschlüsselt wurden, können mit dem öffentlichen Schlüssel (der jedem bekannt ist beziehungsweise allgemein bekannt gemacht werden kann) wieder entschlüsselt werden. Dies dient also keineswegs einer vertraulichen Kommunikation. Das soll es aber auch gar nicht. Es bewirkt etwas ganz anderes: Überlegen Sie einmal: Wer kann denn in der Lage gewesen sein, etwas so zu verschlüsseln, dass es genau mit diesem einen – und nur diesem – öffentlichen Schlüssel entschlüsselt werden kann? Das kann nur der Besitzer des dazugehörigen privaten Schlüssels gewesen sein! Und wenn man dieser vertrauenswürdigen Stelle vertraut (und das tun Sie, denn Sie selbst betreiben diese Stelle), dann wissen Sie, dass alles mit rechten Dingen zugeht und zugegangen ist. Natürlich muss ein jeder Kommunikationspartner Zugang zum öffentlichen Schlüssel dieser vertrauenswürdigen Stelle haben, aber keine Sorge, das werden wir sicherstellen.

Die Erstellung der entsprechenden Zertifikate und Schlüssel kann ein sehr komplizierter Vorgang sein, erst recht, wenn die vertrauenswürdige Stelle ins Spiel kommt. Zum Glück gibt es eine sehr hilfreiche Skriptsammlung, die diesen Vorgang sehr angenehm vereinfacht. Diese Skriptsammlung nennt sich *easy-rsa*. Sie kann dazu genutzt werden, entsprechende Zertifikate für eine sogenannte eigene *PKI* zu erzeugen, die für die *RSA*-Verschlüsselung genutzt werden. PKI ist die Abkürzung für *Pub-*

lic-Key-Infrastruktur und bezeichnet genau das, was wir eben besprochen haben (*public key* bedeutet etwa »öffentlicher Schlüssel«). RSA ist das Kürzel für die Erfinder eines bestimmten Verfahrens zur asymmetrischen Verschlüsselung mit dem zuvor besprochenen Schlüsselpaar. Wenn Sie scharf nachdenken, dann werden Sie sich daran erinnern, dass uns dieses Wort auch schon bei der Erstellung von SSL-Zertifikaten für den Webserver begegnet ist.

15.4.1   Erstellen der benötigten Zertifikate und Schlüsseldateien

Installieren wir zunächst die bereits erwähnte Skriptsammlung easy-rsa, die uns bei der Erstellung der benötigten Dateien unterstützen wird. Das erledigt folgender Befehl:

```
sudo apt-get install easy-rsa
```

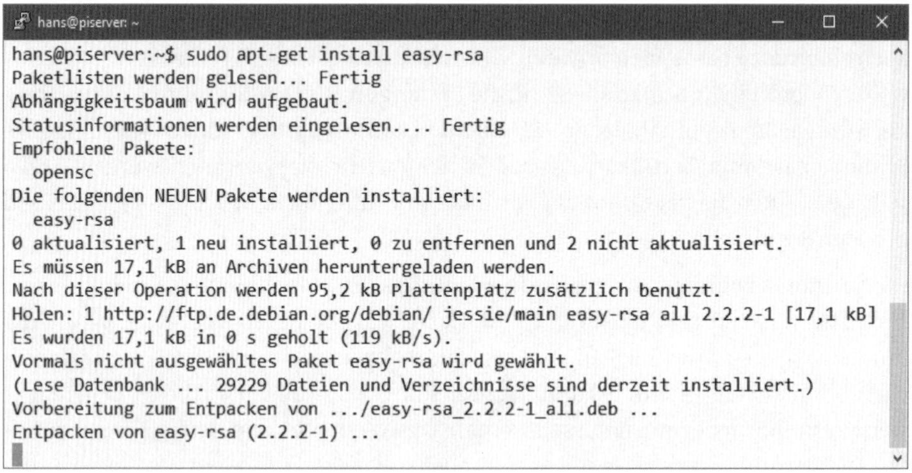

```
hans@piserver: ~

hans@piserver:~$ sudo apt-get install easy-rsa
Paketlisten werden gelesen... Fertig
Abhängigkeitsbaum wird aufgebaut.
Statusinformationen werden eingelesen.... Fertig
Empfohlene Pakete:
  opensc
Die folgenden NEUEN Pakete werden installiert:
  easy-rsa
0 aktualisiert, 1 neu installiert, 0 zu entfernen und 2 nicht aktualisiert.
Es müssen 17,1 kB an Archiven heruntergeladen werden.
Nach dieser Operation werden 95,2 kB Plattenplatz zusätzlich benutzt.
Holen: 1 http://ftp.de.debian.org/debian/ jessie/main easy-rsa all 2.2.2-1 [17,1 kB]
Es wurden 17,1 kB in 0 s geholt (119 kB/s).
Vormals nicht ausgewähltes Paket easy-rsa wird gewählt.
(Lese Datenbank ... 29229 Dateien und Verzeichnisse sind derzeit installiert.)
Vorbereitung zum Entpacken von .../easy-rsa_2.2.2-1_all.deb ...
Entpacken von easy-rsa (2.2.2-1) ...
```

Abbildung 15.3 Die Installation von »easy-rsa«

Wir werden jetzt in Ihrem Home-Verzeichnis ein neues Arbeitsverzeichnis anlegen, das alle Zertifikate und Schlüsseldateien enthalten wird. Wechseln Sie mit

```
cd
```

in Ihr Home-Verzeichnis, und erstellen Sie dort mit

```
mkdir zertifikate
```

ein entsprechendes Verzeichnis. Kopieren Sie mit folgendem Befehl nun die Daten von easy-rsa in dieses Arbeitsverzeichnis:

```
cp -R /usr/share/easy-rsa/ ~/zertifikate/
```

Durch den Kopiervorgang haben wir uns eine Arbeitsversion geschaffen, die wir gefahrlos nach unseren eigenen Wünschen anpassen können. Wechseln Sie jetzt mit

```
cd ~/zertifikate/easy-rsa
```

in dieses Arbeitsverzeichnis.

Wir werden jetzt die Datei mit dem Namen *vars* bearbeiten, die wichtige Einstellungen und Parameter enthält. Es schadet sicherlich nicht, vorher mit dem Befehl

```
sudo cp vars vars.orig
```

eine Sicherheitskopie anzulegen.

Öffnen Sie anschließend die eigentliche Datei zur Bearbeitung mit dem Editor nano:

```
nano vars
```

Sie finden in dieser Datei verschiedene Werte, die Sie anpassen müssen. Suchen Sie nach folgenden Zeilen:

```
export KEY_COUNTRY
export KEY_PROVINCE
export KEY_CITY
export KEY_ORG
export KEY_EMAIL
export Key_OU
```

Diese Einträge füllen Sie nacheinander mit dem Ländercode (DE für Deutschland, AT für Österreich, CH für die Schweiz), dem entsprechenden Bundesland/Kanton, Ihrer Stadt, einem (gegebenenfalls fiktiven) Firmen-/Organisationsnamen, Ihrer E-Mail-Adresse und einer (gegebenenfalls fiktiven) Abteilung.

Sie sollten eine gültige E-Mail-Adresse eintragen, es kann aber durchaus Ihre Zweitadresse sein. Achten Sie auf das Gleichheitszeichen und darauf, dass Sie Ihre Eingaben in Anführungszeichen setzen. Ein möglicher Block, wie Sie ihn in Abbildung 15.4 sehen, könnte also lauten:

```
export KEY_COUNTRY="DE"
export KEY_PROVINCE="NRW"
export KEY_CITY="Duesseldorf"
export KEY_ORG="private use"
export KEY_EMAIL="hans@example.com"
export KEY_OU="private server"
```

Die ursprünglich in der Datei vorhandenen Werte können Sie ersetzen, also überschreiben. Ändern Sie auch die Zeile:

```
export KEY_SIZE=2048
```

so um, dass Sie folgenden Inhalt annimmt:

```
export KEY_SIZE=4096
```

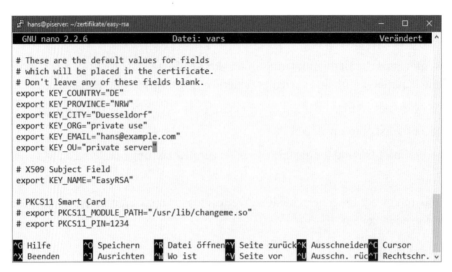

```
hans@piserver: ~/zertifikate/easy-rsa                                    —    □    ×
  GNU nano 2.2.6                      Datei: vars                      Verändert  ^

# These are the default values for fields
# which will be placed in the certificate.
# Don't leave any of these fields blank.
export KEY_COUNTRY="DE"
export KEY_PROVINCE="NRW"
export KEY_CITY="Duesseldorf"
export KEY_ORG="private use"
export KEY_EMAIL="hans@example.com"
export KEY_OU="private server"

# X509 Subject Field
export KEY_NAME="EasyRSA"

# PKCS11 Smart Card
# export PKCS11_MODULE_PATH="/usr/lib/changeme.so"
# export PKCS11_PIN=1234


^G Hilfe        ^O Speichern   ^R Datei öffnen^Y Seite zurück^K Ausschneiden^C Cursor
^X Beenden      ^J Ausrichten  ^W Wo ist      ^V Seite vor   ^U Ausschn. rüc^T Rechtschr. ˅
```

Abbildung 15.4 Die Werte für Ihr Zertifikat

Diese Einstellung legt die Länge der zur (asymmetrischen) Verschlüsselung genutzten Schlüssel fest. 4.096 Bit sind ein sehr hoher Wert. Für die (asymmetrische) Verschlüsselung nach dem RSA-Verfahren werden grundsätzlich sehr lange Schlüssel benötigt, die Länge von 4.096 Bit ist noch auf lange Sicht ausreichend sicher.

Speichern Sie anschließend die Datei, und verlassen Sie nano mit der Tastenkombination [Strg]+[x].

Jetzt werden wir zwei Befehle ausführen, die die Zertifikatserzeugung initialisieren und beispielsweise Umgebungsvariablen anlegen:

```
source ./vars
```

```
./clean-all
```

Nun sind die Vorbereitungen abgeschlossen, und ein erstes Zertifikat nebst zugehörigem privatem Schlüssel kann erzeugt werden. Wir beginnen mit der vertrauenswürdigen Stelle, der *Certificate Authority*, wie sie auf Englisch genannt und mit *CA* abgekürzt wird. Geben Sie zur Erzeugung folgenden Befehl ein:

```
./build-ca
```

Sie werden nach einigen Angaben gefragt (Abbildung 15.5).

Die meisten davon haben Sie eben bereits in der *vars*-Datei eingetragen, Sie können sie einfach durch Drücken der [↵]-Taste übernehmen. Der aktuelle Wert wird Ihnen neben dem Textcursor zwischen zwei eckigen Klammern angezeigt. Ein Parameter erfordert jedoch besondere Aufmerksamkeit, das ist der *Common Name*. Dieser Parameter ist für alle Zertifikate besonders wichtig. Hier sollten Sie einen eindeutigen Namen vergeben, der die jeweilige Stelle eindeutig kennzeichnet. Da Sie momentan die vertrauenswürdige Stelle, kurz die *CA*, bearbeiten, sollten Sie hier einen Namen

wie *Hans_OpenVPN_CA* vergeben, wobei Sie *Hans* durch Ihren eigenen Namen ersetzen. Im folgenden Feld, NAME, sollten Sie Ihren Namen eingeben. Nach abgeschlosse-
ner Eingabe werden die Zertifikatsdaten ohne weitere Rückmeldung erstellt.

```
hans@piserver: ~/zertifikate/easy-rsa                                        —  □  ×
hans@piserver:~/zertifikate/easy-rsa$ ./build-ca
Generating a 4096 bit RSA private key
....++
........................................................................................
.............................................................++
writing new private key to 'ca.key'
-----
You are about to be asked to enter information that will be incorporated
into your certificate request.
What you are about to enter is what is called a Distinguished Name or a DN.
There are quite a few fields but you can leave some blank
For some fields there will be a default value,
If you enter '.', the field will be left blank.
-----
Country Name (2 letter code) [DE]:
State or Province Name (full name) [NRW]:
Locality Name (eg, city) [Duesseldorf]:
Organization Name (eg, company) [private use]:
Organizational Unit Name (eg, section) [private server]:
Common Name (eg, your name or your server's hostname) [private use CA]:Hans_OpenVPN_CA
```

Abbildung 15.5 Das Zertifikat der »vertrauenswürdigen Stelle« wird generiert

Im nächsten Schritt werden wir die Dateien für den VPN-Server erzeugen. Führen Sie
dazu folgenden Befehl aus:

```
./build-key-server server
```

Beachten Sie, dass der Befehl ein server im Namen trägt (das erste server). Dies ist ein
Sicherheitsmerkmal, das den Server eindeutig als solchen ausweist und später auch
abgefragt wird. Das zweite, alleinstehende server ist der Dateiname der zu erstellenden Dateien, den Sie auf diesem Wert belassen. Sie werden wieder nach einigen Parametern gefragt, die Sie alle – bis auf den Common Name – übernehmen können. Im Feld
Common Name sollten Sie entweder einen Namen für Ihren Server vergeben, beispielsweise *Hans Server 01*, oder aber Ihre dynamische DNS-Adresse eintragen. Als Zeichen
sind jedoch nur Buchstaben, Ziffern, der Bindestrich, der Punkt und das Leerzeichen
erlaubt. Ein Beispiel lautet *example.com*. Keinesfalls gehört in dieses Feld ein vorangestelltes *http://*. Alternativ können Sie hier Ihren vollständigen Namen eintragen
(ohne Umlaute). Sie erhalten außerdem die Frage nach einem challenge password
und einem optional company name. Beide Parameter benötigen wir für unsere Zwecke nicht, drücken Sie einfach (ohne eine Eingabe) die ⏎-Taste. Abschließend
werden Ihnen noch zwei weitere Fragen gestellt. Bejahen Sie die Frage Sign the certificate? [y/n]. Drücken Sie also die Taste ⓨ, und bestätigen Sie mit ⏎. Die
zweite Frage lautet ganz zum Schluss: 1 out of 1 certificate requests certified,
commit? [y/n]. Dies erbittet nur Ihre Bestätigung, dass alle Daten in Ordnung sind

15

und das Zertifikat tatsächlich so erstellt werden soll. Bestätigen Sie dies genauso mit den Tasten ⎡y⎤ und ⎡↵⎤.

```
hans@piserver: ~/zertifikate/easy-rsa                              —   □   ×

-----
Country Name (2 letter code) [DE]:
State or Province Name (full name) [NRW]:
Locality Name (eg, city) [Duesseldorf]:
Organization Name (eg, company) [private use]:
Organizational Unit Name (eg, section) [private server]:
Common Name (eg, your name or your server's hostname) [server]:Hans Server 01
Name [EasyRSA]:Hans Beispiel
Email Address [hans@example.com]:

Please enter the following 'extra' attributes
to be sent with your certificate request
A challenge password []:
An optional company name []:
Using configuration from /home/hans/zertifikate/easy-rsa/openssl-1.0.0.cnf
Check that the request matches the signature
Signature ok
The Subject's Distinguished Name is as follows
countryName            :PRINTABLE:'DE'
stateOrProvinceName    :PRINTABLE:'NRW'
localityName           :PRINTABLE:'Duesseldorf'
organizationName       :PRINTABLE:'private use'
organizationalUnitName:PRINTABLE:'private server'
commonName             :PRINTABLE:'Hans Server 01'
name                   :PRINTABLE:'Hans Beispiel'
emailAddress           :IA5STRING:'hans@example.com'
Certificate is to be certified until Apr 30 19:03:23 2026 GMT (3650 days)
Sign the certificate? [y/n]:y


1 out of 1 certificate requests certified, commit? [y/n]y
Write out database with 1 new entries
Data Base Updated
hans@piserver:~/zertifikate/easy-rsa$ ▌
```

Abbildung 15.6 Das Zertifikat des VPN-Servers erzeugen

Als Nächstes werden die Zertifikate und privaten Schlüssel für die VPN-Clients erstellt. Für jedes zu verwendende Endgerät sind je ein Zertifikat und eine Schlüsseldatei zu erstellen. Im übertragenen Sinne legen Sie also mögliche Benutzerkonten an. Sollen beispielsweise die Benutzer Ulla mit zwei Computern und Peter mit drei Computern das VPN nutzen können, dann müssen Sie jetzt fünf Datensätze erstellen. Mit den folgenden Schritten werden wir zunächst aber nur Dateien für klassische Computergeräte erstellen. Dies schließt Desktoprechner und Notebooks ein. Ein Benutzerkonto für ein (modernes) mobiles Endgerät wie ein Smartphone oder ein Tablet erstellen wir, bei Bedarf, in einem separaten Schritt. Die Erstellung für klassische Computer läuft recht ähnlich zu den vorherigen Schritten ab:

Zunächst denken Sie sich einen Dateinamen für die jeweils zu erstellenden Datensätze aus. Sie sollten im Dateinamen den Benutzernamen und das Endgerät kombinieren. Der Dateiname darf nur aus einem Wort bestehen und keine Leer- und Sonderzeichen enthalten, als einzige Ausnahme ist der Bindestrich erlaubt. Mögliche Dateinamen sind *peter-notebook* und *ulla-pc*. Führen Sie bitte unbedingt Buch über die von Ihnen vergebenen Dateinamen inklusive der Zuordnung zu den vollständigen Namen und Endgeräten der jeweiligen Personen. Wir werden diese Informationen später noch einmal brauchen. Führen Sie im Anschluss für jeden zu erstellenden Datensatz folgenden Befehl aus, bei dem Sie den Ausdruck `client` durch den jeweiligen Dateinamen ersetzen:

```
./build-key client
```

Ein Beispiel dazu sehen Sie in Abbildung 15.7.

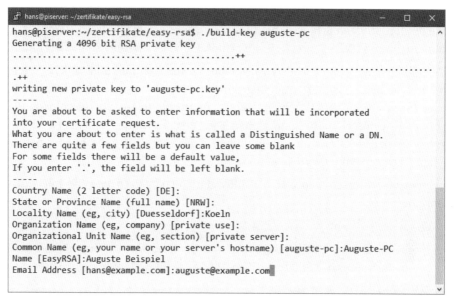

Abbildung 15.7 Ein Client-Zertifikat erzeugen

Wie zuvor werden Sie erneut nach den üblichen Parametern gefragt. Sie können die Parameter entweder übernehmen oder aber auch entsprechend anpassen, falls sich der VPN-Client etwa in einer anderen Stadt befindet als der VPN-Server (oder einer anderen fiktiven Firma zuzuordnen ist). Das Feld `Common Name` wird den jeweiligen Benutzernamen enthalten. Sie können an dieser Stelle den angezeigten Wert durch Drücken der ⏎-Taste übernehmen oder aber auch ändern. Sie können hier den vollständigen Namen des Benutzers eintragen und durch Zusätze (wie das benutzte Gerät) ergänzen. Erlaubte Zeichen sind Buchstaben, Ziffern, das Leerzeichen und der Bindestrich. Umlaute sind zu vermeiden. Bei Unsicherheiten drücken Sie einfach die ⏎-Taste, um die Voreinstellung zu übernehmen. Im Feld `Name` sollten Sie den vollständigen Namen des Benutzers ohne weitere Ergänzungen eingeben (ohne Umlaute). Bestätigen Sie die Nachfragen wie bei der Erstellung des Serverzertifikats.

Bei der Erstellung der Datensätze für die VPN-Clients gibt es noch eine Option zur Erhöhung der Sicherheit. Die privaten Schlüssel können nämlich mit einem Passwort verschlüsselt werden. Wenn ein Angreifer irgendwie in den Besitz eines verschlüsselten privaten Schlüssels kommt, dann kann er mit diesem zunächst nicht viel anfangen, er muss ihn erst entschlüsseln. Dies kann er nur mit der Brute-Force-Methode machen. Wenn das Passwort hinreichend komplex ist, dann kann dieser Vorgang eine erhebliche Zeitspanne in Anspruch nehmen. Während dieser Zeit haben Sie die Gelegenheit, den VPN-Server abzuschalten, so dass ihn niemand mehr unbefugt verwenden kann. Sie können ihn dann wieder mit einem komplett neuen Zertifikatssatz aufsetzen. Verschlüsselte private Schlüssel sind vor allem auf mobilen Geräten sinnvoll, denn diese können ja relativ einfach gestohlen werden, womit der Angreifer gleich Zugriff auf Ihren privaten Schlüssel bekommt. Denken Sie daran: Sobald der Angreifer den privaten Schlüssel hat (und den öffentlichen Schlüssel), dann hat er Zugang zu Ihrem VPN/Heimnetz. Die Verschlüsselung ist also eine sinnvolle Option.

Zu den mobilen Endgeräten wollen wir Notebooks, Smartphones und Tablets zählen, wobei ich die beiden letzteren Gerätegruppen erst nachfolgend behandeln werde. Falls zu Ihren VPN-Clients Notebooks zählen, dann sollten Sie die Verschlüsselung der privaten Schlüssel in Erwägung ziehen. Die Verschlüsselung kann aber auch auf einem normalen Desktop-PC sinnvoll sein, beispielsweise wenn dieser von mehreren Benutzern verwendet wird.

Um einen verschlüsselten privaten Schlüssel zu erzeugen, geben Sie folgenden Befehl ein:

```
./build-key-pass client
```

Auch hierbei ersetzen Sie den Ausdruck client wieder wie zuvor durch den Dateinamen, den die Datensätze erhalten sollen – wie es Abbildung 15.8 beispielhaft zeigt.

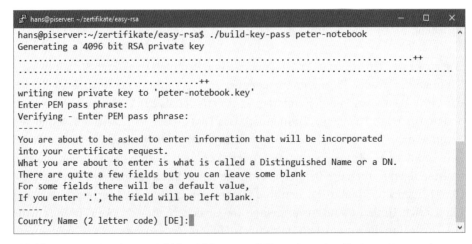

Abbildung 15.8 Die privaten Schlüssel können auf Wunsch auch mit einem Passwort vor unberechtigtem Zugriff geschützt werden

```
hans@piserver: ~/zertifikate/easy-rsa                              —    □    ×

Please enter the following 'extra' attributes
to be sent with your certificate request
A challenge password []:
An optional company name []:
Using configuration from /home/hans/zertifikate/easy-rsa/openssl-1.0.0.cnf
Check that the request matches the signature
Signature ok
The Subject's Distinguished Name is as follows
countryName            :PRINTABLE:'DE'
stateOrProvinceName    :PRINTABLE:'NRW'
localityName           :PRINTABLE:'Koeln'
organizationName       :PRINTABLE:'private use'
organizationalUnitName:PRINTABLE:'private server'
commonName             :PRINTABLE:'Peter-Notebook'
name                   :PRINTABLE:'Peter Beispiel'
emailAddress           :IA5STRING:'peter@example.com'
Certificate is to be certified until Apr 30 19:11:50 2026 GMT (3650 days)
Sign the certificate? [y/n]:y


1 out of 1 certificate requests certified, commit? [y/n]y
Write out database with 1 new entries
Data Base Updated
hans@piserver:~/zertifikate/easy-rsa$ █
```

Abbildung 15.9 Bis auf die Eingabe des Passworts unterscheidet sich dieser Schritt nicht von einer normalen Zertifikatserstellung für einen Client

Haben Sie bereits zuvor einen unverschlüsselten Datensatz erstellt, dann führen Sie diesen Befehl einfach mit demselben Dateinamenszusatz erneut aus. Die erstellten Daten werden dann überschrieben. Zusätzlich zu den Angaben der »normalen« Schlüsselerzeugung werden Sie jetzt natürlich nach der pass phrase gefragt (Enter PEM pass phrase), jenem Passwort, das zur Verschlüsselung genutzt wird. Wählen Sie ein ausreichend sicheres Passwort, das Sie aber keinesfalls vergessen dürfen (sonst müssen Sie ein neues Schlüsselpaar erstellen). Dieses Passwort müssen Sie nun bei jedem Verbindungsversuch eingeben. Die weiteren Schritte der Zertifikatserstellung entsprechen dem bekannten Ablauf. Achten Sie aber darauf, dass insbesondere die Clientanwendung auch verschlüsselte private Schlüssel unterstützt (dies ist jedoch bei allen »offiziellen« OpenVPN-Anwendungen der Fall). Es versteht sich von selbst, dass dort die Funktion zur Speicherung des Passwortes nicht angebracht ist.

15.4.2   Erstellen von Zertifikats- und Schlüsseldaten für mobile Endgeräte

Wir wollen jetzt betrachten, wie Sie die Zertifikats- und Schlüsseldaten für ein mobiles Endgerät wie einem Smartphone oder einem Tablet-PC erstellen. Ein Notebook zählt aufgrund seiner Architektur hier zu den »klassischen« Geräten und wurde bereits in den vorherigen Abschnitten behandelt.

Es gibt für alle bekannten großen Smartphone- und Tablet-Betriebssysteme Client-anwendungen für OpenVPN. Natürlich müssen auch die mobilen Versionen der Open-VPN-Anwendung Zugang zu den entsprechenden Zertifikaten und privaten Schlüsseln haben. Die offiziellen OpenVPN-Anwendungen erlauben zwar den direkten Import der einzelnen Dateien, so wie wir diese bisher erstellt haben, aber sie gestatten zusätzlich sogar eine noch bessere Variante: Es gibt auf modernen Smartphones (und Tablets) einen geschützten Speicherbereich, eine Art von »Tresor«, der speziell für die Aufnahme von privaten Schlüsseldateien und Zertifikaten gedacht ist. Die Dateien darin werden durch das Gerätepasswort vor fremden Zugriffen geschützt. Ein Angreifer hat es also sehr schwer, im Diebstahlfall an diese Daten zu gelangen. Um die Zertifikate- und Schlüsseldaten in diesen geschützten Bereich importieren zu können, müssen die Daten ein bestimmtes Format haben, sie müssen als eine *PKCS#12*-Datei vorliegen. Diese Dateien lassen sich ebenfalls mit easy-rsa erstellen.

Um ein neues PKCS#12-Profil zu erstellen, führen Sie folgenden Befehl aus:

```
./build-key-pkcs12 client
```

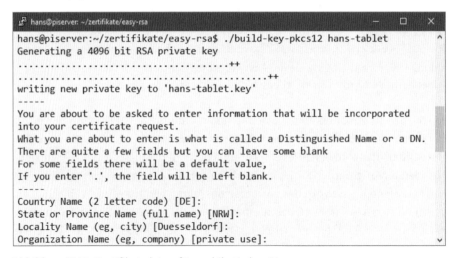

Abbildung 15.10 Zertifikatsdaten für mobile Endgeräte erzeugen

Dabei ersetzen Sie ganz analog zu der bisher besprochenen Datenerstellung den Aus-druck client durch den Dateinamen für die Datensätze, der den üblichen Regeln genügen muss. Nach der Ausführung erscheint erneut der bekannte Dialog zur Abfrage der Daten zur Zertifikatserstellung. Füllen Sie die Daten wahrheitsgemäß aus. Geben Sie beim Common Name wieder einen eindeutigen vollständigen Benutzer-namen (mit Gerätezusatz) ein. Alle anderen Schritte führen Sie wie gehabt aus. Sie werden bei diesem Befehl gegen Ende nach einem Passwort gefragt (Enter Export Password:). Dieses Passwort dient zum Schutz der PCKS#12-Datei beim Transport auf das mobile Endgerät. Mit ihm werden die Daten temporär verschlüsselt und beim

Import in das Endgerät wieder entschlüsselt. Es ist daher beim Importvorgang im mobilen Endgerät einzugeben.

```
hans@piserver: ~/zertifikate/easy-rsa                                    —    □    X
stateOrProvinceName      :PRINTABLE:'NRW'
localityName             :PRINTABLE:'Duesseldorf'
organizationName         :PRINTABLE:'private use'
organizationalUnitName:PRINTABLE:'private server'
commonName               :PRINTABLE:'Hans-TabletPC'
name                     :PRINTABLE:'Hans Beispiel'
emailAddress             :IA5STRING:'hans@example.com'
Certificate is to be certified until Apr 30 19:13:47 2026 GMT (3650 days)
Sign the certificate? [y/n]:y


1 out of 1 certificate requests certified, commit? [y/n]y
Write out database with 1 new entries
Data Base Updated
Enter Export Password:
Verifying - Enter Export Password:
hans@piserver:~/zertifikate/easy-rsa$ █
```

Abbildung 15.11 Gegen Ende ist ein Passwort zu definieren, das die Datei während des folgenden Transports zum Zielgerät vor fremdem Zugriff schützt

15.4.3   Erstellen von Diffie-Hellman-Parametern

Abschließend ist eine weitere Sicherheitsmaßnahme zu erstellen, eine Datei, die sogenannte *Diffie-Hellman-Parameter* aufnimmt, die beim Verschlüsselungsprozess genutzt werden und unter anderem dafür sorgen, dass sich die (im weiteren Verlauf der Verbindung) zur Datenverschlüsselung genutzten Schlüssel häufig ändern, so dass eventuell aufgezeichnete Datenübertragungen nicht rückwirkend entschlüsselt werden können.

Achtung [!]

Der folgende Schritt ist sehr rechen- und zeitintensiv! Er wird auf dem Pi-Server einen längeren Zeitraum (bis zu mehreren Stunden, bei hoher Systemauslastung sogar bis zu einem Tag) in Anspruch nehmen. Normalerweise müssten Sie für die ganze Zeit, die dieser Befehl zur Bearbeitung benötigt, mit dem Pi-Server über die SSH-Konsole verbunden bleiben und dürften die Verbindung beziehungsweise das Fenster nicht schließen, weil ansonsten der Befehl abgebrochen wird. Wir werden den Befehl daher so modifizieren, dass er im Hintergrund arbeitet. Sie können dann die Verbindung zu Ihrem Pi-Server beenden.

Führen Sie also folgenden Befehl aus:

```
./build-dh > ~/dh_result.txt 2>&1 &
```

Dieser Befehl lässt den Prozess im Hintergrund arbeiten und schreibt alle Bildschirm-ausgaben in die Datei *~/dh_result.txt*. Sie erhalten hierauf eine Rückmeldung folgender Form:

```
[1] 3861
```

Hierbei wird die Zahl nach dem Klammerausdruck bei Ihnen jedoch anders lauten. Der Befehl arbeitet von jetzt an im Hintergrund und erstellt die Diffie-Hellman-Parameter. Sie können kontrollieren, ob der Befehl korrekt arbeitet, indem Sie den Befehl

```
jobs
```

ausführen. Sie erhalten eine Rückmeldung in folgender Form:

```
[1]+ Läuft ./build-dh > ~/dh_result.txt 2>&1 &
```

Diese zeigt Ihnen an, dass der Befehl im Hintergrund arbeitet. Sie können die Konsole jetzt schließen und nach längerer Wartezeit (mindestens eine gute Stunde später) erneut öffnen. Wie die Ausgabe aussieht, können Sie sich in Abbildung 15.12 ansehen.

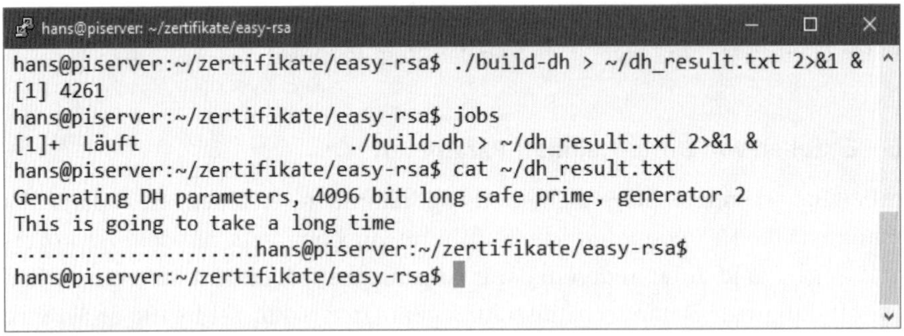

```
hans@piserver: ~/zertifikate/easy-rsa

hans@piserver:~/zertifikate/easy-rsa$ ./build-dh > ~/dh_result.txt 2>&1 &
[1] 4261
hans@piserver:~/zertifikate/easy-rsa$ jobs
[1]+ Läuft                  ./build-dh > ~/dh_result.txt 2>&1 &
hans@piserver:~/zertifikate/easy-rsa$ cat ~/dh_result.txt
Generating DH parameters, 4096 bit long safe prime, generator 2
This is going to take a long time
....................hans@piserver:~/zertifikate/easy-rsa$
hans@piserver:~/zertifikate/easy-rsa$ 
```

Abbildung 15.12 Erstellung der »Diffie-Hellman«-Parameter

Nach dieser Wartezeit sollten Sie überprüfen, ob der Befehl bereits abgeschlossen ist oder immer noch abgearbeitet wird. Hierzu können Sie jedoch nicht den Befehl jobs verwenden (der würde jetzt nicht korrekt funktionieren), sondern müssen das Prozessinformationswerkzeug top aufrufen (mit dem Befehl top), wie Sie es in Abbildung 15.13 sehen.

Überprüfen Sie die laufenden Prozesse. Ist unter den ersten Einträgen der Prozess openssl aufgeführt, der zu einer recht hohen Prozessorauslastung führt, dann arbeitet der Befehl zur Erstellung der Diffie-Hellman-Parameter immer noch. Finden Sie in der Ausgabe den Prozess openssl jedoch nicht, dann ist der Prozess abgeschlossen. In diesem Fall können Sie sich nun einmal mit folgendem Befehl die Ausgabe des Befehls ansehen, die wir in der Datei *~/dh_result.txt* gespeichert haben.

```
nano ~/dh_result.txt
```

```
hans@piserver: ~/zertifikate/easy-rsa                               —    □    ×
top - 21:17:54 up  3:11,  1 user,  load average: 1,05, 0,51, 0,46
Tasks:  83 total,   2 running,  81 sleeping,   0 stopped,   0 zombie
%Cpu(s): 50,4 us,  0,7 sy,  0,0 ni, 48,9 id,  0,0 wa,  0,0 hi,  0,0 si,  0,0 st
KiB Mem:    993724 total,   394320 used,   599404 free,    13476 buffers
KiB Swap:   524284 total,        0 used,   524284 free.   286132 cached Mem

 PID USER      PR  NI   VIRT   RES   SHR S  %CPU %MEM     TIME+ COMMAND
4262 hans      20   0   3264  1432  1140 R 100,0  0,1   2:11.57 openssl
1228 icecast2  20   0  14824  1940  1256 S   0,3  0,2   0:06.28 icecast2
4265 hans      20   0   4548  1168   860 R   0,3  0,1   0:00.29 top
   1 root      20   0   2368   716   580 S   0,0  0,1   0:04.30 init
   2 root      20   0      0     0     0 S   0,0  0,0   0:00.00 kthreadd
   3 root      20   0      0     0     0 S   0,0  0,0   0:01.74 ksoftirqd/0
   5 root      20   0      0     0     0 S   0,0  0,0   0:03.76 kworker/u:0
   6 root      rt   0      0     0     0 S   0,0  0,0   0:00.02 migration/0
   7 root      rt   0      0     0     0 S   0,0  0,0   0:00.02 migration/1
   8 root      20   0      0     0     0 S   0,0  0,0   0:00.00 kworker/1:0
```

Abbildung 15.13 Mit »top« prüfen, ob der Prozess »openssl« noch läuft

Sie werden viele Zeilen sehen, die hauptsächlich nur Punkte enthalten. Diese wurden nach und nach im Verlaufe der Berechnung eingefügt. Kontrollieren Sie den Inhalt des Ordners ~/zertifikate/easy-rsa/keys. Darin sollte sich jetzt auch die Datei dh4096.pem befinden.

Sollte bei Ihnen die Abarbeitung im Hintergrund nicht funktioniert haben (was Sie daran erkennen, dass es auch nach sehr langer Zeit keine Datei ~/zertifikate/easy-rsa/keys/dh4096.pem gibt), dann müssen Sie den Befehl im Vordergrund ausführen lassen. Wechseln Sie dazu wieder in das Verzeichnis ~/zertifikate/easy-rsa. Wenn Sie sich seit der Erstellung der Zertifikatsdateien von Ihrem Server ab- und wieder neu angemeldet haben, dann führen Sie zunächst folgenden Befehl aus:

```
source ./vars
```

Danach starten Sie die Erstellung der Diffie-Hellman-Parameter mit diesem Befehl:

```
./build-dh
```

Sie müssen jetzt aber die ganze Zeit mit geöffneter Konsole mit Ihrem Pi-Server verbunden bleiben. Sie sind mit der Erstellung der Zertifikate fertig, wenn der Befehl abgeschlossen ist.

Übrigens: Sie müssen diesen Befehl nicht auf Ihrem Pi-Server ausführen lassen. Sie können also beispielsweise einen weiteren Linux-Computer benutzen, der deutlich leistungsfähiger ist. Installieren Sie einfach die Komponente openssl, und führen Sie folgenden Befehl aus:

```
openssl dhparam -out ~/dh_4096.pem 4096
```

Dies wird in Ihrem Home-Verzeichnis die Datei dh4096.pem erzeugen. Diese Datei ist nicht geheim. Kopieren Sie diese also einfach auf beliebigem Wege in das Verzeichnis

~/*zertifikate/easy-rsa/keys* auf Ihrem Pi-Server. Natürlich können Sie diesen Schritt auch mit anderen Betriebssystemen ausführen.

15.4.4 Prüfen der Zertifikats- und Schlüsseldateien auf Vollständigkeit

In Ihrem Ordner ~/*zertifikate/easy-rsa/keys* sollten sich nun (unter anderem) folgende Dateien befinden:

▶ *ca.crt* und *ca.key*: Erstere ist das Zertifikat (mit dem öffentlichen Schlüssel) für die vertrauenswürdige Stelle, die CA. Die Datei muss auf jeden VPN-Client und auf den VPN-Server kopiert werden, sie dient zur Authentifizierungsprüfung. *ca.key* ist der private Schlüssel der CA. Achtung: Diese Datei ist besonders sensitiv und darf auf gar keinen Fall in falsche Hände gelangen. Mit ihr können beliebig viele weitere Clients zugefügt werden. Besitzt ein Angreifer diese Datei (und das zugehörige, öffentliche Zertifikat), kann er sich ganz einfach beliebig viele gültige Clientzertifikate erstellen. Sie benötigen diese Datei zwingend, wenn Sie weitere Clients zu Ihrem VPN-Netzwerk hinzufügen möchten.

▶ *server.crt* und *server.key*: Dies sind das Zertifikat für den Server (*server.crt*) und der private Schlüssel des Servers (*server.key*). Der private Schlüssel ist geheim und darf den Server niemals verlassen. Wir werden ihn geeignet schützen.

▶ Weitere Dateien mit den Benutzernamen der VPN-Clients und den Endungen *.key* und *.crt*: Diese Dateien enthalten die Zertifikate und privaten Schlüssel für die Clients. Sie müssen die Dateien eines Paars über einen sicheren Transfervorgang jeweils auf einen Clientcomputer kopieren, der private Schlüssel darf niemand anderem in die Hände fallen.

▶ Sollten Sie eine PKCS#12-Datei für ein mobiles Endgerät erstellt haben, dann finden Sie in diesem Ordner eine Datei mit einem entsprechenden Dateinamen und der Endung *.p12*. Diese kombinierte Datei enthält alle relevanten Dateien dieses VPN-Clients.

▶ *dh4096.pem*: Diese Datei enthält die Diffie-Hellman-Parameter und ist für den Server bestimmt. Sie ist nicht geheim. Falls diese Datei noch nicht existiert, dann ist der Befehl nicht abgeschlossen. Sie müssen also noch etwas länger warten!

15.4.5 Die Erstellung eines HMAC-Schutzes

Bevor wir mit der Konfiguration des OpenVPN-Servers beginnen, werden wir uns zunächst noch um einen weiteren Sicherheitsmechanismus kümmern. OpenVPN bietet nämlich die Möglichkeit, einen *Keyed-Hash Message Authentication Code*, kurz *HMAC*, zu nutzen. Es handelt sich um eine Art von Prüfsumme. OpenVPN wird nur dann überhaupt ein ankommendes Datenpaket bearbeiten, wenn dieses den korrekten HMAC aufweist. Der HMAC wird mit Unterstützung einer geheimen Schlüsseldatei erstellt. Damit schützt diese optionale (aber unbedingt einsetzenswerte) Funktion vor einer Reihe von Angriffen. Dazu zählen etwa sogenannte *Denial-of-Service-Attacken*, bei denen sehr viele (ungültige) Login-Versuche an einen Server gesendet werden, die dieser jeweils mit einem eigenen Prozess beantworten müsste, so dass er überlastet wird. Dank eines ungültigen HMAC-Headers werden diese Angriffe gar nicht erst bearbeitet. Daher verlaufen Versuche einer Authentifizierung bereits sehr früh ins Leere und haben keine Aussicht auf Erfolg.

Zusätzlich ergibt sich ein Schutz gegenüber Portscan-Versuchen. Bei einem Portscan werden viele Ports daraufhin untersucht, ob sie auf eingehende Verbindungen warten und Verbindungsanfragen akzeptieren. Auf diese Weise kann ein Angreifer mögliche Ziele aufspüren. Wenn allerdings ein ankommendes Datenpaket keinen gültigen HMAC-Header aufweist, wird es vom OpenVPN-Server nicht bearbeitet und auch nicht beantwortet. Das Erkennen, ob unter einem bestimmten Port ein Dienst arbeitet, wird wesentlich erschwert.

Um diese Hürde zu überwinden, müsste ein Angreifer in den Besitz der HMAC-Schlüsseldatei kommen (oder diese erraten, was aber sehr unwahrscheinlich ist). Da diese Funktion einen großen Sicherheitsgewinn verspricht, werden wir sie entsprechend einsetzen. Zunächst erzeugen wir die geheime Schlüsseldatei. Dazu benutzen wir zum ersten Mal direkt das OpenVPN-Programm. Führen Sie auf Ihrem Pi-Server folgenden Befehl aus, der die Datei *ta.key* erzeugt. Bitte achten Sie darauf, dass Sie sich immer noch im Arbeitsverzeichnis *~/zertifikate/easy-rsa/keys* befinden.

```
sudo openvpn --genkey --secret ta.key
```

Diese Datei muss sowohl auf dem Server als auch auf allen Clients vorhanden sein. Wir sollten den Besitzer der Datei nun noch in Ihr Benutzerkonto ändern. Dazu führen Sie, wie in Abbildung 15.14, folgenden Befehl aus, bei dem Sie den Beispielnamen hans durch Ihren Benutzernamen ersetzen:

```
sudo chown hans:hans ta.key
```

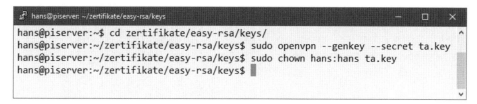

Abbildung 15.14 Erzeugen einer Schlüsseldatei für den HMAC-Schutz

Momentan sind alle sensitiven Daten gut geschützt und können nur von Ihnen (und sudo-berechtigten Benutzern) gelesen werden. Sie sollten die Konsole Ihres Pi-Servers nicht unbeaufsichtigt geöffnet lassen.

Wir werden jetzt mit der Konfiguration des Servers fortfahren.

15.5   Basiskonfiguration des VPN-Servers

Wir sind jetzt endlich so weit, dass wir mit der eigentlichen Konfiguration des Open-VPN-Servers beginnen können. Dabei werden wir schrittweise vorgehen. Zuerst werden wir nur eine kleine VPN-Konfiguration erzeugen. Diese wird Ihnen die Möglichkeit bieten, sich von außerhalb mit Ihrem Pi-Server zu verbinden und dessen Dienste zu nutzen. Sie werden jedoch (erst einmal) noch nicht auf andere Rechner in Ihrem Heimnetzwerk zugreifen können und Sie werden von unterwegs nicht den Internetzugang Ihres Heimnetzes nutzen können, sondern für normale Internetverbindungen Ihres VPN-Clientgerätes (zum Beispiel Surfen oder E-Mails abrufen) weiterhin den örtlich vorhandenen, direkten Internetzugang verwenden. Falls Sie sich noch an die einleitenden Worte am Anfang dieses Kapitels erinnern: Wir werden also zunächst nur das virtuelle Netzwerk aufbauen, das den Adressbereich 10.8.0.xxx verwendet und in dem sich der VPN-Server und die verbundenen VPN-Clients treffen.

Auch der OpenVPN-Server entnimmt seine Konfiguration einer Konfigurationsdatei, die wir jedoch zunächst erst einmal neu erstellen müssen. Machen Sie sich bitte wieder auf etwas Tipparbeit gefasst.

Öffnen Sie auf dem Pi-Server nano zur Bearbeitung folgende Datei:

```
sudo nano /etc/openvpn/openvpnserver.conf
```

Geben Sie folgende Zeilen in diese neue Datei ein (oder nutzen Sie wie immer bei längeren Texten die Internetadresse *www.rheinwerk-verlag.de/4075*, um den Konfigurationstext als Datei aus dem Internet herunterladen zu können):

```
dev tun
proto udp
port 1194
server 10.8.0.0 255.255.255.0
#
ca /etc/openvpn/certs/ca.crt
cert /etc/openvpn/certs/server.crt
key /etc/openvpn/certs/server.key
dh /etc/openvpn/certs/dh4096.pem
tls-auth /etc/openvpn/certs/ta.key 0
#
verb 4
status /var/log/openvpn-status.log
log-append /var/log/openvpn.log
#
cipher AES-256-CBC
auth sha256
#
```

```
user nobody
group nogroup
persist-key
persist-tun
client-to-client
comp-lzo
keepalive 10 120
```

Listing 15.1 Die Konfigurationsdatei »/etc/openvpn/openvpnserver.conf«

Wie die Datei aussehen sollte, finden Sie auch noch einmal in Abbildung 15.15.

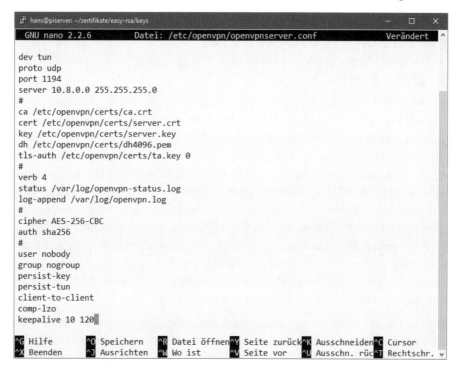

Abbildung 15.15 Die Konfiguration des VPN-Servers

Diese Zeilen bewirken Folgendes: Zunächst wird festgelegt, dass ein virtuelles Netzwerkgerät mit einer sogenannten tun-Schnittstelle (als Abkürzung von Englisch: *tunnel*) für OpenVPN verwendet wird. Nachfolgend wird definiert, dass das Netzwerkprotokoll UDP über den externen Port 1194 verwendet wird. Beides sind Standardparameter von OpenVPN, die wir normalerweise nicht ändern müssen. Die nächste Zeile legt fest, dass wir eine server-Konfiguration vornehmen und ein virtuelles privates Netzwerk aufbauen, das als Basisadresse die IP-Adresse 10.8.0.0 mit der Subnetzmaske 255.255.255.0 verwendet – es bietet also 254 mögliche nutzbare IP-Adressen. Der Server (also Ihr Pi-Server) wird unter der Adresse 10.8.0.1 erreichbar sein, die VPN-Clients bekommen automatisch die IP-Adressen ab 10.8.0.3 zugewiesen (die IP-Adresse 10.8.0.2 übernimmt eine für uns nicht wichtige Sonderfunktion). Von den Clients aus können Sie Ihren Server also unter der IP-Adresse 10.8.0.1 erreichen. Beachten Sie, dass sich (wie einleitend erwähnt) diese Konfiguration von der Ihres Heimnetzes und von der des entfernten Netzes unterscheiden muss. (Sollte es bei Ihnen zu Adresskollisionen kommen, dann – und nur dann – können Sie an dieser Stelle Änderungen vornehmen). Bedenken Sie bitte, dass (zunächst) keine Kommunikation von den VPN-Clients zu den anderen Computern in Ihrem Heimnetzwerk möglich ist. Verbindungsversuche der VPN-Clients zu Ihrem Heimnetzwerk schlagen also fehl. In dem großen Block zwischen den beiden Raute-Zeichen definieren wir die Dateipfade zu den Zertifikaten und Schlüsseldateien, die wir zuvor angelegt, aber noch nicht in das endgültige Zielverzeichnis kopiert haben. Der nächste Block kümmert sich um die Erstellung der Log- und Statusdateien. verb (von *verbose*, also »wortreich«) stellt den Umfang der Logdateien ein; 4 ist ein guter Kompromisswert, der sich im Alltag bewährt hat.

Als Nächstes wird die Verschlüsselung auf den gegenwärtig als sicher eingestuften AES-Algorithmus mit einer Schlüsselstärke von 256 Bit eingestellt. Dies ist der Algorithmus, der für die *symmetrische* Verschlüsselung der Nutzdaten verwendet wird. Wundern Sie sich nicht, wenn hier scheinbar eine sehr kurze Schlüssellänge von nur 256 Bit verwendet wird. Dieser Verschlüsselungsalgorithmus arbeitet anders als die Mechanismen, die zur asymmetrischen Verschlüsselung mit dem RSA-Algorithmus eingesetzt werden. Diese erfordern deutlich längere Schlüssellängen von mindestens 2.048 Bit. Bei unserem VPN-Netzwerk wird die sehr rechenaufwendige asymmetrische Verschlüsselung nur verwendet, um einen geheimen Schlüssel zur symmetrischen Verschlüsselung auszutauschen. Letztere arbeitet deutlich ressourcenschonender. Die Zeile auth sha256 legt fest, dass beim HMAC der gegenwärtig als sicher geltende SHA-256-Algorithmus zur Berechnung der Prüfsummen genutzt wird.

Die Zeilen user nobody und group nogroup sorgen dafür, dass OpenVPN nach seiner Initialisierung sehr eingeschränkte Benutzerrechte annimmt. Für den unwahrscheinlichen Fall, dass OpenVPN gehackt wird, hat der Angreifer also nur einen sehr eingeschränkten Zugriff auf die Ressourcen Ihres Servers, insbesondere auf die dort vorhandenen Dateien. persist-key und persist-tun sind Befehle, die bestimmte Einstellungen im Speicher und somit bei Neuverbindungen einfach verfügbar halten, es sind also hauptsächlich Komfortmerkmale. Mit der Option client-to-client ermöglichen Sie den VPN-Clients, untereinander zu kommunizieren. Wenn beispielsweise zwei VPN-Clients eine Verbindung aufgebaut haben, dann kann Client 1 auf mögliche Ressourcen von Client 2 zugreifen und umgekehrt. Wenn dieses Verhalten unerwünscht oder nicht erforderlich ist, dann können Sie diese Zeile einfach löschen (oder besser durch ein vorangestelltes Raute-Symbol zu einem nicht zu verarbeitenden Kommentar machen). Die vorletzte Zeile aktiviert eine Datenkompression bei der Datenübertragung, die den Datendurchsatz Ihrer VPN-Verbindung steigern kann. Zum Schluss wird eine keepalive-Direktive gesetzt, die über regelmäßige Ping-Befehle den Fortbestand der Verbindung sichert und notfalls eine Neuverbindung einleitet.

Dies schließt die Konfiguration des VPN-Servers ab. Speichern Sie die Datei, und beenden Sie nano mit der Tastenkombination Strg+x.

15.6 Kopieren der Zertifikats- und Schlüsseldateien

Wir werden an diese Stelle alle vom Server benötigten Dateien in das OpenVPN-Arbeitsverzeichnis kopieren. Dazu erstellen wir zuerst einmal auf dem Pi-Server ein entsprechendes Verzeichnis und nutzen dafür folgenden Befehl:

```
sudo mkdir /etc/openvpn/certs
```

Stellen Sie sicher, dass Sie sich noch immer im Verzeichnis *~/zertifikate/easy-rsa/keys* befinden.

Nun kopieren Sie die benötigten Dateien mit folgenden Befehlen in das soeben erstellte Verzeichnis:

```
sudo cp server.key /etc/openvpn/certs/
```

```
sudo cp server.crt /etc/openvpn/certs/
```

```
sudo cp ca.crt /etc/openvpn/certs/
```

```
sudo cp dh4096.pem /etc/openvpn/certs/
```

```
sudo cp ta.key /etc/openvpn/certs/
```

Jetzt werden wir rasch die sensitiven Daten vor unberechtigtem Zugriff schützen. Wir übergeben alle Dateien dem Besitzer *root* und beschränken bei den wichtigen Dateien den Zugriff auf ausschließliche Leserechte für den Besitzer:

```
sudo chown root:root /etc/openvpn/certs/*
```

```
sudo chmod 400 /etc/openvpn/certs/*.key
```

Zusammengefasst finden Sie die Aufrufe in Abbildung 15.16.

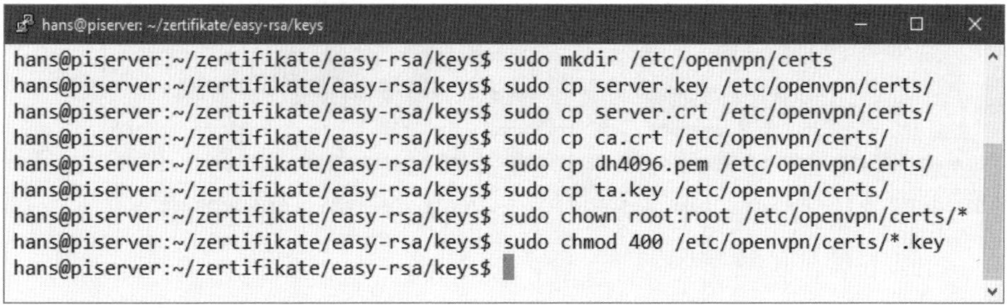

```
hans@piserver: ~/zertifikate/easy-rsa/keys                              —    □    ×
hans@piserver:~/zertifikate/easy-rsa/keys$ sudo mkdir /etc/openvpn/certs
hans@piserver:~/zertifikate/easy-rsa/keys$ sudo cp server.key /etc/openvpn/certs/
hans@piserver:~/zertifikate/easy-rsa/keys$ sudo cp server.crt /etc/openvpn/certs/
hans@piserver:~/zertifikate/easy-rsa/keys$ sudo cp ca.crt /etc/openvpn/certs/
hans@piserver:~/zertifikate/easy-rsa/keys$ sudo cp dh4096.pem /etc/openvpn/certs/
hans@piserver:~/zertifikate/easy-rsa/keys$ sudo cp ta.key /etc/openvpn/certs/
hans@piserver:~/zertifikate/easy-rsa/keys$ sudo chown root:root /etc/openvpn/certs/*
hans@piserver:~/zertifikate/easy-rsa/keys$ sudo chmod 400 /etc/openvpn/certs/*.key
hans@piserver:~/zertifikate/easy-rsa/keys$ ▯
```

Abbildung 15.16 Die Dateien kopieren

15.7   Installation der Clientanwendungen auf den VPN-Clients

Nun ist ein guter Zeitpunkt für die Installation der Clientanwendungen, die auf den jeweiligen Endgeräten zur Einwahl in Ihr VPN genutzt werden. Wie eingangs erwähnt, gibt es für OpenVPN eine Vielzahl von Clientanwendungen. Relativ einfach haben es die Benutzer mobiler Betriebssysteme wie Android oder iOS. Sie müssen nur in ihren jeweiligen App-Bezugspunkt schauen und die (offizielle) OpenVPN-Clientanwendung installieren.

Für die Nutzer des Windows-Betriebssystems gibt es direkt auf der OpenVPN-Seite Clientanwendungen mit einer grafischen Benutzeroberfläche. Diese Anwendungen finden Sie unter dieser Seite:

https://openvpn.net/index.php/open-source/downloads.html

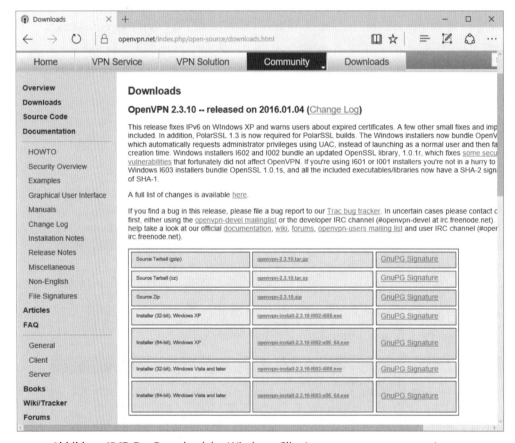

Abbildung 15.17 Der Download des Windows-Clients von »www.openvpn.net«

Darüber hinaus gibt es einen weiteren Link, der bequem zur aktuellen Version führt:

http://build.openvpn.net/downloads/releases/latest/

Sie müssen nur noch sicherstellen, dass Sie die zu Ihrer Betriebssystem-Variante passende Version wählen. Hierbei kommt es darauf an, ob Sie eine 64-Bit-Fassung (x86_64) oder eine 32-Bit-Fassung (i686) verwenden. Laden Sie das passende Paket herunter, und installieren Sie es auf dem Clientrechner.

Die Installation ist weitestgehend selbsterklärend und wird durch die nächsten Abbildungen illustriert.

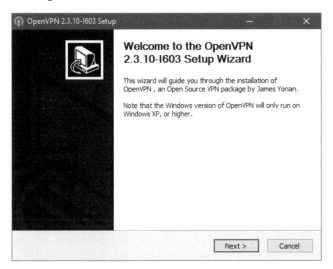

Abbildung 15.18 Der »Wizard« führt Sie durch die Installation

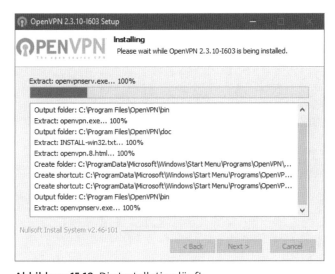

Abbildung 15.19 Die Installation läuft

Abbildung 15.20 Ein neuer Gerätetreiber wird installiert, der für die VPN-Verbindung benötigt wird

Nutzen Sie das Betriebssystem Mac OS X, dann wird von den Entwicklern von Open-VPN die Anwendung *Tunnelblick* empfohlen, die Sie über diese Website herunterladen können:

https://tunnelblick.net/

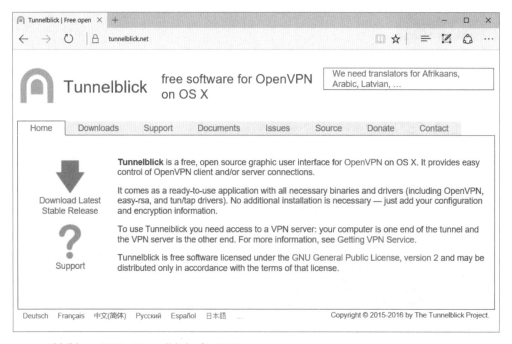

Abbildung 15.21 »Tunnelblick« für OS X

Linux-Nutzer schließlich können zunächst die Kommandozeile zum Aufbau der OpenVPN-Verbindung nutzen. Dieser Weg ist relativ einfach und erfordert keine weitere Konfiguration eines zusätzlichen Programms. Sie brauchen nur direkt auf dem Clientrechner ebenfalls das OpenVPN-Paket zu installieren. Natürlich muss auf dem Clientrechner auch OpenSSL installiert sein. Die Installation erledigt (beispielsweise unter Ubuntu oder direkt Debian) folgender Befehl:

```
sudo apt-get install openvpn openssl
```

Damit ist die nötige Software bereits installiert. Mit dem eigentlichen Aufbau der Verbindung werden wir uns zu einem späteren Zeitpunkt befassen.

Fortgeschrittene Anwender können darüber hinaus eine grafische Oberfläche bemühen. Im Internet werden mehrere Programme angeboten, von denen Sie sich ein für Sie angenehmes aussuchen können. Eine Alternative bietet der Netzwerk-Manager, der beispielsweise in Ubuntu enthalten ist. Sie können einfach mit dem Befehl

```
sudo apt-get install network-manager-openvpn
```

eine Zusatzkomponente installieren (das normale *openvpn*-Paket muss natürlich ebenfalls installiert sein). Anschließend können Sie über das Netzwerk-Dropdown-Menü in der Desktop-Menüleiste am oberen Bildschirmrand eine neue VPN-Verbindung erstellen. Hierbei müssen Sie allerdings alle Optionen von Hand eingeben. Deswegen richtet sich diese Variante eher an fortgeschrittene Nutzer. Die folgenden Abbildungen zeigen Ihnen die Konfiguration:

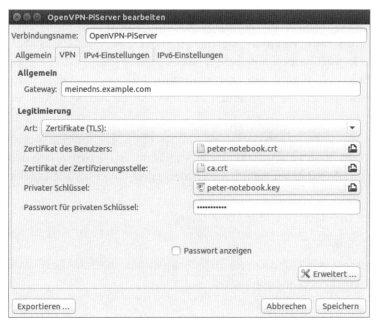

Abbildung 15.22 Die Konfiguration des »Network-Managers« als VPN-Client

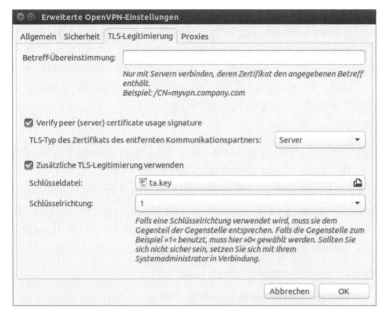

Abbildung 15.23 Die Sicherheitseinstellungen des »Network-Managers«
müssen genau zur Serverkonfiguration passen

15.8   Die Konfiguration der VPN-Clients

Auch die VPN-Clients entnehmen ihre Konfigurationseinstellungen einer Konfigurationsdatei. Diese muss natürlich auf die Eigenschaften des OpenVPN-Servers abgestimmt sein. Die Konfigurationsdatei ist für alle Clients nahezu identisch, sie unterscheidet sich jedoch je nach Betriebssystem hinsichtlich der Dateipfade der Schlüssel- und Zertifikatsdateien. Wir werden jetzt diese Konfigurationsdateien erstellen.

Kehren Sie zur Konsole Ihres Pi-Servers zurück, und wechseln Sie – sofern der aktuelle Arbeitspfad abweicht – erneut in das Verzeichnis *~/zertifikate/easy-rsa/keys*. Wir werden die Konfigurationsdateien zunächst hierin erstellen, damit wir alle Dateien an einem Ort vereinen.

Öffnen Sie nun den Editor nano mit folgendem Befehl:

```
sudo nano clientconfig.conf
```

Geben Sie zunächst folgende Zeilen ein, die wir jedoch gleich noch einmal bearbeiten und an die jeweiligen Clients anpassen müssen:

```
client
dev tun
remote IHRE.EXTERNE.IP-ADRESSE 1194
```

```
proto udp
resolv-retry infinite
nobind
persist-key
persist-tun
#
ca ca.crt
cert client1.crt
key client1.key
tls-auth ta.key 1
#
cipher AES-256-CBC
auth sha256
comp-lzo
verb 3
ns-cert-type server
```

Listing 15.2 Die Konfiguration des OpenVPN-Clients

Zunächst ersetzen Sie den Ausdruck IHRE.EXTERNE.IP-ADRESSE durch die externe IP-Adresse Ihres Internetanschlusses oder besser durch Ihre dynamische Domain-Adresse. Ich empfehle Ihnen, sich eine solche Adresse anzulegen. Im Internet finden sich dafür rasch kostenfreie Angebote. Auch der Hersteller der FritzBoxen bietet einen solchen Service an.

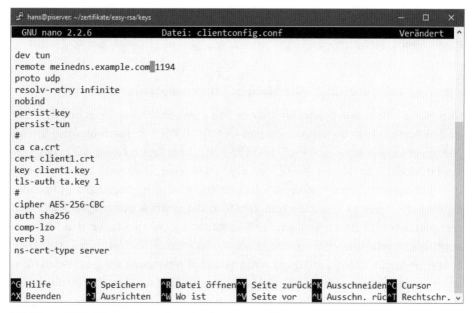

Abbildung 15.24 Die Konfigurationsdatei »clientconfig.conf«

[!]   Achtung

Die über ein Leerzeichen angeschlossene Zahl 1194 nach der IP- beziehungsweise DNS-Adresse ist wichtig, denn sie gibt die Portnummer an und muss vorhanden sein! Wenn Sie beispielsweise einen dynamischen DNS-Dienst mit der (fiktiven) Adresse *meinedns.example.com* nutzen, dann müssten Sie die Zeile so eingeben:

```
remote meinedns.example.com 1194
```

Speichern Sie die Konfigurationsdatei ab, indem Sie die Tastenkombination $\boxed{\text{Strg}}$ + $\boxed{\text{x}}$ verwenden. Die fertige Datei sollte aussehen wie in Abbildung 15.24.

Nun kommt der kniffelige Teil. Sie müssen jetzt in der Konfigurationsdatei die Dateipfade zu den Zertifikaten und Schlüsseldateien anlegen. Diese Pfade unterscheiden sich zwischen den verschiedenen Client-Betriebssystemen. Wir werden diese Konfigurationsdatei nachfolgend zunächst vervielfachen. Kopieren Sie die Konfigurationsdatei für jeden zukünftigen Benutzer beziehungsweise für jedes genutzte Endgerät des VPNs, und benennen Sie die Dateien nach Benutzernamen, Endgerät und Betriebssystem. Linux und Mac-Benutzer können die Dateiendung *.conf* beibehalten. Nutzer anderer Betriebssysteme verwenden besser die Endung *.ovpn*, da diese eine bessere Kompatibilität mit den diversen Clientanwendungen verspricht. Mögliche Befehle lauten beispielsweise:

```
cp clientconfig.conf clientconfig-max-pc-win.ovpn
```

```
cp clientconfig.conf clientconfig-peter-notebook-mac.ovpn
```

```
cp clientconfig.conf clientconfig-ulla-tablet-android.ovpn
```

Möglich wäre auch

```
cp clientconfig.conf clientconfig-hans-pc-linux.conf
```

Notieren Sie sich unbedingt alle erstellten Client-Konfigurationsdateien.

Nun müssen Sie jede der erstellten Dateien mit dem Editor nano öffnen und die Pfade zu den Schlüssel- und Zertifikatsdateien eintragen. Wir kümmern uns also im Folgenden um die Zeilen ca, cert, key und tls-auth. Diese Zeilen finden Sie in der Konfigurationsdatei in einem Block, der von zwei eigenständigen Raute-Symbolen umschlossen wird. Dabei geben die Zeilen den jeweiligen Dateipfad zu folgenden Dateien an: ca nennt den Pfad zum Zertifikat der vertrauenswürdigen Stelle (CA), cert gibt den Pfad zum jeweiligen Clientzertifikat an, key spezifiziert den Pfad zum zugehörigen privaten Schlüssel und tls-auth kümmert sich schließlich um die Datei *ta.key*, die für die HMAC-Erzeugung nötig ist. Dabei verwenden wir die Dateien für ca und tls-auth gemeinsam für alle VPN-Clients. Lediglich das Benutzerzertifikat und der zugehörige private Schlüssel sind für jedes Benutzerkonto verschieden. Die

Änderungen erfolgen je nach verwendetem Betriebssystem. Einige Beispiele für die notwendigen Schritte sehen Sie in Abbildung 15.25.

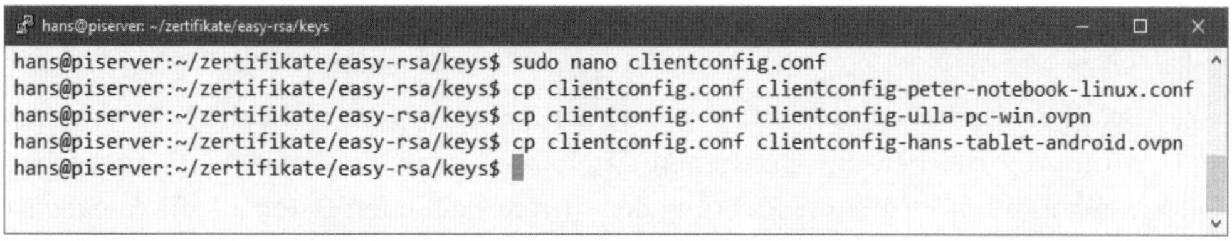

```
hans@piserver: ~/zertifikate/easy-rsa/keys                                    —   □   ×
hans@piserver:~/zertifikate/easy-rsa/keys$ sudo nano clientconfig.conf
hans@piserver:~/zertifikate/easy-rsa/keys$ cp clientconfig.conf clientconfig-peter-notebook-linux.conf
hans@piserver:~/zertifikate/easy-rsa/keys$ cp clientconfig.conf clientconfig-ulla-pc-win.ovpn
hans@piserver:~/zertifikate/easy-rsa/keys$ cp clientconfig.conf clientconfig-hans-tablet-android.ovpn
hans@piserver:~/zertifikate/easy-rsa/keys$
```

Abbildung 15.25 Kopieren der Konfigurationsdateien

Führen Sie also beispielsweise zunächst den Befehl

```
nano clientconfig-max-pc-win.ovpn
```

aus, und spezifizieren Sie im Block zwischen den beiden Raute-Symbolen den Dateipfad zu den Zertifikats- und Schlüsseldateien gemäß den folgenden Abschnitten.

15.8.1   Die Dateipfade beim Betriebssystem Windows

Falls Sie einen Windows-Client verwenden, dann geben Sie den Dateipfad in Anführungszeichen und unter Verwendung doppelter umgekehrter Schrägstriche (Backslashes) ein. Legen Sie jetzt ein Verzeichnis fest, das auf dem Clientrechner die Zertifikats- und Schlüsseldateien aufnehmen soll. Wir werden zu Illustrationszwecken das Verzeichnis *C:\zertifikate* verwenden. Sie sollten sich jedoch ein anderes Verzeichnis aussuchen. Eine mögliche Alternative wäre ein Unterverzeichnis im jeweiligen Benutzerverzeichnis.

Ein Beispiel für eine Zeile in einer Windows-Umgebung könnte also lauten:

```
ca "C:\\zertifikate\\ca.crt"
```

Für die anderen Dateien müssen Sie die Pfade natürlich analog anpassen. Beachten Sie, dass Sie für die Zeilen cert und key natürlich den Dateinamen entsprechend dem jeweiligen Benutzer nehmen müssen. Hierfür muss der Dateiname mit den zuvor erstellten Zertifikats- und Schlüsseldateien übereinstimmen – dafür hatten Sie einst extra Buch geführt.

Betrachten wir ein Beispiel. Nehmen wir an, Sie möchten die Konfiguration für den Benutzer mit dem (realen) Namen Hans vornehmen. Zuvor haben Sie die Schlüssel- und Zertifikatsdateien mit den Dateinamen hans-pc erstellt. Auf Ihrem Pi-Server finden Sie im Verzeichnis *~/zertifikate/easy-rsa/keys* also (auch) die Dateien hans-pc.crt und hans-pc.key. Zur Wiederholung: Erstere enthält natürlich das Clientzertifikat mit dem öffentlichen Schlüssel und letztere den zugehörigen privaten Schlüssel. Nun müssten Sie in der Client-Konfigurationsdatei also folgende Dateipfade angeben:

```
ca "C:\\zertifikate\\ca.crt"
cert "C:\\zertifikate\\hans-pc.crt"
key "C:\\zertifikate\\hans-pc.key"
tls-auth "C:\\zertifikate\\ta.key" 1
```

Beachten Sie unbedingt die 1 am Ende der Zeile tls-auth, die nicht Teil des durch Anführungszeichen umschlossenen Dateipfades ist und unbedingt mit angegeben werden muss. Sie gibt die Richtung der zu verarbeitenden Daten an, die Angabe ist für Server und Client unterschiedlich.

Wie zuvor gesagt, sollten Sie jedoch nicht das Verzeichnis *C:\zertifikate* verwenden. Nehmen wir an, Sie möchten stattdessen das Verzeichnis *zertifikate* unterhalb des Benutzerverzeichnisses nutzen. Für den Benutzer mit dem Benutzernamen *hans* müssten Sie also folgenden Dateipfad nutzen:

```
C:\Users\Hans\zertifikate
```

Entsprechend lautet eine Beispielzeile in der Client-Konfigurationsdatei:

```
tls-auth "C:\\Users\\Hans\\zertifikate\\ta.key" 1
```

Klären Sie vor der Festlegung den entsprechenden Benutzernamen und den jeweiligen Dateipfad auf dem Clientgerät. Bitte notieren Sie sich jetzt den festgelegten Dateipfad, Sie werden ihn nachfolgend noch einmal beim Kopieren der Dateien benötigen.

Speichern Sie die Konfigurationsdatei anschließend ab. Einen Überblick der relevanten Zeilen finden Sie in Abbildung 15.26.

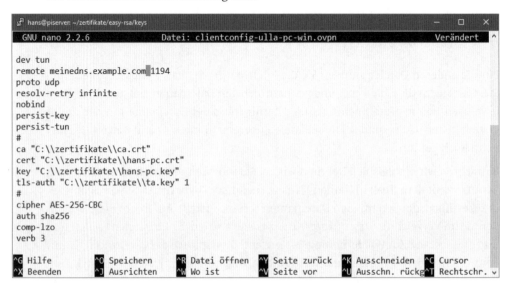

Abbildung 15.26 Die Konfiguration für Windows

Achten Sie unbedingt auf die Endung *.ovpn*, sie ist für die Nutzung unter Windows erforderlich. Hierfür benennen Sie gegebenenfalls die Datei mit dem Befehl mv einfach um. Alternativ können Sie den Dateinamen auch erst auf dem Clientendgerät ändern.

15.8.2 Die Dateipfade bei den Betriebssystemen Linux und OS X

Läuft Ihr Client unter einem Linux- oder Mac OS X-Betriebssystem, dann müssen Sie den Dateipfad anders spezifizieren. Bei diesen Betriebssystemen werden normale Schrägstriche (ohne Anführungszeichen) verwendet. Sie müssen sich zunächst einen Verzeichnispfad überlegen, in dem die Zertifikatsdaten auf den jeweiligen Clientrechnern gespeichert werden sollen. Unter Linux und Mac OS X bietet es sich an, die Zertifikatsdaten auf den Clientrechnern im Verzeichnis */etc/openvpn/clientdaten* zu speichern. Beachten Sie, dass Sie für das Clientzertifikat und seinen privaten Schlüssel den Dateinamen des jeweiligen »Benutzerkontos« eingeben müssen. Das war der Name, den Sie bei der Erstellung der Zertifikate zuvor direkt beim Befehlsaufruf gewählt und über dessen Vergabe Sie Buch geführt haben. Beachten Sie, dass Sie unbedingt den Dateinamen und nicht etwa den Common Name des Zertifikats eingeben müssen. Referenzieren Sie notfalls den Inhalt des Verzeichnisses *~/zertifikate/easy-rsa/keys* auf Ihrem Pi-Server. Ein Beispielblock könnte folglich so aussehen:

```
ca /etc/openvpn/clientdata/ca.crt
cert /etc/openvpn/clientdata/hans-notebook.crt
key /etc/openvpn/clientdata/hans-notebook.key
tls-auth /etc/openvpn/clientdata/ta.key 1
```

Beachten Sie die Ziffer 1 am Ende der Zeile tls-auth, die unbedingt vorhanden sein muss. Sie gibt die Richtung der zu verarbeitenden Daten an, die Angabe ist für Server und Client unterschiedlich. Wie die Datei schließlich im relevanten Teil aussehen sollte, sehen Sie in Abbildung 15.27.

Abbildung 15.27 Die Konfiguration für Linux

Natürlich müssen Sie die benannten Dateien auch auf dem Clientrechner in den angegebenen Verzeichnispfad kopieren. Das werden wir gemeinsam in Abschnitt 15.9 machen. Es schadet also gewiss nicht, sich diesen Pfad jetzt zu notieren. Speichern Sie die Datei anschließend ab.

15.8.3   Die Dateipfade für Mobilgeräte mit dem Android-Betriebssystem

Nutzer des Android-Betriebssystems haben es am einfachsten. Sie brauchen keinen Dateipfad direkt zu benennen. Löschen Sie aus der Konfigurationsdatei die Zeilen beziehungsweise Einträge zu ca, cert und key komplett. Lediglich der tls-auth-Eintrag bleibt ohne jede Änderung erhalten. Der gesamte Block zwischen den beiden Raute-Symbolen nimmt also folgende Gestalt an:

```
#
tls-auth ta.key 1
#
```

Speichern Sie die Datei anschließend ab. Geben Sie der Konfigurationsdatei die Dateiendung .ovpn. Sie finden einen Auszug der Datei in Abbildung 15.28.

Abbildung 15.28 Die Konfiguration für Android

15.8.4   Die Dateipfade für Mobilgeräte mit dem iOS-Betriebssystem

Nutzen Sie ein Endgerät, das das iOS-Betriebssystem verwendet, dann können Sie zwei Zeilen komplett aus der Konfigurationsdatei löschen, und zwar die Zeilen cert und key. Die Einträge ca und tls-auth bleiben unverändert bestehen. Der gesamte Block zwischen den beiden Raute-Symbolen nimmt also folgende Gestalt an:

```
#
ca ca.crt
tls-auth ta.key 1
#
```

Die Angabe eines Dateipfades ist nicht nötig. Speichern Sie die Konfigurationsdatei anschließend ab, und achten Sie darauf, die Dateiendung *.ovpn* zu verwenden.

15.9   Das Kopieren der benötigten Dateien auf die Clientrechner

Nun können wir alle erstellten Dateien auf die jeweiligen Clientgeräte kopieren. Handelt es sich bei dem Client um ein Desktopgerät unter dem Betriebssystem Windows, Linux oder Mac OS X, dann fahren Sie mit dem folgenden Abschnitt zu den Desktop-Betriebssystemen fort. Für mobile Endgeräte bearbeiten Sie hingegen den entsprechenden Abschnitt.

15.9.1   Die benötigten Dateien für Desktop-Betriebssysteme

Ist das Clientendgerät ein normaler Desktopcomputer oder ein Notebook, dann sind pro Gerät folgende fünf Dateien erforderlich:

```
ca.crt
ta.key
benutzername.crt
benutzername.key
benutzername.conf beziehungsweise benutzername.ovpn
```

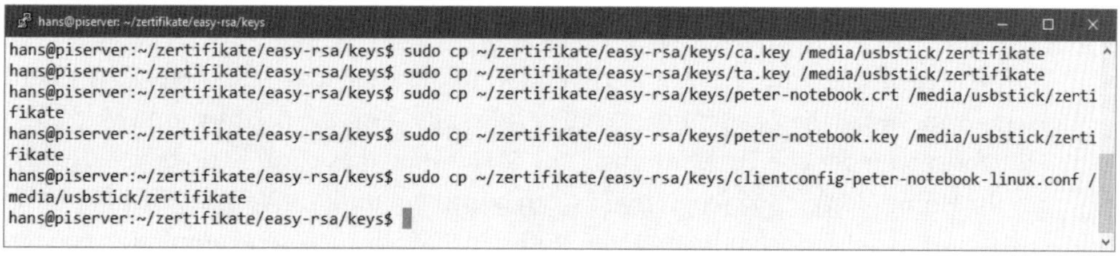

```
hans@piserver: ~/zertifikate/easy-rsa/keys
hans@piserver:~/zertifikate/easy-rsa/keys$ sudo cp ~/zertifikate/easy-rsa/keys/ca.key /media/usbstick/zertifikate
hans@piserver:~/zertifikate/easy-rsa/keys$ sudo cp ~/zertifikate/easy-rsa/keys/ta.key /media/usbstick/zertifikate
hans@piserver:~/zertifikate/easy-rsa/keys$ sudo cp ~/zertifikate/easy-rsa/keys/peter-notebook.crt /media/usbstick/zerti
fikate
hans@piserver:~/zertifikate/easy-rsa/keys$ sudo cp ~/zertifikate/easy-rsa/keys/peter-notebook.key /media/usbstick/zerti
fikate
hans@piserver:~/zertifikate/easy-rsa/keys$ sudo cp ~/zertifikate/easy-rsa/keys/clientconfig-peter-notebook-linux.conf /
media/usbstick/zertifikate
hans@piserver:~/zertifikate/easy-rsa/keys$
```

Abbildung 15.29 Die benötigten Dateien auf den USB-Stick kopieren

Dabei ist natürlich der Ausdruck benutzername durch den Dateinamen zu ersetzen, der bei der Erstellung der jeweiligen Datei verwendet wurde. Sie benötigen also beispielsweise die Dateien *clientconfig-hans-pc-win.ovpn* sowie *hans-pc.crt* und *hans-pc.key*.

Sie können die Dateien auf verschiedene Weise kopieren. Möglich ist beispielsweise die Verwendung einer verschlüsselten FTP-Verbindung, am einfachsten wäre hier gemäß Abschnitt 9.4 das SFTP-Verfahren unter Nutzung des SSH-Protokolls. Wenn Sie sich unter Ihrem Benutzernamen anmelden, dann haben Sie für alle Dateien Leserechte. Alternativ können Sie auch einen USB-Stick verwenden. Die zu kopierenden Dateien haben nur eine geringe Dateigröße. Sie müssen zunächst den USB-Stick in das Dateisystem einhängen. Eine Anleitung dazu habe ich im Grundlagenkapitel in Abschnitt 4.10 gegeben. Nehmen wir an, Sie haben als Einhänge-Verzeichnis */media/usbstick* gewählt und möchten die Zertifikatsdateien in das Verzeichnis *zertifikate* auf dem USB-Stick kopieren, das Sie bereits im Vorfeld angelegt haben. Dann lautet einer der fünf von Ihnen in der Konsole des Pi-Servers auszuführenden Befehle:

```
sudo cp ~/zertifikate/easy-rsa/keys/ta.key /media/usbstick/zertifikate
```

Bitte beachten Sie, dass Sie mit diesen Befehlen sensible Daten kopieren, die nicht in fremde Hände fallen dürfen. Sie sollten die Dateien nach dem Kopiervorgang also umgehend vom USB-Stick löschen. Dabei müssen Sie aber beachten, dass die Daten auf dem USB-Stick jedoch unter Umständen wiederhergestellt werden können. Sie sollten also zum Kopieren keinen USB-Stick nutzen, den Sie häufiger an fremde Personen verleihen. Aus datensicherheitstechnischer Sicht wäre es natürlich auch möglich, die Daten vor dem Kopieren in ein passwortgeschütztes Archiv zu verschieben. Fortgeschrittene Anwender können diesen Schritt optional ausführen, der Anfänger sollte es aufgrund der Komplexität jedoch beim normalen Kopieren und anschließendem sicheren Umgang mit dem USB-Stick belassen. Sollte der Clientrechner (derzeit) jedoch über eine sichere Netzwerkverbindung mit dem Server verbunden sein, dann wäre das SFTP-Protokoll die bessere Alternative. Hinweise zur Nutzung finden Sie in Kapitel 9, »Dateien per FTP übertragen: ein FTP-Server mit ProFTPD«.

Kopieren Sie die Dateien anschließend in das Zielverzeichnis auf den Clientrechnern. Kopieren Sie Sie die Schlüssel- und Zertifikatsdateien in genau denjenigen Verzeichnispfad, den Sie auch in der jeweiligen Client-Konfigurationsdatei spezifiziert haben. Jetzt unterstützt Sie die zuvor angelegte Notiz über den Dateipfad.

Etwas Beachtung müssen wir noch der Konfigurationsdatei für den VPN-Client schenken. Sie hat die Dateiendung *.conf* beziehungsweise *.ovpn*. Linux- und Mac OS X-Nutzer verwenden die Dateiendung *.conf*. Sie können diese Datei nun beispielsweise in Ihr Home-Verzeichnis kopieren. Es ist ebenso ein anderer Verzeichnispfad möglich, den Sie sich jedoch bitte merken. Notieren Sie sich auch den kompletten Namen dieser Konfigurationsdatei. Nutzer von Windows müssen hingegen eine genaue Anleitung befolgen. Zunächst einmal muss die Datei die Endung *.ovpn* haben, der Dateiname ist ansonsten jedoch beliebig. Überprüfen Sie zunächst, ob Sie eine 32- oder 64-Bit-Fassung von Windows verwenden. Dazu öffnen Sie in der SYSTEMSTEUE- RUNG das Modul SYSTEM und finden die gewünschte Angabe darin unter dem gleichnamigen Eintrag. Nutzen Sie eine 32-Bit-Variante, dann kopieren Sie jetzt die Client-Konfigurationsdatei mit der Endung `.ovpn` in das folgende Verzeichnis:

C:\Programme (x86)\OpenVPN\config

Verwenden Sie hingegen eine 64-Bit-Fassung, dann kopieren Sie diese Datei in dieses Verzeichnis:

C:\Programme\OpenVPN\config

Natürlich muss für diesen Schritt die OpenVPN-Clientanwendung installiert sein. Sollten Sie bei der Installation einen anderen Verzeichnispfad gewählt haben, dann müssen Sie die Konfigurationsdatei natürlich an diesen geänderten Ort kopieren. Mit dem Kopieren dieser Datei ist der Vorgang abgeschlossen. Sie können an dieser Stelle mit weiteren Clientgeräten fortfahren und anschließend die Zertifikatsdateien auf dem Server sichern und zum ersten Test übergehen.

15.9.2   Die benötigten Dateien für mobile Endgeräte

Bei den mobilen Betriebssystemen haben wir den Vorteil, dass mehrere Dateien in der PKCS#12-Datei mit der Endung *.p12* zusammengefasst wurden. Daher ist der Kopieraufwand hier insgesamt geringer als bei den klassischen Endgeräten. Dennoch gilt dieselbe Vorgehensweise: Sie können zum Kopieren eine verschlüsselte SFTP-Verbindung nutzen, im sicheren Heimnetzwerk ist auch eine Samba-Dateifreigabe möglich. Natürlich können Sie auch die zuvor beschriebene Methode mit dem USB-Stick verwenden, wenn Ihr Mobilgerät den Umgang mit diesen Speichermedien beherrscht. Alternativ kann das Mobilgerät eventuell auch direkt über eine USB-Verbindung an den Pi-Server angeschlossen werden. Ansonsten können Sie auch auf eine geeignete (sichere) App zurückgreifen, mit der sich ein Datenaustausch vornehmen lässt. Diese Methode ist jedoch insgesamt weniger sicher, da sie es möglicherweise erfordert, die Daten zuerst auf einen anderen Computer zu kopieren. Schauen wir uns jetzt an, welche Dateien benötigt werden.

Auf Android basierende Geräte benötigen die Dateien *ta.key, benutzername.p12* und *konfigurationsdatei.ovpn*. Die Ausdrücke benutzername und konfigurationsdatei müssen Sie natürlich entsprechend ersetzen. Kopieren Sie diese Dateien allesamt in ein beliebiges neues Verzeichnis auf Ihrem Mobilgerät, und notieren Sie sich den gewählten Verzeichnispfad.

Auf Geräte, die auf iOS basieren, müssen folgende Dateien kopiert werden: *ta.key, ca.crt, benutzername.p12* und *konfigurationsdatei.ovpn*. Auch hier sind die Beispielnamen benutzername und konfigurationsdatei entsprechend zu ersetzen. Erstellen Sie ebenfalls zunächst ein beliebiges neues Verzeichnis, in das Sie alle benötigten Dateien kopieren.

Spätestens an diesem Punkt müssen Sie die jeweilige OpenVPN-Client-App installiert haben. Wir können uns anschließend an den Import der fertigen Konfigurationsdateien machen.

Hierbei ergibt sich eine Besonderheit: Die modernen mobilen Betriebssysteme beziehungsweise die modernen mobilen Endgeräte bringen wie zuvor erwähnt einen

Hardwarespeicher mit, der speziell der Aufnahme von Benutzerzertifikaten und Zugangsdaten wie privaten Schlüsseln dient. Dieser Speicherbereich wird mit dem Gerätepasswort verschlüsselt, so dass die gespeicherten Daten auch bei einem Verlust des Mobilgerätes nicht einfach ausgelesen werden können. Falls Sie Ihr Smartphone verlieren oder es Ihnen gestohlen wird, dann ist also nicht sofort das gesamte Heimnetz in Gefahr. Trotzdem sollten Sie in dieser Situation die gesamte Zertifikatskette neu aufsetzen und alle Clientdaten komplett austauschen. Bis das erledigt ist, müssen Sie den VPN-Server abschalten. Da die Daten mit dem Gerätepasswort verschlüsselt werden, müssen wir offensichtlich ein solches festlegen. Wir müssen das Endgerät also mit einer Zugangssperre versehen. Vergeben Sie jetzt also (falls nicht schon längst geschehen) zuerst entweder ein alphanumerisches Kennwort oder zumindest (wie Sie in Abbildung 15.30 sehen) eine numerische Pin, die Sie zur Entsperrung Ihres Gerätes verwenden. Eine einfache Wischgeste oder ein Entsperrmuster sind nicht geeignet und werden auch nicht akzeptiert.

Abbildung 15.30 Das Gerät wird mit einer PIN gesichert

Starten Sie jetzt die OpenVPN-App. Öffnen Sie das Menü dieser Anwendung, und wählen Sie den Eintrag IMPORT.

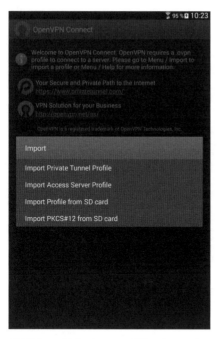

Abbildung 15.31 Das Zertifikat importieren

Anschließend tippen Sie auf den Eintrag IMPORT PKCS#12 FROM SD CARD. Mit diesem Befehl werden wir die kombinierte Datei mit der Endung *.p12* importieren.

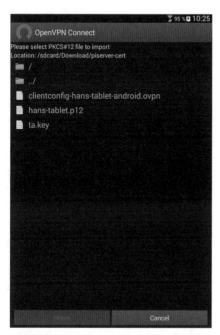

Abbildung 15.32 Zur richtigen Stelle navigieren

Navigieren Sie anschließend zu dem Verzeichnis, in das Sie zuvor die Datei mit der Endung .p12 kopiert haben, und wählen Sie sie aus (Abbildung 15.32). Sie müssen nun zuerst das Passwort zum Entschlüsseln der .p12-Datei angeben. Dieses Passwort dient zum Schutz des Dateiinhalts beim Kopiervorgang der Datei. Sie hatten das Passwort bei der Erstellung dieser Datei mit easy-rsa festgelegt und sich gegebenenfalls notiert.

Abbildung 15.33 Der Passwortschutz des Zertifikats

Der Dateiinhalt wird anschließend in den geschützten Speicherbereich Ihres Gerätes kopiert, hierfür ist unter Umständen das Gerätepasswort einzugeben. Sie müssen außerdem einen Namen für diesen Datensatz angeben, wählen Sie beispielsweise »piservervpn«.

Im nächsten Schritt werden wir die Konfigurationsdatei für die OpenVPN-Anwendung importieren.

Öffnen Sie wieder das Menü der OpenVPN-Anwendung, und wählen Sie IMPORT. Tippen Sie dann auf den Eintrag IMPORT PROFILE FROM SD CARD. Navigieren Sie in das Verzeichnis, in das Sie die Konfigurationsdatei und die eventuell zugehörigen

Dateien *ta.key* (für Android- und iOS-Geräte) und *ca.crt* (nur für iOS-Geräte) kopiert haben. Importieren Sie anschließend die Konfigurationsdatei in die OpenVPN-Anwendung. Die Zusatzdateien *ta.key* und *ca.crt* werden automatisch mitkopiert. Sie können anschließend noch einen Namen für das importierte Profil vergeben, auch hier bietet sich »PiServerVPN« an. Damit ist die Einrichtung auch auf Ihren mobilen Endgeräten abgeschlossen. Die Dateien sind in den speziellen geschützten Hardwarespeicher kopiert. Sie sollten jetzt jedoch auf dem Mobilgerät das Verzeichnis, in das Sie die Dateien ursprünglich für den Importvorgang kopiert hatten, wieder löschen.

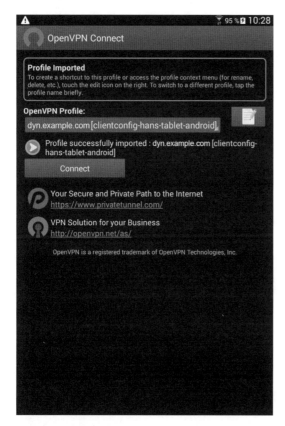

Abbildung 15.34 Der Abschluss des Imports

15.10 Das Sichern der Zertifikatsdateien für die zukünftige Nutzung

Wenn Sie alle Clientgeräte mit den benötigten Dateien versorgt haben, dann sollten Sie sich jetzt noch um das Arbeitsverzeichnis von easy-rsa kümmern, das Sie auf Ihrem Pi-Server in Ihrem Home-Verzeichnis angelegt haben. Bedenken Sie bitte, dass dieses Verzeichnis alle wichtigen Schlüsseldateien für Ihr VPN enthält und keinesfalls in fremde Hände fallen darf. Der Inhalt ist jedoch erforderlich, um zukünftig weitere Clients zu Ihrem VPN hinzufügen zu können. Sie sollten das Verzeichnis daher jetzt nicht löschen, sondern auf einem USB-Stick sichern, den Sie sicher verwahren und am besten wegschließen. Verschieben Sie die Dateien des Verzeichnisses also auf einen geeigneten USB-Stick. Wenn Sie die Sicherheit erhöhen wollen, dann können Sie die Dateien jedoch auch zuerst in ein verschlüsseltes Archiv verschieben. Schauen wir uns einmal an, wie Sie mit Ihrem Pi-Server ein verschlüsseltes Archiv erzeugen.

Mit folgendem Befehl sichern Sie zunächst den Inhalt des Verzeichnisses *~/zertifikate/easy-rsa/* in einem *tar.gz*-Archiv. Den Inhalt dieses Archivs schreiben wir jedoch nicht auf die Speicherkarte, sondern übergeben ihn direkt OpenSSL. Diese Anwendung wird die Verschlüsselung vornehmen und dann die Archivdatei auf die Speicherkarte schreiben.

```
tar -cz ~/zertifikate/easy-rsa | openssl enc -aes-256-cbc -e > ⊋
~/zertifikate.tar.gz.enc
```

Natürlich werden Sie zur Vergabe eines (sicheren) Passworts aufgefordert. Anschließend können Sie dieses Archiv auf einen angeschlossenen USB-Stick verschieben. Ich gehe im Beispiel davon aus, dass dieser unter dem Verzeichnispfad */media/usbstick* eingebunden ist.

```
sudo mv ~/zertifikate.tar.gz.enc /media/usbstick
```

Auch wenn die Daten ab jetzt verschlüsselt sind, sollten Sie den USB-Stick trotzdem sicher verwahren. Die einzelnen Schritte sehen Sie noch einmal in Abbildung 15.35

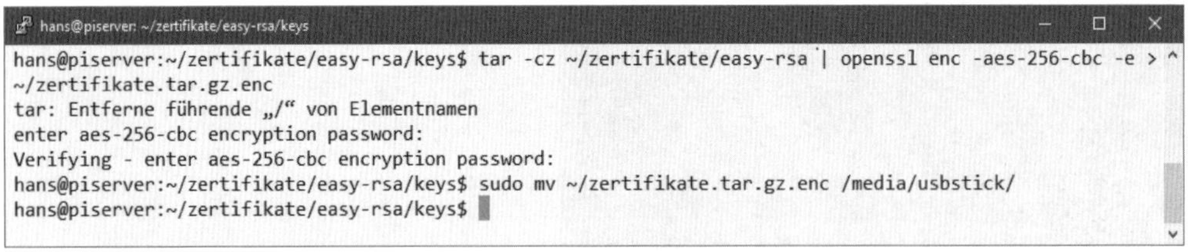

Abbildung 15.35 Backup der Zertifikatsdateien

Anschließend müssen Sie auf Ihrem Pi-Server das immer noch vorhandene Arbeitsverzeichnis von easy-rsa mit folgendem Befehl löschen:

```
sudo rm -R ~/zertifikate
```

Sollten Sie in der Zukunft wieder Zugriff auf die verschlüsselten Dateien wünschen, dann kopieren Sie das verschlüsselte Archiv zunächst vom USB-Stick in Ihr Home-Verzeichnis. Führen Sie dann folgenden Befehl aus, der das Archiv entschlüsseln und anschließend an der Originalposition im Dateisystem entpacken wird:

```
openssl aes-256-cbc -d -in ~/zertifikate.tar.gz.enc | tar -xz -C /
```

Sollte sich die Verzeichnisstruktur zwischenzeitlich geändert haben (oder Sie einen anderen Rechner benutzen), dann lassen Sie den Parameter -C / weg.

Möchten Sie an dieser Stelle einen weiteren Client ergänzen, dann wechseln Sie zunächst auf der Kommandozeile in das Arbeitsverzeichnis von easy-rsa. Führen Sie dann den Befehl

```
source ./vars
```

aus, um die Erstellung zu initialisieren. Den clean-all-Befehl dürfen Sie jedoch keinesfalls ausführen. Nun können Sie gemäß Abschnitt 15.4.1 den gewünschten build-key-Befehl ausführen und ein neues Zertifikat-Schlüssel-Paar erzeugen. Natürlich gelten auch für den neuen Client die bereits vorhandenen Dateien *ca.crt* und *ta.key*.

15.11   Die erste Aktivierung des Servers

Nun wird es Zeit, dass Sie den OpenVPN-Server auf Ihrem Pi-Server aktivieren, um die erste Verbindung zu testen. Führen Sie zur Aktivierung Ihrer persönlichen Konfiguration folgenden Befehl aus:

```
sudo service openvpn restart
```

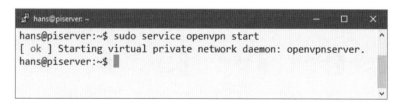

Abbildung 15.36 Der erste Start des VPN-Servers

Dieser Befehl wird die Konfigurationsdatei von OpenVPN laden, die Sie im Verzeichnis */etc/openvpn* abgelegt haben. Dabei sollten keine Fehlermeldungen ausgegeben werden. Falls dem doch so ist, überprüfen Sie nochmals die Schritte und Eingaben zur Serverkonfiguration auf eventuelle Fehler. Kontrollieren Sie auch die Zertifikats- und Schlüsseldateien auf Vollständigkeit. Mit dem Kommando restart starten Sie den Dienst neu.

Wissbegierige Leser können einmal einen Blick in die Logdatei von OpenVPN werfen. Dazu benötigen Sie den Texteditor nano. Die Logdatei bringen Sie mit folgendem Befehl zur Darstellung:

```
sudo nano /var/log/openvpn.log
```

Bei Interesse sehen Sie sich den Inhalt ruhig einmal an. Sie wird so aussehen wie in Abbildung 15.37.

```
hans@piserver: ~                                                    —   □   ×
GNU nano 2.2.6                    Datei: /var/log/openvpn.log                   ^

Tue May  3 21:40:37 2016 us=209208  auth_user_pass_verify_script_via_file = DISABLED
Tue May  3 21:40:37 2016 us=209249  port_share_host = '[UNDEF]'
Tue May  3 21:40:37 2016 us=209289  port_share_port = 0
Tue May  3 21:40:37 2016 us=209329  client = DISABLED
Tue May  3 21:40:37 2016 us=209369  pull = DISABLED
Tue May  3 21:40:37 2016 us=209411  auth_user_pass_file = '[UNDEF]'
Tue May  3 21:40:37 2016 us=209458 OpenVPN 2.3.4 arm-unknown-linux-gnueabihf [SSL (OpenSSL)] [LZO$
Tue May  3 21:40:37 2016 us=209528 library versions: OpenSSL 1.0.1k 8 Jan 2015, LZO 2.08
Tue May  3 21:40:38 2016 us=377504 Diffie-Hellman initialized with 4096 bit key
Tue May  3 21:40:38 2016 us=381770 Control Channel Authentication: using '/etc/openvpn/certs/ta.k$
Tue May  3 21:40:38 2016 us=381989 Outgoing Control Channel Authentication: Using 256 bit message$
Tue May  3 21:40:38 2016 us=382072 Incoming Control Channel Authentication: Using 256 bit message$
Tue May  3 21:40:38 2016 us=382171 TLS-Auth MTU parms [ L:1570 D:178 EF:78 EB:0 ET:0 EL:0 ]
Tue May  3 21:40:38 2016 us=382304 Socket Buffers: R=[163840->131072] S=[163840->131072]
Tue May  3 21:40:38 2016 us=383000 ROUTE_GATEWAY 192.168.178.1/255.255.255.0 IFACE=eth0 HWADDR=00$
Tue May  3 21:40:38 2016 us=419079 TUN/TAP device tun0 opened
Tue May  3 21:40:38 2016 us=419305 TUN/TAP TX queue length set to 100
Tue May  3 21:40:38 2016 us=419468 do_ifconfig, tt->ipv6=0, tt->did_ifconfig_ipv6_setup=0
Tue May  3 21:40:38 2016 us=419673 /sbin/ip link set dev tun0 up mtu 1500
Tue May  3 21:40:38 2016 us=426990 /sbin/ip addr add dev tun0 local 10.8.0.1 peer 10.8.0.2
Tue May  3 21:40:38 2016 us=435243 /sbin/ip route add 10.8.0.0/24 via 10.8.0.2
Tue May  3 21:40:38 2016 us=442229 Data Channel MTU parms [ L:1570 D:1450 EF:70 EB:135 ET:0 EL:0 $
Tue May  3 21:40:38 2016 us=448043 GID set to nogroup
Tue May  3 21:40:38 2016 us=448379 UID set to nobody
Tue May  3 21:40:38 2016 us=448769 UDPv4 link local (bound): [undef]
Tue May  3 21:40:38 2016 us=448894 UDPv4 link remote: [undef]
Tue May  3 21:40:38 2016 us=449011 MULTI: multi_init called, r=256 v=256
Tue May  3 21:40:38 2016 us=449453 IFCONFIG POOL: base=10.8.0.4 size=62, ipv6=0
Tue May  3 21:40:38 2016 us=449720 Initialization Sequence Completed


^G Hilfe        ^O Speichern    ^R Datei öffnen ^Y Seite zurück ^K Ausschneiden ^C Cursor
^X Beenden      ^J Ausrichten   ^W Wo ist       ^V Seite vor    ^U Ausschn. rück^T Rechtschr.   ˅
```

Abbildung 15.37 Die Logeinträge nach einem erfolgreichen Start des VPN-Servers

Wundern Sie sich jedoch nicht, wenn eine Vielzahl der Einträge für Sie noch unverständlich ist. Die meisten Ausgaben benennen lediglich die Konfigurationsoptionen, die wir in der Konfigurationsdatei eingestellt haben. Wichtig ist die letzte Zeile. Diese sollte folgenden Inhalt haben: Initialization Sequence Completed. Wenn Sie diese Worte in der Logdatei wiederfinden, dann wissen Sie, dass Ihr Server korrekt funktioniert und von nun an auf Verbindungen von außen wartet.

15.12   Die Konfiguration der Firewall und des Routers im Heimnetzwerk

Bevor wir den eingerichteten Server testen können, müssen wir zunächst noch Ihren Router und gegebenenfalls die Firewall auf Ihrem Pi-Server konfigurieren. Betrachten wir zuerst die Firewall auf Ihrem Pi-Server. Diese muss zwei Arten von eingehenden

Verbindungen akzeptieren. Zunächst einmal muss sie Anfragen aus dem Internet annehmen, die an OpenVPN gerichtet sind. Würde die Firewall diese Anfragen blockieren, dann könnte sich niemand mit dem VPN-Server verbinden. Die Anfragen aus dem Internet gehen über Port 1194 ein, genutzt wird das Protokoll UDP. Zusätzlich gibt es einen zweiten Punkt zu beachten, mit dem wir uns im nächsten Abschnitt noch einmal auseinander setzen werden. Wie Sie wissen, baut OpenVPN ein virtuelles privates Netzwerk auf, das den IP-Adressbereich 10.8.0.1 bis 10.8.0.254 verwendet. In diesem virtuellen Netz werden sich der Pi-Server sowie alle VPN-Clients befinden. Aus dem VPN-Netzwerk sprechen Sie Ihren Pi-Server über die IP-Adresse 10.8.0.1 an. Der Pi-Server erhält folglich Verbindungsanfragen aus dem 10.8.0.x-Netz. Die Firewall auf dem Pi-Server muss also auch solche eingehenden Verbindungen akzeptieren. Täte sie dies nicht, dann könnten Sie im VPN-Netzwerk nicht mit Ihrem Pi-Server kommunizieren. Wenn Sie also auf Ihrem Pi-Server die `iptables`-Firewall aktiviert haben, dann müssen Sie an dieser Stelle aktiv werden.

Zur Anpassung der `iptables`-Firewall informieren Sie sich in Abschnitt 21.5 über die grundlegende Konfiguration und öffnen dann die Datei, die das Regelwerk enthält. Dazu führen Sie folgenden Befehl aus:

```
sudo nano /etc/network/iptables
```

Fügen Sie nun zu Ihrem Regelwerk folgende Zeilen hinzu:

```
-A INPUT -p udp --dport 1194 -j ACCEPT
-A INPUT -s 10.8.0.0/24 -j ACCEPT
```

Die erste Zeile wird dafür sorgen, dass externe eingehende Verbindungen aus dem Internet auf Port 1194 unter Nutzung des Protokolls UDP angenommen werden. Somit können Sie Ihren VPN-Server aus dem Internet erreichen. Die zweite Zeile stellt sicher, dass VPN-Clients nach dem erfolgreichen Verbindungsaufbau auch tatsächlich mit dem Pi-Server und seinen angebotenen Netzwerkdiensten kommunizieren können.

Achten Sie darauf, dass Sie in der Konfiguration der Firewall zur Sicherheit die globale Oberregel für FORWARD auf ACCEPT setzen. In diesem Buch haben wir das bereits gemeinsam so eingestellt, aber es ist wichtig, dass Sie dies nicht versehentlich geändert haben.

Speichern Sie die Datei nach Ihren Eingaben mit der Tastenkombination ⌜Strg⌟+⌜x⌟ ab, und beenden Sie den Editor `nano`.

Laden Sie anschließend das geänderte Regelwerk mit dem Befehl

```
sudo iptables-restore < /etc/network/iptables
```

Es empfiehlt sich übrigens, zunächst die komplette Funktionsfähigkeit des OpenVPN-Netzwerks zu testen, bevor Sie weitere Schutzmaßnahmen aus dem Sicherheitskapitel (Kapitel 21, »Die Sicherheit Ihres Heimservers«) wie ein Port-Knocking oder die Fail2ban-Funktion in Betrieb nehmen.

Für die Portfreigabe in Ihrem Router konsultieren Sie bitte dessen Handbuch oder die Hilfefunktion. Sie müssen den Router so konfigurieren, dass er eingehende UDP-Verbindungen auf Port 1194 akzeptiert und an Ihren Pi-Server weiterleitet. Aktivieren Sie also für das Protokoll UDP und Port 1194 eine entsprechende Portweiterleitung, die häufig auch Portöffnung oder auch Portfreigabe genannt wird. Als Beispiel sehen Sie in Abbildung 15.38 die Optionen einer FritzBox.

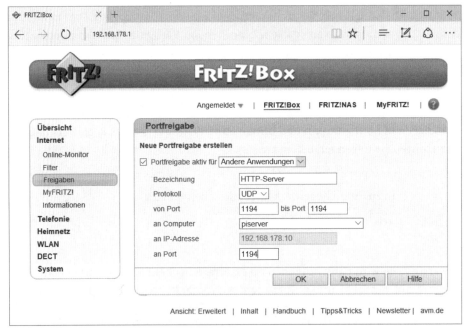

Abbildung 15.38 Die Konfiguration der FritzBox für die Portöffnung

15.13   Die erste Verbindung

Jetzt sind Sie endlich so weit, dass Sie zum ersten Mal eine VPN-Verbindung aufbauen und testen können. Die genaue Vorgehensweise unterscheidet sich an dieser Stelle wieder für die verschiedenen Betriebssysteme.

OpenVPN ist derzeit so konfiguriert, dass Sie die Verbindung zunächst direkt aus Ihrem Heimnetzwerk heraus aufbauen können. So können Sie relativ leicht testen, ob überhaupt eine Verbindung zustande kommt oder der Verbindungsaufbau an einer bestimmten Stelle abbricht. Es ist auch möglich, die grundlegende Funktion zu testen, dazu zählt etwa die Erreichbarkeit des Pi-Servers über das VPN-Netzwerk.

Erweiterte Funktionen sollten Sie jedoch mit einer Verbindung testen, die Sie von außerhalb Ihres Heimnetzwerkes aufbauen.

Hier bietet es sich an, einen befreundeten Mitmenschen mit Technikaffinität um Hilfe zu bitten. Halten Sie eine Telefonverbindung zwischen dem Remote-Standort und Ihrem Heimatstandort aufrecht, und prüfen Sie so gemeinsam die Funktionalität der einzelnen Verbindungsoptionen.

15.13.1   Der Aufbau der Verbindung

Am einfachsten haben es die Benutzer von modernen mobilen Endgeräten. Sie öffnen einfach nur die OpenVPN-Client-App und wählen das entsprechende Profil aus – wobei es zuerst nur eines geben sollte. Eventuell müssen Sie zuerst noch das im Hardwarespeicher hinterlegte Zertifikat (nebst zugehörigen Schlüsseln) mit dieser Verbindung verknüpfen. Orientieren Sie sich in diesem Fall am Namen des von Ihnen gespeicherten Zertifikats. Anschließend müssen Sie nur noch auf CONNECT tippen, und die Verbindung wird hoffentlich fehlerfrei aufgebaut, wie Ihnen die nächsten Abbildungen zeigen.

15

Abbildung 15.39 Android fragt nach, bevor es eine VPN-Verbindung erlaubt

Abbildung 15.40 Das Zertifikat wird ausgewählt und die Verbindung zugelassen

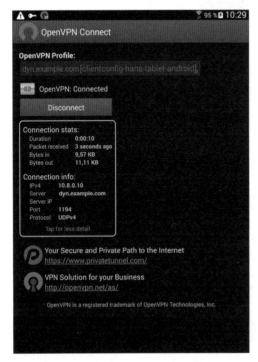

Abbildung 15.41 Glückwunsch! Die Verbindung wurde aufgebaut

Auch für Windows-Benutzer gibt es eine grafische Benutzeroberfläche. Öffnen Sie das Programm *OpenVPN GUI*, das Sie über das Startmenü erreichen. Hierbei gibt es jedoch eine kleine Gemeinheit: Damit die VPN-Verbindung ordnungsgemäß funktioniert, muss das Programm mit Administratorrechten ausgeführt werden. Klicken Sie also den Programmeintrag im Startmenü mit der rechten Maustaste an, und wählen Sie ALS ADMINISTRATOR AUSFÜHREN. Gegebenenfalls werden Sie zur Eingabe des Administratorpassworts aufgefordert. Die modernen Versionen der OpenVPN-Clientsoftware sollten allerdings bereits automatisch im Administratormodus starten. Anschließend erscheint unten in der Taskleiste neben der Uhr ein kleines graues Symbol mit einem Monitor- und einem Schloss-Zeichen. Klicken Sie dieses mit der rechten Maustaste an, und wählen Sie VERBINDEN. Hieraufhin wird die Verbindung aufgebaut. Sollten Sie den privaten Schlüssel des Benutzers verschlüsselt haben, dann werden Sie zunächst nach dem jeweiligen Passwort zur Entschlüsselung gefragt. Der Verbindungsaufbau dauert ein paar Sekunden und sollte ohne Fehlermeldung abschließen. Das Ergebnis sehen Sie in Abbildung 15.42.

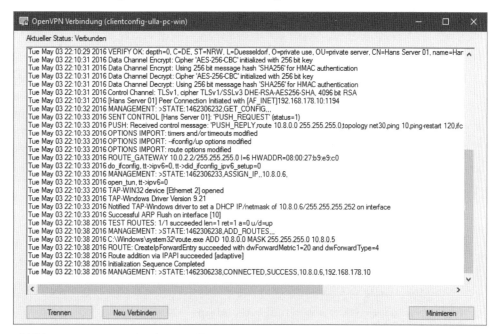

Abbildung 15.42 Der Verbindungsaufbau unter Windows

Nutzen Sie Linux als Betriebssystem, dann führt der Weg zum ersten Verbindungsaufbau am schnellsten über das Terminal. Natürlich müssen auch Sie zunächst auf den Clientgeräten die OpenVPN-Software installiert haben. Neben dem Paket *openvpn* ist auch das Paket *openssl* nötig. Navigieren Sie in das Verzeichnis, in dem Sie die Client-Konfigurationsdatei von OpenVPN abgelegt haben. Sie hatten sich den Dateipfad dafür extra notiert. Starten Sie jetzt die Verbindung mit folgendem Befehl:

```
sudo openvpn konfigurationsdatei.conf
```

Dabei ersetzen Sie den Ausdruck konfigurationsdatei entsprechend. Wundern Sie sich bitte nicht, wenn eine umfangreiche Textausgabe erfolgt. Am Ende sollte jedoch die Verbindung fehlerfrei aufgebaut werden. Schließen Sie das Terminal nicht, denn das würde die Verbindung gleich wieder beenden.

Dass die Verbindung fehlerfrei aufgebaut wurde, erkennen Benutzer von Windows und Linux daran, dass die Ausgabe des VPN-Clientprogramms mit den Zeilen Initialization Sequence Completed und (gekürzt) ... Management: >State ... Connected,Success ... endet.

Nutzer von Mac OS X verwenden die Software Tunnelblick. Diese bietet gleich beim ersten Start die Option, die Konfigurationsdateien zu importieren (auf Englisch: I HAVE CONFIGURATION FILES). Nutzen Sie diese Möglichkeit, und importieren Sie die Client-Konfigurationsdatei für OpenVPN. Nach dem erfolgreichen Import können Sie die Verbindung aufbauen und erhalten ebenfalls eine informative Rückmeldung über den Verbindungsaufbau.

15.13.2   Der erste Test der Verbindung

Probieren Sie nun die Verbindung zuerst mit einem Ping-Befehl aus. Mit diesem testen Sie die Erreichbarkeit Ihres Pi-Servers über die VPN-Verbindung. Jetzt müssen Sie natürlich beachten, dass Ihr Pi-Server über das VPN unter der IP-Adresse 10.8.0.1 zu erreichen ist. Führen Sie also einen Ping-Befehl zu dieser Adresse aus, indem Sie in die Eingabeaufforderung von Windows oder in ein Terminal von Mac OS X oder Linux folgenden Befehl eingeben:

```
ping 10.8.0.1
```

Das Ergebnis sehen Sie in Abbildung 15.43.

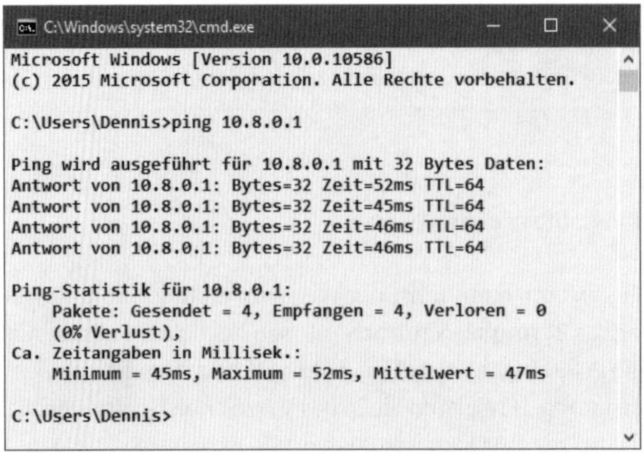

Abbildung 15.43 Der erste Test wurde bestanden

Nutzer mobiler Betriebssysteme können eine geeignete Ping-App einsetzen. Sie sollten auf alle Fälle von der Gegenstelle Antworten erhalten. In dem Fall funktioniert Ihr VPN einwandfrei. Andernfalls müssen Sie jetzt leider nochmals alle Konfigurationsschritte überprüfen und auf Richtigkeit hin kontrollieren.

Sie können von allen Clients auf die Dienste Ihres Servers zugreifen. Dabei müssen Sie aber beachten, dass der Pi-Server über das VPN unter der Adresse 10.8.0.1 zu erreichen ist. Nur über diese Adresse können Sie zurzeit auf seine Dienste zugreifen. Diese IP-Adresse gilt allerdings natürlich nur für VPN-Verbindungen. Innerhalb Ihres Heimnetzwerks ändert sich nichts, der Pi-Server ist hier selbstverständlich weiterhin unter seiner bekannten ganz normalen IP-Adresse zu erreichen. Mit unserer Open-VPN-Konfiguration ist es den VPN-Clients auch möglich, über diese Adressen untereinander zu kommunizieren und Daten auszutauschen. Sie verwenden dazu natürlich auch Adressen aus dem 10.8.0.xxx-Netzwerk. Welche IP-Adresse der jeweilige Client gerade nutzt, verrät die Textausgabe der OpenVPN-Clientanwendung. Auf diese Weise werden zum Beispiel auch Netzwerkspiele möglich. (Allerdings würden Sie »fremden« Teilnehmern momentan Zugriff auf die Ressourcen Ihres Servers gestatten. Für Netzwerkspiele sollten Sie besser einen eigenen, unabhängigen Pi-Server verwenden oder die Firewall des Pi-Servers so konfigurieren, dass der Pi-Server selbst keine Anfragen aus dem 10.8.0.0/24-Netzwerk annimmt. Dazu darf das Regelwerk der Firewall die Zeile -A INPUT -s 10.8.0.0/24 -j ACCEPT nicht umfassen, und die globale Oberregel INPUT muss auf DROP oder REJECT gesetzt sein.) Sie müssen außerdem beachten, dass Sie derzeit über die VPN-Verbindung keinen Zugriff auf die anderen Geräte Ihres Heimnetzes haben. Sie können diesen Zugriff jedoch aktivieren, eine Anleitung dazu finden Sie im nächsten Abschnitt. Mit dieser Option wäre dann auch Ihr Pi-Server unter seiner gewohnten (Heimnetzwerk-)Adresse zu erreichen.

Damit ist die grundlegende Konfiguration abgeschlossen. Sie können nun von unterwegs auf die Ressourcen Ihres Pi-Servers zugreifen, beispielsweise auf Ihr DokuWiki oder Ihre Webcam, wie Abbildung 15.44 beweist.

Natürlich funktionieren auch Dateifreigaben über Samba. Beachten Sie aber bitte Folgendes: Ihr VPN arbeitet auf der sogenannten *Routingebene* des Netzwerk-Protokollstapels. Auf dieser Ebene werden keine Broadcast-Meldungen übertragen. Über diese Meldungen werden jedoch die Namensauflösungen der Dateifreigaben vorgenommen. Sie werden also Ihre Freigaben nicht wie gewohnt mit dem vollem Namen des Servers in der jeweiligen Netzwerkansicht (zum Beispiel der Windows-Netzwerkumgebung) finden. Stattdessen müssen Sie auf die Freigabe explizit über die IP-Adresse Ihres Servers zugreifen. Geben Sie beispielsweise in den Windows-Explorer in dessen Adresszeile also einfach die Adresse

\\10.8.0.1\freigabename

ein, bei der Sie natürlich den Namen der Freigabe entsprechend anpassen. Schon können Sie auf die Daten zugreifen, wie Sie in Abbildung 15.45 sehen.

Abbildung 15.44 Ihr Wiki ist über Ihr VPN mobil erreichbar

Abbildung 15.45 Samba über die VPN-Verbindung nutzen

Es gibt noch eine weitere Einschränkung, denn da keine Broadcast-Meldungen über-tragen werden, können Sie leider ebenfalls nicht auf UPnP-Medienserver zugreifen, denn diese nutzen diese Meldungen, um ihre Präsenz anzuzeigen.

Und wo wir gerade beim Einschränken sind: Mit der aktuellen Konfiguration können Sie über das VPN noch nicht auf alle Dienste zugreifen. Beispielsweise gelingt derzeit der Zugriff auf Ihre ownCloud noch nicht, ebenso ist es nicht möglich, auf MPD zuzugreifen. Keine Sorge, das lässt sich ändern. Aber Sie haben die Wahl zwischen zwei Möglichkeiten. Ihnen steht Folgendes zur Wahl:

Entweder Sie belassen es dabei, dass der Pi-Server über VPN-Verbindungen (nur) über die IP-Adresse 10.8.0.1 zu erreichen ist. Sie realisieren also nicht die Zugriffsmöglichkeit auf den Rest des gesamten Heimnetzes. In diesem Fall müssen wir die Dienste, die derzeit nicht richtig funktionieren, etwas umkonfigurieren. Das machen wir in Abschnitt 15.16.

Als Alternative erweitern Sie die Konfiguration von OpenVPN so, dass Sie Zugriff auf das gesamte Heimnetz erhalten. In diesem Fall ist der Pi-Server auch von unterwegs über seine normale Heimnetz-IP-Adresse zu erreichen. Sie können dann auf Dienste wie ownCloud oder MPD ohne weitere Konfigurationsänderungen zugreifen und brauchen sich um das Netzwerk 10.8.0.xxx nicht weiter zu kümmern. Für diese Methode sind Sie allerdings auf die Mithilfe Ihres Routers angewiesen, der wie eingangs erwähnt eine bestimmte Funktion (die Erstellung statischer Routen) mitbringen muss. Im nächsten Abschnitt werden wir uns detailliert mit dieser Option befassen. Sollte Ihr Router die benötigte Funktion jedoch nicht bieten, dann führt um die Änderung der Konfiguration der betreffenden Dienste kein Weg vorbei. Bitte lesen Sie nun den folgenden Abschnitt, und prüfen Sie die Eignung Ihres Routers. Entscheiden Sie dann, wie Sie verfahren möchten.

15.14   Über die VPN-Verbindung auf das gesamte Heimnetzwerk zugreifen

An dieser Stelle schauen wir uns an, wie wir die OpenVPN-Konfiguration erweitern können. Zunächst sind wir daran interessiert, dass wir von unterwegs auch Zugriff auf die anderen Geräte des Heimnetzwerkes erhalten. Dazu zählt beispielsweise ein eigenständiger Drucker oder ein weiterer Server. Wenn Sie an dieser Funktion kein Interesse haben, können Sie diesen Schritt überspringen, er ist rein optional.

Bevor wir die Konfiguration erfolgreich erweitern können, gilt es, einen Stolperstein zu umschiffen: Für die bevorstehende Aufgabe muss außer dem Pi-Server auch der Router in Ihrem Heimnetzwerk mitspielen, er muss eine bestimmte Funktion bieten: In der Konfiguration Ihres Routers müssen Sie unbedingt eine sogenannte *statische Route* anlegen können. Viele hochwertige Geräte bieten diese Funktion. Wenn Sie beispielsweise eine FritzBox besitzen oder ein besser ausgestattetes Modell eines der zahlreichen Netzwerkgerätehersteller, dann stehen die Chancen gut. Das Beispiel mit einer FritzBox sehen Sie in Abbildung 15.46.

Diese Funktion fehlt jedoch im Regelfall bei den einfacheren Geräten, die Ihnen die großen Internetanbieter zur Verfügung stellen. Bevor Sie also an Ihrem Pi-Server etwas verändern, überprüfen Sie zunächst, ob Ihr Router diese Funktion anbietet.

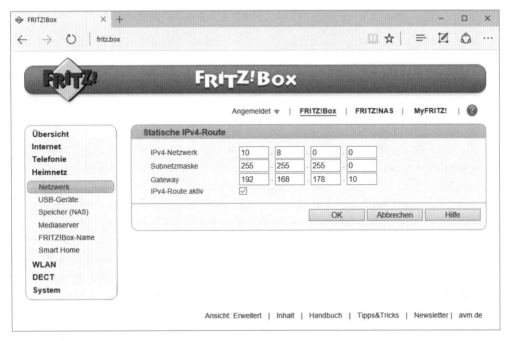

Abbildung 15.46 Statisches Routing mit einer FritzBox

Sie fragen sich, wozu diese Funktion nötig ist? Der Grund ist folgender: Wir haben durch den Pi-Server ein virtuelles Netzwerk im Adressbereich 10.8.0.0/24 mit 256 möglichen Teilnehmern erstellt, in dem der Server und alle Clients zusammentreffen. Nun ist es für den Server kein Problem, seinen Clients mitzuteilen, dass er Teil eines weiteren Netzes (nämlich Ihres Heimnetzes) ist, das die Clients auch erreichen können. Das geht ganz einfach.

Was passiert aber, wenn ein VPN-Client mit einem Rechner in Ihrem Heimnetz kommunizieren will? Er sendet seine Anfrage an diesen Rechner in Ihrem Heimnetz, und über Ihren Pi-Server wird diese korrekt zugestellt. Nun möchte der Zielrechner aber auch antworten. Wohin muss er antworten? Nun, die Anfrage erreichte ihn von einem Rechner aus dem 10.8.0.0-Netz, sagen wir, von der IP-Adresse 10.8.0.3. Dorthin muss er auch die Antwort senden. Nur wie kommt das Paket dahin? Der ratlose Rechner ist Teil Ihres Heimnetzes und hat beispielsweise die IP-Adresse 192.168.178.20. Die IP-Adresse 10.8.0.3 ist nicht Teil dieses Heimnetzes, also wendet sich der Rechner an Ihren Router und bittet um Zustellung seiner Antwort an den Rechner unter der IP-Adresse 10.8.0.3. Der Router hat aber keine Ahnung, wo es zum 10.8.0.0/24-Netz langgeht. Für ihn ist das ein privates Netz (dazu gehören alle 10.x.x.x-Adressen!), und private Netze werden von ihm per Definition nicht geroutet, also wird das Paket schlicht verworfen. Die Antwort erreicht den VPN-Client nicht. Wir müssen dem Router also mitteilen, wie er das 10.8.0.0/24-Netzwerk und damit die IP-Adresse 10.8.0.3 erreicht. Dafür setzen wir jene statische Route, die besagt, dass das Netzwerk 10.8.0.0/24 über Ihren Pi-Server zu erreichen ist. Der Router muss die Antwort also dem Pi-Server übergeben, der das betreffende Datenpaket dann korrekt zustellen wird. Übrigens noch einmal zur Wiederholung: Die Angabe 10.8.0.0/24 bezeichnet das gesamte Netzwerk. Die IP-Adresse x.x.x.0 adressiert hier das komplette Netzwerk. Die Angabe /24 ist nur eine andere Form der Subnetzmaske 255.255.255.0, die wiederum angibt, dass das Netzwerk 255 mögliche IP-Adressen umfasst.

Setzen Sie in Ihrem Router (die genaue Vorgehensweise entnehmen Sie bitte der entsprechenden Bedienungsanleitung) eine statische Route mit folgenden Daten:

```
Zielnetzwerk: 10.8.0.0
Ziel-Subnetzmaske 255.255.255.0
Routen über Interne.IP-Adresse.Ihres.Pi-Servers
```

Dabei müssen Sie natürlich die interne IP-Adresse Ihres Pi-Servers aus Ihrem Heimnetz verwenden. Ein möglicher Eintrag lautet beispielsweise 192.168.178.10. Keinesfalls dürfen Sie hier seine IP-Adresse aus dem VPN-Subnetz verwenden, also tragen Sie *nicht* die Adresse 10.8.0.1 ein.

Als Nächstes müssen wir die Konfiguration des OpenVPN-Dienstes entsprechend erweitern. Öffnen Sie eine Konsole zu Ihrem Pi-Server und dort die Konfigurationsdatei von OpenVPN mit dem Texteditor nano:

```
sudo nano /etc/openvpn/openvpnserver.conf
```

Am Ende der Datei fügen Sie folgende Zeile hinzu:

```
push "route 192.168.178.0 255.255.255.0"
```

Diese Zeile sorgt dafür, dass der OpenVPN-Server seinen Clients mitteilt, dass hinter ihm noch Ihr Heimnetz erreichbar ist. Sie müssen in dieser Zeile natürlich Ihr jeweiliges Heimnetz referenzieren. Sollte Ihr Heimnetz einen anderen IP-Adressbereich verwenden als 192.168.178.0 mit der Subnetzmaske 255.255.255.0, dann müssen Sie diesen Wert folglich entsprechend verändern. Bei der Nutzung der Subnetzmaske 255.255.255.0 referenzieren Sie mit der Adresse x.x.x.0 das gesamte Heimnetzwerk.

Als dritten und letzten Schritt müssen wir auf Ihrem Pi-Server noch das *IP-Forwarding* aktivieren, damit dieser auch die Anfragen ins und vom Heimnetz über das VPN-Netzwerk weiterleitet. Zuerst überprüfen wir, ob das IP-Forwarding auf Ihrem Pi-Server bereits aktiviert ist. Dazu geben Sie folgenden Befehl ein:

```
sudo cat /proc/sys/net/ipv4/ip_forward
```

15

Wird Ihnen eine 1 zurückgegeben, dann ist das IP-Forwarding bereits aktiv, und es sind keine weiteren Schritte nötig. Lautet die Ausgabe jedoch 0, dann müssen Sie diese Funktion zuerst aktivieren. Dies erledigen Sie mit folgendem Befehl:

```
sudo bash -c 'echo 1 > /proc/sys/net/ipv4/ip_forward'
```

Dies wird das IP-Forwarding aktivieren, wie Sie es in Abbildung 15.47 sehen.

```
hans@piserver: ~                                          –    □    ×
hans@piserver:~$ sudo cat /proc/sys/net/ipv4/ip_forward
0
hans@piserver:~$ sudo bash -c 'echo 1 > /proc/sys/net/ipv4/ip_forward'
hans@piserver:~$ sudo cat /proc/sys/net/ipv4/ip_forward
1
hans@piserver:~$ 
```

Abbildung 15.47 Das IP-Forwarding ist nun temporär aktiviert

Ein Neustart von OpenVPN aktiviert die neue Konfiguration:

```
sudo service openvpn restart
```

Hiernach müssten Sie (bei einer neuen VPN-Verbindung) gleich die anderen Rechner erreichen können, eine Änderung der Konfiguration der Clients ist nicht notwendig.

Allerdings bleibt das IP-Forwarding nach einem Neustart des Pi-Servers nicht erhalten. Wir müssen es also so einrichten, dass es auch nach einem Neustart des Servers verfügbar bleibt. Dazu öffnen Sie nano mit der Datei */etc/sysctl.conf*:

```
sudo nano /etc/sysctl.conf
```

Suchen Sie nach dem Eintrag net.ipv4.ip_forward. Ist er bereits vorhanden und wird ihm der Wert 0 zugewiesen, dann ändern Sie diesen in 1. Ist der Eintrag mit einer 1 vorhanden, aber am Zeilenanfang steht noch ein Raute-Zeichen, dann entfernen Sie dieses Symbol. Andernfalls fügen Sie einen neuen Eintrag hinzu:

```
net.ipv4.ip_forward=1
```

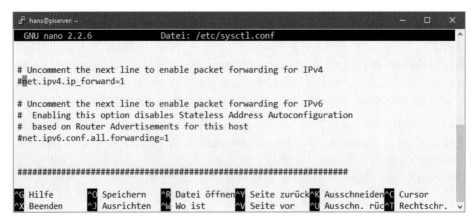

Abbildung 15.48 Aktivierung des permanenten IP-Forwardings am Pi-Server

Speichern Sie Datei, und beenden Sie nano mit der Tastenkombination ⌊Strg⌋+⌊x⌋. Dies schließt die Konfigurationsänderungen für den Zugriff auf das Heimnetzwerk für die VPN-Clients ab. Sie können nun von unterwegs auf das gesamte Heimnetz zugreifen. Dies schließt auch Ihren Pi-Server ein, der jetzt wieder unter seiner normalen IP-Adresse erreichbar ist (wobei die IP-Adresse 10.8.0.1 weiterhin ihre Gültigkeit behält). Sie müssen aber beachten, dass Sie nach wie vor nicht auf Dienste zugreifen können, die auf Broadcast-Meldungen angewiesen sind.

15.15 Über die VPN-Verbindung den heimischen Internetzugang verwenden

Als nächsten Schritt können Sie Ihr VPN-Netzwerk so erweitern, dass die Clientcomputer auch von unterwegs Ihre heimische Internetverbindung nutzen. Mit anderen Worten: Die gesamte Netzwerkkommunikation wird über Ihr VPN abgewickelt, dazu gehören also gewöhnliches Surfen, Chatten oder das Abrufen von E-Mails. Dazu zählt natürlich nicht die normale Telefonie über das Mobilnetz Ihres Smartphones. Diese Funktion ist praktisch, wenn Sie sich beispielsweise in einem nicht vertrauenswürdigen öffentlichen WLAN aufhalten (beispielsweise in einem Café, Ladengeschäft oder auf einem öffentlichen Platz). Wie Sie wissen, lässt sich innerhalb eines geschlossenen Netzwerks (insbesondere in einem WLAN) leicht der gesamte Netzwerkverkehr mitschneiden, und jemand könnte Sie ausspionieren, also beispielsweise Ihre Nachrichten mitlesen oder nachverfolgen, welche Internetseiten Sie aufrufen. Das gelingt natürlich nicht, wenn der gesamte Datenverkehr verschlüsselt ist – was ja nun einmal im VPN der Fall ist. Ein Angreifer kann zwar erkennen, dass Sie ständig mit einem einzelnen Rechner (nämlich Ihrem Pi-Server) kommunizieren, aber dank der Verschlüsselung erfährt er nichts über den Inhalt.

Wenn Sie diese Funktion einrichten möchten, dann sind nur Änderungen an Konfigurationsdateien auf Ihrem Pi-Server nötig. Ihr Router muss für diese Funktion nicht mitspielen. Dieser Schritt ist unabhängig von der zuvor beschriebenen Erweiterung des VPNs um den Zugriff auf Ihr Heimnetzwerk.

Zuerst werden wir die Konfiguration von OpenVPN auf Ihrem Pi-Server anpassen. Öffnen Sie dazu in einer Konsole die Konfiguration zur Bearbeitung mit folgendem Befehl:

```
sudo nano /etc/openvpn/openvpnserver.conf
```

Am Ende der Datei fügen Sie die folgenden zwei Zeilen hinzu:

```
push "redirect-gateway def1"
push "dhcp-option DNS 10.8.0.1"
```

Diese Zeilen bewirken, dass Ihr Router zu Hause in Ihrem Heimnetz für den Internet-zugang verwendet wird. Zusätzlich wird der Eintrag für den DNS-Server so gesetzt, dass Ihr Pi-Server (über Ihren heimischen Router) den DNS-Server bildet.

Als Nächstes muss in der Firewall des Pi-Servers ein besonderer Eintrag aktiviert werden, der das Routing des gesamten Internetverkehrs der VPN-Clients über Ihren Pi-Server möglich macht. Es ist notwendig, dass auf Ihrem Pi-Server die Firewall iptables aktiv ist. Falls dies noch nicht der Fall ist, dann richten Sie sie bitte gemäß der Anleitung im Abschnitt 21.5 zur Serversicherheit ein.

Führen Sie zunächst folgenden Befehl aus, der die nötige Einstellung (die Einrichtung einer entsprechenden NAT-Funktion mit einer Maskierung des lokalen Netzwerkes) vornimmt:

```
sudo iptables -t nat -A POSTROUTING -s 10.8.0.0/24 -o eth0 -j MASQUERADE
```

Dieser Befehl wird sofort aktiv, er erfordert keinen Neustart des Servers. Allerdings geht diese Einstellung bei einem eventuellen Neustart des Servers wieder verloren. Um Sie permanent zu machen, öffnen Sie die Datei iptables zur Bearbeitung:

```
sudo nano /etc/network/iptables
```

Fügen Sie am Ende des bisherigen Regelwerks (auf alle Fälle nach dem bisherigen Ausdruck COMMIT) folgende Zeilen hinzu:

```
*nat
:PREROUTING ACCEPT
:INPUT ACCEPT
:OUTPUT ACCEPT
:POSTROUTING ACCEPT
-A POSTROUTING -s 10.8.0.0/24 -o eth0 -j MASQUERADE
COMMIT
```

Listing 15.3 Konfiguration von »iptables«

Die fertige Datei sehen Sie in Abbildung 15.49.

Noch einmal zur Verdeutlichung: Ihre iptables-Datei muss jetzt zwei Blöcke enthalten. Der erste beginnt mit der Zeile *filter und endet mit der Zeile COMMIT. Der zweite Block beginnt mit der Zeile *nat und endet ebenfalls mit der Zeile COMMIT. Zur besseren Trennung können Sie die Blöcke mit einer Zeile trennen, die nur ein einzelnes Raute-Symbol enthält.

Sollte Ihr Pi-Server nicht über eine Kabelverbindung mit Ihrem Netzwerk verbunden sein, sondern über eine WLAN-Verbindung, dann müssen Sie sowohl im iptables-Regelwerk als auch im vorhin eingegebenen einleitenden Befehl den Ausdruck -o eth0 durch den Ausdruck -o wlan0 ersetzen.

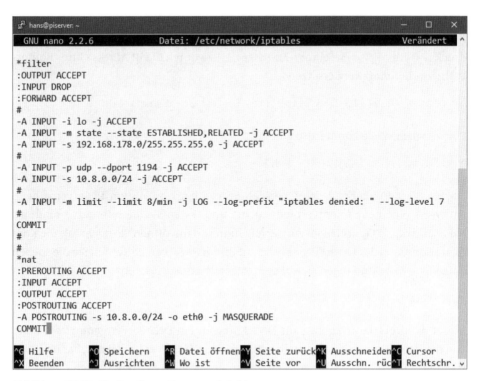

Abbildung 15.49 Die Konfiguration von »iptables«

Jetzt ist noch ein letzter Schritt nötig: Sie müssen unbedingt noch das IP-Forwarding auf Ihrem Pi-Server aktivieren. Wie das geht, habe ich soeben im vorherigen Erweiterungsschritt besprochen (Clientrechnern den Zugriff auf Ihr Heimnetz ermöglichen). Wenn Sie diesen Schritt bereits zuvor ausgeführt haben, dann brauchen Sie jetzt nichts weiter durchzuführen. Haben Sie den Abschnitt jedoch übersprungen, dann aktivieren Sie das IP-Forwarding so, wie ich es zuvor beschrieben habe.

Dies schließt die Konfiguration ab. Sie müssen an dieser Stelle den OpenVPN-Server einmal neu starten. Dafür geben Sie folgenden Befehl ein:

```
sudo service openvpn restart
```

Bei einer neuen VPN-Verbindung sollten Sie automatisch die Internetverbindung Ihres Heimnetzes verwenden. Sie können dies ausprobieren, indem Sie eine Internetseite aufrufen, die Ihnen die aktuelle externe IP-Adresse anzeigt, beispielsweise *myip.is* oder *www.wieistmeineip.de*.

Wenn Sie keine Verbindung ins Internet erhalten, dann müssen wir uns die DNS-Einstellungen in OpenVPN noch einmal vornehmen. Besonders die mobilen Betriebssysteme haben bei unserer Konfiguration gelegentlich Schwierigkeiten damit, wenn sie den Pi-Server über die VPN-Verbindung als DNS-Server benutzen sollen. Öffnen Sie noch einmal wie zuvor gezeigt die Konfigurationsdatei des OpenVPN-Servers auf Ihrem Pi-Server. Fügen Sie am Ende folgenden Eintrag hinzu, bei dem Sie den Ausdruck IP-Adresse-Ihres-Routers-Im-Heimnetzwerk durch die IP-Adresse Ihres Routers in Ihrem Heimnetzwerk ersetzen:

```
push "dhcp-option DNS IP-Adresse-Ihres-Routers-Im-Heimnetzwerk"
```

Eine mögliche Zeile könnte also lauten:

```
push "dhcp-option DNS 192.168.178.1"
```

Starten Sie anschließend den OpenVPN-Serverdienst auf Ihrem Pi-Server erneut. Bauen Sie eine neue Clientverbindung auf, und testen Sie die Internetverbindung. Sollte auch diese Option nicht zum Erfolg führen, dann öffnen Sie nochmals die Konfigurationsdatei des OpenVPN-Servers auf Ihrem Pi-Server. Entfernen Sie die soeben eingefügte Zeile, und fügen stattdessen folgenden Ausdruck hinzu:

```
push "dhcp-option DNS 8.8.8.8"
```

Dieser Ausdruck bewirkt, dass für DNS-Anfragen ein DNS-Server genutzt wird, der von der Firma Google bereitgestellt wird. Dieser DNS-Server ist frei nutzbar und wird oft aufgrund seiner raschen Antwortzeiten empfohlen. Starten Sie den OpenVPN-Serverdienst neu, und prüfen Sie die Internetverbindung bei einer neuen VPN-Verbindung. Spätestens jetzt sollten Sie über eine funktionierende Internetverbindung verfügen.

15.16   Die Konfiguration von Serverdiensten für die Nutzung im 10.8.0.0-Netzwerk

In diesem Abschnitt befassen wir uns mit denjenigen Diensten, die nicht auf Anhieb im 10.8.0.0-Netz zu erreichen sind. Dieser Text ist für Sie dann von Belang, wenn Sie nicht vorhaben, auf Ihr gesamtes Heimnetz über eine VPN-Verbindung zuzugreifen. In diesem Fall (der natürlich auch dann zutrifft, wenn Ihr Router die benötigten Funktionen nicht mitbringt) greifen Sie auf Ihren Pi-Server über die VPN-Verbindung über die IP-Adresse 10.8.0.1 zu. Einige Serverdienste funktionieren gegenwärtig nicht richtig, wenn sie aus dem 10.8.0.0-Netz angesprochen werden, in dem sich auch die VPN-Clients aufhalten. Schauen wir uns an, wie wir dies ändern können.

15.16.1   Die Konfiguration von ownCloud

OwnCloud hat eine Sperre eingebaut, die den Zugriff nur über bestimmte IP-Adressen und Domainnamen erlaubt. Derzeit ist das Programm ownCloud so eingestellt, dass es nur Verbindungen direkt aus Ihrem Heimnetz entgegennimmt. Wir werden die Konfiguration nachfolgend so anpassen, dass ownCloud auch über das VPN 10.8.0.0 angesprochen werden kann. Dazu öffnen Sie zunächst die Konfigurationsdatei von ownCloud mit folgendem Befehl:

```
sudo nano /var/www/html/owncloud/config/config.php
```

Suchen Sie in der Datei nach dem Abschnitt 'trusted_domains'. Sie werden folgenden Block finden, der in der Zeile 0 die IP-Adresse Ihres Pi-Servers aus Ihrem Heimnetzwerk enthält.

```
'trusted_domains' =>
array (
0 => '192.168.178.10',
),
```

Sollten Sie Ihre ownCloud für den Zugriff über das Internet eingerichtet haben, dann gibt es in diesem Abschnitt auch eine Zeile mit einer einleitenden 1 und Ihrer dynamischen DNS-Adresse (oder Ihrer eigenen Domain).

Fügen Sie diesem Abschnitt nun eine neue Zeile zu, die auf die IP-Adresse des Pi-Servers im VPN verweist. Diese Adresse lautet 10.8.0.1. Die Zeile muss dieselbe Form haben wie die Zeile 0, jedoch vorn mit einer 1 beginnen.

Nach dieser Änderung sollte der Block folgende Beispielform angenommen haben:

```
'trusted_domains' =>
array (
0 => '192.168.178.10',
1 => '10.8.0.1',
),
```

Sollte bei Ihnen (im Falle der Internetaktivierung) bereits eine Zeile mit einer einleitenden 1 vorhanden sein, dann fügen Sie eine neue Zeile mit der nächsten noch freien Nummer ein. Natürlich enthält die Zeile 0 die jeweilige IP-Adresse des Pi-Servers im Heimnetz, die vom angegebenen Beispiel abweichen kann. Ändern Sie also lediglich die Zeile 1 (oder höher).

Speichern Sie diese Konfigurationsdatei mit der Tastenkombination [Strg]+[x] ab, und beenden Sie damit den Editor nano. Wie der relevante Teil der Datei fertig aussehen sollte, sehen Sie in Abbildung 15.50.

Es sind keine weiteren Schritte erforderlich, Ihre ownCloud ist von jetzt an auch über die VPN-Verbindung vollständig erreichbar und kann von allen Clients genutzt werden.

Abbildung 15.50 Die Konfiguration der ownCloud

15.16.2 Die Konfiguration von MPD

Das Programm MPD, das sich bei uns um das Musik-Streaming kümmert, akzeptiert im Moment keine Verbindungen aus dem Netzwerk 10.8.0.0. Es ist derzeit so konfiguriert, dass es nur Verbindungen direkt aus Ihrem Heimnetz annimmt.

Wir werden jetzt also MPD so konfigurieren, dass es auch Verbindungen aus dem Netzwerk 10.8.0.0 akzeptiert. Dazu öffnen Sie noch einmal die Konfigurationsdatei von MPD zur Bearbeitung mit dem Editor nano. Führen Sie also nun den folgenden Befehl aus:

```
sudo nano /etc/mpd.conf
```

Suchen Sie mit der Tastenkombination [Strg]+[w] nach dem Ausdruck bind_to_address. Fügen Sie zu dem bisherigen Block folgende neue Zeile hinzu:

```
bind_to_address        "10.8.0.1"
```

Weitere Änderungen sind nicht nötig. Einen Auszug der geänderten Datei finden Sie in Abbildung 15.51.

Beenden Sie den Editor mit der Tastenkombination [Strg]+[x], und speichern Sie Ihre Änderungen ab.

Anschließend müssen Sie MPD mit dem Befehl

```
sudo service mpd restart
```

neu starten. Hiernach ist die geänderte Konfiguration aktiv, und MPD ist auch über die VPN-Verbindung erreichbar.

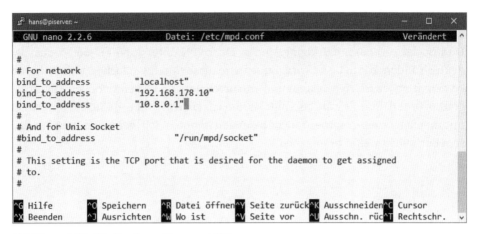

Abbildung 15.51 Die Konfiguration von MPD

15.16.3   Über die Nutzung von Chyrp

Die Kommunikation mit Chyrp ist leider über das VPN-Netzwerk derzeit nicht möglich, da Chyrp mit einer relativ starren Adresskonfiguration arbeitet. Möchten Sie auf Chyrp zugreifen, dann müssen Sie die VPN-Verbindung gemäß Abschnitt 15.14 so erweitern, dass die Kommunikation mit dem gesamten Heimnetzwerk möglich wird.

15.16.4   Noch ein Wort zu Samba-Dateifreigaben

Für Samba sind keine weiteren Konfigurationsänderungen nötig, der Dienst arbeitet sofort korrekt. An dieser Stelle erinnere ich nur noch einmal daran, dass Sie die Freigaben unter der IP-Adresse 10.8.0.1 erreichen. Die Freigaben des Pi-Servers werden nicht automatisch im Netzwerk gefunden und angezeigt.

15.17   Nachteile dieser Art von VPN-Verbindungen

Zum Abschluss des VPN-Kapitels möchte ich Ihnen einen kleinen Nachteil dieser VPN-Konfiguration nicht vorenthalten: Wie bereits zuvor gesagt, arbeitet diese Art des VPNs auf der Routingebene des Protokollstapels. Darüber können leider keine Broadcast-Meldungen übertragen werden, so dass Sie, wie beschrieben, die Namensauflösung von Servernamen und deren Freigaben nicht verwenden können. Leider führt dies auch dazu, dass Sie keine UPnP-Medienfreigaben verwenden können. Clientanwendungen können über Ihr VPN Ihren UPnP-Medienserver also nicht finden, da dies nur über Broadcast-Meldungen funktionieren würde. Musik und Videofilme müssen Sie von unterwegs daher auf eine andere Art abspielen, beispielsweise über direkte Dateifreigaben mit Samba oder über die Musik- und Videofunktionen der ownCloud.

Es gibt zwar auch noch einen zweiten Ansatz, ein VPN-Netzwerk aufzubauen, der eine Ebene tiefer im Protokollstapel arbeitet und auch Broadcast-Meldungen unterstützt. Dies ist der sogenannte Bridging-Modus. OpenVPN unterstützt diesen Modus, der deutlich anders konfiguriert wird. Leider wird dieser Modus jedoch gegenwärtig von keinem mobilen Betriebssystem und entsprechend von keinem mobilen Clientprogramm unterstützt. Es wäre also nutzlos, ihn jetzt einzurichten, da Sie ihn unterwegs mit mobilen Geräten sowieso nicht benutzen könnten. Ich werde ihn daher in diesem Buch nicht weiter besprechen.

Kapitel 16
Ein eigener Radiosender

Möchten Sie gerne Musik oder die Geräusche aus Ihrem trauten Zuhause an einen anderen Ort übertragen? Dann können Sie einen kleinen privaten Streamingsender basteln. In diesem Kapitel zeige ich Ihnen, wie.

Ihr Pi-Server kann nicht nur (wie Sie später sehen werden) Bilder und Videos einer Webcam in Ihr Heimnetzwerk streamen, sondern auch Audiomaterial aus einer Datei oder von einer Soundkarte. Damit funktioniert er in etwa so wie ein kleiner Internetradiosender. Vielleicht fragen Sie sich, wo denn dabei der Sinn sein soll. Nun, erinnern wir uns daran, dass der Banana Pi ein eingebautes Mikrofon hat. Dessen Signale können Sie als Audiostream im Netzwerk verteilen und mit einem geeigneten Abspielprogramm wiedergeben. Ein möglicher Anwendungszweck wäre ein Babyfon. Natürlich können Sie auch von unterwegs über eine VPN-Verbindung auf diesen Audiostream zugreifen. Damit können Sie auch eine kleine Art von Heimüberwachung realisieren. Wenn Ihnen die Qualität des eingebauten Mikrofons nicht genügt (die übrigens auch stark von den Resonanzeigenschaften des verwendeten Gehäuses abhängig ist), dann können Sie natürlich auch ein externes Mikrofon über eine (kleine) USB-Soundkarte anschließen, wie sie Abbildung 16.1 beispielhaft zeigt.

Abbildung 16.1 Eine kleine, externe Soundkarte

Diesen Weg müssen Benutzer des Raspberry Pi mangels eines internen Mikrofons ohnehin gehen. Es genügt jedoch zunächst eine preiswerte Variante für einen einstelligen Eurobetrag. Wenn Sie gerne etwas experimentieren, dann können Sie dieses Mikrofon wettergeschützt draußen im Garten oder auf dem Balkon aufstellen und von dort (bitte ohne fremde Personen zu belauschen) beispielsweise morgendliche Vogelkonzerte zu einem entfernten Ort übertragen.

Ein solcher »Radiosender« ist aber nicht auf Mikrofonsignale beschränkt. Sie können auch beispielsweise eine existierende Audiodatei oder eine ganze Wiedergabeliste als Stream bereitstellen. Der Vorteil eines kleinen Streamingsenders ist, dass sich auch eine größere Anzahl von Clients aufschalten und zuhören kann. Ein eigener Streamingsender kann auch eine (recht exotische) Möglichkeit sein, über Ihr VPN von unterwegs Musik zu hören; dazu werden wir uns geeignete Programme ansehen. Sie können nämlich auf Ihrem Pi-Server einen Musikplayer installieren, der sich über eine Smartphone-App fernsteuern lässt. Die Musikinhalte werden dann in Form eines Streams bereitgestellt, den Ihr Smartphone empfangen kann.

Wenn Sie an solchen Ideen Gefallen finden, dann können Sie sich in diesem Kapitel mit der Einrichtung eines Streamingsenders beschäftigen.

An dieser Stelle jedoch noch rasch ein Hinweis: Ein solcher Streamingserver ist nur für Sie selbst bestimmt, also nur für den privaten Rahmen gedacht. Keinesfalls sollten Sie »einfach so« einen echten eigenen Internet-Radiosender einrichten, der dem ganzen Internet (ungeschützt) zur Verfügung steht. Dies ist zum einen in Deutschland rechtlich ohne Genehmigung nicht zulässig, zum anderen müssen Sie auch stets das Urheberrecht beachten. Verwenden Sie also einen Streamingserver nur zum eigenen Gebrauch, und verhalten Sie sich im eigenen Interesse rechtskonform.

16.1   Streaming von Mikrofonsignalen mit Icecast und Ices

Für das Streaming von Mikrofonsignalen oder den Signalen einer externen Soundkarte (und daran angeschlossener Geräte) verwenden wir den Streamingserver *Icecast*. Dieser Streamingserver skaliert wunderbar, er kann nur einen einzelnen Client, aber auch eine sehr große Anzahl an Zuhörern bedienen und wird daher auch von vielen »richtigen« Internetradiosendern verwendet. Icecast übernimmt dabei aber nur die Rolle der Inhaltsverteilung, also das Zuspielen der Streamdaten an die Clients. Die eigentliche Generierung des Streams übernimmt ein weiteres Programm; wir verwenden hier *Ices*, das eng mit dem Icecast-Server verwandt ist.

Bitte beachten Sie für die folgenden Schritte, dass Sie Audiosignale zur Weiterverteilung benötigen. Wenn Sie einen Banana Pi als Server einsetzen, dann bietet er Ihnen ein eingebautes Mikrofon, das zumindest für Testzwecke genügt. Ein solches besitzt der Raspberry Pi hingegen nicht. In diesem Fall müssen Sie zwingend eine externe USB-Soundkarte und ein entsprechendes Zuspielgerät (beispielsweise ein Mikrofon) anschließen. Es genügt hier schon ein sehr einfaches, günstiges Stick-Modell mit einer Plug-and-Play-Funktion unter Linux, wie man es leicht im Internet findet.

16.1.1 Die Installation von Icecast und Ices

Installieren Sie die Kombination aus Icecast und Ices mit folgendem Befehl (bei aktuellen Paketquellen):

```
sudo apt-get install icecast2 ices2
```

```
hans@piserver: ~
hans@piserver:~$ sudo apt-get install icecast2 ices2
Paketlisten werden gelesen... Fertig
Abhängigkeitsbaum wird aufgebaut.
Statusinformationen werden eingelesen.... Fertig
Die folgenden zusätzlichen Pakete werden installiert:
  libshout3
Die folgenden NEUEN Pakete werden installiert:
  icecast2 ices2 libshout3
0 aktualisiert, 3 neu installiert, 0 zu entfernen und 0 nicht aktualisiert.
Es müssen 356 kB an Archiven heruntergeladen werden.
Nach dieser Operation werden 938 kB Plattenplatz zusätzlich benutzt.
Möchten Sie fortfahren? [J/n]
Holen: 1 http://ftp.de.debian.org/debian/ jessie/main libshout3 armhf 2.3.1-3 [40,3 kB]
Holen: 2 http://ftp.de.debian.org/debian/ jessie/main icecast2 armhf 2.4.0-1.1+deb8u1 [261
 kB]
Holen: 3 http://ftp.de.debian.org/debian/ jessie/main ices2 armhf 2.0.1-13.1 [54,1 kB]
Es wurden 356 kB in 0 s geholt (977 kB/s).
Vorkonfiguration der Pakete ...
```

Abbildung 16.2 Die Installation von »icecast2« und »ices2«

Wie Sie gesehen haben, installieren wir die Programme Icecast2 und Ices2. In beiden Fällen handelt es sich um die Version 2.x. Ich werde im Folgenden aufgrund der besseren Übersicht jedoch weiterhin von den Programmen Icecast und Ices sprechen. Beachten Sie jedoch unbedingt, dass Sie in Konfigurationsdateien und Programmaufrufen immer die Programme `icecast2` und `ices2` aufrufen müssen.

Icecast gehört zu denjenigen Programmen, bei denen Sie bereits während der Installation einige Parameter konfigurieren müssen. In diesem Fall müssen ein Domainname und einige Passwörter vergeben werden. Sie werden hier von einem blauen Bildschirm mit einem grau hinterlegten Textbereich begrüßt, der Ihnen vorschlägt, diese Passwörter gleich zu setzen.

Leider gibt es unter Bananian in der aktuellen Version des Icecast-Installers einen Fehler: Die Daten, die Sie bei der Installation eingeben, werden nicht in die Konfiguration übernommen. Sie können das Angebot also mit NEIN ablehnen, die Installation läuft dann ohne eine Konfiguration durch, und wir werden diese anschließend manuell vornehmen. Damit wir einen einheitlichen Benutzerkreis haben, sollten dies auch die Benutzer von Raspbian tun. Wundern Sie sich nicht, wenn während der Installation eventuell eine kurze Fehlermeldung angezeigt wird, die darauf hinweist, dass der Daemon deaktiviert ist – dies ist zunächst beabsichtigt.

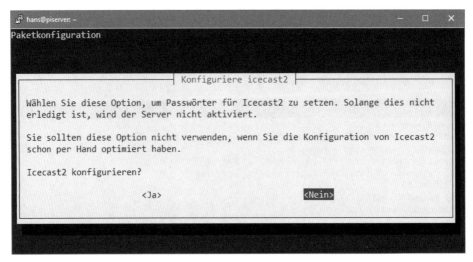

Abbildung 16.3 »Icecast2« konfigurieren

16.1.2   Die Konfiguration von Icecast

Um Icecast manuell zu konfigurieren, öffnen Sie nach der Installation mit nano die Konfigurationsdatei, die für Icecast im sogenannten XML-Format vorliegt. Zunächst legen wir wieder eine Sicherungskopie der ursprünglichen Datei an:

```
sudo cp /etc/icecast2/icecast.xml /etc/icecast2/icecast.xml.orig
```

Dann öffnen wir die eigentliche Konfigurationsdatei mit dem Editor nano:

```
sudo nano /etc/icecast2/icecast.xml
```

Für den einfachen Betrieb im sicheren Heimnetzwerk müssen wir nicht allzu viele Einstellungen vornehmen.

Zunächst werden wir ein paar wichtige Passwörter vergeben, die für den Zugriff auf Icecast benötigt werden. Suchen Sie in der Textdatei nach dem Abschnitt <authentication>. Sie finden dort drei Einträge für Sources, Relays und den Admin-Bereich. Für die ersten zwei Einträge sind lediglich Passwörter zu vergeben, für den dritten zusätzlich ein Benutzername.

Der Icecast-Streamingserver funktioniert so, dass sich ein Source-Clientprogramm bei ihm anmeldet. Es dient als Quelle und stellt die eigentlichen Audiodaten in Form eines Streams zur Verfügung – man kann es also auch als Quellprogramm bezeichnen. Icecast selbst übernimmt nur die Rolle der Verteilung. In unserem Fall wird dieses Quellprogramm Ices sein und die Mikrofonsignale als Audiostream an Icecast übergeben.

Daneben gibt es eine Vielzahl von Programmen aus dem Multimediabereich, die als Quellprogramm für Icecast dienen können. Die Sourceclients müssen sich mit einem Benutzernamen und einem Passwort bei Icecast anmelden. Der Benutzername ist fest auf *source* eingestellt (das ist das englische Wort für »Quelle«). Das Passwort müssen Sie selbst vergeben, es sollte ein sicheres Passwort sein. Tauschen Sie also das voreingestellte Passwort »hackme« gegen Ihr Passwort aus.

Achtung   [!]

Ändern Sie bei allen folgenden Einträgen nur das Passwort zwischen den spitzen Klammern, jedoch keinesfalls etwas an den Klammerausdrücken selbst. Verändern Sie also zunächst nur den Ausdruck hackme.

Als Nächstes bekommt die Relay-Funktion ein Passwort. Icecast stellt sehr umfangreiche Funktionen zur Verfügung, dazu gehört unter anderem das Weiterleiten von Streams an andere Dienste. Hierfür ist ein Relay-Passwort nötig. Wir werden diese Funktion nicht weiter verwenden. Vergeben Sie trotzdem auch hierfür ein sicheres Passwort.

Zum Schluss müssen noch Zugangsdaten für den Administrator vergeben werden. Icecast bietet auch ein Webinterface, mit dem Sie als Administrator einige Aufgaben rund um das Streaming abarbeiten können. Diese Optionen sind aber hauptsächlich dann interessant, wenn Icecast tatsächlich einen größeren Sender mit sehr vielen Zuhörern betreibt. Dann können Sie zum Beispiel Listen mit den einzelnen Zuhörern generieren oder auch manche Zuhörer vom weiteren Zuhören ausschließen. Der Benutzername sollte wie immer nicht direkt auf den Administrator schließen lassen, hier ist jetzt also etwas Kreativität gefragt. Auch dieses Passwort sollte sicher sein.

16

Abschließend sollte der <authentication>-Block bei Ihnen folgende Form angenommen haben:

```
<authentication>
<!-- Sources log in with username 'source' -->
<source-password>IhrPasswortFürDieQuellClients</source-password>
<!-- Relays log in username 'relay' -->
<relay-password>DasRelayPasswortDasNichtBenutztWird</relay-password>

<!-- Admin logs in with the username given below -->
<admin-user>DerBenutzernameFürDenAdministrator</admin-user>
<admin-password>IhrAdministratorPasswort</admin-password>
</authentication>
```

Listing 16.1 Die Konfiguration der Datei »/etc/icecast2/icecast.xml«

Abbildung 16.4 Passwörter in der Datei »/etc/icecast2/icecast.xml« festlegen

Beachten Sie bitte Folgendes: Wie bereits mehrfach erwähnt, bringt Icecast eine umfangreiche Menge an Funktionen mit. Standardmäßig ist das Programm so konfiguriert, dass jeder beliebige Rechner die Rolle eines Sourceclients übernehmen kann. Es ist also zum Beispiel möglich, dass ein Rechner im Wohnzimmer einen Audiostream generiert, diesen zum Icecast-Server auf Ihrem Pi-Server in den Keller sendet und sich dann jemand den Audiostream im Arbeitszimmer im Dachgeschoss anhört. Ein Sourceclient muss sich nur mit dem Benutzernamen *source* und dem Passwort, das Sie vergeben haben, bei Icecast anmelden. Sie können Icecast aber auch so konfigurieren, dass es nur vom Pi-Server selbst Sourceclients annimmt. Wenn Sie dies wünschen, dann suchen Sie in der Konfiguration den Block:

```
<listen-socket>
<port>8000</port>
<!--<bind-address>127.0.0.1</bind-address> -->
<!-- <shoutcast-mount>/stream</shoutcast-mount> -->
</listen-socket>
```

Sie finden dort die Zeile

```
<!--<bind-address>127.0.0.1</bind-address> -->
```

Ändern Sie diese Zeile in folgenden Eintrag:

```
<bind-address>127.0.0.1</bind-address>
```

Mit dieser Einstellung können sich nur noch Programme, die auf dem Pi-Server selbst ausgeführt werden, als Sourceclient anmelden. Aber aufgepasst: Mit dieser

Einstellung deaktivieren Sie für alle anderen Rechner auch den Zugriff auf das Webinterface von Icecast. Sie können Icecast dann also nicht mehr mit anderen Rechnern überwachen. Setzen Sie diese Option also nur ein, wenn es erforderlich ist. Sie sollte außerdem nur dann aktiviert werden, wenn Sie Icecast zuvor gründlich getestet haben.

Nun können Sie die Datei mit der Tastenkombination ⎵Strg⎵+⎵x⎵ abspeichern und nano verlassen.

Icecast ist zunächst noch mit einer zusätzlichen Sperre deaktiviert und wird nicht starten. Dies ist eine Sicherheitsfunktion. Da Sie sichere Passwörter gesetzt haben, können Sie die Sperre jetzt entfernen. Öffnen Sie dazu zunächst folgende Textdatei:

```
sudo nano /etc/default/icecast2
```

Am Ende der Datei finden Sie den Eintrag ENABLE=false. Ändern Sie diesen Eintrag, wie in Abbildung 16.5 gezeigt, in ENABLE=true. Speichern Sie die Datei ab, und beenden Sie nano. Möchten Sie Icecast zukünftig nicht mehr verwenden oder seine Verwendung pausieren, dann sollten Sie die Sperre jedoch wieder setzen. Dazu ändern Sie den Eintrag ENABLE wieder in false.

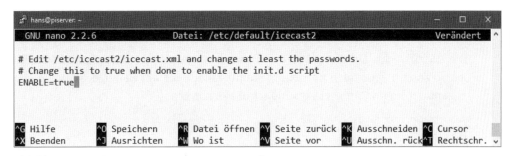

Abbildung 16.5 Die Startsperre von »Icecast« entfernen

Icecast ist jetzt für die Anwendung in einem sicheren Heimnetzwerk konfiguriert. Das Programm wird bei einem Neustart des Pi-Servers automatisch ausgeführt. Wir können es jetzt im laufenden Betrieb mit diesem Befehl starten:

```
sudo service icecast2 restart
```

Von jetzt an können sich Sourceclients mit Icecast auf Ihrem Pi-Server verbinden und sich mit dem Benutzernamen *source* und dem zugehörigen Passwort authentifizieren. Anschließend können diese Clients einen beliebigen Mountpoint erstellen. Das ist im Prinzip so etwas wie der »Stationsname« einer Radiostation. Die Sourceclients senden also einen Audiostream, der von Icecast dann unter dem erstellten Mountpoint verteilt wird.

Als Tonformat eignet sich am besten das freie Vorbis-Format. Programme, die solche Streams abspielen können – nennen wir sie zur besseren Unterscheidung Playerclients – können jetzt über die IP-Adresse Ihres Pi-Servers, Port 8000 und den vergebenen Mountpoint das Audioprogramm empfangen. Eine mögliche Adresse mit dem Beispiel-Mountpoint *mountpoint* lautet also:

http://192.168.178.10:8000/mountpoint

Wenn Sie Icecast (später) wieder beenden wollen, weil Sie zurzeit nicht »auf Sendung gehen« möchten, dann führen Sie folgenden Befehl aus:

```
sudo service icecast2 stop
```

16.1.3   Die Konfiguration von Ices

Wir werden uns nun um den Quellclient Ices kümmern. Ices erfordert zwar während der Installation keine Benutzerinteraktion, dafür aber anschließend eine etwas aufwendigere Konfiguration. Das liegt daran, dass Ices zunächst kein Verzeichnis für seine eigentliche Konfigurationsdatei anlegt. Das werden wir ändern. Erstellen Sie zunächst folgendes Verzeichnis für die Konfigurationsdatei von Ices

```
sudo mkdir /etc/ices2
```

sowie ein Verzeichnis für die Logdatei

```
sudo mkdir /var/log/ices2
```

Die Zugriffsrechte auf dieses Verzeichnis werden wir mit den folgenden zwei Befehlen so ändern, dass auch normale Systembenutzer, die der Benutzergruppe *audio* angehören, hierin Dateien lesen und schreiben können:

```
sudo chown root:audio /var/log/ices2
```

```
sudo chmod 775 /var/log/ices2
```

Ices kann auf verschiedene Weise genutzt werden: Es kann fertige Musikdateien (gegebenenfalls als Playliste) oder aber einen Stream von einer Soundhardware an Icecast übertragen. Wir interessieren uns für letztere Anwendung. (Keine Sorge, auch das zuerst Genannte werden wir realisieren, jedoch mit einem anderen Programm.) Wenn Sie einmal selbst mit Ices experimentieren möchten, dann finden Sie Beispielkonfigurationsdateien im Verzeichnis */usr/share/doc/ices2/examples/*, die Sie für Ihre Zwecke in das Verzeichnis */etc/ices2* kopieren und dort anpassen können.

Wir werden jetzt eine neue Konfigurationsdatei erstellen, die das Mikrofonsignal an einen Icecast-Streamingserver sendet, der auf demselben Computer arbeitet. Öffnen Sie mit nano folgende neue Datei:

```
sudo nano /etc/ices2/ices2conf.xml
```

Geben Sie folgenden Text ein, bei dem Sie bitte sehr streng darauf achten, alle spitzen Klammern und Schrägstriche korrekt zu übernehmen (denken Sie daran, dass Sie den Text über die Internetadresse *https://www.rheinwerk-verlag.de/4075/* auch als Datei herunterladen können):

```
<?xml version="1.0"?>
<ices>

  <background>0</background>
  <logpath>/var/log/ices2</logpath>
  <logfile>ices2.log</logfile>
  <logsize>2048</logsize>
  <loglevel>4</loglevel>
  <consolelog>1</consolelog>
  <!-- <pidfile>/home/ices2/ices2.pid</pidfile> -->

  <stream>
    <metadata>
      <name>Example stream name</name>
      <genre>Example genre</genre>
      <description>A short description of your stream</description>
    </metadata>

    <input>
      <module>alsa</module>
      <param name="rate">32000</param>
      <param name="channels">1</param>
      <param name="device">hw:0,0</param>
    </input>

    <instance>
      <hostname>localhost</hostname>
      <port>8000</port>
      <password>IhrQuellClientPasswort</password>
      <mount>beispielstream.ogg</mount>
      <yp>0</yp>

      <encode>
        <quality>1</quality>
        <samplerate>32000</samplerate>
        <channels>1</channels>
      </encode>
    </instance>
  </stream>
</ices>
```

Listing 16.2 Die Konfigurationsdatei »/etc/ices2/ices2conf.xml«

16

Einen Auszug einer angepassten Konfiguration finden Sie in Abbildung 16.6.

```
hans@piserver: ~                                                        —   □   ✕

  GNU nano 2.2.6                 Datei: /etc/ices2/ices2conf.xml              Verändert   ^

      <genre>Example genre</genre>
      <description>A short description of your stream</description>
    </metadata>

    <input>
      <module>alsa</module>
      <param name="rate">32000</param>
      <param name="channels">1</param>
      <param name="device">hw:0,0</param>
    </input>

    <instance>
      <hostname>localhost</hostname>
      <port>8000</port>
      <password>sj6Vlkw5%ksk,gfDk72.dopgH</password>
      <mount>beispielstream.ogg</mount>
      <yp>0</yp>

      <encode>
        <quality>1</quality>
        <samplerate>32000</samplerate>
        <channels>1</channels>
      </encode>
    </instance>
  </stream>
</ices>

^G Hilfe          ^O Speichern      ^R Datei öffnen ^Y Seite zurück ^K Ausschneiden  ^C Cursor
^X Beenden        ^J Ausrichten     ^W Wo ist       ^V Seite vor    ^U Ausschn. rück^T Rechtschr.  ∨
```

Abbildung 16.6 »Ices« konfigurieren

Diese Datei wird dafür sorgen, dass vom Soundgerät *hw:0,0* Audiodaten abgegriffen werden und aus diesen dann ein Stream erzeugt wird. Beim Banana Pi verbirgt sich hinter dieser Kennung das interne Mikrofon. Hier müssen Benutzer des Raspberry Pi aufpassen, da dieser Computer ja kein internes Mikrofon hat. Stattdessen müssen Sie in diesem Fall unbedingt eine externe Soundkarte mit einem Mikrofon anschließen und dann im Block <input> in der Zeile <param name="device">hw:0,0</param> das Gerät hw:1,0 eintragen, denn dieses steht für die erste externe Soundkarte.

Fortgeschrittene Benutzer können natürlich auch alternative Konfigurationen verwenden. Sollten mehrere Soundkarten angeschlossen sein (dazu zählt oft eine Webcam mit eingebautem Mikrofon), dann ist unter Umständen eine höhere Ziffer als 1 einzutragen.

Der Stream wird zunächst eine Abtastrate von 32 kHz verwenden und in Mono sein. Für das eingebaute Mikrofon des Banana Pi und für ein einfaches externes Modell sind diese Werte zunächst ausreichend. Der Stream wird im Vorbis-Format encodiert (Ices versteht sich nur mit diesem Format), und zwar mit einer variablen

Datenrate mit der relativ geringen Qualitätsstufe 1. Er wird auf dem Pi-Server auf Port 8000 eingehängt – das entspricht den Standardwerten. Der Mountpoint heißt */beispielstream.ogg*. Sie müssen jetzt noch den Ausdruck `<password>IhrQuellClient-Passwort</password>` mit Ihrem Sourceclient-Passwort des Icecast-Servers anpassen, das Sie zwischen den Klammerausdrücken eingeben. Anschließend speichern Sie die Datei mit der Tastenkombination $\boxed{\text{Strg}}$+$\boxed{\text{x}}$ ab und beenden nano.

> **[!]**
>
> **Achtung**
>
> Diese Datei enthält das Quellclient-Passwort für Icecast im Klartext und ist für jeden Benutzer lesbar. Wenn dieses Passwort schützenswert ist (mit ihm kann man eigene Audiostreams zur Verteilung im Netzwerk einhängen), dann müssen Sie die Datei- und Zugriffsrechte so ändern, dass nur der *root*-Benutzer diese lesen kann.

16.1.4   Der erste Start

Jetzt werden wir den Stream ausprobieren. Stellen Sie zunächst sicher, dass Ihr Icecast-Streamingserver korrekt arbeitet. Sie müssen also die vorhergehende Anleitung befolgt haben. Sie können auch einen kurzen Test durchführen, ob das Webinterface von Icecast in Ihrem Internetbrowser unter folgender (von Ihnen angepasster) Adresse antwortet:

http://IP-Adresse.Von.Ihrem.Pi-Server:8000

Abbildung 16.7 Das Icecast-Webinterface

Wenn alles korrekt funktioniert, dann können Sie jetzt auf der Konsole Ihres Pi-Servers Ices mit folgendem Befehl starten:

```
sudo ices2 /etc/ices2/ices2conf.xml
```

Einen fehlerfreien Start sehen Sie in Abbildung 16.8.

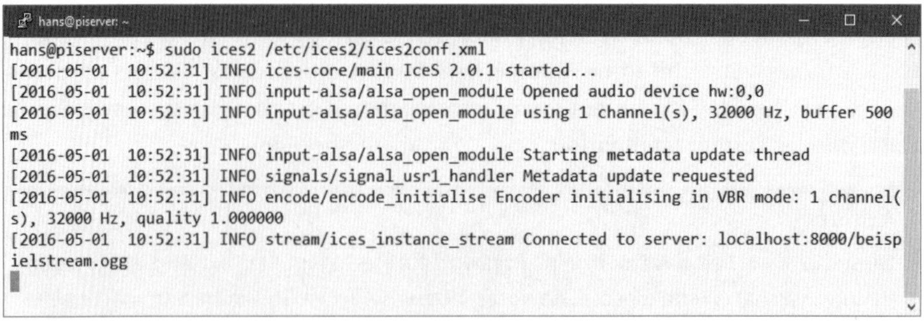

```
hans@piserver: ~                                                    —    □    ×
hans@piserver:~$ sudo ices2 /etc/ices2/ices2conf.xml
[2016-05-01  10:52:31] INFO ices-core/main IceS 2.0.1 started...
[2016-05-01  10:52:31] INFO input-alsa/alsa_open_module Opened audio device hw:0,0
[2016-05-01  10:52:31] INFO input-alsa/alsa_open_module using 1 channel(s), 32000 Hz, buffer 500
ms
[2016-05-01  10:52:31] INFO input-alsa/alsa_open_module Starting metadata update thread
[2016-05-01  10:52:31] INFO signals/signal_usr1_handler Metadata update requested
[2016-05-01  10:52:31] INFO encode/encode_initialise Encoder initialising in VBR mode: 1 channel(
s), 32000 Hz, quality 1.000000
[2016-05-01  10:52:31] INFO stream/ices_instance_stream Connected to server: localhost:8000/beisp
ielstream.ogg
```

Abbildung 16.8 Ein fehlerfreier Start von »ices«

An dieser Stelle kann es passieren, dass Ices eine Warnung ausgibt und den Dienst noch nicht antritt. Möglicherweise wird nämlich die derzeit eingestellte Samplerate nicht von Ihrer Soundkarte unterstützt. Dies betrifft vor allem Benutzer des Raspberry Pi, die eine externe Soundkarte angeschlossen haben. Das interne Mikrofon des Banana Pi sollte keine Probleme machen. Externe Soundkarten verstehen sich jedoch oftmals nur auf bestimmte Sampleraten, Kanalanzahlen und Bitauflösungen. So limitiert die eine oder andere Webcam beispielsweise die Samplerate auf gerade einmal 8 kHz, was für einfache Sprachanwendungen noch genügen mag. Externe USB-Soundkarten mit Mikrofoneingang erwarten häufig eine Samplerate von 44,1 kHz und stellen nur einen Monokanal bereit. Wenn bei Ihnen eine Fehlermeldung angezeigt wird, dann enthält sie oftmals bereits Hinweise zur Lösung. Wenn Sie beispielsweise angewiesen werden, die `samplerate` auf 8000 zu reduzieren, dann öffnen Sie noch einmal die Konfigurationsdatei von Ices und ändern bei den Einträgen `<param name="Rate">32000</param>` im Modul `<input>` sowie `<samplerate>32000</samplerate>` im Modul `<encode>` jeweils die 32000 in eine 8000. Sollten Sie keine Hinweise bekommen, dann ist Experimentieren angesagt, wobei sich als gute Startwertkombination für eine externe USB-Soundkarte eine Samplerate von 44.100 Hz bei einer Kanalzahl von 1 anbietet. Orientieren Sie sich auch am folgenden Abschnitt 16.1.5.

[!]   **Achtung**

Ices ist derzeit so konfiguriert, dass es direkt in der Konsole läuft. Sie dürfen diese im Moment nicht schließen, da Ices sonst beendet wird.

Prüfen Sie als Erstes das Webinterface von Icecast, das Sie in Abbildung 16.9 sehen.

Klicken Sie in der grauen Leiste oben auf den Eintrag MOUNTPOINT LIST beziehungsweise SERVER STATUS. Hier sollte jetzt der Mountpoint /BEISPIELSTREAM.OGG aufgeführt werden. Zusätzlich erscheint die Angabe, dass derzeit 0 LISTENER(S) verbunden sind. Das werden wir nun ändern. Öffnen Sie auf Ihrem Computer oder Smartphone ein Programm zum Abspielen von Internet-Radiosendern, also auf Neudeutsch einen »Player«.

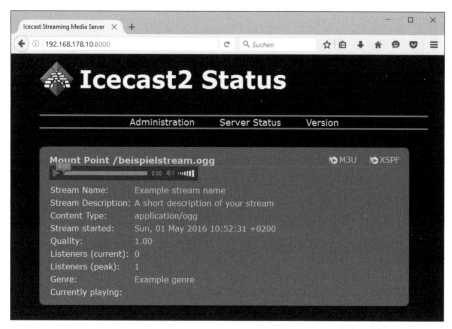

Abbildung 16.9 Das Webinterface von »Icecast« mit einem verbundenen Beispielstream

Der beliebte *VLC Media Player*, den Sie in Abbildung 16.10 sehen, ist beispielsweise sehr gut geeignet.

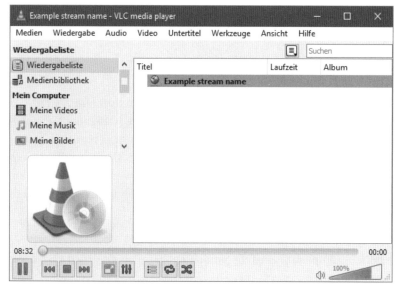

Abbildung 16.10 Der »VLC media player«

16

Klicken Sie im VLC Media Player auf das Menü Medien, und wählen Sie dann Netz-werkstream öffnen. Geben Sie in das Eingabefeld folgenden an die IP-Adresse Ihres Pi-Servers angepassten Stream ein:

http://IP-Adresse.Ihres.Pi-Servers:8000/beispielstream.ogg

Klicken Sie anschließend auf Wiedergabe. Die angegebene Adresse ist natürlich auch für andere Medienplayer gültig. Sie müssten jetzt aus den Lautsprechern Klänge hören, die das Mikrofon des Pi-Servers erfasst hat. Klopfen Sie einmal zum Testen leicht auf dessen Gehäuse, beachten Sie aber, dass es zu einer mehrsekündigen Ver-zögerungszeit kommen kann. Das Webinterface müsste jetzt (nach einer Aktualisie-rung) auch korrekt 1 Listener(s) anzeigen. Sie können gerne auch mehrere Player verbinden und die Anzeige entsprechend beobachten (ein Aktualisieren der Seite ist erforderlich). Das wäre es dann schon, Ihr kleiner Radiosender mit dem Mikrofonsig-nal funktioniert. Um Ices zu beenden, drücken Sie auf der Konsole Ihres Pi-Servers einfach die Tastenkombination Strg+c.

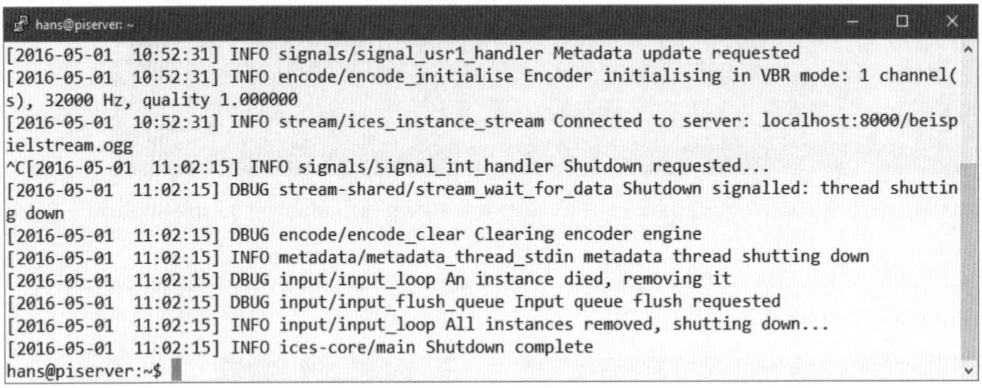

```
[2016-05-01  10:52:31] INFO signals/signal_usr1_handler Metadata update requested
[2016-05-01  10:52:31] INFO encode/encode_initialise Encoder initialising in VBR mode: 1 channel(
s), 32000 Hz, quality 1.000000
[2016-05-01  10:52:31] INFO stream/ices_instance_stream Connected to server: localhost:8000/beisp
ielstream.ogg
^C[2016-05-01  11:02:15] INFO signals/signal_int_handler Shutdown requested...
[2016-05-01  11:02:15] DBUG stream-shared/stream_wait_for_data Shutdown signalled: thread shuttin
g down
[2016-05-01  11:02:15] DBUG encode/encode_clear Clearing encoder engine
[2016-05-01  11:02:15] INFO metadata/metadata_thread_stdin metadata thread shutting down
[2016-05-01  11:02:15] DBUG input/input_loop An instance died, removing it
[2016-05-01  11:02:15] DBUG input/input_flush_queue Input queue flush requested
[2016-05-01  11:02:15] INFO input/input_loop All instances removed, shutting down...
[2016-05-01  11:02:15] INFO ices-core/main Shutdown complete
hans@piserver:~$
```

Abbildung 16.11 »Ices« wird beendet

16.1.5   Die erweiterte Konfiguration

Jetzt können wir noch ein paar weitergehende Einstellungen vornehmen. Für das (interne) Mikrofon haben wir bislang eine durchschnittliche Klangqualität einge-stellt. Ices kann jedoch eine deutlich bessere Qualität bieten. Dies ist natürlich haupt-sächlich dann sinnvoll, wenn Sie über eine gute externe USB-Soundkarte ein hochwertiges Mikrofon angeschlossen haben. Schauen wir uns zunächst einmal an, wie Sie die Qualität des Streams erhöhen können. Öffnen Sie mit folgendem Befehl noch einmal die Konfigurationsdatei von Ices:

```
sudo nano /etc/ices2/ices2conf.xml
```

Wenn Sie eine höhere Samplerate einstellen möchten, beispielsweise 44,1 kHz, dann ändern Sie sowohl (!) den Wert <param name="rate">32000</param> im Modul <input> als auch den Wert <samplerate>32000</samplerate> im Modul <encode>. Es ist wichtig, dass beide Parameter immer übereinstimmen, ansonsten kommt es zu unerwünschten Geschwindigkeitsänderungen und Abbrüchen der Übertragung. Tauschen Sie die 32000 testweise gegen den Wert 44100 aus. Wenn Sie eine Stereoquelle angeschlossen haben und einen Stereostream wünschen, dann ändern Sie die beiden Werte in den Einträgen <param name="channels">1</param> im Modul <input> und <channels>1</channels> im Modul <encode> in eine 2. Wählen Sie jedoch nur solche Einstellungen, die auch von der Soundkarte unterstützt werden. Die hier angegebenen Beispielwerte arbeiten allerdings mit dem eingebauten Mikrofon des Banana Pi problemlos zusammen. Natürlich beeinflusst auch die Datenrate die Klangqualität des Streams. Hierfür ist nur ein Parameter zuständig, der Wert <quality>1</quality> im Modul <encode>. Höhere Werte führen zu einer höheren Datenrate und damit zu einer höheren Klangqualität, aber auch zu einem größeren Datenvolumen, das übertragen werden muss. Diese Änderungen sehen Sie in Abbildung 16.12.

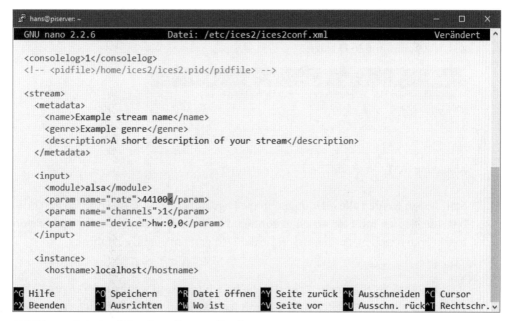

Abbildung 16.12 Qualitätseinstellungen für »ices«

Sie können Ihrem Stream übrigens auch ein paar eigene Informationen geben. Im Block <metadata> können Sie die Werte <name> (der Name des Streams, wie er im Player angezeigt wird), <genre> (die Art der »Musik«, die Sie spielen, hier könnten Sie »Hoerspiel« eintragen) und <description> (eine eigene beliebige Beschreibung) mit eigenen Angaben füllen. Ebenso können Sie den Mountpoint als <mount>-Wert im <instance>-Modul mit einem eigenen Namen belegen, Ihr Stream muss sich also nicht ständig hinter *beispielstream.ogg* verstecken. Allerdings sollten Sie aus Kompatibilitätsgründen die Endung *.ogg* beibehalten. Beachten Sie aber, dass Sie damit natürlich auch die Adresse ändern, unter der Ihr Sender erreichbar ist. Lautet der Mountpoint beispielsweise *pimikro.ogg*, dann ändert sich die Adresse des Streams in:

http://IP-Adresse.Von.Ihrem.Pi-Server:8000/pimikro.ogg

Den Port sollten Sie hingegen nicht verändern, da er auf die Konfiguration von Icecast abgestimmt ist. (Wenn es nötig ist, dann müssen Sie ihn sowohl in Icecast als auch in Ices gleichlautend ändern.)

Testen Sie die geänderte Konfiguration nun einmal wie zuvor beschrieben.

Wenn alles zu Ihrer Zufriedenheit funktioniert, dann sollten wir Ices so einrichten, dass es nicht mehr ständig in der Konsole arbeitet und diese blockiert. Wir werden Ices also so einrichten, dass es im Hintergrund arbeitet. Ändern Sie gleich zu Beginn der Konfigurationsdatei von Ices (die Sie jetzt noch einmal zur Bearbeitung öffnen müssen) im ersten Block `<ices>` den Wert von `<background>0</background>` von 0 in 1 und den Eintrag `<consolelog>1</consolelog>` von 1 in 0. Mit diesen Einstellungen arbeitet Ices von nun an im Hintergrund und gibt auch nichts mehr auf der Konsole aus, wie Abbildung 16.13 zeigt.

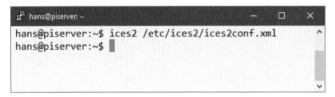

Abbildung 16.13 »Ices« läuft nun im Hintergrund

Stattdessen werden alle Meldungen in die Logdatei */var/log/ices2/ices2.log* geschrieben, die Sie sich mit nano ansehen können. Wenn Sie eine so gestartete Instanz von Ices beenden wollen, dann müssen Sie dafür folgenden Befehl ausführen:

```
sudo killall ices2
```

Bis zu diesem Befehl arbeitet Ices ständig im Hintergrund weiter, auch wenn Sie die Konsole schließen. Bei allen Arbeiten mit Ices dürfen Sie natürlich nicht vergessen, dass dafür der Streamingserver Icecast aktiviert sein muss.

16.1.6   Die Zugriffsrechte auf die Hardware

Vielleicht ist Ihnen aufgefallen, dass wir bisher Ices immer mit dem sudo-Befehlsvorsatz aufgerufen haben. Das hat einen ganz bestimmten Grund: Auf die Soundhardware darf nämlich nicht jeder Benutzer einfach so zugreifen. Nur der Benutzer *root* und die Mitglieder der Benutzergruppe *audio* haben das Recht, die Soundkarte für Aufnahmezwecke zu verwenden. Das ist auch gut so, denn ansonsten könnte Sie jeder normale Systembenutzer ganz einfach belauschen und abhören: Er bräuchte nur Ices zu starten und dessen Ausgabe an einen (beliebigen) Icecast-Server zu senden (natürlich muss ein Mikrofon betriebsbereit sein). Dabei muss natürlich Icecast noch nicht einmal auf dem Pi-Server arbeiten, sondern kann von einem anderen Server bereitgestellt werden. Da der Pi-Server bei der Aktivierung des Mikrofons keinerlei Warnsignale erzeugt, könnte man Sie also völlig unbemerkt abhören. Dies verhindert die Rechtevergabe auf dem Pi-Server zum Glück jedoch wirkungsvoll.

Allerdings ist es keine gute Idee, ein beliebiges Programm mit *root*-Rechten auszuführen. Sie sollten dies insbesondere niemals tun, wenn das Programm nicht aus einer eindeutig vertrauenswürdigen Quelle stammt. Zwar können wir uns bei Ices, das wir ja aus der offiziellen Debian-Paketquelle installiert haben, relativ sicher sein, dass es keine boshaften Aktionen ausführen wird, aber das Programm könnte Fehler enthalten. Diese Fehler könnten eventuell von einem Angreifer ausgenutzt werden. Dieser könnte dann das Programm Ices übernehmen. Wenn Ices mit *root*-Rechten arbeitet, dann erhält der Angreifer einen uneingeschränkten Vollzugriff auf den Server. Deswegen ist es besser, wenn wir möglichst viele Programme nur mit eingeschränkten Rechten ausführen. Das wird übrigens auch bei den allermeisten Diensten so gemacht. Wir haben Ices bisher nur zum (kurzzeitigen) Testen mit *root*-Rechten gestartet. Wenn Sie Ices aber längerfristig einsetzen möchten, dann sollten wir uns nun darum kümmern, dieses Programm mit eingeschränkten Rechten auszuführen. Dazu ist nur eine kleine Aktion nötig: Sie müssen nur Ihr aktuelles Benutzerkonto der Benutzergruppe *audio* hinzufügen. Ihr Benutzer erhält ab jetzt das Recht, auf die Audiohardware zuzugreifen. Das gilt auch für das Programm Ices, wenn Sie es unter Ihrem Benutzerkonto ausführen. In diesem Fall ist kein sudo-Befehlsvorsatz mehr nötig. Anderen Benutzern auf dem Server bleibt der Zugriff auf die Audiohardware natürlich weiterhin verwehrt, es sei denn, sie verfügen über *root*-Rechte (weil sie Mitglied der Benutzergruppe *sudo* sind) oder sind ebenfalls Mitglied der Benutzergruppe *audio*. Um einen Benutzer der Benutzergruppe *audio* hinzuzufügen, ist folgender Befehl nötig:

```
sudo usermod -aG audio BENUTZERNAME
```

Passen Sie dabei den Ausdruck BENUTZERNAME entsprechend an. Sie sollten zunächst Ihr eigenes Benutzerkonto hinzufügen, können danach aber auch andere Benutzerkonten ergänzen. Außerdem müssen Sie die folgenden beiden Befehle ausführen, die die Zugriffsrechte der *.log*-Datei von Ices so setzen, dass diese ebenfalls von Mitgliedern der Benutzergruppe *audio* beschrieben werden kann:

```
sudo chown root:audio /var/log/ices2/ices2.log
```

```
sudo chmod g+w /var/log/ices2/ices2.log
```

Natürlich dürfen Sie nicht einfach jeden Benutzer zur Gruppe *audio* hinzufügen, denn derjenige, der Mitglied in der Gruppe *audio* ist, kann unbemerkt das Mikrofon aktivieren und den entsprechenden Raum überwachen. Somit wird es an dieser

16

Stelle besonders deutlich, dass Benutzerkonten, die auf die Audiohardware zugreifen dürfen, mit einem besonders sicheren Passwort geschützt sein müssen.

Beachten Sie, dass sich ein angemeldeter Benutzer bei der Änderung der Gruppenzugehörigkeit zunächst einmal vom Server ab- und wieder anmelden muss. Erst danach verfügt er über die neuen Rechte.

Haben Sie einen Benutzer zur Benutzergruppe *audio* hinzugefügt und möchten ihn daraus wieder entfernen, dann erledigen Sie das mit folgendem (anzupassenden) Befehl:

```
sudo deluser BENUTZERNAME audio
```

16.1.7   Die Lautstärke des Streams ändern: das Mischpult

Ärgern Sie sich vielleicht derzeit über die recht geringe Empfindlichkeit des eingebauten Mikrofons und würden diese gerne erhöhen, so dass auch leise Geräusche im überwachten Raum besser verständlich werden? Ist möglicherweise auch schlicht gar nichts zu hören? Natürlich bietet auch das Linux-Betriebssystem Ihres Pi-Servers ein Softwaremischpult, mit dem Sie die Lautstärke der einzelnen Klangquellen verändern können. So wie Sie es von Ihrem großen Arbeitsrechner gewohnt sind, können Sie also die Lautstärke des vom Mikrofon aufgenommenen Klangsignals erhöhen. Dieses Mischpult ändert nicht nur die Lautstärke des eingebauten Mikrofons des Banana Pi, sondern kann auch für externe Soundkarten verwendet werden. Oftmals bieten auch diese Geräte die Möglichkeit, die Aufnahmelautstärke zu beeinflussen. Im Grundzustand ist dieses Mischpult noch nicht auf Ihrem Pi-Server installiert, aber das können wir mit folgendem Befehl nachholen:

```
sudo apt-get install alsa-base alsa-utils
```

Wenn Sie beim Banana Pi die Lautstärke vom Signal des eingebauten Mikrofons erhöhen möchten, dann öffnen Sie das Mischpult für Aufnahmegeräte mit folgendem Befehl:

```
sudo alsamixer -c 0 --view=capture
```

Sie werden einzelne Regler sehen, die Sie mit den Pfeiltasten verändern können. Für das interne Mikrofon sind die Regler MIC1 GAIN und CAPTURE zuständig. Navigieren Sie mit den Pfeiltasten ←, → zu diesen Reglern und erhöhen (oder verringern) Sie die Lautstärke mit den Pfeiltasten ↑ oder ↓. Sie verlassen das Mischpult durch Betätigung der Esc-Taste oder mit der Tastenkombination Strg+c.

Haben Sie eine externe Soundkarte angeschlossen, dann führt dieser Befehl zum Ziel:

```
sudo alsamixer -c 1 --view=capture
```

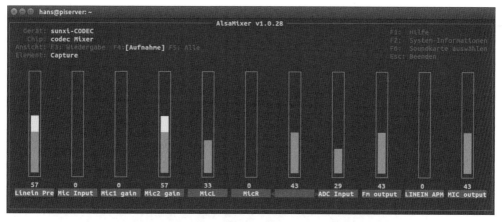

Abbildung 16.14 Das »AlsaMixer«-Mischpult

Achtung   [!]

Auch hier müssen Sie wieder aufpassen, falls Sie mehrere USB-Geräte angeschlossen haben, die ihre eigene Soundkarte mitbringen (etwa eine Webcam mit eingebautem Mikrofon). Sollte der Parameter -c 1 bei Ihnen nicht das richtige Gerät auswählen, dann erhöhen Sie diesen Wert so lange, bis die richtige Soundkarte ausgewählt wurde. Beachten Sie außerdem, dass manche Soundkarten keine Regler für Aufnahmegeräte besitzen.

16.1.8   Der automatische Start beim Bootvorgang des Servers

Bisher haben Sie Ices stets manuell im laufenden Rechnerbetrieb gestartet. Das ist insofern sinnvoll, als es sich bei Ices um ein Programm handelt, das zu einer relativ hohen Prozessorauslastung führt. Beispielsweise wird beim Banana Pi bereits ein Prozessorkern zu etwa 20 % ausgelastet. Wenn Ices nur sporadisch genutzt wird, dann ist es vorteilhaft, es nur im Bedarfsfalle zu starten und bei Beendigung der Nutzung auch wieder zu schließen.

Wenn Sie Ices allerdings fortwährend im Dauerbetrieb einsetzen möchten, dann können Sie es auch gleich beim Bootvorgang des Servers automatisch starten. Zwar läuft der Server normalerweise ohne Unterbrechung, aber sollte doch einmal ein Neustart erforderlich sein (zum Beispiel bei einem Stromausfall), dann ist es angenehm, wenn die benötigten Programme gleich zur Verfügung stehen. Das ist insbesondere bei der Nutzung von unterwegs vorteilhaft.

Bevor wir Ices automatisch starten lassen, sollten wir zunächst einen neuen, eingeschränkten Systembenutzer anlegen. Dieser Systembenutzer erhält kein Passwort und kann sich auch nicht am System anmelden. Wenn Sie sich erinnern, so etwas haben wir auch schon in Kapitel 9, »Dateien per FTP übertragen: ein FTP-Server mit ProFTPD«, beim FTP-Server eingerichtet. Unter diesem eingeschränkten Benutzerkonto werden wir dann Ices beim Bootvorgang des Servers ausführen. Dies verspricht einen Sicherheitsgewinn gegenüber der Nutzung eines normalen Systembenutzerkontos.

Legen wir also mit folgendem Befehl ein neues Benutzerkonto mit dem Namen *ices* an, das kein Passwort erhalten soll:

```
sudo adduser ices --disabled-login --shell /bin/false
```

Füllen Sie die üblichen abgefragten Werte mit passenden (oder beliebigen) Daten aus, so wie Sie es in Abbildung 16.15 sehen.

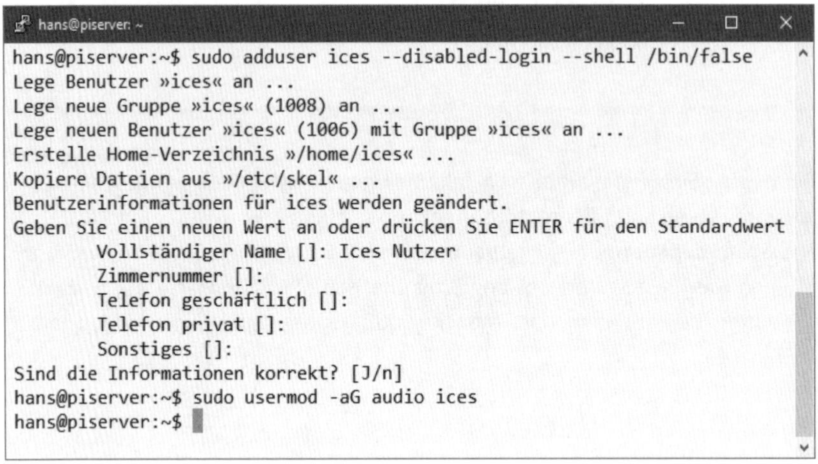

```
hans@piserver: ~                                          −   □   ×
hans@piserver:~$ sudo adduser ices --disabled-login --shell /bin/false
Lege Benutzer »ices« an ...
Lege neue Gruppe »ices« (1008) an ...
Lege neuen Benutzer »ices« (1006) mit Gruppe »ices« an ...
Erstelle Home-Verzeichnis »/home/ices« ...
Kopiere Dateien aus »/etc/skel« ...
Benutzerinformationen für ices werden geändert.
Geben Sie einen neuen Wert an oder drücken Sie ENTER für den Standardwert
        Vollständiger Name []: Ices Nutzer
        Zimmernummer []:
        Telefon geschäftlich []:
        Telefon privat []:
        Sonstiges []:
Sind die Informationen korrekt? [J/n]
hans@piserver:~$ sudo usermod -aG audio ices
hans@piserver:~$ ▌
```

Abbildung 16.15 Einen Nutzer für »ices« anlegen.

Anschließend werden wir diesen neuen Benutzer zur Benutzergruppe *audio* hinzufügen. Das erledigt folgender Befehl:

```
sudo usermod -aG audio ices
```

Unter diesem Benutzerkonto wird das Programm Ices das Recht haben, auf die Audiohardware zuzugreifen.

Übrigens, als kleiner Tipp zwischendurch: Vielleicht stört es Sie, dass der neue Nutzer *ices* auch ein eigenes Home-Verzeichnis unterhalb von */home* erhält – was aber normalerweise unbenutzt bleibt. Sie können den adduser-Befehl mit einem Parameter ergänzen, der die Erstellung des Home-Verzeichnisses unterbindet. Dieser Parameter heißt --no-create-home. Wo wir gerade bei den Parametern sind: für den Befehl adduser gibt es noch einen interessanten Parameter: --system. Dieser kennzeichnet ein neues Benutzerkonto als ein Konto, das einem Systemdienst zugeordnet wird (im Unterschied zu einem Benutzerkonto eines realen Menschen). Diese Unterscheidung hat jedoch mehr oder weniger lediglich formalen Charakter.

Jetzt können wir den automatischen Start des Programms beim Bootvorgang des Servers einrichten. Das geschieht über einen Eintrag in der Datei */etc/crontab*. Öffnen Sie zunächst diese Datei mit nano zur Bearbeitung:

```
sudo nano /etc/crontab
```

Fügen Sie am Ende Folgendes hinzu:

```
@reboot ices (ices2 /etc/ices2/ices2conf.xml)
```

Auch wenn es heutzutage nicht mehr immer erforderlich ist, so ist es eine gute Praxis, in dieser Datei zum Schluss immer noch eine Leerzeile einzufügen. Drücken Sie also nach Eingabe des genannten Eintrags abschließend auf die ⏎-Taste. Die geänderte Datei sollte nun wie in Abbildung 16.16 aussehen.

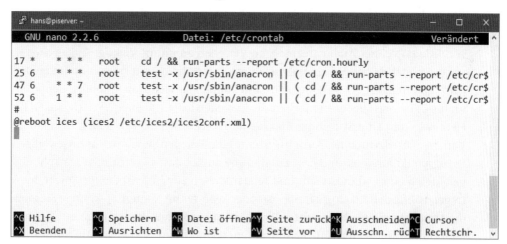

Abbildung 16.16 »Ices« wird nun automatisch gestartet

Speichern Sie die Datei anschließend mit der Tastenkombination Strg+x. Damit ist der automatische Start beim Bootvorgang aktiviert. Diese Einrichtung ist aber nur dann sinnvoll, wenn Sie dafür gesorgt haben, dass Ices korrekt im Hintergrund arbeiten kann. Prüfen Sie also zuvor unbedingt die Konfiguration in der Datei */etc/ices2/ices2conf.xml*.

Icecast hingegen wird automatisch beim Bootvorgang gestartet, ein manueller Eingriff ist nicht nötig. Mit dem Eintrag in der Datei */etc/crontab* wird Ices nun bei einem Neustart des Servers automatisch gestartet und streamt das Mikrofonsignal zu Icecast. Wenn Sie diese Einstellung wieder deaktivieren wollen, dann löschen Sie die zuvor hinzugefügte Zeile wieder aus der Datei */etc/crontab*.

Sollten Sie beim Neustart feststellen, dass Ices nicht wie gewünscht arbeitet, dann kann ein kleines Problem aufgetreten sein. Es kann nämlich passieren, dass Ices schon gestartet wird, bevor Icecast zur Verfügung steht. In diesem Fall kann Ices seinen Audiostream nicht an Icecast weiterreichen. Eine entsprechende Fehlermeldung findet sich dann in der Logdatei von Ices unter */var/log/ices2/ices2.log*: `Couldn't connect: Connection refused`. In diesem Fall bauen wir einfach eine Startverzögerung für Ices in die Datei */etc/crontab* ein. Öffnen Sie diese Datei nochmals mit `nano`, und verändern Sie den Starteintrag von Ices folgenderweise:

```
@reboot ices (sleep 10 && ices2 /etc/ices2/ices2conf.xml)
```

Hierdurch ergibt sich eine zehnsekündige Verzögerung des Starts von Ices, nach dieser Zeitspanne sollte auch Icecast zur Verfügung stehen. (Notfalls können Sie die Zeitspanne vergrößern.)

16.1.9   Der mobile Reporter

Ich hatte eingangs ja darüber gesprochen, dass Icecast in der Standardeinstellung von jedem Rechner Audiostreams zum Verteilen annimmt (richtige Zugangsdaten vorausgesetzt). Wenn Sie einmal mit Ihrem Smartphone unterwegs sind und einen (ganz guten) Internetzugang haben, dann können Sie sich zum »mobilen Reporter« für die Daheimgebliebenen machen. Sie brauchen lediglich einen VPN-Zugang in Ihr Heimnetz und eine Streaming-App für den Icecast-Server, von denen es mehrere Varianten für die mobilen Betriebssysteme gibt. Schauen Sie sich in Ihrem jeweiligen Bezugspunkt für Apps um. Diese Programme nutzen das Mikrofon des Smartphones, generieren einen Audiostream und senden diesen zum Icecast-Server. Solche Apps tragen häufig den Ausdruck *Broadcast* oder *Reporter* im Namen. So können Sie auch die Atmosphäre eines bestimmten Platzes live übermitteln. Das kann eine nette Spielerei zum Ausprobieren sein. Achten Sie aber darauf, dass Sie bei der Aufnahme und Übertragung keine (Persönlichkeits-)Rechte anderer verletzen.

16.2   Fernsteuerbares Streaming von Audiodateien mit MPD

Wenn Sie gerne »fertige« Audiodateien oder sogar ganze Playlisten von Audiodateien streamen möchten, um beispielsweise unterwegs über Ihr VPN-Netzwerk Musik hören zu können, die sich zu Hause auf Ihrem Pi-Server befindet, dann können wir für diesen Anwendungszweck das Programm *Music Player Daemon*, kurz *MPD*, nutzen.

MPD ist ein sehr leistungsfähiger Audioplayer, der sich komplett über eine Netzwerkschnittstelle aus der Ferne bedienen lässt. MPD kann eine Vielzahl von Audioformaten abspielen und auch mit mehreren Ausgabeschnittstellen (dies sogar gleichzeitig) umgehen. Ihre Audiodateien lassen sich somit nicht nur direkt über die Audioausgänge Ihres Pi-Servers ausgeben, sondern eben auch über das Netzwerk streamen.

Wie die zuvor beschriebene Lösung mit Icecast verwendet auch MPD das HTTP-Protokoll zum Streamen. Das Programm verhält sich also auch wie ein Internet-Radiosender und kann auch an mehrere Clients parallel streamen. MPD bringt jedoch den nötigen Streamingserver gleich selbst mit. Wie eben beschrieben, können Sie MPD aber auch ganz einfach zum lokalen Abspielen von Musik mit direkter Ausgabe über eine Soundkarte verwenden. Dies kann die eingebaute Soundkarte Ihres Pi-Servers sein, die marketingmäßig formuliert eine eher »herkömmliche« Klangqualität liefert, oder auch eine externe Soundkarte, die dann natürlich eine »herausragende« Klangqualität bietet. Auf diese Weise können Sie sich auch einen hervorragenden Musikplayer konstruieren, der sich bequem per Smartphone oder Tablet-PC bedienen lässt. Da dies aber nicht die Aufgabe eines Servers, sondern eher die eines Clients ist, wollen wir uns damit im Speziellen nicht weiter beschäftigen. Verstehen Sie es eher als eine Anregung für einen Bastel- und Probierabend.

16.2.1   Die Installation und Konfiguration von MPD

MPD können Sie einfach über die (aktuell gehaltenen) Paketquellen installieren. Der Befehl dazu lautet:

```
sudo apt-get install mpd
```

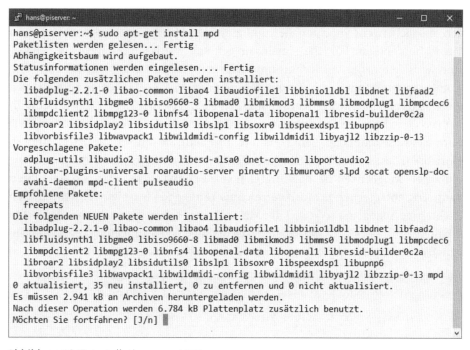

Abbildung 16.17 Installation von »MPD«

MPD wird wie üblich über eine Konfigurationsdatei konfiguriert. Diese heißt */etc/ mpd.conf.*

Wir legen zunächst wieder ein Backup dieser Datei an:

```
sudo cp /etc/mpd.conf /etc/mpd.conf.orig
```

Öffnen Sie diese recht umfangreiche Datei mit dem Editor nano mit folgendem Befehl zur Bearbeitung:

```
sudo nano /etc/mpd.conf
```

Zunächst sind für uns zwei Einträge interessant, und zwar diejenigen, die das Verzeichnis mit den Musikdateien und das Verzeichnis mit besonderen Playlisten spezifizieren. Standardmäßig werden folgende Einträge gesetzt:

```
music_directory        "/var/lib/mpd/music"
playlist_directory     "/var/lib/mpd/playlists"
```

MPD verwendet also entsprechende Unterverzeichnisse von */var/lib/mpd*. Während das music_directory Ihre allgemeinen Musikdateien aufnimmt, hat das playlist_directory eine Sonderfunktion: Hierin werden solche Playlisten abgespeichert, die von MPD selbst oder in einer MPD-Clientanwendung erstellt wurden. Ihre eigenen »selbstgemachten« (und sozusagen externen) Playlisten sollten Sie ebenfalls in das Musikverzeichnis speichern. Sie können diese vorgegebenen Verzeichnisse benutzen, möglicherweise möchten Sie zumindest Ihre Musik jedoch in einem anderen Verzeichnis ablegen. Für eine gemeinsam genutzte Musiksammlung bietet sich beispielsweise ein neues Verzeichnis unterhalb von */srv* an. Sie können es relativ eingängig */srv/music* oder auch */srv/musik* benennen. Vielleicht möchten Sie aber auch einen externen Datenträger verwenden, den Sie in einem festen Verzeichnis unterhalb von */media* in das Dateisystem eingehängt haben. Beachten Sie aber, dass MPD normalerweise unter dem Benutzerkonto *mpd* läuft. Sie müssen Ihr Dateisystem so einrichten, dass dieser Benutzer lesenden Zugriff auf Ihre Audiodateien hat. Die einfachste Möglichkeit ist, diese Dateien so zu konfigurieren, dass sie jeder lesen kann. Das entsprechende Musikverzeichnis können Sie beispielsweise mit diesen Rechten versehen: rwx r-x r-x, die Musikdateien selbst können folgende Rechte erhalten: rw- r-- r--. Für Musikdateien ist dies in einem Familiennetzwerk wohl ein gangbarer Weg, denn sie sollten normalerweise nicht allzu geheim sein.

Die folgenden beiden Befehle, die Sie vollständig in Abbildung 16.18 sehen, würden diese Zugriffsrechte im Beispielverzeichnis */srv/music* einstellen:

```
find /srv/music -type f -print0 | sudo xargs -0 chmod 0644
find /srv/music -type d -print0 | sudo xargs -0 chmod 0755
```

```
hans@piserver: ~                                              —    □    ×
hans@piserver:~$ sudo mkdir /srv/music
hans@piserver:~$ sudo cp -R Klassische\ Werke\ zum\ Genießen/ /srv/music
hans@piserver:~$ find /srv/music -type f -print0 | sudo xargs -0 chmod 0644
hans@piserver:~$ find /srv/music -type d -print0 | sudo xargs -0 chmod 0755
hans@piserver:~$ █
```

Abbildung 16.18 Musikordner erstellen und mit den richtigen Rechten versehen

Auf diese Weise könnten Sie auch immer noch (Unter-)Verzeichnisse erstellen, die nur von dem besitzenden Nutzer geändert, aber von allen anderen gelesen werden können. Wenn Sie die Musiksammlung jedoch vor unberechtigtem Zugriff schützen möchten, dann können Sie auch eine enger gefasste Rechtevergabe wählen. Hier können wir uns zunutze machen, dass MPD die Gruppenrechte der Benutzergruppe *audio* verwendet. MPD kann also auf Dateien zugreifen, auf die Mitglieder der Benutzergruppe *audio* Zugriff haben (oder die allgemein gelesen werden können).

```
hans@piserver: /srv/music                                     —    □    ×
hans@piserver:~$ sudo mkdir /srv/music
hans@piserver:~$ sudo cp -R Klassische\ Werke\ zum\ Genießen/ /srv/music
hans@piserver:~$ find /srv/music -type f -print0 | sudo xargs -0 chmod 0644
hans@piserver:~$ find /srv/music -type d -print0 | sudo xargs -0 chmod 0755
hans@piserver:~$ cd /srv/music
hans@piserver:/srv/music$ ls -lh
insgesamt 4,0K
drwxr-xr-x 2 root root 4,0K Mai  1 11:59 Klassische Werke zum Genießen
hans@piserver:/srv/music$ sudo chown -R hans:hans Klassische\ Werke\ zum\ Genießen/
hans@piserver:/srv/music$ ls -lh
insgesamt 4,0K
drwxr-xr-x 2 hans hans 4,0K Mai  1 11:59 Klassische Werke zum Genießen
hans@piserver:/srv/music$ █
```

Abbildung 16.19 Die Rechte von neu kopierten Dateien können (falls erforderlich) angepasst werden

Wenn Sie also möchten, dass nur Sie selbst sowie die Mitglieder der Benutzergruppe *audio* Leserechte für Ihre Musiksammlung haben, dann erledigen das folgende Befehle, die nachfolgend für das Beispielverzeichnis */srv/music* angegeben sind:

```
find /srv/music -type f -print0 | sudo xargs -0 chmod 0640
```

```
find /srv/music -type d -print0 | sudo xargs -0 chmod 0755
```

Beachten Sie insbesondere, dass sich diese Zeilen nur in einer einzigen Ziffer, nämlich dem letzten Wert der Rechte für Dateien, unterscheiden.

Wir müssen uns jetzt um eine wichtige Einstellung kümmern: Wir wollen ja erreichen, dass wir MPD über eine mobile App oder auch einen anderen Computer fernsteuern können. In der Standardeinstellung lässt MPD dies aber nicht zu, sondern kann nur vom lokalen Rechner aus bedient werden. Damit diesen Player auch Netzwerkgeräte bedienen können, müssen wir einen Eintrag in der Konfigurationsdatei hinzufügen. Suchen Sie nach dem Eintrag bind_to_address. Sie werden Folgendes finden:

```
bind_to_address          "localhost"
```

Unterhalb dieses Eintrages fügen Sie folgende (anzupassende) Zeile hinzu, in der Sie entsprechend die interne IP-Adresse Ihres Pi-Servers angeben:

```
bind_to_address     "IP-ADRESSE.VON.IHREM.PI-SERVER"
```

Wenn Sie diese Zeile zusätzlich in die Konfiguration eintragen, dann akzeptiert MPD auch die Fernsteuerung über eine Netzwerkverbindung aus Ihrem Heimnetzwerk.

Als Nächstes werden wir uns um die Ausgabe der Klangdateien (also der Musik) kümmern. Wenn Sie erreichen wollen, dass Ihre Klangdateien (gegebenenfalls auch) über den Soundkartenausgang des Pi-Servers ausgegeben werden, dann ist folgender Eintrag für Sie relevant:

```
audio_output {
        type "alsa"
        name              "My ALSA Device"
#       device            "hw:0,0"      # optional
#       mixer_type        "hardware"    # optional
#       mixer_device      "default"     # optional
#       mixer_control     "PCM"         # optional
#       mixer_index       "0"           # optional
}
```

Hier legen Sie die Hardwareschnittstelle fest, die mit dem Eintrag device konfiguriert wird. Die interne Soundkarte mit dem Klinkenanschluss hat die ID hw:0,0, der HDMI-Ausgang hat die ID hw:0,1, und eine (erste) externe Soundkarte hat die ID hw:1,0. Passen Sie den Eintrag also beispielsweise wie folgt an:

```
audio_output {
        type          "alsa"
        name          "Soundkarte, intern, analog"
        device        "hw:0,0"
}
```

Sind Sie an der direkten Tonausgabe nicht interessiert, dann sind keine weiteren Schritte notwendig. (Wenn Sie als fortgeschrittene Nutzer jedoch im Rahmen eigener Veränderungen kein gültiges Alsa-Wiedergabegerät eingestellt haben, dann müssen Sie die Konfiguration von MPD entsprechend korrigieren.)

Kommen wir zum eigentlichen Gegenstand dieses Kapitels: der Streamingoption. Suchen Sie in der Konfigurationsdatei den Abschnitt audio_output, der sich um den Typen httpd kümmert. Dieser Ausgabetyp ist normalerweise deaktiviert. Um ihn zu aktivieren, entfernen Sie im gesamten zugehörigen Abschnitt alle vorangestellten Raute-Zeichen, so dass der Abschnitt folgende Form annimmt:

```
#
audio_output {
        type            "httpd"
        name            "My HTTP Stream"
        encoder         "vorbis"        # optional, vorbis or lame
        port            "8000"
        bind_to_address "0.0.0.0"       # optional, IPv4 or IPv6
        quality         "5.0"           # do not define if bitrate is defined
#       bitrate         "128"           # do not define if quality is defined
        format          "44100:16:1"
        max_clients     "0"             # optional 0=no limit
}
```

Listing 16.3 Streaming Optionen für MPD konfigurieren

Aber Vorsicht: Es gibt die beiden Parameter quality und bitrate. Beide kontrollieren die Qualität des Streams. Es darf nur einer der beiden Parameter genutzt werden. Eines der Raute-Symbole muss also vorhanden bleiben. Versuche haben gezeigt, dass die Benutzung des quality-Eintrags zu einer deutlich geringeren Prozessorauslastung führt, wenn ein Stream berechnet werden muss, deshalb ist diese Einstellung zu bevorzugen. Entscheiden Sie sich für die quality-Einstellung (und deaktivieren die Bitraten-Option), dann entspricht die Qualitätsstufe 5.0 etwa einer Datenrate von 96 kBit/s. Ein höherer Wert verspricht eine höhere Qualität, erzwingt aber auch eine höhere Datenrate. Die Einstellung 6.0 führt bereits zu einer Datenrate von etwa 192 kBit/s.

Nebenbei: Bei allen Anwendungen müssen Sie sicherstellen, dass ein Port immer nur von einer Anwendung verwendet wird. Sollten Sie ebenfalls Icecast installiert haben, der ebenfalls Port 8000 nutzt, dann müssen Sie den Streamingport von MPD entsprechend umkonfigurieren. Ändern Sie dann im obigen Abschnitt die Zeile port "8000" entsprechend ab. Benutzen Sie beispielsweise die Einstellung port "8005". Natürlich müssen Sie die Einstellung des Streamingports dann auch in der jeweiligen Client-/Player-Anwendung ändern.

Außerdem können Sie den Namen dieses Ausgangs auf Wunsch ändern. Dafür dient die Zeile:

```
name            "My HTTP Stream"
```

Zwischen die beiden Anführungszeichen können Sie einen beliebigen Namen eingeben, der in Ihrem Mobilgerät als Ausgabeschnittstelle angezeigt wird.

Möchten Sie sich trotzdem für die Einstellung der festen Bitrate entscheiden (beispielsweise falls Ihr Mobilgerät nur mit dieser Option zurechtkommt), dann lassen Sie in diesem Fall den quality-Eintrag deaktiviert, in dem Sie das #-Symbol in der Zeile stehen lassen. Je höher Sie die Datenrate wählen, desto besser wird die Klangqualität, aber desto höher wird auch das zu übertragende Datenvolumen. Eine Einstellung von 128 kBit/s benötigt beispielsweise eine Datentransferrate von rund 60 Megabyte pro Stunde.

Etwas Beachtung sollten Sie noch dem Eintrag format schenken. Aufgepasst: In der Standardeinstellung steht dort

```
format          "44100:16:1"
```

Das bedeutet, dass eine Abtastrate von 44,1 kHz verwendet wird, was für Audiodateien eine passende Einstellung ist, die Auflösung von 16 Bit geht auch konform, aber die 1 bedeutet, dass Sie nur einen Monostream erzeugen. Ändern Sie diesen Wert in eine 2, damit Sie einen Stereostream erhalten. Wenn Sie mit der Prozessorauslastung auf Ihrem Server sparen müssen oder beispielsweise überwiegend Monodateien hören (Hörbücher beispielsweise), dann können Sie die Einstellung auf 1 belassen, was einen beachtlichen Anteil an Systemressourcen einspart. Die anderen Einträge können Sie auf den Standardwerten lassen. Achten Sie aber unbedingt darauf, dass Sie die Raute-Symbole auch vor der einleitenden Zeile audio_output sowie unbedingt auch vor der abschließenden geschweiften Klammer entfernen. Andernfalls wird MPD überhaupt nicht arbeiten.

Das war es schon. Speichern Sie die Konfiguration ab, und beenden Sie nano.

Jetzt müssen Sie Ihre Musik in jenes Musikverzeichnis kopieren, das Sie in der Konfiguration von MPD spezifiziert haben. Überprüfen Sie noch einmal sicherheitshalber die Rechtslage der kopierten Dateien. Bedenken Sie nochmals, dass es bei den Playlisten eine Besonderheit gibt: Das in der Konfiguration für Playlisten definierte Verzeichnis dient hauptsächlich dazu, in MPD (oder einer Clientanwendung) erstellte Playlisten abzuspeichern. Sie können hier zwar (notfalls) auch eigene Playlisten ablegen, sollten dafür normalerweise jedoch ebenfalls Ihr Musikverzeichnis verwenden.

Nach Abschluss der Konfiguration müssen Sie MPD neu starten, denn dieses Programm läuft ebenfalls als ein Service. Das geschieht mit folgendem Befehl:

```
sudo service mpd restart
```

Jetzt können Sie sich an die Einrichtung der Clientanwendungen machen.

16.2.2   Die Einrichtung der Clientanwendung

Es gibt für MPD sehr viele verschiedene Anwendungen für fast alle Betriebssysteme. Diese kann ich hier unmöglich alle beschreiben. Suchen Sie einfach im Internet oder in Ihrem jeweiligen App-Angebot nach einer Anwendung für MPD. Sie können auch mehrere ausprobieren, bis Sie diejenige gefunden haben, die Ihnen am besten gefällt.

Allen Anwendungen ist gemein, dass Sie sie zunächst konfigurieren müssen. Sie müssen stets mindestens die interne IP-Adresse Ihres Pi-Servers angeben. Denken Sie daran, dass Sie auch aus einem VPN heraus die interne IP-Adresse eingeben müssen. Nochmals zur Erinnerung: Die direkte internetweite Freigabe des MPD-Dienstes ist aus rechtlichen wie auch aus privaten Gründen keine gute Idee. Sie sollten unbedingt auf eine private VPN-Verbindung zugreifen, denn MPD bietet für den HTTP-Stream keine Verschlüsselung und auch keine Möglichkeit der Authentifizierung.

Neben der IP-Adresse müssen Sie einen Port angeben, der zur Steuerung von MPD verwendet wird. Dies ist normalerweise Port 6000. (Es sei denn, Sie haben ihn eigenmächtig in der Konfiguration geändert.) Hier geht es nicht um den Streamingport (mit dem Standardwert 8000), sondern um den Port, über den das Clientprogramm MPD steuert und beispielsweise Wiedergabebefehle sendet.

Wenn Sie anschließend eine Verbindung hergestellt haben, dann suchen Sie die Clientanwendung nach einer Option ab, die Datenbank des Servers zu aktualisieren. MPD verwaltet nämlich eine eigene Datenbank, in der Ihre Musiksammlung, die sich im MPD-Musikverzeichnis befindet, indexiert ist. Warten Sie eine Zeit lang, bis die Datenbank aktuell ist. Ihnen werden dann alle abgelegten Musikstücke angezeigt, und je nach Clientprogramm können Sie die Datenbank durchsuchen. Fügen Sie ein paar Ihrer Audiodateien zur aktuellen Wiedergabeliste zu.

Schauen Sie jetzt nach, ob Sie in der Clientanwendung die Ausgänge von MPD an- und abschalten können. Aktivieren Sie die Ausgänge, die Sie nutzen möchten. Das Alsa-Gerät beziehungsweise das Gerät SOUNDKARTE, INTERN, ANALOG stellt die interne Soundkarte dar. Sie sollten diese Option zunächst aktivieren. Wenn Sie nur den Streamingserver aktivieren und kein Gerät verbinden, dann wird MPD nicht mit der Wiedergabe beginnen, was unnötige Fehlermöglichkeiten mit sich bringt. Die zweite Option sollte sich um den Livestream kümmern, den Sie aktivieren müssen, wenn Sie die Musik auf Ihrem Mobilgerät abspielen wollen. Anschließend können Sie die Wiedergabe starten. Haben Sie an den Audioausgang der internen Soundkarte des Pi-Servers ein Wiedergabegerät angeschlossen, dann können Sie darüber nun Ihre Musik hören. Auch der Streamingserver wird jetzt arbeiten, wenn Sie ihn aktiviert haben. Sie können dann ein geeignetes Programm zum Empfang von Internet-Radiostationen öffnen. Eine gute Möglichkeit ist erneut VLC, der ebenfalls den Stream abspielen kann und auch für Mobilgeräte verfügbar ist. Es eignen sich aber auch viele Programme zum Empfang von Internet-Radiostationen, diese müssen

16

aber die Option bieten, eigene Streamadressen zu konfigurieren. Verbinden Sie den Player mit dem Pi-Server. Mit modernen Mobilgeräten lässt sich die Adresse auch direkt im Internetbrowser aufrufen und der Stream mit dieser Anwendung wiedergeben. Bei der Adresse müssen Sie natürlich den Streamingport angeben, dies ist normalerweise Port 8000, es sei denn, Sie haben in der Konfiguration zuvor etwas anderes angegeben. Die Adresse lautet also:

http://IP-Adresse.Von.Ihrem.Pi-Server:8000

Ein Beispiel für eine Konfiguration sehen Sie in den nächsten Abbildungen.

Abbildung 16.20 VLC mit MPD bekannt machen

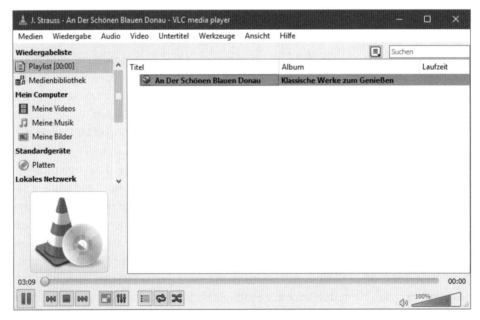

Abbildung 16.21 VLC streamt Ihre Musik über das Netzwerk

Beachten Sie, dass für eine erfolgreiche Verbindung die Wiedergabe der Musik bereits gestartet sein muss. Die Angabe eines Mountpoints (wie bei Icecast) ist übrigens nicht erforderlich. An dieser Stelle betone ich nochmals, dass Icecast ebenfalls Port 8000 verwendet. Nutzen Sie beide Dienste, dann müssen Sie den Streamingport in der Konfiguration von MPD (und auch in der Streamadresse auf Ihrem Wiedergabegerät) anpassen.

Wenn alles geklappt hat, werden Sie jetzt über den Streamingplayer die Musik hören, die MPD abspielt. In diesem Fall arbeitet der Medienplayer allerdings als reines Wiedergabegerät. Die Wiedergabe der einzelnen Lieder steuern Sie natürlich nicht mit diesem Player, sondern mit der entsprechenden Clientsoftware. Aber keine Sorge, es geht deutlich komfortabler.

Clientanwendungen für mobile Geräte wie Smartphones und Tablet-PCs arbeiten häufig auch als Streamingclient. Ein Beispiel für Android-Geräte ist *MPDroid,* dessen Konfiguration und Bedienung Sie in den nächsten Abbildungen sehen

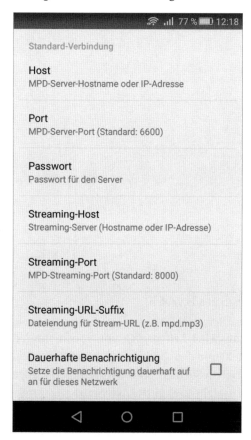

Abbildung 16.22 Die Daten für die Verbindung eintragen

So können Sie bequem von unterwegs Musik »aus einer Hand« hören. Um diese Funktion zu nutzen, müssen Sie in der Anwendung noch einen »Streaming Host« konfigurieren. Hier tragen Sie ebenfalls die interne IP-Adresse Ihres Pi-Servers ein. Der Streamingport muss mit der Konfiguration von MPD übereinstimmen, in der Standardeinstellung ist dies erneut Port 8000. Achten Sie darauf, dass Ihre Anwendung diese Funktionalität auch mitbringt, und wählen Sie gegebenenfalls eine geeignete Alternative. Leider wird diese Funktion nicht von allen MPD-Clientanwendungen unterstützt.

Abbildung 16.23 Den richtigen MPD-Streamingport auswählen

Außerdem sei angemerkt, dass es durchaus eine Zeitverzögerung von mehreren Sekunden zwischen einem Wiedergabebefehl und dem Erklingen des Streams geben kann. Seien Sie also bitte nicht enttäuscht, wenn Sie nicht sofort etwas hören. Einige Programme erfordern darüber hinaus die zusätzliche explizite Aktivierung der Streamingoption. Bisweilen hakeln manche Programme auch etwas, hier hilft es, wenn Sie mehrfach hintereinander die Streamingoption ab- und wieder anschalten.

Sollte es bei Ihnen unlösbare Schwierigkeiten geben, dann verwenden Sie einfach ein externes Wiedergabeprogramm.

Abbildung 16.24 Aktivieren Sie den richtigen Ausgang für das Streaming

Abbildung 16.25 Achten Sie darauf, dass der »Streaming«-Modus ausgewählt ist

16.2.3   Die erweiterte Konfiguration mit »Sonderwünschen«

Klang-Enthusiasten werden jetzt die Nase rümpfen, denn die Audiodatei wird vor dem Streamen durch MPD nochmals neu kodiert und komprimiert. Im Augenblick haben wir in der Konfiguration den Codec *Vorbis* ausgewählt. Schauen wir dazu noch einmal in die Konfigurationsdatei */etc/mpd/conf* und dort in den entsprechenden Block, den Sie vorhin eingegeben haben:

```
audio_output {
        type       "httpd"
        name       "MPD HTTP Stream"
        encoder    "vorbis"              # optional, vorbis oder lame
        port       "8000"
        quality    "5.0"                 # entweder
#       bitrate    "128"                 # oder
        format     "44100:16:1"
}
```

Listing 16.4 Vorbis als Encoder für MPD

Sie sehen in der Zeile encoder den Eintrag vorbis. Wenn Ihnen das MP3-Format lieber ist, dann können Sie hier auch den Eintrag lame verwenden. Das ist der Name eines sehr guten freien *MP3*-Codecs, den MPD zur MP3-Encodierung verwendet. Wenn Ihr Mobilgerät Schwierigkeiten mit dem Vorbis-Format hat, dann sollten Sie auf diese Option wechseln. Natürlich können Sie auch hier die Qualität (über den Eintrag quality) oder alternativ die Bitrate einstellen. Sollte es weiterhin Schwierigkeiten geben, dann probieren Sie die Wahl einer festen Bitrate.

Neben dem MP3-Format gibt es jedoch eine weitere Option, die zunächst nicht direkt ersichtlich ist: MPD unterstützt nämlich auch die verlustlose Kompression mit dem FLAC-Algorithmus. Sie können also auch den Eintrag

```
encoder "flac"
```

vornehmen und erhalten nun einen Stream im verlustlos komprimierten *FLAC*-Format – das Ihr Musikplayer allerdings zur Wiedergabe beherrschen muss. Beachten Sie aber, dass dies natürlich eine entsprechend hohe Datenrate von durchaus 1.000 kBit/s bedingt und daher nicht unbedingt für unterwegs geeignet ist. Zum Musikhören im Garten innerhalb des eigenen Netzwerks ist es aber eine sehr gute Option.

Als fortgeschrittener Nutzer können Sie sich auch anzeigen lassen, welche Formate und Codecs darüber hinaus von MPD unterstützt werden, indem Sie auf der Kommandozeile des Pi-Servers einmal den Befehl

```
mpd -V
```

ausführen. In der Ausgabe finden Sie unter dem Eintrag Encoder plugins: auch das soeben besprochene FLAC-Format.

Wenn die Verwendung von MPD allerdings zunächst noch nicht funktioniert, dann müssen Sie noch einmal die Konfiguration auf eventuelle Tippfehler überprüfen und entsprechend korrigieren. Kontrollieren Sie unbedingt auch die Zugriffsrechte der Musikdateien. Nun sollte es klappen.

Jetzt wollen wir uns noch kurz mit der Sicherheit befassen. Momentan ist MPD so konfiguriert, dass sich in Ihrem Netzwerk ein jeder mit diesem Programm verbinden und die Musikwiedergabe steuern kann. So kann es passieren, dass Ihnen der Nachwuchs einen Streich spielen und die Musikwiedergabe beziehungsweise den aktuell gespielten Titel ändern oder stoppen möchte. Um dies zu unterbinden, lässt sich MPD mit einem Passwort schützen. Suchen Sie zum Setzen eines Passworts in der Konfigurationsdatei */etc/mpd.conf* nach dem Abschnitt:

```
# Permissions ####################################################
#
#
```

```
 If this setting is set, MPD will require password authorization. The password
# can setting can be specified multiple times for different password profiles.
#
#password "password@read,add,control,admin"
#
# This setting specifies the permissions a user has who has not yet logged in.
#
#default_permissions "read,add,control,admin"
#
#####################################################################
```

Listing 16.5 Zugriffsrechte in der Datei »/etc/mpd.conf« einschränken

Sie finden dort die Zeile #password "password@read,add,control,admin". Um den Passwortschutz zu aktivieren, entfernen Sie als Erstes das Raute-Zeichen am Anfang dieser einen Zeile. Anschließend vergeben Sie ein Passwort und ersetzen damit das bisher vorhandene Wort password, das sich auf der rechten Seite vor dem @-Symbol und nach den Anführungszeichen befindet. Die Einträge rechts neben dem @-Symbol regeln die Fälle, in denen ein Passwort erforderlich ist, die Standardeinstellungen sind hier für die meisten Fälle ausreichend. Möchten Sie das (nicht sonderlich sichere) Passwort q1w2e3r4 verwenden, dann lautet die Zeile entsprechend

```
password "q1w2e3r4@read,add,control,admin"
```

Sie sollten jedoch ein deutlich sichereres Passwort wählen. Nach einem Neustart von MPD müssen Clientprogramme zur Anmeldung das Passwort verwenden. Bitte beachten Sie, dass ein jeder mit *root*-Zugriffsrechten auf den Server das Passwort durch einen einfachen Blick in die Datei */etc/mpd.conf* erfahren kann. Einem normalen Systembenutzer bleibt der Blick in diese Datei jedoch verwehrt, nur der Benutzer *mpd* sowie die Mitglieder der Gruppe *audio* haben überhaupt einen Lesezugriff.

16.2.4   MPD als Konkurrenz zu Icecast?

MPD bietet übrigens auch die Möglichkeit, Klangsignale von der Soundkarte als Audiostream im Netzwerk zu verteilen. Damit übernimmt es die gleiche Funktionalität, die wir zuvor mit Icecast und Ices aufgebaut haben. MPD ist hierbei allerdings nicht so flexibel wie Icecast und Ices. Das Programm benötigt in diesem Modus auch etwas mehr Systemressourcen als unsere zuerst genutzte Option. Dafür ist die Konfiguration jedoch deutlich angenehmer. Wenn es Ihnen nur darum geht, rasch das Mikrofonsignal abzuhören, dann können Sie das mit der bisherigen MPD-Installation ganz einfach erweitern: Suchen Sie Ihre Clientanwendung nach einer Option ab, die es Ihnen erlaubt, direkte Streamadressen zur MPD-Wiedergabeliste hinzuzufügen. Mit dieser Option können Sie normalerweise Internet-Radiosender zur Wieder-

gabeliste hinzufügen. Anstelle einer Adresse im Format *http://* geben Sie Folgendes
in das Feld ein:

```
alsa://hw:0,0
```

Verwenden Sie zur Eingabe kein vorangehendes *http://*. Wenn Ihr Programm diese
Funktion unterstützt, dann ist Ihre Wiedergabeliste nun um den Eintrag hw:0,0 rei-
cher. Wenn Sie diesen Eintrag abspielen, dann können Sie unter der ganz normalen
Streamingadresse von MPD die Signale des internen Mikrofons des Banana Pi hören
– vorausgesetzt, die Soundkarte spielt mit. MPD greift nämlich ein festes Datenformat mit einer Samplerate von 44,1 kHz und zwei Kanälen von der Soundkarte ab.
Wenn die Karte dieses Format nicht liefern kann, dann schlägt die Wiedergabe fehl.
Das ist besonders für Nutzer von externen Soundkarten von Belang. Natürlich müssen Sie zur Verwendung einer externen Soundkarte folgende Adresse verwenden:

```
alsa://hw:1,0
```

Haben Sie mehrere externe Soundkarten aktiviert, dann müssen Sie statt der Ziffer 1
gegebenenfalls höhere Werte ausprobieren.

Sollte Ihre Clientanwendung diese Funktion nicht unterstützen und Sie keine andere
Variante finden, dann können Sie den Eintrag auch direkt auf der Kommandozeile
Ihres Pi-Servers vornehmen. Dazu müssen Sie jedoch eine weitere Softwarekompo-
nente installieren. Loggen Sie sich dafür auf Ihrem Pi-Server ein, und installieren Sie
das Programm mpc mit folgendem Befehl:

```
sudo apt-get install mpc
```

Nach der Installation können Sie den Befehl mpc nutzen, um mit MPD zu kommunizieren. Folgender Befehl wird das Mikrofonsignal des eingebauten Mikrofons (beim
Banana Pi) der Wiedergabeliste von MPD hinzufügen:

```
mpc add alsa://hw:0,0
```

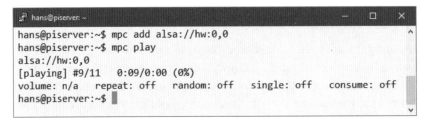

```
hans@piserver: ~                                           —    □    ×
hans@piserver:~$ mpc add alsa://hw:0,0
hans@piserver:~$ mpc play
alsa://hw:0,0
[playing] #9/11   0:09/0:00 (0%)
volume: n/a   repeat: off   random: off   single: off   consume: off
hans@piserver:~$ █
```

Abbildung 16.26 Mit »mpc« das Soundkarten-Gerät zur Wiedergabeliste
von MPD hinzufügen

Den Befehl können Sie für andere Soundkarten sinngemäß umschreiben. Er fügt
jedoch nur einen Eintrag zur Wiedergabeliste hinzu. Die Wiedergabe müssen Sie
dann mit der jeweiligen Clientanwendung starten.

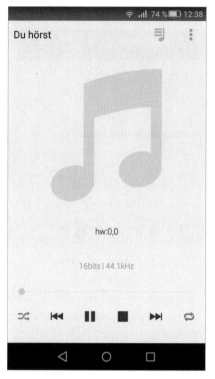

Abbildung 16.27 Die Wiedergabe von Mikrofonsignalen über MPD

Sie müssen jedoch unbedingt aufpassen: In der aktuellen Einstellung kann jeder Benutzer die Mikrofonsignale zur Wiedergabeliste von MPD hinzufügen und Sie belauschen. Möchten Sie die alleinige Kontrolle über diese Funktion haben, dann schützen Sie MPD wie oben beschrieben mit einem Passwort. Dies verhindert, dass jemand den Mikrofonstream zu MPD hinzufügt und startet. Diese Option kann jedoch nicht verhindern, dass sich jemand bei bereits laufender Wiedergabe zusätzlich auf den Stream mit aufschaltet und somit mitlauscht.

Sie können die Option, Mikrofonsignale mit MPD zu verarbeiten, daher auch komplett deaktivieren. Wenn Sie an der Verarbeitung von Mikrofonsignalen nicht interessiert sind, dann sollten Sie diesen Schritt unbedingt ausführen, insbesondere wenn Sie einen Banana Pi oder eine Webcam mit einem eingebauten Mikrofon im Einsatz haben. Dazu öffnen Sie noch einmal die Konfigurationsdatei von MPD und fügen ganz zum Schluss folgenden Block ein:

```
input {
        plugin     "alsa"
        enabled    "no"
}
```

Die Datei sollte im Anschluss an Ihre Bearbeitung wie in Abbildung 16.28 aussehen.

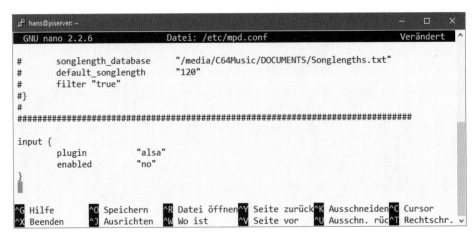

Abbildung 16.28 Das Alsa-Inputmodul in der Datei »/etc/mpd.conf« deaktivieren

Nach einem Neustart von MPD können die Mikrofonsignale zwar (gegebenenfalls) noch zur Wiedergabeliste hinzugefügt werden, sie lassen sich aber nicht mehr abspielen und auch nicht mehr per Audiostream verteilen.

Kapitel 17

Von jedem Computer aus Fernsehen gucken: TV-Streaming mit TVHeadend

Über Ihr Heimnetzwerk können Sie sogar Fernsehsignale übertragen und sich das Fernsehprogramm auf dem Balkon oder im Garten ansehen. Dieses Kapitel stellt dazu ein geeignetes Programm vor.

Mit Ihrem Pi-Server können Sie auch recht elegant das aktuelle Fernsehprogramm im Netzwerk verteilen. Diesen Dienst können Sie auf vielfältige Art nutzen. Vielleicht möchten Sie im Arbeitszimmer nebenbei eine wichtige Fernsehübertragung verfolgen, haben dort aber weder einen Fernseher noch einen TV-Anschluss. Eventuell möchten Sie auch im Garten auf Ihrem Tablet-PC eine Fernsehsendung schauen, die Sie ansonsten nicht per Livestream angeboten bekommen? Möglich ist auch, dass Sie ganz einfach eine Fernsehsendung aufnehmen möchten. Wenn Ihr normales Fernsehgerät diese Option (noch) nicht bietet oder Sie sich noch zusätzliche Empfangskombination wünschen: Ihr Pi-Server kann diese Aufgaben wunderbar erfüllen. Sie brauchen dazu lediglich einen USB-TV-Stick, der von Linux unterstützt wird – davon gibt es übrigens erfreulich viele.

Abbildung 17.1 Ein DVB-USB-Stick

Wenn Sie einen solchen TV-Stick bereits besitzen (zum Beispiel zum Fernsehschauen am Notebook), dann können Sie ihn ja einmal für diesen Zweck ausprobieren. Ansonsten können Sie auch einen neuen Stick erwerben (wenn es möglichst günstig sein soll, dann tut es natürlich auch ein gebrauchtes Exemplar). Achten Sie auf Ihren Empfangsweg: Es gibt USB-Adapter für das terrestrische digitale Fernsehen *DVB-T*, für das an ein Koaxialkabel gebundene *DVB-C* (also das »Kabelfernsehen«) sowie für die Satellitenalternative *DVB-S* beziehungsweise *DVB-S2*. Dabei sind die DVB-T Sticks am günstigsten und teilweise schon für um die 20 Euro erhältlich. Die anderen Alternativen sind etwas kostspieliger und werden meistens zu Preisen zwischen 50 und 100 Euro verkauft. Klären Sie vor dem Kauf, ob Ihr ausgewähltes Modell von Linux unterstützt wird.

17.1   Der richtige DVB-USB-Stick

Es gibt mittlerweile eine große Anzahl von DVB-USB-Sticks, die problemlos unter Linux verwendet werden können. Viele Modelle funktionieren sogar direkt nach dem Anschließen ohne die Installation von Treibern oder zusätzlichen Komponenten. So ein Gerät ist natürlich wunderbar für einen Anfänger geeignet. Daneben gibt es eine Vielzahl weiterer Modelle, die zwar nicht sofort startklar sind, für die jedoch nur eine einzige Datei in ein bestimmtes Verzeichnis kopiert werden muss. Diese Lösung ist für diejenigen interessant, die schon ein wenig Erfahrung im Umgang mit dem Linux-Betriebssystem gesammelt haben. Ab diesem Punkt wird es jedoch deutlich schwieriger. Einige DVB-USB-Sticks erfordern leider speziell angepasste Treiber, die selbst kompiliert werden müssen. Oftmals wird ein Patch benötigt. Wenn Sie sich dieser Aufgabe stellen möchten, dann sollten Sie schon über eine gehörige Portion Erfahrung verfügen und am besten auch ein paar Programmierkenntnisse mitbringen. Diese Thematik geht allerdings weit über den Themenbereich hinaus, den dieses kleine Einsteigerbuch behandeln soll.

Nun stellt sich die Frage, wie Sie als Nutzer in Erfahrung bringen, wie es mit der Linux-Unterstützung des favorisierten DVB-USB-Sticks aussieht. Glücklicherweise gibt es auch hier eine Gruppe mit engagierten Mitgliedern, die sich der Fernsehfunktionen von Linux angenommen hat und die unter anderem auch Modelllisten mit DVB-USB-Sticks pflegen. Von DVB-USB-Sticks, die Sie bereits besitzen, sollten Sie sich zuerst die genaue Modellbezeichnung notieren. Bei einer Neuanschaffung sollten Sie sich die Typenbezeichnungen derjenigen Modelle aufschreiben, die für Sie in Frage kommen beziehungsweise die Ihr Lieblingshändler vorrätig hat. Öffnen Sie dann folgende Internetseite:

http://linuxtv.org/wiki/index.php/DVB-T_USB_Devices

Auf dieser Seite finden Sie eine umfangreiche Liste mit vielen verschiedenen DVB-T-USB-Sticks. Analog gibt es natürlich auch entsprechende Seiten für DVB-C-, DVB-S- und DVB-S2-Geräte, die jeweils unter einer der folgenden Adressen erreichbar sind:

http://linuxtv.org/wiki/index.php/DVB-C_USB_Devices

http://linuxtv.org/wiki/index.php/DVB-S_USB_Devices

http://linuxtv.org/wiki/index.php/DVB-S2_USB_Devices

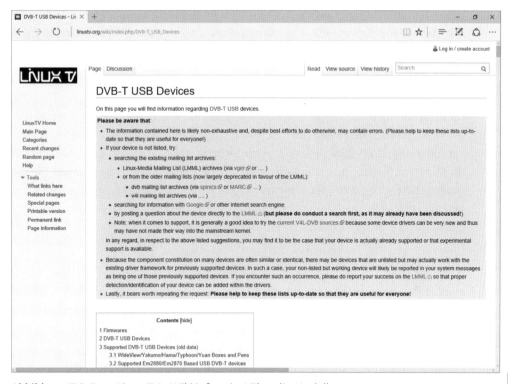

Abbildung 17.2 Das »Linux TV«-Wiki informiert über die Modelle

Durchsuchen Sie diese Liste nach Ihren jeweiligen Modellen. Zu vielen Geräten gibt es detailliertere Unterseiten, die Sie über einen Link in der linken Tabellenspalte erreichen. Betrachten Sie die zweite Spalte mit dem Titel SUPPORTED. An dieser Stelle sollte unbedingt ein grüner Haken und das Wort YES stehen – in diesem Fall können Sie davon ausgehen, dass der Stick unter Linux funktioniert. Für den Anfänger ist es jetzt am besten, wenn in der Spalte FIRMWARE keine weiteren Angaben stehen. Das bedeutet, dass der jeweilige Stick direkt nach dem Anschluss funktionieren sollte. Es sind keine weiteren Schritte nötig. Trotzdem schadet es gewiss nicht, sofern vorhanden, die zugehörige detaillierte Unterseite zu studieren. Befindet sich ein Eintrag in der Spalte FIRMWARE, dann bedeutet dies meist, dass eine Firmwaredatei auf den Pi-Server kopiert werden muss. Auch hier sollten Sie zunächst die zugehörige Produktseite konsultieren. Es kann auch sein, dass nur bestimmte Kernelversionen eine Firmwaredatei benötigen und diese vielleicht sogar in der von Ihnen derzeit genutzten Kernelversion bereits integriert ist. Über die aktuelle Kernelversion liefert der Befehl `uname -r` Auskunft.

Im Regelfall gibt es auf der Internetseite auch Angaben, wo die benötigte Firmwaredatei bezogen werden kann. Natürlich sollten Sie darauf achten, dass Sie nur rechtlich einwandfreie Quellen bemühen und sicherheitshalber den Download mit einem Antivirenprogramm überprüfen. Beachten Sie die jeweiligen Anweisungen. Fast immer müssen Sie die heruntergeladene Datei in das Verzeichnis */lib/firmware* kopieren. Hierzu können Sie folgenden – entsprechend angepassten – Befehl verwenden:

```
sudo cp firmwaredatei /lib/firmware
```

Die Firmwaredatei können Sie entweder von Ihrem Desktoprechner auf Ihren Pi-Server kopieren (beispielsweise über eine Samba-Freigabe oder einen FTP(S)-/SFTP-Server) oder direkt mit dem Pi-Server herunterladen. Sie sollten sich dazu zunächst in Ihrem Home-Verzeichnis befinden. Notieren Sie sich die Adresse, unter der Sie die Datei beziehen können, oder verwenden Sie die Zwischenablage. Anschließend können Sie zum Download den wget-Befehl in folgender Form benutzen, der die Datei gleich in das richtige Verzeichnis */lib/firmware* kopiert:

```
sudo wget -P /lib/firmware www.link-zur-Firmwaredatei
```

Wenn Sie jedoch in der Tabelle mit den verschiedenen Modellen in der Spalte Support ein No lesen oder Schwierigkeiten beim Download der Firmware (bitte vor dem Kauf üben) haben oder die jeweiligen Anleitungen für Sie (noch) unverständlich sind, dann sollten Sie von diesem Modell besser Abstand nehmen.

Natürlich können Sie auch jederzeit probieren, ob ein bereits vorhandener Stick (oder ein Modell, das Sie sich von einem Bekannten kurz ausgeliehen haben) problemlos mit Ihrem Pi-Server zusammenarbeitet. Schließen Sie dazu einfach den Stick an Ihren Pi-Server an. Warten Sie einen kleinen Augenblick, und melden Sie sich dann über eine SSH-Sitzung an Ihrem Pi-Server an. Wechseln Sie auf der Kommandozeile in das spezielle Verzeichnis */dev*. Lassen Sie sich mit dem Befehl ls den Verzeichnisinhalt anzeigen. Wenn Sie in der Ausgabe das Verzeichnis dvb finden, dann ist dies ein sehr gutes Zeichen. Die Chancen stehen sehr gut, dass dieser Stick problemlos arbeiten wird. Diese Prozedur sollten Sie auch durchführen, wenn Sie manuell eine Firmwaredatei installiert (besser: kopiert) haben. Beachten Sie aber, dass Sie nach dem Kopiervorgang einen eventuell schon angeschlossenen DVB-Stick einmal ab- und wieder anstecken müssen.

17.2 Die Installation auf dem Pi-Server

Nachdem Sie geklärt haben, dass Ihre DVB-Hardware problemlos mit Ihrem Pi-Server zusammenarbeitet, können wir uns an die Installation und Konfiguration der Software machen. Für unser Projekt wählen wir die Software *TVHeadend* aus. Informationen zu dieser Software finden Sie unter folgender Adresse: *https://tvheadend.org/*.

TVHeadend hat als Softwarelösung den Vorteil, dass man es bequem per Webinterface bedienen und konfigurieren kann. Es gibt auch zahlreiche Clientanwendungen für Smartphones, Tablets und auch für stationäre Computer. Selbst für das beliebte *Kodi-Mediacenter* gibt es Plugins, so dass Sie über Ihr Mediacenter bequem fernsehen und sogar Aufnahmen programmieren können.

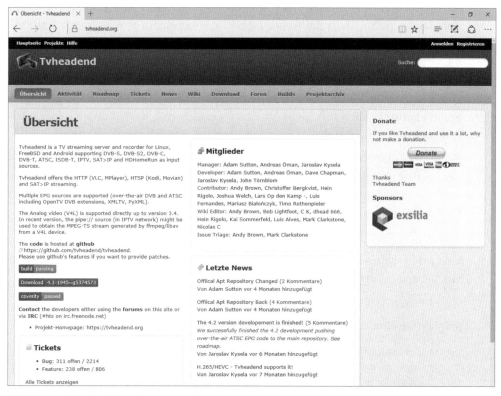

Abbildung 17.3 Die Webseite »tvheadend.org«

TVHeadend hat aber auch den Nachteil, dass es gegenwärtig nicht in den offiziellen Debian-Paketquellen enthalten ist. Wir können es also nicht so einfach mit einem `apt-get`-Befehl installieren. Stattdessen müssen wir etwas tun, was wir nur wohlüberlegt tun sollten: Wir müssen die Paketquellen Ihres Pi-Servers um die TVHeadend-Pakete erweitern. Das bedeutet Folgendes: Normalerweise fragt der Befehl `apt-get update` offizielle Debian-Paketquellen-Server ab. Programme und ihre (Sicherheits-) Updates werden dort gelistet und auch von diesen Servern heruntergeladen. Wie Sie wissen, geschieht das nach Befehlseingabe weitestgehend automatisch. Dabei vertrauen Sie den Debian-Entwicklern, dass Sie nur einwandfreie Software ohne Schadcode erhalten. Dieses Vertrauen ist durchaus gerechtfertigt, weil an den offiziellen Paketquellen sehr viele Menschen mitarbeiten und sie überwachen und kontrollieren. Wenn wir jetzt die Paketquellen erweitern, dann fragen wir von nun an auch die neu hinzugefügten Quellen nach möglichen Programmen und deren Updates ab. Wenn wir dann etwas aus einer Fremdquelle installieren, werden wir in Zukunft ebenfalls für diese Programme Updates erhalten (über den Befehl `apt-get upgrade`). Dabei müssen wir von jetzt an aber auch den Fremdquellen vertrauen, dass diese uns saubere Software anbieten. Vor dem Hinzufügen von Fremdquellen müssen Sie dieses Risiko immer genau abwägen. Im Zweifelsfall sollten Sie den Vorgang lieber unterlassen. Natürlich ist die Wahrscheinlichkeit bei einem großen, namhaften Projekt wie TVHeadend relativ gering, dass dort Unsinn getrieben wird. Wichtig ist an dieser Stelle hauptsächlich die Warnung, dass Sie nicht gleich alles Mögliche in die Paketquellen hineinschreiben und jedem ohne Überlegung vollständig vertrauen. Wenn Sie auch bei TVHeadend trotzdem unsicher sind, dann können Sie dieses Programm natürlich auch auf einem Zweitserver einsetzen. Eine Option wäre sogar, diesem Zweitserver nach der Installation die Internetverbindung zu entziehen.

Für die Installation von TVHeadend gehen wir so vor: Zunächst öffnen wir die Datei zur Bearbeitung, die die verwendeten Paketquellen enthält. Dies ist die Datei */etc/apt/sources.list*. Zuvor legen wir von dieser wichtigen Datei ein Backup an, das Sie im Notfall wieder zurückspielen können. Das erledigt folgender Befehl:

```
sudo cp /etc/apt/sources.list /etc/apt/sources.list.orig
```

Jetzt rufen wir den Editor mit der Originaldatei auf und fügen unsere Änderungen ein. Geben Sie folgenden Befehl ein:

```
sudo nano /etc/apt/sources.list
```

Scrollen Sie die Datei bis ganz ans Ende, und fügen Sie folgende Zeile ein:

```
deb http://dl.bintray.com/tvheadend/deb jessie release
```

Ihre Datei sollte nun so wie in Abbildung 17.4 aussehen.

Abbildung 17.4 Die geänderte Datei »/etc/apt/sources.list«

Beenden Sie nano, und speichern Sie die Änderungen mit der Tastenkombination ⎈Strg+⌴x, gefolgt von den Tasten ⌴j und ⏎.

Nun müssen wir unserem System noch mitteilen, dass wir der neuen Paketquelle vertrauen, und einen Schlüssel zur Prüfung der Integrität hinterlegen. Das machen

wir mit folgendem Befehl, der diesen Schlüssel mit in den sogenannten Schlüsselbund aufnimmt:

```
sudo apt-key adv --keyserver hkp://keyserver.ubuntu.com:80 --recv-keys ⤵
379CE192D401AB61
```

Als Nächstes aktualisieren wir die Paketquellen:

```
sudo apt-get update
```

Wenn Sie genau auf die Bildschirmausgaben achten, dann werden Sie bemerken,
dass auch die Paketquelle von TVHeadend mit aktualisiert wurde. Von nun an können wir TVHeadend ganz normal installieren. Tun wir dies mit folgendem Befehl:

```
sudo apt-get install tvheadend
```

Bestätigen Sie die Installation mit der ⏎-Taste. Seien Sie bitte nicht überrascht,
dass gegebenenfalls mehr als 70 MB installiert werden. Der allergrößte Teil sind
Linux-Bibliotheken, die TVHeadend zum Betrieb braucht. Das eigentliche Programm
TVHeadend ist weniger als 5 MB groß. Gegebenenfalls müssen Sie eine Warnung
bestätigen, die Sie darüber informiert, dass das Paket *tvheadend* nicht authentifiziert
werden kann. Normalerweise sollten Sie so eine Warnung ernst nehmen und den
Vorgang sicherheitshalber abbrechen, aber in diesem Fall können Sie TVHeadend
vertrauen und die Installation trotzdem durchführen.

Während der Installation öffnet sich ein graues Fenster auf blauem Hintergrund zur
Vergabe eines Benutzernamens und eines Passworts. Diese Daten müssen Sie zur
Administration von TVHeadend festlegen.

Achtung   [!]

Zumindest in der aktuellen Fassung erfolgt keine zweimalige Eingabe des Passworts.
Geben Sie es daher unbedingt bereits beim ersten Mal richtig ein.

Sie erhalten noch einen Hinweis darüber, wie Sie nach der Installation das Webinterface zur Konfiguration öffnen. Notieren Sie sich insbesondere den Port zur späteren
Verwendung, und drücken Sie auf die ⏎-Taste. Damit ist die Installation schon
abgeschlossen. Wie Sie während der Installation, fast zum Schluss, am grünen [ok]-
Schriftzug sehen, wird TVHeadend als Service installiert, der von jetzt an immer automatisch gestartet wird.

17.3   Die Konfiguration von TVHeadend

Wir können jetzt mit der Konfiguration fortfahren. Diese erfolgt im Webbrowser
Ihres PCs. Navigieren Sie zu der IP-Adresse Ihres Pi-Servers, und ergänzen Sie den von

Ihnen notierten Port. Im Regelfall ist dies Port 9981, womit die einzugebende Adresse typischerweise so aussieht:

http://IP-Adresse.von.Ihrem.Pi-Server:9981

Sie werden nun zur Eingabe Ihres eben vergebenen Benutzernamens und Passworts aufgefordert.

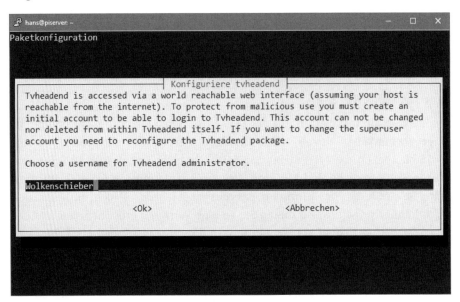

Abbildung 17.5 Einen Benutzernamen für »TVHeadend« eingeben

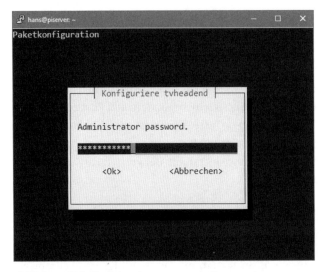

Abbildung 17.6 Und das dazu passende Passwort

Wir werden nun Ihren Stick einrichten und die Senderliste erstellen. Zunächst prüfen wir, ob der USB-TV-Stick auch problemlos von TVHeadend erkannt wurde. Die Konfiguration von TVHeadend sehen Sie in Abbildung 17.7.

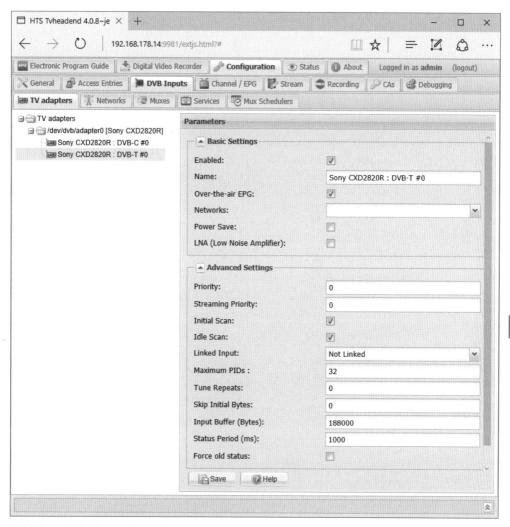

Abbildung 17.7 Die Konfiguration von »TVHeadend«

Navigieren Sie auf den Reiter CONFIGURATION. Dieser befindet sich in der obersten Reihe. Klicken Sie in der Reihe darunter auf DVB INPUTS und dann in der dritten Reihe auf TV ADAPTERS. In dem Auswahlfeld darunter sollte Ihr DVB-USB-Stick erscheinen. Klicken Sie direkt das Gerät (und nicht nur das Ordnersymbol) an und wählen es damit aus. Eignet sich Ihr Stick für verschiedene Empfangsarten, dann sehen Sie üblicherweise mehrere Einträge. Wählen Sie dann den Empfangsweg aus, den Sie benutzen wollen. Ist das Feld leer, dann stimmt etwas mit der Installation des

Sticks nicht. Überprüfen Sie in diesem Fall noch einmal seine Installation. Wenn Sie das Gerät ausgewählt haben, dann wird sich auf der rechten Seite des Bildschirms ein Konfigurationsfeld öffnen.

Wir müssen jetzt TVHeadend mitteilen, dass der ausgewählte Stick verwendet werden soll. Suchen Sie im Feld BASIC SETTING das Kontrollkästchen ENABLED, und setzen Sie dort ein Häkchen – damit ist der Stick aktiv. Anschließend speichern Sie diese Einstellungen mit einem Klick auf die Schaltfläche SAVE ab.

Spätestens jetzt sollten Sie dafür sorgen, dass an Ihrem Stick auch eine Antenne beziehungsweise eine Verbindung zur Antennendose angeschlossen ist.

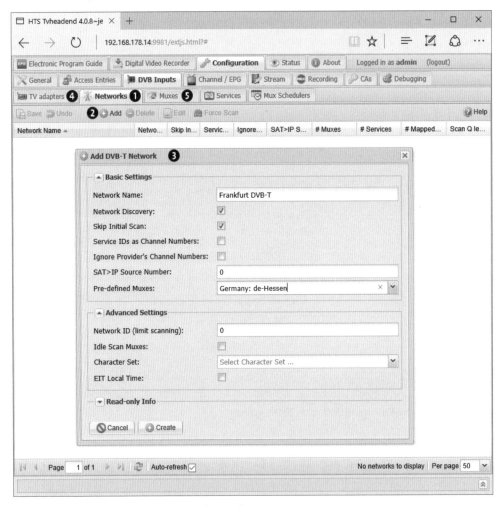

Abbildung 17.8 Ein DVB-Netzwerk erstellen

Sie müssen jetzt ein sogenanntes DVB-Netzwerk erstellen. Dazu wechseln Sie in den Reiter NETWORKS ❶, der sich in der dritten Reiterzeile neben dem Eintrag TV ADAP-

TERS befindet. Klicken Sie in der Symbolleiste auf den Eintrag ADD ❷, der mit einem grünen kreisförmigen Symbol mit einem weißen Pluszeichen dargestellt wird. Hierauf öffnet sich ein Fenster mit dem Titel ADD NETWORK ❸. Öffnen Sie das Listenfeld, und wählen Sie den für Sie zutreffenden Empfangsweg, beispielsweise DVB-T NETWORK.

Es wird sich wie in Abbildung 17.8 ein neues Fenster öffnen, das den Titel ADD DVB-T NETWORK trägt.

Vergeben Sie für das neu zu erstellende Netzwerk zunächst einen Namen, den Sie in der Rubrik BASIC SETTINGS in das Feld NETWORK NAME eintragen. Sie können einen beliebigen Namen wählen, ein gutes Beispiel wäre Ihr Wohnort, ergänzt um das jeweilige DVB-Kürzel, beispielsweise »Frankfurt DVB-T«.

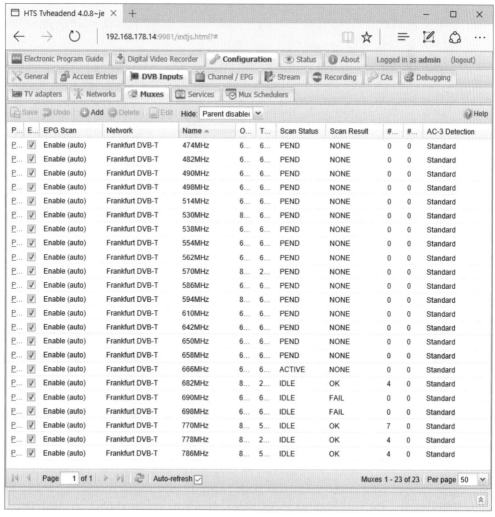

Abbildung 17.9 Eine Liste von »pre-defined Muxes«

Jetzt öffnen Sie das Listenfeld PRE-DEFINED MUXES, das Sie in Abbildung 17.9 sehen, und wählen aus der Liste das für Sie zutreffende Land und die für Sie zutreffende Region, beispielsweise GERMANY: DE-HESSEN.

Sollten Sie keine passende Einstellung finden, dann versuchen Sie es je nach Empfangsweg mit der Einstellung --GENERIC--: AUTO-DEFAULT. Weitere Einstellungen müssen Sie für eine Grundkonfiguration zunächst nicht vornehmen. Klicken Sie auf die Schaltfläche CREATE, die sich ganz unten im Fenster befindet.

Wechseln Sie jetzt noch einmal zur Registerkarte TV ADAPTERS ❹, die sich links neben dem Eintrag NETWORKS befindet. Klicken Sie noch einmal den aktivierten USB-DVB-Adapter an (direkt das jeweilige Gerät). Es wird sich wieder das Ihnen bekannte Konfigurationsmenü in der rechten Bildschirmhälfte öffnen. Öffnen Sie darin das Listenfeld NETWORKS, das sich im Bereich BASIC SETTINGS befindet, und aktivieren Sie das soeben von Ihnen erstellte Netzwerk. Klicken Sie anschließend auf die Schaltfläche SAVE am unteren Bildschirmrand.

Wechseln Sie noch einmal zum Reiter NETWORKS ❶ aus Abbildung 17.8. Die Tabelle im Reiter NETWORKS wird nun Ihr soeben zugefügtes Netzwerk enthalten. Klicken Sie den Namen des zugefügten Netzwerks an, der sich in der linken Spalte befindet. Anschließend klicken Sie auf die Schaltfläche FORCE SCAN, die ein Fernglas als Symbol hat. Dies wird einen automatischen Sendersuchlauf starten. Wechseln Sie auf die Registerkarte MUXES ❺, die sich neben der Registerkarte NETWORKS befindet. Warten Sie einen Augenblick. Konzentrieren Sie sich auf die Spalte SCAN STATUS. Sie zeigt Ihnen den Fortschritt des Scan-Vorgangs an. Zunächst enthalten alle Einträge den Wert PEND, der (als Abkürzung von *pending*) anzeigt, dass diese Einträge noch bearbeitet werden müssen. Der gerade bearbeitete Eintrag enthält nach einiger Wartezeit den Wert ACTIVE. Bereits bearbeitete Einträge sind mit dem Wert IDLE markiert. Wenn dieser Wert bei allen Einträgen zu lesen ist, so ist der Sendersuchlauf abgeschlossen.

Sie können jetzt zu der Registerkarte SERVICES ❻ wechseln, die Sie in Abbildung 17.10 sehen.

In dieser Registerkarte sehen Sie sämtliche Sender, die gefunden wurden. Sie müssen diese jetzt zu einer Senderliste zufügen. Geneigte Leser können sich jetzt mit der Tabelle eingehend beschäftigen und durch eine Deaktivierung des Kästchens ENABLE ❼, das sich relativ weit links in den Tabellenzeilen befindet, einzelne Sender ausschließen. Ansonsten können Sie auch die gesamte Liste übernehmen und einfach auf das Symbol MAP ALL ❽ klicken, das sich in der Symbolleiste über der Tabelle befindet. Dieser Schritt ist auch nötig, wenn Sie einzelne Sender ausgeschlossen haben. Notfalls müssen Sie sämtliche Einträge dieser Liste markieren. Es wird sich ein kleines Fenster mit dem Titel MAP SERVICES öffnen. Hier können Sie einfach auf MAP ❾ klicken, die angezeigten Optionen brauchen uns für eine Grundkonfiguration zunächst nicht zu interessieren.

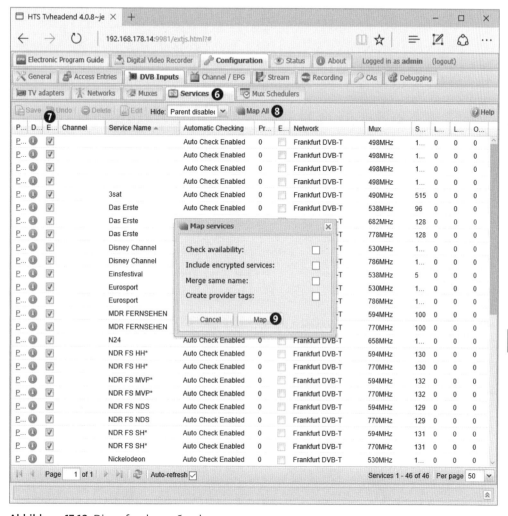

Abbildung 17.10 Die gefundenen Sender

Wenn Sie jetzt einmal in der mittleren Zeile auf den Reiter CHANNEL / EPG klicken (der dann sichtbar ist, wenn nach wie vor in der ersten Zeile der Reiter CONFIGURA-TION angewählt ist), dann können Sie sich eine Liste mit allen gefundenen Sendern ansehen. Dazu dient vor allem die Registerkarte CHANNELS, die ganz links in der dritten Reihe angezeigt wird. Schauen Sie sich die Senderliste in Ruhe an, und klicken Sie dann einmal bei einem beliebigen Sender auf den PLAY-Eintrag, der sich ganz links in der jeweiligen Zeile befindet. Jetzt wird Ihr Browser Playlist-Daten herunterladen, die Sie mit Ihrem Mediaplayer öffnen beziehungsweise abspielen können – dazu bietet sich beispielsweise der *VLC Media Player* an. Wenn Sie die Dateiendung nicht mit dem VLC Media Player verknüpft haben, dann genügt es, die heruntergeladene Datei in das Hauptfenster von VLC zu ziehen und die Wiedergabe zu starten. Sie werden dann das aktuelle Fernsehprogramm des ausgewählten Senders sehen.

TVHeadend hat aber noch mehr zu bieten: Wenn Sie in der ersten Zeile auf den Reiter Electronic Program Guide klicken, dann wird Ihnen eine elektronische Programmzeitschrift angezeigt, die Sie in Abbildung 17.11 sehen.

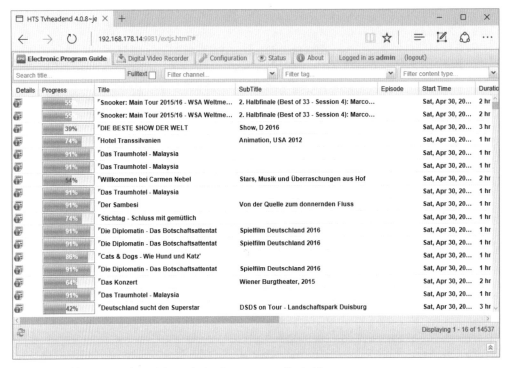

Abbildung 17.11 Ihre elektronische Programmzeitschrift

Sie können sich das aktuelle Programm ansehen. Wenn Sie einen Eintrag anklicken, dann bekommen Sie ein Fenster mit detaillierten Optionen und können sich über Schaltflächen am unteren Fensterrand das aktuelle Programm ansehen (Play Program) oder sogar aufnehmen (Record Program).

Ihre Aufnahmen können Sie im zweiten Reiter in der ersten Reiterzeile mit dem Namen Digital Video Recorder verwalten, wie Ihnen Abbildung 17.12 zeigt.

Damit ist die grundlegende Konfiguration abgeschlossen.

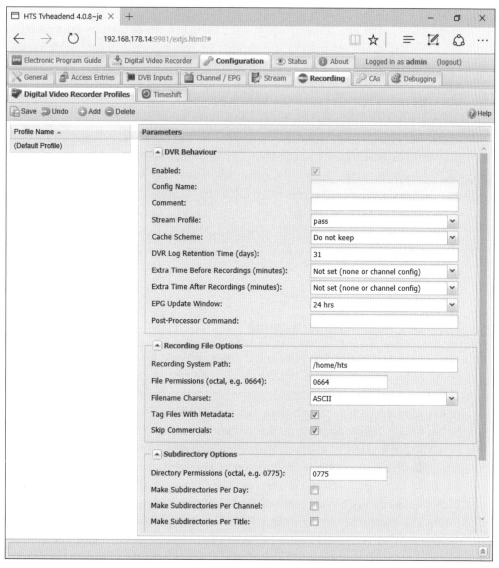

Abbildung 17.12 Die Konfiguration Ihres Videorekorders

17.4 Zusätzliche Optionen

Wie Sie sicherlich gemerkt haben, bietet TVHeadend zahlreiche Optionen, die sich jedoch nicht unbedingt an einen Einsteiger richten und den Umfang dieses Buches schnell sprengen würden. Dem Einsteiger sei jedoch empfohlen, noch einen Blick auf den Reiter Recording zu werfen, der sich in der mittleren Zeile befindet und sichtbar wird, sobald Sie den Reiter Configuration in der ersten Zeile aktiviert haben.

Dieser Reiter kümmert sich um Funktionen rund um die Aufnahme von Fernseh-
programmen. Die Aufnahmefunktion wird sicherlich für den einen oder anderen
interessant sein, und auf dieser Karte können Sie beispielsweise in der Rubrik RECOR-
DING FILE OPTIONS den Speicherort der Aufnahmen einstellen. Wenn Sie viele Aufnahmen planen, dann sollten Sie den Standardort – das ist die interne Speicherkarte
Ihres Servers – auf ein externes Speichermedium mit ausreichender Kapazität
ändern. Beachten Sie, dass der Benutzer *hts* auf diesen Pfad Schreibzugriff haben
muss. Außerdem sind vielleicht die Optionen EXTRA TIME BEFORE und AFTER
RECORDINGS interessant. Hiermit lässt sich die Aufnahme einige Zeit früher starten
und einige Zeit später beenden, für den Fall, dass es die Sender mit der Sendezeit
nicht so genau nehmen. Vergessen Sie nicht, Ihre Einstellungen mit einem Klick auf
die Schaltfläche SAVE zu speichern.

Sie können sich gerne noch in den vielfältigen Optionen von TVHeadend umsehen.
Ansonsten wären wir jetzt so weit, dass wir mit einer Clientanwendung fernsehen
könnten.

17.5   Der Start der Übertragung

Wie Sie gesehen haben, können Sie auf einfache Weise an einem normalen PC das
Fernsehprogramm verfolgen. Für die mobilen Betriebssysteme gibt es eine Vielzahl
verschiedener Clientprogramme. Wenn Sie einmal in Ihren jeweiligen App-Bezugspunkt schauen und dort nach dem Schlagwort TVHeadend suchen, dann werden
Ihnen einige Treffer angeboten. Sie sollten sich mit mehreren geeigneten Apps
beschäftigen und Ihren Favoriten auswählen. Natürlich kann ich hier nicht im Detail
auf die Bedienung verschiedener Programme eingehen, aber das ist glücklicherweise
gar nicht nötig, denn einen Großteil der Konfigurationsarbeit haben wir direkt in
TVHeadend erledigt. Sie müssen sich im Prinzip in der jeweiligen App nur noch an
Ihrem TVHeadend-Server anmelden. Hierfür benötigen Sie die IP-Adresse Ihres Pi-
Servers aus dem Heimnetz sowie den Benutzernamen und das Passwort. Diese Daten
hatten Sie bei der Installation von TVHeadend festgelegt. Die meisten Apps werden
Ihnen nach dem erfolgreichen Verbindungsaufbau entweder die Senderliste oder die
elektronische Programmzeitschrift anzeigen. Sie können den gewünschten Sender
auswählen und die Wiedergabe starten. Eventuell werden Sie noch nach dem zu
nutzenden Videoplayer gefragt. In seltenen Fällen – je nach Ausstattung Ihres Mobilgerätes – müssen Sie noch einen Mediaplayer installieren. Hier bietet sich beispielsweise ebenfalls, soweit verfügbar, der VLC Media Player an. Die meisten Apps gestatten
auch die Programmierung des in TVHeadend eingebauten Videorekorders.

Zum Schluss sei noch erwähnt, dass Sie von nun an nicht nur mit Ihren Mobilgeräten
und Ihrem Desktoprechner fernsehen können. Wenn bei Ihnen ebenfalls das Kodi-

Mediacenter in Betrieb ist, das Sie in Abbildung 17.13 sehen, dann können Sie auch dieses jetzt mit einer Fernsehfunktion aufrüsten.

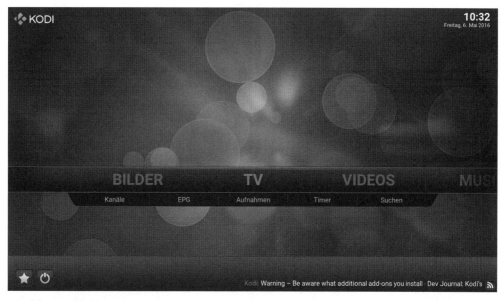

Abbildung 17.13 Das »Kodi-Mediacenter« mit aktivierter TV-Funktion

Kodi bringt nämlich ein Live-TV-Modul mit, das sich ebenfalls zur Benutzung mit TVHeadend konfigurieren lässt. Sie sehen das Addon in Abbildung 17.14.

Abbildung 17.14 Das TVHeadend-Addon für Kodi

Sie müssen nur das entsprechende Addon auswählen und sich dann an TVHeadend auf Ihrem Pi-Server mit dem dazugehörigen Benutzernamen und Passwort anmelden, wie in Abbildung 17.15 gezeigt.

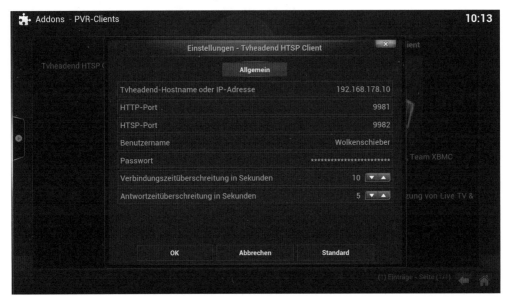

Abbildung 17.15 Die Benutzerdaten in Kodi eingeben

Auch innerhalb von Kodi wird Ihnen dann die Programmzeitschrift präsentiert, und Sie können sich ein Programm anschauen.

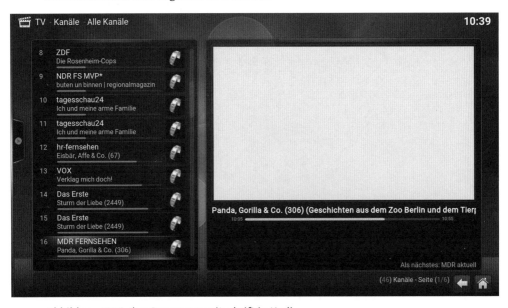

Abbildung 17.16 Ihre Programmzeitschrift in Kodi

Selbstverständlich wird auch die Programmierung des Videorekorders unterstützt. Viel Spaß beim Fernsehen!

17.6 Zurück auf null: die Deinstallation von TVHeadend

Sollten Sie zu einem zukünftigen Zeitpunkt an TVHeadend kein Interesse mehr haben und den Dienst wieder deinstallieren wollen, dann müssen Sie eine Kleinigkeit beachten. Zunächst einmal können Sie TVHeadend wie jeden Serverdienst – genauso wie es in Abschnitt 22.5, »Prüfen des Softwarebestands«, dieses Buches beschrieben ist – mit folgendem Befehl deinstallieren:

```
sudo apt-get remove tvheadend
```

Jetzt müssen Sie aber beachten, dass Sie ja eingangs extra für TVHeadend eine weitere Paketquelle hinzugefügt und insbesondere auch einen Schlüssel hierfür in Ihren Schlüsselbund importiert hatten. Dies sollten Sie wieder rückgängig machen. Schauen Sie sich zunächst an, welche Schlüssel bei Ihnen derzeit im Schlüsselbund enthalten sind. Dazu führen Sie folgenden Befehl aus:

```
sudo apt-key list
```

Sie erhalten eine längere Liste mit installierten Schlüsseln, die Sie in Abbildung 17.17 sehen.

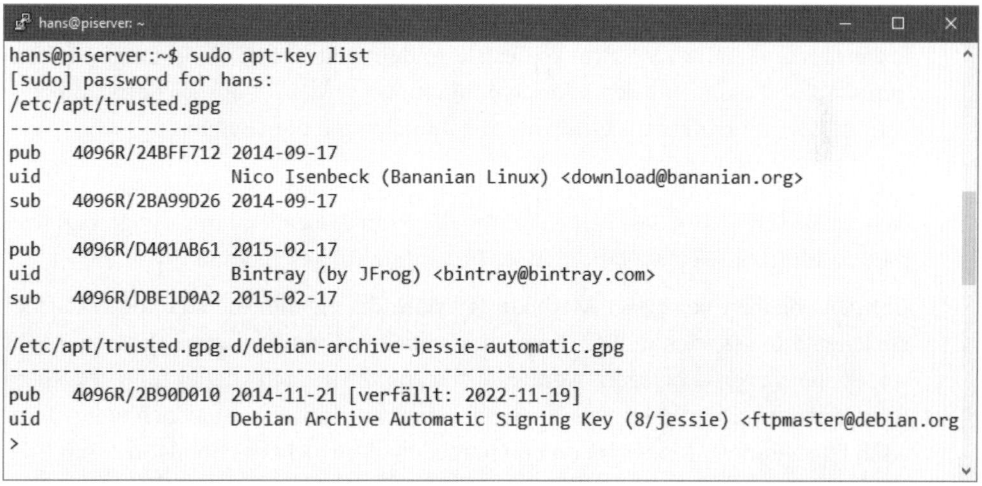

```
hans@piserver: ~

hans@piserver:~$ sudo apt-key list
[sudo] password for hans:
/etc/apt/trusted.gpg
--------------------
pub   4096R/24BFF712 2014-09-17
uid                  Nico Isenbeck (Bananian Linux) <download@bananian.org>
sub   4096R/2BA99D26 2014-09-17

pub   4096R/D401AB61 2015-02-17
uid                  Bintray (by JFrog) <bintray@bintray.com>
sub   4096R/DBE1D0A2 2015-02-17

/etc/apt/trusted.gpg.d/debian-archive-jessie-automatic.gpg
----------------------------------------------------------
pub   4096R/2B90D010 2014-11-21 [verfällt: 2022-11-19]
uid                  Debian Archive Automatic Signing Key (8/jessie) <ftpmaster@debian.org
>
```

Abbildung 17.17 Die Liste der installierten Schlüssel

Achtung   [!]

Die Einträge dieser Liste sind sicherheitsrelevant und für den reibungslosen Betrieb Ihres Servers wichtig. Arbeiten Sie bitte sehr konzentriert.

Suchen Sie in der Liste nach dem Schlüssel für `Bintray` (by `JFrog`). Sie werden folgende drei Zeilen finden.

```
pub 4096R/D401AB61 2015-02-17
uid Bintray (by JFrog) <bintray@bintray.com>
sub 4096R/DBE1D0A2 2015-02-17
```

Sie können diesem Eintrag entnehmen, dass der öffentliche Schlüssel eine Größe von 4.096 Bit hat und unter der ID D401AB61 geführt wird. Sie können diesen Schlüssel nun mit folgendem Befehl entfernen:

```
sudo apt-key del D401AB61
```

Wichtig

Bitte entfernen Sie keine anderen Schlüssel!

Abschließend sollten Sie die Fremdquelle von TVHeadend aus der Liste der abzufragenden Paketquellen entfernen. Öffnen Sie dazu folgende Datei:

```
sudo nano /etc/apt/sources.list
```

Entfernen Sie folgende Zeile, die Sie bei der Installation von TVHeadend hinzugefügt hatten:

```
deb http://dl.bintray.com/tvheadend/deb jessie release
```

Entfernen und ändern Sie bitte keinesfalls andere Einträge in dieser Datei. Sie können die Datei dann mit der Tastenkombination ⌜Strg⌟+⌜x⌟ abspeichern und `nano` beenden. Bei einer Aktualisierung der Paketquellen mit dem Befehl

```
sudo apt-get update
```

werden Sie feststellen, dass keine Paketquellen von TVHeadend mehr abgefragt werden. Damit ist die Deinstallation dieses Programms abgeschlossen.

Übrigens bleiben bei dieser Methode teilweise die eigenen Einstellungen auf der Speicherkarte gespeichert. Dies können wir uns erlauben, weil diese Daten nur sehr wenig Speicherplatz belegen. Wenn Sie sich zukünftig doch wieder für TVHeadend interessieren sollten, dann werden Sie bei einer Neuinstallation jedoch einige Ihrer alten Einstellungen wiederfinden und brauchen diese nicht nochmals zu konfigurieren (wobei deren Änderung jederzeit möglich ist).

Kapitel 18

Das Fenster nach Hause: Bilder per Webcam übertragen mit »fswebcam« und »motion«

Jetzt wird überwacht! In diesem Kapitel machen wir aus einer normalen Webcam eine Netzwerkkamera und können mit deren Hilfe kritische Bereiche eines Zimmers überwachen oder den Blick aus dem Fenster zu einem anderen Ort übertragen.

Die Kombination aus einer Webcam und einem Pi-Server ist sicherlich sehr vielversprechend, denn sie bietet mehrere interessante Möglichkeiten. Wenn Sie eine übliche Webcam, wie man sie etwa für die Videotelefonie am Computer verwendet, an den Pi-Server anschließen, dann können Sie daraus eine sogenannte *IP-Cam* machen.

Abbildung 18.1 Eine Webcam für Ihren Computer

Das ist eine Kamera, die aufgenommene Bilder beziehungsweise Videos im Netzwerk bereitstellt. Somit können Sie diese von jedem angeschlossenen Gerät aus betrachten. Damit realisieren Sie also eine Überwachungskamera – vom Babyfon bis hin zur Heimüberwachung –, die Sie etwa auf Reisen nutzen können. Sie können sich dann beispielsweise von unterwegs in Ihr VPN einwählen und sich vergewissern, ob zu Hause alles in Ordnung ist. Sie können die Webcam auch auf Ihre Terrasse oder Ihren

Balkon richten und sich auf der Arbeit während der Mittagspause über Ihr Smartphone einen entspannenden Blick gönnen – und auf den Feierabend dort freuen.

Es gibt zahlreiche verschiedene Ideen, was Sie mit dem Bild einer Webcam machen können. Als einfachste Möglichkeit lässt sich über einen Befehl auf der Kommandozeile ein einzelnes Standbild erzeugen. Als Erweiterung ist eine Software möglich, die in festgelegten Intervallen automatisch Einzelbilder aufnimmt. Diese Bilder können dann beispielsweise auf der Speicherkarte abgelegt werden und stehen dort zur späteren Betrachtung und Analyse zur Verfügung. Aus den Fotos lässt sich im Nachhinein auch ein Zeitraffervideo erstellen, das beispielsweise (durch ein Fenster betrachtet) den ganzen Tagesverlauf im Garten zeigt.

Diese sequentielle Aufnahme lässt sich auch so konfigurieren, dass nur dann Bilder abgespeichert werden, wenn im Kamerabild eine Bewegung festgestellt wird. Ist es zu Hause also einfach nur ganz ruhig, dann werden auch keine Bilder aufgenommen. Dank einer solchen Bewegungserkennung kann die Menge an benötigtem Speicherplatz deutlich reduziert werden.

Der nächste Schritt wäre die Bereitstellung eines Live-Videos auf einer Webseite beziehungsweise die Bereitstellung eines Videostreams, den man dann mit einer Abspielsoftware wie beispielsweise dem Mediaplayer VLC betrachten kann. Sie sehen schon, es gibt viele verschiedene Ansätze und Möglichkeiten.

18.1   Prüfen, ob die eigene Webcam geeignet ist

Bevor wir uns in die Arbeit mit der Webcam stürzen, müssen wir zunächst einmal klären, ob Ihr Webcam-Modell auch vom Pi-Server unterstützt wird. An dieser Stelle gibt es gleich vorweg eine gute Nachricht, denn das Betriebssystem des Pi-Servers unterstützt schon von Haus aus viele Webcams. Im Regelfall müssen Sie diese nur an einen freien USB-Steckplatz anschließen, die Kamera wird daraufhin vom Linux-System automatisch erkannt und eingerichtet. Die Chancen auf Erfolg sind sicherlich bei weitverbreiteten Modellen von bekannten Herstellern am größten. Da es immer ein bisschen dauert, bis ein Modell von Linux optimal unterstützt wird, sollten Sie sich auf etablierte Modelle konzentrieren und nicht zum allerneuesten Produkt greifen. Probieren Sie doch zunächst einfach eine bereits vorhandene Webcam aus. Öffnen Sie eine Konsole zu Ihrem Pi-Server, und schließen Sie an diesen dann Ihre Webcam über eine USB-Verbindung an. Geben Sie danach in der Konsole den Befehl

```
dmesg
```

ein, den Sie mit einem Druck auf die ⏎-Taste ausführen. Ihnen werden nun sehr umfangreiche Informationen zum aktuellen Systemstatus angezeigt, die seit Beginn des Bootvorgangs zusammengetragen wurden und die auch bei Ihnen in etwa so wie in Abbildung 18.2 aussehen werden.

```
hans@piserver: ~                                                    —    □    ×
[   29.634183] PHY: sunxi_gmac-0:00 - Link is Up - 100/Full                  ^
[   78.554440] EXT4-fs (mmcblk0p2): re-mounted. Opts: (null)
[30250.821750] ehci_irq: port change detect
[30251.039136] ehci_irq: port change detect
[30251.099276] The port change to OHCI now!
[30251.401994] usb 3-1: new full-speed USB device number 2 using sw-ohci
[30251.586666] usb 3-1: New USB device found, idVendor=046d, idProduct=08d7
[30251.599825] usb 3-1: New USB device strings: Mfr=0, Product=0, SerialNumber=0
[30251.663161] gspca_main: v2.14.0 registered
[30251.678589] gspca_main: gspca_zc3xx-2.14.0 probing 046d:08d7
[30253.041972] input: gspca_zc3xx as /devices/platform/sw-ohci.1/usb3/3-1/input/input2
[30253.095953] usbcore: registered new interface driver gspca_zc3xx
[30253.107882] usbcore: registered new interface driver snd-usb-audio
hans@piserver:~$ ▌                                                           v
```

Abbildung 18.2 Ein Beispiel für eine »dmesg«-Ausgabe

Betrachten Sie das Ende der Ausgabe, denn dort stehen die aktuellen Informationen. Sie werden sicherlich einige Zeilen finden, in denen das Wort USB vorkommt, eventuell ergänzt um den Ausdruck High-Speed-Device. Überprüfen Sie, ob sich auch eine Zeile mit dem Herstellernamen und der Modellbezeichnung Ihrer Kamera finden lässt und ob es eine Information gibt, dass ein video capture interface beziehungsweise (bei älteren Modellen) ein gspca-Gerät eingerichtet wurde. Wenn dem so ist, können Sie zufrieden sein. Navigieren Sie dann einmal mit folgendem Befehl in das spezielle Verzeichnis /dev:

```
cd /dev
```

Hierin werden alle Hardwaregeräte angezeigt. Denken Sie noch einmal daran, dass unter Linux »alles eine Datei ist« – so auch jedes Hardwaregerät, das simpel ausgedrückt als Datei angesprochen werden kann. Lassen Sie sich den Verzeichnisinhalt mit dem Befehl

```
ls
```

ausgeben. Dies wird Ihnen eine lange Liste von Namen erzeugen, die so wie in Abbildung 18.3 dargestellt aussehen sollte.

Sie müssten dort ein Gerät mit dem Namen *video0* finden. (Wenn Sie bereits ein anderes Videogerät installiert haben, dann kann die nachgestellte Ziffer auch größer als eine Null sein.) Auch dies ist ein sehr gutes Zeichen, dass alles geklappt hat.

Sollten Sie keinen Erfolg verbuchen können, dann haben Sie wohl ein Modell erwischt, bei dem es mit der automatischen Linux-Unterstützung (bisher noch) schlecht aussieht. Vielleicht haben Sie Glück und es gibt bereits Hardwaretreiber für Ihr Gerät, manchmal genügt auch die Installation einer Firmwaredatei oder die Aktivierung eines Kernelmoduls. Leider ist die Vorgehensweise oftmals für den Einsteiger ziemlich schwierig. Manchmal müssen Treiber sogar erst selbst kompiliert werden – was häufig recht frustrierend ist. Dazu kommt, dass die Vorgehensweise von Modell zu

Modell abweicht – ich kann hier unmöglich alle Kameramodelle besprechen. Ich kann Ihnen hier nur einen Vorschlag machen: Wenn Sie es sich zutrauen, dann bemühen Sie einfach Ihre bevorzugte Suchmaschine im Internet mit den Begriffen »Linux« und dem Namen Ihres Kameramodells. Schauen Sie sich dann mehrere Seiten an, auf denen die Einrichtung erläutert wird. Entscheiden Sie anschließend anhand des benötigten Aufwands, ob Sie die Prozedur wagen wollen. Erstellen Sie sicherheitshalber vor der Konfiguration ein System-Backup, für den Fall, dass doch etwas schiefläuft.

```
hans@piserver: /dev
hans@piserver:/dev$ ls
ace_dev          i2c-3        network_latency     rtc0        tty26  tty50  ttyS17  usbdev3.2
ashmem           i2c-4        network_throughput  shm         tty27  tty51  ttyS18  usbdev4.1
audio            input        null                snd         tty28  tty52  ttyS19  usbdev5.1
audio1           kmem         pa_dev              stderr      tty29  tty53  ttyS2   usbmon0
autofs           kmsg         ppp                 stdin       tty3   tty54  ttyS20  usbmon1
binder           log          psaux               stdout      tty30  tty55  ttyS21  usbmon2
block            log_events   ptmx                sunxi-lcd   tty31  tty56  ttyS22  usbmon3
btrfs-control    log_main     pts                 tty         tty32  tty57  ttyS23  usbmon4
bus              log_radio    ram0                tty0        tty33  tty58  ttyS24  usbmon5
cachefiles       log_system   ram1                tty1        tty34  tty59  ttyS25  v4l
char             loop0        ram10               tty10       tty35  tty6   ttyS26  vcs
console          loop1        ram11               tty11       tty36  tty60  ttyS27  vcs1
cpu_dma_latency  loop2        ram12               tty12       tty37  tty61  ttyS28  vcs2
cuse             loop3        ram13               tty13       tty38  tty62  ttyS29  vcs3
disk             loop4        ram14               tty14       tty39  tty63  ttyS3   vcs4
disp             loop5        ram15               tty15       tty4   tty7   ttyS30  vcs5
dsp              loop6        ram2                tty16       tty40  tty8   ttyS31  vcs6
dsp1             loop7        ram3                tty17       tty41  tty9   ttyS5   vcsa
fb0              loop-control ram4                tty18       tty42  ttyS0  ttyS5   vcsa1
fb1              MAKEDEV      ram5                tty19       tty43  ttyS1  ttyS6   vcsa2
fd               mapper       ram6                tty2        tty44  ttyS10 ttyS7   vcsa3
full             md0          ram7                tty20       tty45  ttyS11 ttyS8   vcsa4
fuse             mem          ram8                tty21       tty46  ttyS12 ttyS9   vcsa5
g2d              mmcblk0      ram9                tty22       tty47  ttyS13 urandom vcsa6
i2c-0            mmcblk0p1    random              tty23       tty48  ttyS14 usbdev1.1 video0
i2c-1            mmcblk0p2    rfkill              tty24       tty49  ttyS15 usbdev2.1 xconsole
i2c-2            net          rtc                 tty25       tty5   ttyS16 usbdev3.1 zero
hans@piserver:/dev$
```

Abbildung 18.3 Der Inhalt von »/dev« zeigt jetzt auch ein Gerät »video0«

Es gibt natürlich noch eine andere Möglichkeit, und das ist der Neuerwerb einer Kamera. Dies kann sogar eine sehr gute Idee sein, falls Sie Ihre derzeitige Kamera auch für andere Aufgaben nutzen wollen, als sie von nun an ständig am Pi-Server anzuschließen. Bevor Sie jedoch ein beliebiges Modell erwerben, prüfen Sie bitte zunächst im Internet, wie es mit der Linux-Unterstützung aussieht, damit Sie sicher sind, dass die Kamera auch auf Anhieb funktionieren wird.

18.2   Die Problematik mit dem Kameramodul

Wir wollen an dieser Stelle keinesfalls vergessen, dass es noch eine zweite Variante von Kameras gibt: Beide Pi-Systeme, der Raspberry Pi und auch der Banana Pi, bieten einen eigenen Anschluss für ein kleines Kameramodul. Das ist eine Platine in der Größe einer Briefmarke, die eine Kamera und ein paar elektronische Bauteile trägt.

Sie wird über ein daumenbreites Flachbandkabel mit dem Anschluss auf dem Pi-Computer verbunden. Sie sehen das Modul in Abbildung 18.4:

Abbildung 18.4 Das Kameramodul zum Anschluss an den Raspberry Pi

Der große Vorteil dieser Module ist ihr geringer Preis: Sie werden für knapp 30 Euro gehandelt. Für diesen Preis liefern sie eine erstaunlich gute Bildqualität, die so manche viel teurere Webcam spielend in den Schatten stellt. Fotos sind mit bis zu fünf Megapixeln möglich, Videos können in Full HD mit 30 Bildern pro Sekunde aufgenommen werden. Für den Raspberry Pi gibt es sogar eine spezielle Infrarotversion, die sich für die Nachtüberwachung mit Infrarotscheinwerfern eignet.

Leider haben diese Kameramodule aber auch Nachteile: Zum einen ist ihr Flachbandkabel schrecklich steif und wirklich sehr unhandlich. Das gilt insbesondere deshalb, weil die Kameraplatine so klein und leicht ist, dass sie unkontrolliert in der Gegend herumschlabbert. Ohne eine geeignete Befestigung kann man die Kamera kaum auf das Zielobjekt ausrichten. Außerdem ist die Kamera »offen« – es ist nur eine Platine ohne schützendes Gehäuse. Sie müssen zuerst noch ein kleines Gehäuse für die Kamera kaufen, das es für wenige Euro bei diversen Internethändlern gibt. Das ist dringend empfehlenswert, denn das Kameramodul ist recht empfindlich und sollte (außer vorsichtig am Rand) nicht mit den bloßen Händen angefasst werden. Übrigens sind auch deutlich längere Flachbandkabel erhältlich. So lässt sich die Kamera auch etwas entfernt vom Pi-Server aufstellen. Wenn Sie ein längeres Flachbandkabel erwerben möchten, dann suchen Sie im Internet nach dem Ausdruck »flex cable« und »raspberry« beziehungsweise »banana pi camera modul«. Manchmal wird auch der Ausdruck »FFC cable« verwendet. Das Kabel für den Raspberry Pi muss 15-polig sein, für den Banana Pi wird ein 40-poliges Kabel verwendet. Das zeigt Ihnen auch gleich, dass die Kameramodule speziell für den jeweiligen Rechnertyp gebaut sind und nicht untereinander ausgetauscht werden können. Wenn Sie die etwas aufwendigere Installation und der gewisse »Selbstbaulook« der Kamera nicht stören, dann erhalten Sie im Gegenzug eine Lösung mit guter Bildqualität und niedrigem Preis.

Leider gibt es bei dieser ansonsten so flexiblen Lösung noch weitere Nachteile. Diese Kameramodule richten sich üblicherweise an Bastler, die damit eigene Projekte ausprobieren möchten und dabei auch vor einiger Fummelei auf der Softwareseite nicht zurückschrecken. So ist beispielsweise das Kameramodul für den Banana Pi noch relativ jung, und die Treiber- und Softwareunterstützung kann noch verbessert werden. Gerade bei Aufnahmen mit einer hohen Bildauflösung berichten einige Nutzer von Problemen. Das Kameramodul des Raspberry Pi wird derzeit noch gar nicht als normales Gerät */dev/video0* in das System eingebunden, sondern verwendet eine eigene Schnittstelle. Das ist sehr schade, denn das bedeutet, dass es mit üblicher Software, wie wir sie hier in diesem Kapitel verwenden, nicht zusammenarbeitet. Stattdessen verwendet das Modul seine eigene Software, die zwar sehr viele Einstellparameter, aber nur einen recht spartanischen Funktionsumfang bietet. So lassen sich zwar Einzelbilder (und Einzelbildfolgen) sowie Videodateien aufnehmen, eine Bewegungserkennung oder ein Livestreaming wird jedoch (noch) nicht geboten. Glücklicherweise gibt es bereits Bestrebungen, dies zu ändern und die Kamera ganz normal in das System einzubinden. Zwar arbeitet diese Software schon recht stabil, ist jedoch für einen Einsteiger noch nicht einfach zu nutzen. Momentan bleibt es daher dabei, dass sich diese Kameramodule eher an fortgeschrittene Nutzer mit etwas Erfahrung richten. Am Ende dieses Abschnitts werden wir uns dennoch kurz die Bedienung der Kameramodule ansehen, für den Fall, dass sich eines in Ihrem Besitz befindet. Wir beginnen jedoch mit der klassischen USB-Webcam, die momentan den größeren Funktionsumfang bietet und bei der die Wahrscheinlichkeit größer ist, dass Sie eine solche zur Hand haben.

18.3 Statische Bilder übertragen mit »fswebcam«

18.3.1 Die Installation auf dem Pi-Server

Wir wollen damit beginnen, von der Kamera ein einzelnes Bild aufzunehmen und auf der Speicherkarte abzuspeichern. Von nun an setze ich voraus, dass Sie eine funktionsbereite Webcam in das System eingebunden haben. Einzelbildaufnahmen lassen sich sehr gut mit der Software *fswebcam* erstellen. Installieren Sie diese mit dem Befehl

```
sudo apt-get install fswebcam
```

Da Sie jetzt schon relativ fortgeschritten sind, werde ich auf die vorherige Aktualisierung der Paketquellen nicht nochmals explizit hinweisen.

Das Programm `fswebcam` wird generell nicht als ein Service installiert, der ständig im Hintergrund arbeitet. Sie müssen es stattdessen explizit per Befehl aufrufen. Wechseln Sie mit einem einfachen

```
cd
```

in Ihr Home-Verzeichnis. Dort erstellen wir ein Verzeichnis, das unsere Übungsbilder aufnimmt:

```
mkdir webcambilder
```

Anschließend wechseln Sie in dieses Verzeichnis:

```
cd webcambilder
```

18.3.2   Die ersten Schritte mit »fswebcam«

Nun erstellen wir mit folgendem Befehl ein erstes Bild:

```
sudo fswebcam -r 640x480 -d /dev/video0 -v testbild.jpg
```

Dieser Befehl nimmt von der Webcam /dev/video0 ein einzelnes Bild mit der Auflö-sung 640x480 Pixel auf und speichert es in der Datei testbild.jpg. Die vollständige Ausgabe sehen Sie in Abbildung 18.5.

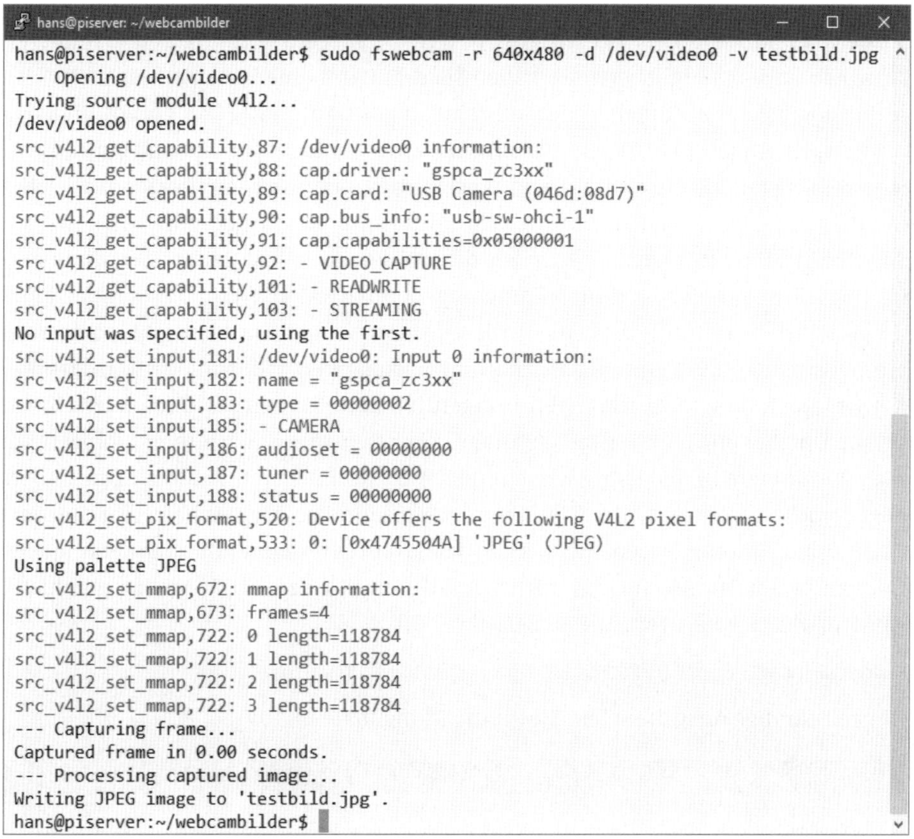

```
hans@piserver: ~/webcambilder                                    —    □    ×
hans@piserver:~/webcambilder$ sudo fswebcam -r 640x480 -d /dev/video0 -v testbild.jpg
--- Opening /dev/video0...
Trying source module v4l2...
/dev/video0 opened.
src_v4l2_get_capability,87: /dev/video0 information:
src_v4l2_get_capability,88: cap.driver: "gspca_zc3xx"
src_v4l2_get_capability,89: cap.card: "USB Camera (046d:08d7)"
src_v4l2_get_capability,90: cap.bus_info: "usb-sw-ohci-1"
src_v4l2_get_capability,91: cap.capabilities=0x05000001
src_v4l2_get_capability,92: - VIDEO_CAPTURE
src_v4l2_get_capability,101: - READWRITE
src_v4l2_get_capability,103: - STREAMING
No input was specified, using the first.
src_v4l2_set_input,181: /dev/video0: Input 0 information:
src_v4l2_set_input,182: name = "gspca_zc3xx"
src_v4l2_set_input,183: type = 00000002
src_v4l2_set_input,185: - CAMERA
src_v4l2_set_input,186: audioset = 00000000
src_v4l2_set_input,187: tuner = 00000000
src_v4l2_set_input,188: status = 00000000
src_v4l2_set_pix_format,520: Device offers the following V4L2 pixel formats:
src_v4l2_set_pix_format,533: 0: [0x4745504A] 'JPEG' (JPEG)
Using palette JPEG
src_v4l2_set_mmap,672: mmap information:
src_v4l2_set_mmap,673: frames=4
src_v4l2_set_mmap,722: 0 length=118784
src_v4l2_set_mmap,722: 1 length=118784
src_v4l2_set_mmap,722: 2 length=118784
src_v4l2_set_mmap,722: 3 length=118784
--- Capturing frame...
Captured frame in 0.00 seconds.
--- Processing captured image...
Writing JPEG image to 'testbild.jpg'.
hans@piserver:~/webcambilder$ ▌
```

Abbildung 18.5 Ein Bild mit »fswebcam« aufnehmen

Der Parameter -r gibt die Auflösung an, -d wählt das Gerät, und -v steht für *verbose*, also »redsam«, was fswebcam anweist, besonders viele Inforationen zur Bilderzeu-gung auszugeben. Wichtig: Falls Sie mehrere Webcams angeschlossen haben, dann müssen Sie vielleicht als Gerät -d /dev/video1 angeben.

Wenn Sie sich an dieser Stelle mit

```
ls
```

den Verzeichnisinhalt anzeigen lassen, dann werden Sie eine Datei mit dem Namen *testbild.jpg* finden. Natürlich können Sie sich das Foto nicht direkt auf der rein text-basierten Konsole anzeigen lassen. Sie können das Foto aber über eine geeignete Dateiübertragungsmethode (zum Beispiel mit einem USB-Stick oder elegant über einen [S]FTP-Transfer oder eine Samba-Freigabe) auf Ihren Computer übertragen und es dort anschauen. Sie sollten das aktuelle Bild der Webcam sehen. Wie Sie bemerken, hat fswebcam automatisch ein kleines Banner am unteren Bildrand ange-fügt, auf dem das Aufnahmedatum verzeichnet ist. Dies ist gerade für Überwa-chungsanwendungen eine sehr praktische Funktion.

Vielleicht sind Sie jetzt etwas enttäuscht, weil Sie sich eine bessere Bildqualität ver-sprochen hatten. Möglicherweise haben Sie sich extra eine Webcam mit voller HD-Auflösung gekauft und haben nun nur ein kleines 640 × 480 Pixel großes Bildchen bekommen. An dieser Stelle ergibt sich ein kleines Problem für uns und eine Experi-mentieraufgabe für Sie: Ich kann in diesem Buch natürlich nicht wissen, welches Modell Sie genau einsetzen und welche Auflösung dieses unterstützt. Die 640 × 480 Pixel waren deswegen so etwas wie der kleinste gemeinsame Nenner; diese Auf-lösung sollte eigentlich von allen Kameras geboten werden. Wenn Ihre Kamera aller-dings selbst diese Auflösung nicht bietet, dann sollten Sie vielleicht doch noch einmal ernsthaft über eine Neuanschaffung nachdenken. Wenn Sie wissen, dass Ihre Kamera auch höhere Auflösungen unterstützt, dann tragen Sie diese jetzt einmal versuchshalber ein. Nun wartet allerdings möglicherweise ein weiterer Stolperstein: Manche Kameramodelle müssen nämlich für die höchsten Auflösungen anders angesprochen werden. Unter Windows etwa macht dies der Gerätetreiber automa-tisch, unter Linux müssen wir das per Hand vornehmen. Einige Kameramodelle müssen beispielsweise für die höchste Auflösung in den YUYV-Modus geschaltet werden, was beispielsweise dieser Befehl vollführt:

```
sudo fswebcam -d /dev/video0 -p YUYV -r 1600x1200 output.jpeg
```

Die vollständige Ausgabe sehen Sie in Abbildung 18.6.

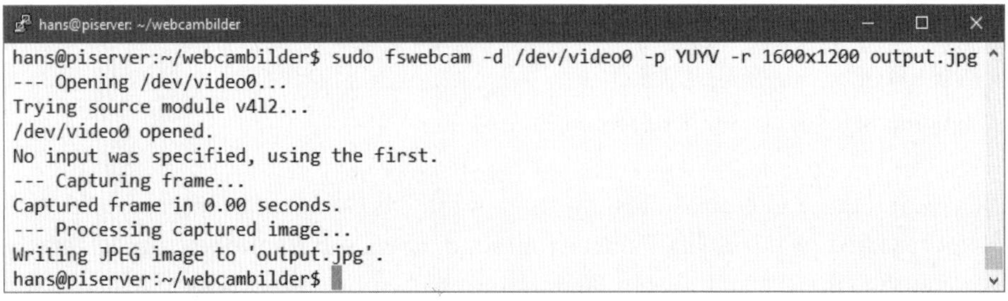

```
hans@piserver: ~/webcambilder                                    —   □   ×

hans@piserver:~/webcambilder$ sudo fswebcam -d /dev/video0 -p YUYV -r 1600x1200 output.jpg ^
--- Opening /dev/video0...
Trying source module v4l2...
/dev/video0 opened.
No input was specified, using the first.
--- Capturing frame...
Captured frame in 0.00 seconds.
--- Processing captured image...
Writing JPEG image to 'output.jpg'.
hans@piserver:~/webcambilder$
```

Abbildung 18.6 Ein Bild mit hoher Auflösung aufnehmen

Das können Sie auch einmal probieren, wenn Sie feststellen, dass die höchste Auflösung nicht korrekt verarbeitet wird. fswebcam bricht die Aufgabe dann übrigens nicht einfach ab, sondern nimmt einfach ein Bild in der jeweils höchstmöglichen Auflösung auf. Sie erhalten beispielsweise die Meldung: Adjusting resolution from 800x600 to 640x480. Es schadet also nicht, wenn Sie einfach ein wenig experimentieren und ausprobieren, welche Einstellungen bei Ihrem Kameramodell funktionieren. Auch ein unterstützender Blick ins Internet kann sich lohnen.

18.3.3 Anpassen der Kameraeinstellungen

Vielleicht sind Sie aber auch aus anderen Gründen mit dem Bild unzufrieden? Vielleicht ist es viel zu dunkel oder viel zu hell? Das liegt dann daran, dass die Standardparameter, die fswebcam gerade nutzt, möglicherweise für die aktuelle Lichtsituation nicht passen. In diesem Fall müssen Sie diese Parameter verändern. Geben Sie (auch wenn Sie ansonsten mit dem Bild zufrieden sind) bitte zur Übung folgenden Befehl ein:

```
sudo fswebcam -d /dev/video0 --list-controls
```

```
hans@piserver: ~/webcambilder                                    —    □    ×
hans@piserver:~/webcambilder$ sudo fswebcam -d /dev/video0 --list-controls  ^
--- Opening /dev/video0...
Trying source module v4l2...
/dev/video0 opened.
No input was specified, using the first.
Available Controls        Current Value    Range
------------------        -------------    -----
Brightness                128 (50%)        0 - 255
Contrast                  128 (50%)        0 - 255
Gamma                     4                1 - 6
Exposure                  2343 (8%)        781 - 18750
Auto Gain                 True             True | False
Light frequency filter    NoFliker         NoFliker | 50 Hz | 60 Hz
Sharpness                 2                0 - 3
Adjusting resolution from 384x288 to 320x240.
--- Capturing frame...
Captured frame in 0.00 seconds.
--- Processing captured image...
There are unsaved changes to the image.
hans@piserver:~/webcambilder$ █
```

Abbildung 18.7 Die Optionen Ihrer Kamera

Sie erhalten nun, wie in Abbildung 18.7 gezeigt, eine auf Ihr spezielles Kameramodell abgestimmte Liste mit Parametern, die Sie verändern können. Suchen Sie nach einem Eintrag, der für Ihr Problem verantwortlich seien könnte. Ist beispielsweise die Bildhelligkeit unzureichend, dann suchen Sie nach dem Parameter Exposure, Gain oder Brightness. Betrachten Sie die Liste, die Ihnen auch den möglichen Wertebereich angibt. Notieren Sie sich den Namen des Parameters, seinen möglichen Wertebereich und auch den aktuellen Wert. Wir werden jetzt noch ein weiteres Bild aufnehmen und dabei gezielt einen Parameter verändern, etwa die Bildhelligkeit. Das geschieht beispielsweise mit folgendem Befehl:

```
sudo fswebcam -r 640x480 -d /dev/video0 -v --set brightness=50% testbild.jpg
```

Je nach verwendetem Kameramodell wird dieser Befehl bei Ihnen möglicherweise nicht funktionieren. Für Ihre spezielle Situation müssen Sie natürlich hinter dem `--set` den Wert und den Parameter einfügen, den Sie verändern wollen. Betrachten Sie das neue Bild, und justieren Sie gegebenenfalls nach. Es schadet übrigens nicht, wenn Sie alle Parameter einmal durchprobieren und so ein Optimum finden. Notieren Sie sich dann die jeweiligen Werte.

18.3.4   Sequentielle Fotoaufnahme

Als Nächstes wollen wir mehrere Bilder aufnehmen. Wir möchten jetzt automatisch alle zehn Sekunden ein neues Bild aufnehmen lassen. Geben Sie dazu einfach folgenden Befehl ein:

```
sudo fswebcam -r 640x480 -d /dev/video0 -l 10 -v testbild.jpg
```

Der neue Parameter `-l 10` gibt an, dass alle 10 Sekunden ein neues Bild aufgenommen werden soll. Die Einstellung `-l 180` würde hingegen bedeuten, dass alle 180 Sekunden (also alle drei Minuten) ein neues Bild erwünscht ist. Dabei wird jedes Mal die Datei *testbild.jpg* überschrieben. Die Datei enthält also jeweils das neueste Bild, alle älteren Aufnahmen gehen verloren. Diese Einstellung ist vorteilhaft, wenn Sie sich später eine Internetseite erstellen wollen, die jeweils das aktuelle Bild ausgibt. Wenn Sie den Befehl ausführen, läuft `fswebcam` von nun an ewig – so lange, bis Sie dieses Programm mit der Tastenkombination Strg+c abbrechen. Probieren Sie dies einmal aus. Sie erhalten übrigens von `fswebcam` eine Information, wann das nächste Bild erstellt wird.

Stört Sie an dem vorigen Befehl, dass alle Einzelbilder verlorengehen und nur das aktuellste Bild beibehalten wird? Wir können den vorherigen Befehl erweitern, so dass alle Bilder erhalten bleiben und aufsteigend nummerierte Dateinamen bekommen. Geben Sie dazu folgenden Befehl ein:

```
sudo fswebcam -d /dev/video0 -l 10 -v testbild-%s.jpg
```

Der Parameter `%s` hinter dem Dateinamen sorgt dafür, dass die Bilder durchnummeriert werden und alle Einzelbilder erhalten bleiben. Probieren Sie es aus. Den laufenden Befehl können Sie wieder mit der Tastenkombination Strg+c abbrechen.

Manch einem gefällt die Durchnummerierung der Bilder nicht so recht, und er würde sich lieber das aktuelle Datum und die Uhrzeit im Dateinamen wünschen. Auch das ist möglich. Folgender Befehl realisiert genau das:

```
sudo fswebcam -d /dev/video0 -l 10 testbild-%Y-%m-%d--%H-%M-%S.jpg
```

Abbildung 18.8 zeigt Ihnen das Ergebnis.

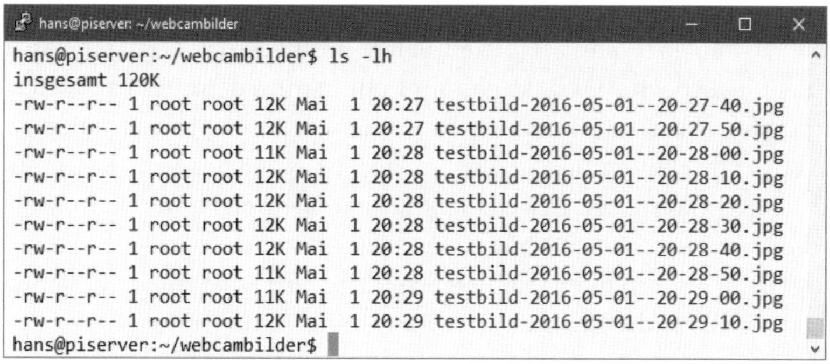

```
hans@piserver: ~/webcambilder                              —    □    ×
hans@piserver:~/webcambilder$ ls -lh
insgesamt 120K
-rw-r--r-- 1 root root 12K Mai  1 20:27 testbild-2016-05-01--20-27-40.jpg
-rw-r--r-- 1 root root 12K Mai  1 20:27 testbild-2016-05-01--20-27-50.jpg
-rw-r--r-- 1 root root 11K Mai  1 20:28 testbild-2016-05-01--20-28-00.jpg
-rw-r--r-- 1 root root 12K Mai  1 20:28 testbild-2016-05-01--20-28-10.jpg
-rw-r--r-- 1 root root 12K Mai  1 20:28 testbild-2016-05-01--20-28-20.jpg
-rw-r--r-- 1 root root 12K Mai  1 20:28 testbild-2016-05-01--20-28-30.jpg
-rw-r--r-- 1 root root 12K Mai  1 20:28 testbild-2016-05-01--20-28-40.jpg
-rw-r--r-- 1 root root 11K Mai  1 20:28 testbild-2016-05-01--20-28-50.jpg
-rw-r--r-- 1 root root 11K Mai  1 20:29 testbild-2016-05-01--20-29-00.jpg
-rw-r--r-- 1 root root 12K Mai  1 20:29 testbild-2016-05-01--20-29-10.jpg
hans@piserver:~/webcambilder$ 
```

Abbildung 18.8 Ein Datumsstempel organisiert nun die Aufnahmen

An dieser Stelle ist es etwas unschön, dass fswebcam stets die Konsole blockiert – und dabei Text ausgibt, wie Sie in Abbildung 18.9 sehen.

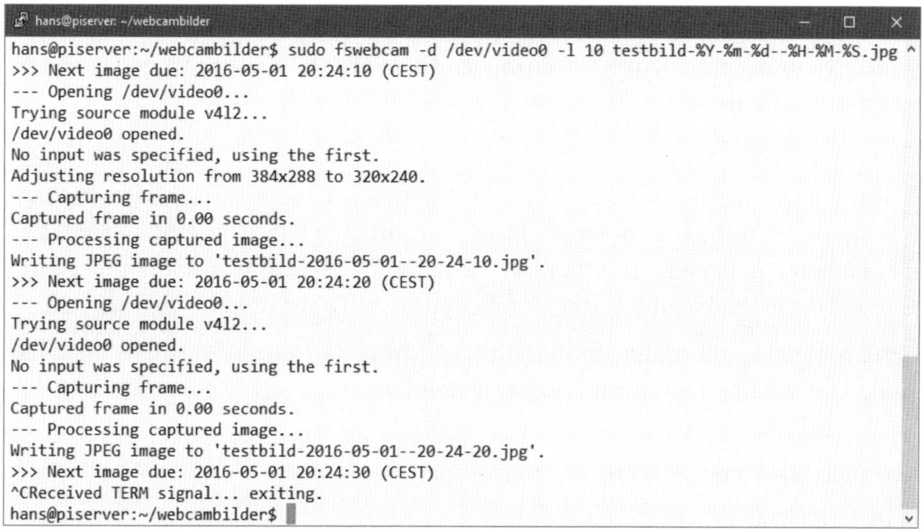

```
hans@piserver: ~/webcambilder                                        —    □    ×
hans@piserver:~/webcambilder$ sudo fswebcam -d /dev/video0 -l 10 testbild-%Y-%m-%d--%H-%M-%S.jpg
>>> Next image due: 2016-05-01 20:24:10 (CEST)
--- Opening /dev/video0...
Trying source module v4l2...
/dev/video0 opened.
No input was specified, using the first.
Adjusting resolution from 384x288 to 320x240.
--- Capturing frame...
Captured frame in 0.00 seconds.
--- Processing captured image...
Writing JPEG image to 'testbild-2016-05-01--20-24-10.jpg'.
>>> Next image due: 2016-05-01 20:24:20 (CEST)
--- Opening /dev/video0...
Trying source module v4l2...
/dev/video0 opened.
No input was specified, using the first.
--- Capturing frame...
Captured frame in 0.00 seconds.
--- Processing captured image...
Writing JPEG image to 'testbild-2016-05-01--20-24-20.jpg'.
>>> Next image due: 2016-05-01 20:24:30 (CEST)
^CReceived TERM signal... exiting.
hans@piserver:~/webcambilder$ 
```

Abbildung 18.9 Leider wird die Konsole von »fswebcam« blockiert

fswebcam ist jetzt nämlich quasi mit der Konsole »verbunden«. Wenn Sie das Fenster der Konsole schließen, dann beenden Sie damit auch die Anwendung fswebcam auf Ihrem Pi-Server. Das ist keine besonders komfortable Situation – insbesondere nicht für längere Aufnahmen. Wesentlich angenehmer wäre es, wenn fswebcam »still und heimlich« im Hintergrund arbeiten und die Fotos aufnehmen würde. Aber auch das geht problemlos. Wir werden den Befehl jetzt so erweitern, dass fswebcam im Hintergrund läuft und die Konsole wieder freigibt, dafür gibt es extra einen Parameter:

```
sudo fswebcam -d /dev/video0 -q -b -l 60 testbild-%s.jpg --pid
~/fswebcampid.info
```

Sie können übrigens statt des Parameters %s wieder die zuvor gezeigte vollständige Datumsausgabe verwenden. Wenn Sie diesen Befehl ausführen, passiert scheinbar nichts. In Wahrheit jedoch wird fswebcam gestartet und nimmt dank des Parameters -l 60 alle 60 Sekunden ein neues Bild auf. Der Parameter -b (von englisch *background*) bewirkt, dass fswebcam im Hintergrund arbeitet und nicht mehr sichtbar ist. Die Option -q (von englisch *quiet*) führt dazu, dass keine Informationen mehr auf die Konsole geschrieben werden, es bleibt still. Wichtig ist jetzt der Parameter --pid ~/fswebcam-pid.info. Er sorgt dafür, dass in Ihrem Home-Verzeichnis eine Datei mit dem Namen *fswebcampid.info* erstellt wird. Öffnen Sie diese Datei mit dem Texteditor nano:

```
nano ~/fswebcampid.info
```

Wie Sie sehen, enthält diese Datei nur eine Zahl. Bitte notieren Sie sich diese Zahl. Sie ist nämlich zum Beenden von fswebcam dienlich. Vergessen Sie nicht, dass das Programm jetzt ständig im Hintergrund arbeitet – und zwar ohne Unterlass, so lange bis die Speicherkarte voll ist und dann »ganz komische Dinge passieren«. Die Zahl in der Datei *fswebcampid.info* gibt die Prozess-ID von fswebcam an. Das ist so etwas wie die (Haus-)Nummer eines laufenden Prozesses. Um einen Prozess zu beenden, geben Sie folgenden Befehl ein:

```
sudo kill ID 15
```

Dabei ersetzen Sie den Ausdruck ID durch die Prozess-ID von fswebcam, also jene Zahl, die Sie soeben der Datei *fswebcampid.info* entnommen haben. Daraufhin wird dank des Parameters 15 (den Sie bitte nicht verändern) eine Terminierungsaufforderung an fswebcam gesendet, und fswebcam stellt den Betrieb ohne weitere Nachricht ein.

Bitte achten Sie unbedingt auf die richtige Prozess-ID, sonst beenden Sie irgendein anderes Programm, was fatale Folgen haben kann.

Eine weitere Möglichkeit mit gleichem Resultat ist folgender Befehl, bei dem Sie ebenfalls die ID entsprechend ersetzen:

```
sudo kill -HUP ID
```

Auch dieser Befehl sendet einen sogenannten *Termination Request,* HUP steht dabei als Abkürzung für *Hang UP.*

Daneben gibt es noch »die große Keule«, die einfach alle Prozesse, die fswebcam heißen (das ist jetzt nicht die Prozess-ID, sondern der Prozessname), hart beendet. Auch diese Methode können Sie verwenden, denn Sie ist etwas bequemer als die Methode mit der Prozess-ID. Sie kann aber nicht benutzt werden, wenn Sie mehrere Instanzen von fswebcam geöffnet haben (mit mehreren Webcams) und Sie nur gezielt eine davon beenden möchten. Führen Sie zum Beenden aller fswebcam-Instanzen einfach folgenden Befehl aus:

```
sudo killall fswebcam
```

18.3.5   Das Hilfesystem von »fswebcam«

Nun wollen wir fswebcam noch ein wenig weiter konfigurieren. Da Sie nun schon ein fortgeschrittener Anwender sind, werden Sie an dieser Stelle jedoch erst einmal aufgefordert, selbst ein wenig das Hilfesystem von Linux zu bemühen. fswebcam bietet nämlich sehr viele Funktionen (die Sie niemals alle verwenden werden) und ist darüber hinaus sehr gut dokumentiert. Bitte öffnen Sie zunächst mit folgendem Befehl die ausführliche Anwendungshilfe zu diesem Programm:

```
man fswebcam
```

Der Befehl man (als Abkürzung von englisch *manual*) öffnet die zu einem Programm gehörenden Hilfeseiten – auf Englisch abgekürzt: *man pages*. Sie sehen sie in Abbildung 18.10.

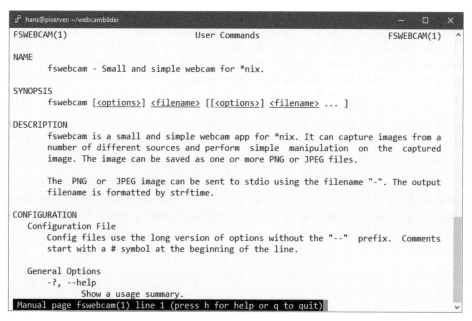

Abbildung 18.10 Die »man page« von »fswebcam«

Lesen Sie sich diese Anleitung einmal durch, und probieren Sie verschiedene Einstellungen aus, die Sie interessieren. Dieses ist an dieser Stelle eine sehr gute Übung, um Sie auf den Zeitpunkt vorzubereiten, wenn dieses Buch »durch« ist und Sie bei einer neuen Anwendung oder Idee auf sich selbst gestellt sind. Sie verlassen die Anleitung jederzeit durch einen Druck auf die Taste q (als Abkürzung von englisch *quit*, also übersetzt etwa »verlassen«).

Übrigens, noch einmal zur Erinnerung: Für fast alle Befehle gibt es entsprechende *man pages*. Wenn Sie also einmal eines Tages mit einem noch unbekannten Programm nicht weiterkommen oder ein bereits bekanntes noch besser kennenlernen möchten, dann lohnt ein Blick in diese Hilfeseiten.

Neben der ausführlichen Version gibt es für fswebcam eine Kurzfassung. Diese lassen Sie sich mit dem Befehlsaufruf

```
fswebcam --help
```

ausgeben. Und ja, genau, der Parameter --help funktioniert ebenfalls für sehr viele andere Befehle.

18.3.6   Eine Konfigurationsdatei erstellen

Vielleicht ist Ihr Befehl für die Bildaufnahme an dieser Stelle bereits etwas länger geworden, und Sie sind der Tipparbeit überdrüssig? Dann wird es Sie freuen, dass wir für fswebcam eine Konfigurationsdatei schreiben können, die wir als einzigen Parameter auf der Kommandozeile übergeben. Diese Konfigurationsdatei können Sie vollkommen selbst erstellen. Sie schreiben in die Datei einfach die Parameter, die Sie ansonsten über die Kommandozeile übergeben hätten, jeden in seine eigene Zeile, nur ohne die vorangehenden Bindestriche.

Aber aufgepasst! Sicher ist es Ihnen aufgefallen, dass für fswebcam (wie für viele andere Programme auch) sowohl Parameter in einer Kurzform als auch in einer Langform existieren. Der Parameter -q (in der Kurzform) kann auch ausgeschrieben in seiner Langform eingegeben werden: --quiet. Die Kurzform wird mit einem einzelnen Bindestrich eingeleitet, für die Langform werden zwei Bindestriche genutzt. Auf der Kommandozeile ist es egal, ob Sie die Kurz- oder Langform verwenden, Sie dürfen beide Varianten sogar mischen. In der Konfigurationsdatei ist jedoch ausschließlich die Langversion erlaubt! Sie dürfen also nur quiet eintragen, keinesfalls lediglich q! So könnte der Inhalt einer solchen Konfigurationsdatei beispielsweise aussehen:

```
resolution 1600x1200
device /dev/video0
input 0
save /home/hans/webcambilder/fswebcam.jpg
#
set brightness=55%
set exposure=100%
set Gamma=6
set "Auto Gain"=False
set gain=100%
set "Backlight Compensation"=2
```

```
#
frames 4
log /var/log/fswebcam.log
```

Listing 18.1 Eine mögliche Konfigurationsdatei für »fswebcam«

Sie können den Inhalt dieses Beispiels zum Testen in eine neue Textdatei schreiben und natürlich an Ihre Situation anpassen.

Übrigens: Befehlskomponenten, die aus mehreren Wörtern bestehen, werden in Anführungszeichen eingeschlossen, wie hier beispielsweise "Backlight Compensation". Absichtlich gibt es im obigen Beispiel ein paar kleine Befehle, die Sie noch nicht aus diesem Text kennen und die vielleicht auf Ihrem System und mit Ihrer Kamera auch gar nicht funktionieren werden. Zur Klärung, worum es sich handelt, sollten Sie eine der besprochenen Hilfeoptionen nutzen.

Bevor Sie diese Datei mit fswebcam verwenden, sollten Sie jedoch zunächst überlegen, was die einzelnen Punkte überhaupt bewirken. Beantworten Sie auch die wichtige Frage, ob fswebcam mit diesen Einstellungen nur ein einzelnes Bild aufnimmt und sich dann beendet oder kontinuierlich arbeiten wird.

Diese Beispieldatei können Sie ganz nach Ihren Bedürfnissen anpassen und sie mit einem beliebigen Namen abspeichern. Nutzen Sie zu Beginn als Speicherort zunächst Ihr Home-Verzeichnis und benennen diese erste Datei am besten *fswebcam.conf*. Wenn Sie später etwas routinierter mit dieser Konfigurationsdatei sind, dann können Sie als Speicherort auch (mit sudo-Rechten) das Verzeichnis */etc* verwenden. Die letztgenannte Variante hat den Vorteil, dass Sie alle Konfigurationsdateien an einem zentralen Ort zusammenhalten.

18

> **Achtung** [!]
>
> In dem oben genannten Beispiel haben wir als Zielpfad */home/hans/webcambilder/fswebcam.jpg* angegeben und dabei wieder unseren Beispielbenutzer *hans* verwendet. Sie müssen diesen Pfad entsprechend Ihrem Benutzernamen anpassen.

Beachten Sie auch, dass Sie in Konfigurationsdateien stets den vollständigen Pfad zu einer Datei oder einem Verzeichnis angeben sollten. Das ist auch nötig, wenn Sie versuchen, fswebcam gleich beim Systemstart auszuführen. Wie das geht, haben Sie übrigens bereits bei der Einrichtung des Musikstreamings mit Icecast und Ices gelernt. Aber keine Sorge, ich werde dies nachfolgend noch einmal besprechen.

Sie können für verschiedene Aufgaben auch mehrere Konfigurationsdateien mit verschiedenen Dateinamen erstellen. Beim Aufruf von fswebcam müssen Sie stets mit angeben, welche Konfigurationsdatei verwendet werden soll. Wenn Sie beispielsweise (im aktuellen Verzeichnis) die Konfigurationsdatei *fswebcam.conf* erstellt haben, dann lautet der Befehlsaufruf folgenderweise:

```
sudo fswebcam --config fswebcam.conf
```

Hiermit wird fswebcam gestartet. Es wird alle Parameter verwenden, die in der Konfigurationsdatei *fswebcam.conf* spezifiziert sind. (Natürlich können Sie auch einen vollständigen Pfad zur Konfigurationsdatei angeben.) Probieren Sie dies nun bitte einmal aus.

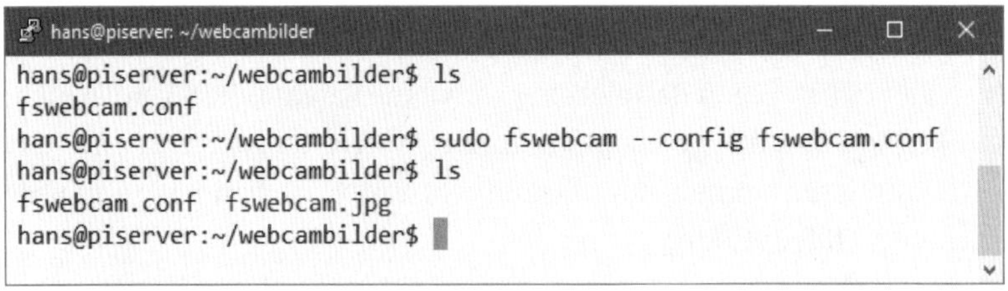

```
hans@piserver: ~/webcambilder                                    —    □    ×
hans@piserver:~/webcambilder$ ls
fswebcam.conf
hans@piserver:~/webcambilder$ sudo fswebcam --config fswebcam.conf
hans@piserver:~/webcambilder$ ls
fswebcam.conf   fswebcam.jpg
hans@piserver:~/webcambilder$ 
```

Abbildung 18.11 Eine eigene Konfigurationsdatei für »fswebcam«

Der Aufruf von fswebcam lässt sich für fortgeschrittene Nutzer noch detaillierter an eine bestimmte Situation anpassen: Sie können nämlich an diesen Befehlsaufruf noch weitere Parameter anhängen, wenn Sie diese nicht in die genutzte Konfigurationsdatei mit eingetragen haben. Folgender Befehl ist also auch gültig und funktioniert (soweit die Verzeichnisse und Dateien existieren) einwandfrei:

```
sudo fswebcam --config /etc/fswebcam.conf -q -b -l 180 /home/peter/cam/
bild-%s.jpg --pid /home/peter/cam/pid.info
```

Natürlich könnten Sie den Parameter -q, den wir hier per Befehlszeile angehängt haben, auch entsprechend als quiet in die Konfigurationsdatei schreiben. Das können Sie natürlich für alle Parameter machen (in diesem Beispiel: loop 180; background; pid /home/peter/cam/pid.info).

Bevor Sie diesen Befehl ausprobieren, sollten Sie sich zunächst jedoch eingehend mit den anderen Parametern befassen.

18.3.7   Die Zugriffsrechte auf die Videogeräte

Sicherlich ist Ihnen aufgefallen, dass wir vor allen Befehlsaufrufen von fswebcam bisher den Befehlsvorsatz sudo verwendet haben. Das liegt nicht etwa daran, dass fswebcam diese Rechte benötigt, sondern ist auf die Webcam zurückzuführen. Das Gerät */dev/video0* ist in der Grundkonfiguration nur vom Benutzer *root* und von den Mitgliedern der Benutzergruppe *video* lesbar. Erinnern Sie sich? Das ist uns schon einmal bei der Audiostreaming-Anwendung begegnet, auch da waren die Rechte ähnlich gesetzt. Jetzt sind diese eingeschränkten Zugriffsrechte ebenso nützlich, denn sie verhindern, dass ein jeder einfach Ihre Webcam aktivieren und Sie somit ausspionieren kann. Allerdings sollten Sie einem Programm nicht unnötigerweise sudo-Rechte verleihen, denn mit sudo-Rechten hat dieses Programm quasi vollen Systemzugriff. Zwar können wir davon ausgehen, dass fswebcam keine absichtlichen Schadfunktionen mitbringt, aber es könnten beispielsweise Fehler bei seiner Programmierung entstanden sein. Diese Fehler könnten wiederum dazu führen, dass ein Angreifer diesen Dienst übernimmt und somit ebenfalls volle Systemkontrolle bekommt. Deswegen ist es sinnvoller, Ihren eigenen Benutzer der Benutzergruppe *video* hinzuzufügen. Sie haben dann das Recht, die Webcam zu benutzen. Anschließend können Sie fswebcam mit normalen Rechten starten und die sudo-Problematik umgehen. Diese Änderung führt nur dazu, dass Sie selbst fswebcam ohne sudo-Rechte ausführen können, wie Abbildung 18.12 beweist. Weitere Systembenutzer können dies also nach wie vor nicht. Somit kann auch niemand Sie ausspionieren, es sei denn, er ist in Besitz Ihres Systempassworts gelangt.

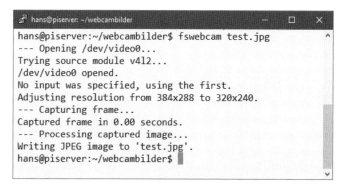

Abbildung 18.12 »fswebcam« funktioniert jetzt auch mit Ihren Benutzerrechten

Führen Sie also folgenden Befehl aus, bei dem Sie den Ausdruck BENUTZERNAME durch Ihren Benutzernamen ersetzen:

```
sudo usermod -aG video BENUTZERNAME
```

Natürlich können Sie auch noch weitere Benutzer zur Benutzergruppe *video* hinzufügen. Sie müssen im obigen Befehl nur den jeweiligen Benutzernamen angeben. Dieser Benutzer wird dann den fswebcam-Befehl ohne ein vorgestelltes sudo ausführen dürfen. Beachten Sie aber unbedingt, dass Sie sich vom Pi-Server einmal ab- und wieder anmelden müssen. Erst danach werden die geänderten Gruppenzugehörigkeiten aktiv.

Wie schon beim Audiostreaming gilt auch hier: Mit dem (angepassten) Befehlsaufruf

```
sudo deluser BENUTZERNAME video
```

können Sie die Gruppenzugehörigkeit auch wieder rückgängig machen.

18.3.8   »fswebcam« automatisch beim Systemstart ausführen

Natürlich können Sie fswebcam auch automatisch beim Systemstart ausführen lassen. Dies ist praktisch, wenn Sie fswebcam als einen Dauerdienst auf Ihrem System einrichten möchten.

Aus den zuvor genannten Gründen sollten Sie jedoch fswebcam nicht mit *root*-Rechten ausführen. Eine gute Lösung ist, einen neuen eingeschränkten Systembenutzer anzulegen, der kein Passwort erhält und sich auch nicht am System anmelden kann. Etwas Ähnliches haben wir schon einmal bei der Einrichtung des FTP-Servers in Abschnitt 9.3 gemacht.

Legen wir also zunächst einen neuen eingeschränkten Systembenutzer mit dem Namen *fswebcam* an. Dazu dient folgender Befehl:

```
sudo adduser fswebcam --disabled-login --shell /bin/false
```

Wir werden diesen Nutzer nun der Benutzergruppe *video* hinzufügen. Damit erhält dieser Benutzer das Recht, auf die Webcam zuzugreifen. Das erledigt folgender Befehl für uns:

```
sudo usermod -aG video fswebcam
```

Nun öffnen wir die Datei */etc/crontab* mit dem Editor. In dieser Datei können wir die Programme festlegen, die beim Systemstart gestartet werden sollen. Führen Sie also diesen Befehl aus:

```
sudo nano /etc/crontab
```

Ergänzen Sie folgende Zeile am Ende der Datei:

```
@reboot fswebcam (fswebcam --config /etc/fswebcam.conf)
```

Auch wenn es heutzutage nicht mehr immer erforderlich ist, so ist es eine gute Praxis, in dieser Datei zum Schluss immer noch eine Leerzeile einzufügen. Drücken Sie also nach Eingabe des genannten Eintrags abschließend auf die ⏎-Taste. Speichern Sie anschließend die Datei mit der Tastenkombination Strg+x ab. Dies aktiviert den automatischen Start von fswebcam beim Bootvorgang des Servers.

Wie Sie merken, wird fswebcam jetzt unter dem Benutzerkonto *fswebcam* ausgeführt. Das deklariert das Wort fswebcam, das gleich nach dem Ausdruck @reboot steht. fswebcam läuft somit mit eingeschränkten Rechten, hat aber Zugriff auf die Webcam.

Bitte beachten Sie, dass fswebcam mit der Konfigurationsdatei */etc/fswebcam.conf* geladen wird. Dies stellt die Konfigurationsdatei für fswebcam dar. Wir haben diese Datei bisher nicht gemeinsam angelegt, aber wir haben gemeinsam besprochen, wie eine solche Datei aussehen muss. Bevor Sie diesen Befehl aktivieren, müssen Sie also eine geeignete Konfigurationsdatei anlegen, die Sie zuvor auch gründlich auf Ihre Funktionalität getestet haben. Ein Beispiel dazu sehen Sie in Abbildung 18.13.

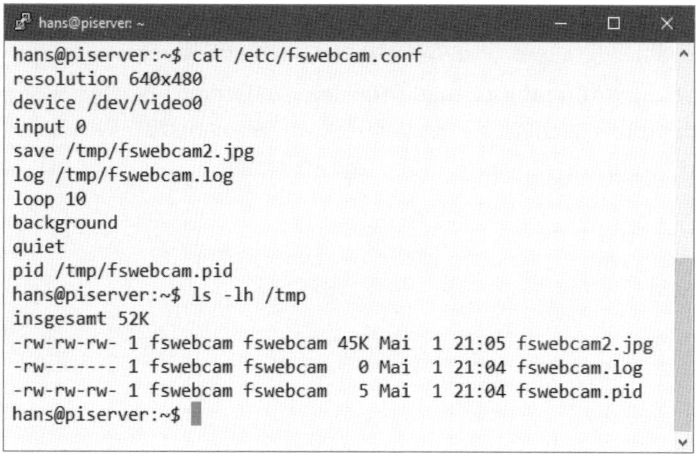

```
hans@piserver: ~                                            —    □    ×
hans@piserver:~$ cat /etc/fswebcam.conf
resolution 640x480
device /dev/video0
input 0
save /tmp/fswebcam2.jpg
log /tmp/fswebcam.log
loop 10
background
quiet
pid /tmp/fswebcam.pid
hans@piserver:~$ ls -lh /tmp
insgesamt 52K
-rw-rw-rw- 1 fswebcam fswebcam 45K Mai  1 21:05 fswebcam2.jpg
-rw------- 1 fswebcam fswebcam   0 Mai  1 21:04 fswebcam.log
-rw-rw-rw- 1 fswebcam fswebcam   5 Mai  1 21:04 fswebcam.pid
hans@piserver:~$ 
```

Abbildung 18.13 Einstellungen über die Konfigurationsdatei »/etc/fswebcam.conf«

Achten Sie insbesondere darauf, dass fswebcam nun unter dem Benutzer *fswebcam* Schreibzugriffsrechte auf das jeweilige Bilder-Verzeichnis haben muss. Sie können das Verzeichnis beispielsweise dem Besitzer *fswebcam* übergeben oder die besitzende Gruppe in *fswebcam* ändern. Es ist auch möglich, als besitzende Gruppe *video* festzulegen.

Wenn Sie eines Tages an der Autostart-Funktion von fswebcam nicht mehr interessiert sind, dann löschen Sie einfach die zuvor eingegebene Zeile aus der Datei */etc/ crontab*.

18.3.9   Eine einfache Webseite mit dem Kamerabild

Wenn Sie möchten, dann können Sie sich jetzt eine ganz kleine Webseite basteln, die das aktuelle Bild Ihrer Webcam anzeigt und mit jedem Browser innerhalb Ihres Heimnetzwerks aufgerufen werden kann. Das schließt natürlich Computer und Mobilgeräte ein, die über eine VPN-Verbindung angeschlossen sind. Somit können Sie auch von unterwegs – einen Internetzugang vorausgesetzt – einen Blick auf das Bild Ihrer Webcam werfen.

Wir benutzen für dieses Projekt wieder den Webserver nginx. Diese Anleitung richtet sich an den etwas fortgeschrittenen Nutzer, der beispielsweise schon seine ownCloud oder ein DokuWiki eingerichtet hat. Ich werde daher nicht alle Schritte im Detail besprechen, da ich sie schon in den zurückliegenden Kapiteln erläutert habe. Bei Unklarheiten sollten Sie also (noch einmal) die zurückliegenden Kapitel konsultieren.

Falls noch nicht geschehen, dann installieren Sie den Webserver nginx mit diesem Befehl:

```
sudo apt-get install nginx
```

543

Für diese Anwendung benötigen wir keine PHP-Unterstützung, dieses Projekt ist vollkommen unabhängig von einem vorhandenen PHP-Interpreter.

Wir werden zunächst die Konfigurationsdatei für den Webserver erstellen. Diese benennen wir *webcam* und speichern sie im Verzeichnis */etc/nginx/sites-available*. Führen Sie folgenden Befehl aus, um den Editor nano aufzurufen:

```
sudo nano /etc/nginx/sites-available/webcam
```

Geben Sie folgenden Text ein:

```
server {
listen 8085;

root /var/www/html/webcam;
index index.html;

server_name IP-ADRESSE.VON.IHREM.PI-SERVER;
}
```

Passen Sie den Ausdruck IP-ADRESSE.VON.IHREM.PI-SERVER mit der jeweiligen internen IP-Adresse an. Achten Sie auf das Semikolon am Zeilenende. Kontrollieren Sie außerdem den Port. Ich habe ihn in der zweiten Zeile beispielhaft auf Port 8085 gelegt. Sollte dieser bei Ihnen schon vergeben sein, dann ändern Sie auch diese Einstellung in einen noch unbenutzten Port.

Wir werden jetzt wie üblich den Link unserer Konfigurationsdatei in das Verzeichnis */etc/nginx/sites-enabled* anlegen. Das machen wir mit folgendem Befehl:

```
sudo ln -s /etc/nginx/sites-available/webcam /etc/nginx/sites-enabled/webcam
```

Ich gehe an dieser Stelle davon aus, dass Sie den Link zur Datei *default* bereits entfernt haben. Sollte dies jedoch Ihr erstes Website-Projekt überhaupt sein, dann führen Sie folgenden Befehl aus. Bitte informieren Sie sich in einem der zuvor besprochenen Website-Projekte über den Sinn und Zweck dieses Befehls:

```
sudo rm /etc/nginx/sites-enabled/default
```

Nun werden wir im Verzeichnis */var/www/html* ein neues Unterverzeichnis namens *webcam* erstellen, das unsere Website und das aktuelle Bild der Webcam aufnimmt. Dazu dient folgender Befehl:

```
sudo mkdir /var/www/html/webcam
```

Innerhalb dieses Verzeichnisses erstellen wir nun mit dem Editor nano unsere Website. Öffnen Sie nano mit folgendem Befehl:

```
sudo nano /var/www/html/webcam/index.html
```

Geben Sie folgenden Text ein:

```
<html>
<head>
<meta http-equiv="expires" content="0">
<meta http-equiv="pragma" content="no-cache">
<title>Die Webcam im Serverraum</title>
</head>
<center>
<body style="background-color:#170B3B">
<h1><font color = "turquoise">Die Webcam im Serverraum</font></h1>
<img src="fswebcam.jpg">
</body>
</center>
</html>
```

Listing 18.2 Das Gerüst unserer Seite mit den Bildern der Webcam

Gegebenenfalls passen Sie die Überschrift <h1> und den Titel <title> nach Ihren Wünschen an. Speichern Sie die Datei und beenden Sie den Editor mit der Tastenkombination `Strg`+`x`.

Im nächsten Schritt werden wir die Rechte des Website-Verzeichnisses anpassen. Sowohl die Webseite als auch das übergeordnete Verzeichnis werden wir den Besitzern *root:www-data* übergeben. Nur der Benutzer *root* erhält Schreibrechte auf das Verzeichnis.

Führen Sie folgende Befehle aus:

```
sudo chown root:www-data /var/www/html/webcam/
```

```
sudo chmod 755 /var/www/html/webcam/
```

```
sudo chown root:www-data /var/www/html/webcam/index.html
```

```
sudo chmod 444 /var/www/html/webcam/index.html
```

Nun werden wir uns um die Rechte von fswebcam kümmern. Falls noch nicht geschehen, werden wir einen neuen Systembenutzer anlegen, der kein Passwort bekommt und sich auch nicht am System anmelden kann. Dieser Benutzer wird Mitglied der Benutzergruppe *video*. Unter diesem Benutzerkonto wird fswebcam seinen Dienst tun. Führen Sie – sofern noch nicht geschehen – dazu folgende bekannte Befehle aus:

```
sudo adduser fswebcam --disabled-login --shell /bin/false
```

```
sudo usermod -aG video fswebcam
```

Wir werden jetzt mit dem Befehl touch eine leere Datei erstellen, die zukünftig von fswebcam mit dem aktuellen Webcam-Bild gefüllt wird.

```
sudo touch /var/www/html/webcam/fswebcam.jpg
```

Nun werden wir die Zugriffsrechte auf diese Datei anpassen. Die Datei soll dem Besitzer *fswebcam* gehören (und der Gruppe *fswebcam* übergeben werden). Auf diese Datei soll nur der Besitzer Schreibzugriffsrechte erhalten, jeder andere darf die Datei lesen – das schließt auch den Webserver nginx ein:

```
sudo chown fswebcam:fswebcam /var/www/html/webcam/fswebcam.jpg
```

```
sudo chmod 644 /var/www/html/webcam/fswebcam.jpg
```

Wir legen uns jetzt eine neue Konfigurationsdatei für fswebcam an, deren Einstellungen zu unserem Website-Projekt passen. Sie sind herzlich eingeladen, Ihre eigenen Parameter zu definieren und können auch eventuell benötigte set-Parameter-Anweisungen mit aufnehmen. Betrachten Sie daher folgende Datei nur als Vorschlag. Öffnen Sie also den Editor nano mit folgendem Befehl:

```
sudo nano /etc/fswebcam_www.conf
```

Füllen Sie die Datei mit folgendem (eventuell angepasstem) Inhalt:

```
resolution 640x480
device /dev/video0
input 0
save /var/www/html/webcam/fswebcam.jpg
quiet
background
#
loop 60
#
#Hier können Sie optionale set-Parameter eintragen
#
pid /tmp/fswebcam_www_pid.info
```

Listing 18.3 »fswebcam« für den Serverdienst konfiguriert

Wie Sie sehen, wird mit diesen Einstellungen alle 60 Sekunden ein neues Bild aufgenommen, das *fswebcam.jpg* benannt ist und im Verzeichnis unserer Webseite abgelegt wird. Falls Sie den Dienst manuell beenden möchten, dann finden Sie in der Datei */tmp/fswebcam_www_pid.info* die zugehörige Prozess-ID. Sie können natürlich den Pfad jederzeit anpassen, müssen aber darauf achten, dass das Programm fswebcam (also der Benutzer *fswebcam*) hierauf Schreibzugriff hat.

Anschließend starten wir fswebcam mit folgendem Befehl, der die neue Konfigurationsdatei verwendet und fswebcam als Benutzer *fswebcam* ausführt:

```
sudo -u fswebcam fswebcam --config /etc/fswebcam_www.conf
```

Nun können wir den Webserver nginx einmal neu starten und damit die neue Konfiguration aktivieren:

```
sudo service nginx restart
```

Anschließend wird Ihre Website mit dem aktuellen Kamerabild unter dieser angepassten Adresse verfügbar sein:

http://IP-Adresse.von.Ihrem.Pi-Server:8085

Wie immer müssen Sie natürlich die IP-Adresse und gegebenenfalls auch den Port an Ihre Situation anpassen. Ihr Ergebnis sollte so aussehen wie in Abbildung 18.14.

Abbildung 18.14 Ihre Bilder live im (internen) Web

Abschließend können Sie Ihren Pi-Server noch so konfigurieren, dass fswebcam automatisch beim Bootvorgang des Servers gestartet wird. Das machen wir wieder über die Datei */etc/crontab*. Wenn Sie diesen Schritt durchführen möchten, dann öffnen Sie diese Datei zur Bearbeitung mit dem Editor nano:

```
sudo nano /etc/crontab
```

Fügen Sie folgende Zeile am Ende neu ein:

```
@reboot fswebcam (fswebcam --config /etc/fswebcam_www.conf)
```

Speichern Sie diese Datei ab, und beenden Sie nano. Jetzt wird fswebcam mit der zuvor angelegten Konfiguration bei jedem Neustart des Servers automatisch aktiv sein. Der Webserver nginx wird als Service automatisch beim Systemstart ausgeführt.

Wenn Sie die Funktion deaktivieren möchten, dann löschen Sie einfach diese Zeile wieder aus der genannten Datei.

18.4 Bewegte Bilder übertragen: Livestreaming und Bewegungserkennung mit »motion«

Nun wollen wir uns an Schritt zwei wagen und bewegte Bilder in Form eines Livestreams übertragen.

18.4.1 Video-Codecs und Hardwareanforderungen

Bitte erwarten Sie von Ihrer Webcam keine Bilder in fantastischer Fernsehqualität, insbesondere dann nicht, wenn Sie den Livestream über Ihr VPN, also über das Internet, übertragen wollen. Ein Pi-Computer ist nicht leistungsfähig genug, um Video-Rohmaterial in ansprechender Auflösung in Echtzeit mit einem modernen Hochleistungs-Videocodec zu komprimieren und entsprechend zu übertragen.

Nun ja, eigentlich ist das falsch, denn die Grafikkarte – sowohl die des Raspberry Pi als auch die des Banana Pi – hat sehr wohl entsprechende Encodier-Funktionalitäten. Diese würden es erlauben, ein Full-HD-Video mit 30 Bildern pro Sekunde in Echtzeit mit einem H.264-Codec zu komprimieren. Leider gibt es dafür (noch) keine oder kaum entsprechende Softwareunterstützung, beziehungsweise sind diese Funktionen aus Lizenzgründen nicht freigeschaltet oder für einen Anfänger zu schwierig zu bedienen. Wir müssen uns daher mit einer deutlich abgespeckten Variante begnügen.

Hierbei werden von der Kamera Einzelbilder bezogen und diese anschließend mit dem – was die Rechenleistung betrifft – recht anspruchslosen Motion-JPG-Verfahren komprimiert. Dieses Verfahren wird auch als MJPG abgekürzt. Wie der Name vermuten lässt, werden hierbei individuell komprimierte Einzelbilder übertragen, die jeweils im JPG-Format vorliegen. Dies hat leider den Nachteil, dass unser Livestream eine beachtliche Datenrate erfordert. Im Heimnetz mag dies unkritisch sein, anders sieht es jedoch bei der Nutzung über ein VPN aus. Denken Sie daran, dass Sie hierbei nicht Daten aus dem Internet herunterladen, sondern diese vom Pi-Server ins Internet hochladen. Die meisten privaten Internetanschlüsse erlauben nur wesentlich geringere Datenraten für den Upload als für den Download.

Wir werden im Folgenden einen Beispielstream mit der Auflösung 640 × 480 Pixel und einer Bildrate von 12 Bildern pro Sekunde erstellen. Das klingt jetzt erst einmal wenig (und das ist es auch), aber diese Parameter erlauben es bereits, Bewegungen klar zu erkennen und Objekte zu verfolgen. Selbst die Mundbewegungen beim Sprechen sind gut auszumachen. Dieser Stream erfordert jedoch bereits eine Datenrate von rund 300 kB/s – das sind 2,4 Mbit/s. Das sollte im Heimnetz kein Problem sein. Möchten Sie jedoch eine VPN-Verbindung nutzen und stellt Ihr Internetanschluss diese Datenrate nicht bereit, dann müssen Sie die Auflösung, die Bildrate oder die Bildqualität entsprechend reduzieren. Wenn Sie hingegen über eine großzügige Datenrate für den Upload verfügen, dann können Sie natürlich auch einfach die Qualität entsprechend erhöhen.

Die Auslastung des Prozessors ist beim Videostreaming im Regelfall aber sehr groß und leider auch abhängig davon, in welchem Datenformat die Kamera das Bildmaterial zur Verfügung stellt. Manche Kameras können bereits einen fertigen MJPG-Stream liefern, womit natürlich der aufwendige Encodierungsschritt durch den Prozessor des Pi-Servers entfällt. Hier hilft nur Ausprobieren oder das Studieren von Internetforen vor einem eventuellen Neukauf weiter. Stellt Ihre Kamera das Bild nicht bereits in diesem Format zur Verfügung, dann müssen Sie bei unserem angegebenen Beispielstream damit rechnen, dass beispielsweise ein Prozessorkern des Banana Pi bereits zu etwa 40 % ausgelastet ist. Höhere Bildraten und Auflösungen erhöhen die Prozessorauslastung. Sie können die Auslastung – wie Sie wissen – jederzeit mit Hilfe des Anzeigetools top überprüfen. Rufen Sie es einfach mit dem Befehl top auf der Konsole Ihres Pi-Servers auf.

Den Livestream werden wir nicht mit fswebcam erzeugen, denn dieses Programm versteht sich nur auf die Aufnahme von Einzelbildern. Wir benutzen stattdessen das Programm motion, das zusätzlich eine Bewegungserkennung beherrscht, mit der wir uns im nächsten Abschnitt befassen werden. Es gibt zwar durchaus noch andere Programme, die teilweise sogar eine bessere Qualität erreichen als motion, jedoch auch deutlich schwieriger zu installieren und zu konfigurieren und daher in einem Anfängerbuch fehl am Platze sind.

18.4.2   Die Installation und Einrichtung von »motion« für einen Livestream

Die Installation von motion geschieht auf dem üblichen Weg mit folgendem Befehl:

```
sudo apt-get install motion
```

Die Konfiguration von motion erfolgt ebenfalls ganz klassisch über eine Konfigurationsdatei. Diese Datei hat es jedoch richtig »in sich« und bringt es bereits im Auslieferungszustand auf über 700 Zeilen. Viele dieser Zeilen sind für das Funktionieren von motion unabdingbar, jedoch glücklicherweise bereits »ab Werk« sehr gut konfiguriert. Trotzdem müssen wir an einigen Stellen Änderungen vornehmen. Am besten ist es, wenn Sie im Texteditor nano nach den entsprechenden Textstellen mit der Tastenkombination [Strg]+[w] suchen und nachfolgend den Text entsprechend ersetzen. Wenn Sie den jeweiligen Eintrag nicht in der Datei finden, so versuchen Sie, den Suchbegriff schrittweise zu verkürzen.

Legen Sie zunächst wieder ein Backup der Konfigurationsdatei mit folgendem Befehl an:

```
sudo cp /etc/motion/motion.conf /etc/motion/motion.conf.orig
```

Nun öffnen Sie die Konfigurationsdatei, die Sie in Abbildung 18.15 sehen, mit dem Editor nano mit diesem Befehl zur Bearbeitung:

```
sudo nano /etc/motion/motion.conf
```

18

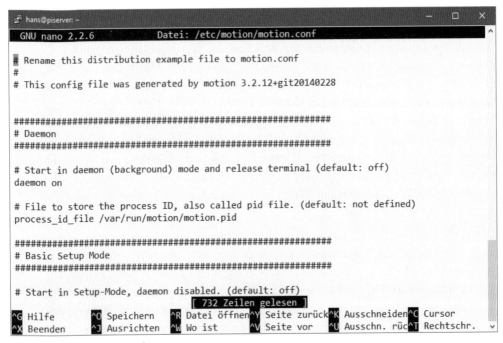

Abbildung 18.15 Die Konfigurationsdatei »/etc/motion/motion.conf«

Als Erstes werden wir motion so einstellen, dass es automatisch als Service im Hintergrund arbeitet und die Konsole sofort wieder »freigibt«. Prüfen Sie, ob es in Ihrer Datei bereits den Eintrag

daemon on

gibt. Wenn dem so ist, dann müssen Sie hieran nichts ändern. Sollte der Eintrag jedoch

daemon off

lauten, dann ändern Sie das off in ein on.

Haben Sie an Ihrem Server nur eine einzelne Kamera angeschlossen, so benötigen Sie den folgenden Schritt nicht. Haben Sie aber mehrere aktive Kameras und möchten davon nicht die erste benutzen, dann suchen Sie nach dem Eintrag videodevice und ändern ihn von /dev/video0 entsprechend in /dev/video1 oder je nach Kameraanzahl entsprechend noch höher.

Als Nächstes werden wir die Abmessungen des Kamerabildes einstellen. Standardmäßig sieht motion einen Wert von 320 × 240 Pixel vor, was doch recht wenig ist. Die meisten Kameras können deutlich mehr liefern, und auch der Pi-Computer kann größere Datenmengen verarbeiten. Suchen Sie also nach dem Eintrag

```
width 320
```

und ändern ihn in

```
width 640
```

Ändern Sie danach entsprechend height 240 in height 480. So erhalten Sie eine Auflösung von 640 × 480 Pixel.

Nun werden wir die Bildrate festlegen, die motion maximal von der Webcam zur Verarbeitung anfordert. Hier hat sich ein Wert von 12 Bildern pro Sekunde als Startwert
bewährt. Suchen Sie den Eintrag framerate, der zuerst lediglich auf 2 gesetzt ist. Weil
zwei Bilder pro Sekunde jedoch reichlich wenig sind, ändern Sie die 2 entsprechend
in eine 12.

Da wir im Moment die Bewegungserkennung von motion (noch) nicht verwenden,
können wir sie entsprechend abschalten oder reduzieren. Insbesondere die Deaktivierung der Rauscherkennung kann den Prozessor entlasten. Ändern Sie dazu den
Eintrag noise_tune on in noise_tune off.

Es folgt eine sehr wichtige Einstellung. Normalerweise wird motion – wie fswebcam –
(auch) Einzelbilder ausgeben und diese auf die Festplatte schreiben. Bei unseren Einstellungen wären das jedoch sehr viele Einzelbilder – rund 600 pro Minute, die Ihre
Speicherkarte sehr schnell füllen würden. Wir werden diese Funktion abschalten, so
dass nur ein Livestream übertragen wird. Dazu suchen Sie den Eintrag output_pictu-
res und setzen ihn auf off, wie Sie es in Abbildung 18.16 sehen.

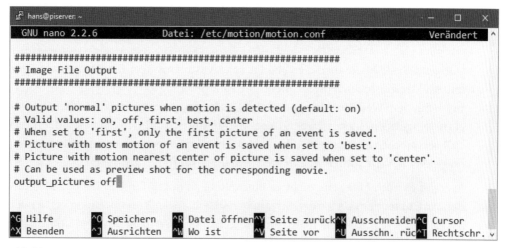

Abbildung 18.16 Einzelbilder in der Datei »/etc/motion/motion.conf« deaktivieren

Wenn Sie diese Funktion vielleicht eines Tages (mit geeigneten Bildraten) verwenden
möchten, dann können Sie ein paar Zeilen weiter unten im selben Abschnitt mit qua-

lity die Kompressionsqualität für Einzelbilder einstellen und zur Schonung des Speicherplatzes den vorgegebenen Wert von 75 entsprechend reduzieren.

motion ist übrigens auch in der Lage, den erstellten Livestream sogar als Videodatei auf die Speicherkarte zu schreiben. Dazu nutzt es die Komponente *ffmpeg*. Es vermag auf Wunsch sogar ein MPEG4-Video zu erzeugen, was natürlich eine entsprechend hohe Prozessorauslastung auslöst. Die Videoerstellung ist normalerweise aktiv und füllt die Speicherkarte entsprechend schnell. Um sie zu deaktivieren, suchen Sie nach dem Eintrag ffmpeg_output_movies, der wahrscheinlich auf on gesetzt und damit aktiviert ist. Ändern Sie das on in ein off, um die Funktion zu deaktivieren. Im Abschnitt zur erweiterten Konfiguration werden wir uns noch einmal mit dieser Option beschäftigen.

Nun kommen wir zu den Einstellungen des eigentlichen Livestreams. Wir beginnen mit der Bildrate. Diese wird durch den Parameter stream_maxrate eingestellt. Normalerweise steht hier eine 1. Mit einem Bild pro Sekunde lassen sich aber Bewegungen nicht vernünftig auflösen. Suchen Sie also nach dem Ausdruck stream_maxrate 1, und ändern Sie die 1 in eine 12. Denken Sie daran, dass höhere Werte als 12 auch eine Veränderung des vorher festgelegten Eintrags framerate erfordern, den wir auf 12 gesetzt hatten. Der Eintrag framerate kontrolliert nämlich, wie viele Bilder überhaupt von der Webcam angefordert werden. Dieser Wert ist unabhängig davon, wie viele Bilder für den Stream verwendet werden – er wirkt jedoch nach oben hin begrenzend.

Schließlich müssen wir motion noch mitteilen, dass wir aus dem Heimnetzwerk auf den Livestream zugreifen wollen. Normalerweise verbietet motion dies und gestattet den Zugriff nur vom selben Rechner (*localhost*) aus. Ändern Sie also stream_localhost on in stream_loalhost off.

Übrigens: Sie können auch die Qualität des Livestreams über die Kompression der Einzelbilder einstellen. Hierfür dient der Parameter stream_quality, der normalerweise mit dem Wert 50 voreingestellt ist. Das lassen wir erst einmal so, aber Sie sind gerne eingeladen, hieran eigene Experimente durchzuführen. Höhere Zahlen (bis 100) versprechen eine bessere Bildqualität, erfordern aber auch eine größere Datenrate – kleine Werte führen zu entsprechend umgekehrten Ergebnissen.

Jetzt gilt es noch eine sehr wichtige Einstellung zu überprüfen. Es handelt sich um den Port, unter dem motion den Stream bereitstellt. In der Voreinstellung verwendet motion Port 8081. Das können Sie kontrollieren, indem Sie in der Konfigurationsdatei nach dem Eintrag stream_port suchen, so wie es Abbildung 18.17 demonstriert.

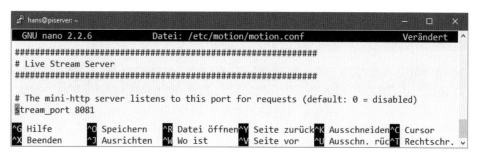

Abbildung 18.17 Den Port in der Datei »/etc/motion/motion.conf« ändern

Sollten Sie Port 8081 bereits für ein anderes Projekt verwendet haben, dann müssen Sie diese Einstellung unbedingt ändern. Wenn Sie bereits mehrere Website-Projekte aus diesem Buch eingerichtet haben, dann ist es sehr wahrscheinlich, dass dieser Port bereits belegt ist, da ich stets den Portbereich 8080 bis 8089 für Websites vorgeschlagen habe. Da Sie unserer Anleitung brav gefolgt sind, haben Sie über Ihre benutzten Ports Buch geführt und können nun gleich nachschlagen, ob dieser Port bei Ihnen in Benutzung ist. Sollte dem so sein, dann ändern Sie den Eintrag `stream_port 8081` in einen Port, der bei Ihnen noch ungenutzt ist. Eine Möglichkeit wäre Port 8091. Sie können auch bei eventuellen Unsicherheiten auf diesen Port wechseln, denn die Wahrscheinlichkeit ist groß, dass dieser Port noch nicht in Verwendung ist. An dieser Stelle ein Tipp: Mit dem Befehl

```
sudo netstat -tapen | awk '{print $4}'
```

lassen Sie sich eine Liste mit bereits belegten Ports anzeigen. Die (derzeit) belegten Ports stehen hinter den Doppelpunkten in der Bildschirmausgabe. Ändern Sie die Einstellung also so, dass `motion` einen bisher ungenutzten Port verwendet. Sollte die folgende Inbetriebnahme fehlschlagen, dann ist dieser Punkt ein guter Ansatz für eine erste Fehlersuche.

So, das war es schon zur grundlegenden Konfiguration für einen Livestream. Speichern Sie die Datei mit der Tastenkombination (Strg)+(x), und beenden Sie damit nano. Die Konfiguration ist fast komplett. `motion` hat allerdings noch eine kleine Sperre eingebaut und würde so noch nicht starten. Es gibt noch eine zweite Datei, in der Sie explizit einen Eintrag vornehmen müssen, der `motion` endgültig zur Aktivierung freigibt. Öffnen Sie folgende Datei:

```
sudo nano /etc/default/motion
```

Ändern Sie darin

```
start_motion_daemon=no
```

in

18

```
start_motion_daemon=yes
```

Die Datei sollte so aussehen wie in Abbildung 18.18.

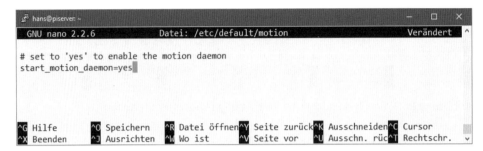

Abbildung 18.18 Die Startsperre in der Datei »/etc/motion/motion.conf« deaktivieren

Speichern Sie die Datei anschließend mit der Tastenkombination [Strg]+[x] ab, und beenden Sie damit nano.

18.4.3 Der erste Start

Nun können Sie motion mit dem Befehl

```
sudo service motion start
```

starten.

Übrigens: Ein stop statt start beendet motion auch wieder. Dies ist ein nützliches Feature, insbesondere bei einem Prozess, der so viel Rechenleistung erfordert. Vielleicht wäre es eine gute Idee, motion nur dann zu starten, wenn es auch aktiv genutzt wird, anstatt es ständig im Hintergrund rechnen zu lassen, denn das würde es sonst tun. Schalten Sie also motion nur bei Bedarf an und ansonsten wieder aus. Beachten Sie auch, dass motion mit den aktuellen Einstellungen automatisch beim Systemstart ausgeführt wird. Um dies zu verhindern, setzen Sie die im vorigen Abschnitt erläuterte allgemeine Startsperre wieder.

Sie können sich jetzt den Livestream in Ihrem Browser (Firefox unterstützt dies beispielsweise sehr gut) oder in einem Mediaplayer wie beispielsweise VLC unter dieser Adresse ansehen:

http://IP-Adresse.von.Ihrem.Pi-Server:8081

wobei Sie natürlich die statische IP-Adresse Ihres Pi-Servers entsprechend eingeben müssen. Sie müssen außerdem den Port anpassen, wenn Sie einen anderen Port als die Voreinstellung 8081 verwenden. Eben hatte ich die alternative Nutzung von Port 8091 vorgeschlagen. Die Ausgabe wird dann so wie in Abbildung 18.19 aussehen.

Abbildung 18.19 Stream über den Mediaplayer

Bitte beachten Sie zum Schluss noch, dass der Stream unverschlüsselt übertragen wird. Sie sollten ihn also auf keinen Fall direkt aus dem Internet erreichbar machen. Es ist (wie immer) eine wesentlich bessere Idee, hierfür eine VPN-Verbindung zu verwenden. Keine Sorge: Der Stream ist von Haus aus nur in Ihrem Heimnetzwerk und über Ihr VPN zu sehen, solange Sie nicht in Ihrem Router (und gegebenenfalls in der Firewall des Pi-Servers) den verwendeten Port öffnen beziehungsweise freigeben.

18.4.4   Die Einrichtung der Bewegungserkennung

Nun kommen wir zum Aspekt der Heimüberwachung mit einer Bewegungserkennung. Vielleicht möchten Sie – wenn Sie einmal nicht zu Hause sind – sicherheitshalber einen kritischen Bereich Ihres Heims mit einer Videokamera überwachen lassen. Diese Aufgabe lässt sich elegant mit einer Webcam lösen. Nun ist es natürlich nicht sonderlich praktisch, wenn Sie von unterwegs fortwährend den Livestream Ihrer Kamera überwachen müssen. Genauso wenig ist es hilfreich, wenn Sie den gesamten Stream abspeichern, um ihn später in Ruhe analysieren zu können. Erstens würde der Stream in kurzer Zeit Ihre Speicherkarte füllen, und zweitens zeigt der Stream (hoffentlich) ständig dasselbe Bild. Zum Glück gibt es das Hilfsmittel der Bewegungserkennung, eine Funktion, die das Programm motion von sich aus mitbringt. motion überwacht fortlaufend das Bild der Webcam auf mögliche Veränderungen. Nur wenn sich im Bild etwas bewegt, also eine Veränderung auftritt, dann werden auch Fotos abgespeichert. Somit füllt sich Ihre Speicherkarte nur dann, wenn auch tatsächlich etwas passiert. Das schont den Speicherplatz und vereinfacht auch die spätere Auswertung.

Bevor wir diese Funktion mit motion einrichten, müssen Sie zunächst einige Fragen beantworten: Welche Größe sollen die aufgenommenen Fotos haben? In welchem Zeitintervall sollen – sobald eine Bewegung erkannt wurde – Fotos abgespeichert werden? Mit welcher Qualität soll dies geschehen? Sollen die aufgenommenen Fotos gleich zu einem Videofilm verarbeitet werden? Sie sehen schon: motion bietet hier eine Menge an verschiedenen Optionen.

Wir benötigen für diesen Abschnitt eine funktionierende Installation von motion. Sie sollten also alles ab Abschnitt 18.4 bereits erfolgreich bearbeitet haben.

Wir werden nachfolgend einige Änderungen an der Konfigurationsdatei von motion vornehmen. Zunächst legen wir wieder ein Backup der Konfigurationsdatei an, das wir mit der Dateiendung *.statisch* versehen:

```
sudo cp /etc/motion/motion.conf /etc/motion/motion.conf.statisch
```

Dank dieses Backups haben Sie stets einen einfachen Weg zurück zur Konfiguration ohne Bewegungserkennung. Natürlich müssen Sie gegebenenfalls dieses Backup wieder zurückkopieren.

Mit folgendem Befehl öffnen wir die Konfigurationsdatei zur Bearbeitung:

```
sudo nano /etc/motion/motion.conf
```

Wie Sie wissen, ist die Konfigurationsdatei von motion recht umfangreich. Ich werde daher auch an dieser Stelle so vorgehen, dass ich die entsprechenden Parameter nenne, die Sie dann in nano mit der Tastenkombination Strg+w suchen und entsprechend verändern.

Als Erstes müssen Sie wissen, dass Sie ohne weiteres sowohl den im vorigen Abschnitt behandelten Livestream als auch die Bewegungserkennung mit dem Abspeichern von Einzelbildern parallel verwenden können. Dies hat aber eine gewisse Einschränkung: Für beide Betriebsarten definieren Sie nämlich eine gemeinsame Bilderfassungsrate. Für einen Livestream, der eine Bewegung zumindest einigermaßen flüssig auflösen soll, ist es vorteilhaft, einen möglichst hohen Wert zu wählen; wir hatten hier 12 fps vorgesehen (*fps* ist die Abkürzung für *frames per second*, also »Bilder je Sekunde«). In Kombination mit der Bewegungserkennung würde dies aber nun bedeuten, dass im Falle einer Bewegung auch 12 einzelne Fotos auf der Speicherkarte landen – und zwar für jede Sekunde, in der eine Bewegung stattfindet. Eine so große Anzahl von Bildern würde die Speicherkarte (oder natürlich auch ein externes Speichermedium) rasch füllen und ist auch für eine spätere Analyse nicht notwendig oder hilfreich. Je nachdem, wie häufig, wie lange und wie intensiv eine Bewegung stattfindet, sind deutlich kleinere Werte angebracht. Im Regelfall werden wohl ein bis drei Bilder pro Sekunde genügen, auch wenn dies den Livestream sehr ruckelig erscheinen lässt. Natürlich können Sie jederzeit mit größeren Werten experimentieren und Ihr persönliches Optimum finden.

Suchen Sie also zunächst nach dem Abschnitt framerate. Ändern Sie den Wert der framerate entsprechend in einen Wert von 1, 2 oder 3, was der Anzahl an aufgenommenen Bildern je Sekunde entspricht. Wenn Sie übrigens noch kleinere Bildraten wünschen, dann sollten Sie sich den Parameter minimum_frame_time anschauen. Wenn Sie ihn beispielsweise auf 2 setzen, dann wird nur alle zwei Sekunden ein Bild aufgenommen.

Für die eigentliche Bewegungserkennung definiert motion eine sogenannte *Schwelle*, die die Empfindlichkeit steuert. Dieser Parameter nennt sich threshold und hat normalerweise den Wert 1500, der bereits für viele Situationen angemessen ist. Sollte er bei Ihnen nicht passen, weil entweder eine Bewegung nicht erkannt oder fälschlicherweise ein statisches Bild als Bewegung abgespeichert wurde, dann können Sie diesen Wert einmal experimentell verändern. Für den Anfang sollten Sie jedoch den voreingestellten Wert probieren. Ein kritischer Faktor ist übrigens stets das Bildrauschen, das besonders abends in dunkler Umgebung problematisch werden kann und zu fälschlichen Bewegungserkennungen führt. Auch hierfür hat motion eine Einstelloption, die Sie sich anschauen sollten, falls Sie mit den Ergebnissen nicht zufrieden sind. Diese Option versteckt sich unter dem Parameter noise_level mit dem Standardwert 32, den Sie zunächst testen und nur bei Bedarf verändern sollten. Vergrößern Sie den Wert, dann muss eine stärkere Veränderung im Bild auftreten, um als Bewegung erkannt zu werden.

Übrigens: Zu beiden Parametern bietet motion auch automatische Optimierungsfunktionen. Bei Problemen mit der Bewegungserkennung kann es nicht schaden, sie einmal optional zu aktivieren und auszuprobieren, ob sie zu einer Verbesserung beitragen. Hierzu suchen Sie nach threshold_tune und noise_tune und aktivieren diese gegebenenfalls, indem Sie ein off in ein on ändern. Für den Anfang sollten jedoch zunächst beide Parameter deaktiviert bleiben.

Nun können Sie mit den beiden Optionen width und height die Größe der aufgenommenen Bilder festlegen. Diese Einstellung gilt dann sowohl für den Livestream als auch für die abgespeicherten Fotos bei einer erkannten Bewegung. Wir hatten eingangs die Einstellungen width 640 und height 480 gewählt. Diese Einstellungen empfehlen sich auch zunächst für die Bewegungserkennung. Sie können diese Werte nachfolgend auch erhöhen, wählen Sie aber unbedingt Werte, die von Ihrer Kamera auch unterstützt werden. Je größer die Werte sind, desto höher ist der Detailgrad des Bildes, aber desto größer ist auch der Speicherbedarf (beziehungsweise die Datenrate). Sie können natürlich auch größere Werte benutzen, wenn der Speicherplatz nicht arg limitiert ist und die Liveübertragung Sie nicht interessiert.

18

Sie sollten ebenfalls den Parameter quality beachten, denn hiermit steuern Sie die Kompressionsstufe bei der Abspeicherung der Einzelbilder. Diese ist übrigens unabhängig von der Qualitätseinstellung des Livestreams. Für den Anfang hat sich ein Wert von 50 bewährt, höhere Werte (bis zu 100) erlauben eine bessere Bildqualität bei größerem Speicherbedarf.

Einen Ausschnitt der Datei mit den wichtigsten Änderungen sehen Sie in Abbildung 18.20.

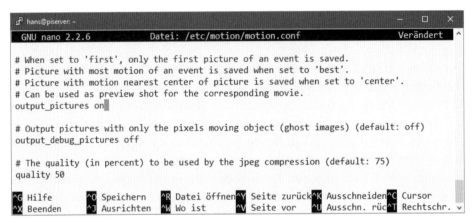

Abbildung 18.20 Die Einstellungen für die Bewegungserkennung

motion hat noch ein kleines Gimmick eingebaut, das bei einer Bewegung nur die Pixel abspeichert, die sich tatsächlich verändert haben. Im Prinzip erhalten Sie hier also beispielsweise nur das Abbild einer bewegten Hand oder eines bewegten Kopfes, was beachtlichen Speicherplatz sparen kann. Interessierte können diese Option einmal ausprobieren, normalerweise wird sie aber wohl deaktiviert bleiben, denn sie erschwert die Auswertung teilweise erheblich. Sie versteckt sich unter dem Parameter output_debug_pictures, den Sie zur Aktivierung entsprechend auf on setzen müssen.

Nun müssen wir abschließend noch die Bewegungserkennung insgesamt aktivieren. Dies erledigt der Parameter output_pictures, der bislang bei Ihnen vermutlich noch auf off steht. Ändern Sie ihn in on, um die Funktion zu aktivieren. motion bietet hier übrigens mehrere Möglichkeiten. on ist sozusagen die Standardeinstellung, bei der alle Bilder einer Bewegungssequenz gespeichert werden. Sie können aber auch nur das erste Bild bei einer erkannten Bewegung abspeichern, was vielleicht interessant ist, wenn sehr häufig eine Bewegung auftritt. In diesem Fall tauschen Sie das on durch ein first. Daneben gibt es die Option best, die nur das Bild mit der meisten Bewegung abspeichert. Diese Option ist aber etwas gefährlich, da ein Bild mit einer hohen Bewegungsamplitude durchaus aufgrund der Bewegungsunschärfe stark verwischt sein kann – aktivieren Sie daher diese Funktion nur mit Vorsicht. Als Letztes gibt es die Option center, die jenes Bild speichert, bei dem die Bewegung am nächsten zum Bildzentrum stattgefunden hat. Probieren Sie jedoch zuerst einmal ein ganz gewöhnliches on, bevor Sie mit den anderen Optionen experimentieren.

Im Prinzip sind wir jetzt schon fertig und können die Einstellungen ausprobieren. Speichern Sie zunächst die geänderte Konfiguration auf üblichem Wege ab.

Sicherlich fragen Sie sich jetzt, in welchem Verzeichnis motion eigentlich die relevanten Bilder abspeichert. Das geschieht in der Voreinstellung im Verzeichnis */var/lib/ motion*.

Wir sollten sicherstellen, dass motion auf dieses Verzeichnis auch Schreibrechte erhält. Dies ist nämlich nicht immer automatisch gegeben. Zu diesem Zweck führen Sie folgenden Befehl aus:

```
sudo chown motion:motion /var/lib/motion
```

Nun können Sie motion mit folgendem Befehl (erneut) starten:

```
sudo service motion restart
```

Jetzt wird motion den Betrieb aufnehmen. An Ihrer Webcam wird sich gegebenenfalls die Kontrollleuchte einschalten. Führen Sie im Bild der Webcam eine Bewegung aus.

Wechseln Sie danach mit folgendem Befehl in das Ausgabeverzeichnis von motion:

```
cd /var/lib/motion
```

Lassen Sie sich mit dem Befehl

```
ls
```

den Verzeichnisinhalt anzeigen. Das Verzeichnis sollte nun einige Bilddateien enthalten, so wie in Abbildung 18.21.

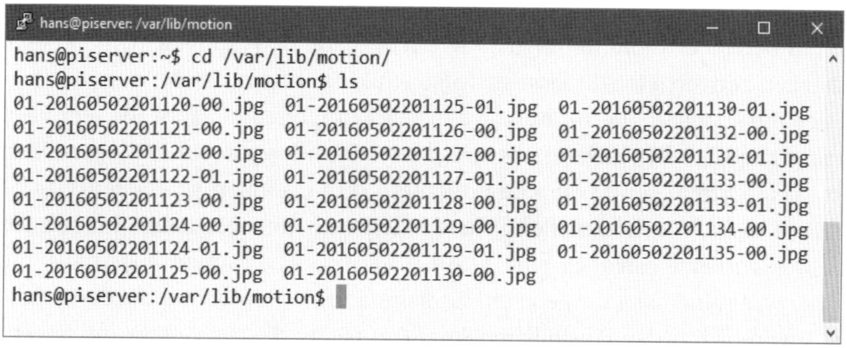

Abbildung 18.21 Es wurden bereits einige Bilder aufgenommen und gespeichert

Sollte dem nicht so sein, dann führen Sie vor der Webcam noch einmal eine intensive Bewegung aus. Wenn das Verzeichnis danach immer noch leer ist, dann ändern Sie gegebenenfalls die vorhin besprochenen Parameter zur Bewegungserkennung. Das sollten Sie auch tun, wenn das Verzeichnis viel zu viele Bilder enthält, weil motion eventuell zu empfindlich reagiert.

Denken Sie daran, dass Sie über Ihren Browser oder einen geeigneten Mediaplayer nach wie vor den Livestream empfangen können. Beachten Sie jedoch auch, dass Ihre Webcam ab jetzt aber ständig eingeschaltet ist und entsprechend Strom verbraucht (auch wenn es nur wenig ist). Aufgrund eventueller Wärmeentwicklung sollte sie außerdem an einem belüfteten Ort stehen.

18.4.5   Zusätzliche Einstellungsoptionen

Es bietet motion uns tatsächlich noch mehr Optionen, die vielleicht für den einen oder anderen fortgeschrittenen Nutzer interessant sind.

Zunächst einmal ist es möglich, das Ausgabeverzeichnis von motion zu ändern. Sie können beispielsweise ein Verzeichnis unterhalb von */srv* erstellen, das Sie im Rahmen einer Samba-Freigabe im Netzwerk freigeben können. So erhalten Sie (auch von unterwegs über Ihr VPN) einen einfachen Zugriff auf die Ergebnisse von motion. (Natürlich können Sie auch das bisherige Ausgabeverzeichnis für eine Samba-Freigabe verwenden).

Möchten Sie das Ausgabeverzeichnis verändern, dann öffnen Sie noch einmal die Konfigurationsdatei von motion und suchen nach dem Parameter target_dir, der normalerweise auf */var/lib/motion* zeigt. Sie können diesen Wert nun ändern. Beachten Sie aber, dass motion auf diesen Verzeichnispfad Schreibrechte benötigt. Passen Sie diese Rechte daher gegebenenfalls mit dem Befehl

```
sudo chown motion:motion VERZEICHNISPFAD
```

entsprechend an.

Wie vorhin bereits erwähnt, ermöglicht es motion, eine Bewegungssequenz in eine Videodatei zu konvertieren. Es lässt sich also ein kleiner Film mit der entsprechenden Bewegung erstellen. Hierfür nutzt motion die Komponente ffmpeg, die sehr viele Funktionen rund um die Videoverarbeitung bietet. Damit motion einen Film erstellen kann, muss auf Ihrem Server die Komponente ffmpeg installiert sein. Allerdings ist ffmpeg nicht mehr in den aktuellen Paketquellen enthalten. Stattdessen bietet die neueste Debian-Version jedoch eine Alternative mit dem Namen *libav-tools*, die glücklicherweise einen identischen Funktionsumfang bietet. Möchten Sie die Filmerstellung ausprobieren, dann installieren Sie also zunächst die libav-tools mit folgendem Befehl:

```
sudo apt-get install libav-tools
```

Es kann gut sein, dass dieses Paket bei Ihnen bereits installiert ist. Die Ausgabe wird dann so aussehen wie in Abbildung 18.22.

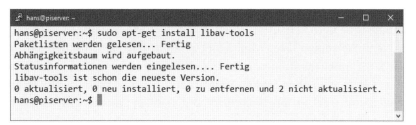

Abbildung 18.22 Die »libav-tools« sind bereits installiert

Um mit motion einen Film zu erstellen, suchen Sie zuerst in dessen Konfigurationsdatei nach dem Parameter ffmpeg_output_movies. Hier finden Sie normalerweise die Einstellung off, die besagt, dass die Funktion abgeschaltet ist. Ändern Sie dies in ein on, um die Funktion zu aktivieren. Der Film wird mit der vorhin eingestellten global gültigen Bildgröße und Bildrate erstellt, Sie können hier jedoch zusätzlich die Datenrate in der Einheit Bit/Sekunde einstellen. Hierfür ist der Eintrag ffmpeg_bps zuständig, der normalerweise den Wert 500000 enthält. Gerade bei kleinen Bildauflösungen genügen oftmals kleinere Werte, ein Experimentieren schadet nicht. Achten Sie jedoch stets auf die Belegung Ihrer Speicherkarte. motion nutzt als Standardeinstellung das moderne MPEG4-Format, das eine sehr gute Bildqualität und Kompatibilität verspricht. Es erfordert bei der Erstellung jedoch eine recht hohe Prozessorleistung. Sollte es auf Ihrem Server hier zu Engpässen kommen, weil bereits viele Hintergrunddienste aktiv sind, dann können Sie testweise auf das ältere SWF-Format wechseln. Suchen Sie dafür nach ffmpeg_video_codec, und tragen Sie swf ein. Zunächst sollten Sie jedoch die Voreinstellung mpeg4 probieren.

Übrigens: Auch wenn Sie statt ffmpeg die libav-tools verwenden, behalten alle Konfigurationsoptionen den Vorsatz ffmpeg.

Natürlich können Sie sich auch dafür entscheiden, motion nur ein Video und keine Einzelbilder abspeichern zu lassen. Hierzu aktivieren Sie zuerst die soeben beschriebene Videooption. Nun können Sie die Bilderausgabe deaktivieren, in dem Sie den Eintrag output_pictures von on auf off setzen.

Eine sehr interessante Option im Zusammenhang mit der Filmerstellung ist die Möglichkeit, einen Zeitrafferfilm zu erstellen. Die Option ffmpeg_timelapse legt fest, in welchen Zeitintervallen (angegeben in Sekunden) motion jeweils ein Einzelbild für eine Filmaufnahme verwendet. Mit der Standardeinstellung 0 ist die Funktion deaktiviert. Wenn Sie die direkte Einzelbildausgabe deaktiviert haben, dann erzeugt motion Ihnen so einen Zeitrafferfilm. Normalerweise wird dieser Film jeden Tag überschrieben, was Speicherplatz spart. Alternativ können Sie die Option ffmpeg_time-lapse_mode vom Standardwert daily auch auf weekly-monday setzen, womit der Film jeden Montag neu geschrieben wird.

18

Nun betrachten wir noch den Livestream, der Ihnen mit Ausnahme der Bildrate und der globalen Bildgröße noch genauso zur Verfügung steht wie im vorigen Abschnitt besprochen. Wenn Sie keinen Livestream benutzen möchten, dann können Sie die Option auch zum Schonen der Rechenkapazität deaktivieren. Suchen Sie hierfür nach dem Eintrag `stream_port`, löschen Sie den Standardport `8081` (beziehungsweise Ihren angepassten Wert) und ersetzen ihn durch eine `0`. Damit ist der Livestream deaktiviert.

Beim Livestream gibt es eine weitere Option, die im Zusammenhang mit der Bewegungserkennung interessant ist. Der Parameter `stream_motion` kann eine Funktion aktivieren, die den Livestream normalerweise nur mit einem Bild pro Sekunde überträgt und ihn erst bei einer erkannten Bewegung auf die übliche Bildrate hochsetzt. Das mag in unserem Fall nicht sonderlich sinnvoll sein, denn wir haben ja die Bildrate auf maximal drei Bilder pro Sekunde begrenzt. Je nach Konfiguration ist diese Option jedoch auch interessant. Möchten Sie die Funktion benutzen, dann setzen Sie hier ein `on`.

Das schließt unsere Liste mit erweiterten Konfigurationsoptionen ab. Vergessen Sie nicht, die Konfigurationsdatei auch abzuspeichern und motion neu zu starten. Wenn Sie den Ausgabepfad entsprechend eingestellt haben, dann finden Sie Ihre Aufnahmen nun beispielsweise im Verzeichnis */srv/motion*:

```
hans@piserver:/srv/motion$ ls -lh
insgesamt 1,4M
-rw-r--r-- 1 motion motion  65K Mai  2 20:22 01-20160502202131.avi
-rw-r--r-- 1 motion motion 203K Mai  2 20:25 02-20160502202412.avi
-rw-r--r-- 1 motion motion 1,1M Mai  2 20:31 20160502-timelapse.mpg
hans@piserver:/srv/motion$
```

Abbildung 18.23 Ihre Aufnahmen im Ordner »/srv/motion« inklusive einer Zeitrafferaufnahme (die unterste Datei)

Viel Spaß mit Ihrer automatischen Überwachungskamera!

18.5 Kameramodule für die Anschlüsse auf der Platine

Abschließend wollen wir uns noch mit den vorhin angesprochenen Kameramodulen befassen, die sich direkt mit den entsprechenden Anschlüssen der Pi-Computer verbinden lassen. Wie bereits gesagt, richten sich diese Module vorwiegend an fortgeschrittene und experimentierfreudige Benutzer. Ein Anfänger wird eher mit einer normalen Webcam mit einem USB-Anschluss glücklich werden. Betrachten Sie diesen Abschnitt daher eher als Option, wenn Sie einmal Lust zum Basteln haben und bereits ein wenig Ahnung im Umgang mit dem Pi-Computer gesammelt haben. Für den Fall, das Sie dieses kleine »Abenteuer« wagen möchten oder ein Kameramodul geschenkt bekommen haben, wollen wir uns den Umgang damit kurz ansehen. Ich werde aber davon ausgehen, dass Sie bereits etwas Routine mitbringen, und daher bestimmte Befehle als bekannt voraussetzen.

Wenn Sie ein Kameramodul erwerben möchten, dann finden sich im Internet rasch Angebote. Beachten Sie, dass Sie unbedingt das passende Modul zu Ihrem Pi-Computer erwerben müssen, denn die Module des Raspberry Pi und des Banana Pi sind nicht miteinander kompatibel. Für den Raspberry Pi werden zwei verschiedene Module angeboten, eine normale Version für übliche Aufnahmen und eine spezielle Version ohne einen Infrarotfilter. Diese Version kann – mit einem geeigneten Infrarotscheinwerfer – beispielsweise für Aufnahmen in absoluter Dunkelheit genutzt werden. Das ermöglicht verschiedene interessante Aufnahmen. Im Gegenzug erzeugt die Version jedoch im normalen Tageslicht verwaschene Bilder mit falscher Farbwiedergabe.

Die Module werden mit einem Flachbandkabel an einen der beiden Anschlüsse auf dem Pi-Computer angeschlossen, ein entsprechendes Kabel befindet sich im Lieferumfang des Kameramoduls. Abbildung 18.24 sollte Ihnen einen Eindruck der Verkabelung vermitteln.

Abbildung 18.24 Die Verkabelung des Kameramoduls

Vor dem Anschluss müssen Sie den Pi-Computer natürlich herunterfahren und stromlos machen.

Achtung [!]

Der Anschluss ist nur etwas für Benutzer mit Erfahrung im Umgang mit elektronischen Komponenten. Wenn es Ihnen hieran noch mangelt, dann bitten Sie einen erfahrenen Freund um Hilfe, denn bei einem falschen Anschluss können im ungünstigsten Fall sowohl der Pi-Computer als auch das Kameramodul beschädigt werden. Es ist daher eine gute Idee, für den Anschluss vielleicht zunächst einen weiteren Pi-Computer zu nutzen und diese Aufgabe nicht mit Ihrem Hauptserver durchzuführen.

18

Achten Sie darauf, dass Sie das Kameramodul unbedingt an dem richtigen Anschluss anschließen, denn auf der Platine beider Pi-Computer gibt es zwei Anschlüsse. Einer ist für das Kameramodul, der andere für den Anschluss eines optionalen Displays vorgesehen. Eine Verbindung zum falschen Anschluss ist unbedingt zu vermeiden. Für den Raspberry Pi ist der richtige Anschluss für das Kameramodul derjenige, der sich näher an dem Netzwerkanschluss befindet. Für den Banana Pi ist es hingegen der Anschluss, der sich an dem Ende der Platine befindet, das genau gegenüber dem Netzwerkanschluss liegt. Schützen Sie das Equipment vor elektrostatischer Entladung (indem Sie es nur am Rand anfassen und vorher einen geerdeten Gegenstand wie eine Heizung berühren), und öffnen Sie die Entriegelung des Anschlusses auf der Platine. Hierzu können Sie beispielsweise einen Zahnstocher verwenden. Die Entriegelung muss angehoben und dann weggekippt werden. Führen Sie dann das Flachbandkabel der Kamera in den Anschluss ein; achten Sie darauf, die Kontakte entsprechend auszurichten. Führen Sie das Kabel bis zum Anschlag in den Anschluss ein, und schließen Sie anschließend wieder die Verriegelung. Prüfen Sie dann den festen Sitz des Kabels, es darf sich mit einem gefühlvollen Zug nicht wieder aus dem Anschluss entfernen lassen und muss außerdem gerade sitzen. Wenn wirklich alles in Ordnung ist (eine Kontrolle schadet nicht), dann können Sie den Pi-Computer wieder in Betrieb nehmen. Die Benutzung am Raspberry Pi unterscheidet sich von der Benutzung am Banana Pi, ich werde die beiden Computer daher hier getrennt behandeln.

18.5.1   Für den Banana Pi

Beim Banana Pi ist die Vorgehensweise recht einfach. Nach einem erfolgreichen Systemstart geben Sie folgende Befehle ein:

```
sudo modprobe ov5640
```

```
sudo modprobe sun4i_csi0
```

Sollte der letzte Befehl eine Fehlermeldung geben, dann probieren Sie folgende Alternative:

```
sudo modprobe sun4i_csi
```

Wenn auch dieser Befehl nicht zum Erfolg führt, dann prüfen Sie nochmals die korrekte elektrische Verbindung des Kameramoduls. Die vorigen Befehle sorgen dafür, dass die Treiber für die Kamera korrekt geladen werden und die Kamera als normales Gerät, beispielsweise */dev/video0*, in das System eingebunden wird. Sie können die Kamera nun normal mit den Programmen nutzen, die ich Ihnen hier vorgestellt habe, also beispielsweise `fswebcam` und `motion`. Bedenken Sie, dass die Module jedoch noch recht jung sind und es dann und wann noch zu Problemen kommen kann. Probieren Sie daher anfangs stets moderate Einstellungen mit geringer Auflösung und Bildrate.

Die modprobe-Befehle bleiben jedoch nur bis zum nächsten Neustart des Banana Pi aktiv. Möchten Sie, dass diese Befehle beim Neustart automatisch ausgeführt werden, dann ergänzen Sie mit dem Texteditor nano am Ende der Datei */etc/modules* die Zeilen

```
ov5640
sun4i_csi0
```

Gegebenenfalls (wie zuvor ausprobiert) müssen Sie die zweite Zeile ohne die Ziffer 0 am Zeilenende schreiben.

Abschließend können Sie das Kameramodul bei jedem Start des Banana Pi verwenden. Ich empfehle Ihnen jedoch dringend die Verwendung eines geeigneten Gehäuses. Wenn jemand in Ihrem Bekanntenkreis über einen modernen 3D-Drucker verfügt, dann kann er Ihnen vielleicht ein passendes Gehäuse ausdrucken – Druckpläne finden sich mitunter sogar zur freien Verwendung im Internet.

18.5.2   Für den Raspberry Pi

Die Nutzung des Kameramoduls am Raspberry Pi ist etwas spezieller. Zunächst einmal müssen Sie das Modul in der Hardwarekonfiguration aktivieren. Dies geschieht mit dem Tool raspi-config, das ich bei der Ersteinrichtung im Grundlagenkapitel besprochen habe. Wählen Sie in diesem Konfigurationsprogramm den Menüpunkt, der das Kameramodul konfiguriert, und aktivieren Sie dieses.

Beachten Sie, dass das Kameramodul nicht als normales Gerät */dev/video0* in das System eingebunden wird und Sie keines der bisher vorgestellten Programme benutzen können. Stattdessen stehen Ihnen zwei eigene Befehle zur Verfügung, die nur mit diesem Kameramodul arbeiten. Dies sind die Befehle raspistill zur Aufnahme von Einzelbildern und Einzelbildsequenzen und raspivid zur Aufnahme eines Videos.

Zuerst empfiehlt es sich, ein Upgrade der installierten Software durchzuführen. Dies ist nützlich, falls es in der Zwischenzeit neue Programmversionen gegeben hat. Führen Sie also nacheinander folgende Befehle aus:

```
sudo apt-get update
```

```
sudo apt-get upgrade
```

Probieren wir jetzt einmal die Kamerabefehle aus. Wechseln Sie in Ihr Home-Verzeichnis (mit dem Befehl cd), und geben Sie folgenden Befehl ein:

```
raspistill -o test.jpg
```

Sie erhalten daraufhin in Ihrem Home-Verzeichnis ein neues Foto mit dem Dateinamen *test.jpg*, das soeben von dem Kameramodul aufgenommen wurde. raspistill

18

bietet eine Menge an Optionen an, die ich hier unmöglich alle besprechen kann. Das Programm bietet jedoch eine ausgesprochen gute Hilfefunktion, in der sich ein fortgeschrittener Benutzer sofort zurechtfindet. Führen Sie einmal den Befehl

```
raspistill --help
```

aus. Sie erhalten eine Liste mit Parametern. Lesen Sie sich die Liste durch, und probieren Sie einige Einstellungen aus. Parameter werden wie immer durch einen Bindestrich (für die Kurzfassung) oder zwei Bindestriche (für ausgeschriebene Befehle) an den einleitenden Befehl angehängt. Folgender Befehl wird beispielsweise ein Bild mit der Auflösung 1.280 × 720 Pixel erzeugen, das im Modus watercolour (also unter anderem Pastellfarben) aufgenommen wurde und um 180° gedreht ist:

```
raspistill -ifx watercolour -rot 180 -w 1280 -h 720 -o test.jpg
```

raspistill eignet sich auch zur Aufnahme von Bildsequenzen. Folgender Befehl wird beispielsweise für die Zeitdauer von einer Stunde jede Minute ein Bild aufnehmen und die Bilder durchnummeriert im Verzeichnis *tmp/bilder* abspeichern (vorausgesetzt, das Verzeichnis *tmp/bilder* existiert und ist beschreibbar):

```
raspistill -t 3600000 -tl 60000000 -o /tmp/bilder/image%04d.jpg
```

Dabei gibt der Parameter -t die Zeitspanne in Millisekunden an, in der die Bilder aufgenommen werden sollen (also 1 Stunde = 3.600.000 Millisekunden), während -tl die Zeitspanne in Mikrosekunden zwischen zwei aufgenommenen Bildern angibt (1 Minute = 60.000.000 Mikrosekunden). Das Programm raspistill bietet jedoch weder Funktionen zur Bewegungserkennung noch zum Livestreaming.

Analog funktioniert die Aufnahme eines Videos mit dem Kommando raspivid. Führen Sie einmal den Befehl

```
raspivid -t 10000 -o test.h264
```

aus. Sie erhalten im aktuellen Verzeichnis ein zehnsekündiges Video mit dem Dateinamen *test.h264*. Beachten Sie, dass es sich um ein reines H.264-kodiertes Video ohne umhüllenden Container handelt. Ein geeigneter Videoplayer wie VLC sollte es jedoch problemlos abspielen können. Auch raspivid bietet eine Menge an Parametern, die Sie sich mit

```
raspivid --help
```

anzeigen lassen können. Der Befehl

```
raspivid -t 30000 -b 4000000 -o test.h264
```

wird beispielsweise ein 30 Sekunden langes Video mit der Datenrate 4,0 MBit/s erzeugen. Sie sehen schon: Hier gibt es allerhand auszuprobieren! Viel Spaß dabei!

Kapitel 19
Ein eigener Chatserver mit Prosody

Chatten Sie gerne und wünschen sich einen eigenen Chatserver?
Warum so etwas sinnvoll sein kann und wie man diesen einrichtet, das
schauen wir uns in diesem Kapitel an.

Sicherlich sind Sie mit dem Ablauf eines Chats vertraut. Meistens versteht man darunter – wenn es etwas mit Computern zu tun hat – das gegenseitige Übermitteln von (mehr oder weniger) kurzen Textnachrichten, gegebenenfalls auch Fotos sowie allgemeinen Dateien. Der eine oder andere kennt von früher noch die eigenständigen Chatprogramme, die es in mannigfaltigen Varianten gab und immer noch gibt. Allen anderen ist der Chat vom Smartphone her allgegenwärtig. Wer mit einem Chatprogramm am Computer vertraut ist, der weiß, dass hier sehr häufig die Verbindung über einen Server im Internet aufgebaut wird. Die einzelnen Clients (also die Benutzer) melden sich an einem (häufig sogar zentralen) Server an. Dieser übernimmt die Übermittlung von Nachrichten und Statusmeldungen zur An- und Abwesenheit eines Benutzers. Man könnte auch sagen: Er koordiniert den Datenaustausch. Es ist offensichtlich, dass datenschutzrechtliche Bedenken aufkommen, wenn ein Server in fremder Hand die Übermittlung der Nachrichten vornimmt. Wer dem Server dahingehend nicht vertraut, dass dieser wirklich keinen Blick in die eigenen Nachrichten wirft, der kann gegebenenfalls auf ein komplett (Ende-zu-Ende) verschlüsseltes Protokoll ausweichen – das schützt dann auch allgemein vor neugierigen Blicken irgendwo im Internet.

Wenn man allerdings bereits einen Heimserver zu Hause hat, dann kann dieser natürlich auch die Rolle eines (vertrauenswürdigen) Chatservers übernehmen. Dieser kann auf zwei verschiedene Arten arbeiten: Entweder ist der Server nur in Ihrem eigenen Netzwerk verfügbar oder aber auch über das Internet zu erreichen. Im ersten Fall steht der Chatserver nur innerhalb Ihres lokalen Netzwerks zur Verfügung, was natürlich über ein VPN verbundene Computer einschließt. Alle Benutzer mit Computern in Ihrem Netzwerk können sich nun Chatnachrichten und gegebenenfalls auch Dateien zusenden. Im Prinzip ist das also eine Art textbasiertes Haustelefon, das beispielsweise in einem mehrstöckigen Reihenhaus von Nutzen sein kann. Man könnte so dem Nachwuchs mitteilen, wann die Tafel gedeckt ist, oder Vati, der nicht gestört werden will, eine Nachricht ins Arbeitszimmer schicken, die er bei passender Gelegenheit bearbeiten wird. Man kann auch privat und verschlüsselt mit Mama chatten, die irgendwo auf einer Reise ist und dort über einen VPN-Zugang mit dem Pi-Server verbunden ist. Der Vorteil liegt hier darin, dass der Chatserver einem selbst gehört und vor fremdem Zugriff geschützt ist. Sie können natürlich diesen Server auch alternativ für das Internet öffnen. Natürlich bearbeitet dieser auch dann nur einen beschränkten Personenkreis und nimmt eine Zugriffskontrolle (Authentifizierung) vor. So können Sie sich mit den Mitarbeitern eines Projektes oder auch mit allen wichtigen Freunden ungestört per eigenem Server unterhalten.

Wenn Sie jetzt denken, dass Sie so ein Chatserver interessieren könnte, dann ist dieses Kapitel für Sie gemacht: Wir werden nun einen solchen Chatserver aufsetzen, den Sie mit vielen verschiedenen Clientprogrammen – natürlich auch für Smartphones und Tablet-PCs – benutzen können.

Für unseren Server werden wir das *Extensible Messaging and Presence Protocol*, kurz *XMPP*, früher bekannt als *Jabber*, verwenden. Hierfür gibt es eine ganze Reihe von Serverimplementierungen und, wie bereits gesagt, auch Clientprogrammen. Wir benutzen den XMPP-Server *Prosody*. Diese Implementierung ist ein Open-Source-Projekt und hat einen sehr genügsamen Ressourcenbedarf, was nicht nur die Rechenleistung, sondern auch den Speicherplatz anbelangt. Geschrieben wurde Prosody in der etwas exotischen Skriptsprache *Lua*, für die ein gesonderter Interpreter erforderlich ist, der jedoch automatisch mit installiert wird. Prosody bietet eine umfassende Implementierung von XMPP und ermöglicht auch verschlüsselte Verbindungen.

19.1   Installation

Prosody ist bereits in den Paketquellen von Debian enthalten und ist daher sehr einfach zu installieren. Zur Installation (aktuelle Paketquellen vorausgesetzt) führen Sie einfach folgenden Befehl aus:

```
sudo apt-get install prosody
```

```
hans@piserver: ~
hans@piserver:~$ sudo apt-get install prosody
[sudo] password for hans:
Paketlisten werden gelesen... Fertig
Abhängigkeitsbaum wird aufgebaut.
Statusinformationen werden eingelesen.... Fertig
Die folgenden zusätzlichen Pakete werden installiert:
  lua-expat lua-filesystem lua-socket lua5.1
Vorgeschlagene Pakete:
  lua-zlib lua-dbi-postgresql lua-dbi-mysql lua-dbi-sqlite3
Empfohlene Pakete:
  lua5.1-sec lua5.1-event
Die folgenden NEUEN Pakete werden installiert:
  lua-expat lua-filesystem lua-socket lua5.1 prosody
0 aktualisiert, 5 neu installiert, 0 zu entfernen und 0 nicht aktualisiert.
Es müssen 344 kB an Archiven heruntergeladen werden.
Nach dieser Operation werden 1.655 kB Plattenplatz zusätzlich benutzt.
Möchten Sie fortfahren? [J/n]
```

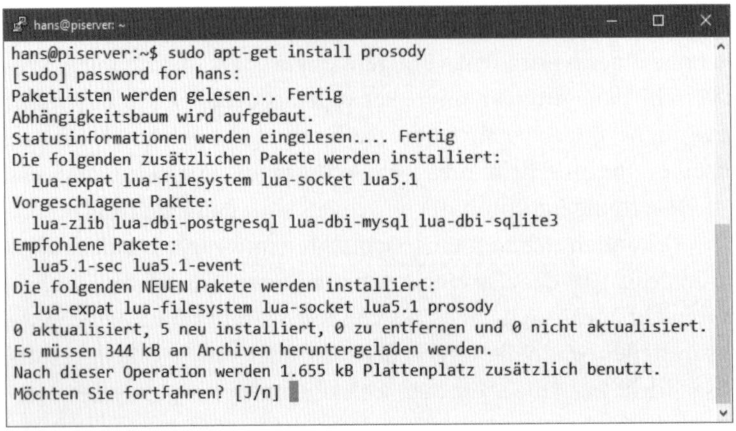

Abbildung 19.1 Die Installation von »prosody«

Wenn Sie sich vorher noch kurz anschauen, was alles installiert werden soll, so werden Sie neben dem eigentlichen *prosody*-Paket auch den soeben angesprochenen Lua-Interpreter finden, wie es Ihnen Abbildung 19.1 zeigt.

19.2 Konfiguration

Wie üblich muss Prosody nach der Installation konfiguriert werden. Hier geht es hauptsächlich um die Zuweisung eines Hostnamens. Jeder Chatteilnehmer bekommt nämlich einen eindeutigen Benutzernamen (und natürlich ein zugehöriges Passwort). Mit diesem Benutzernamen meldet er sich bei dem jeweiligen Chatserver an, bei dem er sich auch registriert hat. Wenn man nur einen einzelnen, isolierten Server betreibt, dann würde als Benutzername theoretisch ein einfacher (Vor-)Name genügen, beispielsweise *Hans*. XMPP sieht das aber nicht vor. Normalerweise können sich die einzelnen Server untereinander verbinden, so dass zwei beliebige Teilnehmer miteinander chatten können. Beispielsweise kann Teilnehmer A in Deutschland mit Teilnehmer B in Australien chatten. Natürlich muss der Server von Teilnehmer A wissen, an welchem Server Teilnehmer B zu erreichen ist. Fällt Ihnen auf, dass dies eine ähnliche Problematik ist wie bei der ganz normalen E-Mail? Auch hier kann ja jedermann jeden beliebigen E-Mail-Nutzer anschreiben – weltweit. Sinnigerweise funktioniert die Zuordnung der Benutzer zu ihren Servern bei XMPP fast genauso wie bei E-Mail. Der komplette Benutzername sieht daher genauso aus wie eine E-Mail-Adresse: Er enthält zuerst einen normalen Namen, wie *Hans*, dann ein @-Symbol, das gefolgt wird von der Domain, unter der der Server erreichbar ist, beispielsweise *example.com*. Der komplette Benutzername lautet dann also *hans@example.com*. Sie müssen sich also sowohl einen Benutzernamen als auch einen Hostnamen überlegen. Für den Benutzernamen bieten sich beispielsweise die Vornamen der Familienmitglieder beziehungsweise Systembenutzer an. Beim Hostnamen müssen Sie etwas genauer hinsehen. Normalerweise sollte er aus den geschilderten Gründen weltweit einmalig sein. Wenn Ihr Server an das Internet angeschlossen werden soll, dann muss der Name dieser Forderung auch genügen. Sie benötigen in diesem Fall zwingend eine eigene Domain, glücklicherweise tut es auch ein Anbieter eines dynamischen DNS-Dienstes. Falls Sie eine statische IP-Adresse besitzen (die sich also niemals ändert), dann können Sie auch diese benutzen. Soll Ihr Prosody-Server also aus dem Internet erreichbar sein, dann richten Sie sich zunächst ein Konto bei einem Anbieter für dynamische DNS-Adressen ein und verknüpfen dieses mit Ihrem Internetzugang. Häufig unterstützt Sie hierbei Ihr Router, der oftmals bereits diverse Dienste unterstützt.

Deutlich einfacher wird es, wenn Sie eine Insellösung anstreben, bei der Ihr Chatserver nur innerhalb Ihres lokalen Netzwerks erreichbar sein soll. Hier können Sie sich im Prinzip den Domainnamen frei aussuchen. Es empfiehlt sich aber zur Sicherheit, hier auch eine gewisse Eindeutigkeit zu wahren. Gut geeignet ist der Hostname Ihres Pi-Servers, also beispielsweise schlicht *piserver*. Möglich ist auch dessen (feste) interne IP-Adresse.

Legen Sie zunächst eine Liste mit allen zu erstellenden Benutzerkonten an. Sie benötigen für jedes Konto auch ein Passwort, das natürlich sicher sein sollte. Allerdings lässt sich dieses Passwort von jedem Benutzer später eigenständig ändern, es genügt zu Beginn also ein einfacheres Initialpasswort, das dann aber unbedingt ausgetauscht werden sollte.

19.2.1   Vorbereitungen für eine verschlüsselte Kommunikation

Bevor wir mit der Konfiguration beginnen, können wir noch Zertifikate für eine verschlüsselte Verbindung erstellen. Wenn der Chatserver nur im lokalen Netzwerk erreichbar sein soll, dann ist dieser Schritt optional und dient hauptsächlich der Übung und dem Schutz vor neugierigen angehenden Nachwuchs-Hackern. Soll der Server aber aus dem Internet erreichbar sein, dann ist dieser Schritt unbedingt vorzunehmen! Generieren wir also ein Zertifikat für eine TLS-verschlüsselte Verbindung. Dies geschieht wieder mit OpenSSL, ganz genauso, wie wir es schon an anderer Stelle vorgenommen haben. Haben Sie noch keines dieser Projekte realisiert und ist folglich OpenSSL bei Ihnen auf Ihrem Pi-Server noch gar nicht installiert, dann holen Sie dies bitte mit dem Befehl

```
sudo apt-get install openssl lua-sec
```

nach.

Der vorige Befehl installiert außerdem das Paket *lua-sec*, das von Prosody zur Erstellung verschlüsselter Verbindungen benötigt wird. Wir werden erneut – was immer eine gute Übung ist – die Zertifikate manuell erstellen. Hierfür benutzen wir wieder den bekannten `openssl`-Befehl, der ein Zertifikat und den dazugehörenden privaten Schlüssel erstellt. Dazu geben Sie bitte Folgendes ein:

```
sudo openssl req -new -x509 -sha256 -days 3650 -newkey rsa:4096 -nodes -out ↩
/var/lib/prosody/piserver.crt -keyout /var/lib/prosody/piserver.key
```

Die Dateien mit einer Schlüssellänge von 4.096 Bit werden im Verzeichnis */var/lib/ prosody* angelegt. Die Länge des Schlüssels ist nach heutigem Maßstab sehr sicher. Das Zertifikat erhält eine Gültigkeit von zehn Jahren und muss nach dieser Zeitspanne neu erstellt werden.

Nun werden einige Angaben abgefragt, die Sie am besten mit wahren Werten füllen sollten. Ein Beispiel dazu sehen Sie in Abbildung 19.2.

Zuerst ist das Kürzel des jeweiligen Landes anzugeben (DE für Deutschland, AT für Österreich, CH für die Schweiz, etc.). Als Zweites wird Ihr aktuelles Bundesland beziehungsweise Ihr aktueller Kanton abgefragt (STATE OR PROVINCE), was Sie bitte entsprechend angeben. Es folgt der LOCALITY NAME; hier tragen Sie am besten Ihre Stadt ein, Sonderzeichen sollten Sie entsprechend umschreiben. Danach folgen zwei Werte zu einem Firmennamen (ORGANIZATION NAME) und zu einer Abteilung (ORGANISATIONAL UNIT NAME), hier können Sie gegebenenfalls fiktive Werte verwenden oder die Voreinstellung einfach durch Drücken der ⏎-Taste übernehmen. Auch ist der Eintrag *private use* möglich. Es folgt der COMMON NAME, dies ist ein wichtiges Feld. Für die rein interne Kommunikation können Sie den Hostnamen Ihres Pi-Servers eingeben, besser ist es aber, hier dessen interne IP-Adresse zu verwenden. Wenn Sie auch eine externe Kommunikation über das Internet anstreben, dann geben Sie hier Ihre Domain beziehungsweise Ihren dynamischen DNS-Eintrag an. Als Letztes sollten Sie Ihre gültige E-Mail Adresse eintragen, hier können Sie aber ruhig eine »Zweitadresse« verwenden. Damit ist die Zertifikatserstellung abgeschlossen.

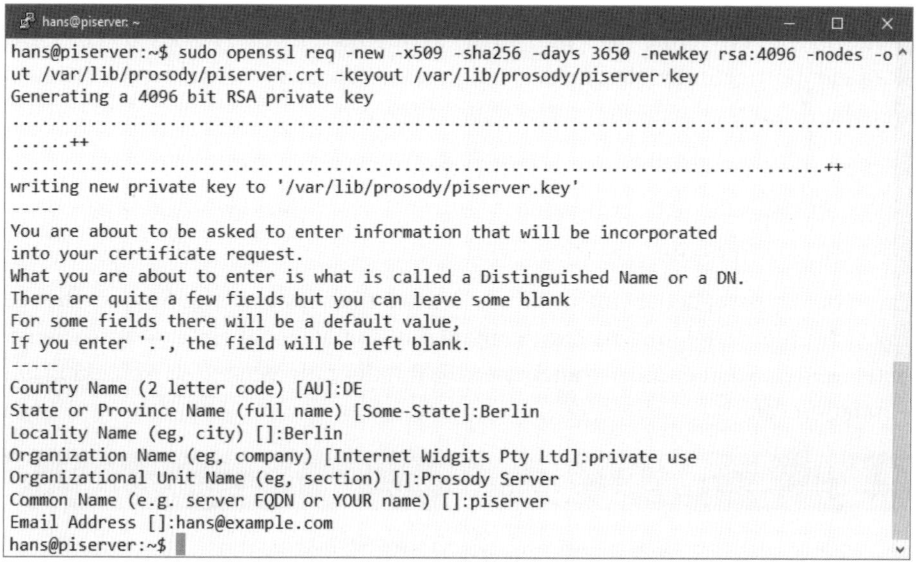

```
hans@piserver: ~                                              —    □    ×
hans@piserver:~$ sudo openssl req -new -x509 -sha256 -days 3650 -newkey rsa:4096 -nodes -o ^
ut /var/lib/prosody/piserver.crt -keyout /var/lib/prosody/piserver.key
Generating a 4096 bit RSA private key
...................................................................................
......++
....................................................................................++
writing new private key to '/var/lib/prosody/piserver.key'
-----
You are about to be asked to enter information that will be incorporated
into your certificate request.
What you are about to enter is what is called a Distinguished Name or a DN.
There are quite a few fields but you can leave some blank
For some fields there will be a default value,
If you enter '.', the field will be left blank.
-----
Country Name (2 letter code) [AU]:DE
State or Province Name (full name) [Some-State]:Berlin
Locality Name (eg, city) []:Berlin
Organization Name (eg, company) [Internet Widgits Pty Ltd]:private use
Organizational Unit Name (eg, section) []:Prosody Server
Common Name (e.g. server FQDN or YOUR name) []:piserver
Email Address []:hans@example.com
hans@piserver:~$
```

Abbildung 19.2 Das SSL-Zertifikat wird erstellt

Wir sollten unbedingt den privaten Schlüssel vor unberechtigtem Zugriff schützen. Wir ändern also den Besitzer in den Benutzer *prosody*, unter dem Prosody arbeitet, und legen fest, dass ausschließlich dieser lesend auf den privaten Schlüssel zugreifen kann. Dafür nutzen wir folgende beiden Befehle:

```
sudo chown prosody:root /var/lib/prosody/piserver.key
```

```
sudo chmod 400 /var/lib/prosody/piserver.key
```

Wenn Sie eine besonders sichere Konfiguration wünschen, dann können Sie sich anschließend noch mit folgendem Befehl den Fingerabdruck Ihres Zertifikats ausgeben lassen:

```
sudo openssl x509 -fingerprint -sha1 -in /var/lib/prosody/piserver.crt | head -n 1
```

Es erfolgt die Ausgabe des *SHA1-Fingerabdrucks* Ihres Zertifikats. Da Sie Ihr Zertifikat selbst erstellt haben, wurde Ihre Identität nicht von einer vertrauenswürdigen Stelle bestätigt. Es könnte also jeder daherkommen und Ihre Identität annehmen. Wenn Sie Ihrem Kommunikationspartner nun über einen sicheren, eindeutig Ihnen zuzuordnenden Kommunikationskanal Ihren Fingerabdruck übermitteln (zum Beispiel über ein Telefongespräch, wenn Ihre Stimme bekannt ist, oder bei einem persönlichen Treffen), dann weiß dieser nach einer Prüfung, dass das Zertifikat Ihnen zuzuordnen ist. Ihm wird nämlich bei einem Verbindungsversuch zu Ihrem Server Ihr Zertifikat präsentiert, das ebenfalls diesen Fingerabdruck enthält. Ihr Kommunikationspartner kann die Fingerabdrücke nun auf Übereinstimmung untersuchen.

19.2.2   Konfiguration von Prosody

Genug davon, wir können uns nun an die Konfiguration von Prosody machen. Die Konfiguration befindet sich in der Textdatei */etc/prosody/prosody.cfg.lua*. Zuerst werden wir wieder ein Backup dieser Datei anfertigen:

```
sudo cp /etc/prosody/prosody.cfg.lua /etc/prosody/prosody.cfg.lua.orig
```

Nun können Sie mit dem Texteditor nano diese Datei zur Bearbeitung öffnen:

```
sudo nano /etc/prosody/prosody.cfg.lua
```

Diese Datei verwendet ebenfalls die Lua-Syntax. Dies bringt einige Besonderheiten mit sich, unter anderem, dass Kommentare mit einem doppelten Bindestrich eingeleitet werden. Schauen Sie sich am besten die Konfigurationsdatei aus Abbildung 19.3 einmal kurz an.

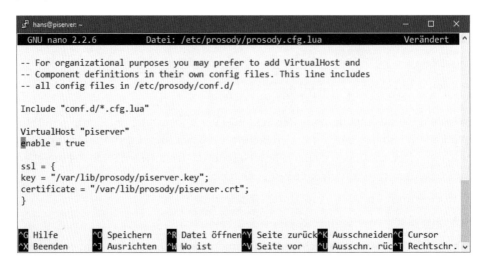

Abbildung 19.3 Die Konfigurationsdatei »/etc/prosody/prosody.cfg.lua«

Prosody hat den Vorteil, dass es schon von Haus aus sehr gute Voreinstellungen mitbringt, an denen ein normaler Nutzer kaum etwas verändern muss. So ist eine Kontaktliste für die Benutzer vorgesehen, genauso wird erzwungen, dass sich diese mit einem Passwort anmelden müssen. Benutzer können ihr Passwort selbst ändern, neue Benutzerkonten darf aber nur der Administrator anlegen. Per Voreinstellung ist die Verschlüsselung der Nachrichtenübermittlung möglich, sie ist aber optional.

Nun kommen wir zum Herzstück der Konfiguration: Sie müssen Ihrem Server mitteilen, welche Domain er bedienen soll. Dies geschieht über einen Eintrag mit dem Namen VirtualHost. Hier tragen Sie Ihre gewünschte Domain ein. Streben Sie ausschließlich die (heim)netzinterne Kommunikation an, dann tragen Sie hier bitte den Hostnamen Ihres Pi-Servers oder dessen interne IP-Adresse ein. Soll die externe Kommunikation über das Internet möglich werden, dann müssen Sie Ihre externe Domain beziehungsweise Ihre dynamische DNS-Adresse eingeben (ohne einleitendes *www*). In diesem Fall müssen Sie darauf achten, dass dieser Eintrag mit dem Common Name übereinstimmt, den Sie vorhin bei der Erzeugung der Zertifikate verwendet haben. Fügen Sie nun bitte ganz am Schluss der Konfigurationsdatei folgenden Block neu hinzu, und passen Sie den Hostnamen (hier piserver) entsprechend an:

```
VirtualHost "piserver"
enable = true

ssl = {
key = "/var/lib/prosody/piserver.key";
certificate = "/var/lib/prosody/piserver.crt";
}
```

Listing 19.1 Die Konfiguration der Datei »/etc/prosody/prosody.cfg.lua«

Die grundlegende Konfiguration ist damit bereits abgeschlossen. Im weiteren Verlauf werden wir noch Möglichkeiten zur sinnvollen Ergänzung durchgehen. Speichern Sie die Datei nun, und beenden Sie nano.

Nun müssen Sie die einzelnen Benutzerkonten anlegen. Jede Person, die chatten möchte, muss ein eigenes Benutzerkonto haben, das mit einem Passwort geschützt ist. Für jede Person führen Sie also folgenden Befehl aus, bei dem Sie den Ausdruck benutzer@piserver entsprechend durch den jeweiligen Benutzernamen und Ihren Hostnamen ersetzen. Der Hostname muss natürlich mit dem soeben angelegten Eintrag unter VirtualHost in der Konfiguration übereinstimmen.

```
sudo prosodyctl adduser benutzer@piserver
```

Sie werden nach einem Passwort gefragt. Die Benutzer sind bei einem gut ausgestatteten Clientprogramm in der Lage, ihr Passwort selbst zu ändern. In diesem Fall können Sie also ein Initialpasswort verwenden und zur entsprechenden Änderung aufrufen. Wenn Sie einige Benutzer erstellt haben, sollte es so wie in Abbildung 19.4 aussehen.

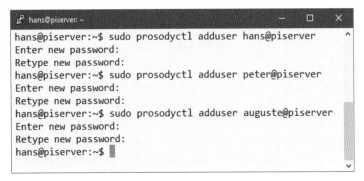

Abbildung 19.4 Die Chatnutzer wurden erstellt

Das war es schon, zum Abschluss muss Prosody einmal neu gestartet werden, was mit folgendem Befehl möglich ist:

```
sudo service prosody restart
```

Damit wird die geänderte Konfiguration aktiviert, und Ihr Chatserver ist nun einsatzbereit, zumindest für die interne Kommunikation.

19.3   Grundlegende Benutzung

Sie können jetzt ein geeignetes XMPP-Clientprogramm auf Ihren normalen Arbeitsrechnern beziehungsweise Smartphones und Tablets installieren und mit dem Chatten beginnen. Ein universelles Clientprogramm für Desktoprechner ist beispielsweise *Pidgin*. Es handelt sich um ein Open-Source-Programm, das einen sehr großen Funktionsumfang mitbringt, neben XMPP auch diverse andere Chatprotokolle beherrscht und vor allem für diverse Betriebssysteme verfügbar ist.

Wir betrachten nachfolgend, wie Sie beispielhaft mit Pidgin eine Verbindung zu Ihrem Chatserver aufbauen. Wir werden zunächst die interne Kommunikation in Ihrem Heimnetzwerk testen. Das geschieht unabhängig davon, ob Sie die Kommunikation auch über das Internet einrichten wollen.

Starten Sie Pidgin, und klicken Sie zuerst im Begrüßungsbildschirm oder alternativ im Menü KONTEN • VERWALTEN auf HINZUFÜGEN, um ein neues Chatkonto zu erstellen.

Wählen Sie nun unter dem Auswahl-Listenfeld PROTOKOLL entsprechend XMPP aus. Geben Sie dann im Feld BENUTZER den Benutzerteil der jeweiligen Benutzerkennung ein. Dies ist alles vor dem @-Symbol. Im Feld DOMAIN geben Sie nun entsprechend den Domain-Teil, also alles nach dem @-Symbol, ein.

Abbildung 19.5 Ein Chatkonto hinzufügen

Hier stehen drei Optionen zur Auswahl: Je nachdem, wie Sie Prosody bisher konfiguriert haben, müssen Sie hier entweder die interne IP-Adresse Ihres Pi-Servers oder aber dessen Hostnamen oder Ihre externe (dynamische) Domain eintragen. Im Feld PASSWORT ist natürlich das Passwort anzugeben. Wichtig ist noch das Feld LOKALER ALIAS: hier können Sie einen Klarnamen, beispielsweise Ihren Vornamen, eingeben. Nun wechseln Sie auf die Registerkarte ERWEITERT.

Wenn Sie zuvor im Feld DOMAIN entweder den Hostnamen Ihres Pi-Servers oder Ihre externe Domain angegeben haben, dann tragen Sie in das Feld VERBINDUNGSSERVER die interne IP-Adresse Ihres Pi-Servers ein. Dies ist notwendig, da sich der Hostname des Pi-Servers in diesem Fall nicht korrekt auflösen lässt beziehungsweise weil Ihr Chatserver noch nicht aus dem Internet erreichbar ist. Wenn es beim Verbindungsaufbau zu Problemen kommt, dann sollten Sie zum Testen in jedem Fall in dieses Feld die interne IP-Adresse Ihres Pi-Servers eintragen. Gelegentlich gelingt eine Verbindung innerhalb des Heimnetzes erst dann, wenn dieser Wert eingetragen ist. Tragen Sie außerdem im Feld PROXY FÜR DATEIÜBERTRAGUNGEN die interne IP-Adresse Ihres Pi-Servers ein. Dies ist notwendig für Dateiübertragungen innerhalb Ihres Heimnetzes.

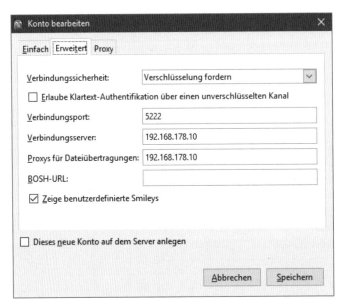

Abbildung 19.6 Die Verbindungsdaten Ihres Servers eingeben

Weitere Einstellungen können Sie natürlich vornehmen, beispielsweise ein Avatar-Bild hinzufügen. Klicken Sie dann auf die Schaltfläche HINZUFÜGEN. Klicken Sie in der Kontenübersicht das Kontrollkästchen in der linken Spalte an, um das neu erstellte Konto zu aktivieren.

Um erfolgreich im Heimnetzwerk chatten zu können, müssen Sie natürlich mindestens auf einem anderen Rechner noch einen weiteren Benutzerzugang anlegen. Außerdem müssen sich alle beteiligten Benutzer jeweils gegenseitig in die Kontaktlisten eintragen. Um einen Chatpartner zu Ihrer Kontaktliste zu ergänzen, wählen Sie im Menü BUDDYS den Eintrag BUDDY HINZUFÜGEN. In einigen Versionen von Pidgin heißt das Menü KONTAKTE und der Eintrag folglich KONTAKT HINZUFÜGEN. Geben Sie anschließend den kompletten Benutzernamen der Zielperson an, inklusive des @-Symbols und der Domain. Sie können auch wieder einen ALIAS vergeben – hierunter wird der Anzeigename der Person verstanden –, ansonsten wird als Absender stets der etwas kryptische komplette Benutzername verwendet. Geben Sie hier am besten den Vornamen der Person an. Nach erfolgreicher Eingabe muss die Zielperson ihrerseits den Verbindungsversuch bestätigen und Sie autorisieren, danach steht einer Kommunikation nichts mehr im Wege.

Abbildung 19.7 Eine Kontaktanfrage müssen Sie autorisieren

Probieren Sie dies einmal aus. Pidgin ist übrigens normalerweise so konfiguriert, dass es versucht, eine verschlüsselte Verbindung aufzubauen, wenn eine solche vom Server angeboten wird. Wir haben Ihren Server so konfiguriert, dass eine verschlüsselte Verbindung möglich ist.

Abbildung 19.8 Ein erster Kontakt wurde hinzugefügt

Es wird aber unweigerlich zu einer Zertifikatswarnung wie in Abbildung 19.9 kommen, die daher rührt, dass Sie ein selbst unterzeichnetes Zertifikat verwenden. Sie müssen daher die Zertifikatswarnung entsprechend bestätigen und das Zertifikat annehmen.

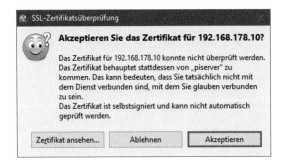

Abbildung 19.9 »Pidgin« warnt vor einem unbekannten Zertifikat

Sie können auf Wunsch den vorhin erstellten Fingerabdruck zur sicheren Authentifizierung des Servers benutzen.

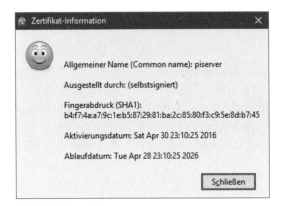

Abbildung 19.10 Über den Fingerabdruck können Sie die Echtheit des Servers prüfen

Nun können Sie mit Ihren Kontakten chatten und sogar Dateien austauschen:

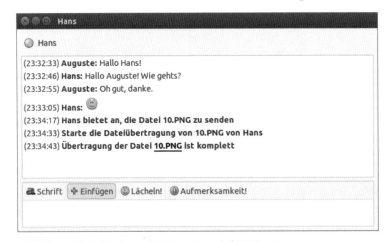

Abbildung 19.11 Chat und Dateiaustausch funktionieren

19.4 Erweiterung der Konfiguration: Gruppenchats

Als optionalen Schritt können Sie Prosody so erweitern, dass auch Gruppenchats möglich werden, bei denen sich nicht nur zwei Teilnehmer privat unterhalten, sondern sich eine ganze Gruppe von Teilnehmern an einem Chat beteiligt. Hierfür richten Sie eine sogenannte *Konferenzumgebung* ein.

Um diese Funktion zu aktivieren, öffnen Sie zuerst mit nano die Konfigurationsdatei von Prosody

```
sudo nano /etc/prosody/prosody.cfg.lua
```

und ergänzen die Datei um folgende Zeile:

```
Component "conference.piserver" "muc"
```

Achten Sie darauf, dass diese Zeile nicht Teil Ihrer VirtualHost-Konfiguration ist. Sie darf also nicht eingerückt werden. Am sichersten ist es, wenn Sie diese Zeile oberhalb Ihres VirtualHost-Blocks anordnen. Ändern Sie dabei den Ausdruck piserver entsprechend in Ihren Host- beziehungsweise Domainnamen. Die Änderung finden Sie in Abbildung 19.12.

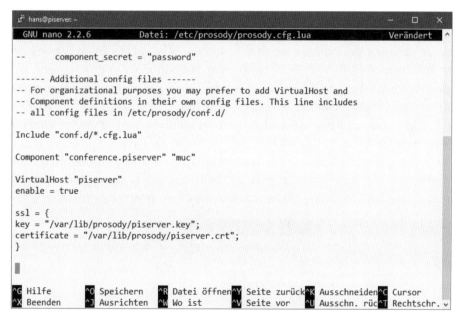

Abbildung 19.12 Die Änderungen an der Datei »/etc/prosody/prosody.cfg.lua«

Der Ausdruck muc beschreibt eine *multi user conference* und muss so unverändert übernommen werden. Wenn Sie anschließend Prosody neu starten (mit dem Befehl: sudo service prosody restart), dann können Sie in Ihrem Chatprogramm innerhalb von conference.piserver (natürlich mit Ihrem jeweiligen Host- beziehungsweise Domainnamen) einen weiteren *Raum* erstellen, in dem der Gruppenchat stattfinden wird. Bei Pidgin öffnen Sie beispielsweise einfach über das Menü BUDDYS/CHAT HINZUFÜGEN das entsprechende Eingabefenster, das Sie in Abbildung 19.13 sehen.

Abbildung 19.13 Einen Chatraum erstellen

Geben Sie dort unter RAUM den Namen des Raums ein, den Sie als Chat-Initiator neu erstellen möchten. Bei SERVER tragen Sie `conference.piserver` ein und ändern natürlich `piserver` entsprechend in Ihren Hostnamen beziehungsweise Ihre Domain. Auf Wunsch können Sie sich selbst ein abweichendes Kürzel geben, dem Chatraum einen Alias verpassen (beispielsweise bietet sich hierfür das Chatthema an), und Sie können den Zutritt zu diesem Raum mit einem Passwort schützen, so dass die Teilnehmergruppe geschlossen bleibt. Als Initiator legen Sie dabei das Passwort einfach fest, die Teilnehmer müssen es dann zur Verbindung eingeben. Als Teilnehmer können Sie beispielsweise in Pidgin einem Gruppenchat beitreten, indem Sie im Menü BUDDYS (beziehungsweise KONTAKTE) die Funktion EINEN CHAT BETRETEN auswählen.

Abbildung 19.14 Einem Chatraum beitreten

Wenn Sie einen anderen Client als Pidgin verwenden, dann ist die Bedienung vermutlich abweichend. Bitte beachten Sie auch, dass die Funktion des Gruppenchats auch von Ihrem Clientprogramm angeboten werden muss.

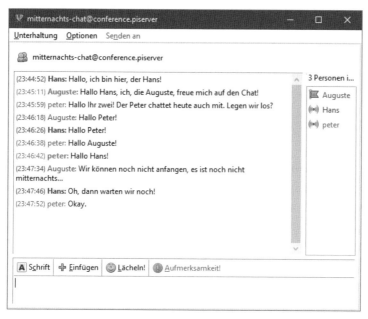

Abbildung 19.15 Der Chat mit mehreren Personen funktioniert

Wenn Sie Ihren Prosody-Server über das Internet erreichbar machen, dann müssen Sie jedoch beachten, dass nur Personen, die direkt an Ihrem Server angemeldet sind (und dort ein Benutzerkonto haben), einen Chatraum erstellen und betreten können. Normalerweise ist dies auch für Benutzer anderer Server möglich (soweit Ihr Server für die Art der Kommunikation erreichbar ist), allerdings benötigen Sie dafür eine komplett eigene Domain und die Möglichkeit, auch DNS-Einträge für Subdomains zu definieren. Da die Privatperson – erst recht als Einsteiger – meistens jedoch eine Adresse eines dynamischen DNS-Anbieters verwendet, ist dies leider so nicht möglich. Möglicherweise sind Sie jedoch über diesen Umstand auch recht froh. Wenn Sie ganz sichergehen wollen (oder wenn Sie über eine eigene Domain verfügen) und insbesondere die Chatraum-Erstellung nur für lokale Benutzer erlauben wollen (die direkt an Ihrem Server angemeldet sind), dann ergänzen Sie den Ausdruck, der den Conference-Raum aktiviert, um folgende zweite Zeile, die Sie jedoch wie dargestellt einrücken müssen, damit ein zusammenhängender Block entsteht:

```
Component "conference.piserver" "muc"
  restrict_room_creation = "local"
```

19.5   Erweiterung der Konfiguration: verschlüsselte Verbindungen

Als Nächstes betrachten wir noch etwas gründlicher die Verschlüsselung der Übertragung. Wie zuvor beschrieben, bietet Prosody in der Grundkonfiguration bereits verschlüsselte Verbindungen an. Diese sind jedoch optional, so dass unverschlüsselte Verbindungen auch akzeptiert werden. Möchten Sie hingegen die verschlüsselte Übertragung unbedingt erzwingen (was im Internet zu empfehlen ist), dann müssen Sie in der Konfigurationsdatei eine Anpassung vornehmen. Öffnen Sie die Datei `/etc/prosody/prosody.cfg.lua` wie zuvor beschrieben, und suchen Sie darin nach folgender Zeile:

```
c2s_require_encryption = false
```

`c2s` steht als Kürzel für die Kommunikation zwischen Client und Server (auf Englisch: *client-to-server*). Wenn Sie verschlüsselte Verbindungen erzwingen möchten, dann ändern Sie den Parameter `false` in `true`, so dass folgender Ausdruck entsteht:

```
c2s_require_encryption = true
```

Die Datei sollte nun so wie in Abbildung 19.16 aussehen.

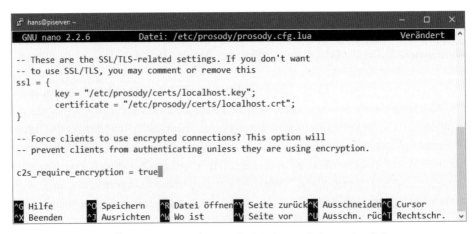

Abbildung 19.16 Die Änderungen an der Datei »/etc/prosody/prosody.cfg.lua«

Jetzt kommt noch ein weiterer wichtiger Schritt. Erinnern Sie sich bitte daran, dass XMPP – wie die klassische E-Mail – ein Netzwerk aufbaut, das es ermöglicht, mit jedermann in Kontakt zu treten, egal, wo er sich aufhält. Hierzu sucht sich der Server, an den Teilnehmer A angeschlossen ist, den entsprechenden Server, mit dem Teilnehmer B verbunden ist. Nun laufen Nachrichten zuerst von Teilnehmer A zu seinem Server, dann von dort zum Server von Teilnehmer B und von diesem dann zum eigentlichen Empfänger, entsprechend Teilnehmer B (und umgekehrt bei einer Antwort). Wie Sie bemerken, kommt es dabei zu einer Kommunikation zwischen zwei

Servern. Auch diese sollte natürlich verschlüsselt werden. Dieser Schritt hat für Sie keine Relevanz, wenn Sie die Kommunikation nur innerhalb Ihres eigenen Netzwerks vorgesehen haben. Es besteht auch kein Handlungsbedarf, wenn Sie zwar einen öffentlich erreichbaren Server betreiben wollen, aber keine weiteren Teilnehmer außerhalb Ihres eigenen Servers einbeziehen möchten. Das ist also dann der Fall, wenn Sie einen geschlossenen Teilnehmerkreis wünschen. Nur wenn Sie die globale Kommunikation ermöglichen wollen, dann können Sie die Verschlüsselung ebenfalls für die Kommunikation zwischen zwei Servern erzwingen; hierfür ergänzen Sie Ihre Konfiguration um folgende Zeile, die Sie am besten unterhalb der eben betrachteten c2s-Anweisung platzieren:

```
s2s_require_encryption = true
```

Bevor Sie diese Zeile eingeben, sollten Sie die Konfigurationsdatei nach dem Eintrag s2s_require_encryption absuchen, der normalerweise in der Standardkonfiguration nicht enthalten ist. In dem Eintrag steht s2s für *server-to-server*. Es gibt aber etwas zu beachten: Leider bieten nicht alle Server eine verschlüsselte Verbindung für die *server-to-server*-Kommunikation an, was sehr schade ist. Sie können nun Ausnahmen definieren, wenn Sie auf so einen Fall stoßen. Wenn sich also keine Verbindung zu einem Chatpartner aufbauen lässt, so können Sie versuchen, für den entsprechenden Server die verschlüsselte Verbindung zu deaktivieren, was aber natürlich ein Sicherheitsrisiko bedeutet. Fügen Sie für den entsprechenden Server unter der soeben modifizierten Zeile folgenden Eintrag hinzu, und ändern Sie die kritische.Domain entsprechend (die Anführungszeichen bleiben erhalten):

```
s2s_insecure_domains = { "kritische.Domain" }
```

Wie gesagt, für die rein interne Kommunikation und die Einrichtung einer geschlossenen Benutzergruppe sind diese Vorkehrungen nicht notwendig.

19.6   Konfiguration der Server-Erreichbarkeit: weltweit, abgeschlossen oder nur lokal?

Nun betrachten wir die eigentliche Erreichbarkeit des Servers. Wir klären im Folgenden, ob er tatsächlich nur (heim-)netzintern erreichbar sein, einen externen geschlossenen Benutzerkreis bedienen oder sogar die weltweite Kommunikation mit beliebigen anderen Teilnehmern erlauben soll.

19.6.1   Die ausschließlich netzinterne Kommunikation

Im ersten Fall arbeitet Ihr Chatserver rein netzintern und ist für Chatpartner aus dem Internet nicht erreichbar. Das führt auch dazu, dass Sie keine Chatpartner außerhalb

Ihres eigenen Netzes ansprechen können – denn eine Antwort kann Sie ja nicht erreichen. Dieser Fall ist im Prinzip die »Voreinstellung«, denn sämtliche eingehenden
Verbindungen werden ja von Ihrem Router und gegebenenfalls von der Firewall auf
Ihrem Pi-Server blockiert. Es ist jedoch empfehlenswert, zusätzlich in der Konfiguration von Prosody einen Eintrag vorzusehen, der den Datentransfer zwischen zwei
Servern deaktiviert. Wenn einer Ihrer Clients versuchen sollte, einen externen Chatpartner einzuladen, so wird dies mit einer Fehlermeldung quittiert. Ansonsten
könnte es wie gesagt dazu kommen, dass der externe Chatpartner zwar angeschrie-
ben wird, jedoch nicht antworten kann. Um dies zu unterbinden, fügen Sie bitte Folgendes der Prosody-Konfiguration (in der Datei */etc/prosody/prosody.cfg.lua*) hinzu,
und zwar außerhalb Ihres VirtualHost-Blocks:

```
modules_disabled = { "s2s" }
```

Zusätzlich können Sie in der Konfigurationsdatei das *dialback*-Modul deaktivieren,
was ein wenig Arbeitsspeicher einspart. Suchen Sie zunächst mit der Tastenkombination Strg+w nach folgender Zeile:

```
"dialback"; -- s2s dialback support
```

Sie deaktivieren dieses Modul, indem Sie zwei Bindestriche vor das Wort dialback
setzen. Das würde dann so aussehen:

```
--"dialback"; -- s2s dialback support
```

Abbildung 19.17 zeigt Ihnen die Stelle, an der Sie die Bindestriche einfügen müssen.

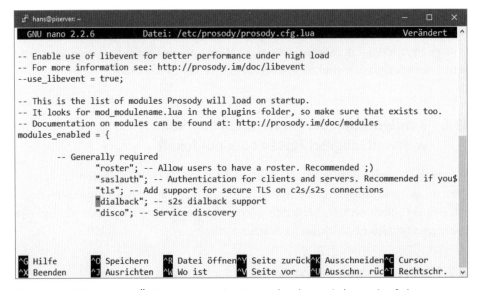

Abbildung 19.17 Weitere Änderungen an der Datei »/etc/prosody/prosody.cfg.lua«

Das führt dazu, dass diese Zeile zu einem Kommentar wird und von Prosody nicht weiter beachtet wird. Dies schließt die Konfiguration für diesen Anwendungsfall ab.

19.6.2   Der geschlossene Teilnehmerkreis über das Internet

Im zweiten Fall möchten Sie, dass Ihr Server für Clients aus dem Internet erreichbar ist. Sie möchten jedoch weiterhin eine geschlossene Benutzergruppe bilden und keine Kommunikation zu anderen Servern erlauben. Dies ist zum Beispiel für eine Projektarbeit interessant. Sie erweitern quasi die Teilnehmerliste auf ausgewählte Mitglieder von außerhalb, die sich explizit an Ihrem Server anmelden müssen, um mit Ihnen zu reden. Hierzu müssen Sie ebenfalls – wie eben beschrieben – die Server-zu-Server-Kommunikation deaktivieren. Übernehmen Sie also bitte alle Einstellungen aus dem vorherigen Abschnitt 19.6.1. Sie müssen jetzt aber Ihren Server aus dem Internet erreichbar machen, allerdings nur für Client-to-Server-Verbindungen. Dazu öffnen Sie Port 5222 für TCP-Verbindungen an Ihrem Router und leiten eingehende Pakete an Ihren Pi-Server weiter. Bitte konsultieren Sie hierfür die Bedienungsanleitung Ihres Routers, denn die Vielfalt der verschiedenen Routermodelle macht eine Anleitung an dieser Stelle unmöglich. Falls Sie auf Ihrem Pi-Server zusätzlich die iptables-Firewall eingerichtet haben, dann müssen Sie auch hier Port 5222 für das TCP-Protokoll für eingehende Verbindungen öffnen. Wie das funktioniert, ist ausführlich im Firewall-Kapitel beschrieben – in Abschnitt 21.5. Für die Eiligen: Fügen Sie Ihrer *iptables*-Datei folgende Zeile hinzu (und vergessen Sie nicht, die geänderte Konfiguration auch zu aktivieren):

```
-A INPUT -p tcp --dport 5222 -j ACCEPT
```

Außerdem müssen Sie natürlich einen dynamischen DNS-Dienst einrichten, damit Sie eine eindeutige, unveränderliche Domain-Adresse erhalten, unter der ein externer Chatteilnehmer Ihren Server zum Einloggen erreichen kann. Denken Sie daran, in der Konfiguration von Prosody für exakt diese dynamische Adresse einen Virtual-Host-Eintrag hinzuzufügen. Es ist außerdem nicht verkehrt, wenn auch der Common Name des Zertifikats zur verschlüsselten Kommunikation diesem Namen entspricht. Wenn dem nicht so ist, dann sollten Sie nun die entsprechenden Schritte erneut ausführen. Wenn Sie nach einem Neustart des Prosody-Serverdienstes nun dessen Erreichbarkeit testen wollen, müssen Sie beispielsweise in der Konfiguration von Pidgin jetzt keinen Verbindungsserver mehr angeben. Es reicht, wenn Sie den Benutzernamen und die Domain benennen. Nun ist Ihr Prosody-Server ja aus dem Internet unter der von Ihnen genannten Domain (die ja Ihrem dynamischen DNS-Eintrag entspricht) erreichbar.

Da Ihr Chatserver nun aus dem Internet erreichbar ist, sollten Sie unbedingt darauf achten, dass auch die Verschlüsselung zur Verfügung steht, besser sogar erzwungen wird. Bitte bedenken Sie, dass Ihr Chatserver nun für jedermann aus dem Internet erreichbar ist. Hierunter könnten auch Subjekte mit negativen Absichten sein, die vielleicht eine Sicherheitslücke im Prosody-Server (oder im XMPP-Protokoll) ausnutzen möchten, um schlimmstenfalls Ihren Pi-Server zu kapern – auch wenn dies sehr unwahrscheinlich ist. Wie immer gilt: Nutzen Sie diese Funktion nur, wenn Sie tatsächlich auch gebraucht wird und für Sie hilfreich ist. Vergessen Sie nicht, dass Familienmitglieder den Dienst auch alternativ problemlos über eine VPN-Verbindung nutzen können; für Freunde und Bekannte ist hingegen ein direkter Zugang die bessere Alternative.

19.6.3   Die weltweite Kommunikation

Der dritte Fall ist der Universalfall, bei dem Sie auch Server-zu-Server-Verbindungen erlauben. Wenn Sie diese Alternative anstreben, dann dürfen Sie die Server-zu-Server-Verbindungen natürlich nicht in der Konfiguration verbieten. Die bisher in diesem Abschnitt getätigten Einstellungen in der Konfigurationsdatei von Prosody dürfen Sie also nicht vornehmen. Kontrollieren Sie in der Konfigurationsdatei, ob diese Verbindungen erlaubt sind (sich also kein Eintrag findet, der diese untersagt). Außerdem müssen Sie – wie im zweiten Fall – sowohl den Router als auch die Firewall auf Ihrem Pi-Server für eingehende Verbindungen auf Port 5222 für das TCP-Protokoll öffnen. Zusätzlich müssen Sie einen weiteren Port freigeben, und zwar Port 5269 für das TCP-Protokoll. Hierüber läuft die Kommunikation zwischen zwei Servern. Dies muss sowohl am Router als auch in der Firewall des Pi-Servers geschehen. Haben Sie dies realisiert, steht weltweiten Chats nichts mehr im Wege.

Ein Beispiel dazu finden Sie in Abbildung 19.18.

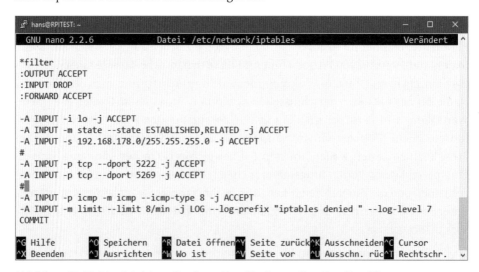

Abbildung 19.18 Die »iptables«-Konfiguration für den weltweiten Zugriff

Natürlich müssen Sie auch in diesem Fall einen dynamischen DNS-Eintrag besitzen (beziehungsweise eine eigene Domain mit fester IP-Adresse). Für diesen Fall gelten die Sicherheitswarnungen natürlich genauso wie für den zweiten Fall.

Aufgrund der neu hinzugekommenen Kommunikation mit Ihnen unbekannten Servern gelten sie sogar in verschärfter Fassung. Es kann nicht schaden, nochmals zu überdenken, ob ein eigener Chatserver tatsächlich erforderlich ist. Bedenken Sie insbesondere, dass Sie vielleicht die Verbindung Ihres Clients zu Ihrem Server verschlüsseln, aber Sie wissen nicht, was dann mit dem Chatdaten passiert. Auf jedem Server werden die Chatdaten nämlich wieder entschlüsselt und vor dem Weitertransport wieder verschlüsselt. An jedem Server können die Daten also im Klartext mitgelesen werden. Möglicherweise erfordert ein entfernter Server sogar eine unverschlüsselte Verbindung. In diesem Falle sei Ihnen die Funktionalität empfohlen, die es als Plugin für viele Chatprogramme gibt. Sie ermöglicht eine durchgängige Client-to-Client-Verschlüsselung, so dass Ihre Chats vor fremden Blicken sicher sind. Damit ist die Sicherheit der Chatserver nicht mehr von höchster Priorität. Wenn es Ihnen also hauptsächlich um die vertrauliche Übermittlung der Daten geht, wäre es vielleicht sicherer, eine solche Protokollerweiterung zu nutzen, die bereits existierende Chatserver verwenden kann. Diese Plugins nutzen das sogenannte *Off-the-Record Messaging*, abgekürzt *OTR*, und ermöglichen eine Ende-zu-Ende-Verschlüsselung. Wenn Sie an dieser Technologie Interesse haben, dann suchen Sie einfach im Internet nach diesem Stichwort, in Kombination mit dem Namen Ihres favorisierten Chatprogramms. Für das bereits oft angesprochene Programm Pidgin ist beispielsweise ein sehr leicht einzurichtendes OTR-Plugin verfügbar.

19.7   Die Fernwartung des Servers

Fast zum Schluss kommt noch etwas Wichtiges. Das XMPP-Protokoll unterstützt nämlich auch Befehle zur Fernwartung. Sie können einen Benutzer zu einem Administrator machen, der wichtige Serverbefehle direkt im Chatprogramm eingeben kann. Benötigt wird dafür ein geeignetes Chatprogramm, beispielsweise Pidgin. Der Administrator kann zum Beispiel ganz einfach neue Benutzer anlegen oder prüfen, welcher Benutzer gerade online ist. Um einen solchen Benutzer anzulegen, suchen Sie in der Konfigurationsdatei von Prosody nach dem Eintrag `admins =` und ergänzen ihn um den kompletten Benutzernamen derjenigen Person, die in den Stand eines Administrators erhoben werden soll, etwa so:

```
admins = { "admin@piserver" }
```

Beachten Sie, dass die Anführungszeichen obligatorisch sind. Ersetzen Sie `admin@piserver` durch die jeweiligen Benutzerdaten. Unter diesem Konto können Sie nun beispielsweise in Pidgin im Hauptfenster im Menüpunkt KONTEN unter dem jeweiligen Konto nun eine ganze Reihe von Administratorbefehlen ausführen, wie Ihnen Abbildung 19.19 zeigt.

Abbildung 19.19 Die Administrationsbefehle von »Pidgin«

Bitte beachten Sie, dass Sie dieses Konto aus Sicherheitsgründen jedoch nicht zum normalen Chatten verwenden sollten, insbesondere nicht, wenn Ihr Rechner auch öfter für längere Zeit ungeschützt aktiviert bleibt. Nutzen Sie es nur für die Administration – was allerdings wie schon oft gesagt für jedes Administratorkonto gilt. Außerdem ist ein sicheres Passwort Pflicht!

Nun aber los, fangen Sie an zu chatten! Viel Spaß!

Kapitel 20
Die eigene Telefonanlage mit Asterisk

Telefonieren Sie gerne? Dann ist dieses Kapitel wie für Sie gemacht: Wir werden eine eigene Telefonanlage einrichten, an die Sie moderne VoIP-Telefone anschließen können.

Eine Netzwerkverbindung können wir für eine Vielzahl von Anwendungsfällen benutzen. Solange die zu übertragenden Daten in digitaler Form vorliegen und sich in Datenpakete verpacken lassen, können wir sie über die Netzwerkverbindung übertragen. So können wir problemlos Computerdateien, aber auch Bild- und Tonsignale versenden und empfangen. Bisher haben Sie Ihren Pi-Server beispielsweise in Kapitel 16, »Ein eigener Radiosender«, dazu verwendet, einen eigenen Netzwerk-Radiosender aufzubauen, der Tonsignale in Form von Audiodateien oder Mikrofonaufnahmen versenden kann. Natürlich kann man noch einen Schritt weiter gehen: Der Server kann nicht nur Tonsignale versenden, sondern sie auch annehmen. Es ist also auch eine bidirektionale Kommunikation möglich. Wenn Sie nun neben dem Mikrofon noch einen Lautsprecher an den Server anschließen und zwei Kombinationen aus Mikrofon und Lautsprecher an getrennten Standorten aufstellen, dann haben Sie prinzipiell eine Telefonverbindung aufgebaut und können telefonieren.

Jetzt können wir ein wenig »optimieren« und das Mikrofon und den Lautsprecher nicht direkt an den Server anschließen, sondern diese Geräte in ein externes Gehäuse einbauen. Das Gehäuse kann ruhig die Form eines klassischen Telefons haben. Das Telefon schließen wir nun an den Server an. Aber halt – wir leben doch im 21. Jahrhundert. Folglich gehen wir mit der Zeit und geben dem Telefon noch etwas mehr Innenleben. Es bekommt elektronische Schaltkreise, welche die Analog-Digital-Umsetzung unserer Mikrofon- und Lautsprechersignale übernehmen. Und wenn wir nun schon digitale Signale haben, dann schließen wir unser Telefon doch gleich über eine Netzwerkverbindung an unseren Pi-Server an. Im Prinzip ist unser selbstgebasteltes Telefon nun auch eine Art von Computer, der über eine Netzwerkverbindung Tonsignale zu einem anderen Computer, nämlich dem Pi-Server, überträgt.

Wo wir gerade beim Basteln sind, spendieren wir unserem Telefon auch noch eine Tastatur, mit der wir Telefonnummern wählen können. Auf dem Pi-Server braucht es jetzt nur noch eine geeignete Software, die die gewählten Rufnummern auswertet und eine Telefonverbindung aufbaut. Wir könnten jetzt anfangen, uns diese Software selbst zu schreiben, aber das brauchen wir an dieser Stelle nicht zu tun. So etwas gibt es schon längst fix und fertig und natürlich auch als Open-Source-Anwendung. Die Rede ist von der mächtigen Telefonsoftware *Asterisk*, mit der wir uns hier in diesem Kapitel befassen wollen.

[!] **Achtung**

Die Anleitungen in diesem Abschnitt richten sich an den fortgeschrittenen Nutzer, der im Umgang mit Konfigurationsdateien schon geübt ist.

Vorher bleiben wir noch einen Moment bei unserem selbstgebastelten Telefon. Wenn bei Ihnen jetzt schon der Lötkolben vorheizt und Sie sich auf das folgende Basteln freuen, dann werden Sie jetzt etwas enttäuscht sein, denn ein eigenes Netzwerktelefon wollen wir uns nicht selbst basteln, denn auch solche Geräte wurden schon längst erfunden, und prinzipiell haben Sie so etwas schon längst im Besitz. Zum einen gibt es nämlich fertige Netzwerktelefone zu kaufen, die genauso aussehen wie ein klassisches Festnetztelefon. Es gibt kabellose und kabelgebundene Modelle, sie haben einen Hörer, und man wählt zum Telefonieren eine Telefonnummer. Übrigens wählt man eine ganz normale »echte« Telefonnummer, auch wenn die Abwicklung des Gesprächs heutzutage oftmals über das Internet läuft. Das Telefongespräch wird in Form von Datenpaketen über das Internet übertragen und erreicht einen Zielrechner. Der Zielrechner kann ebenfalls ein Netzwerktelefon sein. Es kann sich aber auch um ein spezielles Gerät handeln, das das Telefongespräch in das herkömmliche Telefonnetz weiterleitet. So sind ganz normale Telefongespräche möglich. Willkommen in der Welt von *Voice over IP*, kurz *VoIP*. Oder plakativ formuliert: »So telefoniert man heute.«

Offensichtlich ist in den beteiligten Telefonen nun eine ganze Menge an Elektronik enthalten. Es handelt sich tatsächlich mehr oder weniger um richtige Computer, mit der Aufgabe, Audiosignale zu digitalisieren und zu übertragen. Natürlich muss ein solcher Computer nicht die Form eines Telefons haben. Genauso gut kann diese Aufgabe ein Desktopcomputer übernehmen. Ausgestattet mit Mikrofon, Lautsprecher und einer passenden Software wird auch er zu einem Netzwerk- oder auch VoIP-Telefon. Alternativ können wir ein modernes Smartphone hernehmen. Es bietet eine erstaunliche Rechenleistung und hat ein eingebautes Mikrofon und einen Lautsprecher. Mit ein wenig zusätzlicher Software wird es ebenso zu einem VoIP-Telefon. Jetzt können Sie den Lötkolben wieder ausschalten, denn eines der genannten Geräte haben Sie sicherlich im Besitz. Höchste Zeit, dass wir uns mit der angesprochenen Funktionalität einmal beschäftigen.

In diesem Kapitel wollen wir Ihren Pi-Server zusätzlich zu einer VoIP-Telefonanlage erweitern. An diese Telefonanlage können Sie beliebige VoIP-Geräte anschließen. Es kann sich dabei um Netzwerktelefone handeln, um Computer mit geeigneter Software und einem Headset oder um ein mit einer passenden App ergänztes Smartphone. Einzige Bedingung: Die Geräte müssen dem sogenannten *SIP-Standard* gehorchen und das Protokoll SIP (das *Session Initialization Protocol*) beherrschen, aber das werden wir hier sicherstellen. Sie können dann als ersten Schritt mit allen angeschlossenen Telefonen untereinander telefonieren und erhalten eine Haustelefonanlage. Da es sich um Netzwerkverbindungen handelt, die wir beim Telefonieren aufbauen, können Sie ein Telefongerät natürlich auch über eine VPN-Verbindung an Ihren Pi-Server anschließen. So können Sie unterwegs auf Reisen – einen Internetzugang vorausgesetzt – natürlich ein »Interngespräch« nach Hause führen und völlig kostenfrei (abgesehen vom Internetzugang) mit den Daheimgebliebenen sprechen.

Im nächsten Schritt können Sie eine Anmeldung bei einem SIP- oder VoIP-Provider tätigen. Dadurch können Sie zusätzlich zu internen Gesprächen ganz normal »nach draußen« telefonieren und Mitmenschen über eine richtige Festnetznummer anrufen. Hiermit sind allerdings Kosten verbunden, aber es gibt mittlerweile sehr günstige Flatrate-Angebote, und deutschlandweite Telefongespräche sind für einen monatlichen Pauschalbetrag von rund 10 € möglich. Selbstverständlich erhalten Sie hierdurch im Gegenzug auch eine normale Telefonnummer, auf der Sie auch angerufen werden können, von jedem Telefonanschluss aus. Diese Telefongespräche können Sie an Ihren VoIP-Telefonen annehmen. Das geht natürlich auch wieder über eine VPN-Verbindung von unterwegs. Dies kann möglicherweise sogar Einbrecher abschrecken, denn scheinbar sind Sie immer daheim erreichbar. Theoretisch könnten Sie mit dieser Lösung sogar Ihr bisheriges Festnetz-Telefonsystem ersetzen. Das sollte jedoch der letzte Schritt sein, nachdem Sie Ihr VoIP-System über längere Zeit gründlich getestet haben. Der komplette Ersatz eines klassischen Telefonsystems ist deswegen auch nicht Ziel dieser einführenden Literatur. Trotzdem möchte ich eine weitere Gerätegattung nicht verschweigen: die sogenannten *ATA-Geräte*. Hierbei handelt es sich um Adaptergeräte, die die analogen Telefonsignale in VoIP-Datenpakete umsetzen. Ein ATA-Gerät hat also auf der einen Seite einen Anschluss für ein klassisches analoges Telefon und auf der anderen Seite einen Netzwerkanschluss. Es macht normale Telefone netzwerkfähig. Deswegen steht die Abkürzung auch für *Analog Telephone Adapter*. Mit diesen Geräten können Sie Urgroßvaters Wählscheibentelefon netzwerkfähig machen und in eine VoIP-Telefonanlage einbinden.

Zusätzlich können Sie einen Anrufbeantworter einrichten, wobei jedes Endgerät einen eigenen Anrufbeantworter bekommen kann. Und als Sahnehäubchen können Sie einen Ansagedienst realisieren und die klassischen Telefonansagen in Ihrem Heimnetz wieder aufleben lassen.

Sind Sie bereit? Dann fangen wir gleich an.

20.1 Die Installation von Asterisk

Wir werden nun auf Ihrem Pi-Server die Software Asterisk installieren. Dadurch wird er zu einer VoIP-Telefonanlage, und Telefoniegeräte können sich mit ihm verbinden. Asterisk ist sehr leistungsfähig und kann theoretisch sogar für eine große Firma als Telefonanlage Verwendung finden. Die gebotene Funktionsvielfalt ist beachtlich, so kann Asterisk auch mit eigenständigen Telefonkarten arbeiten und direkt Kontakt zum örtlichen Telefonnetz aufnehmen, aber wir wollen es hier auf der VoIP-Funktionalität beruhen lassen. Leider führt der große Funktionsumfang – wie so oft – zu einer teilweise recht schwierigen Bedienung und Konfiguration. Ich werde versuchen, hier möglichst detailliert und übersichtlich vorzugehen und mich dabei auf die häufig benötigten Funktionen in einem Privathaushalt beschränken. Installieren wir nun Asterisk auf Ihrem Pi-Server. Das erledigt folgender Befehl:

```
sudo apt-get install asterisk asterisk-prompt-de
```

Abbildung 20.1 Die Installation von »asterisk«

Auch wenn Asterisk nur sehr geringe Hardwareanforderungen stellt und für einen Privathaushalt problemlos auf einem Pi-Server funktioniert, ist die Installation doch recht umfangreich. Wundern Sie sich bitte nicht, wenn die Installation einen gewissen Zeitrahmen in Anspruch nimmt. Außerdem sollten Sie über genügend freien Platz auf der Speicherkarte verfügen. Der genaue Platzbedarf lässt sich nicht vorhersagen, da er auch von den bisher installierten Programmen abhängt. Der benötigte Speicherplatz wird Ihnen jedoch (wie immer) vor der Installation angezeigt. Als Richtwert können Sie von etwa 100 MB ausgehen.

20.2   Welche Telefoniegeräte werden Sie benutzen?

Als Nächstes werden wir uns mit den Telefoniegeräten beschäftigen. Wie in der Einleitung erwähnt, haben Sie die Wahl zwischen verschiedenen Endgerätetypen. Als Erstes sei ein normaler Desktopcomputer beziehungsweise ein Notebook genannt. Diese Geräte müssen mit einer Soundkarte sowie mit Mikrofon und Lautsprecher ausgerüstet sein. Recht komfortabel kann man mit einem Headset telefonieren, also jener Kombination aus Kopfhörer und Mikrofon. Einfache Modelle sind bereits für wenige Euro im Handel erhältlich, achten Sie trotzdem auf eine gute Qualität. Der Computer muss mit einer VoIP-Software ausgestattet sein. Die Wikipedia listet unter dem Artikel *https://de.wikipedia.org/wiki/Liste_von_VoIP-Software* diverse Programme für diesen Zweck auf. Es gibt für die verschiedenen Betriebssysteme jeweils verschiedene Anwendungen, viele davon sind als Freeware kostenlos, oftmals handelt es sich auch um Open-Source-Programme. Wir werden in diesem Buch beispielhaft die kostenlose Windows-Anwendung *PhonerLite* verwenden, aber natürlich können Sie jederzeit Ihre favorisierte Anwendung benutzen. Solange diese die angesprochene SIP-Kompatibilität mitbringt, steht der Benutzung mit Asterisk nichts entgegen.

Als zweite Lösung bieten sich Smartphones oder auch Tablets an; sie benötigen lediglich eine geeignete App und werden somit zu einem VoIP-Telefon. Auch hier bietet die obengenannte Wikipedia-Adresse eine Liste mit geeigneten Apps. Beliebte Vertreter sind beispielsweise *Zoiper* (für verschiedene Betriebssysteme) und *CSipSimple* (für Android), aber auch hier können Sie natürlich Ihren eigenen Favoriten nutzen.

Möchten Sie ein »richtiges« Telefon verwenden, dann können Sie sich für ein Netzwerktelefon entscheiden (manchmal sagt man auch *IP-Telefon* dazu). Hier bietet der Handel eine reichhaltige Auswahl von diversen Herstellern. Wichtig ist, dass Ihr Favorit das Protokoll SIP beherrscht, dann sollte dieses Gerät auch problemlos mit Asterisk zusammenarbeiten. Das Preisspektrum ist recht breit, aber einfache Geräte sind inzwischen auch für deutlich weniger als 100 € erhältlich. Als Einsteiger schadet es nicht, zu einem günstigen Gerät zu greifen, denn teurere Geräte bieten oft Funkti-

20

onalitäten, die im Privatgebrauch nicht benötigt werden. Ein kleiner Stolperstein lauert eventuell bei der Stromversorgung. Achten Sie darauf, dass das Telefon über eine eigene Stromversorgung, also ein eigenes Netzteil, verfügt. Professionelle Geräte benötigen oftmals als einzige Option die Stromversorgung über *PoE*, also *Power over Ethernet*. Hierbei wird der Strom über das Netzwerkkabel übertragen. Diese Option ist zwar sehr praktisch, aber üblicherweise nicht in einem Heimnetzwerk verfügbar. (Wobei sie durch zusätzliche Geräte wie sogenannte PoE-Injektoren oder geeignete Switches relativ leicht nachrüstbar ist.)

Als letztgenannte Möglichkeit können Sie die zuvor erwähnten ATA-Geräte einsetzen und ein analoges Telefon mit Asterisk verbinden. Das ATA-Gerät muss ebenfalls dem SIP-Standard genügen. Es spielt keine Rolle, ob Sie ein schnurloses oder ein kabelgebundenes Telefon anschließen möchten. Sie müssen allerdings auf das Wahlverfahren achten. Ältere Telefone beherrschen häufig nur das Impulswahlverfahren, das leider nur von wenigen ATA-Geräten unterstützt wird. ATA-Geräte sind recht preiswert und beispielsweise auch schon gebraucht für weniger als 30 € erhältlich, womit sie sich ideal zum Ausprobieren eignen. Allerdings bringen nur die allerwenigsten Geräte eine Unterstützung für ISDN-Geräte mit.

Allen bisher vorgestellten Lösungen ist eines gemeinsam: Prinzipiell handelt es sich um Computer, die über einen Benutzernamen und ein Passwort eine Verbindung zum Asterisk-Server aufbauen. Das Passwort hat eine Sicherheitsfunktion und verhindert eine missbräuchliche Nutzung von Telefondiensten. In einem Privathaushalt mit frei zugänglichen Telefonen mag dies von untergeordneter Wichtigkeit sein, trotzdem sollten Sie auf alle Fälle sichere Passwörter verwenden. Der Benutzername entspricht häufig (und wir werden das ebenso handhaben) der Telefonnummer des Gerätes. Durch Wahl dieser Telefonnummer (also des »Benutzernamens«) werden Telefongespräche möglich. Für eine erfolgreiche Verbindung zum Asterisk-Server sind jetzt nur noch dessen IP-Adresse und der verwendete Port nötig. Diese Informationen sind also in jedem Telefoniegerät vor dessen Benutzung einzutragen.

20.3   Asterisk mit den verwendeten Endgeräten bekannt machen

Wir beginnen nun mit der Konfiguration von Asterisk. Wir werden in unseren Beispielen davon ausgehen, dass Sie drei Telefoniegeräte anschließen wollen. Dabei werden wir Asterisk so einrichten, dass Sie in Ihrem Haushalt zwischen einem und maximal 90 Telefonen anschließen können – dies sollte dem üblichen Privatbedarf genügen. Unsere drei Telefone erhalten die internen Rufnummern 10, 11 und 12. Sie können jedoch jede Rufnummer zwischen 10 und 99 verwenden. Die Benutzer mit den Rufnummern 10, 11 und 12 erhalten beispielhaft die Passwörter `Passwort10`, `Passwort11` und `Passwort12`. Wie vorhin erwähnt, sollten Sie für Ihre Telefonanlage unbedingt sichere Passwörter verwenden, die den Regeln für sichere Passwörter entsprechen – mehr dazu in Abschnitt 21.4. Die Konfiguration unserer drei Beispielgeräte ist völlig unabhängig davon, um was für ein Telefoniegerät es sich handelt. Egal, ob es ein Softwaretelefon auf einem Notebook oder ein Hardware-Netzwerktelefon ist, die Konfiguration ist in Asterisk stets gleich.

Asterisk hat für seine Konfigurationsdateien gleich ein ganzes Verzeichnis. Warum das so ist, erkennen Sie sofort, wenn Sie einen Blick in das Verzeichnis */etc/asterisk* werfen. Dort gibt es direkt nach der Installation an die hundert Konfigurationsdateien, wie Ihnen Abbildung 20.2 zeigt.

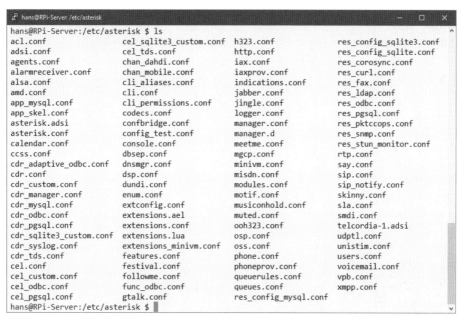

Abbildung 20.2 Die vielen Konfigurationsdateien von »Asterisk«

Sie sehen also, dass die zuvor gemachte Aussage mit der teilweise aufwendigen Konfiguration nicht übertrieben war. Keine Sorge! Für eine Telefonanlage in einem Privathaushalt müssen wir genau drei Dateien bearbeiten. Und es wird sogar noch etwas einfacher, weil wir keine Dateien verändern, sondern einfach drei neue Dateien erstellen werden, die nur die für uns nötigen Optionen enthalten.

Beginnen wir damit, Asterisk zunächst mit unseren drei Endgeräten bekannt zu machen. Sie können bei sich zum Üben ebenfalls diese drei Geräte einrichten, denn es spielt keine Rolle, ob Sie sie später auch tatsächlich verbinden. Für den Regelbetrieb sollten Sie aus Sicherheitsgründen jedoch nur die benötigten Endgeräte einrichten. Wir nehmen die Spezifizierung in der Datei */etc/asterisk/sip.conf* vor. Die bisherigen Einträge in dieser Datei sind für uns nicht von Interesse, wir werden die bisherige Datei sichern und eine neue Datei anlegen. Die Sicherung erledigt für uns folgender Befehl, den Sie bitte jetzt ausführen:

```
sudo mv /etc/asterisk/sip.conf /etc/asterisk/sip.conf.orig
```

Nun werden wir diese Datei mit dem Editor nano neu erstellen. Rufen Sie diesen Befehl auf:

```
sudo nano /etc/asterisk/sip.conf
```

Füllen Sie die Datei mit folgendem Inhalt:

```
[general]
port=5060
bindaddr=0.0.0.0
context=default
allowguest=no
country=de
language=de

[10]
type=friend
secret=passwort10
context=allgemein
host=dynamic
permit=192.168.178.0/255.255.255.0
permit=10.8.0.0/255.255.255.0

[11]
type=friend
secret=passwort11
context=allgemein
host=dynamic
permit=192.168.178.0/255.255.255.0
permit=10.8.0.0/255.255.255.0

[12]
type=friend
secret=passwort12
context=allgemein
host=dynamic
permit=192.168.178.0/255.255.255.0
permit=10.8.0.0/255.255.255.0
```

Listing 20.1 Die Konfigurationsdatei »/etc/asterisk/sip.conf«

Wie die Datei aussehen sollte, sehen Sie in Abbildung 20.3.

Abbildung 20.3 Die Konfiguration in »/etc/asterisk/sip.conf«

In dieser Datei sind verschiedene Blöcke spezifiziert. Der erste Block [general] nimmt einige Grundeinstellungen vor. Asterisk wird über Port 5060 erreichbar sein. Es wird auf allen Netzwerkadressen Verbindungen akzeptieren, also auch über eine VPN-Verbindung zu erreichen sein, die über das 10.8.0.xxx-Netz eingeht (siehe hierzu Kapitel 15, »VPN-Verbindungen mit OpenVPN«). Das regelt der Ausdruck bindaddr = 0.0.0.0. Die Zeile context=default wählt eine Umgebung für die Konfiguration von Endgeräten aus, die dann zum Zuge kommt, wenn keine weiteren Konfigurationen vorgenommen wurden. Es ist also die Default-Einstellung. Danach legen wir fest, dass wir aus Sicherheitsgründen stets eine Authentifizierung erzwingen und keine Gäste erlauben wollen. Die letzten Zeilen dieses Blocks setzen die Sprach- und Ländereinstellung auf Deutsch.

Nun folgen drei Blöcke, die jeweils ein Endgerät mit den internen Telefonnummern 10, 11 und 12 spezifizieren. Wie erwähnt entsprechen die internen Telefonnummern gleichzeitig den Benutzernamen, und sie sind für Interngespräche innerhalb des Heimnetzwerks zu wählen.

Die Zeile `type` ist für die interne Bearbeitung von Rufen durch Asterisk zuständig und braucht uns hier nicht weiter zu interessieren.

Die Option `friend` ist für ein Heimnetzwerk angemessen, Änderungen sind nur für fortgeschrittene Benutzer relevant.

Die Zeile `secret` enthält das Passwort für das jeweilige Endgerät.

Der `context` legt die Umgebung für Wahlregeln fest, diese werden wir nachfolgend erstellen.

Die Zeile `host=dynamic` teilt Asterisk mit, dass sich dieses Endgerät mit wechselnden IP-Adressen anmelden darf. Das ist in einem Heimnetzwerk, in dem sich die IP-Adressen dynamisch ändern können, eine gute Option. Zum Schluss schränken wir jedoch den IP-Adressbereich ein, aus dem sich unsere Telefoniegeräte zum Asterisk-Server verbinden dürfen. Die obere der beiden `permit`-Zeilen enthält den IP-Adressbereich des Heimnetzwerkes. Sollte es bei Ihnen Abweichungen geben, dann müssen Sie hier eine Anpassung vornehmen. Die untere Zeile ist optional. Sie enthält den IP-Adressbereich des 10.8.0.xxx-Netzwerkes, das VPN-Clients benutzen. Wenn Sie bei sich keinen VPN-Dienst benutzen oder diesen nicht für die Telefonfunktion verwenden wollen, dann benötigen Sie diese Zeile nicht. Sollte Ihr VPN einen anderen Adressbereich verwenden, dann müssen Sie hier ebenfalls eine Anpassung vornehmen. Hiermit ist die erste Einstellungshürde genommen. Speichern Sie die Datei jetzt ab. Wir fahren nun mit der Erstellung der ersten Wahlregeln fort.

20.4   Wahlregeln für die interne Telefonie erstellen

Nachdem wir nun Einträge für drei Telefongeräte erstellt haben, müssen wir als Nächstes Wahlregeln erstellen. Im Moment weiß Asterisk nämlich mit gewählten Telefonnummern noch nichts anzufangen, und Sie können keine Gespräche führen. Wahlregeln teilen Asterisk mit, wie mit den gewählten Nummern zu verfahren ist. Diese Regeln können sehr komplex werden. Beispielsweise unterscheiden sie zwischen Intern-, Orts- und Ferngesprächen und erlauben bestimmte Rufnummernbereiche und verbieten Sonderrufnummern. Wir werden uns zunächst mit sehr einfachen Wahlregeln begnügen, die sich nur um rein interne Telefongespräche kümmern.

Wahlregeln definieren wir in der Datei /etc/asterisk/extensions.conf. Im Auslieferungszustand ist auch diese Datei recht komplex. Wir werden daher genauso verfahren wie bei der Einrichtung der Telefongeräte und eine neue Datei erstellen. Zunächst legen wir jedoch eine Sicherheitskopie der ursprünglichen Datei an.

Das ermöglicht folgender Befehl:

```
sudo mv /etc/asterisk/extensions.conf /etc/asterisk/extensions.conf.orig
```

Anschließend öffnen wir nano und erstellen darin eine neue Datei. Führen Sie dazu folgenden Befehl aus:

```
sudo nano /etc/asterisk/extensions.conf
```

Füllen Sie die Datei mit folgendem Inhalt:

```
[default]

[allgemein]
exten => _[1-9]X,1,Dial(SIP/${EXTEN})
```

Danach speichern Sie die Datei und verlassen nano.

Die Einträge in der Datei regeln Folgendes: Zunächst ist der Block [default] aufgeführt, der (noch) keine Einträge hat. Bitte erinnern Sie sich daran, dass wir diesen Block als Standard in die Datei *sip.conf* aufgenommen hatten, er spiegelt die Voreinstellung wider. Ein leerer Block bedeutet, dass Anrufe nicht bearbeitet werden. Unsere drei Telefone fallen bisher alle in den Block [allgemein] – erreicht wird das durch den Eintrag context=allgemein in der Datei *sip.conf*. Hier gibt es genau einen Eintrag. Dieser Eintrag legt die Wahlregel fest. Er enthält zunächst den Ausdruck exten, der abgekürzt für den Ausdruck *Extension* steht und grob gesagt für die Wahlregeln gebraucht wird. Danach folgen durch Kommata getrennt ein Muster für die zu wählende Rufnummer, die Priorität dieser Regel und dann die auszuführende Aktion.

Für unseren Fall verfährt Asterisk durch diesen Eintrag bei ausgehenden Rufen nun folgendermaßen: Die gewählte Rufnummer eines ausgehenden Anrufs wird mit einem Muster verglichen. Die Musterprüfung wird durch den Unterstrich nach dem Pfeilsymbol eingeleitet. Der Inhalt in eckigen Klammern gibt die Ziffern an, die Teil der Rufnummer sind. Hier sind es also die Ziffern 1 bis 9. Der Buchstabe X steht für genau eine beliebige Ziffer. Mit anderen Worten: Der Teilausdruck _[1-9]X bedeutet ausgesprochen: »Wende die folgende Anweisung an, wenn die eingegebene Rufnummer mit einer Ziffer zwischen 1 und 9 beginnt und als zweite Ziffer eine beliebige Ziffer folgt. Die Rufnummer darf nicht aus mehr als zwei Ziffern bestehen und nicht mit einer Null beginnen.« Dieses Muster trifft also auf unsere internen Telefonnummern zu. Es handelt sich um heimnetzwerkinterne Gespräche aus dem Telefonnummernbereich 10 bis 99. In diesen Bereich fallen unsere Telefone mit den Telefonnummern 10, 11 und 12. Wenn also die eingegebene Telefonnummer diesem Muster entspricht, dann fährt Asterisk so fort:

Als Nächstes ist die sogenannte Priorität oder besser gesagt die Rangfolge der auszuführenden Aktion genannt. Hier steht bei uns eine 1, das ist also die erste Aktion, die
ausgeführt wird. Das nächste Element ist die eigentliche Aktion: Hier steht die
Anweisung, dass ein ausgehendes Gespräch aufgebaut werden soll (Englisch: *dial* =
wähle). Das Gespräch wird über das Protokoll SIP aufgebaut, es handelt sich also um
ein VoIP-Gespräch. Die Nummer, die gewählt wird, soll der eingegebenen Nummer
entsprechen. Dafür steht der Ausdruck ${EXTEN}. Mit anderen Worten besagt die
gesamte Regel Folgendes: Wenn eine interne Rufnummer gewählt wird, dann rufe
diese interne Nummer an. Gespräche zu allen anderen Nummern werden abgelehnt.

Mit dieser einfachen Wahlregel können wir unsere Telefonanlage nun erstmals in
Betrieb nehmen. Starten Sie an dieser Stelle die Asterisk-Telefonanlage einmal neu.
Dadurch wird die geänderte Konfiguration aktiv. Den Neustart führen Sie mit folgen-
dem Befehl durch:

```
sudo service asterisk restart
```

Als Nächstes werden wir nun die Endgeräte konfigurieren.

20.5   Die Konfiguration der Endgeräte (Telefone)

Nachdem die Telefonanlage nun grundlegend betriebsbereit ist, werden wir die
eigentlichen Telefone konfigurieren. Natürlich kann ich an dieser Stelle nicht vorhersehen, welche Telefone Sie genau einsetzen werden, daher kann ich nur zwei Universalfälle durchsprechen. Wir werden jetzt gemeinsam die Software PhonerLite
auf einem Windows-PC einrichten und uns dann beispielhaft um die App CSipSimple auf einem Android-Smartphone kümmern. Glücklicherweise funktioniert die
Einrichtung dank des standardisierten Protokolls SIP auf allen Endgeräten recht
ähnlich, so dass die folgenden Beispiele auch bei Ihrem jeweiligen Endgerät zum Ziel
führen sollten.

20.5.1   Die Einrichtung von PhonerLite auf einem Windows-PC

Wir beginnen mit der Einrichtung des sogenannten *Softphones* (gebildet aus den
Wörtern Software und Phone) PhonerLite auf einem Windows-PC. Die Installation
dieses Programms ist natürlich optional, es eignet sich aber gut zum Testen der Asterisk-Installation. Bitte laden Sie PhonerLite von seiner Webseite *http://www.phoner-
lite.de/* herunter, und installieren Sie dieses Programm auf Ihrem Desktoprechner.
Öffnen Sie das Programm anschließend. Zu Beginn wird Ihnen der Setup Wizard
angezeigt. Entscheiden Sie sich für die manuelle Konfiguration, und geben Sie in
das Feld Proxy/Registrar die interne IP-Adresse Ihres Pi-Servers ein:

Abbildung 20.4 Die manuelle Konfiguration von »PhonerLite«

Weitere Einträge sind auf dieser Seite nicht erforderlich, wechseln Sie also auf die nächste Seite, die Sie in Abbildung 20.5 sehen.

Abbildung 20.5 Die Benutzerdaten für »PhonerLite«

Tragen Sie dort im Feld BENUTZERNAME die Telefonnummer des einzurichtenden Telefons ein, beispielsweise die 10.

Geben Sie in das dafür vorgesehene Feld das zugehörige Passwort ein. Einen AUTHENTIFIZIERUNGSNAMEN müssen Sie nicht vergeben. Wechseln Sie zur nächsten Seite.

Abbildung 20.6 Die passende Soundhardware auswählen

Auf der Registerkarte SOUND (Abbildung 20.6) müssen Sie ein Mikrofon und einen Lautsprecher auswählen. Wenn Ihr PC über mehrere Soundkarten verfügt, dann wird diese Liste entsprechend umfangreich ausfallen. Telefonieren können Sie mit PhonerLite entweder über ein stationäres Mikrofon und Lautsprecher oder über ein angeschlossenes Headset.

Abbildung 20.7 Der Profilname für »Asterisk«

Auf der nächsten Seite können Sie noch einen PROFILNAMEN vergeben, hier bietet sich vielleicht »Pi-Server Asterisk« an, allerdings sind Sie nicht hierauf festgelegt. Mit dem grünen Haken schließen Sie den SETUP WIZARD ab. Gegebenenfalls erhalten Sie nun eine Warnmeldung der Windows-Firewall, die Sie in Abbildung 20.8 sehen.

Abbildung 20.8 Noch blockiert die Windows-Firewall »Asterisk«

Sie werden gefragt, ob die Kommunikation durch PhonerLite erlaubt werden soll – Sie sollten die Erlaubnis aussprechen, andernfalls wären keine Telefongespräche möglich. Hiernach präsentiert sich Ihnen das Hauptfenster von PhonerLite:

Abbildung 20.9 Das Hauptfenster von »PhonerLite«

Blicken Sie einmal in die Statuszeile. Dort sollte Sie eine grüne Anzeige darüber informieren, dass die Verbindung zu Ihrem Asterisk-Server erfolgreich aufgebaut wurde. Wenn dem so ist, dann können Sie nun Telefonanrufe tätigen. Die Bedienung des Programms ist selbsterklärend und für jeden, der schon einmal ein Telefongespräch geführt hat, sofort ersichtlich: Geben Sie mit den Ziffernelementen eine Telefonnummer ein, und klicken Sie anschließend auf das grüne Hörersymbol mit dem Hinweistext VERBINDEN. Beachten Sie aber, dass Sie derzeit natürlich nur interne Rufnummern wählen können. Außerdem können Sie offensichtlich nur solche Gegenstellen anrufen, die sich ebenfalls bereits am Asterisk-Server angemeldet haben. Sollte bei Ihnen in der Statuszeile statt der grünen eine rote Anzeige erscheinen, dann hat die Verbindung nicht funktioniert. Überprüfen Sie in diesem Fall Ihre Eingaben auf der Registerkarte KONFIGURATION. Kontrollieren Sie auch die Einstellungen der Firewall und die Richtigkeit der Konfigurationsdateien von Asterisk auf Ihrem Pi-Server.

20.5.2   Die Einrichtung von CSipSimple auf einem Android-Smartphone

Nun schauen wir uns an, wie Sie die Open-Source-Anwendung CSipSimple auf einem Android-Smartphone einrichten können. Verstehen Sie diese Anleitung bitte nur als ein Beispiel, das sich problemlos auf gleichartige Apps übertragen lässt. Installieren Sie also CSipSimple auf Ihrem Android-Gerät (natürlich kann es sich auch um ein Tablet handeln). Wenn Sie die Anwendung das erste Mal ausführen, können Sie eine Entscheidung über ihre Integration ins System treffen und beispielsweise festlegen, dass Sie nur bei einer aktiven WLAN-Verbindung erreichbar sein möchten. Legen Sie als Nächstes ein neues Konto an. Wählen Sie aus der Liste der vorgefertigten Optionen zunächst die Rubrik ALLGEMEIN und anschließend das BASIC-Profil aus, dieses genügt für unsere Zwecke. Die Schritte sehen Sie in Abbildung 20.10.

Abbildung 20.10 Die Auswahl des Assistenten

Anschließend müssen Sie die vier Felder KONTONAME, BENUTZERNAME, SIP SERVER und PASSWORT mit Inhalt füllen, die Sie in Abbildung 20.11 sehen.

Abbildung 20.11 Die Verbindungsdaten für »CSipSimple«

Im ersten Feld können Sie einen beliebigen Namen für das Konto eingeben. Hier bietet sich vielleicht wieder »PiServer Asterisk« an. In das Feld BENUTZERNAME tragen Sie die interne Telefonnummer des einzurichtenden Telefons ein, also beispielsweise die 11. Das Feld SIP SERVER erhält die interne IP-Adresse Ihres Pi-Servers, und in das Feld PASSWORT geben Sie das zur Telefonnummer gehörende Passwort ein. Die fertige Konfiguration sehen Sie in Abbildung 20.12.

Sie bemerken sicherlich, dass die Konfiguration immer auf die Eingabe der drei Werte *IP-Adresse des Pi-Servers*, *interne Telefonnummer* und *zugehöriges Passwort* herausläuft und damit auch auf andere Anwendungen einfach übertragen werden kann. Wenn Sie das Konto hinzugefügt haben, dann erhalten Sie eine grüne Anzeige und den Hinweis, dass dieses Konto registriert wurde. Damit können Sie nun ein Telefongespräch zu einem weiteren Internteilnehmer (so er sich ebenfalls am Asterisk-Server registriert hat) durchführen. Geben Sie dazu einfach im Hauptbildschirm der Anwendung die gewünschte Rufnummer ein, und bauen Sie das Telefongespräch auf.

20

Abbildung 20.12 Die fertige Konfiguration von »CSipSimple«

Übrigens: Wenn Sie sich von unterwegs über eine VPN-Verbindung in Ihr Heimnetz eingewählt haben, dann müssen Sie (je nach der VPN-Konfiguration) im Feld SIP SERVER die IP-Adresse 10.8.0.1 eintragen. Dies ist die IP-Adresse des Pi-Servers im VPN. Weitere Hinweise finden Sie in Kapitel 15, »VPN-Verbindungen mit OpenVPN«, das sich mit der Einrichtung von VPN-Verbindungen befasst. Es bietet sich an, mehrere Profile beziehungsweise Konten anzulegen, wenn sich Ihr Standort öfter ändert. So können Sie einfach zwischen den Verbindungsarten wechseln. Jetzt sollten Sie aber erst einmal ein paar Beispieltelefonate führen und die grundlegende Funktion Ihrer Telefonanlage testen. Sie können dann mit den folgenden Abschnitten fortfahren, in denen wir gemeinsam Zusatzfunktionen aktivieren.

20.6   Der Anrufbeantworter

Jetzt werden wir Ihre Telefonanlage um einen Anrufbeantworter erweitern. Asterisk wird für jede Telefonnummer, besser gesagt für jedes Benutzerkonto, einen eigenen Anrufbeantworter führen, so dass jedes Familienmitglied seinen eigenen Nachrichtenbestand verwalten kann.

20.6.1   Die grundlegende Konfiguration

Die Einrichtung des Anrufbeantworters ist etwas komplexer, läuft aber ähnlich ab wie die bisherigen Konfigurationsschritte. Für die Konfiguration ist die Datei */etc/ asterisk/voicemail.conf* zuständig. Mit dem folgenden Befehl werden wir wieder ein Backup der Ursprungsdatei erzeugen:

```
sudo mv /etc/asterisk/voicemail.conf /etc/asterisk/voicemail.conf.orig
```

Anschließend öffnen Sie nano mit diesem Befehl:

```
sudo nano /etc/asterisk/voicemail.conf
```

Geben Sie folgenden Inhalt ein:

```
[general]
format=wav
attach=yes
maxsilence=10
silencethreshold=128
maxlogins=3


[default]
10 => 0000,Hans Beispiel,hans@example.com
11 => 0000,Auguste Beispiel,auguste@example.com
12 => 0000,Peter Beispiel,peter@example.com
```

Listing 20.2 Die Konfiguration des Anrufbeantworters in der Datei »/etc/asterisk/voicemail.conf«

Diese Konfiguration bewirkt Folgendes: Im Abschnitt [general] werden allgemeine Optionen eingestellt. Der Anrufbeantworter wird mit dem WAV-Dateiformat arbeiten, dies stellt die größte Kompatibilität sicher. Die aufgenommenen Nachrichten können nicht nur per Telefon abgehört, sondern auch gleich per E-Mail versendet werden. So können Sie auch von unterwegs auf Ihre Nachrichten auf dem Anrufbeantworter zugreifen. Der Eintrag attach=yes stellt sicher, dass die Nachrichten im Anhang einer E-Mail versendet werden. Natürlich ist es für diese Funktion erforderlich, dass Sie den E-Mail-MTA sSMTP gemäß Kapitel 10, »Statusinformationen per E-Mail erhalten: sSMTP als MTA«, auf Ihrem Pi-Server funktionstüchtig eingerichtet haben. Der Anrufbeantworter wird nach einer zehnsekündigen Sprechpause die Aufnahme beenden und auflegen. Dies bewirkt der Eintrag maxsilence=10. silencethreshold legt die Empfindlichkeit für die Erkennung der resultierenden Stille fest, der Wert 128 ist hierfür ein guter Startwert. Für die Abfrage per Telefon werden wir eine PIN definieren, es sind maximal 3 fehlgeschlagene Versuche der Pin-Eingabe möglich, danach legt Asterisk dank maxlogins=3 ebenfalls auf.

Im Block [default] legen Sie die Anrufbeantworter für die einzelnen Rufnummern fest. Die Zeilen haben folgenden Aufbau: Zuerst wird die interne Rufnummer genannt, dann folgt ein stilisierter Pfeil. Jetzt wird die PIN festgelegt, die zur Abfrage des Anrufbeantworters über eine Telefonverbindung einzugeben ist. Im Beispiel lautet sie 0000 und sollte von Ihnen dringend geändert werden. Als Nächstes wird der Name der Person angegeben, der der Anrufbeantworter zuzuordnen ist. Dieser Name wird unter anderem dazu benutzt, die Person per E-Mail persönlich anzusprechen. Als letzte Angabe wird eine E-Mail-Adresse genannt, an die die aufgenommenen Nachrichten gesendet werden. Verfügt eine Person über mehrere Telefone, dann kann trotzdem mehrfach dieselbe E-Mail-Adresse angegeben werden. Speichern Sie die Datei nach Ihrer Eingabe ab, und beenden Sie nano.

20.6.2   Wahregeln für den Anrufbeantworter

Als Nächstes müssen wir unsere Wahlregeln verändern. Unsere bisherigen Einstellungen lassen ein angerufenes Telefon ohne zeitliche Begrenzung klingeln. Das werden wir jetzt ändern. Wir werden nun dem Angerufenen 15 Sekunden Zeit geben, das Gespräch anzunehmen. Danach wird der Anrufbeantworter das Telefonat entgegennehmen. Öffnen Sie zur Veränderung der Wahlregeln noch einmal folgende Datei:

```
sudo nano /etc/asterisk/extensions.conf
```

Ändern Sie den Dateiinhalt so ab, dass er folgende Gestalt annimmt:

```
[default]

[allgemein]
exten => _[1-9]X,1,Dial(SIP/${EXTEN},15)
exten => _[1-9]X,2,VoiceMail(${EXTEN},u)
exten => 99,1,VoiceMailMain(${CALLERID(num)})
```

Listing 20.3 Die Änderungen in der Datei »/etc/asterisk/extensions.conf«

Sie sehen, dass die Wahlregeln jetzt aus drei Einträgen bestehen. Die erste Regelzeile haben wir fast unverändert übernommen. Lediglich am Ende haben wir vor der schließenden Klammer den Ausdruck ,15 eingefügt. Dieser Ausdruck spezifiziert die Wartezeit in Sekunden, bevor der Anrufbeantworter in Aktion tritt. Sie können diesen Wert entsprechend Ihren Erfordernissen verändern. Die zweite Zeile übergibt den Anruf nach der Wartezeit dem Anrufbeantworter. Beachten Sie, dass in dieser Zeile als Rangfolge eine 2 eingetragen ist. Sie kommt also dann zum Zuge, wenn die Zeile mit der Rangfolge 1 abgearbeitet ist. Das u ganz zum Schluss spezifiziert die »unavailable message«, also jene Nachricht, die den Anrufer darüber informiert, dass der Angerufene gerade nicht erreicht werden kann.

Die dritte Zeile schließlich spezifiziert eine neue Rufnummer, unter der die Familienmitglieder ihren persönlichen Anrufbeantworter abhören können. Da es sich nicht um ein richtiges Telefongerät handelt, benötigen wir keine Änderung der Datei *sip.conf*, es genügt diese eine Zeile am aktuellen Ort. Der persönliche Anrufbeantworter wird für alle Familienmitglieder unter der Rufnummer 99 verfügbar sein. Wünschen Sie eine andere Telefonnummer, dann ändern Sie die 99 in der dritten Regelzeile entsprechend. Beachten Sie, dass die Rufnummer, die für den Anrufbeantworter genutzt wird, nicht mehr für ein »normales« Telefongerät verwendet werden kann. Wenn Sie die Eingaben vervollständigt haben, dann speichern Sie die Datei ab und beenden nano.

20.6.3   Die Absenderadresse von E-Mails konfigurieren

Als nächsten Schritt müssen wir die Konfiguration vom E-Mail-MTA sSMTP anpassen. Wenn Ihnen noch der Inhalt aus Kapitel 10, »Statusinformationen per E-Mail erhalten: sSMTP als MTA«, im Gedächtnis geblieben ist, dann werden Sie sich daran erinnern, dass wir dort die Absenderadressen der E-Mails für jedes Systembenutzerkonto angepasst haben. Asterisk bringt seinen eigenen gleichnamigen Benutzer mit, und wir müssen diesen nun in die Konfiguration von sSMTP einpflegen. Öffnen Sie also mit nano noch einmal folgende Datei:

```
sudo nano /etc/ssmtp/revaliases
```

Ergänzen Sie die Datei um folgenden Eintrag, den Sie mit der E-Mail-Adresse anpassen, die sSMTP zum E-Mail-Versand verwendet:

```
asterisk: hans@example.com
```

Nach der Änderung können Sie den Dateiinhalt abspeichern und nano beenden.

20.6.4   Angepasste E-Mail-Texte verwenden

Wenn Sie jetzt einmal Asterisk mit dem Befehl

```
sudo service asterisk restart
```

neu starten, dann können Sie auf Ihren Anrufbeantworter zugreifen. Rufen Sie einmal testweise eine interne Rufnummer an, und warten Sie, bis der Anrufbeantworter aktiv wird. Nach Aufsprechen einer Nachricht wird der angerufene Teilnehmer eine E-Mail-Nachricht erhalten, die im Anhang den Nachrichteninhalt mitbringt.

Zwar wird Sie der Anrufbeantworter von Asterisk am Telefon auf Deutsch begrüßen (solange Sie die Ländereinstellung wie eingangs gezeigt ebenfalls auf deutsche Ausgaben eingestellt haben), aber die versendete E-Mail wird auf Englisch sein. Wenn Sie eine deutschsprachige E-Mail-Benachrichtigung wünschen, dann erreichen Sie das mit wenigen Schritten. Öffnen Sie noch einmal folgende Datei zur Bearbeitung:

```
sudo nano /etc/asterisk/voicemail.conf
```

Fügen Sie innerhalb des [general]-Blocks folgende Zeilen ein:

```
charset=UTF-8
locale=de_DE.UTF-8
emaildateformat=%A, %d %B %Y um %H:%M:%S
emailsubject=Sie haben eine neue Nachricht auf dem Anrufbeantworter von ${VM_CALLERID}
emailbody=Hallo ${VM_NAME}:\n\nVon ${VM_CALLERID} gibt es eine neue ${VM_↵
DUR} lange Nachricht auf dem Anrufbeantworter. Dies ist Nachricht ${VM_↵
MSGNUM} in Mailbox ${VM_MAILBOX}, aufgesprochen am ${VM_DATE}.\n\n\↵
nBis bald, Grüße von Asterisk auf dem Pi-Server\n
```

Listing 20.4 Die Änderungen in der Datei »/etc/asterisk/voicemail.conf«

Beachten Sie, dass alle Einträge unbedingt jeweils komplett in eine eigene Zeile eingegeben werden müssen. Hier im Buch musste der letzte Eintrag aufgrund ihrer Länge auf mehrere Zeilen umbrochen werden.

Speichern Sie die Datei anschließend ab, und starten Sie dann Asterisk wie zuvor gezeigt neu. Anschließend werden die E-Mail-Benachrichtigungen deutschsprachig sein.

20.7 Der Versand und Empfang von SMS-Nachrichten

Vielleicht ist Ihnen schon aufgefallen, dass viele Softphones die Möglichkeit zum SMS-Versand bieten. Auch so manche Hardware-Netzwerktelefone bieten diese Option. Derzeit ist Asterisk auf Ihrem Pi-Server noch nicht so konfiguriert, dass Sie mit Ihren Telefongeräten SMS-Nachrichten versenden und empfangen können, aber wenn Sie an dieser Option Gefallen finden, dann können Sie diese nun einrichten.

Für die Aktivierung des SMS-Dienstes öffnen Sie zuerst wieder die Datei */etc/asterisk/ sip.conf* zur Bearbeitung mit nano:

```
sudo nano /etc/asterisk/sip.conf
```

Fügen Sie dem [general]-Block die folgenden beiden Zeilen hinzu:

```
accept_outofcall_message=yes
outofcall_message_context=sms
```

Speichern Sie Ihre Änderungen anschließend, und beenden Sie nano.

Nun kommt der etwas aufwendigere Teil, denn Sie müssen auch für den SMS-Versand Wahlregeln erstellen. Diese sind etwas komplexer als die bisherigen Wahlregeln für Telefongespräche. Öffnen Sie noch einmal die Datei *extensions.conf* mit folgendem Befehl:

```
sudo nano /etc/asterisk/extensions.conf
```

Fügen Sie am Dateiende folgenden neuen Block hinzu:

```
[sms]
exten => _X.,1,Set(ACTUALTO=${CUT(MESSAGE(to),@,1)})
exten => _X.,n,MessageSend(${ACTUALTO},${MESSAGE(from)})
exten => _X.,n,GotoIf($["${MESSAGE_SEND_STATUS}" != "SUCCESS"]?sendfailedmsg)
exten => _X.,n,Hangup()

exten => _X.,n(sendfailedmsg),Set(MESSAGE(body)="[${STRFTIME(${EPOCH},,%d.%m.%Y-⏎
%H:%M:%S)}] Nachricht an ${EXTEN} konnte momentan nicht zugestellt werden.")
exten => _X.,n,Set(ME_1=${CUT(MESSAGE(from),<,2)})
exten => _X.,n,Set(ACTUALFROM=${CUT(ME_1,@,1)})
exten => _X.,n,MessageSend(${ACTUALFROM},Asterisk-SMS-Service)
exten => _X.,n,Hangup()
```

Listing 20.5 Die Änderungen in der Datei »/etc/asterisk/extensions.conf«

Beachten Sie unbedingt, dass ein Eintrag aufgrund der Länge hier im Buch umbrochen werden musste. Sie müssen ihn jedoch komplett in eine Zeile der Konfigurationsdatei schreiben. Die Anweisungen, die Sie eben eingegeben haben, mögen recht komplex aussehen und sind es auch. Ich werde Ihnen daher hier die vollständige Diskussion sparen, denn es ist unwahrscheinlich, dass Sie diese für eigene Konfigurationen noch einmal brauchen. Der Großteil der Anweisungen beschreibt die Formatierung der Nachrichten hinsichtlich der Empfänger- und Absenderinformationen sowie einer Zustellbenachrichtigung, wenn der Versand fehlgeschlagen ist.

Abbildung 20.13 Der SMS-Versand über »Asterisk«

20

Nach dem obligatorischen Neustart von Asterisk steht Ihnen der SMS-Versand sofort zur Verfügung. Innerhalb Ihres Heimnetzes ist der SMS-Versand direkt über Asterisk natürlich kostenlos.

20.8   Die Videotelefonie

Ihre Asterisk-Telefonanlage bietet sogar die Möglichkeit der Videotelefonie. Leider ist diese noch nicht sonderlich weit verbreitet und wird im Regelfall nur von Softphones geboten. Auch hier wird diese Funktion nur von einer überschaubaren Anzahl an Programmen unterstützt, und dann und wann kommt es auch schon einmal zu Stabilitätsproblemen.

Trotzdem können Sie natürlich die Videotelefonie einmal ausprobieren, wenn Sie eine geeignete Software im Einsatz haben, die diese Funktion unterstützt. Bei Smartphones wird natürlich die eingebaute (Front-)Kamera verwendet, bei einem Desktopcomputer muss eine Webcam angeschlossen oder eingebaut sein.

Die Aktivierung der Videotelefonie geschieht ausschließlich in der Datei */etc/asterisk/sip.conf*, die Sie nun bitte zur Bearbeitung öffnen:

```
sudo nano /etc/asterisk/sip.conf
```

Fügen Sie dem [general]-Block folgende Zeile hinzu:

```
videosupport=yes
```

Im Prinzip war es das schon, dies genügt für die Aktivierung. Einige Programme kommen jetzt allerdings bei der Wahl des anzuwendenden Videocodecs ins Straucheln. Es schadet dann nichts, wenn man ihnen durch Asterisk etwas Hilfestellung bietet. Asterisk beherrscht derzeit die folgenden vier Videocodecs, in aufsteigender Qualität angeordnet:

1. H.261,
2. H.263,
3. H.263p und
4. H.264.

Sie müssen nun prüfen, welchen Codec Ihre Softwarelösung unterstützt. Der Codec H.264 ist noch nicht weit verbreitet und wird nur von wenigen Programmen (oftmals nur gegen eine Gebühr) unterstützt. Probieren Sie also zunächst die übrigen Optionen aus. Um einen Codec zur Nutzung vorzuschlagen, ergänzen Sie den [general]-Block beispielsweise um folgende Zeile:

```
allow=h263p
```

Auf die gleiche Weise können Sie jeweils in eigenen Zeilen `allow=h261`, `allow=h263` und `allow=h264` spezifizieren. Wenn es Probleme mit der Videoübertragung gibt, dann probieren Sie verschiedene Kombinationen dieser Zeilen – notfalls auch alle vier gemeinsam. Betrachten Sie die Videotelefonie trotzdem vorsichtshalber als »experimentell«. Wie üblich ist die Funktion nach dem Abspeichern der Änderungen und dem Neustart von Asterisk verfügbar.

20.9   Klarnamen verwenden und anonym anrufen

Das Protokoll SIP kann übrigens nicht nur die Rufnummern der Gesprächsteilnehmer übertragen, sondern auch einen Klarnamen. Damit funktioniert es so ähnlich wie die E-Mail, bei der es zusätzlich zur E-Mail-Adresse ja einen Klarnamen gibt, den ein E-Mail-Programm häufig als Absender anzeigt. Innerhalb von Asterisk können Sie für jedes Telefoniegerät einen Klarnamen vergeben.

Diese Zuordnung nehmen Sie in der Datei *sip.conf* vor. Öffnen Sie nun also diese Datei mit dem Editor `nano`:

```
sudo nano /etc/asterisk/sip.conf
```

Fügen Sie innerhalb jedes Telefoniegeräte-Blocks folgende Zeile hinzu, die Sie entsprechend anpassen.

```
callerid=Hans Beispiel <10>
```

Dabei ist `Hans Beispiel` natürlich der zu verwendende Klarname. Innerhalb der spitzen Klammern wird die jeweilige Telefonnummer wiederholt. So könnte ein entsprechender Block also in der Konfigurationsdatei aussehen:

```
[10]
type=friend
callerid=Hans Beispiel <10>
secret=passwort10
context=allgemein
host=dynamic
permit=192.168.178.0/255.255.255.0
permit=10.8.0.0/255.255.255.0
```

Listing 20.6 Die Änderungen in der Datei »/etc/asterisk/sip.conf«

Wenn alle Eingaben komplett sind, dann speichern Sie die Datei und beenden `nano`. Ihr Name wird nun bei einem Anruf angezeigt, wie Sie in Abbildung 20.14 sehen.

20

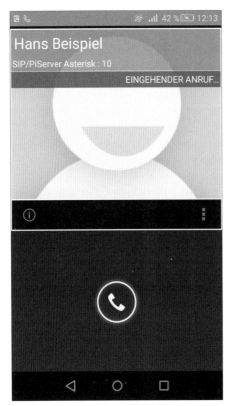

Abbildung 20.14 Nun wird Ihr Name bei einem Anruf angezeigt

Nun kommt es natürlich dann und wann einmal vor, dass man ein Gespräch gerne anonym führen würde, so dass der Name gerade nicht beim Gegenüber angezeigt wird. Auch diese Funktion bietet Asterisk, wir aktivieren sie allerdings diesmal in der Datei *extensions.conf.* Öffnen Sie diese Datei mit folgendem Befehl zur Bearbeitung:

```
sudo nano /etc/asterisk/extensions.conf
```

Fügen Sie innerhalb des [allgemein]-Blocks die folgenden beiden Zeilen hinzu:

```
exten => _*31#[1-9]X,1,Set(CALLERID(all)=Anonymous <anonymous>)
exten => _*31#[1-9]X,2,Dial(SIP/${EXTEN:4})
```

Hier haben wir eine Wahlregel erstellt, die Sie vielleicht schon vom Festnetztelefon her kennen. Die Wahlregel kommt dann zum Zuge, wenn Sie eine zweistellige Telefonnummer wählen, vor die Sie die Kombination *31# stellen. Beispielsweise wählen Sie also statt der Rufnummer 10 die Nummer *31#10. Jetzt greift die Wahlregel und stellt die Angabe des Anrufernamens auf *Anonym.* Die zweite Zeile ergänzt die Wahlregel und wählt die eigentliche Nummer. Beachten Sie den Klammerausdruck. Die Angabe :4 sorgt dafür, dass die ersten vier Stellen der Rufnummer (in diesem Fall also *31#) nicht mitgewählt werden – was sicherlich auch unsere Absicht ist. Gewählt wird also nur die Rufnummer 10.

Auch hier müssen Sie die Datei natürlich wieder abspeichern. Nach dem obligatorischen Neustart von Asterisk können Sie auch diese Funktion verwenden.

20.10 Die Ansagefunktion

In diesem Abschnitt betrachten wir eine nette Spielerei, mit der Sie die Zeit der Telefonansagen in Ihrem Heimnetzwerk wieder aufleben lassen können. Asterisk kann nämlich auch als Ansagedienst benutzt werden: Wenn man eine bestimmte Rufnummer anruft, dann wird eine vorher festgelegte Klangdatei abgespielt und das Telefonat nach deren Wiedergabe beendet.

Wenn Sie einen solchen Ansagedienst einmal ausprobieren möchten, dann aktivieren Sie ihn in der Datei *extensions.conf*. Öffnen Sie diese mit nano zur Bearbeitung:

```
sudo nano /etc/asterisk/extensions.conf
```

Fügen Sie innerhalb des [allgemein]-Blocks folgende drei Zeilen hinzu:

```
exten => 98,1,Answer()
exten => 98,2,Playback(hello-world)
exten => 98,3,Hangup()
```

Diese Zeilen definieren (wie schon beim Anrufbeantworter) eine neue Telefonnummer. Wenn Sie mit einem Ihrer Endgeräte die Telefonnummer 98 anrufen, dann passiert Folgendes: Asterisk nimmt zunächst den Anruf entgegen (erste Zeile), spielt dann eine Datei mit dem Namen *hello-world* ab (mittlere Zeile) und legt danach auf (dritte Zeile).

Nach einem Neustart von Asterisk ist diese Funktion verfügbar.

Die vorgefertigte Klangdatei *hello-world* ist jedoch sehr kurz und besitzt kaum einen aussagekräftigen Inhalt. Sie können sie aber durch eine eigene Aufnahme austauschen. Nehmen wir an, Sie möchten einen Reisebericht als Ansage abspielen. Den Reisebericht haben Sie als MP3-Datei auf Ihrem Desktopcomputer. Nun müssen Sie diese Datei zunächst konvertieren, denn mit dem MP3-Format kann Asterisk so ohne weiteres nichts anfangen. Für eine umfassende Kompatibilität bietet sich das unkomprimierte WAV-Format an. Es muss allerdings ein spezielles Datenformat gewählt werden: Konvertieren Sie Ihre Audiodatei auf eine Abtastrate von 8.000 Hz und eine Bitauflösung von 16 Bit. Außerdem sollte sie in Mono sein. Bezüglich der Dateilänge (und Größe) gibt es kaum Einschränkungen, so sind auch ganze Hörbücher möglich. Zur Konvertierung eignen sich sehr viele Programme, angefangen von Anwendungen zur Audiobearbeitung bis hin zu universellen Kodierungstools aus

20

dem Multimediabereich, selbst mit dem beliebten Mediaplayer VLC gelingt die Konvertierung problemlos. Verwenden Sie einen kurzen, einfachen Dateinamen ohne Sonderzeichen, und nutzen Sie die kleingeschriebene Dateiendung *.wav*. Kopieren Sie die erstellte Datei auf Ihren Pi-Server in das dortige Verzeichnis */usr/share/asterisk/sounds/de/*.

Nun können Sie die Konfiguration von Asterisk entsprechend anpassen. Wenn Ihre Datei beispielsweise *reisebericht.wav* heißt, dann ändern Sie die mittlere Zeile des zuvor angesprochenen Blocks wie folgt:

```
exten => 98,2,Playback(reisebericht)
```

Hierbei müssen Sie unbedingt beachten, dass Sie die Datei ohne ihre Endung benennen. Die Dateiendung fügt Asterisk bei der Suche nach der passenden Datei automatisch hinzu. Nach dem notwendigen Neustart der Anwendung können Sie den Ansagedienst ausprobieren.

20.11   Die Nutzung von Kurzwahlen

Ist Ihnen bei der Betrachtung der bisherigen Wahlregeln etwas aufgefallen? Wenn Sie genau mitgedacht haben, dann kommen Sie vielleicht auf die Idee, mit diesen Regeln auch Kurzwahlen einzurichten. Das funktioniert tatsächlich. Betrachten wir dazu folgendes Beispiel:

```
exten => 97,1,Dial(SIP/10)
```

Diese Regel träfe dann zu, wenn die Rufnummer 97 gewählt würde. Das Muster beginnt dieses Mal ohne einen einleitenden Unterstrich, weil es hier keinen variablen Zahlenraum gibt, der zu prüfen ist, sondern genau eine feste Nummer – nämlich die 97. Wenn nun diese Nummer gewählt wird, dann wird ein Gespräch aufgebaut – und zwar zu der Rufnummer 10. Es wird also nicht die 97 angerufen, sondern die 10. Natürlich ist dies kein gutes Beispiel für eine Kurzwahl, denn man spart sich überhaupt keine Tastendrücke, aber es verdeutlicht die Sachlage.

Selbstredend können Sie die 10 auch durch eine deutlich längere Nummer ersetzen – so ergibt die Kurzwahlfunktion deutlich mehr Sinn. Sie können beliebig viele dieser Kurzwahlen einführen, müssen aber darauf achten, dass sich die Kurzwahlnummern nicht mit bereits vergebenen Telefonnummern überschneiden. Im Beispiel darf es also kein Telefon mit der Nummer 97 geben – ansonsten sind ungewollte Ergebnisse vorprogrammiert. Die Änderungen an der Datei */etc/asterisk/extensions.conf* sehen Sie in Abbildung 20.15.

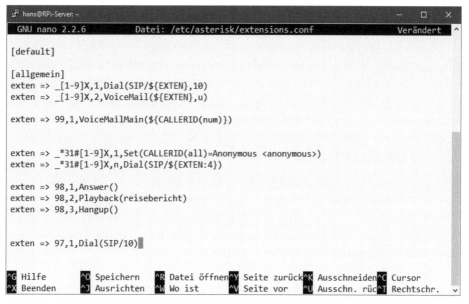

```
hans@RPi-Server: ~                                              ─   □   ×
  GNU nano 2.2.6           Datei: /etc/asterisk/extensions.conf        Verändert  ^

[default]

[allgemein]
exten => _[1-9]X,1,Dial(SIP/${EXTEN},10)
exten => _[1-9]X,2,VoiceMail(${EXTEN},u)

exten => 99,1,VoiceMailMain(${CALLERID(num)})


exten => _*31#[1-9]X,1,Set(CALLERID(all)=Anonymous <anonymous>)
exten => _*31#[1-9]X,n,Dial(SIP/${EXTEN:4})

exten => 98,1,Answer()
exten => 98,2,Playback(reisebericht)
exten => 98,3,Hangup()


exten => 97,1,Dial(SIP/10)█



^G Hilfe      ^O Speichern   ^R Datei öffnen^Y Seite zurück^K Ausschneiden^C Cursor
^X Beenden    ^J Ausrichten  ^W Wo ist      ^V Seite vor   ^U Ausschn. rüc^T Rechtschr.  v
```

Abbildung 20.15 Die Änderungen an der Datei /etc/asterisk/extensions.conf

20.12   Externe Telefonate über einen VoIP-Provider

Bislang kümmert sich Ihre Asterisk-Telefonanlage ausschließlich um die interne Kommunikation innerhalb Ihres Heimnetzwerks. Sie können zwar Interngespräche führen, aber nicht »nach draußen« in das »richtige« Telefonnetz anrufen und auch nicht von einem externen Teilnehmer angerufen werden.

Natürlich ist Asterisk auch in der Lage, mit der »großen weiten Welt« zu telefonieren, und bietet dafür zahlreiche Schnittstellen. Für den Privatnutzer ist hierbei erneut die VoIP-Kommunikation über das Internet am interessantesten. Für die erfolgreiche Kommunikation in das klassische Telefonnetz sind Sie auf einen externen SIP-Provider angewiesen, der für Sie die Vermittlung der Telefongespräche vom und ins Festnetz übernimmt (das gilt natürlich auch für die Mobilfunknetze). Wenn Sie mit Ihrer Telefonanlage »richtig« telefonieren wollen, dann müssen Sie sich zunächst bei einem SIP-Provider (es ist auch die Bezeichnung *VoIP-Provider* geläufig) für die Nutzung anmelden. Die Nutzung eines externen SIP-Providers ist allerdings mit Kosten verbunden. Es gibt verschiedene Abrechnungsmodelle, angefangen von Minutenpreisen bis hin zu monatlichen Pauschaltarifen. Oftmals sind die Gebühren abhängig von der Art des Zielnetzes und dem Zielland. Ankommende Gespräche sind jedoch häufig kostenlos.

An dieser Stelle wird es natürlich etwas kritisch, denn die Nutzung eines SIP-Providers, der nutzungsabhängig abrechnet, kann teuer werden. Das kann vor allem dann passieren, wenn sich unbefugte Dritte Zugang zu Ihrem Server verschaffen und somit auf Ihre Kosten telefonieren. Ebenso können (zumindest theoretisch) Konfigurationsfehler dazu führen, dass unbeabsichtigt teure Gespräche geführt werden. Der Einsteiger sollte daher am besten einen sogenannten Prepaid-Tarif wählen. Ähnlich wie im Mobilfunkbereich wird hier zunächst ein bestimmter Betrag vorab auf das Buchungskonto des Providers eingezahlt, und nur der eingezahlte Betrag kann verbraucht werden. Ist das Guthaben komplett ausgegeben, dann sind keine weiteren Gespräche mehr möglich, und laufende Gespräche werden beendet. Dies gibt deutlich mehr Sicherheit als ein Tarif, der keine Kostenlimitierung vorsieht.

Die Einrichtung eines externen SIP-Providers verläuft nach bekanntem Muster. Es sind erneut Konfigurationseinträge in den Dateien *sip.conf* und *extensions.conf* notwendig. Das Problem ist nur, dass die notwendigen Einträge von Provider zu Provider unterschiedlich sein können. Dies betrifft vor allem die Datei *sip.conf*. Ich kann unmöglich vorhersehen, welche Einträge für Ihren Provider richtig sind. Ich kann hier nur einen »Universalfall« besprechen, der für viele Provider gültig ist, aber es kann passieren, dass dies bei Ihnen leider nicht der Fall ist. Glücklicherweise bieten viele Provider auf ihren Internetseiten Konfigurationstexte für Asterisk-Telefonanlagen an oder sind auf Anfrage bei der Einrichtung behilflich. Bei Problemen schadet ein Blick auf die Website des Providers also keinesfalls.

20.12.1   Die Konfiguration der SIP-Daten

In unserem Universalfall nehmen wir an, dass Sie den Beispiel-Provider mit der Internetadresse *provider.example.com* verwenden. Wir gehen davon aus, dass diese Domain auch für den Verbindungsaufbau genutzt werden soll. Vom Provider wurde Ihnen die Telefonnummer 01234554321 zugeteilt, und das zugehörige Passwort lautet »Passwort«.

Als Erstes werden wir den Provider in der Datei *sip.conf* eintragen. Öffnen Sie diese Datei noch einmal zur Bearbeitung:

```
sudo nano /etc/asterisk/sip.conf
```

Zunächst werden wir die sogenannte *Registrierung* beim Provider vornehmen. Dies ist ein Fachausdruck, unter dem Sie sich die Anmeldung von Asterisk zum folgenden Telefonverkehr vorstellen können. Die Registrierung nehmen Sie im [general]-Block vor. Dort fügen Sie am Ende folgende Zeilen ein:

```
; externer Provider
register => 01234554321:Passwort@provider.example.com/01234554321
```

Die obere Zeile dient nur als Kommentar mit einem Hinweis für Sie. Ersetzen Sie in der unteren Zeile die Beispieldaten mit den Werten, die für Ihren Provider und Ihr

Benutzerkonto zutreffen. Beachten Sie, dass Sie Ihre Rufnummer sowohl am Anfang als auch am Ende der Zeile eingeben müssen. Der Doppelpunkt im ersten Teil und der Schrägstrich gegen Ende der Zeile sind essentiell und dürfen auf keinen Fall weggelassen werden.

Als Nächstes werden wir ein weiteres (virtuelles) Telefoniegerät erzeugen, das zur Kommunikation mit dem externen Provider genutzt wird. Es soll in unserem Beispiel extern heißen. Bitte ändern Sie diese Bezeichnung nicht, weil folgende Einträge hierauf zurückgreifen. Fügen Sie der noch geöffneten Datei *sip.conf* folgenden neuen Block hinzu:

```
[extern]
type=friend
host=provider.example.com
fromuser=01234554321
username=01234554321
secret=Passwort
fromdomain=provider.example.com
context=von-extern
canreinvite=yes
qualify=yes
insecure=very
nat=yes
```

Listing 20.7 Die Änderungen in der Datei »/etc/asterisk/sip.conf«

Ersetzen Sie in diesem Block die Einträge in den Zeilen host, fromuser, username, secret und fromdomain durch die für Sie zutreffenden Werte.

20

> **Achtung**   [!]
>
> Diese Konfiguration ist aus sicherheitstechnischer Sicht recht »freizügig« und so ausgelegt, dass sie zumindest zum Testen mit vielen externen Providern zusammenarbeitet. Wenn Ihr Provider andere Konfigurationsoptionen vorsieht, dann sollten Sie unbedingt seine Einträge verwenden!

Dies schließt unsere Konfigurationsschritte für die Datei *sip.conf* ab. Speichern Sie die Datei, und beenden Sie nano.

20.12.2   Die Erstellung von Wahlregeln

Jetzt werden wir weitere Wahlregeln in die Datei *extensions.conf* eintragen. Öffnen Sie also diese Datei zur Bearbeitung:

```
sudo nano /etc/asterisk/extensions.conf
```

Fügen Sie innerhalb des [allgemein]-Blocks folgende neue Wahlregel hinzu:

```
exten => _0X.,1,Dial(SIP/${EXTEN:1}@extern)
```

Diese Wahlregel wird Folgendes bewirken: Wenn Sie eine Nummer beliebiger Länge wählen (dafür steht das X.), die mit einer Null beginnt, dann wird Asterisk diese Nummer über den Provider extern wählen und ein Telefongespräch aufbauen. Die vorangehende Null (das erste Zeichen) wird Asterisk jedoch nicht mitwählen. Diese Zeile ist also für externe Gespräche zuständig. Für Sie heißt es also: Wenn Sie »raustelefonieren« wollen, dann müssen Sie eine Null vorwegwählen.

[!] **Achtung**

Diese Wahlregel erlaubt bedingungslos alle externen Telefongespräche auch zu kostenpflichtigen Auslands- und Sonderrufnummern.

Schauen wir uns nun an, wie Sie eine weitere Wahlregel definieren, die Telefonate zu Sonderrufnummern aus der Rufnummerngasse 0900 sperrt:

```
exten => _00900.,1,Playback(invalid)
exten => _00900.,2,Hangup
```

Sicherlich erkennen Sie das Muster: Wird eine externe Nummer gewählt, die zunächst mit der führenden Null beginnt und dann mit 0900 fortgesetzt wird, dann wird (egal welche und wie viele Ziffern folgen) nun statt der Dial-Anweisung eine Playback-Anweisung ausgeführt, die nur eine Audiodatei abspielt, die auf ein Verbot dieser Nummer hinweist. Anschließend beendet Asterisk die Verbindung. Diesem Muster folgend können Sie beliebig viele Ausschlussregeln definieren und innerhalb des [allgemein]-Blocks eintragen.

Jetzt müssen wir uns noch um Anrufe kümmern, die von extern hereinkommen. Dies ist also der Fall, wenn Sie angerufen werden. Asterisk soll diese ankommenden Rufe an die verbundenen Telefongeräte weiterleiten. Dafür definieren wir innerhalb der noch geöffneten Datei folgenden neuen Block:

```
[von-extern]
exten => _X.,1,Dial(SIP/10&SIP/11&SIP/12,20)
exten => _X.,2,VoiceMail(10,u)
```

Diese Regel wird Folgendes bewirken: Jedes ankommende Telefonat mit beliebiger ankommender Zielrufnummer wird von Asterisk an die internen Telefone mit den Telefonnummern 10, 11 und 12 weitergeleitet. Diese klingeln für 20 Sekunden. Nimmt während dieser Zeit niemand ab, dann wird das Telefongespräch dem Anrufbeantworter Nummer 10 übergeben. Sie können diese Werte beliebig anpassen und beispielsweise externe Anrufe nur auf den Telefonnummern 11 und 12 klingeln lassen. Sollten bei Ihnen ankommende Anrufe nicht signalisiert werden, dann ersetzen Sie den Parameter _X. durch den einfachen Parameter s, der häufig dann weiterhilft, wenn keine gültige Zielrufnummer gesendet wurde.

Dies schließt die Konfiguration für externe Provider ab. Speichern Sie Ihre Eingaben, und beenden Sie nano. Die Konfiguration sehen Sie noch einmal in Abbildung 20.16.

Abbildung 20.16 Die Änderungen an der Datei »/etc/asterisk/extensions.conf«

Wahlregeln, beispielsweise für anonyme Anrufe, können Sie entsprechend ergänzen. Nach einem Neustart von Asterisk können Sie die externe Telefonie ausprobieren.

Damit sind wir am Ende unserer kleinen Einführung in Asterisk angelangt. Ihnen steht nun eine kleine rudimentäre Telefonanlage zur Verfügung. Bitte verstehen Sie diese Anleitung jedoch nur als Einführung. Asterisk bietet noch weitaus mehr Funktionen, als ich hier besprechen kann. Beachten Sie beispielsweise, dass derzeit sämtliche Telefongespräche unverschlüsselt durchgeführt werden. Für Verbindungen über Ihr VPN in Ihr Heimnetz mag dies nicht gravierend sein (die VPN-Verbindung ist ja verschlüsselt), aber für externe Gespräche mag dies relevant sein. Außerdem haben wir die Konfiguration von Nebenstellen nur grundlegend angerissen und beispielsweise keine getrennten Wahlregeln definiert. Für bestimmte Szenarien könnten Sie noch restriktivere Sicherheitseinstellungen wählen. Diese Spezialfälle sollten jedoch Gegenstand weiterführender Literatur sein, die Ihnen empfohlen sei, wenn Sie sich für eine größere Asterisk-Installation interessieren.

20

TEIL 3
Sicherheit und Wartung

Kapitel 21
Die Sicherheit Ihres Heimservers

In diesem Kapitel werden wir uns mit der Sicherheit Ihres Pi-Servers befassen. Wir wollen erreichen, dass nur Sie auf Ihre persönlichen Daten zugreifen können.

Es ist sicherlich nicht verkehrt, wenn wir uns in diesem Buch auch mit dem Thema Sicherheit des Servers befassen. Schließlich geht es hier um die Sicherheit Ihrer Daten, vielleicht sogar um Ihre digitale Identität. Unter dem Begriff der Sicherheit wollen wir hauptsächlich verstehen, dass Ihre Daten Ihnen gehören und nur von Ihnen eingesehen und verändert werden dürfen. Möglicherweise möchten Sie noch weiteren Personen explizit erlauben, einen Teil Ihrer Daten einzusehen oder auch zu verändern, aber im Regelfall dieses Recht nicht auf die ganze Menschheit ausweiten. Leider ist ein Computer ziemlich dumm. Er kann zwar vorgegebene (mehr oder weniger starre) Befehle mit atemberaubender Geschwindigkeit abarbeiten, aber er besitzt keine wirkliche Intelligenz, er hat kein Gewissen und kann so auch nicht zwischen »Gut und Böse« unterscheiden. Wenn jemand den richtigen Befehl eingibt, dann präsentiert ihm der Computer die angeforderten Daten, ohne Wenn und Aber. Sie müssen also dafür sorgen, dass nur bestimmte Personen entsprechende Befehle ausführen können, und – ganz grob und ganz vereinfacht gesagt – darum soll es hier bei dem Thema Sicherheit gehen. Schauen wir uns also essentielle Faktoren an.

21.1 Die Sicherheit durch die NAT-Funktion Ihres Routers

Dieses Buch beschäftigt sich ja hauptsächlich mit dem Einsatz eines Pi-Computers als Heim(netzwerk)server. In einem Heimnetzwerk gibt es im Regelfall mehrere PCs (und Smartphones, Fernseher, Tablets, Waschmaschinen ...), die das Netzwerk aufspannen. Jeder Computer, der Teil dieses Netzwerks ist, kann (bisher) mit dem Heimserver kommunizieren. Mit großer Wahrscheinlichkeit hat Ihr Heimnetzwerk auch einen Anschluss an das Internet. Kann nun etwa auch jeder Computer, der Zugang zum Internet hat, mit Ihrem Heimserver kommunizieren? Zum Glück nicht. Dafür sorgt Ihr Router, der mit sehr großer Wahrscheinlichkeit (heutzutage) in Ihrem Netzwerk zu finden ist. Der Router stellt die Verbindung zum Internet, dem »Netz der Netze«, her. Alle Anfragen zu IP-Adressen, die außerhalb des eigenen Heimnetzes liegen, werden über diesen Router gesendet. Wie Sie wissen, läuft auch heute noch ein

Großteil der Kommunikation im Internet über das sogenannte *IPv4-Protokoll*, das mit den bekannten IP-Adressen arbeitet. Diese Adressen bestehen aus Zahlengruppen im Bereich von 0.0.0.0 bis 255.255.255.255. Wie Sie leicht erkennen können, ist das zwar ein sehr großer, aber keinesfalls unendlicher Bereich. Tatsächlich ist die Menge der zur Verfügung stehenden IP-Adressen für heutige Maßstäbe recht klein. Der Vorrat an IP-Adressen reicht keinesfalls aus, um für jeden Computer, den es auf der Erde gibt, eine eigene IP-Adresse bereitstellen zu können. Deswegen hat man sich einen Trick einfallen lassen, und zwar die sogenannte *Network Address Translation*, kurz *NAT*. Sie haben bei sich zu Hause üblicherweise ein Subnetz aus dem sogenannten privaten Adressbereich, beispielsweise das Subnetz 192.168.178.0 mit 256 IP-Adressen (und maximal 254 Teilnehmern). Adressen aus dem privaten Adressbereich werden im Internet nicht über den Router weitergeleitet (neudeutsch: geroutet), sind also von außen nicht erreichbar. Wenn ein PC aus Ihrem privaten Heimnetz eine Anfrage »nach draußen« ins Internet stellt, dann ersetzt die NAT-Funktion des Routers seine interne IP-Adresse durch die öffentliche IP-Adresse, die Ihnen von Ihrem Internetanbieter zugeteilt wurde. Von »außen« gesehen erscheint diese Anfrage nun unter Ihrer externen IP-Adresse. Es ist nicht (einfach so) zu erkennen, von welchem Gerät in Ihrem internen Netzwerk diese Anfrage stammt. Daher leitet sich der Ausdruck »Network Address Translation« ab, die Adressen werden quasi übersetzt. Ihr Router merkt sich in seiner NAT-Tabelle, welcher PC welche Anfragen gestellt hat. Wenn nun von außen eine Antwort eintrifft, dann leitet er diese Antwort an den PC weiter, der die zugehörige Anfrage gestellt hat. Sie sehen also: Alle PCs im Heimnetzwerk teilen sich die gemeinsame externe, öffentliche IP-Adresse, und genau das ist auch der Sinn und Zweck der NAT-Funktion. Somit lassen sich also viele Teilnehmer zu einer einzigen IPv4-Adresse zusammenfassen.

Dank dieser Vorgehensweise kann die NAT-Funktion aktuell jedoch noch einen weiteren Sicherheitsvorteil bieten. Ein so ausgestatteter Router akzeptiert nämlich nur solche externen Antworten, die vorher auch explizit angefordert wurden. Das geht auch gar nicht anders. Würde nämlich ein beliebiger externer Teilnehmer an unsere öffentliche IP-Adresse die plumpe Anfrage »Hey, schick mal die Datei mit all deinen Passwörtern!« senden, dann wüsste der Router ja gar nicht, an wen er diese Anfrage in seinem internen Netz nun weiterleiten sollte. Schließlich wurde diese Anfrage nicht explizit von innen gewünscht und angefragt. Dies führt dazu, dass unsere internen Rechner nicht ohne weiteres von außen erreichbar sind. Damit sind sie schon einmal sehr gut geschützt. Ihr Heimserver kann also nicht aus dem Internet direkt angesprochen werden. Jemand Fremdes mit böswilligen Interessen kann Ihren Server (und alle anderen Computer in Ihrem Netzwerk) nicht erreichen. Plump (aber nicht falsch) formuliert: *Raus kann jeder, rein nur mit voriger Einladung.*

Aufgrund der Knappheit der IPv4-Adressen und einiger Unzulänglichkeiten der NAT-Funktion hat man sich darüber hinaus auch das IPv6-Protokoll ausgedacht. Dieses sieht so viele mögliche IP-Adressen vor, dass zukünftig die NAT-Funktion nicht mehr benötigt werden wird. Aber keine Sorge. Die Sicherheit des Heimnetzwerks wird in diesem Fall durch die Firewall des Routers gewährleistet, die ähnliche Sicherheitsleistungen erbringt.

21.2   Die Sicherheit im Heimnetz

Die Dienste Ihres Servers stehen also allesamt erst einmal nur den Mitgliedern Ihres Heimnetzes zur Verfügung. In Ihrem Heimnetzwerk sollte ein gewisses Vertrauen herrschen – schließlich wird es sich um ein familieninternes Netzwerk handeln, und es ist unwahrscheinlich, dass ein Familienmitglied einem anderen ernsthaften Schaden anrichten möchte. Was allerdings schon einmal vorkommen kann, ist, dass der Nachwuchs einmal etwas neugierig wird und wissen möchte, was die Eltern (oder Geschwister) da so an Daten auf dem Server oder in den einzelnen Anwendungen speichern. Jemand könnte vielleicht auf die Idee eines vermeintlich ulkigen Schabernacks kommen und versuchen, an die »lustigen Partybilder« der Geschwister zu kommen, um mit ihnen dann ebenso »lustige« Aktionen durchzuführen. Da so etwas ganz schnell unlustig werden kann, sollten Sie es von vornherein zu verhindern versuchen. Zunächst ist also Aufklärungsarbeit als Teil der Erziehung gefragt. Es kann aber dennoch nicht schaden, sich auch um die Sicherheit der Daten im Heimnetzwerk zu kümmern, und folglich sollten Sie zumindest grundlegende Vorkehrungen treffen, damit Ihre Daten nicht von jedermann eingesehen werden können.

Wählen Sie also als erste Maßnahme auch für solche Dienste, die nur im Heimnetz zu erreichen sind, sichere Passwörter.

Wichtige und vertrauliche Daten sollten darüber hinaus verschlüsselt werden. Viele Packprogramme bieten beispielsweise an, ein Archiv vor unerlaubtem Zugriff mit einem Passwort zu schützen. Es gibt auch spezielle Programme, die ganze Verzeichnisse (und sogar Festplatten) verschlüsseln. Viele davon sind Freeware (oder gar komplett Open Source) und lassen sich rasch über Suchmaschinen im Internet finden. Bedenken Sie, dass beispielsweise auch ownCloud eine Funktion bietet, alle Daten direkt auf dem Server zu verschlüsseln, so dass nur die jeweiligen Besitzer direkten Zugang haben.

Ein weiterer wichtiger Punkt ist die Regelung der Besitzverhältnisse und der Ausführrechte der Dateien auf Ihrem Server. Sie haben im Grundlagenkapitel gelernt, wie Sie mit den Dateirechten unter einem Linux-Dateisystem umgehen. Setzen Sie also die Rechte der Dateien so, dass sie nur der jeweilige Besitzer lesen und bearbeiten kann – dies sperrt neugierige Augen ohne *root*-Zugriff aus.

Sie müssen aber stets bedenken, dass jemand mit sudo-Rechten vollen Zugriff auf alle Daten auf dem Server hat (solange sie nicht verschlüsselt sind). Achten Sie also darauf, dass Ihr Benutzerpasswort geheim bleibt (und sicher gewählt ist). Denken Sie auch genau darüber nach, welchen Benutzer (beziehungsweise welches Familienmitglied) Sie in die *sudo*-Gruppe aufnehmen, also welchem Benutzer Sie gestatten, *root*-Rechte zu übernehmen.

Das Thema Sicherheit im Heimnetz ist aber doch noch etwas größer.

Vielleicht können Sie sich sicher sein, dass Ihre Familienmitglieder, also die Computerbenutzer, keine boshaften Taten ausführen, aber gilt das auch mit Sicherheit für alle Computer? Denken Sie daran, dass Sie – zumindest theoretisch – auch »von innen heraus« angegriffen werden können. Es ist möglich, dass einer Ihrer Computer beim Streifzug durch das Internet mit einer boshaften Software infiziert wird. Das passiert im schlimmsten Fall durch unvorsichtiges Ausprobieren von Programmen aus dubiosen Quellen, teilweise sogar durch das Öffnen von E-Mails eines boshaften Absenders. Theoretisch ist es sogar denkbar, wenn auch weniger wahrscheinlich, dass sich in einem Dienst, der von sich aus eine Verbindung zum Internet aufbaut, eine Sicherheitslücke befindet, die von jemandem ausgenutzt wird. So kann ein PC beispielsweise mit einem trojanischen Pferd infiziert werden, das nicht nur auf dem jeweiligen PC auf die Suche nach vertraulichen Daten geht, sondern vielleicht gleich das ganze Heimnetz danach durchforstet. Sie sollten also auch hier gegebenenfalls Erziehungsarbeit leisten und darauf achten, dass zumindest (gute) Virenscanner installiert sind. Übrigens: Die meisten Viren werden nach wie vor für das Windows-Betriebssystem (und neuerdings auch für mobile Betriebssysteme) geschrieben, das liegt vor allem am hohen Verbreitungsgrad. Für Linux gibt es jedoch kaum Schadware. Das ist auch der Grund dafür, dass unter Linux im Regelfalle keine Virenscanner eingesetzt werden. Falls doch ein Virenscanner verwendet wird, dann ist es im Regelfall ein Scanner, der nach Viren für andere Betriebssysteme sucht.

21.3   Was kann beim Zugriff aus dem Internet passieren?

Manchmal kann jedoch ein Punkt erreicht sein, an dem Sie sich wünschen, auf die Daten und Dienste, die Ihr Heimserver anbietet, auch von außerhalb Ihres Heimnetzes zuzugreifen. Vielleicht möchten Sie mit Ihrem Smartphone von unterwegs Kalendereinträge lesen und hinzufügen, oder Sie möchten die Einkaufsliste lesen, die Sie auf dem Server angelegt haben, vielleicht möchten Sie auch Ihre Musik hören. Natürlich darf an dieser Stelle auch unser Paradebeispiel (mal wieder) nicht fehlen, Sie wissen schon, die spannenden Urlaubsbilder, die Sie über Ihre ownCloud Freunden und Bekannten zeigen wollen. Wir wollen uns zunächst einmal ansehen, was (zumindest theoretisch) schiefgehen kann, wenn Sie irgendeinen Dienst Ihres Servers aus dem Internet erreichbar machen.

Zunächst müssen Sie sich bewusst machen, dass Sie einen Dienst im Internet (in der Grundeinstellung) für jeden Menschen auf der Welt erreichbar machen. Auf Ihre IP-

Adresse, unter der Sie im Internet erreichbar sind, kann von der ganzen Welt aus zuge-griffen werden – ein Internetzugang genügt. Jeder Mensch (und jeder Computer), egal, in welchem Land er sich befindet oder in welcher dubiosen Polarstation er sich im ewi-gen Eis verbuddelt aufhält, kann mit dem Dienst auf Ihrem Heimserver kommunizie-ren. Unter allen Personen werden sich mit Sicherheit auch boshafte befinden. Was könnten diese anrichten? Nun, zunächst einmal könnten sie Ihr Passwort erraten, das den Zugriff zu Ihrem Dienst regelt. Wenn diese Personen in den Besitz des Passwortes gelangen, dann haben sie genau den gleichen Zugriff wie Sie selbst als rechtmäßiger Besitzer der Daten. Die Angreifer können also alle Daten auslesen und manipulieren. Hierbei gibt es übrigens eine Methode, die garantiert zum Erfolg führt, und das ist die so genannte *Brute-Force-Methode*. Dabei werden einfach alle möglichen Zahlen- und Buchstabenkombinationen eines Passwortes ausprobiert, bis das richtige gefunden wurde. Dieser Weg führt immer zum Ziel, man kann aber dafür sorgen, dass er sehr, sehr lange dauert. Dazu müssen Sie einfach nur ein sicheres Passwort nutzen, das recht lang ist und viele gemischte Zeichen in zufälliger Anordnung enthält sowie nicht in einem Wörterbuch vorkommt. Um ein solches Passwort zu knacken, ist ein erheb-licher Zeit- und Rechenaufwand nötig. Dies erzeugt also beachtliche Kosten, und ein Hacker wird dann hoffentlich bald aufgeben und sich einfacheren (und damit günsti-geren) Zielen zuwenden.

Es gibt aber eine andere Möglichkeit, an Ihre Daten zu gelangen, und das sind *Sicher-heitslücken*. Kein Mensch arbeitet fehlerfrei. Das gilt auch für die Programmierer, die Dienste auf Ihrem Server entwickelt haben. In einem Dienst kann es also eine Sicher-heitslücke geben, die sich ausnutzen lässt. Es könnte beispielsweise sein, dass eine sehr lange Dateneingabe einen Puffer im Programm überlaufen lässt, so dass die Daten an einer ganz anderen Stelle als beabsichtigt im Programm landen und dort versehentlich als ein Befehl ausgeführt werden. Der Angreifer muss also speziell prä-parierte Daten senden, um eine bestimmte Sicherheitslücke auszunutzen. Wenn Sie hin und wieder etwas Computerliteratur lesen, dann sind Ihnen bestimmt schon Meldungen begegnet, dass einmal wieder die eine oder andere Sicherheitslücke gefunden wurde. Im Regelfall läuft das Ganze aber so ab, dass zunächst einmal (oft-mals von Sicherheitsexperten) eine Sicherheitslücke gefunden und diese dann erst einmal den Entwicklern des betroffenen Programms mitgeteilt wird. Diese beheben dann die Sicherheitslücke mit einem Update. Erst wenn dieses bereitsteht, wird die Presse informiert (oder ein Bericht veröffentlicht).

Um eine Sicherheitslücke ausnutzen zu können, ist aber schon eine tiefere Sach-kenntnis erforderlich. So etwas gelingt normalerweise nur Computerexperten, die sich schon länger und intensiver mit der Materie befasst haben. Leider gibt es Aus-nahmen. Man kann natürlich auch ein einfach zu bedienendes Programm schreiben, das explizit eine Sicherheitslücke ausnutzt. Dieses Programm kann auch von uner-fahrenen Anwendern bedient werden. *Skript-Kiddys* bezeichnet man die Benutzer eines solchen Programms. Diese Benutzer haben sich mit geringem Aufwand ein solches Programm beschafft, mit dem sie nun (automatisiert) Angriffe ausführen – ohne jedoch über wirkliche Expertise auf dem Gebiet zu verfügen.

Die vorigen Absätze sollten Ihnen zeigen, dass es keine absolute Sicherheit gibt. Es kann also jederzeit Möglichkeiten für einen erfolgreichen Angriff geben. Wir sollten uns jetzt überlegen, wer ein möglicher Angreifer sein könnte. Wir müssen zwei verschiedene Angreifertypen unterscheiden. Zum einen gibt es die Möglichkeit, dass jemand es explizit auf Sie abgesehen hat. Jemand möchte also genau an Ihre Daten kommen. Das ist ein sehr interessanter Fall. Damit sich jemand für exakt Ihre Daten interessiert, müssten diese schon eine gewisse Relevanz haben. Es müssten Daten sein, die jemandem einen Vorteil verschaffen könnten. Hierunter können Geschäftsgeheimnisse fallen, vielleicht Entwicklungspläne für ein neues Produkt. Möglich ist auch, dass es jemanden gibt, der es nicht gut mit Ihnen meint und der auf Ihrem Server nach kompromittierendem Material sucht. Bei allen diesen theoretischen Szenarien müssen Sie sich fragen, wie wahrscheinlich es ist, dass Sie über derartiges Material verfügen und ob es bekannt ist, dass Sie derartiges Material vorrätig halten. Im Regelfall dürfte dies jedoch nicht der Fall sein. Nur sehr wenige von uns haben überhaupt solches Material, das einen Angriff auf genau ihren Server lukrativ erscheinen lässt. Ein gezielter Angriff kann gefährlich werden, wenn für ihn wahre Computerexperten angeheuert werden, die über tiefe Kenntnisse verfügen und mit dem Einsatz beliebiger Mittel auch zum Erfolg kommen. Diese Angriffe werden sich aber kaum gegen Privatpersonen richten. Für einen gezielten Angriff sind eher die Server von Firmen, die tatsächlich Geheimnisse darauf aufbewahren oder die Server einer Regierung das Ziel. Man darf schließlich nicht vergessen, dass auch ein gezielter Angriff gewisse Ressourcen, Zeit, Mühe und damit auch schließlich Geld kostet – und welcher (professionelle) Einbrecher steigt schon gezielt in ein Haus ein, ohne zu wissen, dass dort etwas zu holen ist?

Zum anderen gibt es den Angreifer, der ohne ein konkretes Ziel irgendwas angreifen möchte. Das kann jemand sein, der von einer Sicherheitslücke gehört hat und diese nun ausnutzen will. Vielleicht ist es ein »aufstrebender Hacker«, der gerade noch in der Übungsphase ist. Er hat vielleicht gar kein Interesse an Ihren Daten, sondern sucht nur eine beliebige Zielperson. Ab und an hört man in der Presse von Sicherheitslücken in Routern, die von Privatpersonen betrieben werden. Ein Angriff kann zum Beispiel verwendet werden, um mit Hilfe dieser Router Telefonanrufe zu Sonderrufnummern auf Kosten des Routerbesitzers durchzuführen, die die Kasse des Angreifers aufbessern. Hierbei gibt es also keine konkrete Zielperson, sondern eine beliebige aus dem gesamten Benutzerkreis. Dieser Angriffstyp ist für Privatpersonen im Allgemeinen wahrscheinlicher. Hierbei kommen auch wieder die Skript-Kiddys ins Spiel. Sie können beispielsweise ein Skript einsetzen, das einen großen IP-Adressbereich nach Verbindungen zu einem bestimmten Dienst absucht. Werden sie fündig, dann schlagen sie zu. Sie könnten sich das so vorstellen wie einen Taschendieb in einer vollen Innenstadt, der sich auf bestimmte Manteltaschen spezialisiert hat, aus denen er leicht und ohne dass der Besitzer es merkt, dessen Geldbörse entwendet.

Nachdem Sie nun wissen, wie Sie angegriffen werden können, sollten wir kurz betrachten, was ein Angreifer denn nun so anstellen kann. Natürlich kann er den Dienst, den er angegriffen hat, ganz normal benutzen. Er kann also zum Beispiel alle Daten Ihrer Cloud einsehen und sie kopieren und verändern. Unter Umständen kann er aber noch mehr. Vielleicht hat die Sicherheitslücke, die er ausnutzt, dazu geführt, dass er Zugriff auf Ihren ganzen Server bekommt. Vielleicht kann er den entsprechenden Dienst komplett übernehmen. Dann kann er sich auf Ihrem Server bewegen und beliebige Dateien lesen und schreiben oder sogar Programme ausführen. Normalerweise geht das dann aber nur mit den Benutzerrechten, unter denen der angegriffene Dienst auf Ihrem Rechner läuft. Daher haben wir beispielsweise beim Webserver immer darauf geachtet, dass er unter dem Benutzer *www-data* läuft. Das ist nämlich ein spezieller Benutzer, der nur über wenige Rechte verfügt und kaum Schaden am System anrichten kann. Wenn es dem Angreifer jedoch gelingt, einen Dienst mit *root*-Rechten zu kapern oder sich anderweitig *root*-Rechte zu beschaffen, dann kann er auch beispielsweise die Kommunikation Ihres Heimnetzes überwachen und gegebenenfalls Passwörter für andere Dienste auslesen. Er kann auch durchaus Ihre Internetverbindung dazu missbrauchen, Straftaten zu begehen, indem er mit gesetzmäßig verbotenen Inhalten operiert und diese beispielsweise öffentlich zum Download anbietet – von Ihrem Anschluss aus.

Warum steht das alles in diesem Buch? Die vorigen Absätze sollten Sie hauptsächlich dafür sensibilisieren, dass es gewisse Risiken gibt, wenn man einen Dienst aus dem Internet erreichbar macht. Ich wollte Ihnen zeigen, dass es auch in der vermeintlich »virtuellen« Umgebung des Internets genauso Gefahren gibt wie in allen anderen Lebensbereichen auch. Die vorigen Zeilen sind keinesfalls dazu gedacht, Panik zu machen, Sie sollten nur wissen, dass Sie nicht in absoluter Sicherheit sind. Etwa genauso, wie Sie jedes Mal bei einer Autofahrt ein gewisses Risiko eingehen, tun Sie dies auch bei der Freigabe eines Dienstes für das Internet. Sie selbst müssen abschätzen, ob Sie bereit sind, dieses Risiko einzugehen, und wie groß es wohl für Sie sein wird. Wichtig ist eigentlich, dass Sie nicht einfach alle Dienste aus dem Internet verfügbar machen, die »irgendwann einmal bestimmt ganz nützlich sind«, sondern dass Sie sich gezielt überlegen, welche Dienste Sie tatsächlich auch von außerhalb benötigen. Vorsichtige Naturen werden sich vielleicht auch überlegen, wann sie diese Dienste brauchen, und vielleicht den Blog tatsächlich nur für den Zeitraum der Urlaubsreise von außen zugänglich machen, um dann Beiträge erstellen zu können.

Zum Glück gibt es jedoch eine ganze Menge an Methoden, Dienste abzusichern, die aus dem Internet erreichbar sind. Diese Methoden erhöhen alle die Sicherheit. Zwar schützen sie nicht mit absoluter Sicherheit gegen den gezielten Experten-Angriff, aber sie machen oftmals einen Angriff der Skript-Kiddys unmöglich oder führen dazu, dass Ihre Serverdienste für Unbefugte schwerer im Internet aufzufinden sind. Schauen wir uns also die Möglichkeiten an, Ihren Server gegenüber Angriffen abzuhärten.

21.4 Nur ich und sonst keiner: sichere Passwörter

Mit den Passwörtern ist das so eine Sache, die so mancher nicht für sonderlich wichtig hält. Das Passwort ist der persönliche Schlüssel zu bestimmten Diensten eines Servers. Diese Art von Schlössern vermag der Schlüssel in Form des Passwortes zu öffnen. Betrachten wir kurz den verschlossenen Nähkorb von Tante Trude. Das Schloss schützt den neugierigen Nachwuchs vor unerwünschten Stichen mit den Nähnadeln. Wie sicher muss das Schloss hier sein? Nun, vermutlich genügt ein Schloss geringer Sicherheit. Wie sieht es mit dem verschlossenen Barfach von Tante Trudes Wohnzimmerschrank aus? Der Nachwuchs ist erfinderisch und könnte versuchen, das Fach mit gebogenen Drähten zu öffnen. Ein etwas besseres Schloss sollte also schon verwendet werden. Was ist mit Onkel Hugos Kunstsammlung beachtlichen Wertes, die neuerdings mitten auf dem belebten Marktplatz in einem Tresor gelagert ist? Jeder Stadtbewohner kann sich diesem Tresor nähern. Und die dubiose Diebesbande, die neulich gesichtet wurde, verfügt über einen großen Schlüsselsatz. Sie kann etwa 10 Schlüssel pro Minute durchprobieren. Hier muss schon ein deutlich sichereres Schloss zum Einsatz kommen. Wie sieht es mit den Daten Ihres Onlinebanking-Accounts aus? Diese sind weltweit abrufbar – nicht nur auf dem überschaubaren Marktplatz. Der neue Passwortcracker, der mit speziellen Grafikprozessoren arbeitet, kann 152 Milliarden Passwortkombinationen pro Sekunde ausprobieren. Wie sollte man das Schloss hier dimensionieren?

Die Regeln für ein sicheres Passwort sind ganz simpel: Ein sicheres Passwort besteht im Allgemeinen aus einer möglichst großen Anzahl an zufällig gewählten Zeichen aus einem möglichst großen Zeichenvorrat. Mehr ist nicht nötig. Im vorigen Satz ist ein Wörtchen enthalten, das uns das Leben ziemlich schwer macht. Wissen Sie welches? Es ist das Wörtchen »zufällig«. Hier wird es schwer. Wir Menschen haben zwar keine Probleme damit, zufällige Elemente zu erzeugen, aber uns diese dauerhaft zu merken, das ist schwierig. Leider sind viele Menschen geneigt, für Passwörter einfach zu merkende Kombinationen zu wählen. Oftmals handelt es sich um Elemente des Alltags. Gerne werden Namen verwendet, Geburtsdaten, Lieblingsorte oder -gegenstände oder gar Schimpfwörter. Auch kurze Zahlenketten sind beliebt. Das Problem an solchen Passwörtern ist, dass sie eben keinen besonders hohen Zufallsgrad haben. Sie sind in gewisser Weise vorhersagbar. Wenn wir jetzt den vorhin erwähnten Passwortcracker mit ins Spiel nehmen – der übrigens kein Produkt der Phantasie war –, dann wird es schnell kritisch. Was glauben Sie, wie lange es wohl dauert, alle möglichen Vornamen durchzuprobieren, wenn mehrere Milliarden Versuche pro Sekunde möglich sind? Solche Passwörter sind in kurzer Zeit geknackt. Das Gleiche gilt für Wörter, die in Wörterbüchern vorkommen. Und jetzt wird es noch ein wenig gemeiner: Wir glauben oft, besonders schlau zu sein, wenn wir ein bekanntes Wort um eine Ziffer oder ein Sonderzeichen ergänzen. Schließlich erhöht das den möglichen Zeichenumfang. Das ist richtig. Aber erneut ist der Zufall kritisch. Wo werden wir Menschen wohl das Sonderzeichen einfügen? Meistens wird es sich dabei um den Anfang oder das Ende eines Wortes handeln. Oder wir wählen den Platz zwischen zwei Silben. Auch diese Taktik ist also vorhersehbar. Die Suche nach dem Passwort dauert nun zwar etwas länger, ist aber immer noch relativ schnell erledigt. Jetzt versuchen wir es mit einer Kombination aus drei aneinandergereihten Wörtern aus unserem Wortschatz. Die deutsche Sprache ist umfangreich, und die Anzahl möglicher Kombinationen sehr groß. Aber auch hier gibt es ein Problem: Wie groß ist der Wortschatz, den wir tatsächlich aktiv nutzen? Leider ist unser aktiver Wortschatz recht klein, und die Gefahr ist groß, dass wir einfache Begriffe aus dem Alltag nehmen. Wie wahrscheinlich ist es, dass Sie sich für Wörter wie »Kumulation«, »Koryphäe«, »Philippinen«, »präferieren«, »Sisyphusarbeit« oder »Silhouette« entscheiden? Auch hier kann wieder ein Generator ansetzen, der nur den aktiven Wortschatz berücksichtigt, und schon schrumpft unser möglicher Zeichenvorrat rasch zusammen. Nach geläufiger Expertenmeinung ist ein Passwort erst dann (derzeit noch) hinreichend sicher, wenn es aus sieben Wörtern des alltäglichen Wortschatzes besteht. Ein gutes Beispiel wäre also »KopfLaufenDochtBlattSchlaufenTellerBlau«. Wenn Sie sich eine solche Kombination ausdenken und merken können, dann haben Sie ein relativ sicheres Passwort, das mit zusätzlichen Ziffern noch verbessert werden kann. Ansonsten muss für ein Passwort der Zufall das oberste Gebot sein.

Ein gutes Passwort besteht aus Buchstaben mit Groß- und Kleinschreibung, aus Ziffern und auch aus Sonderzeichen. Alle Zeichen müssen zufällig auftreten und dürfen nicht vorhersehbar sein. Das Passwort darf nicht in einem Wörterbuch vorkommen und darf keinesfalls zu erraten sein. Es sollte darüber hinaus eine Mindestlänge von zehn Zeichen haben. Wenn Sie sich keine sieben zufällig gewählten Wörter merken können, dann hilft Ihnen womöglich die Verknüpfung mit Gegenständen, deren Ort oder Anordnung nur Ihnen bekannt ist und von Fremden nicht erraten werden kann. Hier sollten Sie sich eine Eselsbrücke schaffen, die möglichst keinen Regeln gehorcht.

Sie sollten niemals ein Passwort für mehrere Dienste nutzen. Ein Passwort darf immer nur einmal verwendet werden. Spätestens jetzt ist der Zeitpunkt erreicht, wo viele entnervt aufgeben. Vielen gelingt es zwar, sich ein sehr schwer zu erratendes Passwort zu merken, aber eine große Anzahl zu behalten, ist eine recht schwere Aufgabe. Hier kann uns aber der Computer helfen. Oft empfohlen werden heutzutage sichere Passwortmanager wie beispielsweise die Programme *KeePass Password Safe* oder *Password Safe*. Diese führen eine Datenbank mit allen Ihren Passwörtern.

Darüber hinaus bieten sie Generatoren für sichere Passwörter beliebiger Länge, die sich kaum jemand merken kann. Diese Datenbanken werden mit modernen Verschlüsselungsalgorithmen vor unerwünschten Zugriffen geschützt. Die eingesetzten Verfahren gelten als besonders sicher und werden auch zur verschlüsselten Kommunikation von Regierungseinrichtungen verwendet. Solange die Software fehlerfrei programmiert wurde (und hier muss man dem Anbieter vertrauen), dann kann man diese Datenbank nur mit dem eigenen Passwort entschlüsseln. Und dieses sollte besonders sicher sein. Es ist prinzipiell das einzige Passwort, das man sich nun merken muss. Die Passwort-Datenbanken lassen sich mittlerweile bequem auch über mehrere Geräte hinweg synchronisieren. Viele Programme bieten auch eine Kombination aus mehreren Verschlüsselungstechnologien an und schützen den Inhalt nicht nur mit einem Passwort, sondern oftmals auch mit einer zusätzlichen Schlüsseldatei. Wenn Sie Schwierigkeiten haben, sich sichere Passwörter in ausreichender Zahl zu erzeugen und dauerhaft zu merken, dann sollten Sie sich die Passwortmanager einmal näher anschauen.

Ach ja: Dass Sie Passwörter niemals auf Klebezetteln notieren und diese dann an den Monitor heften sollten, muss ich an dieser Stelle nicht extra erwähnen, oder?

21.5   Eine Firewall für Ihren Pi-Server?

Zum Thema Sicherheit gehört natürlich auch das Thema Firewall. Eine Firewall wendet auf den Netzwerkverkehr Regeln an. Diese Regeln erlauben oder verbieten die Kommunikation beispielsweise. In der Grundkonfiguration ist auf dem Pi-Server zunächst keine Firewall aktiv. Das ist zuerst einmal auch nicht weiter schlimm. In einem üblichen Heimnetzwerk gehen alle angeschlossenen Computer über den Router in das Internet. Der Router hat eine eingebaute Firewall und bietet durch die NAT-Funktion bereits einen guten Schutz vor ungewollten eingehenden Verbindungen aus dem Internet. Wenn auf den angeschlossenen Rechnern keine Schadsoftware arbeitet, die explizit Verbindungen nach außen aufbaut, dann können unsere Rechner also nicht einfach angegriffen werden. Eine Firewall ist also auf dem Pi-Server nicht zwingend erforderlich, es gibt jedoch einige Anwendungsfälle, für die sie trotzdem sinnvoll oder sogar erforderlich ist und die wir uns gleich ansehen werden. Deswegen schadet es kaum, wenn wir trotzdem eine gut konfigurierte Firewall auf unserem Server einsetzen. Zunächst einmal erhalten wir durch eine korrekt konfigurierte Firewall quasi eine doppelte Sicherheit. Eingehende Verbindungen zum Pi-Server werden sowohl vom Router als auch vom Pi-Server selbst überwacht. Die doppelte Sicherheit ist dann interessant, wenn wir einen Dienst unseres Servers über das Internet erreichbar machen möchten. Als Erstes müssen wir nämlich unserem Router mitteilen, das von nun an ein PC (in diesem Fall der Pi-Server) von außen (also über das Internet) erreichbar sein soll. Das machen wir aber auf gar keinen Fall gleich für alle Dienste und Funktionen, die dieser PC bietet, sondern immer nur ganz speziell für einzelne Funktionen. Wenn wir zum Beispiel von außen auf eine heimische Internetseite zugreifen möchten, dann sagen wir unserem Router: »Dieser eine PC soll von nun an für Anfragen nach dieser einen Internetseite von außen erreichbar sein. Und ansonsten bitte für nichts anderes.«

Wir machen das, indem wir am Router eine (meist sogenannte) *Portweiterleitung* definieren. Anfragen auf diesem einen speziellen Port, auf dem unsere Webseite läuft, sollen ab jetzt an diesen speziellen PC (im Regelfall wird das offensichtlich Ihr Pi-Server sein) weitergeleitet werden. Ohne eine Firewall würde der Pi-Server von nun an diese Anfragen beantworten, und die Webseite wäre aus dem Internet erreichbar. Mit einer (geeignet konfigurierten) Firewall passiert das nicht – die Firewall würde die Anfragen blockieren. Erst wenn Sie ebenso diese (zweite) Firewall-Schutzschicht so konfigurieren, dass die Anfrage zulässig wird, dann ist die Seite erreichbar. Das ist das Konzept der doppelten Sicherheit. Diese Stufe schützt vor allem gegenüber Flüchtigkeitsfehlern, erhöht jedoch ansonsten die Sicherheit nicht.

Die Firewall dient aber natürlich nicht nur zur Absicherung gegen menschliche Flüchtigkeitsfehler. Nein, die zusätzliche Firewall auf Ihrem Server kann auch für ganz andere Zwecke dienen.

Denken Sie daran, dass normalerweise Ihr Server mit allen Diensten für alle PCs im Netzwerk erreichbar ist.

Es wäre theoretisch möglich, dass ein Angreifer aus dem Internet die NAT-Funktion Ihres Routers überwindet, weil es eine Sicherheitslücke gibt, die er bewusst ausnutzt. Zugegeben, dies mag ziemlich unwahrscheinlich sein, aber so lange der Angreifer unter einer externen IP-Adresse auftritt, wäre Ihr Server dann immer noch geschützt, weil dessen Firewall solche Verbindungen blockiert.

Sie können ebenso einen Dienst auch im internen Netzwerk nur für bestimmte IP-Adressen erreichbar machen. Dies ist allerdings (wenn überhaupt) nur ein geringer Schutz, denn jeder angeschlossene PC kann sich ja eine beliebige IP-Adresse geben (selbst die MAC-Adresse lässt sich einfach umprogrammieren), und wenn dann der echte zugelassene PC gerade ausgeschaltet ist, kann relativ einfach dessen Identität angenommen werden.

Das Konzept der Firewall ist auch für weitere Sicherheitsmerkmale wichtig, die ich später besprechen werde, hauptsächlich für das *Port-Knocking*. Auch hierfür werden Sie die Firewall auf Ihrem Server benötigen.

Wie Sie sehen, ist die Firewall hauptsächlich dann von Interesse, wenn Sie vorhaben, Ihren Server auch aus dem Internet erreichbar zu machen. Schauen wir uns nun ihre Installation und Einrichtung an, die Sie auf Wunsch realisieren können.

21.5.1   Die Einrichtung der grundlegenden Filterregeln

Wir wollen auf Ihrem Pi-Server nun eine Firewall mit dem Paket *iptables* einrichten. Für diese Firewall werden wir in einer Textdatei Regeln definieren. Die Regeln besagen, ob eine Kommunikation, die bestimmten Kriterien genügt, zugelassen werden soll oder nicht. Die Kriterien beschreiben zum Beispiel die Richtung der Kommunikation: Ist diese eingehend, kommt sie also von einem anderen Computer, oder ist sie ausgehend, soll sie also zu einem anderen Computer gehen. Sie können auch einen Port oder einen Portbereich definieren, genauso wie das Protokoll, das zur Übertragung dient. Dies sind nur Beispiele, um Ihnen zu zeigen, dass Sie die Art der Kommunikation sehr genau definieren können. Wenn diese Firewall eingerichtet ist, dann wird jede Kommunikation mit diesem Regelwerk abgeglichen und entweder erlaubt oder nicht erlaubt. Für den letzten Fall gibt es zwei Möglichkeiten: Entweder wird die Verbindung aktiv abgelehnt (salopp: »Du kommst hier nicht rein!«) oder aber ohne jeden Kommentar einfach fallengelassen und nicht weiter bearbeitet (sinngemäß: »Wir reden schließlich nicht mit jedem!«).

Wir werden zunächst eine einfache Firewall einrichten, die erst einmal jede Kommunikation des Servers mit sich selbst grundsätzlich erlaubt. Das ist sehr wichtig, denn viele Dienste kommunizieren auf dem Server untereinander über das sogenannte *Loopback-Netzwerk*. Alle Anfragen an diese Netzwerkschnittstelle landen einfach wieder auf demselben Rechner. Das erlauben wir natürlich, denn sich selbst sollte der Server schon vertrauen können.

Der zweite Schritt ist, dass wir die Kommunikation mit unserem Heimnetzwerk ebenfalls bedingungslos erlauben. Schließlich soll unser Server allen Netzwerkgeräten seine Dienste anbieten.

Mit der Kommunikation nach außen machen wir es so: Die ausgehende Kommunikation wird komplett erlaubt, jeder Dienst darf also ins Internet. Alle Anfragen, die von außen kommen, werden verworfen. Einzige Ausnahme: Sie wurden vorher aktiv angefordert.

Beginnen wir damit, jene Datei anzulegen, die unser Regelwerk erhält. Diese Datei soll den Namen *iptables* tragen und im Verzeichnis */etc/network* zu finden sein. Bei ihrer Erstellung hilft uns der Befehl `iptables-save`, der zunächst eine leere Datei anlegt. Aufgepasst: Die Datei hat nichts direkt mit dem Befehl zu tun. Sie könnte auch »dreimalSchwarzerKater« heißen, aber das wäre schlecht zu merken. Erstellen wir also einfach eine Datei mit dem Befehl `iptables-save`, die wir *iptables* nennen, damit wir sie leichter der `iptables`-Funktionalität zuordnen können:

```
sudo bash -c 'iptables-save > /etc/network/iptables'
```

Wir müssen den etwas umständlichen Weg über den Befehlsvorsatz `sudo bash -c` gehen, weil wir es hier mit einem zusammengesetzten Befehl zu tun haben, der salopp gesagt zweimal *root*-Rechte erfordert.

Schauen wir uns die soeben erstellte Datei einmal mit dem Editor nano an:

sudo nano /etc/network/iptables

Je nachdem, was auf Ihrem Pi-Server schon alles installiert und konfiguriert wurde, kann diese Datei sehr unterschiedlich aussehen. Im Regelfall ist sie jedoch komplett leer, wie Sie in Abbildung 21.1 sehen.

Abbildung 21.1 Die leere Vorlage in »/etc/network/iptables«

Wenn Sie zukünftig einmal Regeln in der Firewall erstellt haben und den zuvor angegebenen Befehl ausführen, dann wird das gesamte Regelwerk von folgenden Zeilen umschlossen:

Generated by iptables-save...

und

Completed on

Diese Zeilen geben hauptsächlich Informationen zur Version von iptables und zum Datum der Regelerstellung an. Wenn Sie jetzt ein neues Regelwerk erstellen, dann ist die Eingabe dieser Zeilen nicht unbedingt nötig.

Wir beginnen das Regelwerk daher mit folgender Zeile:

*filter

und schließen es mit dem Ausdruck

COMMIT

Diese beiden Zeilen dürfen Sie nicht vergessen und auch nicht löschen. Dazwischen stehen die Regeln der Firewall. Geben Sie nun folgenden Textblock in die noch leere Datei ein. Wichtig: Wir haben bisher gemeinsam noch keine Regeln in der Firewall erstellt, und die Textdatei sollte leer sein. Vielleicht haben Sie jedoch ein zusätzliches Programm installiert, das bereits Einstellungen für Sie vorgenommen hat. In diesem Fall sollten Sie die bisherigen Regeln in der Textdatei zunächst genau analysieren.

> **Achtung**
>
> Bedenken Sie, dass die folgende Konfiguration Ihre bisherigen Regeln überschreibt. Sollten Sie eine vorhandene Regel benötigen, dann behalten Sie sie unbedingt bei.

Ansonsten tippen Sie nun bitte die Zeilen aus Listing 21.1 ab und löschen gegebenenfalls einen vorigen Dateiinhalt. Fertig muss Ihre Datei wie in Abbildung 21.2 aussehen. Ich werde die Bedeutung der einzelnen Zeilen gleich besprechen.

```
*filter
:OUTPUT ACCEPT
:INPUT DROP
:FORWARD ACCEPT
#
-A INPUT -i lo -j ACCEPT
-A INPUT -m state --state ESTABLISHED,RELATED -j ACCEPT
-A INPUT -s 192.168.178.0/255.255.255.0 -j ACCEPT
#
#Nach dieser Zeile eigene Regeln einfügen
#
-A INPUT -m limit --limit 8/min -j LOG --log-prefix "iptables denied: " ↩
--log-level 7
#
COMMIT
```

Listing 21.1 Der Inhalt der Datei »/etc/network/iptables«

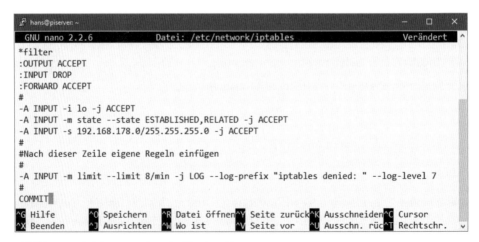

Abbildung 21.2 Die ersten Regeln für »iptables«

Die drei Zeilen mit den Doppelpunkten legen globale Oberrichtlinien für eine bestimmte Kommunikationsart fest. Diese Oberrichtlinien werden immer dann angewendet, wenn die Art der Kommunikation von keiner der nachfolgend spezifizierten Regeln bearbeitet wird. Sie stellen also die Voreinstellung dar. Dabei können Sie aus den eingangs erwähnten drei Aktionen auswählen. Die Kommunikation wird demnach:

- mit ACCEPT bedingungslos erlaubt
- mit DROP unbearbeitet verworfen
- mit REJECT aktiv abgelehnt

Die Zeilen 2, 3 und 4 besagen also Folgendes:

Wenn eine nachfolgende Regel nichts anderes festlegt, dann:

- erlaube alle ausgehenden Verbindungen ohne Einschränkungen,
- lasse alle eingehenden Verbindungen ohne jede Bearbeitung kommentarlos fallen und
- erlaube alle Weiterleitungsanfragen ohne Einschränkungen. (Diese letzte Zeile hat für uns derzeit noch keine Bedeutung.)

Bei der Entscheidung, ob Sie zur Ablehnung einer Verbindung die Methode DROP oder REJECT nehmen sollten, gibt es verschiedene Ansätze. Die beiden Methoden haben in einem großen Netzwerk durchaus ihre Einsatzgebiete, und manchmal ist nur eine der beiden Optionen korrekt. Wir wollen uns hier jedoch mit dem Schutz eines einfachen privaten Netzwerks befassen. Hier gehen die Meinungen jedoch auseinander. Einige Fachleute sagen, die Methode DROP wäre geeigneter. Wird sie genutzt, dann weiß ein Angreifer mangels einer Rückantwort noch nicht einmal, dass hinter einer IP-Adresse überhaupt ein Rechner vorhanden ist. Eine andere Meinung spricht dagegen, weil ein kompetenter Angreifer dann erst recht hellhörig wird und auf anderem Wege trotzdem erkennen kann, dass diese IP-Adresse doch aktiv genutzt wird und ein angeschlossener Rechner bewusst nicht antwortet. Diese Gruppe bevorzugt die Methode REJECT. Entscheiden Sie, welcher Ansicht Sie eher vertrauen. Üblicherweise wird der Aktion DROP jedoch der Vorzug gegeben.

Befassen wir uns nun mit den eigentlichen (Unter-)Regeln, die auf eine genau passende Kommunikationsart angewendet werden und die globalen Regeln außer Kraft setzen können. Diese Regeln können wir nun mit dem Befehl -A für APPEND (also »hinzufügen«) definieren. Dabei gilt Folgendes: Alle Regeln werden von oben nach unten abgearbeitet. Fällt die Kommunikation erstmals unter eine dieser Regeln, wird diese Regel angewendet. Falls beispielsweise der Webserver von einer Regel erlaubt, später jedoch verboten wird, dann wird die Kommunikation erlaubt, weil die Erlaubnis zuerst ausgesprochen wurde. Wir merken uns: Sobald eine Regel passt, wird sie bearbeitet und danach die Tabelle verlassen. Für den Fall, dass auf die Kommunikation keine der Regeln passt, wird die globale Oberrichtlinie angewendet. In unserem Beispiel besagen die definierten Regeln also Folgendes:

▶ Zeile 6: Erlaube die eingehende Kommunikation über das Interface *lo*. Das ist das Loopback-Netzwerk, also die Kommunikation des Servers mit sich selbst. Die Zeile ist essentiell!

▶ Zeile 7: Erlaube eingehende Verbindungen, die vorher angefordert wurden oder die schon bestehen. Sie bemerken: Die Zeile ist ebenfalls essentiell; ohne sie könnten wir zwar Anfragen verschicken, aber niemals Antworten empfangen – von niemandem, weil die globale Oberrichtlinie ansonsten alle eingehenden Verbindungen blockieren würde.

▶ Zeile 8: Erlaube alle eingehenden Verbindungen aus unserem Heimnetzwerk – auch solche, die nicht vorher angefragt wurden. Damit öffnen wir unseren Server für alle Anfragen aus dem Heimnetz. Ohne diese Regel wäre unser Server für unser Heimnetz nicht erreichbar, und wir könnten keinen seiner Dienste nutzen. Es ist natürlich absolut wichtig, dass Sie diese Regel an den IP-Adressbereich Ihres Heimnetzwerks anpassen! Kontrollieren Sie diese Zeile also noch einmal auf Richtigkeit.

▶ Zeile 12 hat eine etwas geringere Wichtigkeit. Sie besagt nur, dass ein Kommunikationsversuch, der nicht zu einer Regel passte, im globalen Syslog (also Systemlog) eingetragen werden soll. Hinter einem NAT-Router dürfte dies so gut wie niemals auftreten. Der Grund, warum diese Zeile ganz am Ende des Regelwerkes steht, liegt darin, dass dieses von oben nach unten durchgearbeitet wird. Es ist sozusagen die (vor-)letzte Instanz für alle Pakete, die bisher nicht von einer anderen Regel bearbeitet wurden. Diese Regel wird also sozusagen auf »den Rest« angewendet, bevor die globale Oberrichtlinie zum Zuge kommt. Es gibt übrigens ein wichtiges Beispiel für Pakete, die von dieser Regel betroffen sind, und das sind DHCP-Anfragen nach Vergabe einer dynamischen IP-Adresse. Wenn sich ein neues Gerät bei Ihnen im Netzwerk anmeldet (also angeschaltet wird), dann wird es – wenn nicht anders konfiguriert – um eine dynamische IP-Adresse bitten. Das macht es mit einer sinngemäßen Anfrage an alle: »Hallo, ist da wer? Ich hätte gerne eine IP-Adresse.« Da es noch keine IP-Adresse hat, meldet es sich mit »Hallo, ich bin 0.0.0.0, ist da wer? Ich hätte gerne eine IP-Adresse.« Ihr Pi-Server ist natürlich konsequent streng. Anfragen mit einer IP-Adresse außerhalb Ihres Heimnetzes werden nicht beantwortet. 0.0.0.0 gehört nicht zu Ihrem Heimnetz, und die Anfrage wird im Syslog gemeldet. Sie erhalten also durch die Kontrolle des Syslogs (zu finden unter */var/log/syslog*) ab jetzt immer eine Möglichkeit, zu prüfen, welches Gerät wann angeschaltet wurde. Sie sollten diese Regel zunächst so übernehmen. Außerdem informiert Sie diese Regel, falls eine (möglicherweise) beabsichtigte Kommunikation von der Firewall blockiert wurde. Bei eigenen (fehlgeschlagenen) Experimenten schadet also ein Blick in das syslog unter */var/log/syslog* keineswegs.

21.5.2   Die Erweiterung mit eigenen Regeln

Jetzt können wir die Firewall gezielt erweitern. Das machen wir genau für die Dienste, die nicht nur aus dem lokalen Heimnetzwerk, sondern auch von außen erreichbar sein sollen.

Bitte beachten Sie unbedingt: Selbst wenn Sie diese Zeilen einfügen, sind die Dienste trotzdem nicht von außen erreichbar. Denken Sie an die *doppelte Sicherheit*: Sie müssen ebenfalls in Ihrem Router eine Freigabe über eine Portweiterleitung erteilen.

Ihre eigenen Regeln fügen Sie einfach in die obige Datei ein, und zwar nach der Zeile `#Nach dieser Zeile eigene Regeln einfügen` und unbedingt vor der `COMMIT`-Zeile.

Möchten Sie beispielsweise, dass Ihre Webseite von außen erreichbar ist, dann fügen Sie folgende Zeilen hinzu:

```
-A INPUT -p tcp --dport 80 -j ACCEPT
-A INPUT -p tcp --dport 443 -j ACCEPT
```

Die vollständige Datei sehen Sie in Abbildung 21.3.

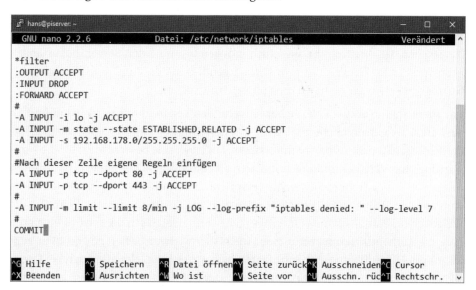

Abbildung 21.3 Eigene Regeln für »iptables« hinzufügen

Dies wird in der Firewall die Ports 80 und 443 für das TCP-Protokoll öffnen. Eingehende Verbindungen auf diesen Ports werden von nun an akzeptiert. Befindet sich Ihre Webseite nicht auf Port 80, dann ändern Sie diesen Wert bitte entsprechend. Der Port 443 ist übrigens für die verschlüsselte *https://*-Verbindung zuständig (es sei denn, Sie haben auch hier einen anderen Wert vergeben). Hier ergibt sich eine interessante Möglichkeit: Sie können auch nur Port 443 über die zweite Zeile in der Firewall freigeben und die erste Zeile weglassen. In diesem Fall können Sie vom Internet aus nur eine verschlüsselte Verbindung zu Ihrer Webseite aufbauen. Eine unverschlüsselte Verbindung ist nicht möglich. Diese können Sie aber jederzeit innerhalb Ihres Heimnetzes nutzen. Beachten Sie dafür aber, dass Ihre Webseite natürlich für eine verschlüsselte Verbindung eingerichtet sein muss (siehe dazu die entsprechende Konfiguration des Webservers in Abschnitt 14.3.2 und Abschnitt 14.3.3).

Natürlich sollten Sie sich fragen, ob eine unverschlüsselte Verbindung überhaupt sinnvoll ist. Da die Verschlüsselung kaum Rechenleistung kostet, spricht eigentlich nichts dagegen, sie einfach auch innerhalb des Heimnetzes zu nutzen. Sie sollten sich dann überlegen, ob Sie – in der Konfiguration des Webservers – nicht gleich Port 80 auf Port 443 weiterleiten und somit eine verschlüsselte Verbindung erzwingen, wie wir es etwa bei ownCloud getan haben.

Zur Fernwartung Ihres Pi-Servers über das Internet muss Port 22 für SSH-Verbindungen geöffnet sein. Bitte überlegen Sie sich an dieser Stelle, was das genau bedeutet: Im Prinzip stellen Sie damit Ihren Server mit Monitor und Tastatur offen auf die Straße. Es handelt sich außerdem um eine Schnellstraße, die von jedermann in Sekundenschnelle erreicht werden kann. Ihr Server ist lediglich mit einem – hoffentlich sicheren – Passwort geschützt. An dieser Stelle sollten Sie aber auch nicht überängstlich sein. Es gibt im Internet nämlich sehr, sehr viele Server, deren SSH-Port freigegeben ist. Vielfach ist das auch notwendig, weil der Server buchstäblich »sonstwo« steht. Teilweise ist »sonstwo« irgendwo in der Cloud, und man kann als Nutzer den Server gar nicht wirklich physisch aufsuchen.

Trotzdem sollten Sie sich aus Sicherheitsgründen genau überlegen, warum und ob Sie Port 22 freigeben möchten, also für welchen Zweck. Wenn es nicht absolut erforderlich ist, sollten Sie es besser unterlassen. Oft ist es eine bessere Idee, für die Fernwartung eine VPN-Verbindung zu nutzen, da eine solche – zumindest mit unseren Methoden – eine höhere Sicherheit verspricht. Beachten Sie auch, dass Sie für die Nutzung von SFTP, also FTP über SSH, ebenfalls Port 22 öffnen müssen. Wenn sich die Freigabe von Port 22 über das Internet nicht vermeiden lässt, dann ist es eine gute Idee, die Authentifizierung nicht mehr wie bisher passwortbasiert zu gestalten, sondern mittels Zertifikaten zu kontrollieren, wie wir es beispielsweise auch bei OpenVPN in Kapitel 15, »VPN-Verbindungen mit OpenVPN«, gemacht haben. Das würde an dieser Stelle jedoch den Rahmen dieses einführenden Buches sprengen. Der interessierte Leser sei daher an weiterführende Literatur verwiesen. Bitte lesen Sie aber auch die übrigen Abschnitte zum Thema Sicherheit.

Diese Zeile gäbe also Port 22 für das TCP-Protokoll frei:

```
-A INPUT -p tcp --dport 22 -j ACCEPT
```

Wie Sie gesehen haben, folgen die Anweisungen stets demselben Muster. Sie können durch eine Bearbeitung jeden beliebigen Port und das entsprechende Protokoll für jeden beliebigen Dienst freigeben. Falls ein Programm oder ein Dienst die Freigabe mehrerer Ports erfordert, dann können Sie diese über mehrere Zeilen verteilen. Alternativ, was etwas aufgeräumter wirkt, lassen sich mehrere Ports auch in einer Zeile freigeben. Damit die Einträge leichter zu unterscheiden sind, sollten Sie dies aber nur für solche Ports machen, die zu einem Programm gehören. Wenn ein Programm einen Bereich aufeinanderfolgender Ports verwendet, dann können Sie diesen Portbereich ganz einfach durch einen Doppelpunkt definieren. Ist es beispielsweise erforderlich, die Ports 8000, 8001, 8002 und 8003 freizugeben, dann spezifiziert dies die folgende Zeile:

```
-A INPUT -p tcp --dport 8000:8003 -j ACCEPT
```

Wenn Sie nicht aufeinanderfolgende Ports freigeben möchten, dann wird es etwas aufwendiger. Die entsprechende Zeile erfordert nun die Spezifizierung eines zusätzlichen Moduls mit dem Namen multiport, dessen Funktion durch diesen Namen sofort ersichtlich wird. Die einzelnen Ports werden nun durch Kommata voneinander getrennt. Auch wenn es theoretisch optional ist und von iptables sowieso automatisch gesetzt wird, sollten Sie nun anstelle des Ausdrucks dport den Ausdruck dports verwenden. Erfordert ein Programm beispielsweise die Freigabe der Ports 8005, 8007 und 8009, dann müssen Sie folgende Zeile eingeben:

```
-A INPUT -p tcp -m multiport --dports 8005,8007,8009 -j ACCEPT
```

Folgende Zeile ist im gesamten Regelwerk eher theoretischer Natur:

```
-A INPUT -p icmp -m icmp --icmp-type 8 -j ACCEPT
```

Sie erlaubt es dem Pi-Server, auf Ping-Anfragen aus dem Internet zu reagieren. Das ist eigentlich unnötig, denn dies übernimmt in einem Heimnetzwerk normalerweise der Router. Diese Zeile ist eher etwas zum Lernen und damit Sie sehen, was man mit der Firewall alles für lustige Sachen machen kann.

Vergessen Sie nicht, die Textdatei nach Abschluss der Eingaben abzuspeichern und den Texteditor zu beenden.

21.5.3   Die Firewall aktivieren und automatisch laden

Kommen wir jetzt zu einem sehr wichtigen Abschnitt. Bislang haben wir lediglich Regeln in einer Textdatei zusammengestellt. Damit funktioniert unsere Firewall aber noch nicht. Wir müssen den Inhalt der Textdatei erst aktiv an die Hauptkomponente von iptables übergeben. Damit ist diesmal die Programmkomponente der Firewall gemeint, nicht der Name der Textdatei mit den Regeln. Um die Firewall-Regeln zu aktivieren, führen Sie folgenden Befehl aus:

```
sudo iptables-restore < /etc/network/iptables
```

[!]   **Achtung**

Damit sind jetzt Ihre Firewall-Regeln aktiv. Wenn Ihre Einstellung fehlerhaft ist, dann haben Sie sich möglicherweise aus Ihrem Pi-Server ausgesperrt. Das erkennen Sie daran, dass dieser jetzt nicht mehr auf Tastatureingaben reagiert.

Keine Panik: Falls Sie sich ausgesperrt haben, dann hilft ein simpler Neustart des Pi-Servers. Ihre Änderungen waren bisher nur temporär, sie werden nicht automatisch beim Systemstart geladen. Überprüfen Sie in diesem Fall nochmals das Regelwerk auf Fehler, und laden Sie nach einer Korrektur erneut die Regeln in die Firewall. Ihre Aufgabe ist es an dieser Stelle, Ihren Pi-Server gründlich daraufhin zu testen, ob Ihre Firewall-Konfiguration genauso funktioniert wie gedacht.

Erst wenn Sie sich sicher sind, dass die Firewall so funktioniert wie erhofft, sollten Sie die Regeln permanent machen und diese automatisch bei jedem Systemstart laden. Dazu legen Sie mit folgendem Befehl mit dem Texteditor nano eine neue Skriptdatei an, die beim Systemstart ausgeführt wird und die Firewall-Regeln lädt:

```
sudo nano /etc/network/if-pre-up.d/iptablesload
```

Fügen Sie dieser neuen Datei folgenden Inhalt hinzu:

```
#!/bin/sh
iptables-restore < /etc/network/iptables
exit 0
```

Listing 21.2 Ihre Firewall-Einstellungen automatisch anwenden

Speichern Sie die Datei, und beenden Sie nano durch die Betätigung der Tastenkombination [Strg]+[x], mit anschließender Betätigung der Tasten [j] und [↵]. Die Datei wird nun so wie in Abbildung 21.4 aussehen.

Abbildung 21.4 Die bearbeitete Datei »/etc/network/if-pre-up.d/iptablesload«

Diese Skriptdatei muss nun mit Ausführrechten versehen werden, das erledigt folgender Befehl:

```
sudo chmod +x /etc/network/if-pre-up.d/iptablesload
```

Damit werden die Regeln nun beim Systemstart automatisch geladen. (Hinweis: Sie sollten keinesfalls die hier gezeigte Methode nutzen, um eigene Programme beim Systemstart zu laden.)

Starten Sie nun Ihren Pi-Server einmal neu:

```
sudo reboot
```

Nach dem Neustart sollten Ihre Firewall-Regeln aktiv sein. Sie können dies jederzeit überprüfen, indem Sie sich von iptables die derzeit gültigen Regeln ausgeben lassen. Dies machen Sie mit dem Befehl:

```
sudo iptables -S
```

Die Ausgabe, die Sie in Abbildung 21.5 sehen, sollte sich mit dem Inhalt Ihrer Regeldatei für die Firewall decken. Damit haben Sie nun eine grundlegende Firewall auf Ihrem Pi-Server aktiviert.

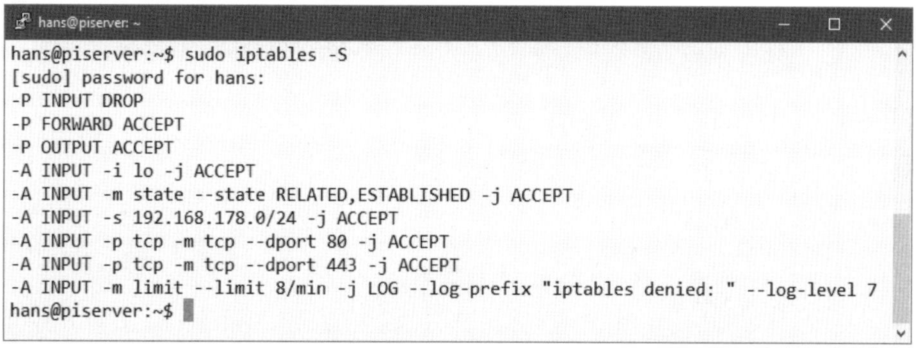

```
hans@piserver: ~
hans@piserver:~$ sudo iptables -S
[sudo] password for hans:
-P INPUT DROP
-P FORWARD ACCEPT
-P OUTPUT ACCEPT
-A INPUT -i lo -j ACCEPT
-A INPUT -m state --state RELATED,ESTABLISHED -j ACCEPT
-A INPUT -s 192.168.178.0/24 -j ACCEPT
-A INPUT -p tcp -m tcp --dport 80 -j ACCEPT
-A INPUT -p tcp -m tcp --dport 443 -j ACCEPT
-A INPUT -m limit --limit 8/min -j LOG --log-prefix "iptables denied: " --log-level 7
hans@piserver:~$
```

Abbildung 21.5 Ihre Einstellungen wurden nach dem Neustart übernommen

Übrigens: Die Firewall auf Ihrem Pi-Server sollten Sie immer nur zusätzlich zur Firewall in Ihrem Router einsetzen. Es ist keine gute Idee, die Firewall im Router zu deaktivieren und sich ganz auf iptables im Pi-Server zu verlassen. Der Grund liegt darin, dass die Router-Firewall ein wesentlich leistungsfähigeres Regelwerk besitzt, als es unsere derzeitige Einsteigerkonfiguration von iptables bietet.

21.6   Eine kleine Hilfe gegen ungebetene Gäste: »chkrootkit«

Ein Helferlein, das die Sicherheit Ihres Servers ein wenig erhöht, ist *chkrootkit*. Es ist, wie der Name vermuten lässt, ein Rootkitscanner. Das ist ein Programm, das eine Auswahl von wichtigen Dateien daraufhin überprüft, ob sich darin Rootkits eingenistet haben. Rootkits sind eine Form von Schadware, die ein Angreifer auf dem Computer installiert hat. Diese dienen beispielsweise dazu, zukünftige Einbrüche vor dem Benutzer zu verstecken. chkrootkit versucht nun, Änderungen an ausgewählten Systemdateien zu entdecken und den Administrator dann zu informieren. Sie müssen allerdings beachten, dass chkrootkit keinen hundertprozentigen Schutz bietet, insbesondere dann nicht, wenn es vom zu untersuchenden System direkt ausgeführt wird. Schließlich kann ein Angreifer chkrootkit so modifiziert haben, dass es den Angriff nicht mehr erkennt. Dies sollten Sie bei der Benutzung im Hinterkopf behalten. Es ist also mehr ein Schutz vor nicht allzu gerissenen Angreifern oder solchen, die Angriffe mit wenig Aufwand breit streuen, um aus einer großen Anzahl einige Treffer zu erhalten. Da chkrootkit aber kaum Ressourcen belegt und auch sonst praktisch keine Nachteile mit sich bringt, schadet es sicherlich nicht, es zu installieren.

Wie immer erfordert die Installation eine aktuelle Liste der Paketquellen (die Sie mit dem Befehl sudo apt-get update erhalten). Die Installation erfolgt mit dem Befehl:

```
sudo apt-get install chkrootkit
```

Eine mögliche Bildschirmausgabe dazu sehen Sie in Abbildung 21.6.

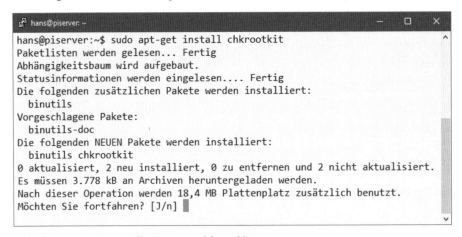

Abbildung 21.6 Die Installation von »chkrootkit«

Sie können chkrootkit nun manuell mit dem Befehl

```
sudo chkrootkit
```

ausführen und sich die Ausgabe des Befehls einmal ansehen. chkrootkit hat Ihren Server nach bekannten Rootkits untersucht und teilt Ihnen mit, ob es etwas entdeckt hat. Wenn alles in Ordnung ist, dann können Sie hinter jedem Eintrag ein NOTHING FOUND oder ein NOT FOUND oder auch den Eintrag NOT INFECTED lesen, wie auch Abbildung 21.7 zeigt.

Diese Art der Durchführung ist jedoch wenig komfortabel. Besser wäre es, wenn wir chkrootkit automatisiert starten und uns dann über das Ergebnis per E-Mail informieren lassen. Dazu editieren wir zunächst die Datei */etc/chkrootkit.conf* mit nano:

```
sudo nano /etc/chkrootkit.conf
```

Ändern Sie in dieser Datei den Eintrag RUN_DAILY="false" in RUN_DAILY="true". Beenden Sie dann nano und speichern Sie mit der Tastenkombination ⌈Strg⌋+⌈x⌋ und ⌈j⌋. Ihre Datei sollte wie in Abbildung 21.8 aussehen.

```
hans@piserver: ~                                                        —  □  ×
Searching for Anonoying rootkit default files and dirs...    nothing found       ^
Searching for ZK rootkit default files and dirs...           nothing found
Searching for ShKit rootkit default files and dirs...        nothing found
Searching for AjaKit rootkit default files and dirs...       nothing found
Searching for zaRwT rootkit default files and dirs...        nothing found
Searching for Madalin rootkit default files...               nothing found
Searching for Fu rootkit default files...                    nothing found
Searching for ESRK rootkit default files...                  nothing found
Searching for rootedoor...                                   nothing found
Searching for ENYELKM rootkit default files...               nothing found
Searching for common ssh-scanners default files...           nothing found
Searching for Linux/Ebury - Operation Windigo ssh...         nothing found
Searching for 64-bit Linux Rootkit ...                       nothing found
Searching for 64-bit Linux Rootkit modules...                nothing found
Searching for suspect PHP files...                           nothing found
Searching for anomalies in shell history files...            Warning: `//root/.bash_history
' file size is zero
Checking `asp'...                                            not infected
Checking `bindshell'...                                      not infected
Checking `lkm'...                                            chkproc: nothing detected
chkdirs: nothing detected
Checking `rexedcs'...                                        not found
Checking `sniffer'...                                        lo: not promisc and no packet
sniffer sockets
eth0: not promisc and no packet sniffer sockets
tun0: not promisc and no packet sniffer sockets
Checking `w55808'...                                         not infected
Checking `wted'...                                           chkwtmp: nothing deleted
Checking `scalper'...                                        not infected
Checking `slapper'...                                        not infected
Checking `z2'...                                             chklastlog: nothing deleted
Checking `chkutmp'...                                        chkutmp: nothing deleted
Checking `OSX_RSPLUG'...                                      not infected
hans@piserver:~$ █
```

Abbildung 21.7 Keine Rootkits gefunden

Abbildung 21.8 Die Konfiguration von »chkrootkit«

Wenn Sie den E-Mail-MTA sSMTP gemäß der Anleitung in Kapitel 10, »Statusinformationen per E-Mail erhalten: sSMTP als MTA«, korrekt konfiguriert haben, dann werden an die Systembenutzer adressierte E-Mails an die konfigurierte externe E-Mail-

Adresse weitergeleitet. Sie erhalten automatisch eine E-Mail, wenn chkrootkit etwas Verdächtiges auf Ihrem System festgestellt hat. Sollten Sie also noch keinen MTA installiert haben, dann müssen Sie dies an dieser Stelle nun gemäß Kapitel 10 unbedingt nachholen.

Sollten Sie zukünftig eine E-Mail von chkrootkit bekommen, dann analysieren Sie sie erst einmal gründlich. Es kann sich auch um einen Fehlalarm handeln. Kontrollieren Sie, ob sich eventuell nur eine Prozess-ID geändert hat, also nur eine Zahl in einem Eintrag. Dass tatsächlich ein erfolgreicher Angriff stattgefunden hat, ist weniger wahrscheinlich. Wenn dem doch so ist und chkrootkit einen eindeutigen Fund meldet, dann sollten Sie umgehend Ihren Server von Netz nehmen und das letzte Backup ohne die Infektion einspielen. Beenden Sie dann alle Freigaben Ihrer Dienste ins Internet. Prüfen Sie, ob es in der Zwischenzeit Sicherheitsupdates für die Programme gibt, die Sie im Internet freigeschaltet hatten, und spielen Sie sie mit den Befehlen

```
sudo apt-get update
```

und

```
sudo apt-get upgrade
```

ein. Kontrollieren Sie nochmals gründlich, ob Sie alle Sicherheitsvorkehrungen getroffen haben. Machen Sie die Programme erst nach einer längeren Wartezeit wieder über das Internet erreichbar, und kontrollieren Sie dann Ihren Server in der nächsten Zeit besonders gründlich.

An dieser Stelle müssen Sie aber etwas aufpassen, denn es kann sein, dass chkrootkit im Moment ein wenig übervorsichtig agiert und Fehlalarme produziert. Wenn Sie den Portknock-Dienst knockd installiert haben, den ich nachfolgend in Abschnitt 21.8 besprechen werde, dann ist es normal, dass er von chkrootkit als *Packet-Sniffer* gelistet wird. Schließlich handelt es sich dabei in der Tat um ein solches Werkzeug. Da Sie ihn aber absichtlich installiert haben und er ein sicheres Werkzeug ist, handelt es sich bei dieser Meldung um einen Fehlalarm.

Wenn Sie den Raspberry Pi verwenden, dann erkennt chkrootkit häufig in den harmlosen Netzwerkdiensten dhcpcd und (wenn Sie eine WLAN-Verbindung nutzen) wpa_supplicant einen Packet-Sniffer und versendet ebenfalls Fehlalarme. Natürlich führt dies dazu, dass Sie von nun an täglich eine E-Mail bekommen, in der chkrootkit Sie auf die Existenz dieses Packet-Sniffers hinweist. Man bezeichnet eine solche Meldung übrigens mit dem Begriff *false positive*. Es handelt sich also um eine fälschliche Erkennung eines vermeintlichen Schädlings. Wir können uns in diesem Fall aber behelfen. Wir werden chkrootkit nun so einstellen, dass es täglich eine Referenzdatei mit den aktuellen Ergebnissen vergleicht. In dieser Referenzdatei wird vermerkt, dass es den Packet-Sniffer knockd beziehungsweise die Dienste dhcpcd und wpa_supplicant auf Ihrem System gibt. Von nun an werden Sie nur dann per E-Mail informiert, wenn die Ausgabe von chkrootkit von dieser Referenzdatei abweicht.

Natürlich müssen Sie hierbei sehr genau aufpassen, denn Sie nehmen den aktuellen Zustand des Servers als sicher an. Sie sollten daher diesen Schritt aus Sicherheitsgründen nur dann ausführen, wenn bei Ihnen tatsächlich knockd zum Einsatz kommt oder Sie den Raspberry Pi verwenden und Sie die täglichen E-Mails von chkrootkit verhindern möchten.

Öffnen Sie zunächst noch einmal die Konfigurationsdatei von chkrootkit mit dem Editor nano:

```
sudo nano /etc/chkrootkit.conf
```

Ändern Sie den Eintrag DIFF_MODE von "false" in "true". Die recht kurze Datei sollte bei Ihnen nun folgende Form angenommen haben:

```
RUN_DAILY="true"
RUN_DAILY_OPTS="-q"
DIFF_MODE="true"
```

Speichern Sie die Datei nun mit der Tastaturkombination [Strg]+[x] ab und beenden damit den Editor. Nun werden wir einmal chkrootkit ausführen. Das erledigen wir mit einem besonderen Befehl, der auch beim täglichen Start des Schutzprogramms ausgeführt wird:

```
sudo /etc/cron.daily/chkrootkit
```

Kontrollieren Sie die Ausgabe des Befehls besonders gründlich. Ein Beispiel dazu sehen Sie in Abbildung 21.9.

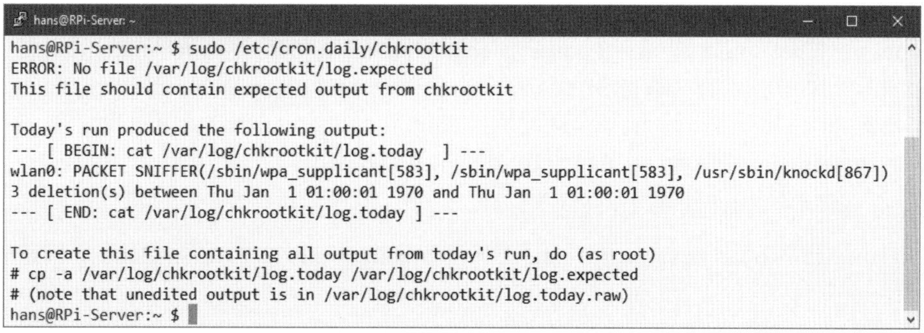

```
hans@RPi-Server: ~
hans@RPi-Server:~ $ sudo /etc/cron.daily/chkrootkit
ERROR: No file /var/log/chkrootkit/log.expected
This file should contain expected output from chkrootkit

Today's run produced the following output:
--- [ BEGIN: cat /var/log/chkrootkit/log.today  ] ---
wlan0: PACKET SNIFFER(/sbin/wpa_supplicant[583], /sbin/wpa_supplicant[583], /usr/sbin/knockd[867])
3 deletion(s) between Thu Jan  1 01:00:01 1970 and Thu Jan  1 01:00:01 1970
--- [ END: cat /var/log/chkrootkit/log.today ] ---

To create this file containing all output from today's run, do (as root)
# cp -a /var/log/chkrootkit/log.today /var/log/chkrootkit/log.expected
# (note that unedited output is in /var/log/chkrootkit/log.today.raw)
hans@RPi-Server:~ $
```

Abbildung 21.9 Einige harmlose Funde von »chkrootkit«

Als einziger Fund sollte(n) der Port-Knocking-Dienst knockd beziehungsweise dhcpcd und/oder wpa_supplicant (Letzteres nur bei WLAN-Verbindungen) aufgeführt sein. Sie sollten also beispielsweise folgende Zeile in der Ausgabe finden; der Wert in eckigen Klammern gibt die Prozess-ID an, die bei Ihnen höchstwahrscheinlich anders lauten wird:

```
eth0: PACKET SNIFFER(/usr/sbin/knockd[3325])
```

Diese Angabe wird von den Zeilen

```
Today's run produced the following output:
--- [ BEGIN: cat /var/log/chkrootkit/log.today ] ---
```

und

```
--- [ END: cat /var/log/chkrootkit/log.today ] ---
```

umschlossen. Unter Raspbian finden Sie entsprechend eventuell auch eine der folgenden Zeilen (oder sogar beide):

```
eth0: PACKET SNIFFER(/sbin/dhcpcd5[xxxx], /sbin/dhcpcd5[xxxx])
wlan0: PACKET SNIFFER(/sbin/wpa_supplicant[xxxx], /sbin/wpa_supplicant[xxxx])
```

Der Rest der Ausgabe enthält Anweisungen, wie die entsprechende Referenzdatei zu erstellen ist. Diese werden wir nun umsetzen. Führen Sie also zur Erzeugung der Referenzdatei folgenden Befehl aus:

```
sudo cp -a /var/log/chkrootkit/log.today /var/log/chkrootkit/log.expected
```

Die Option -a sorgt dafür, dass alle Dateiattribute mitkopiert werden. Anschließend können Sie noch einmal chkrootkit mit dem täglichen Startbefehl ausführen:

```
sudo /etc/cron.daily/chkrootkit
```

Nun sollten keine Bildschirmausgaben mehr erfolgen.

Diese Methode hat jedoch einen kleinen Nachteil: Bei einem Neustart des Servers ändert sich die Prozess-ID von knockd sowie dhcpcd und wpa_supplicant. Das ist übrigens auch bei einem Neustart dieser Dienste der Fall. Leider ist – wie zuvor gezeigt – die Prozess-ID in der Referenzdatei von chkrootkit enthalten. Daher müssen Sie die Datei nach einem Neustart des Rechners einmal neu erstellen. Das machen Sie genauso wie oben angegeben. Zuerst führen Sie den Befehl

```
sudo /etc/cron.daily/chkrootkit
```

aus und kontrollieren seine Ausgaben. Dann erzeugen Sie die Referenzdatei mit dem Befehl

```
sudo cp -a /var/log/chkrootkit/log.today /var/log/chkrootkit/log.expected
```

Damit ist die Konfiguration von chkrootkit abgeschlossen.

21.7   Keine Chance für Ratefüchse: Fail2ban

Ein weiteres sehr wichtiges Programm, mit dem Sie sich unbedingt befassen sollten, ist *Fail2ban*. Erinnern Sie sich, dass es eine einfache, simple Methode gibt, sich Zugang zu einer passwortgeschützten Seite zu beschaffen? Richtig, die sogenannte

Brute-Force-Methode, bei der man einfach alle möglichen Passwortkombinationen durchprobiert. Diese Methode führt garantiert irgendwann zum Erfolg, hinterlässt aber auch sehr deutliche Spuren. Ein Angreifer versucht schließlich mitunter mehrere Millionen Mal, sich Zugang zu Ihrem Server zu verschaffen, bevor er irgendwann Erfolg hat. Üblicherweise merkt das natürlich auch Ihr Server und legt entsprechende Logdateien an, die Sie informieren, dass es ungültige Zugriffsversuche gegeben hat. Was liegt da näher, als ein Programm regelmäßig die Logdateien durchsuchen zu lassen und bei Überschreiten einer bestimmten Zahl an Login-Versuchen den Benutzer einfach für eine gewisse Zeitdauer vom System auszusperren? Genau das macht Fail2ban.

Sicherlich kennen Sie diese Vorgehensweise schon von anderen Internetseiten. Wenn Sie zu oft ein falsches Passwort eingegeben haben, dann bekommen Sie eine Zeitstrafe, bevor Sie es wieder versuchen können. Dies behindert eine Brute-Force-Attacke beachtlich und lässt Sie im Zeitraum eines Menschenlebens praktisch unmöglich werden (ein sicheres Passwort vorausgesetzt). Nicht alle Dienste bringen dieses Verhalten von Haus aus mit, und hier springt Fail2ban ein. Sie sollten Fail2ban daher unbedingt einsetzen, wenn Sie einen Dienst haben, der im Internet verfügbar ist oder wenn es in Ihrem Heimnetzwerk Naturen mit einem ausgeprägten Spieltrieb gibt.

Fail2ban kann mehrere Aktionen vornehmen, wir wollen uns jedoch hier darauf beschränken, die IP-Adresse des Angreifers für einen bestimmten Zeitrahmen für den Zugang zu Ihrem Server zu sperren und anschließend wieder freizugeben. Zusätzlich können Sie sich über den Einbruchsversuch per E-Mail informieren lassen.

Fail2ban setzt eine aufgesetzte Firewall voraus. Lesen Sie also zunächst Abschnitt 21.5 über die Firewall und installieren eine solche auf Ihrem Server.

21.7.1 Die Installation von Fail2ban

Nun können wir mit der Installation von Fail2ban fortfahren. Sie installieren Fail2ban mit folgendem Befehl (denken Sie bitte an aktuelle Paketquellen):

```
sudo apt-get install fail2ban
```

Die vollständige Installation sehen Sie in Abbildung 21.10.

Nach der Installation müssen wir Fail2ban zunächst konfigurieren. Fail2ban arbeitet mit Filtern, die die Logdateien nach bestimmten Einträgen, zum Beispiel fehlgeschlagenen Login-Versuchen, durchforsten. Es ist also notwendig, dass das jeweilige zu überwachende Programm eine Logdatei anlegt und dort auch Login-Versuche protokolliert. Wenn in einem bestimmten Zeitraum nun eine einstellbare Anzahl von Login-Versuchen stattgefunden hat, dann kann Fail2ban eine vorgegebene Aktion durchführen. In unserem Fall wird die IP-Adresse des potentiellen Angreifers für den

Zugriff auf den Port, den die jeweilige Anwendung nutzt, für einen gewissen Zeitraum gesperrt. Dies geschieht durch Zufügen einer Filterregel zu der `iptables`-Firewall. Nach Ablauf der Sperrzeit wird diese Filterregel wieder entfernt. Dies alles erledigt Fail2ban für Sie automatisch, es sind keine komplizierten Konfigurationen hierfür notwendig. Was allerdings zu tun ist, das ist, Fail2ban zu lehren, welche Logdateien es nach welchen bestimmten Einträgen durchsuchen soll und welcher Port für die Anwendung zu sperren ist. Die Filter, die Fail2ban hierfür verwendet, basieren auf den sogenannten *regulären Ausdrücken*. Mit einem regulären Ausdruck lässt sich eine bestimmte Zeichenkette innerhalb einer (umfangreichen) Textdatei eindeutig auffinden. Man spezifiziert also genau diejenigen Zeichen, die in der Datei stehen müssen, und kann dabei auch Zeichen spezifizieren, die sich innerhalb des zu findenden Textes bei jedem Eintrag ändern können. Hierzu zählt beispielsweise das Datum, die Uhrzeit oder auch eine Session-Nummer, die vom Webserver vergeben wird. Im Prinzip ist das vergleichbar mit einem »Suche nach ... und zähle die Treffer«.

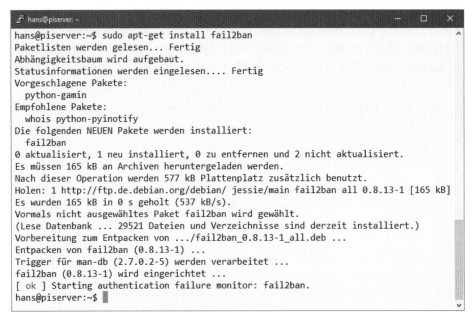

Abbildung 21.10 Die Installation von »fail2ban«

21.7.2   Das Konzept der Überwachungsregeln und die grundlegende Konfiguration

Fail2ban bringt bereits von Haus aus einige vorkonfigurierte Filter für einige bekannte Programme mit. Für die meisten Programme müssen wir uns jedoch eine entsprechende Filterregel selbst zusammenbasteln. Dabei ist der Umgang mit regulären Ausdrücken unumgänglich. Reguläre Ausdrücke basieren auf logischen Regeln.

Wenn Sie diese erst einmal verstanden haben, dann ist der Umgang mit dieser Form der Sprache recht einfach. Für den Anfänger gilt das aber keineswegs. Da reguläre Ausdrücke viele Platzhalter und Steuerzeichen zum Erkennen der jeweiligen Textelemente enthalten können, erscheinen sie zunächst wie ein willkürlicher Zeichenwirrwarr, dessen Regeln sich kaum erschließen lassen. Daher werde ich in diesem Buch bereits fertige Regeln besprechen, die Sie gleich übernehmen können. Das hat den Vorteil, dass Sie vom Selbsterstellen dieser regulären Ausdrücke zunächst verschont bleiben. Es hat aber auch den Nachteil, dass unsere starre Regel möglicherweise mit neueren Programmversionen nicht mehr gut zusammenarbeitet, falls das Programm das Format seiner Logdatei ändert.

Für die Arbeit mit Fail2ban sind drei Typen von Dateien relevant. Als Erstes betrachten wir die allgemeine Konfigurationsdatei. Sie befindet sich in *etc/fail2ban/fail2ban.conf*, ist erstaunlich kurz gehalten und muss von uns tatsächlich ausnahmsweise einmal gar nicht bearbeitet werden. Daneben gibt es die Dateien, die die eigentlichen Filter enthalten. Diese Filter sind im Ordner *etc/fail2ban/filter.d* abgelegt. Schauen Sie einmal in dieses Verzeichnis hinein, das Sie in Abbildung 21.11 sehen, und betrachten Sie mit nano (ohne etwas zu ändern) einige dieser Dateien.

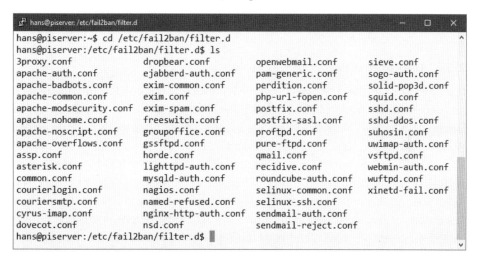

Abbildung 21.11 Die bereits bereitgestellten Regeln für »fail2ban«

Sie werden in diesen Dateien stets das Element failregex = finden. Dieses Element repräsentiert den entsprechenden regulären Ausdruck und stellt das Kernstück der Filterregel dar. Wenn wir eine neue Filterregel erstellen möchten, werden wir uns hauptsächlich um diesen Eintrag kümmern. Als drittes Element kommt die Datei */etc/fail2ban/jail.conf* ins Spiel. Dies ist im Prinzip die hauptsächliche Konfigurationsdatei. Sie benennt die eigentlichen Logdateien, die von den entsprechenden Filtern zu untersuchen sind. Hier können Sie die Anzahl der maximalen Login-Versuche festlegen sowie den jeweiligen Port, der per Firewall zu sperren ist.

Zusammengefasst bedeutet dies, dass für ein bestimmtes Programm zunächst eine Filterregel im Ordner */etc/fail2ban/filter.d* zu erstellen ist und dann noch ein entsprechender Steuereintrag in der Datei */etc/fail2ban/jail.conf* eingegeben werden muss.

Achten Sie dabei darauf, dass Sie Änderungen nicht in der Datei *jail.conf*, sondern in einer lokalen Kopie namens *jail.local* (im gleichen Verzeichnispfad) vornehmen. Zunächst sind beide Dateien identisch, die Datei *jail.local* hat jedoch eine höhere Priorität. Warum gibt es die Datei *jail.local*? Der Grund ist ganz einfach: Wenn es ein Update von Fail2ban gibt, dann wird möglicherweise die Datei *jail.conf* überschrieben, und alle Einstellungen sind weg. Das passiert aber nicht mit der Datei *jail.local*, diese bleibt erhalten. Warum gibt es dann überhaupt die Datei *jail.conf*? Nun, vielleicht kommen ja auch neue Einstelloptionen hinzu, und *jail.conf* zeigt Ihnen dann als Muster, wie die jeweiligen Einstellungen zu nutzen sind – was aber wiederum in der Datei *jail.local* geschehen sollte. Merken Sie sich also, dass Sie Änderungen nur in der Datei *jail.local* vornehmen sollten.

Wir werden nun als ersten Schritt die Regeln aktivieren, die Fail2ban bereits für solche Programme mitbringt, die wir auch bereits nutzen. Die Regeln sind zunächst einmal (fast) alle deaktiviert, da Fail2ban nicht wissen kann, welche Programme Sie bereits aktiv nutzen und auch schützen möchten.

21.7.3   Die Absicherung der SSH-Konsole

Beginnen wir mit der Absicherung der SSH-Konsole – die übrigens durchaus auch von experimentierfreudigen und neugierigen Nachwuchs-Hackern aus dem eigenen Heimnetz attackiert werden könnte (gemeint sind hierbei natürlich wissbegierige Familienmitglieder ohne ernsthaft boshafte Absichten, keinesfalls professionelle Hacker aus dem Internet). Die Konsole nutzen Sie schließlich jedes Mal, wenn Sie sich beispielsweise über PuTTY mit Ihrem Pi-Server verbinden. Die Konsole sieht zwar jedes Mal, wenn ein Passwort falsch eingegeben wird, eine Zeitstrafe von einigen Sekunden vor und erschwert somit Brute-Force-Angriffe bereits deutlich, sie sperrt jedoch Angreifer nicht für einen längeren Zeitrahmen aus. Betrachten Sie zunächst mit folgendem Befehl die Filterdatei für SSH:

```
nano /etc/fail2ban/filter.d/sshd.conf
```

Schauen Sie sich die `failregex`-Regeln an, die Sie in Abbildung 21.12 sehen.

Es gibt mehrere für unterschiedliche Fehlerarten, die auftreten können. Gleich in der ersten Zeile finden Sie das Muster `Authentication failure` – ein Hinweis, dass hier ein Authentifizierungsversuch fehlgeschlagen ist. Sehr wichtig ist übrigens der Ausdruck `<HOST>`, denn diesen nutzt Fail2ban zum Auffinden der zu sperrenden IP-Adresse. Verlassen Sie nun den Editor ohne jede Änderung dieser Datei mit der Tastenkombination $\boxed{\text{Strg}}$+$\boxed{\text{x}}$.

Abbildung 21.12 Die Filterregeln in der Datei »/etc/fail2ban/filter.d/sshd.conf«

Wir fahren mit der Datei */etc/fail2ban/jail.local* fort, die wir nun neu erstellen. Normalerweise gibt man in diese Datei nur diejenigen Optionen ein, die man selbst auch anpassen und aktivieren möchte. Das wäre für Sie als Anfänger jedoch etwas umständlich und recht schwierig. Wir werden daher einfach eine Kopie der Konfigurationsdatei erstellen. In dieser Kopie werden Sie die entsprechenden Einstellungen schnell finden, und Sie können dann einfach die entsprechenden Filter aktivieren. Legen Sie also zunächst die Kopie mit folgendem Befehl an:

```
sudo cp /etc/fail2ban/jail.conf /etc/fail2ban/jail.local
```

Öffnen Sie diese Datei nun zur Bearbeitung:

```
sudo nano /etc/fail2ban/jail.local
```

Wie bereits beschrieben, können wir in dieser Datei alle Einstellungen überschreiben, die in der Datei */etc/fail2ban/jail.conf* vorgenommen wurden. Wir werden zunächst die Programmkonfiguration für das SSH-Protokoll vornehmen. Eine Programmkonfiguration steht immer in einem Block, der einleitend in eckigen Klammern den Namen des jeweiligen Programms spezifiziert. Suchen Sie nun als Erstes

21

655

nach dem Block für SSH, der sinnigerweise natürlich [ssh] benannt ist und folgenden Inhalt hat:

```
[ssh]
enabled = true
port = ssh
filter = sshd
logpath = /var/log/auth.log
maxretry = 6
```

Listing 21.3 Fail2ban für SSH konfigurieren

Die einzelnen Zeilen haben folgende Bedeutung:

▶ enabled legt fest, ob der jeweilige Filter aktiv verwendet wird oder nicht. Bei der Einstellung false wird er ignoriert, bei true wird er angewendet. Wir wählen hier jetzt natürlich den Wert true und aktivieren damit die Überwachung für SSH-Verbindungen. Sollte bei Ihnen noch ein false angegeben sein, dann ändern Sie bitte diese Einstellung entsprechend. Anhaltende Fehlzugriffe auf die Authentifikation in der Konsole werden zukünftig geblockt.

▶ Die nächste Zeile legt den Port fest. Dieser Port wird in der Firewall bei einem Fehlzugriff geblockt. Das bedeutet also, dass ein Angreifer nicht in Gänze von Ihrem Server ausgeschlossen wird, sondern immer nur speziell von dem Dienst, den er zu attackieren versucht. Für einige wichtige Ports können sprechende Namen vergeben werden, wie es hier mit ssh angegeben ist, es lassen sich jedoch immer auch die Portnummern eingeben. Die Zeile port = 22 hat also die gleiche Bedeutung wie port = ssh. Für unsere eigenen Regeln werden wir später stets Portnummern eingeben.

▶ Die Zeile filter spezifiziert die zugehörige Filterdatei im Ordner *filter.d*. Dies ist in diesem Fall die Datei *sshd.conf*, das war die Datei, die Sie sich eben in nano angeschaut haben. Beachten Sie, dass die Dateiendung *.conf* hier explizit nicht angegeben wird! Ansonsten müssen Sie aber auf die exakte Benennung achten (wie immer auch auf die Groß- und Kleinschreibung).

▶ Mit der Zeile logpath wird die zu untersuchende Logdatei benannt, damit Fail2ban auch weiß, auf welche Datei es den Filter anwenden soll. SSH-Ereignisse werden vom Betriebssystem automatisch in der Datei */var/log/auth.log* eingetragen – das erklärt diesen Eintrag.

▶ Zum Schluss spezifiziert maxretry die zulässige Anzahl an Login-Versuchen. Hier ist eine 6 vorgegeben. Ab dem siebten Versuch wird also der Angreifer per Sperr-Regel in der Firewall vom Zugriff auf die SSH-Konsole ausgeschlossen. Sie können hier jeden beliebigen Wert eintragen und die Vorgabe auch jederzeit ändern.

Nach der Bearbeitung sollte die Datei wie in Abbildung 21.13 aussehen.

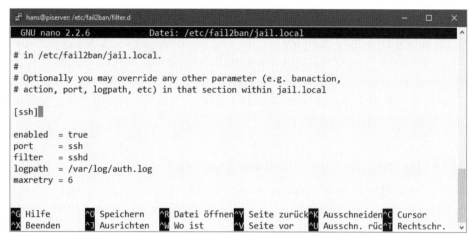

Abbildung 21.13 Die Konfiguration in der Datei »/etc/fail2ban/jail.local«

Das war es schon. Diese Einträge müssen nun für jedes zu sperrende Programm vorgenommen beziehungsweise angepasst werden.

21.7.4   Die Aktivierung weiterer vorgefertigter Regeln

Schauen wir uns jetzt noch schnell die Programme an, die Fail2ban bereits fertig konfiguriert hat und die für Sie von Nutzen seien könnten. Betrachten Sie dafür einmal in der immer noch in nano geöffneten Datei *etc/fail2ban/jail.local* die Liste mit den anderen Programmblöcken (die Sie im hinteren Teil der Datei finden).

Interessant könnte zunächst einmal ssh-ddos sein. Diese Regel wird sich um sogenannte *Distributed-Denial-of-Service-Attacken* (kurz: DDOS-Attacken) kümmern. Bei diesen Angriffen wird mit einer großen Zahl von Computern versucht, Ihren Server lahmzulegen. Im Regelfall wird dies bei Ihnen jedoch nicht nötig sein, da Sie den SSH-Port nicht über das Internet erreichbar machen sollten. Es ist besser, zur Fernwartung Ihres Servers – wenn diese überhaupt sinnvoll erforderlich sein sollte – eine VPN-Verbindung zu benutzen, wie ich sie in Kapitel 15, »VPN-Verbindungen mit OpenVPN«, besprochen habe. Es ist unwahrscheinlich, dass in Ihrem lokalen Netzwerk eine sehr große Zahl von Computern (Tausende!) für eine DDOS-Attacke vorhanden ist. Daher ist die Aktivierung dieses Filters optional.

Für Sie sind hauptsächlich noch die Filter proftpd und – falls für die ownCloud genutzt – mysqld-auth interessant. Letzterer überwacht Login-Versuche für den Datenbank-Dienst MySQL, den wir in diesem Buch nur optional für größere ownCloud-Installationen verwenden. Dafür müssen Sie jedoch, wie Sie dem entsprechenden Block entnehmen können, zuerst in der Datei */etc/my.cnf* die beiden Zeilen logerror=/var/log/mysqld.log und log-warning = 2 hinzufügen. Vorsichtige Naturen könnten auch am Modul nginx-http-auth Gefallen finden. Hiermit werden Login-Abfragen überwacht, die von Webseiten aufgerufen werden, die vom Webserver nginx verwaltet werden. Beispiele hierfür sind Login-Fenster von CUPS und Icecast. Wenn Sie einen dieser Dienste (und natürlich den von uns stets verwendeten Webserver nginx) nutzen, dann können Sie diese Filter auch noch aktivieren und diese Dienste vor Brute-Force-Attacken schützen lassen. Dazu müssen Sie nur jeweils im entsprechenden Programmblock die Zeile enabled in true ändern.

21.7.5 Die Erstellung eigener Überwachungsregeln

Nun werden wir uns noch die allgemeinen Einstellungen in der Datei *jail.local* ansehen. Ziemlich zu Beginn, nach den einleitenden Kommentarzeilen, finden Sie den Block [DEFAULT]. Er enthält die Voreinstellungen, die erst einmal grundsätzlich gelten und von den jeweiligen Programmen in ihren eigenen Blöcken überschrieben werden können. Zwischen einigen Kommentarzeilen werden Sie (unter anderem) diese Einträge finden:

```
[DEFAULT]
ignoreip = 127.0.0.1/8
bantime = 600
findtime = 600
maxretry = 3
```

Listing 21.4 Eigene Regeln in der Datei »jail.local« erstellen

Darin beschreibt ignoreip mit dem Wert 127.0.0.1/8 zunächst den eigenen Rechner, der das Programm ausführt – also Ihren Pi-Server selbst. Der Eintrag ignoreip wird allgemein verwendet, um bestimmte IP-Adressen von den Filterregeln auszuschließen. Der Wert 127.0.0.1 kennzeichnet den localhost, also den eigenen Rechner. Diese Zeile führt dazu, dass Sie als Nutzer niemals gebannt werden, wenn Sie sich direkt am Pi-Server einloggen, das heißt, wenn Sie eine Tastatur direkt an den Pi-Server anschließen und sich lokal anmelden möchten. Diese Zeile kann man getrost verwenden, denn man geht davon aus, dass ein Angreifer keinen direkten Zugang zum Server bekommt. Andernfalls könnte er dann gleich beispielsweise die Speicherkarte mit allen Daten mitnehmen und sich umständliche Anmeldeversuche ersparen. Sie können hier auch andere IP-Adressen vergeben und notfalls auch Ihr ganzes Heimnetz einschließen (und zwar mit dem an Ihre Netzwerksituation angepassten Wert 192.168.178.0/24). Bedenken Sie aber, dass Sie damit die Sicherheit schwächen.

bantime ist schließlich die Zeit, die ein Angreifer per Sperr-Regel gebannt wird. Sie wird in Sekunden angegeben, die Zahl 600 entspricht also einer Zeit von zehn Minuten.

Sie können diesen Eintrag nach eigenen Wünschen anpassen. Es ist auch möglich, ihn zusätzlich in die jeweiligen Programmblöcke einzufügen, wenn Sie möchten, dass für ein bestimmtes Programm eine von diesem Wert abweichende Sperrzeit verwendet wird.

Die findtime spezifiziert die Zeitspanne, in dem die angegebene Anzahl an möglichen Fehleingaben auftreten darf. Sie können hiermit also festlegen, dass maximal drei Fehlversuche innerhalb von zehn Minuten auftreten dürfen – was übrigens auch der Voreinstellung entspricht. Der Wert wird in Sekunden angegeben.

maxretry ist schließlich der voreingestellte Wert für die Anzahl der fehlgeschlagenen Anmeldeversuche. Der Benutzer wird gesperrt, wenn er mehr als die hier angegebenen Anmeldeversuche innerhalb der findtime unternimmt.

Einen Auszug der Datei zeigt Ihnen Abbildung 21.14.

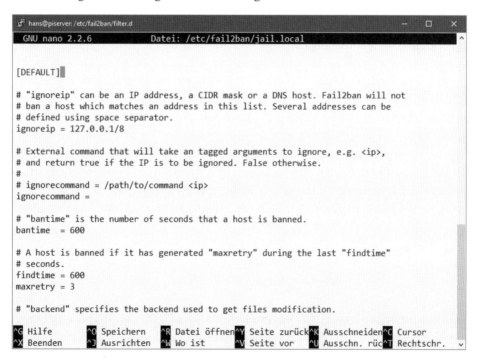

Abbildung 21.14 Die »Default«-Einstellungen von fail2ban

21.7.6   Die Konfiguration von Benachrichtigungen per E-Mail

Fail2ban bietet die Möglichkeit, Sie mit einer E-Mail zu informieren, wenn eine Filterregel angeschlagen hat. Wenn Sie in diesem Fall eine Information erhalten möchten, dann müssen Sie zuerst einen MTA, einen Mail Transfer Agent, auf Ihrem Server installieren, wie ich es in Kapitel 10, »Statusinformationen per E-Mail erhalten: sSMTP als MTA«, beschrieben habe. Suchen Sie dann in der Datei *jail.local* von Fail2ban (etwas weiter unten als der `Default`-Block, notfalls nutzen Sie zum Suchen die Tastaturkombination ⌜Strg⌟+⌜w⌟) den Eintrag

```
destemail = root@localhost
```

Ersetzen Sie `root@localhost` durch die E-Mail-Adresse, an die Sie die Meldungen von Fail2ban senden möchten.

Nun müssen wir die E-Mail Benachrichtigung noch aktivieren. Suchen Sie weiter unten nach der Zeile

```
action = %(action_)s
```

Andern Sie diesen Eintrag in

```
action = %(action_mw)s
```

Ein Tipp: Wenn Sie Angst haben, die Konfiguration durch einen Tippfehler salopp gesagt »zu zerschießen«, also ungültig zu machen, dann setzen Sie einfach vor die Originalzeile ein Raute-Symbol (#). Kopieren Sie dann den Eintrag (ohne Raute-Symbol) einmal direkt unter die Originalzeile und ändern ihn mit den neuen Einstellungen. Sie können die Originalzeile auch noch mit einer vorgestellten Zeile mit dem Inhalt `#original` kenntlich machen, ebenso können Sie die Zeile `#Änderung von mir` vor Ihre eigenen Änderungen stellen. So wissen Sie auch in Zukunft immer, welche Werte Sie geändert haben. Das funktioniert deshalb, weil – wie bereits mehrfach gesagt – das Raute-Zeichen zur Kennzeichnung eines Kommentars verwendet wird, der vom lesenden Programm ignoriert wird. So könnte so etwas also aussehen:

```
#original
#value = 10
#Änderung von mir
value = 11
```

Und wenn es schon zu spät ist: Denken Sie daran, dass Sie in der Datei *jail.conf* immer noch das Original als Referenz haben. Sie können die Originalwerte jederzeit in dieser Datei nachschlagen. An dieser Stelle auch noch einmal die Erinnerung, dass es nicht verkehrt ist, von der Datei *jail.local* – wie von jeder Datei, die Sie ändern – mit dem cp-Befehl eine Sicherheitskopie, etwa mit dem Namen *jail.local.orig*, anzulegen.

Wenn Sie alle Eingaben komplettiert haben, dann speichern Sie die Konfigurationsdatei mit der Tastaturkombination ⌜Strg⌟+⌜x⌟.

Um die geänderte Konfiguration zu aktivieren, müssen Sie Fail2ban einmal neu starten. Das geschieht mit folgendem Befehl:

```
sudo service fail2ban restart
```

Sie werden, wenn Sie die E-Mail-Benachrichtigung aktiviert haben, sogleich einige E-Mails bekommen, die Sie informieren, dass die entsprechenden Filter aktiv sind. Diese Information bekommen Sie von nun an jedes Mal, wenn Sie den Server oder Fail2ban neu starten. Wenn Sie dies nicht wünschen, dann deaktivieren Sie diese Option. Für das Senden dieser E-Mails sind Einträge in der Datei */etc/fail2ban/ action.d/sendmail-whois.conf* zuständig. Wir werden diese Datei jedoch nicht ändern, sondern uns wieder einer Ersatzdatei mit der Endung *.local* bedienen. Wenn Sie also keine E-Mail-Benachrichtigungen über den Start der Jail-Dienste erhalten möchten, dann erstellen Sie folgende Datei mit dem Editor nano:

```
sudo nano /etc/fail2ban/action.d/sendmail-whois.local
```

und fügen Sie folgende Zeilen ein:

```
[Definition]
# Keine E-Mails bei Start und Stopp der Jails
actionstart =
actionstop =
```

Listing 21.5 E-Mail-Versand von Fail2ban stoppen

Damit überschreiben Sie die actionstart- und actionstop-Aktionen in der zuvor genannten Datei. Speichern Sie Ihre Eingaben anschließend mit der Tastaturkombination [Strg]+[x]. Damit ist die Änderung bereits aktiv.

Sie können jetzt noch einmal Fail2ban neu starten und sollten keine E-Mail-Information über den Start des Programms mehr bekommen. Möchten Sie zukünftig wieder E-Mails beim Start erhalten, dann löschen Sie die eben erstellte Datei einfach wieder (dazu sind sudo-Rechte erforderlich). Von diesen Einstellungen sind die E-Mails beim Blocken eines Angreifers natürlich nicht betroffen.

21.7.7   Der erste Test der Überwachungsregeln

Als Nächstes können Sie die Filterregeln einmal testen. Verwenden Sie einen weiteren (!) Computer, und versuchen Sie dort, sich mehrfach fehlerhaft über die SSH-Konsole anzumelden (wichtig ist natürlich, dass Sie den SSH-Filter auch aktiviert haben). Sie werden merken, dass Sie nach der in maxretry festgelegten Zahl an Versuchen von weiteren Versuchen ausgesperrt werden. Außerdem erhalten Sie eine Information per E-Mail, dass jemand in Ihre Falle getappt ist. Greifen Sie dabei von einem Rechner mit klassischer IPv4-Verbindung auf Ihren Pi-Server zu – IPv6-Verbindungen werden derzeit noch nicht von Fail2ban geblockt.

Auf der noch funktionierenden Konsole auf dem ursprünglichen Rechner können Sie sich nun einmal den Eintrag der Firewall anzeigen lassen. Das geschieht mit folgendem Befehl:

```
sudo iptables -S
```

Die vollständige Ausgabe des Befehls finden Sie in Abbildung 21.15.

```
hans@piserver: /etc/fail2ban/filter.d                                  —   □   ×
hans@piserver:/etc/fail2ban/filter.d$ sudo iptables -S
-P INPUT DROP
-P FORWARD ACCEPT
-P OUTPUT ACCEPT
-N fail2ban-ssh
-A INPUT -p tcp -m multiport --dports 22 -j fail2ban-ssh
-A INPUT -i lo -j ACCEPT
-A INPUT -m state --state RELATED,ESTABLISHED -j ACCEPT
-A INPUT -s 192.168.178.0/24 -j ACCEPT
-A INPUT -p tcp -m tcp --dport 80 -j ACCEPT
-A INPUT -p tcp -m tcp --dport 443 -j ACCEPT
-A INPUT -m limit --limit 8/min -j LOG --log-prefix "iptables denied: " --log-level 7
-A fail2ban-ssh -s 192.168.178.99/32 -j REJECT --reject-with icmp-port-unreachable
-A fail2ban-ssh -j RETURN
hans@piserver:/etc/fail2ban/filter.d$ █
```

Abbildung 21.15 Die konfigurierten »iptables«-Regeln

Sie werden im unteren Teil, bei dem Filter sshd von Fail2ban, einen Eintrag über die gesperrte IP-Adresse mit der Aktion -j REJECT --reject-with icmp-port-unreachable finden. Einige Versionen verwenden auch die Aktion -j DROP. Diese Regel ist für das Aussperren des zweiten Rechners verantwortlich. Nach Ablauf der bantime wird der Zugang wieder automatisch freigegeben. Dies können Sie in den iptables überprüfen, in denen der Eintrag dann wieder entfernt ist, sowie auf dem anderen Rechner, auf dem Sie wieder einen Login-Versuch unternehmen können.

Im nächsten Schritt werden wir uns damit befassen, zu Fail2ban weitere Programme hinzuzufügen, mit denen wir uns in diesem Buch beschäftigt haben und bei denen eine Überwachung sinnvoll ist. Denken Sie daran: Die Überwachung durch Fail2ban ist immer dann anzuraten, wenn ein Programm aus dem Internet erreichbar ist. Im lokalen Netzwerk ist die Überwachung nur dann nötig, wenn es dort potentielle Angreifer gibt, denen eine Brute-Force-Attacke zuzutrauen ist. Die Wahrscheinlichkeit hierfür ist allerdings in einem privaten Familiennetzwerk äußerst gering.

Wir kümmern uns im Folgenden um die Programme OpenVPN, ownCloud, Chyrp und DokuWiki.

Beginnen wir mit den beiden etwas einfacheren Programmen, der Blogsoftware Chyrp und dem Wiki-Programm DokuWiki. Beiden Programmen ist gemein, dass sie selbst keine Logdateien schreiben. Wir haben aber die Möglichkeit, die Logdatei des zugrundeliegenden Webservers auszuwerten, was wir in diesem Fall auch tun werden.

21.7.8   Die Einrichtung für das DokuWiki

Als Erstes betrachten wir nun das DokuWiki. Wenn Sie sich einmal mehrfach falsch anmelden und anschließend die Logdatei von dem Webserver nginx betrachten, die sich in */var/log/nginx/access.log* befindet, werden Sie mehrere Einträge in der Form

```
[IP-Adresse] - - [Datum, Uhrzeit] "POST /start?do=login&sectok=...
```

finden. Abbildung 21.16 zeigt Ihnen ein Beispiel.

```
hans@piserver: ~                                                    –  □  ×
192.168.178.106 - - [05/May/2016:12:39:10 +0200] "GET /lib/exe/indexer.php?id=start&1462444750 HTTP/1.1" 200 42 "http:/
/192.168.178.10:8081/start?do=login&sectok=934393439343f9343d93435d9343d722" "Mozilla/5.0 (Windows NT 10.0; Win64; x64)
 AppleWebKit/537.36 (KHTML, like Gecko) Chrome/46.0.2486.0 Safari/537.36 Edge/13.10586"
192.168.178.99 - - [05/May/2016:12:39:11 +0200] "POST /start?do=login&sectok=934393439343f9343d93435d9343d722 HTTP/1.1"
 200 3314 "http://192.168.178.10:8081/start?do=login&sectok=934393439343f9343d93435d9343d722" "Mozilla/5.0 (Windows NT
6.1; WOW64; rv:45.0) Gecko/20100101 Firefox/45.0"
192.168.178.99 - - [05/May/2016:12:39:12 +0200] "GET /lib/exe/indexer.php?id=start&1462444751 HTTP/1.1" 200 42 "http://
192.168.178.10:8081/start?do=login&sectok=934393439343f9343d93435d9343d722" "Mozilla/5.0 (Windows NT 6.1; WOW64; rv:45.
0) Gecko/20100101 Firefox/45.0"
192.168.178.99 - - [05/May/2016:12:39:15 +0200] "POST /start?do=login&sectok=934393439343f9343d93435d9343d722 HTTP/1.1"
 200 3314 "http://192.168.178.10:8081/start?do=login&sectok=934393439343f9343d93435d9343d722" "Mozilla/5.0 (Windows NT
6.1; WOW64; rv:45.0) Gecko/20100101 Firefox/45.0"
192.168.178.99 - - [05/May/2016:12:39:15 +0200] "GET /lib/exe/indexer.php?id=start&1462444755 HTTP/1.1" 200 42 "http://
192.168.178.10:8081/start?do=login&sectok=934393439343f9343d93435d9343d722" "Mozilla/5.0 (Windows NT 6.1; WOW64; rv:45.
0) Gecko/20100101 Firefox/45.0"
192.168.178.99 - - [05/May/2016:12:39:16 +0200] "POST /start?do=login&sectok=934393439343f9343d93435d9343d722 HTTP/1.1"
 200 3313 "http://192.168.178.10:8081/start?do=login&sectok=934393439343f9343d93435d9343d722" "Mozilla/5.0 (Windows NT
6.1; WOW64; rv:45.0) Gecko/20100101 Firefox/45.0"
192.168.178.99 - - [05/May/2016:12:39:17 +0200] "GET /lib/exe/indexer.php?id=start&1462444756 HTTP/1.1" 200 42 "http://
192.168.178.10:8081/start?do=login&sectok=934393439343f9343d93435d9343d722" "Mozilla/5.0 (Windows NT 6.1; WOW64; rv:45.
0) Gecko/20100101 Firefox/45.0"
hans@piserver:~$
```

Abbildung 21.16 Die Logeinträge des Wikis

Wie Sie sehen, steht die jeweilige IP-Adresse zuerst, danach kommen das Datum und dann die angeforderte Seite. Wir müssen diese nun mit einem geeigneten regulären Ausdruck ausfiltern, der so aussieht:

```
^<HOST> .* "POST /.*?do=login&sectok=
```

Dabei steht das .* für eine beliebige Anzahl beliebiger Zeichen, in dem Fall unter anderem das Datum und die Uhrzeit.

Wir müssen uns jetzt als Nächstes eine Filterdatei im Ordner *filter.d* von Fail2ban anlegen. Öffnen wir also nano zum Anlegen dieser Datei mit folgendem Befehl:

```
sudo nano /etc/fail2ban/filter.d/dokuwiki.conf
```

und fügen Folgendes ein:

```
[Definition]
failregex = ^<HOST> .* "POST /.*?do=login&sectok=
ignoreregex =
```

Listing 21.6 Filterdatei für DokuWiki anlegen

Speichern Sie diese Datei ab, und beenden Sie nano.

Im nächsten Schritt müssen wir in der Datei *jail.local* von Fail2ban noch einen Eintrag für DokuWiki erstellen. Öffnen Sie die Datei mit diesem Befehl zur Bearbeitung mit nano:

```
sudo nano /etc/fail2ban/jail.local
```

21

Fügen Sie am Ende der Datei folgenden Block ein:

```
[dokuwiki]
enabled = true
filter = dokuwiki
port = XXXX
protocol = tcp
maxretry = 3
logpath = /var/log/nginx/access.log
```

Listing 21.7 DokuWiki und Fail2ban konfigurieren

Passen Sie noch den Porteintrag `port = XXXX` an Ihre Situation an, wie Sie es in Abbildung 21.17 beispielhaft sehen. Hierfür müssen Sie den Port nehmen, unter dem Ihr DokuWiki erreichbar ist. Dies ist der Port, den Sie auch bei der Installation des Wikis vergeben haben und den Sie zum Aufruf der Seite benutzen. Eine mögliche Zeile könnte lauten:

```
port = 8080
```

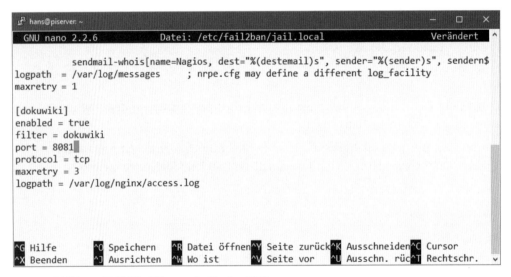

Abbildung 21.17 Die Filterregeln für das Wiki

Bei Bedarf passen Sie `maxretry` nach eigenen Wünschen an und definieren eine eigene `bantime` – ohne diesen fakultativen Eintrag gilt die Voreinstellung aus dem zuvor besprochenen `default`-Block.

Das war es schon für das DokuWiki, ein abschließender Neustart von Fail2ban macht die Regel aktiv. Sie können diese nun gleich ausprobieren.

21.7.9   Die Einrichtung für Chyrp

Die Einrichtung für Chyrp ähnelt der Einrichtung der Sperr-Regel des DokuWikis. Die Filterregel für Chyrp lautet:

```
^<HOST> .* "POST /login/ HTTP/1.1" 200
```

Sicherlich könnte man diese Regeln noch komplizierter formulieren und damit exakter machen, aber für unsere Zwecke reicht diese Syntax vollkommen aus.

Erstellen Sie für Chyrp eine Filterdatei mit den Namen *chyrp.conf* im Pfad */etc/fail2ban/filter.d*, und fügen Sie folgenden Inhalt ein:

```
[Definition]
failregex = ^<HOST> .* "POST /login/ HTTP/1.1" 200
ignoreregex =
```

Listing 21.8 Filterregel für Chyrp anlegen

Die Datei sollte also wie in Abbildung 21.18 aussehen.

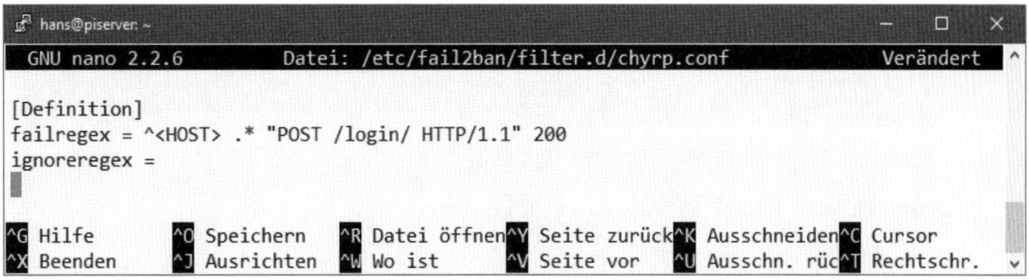

Abbildung 21.18 Die Filterregeln für die Datei »/etc/fail2ban/filter.d/chyrp.conf«

Dann ergänzen Sie in der Datei */etc/fail2ban/jail.local* folgenden Block am Dateiende:

```
[chyrp]
enabled = true
filter = chyrp
port = XXXX
protocol = tcp
maxretry = 3
logpath = /var/log/nginx/access.log
```

Listing 21.9 Chyrp und Fail2ban konfigurieren

Auch hier müssen Sie die Portnummer port = XXXX an Ihre Chyrp-Installation anpassen, gegebenenfalls auch die maxretry-Anzahl ändern und falls gewünscht eine eigene bantime erstellen. Speichern Sie die Änderungen ab, ein Neustart von Fail2ban aktiviert auch diese Regel.

21.7.10   Die Einrichtung für ownCloud

Für ownCloud ist die Einrichtung etwas aufwendiger. Vor allem die Filterregel ist recht umfangreich. Erstellen Sie in */etc/fail2ban/filter.d* folgende Datei mit dem Namen *owncloud.conf* und diesem Inhalt:

```
[Definition]
failregex= ↪
{"reqId":".*","remoteAddr":".*","app":"core","message":"Login failed: '.*' ↪
\(Remote IP: '<HOST>'.*"}
```

Listing 21.10 Filterregel für ownCloud anlegen

Beachten Sie, dass der `failregex`-Eintrag in eine einzelne Zeile geschrieben werden muss.

Jetzt ergänzen Sie folgenden Block am Ende der Datei */etc/fail2ban/jail.local*:

```
[owncloud]
enabled = true
filter = owncloud
port = https
maxretry = 3
protocol = tcp
logpath = /var/ownclouddata/owncloud.log
```

Listing 21.11 ownCloud und Fail2ban konfigurieren

Dabei müssen Sie, falls Sie dies auf Ihrem Server von unserer Anleitung abweichend konfiguriert haben, */var/ownclouddata* durch den Pfad ersetzen, den Sie bei der Installation von ownCloud für das Datenverzeichnis spezifiziert haben. Wir hatten */var/ownclouddata* vorgegeben.

Wir sind für ownCloud jetzt noch nicht fertig, es sind noch zwei Vorkehrungen zu treffen.

Öffnen Sie mit nano folgende Datei zur Bearbeitung:

```
sudo nano /var/www/html/owncloud/config/config.php
```

Dies ist die Konfigurationsdatei von ownCloud. Hier müssen Sie Einstellungen aktivieren, so dass ownCloud auch eine korrekte Logdatei anlegt. Stellen Sie sicher, dass diese Datei folgende Einträge enthält:

```
'logtimezone' => 'Europe/Berlin',
'loglevel' => 2,
```

Wenn die Einträge mit anderen Werten existieren, dann passen Sie sie entsprechend an. Fügen Sie die Zeilen neu hinzu, wenn die Einträge noch nicht existieren. Oftmals ist die `logtimezone` mit einem abweichenden Wert definiert, das `loglevel` hingegen nicht angelegt. Achten Sie jedoch darauf, dass die Datei mit dem Eintrag

```
);
```

schließt, Sie müssen die Zeilen also noch vor diesem Ausdruck einfügen. Ein funktionierendes Beispiel finden Sie in Abbildung 21.19.

Abbildung 21.19 Die Konfiguration der »ownCloud«

Das war es für ownCloud; ein Neustart von Fail2ban macht diese Regel aktiv, die Sie nun gleich ausprobieren können.

21.7.11   Die Einrichtung für OpenVPN

Abschließend schauen wir uns noch die Einrichtung für OpenVPN an. Auch hier beginnen wir wieder zuerst mit der Filterregel.

Erstellen Sie die Datei */etc/fail2ban/filter.d/openvpn.conf* mit folgendem Inhalt:

```
[Definition]
failregex = <HOST>:\d{1,5} TLS Auth Error
<HOST>:\d{1,5} VERIFY ERROR:
<HOST>:\d{1,5} TLS Error: TLS handshake failed
```

Listing 21.12 Filterregel für OpenVPN anlegen

Diesmal müssen Sie die `failregex`-Regel wie gezeigt auf drei Zeilen verteilen.

Danach ergänzen Sie am Dateiende von *etc/fail2ban/jail.local* folgenden Block:

```
[openvpn]
enabled = true
port = 1194
protocol = udp
filter = openvpn
logpath = /PFAD/ZUM/LOG/VON/OPENVPN
maxretry = 5
```

Listing 21.13 OpenVPN und Fail2ban konfigurieren

Hierin müssen Sie den `logpath` anpassen. Dies ist der Pfad zur Logdatei von Open-VPN, wie Sie ihn bei der Installation von OpenVPN festgelegt haben. Wenn Sie diesen vergessen haben, so schauen Sie noch einmal in der Konfigurationsdatei von OpenVPN nach, die sich in */etc/openvpn* befindet und dort von Ihnen mit der Dateiendung *.conf* und einem eigenen Namen abgelegt wurde. Für den Logdatei-pfad hatte ich */var/log/openvpn.log* vorgeschlagen.

Wie üblich können Sie noch `maxretry` und eine eventuelle `bantime` anpassen. Falls Sie den Port von OpenVPN geändert haben, dann müssen Sie den Eintrag natürlich auch entsprechend ändern. Ein Neustart von Fail2ban aktiviert diese Regel.

Insgesamt sind Sie jetzt vor Brute-Force-Attacken gegen die überwachten Programme gut abgesichert.

Sie können natürlich auch weitere Programme selbst hinzufügen, wenn diese eine Logdatei mit Login-Versuchen anlegen. Versuchen Sie, sich eine `failregex`-Datei aus den Beispielen hier im Buch selbst zu erstellen. Ansonsten gibt es im Internet eine Menge Informationen zu regulären Ausdrücken, die dieses Buch aber sehr schnell sprengen würden.

Wenn Sie keine Angst vor vielen technischen Details haben, dann bietet Fail2ban noch eine nette und vielleicht sogar hilfreiche Zusatzfunktion: Es kann nämlich automatisch Informationen über eine gebannte IP-Adresse beim Dienst *whois* anfragen und Ihnen diese per E-Mail übermitteln. Anhand dieser Informationen erhalten Sie möglicherweise Informationen über einen Angreifer, beispielsweise lässt sich oft sein (grober) Standort ausfindig machen (wenn dieser nicht verschleiert wurde). Um diese Funktion nutzen zu können, müssen Sie (zusätzlich zur vorhin beschriebenen Aktivierung der E-Mail-Benachrichtigung) lediglich folgendes Programm installieren, das keine fortlaufenden Ressourcen beansprucht und nur im Bedarfsfalle aufgerufen wird:

```
sudo apt-get install whois
```

21.8   »Sesam, öffne dich!« mit Port-Knocking

Eine weitere sehr interessante und durchaus realisierenswerte Methode, Dienste im Internet vor fremdem Zugriff zu schützen oder diesen zumindest zu erschweren, ist das *Port-Knocking*, also das Anklopfen. Das Stichwort lautet: Sesam, öffne dich! Wenn Sie die Technik des Port-Knockings nutzen, dann ist der entsprechende Port eines Programms zunächst nicht aus dem Internet erreichbar, er wird durch die Firewall geblockt. Nun definieren Sie einen oder mehrere andere Ports, an die Sie zunächst von außen eine Verbindungsanfrage senden. Sie klopfen sozusagen an. Diese Anfrage erkennt nun der Port-Knocking-Dienst und gibt daraufhin den eigentlichen Port für das konfigurierte Programm frei – erst jetzt ist dieses aus dem Internet erreichbar. Es bietet sich natürlich an, nicht nur einen, sondern mehrere Ports für das Anklopfen zu definieren und eine bestimmte Reihenfolge für das Anklopfen festzulegen. Das Anklopfen muss also nach einem bestimmten Muster erfolgen, bevor das entsprechende Programm freigegeben wird – Sie müssen sozusagen »Sesam, öffne dich!« sagen, dann geht, im übertragenen Sinne, das Tor auf. Übrigens: Die Freigabe erfolgt zweckmäßigerweise jetzt natürlich nur für die IP-Adresse, die den erfolgreichen Anklopfvorgang vorgenommen hat – nicht etwa für das ganze Internet. Somit ist das Programm nur für den richtig Anklopfenden erreichbar und bleibt ansonsten im Verborgenen.

Mittels Port-Knocking lässt sich also der betreffende Dienst vor einem Angreifer verstecken. Wenn ein Angreifer einen *Portscan* Ihrer externen IP-Adresse durchführt, also wenn er herausfinden möchte, welche Dienste Sie unter Ihrer IP-Adresse anbieten, dann wird er den geschützten Dienst nicht finden – schließlich sind die entsprechenden Ports durch die Firewall vor jedem Zugriff geschützt. Es kommt noch etwas hinzu: Die speziellen Ports, die für das Anklopfen verwendet werden, sind ebenfalls durch die Firewall geschlossen. Auch sie erkennt der Angreifer nicht. Lediglich der Port-Knocking-Dienst auf Ihrem Server erkennt Verbindungsanfragen auf diesen Ports – ohne sie jedoch in irgendeiner Form zu bearbeiten oder gar zu beantworten. Von außen betrachtet ist unter Ihrer IP-Adresse also gar nichts zu erkennen. Man bezeichnet diesen Ansatz als *Security through Obscurity*, also *Sicherheit durch Verschleierung*. Port-Knocking ist eine sehr effektive Methode, zufällige Angriffe abzuwehren. Sie richtet sich also gegen Angreifer, die bloß irgendein Opfer suchen und nicht speziell an Ihrer Person interessiert sind. Sie erinnern sich: Die sogenannten Skript-Kiddys durchsuchen mit vorgefertigten Programmen das Internet und schlagen bei einem Fund zu. Nur von jetzt an finden Sie bei Ihnen nichts mehr.

Das Port-Knocking bietet, wie alle Sicherheitslösungen, keine 100 %ige Sicherheit – insbesondere nicht gegenüber Angreifern, die speziell an Ihrer Person interessiert sind. Jemand, der genau Sie im Blick hat, könnte zum Beispiel, wenn auch mit gewissem Aufwand, zunächst Ihren gesamten Internetverkehr abhören (das ist aber nicht so einfach!). Dann sieht er natürlich, dass es hin und wieder Anfragen an bestimmte Ports gegeben hat und dass danach eine Kommunikation auf einem anderen Port stattgefunden hat – Sie sind enttarnt. Allerdings hat das Port-Knocking eine weitere Sicherheitsschranke aufgebaut, die der Angreifer erst zu überwinden hat, wofür er entsprechende Kenntnisse mitbringen muss.

21.8.1   Welche Dienste eignen sich?

Das Port-Knocking erkauft man sich mit einem kleinen Komfortnachteil: Bei aktiviertem Port-Knocking muss man vor der eigentlichen Verbindung ja erst einmal erfolgreich anklopfen. Dieser Vorgang lässt sich zwar bequem in eine Skriptdatei schreiben, die man nur ausführen muss, aber der Anklopfschritt bleibt bestehen. Dies schränkt natürlich den Anwendungsbereich für das Port-Knocking ein wenig ein. Denken Sie etwa an den Anwendungsfall, dass Sie Ihre Kalender und Aufgabenlisten mit Ihren Smartphones und Tablets von unterwegs aus synchronisieren möchten. Die Synchronisation läuft ja meistens automatisch ab – nur wird sie ohne Port-Knocking niemals erfolgreich starten. Sie müssten also vor jeder Synchronisierung erst irgendwie das Port-Knocking-Signal liefern – das wird kaum gelingen.

Ebenso wenig ist das Port-Knocking hilfreich, wenn Sie die überaus beliebte Urlaubsbildersammlung schon wieder Ihren Freunden über Ihre ownCloud zeigen möchten. Schließlich müssten Ihre Freunde ja auch erst einmal anklopfen, und Sie müssten jedem dafür erst einmal das richtige Programm und die richtige Portsequenz zusenden. Anders sieht es jedoch aus bei Verbindungen, die Sie manuell aufbauen und dann über einen längeren Zeitraum nutzen, etwa eine VPN-Verbindung. Diese bauen Sie ja nur einmal auf, und sie bleibt dann über einen langen Zeitraum (oftmals mehrere Stunden) ununterbrochen bestehen. Auch ist das Port-Knocking gut geeignet, um den SSH-Port auf diese Weise zu verstecken – wobei ja, wie bereits gesagt, die Nutzung über ein VPN hier die bessere Wahl ist. Denkbar ist auch die Nutzung bei einer Internetsite, zum Beispiel Ihrem Blog, den Sie von unterwegs bearbeiten und mit Urlaubsfotos füllen. Hier stört es auch nicht, wenn Sie (natürlich nur bei Verbindungen aus dem Internet) ein-, eventuell zweimal am Tag vor dem Schreiben neuer Beiträge einmal anklopfen müssen. Innerhalb des Heimnetzes erhalten Sie natürlich auch ohne ein Anklopfen sofort Zugang zu Ihren Ressourcen.

Am besten ist es nun, wenn Sie die Dienste, die Sie eventuell aus dem Internet erreichbar machen möchten, einmal im Kopf durchgehen und überlegen, ob Sie das Port-Knocking sinnvoll einsetzen können. Gegenargumente sind automatisiertes, häufiges und fremdes (gerechtfertigtes) Zugreifen auf Ihre Ressourcen.

Auch ein Ausprobieren kann nicht schaden, und zwar aus folgendem Grund: Beim Port-Knocking wird nach dem Anklopfen für eine bestimmte Zeit der Port für den Anklopfenden geöffnet. Jetzt steht Ihnen eine bestimmte Zeit zur Verfügung, um eine Verbindung aufzubauen. Danach wird in jedem Fall der Port wieder geschlossen, auch wenn Sie sich erfolgreich verbunden haben – das ist sehr wichtig! Ihre Firewall hat nämlich eine Funktion, die »bereits bestehende Verbindungen« beibehält. Ihre Verbindung zu Ihrem Dienst bleibt also auch dann bestehen, wenn der Port schon längst wieder zu ist. Jetzt hängt es von der jeweiligen Anwendung ab, wie lange sie diese eine Verbindung »offen hält«. Erst wenn diese nämlich die Verbindung schließt, wird ein erneutes Port-Knocking erforderlich. Diese Zeitspannen sind von Anwendung zu Anwendung verschieden. Ausprobieren und Testen lohnt sich also.

21.8.2 Die Installation und grundlegende Konfiguration

Kommen wir jetzt zur Installation und Konfiguration des Port-Knocking-Dienstes. Wir verwenden für unser Vorhaben das Paket *knockd*. Installieren Sie es über den Befehl:

```
sudo apt-get install knockd
```

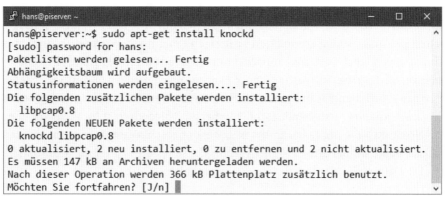

```
hans@piserver: ~                                          —    □    ×
hans@piserver:~$ sudo apt-get install knockd
[sudo] password for hans:
Paketlisten werden gelesen... Fertig
Abhängigkeitsbaum wird aufgebaut.
Statusinformationen werden eingelesen.... Fertig
Die folgenden zusätzlichen Pakete werden installiert:
  libpcap0.8
Die folgenden NEUEN Pakete werden installiert:
  knockd libpcap0.8
0 aktualisiert, 2 neu installiert, 0 zu entfernen und 2 nicht aktualisiert.
Es müssen 147 kB an Archiven heruntergeladen werden.
Nach dieser Operation werden 366 kB Plattenplatz zusätzlich benutzt.
Möchten Sie fortfahren? [J/n]
```

Abbildung 21.20 Die Installation von »knockd«

knockd ist sehr einfach zu konfigurieren und verwendet nur eine einzelne Konfigurationsdatei. Zunächst einmal sollten Sie sich für Ihr Programm eine bestimmte Sequenz von Ports ausdenken, die in einer bestimmten Reihenfolge angeklopft werden müssen. Das Minimum ist ein einziger Port, aber eine höhere Anzahl steigert prinzipiell die Sicherheit. Vielleicht beginnen Sie mit drei bis fünf Ports. Sie sollten solche Ports auswählen, die nicht von anderen Diensten verwendet werden. Sie können also durchaus auch sehr hohe Portnummern benutzen, etwa aus dem Bereich größer 50000 (das Maximum ist 65000). Die Ports, die Sie auswählen können, müssen nicht aus einem zusammenhängenden Bereich stammen. Sie könnten also folgende Portsequenz festlegen:

```
52821, 19611, 62496
```

21

Genauso gut ist aber auch die Sequenz:

```
51001, 51004, 51002, 51003
```

möglich. Diese Ports müssen Sie nun über Ihren Router freigeben und zu Ihrem Pi-Server leiten.

Zusätzlich müssen Sie (am besten schon vorher) die iptables-Firewall auf Ihrem Pi-Server eingerichtet haben. Sie sollte so konfiguriert sein, dass alle Anfragen von außerhalb Ihres Heimnetzwerkes abgelehnt werden. Die Ports für das Port-Knocking brauchen nicht geöffnet zu werden! Ebenso wenig darf der Port für den Dienst, den Sie schützen möchten, bereits in den iptables eingetragen sein. Mit anderen Worten: In den iptables dürfen Sie gar keine Einstellungen für das Port-Knocking vornehmen.

Im nächsten Schritt werden wir die Konfigurationsdatei von knockd bearbeiten. Sie befindet sich in */etc/knockd.conf*. Öffnen Sie sie mit nano zur Bearbeitung:

```
sudo nano /etc/knockd.conf
```

Es schadet in diesem Fall wie immer nicht, vorher eine Sicherheitskopie der Konfigurationsdatei anzulegen. Die Datei enthält zu Beginn nur sehr wenige Einträge. Löschen Sie zunächst den kompletten bisherigen Dateiinhalt. Wir spezifizieren nun in einem neuen Block [options] zunächst nur den Pfad zu einer Logdatei; hier bietet es sich an, die Logdatei in */var/log/knockd.log* zu speichern, also an zentraler Stelle. Der zweite Punkt, den wir in diesem Block konfigurieren, ist das Interface, auf dem knockd nach Anklopfversuchen lauscht. Hierbei gilt Folgendes: Ist Ihr Pi-Server über die LAN-Schnittstelle per Kabel an das Netzwerk angeschlossen, so müssen Sie eth0 eingeben. Sollte Ihr Server per WLAN verbunden sein, dann lautet die Schnittstelle wlan0. Die Datei sollte also lediglich folgenden Inhalt aufweisen:

```
[options]
logfile = /var/log/knockd.log
interface = eth0
```

Listing 21.14 Inhalt der Datei »/etc/knockd.conf«

21.8.3   Die eigene Konfiguration erstellen

Nun geben wir die Konfiguration für das zu schützende Programm ein. So ähnlich wie bei Fail2ban erfolgt die Konfiguration hier in einem Block, der folgende Gestalt hat:

```
[ownCloud_SSL]
sequence = 51001:tcp,51003:tcp,51002:tcp
seq_timeout = 15
tcpflags = syn
```

```
start_command = iptables -I INPUT 1 -s %IP% -p tcp --dport 443 -j ACCEPT && ⤸
echo "Dies ist die IP-Adresse: %IP%" | mail -s "Sesam offen" IHRE_⤸
EMAIL@EXAMPLE.COM
cmd_timeout = 14
stop_command = iptables -D INPUT -s %IP% -p tcp --dport 443 -j ACCEPT
```

Listing 21.15 Weitere Optionen für die Datei »/etc/knockd.conf«

Zunächst steht in eckigen Klammern der Name des zu schützenden Programms, den Sie beliebig zur eigenen Erinnerung angeben können.

In der ersten Zeile mit der Bezeichnung sequence wird die Sequenz definiert, die Sie für das Anklopfen festgelegt haben. Sie müssen immer die Portnummer gefolgt von einem Doppelpunkt und dem jeweiligen Protokoll eingeben. Wir verwenden für das Anklopfen hier das TCP-Protokoll, das die Einrichtung zunächst einfacher macht. Die einzelnen Ports trennen Sie mit einem Komma voneinander. Die Ports müssen dann in genau dieser Reihenfolge angeklopft werden, wie sie hier eingetragen sind. Die Zeile hat also stets dieses Format:

```
sequence = Port1:tcp,Port2:tcp,Port3:tcp
```

Tragen Sie also hier bitte die gewünschte (beliebige) Portsequenz ein. Sie können beliebig viele Ports definieren.

Mit seq_timeout legen Sie die Zeit in Sekunden fest, innerhalb der die Portsequenz erfolgreich abgeschlossen sein muss. Schließlich sollte das Anklopfen schnell erfolgen und nicht über einen längeren Zeitraum ausgedehnt werden. Daher gibt es diese Zeitschwelle, die eine angefangene Portsequenz ignoriert, wenn sie nicht innerhalb des Zeitrahmens abgeschlossen wurde. Sie können hier beispielsweise ein Wert von 15 oder auch 30 Sekunden vorgeben, je nachdem, wie viel Zeit Sie zum Anklopfen einplanen. Warum dieser Wert mit bis zu 30 Sekunden relativ lang ist, werde ich gleich klären.

Die Zeile mit den tcpflags steuert die Art der Datenpakete, die zum Anklopfen berücksichtigt werden. Sie sollten den Eintrag syn belassen.

Die nächste Zeile ist sehr wichtig. Hier definieren Sie das Kommando, das knockd beim erfolgreichen Anklopfen ausführen soll. Dies ist das Kommando, das in der Firewall eine Regel hinzufügt, die das entsprechende Programm aus dem Internet erreichbar macht. Zur Konfiguration müssen Sie den Port und das Protokoll kennen, über die die Anwendung kommuniziert.

Die Zeile hat folgendes Format: iptables heißt das Kommando für die Firewall. I bedeutet INSERT, also dass eine Regel eingefügt werden soll. Die 1 kennzeichnet die erste Position im Regelwerk. Die Regel wird also ganz oben eingefügt, so dass Sie in jedem Fall zum Tragen kommt. Denken Sie dabei bitte daran, dass iptables bei der Regelabarbeitung nach dem Prinzip: »Wer zuerst kommt, mahlt zuerst« arbeitet. -s %IP% wird von knockd automatisch mit der IP-Adresse gefüllt, die erfolgreich angeklopft hat. Nun kommen die Parameter -p und -m. Sie regeln das Protokoll, für das der Firewall-Eintrag gilt. Hier tragen Sie das Protokoll ein, das die entsprechende Anwendung verwendet. Bei den Anwendungen, die wir bisher besprochen haben, ist dies tcp, lediglich OpenVPN verwendet hier (beide Felder) udp. Es folgt mit --dport die Angabe des Ports, die mit einem doppelten Bindestrich eingeleitet wird. Hier müssen Sie den Port angeben, den die Anwendung verwendet. Im Beispiel ist das Port 443, den beispielsweise ownCloud für die verschlüsselte Kommunikation nutzt. Für OpenVPN in der Basiskonfiguration wäre dies Port 1194. Es folgt die eigentliche Firewall-Bedingung mit dem Schalter -j. Hier steht ein ACCEPT; dieses kennzeichnet, dass die Verbindung akzeptiert werden soll – was ja schließlich unser Ziel war. Damit ist der Befehl vollständig.

Wenn Sie möchten, dann erweitern Sie den Befehl noch wie gezeigt. Wenn Sie den Teil ab den beiden &&-Zeichen auch noch eingeben, dann werden Sie per E-Mail informiert, sobald jemand erfolgreich angeklopft hat. In diesem Fall ersetzt %IP% wieder die IP-Adresse. Sie müssen noch IHRE_EMAIL@EXAMPLE.COM entsprechend durch Ihre eigene E-Mail-Adresse ersetzen. Beachten Sie, dass Sie für diese Funktion einen MTA installiert haben müssen, wie ich es in Kapitel 10, »Statusinformationen per E-Mail erhalten: sSMTP als MTA« erörtert habe.

Wenn Sie also OpenVPN kontrollieren möchten und keine E-Mail-Benachrichtigungen erhalten wollen, dann könnten Sie diese Beispielzeile verwenden:

```
start_command = iptables -I INPUT 1 -s %IP% -p udp --dport 1194 -j ACCEPT
```

Die Konfiguration geht weiter mit der cmd_timeout (*command timeout*). Diese Zeitspanne in Sekunden gibt an, wie lange die Firewall-Regel bestehen, also wie lange der Port geöffnet bleibt. Während dieser Zeit müssen Sie die Verbindung zum Programm aufbauen. Danach wird die Portfreigabe in der Firewall wieder entfernt. Achtung: Damit wird dann natürlich, wie oben gesagt, nicht etwa Ihre Verbindung wieder getrennt. Die Firewall hat ja die Funktion »bestehende Verbindungen beibehalten«. Beachten Sie, dass diese Zeit kürzer sein muss als die seq_timeout (*sequence timeout*). Überlegen Sie also, wie lange Sie benötigen, um nach erfolgreichem Port-Knocking die Verbindung aufzubauen. Dies könnte die Zeit sein, die Sie brauchen, um ein bestimmtes Programm zu starten oder auch um ein Passwort einzugeben. Passen Sie die Werte gegebenenfalls an. Da diese Zeitdauer kürzer als die seq_timeout sein muss, wissen Sie nun auch, warum wir jene Zeitspanne vorhin so großzügig ausgelegt hatten. Die letzte Zeile schließlich ist dafür zuständig, die Regel aus der Firewall wieder zu entfernen.

> **Achtung**
>
> Dies muss (fast) der gleiche Befehl sein, wie er zur Öffnung der Firewall verwendet wurde, das heißt, alle Parameter müssen übereinstimmen.

Es gibt zwei Ausnahmen: Statt des I für INSERT steht in diesem Befehl jetzt D für DROP. Das sorgt dafür, dass diese Regel aus der Liste der Firewall-Regeln entfernt wird, was wir ja auch erreichen wollen. Die zweite Änderung ist die Ziffer 1 für die Position der Regel, die in diesem Befehl nicht auftauchen soll. Natürlich ist in diesem Befehl keine E-Mail-Benachrichtigung vorgesehen.

Das war es schon. Sie können diese Konfiguration, die Sie zusammengefasst in Abbildung 21.21 sehen, für beliebig viele Programme mit jeweils unterschiedlichen Ports vornehmen.

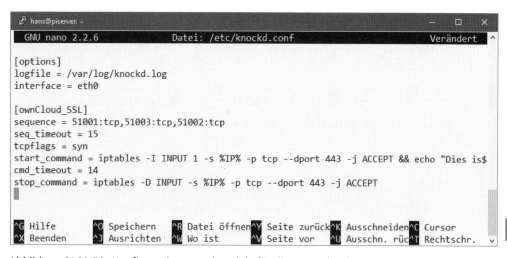

Abbildung 21.21 Die Konfiguration von »knockd« für die »ownCloud«

Vergessen Sie nicht, die Datei zu speichern und den Editor zu beenden. Die geänderte Konfiguration wird aktiv, wenn Sie knockd neu starten. Vorher müssen Sie jedoch zuerst eine Sperre für den Start von knockd entfernen. So etwas kennen Sie beispielsweise schon vom Streaming-Server Icecast.

Öffnen Sie folgende Datei mit nano:

```
sudo nano /etc/default/knockd
```

Suchen Sie in der recht kurzen Datei die Zeile

```
START_KNOCKD=0
```

Andern diese um in

```
START_KNOCKD=1
```

Wie es aussehen soll, sehen Sie in Abbildung 21.22.

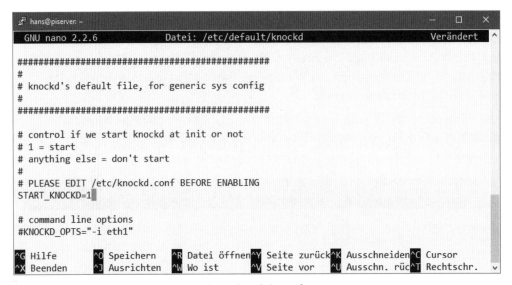

Abbildung 21.22 Die Startsperre von »knockd« entfernen

Nach dem Speichern dieser Datei können Sie knockd mit diesem Befehl starten:

```
sudo service knockd restart
```

Jetzt ist Ihr Portknock-Dienst aktiv und kann verwendet werden.

Übrigens: Wie Ihnen vielleicht aufgefallen ist, können Sie das Kommando, das knockd beim erfolgreichen Anklopfen ausführt, frei wählen. Es muss sich nicht um einen Firewall-Befehl handeln, nein, jeder Befehl ist möglich. Sie können mittels Port-Knocking also auch bestimmte Aufgaben, zum Beispiel Wartungsarbeiten, durchführen lassen oder sich per E-Mail einen aktuellen Systembericht zusenden lassen. Achten Sie nur darauf, dass die Portsequenz so sicher ist, dass sie nicht zufällig durch Fremde »getroffen« wird. Sie sollten also nicht direkt aufeinanderfolgende Ports verwenden, die in dieser Reihenfolge bei einem automatisierten Portscan aufgerufen werden.

21.8.4   Der Anklopfvorgang auf der Clientseite

Vielleicht fragen Sie sich jetzt aber, womit Sie denn bitteschön dieses Anklopfen ausführen sollen. Keine Sorge, dafür gibt es eigene Programmpakete, die genau diese Funktion erfüllen. Diese sogenannten *Clients* können Sie ganz einfach von der Seite des knockd-Entwicklers herunterladen.

Öffnen Sie einfach mit Ihrem Browser folgenden Link:

http://www.zeroflux.org/projects/knock

Dort finden Sie unter OTHER DOWNLOADS Links zu Clientprogrammen für diverse Betriebssysteme. Suchen Sie beispielsweise einen Client für Windows, dann laden Sie die entsprechende Datei herunter. Das Archiv enthält neben dem Sourcecode eine ausführbare Version. Am Beispiel für Windows finden Sie im Ordner *Release* jene fertig kompilierte Version, die Sie direkt ausführen können. Nun gehen Sie am besten wie folgt vor: Entpacken Sie die Datei *knock.exe* in ein neues Verzeichnis. Dort legen Sie eine neue Stapelverarbeitungsdatei an, unter Windows also eine Textdatei mit der Endung *.bat*. Den Namen können Sie frei wählen, sollten aber vielleicht Bezug auf den zu steuernden Dienst nehmen, also beispielsweise *owncloud-portknock.bat*. Fügen Sie mit einem Dateieditor nun folgenden Inhalt in diese Datei ein:

```
knock Ziel.IP-Adresse 51001:tcp
knock Ziel.IP-Adresse 51003:tcp
knock Ziel.IP-Adresse 51002:tcp
```

Abbildung 21.23 zeigt ein Beispiel, wie es aussehen könnte.

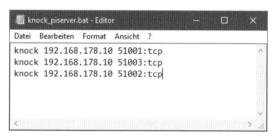

Abbildung 21.23 Über Windows anklopfen

Für jeden Port, den Sie anklopfen möchten, sollten Sie eine separate Zeile wählen. Das führt zwar dazu, dass jedes Mal der Knock-Client neu aufgerufen wird, sorgt aber auch dafür, dass eine kurze Zeitdauer zwischen den einzelnen Knocks vergeht. Dies stellt sicher, dass die Pakete auch in der richtigen Reihenfolge an Ihrem Server ankommen. Ersetzen Sie den Ausdruck Ziel.IP-Adresse nun entweder durch die direkte öffentliche IP-Adresse Ihres Servers oder durch Ihre (dynamische) Domain. In der dritten Spalte geben Sie schließlich die jeweilige Portnummer zum Anklopfen an. Achten Sie auf die Reihenfolge von oben nach unten. Sie müssen diese Zeile so oft in die Datei schreiben, wie Sie Ports zum Anklopfen definiert haben. Wenn Sie fertig sind, speichern Sie diese Datei ab und nehmen den ganzen Ordner mit zum entfernten Ort außerhalb Ihres Heimnetzwerks. Wenn Sie die *.bat*-Datei nun per Doppelklick ausführen, dann wird die Port-Knocking-Sequenz abgearbeitet, und Sie erhalten Zugang zu Ihrem Dienst. Bevor Sie damit tatsächlich auf Reisen gehen, schadet es sicherlich nicht, wenn Sie die Funktion einmal von zu Hause aus testen – natürlich auch mit Ihrer externen IP-Adresse oder Ihrer entsprechenden Domain. Erst wenn alles klappt, steht dem Einsatz von außen nichts mehr im Weg. Wenn Sie am Zielort nur über eine schlechte Internetverbindung verfügen, dann kann es passieren, dass schnell hintereinander abgesendete Knock-Aufrufe am Pi-Server in verkehrter Reihenfolge ankommen. In diesem Fall sollten Sie zwischen den Knock-Aufrufen in Ihrer *.bat*-Datei folgende Zeile hinzufügen:

```
timeout 2
```

Sie sorgt dafür, dass zwischen zwei Knock-Aufrufen bis zu zwei Sekunden gewartet wird. Dadurch kommen die Pakete mit großer Wahrscheinlichkeit in der richtigen Reihenfolge an. Leider ist dieser Befehl erst ab Windows 7 verfügbar.

Auch wenn Sie einen Linux- oder Mac-Rechner verwenden, dann gibt es für Sie geeignete Clientanwendungen. Linux-Nutzer haben es besonders einfach. Ein Clientprogramm wird gleich beim Knock-Paket mitgeliefert. Sie können also auf einem Clientrechner einfach auch das Paket

```
sudo apt-get install knock
```

installieren und erhalten somit den Knock-Client. Diesen rufen Sie ebenfalls mit dieser (natürlich anzupassenden) Befehlsstruktur auf:

```
knock Ziel.IP-Adresse Portnummer:tcp
```

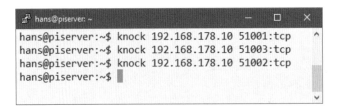

Abbildung 21.24 Anklopfen über die Linux-Konsole

Nutzer von Mac OS X finden auf der eingangs vorgestellten Internetseite auch einen Client für dieses Betriebssystem. Hierbei handelt es sich um eine Terminal-Anwendung. Entpacken Sie das heruntergeladene Archiv in ein geeignetes Verzeichnis, indem sich ausführbare Programmdateien befinden. Anschließend können Sie ebenfalls den knock-Befehl wie beschrieben nutzen.

Beachten Sie, dass es auch für mobile Betriebssysteme zahlreiche Port-Knocking-Clients gibt. Sie sind hier nicht auf das Programm des knockd-Entwicklers angewiesen. Durchstöbern Sie einfach das offizielle App-Angebot zu Ihrem Smartphone und probieren Sie diverse Clientprogramme aus, die oftmals direkt das Wort »knock« im Namen tragen und so auf ihre Funktion hinweisen.

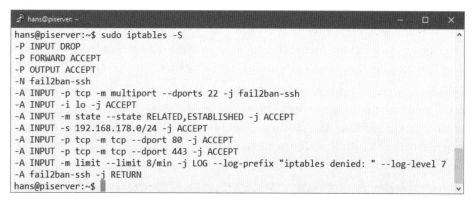

```
hans@piserver: ~                                          —    □    ×
hans@piserver:~$ sudo iptables -S
-P INPUT DROP
-P FORWARD ACCEPT
-P OUTPUT ACCEPT
-N fail2ban-ssh
-A INPUT -s 192.168.178.103/32 -p tcp -m tcp --dport 443 -j ACCEPT
-A INPUT -p tcp -m multiport --dports 22 -j fail2ban-ssh
-A INPUT -i lo -j ACCEPT
-A INPUT -m state --state RELATED,ESTABLISHED -j ACCEPT
-A INPUT -s 192.168.178.0/24 -j ACCEPT
-A INPUT -p tcp -m tcp --dport 80 -j ACCEPT
-A INPUT -p tcp -m tcp --dport 443 -j ACCEPT
-A INPUT -m limit --limit 8/min -j LOG --log-prefix "iptables denied: " --log-level 7
-A fail2ban-ssh -j RETURN
hans@piserver:~$
```

Abbildung 21.25 Nach dem erfolgreichen Anklopfen enthält die »iptables«-Firewall einen Eintrag, der Port 443 für eine spezifische IP-Adresse öffnet.

```
hans@piserver: ~                                          —    □    ×
hans@piserver:~$ sudo iptables -S
-P INPUT DROP
-P FORWARD ACCEPT
-P OUTPUT ACCEPT
-N fail2ban-ssh
-A INPUT -p tcp -m multiport --dports 22 -j fail2ban-ssh
-A INPUT -i lo -j ACCEPT
-A INPUT -m state --state RELATED,ESTABLISHED -j ACCEPT
-A INPUT -s 192.168.178.0/24 -j ACCEPT
-A INPUT -p tcp -m tcp --dport 80 -j ACCEPT
-A INPUT -p tcp -m tcp --dport 443 -j ACCEPT
-A INPUT -m limit --limit 8/min -j LOG --log-prefix "iptables denied: " --log-level 7
-A fail2ban-ssh -j RETURN
hans@piserver:~$
```

Abbildung 21.26 Nach Ablauf der festgelegten Zeit wird dieser Eintrag wieder automatisch entfernt

21.9   Wo war das noch mal? - Die Portverlegung

Es gibt eine weitere Möglichkeit, die Sicherheit Ihres Servers noch ein wenig zu erhöhen. Es handelt sich ebenfalls um einen Ansatz aus dem Bereich der *Security through Obscurity*, den Sie dank des Routers in Ihrem Heimnetzwerk ganz einfach umsetzen können. Wie Sie wissen, kommunizieren die einzelnen Dienste miteinander über Ports, und bei der Einrichtung von bestimmten Diensten haben wir ja oft auch Ports definiert. Dabei sind diese Ports nicht unbedingt komplett festgezurrt, sondern können zumindest theoretisch beliebig genutzt werden. Wo kann dies nützlich sein? Nun, es gibt durchaus weniger intelligent gemachte Skripte für automatisierte Angriffe, die zwar einen großen IP-Adressbereich nach potenziellen Zielen absuchen, dies aber nur auf dem offiziellen Port des jeweiligen Dienstes machen. Nehmen wir an, Ihre Webseite ist aber gar nicht unter dem üblichen Port 80 zu finden, sondern unter Port 11563 – sie wird dann nicht von dem Scanner-Programm des Angreifers gefunden. Zugegeben, dies ist nur ein Schutz vor »dummen« Angreifern, denn ein gründlicher Portscan wird natürlich auch solche »versteckten« Dienste auffinden, weshalb diese Methode nur für ungerichtete, einfache Angriffe funktioniert.

Es empfiehlt sich, bei dieser Technik eine große Portnummer zu verwenden, die jenseits der 2000 liegt. Sie können ruhig noch höhere Werte verwenden. Der Grund ist, dass in höheren Portbereichen nicht mehr so viele Ports offiziell vergeben sind und daher auch nicht nach möglichen Angriffszielen durchsucht werden. Hingegen würde es nicht viel bringen, wenn Sie beispielsweise den HTTP-Port, der ein sehr großes und weit genutztes Angriffsziel darstellt, auf den SSH-Port legen, der mindestens ebenso häufig attackiert wird. Natürlich müssen Sie immer beachten, dass Sie Ihre jeweilige Clientanwendung umprogrammieren müssen. Diese muss die Portverlegung auch unterstützen und Sie den zu benutzenden Port konfigurieren lassen. Bei Webadressen lassen sich relativ einfach neue Ports vergeben und auch bequem als Lesezeichen abspeichern. So wird zum Beispiel bei der Adresse *www.example.com:1234/index.html* Port 1234 statt des üblichen Standardports 80 verwendet.

Sie haben zwei Möglichkeiten, diese Portverlegung zu realisieren. Die erste Option wäre, direkt auf Ihrem Server die Konfigurationsdateien des jeweiligen Dienstes entsprechend einzustellen. Die meisten Dienste bieten nämlich – wie wir mehrfach gesehen haben – die Option, den genutzten Port einzustellen. Hier sehen Sie etwa ein Beispiel für die ownCloud:

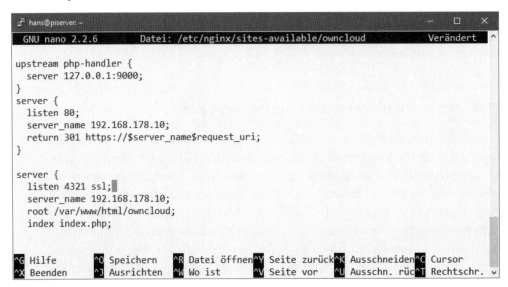

Abbildung 21.27 Die Portverlegung in der »ownCloud«-Konfiguration

Diese Methode hat den Vorteil, dass der Dienst seinen tatsächlichen Port kennt. Das kann beispielsweise bei ownCloud von Nutzen sein, wenn Sie eine Galerie von Urlaubsfotos freigeben möchten und sich dafür einen Link generieren lassen. Dieser Link, den Sie nun an Freunde versenden können, wird gleich den benötigten Port korrekt enthalten.

Bei der Auswahl des geeigneten Ports müssen Sie insbesondere bei Systemdiensten ein wenig vorsichtig vorgehen. Die Portnummern kleiner als 1000 können nämlich nur durch den *root*-Benutzer belegt werden. Das bedeutet, dass ein Angreifer auf Ihrem Server nicht ohne *root*-Rechte einen Dienst auf einem Port kleiner als 1000 einrichten kann. Er könnte also keinen gefälschten SSH-Service auf Port 22 einrichten, mit dem er beispielsweise Passwortdaten stehlen möchte. Er kann dies aber sehr wohl unter dem Port 1234 machen. Und wenn Sie nun Ihren »echten« SSH-Dienst auf ebendiesen Port verlegen, dann könnte der Angreifer Sie überlisten. Sie sollten also systemkritische Dienste nicht auf Portnummern größer als 1000 verlegen.

Betrachten wir Methode zwei: die Portverlegung auf Ihrem Router, wie sie Sie beispielhaft in einer FritzBox in Abbildung 21.28 sehen.

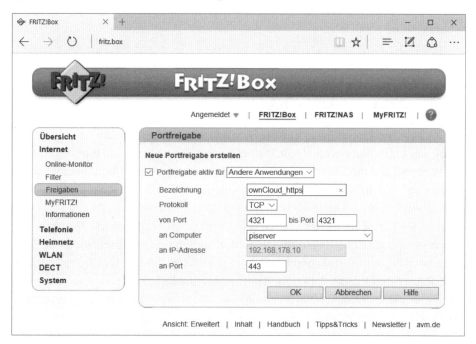

Abbildung 21.28 Die Portverlegung durch Ihren Router – hiervon bekommt beispielsweise ownCloud möglicherweise nichts mit und generiert Ihnen falsche Links

Wenn Sie dort eine Portweiterleitung (oder Freigabe) erstellen, dann kann bei vielen Geräten nämlich der öffentliche Port von dem wahren internen Port abweichen. So kann beispielsweise die Anfrage aus dem Internet an Port 5000 auf den Port 80 Ihres Pi-Servers zugestellt werden. Nun könnten Sie auch den SSH-Port beispielsweise auf Port 20000 erreichbar machen. So große Portnummern werden nur von sehr intensiven Portscans untersucht. Allerdings besteht jetzt die Möglichkeit, dass Ihnen beispielsweise ownCloud falsche Links generiert, weil dieses Programm ja von dem geänderten »offiziellen« Port gar nichts weiß.

Es gibt noch einen Unterschied zwischen beiden Methoden. Im ersten Fall sind die Dienste von nun an auch innerhalb des Heimnetzwerks unter der geänderten Portnummer erreichbar. Im zweiten Fall ist die interne Kommunikation von der Portverlegung nicht betroffen.

Wann bietet sich nun aber die Portverlegung überhaupt an? Sie ist immer dann eine Option, wenn das Port-Knocking nicht gemacht werden kann. Beispielsweise kann sie zum Schutz der ownCloud-Installation genutzt werden. OwnCloud wird auch von automatisierten Diensten verwendet, beispielsweise zur Synchronisation eines Kalenders. Ein automatisierter Dienst kann (im Regelfall) keine Port-Knocking-Signale senden, oftmals aber sehr wohl auf abweichende Ports konfiguriert werden. Beachten Sie aber unbedingt, dass es sich um eine Maßnahme mit recht geringer Schutzwirkung handelt.

21.10 Wie mache ich denn nun endlich Dienste aus dem Internet erreichbar?

Wie ich bereits erläutert habe, sind die Dienste Ihres Pi-Servers in der Grundkonfiguration eines üblichen Heimnetzwerks normalerweise nicht aus dem Internet erreichbar. Wenn Sie auf Ihrem Pi-Server die Firewall aufgesetzt haben, dann werden seine Dienste an zwei Stellen blockiert: einmal von der Firewall auf Ihrem Pi-Server und einmal von Ihrem Router. Um einen Dienst aus dem Internet erreichbar zu machen, müssen Sie für beide Sicherungsebenen Ausnahmen festlegen, beziehungsweise anders gesagt, die Sicherungen für einen bestimmten Dienst öffnen. An Ihrem Router müssen Sie den entsprechenden Port freigeben, den der jeweilige Dienst nutzt. Je nach Router heißt diese Funktion etwas unterschiedlich, manchmal ist von einer »Freigabe« die Rede, manchmal heißt die Funktion »Portweiterleitung«, gelegentlich wird auch von »Portöffnung« gesprochen. Bitte konsultieren Sie also das Handbuch zu Ihrem Router. Sie müssen dann den öffentlichen Port (der, wie wir bereits zuvor bei der Portverlegung festgestellt haben, nicht mit dem privaten Port identisch sein muss) öffnen und die eingehende Kommunikation zu dem jeweiligen Port an Ihrem Pi-Server weiterleiten. Das war es schon auf Seiten des Routers. Bisher hatte der Router eingehende Verbindungsanfragen verworfen, nun werden Verbindungsanfragen aus dem Internet für die freigegebenen Ports an Ihren Pi-Server weitergeleitet.

Auf Ihrem Server werden diese Anfragen nun eventuell durch die Firewall blockiert, wobei das nur zutrifft, wenn Sie die Firewall eingerichtet haben. Sie müssen also gegebenenfalls die Firewall für die jeweiligen Ports öffnen. Wenn Sie die Funktion des Port-Knockings verwenden, dann regeln Sie die Freigabe bitte über dessen Konfigurationseinstellungen. Wenn Sie kein Port-Knocking benutzen, dann müssen Sie die Freigabe manuell in der Server-Firewall vornehmen.

Eine genaue Anleitung für diesen Vorgang habe ich Ihnen bereits bei der Einrichtung der Firewall in Abschnitt 21.5 gegeben. Daher folgt an dieser Stelle nur eine kurze Wiederholung. Möchten Sie beispielsweise für den Dienst OpenVPN, der das Protokoll UDP über Port 1194 verwendet, eine Freigabe einrichten, dann wäre folgender Befehl einzugeben:

```
sudo iptables -I INPUT -p udp --dport 1194 -j ACCEPT
```

Für einen Webserver, der das Protokoll TCP unter Port 443 nutzt, wäre dieser Befehl nötig:

```
sudo iptables -I INPUT -p tcp --dport 80 -j ACCEPT
```

Diese Änderung gilt jedoch nur bis zu einem Neustart. Deswegen ergänzen Sie bitte den entsprechenden Eintrag auch noch in Ihrer *iptables*-Datei unter */etc/network/ iptables*, wie ich es im Abschnitt zur Firewall erörtert habe.

Das war es schon auf Seiten des Servers, Ihr Dienst ist jetzt aus dem Internet erreichbar. Natürlich gilt diese Freigabe nur für diesen einen Dienst und nur für den Pi-Server. Auf dieselbe Weise können Sie nun natürlich noch weitere Dienste über das Internet erreichbar machen.

Vielleicht fragen Sie sich nun, welche Dienste überhaupt für die Erreichbarkeit aus dem Internet geeignet sind. Natürlich sollten Sie nur solche Dienste freigeben, die Sie auch tatsächlich benötigen und verwenden werden, weniger ist hier bekanntlich mehr. Natürlich eignen sich nur solche Dienste für eine Freigabe, die auch für eine Kommunikation über das Internet gedacht sind. Die eigene Cloud ist hierfür ein gutes Beispiel, ebenso der eigene Blog oder das eigene Wiki. Systemdienste sind hingegen nicht für die Kommunikation über das Internet gedacht. Keinesfalls sollten Sie etwa eine Samba-Dateifreigabe über das Internet erreichbar machen – dafür ist das Protokoll nicht ausgelegt, unter anderem bietet es ja auch keine Verschlüsselung und auch keine inhaltliche Verschleierung. Ebenfalls ist die Freigabe eines UPnP-Medienservers absolut tabu. Auch hierbei gibt es keine Verschlüsselung, und was noch viel schlimmer ist, es gibt noch nicht einmal einen passwortgeschützten Zugriff. Sie sollten es überhaupt vermeiden, unverschlüsselte Verbindungen aus dem Internet zuzulassen. Versuchen Sie immer, eine verschlüsselte Verbindung einzurichten, das haben Sie insbesondere für Internetseiten ja auch beispielsweise bei ownCloud in Kapitel 14, »Die eigene Cloud mit ownCloud«, gelernt. Ein Dienst, der über das Internet erreichbar ist, sollte auch (je nach Anwendungsfall) über eine sichere Möglichkeit zur Authentifizierung verfügen.

Ein Dienst, der hingegen explizit für die Kommunikation über das Internet gedacht ist, ist die VPN-Verbindung. Sie bietet eine starke Verschlüsselung, so dass auch auf eigentlich unverschlüsselte Dienste von außen zugegriffen werden kann (dazu zählen auch Systemdienste). Es empfiehlt sich ebenso, nur über eine VPN-Verbindung auf Ihre SSH-Konsole zuzugreifen. Die direkte Freigabe des SSH-Ports ist hingegen oft ein Angriffsziel und damit ein unnötiges Risiko, dass die Privatperson nicht unbedingt eingehen muss. Geben Sie ferner keine normalen unverschlüsselten FTP-Verbindungen frei, sondern verwenden Sie, wenn es erforderlich ist, nur verschlüsselte FTPS-Verbindungen. Auch hier gilt (das möchte ich noch einmal betonen), dass Sie stets der Verbindung über ein VPN den Vorzug geben sollten, wenn es sich einrichten lässt. Beschränken Sie sich jedoch immer auf notwendige Freigaben. Und aktivieren Sie diese am besten nur zu den Zeitpunkten, wenn sie auch genutzt werden, zum Beispiel während der Urlaubsreise.

21.11 Die Deaktivierung des »root«-Kontos für den Fernzugriff

Bereits ganz zu Anfang dieses Buches hatte ich im Grundlagenteil bei der Einrichtung Ihres Pi-Servers darüber gesprochen, dass es einen Sicherheitsvorteil darstellt, den Login des *root*-Benutzers über den SSH-Zugang zu verbieten. Diese Einstellung bewirkt, dass sich der *root*-Benutzer nicht mehr über eine SSH-Verbindung am Pi-Server anmelden kann. Natürlich bleibt der Benutzer als solches unverändert bestehen. Ebenso können Sie sich weiterhin ohne Einschränkung direkt am Pi-Server als Benutzer *root* einloggen – hiermit ist die Nutzung einer angeschlossenen Tastatur und eines Monitors gemeint. Lediglich der (Fern-)Zugang über eine Netzwerkverbindung wird dem *root*-Nutzer untersagt. Es ist offensichtlich, dass dies einen Sicherheitsvorteil bewirkt, denn schließlich hat der *root*-Nutzer besonders weitreichende Rechte und kann den Server komplett umgestalten (oder funktionsunfähig machen).

Wenn Sie den SSH-Login für den *root*-Benutzer deaktivieren möchten, dann müssen Sie natürlich zunächst bereits (mindestens) ein weiteres, normales Benutzerkonto eingerichtet haben – wie wir es in Kapitel 3, »Erste Inbetriebnahme Ihres Servers«, zu Beginn des Buches ja auch gemeinsam gemacht haben. Ansonsten könnten Sie sich ja überhaupt nicht mehr am System anmelden. Dieses Benutzerkonto sollte auch der *sudo*-Benutzergruppe angehören, damit Sie (passwortgeschützt) über *root*-Rechte verfügen können.

Um nun den SSH-Login für den *root*-Benutzer zu deaktivieren, legen Sie zunächst ein Backup der zuständigen Konfigurationsdatei an und nutzen dafür folgenden Befehl:

```
sudo cp /etc/ssh/sshd_config /etc/ssh/sshd_config.orig
```

Jetzt öffnen Sie die ursprüngliche Datei mit dem Editor nano zur Bearbeitung:

```
sudo nano /etc/ssh/sshd_config
```

Suchen Sie nun in dieser Datei entweder manuell oder mit dem Tastaturkommando
[Strg]+[w] nach dem Eintrag

```
PermitRootLogin yes
```

Ändern Sie ihn so, dass er folgende Gestalt annimmt:

```
PermitRootLogin no
```

Damit sind die Änderungen bereits komplett. Einen Ausschnitt dieser Datei zeigt Abbildung 21.29.

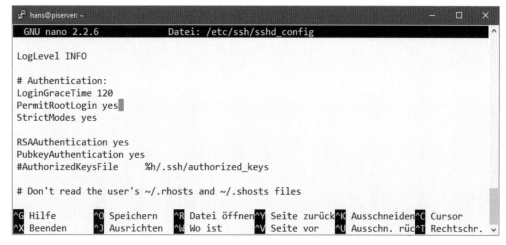

Abbildung 21.29 Das »root«-Konto kann hier für den Fernzugriff deaktiviert werden

Sie können nun nano mit der Tastenkombination [Strg]+[x] beenden und die Eingaben abspeichern.

Um die neue Konfiguration zu aktivieren, ist ein Neustart des SSH-Dienstes erforderlich. Das erledigt folgender Befehl:

```
sudo service ssh restart
```

Von nun an kann sich der *root*-Benutzer nicht mehr per SSH-Konsole am System anmelden. Sie können dies einmal bei Gelegenheit überprüfen.

Kapitel 22
Wartung des Servers

*Auch der Pi-Server benötigt ab und zu etwas Wartung und Pflege.
In diesem Kapitel lernen Sie, wie Sie einen solchen Wartungs-
vorgang durchführen.*

Wenn Sie Ihren Pi-Server erst einmal mit allen benötigten Programmen und Diensten aufgesetzt haben und er dann genau das tut, was Sie von ihm erwarten, dann ist
er fast ein Kästchen zum Hinstellen und Vergessen. Fast. Denn er wird zwar in seinem
Eckchen seine Aufgaben erfüllen, aber es ist trotzdem sehr wichtig, dass Sie regelmäßig nach dem Rechten sehen. Dies ist besonders wichtig, wenn es Dienste gibt, die
aus dem Internet erreichbar sind. Aber selbst wenn Sie keine Dienste im Internet
anbieten, müssen Sie doch auf einige Punkte achten. Insbesondere sind das:

► die Überprüfung des freien Speicherplatzes

► das Lesen von wichtigen Logdateien

► das Aktualisieren der Software auf den neuesten Stand

► das Prüfen des Programmbestandes (wird noch alles benötigt?)

► das Einspielen von Updates

► die Aktualisierung des Betriebssystems

Ich werde diese Punkte im Folgenden besprechen.

22.1 Die Überprüfung des freien Speicherplatzes

Es ist wichtig, dass Sie regelmäßig den freien Speicherplatz auf der Speicherkarte
überprüfen. Einige Programme schreiben häufiger Daten auf die Speicherkarte, allen
voran sind das Logdateien. Vielleicht legen einige Ihrer Programme aber auch Nutzdaten auf der Speicherkarte ab. Dies könnte beispielsweise die Anwendung fswebcam
sein, die regelmäßig Fotos von einer Webcam auf der Speicherkarte sichert. Natürlich
können auch die Benutzer des Servers, etwa über Dateifreigaben, ihre Daten auf den
Server kopieren und die Speicherkarte füllen. Es ist schlecht, wenn die Speicherkarte
plötzlich voll ist und kein freier Speicherplatz mehr vorhanden ist. Hierdurch stürzen
unter Umständen sogar Programme ab. Sie sollten also besser darauf achten, dass auf
der Speicherkarte stets ausreichend freier Speicherplatz vorhanden ist.

22

Lassen Sie sich also regelmäßig den freien Speicherplatz mit dem Befehl

```
df -h
```

anzeigen. Die Ausgabe wird dabei so wie in Abbildung 22.1 aussehen.

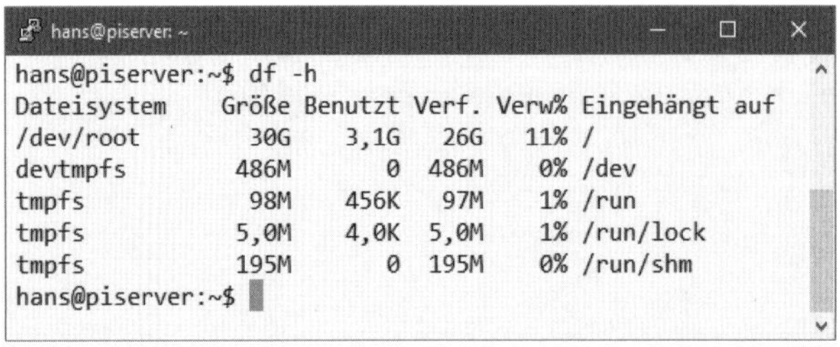

Abbildung 22.1 Kontrolle des Speicherplatzes mit »df -h«

Kontrollieren Sie auch die Größe der Benutzerverzeichnisse. Gehen Sie dabei aber taktvoll vor. Benutzen Sie etwa folgenden (angepassten) Befehl, um sich die Größe eines Nutzerverzeichnisses anzeigen zu lassen:

```
sudo du -sh /home/hans/
```

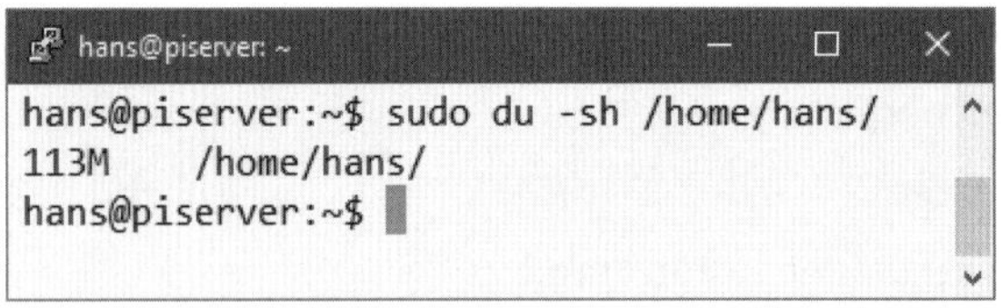

Abbildung 22.2 Die Speicherbelegung mit »du -sh«

Ersetzen Sie dabei den Beispielnamen hans entsprechend. Dieser Befehl gibt Ihnen die Speicherbelegung des jeweiligen Benutzers aus, ohne jedoch dessen Daten selbst anzuzeigen. Somit stellen Sie sicher, dass die Privatsphäre der Nutzer gewahrt bleibt. Ist eine Speicherbelegung unangemessen, dann sprechen Sie die betreffende Person an, und bitten Sie um ein Aufräumen und Löschen.

Kontrollieren Sie auch mit dem Befehl

```
sudo du -sh /var/log
```

die Größe des *log*-Verzeichnisses, damit es hier nicht zu ungewöhnlich großen Logdateien kommt.

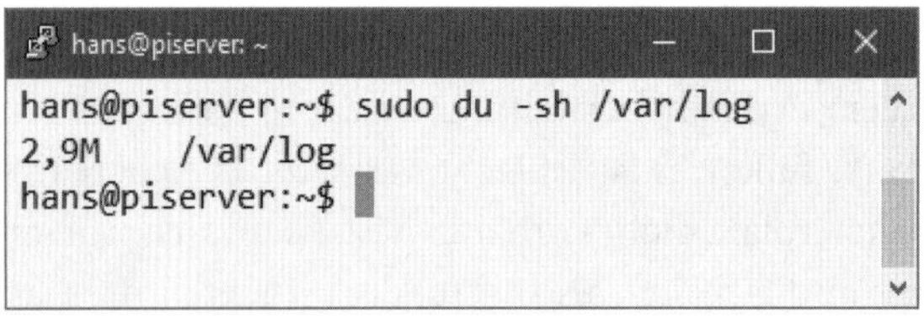

Abbildung 22.3 Die Größe von »/var/log«

Übrigens: Das Befehlskürzel du steht ausgeschrieben für *disk usage*, also auf Deutsch etwa für »Belegung der (Speicher-)Disk«. Ist die Speicherbelegung zu groß, dann wechseln Sie mit

```
cd /var/log
```

in das *log*-Verzeichnis und lassen sich mit

```
ls -lha
```

die dort vorhandenen Dateien anzeigen. Achten Sie auf deren Größe. Es kann auch sein, dass sich große Dateien in einem Unterverzeichnis befinden. In diesem Fall lassen Sie sich mit

```
sudo du -h /var/log
```

ohne den Parameter s die Größe aller Unterverzeichnisse anzeigen. So finden Sie den Übeltäter rasch.

Öffnen Sie dann mit nano die entsprechende Logdatei, und sehen Sie sich den Inhalt an. Prüfen Sie, ob es sich um einen behebenswerten Umstand handelt. Reduzieren Sie gegebenenfalls in der Konfiguration des zugehörigen Programms den Detailgrad der Logfunktion, vielleicht ist diese zu detailliert eingestellt. Ein guter Kandidat, nach dem Sie in der Programmkonfiguration suchen können, ist log-level. Wenn das Programm ungewöhnlich redselig ist und auch nicht anders konfiguriert werden kann, dann müssen Sie öfter nach der Größe der Logdatei sehen und deren Umfang manuell reduzieren.

Übrigens: Mit dem Parameter -d1 lassen Sie sich genau eine weitere (beziehungsweise tiefere) Verzeichnisebene anzeigen, wie Abbildung 22.4 demonstriert.

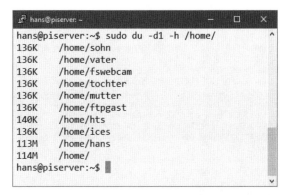

Abbildung 22.4 Mit dem Parameter -d1 können Sie die Größe einer tieferen Verzeichnisebene anzeigen.

Als guter Administrator sollten Sie sich auch in Ihre ownCloud, so vorhanden, einloggen und dort die Speicherbelegung überprüfen.

22.2   Das Lesen von Logdateien

Es ist sehr wichtig, dass Sie regelmäßig einen Blick in die Logdateien des Servers werfen und ihren Inhalt kontrollieren. Dies gilt insbesondere für sicherheitsrelevante Logdateien und für solche, die von Programmen stammen, die ihre Dienste über das Internet anbieten. Bitte lesen Sie in Ihrem eigenen Interesse regelmäßig die Logdateien.

Die Logdateien der meisten Programme befinden sich im Verzeichnis */var/log*. Wechseln Sie in dieses Verzeichnis. Nicht alle Programme legen ihre Logdaten darin ab, teilweise können Sie den Speicherort auch selbst in den Konfigurationsdateien bestimmen. Führen Sie bei abweichenden Positionen eine Liste, oder verlegen Sie den Log-Speicherort entsprechend, so dass alles zentral in */var/log* gesammelt wird.

Das Lesen der Logdateien erfordert gewisse Kenntnisse. Sie müssen nämlich wissen, was die einzelnen Einträge bedeuten. Keine Sorge, denn bereits rudimentäre Kenntnisse genügen.

Sehr wichtig ist die zentrale *syslog*-Datei. Ihr Pfad lautet */var/log/syslog*. *syslog* ist prinzipiell ein Universal- beziehungsweise Hauptlog, in dem systemkritische Ereignisse wie auch Logdaten von Programmen ohne eigene Logdatei eingetragen werden. Das *syslog* können Sie sich mit nano anzeigen lassen (sudo nano /var/log/syslog).

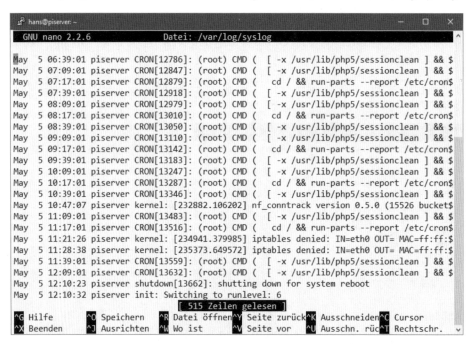

Abbildung 22.5 Die Anzeige von »syslog« mit »nano«

Ebenfalls geeignet ist das bereits in Kapitel 4, »Grundlagen des Linux-Betriebssystems«, vorgestellte Kommando tail, hier in der Form sudo tail /var/log/syslog. Mit letzterem Befehl lassen Sie sich nur die neuesten zehn Einträge anzeigen, wie Ihnen Abbildung 22.6 zeigt.

```
hans@piserver: ~                                              —   □   ×
hans@piserver:~$ sudo tail /var/log/syslog
May  5 14:10:00 piserver kernel: [ 7101.839976] iptables denied: IN=eth0 OUT= MAC=ff:ff:ff
:ff:ff:ff SRC=0.0.0.0 DST=255.255.255.255 LEN=328 TOS=0x10 PREC=0x00 TTL=128 ID=0 PROTO=UD
P SPT=68 DPT=67 LEN=308
May  5 14:11:06 piserver kernel: [ 7167.506847] iptables denied: IN=eth0 OUT= MAC=ff:ff:ff
:ff:ff:ff SRC=0.0.0.0 DST=255.255.255.255 LEN=349 TOS=0x00 PREC=0x00 TTL=128 ID=10200 PROT
O=UDP SPT=68 DPT=67 LEN=329
May  5 14:17:01 piserver CRON[5944]: (root) CMD (   cd / && run-parts --report /etc/cron.h
ourly)
May  5 14:30:40 piserver sSMTP[6449]: Creating SSL connection to host
May  5 14:30:40 piserver sSMTP[6449]: SSL connection using RSA_AES_128_CBC_SHA1
May  5 14:30:42 piserver sSMTP[6449]: Sent mail for hans@example.com (221 Service Closing
transmission) uid=0 username=root outbytes=385
May  5 14:35:31 piserver sSMTP[6467]: Creating SSL connection to host
May  5 14:35:31 piserver sSMTP[6467]: SSL connection using RSA_AES_128_CBC_SHA1
May  5 14:35:33 piserver sSMTP[6467]: Sent mail for hans@example.com (221 Service Closing
transmission) uid=0 username=root outbytes=385
May  5 14:39:01 piserver CRON[6478]: (root) CMD (  [ -x /usr/lib/php5/sessionclean ] && /u
sr/lib/php5/sessionclean)
hans@piserver:~$ ▌
```

Abbildung 22.6 Die Anzeige von »syslog« mit »tail«

Die Datei kann unterschiedlich lang sein und auch unterschiedliche Einträge enthalten. Am Anfang einer Zeile ist immer eingetragen, von welchem Programm ein Eintrag stammt. Lesen Sie die Einträge durch – Sie werden feststellen, dass sich öfter Einträge wiederholen. Halten Sie Ausschau nach Fehlermeldungen von Programmen, die auf Ihrem Server laufen. Die Meldungen lassen möglicherweise eine Störung im Verhalten erkennen (beispielsweise informieren sie über Dienste, die nicht mehr antworten). Gerade das *syslog* kann sehr groß beziehungsweise sehr lang werden. Erinnern Sie sich also an die Tastenkombination von nano, die es Ihnen erlauben, direkt zum Dateiende zu springen – Sie finden sie im Grundlagenkapitel.

Ganz wichtig sind die Logdateien des Port-Knocking-Dienstes knockd, von Fail2ban und von OpenVPN. Prüfen Sie die Einträge auf Plausibilität. Gab es Verbindungen oder Verbindungsversuche zu ungewöhnlichen Zeitpunkten oder von fremden Personen? Traten diese nur selten (also versehentlich) auf, oder hat jemand versucht, ein Passwort zu erraten? Überprüfen Sie, ob einmal von Fail2ban eine IP-Adresse wegen falscher Passworteingabe gesperrt wurde. Normalerweise ist es jedoch unwahrscheinlich, dass tatsächlich ausgerechnet bei Ihnen jemand einbrechen wollte oder will. Im Regelfall wird es sich um Irrtümer oder Falscheingaben der echten Benutzer handeln. Wenn Sie sich aber merkwürdige Ereignisse partout nicht erklären können, dann ist es besser, wenn Sie den entsprechenden Dienst vom Internet trennen und erst nach einer längeren Wartezeit wieder ans Internet anschließen. Dies erhöht die Wahrscheinlichkeit, dass ein Angreifer – so es ihn denn tatsächlich gibt – aufgibt oder zwischenzeitlich bereits woanders Erfolg hat.

22

Sie sollten auch regelmäßig nach der Größe der Logdateien schauen. Im Laufe der Zeit können sich sehr viele Einträge ansammeln, was die Dateigröße beachtlich anwachsen lässt. Normalerweise werden Logdateien nach einer bestimmten Zeit ausgetauscht. Vorgängerversionen werden für einen gewissen Zeitraum archiviert und anschließend gelöscht. Man nennt diesen Vorgang die *Logrotation*. Unterliegt eine bestimmte Logdatei nicht dieser Rotation und wird im Laufe der Zeit immer größer, dann sollten Sie aktiv werden und aufräumen. Meistens ist es möglich, eine nicht mehr benötigte Logdatei schlicht zu löschen und eine neue anzulegen, aber das ist oft keine feine Lösung. Viele Programme mögen es nicht gerne, wenn man ihnen ihre Logdatei »unter den Füßen wegzieht«, außerdem kann es Probleme mit den Zugriffsrechten geben. Besser ist es, wenn Sie sich den Inhalt der Logdatei ansehen und dann, wenn die Einträge für Sie obsolet sind, den kompletten Inhalt der jeweiligen Datei löschen. Dazu öffnen Sie die Datei im Editor nano und bewegen den Cursor an den Anfang der Datei oder an die Stelle, ab der Sie den Rest löschen möchten. Nun betätigen Sie nacheinander folgende Tastenkombinationen: Sie beginnen mit `Alt`+`a`. Damit aktivieren Sie die Textmarkierung mit der Tastatur. Sie können jetzt die Pfeiltasten benutzen, um den zu löschenden Text zu markieren. Möchten Sie den gesamten Rest der Datei löschen, dann betätigen Sie zunächst `Strg`+`-` gefolgt von `Strg`+`v`. Damit springen Sie an das Dateiende und markieren den gesamten »überfahrenen« Text. Den markierten Text löschen Sie nun mit der Tastenkombination `Strg`+`k`. Anschließend speichern Sie die bereinigte Datei mit `Strg`+`x` ab und beenden damit nano.

22.3   Weitere wichtige Kontrollschritte

Kontrollieren Sie mit dem kurzen Befehl w, wer derzeit an Ihrem Server eingeloggt ist und ob dies mit Ihren Erwartungen konform geht. Werfen Sie mit top einen Blick auf die Prozessorauslastung und die Prozessanzahl, und kontrollieren Sie die Speicherauslastung (insbesondere die der *swap*-Partition). Ist die Prozessorauslastung ungewöhnlich hoch, dann kontrollieren Sie, welcher Dienst dafür verantwortlich ist. Bedenken Sie, dass manche Dienste auch im Hintergrund Wartungsaufgaben ausführen können und dadurch den Prozessor in Anspruch nehmen. Es ist auch möglich, dass ein Endgerät gerade einen Datenabgleich mit der Cloud-Anwendung durchführt. Bleibt die Prozessorauslastung jedoch über einen längeren Zeitraum für Sie unerklärlich hoch, dann sollten Sie ein Update der installierten Softwareprogramme und des Betriebssystems durchführen. Möglicherweise hat es in der Zwischenzeit für ein bekanntes Problem eine Lösung gegeben.

Ist die Speicherbelegung ungewöhnlich hoch, dann denken Sie über einen Neustart des Servers nach. Beachten Sie aber, dass Linux den Speicher dynamisch verwaltet und daher stets mit sehr hohen Speicherbelegungen arbeitet. Nehmen wir an, ein

Programm läuft und belegt einen großen Bereich des Arbeitsspeichers. Nun beenden Sie das Programm. Linux leert den belegten Arbeitsspeicher jedoch nicht sofort, sondern erst dann, wenn ein neues Programm weiteren Speicherbedarf anmeldet. Es lässt die Daten also absichtlich im Speicher für den Fall, dass sie noch einmal benötigt werden. Es ist daher völlig normal, dass der Speicher stets nahezu vollständig belegt ist. Dies ist keine Fehlfunktion! Deswegen ist es wichtig, dass Sie nicht die Belegung des normalen Arbeitsspeichers (auf Englisch: *ram*) kontrollieren, sondern die Auslastung des Auslagerungsspeichers (also die der *swap*-Partition) überprüfen. Hierbei handelt es sich um die Erweiterung des Arbeitsspeichers durch die Verwendung der Speicherkarte. Und diese Form der Speichererweiterung sollte minimal sein und aus Geschwindigkeitsgründen am besten ganz unterbleiben. Ist nach einem Neustart und nach einer gewissen Wartezeit erneut eine ungewöhnlich hohe (Swap-)Speicherbelegung festzustellen, dann kann ebenfalls eine Aktualisierung der Programme und des Betriebssystems weiterhelfen.

Prüfen Sie auch kurz die Prozessortemperatur. Nutzer des Banana Pi führen dazu die Befehle

```
sudo soctemp
```

und

```
sudo pmutemp
```

aus. Insbesondere der erste Befehl muss zur korrekten Initialisierung oftmals mehrfach hintereinander ausgeführt werden, sollte aber dann eine Ausgabe wie in Abbildung 22.7 produzieren.

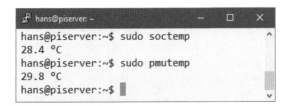

```
hans@piserver: ~                          —    □    ×
hans@piserver:~$ sudo soctemp
28.4 °C
hans@piserver:~$ sudo pmutemp
29.8 °C
hans@piserver:~$ █
```

Abbildung 22.7 Die Temperatur Ihres Banana Pi

Benutzer des Raspberry Pi verwenden das Kommando

```
sudo vcgencmd measure_temp
```

```
hans@RPi-Server: ~                        —    □    ×
hans@RPi-Server:~ $ sudo vcgencmd measure_temp
[sudo] password for hans:
temp=39.2'C
hans@RPi-Server:~ $ █
```

Abbildung 22.8 Die Temperatur Ihres Raspberry Pi

Die Temperaturen werden sich meistens unterhalb von 55 °C bewegen und bei großer Rechenlast ansteigen. Solange die Werte unter 70 °C sind, können Sie von norma-
lem Verhalten ausgehen. Sind die Temperaturwerte dauerhaft erhöht, dann sollten
Sie über ein besser belüftetes Gehäuse, die Nutzung von Kühlkörpern aus dem Zu-
behörbereich, die Reinigung der Lüftungsöffnungen oder einen besser belüfteten
Standort nachdenken.

Abschließend kann auch die Überprüfung der Liste der fehlgeschlagenen Login-Versuche über die SSH-Konsole nicht schaden. Hierzu hilft ein Blick in die etwas unübersichtliche Logdatei, die Sie mit dem folgenden Befehl etwas einfacher gestalten
können:

```
sudo grep "login\[" /var/log/auth.log
```

22.4   Die Software aktuell halten

Ein Linux-System, das auf Debian basiert, hat eine wohldurchdachte Politik, wie mit
Softwareaktualisierungen zu verfahren ist. Es gibt immer mehrere Debian-Zweige,
unter anderem einen *Testing*- und einen *Stable*-Zweig. Neue Software wird zunächst
in den Testing-Zweig aufgenommen, in dem sie, wie der Name vermuten lässt,
gründlich getestet wird. Ab einem bestimmten Zeitpunkt werden keine neuen Versionen mehr aufgenommen, sondern es wird nur die Stabilität verbessert. Wenn eine
hinreichende Stabilität garantiert werden kann, dann wird die gesamte getestete und
optimierte Softwaresammlung zum Stable-Zweig, der für den sicheren Produktivein-
satz empfohlen wird. Auch Ihr Pi-Server läuft standardmäßig auf diesem Stable-
Zweig, er enthält getestete und stabile Software. Im Stable-Zweig werden, vereinfacht
gesagt, keine neuen Funktionen mehr zu einer Software hinzugefügt. Allerdings wird
die Software sehr wohl fortlaufend unter Sicherheitsaspekten aktuell gehalten. Wenn
in einem bestimmten Programm eine Sicherheitslücke gefunden wird, dann wird
diese relativ zügig behoben, und es werden Sicherheitsupdates bereitgestellt. Es ist
wichtig, diese Sicherheitsupdates einzuspielen, so dass das System aktuell und damit
bestmöglich geschützt bleibt. Bei schweren Sicherheitslücken, die bereits von
Hackern ausgenutzt werden, sollten Sie Sicherheitsupdates möglichst schnell einspielen. Es ist also wichtig, dass Sie regelmäßig nach Sicherheitsupdates suchen und
sie auch installieren.

Um Sicherheitsupdates zu installieren, müssen Sie zunächst wie immer die Paketlisten aktualisieren. Diese enthalten Informationen, welche Softwareversionen auf den
Debian-Servern derzeit verfügbar sind. Das geschieht wie gewohnt mit dem Kommando

```
sudo apt-get update
```

Nun müssen diese Listen mit der Software, die auf Ihrem System installiert ist, verglichen werden. Führen Sie dazu den Befehl

```
sudo apt-get upgrade
```

aus. Wenn es anwendbare Updates gibt, werden Sie gefragt, ob sie nun installiert werden sollen. In Ihrem eigenen Interesse sollten Sie diese Frage bejahen und die Updates installieren, wie Sie es in Abbildung 22.9 sehen.

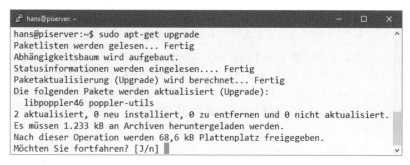

Abbildung 22.9 Ein Update Ihres Systems mit »apt-get upgrade«

Übrigens: Sie vertrauen damit den Debian-Servern, dass diese Ihnen nur »saubere« Software ausliefern. Im Falle offizieller Debian-Server (und offizieller Mirror, also Spiegelserver) ist dieses Vertrauen gerechtfertigt. Wenn Sie Ihrem System fremde Paketquellen zugefügt haben, kann dies kritisch sein, weswegen hiervor häufig gewarnt wird. In diesem Buch haben wir nur einmal ausnahmsweise beim TVHeadend-Server eine Fremdquelle hinzugefügt, und das nur deshalb, weil TVHeadend ein offizielles, etabliertes Projekt ist.

Natürlich müssen Sie diese Überprüfung regelmäßig durchführen. Dies gilt besonders dann, wenn Sie Services eingerichtet haben, die aus dem Internet erreichbar sind. Möglicherweise ist es Ihnen jedoch ein wenig lästig, regelmäßig diese Befehle auszuführen. Zum Glück lassen sie sich automatisieren. Es gibt dabei zwei Ansätze, die wir uns anschauen sollten. Bei dem ersten Ansatz wird automatisch die Paketliste aktualisiert und auf Updates überprüft. Diese Updates werden auch heruntergeladen, aber nicht automatisch installiert. Sie erhalten stattdessen eine Information per E-Mail. Sie können sich dann diese Updates in Ruhe ansehen (die E-Mail enthält dazu ein paar Informationen) und dann die Installation manuell vornehmen. Dies erspart Ihnen die manuelle Suche, Sie werden ja automatisch informiert, wenn es etwas zu tun gibt. Lediglich installieren müssen Sie dann die Updates selbst. Dies ist normalerweise die empfohlene Vorgehensweise, die auch sehr viele professionelle Administratoren anwenden. Der Grund ist folgender: Theoretisch kann bei der Installation eines Updates – auch wenn es »nur« ein Sicherheitsupdate ist, das die Funktion nicht ändert – etwas schiefgehen. Dabei könnte möglicherweise ein Dienst auf dem Server ausfallen. Das wäre natürlich für ein professionelles Produktivsystem, das möglicherweise direkt an der Wertschöpfung eines Unternehmens beteiligt ist, sehr schlecht. Besonders dumm wird es, wenn es nachts passiert, niemand da ist und der Fehler erst am nächsten Morgen entdeckt und behoben wird. Ganz unangenehm wird es, wenn dabei ein Server ausfällt, der mehrere Hundert Kilometer entfernt an einem abgelegenen (womöglich auch noch menschenleeren) Ort steht. Deswegen installiert man die Updates dann, wenn Zeit und jemand da ist – trotzdem aber so schnell wie möglich. Im Fehlerfall müsste dann das betreffende Update zurückgenommen und müssten Lösungsansätze gesucht werden. Sie können sich zu Hause auch für dieses Vorgehen entscheiden, müssen dann aber immer selbst ran.

Dass ein Update schiefläuft, ist allerdings sehr selten. Und dass Sie als Anfänger, wenn auch bereits deutlich fortgeschritten, im unwahrscheinlichen Fehlerfall sofort die passende Lösung parat haben, ist nicht von sehr hoher Wahrscheinlichkeit. Dem Anfänger werden daher doch gerne die automatischen Updates empfohlen, die ihm alles abnehmen. Es schadet aber nichts, auch den halbautomatischen Weg zu gehen. Hierbei behalten Sie stets etwas mehr Kontrolle, können sich mit den Updates erst beschäftigen, lernen etwas über die Updatepolitik von Debian und eventuell auch etwas über Sicherheitslücken.

Das Paketverwaltungssystem apt behält stets eine Sicherungskopie von heruntergeladenen Paketen. Diese speichert es im Verzeichnis */var/cache/apt/archives*. Im Laufe der Zeit kann sich dort eine beachtliche Anzahl an Sicherungskopien ansammeln, die durchaus mehrere Hundert Megabyte Speicherplatz beanspruchen. Von Zeit zu Zeit schadet es nicht, diese Sicherungskopien zu löschen, um Speicherplatz zurückzugewinnen. Sie sollten in diesem Verzeichnis jedoch besser nicht selbst »irgendwelche« Dateien löschen, sondern den dafür vorgesehenen Befehl benutzen. Führen Sie – in größeren Zeitintervallen von mehreren Monaten – daher ruhig einmal den Befehl

```
sudo apt-get clean
```

aus. Sie können dann überprüfen, wie viel Speicherplatz Sie zurückgewonnen haben.

22.4.1   Automatische Information über verfügbare Updates

Wenn es Ihnen nicht vor dem gelegentlichen (aber bitte raschen!) Einspielen von Updates graut, dann bitte: Installieren und konfigurieren wir *apticron*. Dies ist das Programm, das automatisch die Paketlisten aktualisiert und Sie per E-Mail über Updates informiert. Die Einrichtung ist besonders einfach und nach wenigen Sekunden erledigt, vorausgesetzt, Sie haben bereits einen MTA, einen Mail Transfer Agent, installiert. Dies ist das Programm, das Linux zum Versenden von E-Mails befähigt. Es ist offensichtlich, dass dies für apticron essentiell ist und unbedingt funktionsbereit sein muss. Falls Sie noch keinen MTA installiert haben, dann holen Sie dies bitte nach. Lesen und bearbeiten Sie dazu bitte Kapitel 10, »Statusinformationen per

E-Mail erhalten: sSMTP als MTA«. Überprüfen Sie auch die Funktionsfähigkeit des MTAs, indem Sie sich, wie im bezeichneten Kapitel beschrieben, eine Test-E-Mail zusenden. Wenn alles erledigt ist, dann installieren Sie apticron mit dem Befehl:

```
sudo apt-get install apticron
```

Die Paketquellen hatten Sie ja wie immer vorher aktualisiert. Das Einzige, was Sie apticron jetzt noch zur Konfiguration mitteilen müssen, ist Ihre E-Mail Adresse. Öffnen Sie mit nano die Konfigurationsdatei

```
sudo nano /etc/apticron/apticron.conf
```

Tragen Sie im Feld

```
EMAIL=
```

Ihre E-Mail-Adresse ein, die von Anführungszeichen eingeschlossen sein muss. Ein Beispiel könnte lauten:

```
EMAIL="IhreMail@example.com"
```

Bei Ihnen könnte es so wie in Abbildung 22.10 aussehen.

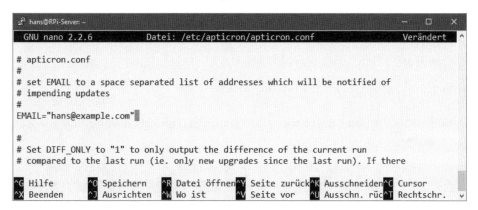

Abbildung 22.10 Ihre Mail-Adresse in der Datei »/etc/apticron/apticron.conf«

Speichern Sie, beenden Sie nano, und schon sind Sie fertig. Sobald Updates vorliegen, wird apticron Sie benachrichtigen. apticron hat sich automatisch so installiert, dass es regelmäßig aufgerufen wird, Sie brauchen nichts weiter zu unternehmen. Sie können apticron jedoch auch jederzeit zusätzlich selbst ausführen. Der Befehl dazu lautet:

```
sudo apticron
```

Wenn gerade Updates verfügbar sind, dann erhalten Sie eine informierende E-Mail. Vergessen Sie nicht, die Updates dann auch mit dem Befehl

```
sudo apt-get upgrade
```

und einer entsprechenden Bestätigung zu installieren.

22.4.2   Vollautomatische Installation von Updates

Betrachten wir jetzt die zweite Möglichkeit, die komplett automatische Installation von Sicherheitsupdates. Hier müssen Sie selbst nicht aktiv werden, das System hält sich selbst auf dem aktuellen Stand. Dies mag für den Anfänger zunächst bequemer und einfacher sein. Übrigens: Der folgende Weg wird dafür sorgen, dass nur Updates von den offiziellen Debian-Paketquellen installiert werden. Updates aus Fremdquellen werden zur Sicherheit nicht automatisch installiert, bitte nutzen Sie hierfür weiterhin die manuelle Upgrade-Funktion, wie ich sie oben beschrieben habe.

Das Programm, das die automatischen Updates vornimmt, ist eine Erweiterung zum normalen apt namens *unattended-upgrades*. Installieren Sie es mit dem Befehl

```
sudo apt-get install unattended-upgrades
```

Die anschließende Konfiguration ist nun sehr einfach. Öffnen Sie mit nano folgende neue Datei:

```
sudo nano /etc/apt/apt.conf.d/10periodic
```

Fügen Sie folgende Zeilen ein:

```
APT::Periodic::Update-Package-Lists "1";
APT::Periodic::Download-Upgradeable-Packages "1";
APT::Periodic::AutocleanInterval "7";
APT::Periodic::Unattended-Upgrade "1";
```

Listing 22.1 »apt« mit automatischen Upgrades versorgen

Speichern Sie die Datei, die so wie in Abbildung 22.11 aussehen sollte, und beenden Sie dann nano.

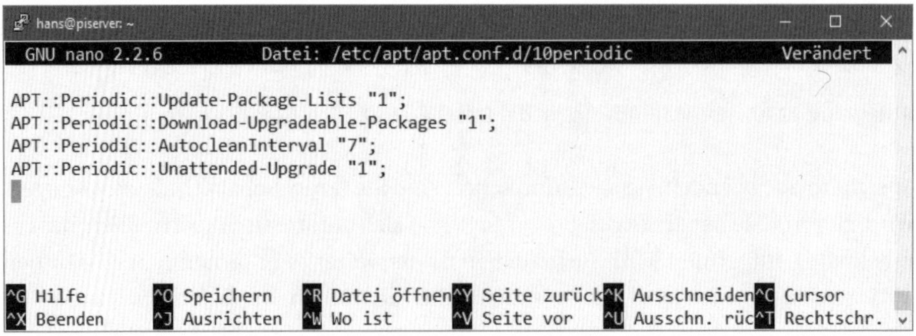

Abbildung 22.11 Die periodischen Updates konfigurieren

Die Zeilen werden dafür sorgen, dass täglich nach Updates gesucht wird und diese gegebenenfalls automatisch installiert werden. Alle sieben Tage werden nicht mehr benötigte Installationspakete von Ihrem Server gelöscht. Das war es schon. Sie werden nun mit automatischen Updates versorgt. unattended-upgrades wird für Sie unter */var/log/unattended-upgrades* eine Logdatei führen, die Sie regelmäßig kontrollieren sollten.

Auf Wunsch können Sie unattended-upgrades jetzt auch so einstellen, dass Ihnen eine E-Mail gesendet wird, sobald eine Aktualisierung erfolgt ist. Hierfür müssen Sie – wie immer bei automatisch versendeten E-Mails – einen MTA installiert haben, wie ich es im Kapitel zur E-Mail-Funktion besprochen habe.

Öffnen Sie anschließend mit nano folgende Datei:

```
sudo nano /etc/apt/apt.conf.d/50unattended-upgrades
```

Suchen Sie nach der Zeile

```
//Unattended-Upgrade::Mail "root";
```

Entfernen Sie die beiden führenden Schrägstriche, und ersetzen Sie root durch Ihre eigene E-Mail-Adresse, beispielsweise:

```
Unattended-Upgrade::Mail "IhrName@example.com";
```

Speichern Sie die Datei, die Sie in Abbildung 22.12 sehen, beenden Sie nano, und in Zukunft erhalten Sie eine E-Mail, die Sie darüber informiert, welche Updates vorgenommen wurden.

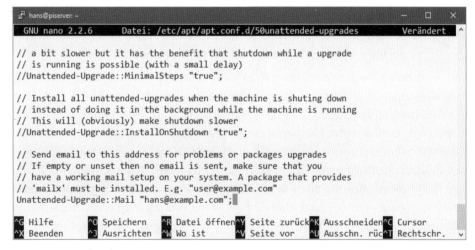

Abbildung 22.12 Die geänderte Datei »/etc/apt/apt.conf.d/50unattended-upgrades«

Beachten Sie, dass diese Funktion nur Sicherheitsupdates automatisch installiert. Sie sollten daher trotzdem gelegentlich einen manuellen Upgrade-Vorgang durchführen, um gegebenenfalls vorhandene weitere Updates zu erhalten.

22.5   Prüfen des Softwarebestands

Im Laufe der Zeit kann es dazu kommen, dass es auf Ihrem Server Programme und Dienste gibt, die Sie nicht mehr benötigen. Vielleicht haben Sie irgendwann einmal einen Dienst installiert, von dem Sie sich einen größeren Nutzen versprachen, und mussten dann feststellen, dass Sie ihn doch nicht so häufig wie gedacht benutzen. Oder Sie haben eine Funktion ausprobiert und anschließend vergessen. Ungenutzte Dienste sollten auf einem Server vermieden werden. Sie belegen unnötig Systemressourcen und stellen im ungünstigsten Fall Einfallstore für Personen mit bösen Absichten dar. Sie sollten insbesondere vermeiden, nicht benötigte Dienste aus dem Internet heraus erreichbar zu halten. Sie sollten daher nicht benötigte Dienste wieder deinstallieren.

Am besten ist es, wenn Sie Buch darüber führen, welchen Dienst und welches Programm Sie wann installiert haben. Dann können Sie dieses Programm auch recht einfach wieder deinstallieren.

Nehmen wir an, Sie möchten das fiktive Paket beziehungsweise den fiktiven Dienst unbenötigte_Komponente wieder deinstallieren. Dazu führen Sie folgenden Befehl aus:

```
sudo apt-get remove unbenötigte_Komponente
```

Der Paketmanager apt wird daraufhin überprüfen, welche Komponenten zu deinstallieren sind, und Ihnen eine Übersicht anzeigen. Sie erhalten außerdem eine Meldung, wie viel Speicherplatz Sie zurückgewinnen werden. Sie können sich dann entscheiden, ob Sie die Deinstallation vornehmen möchten (indem Sie die Rückfrage mit der ⏎-Taste bestätigen) oder davon doch lieber Abstand nehmen möchten (indem Sie die Taste n – für »nein« – gefolgt von der ⏎-Taste drücken).

Sicher ist Ihnen bei der Installation einer Komponente bereits aufgefallen, dass neben dem eigentlichen (Haupt-)Paket zahlreiche weitere Komponenten installiert werden. Hierbei handelt es sich im Regelfall um sogenannte *Bibliotheken*, die Funktionen anbieten, die vom Hauptprogramm benötigt werden. Ein Beispiel wäre eine Bibliothek, die Funktionen zur Dekodierung von MP3-Tags bietet. Diese Tags enthalten Informationen zu einem Musikstück, unter anderem den Künstlernamen und den Titel. Solche Informationen werden beispielsweise von einer Musik-Streaming-Anwendung wie MPD benötigt. Diese Bibliotheken können durchaus von mehreren Diensten und Programmen auf Ihrem Server gemeinsam verwendet werden. Die angesprochene MP3-Tag-Bibliothek kann beispielsweise auch von MiniDLNA benötigt werden. Es ist überhaupt keine gute Idee, sich bei der Installation eines Programms die mitinstallierten Bibliotheken aufzuschreiben und diese nun manuell zu löschen. Warum? Nehmen wir an, Sie hätten im Beispielfall kein Interesse mehr an MPD. Sie deinstallieren MPD. Sie haben sich gemerkt, dass MPD einst *lib_mp3tag* mitinstalliert hatte. Nun löschen Sie ebenfalls *lib_mp3tag*. Der Paketmanager wird dieser Bitte nachkommen. Er erkennt aber automatisch, dass auch MiniDLNA von dieser Komponente abhängt. Mehr noch: Er erkennt, dass MiniDLNA ohne diese Bibliothek nicht korrekt arbeiten kann. Folglich wird apt auch gleich MiniDLNA deinstallieren. Und das war in diesem Fall nicht Ihre Absicht. Deswegen sollten Sie immer nur die jeweiligen Hauptkomponenten löschen. Aber keine Sorge: apt unterstützt Sie ebenfalls bei zusätzlich installierten Komponenten. Wenn Sie ein Hauptprogramm deinstallieren, das Zusatzkomponenten installiert hat, die nun von keinem anderen Programm mehr benötigt werden, dann informiert apt Sie darüber. Um diese Komponenten nun zu deinstallieren, können Sie ganz einfach den Befehl

```
sudo apt-get autoremove
```

ausführen. Dieser Befehl wird jene automatisch mitinstallierten Komponenten löschen, die nun nicht mehr benötigt werden. Im Regelfall können Sie diesen Befehl gefahrlos ausführen.

Übrigens: Der Befehl apt-get remove löscht nur die installierten Programmkomponenten, nicht jedoch die (von Ihnen angepassten) Konfigurationsdateien der jeweiligen Programme. Diese behalten Sie als Sicherheitskopie an Ort und Stelle und können sie bei einer erneuten Installation eines Programms wieder benutzen. Wenn Sie dies nicht wünschen und stattdessen das entsprechende Programm restlos entfernen möchten, dann führen Sie den Befehl

```
sudo apt-get purge unbenötigte_Komponente
```

aus. Hierbei werden auch die Konfigurationsdateien gelöscht.

Was ist aber zu tun, wenn Sie gar kein Buch über die Installationen geführt haben? Nun, auch dann hilft Ihnen apt ein wenig weiter. apt führt nämlich ebenfalls Buch über sämtliche Installationen. Allerdings bekommen Sie (scherzhaft gesagt) eine kleine Strafe für Ihre Nachlässigkeit. Denn Sie müssen nun die Logdateien von apt manuell durchsuchen. Wechseln Sie zunächst in das Verzeichnis

```
cd /var/log/apt
```

Sie finden dort eine Datei namens *history.log*. Diese Datei können Sie mit nano betrachten.

```
nano history.log
```

Sie finden in dieser Datei (möglicherweise) eine größere Anzahl von Blöcken, die folgende Struktur haben:

```
Start-Date: Datum Uhrzeit
Commandline: apt-get upgrade
Upgrade: Komponente Version
End-Date: Datum Uhrzeit
```

Wie eine vollständige Datei aussehen kann, sehen Sie in Abbildung 22.13.

22

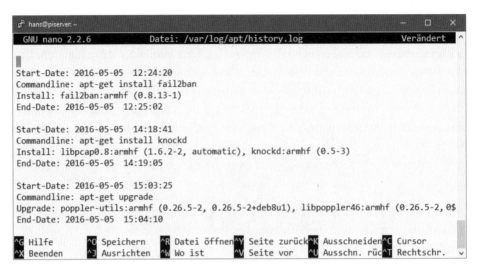

Abbildung 22.13 Die »history« der installierten Programme

Nach der Angabe des Startdatums nebst der entsprechenden Uhrzeit sehen Sie den einst ausgeführten Befehl. Die dritte Zeile gibt an, ob ein Upgrade oder eine Installation durchgeführt wurde. Anschließend können Sie die Namen der Pakete lesen, die aktualisiert oder installiert wurden. Der Block schließt mit Datum und Uhrzeit der Beendigung des Vorgangs. Sie können nun die gesamte Datei durchgehen und sich anschauen, wann Sie eine bestimmte Komponente installiert haben. Achten Sie darauf, dass die dritte Zeile mit dem Wort Install beginnt. Haben Sie einen Kandidaten gefunden, den Sie deinstallieren möchten, dann heißt es jetzt: Sie dürfen keinesfalls einfach alle Pakete deinstallieren, die in der dritten Zeile angegeben sind. Diese Zeile enthält nämlich auch jene Komponenten, von denen andere Programme abhängig sein können. Eine sorglose Deinstallation kann fatal sein. Nein, stattdessen dürfen Sie ausschließlich die Komponenten deinstallieren, die in der zweiten Zeile unter Commandline: angegeben sind. Denn diese Zeile enthält diejenigen Befehle, die Sie einst auch eingegeben haben. Das müssen Sie unbedingt berücksichtigen.

Betrachten wir ein Beispiel. Nehmen wir an, Sie hatten einst gemäß Abschnitt 16.2 MPD installiert, den Sie nun wieder deinstallieren möchten. Sie finden in der Datei *history.log* folgenden Eintrag:

```
Start-Date: 2016-02-30 24:30:00
Commandline: apt-get install mpd
Install: mpd:armhf (x.xx.xx-0+deb7u1), lib_id3tag:armhf (x.xx.xx-0+deb7u1), ↵
lib_mp3decode (x.xx.xx-0+deb7u1)
End-Date: 2015-02-31 24:31:00
```

Sie dürfen an dieser Stelle nicht die Bibliotheken *lib_id3tag* und *lib_mp3decode* deinstallieren. Orientieren Sie sich nur an der zweiten Zeile. Dort ist als Einziges mpd angegeben, und nur diese Komponente dürfen Sie nun mit dem Befehl

```
sudo apt-get remove mpd
```

wieder deinstallieren.

Wenn Sie sich die Datei *history.log* ansehen, dann werden Sie erkennen, dass sie gar nicht sonderlich viele Einträge enthält. Das liegt daran, dass sie der Logrotation unterliegt und regelmäßig erneuert wird. Dabei werden jedoch komprimierte Sicherungskopien der alten Revisionen angelegt, die Sie im Verzeichnis mit der Dateiendung *.1.gz* und fortlaufender Nummerierung finden. Um diese älteren Dateien betrachten zu können, müssen Sie sie zuerst entpacken. Dafür dient das Kommando gunzip. Nehmen wir an, Sie möchten die Datei *history.log.2.gz* entpacken. Dann geben Sie folgenden Befehl ein:

```
sudo gunzip history.log.2.gz
```

Anschließend können Sie sich die Datei *history.log.2* ganz normal mit nano ansehen:

```
nano history.log.2
```

Wenn Sie Ihre Recherche beendet und nano verlassen haben, dann sollten Sie die Datei wieder komprimieren. Dazu dient der Befehl gzip, den Sie folgendermaßen auf die Beispieldatei anwenden:

```
sudo gzip history.log.2
```

Das war es schon.

22.6   Das Betriebssystem Bananian aktualisieren

Natürlich gibt es gelegentlich auch Updates für Komponenten des Betriebssystems. So wird auch der Linux-Kernel in unregelmäßigen Zeitintervallen auf den neuesten Stand gebracht. Die beiden Betriebssysteme Bananian und Raspbian gehen hier (derzeit noch) unterschiedliche Wege. Nutzen Sie einen Raspberry Pi unter Raspbian, dann erhalten Sie solche Updates ganz normal mit dem Befehl sudo apt-get upgrade. Auch die Installation unterscheidet sich nicht von gewöhnlichen Updates. Beim Banana Pi ist dies jedoch anders. Hier werden solche Updates (derzeit noch) nicht als normales Paket zur Verfügung gestellt. Stattdessen gibt es einen speziellen Befehl, der das Betriebssystem aktualisiert. Aktualisierungen erscheinen unregelmäßig, meist jedoch im Abstand von mehreren Monaten. Die Updates, die Sie über diesen Befehl erhalten, wurden gründlich getestet. Es schadet jedoch nicht, vorher eine Sicherheitskopie des Systems anzulegen und das Update zu einem unkritischen Zeitpunkt auszuführen. Ein schlechter Zeitpunkt ist beispielsweise dann, wenn der Server dringend gebraucht wird, weil gerade ein Schul- oder Studiumsprojekt bearbeitet wird oder jemand den

VPN-Zugang benötigt, weil er sich auf einer Reise befindet. Warten Sie also ab, bis die Serverauslastung gering ist. Das Update führen Sie mit folgendem Befehl durch:

```
sudo bananian-update
```

Die Updateprozedur ist selbsterklärend. Zuerst wird automatisch überprüft, ob ein Update zur Verfügung steht. Wenn dem so ist, erhalten Sie die Frage, ob Sie das Update nun einspielen wollen. Erst wenn Sie diese Frage bejahen, beginnt die Prozedur. Nach deren Abschluss ist meistens ein Neustart des Servers erforderlich. Sie können den Befehl allerdings jederzeit ausführen, um zu prüfen, ob gegenwärtig Systemupdates bereitstehen.

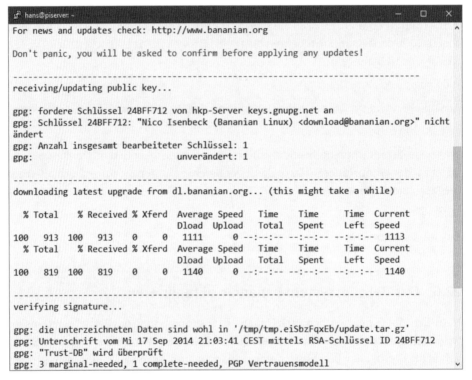

Abbildung 22.14 »bananian-update« prüft zunächst über Schlüssel die Echtheit eventueller Updates, bevor es zu deren Installation übergeht

Kapitel 23
Testen der Netzwerkgeschwindigkeit

Nicht nur für Technik-Freaks ist es interessant, einmal die Geschwindigkeit der Netzwerkverbindung zu testen. In diesem Kapitel lernen Sie, wie Sie dies relativ einfach durchführen können.

Manchmal ist es hilfreich, die reine Geschwindigkeit der Datenübertragung zwischen einem Server und einem angeschlossenen Clientcomputer zu bestimmen. Vielleicht haben Sie schon einmal festgestellt, dass ein bestimmter Computer nur sehr langsam mit dem Server kommuniziert oder bestimmte datenintensive Dienste nicht »so richtig in Gang kommen wollen«. Bevor Sie nun über Ihren vermeintlich zu langsamen Server schimpfen, sollten Sie zuerst kontrollieren, ob dieser überhaupt Schuld an der zu langsamen Verbindung ist. Denn auch das Netzwerk an sich, also die physikalische Verbindung der Computer untereinander, ist nicht frei von Fehlerquellen. Es kann durchaus sein, dass ein Bindeglied, vielleicht ein älterer Switch oder gar ein Kabel, nicht mehr »gut in Schuss« ist und somit die Datenübertragungsrate unnötig limitiert. Deswegen ist es sinnvoll, einmal die reine Bruttodatenübertragungsrate zu messen. Dies ist naturgemäß besonders angebracht, wenn Sie ein WLAN betreiben (müssen), das ja bekanntlich häufig mit Empfangsstörungen zu kämpfen hat und in dem Hindernisse wie Wände oder Metallelemente die Datenrate reduzieren. Wenn Sie die Datenübertragungsrate durch eine Messung kennen, dann können Sie beispielsweise den Standort optimieren. Das gilt natürlich nicht nur für den Server, sondern auch für den Clientcomputer. Schließlich ist es denkbar, dass Sie den Server zwar über eine Kabelverbindung an Ihren Router angeschlossen haben, ein bestimmter Clientcomputer aufgrund seines Standortes jedoch auf eine WLAN-Verbindung angewiesen ist.

Sie können aber auch ein Kabelnetzwerk optimieren. Wenn Sie beispielsweise eine zu geringe Datenübertragungsrate feststellen und wissen, dass eventuell veraltete Technik im Einsatz ist oder neulich der Hund an einem Netzwerkkabel geknabbert hat, dann können Sie hier durch Austausch der Komponenten die Ursache finden. Eine Messung ist aber auch interessant, wenn Sie eine »abenteuerliche« Netzwerkkonfiguration haben und ein Rechner beispielsweise zusätzlich nur über eine Powerline-Anbindung erreichbar ist und Sie auch diese in eine Messung einbeziehen möchten.

Zum Testen der Bruttoübertragungsrate im Netzwerk bietet sich das kleine Programm `iperf` an, das genau für diesen Zweck entworfen wurde. `iperf` verwendet eine Server-Client-Architektur. Das bedeutet, dass ein Computer Daten sendet (der Server) und ein anderer Computer diese Daten empfängt (der Client). `iperf` ist für verschiedene Betriebssysteme erhältlich, wir wollen hier die Versionen für Linux, Mac OS X und Windows betrachten. `iperf` kann, wenn es einmal installiert ist, sowohl als Client als auch als Server betrieben werden. Zunächst installieren wir `iperf` auf Ihrem Pi-Server. Dazu geben Sie folgenden Befehl ein:

```
sudo apt-get install iperf
```

Wie immer sollten Sie zuvor Ihre Referenzierung der Paketquellen aktualisieren (mit dem Befehl `sudo apt-get update`).

`iperf` steht Ihnen nun zur Verfügung. Es wird natürlich über die Kommandozeile gesteuert, die Befehle sind allerdings besonders einfach gehalten.

Wir beginnen damit, `iperf` auf Ihrem Pi-Server als Server zu starten. Geben Sie dazu einfach folgenden Befehl ein:

```
iperf -s
```

Dies sorgt dafür, dass `iperf` als Server arbeitet und von nun an auf die Verbindung eines Clients wartet. Achtung: Das Programm ist an das Konsolenfenster gebunden. Sie dürfen dieses Fenster nicht schließen, es muss geöffnet bleiben, ansonsten wird `iperf` beendet.

Als Nächstes kümmern wir uns um den Clientcomputer. Bestimmen Sie denjenigen Computer, von dem Sie die Messung durchführen möchten. Dies kann zweckmäßigerweise das Gerät sein, an dem Sie gerade arbeiten. Falls es ein Linux-Computer ist, dann können Sie dort `iperf` genauso installieren, wie auf Ihrem Pi-Server. Verwenden Sie hingegen einen Windows-PC oder einen Mac-Rechner, dann müssen Sie sich `iperf` zunächst aus dem Internet herunterladen. Sie finden `iperf` auf seiner Projektsite, auf der auch Versionen für mobile Betriebssysteme vorrätig gehalten werden:

https://iperf.fr/

Zu der älteren Version 2, die für unsere Zwecke jedoch vollkommen ausreicht, finden Interessierte den Quellcode und weitere Informationen auch auf der entsprechenden Sourceforge-Seite:

http://sourceforge.net/projects/iperf2/

Normalerweise genügt jedoch der Besuch der erstgenannten Seite. Klicken Sie dort auf den Reiter DOWNLOAD IPERF BINARIES. Auf der sich öffnenden Webseite wählen Sie aus der Übersichtstabelle die Datei, die zu Ihrem Betriebssystem passt. Für unsere Zwecke reicht die ältere Version 2.05, die ebenfalls auf Ihrem Pi-Server installiert ist. Für Windows verwenden Sie beispielsweise die Datei *iperf-2.0.5-3-win32.zip*. Laden Sie diese Datei auf Ihren Rechner, und entpacken Sie sie in ein beliebiges Verzeichnis. Als Nächstes öffnen Sie eine Eingabeaufforderung beziehungsweise ein Terminal. Unter Windows beispielsweise geschieht dies durch die Tastenkombination ⊞+r. Geben Sie dann `cmd` ein, und drücken Sie ↵. Nutzen Sie Mac OS X, dann führt der einfachste Weg über das Dock. Klicken Sie dort auf PROGRAMME, wählen Sie anschließend im Menü den Eintrag DIENSTPROGRAMME, und öffnen Sie schließlich das TERMINAL. Navigieren Sie mit dem Befehl cd zu dem Verzeichnis, in das Sie iperf entpackt haben.

Die Befehle, die Sie nun eingeben müssen, sind für alle Betriebssysteme gleich. Starten Sie iperf im Clientmodus mit folgendem Befehl:

```
iperf -c IP-Adresse.Ihres.Pi.Servers
```

Ersetzen Sie dort IP-Adresse.Ihres.Pi.Servers durch die IP-Adresse, unter der Ihr Pi-Server erreichbar ist. Ein Beispiel dazu sehen Sie in Abbildung 23.1.

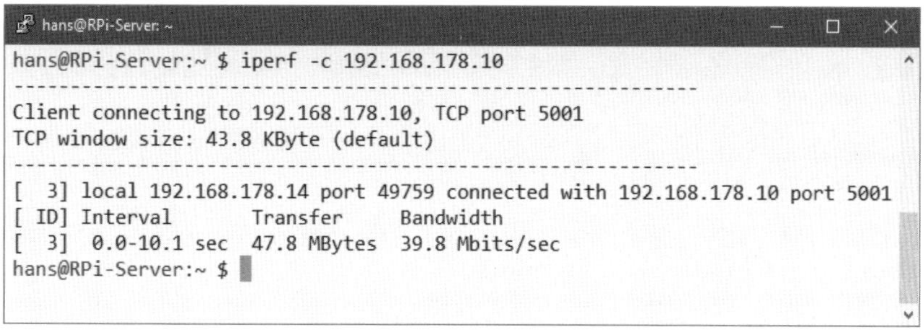

```
hans@RPi-Server: ~                                          —    □    ×
hans@RPi-Server:~ $ iperf -c 192.168.178.10
------------------------------------------------------------
Client connecting to 192.168.178.10, TCP port 5001
TCP window size: 43.8 KByte (default)
------------------------------------------------------------
[  3] local 192.168.178.14 port 49759 connected with 192.168.178.10 port 5001
[ ID] Interval       Transfer     Bandwidth
[  3]  0.0-10.1 sec  47.8 MBytes  39.8 Mbits/sec
hans@RPi-Server:~ $ ▮
```

Abbildung 23.1 Eine Geschwindigkeitsmessung mit »iperf«

Die Messung beginnt automatisch. In der Standardeinstellung wird die Datentransferrate über einen zehnsekündigen Zeitraum gemessen. Anschließend wird Ihnen das Ergebnis präsentiert.

Bedenken Sie, dass die Zahlenangaben zur Datentransferrate Ihres Netzwerks (theoretische) Maximalwerte sind. Die Bruttotransferrate, die für Anwendungen zur Verfügung steht, ist immer geringer. Der Rest, der sogenannte *Overhead*, wird unter anderem zur Protokollabwicklung benötigt. In einem Kabelnetzwerk ist der Overhead recht klein, so dass Sie recht nahe an den theoretischen Maximalwert herankommen können. Ganz anders ist dies im WLAN. Hier ist die Datentransferrate wesentlich geringer, im Regelfall beträgt sie maximal die Hälfte des theoretischen Maximalwerts, oftmals ist sie noch einmal deutlich kleiner und hängt vor allen Dingen auch davon ab, was sonst noch so gerade in Ihrem Netzwerk los ist. Anders ist dies im Kabelnetzwerk, in dem ein Switch ja stets die Kommunikation zweier Partner mehr oder weniger exklusiv realisiert. Bedenken Sie dies bitte bei der Interpretation des Ergebnisses. Natürlich sollten Sie bei der Messung auch die momentane Auslastung Ihres Netzwerks berücksichtigen. Damit ist nicht gemeint, dass Sie zur Messung alle anderen Dienste abschalten. Nein, es kann sogar sinnvoll sein, während einer normalen Lastsituation zu messen, damit Sie wirklich wissen, was im Alltagsbetrieb tatsächlich am Zielrechner ankommt. Natürlich kann die Umkehrmessung mit möglichst wenig anderer Kommunikation auch sinnvoll und interessant sein. Sie sollten die Messung daher mehrfach wiederholen, möglichst auch in verschiedenen Lastsituationen.

Sie können übrigens auch die Zeitdauer, die für eine Messung verwendet wird, einstellen. Dies kann gerade für Untersuchungen in WLAN-Umgebungen interessant sein. Die Zeitdauer stellen Sie über den Parameter --t ein. Der Standardwert beträgt, wie gesagt, 10 Sekunden. Die Eingabe erfolgt in Sekunden. Der Befehl

```
iperf -c 192.168.178.10 -t 60
```

misst also die Datentransferrate zum Server 192.168.178.10 über einen Zeitraum von 60 Sekunden und zeigt Ihnen dann das gemittelte Ergebnis so wie in Abbildung 23.2 an. Während der Messung informiert Sie übrigens auch der Server in seiner Konsole über eine eingegangene Clientanforderung.

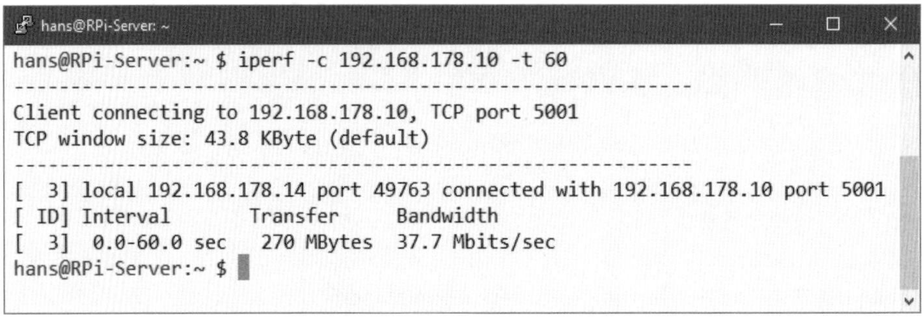

```
hans@RPi-Server: ~                                          —   □   ×

hans@RPi-Server:~ $ iperf -c 192.168.178.10 -t 60
------------------------------------------------------------
Client connecting to 192.168.178.10, TCP port 5001
TCP window size: 43.8 KByte (default)
------------------------------------------------------------
[  3] local 192.168.178.14 port 49763 connected with 192.168.178.10 port 5001
[ ID] Interval       Transfer     Bandwidth
[  3] 0.0-60.0 sec   270 MBytes   37.7 Mbits/sec
hans@RPi-Server:~ $
```

Abbildung 23.2 Die Messung über 60 Sekunden

Es gibt noch einen zweiten interessanten Parameter, nämlich -R. Das R steht für *reverse*. Hierbei tauschen Server und Client ihre Rollen, ohne dass weitere Befehle nötig sind. Der Befehl

```
iperf -R -c 192.168.178.10
```

baut also erneut eine Verbindung zu dem Pi-Server unter der IP-Adresse 192.168.178.10 auf, auf dem iperf im Servermodus läuft; jetzt sendet allerdings der Client Daten zum Server, die dieser entgegennimmt. Testen Sie einmal, ob Ihre Verbindung symmetrisch ist, also ob beide Datentransferraten identisch sind.

Übrigens: iperf ist auch interessant zum Testen der Geschwindigkeit einer VPN-Verbindung. Hier sind die involvierten Rechner ja über das Internet miteinander verbunden. Auch wenn Sie sich logisch im selben Netzwerk befinden, geschieht Ihr Datentransfer über die Internetverbindung. Hiermit können Sie also auch die Geschwindigkeit Ihrer Internetverbindung testen und prüfen, inwieweit sie Ihre VPN-Verbindung limitiert. Wenn Sie übliche Internetverbindungen mit verschiedenen Upload- und Downloadgeschwindigkeiten nutzen, dann müssen sich natürlich bei einer Messung im Reverse-Modus andere Geschwindigkeiten ergeben.

Zum Abschluss beenden Sie iperf auf Ihrem Pi-Server mit der Tastenkombination Strg + c. Sie können dann die Konsole wieder schließen. Wie Sie sicherlich bemerkt haben, beendet sich die Clientanwendung automatisch.

Kapitel 24
Ein Backup erstellen

In diesem Kapitel werden Sie lernen, wie Sie mit unterschiedlichen Methoden eine Sicherungskopie der Speicherkarte des Pi-Servers erstellen. Damit sind Sie vor einem Datenverlust gut geschützt.

Wie Sie sicherlich schon festgestellt haben, arbeitet Ihr kleiner Pi-Server sehr stabil. Softwarefehler kommen so gut wie überhaupt nicht vor. Was aber passieren kann, das sind Fehlkonfigurationen und Fehlbedienungen durch den Benutzer, womit im ungünstigsten Fall der komplette Server seinen Betrieb einstellt. Solche menschlichen Fehler können uns allen unterlaufen, dann und wann sogar professionellen Systemadministratoren.

Natürlich kann es auch zu einem Hardwaredefekt kommen. Die Speicherkarte des Servers ist prinzipiell ein Verschleißteil und kann nur eine bestimmte (wenn auch recht hohe) Anzahl an Schreibzyklen fehlerfrei verarbeiten. Normalerweise müsste man nach einem Fehlerfall den gesamten Server von Grund auf neu installieren und alle Dienste wieder der jeweiligen Situation entsprechend konfigurieren. Das bedeutet einen erheblichen Arbeitsumfang. Dieser Umstand wird dadurch noch unangenehmer, dass möglicherweise auch eine Menge an persönlichen Daten wie Dokumente oder Mediendateien verlorengegangen sind.

Aus diesem Grund sollten Sie in regelmäßigen Zeitabständen eine Sicherungskopie, ein sogenanntes *Backup*, des Systems anlegen. Der Pi-Server macht es Ihnen hier ziemlich einfach, weil alle systemrelevanten Daten und Einstellungen auf der zentralen Speicherkarte abgelegt sind. An dieser Stelle wollen wir uns daran erinnern, dass wir die Speicherkarte jederzeit in einen baugleichen Pi-Computer einlegen können und dieser sich dann genau identisch zum zuvor genutzten Gerät verhält. Natürlich können wir auch ein Duplikat der Speicherkarte erstellen.

In der Literatur wird stets gebetsmühlenartig die Wichtigkeit der regelmäßigen Backups betont – was auch völlig richtig und angemessen ist. Im professionellen Umfeld wird die Backup-Strategie auch tatsächlich sehr ernst genommen. Leider ist dies im privaten Umfeld oftmals nicht der Fall. Meistens wird hier die Wichtigkeit eines Backups erst dann erkannt, wenn einmal eines benötigt wird und dann eben nicht zur Hand ist. Damit Ihnen dies nicht passiert, befassen wir uns an dieser Stelle mit dem Backup der Speicherkarte.

Für das Backup der Speicherkarte gibt es zwei verschiedene Methoden. Zum einen können wir den Pi-Server ordnungsgemäß herunterfahren und abschalten. Wir entnehmen dann die Speicherkarte und legen sie in einen anderen Rechner ein. Dort erstellen wir dann eine Sicherungskopie. Der Vorteil dieser Methode ist, dass das Backup relativ zügig geschieht und je nach Größe und Geschwindigkeit der Speicherkarte weniger als eine Stunde in Anspruch nimmt. Bei einer moderaten Kartengröße von 16 Gigabyte und einer schnellen Lesegeschwindigkeit von 50 MB/s kann das Backup bereits in rund fünf Minuten erledigt sein. Bei einer einfacheren, größeren Karte mit einer Kapazität von 64 Gigabyte, die vielleicht nur eine Lesegeschwindigkeit von 25 MB/s erreicht, kann der Vorgang jedoch auch knapp 45 Minuten beanspruchen. Das Backup liegt anschließend gleich als Datei auf einem Rechner vor, mit dem es sich notfalls auch wieder auf eine Speicherkarte zurückspielen lässt.

Der Nachteil dieser Methode ist, dass der Pi-Server für dieses Backup unbedingt heruntergefahren und ausgeschaltet werden muss. Während des Backups stehen seine Dienste nicht zur Verfügung. Dieses ist eine ungünstige Situation. Sie müssen anhand Ihres Anforderungsprofils entscheiden, ob dies ein für Sie gangbarer Weg ist. Es gibt daher auch die Methode, das Backup direkt mit dem Pi-Server zu erstellen. Hierfür muss der Server nicht heruntergefahren werden, das Backup wird während des normalen Betriebs erstellt. Die Sicherung erfolgt auf ein verbundenes Speichermedium. Sie müssen für diese Strategie also ein weiteres Speichermedium wie einen USB-Stick mit ausreichend freiem Speicherplatz oder eine externe Festplatte angeschlossen haben. Das Backup benötigt bei dieser Methode erheblich mehr Zeit, insbesondere wenn die Backup-Datei gleich komprimiert werden soll. Die Kompression spart zwar einen beachtlichen Teil an Speicherplatz, führt jedoch dazu, dass das Backup durchaus mehrere Stunden in Anspruch nimmt. Zwar läuft das Backup vollständig automatisiert ab und erfordert keinerlei Interaktionen, aber während dieser Zeit wird ein Teil der Rechenleistung des Servers für das Backup benötigt und steht nicht für andere Dienste zur Verfügung. Ein sehr wichtiger Vorteil dieser Methode ist jedoch, dass sich das Backup automatisch planen lässt. Es wird dann zu festgelegten Zeitpunkten automatisch ausgeführt. Dafür ist lediglich ein angeschlossenes Speichermedium mit ausreichend freiem Speicherplatz erforderlich.

An dieser Stelle müssen wir noch klären, dass beim Backup stets die gesamte Speicherkapazität der Speicherkarte eingelesen und abgespeichert wird. Das Backup umfasst also ganz explizit nicht nur den derzeit belegten Speicherplatz. Die Größe der resultierenden Backup-Datei wird folglich exakt der Speicherkapazität der Speicherkarte entsprechen. Achten Sie also auf genügend freien Festplattenspeicher.

Wir werden uns in diesem Kapitel mit beiden Strategien beschäftigen. So können Sie entscheiden, welcher Ansatz der für Sie günstigere ist. Natürlich sollten wir auch die Frage beantworten, wie oft ein Backup erstellt werden soll. Das Intervall hängt davon ab, wie intensiv Sie Ihren Server nutzen und wie oft Sie kritische Daten auf der Speicherkarte ändern. Sie müssen beachten, dass Sie den Server im Fehlerfall auf die Version des letzten Backups zurücksetzen werden. Alle seitdem getätigten Änderungen werden verlorengehen. Sie müssen selbst entscheiden, wie groß das Backup-Intervall sein soll. Sie sollten generell das Backup nicht seltener als einmal im Monat erstellen. In den meisten Fällen genügt ein Backup im Abstand von einer Woche oder 14 Tagen. Wenn Sie an wichtigen Projekten arbeiten, deren Daten nicht verlorengehen dürfen, dann können Sie die Häufigkeit natürlich auch erhöhen. Hier ist es jedoch vielleicht günstiger, nur den Teil der Daten zu sichern, der häufig geändert wird. Es ist zum Beispiel sinnvoller, täglich das Datenverzeichnis der ownCloud-Installation zu sichern, als dies mit der gesamten Speicherkarte zu erledigen. Wir werden abschließend auch betrachten, wie Sie direkt am Pi-Server einzelne Verzeichnisse auf ein externes Speichermedium sichern. Wir beginnen jedoch zuerst damit, das Backup der Speicherkarte mit einem externen Rechner zu erstellen.

24.1   Das Backup der Speicherkarte mit einem externen Rechner

Wir werden uns jetzt ansehen, wie Sie das Backup der Speicherkarte mit einem externen Rechner durchführen. Hierfür ist es zunächst unbedingt erforderlich, dass Sie Ihren Pi-Server herunterfahren und abschalten. Niemals sollten Sie die Speicherkarte einfach so im laufenden Betrieb entfernen, da dies, besonders wenn gerade Schreibzugriffe auf Systemdaten stattfinden, zu einem kompletten Datenverlust führen kann. Sie sollten den Server zu einem Zeitpunkt abschalten, an dem seine Auslastung gering ist und alle Benutzer kurzzeitig auf seine Dienste verzichten können. Sprechen Sie daher zunächst den Zeitpunkt des Backups mit den jeweiligen Benutzern ab. In einem kleinen Familiennetzwerk dürfte es sich hierbei um einen überschaubaren Personenkreis handeln. Beachten Sie aber auch, dass diese Strategie für Sie ungeeignet ist, wenn Ihr Server fortwährend erreichbar sein muss. In diesem Fall sollten Sie der zweiten Strategie den Vorzug geben.

Wenn Sie alle Benutzer über das bevorstehende Backup informiert haben, dann fahren Sie den Pi-Server herunter. Dazu öffnen Sie zunächst eine normale Konsolensitzung und führen folgenden Befehl aus:

```
sudo halt
```

Wenn Sie die Erweiterung Molly-Guard (wie in Abschnitt 4.6) installiert haben, dann werden Sie nun zur Eingabe des Hostnamens Ihres Pi-Servers aufgefordert. Ansonsten fährt der Rechner direkt herunter und schaltet sich ab. Sie können nach einer kurzen Wartezeit dann das Netzteil des Servers vom Strom trennen. Der Banana Pi informiert Sie übrigens durch das Erlöschen der roten LED darüber, dass das Gerät jetzt ausgeschaltet ist. Beim Raspberry Pi erkennen Sie dies daran, dass die grüne LED

24

keine Aktivität mehr zeigt. Sie können nun die Speicherkarte aus dem Pi-Server entfernen und an einem anderen Rechner in einen Speicherkartenleser einlegen. Wir werden uns nun für die drei wichtigsten Betriebssysteme anschauen, wie das Backup durchgeführt wird.

24.1.1   Backup mit Windows-Systemen

Das Backup erfolgt unter dem Windows-Betriebssystem ebenfalls mit dem Programm *Win32DiskImager*, das Sie schon einst zur Installation des Betriebssystems genutzt haben. Sicher ist Ihnen aufgefallen, dass der Win32DiskImager nicht nur eine WRITE-, sondern auch eine READ-Schaltfläche besitzt. Diese arbeitet genau umgekehrt wie die WRITE-Schaltfläche: Diese Funktion liest den Inhalt der gesamten Speicherkarte ein und speichert ein Abbild in einer Image-Datei. Diese Funktion eignet sich wunderbar für ein Backup.

Für das Backup müssen Sie erneut prüfen, welchen Laufwerksbuchstaben die Speicherkarte besitzt. Öffnen Sie den Win32DiskImager, und wählen Sie bei DEVICE den jeweiligen Laufwerksbuchstaben aus. Unter IMAGE FILE klicken Sie wieder auf das blaue Icon, diesmal geben Sie jedoch den Dateinamen der zu erstellenden Datei an, zum Beispiel *Backup_Pi-Server_DATUM.img*. Wählen Sie auch einen passenden Zielordner aus. Zum Starten des Vorgangs klicken Sie anschließend auf READ. Wie eingangs beschrieben müssen Sie sich nun auf eine unter Umständen längere Wartezeit einstellen. Nach erfolgtem Backup erhalten Sie wieder eine kurze Information. Sie können die Speicherkarte entfernen und wieder in den Pi-Server einlegen. Diesen können Sie nun neu starten.

Falls gewünscht können Sie nun die soeben erstellte Backup-Datei mit einem üblichen Programm komprimieren. Im Regelfall dürfte die gepackte Version des Backups deutlich kleiner ausfallen. Sie müssen hierbei allerdings beachten, dass der gesamte Speicherplatz der Speicherkarte eingelesen wurde. Dies umfasst auch solche Sektoren, die schon einmal mit Daten belegt waren, diese Information noch enthalten und nur gegenwärtig nicht benutzt werden. Daher kann die Reduktion der Dateigröße auch nur relativ gering ausfallen.

Im Störungsfall können Sie dieses Backup nun genauso zurückspielen, wie Sie es mit der Imagedatei bei der ursprünglichen Installation gemacht haben.

24.1.2   Backup mit einem OS X-Gerät

Das Backup unter Mac OS X wird erneut am einfachsten über das Terminal ausgeführt und ist in wenigen Schritten abgeschlossen. Öffnen Sie zuerst beispielsweise über das Dock ein Terminal. Als Erstes müssen Sie herausfinden, hinter welchem Hardwaregerät sich die Speicherkarte des Pi-Servers verbirgt. Führen Sie daher zuerst den folgenden Befehl aus:

```
diskutil list
```

Kontrollieren Sie die Ausgabe des Befehls, und stellen Sie fest, welches Hardwaregerät der Speicherkarte zugeordnet wurde. Orientieren Sie sich dazu am besten an der Speicherkapazität. Im Folgenden gehen wir davon aus, dass es sich um das Gerät */dev/disk2* handelt. Je nach Ausstattung Ihres Mac-Gerätes müssen Sie hier gegebenenfalls eine Anpassung vornehmen. Beachten Sie insbesondere, dass wir direkt mit dem Gerät */dev/disk2* arbeiten werden und uns nicht auf eine der angelegten Partitionen beziehen.

Für das Backup verwenden wir wieder den Befehl dd, den wir schon zur Installation des Betriebssystems genutzt haben. Der Befehlszusatz sudo wird normalerweise erforderlich sein und Sie zur Eingabe Ihres OS X-Passworts auffordern. Mit dem Parameter of spezifizieren wir die Zieldatei. Wir wollen diese direkt auf dem Desktop ablegen. Sie können die Datei dann anschließend in ein beliebiges Zielverzeichnis verschieben. Natürlich ist es auch möglich, direkt einen anderen Pfad und Dateinamen anzugeben. Mit folgendem Befehl starten Sie das Backup, das wie eingangs erwähnt durchaus eine längere Zeit in Anspruch nehmen kann. Bitte beachten Sie, dass Sie keine Rückmeldung über den Fortgang des Backups erhalten.

```
sudo dd if=/dev/disk2 of=~/Desktop/Backup_Pi-Server.img
```

Als Resultat erhalten Sie im spezifizierten Verzeichnis die unkomprimierte Backup-Datei. Ihre Dateigröße wird der Kapazität der Speicherkarte entsprechen. Sie können diese Datei anschließend mit Ihrem favorisierten Programm komprimieren, um Speicherplatz zu sparen. Das Kompressionsergebnis hängt von der bisherigen Nutzung der Speicherkarte ab. Eingelesen wurde die gesamte Karte, das schließt auch solche Sektoren ein, die schon einmal verwendet wurden und Daten enthalten, die nur gegenwärtig nicht genutzt werden. Wundern Sie sich bitte nicht, wenn die Einsparung möglicherweise also recht gering ausfällt.

Es ist darüber hinaus möglich, die Kompression gleich bei der Erstellung des Backups durchzuführen. Dazu verwenden wir das Programm gzip. Folgender Befehl wird ein Backup erstellen, das sofort komprimiert wird. Auch hier können Sie gegebenenfalls den Zielort anpassen. Tragen Sie auch das korrekte Hardwaregerät für die Speicherkarte ein.

```
sudo dd bs=1m if=/dev/disk2 | gzip > ~/Desktop/Backup_Pi-Server.gz
```

Das erstellte Backup können Sie im Fehlerfalle dann wie eingangs in Abschnitt 2.3 gezeigt wieder auf eine Speicherkarte zurückspielen. Wenn Sie die Datei komprimiert haben, dann müssen Sie sie natürlich zuvor wieder entpacken.

24.1.3 Backup mit einem Linux-Computer

Aufgrund der Verwandtschaft der Betriebssysteme ähnelt das Vorgehen unter dem Linux-Betriebssystem erneut stark demjenigen unter Mac OS. Auch unter einem

Linux-System gelingt der Vorgang am einfachsten direkt in einem Terminal. Öffnen Sie also zuerst ein Terminal. Wir müssen zuerst herausfinden, welches Hardwaregerät der Speicherkarte zugewiesen wurde. Hierfür nutzen wir den Befehl `fdisk` mit dem Parameter `-l`. Beachten Sie die Notwendigkeit des `sudo`-Vorsatzes. Bitte weichen Sie nicht von der Befehlssyntax ab, denn `fdisk` gehört zu den Befehlen, die tiefgreifende Änderungen am Dateisystem vornehmen und somit zum Ausfall des Rechners führen können.

```
sudo fdisk -l
```

Finden Sie anhand der Ausgabe heraus, welches Hardwaregerät der Speicherkarte zugeordnet wurde. Eine gute Orientierungshilfe bietet die Größe des Datenträgers. Wir gehen im Folgenden davon aus, dass sich die Speicherkarte hinter dem Gerät */dev/sdb* verbirgt. Dabei arbeiten wir im Folgenden direkt mit dem jeweiligen Gerät und beziehen uns explizit nicht auf die darunterliegenden Partitionen.

Zur Erstellung des Backups verwenden wir auch unter Linux den Befehl `dd`. Passen Sie gegebenenfalls das Hardwaregerät an Ihre persönliche Situation an. Wir werden im Beispiel die Backup-Datei direkt in Ihrem Home-Verzeichnis erstellen und sie *Backup_Pi-Server.img* nennen. Natürlich können Sie den Befehl nach eigenen Wünschen anpassen oder die Datei alternativ nach der Erstellung an einen anderen Speicherort verschieben.

```
sudo dd bs=1M if=/dev/sdb of=~/Backup_Pi-Server.img
```

Mit dem vorangegangenen Befehl haben wir ein unkomprimiertes Backup der Speicherkarte erstellt. Die Dateigröße wird exakt der Speicherkapazität der Speicherkarte entsprechen. Sie können die Datei anschließend mit einem Packprogramm komprimieren. Damit sparen Sie Speicherplatz. Die Höhe der Einsparung hängt nicht nur vom aktuellen Datenbestand ab, sondern auch von der bisherigen Nutzung der Speicherkarte. Wir haben ein Backup der gesamten Speicherkapazität gemacht, und dies enthält auch diejenigen Sektoren, die schon einmal mit Daten belegt waren und diese Information noch vorhalten, auch wenn sie gegenwärtig nicht genutzt wird.

Natürlich können wir die Kompression auch direkt bei der Erstellung des Backups vornehmen. Folgender Befehl wird genau das ausführen. Dazu nutzt er das Programm `gzip`, das auf Ihrem Rechner installiert sein muss. Natürlich können Sie auch hier den Speicherort beziehungsweise den Dateinamen sowie gegebenenfalls das Hardwaregerät anpassen.

```
sudo dd bs=1M if=/dev/sdb | gzip > ~/Backup_Pi-Server.gz
```

Im Fehlerfall können Sie das Backup nun genauso wie wir es bei der ursprünglichen Installation besprochen haben wieder auf eine Speicherkarte zurückschreiben. Wenn Sie die Backup-Datei komprimiert haben, müssen Sie sie zuerst wieder dekomprimieren. Hierbei können Sie den Befehl `gunzip` verwenden.

24.2 Das Backup direkt mit dem Pi-Server

Wie zuvor erwähnt, lässt sich das Backup der Speicherkarte auch während des normalen Betriebs des Pi-Servers durchführen. Hierfür müssen Sie jedoch ein externes Speichermedium an den Pi-Server anschließen. Dabei kann es sich um eine externe Festplatte oder einen USB-Stick handeln. Wichtig ist, dass dieses Gerät über genügend freien Speicherplatz verfügt, der mindestens der jeweiligen Kapazität der Speicherkarte entspricht. Es ist erforderlich, dass Sie den externen Speicher korrekt in das Dateisystem einhängen, wie ich es im Grundlagenkapitel besprochen habe. Der Verzeichnispfad, den Sie für den auch als Mounten bezeichneten Vorgang wählen, ist nebensächlich. Wir gehen im Folgenden davon aus, dass Sie das Speichermedium in das Verzeichnis */media/usbdisk1* eingehängt haben. Wenn Sie einen anderen Verzeichnispfad gewählt haben, dann müssen Sie die folgenden Befehle entsprechend anpassen. Sie müssen allerdings sicherstellen, dass Sie auf dieses Verzeichnis über Schreibrechte verfügen. Wir werden nun zuerst ein unkomprimiertes Backup der Speicherkarte erstellen. Dieser Vorgang läuft am schnellsten ab. Während des Backups, das durchaus länger dauern kann, können Sie Ihren Pi-Server normal weiterbenutzen. Es ist jedoch von einer kleineren Verringerung der Systemleistung auszugehen.

```
sudo dd if=/dev/mmcblk0 of=/media/usbdisk1/Backup_Pi-Server.img
```

Mit dem vorigen Befehl erstellen Sie ein unkomprimiertes Backup der Speicherkarte. Die Dateigröße wird exakt der Kapazität der Speicherkarte entsprechen. Bitte beachten Sie, dass Sie während des Backups keine Informationen über den Fortschritt erhalten. Es ist insbesondere wichtig, dass Sie das Konsolenfenster nicht während des Backups schließen, da der Vorgang ansonsten abgebrochen wird. Es gibt hier jedoch einen Trick, den ich im Buch schon mehrfach vorgestellt habe: Wenn Sie während des Backups Ihren Arbeitsrechner ausschalten möchten, dann fügen Sie direkt nach dem Befehl zur Ausführung des Backups das » &«-Zeichen (mit einem vorangestellten Leerzeichen) an. Mit diesem Befehlszusatz wird der Befehl im Hintergrund ausgeführt. Die Konsole wird sofort wieder für weitere Befehle frei, und das Fenster kann geschlossen werden. So sähe der entsprechende Befehl dann aus:

```
sudo dd if=/dev/mmcblk0 of=/media/usbdisk1/Backup_Pi-Server.img &
```

In Abbildung 24.1 sehen Sie, dass der Befehl im Hintergrund ausgeführt wird.

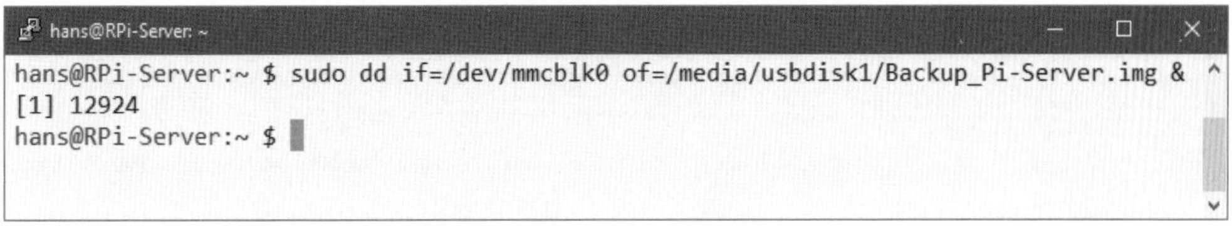

Abbildung 24.1 Ein Backup wird im Hintergrund ausgeführt

Sie müssen nun so lange warten, bis das Backup komplett ist. Das erkennen Sie beispielsweise daran, dass die Kontroll-LED des Speichermediums erlischt oder – je nach Modell – aufhört zu blinken. Außerdem können Sie mit top überprüfen, ob der Prozess noch läuft:

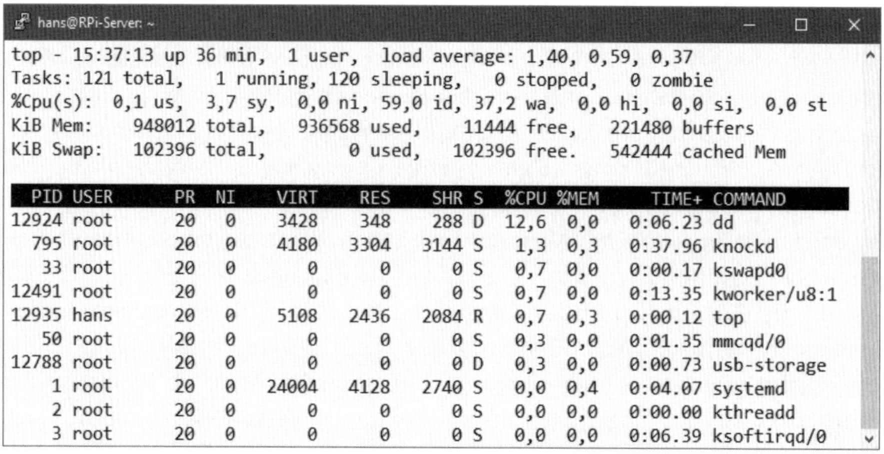

```
hans@RPi-Server: ~                                                    —  □  ✕

top - 15:37:13 up 36 min,  1 user,  load average: 1,40, 0,59, 0,37
Tasks: 121 total,   1 running, 120 sleeping,   0 stopped,   0 zombie
%Cpu(s):  0,1 us,  3,7 sy,  0,0 ni, 59,0 id, 37,2 wa,  0,0 hi,  0,0 si,  0,0 st
KiB Mem:    948012 total,    936568 used,     11444 free,    221480 buffers
KiB Swap:   102396 total,         0 used,    102396 free.    542444 cached Mem

  PID USER      PR  NI    VIRT    RES    SHR S  %CPU %MEM     TIME+ COMMAND
12924 root      20   0    3428    348    288 D  12,6  0,0   0:06.23 dd
  795 root      20   0    4180   3304   3144 S   1,3  0,3   0:37.96 knockd
   33 root      20   0       0      0      0 S   0,7  0,0   0:00.17 kswapd0
12491 root      20   0       0      0      0 S   0,7  0,0   0:13.35 kworker/u8:1
12935 hans      20   0    5108   2436   2084 R   0,7  0,3   0:00.12 top
   50 root      20   0       0      0      0 S   0,3  0,0   0:01.35 mmcqd/0
12788 root      20   0       0      0      0 D   0,3  0,0   0:00.73 usb-storage
    1 root      20   0   24004   4128   2740 S   0,0  0,4   0:04.07 systemd
    2 root      20   0       0      0      0 S   0,0  0,0   0:00.00 kthreadd
    3 root      20   0       0      0      0 S   0,0  0,0   0:06.39 ksoftirqd/0
```

Abbildung 24.2 Mit »top« sehen Sie die laufenden Prozesse

Beachten Sie unbedingt, dass ein Backup recht lange dauern kann. Sie können dann anschließend das Speichermedium aus dem Dateisystem aushängen, wie ich es im Grundlagenkapitel gezeigt habe. Bitte beachten Sie, dass Sie sich dafür nicht in dem Verzeichnis des Speichermediums befinden dürfen. Nun können Sie das Speichermedium an einen anderen Rechner anschließen und die Datei dort beispielsweise mit einem geeigneten Programm komprimieren. Auch hier gilt, dass die Einsparung aufgrund der bisherigen Nutzung der Speicherkarte möglicherweise nur gering ausfällt.

Auch mit Ihrem Pi-Server können Sie die Komprimierung direkt während der Erstellung des Backups durchführen. Dazu dient der folgende Befehl, bei dem den Sie erneut das Zielverzeichnis, den Dateinamen und das jeweilige Hardwaregerät anpassen können.

```
sudo dd bs=1M if=/dev/mmcblk0 | gzip > /media/usbdisk1/Backup_Pi-Server.gz
```

Die Ausgabe des Befehls sehen Sie in Abbildung 24.3.

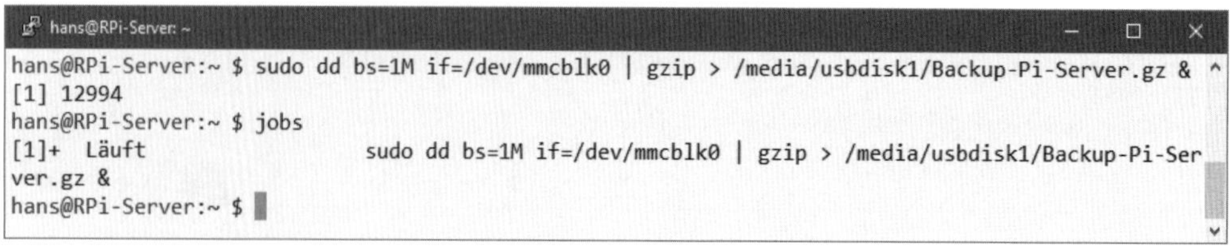

```
hans@RPi-Server: ~                                                    —  □  ✕

hans@RPi-Server:~ $ sudo dd bs=1M if=/dev/mmcblk0 | gzip > /media/usbdisk1/Backup-Pi-Server.gz &
[1] 12994
hans@RPi-Server:~ $ jobs
[1]+ Läuft                    sudo dd bs=1M if=/dev/mmcblk0 | gzip > /media/usbdisk1/Backup-Pi-Ser
ver.gz &
hans@RPi-Server:~ $ █
```

Abbildung 24.3 Das Backup komprimieren

Auch hier können Sie sich mit top Informationen über den Prozess anzeigen lassen:

```
⌨ hans@RPi-Server: ~                                          —   □   ×
top - 15:39:58 up 38 min,  1 user,  load average: 1,07, 0,87, 0,53
Tasks: 121 total,   2 running, 119 sleeping,   0 stopped,   0 zombie
%Cpu(s): 23,4 us,  1,1 sy,  0,0 ni, 74,1 id,  1,4 wa,  0,0 hi,  0,0 si,  0,0 st
KiB Mem:    948012 total,   933400 used,    14612 free,   308172 buffers
KiB Swap:   102396 total,        0 used,   102396 free.   445300 cached Mem

  PID USER      PR  NI    VIRT    RES    SHR S  %CPU %MEM    TIME+ COMMAND
12994 hans      20   0    2072   1092    808 R  94,6  0,1  0:43.40 gzip
13001 root      20   0    4840   2676   1576 S   1,3  0,3  0:01.00 dd
  795 root      20   0    4180   3228   3068 S   1,0  0,3  0:40.17 knockd
```

Abbildung 24.4 Das Backup wird gerade erstellt

Beachten Sie jedoch, dass die Kompression mit dem Pi-Server einen erheblichen Zeitbedarf erfordert. Gehen Sie von einer Zeitdauer von mehreren Stunden aus. Es empfiehlt sich daher dringend, diesen Befehl wie oben gezeigt mit einem nachgestellten » &« (inklusive eines vorangehenden Leerzeichens) zu versehen, damit Sie die Konsolensitzung an Ihrem Arbeitsrechner beenden können. Für die Kompression muss das Programm gzip installiert sein, was Sie gegebenenfalls mit dem Befehl

```
sudo apt-get install gzip
```

nachholen können. Beachten Sie bitte auch, dass die Kompression einen erheblichen Rechenaufwand bedeutet. Die zur Verfügung stehende Rechenleistung Ihres Pi-Servers wird also während des Backup-Vorgangs entsprechend reduziert sein.

Im Bedarfsfalle können Sie das erstellte Backup (das gegebenenfalls dekomprimiert werden muss) dann wieder mit der von Ihnen präferierten Methode auf eine Speicherkarte zurückspielen, so wie ich es im Grundlagenkapitel bei der Installation des Betriebssystems besprochen habe.

24.3   Die Automatisierung des Backups

24

Natürlich lässt sich auch das Backup mit Ihrem Pi-Server automatisieren. Damit das automatisierte Backup korrekt ablaufen kann, müssen Sie dafür sorgen, dass stets ein Speichermedium mit ausreichend freier Speicherkapazität angeschlossen und verfügbar ist. Im Folgenden werden wir den Pi-Server so konfigurieren, dass er zu den von Ihnen festgelegten Zeitpunkten das Backup der Speicherkarte ausführt. Dabei können Sie die Häufigkeit und sogar die Startzeit beliebig einstellen. Sie müssen aber beachten, dass mit dieser Methode das zuvor erstellte Backup stets überschrieben wird. Sie haben im Ergebnis also jeweils nur das zuletzt erstellte Backup. Wenn Sie ein Backup-Archiv wünschen, dann müssen Sie manuell aktiv werden und die Backup-Dateien entweder umbenennen oder an einen anderen Ort verschieben.

Für die automatisierte Durchführung des Backups nutzen wir die `crontab`-Funktionalität des Pi-Servers. Mit Hilfe von `crontab` können Sie beliebige Befehle zu beliebigen Zeitpunkten ausführen. Die folgende Anleitung ist daher nicht nur für ein Backup gültig, sondern kann auch allgemein verwendet werden. Natürlich bietet sie sich aber für ein Backup ganz besonders an.

Wie könnte es auch anders sein, erfolgt auch die Programmierung der Backup-Aufgaben erneut über die Bearbeitung einer Konfigurationsdatei mit dem Texteditor. `crontab` bietet verschiedene Dateien an, die mit Aufgaben gefüllt werden können. Wir benötigen für unsere Zwecke lediglich die Hauptdatei, deren Dateiname */etc/crontab* lautet. Öffnen Sie zunächst diese Datei mit dem Texteditor `nano`:

```
sudo nano /etc/crontab
```

In dieser Datei planen Sie nun die Ausführung von Aufgaben beziehungsweise Befehlen zeitlich. Das werden wir nun durchführen.

Die Festlegung des Startpunktes einer Aufgabe erfolgt nach einer ganz genauen Syntax, die Sie unbedingt einhalten müssen. Im Einzelnen werden wir nacheinander folgende Daten eintragen, die wir durch Leerzeichen voneinander trennen und ansonsten in einer Zeile hintereinanderschreiben:

▸ Wir geben als Erstes die Uhrzeit an, zu der der Befehl starten soll. Zuerst werden die Minuten genannt, dann folgen die Stunden. Getrennt werden die Angaben wie gesagt durch ein Leerzeichen, andere Zeichen sind nicht zulässig.

▸ Es folgt der Tag des Monats, zu dem der Befehl ausgeführt werden soll.

▸ Hiernach wird der ausgewählte Monat genannt. Diesen müssen Sie als Zahl eingeben. Der Januar bekommt die Ziffer 1, der Dezember die Zahl 12.

▸ Als Nächstes nennen Sie den Wochentag. Dieser muss ebenfalls spezifiziert werden. Der Sonntag erhält die Ziffer 0, der Freitag die Ziffer 5, der Samstag die Ziffer 6. Alternativ kann der Sonntag (und nur dieser eine Tag) auch mit der Ziffer 7 eingestellt werden.

▸ Nun kommt der Benutzer-Account, unter dem der Befehl ausgeführt werden soll. Wir werden für unser Backup an dieser Stelle den *root*-Benutzer wählen, weil nur er die Befehle ausführen kann. Hier müssen Sie bei eigenen Experimenten besonders vorsichtig sein und genau überlegen, welche Befehle Sie ausführen lassen möchten.

▸ Als Letztes wird der eigentliche Befehl genannt, der zum spezifizierten Zeitpunkt ausgeführt werden soll. Dieser wird von Klammern umschlossen. Wir werden hier einfach die Befehle eingeben, die das Backup ausführen. Den Vorsatz `sudo` benötigen wir allerdings nicht, da der Befehl ja sowieso direkt unter dem *root*-Benutzer-Account ausgeführt wird.

Nun müssen wir noch etwas konkreter werden. Es ist wahrscheinlich, dass Sie nicht ganz exakt ein bestimmtes Datum festlegen möchten, an dem der Backup-Befehl ausgeführt werden soll. Vermutlich möchten Sie das Backup jeden ersten Tag im Monat oder beispielsweise alle fünf Tage ausführen. Dort hilft uns der *-Parameter weiter. Er besagt, dass die Aufgabe zu allen zeitlichen Ereignissen ausgeführt werden soll. Dieser Parameter ist insbesondere in der Spalte des Wochentages interessant. Wenn wir in der Spalte des Wochentags ein Sternchen setzen, dann wird die Aufgabe unabhängig vom Wochentag ausgeführt. Steht das Sternchen auch in der Monatsspalte, dann wird die Aufgabe unabhängig vom Kalendermonat gestartet.

Betrachten wir ein Beispiel:

```
25 13 1 * * root (dd bs=1M if=/dev/mmcblk0 | gzip > /media/usbdisk1/
Backup_Pi-Server.gz)
```

Diese Zeile startet unser Backup (hier wurde der Befehl für das komprimierte Backup gewählt) als Benutzer *root* zu folgendem Zeitpunkt: um 13 Uhr 25 Minuten, am ersten Tag des Monats, jeden Monat, egal an welchem Wochentag.

Möchten Sie alternativ, dass das Backup jeden dritten Tag automatisch durchgeführt wird, dann ist folgende Zeile einzugeben. Hier habe ich mich beispielsweise für die unkomprimierte Speicherung der Datei entschieden:

```
00 10 */3 * * root (dd if=/dev/mmcblk0 of=/media/usbdisk1/↲
Backup_Pi-Server.img)
```

Dieser Befehl startet das Backup um 10 Uhr 00 Minuten, jeden dritten Tag, über alle Monate des Jahres, unabhängig vom Wochentag.

Sie sehen: Der Parameter */3 sorgt dafür, dass das Backup jeden dritten Tag gestartet wird (beziehungsweise an jedem Tag ausgeführt wird, der sich ganzzahlig durch drei teilen lässt). Dieser Parameter kann auch für die anderen Einträge in der Datei /etc/crontab spezifiziert werden.

Der Befehl wird nun zum angegebenen Zeitpunkt gestartet und läuft automatisch im Hintergrund. Ein &-Zeichen ist also nicht erforderlich. Sie müssen unbedingt darauf achten, dass das jeweilige Speichermedium zum festgelegten Zeitpunkt auch unter dem angegebenen Pfad verfügbar ist. Natürlich können Sie den auszuführenden Befehl zwischen beiden Klammern nach Ihren Erfordernissen anpassen und beispielsweise das Zielverzeichnis entsprechend wählen. Wenn Sie Ihre Eintragung vollendet haben, dann speichern Sie die Datei mit der Tastenkombination Strg+x ab und beenden nano. Die Konfiguration ist sofort aktiv, es sind keine weiteren Schritte erforderlich.

24

24.4   Die Speicherkarte wechseln

Natürlich können Sie die Backup-Datei auch auf eine andere Speicherkarte zurückspielen. Sollte die ursprüngliche Speicherkarte beschädigt worden sein, dann können Sie ein Modell gleicher Speicherkapazität benutzen. Am besten verwenden Sie ein baugleiches Modell, denn Speicherkarten mit nominell gleicher Kapazität können in der Realität geringfügige Unterschiede aufweisen. Sie können keinesfalls das Backup auf eine kleinere Speicherkarte zurückspielen. Sie können das Backup allerdings problemlos auf eine Speicherkarte zurückschreiben, die eine größere Speicherkapazität als die ursprünglich genutzte bietet. Solange diese Karte von Ihrem Pi-Server unterstützt wird (hier hilft oftmals nur das Ausprobieren), wird es keine Probleme geben. Sie müssen allerdings – wie einst bei der Erstinstallation – in diesem Fall das Konfigurationsprogramm des Betriebssystems aufrufen und das Dateisystem so erweitern, dass es die gesamte Speicherkapazität der Speicherkarte nutzt. Die genauen Schritte, die dafür nötig sind, können Sie Kapitel 2, »Installation des Betriebssystems«, und Kapitel 3, »Erste Inbetriebnahme Ihres Servers«, entnehmen.

24.5   Die Sicherung einzelner Verzeichnisse

Nicht immer ist es erforderlich, stets das relativ langwierige Backup der gesamten Speicherkarte durchzuführen. Wenn Sie beispielsweise an einem Projekt arbeiten, das Sie in Ihrer ownCloud verwalten, dann genügt es, wenn Sie das Datenverzeichnis von ownCloud sichern. Dieser Vorgang hat einen wesentlich kleineren Zeit- und Speicherplatzbedarf.

Wir benutzen den bekannten Befehl tar, um den Inhalt eines bestimmten Verzeichnisses in ein komprimiertes Archiv zu packen und dieses an einem anderen Ort zu speichern. An dieser Stelle benutzen wir den Befehl tar also in umgekehrter Weise, als wir es gewöhnt sind. Nehmen wir an, Sie möchten eine Sicherheitskopie des Verzeichnisses */var/ownclouddata/* erstellen. Diese Sicherheitskopie soll in ein *tar.gz*-Archiv gepackt und unter dem Dateinamen *ownCloudBackup.tar.gz* in Ihrem Home-Verzeichnis abgespeichert werden. Diesem Wunsch genügt der folgende Befehl:

```
sudo tar -cvzf ~/ownCloudBackup.tar.gz /var/ownclouddata/
```

Da Sie als normaler Systembenutzer keinen Zugriff auf das Datenverzeichnis von ownCloud haben, ist der sudo-Befehlsvorsatz nötig. Natürlich können Sie diesen Befehl nach eigenen Wünschen anpassen und andere Verzeichnisse sichern. Sie sehen: Der Befehl lautet zunächst tar -cfvz. Anschließend geben Sie den Speicherort und den Dateinamen des zu erstellenden Archivs an. Als Zweites benennen Sie dasjenige Verzeichnis, das gesichert werden soll. Beachten Sie, dass dabei das benannte Verzeichnis mit allen enthaltenen Dateien und Unterverzeichnissen gesichert wird.

Natürlich können Sie diesen Befehl auch zeitlich steuern. Das geschieht genauso, wie ich es Ihnen beim Backup der Speicherkarte gezeigt habe. Denken Sie daran, dass Sie den Befehl eventuell als Nutzer *root* ausführen und dass Sie deshalb den sudo-Vorsatz nicht benötigen. Ferner ist es wichtig, dass Sie bei der Spezifizierung des Eintrags in der Datei */etc/crontab* den gesamten Befehl in normalen, runden Klammern einschließen.

Möchten Sie ein beliebiges Backup an der Originalposition im Dateisystem wiederherstellen, dann nutzen Sie folgenden Befehl:

```
sudo tar -xvzf /pfad/zum/archiv.tar.gz -C /
```

Möchten Sie hingegen das Backup im aktuellen Verzeichnis entpacken, dann lassen Sie den Parameter -C / einfach weg.

```
hans@piserver:~$ sudo tar -cvzf ~/cupsLogsBackup.tar.gz /var/log/cups
tar: Entferne führende „/" von Elementnamen
/var/log/cups/
/var/log/cups/access_log.1
/var/log/cups/cups-pdf_log.1
/var/log/cups/page_log.1
/var/log/cups/cups-pdf_log
/var/log/cups/error_log
/var/log/cups/access_log
/var/log/cups/error_log.2.gz
/var/log/cups/page_log
/var/log/cups/error_log.1
hans@piserver:~$
```

Abbildung 24.5 Ein Beispiel-Backup von Logdateien im Verzeichnis /var/log/cups

24

Schlusswort

Das war die kleine Einführung in die Welt der Heimserver mit einem Banana Pi und einem Raspberry Pi. Mit Hilfe dieses Buches haben Sie sich nun einen eigenen Heimserver aufgebaut und sich dabei auch mit dem Betriebssystem Linux vertraut gemacht. Das Schöne an Ihrem persönlichen Server ist, dass Sie ihn vollständig selbst aufgesetzt haben und dabei genau die Dienste einrichten konnten, die Sie am meisten interessieren. Oftmals hatten Sie sogar die Wahl, welche Optionen einer bestimmten Anwendung Sie aktivieren möchten. Das ist sicherlich ein großer Vorteil, den solch ein selbst aufgesetztes System zu bieten hat, denn diese Flexibilität bietet kaum eine fertige kommerzielle Lösung »von der Stange«. Es ist schon erstaunlich, was heutzutage mit Open Source-Software möglich ist, die einem jeden frei zur Verfügung steht und die von sehr vielen Menschen entwickelt und gepflegt wird. Diesen Menschen sollten wir für ihren Einsatz also sehr dankbar sein.

Das vorliegende Buch ist ganz bewusst eine praktische Einführung. Die Welt der Heimserver ist natürlich noch viel größer, als wir sie bisher gemeinsam kennengelernt haben. Sie sind jetzt gut gerüstet, um sich mit Literatur für den fortgeschrittenen Anwender zu beschäftigen. Vielleicht interessiert Sie ein bestimmter Serverdienst ganz besonders? Möglicherweise möchten Sie die (erstaunlich komplexe) Welt der E-Mail kennenlernen und doch einen eigenen E-Mail-Server aufsetzen? Vielleicht hat es Ihnen auch die Telefonanlage angetan und Sie möchten sich auf diesem Gebiet weiterbilden? Eventuell sind Sie auch an leistungsfähigerer Hardware interessiert, weil Sie einen Server für einen Verein oder eine kleine Firma aufbauen möchten. In jedem Fall können Sie solche Wünsche mit einem Server, der auf dem Linux-System basiert, problemlos erfüllen. Das liegt erneut an der großartigen Flexibilität, die dieses System bietet. Deswegen gibt es auch zu diesem Betriebssystem noch eine Menge zu lernen – was sich durchaus lohnt.

Nicht ganz unwahrscheinlich ist es auch, dass Sie sich jetzt noch mehr für Ihren Banana Pi oder Ihren Raspberry Pi interessieren und etwas darüber lernen wollen, was man noch so alles mit ihm machen kann. Viele Menschen setzen beispielsweise den Raspberry Pi als Mediencenter ein und spielen damit Mediendateien ab. Eine solche Clientanwendung wäre übrigens eine ideale Ergänzung zu einem Pi-Server. Genauso gut wäre denkbar, dass Sie sich nun für die Heimautomatisierung interessieren und Geräte und Installationen in Ihrem Zuhause steuern und regeln wollen.

Vielleicht sind Sie aber auch ganz einfach zufrieden mit Ihrem derzeitigen Heimserver und möchten sich nun – nach der teilweise umfangreichen Einrichtung – an ihm erfreuen. Wofür Sie sich auch entscheiden, ich wünsche Ihnen noch weiterhin viel Spaß in der Welt der Anwendungen rund um die Pi-Computer und das Linux-Betriebssystem und bedanke mich noch einmal dafür, dass Sie sich für dieses Buch entschieden haben.

Index

G

H

I

- Grundlagen verstehen, spannende Projekte realisieren

- Schnittstellen des Pi, Schaltungsaufbau, Steuerung mit Python

- Erweiterungen für den Pi: Gertboard, PiFace, Quick2Wire u. a. in Hardware-Projekten einsetzen

- Aktuell zu allen Versionen inkl. Raspberry Pi 3 und Zero

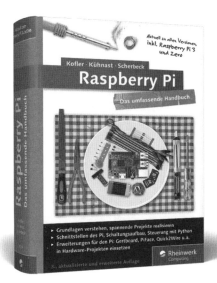

Michael Kofler, Charly Kühnast, Christoph Scherbeck

Raspberry Pi
Das umfassende Handbuch

Aktuell zum Raspberry Pi 3 und Zero sowie allen Vorgängerversionen erwartet Sie hier Bastel-Wissen in seiner umfassendsten Form. Ob Sie Linux mit dem RasPi lernen, die Grundlagen und fortgeschrittenen Techniken der Elektronik oder der Programmierung mit Python intensiv kennenlernen oder Ihr Wissen direkt in spannenden, ambitionierten Bastelprojekten anwenden möchten: Mit diesem Buch ist einfach mehr für Sie drin! Und eines ist sicher: Mit Michael Kofler, Charly Kühnast und Christoph Scherbeck steht Ihnen ein Autorenteam zur Seite, das das erforderliche Wissen leicht nachvollziehbar vermittelt und Sie mit zahlreichen Praxistipps, Witz und spannenden Versuchsaufbauten begeistern wird!

1.088 Seiten, gebunden, in Farbe, mit CD, 39,90 Euro
ISBN 978-3-8362-4220-2
3. Auflage, erscheint September 2016
www.rheinwerk-verlag.de/4169

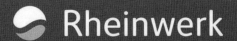

Wie hat Ihnen dieses Buch gefallen?
Bitte teilen Sie uns mit, ob Sie zufrieden waren,
und bewerten Sie das Buch auf:
www.rheinwerk-verlag.de/feedback

Ausführliche Informationen zu unserem aktuellen
Programm samt Leseproben finden Sie ebenfalls
auf unserer Website. Besuchen Sie uns!

www.rheinwerk-verlag.de